Albert Einstein
ÜBER DEN FRIEDEN

Albert Einstein
Über den Frieden

Weltordnung oder Weltuntergang?

Herausgegeben von
OTTO NATHAN und HEINZ NORDEN

Vorwort von
BERTRAND RUSSELL

Übersetzung der englischen und französischen Originale von
Will Schaber

Erste deutsche Originalausgabe
mit 15 Fotographien und Faksimiles

PARKLAND

Sonderausgabe für Parkland Verlag Köln, 2004

Einbandgestaltung: Dagmar Herrmann, Köln
Druck und Bindung: GGP Media GmbH, Pößneck

ISBN 3-89340-070-2

Printed in Germany

Inhalt

Vorbemerkungen der Herausgeber

Dieses Buch enthält eine Sammlung aller zugänglichen und erreichbaren, schriftlichen und gedruckten Dokumente in Bezug auf Albert Einsteins unermüdliche und führende Beteiligung an dem Kampf für die Abschaffung des Krieges. Die Arbeit an dieser Dokumentation wurde kurz nach Einsteins Tode im Jahre 1955 begonnen und zunächst in einer englischen Ausgabe fünf Jahre später in den Vereinigten Staaten veröffentlicht, wo Einstein die letzten 22 Jahre seines Lebens verbrachte und wo er, besonders nach dem Ende des Zweiten Weltkriegs, keine Mühe scheute, den Frieden in der Welt sichern zu helfen.

Für die amerikanische Ausgabe waren die vielfältigen Dokumente Einsteins ins Englische übersetzt worden. Die Herausgeber hatten gehofft, bald darauf eine deutsche Ausgabe vorlegen zu können, um Einsteins Ideen der deutschsprachigen Öffentlichkeit leichter zugänglich zu machen. Ausserdem hielten sie es für sehr wünschenswert, Einsteins Schriften über die Frage von Krieg und Frieden in seiner eigenen Sprache zu veröffentlichen. Leider ist erst jetzt, nach mehr als einem Jahrzehnt, die deutsche Ausgabe zur Wirklichkeit geworden.

Bei der Vorbereitung dieser Dokumentation sahen sich die Herausgeber verschiedenen schwierigen Problemen gegenüber. Als sie, wie erwähnt, kurz nach Einsteins Tod mit der Arbeit begannen, hofften sie, den grössten Teil des wichtigen Materials in Einsteins Archiv zu finden. Sie mussten bald erkennen, dass dies nicht der Fall war. Einstein selbst war nicht besonders besorgt um eine systematische Sammlung seiner Schriften und Korrespondenzen. Erst während der letzten Jahrzehnte seines Lebens wurden die vielen wissenschaftlichen und nicht-wissenschaftlichen Schriften, Dokumente und Briefe, die sein Interesse und seine Arbeit auf vielen Gebieten beleuchten, im Hinblick auf ihren geschichtlichen Wert sorgfältig verwahrt. Eine andere Schwierigkeit erwuchs daraus, dass Einstein in seinen früheren Jahren von vielen handschriftlich geschriebenen Briefen mit oft sehr wertvollem Inhalt keine Abschriften zurückhielt. Manche der Empfänger solcher Briefe konnten von uns nicht aufgefunden werden, manche andere waren nicht mehr am Leben. Ausserdem mag einiges Material verloren gegangen sein, als Einsteins Archive im Frühjahr 1933 mit diplomatischer Hilfe aus Deutschland herausgebracht wurden, und manches mag bei einem Naziüberfall auf sein Heim um die gleiche Zeit gestohlen worden sein.

Obwohl wir keine Mühe scheuten, Material von überall her zusammenzubringen, um Einsteins lebenslangen Kampf um die Abschaffung des Krieges zu bezeugen, ist es möglich, dass einige wichtige Dokumente nicht zu unserer Kenntnis gekommen sind. Insbesondere dürften manche der bereits erwähnten handschriftlichen Briefe Einsteins, die im Besitz von Kindern oder Enkeln der Empfänger oder in Privatsammlungen sein mögen, erst nach geraumer Zeit zum Vorschein kommen. Das gleiche trifft für Veröffentlichungen Einsteins in Zeitschriften und Zeitungen zu. Wir haben wichtiges gedrucktes Material auffinden und verwerten können, aber manche Veröffentlichungen mögen uns entgangen sein. Da Einsteins Artikel und Zuschriften sowohl in Weltblättern wie in kleinen, vielleicht längst eingegangenen Veröffentlichungen erschienen, war der Zugang zu den Materialquellen oft sehr schwierig. Aber obwohl manche Äusserungen Einsteins in dieser Sammlung fehlen mögen, sind wir überzeugt, dass seine grundsätzlichen Ideen über Krieg und Frieden zu verschiedenen Zeiten seines Lebens in diesem Band genügend dokumentiert sind; es ist unwahrscheinlich, dass künftig noch auftauchendes Material es nötig machen würde, irgend etwas Wesentliches an dem zu ändern, was auf den folgenden Seiten über Einstein als einen der grossen Führer in dem bitteren Kampf um eine "Welt ohne Krieg" gesagt wird.

Während viele der in diesem Band gesammelten Artikel und sonstigen Verlautbarungen Einsteins bereits früher in Druck erschienen sind, werden die meisten seiner hier wiedergegebenen Briefe zum ersten Mal veröffentlicht. Falls keine besonderen Quellen angegeben sind, wurde das Material von dem "Estate of Albert Einstein", das seinen literarischen Nachlass betreut, zur Verfügung gestellt. Einstein schrieb alle seine wissenschaftlichen Arbeiten und den grössten Teil seiner Briefe und öffentlichen Erklärungen in deutscher Sprache, der einzigen Sprache, in der er sich zuhause fühlte und die er voll beherrschte: sein Stil beeindruckt oft durch Einfachheit und Schlichtheit, und nicht selten durch grosse Ausdrucksfähigkeit. Nur in seinen späten Jahren entwarf er Briefe und Erklärungen für öffentliche Anlässe in englischer Sprache, ohne deutsches Original. In diesen Fällen mussten wir einen deutschen Text durch Übersetzung der in der amerikanischen Ausgabe dieses Bandes erschienenen englischsprachigen Dokumente und Briefe herstellen. Um keinen Zweifel zu lassen, dass diese Stücke nicht in Einsteins eigener Sprache geschrieben sind, haben wir alle aus dem Englischen übersetzten Dokumente und Briefe am Ende mit einem Stern (*) bezeichnet.

Dass Übersetzungen aus dem Englischen in diesen Fällen notwendig waren, bedauern wir umsomehr, als Einstein der Formulierung seiner Ansichten und Gedanken grösste Sorgfalt widmete. Abgesehen von Routine-Korrespondenz, entwarf er alle Briefe und Manuskripte handschriftlich, und oft sprach er über die Mühsal des Schreibens. In den Übersetzungen haben wir, soweit wie möglich, Sinn- und Worttreue zu verbinden gesucht.

Ein weiteres Problem ergab sich für die Herausgeber aus dem Umstand, dass der Band, der Einstein selbst sprechen lassen soll, doch ein gewisses Mass kommentierender und erläuternder Bemerkungen erforderte. Es war notwendig, die einzelnen Dokumente und Briefe durch erklärenden Text zu verbinden, den Leser mit den jeweiligen Persönlichkeiten und den historischen Begebenheiten bekannt zu machen, und das Material in den Zusammenhang der Zeit, aus der es stammt, zu stellen. Wir haben das besonders in der Einleitung zu jedem einzelnen Kapitel versucht. Wir haben uns bemüht, diese Erläuterungen und Bemerkungen auf das zum Verständnis des Materials erforderliche Mindestmass zu beschränken. Informationen und Dokumente, die sich nicht unmittelbar auf den Fragenkreis von Krieg und Frieden beziehen, sind nur aufgenommen worden, wenn sie zu einem besseren Verständnis der pazifistischen Ansichten und Tätigkeiten Einsteins notwendig erschienen. Aber wir widerstanden der Versuchung, viele äusserst interessante Dokumente wiederzugeben, die zwar Einsteins allgemeine politische und soziale Ansichten zum Ausdruck bringen, die aber ausserhalb des besonderen Gesichtskreises dieses Buchs liegen. Auch sahen wir von der Wiedergabe vieler interessanter Briefe ab, die Einstein im Lauf der Jahre erhielt. Um jedoch Einsteins Antworten an die Briefschreiber verständlich zu machen, haben wir den Inhalt ihrer Briefe in kurzen Zusammenfassungen beigefügt und nur in wenigen Sonderfällen den vollen Wortlaut eines Briefes wiedergegeben.

Bei der Vorbereitung dieses Bandes wurde uns von vielen Seiten wertvolle Hilfe zuteil. Wir sind sehr vielen Einzelpersonen und Organisationen zu Dank verpflichtet, insbesondere auch Zeitungen und Zeitschriften in verschiedenen Teilen der Welt, die Material und wertvolle Informationen beigesteuert haben. Charlotte Pomerantz Marzani hat nicht nur ausserordentliche Verdienste an der sprachlichen Gestaltung der ursprünglichen amerikanischen Ausgabe, sondern hat auch viel zu der Bearbeitung des Materials beigetragen, was dieser deutschsprachigen Ausgabe sehr zugute kam. Helene Dukas, die fast drei Jahrzehnte lang als Einsteins Sekretärin tätig war und seit seinem Tod mit ausserordentlichem Pflichtgefühl und seltener Hingebung das Einstein-Archiv verwaltet, erschloss für uns eine Fülle wichtigen Materials. Sie gab uns auf Grund ihrer intimen Vertrautheit mit dem Archiv und ihrer reichen Erfahrung viele wertvolle Ratschläge, die niemand anders uns hätte geben können. Wenn je dieser oft gebrauchte Ausdruck dankbarer Anerkennung berechtigt war, dann ist es in diesem Falle nicht die geringste Übertreibung hier festzustellen, dass ohne die selbstlose und unermüdliche Mitarbeit von Helene Dukas dieser Band nie Wirklichkeit geworden wäre.

New York, März 1975

Otto Nathan
Heinz Norden

EINLEITUNG

Mein letztes Gespräch mit Albert Einstein fand wenige Stunden vor seinem Tode statt. Er sprach über die Gefährdung der Staatsbürgerrechte in den Vereinigten Staaten seit Ende des Zweiten Weltkriegs, sowie über die Wiederaufrüstung Deutschlands – zwei Probleme, die ihn in seinen letzten Jahren sehr beschäftigten und die er häufig, und immer mit grosser Sorge, mit mir besprochen hatte. Die Aufrüstung Deutschlands erschien ihm als äusserst unklug, denn er sah darin ein schweres Hindernis auf dem Weg zu einem wahren Frieden in der Welt. Wenige Tage zuvor hatte er einen Aufruf unterschrieben, in dem er und zehn andere Gelehrte die Welt vor der völligen Vernichtung der Menschheit warnten, die unausweichlich sei, wenn die Institution des Krieges nicht sehr bald abgeschafft werde. Diese Unterschrift war die letzte seines Lebens, und es war charakteristisch und symbolisch, dass sie der schicksalsschweren Frage von Krieg und Frieden gewidmet war, die so viele Jahre seines Lebens und Schaffens überschattet hat.

Ich war in London, als dort der Aufruf der Gelehrten einige Monate später bekanntgemacht wurde. Ich sprach mit Bertrand Russell, der hauptsächlich für den Aufruf verantwortlich war, über die einzigartige Rolle, die Einstein im Kampf gegen den Krieg gespielt hat, einem Kampf, der jetzt dringlicher und entscheidender als je zuvor geworden war. Während dieser Unterhaltung fasste ich den Plan zu dem vorliegenden Band. Einsteins Stimme war verstummt. Er konnte den Kampf um den Frieden nicht mehr selbst führen. Aber es schien mir, dass seine vielen Schriften, die seinen nie ermüdenden Einsatz gegen Militarismus und Krieg bezeugen, zu einem bedeutsamen Hilfsmittel im Ringen um eine bessere und friedlichere Welt werden könnten.

Darum erachtete ich es als sinnvoll, dass die erste Veröffentlichung aus Einsteins Schrifttum nach seinem Tode seinen vielfältigen Bemühungen um die Abschaffung des Krieges gewidmet werden sollte. Es scheint nötig, das kurz zu erklären. Es unterliegt keinem Zweifel, dass Einsteins Leidenschaft, das Verständnis der inneren Zusammenhänge des Weltalls zu vertiefen und zu verfeinern, alles andere in seinem Leben überschattete. Die Wissbegierde um die Gesetze, die die Natur beherrschen, wurde in ihm geweckt, als er noch ein Kind war und zum ersten Mal einen ihn faszinierenden Kompass sah; und bis zum

Ende seiner Tage hat das wissenschaftliche Interesse sein Leben beherrscht. Ich weiss jedoch von der gemeinsamen Arbeit in den vielen Jahren, in denen ich Einsteins Freundschaft und Vertrauen genoss, dass ihm, ausser seinem hingebenden Interesse an wissenschaftlichen Problemen, nichts wichtiger war und nichts mehr am Herzen lag als der tiefgefühlte Wunsch, dass Kriege für immer abgeschafft würden.

Einstein hat für die Abschaffung des Krieges gearbeitet, nicht nur weil er jede Brutalität zutiefst verachtete und weil er es als gewissenlos betrachtete, internationale Konflikte durch die Tötung von Menschen lösen zu wollen. Ihn trieb auch ein anderes Motiv. Er war überzeugt, dass solange der Krieg als eine sogenannte legitime Institution bestand, wahre Geistesfreiheit des Individuums, die er als die unentbehrliche Grundlage der menschlichen Gesellschaft betrachtete, nicht verwirklicht werden könne: das Bestehen militärischer Einrichtungen; die Erziehung der Jugend zu Sklaven abscheulicher, gesellschaftsfeindlicher Zwecke; der moralisch zermürbende Einfluss von Kriegsvorbereitungen auf das gesamte politische und soziale Dasein eines Volkes – all dies erschien Einstein als mit der Würde freier Menschen unvereinbar.

Einstein war Sozialist. Sein Glaube an den Sozialismus hatte verschiedene Gründe. Einstein befürwortete vollkommene Gleichheit unter den Menschen. Er war ein Gegner der Klassenspaltung des Kapitalismus. Ihm widerstrebte die Ausbeutung des Menschen durch den Menschen, die der Kapitalismus seiner Ansicht nach in schlauerer, undurchsichtigerer Weise ermöglicht hatte als jede andere vorausgegangene Wirtschaftsordnung. Er war Sozialist, weil nach seiner Überzeugung die kapitalistische Wirtschaftsordnung nicht der Wohlfahrt *aller* Menschen dient und weil die wirtschaftliche Anarchie des Kapitalismus die Quelle vieler Übel der zeitgenössischen Gesellschaft ist. Er war, schliesslich, Sozialist, weil er überzeugt war, dass der Mensch das mit der allgemeinen Wohlfahrt harmonierende Höchstmass von persönlicher Freiheit wahrscheinlich in einem sozialistischen Gemeinwesen weit eher erreichen kann als in irgend einer anderen uns Menschen bekannten Gesellschaftsform.

Einsteins Sozialismus war weder das Ergebnis methodischer Studien noch durch eine der verschiedenen sozialistischen Ideologien begrenzt. Sein Sozialismus war vielmehr eine tiefe menschliche Reaktion auf die Ungerechtigkeiten der Welt, in der er lebte. Sein freier, ungefesselter, jeglicher Beschränkung feindlicher Geist duldete keine Einengung des Gedankens, der Tat oder der Meinungsäusserung. Seinem systematisch geschulten Denken entsprach der Glaube an die Notwendigkeit einer zentral geplanten Wirtschaft, die eine geordnete Regelung von Erzeugung und Verteilung der Güter ermöglicht und die die Arbeitskraft des Menschen im Interesse der Allgemeinheit verwendet. Aber er übersah keineswegs die Probleme, die in einer vollkommen geplanten Gesellschaft entstehen und "von der völligen Versklavung des Individuums begleitet" sein können. Denn Einstein fürchtete immer die Wirkungen der Machtkonzentration in der Gesellschaft, gleichgültig welchem Wirtschaftssystem eine solche Konzentration dienen möge. Dass er so oft die Entwicklung wahrer politischer Demokratie als unerlässlich bezeichnete, entsprang nicht nur seinem innersten Gefühl für echte Gleichheit unter den Menschen; wahre Demokratie erschien ihm auch unentbehrlich als Schutz gegen den Missbrauch wirtschaftlicher Macht, in der er eine ständige Bedrohung des Gemeinwohls sah.

Diese Furcht vor konzentrierter Macht und vor den Herrschaftsgelüsten, die von solcher Macht ausgelöst werden können, machte es für Einstein unmöglich, im Sozialismus einen wirksamen Schutz gegen den Krieg zu sehen. Im Gegensatz zu anderen Sozialisten glaubte er nicht, dass sozialistische Länder nie Krieg gegeneinander führen würden. Er war besorgt, der Machttrieb unter ihnen könnte genau so stark und verhängnisvoll werden wie in kapitalistischen Ländern. Darum war für Einstein, auch in einer Welt des Sozialismus, die Abschaffung des Krieges als legitime Institution eine unabdingbare Voraussetzung des Friedens.

Ich war mir immer bewusst, dass diese rationale Darstellung die sorgenvollen Bemühungen Einsteins um eine friedliche Welt nicht genügend erklären kann. Es ist schwierig, wenn nicht unmöglich, die innersten Motive eines Menschen aufzuhellen, die ihm selbst oft nicht sichtbar sein mögen und die sowohl für seine Handlungen wie auch für die Unterlassung gewisser Handlungen verantwortlich sind. Trotz dieser Schwierigkeiten, deren ich mir völlig bewusst bin, möchte ich hier einige Überlegungen niederschreiben, die mich oft bewegten, wenn ich versuchte, das Phänomen Einstein zu verstehen. Er selbst hat einmal gesagt, sein Pazifismus sei nicht durch irgendeine intellektuelle Theorie, sondern durch seinen tiefen Abscheu vor jeder Form der Grausamkeit und des Hasses bedingt. Woher aber kam diese Abscheu, der ihn über vier Jahrzehnte hindurch zu einem leidenschaftlichen Kämpfer gegen den Krieg machte, wobei er viel von der Zeit und Energie opferte, die er sonst nur sehr ungern seiner wissenschaftlichen Arbeit entzog? Ist es möglich, dass diese Abscheu so mächtig wurde gerade wegen seiner Arbeit als Wissenschaftler?

Soweit wir feststellen konnten, hat Einstein seinen pazifistischen Überzeugungen zum ersten Mal nach Ausbruch des Ersten Weltkriegs öffentlich Ausdruck gegeben. Damals hatte Einstein schon einen hervorragenden Ruf in der wissenschaftlichen Welt, und seine Bedeutung für die Geschichte der Wissenschaft war bereits fest etabliert. Einstein war ein tief religiöser Mensch – ein religiöser Ungläubiger, wie er sich einmal selbst nannte. Mit einem Gefühl echter Demut blickte er auf die Schöpfungen der Natur. Immer wieder betrachtete er mit grosser Ehrfurcht die Bäume vor seinem Studierzimmer, voll Bewunderung für den Reichtum und die Schönheit ihrer Zweige und Blätter, und doch mit dem Bewusstsein, dass der Mensch nach Jahrtausenden der Forschung und Beobachtung immer noch so furchtbar wenig über das innerste Wesen der Natur wisse. Als er im Sommer 1914 gegen den Krieg als etwas "Unglaubliches" rebellierte und als er sich über seine Zugehörigkeit zu "dieser verrückten, verkommenen Spezies" beklagte, muss er, glaube ich, gefühlt haben, dass das, was der Mensch in einem Kriege tut, die höchsten Gesetze des Universums verletzt und dass das vorsätzliche Morden von Millionen dem Sinn der Natur, für die er als Wissenschaftler tiefste Ehrfurcht empfand, völlig widerspricht. Offenbar war *das* die Hauptquelle seines Abscheus vor aller Brutalität, das Leitmotiv hinter seinen vielen Bemühungen um die Abschaffung des Kriegs als einer legitimen Institution. Gerade weil er sich als Wissenschaftler dem höchst abstrakten Versuch widmete, das menschliche Verständnis der Natur zu vertiefen, fühlte er das zwingende Bedürfnis, die Menschen davon zu überzeugen, dass der Wille der Natur nicht verletzt werden dürfe; und gerade darum hatte er seit langem den Wunsch gefasst, sich einem höchst konkreten, wenn auch mitunter entfernt scheinenden, Ziel zu widmen: dem Kampf um die Fortdauer und schöpferischen Erfülltheit des menschlichen Daseins.

Es gab Menschen, die Einstein politischer Naivität beschuldigten, und die behaupteten, er sei in der Unterstützung unkonventioneller Bestrebungen allzu grosszügig gewesen. Solche Kritiker haben offenbar nicht gewusst, dass er nie seinen Namen und sein Prestige für eine Bewegung hergab, die seiner Grundeinstellung entgegenhandelte. An seiner grundsätzlichen politischen Philosophie hielt er lebenslang fest, aber nie war er ein strenger Dogmatiker oder engstirnig in der Anwendung seiner politischen Ansichten auf die Probleme, die die jeweilige politische Entwicklung aufwarf. Dies bewies er besonders in zwei bedeutsamen Anlässen in den Jahren der Nazi-Herrschaft. In der Zeit der Weimarer Republik hatte sich Einstein leidenschaftlich für die Idee der Kriegsdienstverweigerung eingesetzt, von der er grosse Unterstützung für die Abschaffung des Krieges erhoffte. Er war einer der Führer dieser internationalen Bewegung geworden. Kurz nach der Machtergreifung der Nazis erklärte er, dass er die Sache der Kriegsdienstverweigerung nicht mehr vertreten könne. Aus pazifistischen Kreisen wurde er darob äusserst heftig angegriffen. Aber er selbst sah in seiner Haltung keine Abweichung von seiner grundsätzlichen politischen Philosophie und betrachtete sich nach wie vor als überzeugten und unbedingten Pazifisten, der jedoch angesichts der so krass geänderten politischen Entwicklung in Deutschland nicht an einer starren Linie festhalten konnte.

Für Einstein bedeutete Pazifismus die Verwirklichung einer Weltorganisation, die den Krieg abschaffen würde und den internationalen Frieden ohne Waffen und ohne Gewalt garantieren könnte. Pazifismus bedeutete aber nicht, dass die Welt unbewaffnet bleiben müsse, während Nazi-Deutschland offen einen Angriffskrieg vorbereitete. Einstein glaubte vielmehr, der Sache des Pazifismus am besten dadurch dienen zu können, dass er die Länder des Westens zur Rüstung gegen die Gefahr des Nazismus aufrief; denn er hielt einen Krieg umso eher für vermeidbar, je mehr Nazi-Deutschland wusste, dass der Westen für den Fall eines deutschen Angriffs militärisch gerüstet sei.

Aus ähnlichen Überlegungen handelte Einstein, als er im Sommer 1939 in seinem schicksalhaften Brief Präsident Roosevelt von der Möglichkeit des Baus von Atombomben unterrichtete und dem Präsidenten nahelegte, die amerikanische Regierung möge ein aktives Interesse an der Beschleunigung der wissenschaftlichen Forschungsarbeit für Erzeugung von Atomenergie und Atombomben nehmen. Einstein unterbreitete Roosevelt diesen Vorschlag nicht etwa, weil er die Anwendung der kommenden monströsen Atomwaffen durch die Vereinigten Staaten wünschte; sondern er hoffte, dass Deutschland, das, wie Einstein annahm, wahrscheinlich bald solche Bomben herstellen könne, von ihrer Anwendung eher Abstand nehmen würde, wenn es bekannt sei, dass die Vereinigten Staaten auch im Besitz solcher Atombomben wären. Sowohl 1933 wie auch 1939 – in der Frage der Aufrüstung des Westens wie in der der Atomenergie – handelte Einstein aus einer realistischen Einschätzung der Kräfte, die Krieg und Zerstörung vorbereiteten. Er sah in der augenscheinlichen Schwäche unbewaffneter oder ungenügend bewaffneter Nationen alles andere als einen Schutz gegen die faschistische Angriffslust. Ausserdem wusste er, dass internationale Verträge zur Erhaltung des Friedens von faschistischen Staaten kaum angenommen und sicherlich nicht eingehalten werden würden.

Von Natur aus war Einstein Internationalist. Er verachtete und verwarf jeglichen Nationalismus und Chauvinismus, in deren Auswüchsen er die Ursachen vieler Übel in der Welt sah. Er beklagte die Existenz politischer Grenzen wegen ihrer verhängnisvoll zerklüftenden Wirkungen auf das Leben der Völker. Die Arbeit als Wissenschaftler war notwendigerweise international, trotz der von Einstein scharf kritisierten Versuche, die in den letzten Jahrzehnten seines Lebens zur Geheimhaltung der Ergebnisse wissenschaftlicher Forschung gemacht wurden. Einsteins Hoffnung auf verstärkten kulturellen und wissenschaftlichen Austausch zwischen Völkern der Welt kam oft zum Ausdruck: im Jahre 1914 in seinem Vorschlag eines vereinten Europas, in 1919 in seinem Eintreten für den Völkerbund und in 1945 in seiner Unterstützung der Vereinten Nationen. Aber sein Glaube an die Notwendigkeit einer solchen Weltorganisation war mehr noch durch eine andere Überlegung gestärkt worden: Einstein hatte bereits in frühen Jahren erkannt, dass die Erhaltung des internationalen Friedens die teilweise Aufgabe der einzelstaatlichen Souveränität erfordere. Die Einschränkung der Souveränität sollte, nach Einsteins oft wiederholtem Vorschlag, zugunsten einer supranationalen Organisation erfolgen, die die administrativen und rechtlichen Befugnisse zur bindenden Schlichtung internationaler Konflikte besitzen würde und der allein das Recht zum Unterhalt militärischer Kräfte übertragen werden müsste. Einstein hoffte, dass die Statuten des Völkerbundes und, später, der Vereinten Nationen so geändert werden könnten, dass eine Weltorganisation zur Sicherung des Weltfriedens entstehen würde. Mit der zunehmenden Destruktivkraft moderner Waffen gewann Einsteins Forderung nach einer starken, handlungsfähigen Weltorganisation immer grössere Bedeutung.

Die Herstellung der Atombombe und ihre Verwendung gegen japanische Städte im Jahre 1945 steigerte Einsteins Unduldsamkeit gegenüber allen schwächlichen und trügerischen Friedensvorschlägen. Nie hatte er geglaubt, dass eine in kleinen Abschnitten vollzogene Abrüstung zu vollständiger Abrüstung und zur Abschaffung des Krieges führen könnte; denn er war überzeugt, dass eine Nation nicht gleichzeitig rüsten und abrüsten könne. In anderen Worten: um zur vollständigen Abrüstung führen zu können, muss die Teilabrüstung begleitet sein von einem Plan der Gesamtabrüstung, sowie von der sofortigen Einstellung jeglicher Rüstungsmassnahmen und jeglicher Kriegsvorbereitungen. Einstein fühlte sich in diesen Ansichten über Abrüstung noch gestärkt, als nach Ende des Zweiten Weltkriegs ein Kernwaffenkrieg möglich geworden war, der zur Vernichtung der gesamten Menschheit führen könnte. In jenen Nachkriegsjahren nahm er besonders aktiv an den verschiedenen Bestrebungen für eine Weltregierung teil. Eine Weltregierung erschien ihm nicht als eine Institution, die die Hauptfunktionen der bestehenden nationalen Regierungen zu übernehmen hätte, sondern als eine Organisation, deren klar begrenzte Autorität ausschliesslich der Erhaltung des Weltfriedens dienen würde; Eingriffe der Weltregierung in die Souveränität der Mitgliedsstaaten wären auf das Gebiet internationaler Friedenssicherung zu beschränken. Der Gedanke, einen über diese spezifische Aufgabe hinausgehenden Machtapparat zu schaffen, lag Einstein völlig fern. Im Gegenteil, abgesehen von der Sicherung des Friedens durch eine zentrale supranationale Behörde, befürwortete er politische Dezentralisierung.

Die vielen in diesem Band gesammelten Dokumente zeigen in Einstein einen Mann mit einer seltenen, nie zögernden Entschlossenheit, die, wie er sie selbst einmal nannte, "hervorragendste aller menschlichen Bestrebungen – guten Willen unter den Menschen und Frieden auf Erden" zu fördern. Dieses Buch handelt bewusst nur von einer Seite des ungewöhnlich reichen und schöpferischen Lebens Einsteins. Trotzdem wird der Leser einen klaren Begriff der ausserordentlichen Persönlichkeit Einsteins gewinnen; das ist so, gleichgültig mit welcher Seite seines wissenschaftlichen oder nicht-wissenschaftlichen Lebens man sich auch befassen mag.

Einstein genoss einen einzigartigen Ruf in der Welt, wie vielleicht kein anderer Mensch seiner Zeit: er wurde geschätzt, bewundert, verehrt und geliebt. Sein Name hatte einen ganz besonderen Klang für die Mächtigen der Welt wie für die ihm unbekannte Masse. Das kam zum Teil wohl daher, dass sein Name mit einer aussergewöhnlich bedeutsamen wissenschaftlichen Entdeckung verbunden war, aber wahrscheinlich noch mehr von der ihm angeborenen tiefen Menschlichkeit, die Freunde wie Fremde auf merkwürdige Weise fühlten. Menschen überall haben offenbar etwas von den besonderen Eigenschaften dieses Mannes verspürt, die sich in vollem Masse nur im persönlichen Verkehr mit ihm offenbarten – etwas von der Wärme und dem Reiz der Persönlichkeit, der entwaffnenden Informalität, mit der er Freunde wie Fremde empfing, der echten Anspruchslosigkeit und Bescheidenheit, die den Berühmten und den Mächtigen so oft fehlt, und der unsentimentalen und offenen Art, mit der er seine Unterhaltungen führte. Die Kleider, die er trug, die Nahrung, die er zu sich nahm, die Möbel, die in seinem Studierzimmer standen – alles war ein Ausdruck seiner äusserst schlichten Lebensform, die sich nur schwer in Worten schildern lässt. Einstein machte keinen Gebrauch von Dingen, die nicht unbedingt nötig oder wichtig für sein Dasein waren. Er hatte seine Tage mit grösster Sparsamkeit in materiellen Dingen wie in der Ausnützung der Zeit organisiert und hatte alles Überflüssige ausgeschaltet, zugunsten dessen, was wesentlich und lebensbereichernd schien. Einfachheit kennzeichnete sogar sein persönliches Gefühlsleben, soweit es dem Aussenstehenden erlaubt war, sich darüber Rechenschaft zu geben. Denn trotz seiner grossen Wärme lag, von wenigen Anlässen abgesehen, eine fast unüberbrückbare Distanz zwischen ihm und den Menschen, mit denen er Umgang hatte. Obwohl Einstein die Gesellschaft weniger Freunde sehr schätzte und Freude daran hatte, war er doch im Grunde ein Einsamer. Und er litt unter dieser Einsamkeit. Oft hatten seine Augen einen traurigen, weltverlorenen Blick, als wolle er zu den letzten Mysterien des Universums vorstossen.

Er war sich der ironischen Tatsache bewusst, dass das Leben ihm auch physische Einsamkeit aufgezwungen hatte. Seine ungewöhnliche Berühmtheit und seine allgemein bekannte Gestalt hatten ihn fast zu einem Gefangenen in seinem eigenen Haus und dessen unmittelbarer Umgebung gemacht, da die Aufmerksamkeit, die er überall erregte, ihm, trotz all seiner Güte, oft lästig wurde. Der Zauber, der von ihm ausging, erlaubte ihm nicht, das Alltagsleben zu leben, wie es von Millionen gelebt wird. Es war ihm versagt, überall dahin zu gehen, wohin er hätte gehen mögen, all das zu tun, was ihm vielleicht Freude gemacht hätte, und mit all den Menschen Umgang zu pflegen, die sein Interesse erregt haben mochten. Umso rührender war es, das Vergnügen zu beobachten, das er empfand, wenn er bei seltenen Gelegenheiten etwas "unternahm", das zum täglichen, selbstverständlichen Leben und Tun von Millionen Menschen gehört.

Einstein war sich zwar der Verehrung bewusst, die die Welt für ihn empfand, aber er konnte sie sich nicht erklären und hielt sie für unverdient. So sehr verlegen er darüber war, er konnte und wollte sich nicht verhehlen, dass ihm das einzigartige Ansehen, das er in seiner Umgebung wie in der Welt besass, grosse Möglichkeiten bot, zugunsten einzelner Menschen wie der Gesellschaft im ganzen tätig zu sein. So empfand er zutiefst die Verpflichtung, seinen Einfluss geltend zu machen, wenn immer er auf Erfolg hoffen konnte. Er war jederzeit bereit, seine wissenschaftliche Arbeit zu unterbrechen (die ihn selbst dann geistig beschäftigte, wenn er andersweitig in Anspruch genommen war), um Zeit und Energie einem Einzelmenschen oder einer politischen Sache zu widmen. Zu diesem Zweck empfing er Besucher, studierte Dokumente, entwarf öffentliche Erklärungen oder tat, was sonst der Augenblick verlangte. Dabei war es für ihn ohne Belang, ob ein hervorragender Wissenschaftler oder ein völlig Unbekannter an ihn herangetreten war. Es kam ihm immer nur auf die Sache an, und er handelte ohne Aufschub und mit Feingefühl für die Empfindlichkeit des Hilfesuchenden, wer immer er auch sein mochte.

Die Ideen und Bewegungen, die Einstein unterstützte, konnten nicht aufgeschoben werden, sie waren immer dringend: Bürgerrechtsprobleme, Demokratie, Sozialismus, die jüdische Frage, Probleme der sozialen und wirtschaftlichen Gerechtigkeit, Erziehung Aller für ein produktiveres und sinnvolleres Leben. Aber, im Lauf der Jahre, wurde nichts wichtiger und dringender für Einstein als der Kampf um die Abschaffung des Krieges. Dazu trug vor allem die Enttäuschung bei, die Einstein über die geringen Fortschritte in seinem Ringen um die Erstellung einer Weltregierung empfand. Es war tragisch, dass die grossen wissenschaftlichen Entdeckungen, an denen Einstein einen so führenden Anteil hatte, während seiner Lebenszeit nicht zur Verbesserung der menschlichen Arbeits- und Lebensbedingungen, sondern zur Verschlimmerung der Terror- und Zerstörungsmittel benützt wurden. Während seiner letzten Jahre musste Einstein es erleben, dass die Vorbereitungen zum Krieg immer umfangreicher und die Aussichten auf eine Erhaltung des Weltfriedens immer unsicherer wurden. In den Vereinigten Staaten wurde der Kampf gegen den Krieg immer schwieriger. Pazifisten wurden des mangelnden Patriotismus bezichtigt und politisch verfolgt. Als die Zahl derer, die aktiv für die Erhaltung des Friedens kämpften, kleiner und kleiner wurde, fühlte sich Einstein mehr und mehr vereinsamt. Er beklagte die Passivität im akademischen Lager, sowie die Unkenntnis der gefahrdrohenden Wirklichkeit von Seiten vieler anderer, die der nationalistischen Propaganda zum Opfer gefallen waren. Der Mangel an wahrer Opposition gegen die Kriegsvorbereitungen und der reine Wahnwitz, den die Welt im Hinblick auf die Gefahr der Atomwaffen zu offenbaren schien, erregten in aufs tiefste. Dennoch verzweifelte er nicht. Ich glaube, er verzweifelte nicht, weil er nie den Glauben an die Macht der *Vernunft* verlor. Oft schlug er Appelle an das Weltgewissen durch Menschen unzweifelhafter Verdienste und hohen Ansehens vor; er war überzeugt, dass die Stimme von vernünftigen Menschen nicht ungehört verhallen könne. Das erklärt, dass er sich ohne jedes Zögern Bertrand Russell und einer kleinen Gruppe anderer Wissenschaftler in dem Aufruf an die Menschheit anschloss, die Grösse der drohenden Atomkatastrophe zu erkennen und danach zu handeln. Das war im April 1955 – es war, wie bereits gesagt, Einsteins letzte Tat.

Als ich mich zur Vorbereitung dieses Bandes entschloss, hoffte ich, dass die

Wirkung der gesammelten Schriften Einsteins zum Friedensproblem einen neuen Appell an die Vernunft der Welt darstellen werde. Damals (im Herbst 1955) schrieb ich: "Die Welt ist jetzt an einem Punkt angelangt, wo es immer klarer wird, dass der Kampf für den Frieden sich auf die Abschaffung der nationalen Heere und des Krieges als Institution konzentrieren muss. Die Entwicklungen der letzten Jahre haben das Problem der internationalen Sicherheit nicht nur in quantitativer, sondern auch in qualitativer Beziehung geändert. Angesichts der ausserordentlichen Bedrohung der Menschheit sind konventionelle Abrüstungsverhandlungen völlig unzureichend geworden. Die Klarheit und Unbeirrbarkeit, die Einsteins Anschauungen und Äusserungen über Krieg und Frieden während vier Jahrzehnten auszeichneten und die sich in seinen Schriften kundtun, sollten die Welt dazu anregen, diejenigen Verhandlungen jetzt zu beginnen, die dringlich und unvermeidlich geworden sind – Verhandlungen zur Abschaffung des Krieges."

Das trifft, wie mir scheint, heute noch genau so zu wie vor fast zwei Jahrzehnten, als ich es niederschrieb. Wahre Verhandlungen für eine Welt ohne Kriege haben immer noch nicht begonnen. Aber die Menschheit ist heute für solche Verhandlungen innerlich reifer als zur Zeit von Albert Einsteins Tod. Auf ihre eigene, subtile Weise rütteln die Kräfte der geschichtlichen Entwicklung an der menschlichen Vernunft und treiben die Menschheit in die Richtung der Hoffnung Einsteins: einer Welt ohne Kriege.

New York, März 1975 — Otto Nathan

VORWORT

Es ist gut, Einsteins Briefe und Schriften über nichtwissenschaftliche Themen gesammelt vor uns zu haben. Einstein war nicht nur der fähigste Wissenschaftler seiner Generation. Er war auch – und das ist durchaus nicht dasselbe – ein Weiser. Hätten die Staatsmänner auf ihn gehört, wäre das Weltgeschehen weniger unheilvoll verlaufen. Jene Menschen, die man als "praktisch" zu rühmen pflegt, verurteilen jeden, der die Dinge in einem weiteren Rahmen sieht, als Utopisten. Sie glauben, in der Politik dürfe niemand mitreden, dem nicht neun Zehntel aller wichtigen, entscheidenden Tatsachen unbekannt sind oder der sie in den Wind zu schlagen bereit ist. Darum blieb die Stimme Einsteins ungehört. In Deutschland wurde während der Hitlerherrschaft die Relativitätstheorie als jüdischer Trick verdammt, nur dem Zweck dienend, unter den Ariern Verwirrung anzurichten. Da Hitler und Himmler die Theorie offensichtlich nicht verstanden, folgerten sie, dass kein Arier sie verstehen könne. In den Vereinigten Staaten, wo Einstein nach seiner Verstossung aus Deutschland lebte, wurde er verdientermassen als Wissenschaftler hoch geehrt; aber wenn er sich zu politischen Fragen äusserte, erschien das den meisten als unerwünschte Einmischung.

Ich gehörte zu denen, die fast immer mit ihm übereinstimmten. Wir rebellierten beide gegen den Ersten Weltkrieg, und beide hielten wir den zweiten für unvermeidlich. Auch waren wir beide von der grauenhaften Möglichkeit eines Wasserstoffbombenkriegs tief beunruhigt. Unterstützt von vielen hervorragenden Wissenschaftlern, entschlossen wir uns zu einem gemeinsamen Aufruf gegen die drohende Gefahr. Ich übersandte Einstein den Entwurf einer Erklärung. Bevor ich seine Antwort in Händen hatte, hörte ich auf einem Flug von Rom nach Paris die Nachricht von seinem Tode. Bei der Ankunft in Paris fand ich den Brief, der sein Jawort zur Unterzeichnung des Aufrufs enthielt. Dieser Brief muss eine der letzten Handlungen in seinem Leben gewesen sein.

Wir hatten einander von Zeit zu Zeit, aber gewöhnlich nur kurz, gesehen. Während meines Aufenthalts in Princeton im Jahre 1943 lernten wir einander näher kennen. Damals besuchte ich ihn wöchentlich, um mit ihm und Pauli und Gödel gewisse Probleme der Wissenschaftsphilosophie zu besprechen. Pauli und Gödel sind eminente Männer auf ihren Fachgebieten, aber Einstein überragte selbst die Eminenten. Unsere zwanglosen Unterhaltungen waren ausserordentlich aufschlussreich und wertvoll.

Wenn es sich um Annahme oder Ablehnung einer wissenschaftlichen Theorie handelte, war Einsteins Haltung sehr verschieden von der Methode, die Francis Bacon empfohlen hatte. Gewiss, Kenntnis der Tatsachen muss die Grundvoraussetzung bleiben. Aber wenn eine Theorie wirklich von Wert sein soll, kann sie nicht nur aus sorgfältigen individuellen Beobachtungen abgeleitet werden; sie muss vielmehr das Produkt plötzlicher schöpferischer Erkenntnis sein, dem Werk des Dichters oder Komponisten vergleichbar. Als Eddington es unternahm, Einsteins Voraussagen durch die Beobachtung der Sonnenfinsternis des Jahres 1919 zu verifizieren, war Einstein an dem Ergebnis weit weniger interessiert als Eddington. Ich erinnere mich in diesem Zusammenhang an die Geschichte der Dame, die zu Whistler bewundernd sagte, die Battersea-Brücke habe, als sie sie sah, genau so ausgesehen, wie er sie gemalt habe. Worauf Whistler erwiderte: "Ja, ja, die Natur macht sich allmählich!" So hat Einstein vielleicht gedacht, das Sonnensystem "mache sich allmählich", indem es sich dazu entschied, seine Theorien zu bestätigen. Einsteins Methode lässt sich kaum in einer Reihe von Schulbuchsätzen zusammenfassen. Das Rezept müsste etwa so lauten: "Man mische überragendes Genie mit allumfassender Phantasie, füge das erfolgreiche Studium der zu erforschenden Materie hinzu und warte dann auf Erleuchtung". Die Schwierigkeiten dieses Rezepts ergeben sich aus seinem ersten Bestandteil.

Einstein war ein wunderbarer Mensch. Trotz Genius und Ruhm blieb er immer ausserordentlich bescheiden. Jeder Superioritätsanspruch war ihm fremd. Nie sah ich an ihm auch nur das geringste Zeichen von Eitelkeit oder Neid – Lastern, denen selbst grosse Geister wie Newton und Leibniz verfallen sind. Seine Studien und seine Geige müssen ihm ein hohes Glücksgefühl gebracht haben, aber seine umfassenden humanitären Sympathien, vor allem auch seine Sorge um die Zukunft der Menschheit, schlossen stoische Passivität und Gelassenheit aus.

Sein ganzes Leben lang war Einstein um die Freiheit des Individuums besorgt. Nie fehlte es ihm an dem Mut, den die Situation gebot, und er forderte andere, freilich oft erfolglos, auf, seinem Beispiel zu folgen. Er hatte es miterlebt, wie in Deutschland die Freiheit der Person durch die Machtergreifung der Nazis ausgelöscht wurde; darum erkannte er wachsam und rasch die Gefahr ähnlicher Katastrophen in anderen Ländern. Für die grossen Bataillone hatte er nichts übrig, und seine Einstellung zu Regierungen unterschied sich nicht wesentlich von der der jüdischen Propheten. Er war nicht nur ein grosser Gelehrter, sondern vor allem anderen ein grosser Mensch. Es ist gut, ihn gekannt zu haben, und das Bild seiner Persönlichkeit bleibt eine tröstliche Erinnerung.

Bertrand Russell

1. Kapitel

DER KRIEG
1914–1918

Im Frühjahr 1914 verliess Albert Einstein die Schweiz und übersiedelte – nicht ohne gewisse innere Skrupel – nach Berlin, der Hauptstadt Deutschlands. Der damals Fünfunddreissigjährige hatte als mathematischer Physiker in der wissenschaftlichen Welt bereits hohen Ruhm erworben. Der Ruf nach Berlin bedeutete eine neue grosse Ehre. Berühmte Gelehrte waren nach Zürich gekommen, um ihn zur Niederlegung seines Lehrpostens an der Eidgenössischen Technischen Hochschule zu bewegen. Die neue Stelle war in mehrfacher Richtung verlockend: Einstein sollte Direktor des neugegründeten Instituts für Physik an der Kaiser-Wilhelm-Gesellschaft zur Förderung der Wissenschaften, einer der hervorragendsten Forschungsstätten Europas, werden; gleichzeitig Mitglied der hochangesehenen Königlich Preussischen Akademie der Wissenschaften, eine vielbegehrte Auszeichnung, die manchen weit älteren Gelehrten nie zuteil wurde; schliesslich Professor an der Berliner Universität – überdies ohne jegliche Lehr- oder Verwaltungspflichten. Hinzu kam die Attraktion eines stattlichen Einkommens. Im Ganzen: eine ungewöhnliche Chance für einen Mann, der schon damals dem Bild des weltfremden Wissenschaftlers entsprach.

Einsteins Temperament und die Kühnheit seiner wissenschaftlichen Konzeptionen hoben ihn von vornherein von seiner Umwelt ab. Ohne Eitelkeit oder Überheblichkeit, liebenswürdig, gütig und stets zum Lachen geneigt, war er doch, wie er selbst sagte, ein "Einspänner". Er ging seinen Weg allein und schöpfte Kraft aus der Einsamkeit. Schon als Junge hatte er alles Autoritäre und Militaristische, allen Nationalismus und alle Bigotterie leidenschaftlich gehasst. "Vorurteile, Ungerechtigkeiten und reaktionäre Ideen empörten ihn immer", schrieb Maurice Solovine, der Studien- und Fachkollege und langjährige Freund Einsteins[1]. Bereits vor seiner Übersiedlung nach Berlin war Einstein Pazifist gewesen; soweit jedoch bekannt ist, hatte er seine politischen Anschauungen bis zu diesem Zeitpunkt nie öffentlich geäussert.

Erst der Ausbruch des Weltkriegs im August 1914 machte ihn zum Aktivisten. Die Schockwirkung des Kriegs war nicht nur im Leben der direkt beteiligten Länder, sondern weit über das unmittelbare Kriegsgebiet hinaus spürbar. Tod und Vernichtung, Hunger und Entbehrung in den kriegführenden Ländern waren nur die sichtbarsten Zeichen der Katastrophe. Weniger sichtbar, aber nicht weniger verhängnisvoll war der Bruch in den menschlichen, politischen, kulturellen und wissenschaftlichen Beziehungen der ganzen Welt.

Einstein war durch das, was er sah, tief erschüttert. Die Tatsache, dass ein Krieg überhaupt noch möglich war und dass er derart riesige Dimensionen annehmen konnte, stimmte ihn tief nachdenklich. Das Erlebnis der Katastrophe führte eine radikale Änderung seines Lebens herbei. Sein wissenschaftliches Werk blieb weiter im Zentrum seines Lebens. Aber hinzu trat jetzt ein neues Element. Einstein wurde bewusst zum Weltbürger, der sich den Kampf gegen den Krieg, dessen Schrecken sich Tag für Tag vor ihm entfalteten, zur lebenslangen Aufgabe setzte.

Zwei Briefe aus den ersten Kriegsmonaten manifestieren Einsteins Gedanken und Empfindungen in jener Zeit. Beide waren an einen seiner engsten Freunde, Paul Ehrenfest, den an der Universität Leiden (Holland) lehrenden Physiker, gerichtet[2]. Der erste stammt aus der dritten Kriegswoche (19. August 1914):

> Unglaubliches hat nun Europa in seinem Wahn begonnen. In solcher Zeit sieht man, welch trauriger Viehgattung man angehört. Ich döse ruhig hin in meinen friedlichen Grübeleien und empfinde nur eine Mischung von Mitleid und Abscheu. Mein guter Astronom Freundlich [Professor Erwin F. Freundlich vom Königlichen Observatorium in Potsdam] wird in Russland statt der Sonnenfinsternis die Kriegsgefangenschaft erleben. Mir ist bange um ihn.

Einsteins zweiter, Anfang Dezember geschriebener Brief an Ehrenfest enthält folgende Bemerkungen:

> Die internationale Katastrophe lastet schwer auf mir internationalem Menschen. Man begreift schwer beim Erleben dieser "grossen Zeit", dass man dieser verrückten, verkommenen Spezies angehört, die sich Willensfreiheit zuschreibt. Wenn es doch irgendwo eine Insel für die Wohlwollenden und Besonnenen gäbe! Da wollte ich auch glühender Patriot sein.

Deutschlands militärischer Anfangserfolg wurde durch die Verletzung der Neutralität Belgiens ermöglicht – einen Schritt, der in so scharfem Widerspruch zu den deutschen Kulturprätentionen stand, dass ein Aufschrei der Empörung in allen Teilen der Welt folgte. Selbst die kaiserlich deutsche Regierung empfand die Notwendigkeit einer Gegenaktion. Eine Gruppe deutscher Intellektueller sprang ihr zur Seite mit einem sogenannten "Aufruf an die Kulturwelt". Das Anfang Oktober 1914 veröffentlichte Dokument, das in den Ländern der Alliierten weit verbreitet wurde, verlieh dem Wort "Kultur" viele Jahre hindurch einen üblen Beigeschmack[3].

Der Aufruf machte sechs negative Feststellungen; alle begannen mit der Wendung "Es ist nicht wahr, dass..." Die deutsche Kriegsschuld wurde abgeleugnet, die Verletzung der belgischen Neutralität bestritten. Die Deutschen seien lediglich – so wurde gesagt – den Kriegsplänen der Alliierten zuvorgekommen; jeder andere Kurs wäre Selbstmord gewesen. Auch wurde in Abrede gestellt, dass die Deutschen in Belgien Greueltaten wie die angebliche Plünderung der Stadt Louvain (Löwen) begangen hätten. Während die Autoren des Aufrufs bestritten, dass die deutsche Kriegführung gegen das Völkerrecht verstosse, behaupteten sie, die Alliierten hätten Dum-Dum-Geschosse verwendet und böten der Welt "das schmachvolle Schauspiel . . . Mongolen und Neger auf die weisse Rasse zu hetzen".

Der letzte Punkt – ebenfalls in die Form einer Negation gekleidet, anscheinend der stilistischen Symmetrie des Aufrufs wegen – stellte eine Herausforderung an die Welt dar: "Es ist nicht wahr, dass der Kampf gegen unseren sogenannten Militarismus kein Kampf gegen unsere Kultur ist, wie unsere Feinde heuchlerisch vorgeben."

Das konnte nur bedeuten, dass eine Ablehnung des deutschen Militarismus mit einer Ablehnung der deutschen "Kultur" identisch sei. In dieser Richtung bewegen sich die Schlussabsätze des Aufrufs:

> Ohne den deutschen Militarismus wäre die deutsche Kultur vom Erdboden getilgt. Zu ihrem Schutz ist er aus ihr hervorgegangen in einem Lande, das jahrhundertelang von Raubzügen heimgesucht wurde wie kein zweites. Deutsches Heer und deutsches Volk sind eins. Dieses Bewusstsein verbrüdert heute 70 Millionen Deutsche ohne Unterschied der Bildung, des Standes und der Partei.
>
> Wir können die vergifteten Waffen der Lüge unseren Feinden nicht entwinden. Wir können nur in alle Welt hinausrufen, dass sie falsches Zeugnis ablegen wider uns. Euch, die ihr uns kennt, die ihr bisher gemeinsam mit uns den höchsten Besitz der Menschheit gehütet habt, euch rufen wir zu: Glaubt uns! Glaubt, dass wir diesen Kampf zu Ende kämpfen werden als ein Kulturvolk, dem das Vermächtnis eines Goethe, eines Beethoven, eines Kant ebenso heilig ist, wie sein Herd und seine Scholle! Dafür stehen wir euch ein mit unserem Namen und mit unserer Ehre!

Dreiundneunzig Prominente – darunter zahlreiche Männer von internationalem Ruf – hatten den Aufruf unterschrieben: Künstler, Wissenschaftler, Geistliche, Dichter, Juristen, Ärzte, Historiker, Philosophen und Musiker. Viele von ihnen waren als Nationalisten bekannt gewesen. Aber andere hatten nicht in diesem Lager gestanden, wie zum Beispiel Ernst Häckel, der berühmte Exponent der Evolutionslehre, Wilhelm Röntgen, der Erfinder der nach ihm benannten Strahlen, der grosse Biochemiker Paul Ehrlich, der Komponist von "Hänsel und Gretel", Engelbert Humperdinck, und selbst Max Reinhardt, der Bahnbrecher des modernen Theaters. Trotz schwacher "Rückzieher", die verschiedene der Unterzeichner später machten, war der Aufruf ohne Zweifel ein korrektes Bild der in Deutschland herrschenden Stimmung – nicht nur unter den Intellektuellen, sondern auch unter den Massen.

Aber bereits wenige Tage nach der Publikation des Aufrufs schrieb ein bekannter deutscher Pazifist, Georg Friedrich Nicolai, eine scharfe Antwort. "Aufruf an die Europäer" hiess der charakteristische Titel. Verbreitet wurde der

Protest zunächst innerhalb der Fakultät der Berliner Universität, an der Nicolai eine Professur für Physiologie innehatte. Er war ein angesehener Arzt und hatte sich als Kardiologe infolge seiner unkonventionellen Ideen bereits einen Namen gemacht. In der Fieberatmosphäre, die Deutschland damals beherrschte und die durch den Aufruf der Dreiundneunzig so deutlich illustriert wird, war die Gegenaktion Nicolais äusserst riskant. Nur drei Männer schlossen sich ihr an. Einer von ihnen war Einstein. Hier folgt der Text des Aufrufs, der wahrscheinlich das erste von Einstein unterzeichnete politische Manifest ist:

Aufruf an die Europäer.

Während Technik und Verkehr uns offensichtlich zur faktischen Anerkennung internationaler Beziehungen und damit zu einer allgemeinen Weltkultur drängen, hat noch nie ein Krieg die kulturelle Gemeinschaftlichkeit des Zusammenarbeitens so intensiv unterbrochen, wie der gegenwärtige. Vielleicht kommt es uns allerdings so auffällig zum Bewusstsein, weil eben so zahlreiche gemeinschaftliche Bande vorhanden waren, deren Unterbrechung wir schmerzlich verspüren.

Darf uns also dieser Zustand auch nicht wundernehmen, so wären doch diejenigen, denen jene gemeinsame Weltkultur auch nur im geringsten am Herzen liegt, doppelt verpflichtet, für die Aufrechterhaltung dieser Prinzipien zu kämpfen. Diejenigen aber, bei denen man solche Gesinnung vermuten sollte – also vornehmlich die Wissenschaftler und Künstler – haben bis jetzt fast ausschliesslich Dinge gesagt, die vermuten lassen, als ob mit der Unterbrechung der tatsächlichen Beziehungen auch selbst der Wunsch zu deren Fortsetzung geschwunden sei, sie haben aus einer erklärlichen Kampfstimmung heraus gesprochen – zum mindesten nicht zum Frieden geredet.

Solche Stimmung ist durch keine nationale Leidenschaft zu entschuldigen, sie ist unwürdig dessen, was bisher alle Welt unter dem Namen der Kultur verstanden hat, und sollte sie Allgemeingut der Gebildeten werden, so wäre das ein Unglück. Aber nicht nur ein Unglück für die Kultur, sondern – davon sind wir fest überzeugt – ein Unglück dafür, wofür letzten Endes all diese Barbarei entfesselt ist: nämlich für den nationalen Bestand der einzelnen Staaten.

Die Welt ist durch die Technik kleiner geworden, die Staaten der grossen Halbinsel Europa erscheinen heute einander so nahe gerückt, wie in alter Zeit die Städte jeder einzelnen kleineren Mittelmeerhalbinsel, und Europa – ja man könnte fast sagen die Welt – stellt bereits durch die mannigfaltigsten Beziehungen eine in den Bedürfnissen und Erlebnissen jedes einzelnen begründete Einheit dar.

Da wäre es doch wohl Pflicht der gebildeten und wohlwollenden Europäer, wenigstens den Versuch zu machen um zu verhindern, dass Europa infolge seiner mangelhaften Gesamtorganisation dasselbe tragische Geschick erleidet, wie einst Griechenland. Soll auch Europa sich durch Bruderkrieg allmählich erschöpfen und zugrundegehen?

Denn der heute tobende Kampf wird kaum einen Sieger, sondern wahrscheinlich nur Besiegte zurücklassen. Darum scheint es nicht nur gut, sondern bitter nötig, dass gebildete Männer aller Staaten ihren Einfluss dahin aufbieten, dass – wie auch der heute noch ungewisse Ausgang des Krieges sein mag – die Bedingungen des Friedens nicht die Quelle künftiger Kriege werden, dass vielmehr die Tatsache, dass durch diesen Krieg alle europäischen Verhältnisse in einen gleichsam labilen und plastischen Zustand geraten sind, dazu benutzt werde, um aus Europa eine organische Einheit zu schaffen. Die technischen und intellektuellen Bedingungen dafür sind gegeben.

In welcher Weise diese Ordnung Europas möglich ist, soll hier nicht erörtert werden. Wir wollen nur grundsätzlich betonen, dass wir fest davon überzeugt sind, dass die Zeit da ist, in der Europa als Einheit auftreten muss, um seinen Boden, seine Bewohner und seine Kultur zu schützen. Wir glauben, dass dieser Wille latent in vielen vorhanden ist, und wir wollen durch gemeinsames Aussprechen dieses Willens bewirken, dass er eine Macht werde.

Zu diesem Zwecke erscheint es vorerst notwendig, dass sich alle diejenigen zusammentun, die ein Herz haben für die europäische Kultur, die also das sind, was Goethe einmal vorahnend "gute Europäer" genannt hat, denn man darf die Hoffnung nicht aufgeben, dass ihr gesammeltes Wort – auch unter dem Klange der Waffen – nicht ganz ungehört verhalle, vor allem, wenn unter diesen "guten Eruopäern von morgen" alle jene zu finden sind, die heute schon bei ihren gebildeten Standesgenossen Ansehen und Autorität geniessen.

Aber es ist notwendig, dass die Europäer erst einmal zusammenkommen, und wenn – was wir hoffen – sich genügend Europäer in Europa finden, d.h. Menschen, denen Europa nicht nur ein geographischer Begriff, sondern eine wichtige Herzenssache ist, so wollen wir versuchen, einen solchen Europäerbund zusammenzurufen. Der soll dann sprechen und entscheiden.

Wir selber wollen hierzu nur anregen und auffordern und so bitten wir Sie, falls Sie unser Gesinnungsgenosse und gleich uns entschlossen sind, dem europäischen Willen einen möglichst weitreichenden Widerhall zu verschaffen, Ihre Unterschrift zu senden.

Wäre diese vorsichtig abgefasste Erklärung von weiten und wichtigen Kreisen unterstützt worden, so hätte sie einen beträchtlichen Einfluss auf den Kurs der politischen Geschehnisse ausüben können. Aber dieses Echo blieb aus. Einer der beiden Mitunterzeichner, neben Nicolai und Einstein, war der damals bereits über achtzigjährige Wilhelm Förster, der langjährige Direktor der Berliner Sternwarte; er hatte das Dokument der Dreiundneunzig ebenfalls unterschrieben und bereute bereits diesen Schritt[4]. Der vierte Unterzeichner des Nicolai-Aufrufs war Otto Buek, der zum Abschluss seines Studiums von Heidelberg nach Berlin gekommen war.

Der winzigen Rebellengruppe gelang es nicht, die sogenannte Elite der deutschen Kultur zur offenen Auseinandersetzung herauszufordern. Ja, der "Aufruf an die Europäer" wurde erst nach Jahren veröffentlicht. Nicolai beschrieb seine Erfahrungen mit dem Manifest folgendermassen:

Wenn wir bei der privaten Versendung des Aufrufs auch zahlreiche freundliche Zustimmungen fanden, so wollten doch selbst die Beistimmenden nicht unterzeichnen: dem einen schien der Passus mit Griechenland historisch nicht ganz richtig, ein anderer meinte, ein solcher Aufruf käme zu spät, ein Dritter, er käme zu früh, wieder ein anderer hielt es für inopportun, wenn sich die Wissenschaft überhaupt in die Händel der Welt mengte, usw. Die meisten aber waren zu feige, oder sie waren prinzipiell anderer Ansicht. Selbst die besten Deutschen wollten in jenen Tagen nicht gute Europäer sein oder – wagten es nicht. Da aber ein Aufruf nur Wert haben konnte, wenn er getragen wurde von der Autorität anerkannter Namen, so liessen wir den Plan fallen.

Etwa vierzig Jahre später erinnerte sich Buek,

dass der Entwurf in einem Vorlesungsraum der Universität besprochen und angenommen und dass Abschriften davon einer grossen Anzahl von Professoren zugänglich gemacht wurden. Zu unserem Erstaunen hatten wir den Mut und die Integrität deutscher Professoren überschätzt. Das Ergebnis unserer Bemühungen war jammervoll. Nicht mehr als drei oder vier von ihnen erklärten sich bereit zu unterzeichnen . . .

In den folgenden Jahrzehnten – genauer gesagt: bis kurz vor seinem Tod – unterzeichnete Einstein viele teils von ihm selbst, teils von anderen entworfene öffentliche Erklärungen. Der "Aufruf an die Europäer" lässt bereits manche der Ideen durchklingen, denen Einstein sein ganzes Leben hindurch treu blieb. Darum muss sein Anteil an der Formulierung des Dokuments betont werden. Er wird in einem Brief erwähnt, den Nicolai im letzten Kriegsjahr aus Ostpreussen an Einstein richtete – am 18. Mai 1918, fünf Wochen vor der dramatischen Flucht Nicolais von Deutschland nach Dänemark:

Ich wollte Ihnen aber doch sagen, dass Sie sich zu gering einschätzen, wenn Sie meinen "in diesem Zusammenhange nicht genannt werden zu dürfen"; denn Sie *haben* sich ja geäussert und der von Ihnen mitverfasste Aufruf an die Europäer ist nirgends vergessen. Ja, er wäre wahrscheinlich niemals ans Licht gekommen, wenn Sie sich nicht daran beteiligt hätten. Ich glaube wenigstens – genau lässt sich ein solches "Wenn" ja nie feststellen –, dass ich allein nichts getan hätte.

Und noch mit etwas anderem tun Sie sich, glaube ich, unrecht. Sie sind durchaus nicht zu "tadeln", wenn Sie in Berlin sitzen und arbeiten; wenn einer ein Recht hat, als ein zweiter Archimedes den Kriegsknechten sein *"Noli tangere circulos meos"* zuzurufen, so sind *sicherlich* Sie es.

Aber endlich haben Sie auch – wenigstens meiner Meinung nach – noch in einem dritten Punkte nicht ganz recht: wenn Sie nämlich Ihre Schweizer Staatsangehörigkeit anführen; denn um Staatsangehörigkeit handelt es sich hier erst in zweiter Reihe. *Sie sind* Deutscher (und repräsentieren zudem noch ganz allein für sich ein Stück deutscher Kultur) und dann sind Sie auch Europäer und das gilt es ja heute vor allem zu betonen. Ich wenigstens bin heute noch viel stärker als damals, als wir den Aufruf an die Europäer verfassten, der Überzeugung, dass eine Rettung vor dem kommenden Kulturzusammenbruch nur dann möglich sein wird, wenn sich der europäische Gedanke – pur et simple – durchzusetzen imstande ist . . .

Davon dass einige Ideologen sich für derartige Ideen einsetzen, davon wird die Welt nicht gesund. Die Massensuggestion muss hinzukommen. Aber gerade weil die Gefahr im Augenblick so gross ist, gerade darum glaube ich, dass der gesunde Sinn der Menschheit es instinktiv begreifen wird und nicht dulden wird, dass diese schöne Erde so geschändet wird. Ich glaube, dass, was wir heute als ganz Vereinzelte vertreten, morgen der Besitz der Gesamtheit sein wird . . .

Für die kommende Zeit, für das kommende Europa, da sollte man etwas tun und vielleicht überlegen Sie es sich, ob Sie nicht doch einmal als *Europäer zu den Europäern* sprechen und dazu helfen wollen, dass all das, was sich heute in Winkeln und vereinzelt herumdrückt, gesammelt wird und zu Gehör kommt.

Heute würde man schon mehr Erfolg haben als vor vier Jahren, auch in Deutschland!

Die Jahre des Ersten Weltkriegs gehörten zu den schöpferischsten Perioden im Leben Einsteins[5]. Er gab 1915 seine allgemeine Relativitätstheorie bekannt; insgesamt veröffentlichte er von 1915 bis 1918 rund dreissig wissenschaftliche Studien. Trotz des Misserfolgs des "Aufrufs an die Europäer" blieb Einstein in seiner Opposition gegen den Krieg so unbeugsam wie Nicolai. Nicolai, der ursprünglich als freiwilliger Heeresarzt mit Offiziersrang gedient hatte, wurde zum Gemeinen mit Hospitalwärterpflichten degradiert[6]. Während er primitive Krankenhausdienste leistete, fand er die Musse, in einem bemerkenswerten Buch ("Die Biologie des Krieges") das Phänomen des Kriegs vom Standpunkt der Evolution zu analysieren.

In der Einleitung dieses Werkes wurde das "Manifest an die Europäer" (übrigens unter ausdrücklicher Anerkennung der Mitarbeit Einsteins) abgedruckt; auf diese Weise erhielt es ein bescheidenes Mass von Publizität. Freilich wurde die Veröffentlichung des Buchs in Deutschland vereitelt; die Druckbogen wurden in dem angesehenen Verlagshaus, das das Werk herausbringen wollte, von den Handlangern der kaiserlichen Zensur beschlagnahmt. Aber eine frühere Fassung des Buchs war nach der Schweiz gebracht worden und erschien dort bereits 1916. Rund hundert Exemplare dieses Drucks wurden nach Deutschland geschmuggelt und dort insgeheim verbreitet. Bis zum Ende des Kriegs erschienen Übersetzungen ins Französische, Schwedische, Dänische und Finnische. Eine englischsprachige Version wurde sowohl in England wie in den Vereinigten Staaten gedruckt. Das Buch wurde "ein fundamentales Werk in der illegalen Literatur der Zeit": so urteilte Julio Alvarez del Vayo, der Aussenminister während des Bürgerkriegs in Spanien, der den Ausbruch des Ersten Weltkriegs in Deutschland als Augenzeuge erlebt hatte[7].

Die Organisation des deutschen Pazifismus und die deutsche Sozialdemokratie, die grösste Partei der Vorkriegszeit und die einzige mit einem ausgesprochen kriegsgegnerischen Programm, waren seit Ausbruch des Krieges beinahe lahmgelegt. Umso notwendiger erschien bald nach Kriegsausbruch die Gründung einer neuen, wirklich aktiven Friedensbewegung. Ein kleiner Kreis weitsichtiger Persönlichkeiten, die seit Jahren gegen die Kriegstreibereien und für ein geeintes Europa gekämpft hatten, diskutierte die Frage. Das Ergebnis war die Schaffung des "Bundes Neues Vaterland" am 6. November 1914[8].

Die neue Organisation begnügte sich nicht damit, für den baldigen Abschluss eines gerechten Friedens ohne Eroberungen zu kämpfen – was im Hinblick auf die chauvinistische Atmosphäre in Deutschland während der ersten Kriegsmonate ein kühnes Unterfangen war. Darüber hinaus wirkte der Bund für eine übernationale Organisation, die nach dem Krieg entstehen und künftige Kriege im Keim ersticken sollte. Noch vor der formellen Gründung des "Bundes Neues Vaterland" erschien im Oktober 1914 die erste Flugschrift unter dem herausfordernden Titel "Die Schaffung der Vereinigten Staaten von Europa".

Dem Bund gehörten neben Journalisten, Verfassungsrechtlern und Liberalen auch Mitglieder der Aristokratie, Bankiers und im Ruhestand lebende Diplomaten an. Unter den frühesten Mitgliedern befand sich Ernst Reuter, der nach dem Zweiten Weltkrieg Bürgermeister von Westberlin wurde. Mitgründer und aktiver Mitarbeiter von den ersten Tagen an war Einstein. Unverzüglich entschloss sich der Bund zur Ausgabe einer Flugschriftenreihe, in der sein politisches Programm und besonders die mit dem Krieg verbundenen Fragen erörtert werden sollten. Eine Reihe von Reichstagsabgeordneten nahm an den häufigen Tagungen der Organisation teil. Über eine dieser Tagungen – am 21. März 1915 – berichtet der Professor für Völkerrecht Walther Schücking:

Weiter war der Professor Einstein dort, dessen Namen ich zum ersten Mal hörte. Er soll durch ein Gesetz von der Einheit der Zeit, das er herausgefunden hat, eine wissenschaftliche Tat allerersten Ranges ausgerichtet haben. Er ist deshalb vom Preussischen Kulturministerium aus der Schweiz nach Berlin berufen worden, um sich dort ohne alle Lehrverpflichtung der Forschung zu widmen.

Auch aus einer anderen Quelle erfahren wir, dass Einstein bei diesen Zusammenkünften gelegentlich das Wort ergriff. Eine Schweizer Studentin, die Einsteins erste Vorlesung an der Eidgenössischen Technischen Hochschule erlebt hatte, berichtet[9]:

Beim Ausbruch des Ersten Weltkrieges war ich zufälligerweise in Berlin, wo man ein Unterstützungskomitee für die durch den Krieg in Not geratenen Ausländer gründete. Für die zahlreichen Aufgaben bedurfte man auch vieler Hilfskräfte, und so wurde ich dort bald als "Mädchen für alles" in die Arbeit eingespannt. Hier war der Name Einstein sehr geläufig, denn immer wieder kam seine ältere Stieftochter mit zahlreichen Anliegen von ihm. Er unterstützte und half, wo und wie und wem er nur konnte. Manche seiner Ansuchen machten mir ausser Mühe noch viel Kopfzerbrechen, so z.B. verbotene pazifistische Literatur für seinen Gesinnungsgenossen, den Biologen Professor Nicolai . . .

Während dieser Betätigung fiel mir bei Einstein auf, dass er eine fast spitzbübische Freude daran hatte, den damaligen Kriegsbehörden ein Schnippchen schlagen zu können. Jedesmal wenn er erfuhr, dass es uns gelungen war, in ein Gefängnis Briefe oder Bücher zu schmuggeln, lachte er belustigt auf. Weniger angenehm empfand ich es dagegen, wenn Einstein Wünsche äusserte, jemandem zu helfen.

Die Ausführung seiner Pläne war keineswegs leicht und erforderte nicht nur viel Wachsamkeit, sondern sehr oft auch List. Er aber schien sich einfach darüber hinwegzusetzen; er meinte, wenn der Wille zu helfen gross genug sei, könne es keine unüberwindbaren Hindernisse geben. Damals empfand ich es – offen gesagt – als eine gewisse Rücksichtslosigkeit, denn man exponierte sich mit solchen Hilfsaktionen immer sehr, ich selber musste mich wiederholt vor einem Kriegsrichter verantworten, was für meine Freiheit bedrohlich wirkte. Erst viel später begriff ich die Stellungnahme Einsteins: für den in Not befindlichen soll kein Opfer zu gross sein.

Persönlich traf ich ihn zu dieser Zeit in einem privaten sozialpolitischen Klub [wahrscheinlich der "Bund Neues Vaterland"], in dem sich jeden Montag Abend viele pazifistische Schriftsteller, Gelehrte und Politiker versammelten ... Ich durfte, in einer entlegenen Ecke sitzend, zuhören. Einstein kam hin und wieder dorthin und äusserte sich immer sehr pessimistisch über die Zukunft der sozialen Beziehungen der Menschen.

Interessant war es zu sehen, wie sich die Bedeutendsten um ihn drängten, er aber immer auch für die "Kleinen" ein Auge hatte. Ich hatte mich an ihn herangewagt, als ein deutscher Sieg nach dem andern mich ganz beklommen machte und die Berliner trunken vor Siegesfreude und vor Übermut unausstehlich wurden. Ich fragte ihn ganz aufgeregt: "Herr Professor, was wird nun werden? " Einstein schaute mich an, hob seine rechte Hand, ballte sie zur Faust und meinte: "*Das* wird regieren."

Die wichtigste Aktion des Bundes während seiner Anfangsperiode war die Teilnahme an einer internationalen Konferenz im Haag im April 1915. Von dem holländischen "Rat der Kriegsgegner" einberufen, sollte sie die Gründung einer internationalen Vereinigung zur Förderung eines dauerhaften Friedens in die Wege leiten.

Vier Deutsche, darunter drei Mitglieder des "Bundes Neues Vaterland" und ein Österreicher, fuhren mit der inoffiziellen Zustimmung des Deutschen Auswärtigen Amtes nach Holland, um die Möglichkeiten eines Verständigungsfriedens mit den Alliierten zu erforschen. Auch drei Mitglieder der dem Bund entsprechenden britischen Organisation, der "Union of Democratic Control", nahmen an den Sitzungen teil. Aber der ursprüngliche Plan schlug fehl. Ein hoher holländischer Beamter sollte in Berlin vorbereitende Gespräche für weitere Sondierungen führen. Durch eine Indiskretion erhielt die deutsche Presse Wind davon, der Plan wurde von nationalistischen Kreisen verurteilt, und das Deutsche Auswärtige Amt blies die Sache ab.

Ungefähr zur Zeit der Haager Konferenz 1915 trat Einstein an seinen Freund und Mentor H. A. Lorentz, den berühmten holländischen Physiker und Nobelpreisträger, mit einem internationalen Aktionsplan heran. Genaue Details dieses Projekts sind nicht bekannt; sein Ziel war wohl, Wissenschaftler der neutralen Länder für die Sache des Friedens zu gewinnen. Möglicherweise bestand eine Verbindung mit den Haager Bestrebungen, von denen Lorentz zweifellos wusste. Am 2. August 1915 schrieb Einstein an Lorentz[10]:

Ihre Absage kam nicht unerwartet; denn ich hatte schon Anzeichen über die Stimmung der Fachgenossen im Ausland. In Berlin ist es sonderbar. Die Naturwissenschaftler und Mathematiker sind als Wissenschaftler streng international gesinnt und wachen sorglich, dass ja kein unfreundlicher Schritt gegen Kollegen, die im feindlichen

H. A. Lorentz, Professor der Physik in Leyden (Holland), intimer, väterlicher Freund Einsteins

Ausland leben, erfolge. Die Historiker und Philologen aber sind grösstenteils chauvinistische Hitzköpfe.

Der berühmte und berüchtigte "Aufruf an die Kulturwelt" wird von allen ruhig denkenden Menschen hier bedauert. Die Unterschriften wurden fahrlässig, zum Teil ohne vorheriges Lesen des Textes, gegeben. So war es zum Beispiel bei [Max] Planck [Physiker] und [Emil] Fischer [Chemiker], die sich in sehr mannhafter Weise für die Erhaltung der internationalen Bande eingesetzt haben. Über Ihre Anregung werde ich mit Planck sprechen. Aber ich glaube, dass man die Leute nicht zum Revozieren veranlassen kann.

Ich muss gestehen, dass das eng nationale Fühlen auch hochstehender Menschen für mich eine arge Enttäuschung ist. Ferner muss ich sagen, dass meine Hochachtung für die politisch fortgeschrittenen Staaten sehr abgenommen hat durch die Wahrnehmung, dass sie alle in den Händen von Oligarchien sind, die die Presse und Macht besitzen und tun können, was sie wollen. Ein boshafter Mensch hat ein schönes Sprichwort so umgeändert "Vox populi, vox Rindvieh".

Nimmt man dazu, dass die Sehenden und Mächtigen ohne Herz für die Vielen sind, so hat man das traurige Bild von dem, was man als "Vaterland" verehrt, wenn man dazu gehört. Das ändert sich nicht mit den Grenzpfählen, sondern ist überall ziemlich gleich. Und hinter diesem fadenscheinigen Ideal sollen nun die Beziehungen zwischen Menschen verblassen, die sich im persönlichen und fachlichen Verkehr hochachten gelernt haben? Es ist zu unglaublich und will mir nicht in das Hirn. Es scheint, dass die Menschen stets ein Hirngespinst brauchen, demzuliebe sie einander hassen können; früher wars der Glaube, jetzt ist es der Staat.

An seinen Freund Paul Ehrenfest in Leiden schrieb Einstein am 23. August 1915:

Der Vorschlag, den ich Lorentz machte, war einfältig; das sehe ich jetzt ein. Der Wunsch war stärker als die Überlegung. Ich würde so gerne etwas tun, um die Kollegen aus den verschiedenen "Vaterländern" zusammenzuhalten. Ist nicht das Häuflein emsiger Denkmenschen unser einziges "Vaterland", für das unsereiner etwas Ernsthaftes übrig hat? Sollen auch *diese* Menschen Gesinnungen haben, die alleinige Funktion des Wohnortes sind?

Im März und Mai 1915 verkündeten die deutschen Chauvinisten ihre politischen Ziele. Sechs einflussreiche Gruppen, Repräsentanten der Landwirtschaft, der Industrie und des Mittelstandes, lehnten in einer Petition an den

Reichskanzler Bethmann-Hollweg einen Kompromissfrieden mit den Alliierten ab und forderten statt dessen weitgehende territoriale Annektionen.

Der Bund Neues Vaterland holte zur Gegenaktion aus. In einem umfassenden, im Mai 1915 eingereichten Memorandum wies er die Eroberungspolitik, die dem Kanzler nahegelegt worden war, entschieden zurück. Eine kürzere Erklärung ähnlichen Inhalts vom 27. Juli 1915 fand den Weg in die Presse und erregte die Wut der Obersten Deutschen Heeresleitung. Die Erklärung war von 91 prominenten Deutschen, darunter Einstein und elf anderen Mitgliedern des Bundes Neues Vaterland, unterzeichnet. Einstein äusserte in einem Brief an Lorentz vom 23. September 1915 höchste Befriedigung darüber, dass die "entschiedene Erklärung" von so vielen namhaften Gelehrten unterzeichnet worden sei. Aber er bezweifelte, dass es gelingen werde, auch nur einen einzigen Unterzeichner des berüchtigten "Aufrufs an die Kulturwelt" zur öffentlichen Desavouierung des Dokuments zu gewinnen (obwohl die verhängnisvolle Wirkung dieser Publikation inzwischen überwältigend klar geworden war).

Der Bund verdoppelte seine Friedensbemühungen. Im Sommer 1915 verlangte er in einer Petition an den Reichstag, dass die deutsche Regierung ihre Kriegsziele bekanntgebe und deren öffentliche Diskussion gestatte. Gleichzeitig publizierte er eine Reihe von Erklärungen britischer Pazifisten – von Männern wie Bertrand Russell, Arthur Ponsonby, George Bernard Shaw und Fenner Brockway, die Einstein alle später persönlich kennen lernte.

Aber der Bund begegnete wachsenden Schwierigkeiten. Von Anfang an war er – trotz ausgezeichneter Verbindungen mit hohen Regierungsstellen – offiziellen Schikanen ausgesetzt. Eine Razzia fand in seinem Zentralbüro statt; Funktionäre wurden von den Behörden rigoros verhört; Mitgliedern wurde das Recht zum Gedankenaustausch entzogen; ein Publikationsverbot sollte den Bund politisch mundtot machen; zwei seiner Sekretärinnen landeten im Gefängnis. Und im Februar 1916 wurde dem Bund jede weitere Tätigkeit verboten.

Inzwischen hatte Einstein neue Wege der Aktion gesucht. Ungefähr ein Jahr vorher, am 22. Mai 1915, hatte er an den in der Schweiz lebenden grossen französischen Dichter und Pazifisten Romain Rolland geschrieben[11], den er damals noch nicht persönlich kannte:

Durch die Tageszeitungen und durch meine Beziehungen mit dem hochverdienstlichen "Bund Neues Vaterland" habe ich davon Kenntnis erhalten, wie mutvoll Sie für die Beseitigung der so verhängnisvollen Missverständnisse zwischen dem französischen und dem deutschen Volke Ihre Existenz und Person eingesetzt haben. Es drängt mich dazu, Ihnen meine restlose Bewunderung und Hochschätzung auszusprechen. Möge Ihr herrliches Beispiel andere treffliche Männer aus der mir unbegreiflichen Verblendung aufwecken, die wie eine tückische epidemische Krankheit auch tüchtige und sicher sonst denkende und gesundempfindende Männer gefesselt hat.

Sollen wirklich spätere Jahrhunderte unserem Europa nachrühmen, dass drei Jahrhunderte emsigster Kulturarbeit es nicht weiter gefördert hätten als vom religiösen Wahnsinn zum nationalen

Wahnsinn? Sogar die Gelehrten der verschiedenen Länder geberden sich, wie wenn ihnen vor acht Monaten das Grosshirn amputiert worden wäre.

Ich stelle Ihnen meine schwachen Kräfte zur Verfügung für den Fall, dass Sie denken, dass ich Ihnen, sei es durch meinen Wohnsitz, sei es durch meine Beziehungen zu deutschen und ausländischen Vertretern der exakten Wissenschaften, als Werkzeug dienen kann.

In einer Nachschrift legte Einstein dem Franzosen den Kontakt mit seinem Freund Dr. Heinrich Zangger, Professor der Gerichtsmedizin in Zürich, nahe, falls Rolland sich über die Situation in der Schweiz informieren oder auch nur mit einem aufrichtigen Menschen unterhalten wolle. Rolland antwortete sofort. Sein Schreiben war vom 28. März 1915[12] datiert und trug den Briefkopf der Kriegsgefangenen-Agentur des Internationalen Roten Kreuzes in Genf:

Ihr grossmütiger Brief hat mich tief bewegt. Die gegenwärtige furchtbare Krise sollte für uns alle – die Schriftsteller, Denker, Wissenschaftler Europas – eine schockierende Lehre sein. Nie hätten wir uns auf diese Weise überrumpeln lassen dürfen. In Zukunft müssen wir im Falle der Wiederholung einer solchen Katastrophe besser gewappnet sein. Denn wir können uns nicht der Illusion hingeben, dies sei die letzte Wahnsinnstat der Menschheit gewesen. Zum mindesten müssen wir es verhindern, dass die intellektuelle Elite nocheinmal auf diese Weise mitmacht.

Diejenigen unter uns, die aus Altersgründen der Militärdienstpflicht enthoben sind, hätten bereits am Anfang der gegenwärtigen Katastrophe Delegationen in die neutralen Länder entsenden müssen. Ihre Aufgabe wäre es gewesen, die Menschen in unserem Sinne aufzuklären, die Leidenschaften auf beiden Seiten zu dämpfen und ihnen mit der Stimme der Vernunft entgegenzutreten, kurz: das klare, rationale Gewissen unserer eigenen Völker zu repräsentieren.

Ja, wir haben uns versündigt. Allzu lange haben wir uns der leichtsinnigen und arroganten Illusion hingegeben, immer den Exzessen der Masse widerstehen zu können. Die Ereignisse der vergangenen Monate enthüllen unseren Irrtum und diktieren unsere zukünftige Aufgabe. Diese unausweichliche Aufgabe wird darin bestehen, uns später im europäischen, besser noch im universellen Rahmen zu organisieren.

Gewiss, nach dem Krieg wird das noch schwieriger sein. Missverständnisse, Intrigen und Bitterkeit werden noch lange nachwirken. Für den Anfang wird man sich damit begnügen müssen, dass eine sei es auch noch so kleine Gruppe in allen Nationen den Willen zur

Einheit kundgibt. Im übrigen muss man doch hoffen, dass der Wahnwitz und das schwere Leiden unserer Tage die Menschen zum Erwachen, zur Scham und Reue treiben wird.

Inzwischen können wir nur versuchen, inmitten des Sturms Glauben und Ruhe zu bewahren und die Zuversicht, dass unsere Gesinnung in die Welt ausstrahlen wird.

Am 16. September 1915 besuchte Einstein Rolland in Vevey (Schweiz), und die beiden Männer schufen die Grundlage einer dauerhaften Freundschaft. Rolland schreibt über den Besuch in seinem Tagebuch[13]:

Im Lauf eines kurzen Aufenthalts in der Schweiz kam Albert Einstein zusammen mit seinem Freund Dr. Zangger aus Zürich zu mir nach Vevey. Wir verbrachten einen ganzen Nachmittag miteinander und hatten eine Teestunde auf der Terrasse des Hotels Mooser, am Ende des Gartens, umschwirrt von Bienenschwärmen, die sich in den Blüten herumtummelten.

Einstein ist noch jung. Er ist nicht sehr hoch gewachsen, hat ein grosses Gesicht, eine mächtige Stirn und eine üppige Mähne leicht gekräuselter, tiefschwarzer, gelegentlich von grauen Stellen durchsetzter Haare. Eine kühne, fleischige Nase, kleiner Mund, volle Lippen und Wangen, rundes Kinn, gestutzter Schnurrbart: das ist das äussere Bild Einsteins, dessen ziemlich stockendes Französisch häufig von deutschen Brocken durchsetzt ist. Er ist ungemein lebendig, lacht gerne und hat den Hang, selbst den ernstesten Gedanken eine witzige Wendung zu geben.

Einstein ist unglaublich ausgesprochen in seinen Meinungen über Deutschland, sein zweites (oder erstes) Heimatland, in dem er lebt. Kein anderer Deutscher handelt oder spricht mit solcher Freiheit. Ein anderer Mann in seiner Stellung hätte während des schrecklichen vergangenen Jahres unter dem Gefühl der Isolation gelitten. Nicht aber Einstein. Er kann lachen. Inmitten des Krieges war es ihm möglich, sein wichtigstes wissenschaftliches Werk zu schreiben.

Ich fragte ihn, ob er seine Ideen deutschen Freunden gegenüber ausspricht und mit ihnen offen diskutiert. Nein, sagte er; er beschränke sich darauf, ihnen nach sokratischer Art Fragen zu stellen, um sie so aus ihrer Indifferenz aufzurütteln. Und er fügte hinzu, dass das den Betreffenden nicht sehr behagt.

Er sagte, die allgemeine Situation erscheine ihm weit weniger günstig als noch vor einigen Monaten. Die Siege über Russland hätten die deutsche Arroganz und Gier noch verstärkt. "Gierig" ist offenbar das Adjektiv, das Einstein zufolge die Deutschen am besten charakterisiert. Machtdrang, gläubige Bewunderung der reinen Gewalt und unerschütterliche Entschlossenheit zur Eroberung und Annektion fremder Gebiete sind allenthalben sichtbar. Dabei ist die Regierung massvoller als das Volk. Sie hatte Belgien räumen wollen, wurde aber durch die drohende Revolte der Offiziere daran gehindert.

Die grossen Banken und Industriekonzerne sind allmächtig und wollen für die von ihnen gebrachten Opfer entschädigt werden. Der Kaiser ist Wachs in ihren Händen wie in denen der Offiziere. Er ist anständig, schwach und verzweifelt ob eines Krieges, den er nicht wollte und zu dem er, der sich so leicht manipulieren liess, gezwungen wurde. All seine unberechenbaren und brüsken Handlungen während der letzten Jahre sind das Werk pangermanistischer Drahtzieher, die ihn verführten, ohne dass er sich dessen bewusst wurde.

[Grossadmiral Alfred von] Tirpitz [der Oberkommandierende der deutschen Kriegsmarine] und [General Erich von] Falkenhayn [der Chef des deutschen Generalstabs], sind die Hauptakteure des blutigen Geschehens, wobei Falkenhayn der gefährlichere der beiden zu sein scheint. Tirpitz gleicht einer mächtigen seelenlosen Maschine.

Einstein sieht die Intellektuellen der Universitäten in zwei Lager gespalten. Der Toleranz der Mathematiker, Physiker und abstrakten Wissenschaftler steht der wilde Superpatriotismus der Historiker und Literaten entgegen. Und die grosse Masse des Volkes ist untertanenselig und nur an kleinen persönlichen Dingen interessiert – *domestiqué;* Einstein liebt diesen Terminus Carl Spittelers. Er macht in erster Linie die Schulen für den übertriebenen Nationalstolz und die allgemeine Servilität, den blinden Staatsgehorsam verantwortlich. Nach seiner Auffassung handelt es sich dabei um kein Rassen-Spezifikum, denn die Hugenotten zeigten nach 200 Jahren (des Lebens in Deutschland) dieselben Charakteristiken. Relativ unabhängig seien die Sozialisten, aber selbst unter ihnen im Grunde nur die Wenigen, die sich um [Eduard] Bernstein gruppiert hätten. Der Bund Neues Vaterland mache nur langsam Fortschritte und habe nur eine kleine Anhängerschaft.

Aus eigener Kraft, meint Einstein, könne Deutschland sich nicht ändern; dazu fehle es an Energie und kühner Initiative. Er erhofft den Sieg der Alliierten und damit die Zerstörung der Macht Preussens und seiner Dynastie. Ich frage ihn, ob eine solche Feuerprobe nicht dazu führen könnte, das sich das Volk erst recht um die unglückseligen Fürsten schart. Der Skeptiker Einstein antwortet, soweit reiche die Loyalität der Deutschen denn doch nicht. Diese empfänden zwar

Ehrfurcht vor ihren Herrschern und respektierten ihre Macht, empfänden aber keinerlei wirkliche Zuneigung zu ihnen. Sobald es mit der Macht der Herrscher vorbei sei, würden sich die Deutschen wie eine Horde von Wilden benehmen, die erst ein Idol anbeten, es aber nach dessen Niederlage ins Feuer werfen.

Einstein und Zangger träumen von einem geteilten Deutschland – mit Süddeutschland und Österreich auf der einen und Preussen auf der anderen Seite. Aber eine so radikale Niederlage des Kaiserreichs ist unwahrscheinlich. In Deutschland ist jedermann siegessicher. Offiziell rechnet man mit einer Weiterdauer des Kriegs von mindestens sechs Monaten. Aber Einstein sagt, die Lage sei sehr ernst und werde sich bei Fortdauer des Krieges noch verschlimmern.

Nicht die Lebensmittelversorgung, sondern die Beschaffung gewisser für die Kriegführung notwendiger chemischer Materialien biete die grössten Schwierigkeiten. Aber der bewundernswerte Erfindergeist deutscher Wissenschaftler mache den Ausfall durch die Schaffung von Ersatzstoffen wett. Diese umfassende organisatorische Geschicklichkeit ist nach Einstein fast unvorstellbar. Alle an Universitäten tätigen Gelehrten haben militärische Dienste oder Aufträge übernommen; Einstein allein hat eine solche Tätigkeit abgelehnt.

Wie der Krieg auch ausgehen möge: Frankreich wird der Hauptleidende sein. Da alle Deutschen das wissen, herrscht unter ihnen eine tiefe Sympathie für Frankreich. (Meine Bemerkung, diese deutsche Sympathie für Frankreich habe immer einen Zug der Herablassung an sich gehabt, erregt Einsteins und Zanggers heftigen Protest; sie glauben, dieser Eindruck sei eher der Plumpheit der Deutschen zuzuschreiben.)

Mit immer grösserer Klarheit zeichnen sich die politischen Interessen Englands ab. Wie alle Deutschschweizer äussert Zangger seinen Zorn darüber. Er scheint wohlinformiert zu sein und verweist auf ziemlich unbekannte Fälle britischer Spekulationen. England habe zum Beispiel Frankreich veranlasst, gewisse für die Schweiz bestimmte Waren im Hafen von Marseille zurückzuhalten (und dasselbe sei im Hafen von Genua geschehen); England habe sich diese Waren dann überschreiben lassen und zum doppelten oder dreifachen Preis in der Schweiz verkauft.

Der Krieg ist ein Kampf zwischen zwei Ungeheuern, und Frankreich und Europa werden zwischen ihren Riesenzangen zermalmt. Trotz fehlender Sympathie für England würde Einstein den Sieg der Briten dem der Deutschen vorziehen, denn die Engländer verstünden sich besser als die Deutschen auf das “let live”.

Wir sprechen über die bewusste Blindheit und unpsychologische Art der Deutschen. Einstein erzählt lachend von den Bierstubensitzungen, die jeder Tagung des Rats der Berliner Universität zu folgen pflegten. Die Unterhaltung unter den Professoren begann jedesmal mit derselben Frage: "Warum hasst uns die Welt so sehr?" Jeder suchte nach den Gründen – und alle machten um die Wahrheit höchst sorgfältig einen grossen Bogen.

Einstein erwähnt eine geheime Generaltagung der deutschen Universitäten im vergangenen Juli. Diskutiert wurde die Frage, ob die deutschen Universitäten alle Verbindungen mit den ausländischen Hochschulen aufgeben sollten. Ein Antrag in dieser Richtung wurde mit Hilfe der Universitäten Süddeutschlands, die über eine Mehrheit verfügten, niedergestimmt. Aber die Berliner Universität stimmte dafür. Sie vertritt den Imperialismus in Reinkultur – alle ihre Professoren sind nach diesem Gesichtspunkt ausgewählt . . .

Am 17. September acht Uhr morgens sah ich Einstein, die Reisetasche in der Hand, nochmals auf dem Bahnsteig in Vevey vor seiner Fahrt nach Bern. In unserer kurzen Unterhaltung sagte er, die Einstellung der Deutschen habe sich seit der Annäherung zwischen Frankreich und England vor fünfzehn Jahren verändert; erst von diesem Zeitpunkt an hätten die Militärs die Oberhand gehabt.

Ein Eindruck drängte sich mir auf: Einstein ist ein typischer Repräsentant jener Minderheit der Intellektuellen, die trotz der Servilität der meisten ihrer Kollegen Freiheit und Unabhängigkeit bewahrt haben. Er sieht die schlimmsten Züge seines eigenen Volkes und beurteilt sie nahezu ebenso schonungslos wie dessen Feinde es tun. Ich kenne eine Reihe von Franzosen, die in der Kritik an ihrem Volk nicht weniger leidenschaftlich sind. (Übrigens muss bemerkt werden, dass Einstein Jude ist, was seinen Internationalismus und die Schärfe seiner Kritik erklärt.)

Die Schweiz war nicht das einzige neutrale Land, das Einstein während des Kriegs zu besuchen vermochte. Im Herbst 1916 wurde ihm die ungewöhnliche Erlaubnis zur Reise nach Holland erteilt. In einem Brief an Lorentz vom 13. Novemer 1916 schrieb er darüber[14]:

Ich lebe noch ganz unter dem Eindruck der erquickenden Reise nach Holland. Nicht nur das Zusammentreffen mit den hochgeschätzten Männern mit gleichgerichteten Bestrebungen machte das Erlebnis so erlösend, sondern insbesondere die Übereinstimmung in den Auffassungen über ausserwissenschaftliche Dinge . . .

Einstein, 1916

Lorentz war offenbar immer noch wegen des "Aufrufs an die Kulturwelt" besorgt, vielleicht auch (und darauf mögen verschiedene im nächsten Kapitel wiedergegebene Briefe deuten) wegen von den Deutschen unbeantworteten Aufforderungen Neutraler, die auf der unparteiischen Untersuchung angeblicher Kriegsgreuel bestanden. Einstein berichtete, er habe diese Frage verschiedenen Kollegen mit unterschiedlichem Erfolg vorgelegt; er glaubte, damit müsse es zunächst sein Bewenden haben.

Anfang 1917 erkrankte Einstein ernstlich. Aber am 3. April 1917 konnte er Lorentz mitteilen, er fühle sich wesentlich besser und sehe einer baldigen Wiederbegegnung mit ihm entgegen. Einstein freute sich zu hören, dass Planck mit Lorentz in Verbindung getreten war[14]:

... Die Jüngeren sind aber erheblich schlimmer. Ich bin überzeugt, dass es sich um eine Art geistiger Epidemie handelt. Denn anders kann ich es nicht fassen, dass in ihrem persönlichen Verhalten grundanständige Menschen inbezug auf die allgemeinen Angelegenheiten einen so ganz anderen Standpunkt einnehmen. Ich kann nur die Zeit der Märtyrer, Kreuzzüge, Hexenprozesse zum Vergleich heranziehen. Nur ganz selten selbständige Charaktere können sich dem Drucke der herrschenden Meinungen entziehen. In der Akademie scheint kein solcher zu sein.

An seinen Freund Ehrenfest in Leiden schrieb er am 3. Juni 1917:

... Der alte Johova lebt noch. Leider erschlägt er auch die Unschuldigen, und die Schuldigen schlägt er entsetzlich mit Blindheit, dass sie sich nicht schuldig fühlen können. Woher also nimmt er ein Recht zum Strafen und Zerschmettern? Etwa auch von der Gewalt?

Ich bin viel toleranter geworden, ohne im Prinzip meine Ansichten im Geringsten zu ändern. Ich sehe, dass oft jene Menschen politisch die machtgierigsten und masslosesten sind, welche als Privatmenschen keine Fliege töten können. Es liegt eine epidemische Wahnidee vor, die, nachdem sie unendliches Leiden erzeugt hat, wieder verschwinden wird, um dann von der übernächsten Generation als etwas ganz Monströses und Unbegreifliches angestaunt zu werden.

Zangger hatte an Romain Rolland geschrieben, Einstein bedaure, einen bevorstehenden Erholungsaufenthalt in der Schweiz nicht zu einem erneuten Besuch mit Rolland benützen zu können. In einem Brief an Einstein vom 21. August 1917[15] teilte Rolland dieses Bedauern und äusserte die Hoffnung, Einsteins Aufenthalt in der Schweiz möge ihm die Härte eines weiteren Kriegswinters in Berlin erleichtern helfen:

Es fällt mir schwer zu glauben, dass Sie den Optimismus, der sich mir während Ihres liebenswürdigen Besuchs in Vevey vor zwei Jahren so tief einprägte, verloren haben sollten – eines Besuchs, der für mich eine schöne, ermutigende Erinnerung darstellt.

Mir selbst wird es bange, wenn ich nach dem Westen blicke und ganz besonders das Weissbluten meiner französischen Heimat sehe. Aber was die Gesamtlage und den zukünftigen Fortschritt der Menschheit angeht, bleibe ich dennoch Optimist. Einzelne Länder mögen – wie die Geschichte es im Falle Spaniens zeigt – in einen Zustand der Müdigkeit und Erschöpfung verfallen, aber die Menschheit als Gesamtheit wird mit dem Zustrom jungen Blutes weiter vorwärtsschreiten. Die Zukunft wird, davon bin ich fest überzeugt, eine bedeutsamere und reichere Zivilisation als die heutige bringen, eine Zivilisation, in der die intellektuellen Elemente Asiens einem verarmten Europa die Möglichkeit zu neuer Entfaltung bieten werden . . .

Ich habe das Buch Professor Nicolais ("Die Biologie des Krieges") mit leidenschaftlichem Interesse gelesen. Er ist, wie ich annehme, ein Freund von Ihnen. Bitte lassen Sie ihn wissen, wie sehr mir sein Buch gefällt. Es hat während der letzten Monate meine Aufmerksamkeit voll absorbiert. Wie wunderbar zu wissen, dass es in dieser fürchterlichen Zeit einen so grossen, freien und unerschütterlichen Geist gibt! Das ist eine Erfahrung, die in der ganzen Narrheit dieser zweiten Weltsintflut als Trost wirkt. Die Arche schwimmt und wird an sicherem Ufer landen.

Merkwürdigerweise erwähnte Rolland nicht, dass er selbst das Vorwort zu Nicolais Buch geschrieben hatte. Am folgenden Tag, dem 22. August 1917, erwiderte Einstein aus der Schweiz:

Ich bin gerührt über das herzliche Interesse, das Sie einem Menschen entgegenbringen, den Sie ein einziges Mal gesehen haben. Sicher würde ich es mir nicht nehmen lassen, Sie zu besuchen, wenn meine Gesundheit etwas fester wäre; aber die kleinste Unternehmung rächt sich oft nachher. Die bösen Erfahrungen, die wir an dem Handeln der Menschen in der Zwischenzeit haben machen müssen, haben mich aber nicht *mehr* pessimistisch gemacht, als ich es vor zwei Jahren in Wahrheit gewesen bin. Ich finde sogar, dass die imperialistische Gesinnungswelle, welche die massgebende Welt in Deutschland beherrscht, etwas abgenommen hat. Aber ich finde immer noch, dass es höchst gefährlich wäre, mit dem Deutschland, wie es heute ist, zu paktieren.

Dies Land ist durch den Waffenerfolg von 1870, durch Erfolge auf dem Gebiete des Handels und der Industrie zu einer Machtreligion gekommen, die in [Heinrich von] Treitschke [Deutscher Historiker] einen adäquaten, gar nicht übertriebenen Ausdruck gefunden hat. Diese Religion beherrscht fast alle Gebildeten; sie hat die Ideale der Goethe-Schiller-Zeit fast vollkommen verdrängt.

Ich kenne in Deutschland Menschen, die in ihrem Privatleben von einem fast uneingeschränkten Altruismus geleitet werden, welche aber die Erklärung des uneingeschränkten U-Bootkrieges mit grösster Ungeduld erwarteten. Ich bin fest überzeugt, dass dieser Verirrung der Geister nur durch die Härte der Tatsachen gesteuert werden kann. Man muss den Leuten zeigen, dass es nötig ist, auf die Nicht-Deutschen als etwas Gleichwertiges Rücksicht zu nehmen, dass man genötigt ist, sich das *Vertrauen* des Auslandes zu verdienen, um existieren zu können, dass man mit Gewalt und Treulosigkeit nicht zu dem Ziele kommt, das man sich gesetzt hat.

Gegen das Ziel selbst mit intellektuellen Waffen zu kämpfen, scheint mir aussichtslos; Menschen wie Nicolai werden mit ehrlicher Überzeugung als "Utopisten" bezeichnet. Nur Tatsachen können die Masse der Irregeleiteten von ihrem Wahn abbringen, wir lebten für den Staat, und dessen Selbstzweck sei grösstmöglichste Macht um jeden Preis.

Der schönste Ausweg, der mir aus den traurigen Verhältnissen herauszuführen scheint, wäre folgender: Amerika, England, Frankreich und Russland schliessen einen militärischen Schiedsgericht-Vertrag für alle Zeiten mit Abmachungen über gegenseitige Hilfe und über Minimum und Maximum der militärischen Machtbereitschaft. Dieser Vertrag müsste die Bestimmung der zollpolitischen Meistbegünstigung enthalten. Dieser Vereinbarung sollte jeder Staat beitreten dürfen, der ein demokratisch gewähltes Parlament besitzt und dessen Minister von der Mehrheit dieses Parlaments abhängen. Diese kurze Andeutung mag genügen.

Wenn das auf Absatz seiner Industrieprodukte angewiesene Deutschland sich derartigen bleibenden Verhältnissen gegenüber sähe, würde sich die Einsicht bald durchringen, dass eine Abkehr von dem eingeschlagenen Weg unerlässlich ist. Solange die deutschen Staatsmänner aber darauf hoffen können, dass eine Verschiebung in der Machtverteilung über kurz oder lang eintrete, wird an keine ernsthafte Änderung des Kurses gedacht werden. Den Beweis dafür, dass alles noch beim Alten ist, sehen Sie in der Art und Weise wie jüngst der Kanzlerwechsel in Szene gesetzt wurde.

Mögen Sie in diesen düsteren Zeiten Trost in Ihrem begnadeten künstlerischen Schaffen finden.

Einen Tag später – am 23. August 1917 – schrieb Rolland:

Ich glaube durchaus, dass das, was Sie über Deutschland sagen, leider zutrifft. Aber Sie kennen nicht die Leiden der "anderen Seite". Das Übel ist ansteckend; während die Nationen einander bekriegen, verfolgen sie doch dieselben Interessen, und niemand hat bisher einen Weg gefunden, die moralische Pest an den Grenzen aufzuhalten, wie man es im Falle einer Epidemie täte. Der Krieg scheint mir einer Hydra zu gleichen: auf jeden abgeschnittenen Kopf wachsen zwei neue. Darum glaube ich nicht an den Erfolg all dieser schönen Heere. Hilfe erwarte ich von anderer Seite: von den sozialen Kräften. Sollte ich mich hierin täuschen – nun, es wäre, weiss Gott, nicht der erste Fall des Zusammenbruchs einer mächtigen Zivilisation. Aber das Leben blüht immer von neuem – selbst auf Ruinen.

Einstein war offenbar nicht immer so optimistisch, wie man nach seinem obigen Brief an Rolland annehmen möchte. Denn am 18. Dezember 1917 schrieb er an seinen Freund H. A. Lorentz:

... Ich bin unausgesetzt sehr deprimiert über das endlos Traurige, das wir erleben müssen. Selbst die gewohnte Flucht in die Physik hilft nicht immer.

Eine schwelende Unruhe über den Krieg machte sich 1916 und 1917 im deutschen Volk bemerkbar, trotz der äusseren Einheit und der Unterdrückung kritischer Stimmen. Aber die Missstimmung fand keinen wirksamen politischen Ausdruck. Die Kapitulation Russlands Ende 1917 brachte keine Erleichterung. Im Gegenteil: die Lage Deutschlands verschlimmerte sich während des Jahres 1918 zusehends mit dem Schwinden der Materialquellen und dem Einsatz der militärischen Macht Amerikas. Erst jetzt konnte man in Deutschland das Wort Frieden offen in den Mund nehmen. Am 24. Februar 1918 beantwortete Einstein den Brief eines Akademikers mit grosser Schärfe:

Ich bewundere die Vielseitigkeit Ihrer Interessen und Ihres Wissens, sowie Ihre feine und amüsante Schreibart. Nur Ihr unter germanischer Flagge segelndes Kraftmeiertum geht mir gar sehr gegen den Strich. Ich halte es lieber mit meinem von Ihnen und Ihren Gesinnungsgenossen für endgültig überwunden gehaltenen Landsmann Jesus Christus. Leiden ist mir eben wirklich lieber als Gewalt üben. Die Geschichte mag lehren, wohin wir mit der von Ihnen und so vielen Zeitgenossen des Inlands gepriesenen Gesinnung kommen;

wer kann es wissen? Aber jenseits von aller Zwecksetzung: De gustibus non est disputandum; mein gusto ist anders.

Anfang September 1918 – der Waffenstillstand war noch zwei Monate entfernt – erhielt Einstein ein bemerkenswertes vervielfältigtes Dokument mit dem Vermerk "Streng vertraulich!" Es war die Einladung zur Teilnahme an einer geheimen Zusammenkunft von Intellektuellen, die mit einem baldigen Frieden rechneten. Mit dem Blick darauf wollten sie eine Organisation schaffen, die anstelle der diskreditierten deutschen Regierung die Friedensverhandlungen führen könnte. Unterzeichner der Einladung war der radikale Pazifist Kurt Hiller, der andeutete, dass eine Untergrund-Friedensbewegung bereits seit einiger Zeit im Gange war. Er fügte den Brief eines deutschen Frontoffiziers bei, der den Krieg rund heraus als verloren erklärte. Einstein antwortete am 9. September 1918:

... Ich würde gerne bei Ihrer Zusammenkunft erscheinen. Aber es ziemt sich für mich als Schweizer nicht, mich in hiesige politische Angelegenheiten zu mischen.

Ihre Broschüre ist glänzend geschrieben. Ihr Vorschlag aber scheint mir in seiner unbestimmten Form wenig zu enthalten, was im Bereich des Möglichen liegt. Wenn Sie diejenigen hiesigen Männer zusammenrufen, welche sich durch bedeutende geistige Leistungen auf den verschiedenen Gebieten ausgezeichnet haben, so werden Sie eine Kollektion von Macht- bzw. "Real"-Politikern zusammen bekommen, die sich – wenn sie ehrlich sind – auf den Grundsatz einigen, dass die Privatmoral für die Beziehungen zwischen Staaten und Völkern keine Bedeutung habe, dass nur das Recht des Stärkeren ausschlaggebend sei, dass ohne Krieg die Menschen verkommen würden. Konzessionen an den Pazifismus sind nur als schöne Gesten für den Gimpelfang aufzufassen ...

Diese Menschen sind eben Kinder ihrer Zeit, ihre Wünsche, welche die Ansichten bestimmen, das Produkt einer Massenpsyche, die durch den Namen Bismarck gekennzeichnet ist.

Als man einem grossen Gelehrten des neutralen Auslandes[16] das angedeutete politische Evangelium mit erheblicher Beredsamkeit vortrug, sagte er: "Vielleicht ist die Welt so, aber dann will ich nicht in ihr leben!" Ich bin fest überzeugt, dass "die Welt voll Feinden" durch diese Reaktion zusammengeschmiedet ist.

Als Rettung für Deutschland sehe ich nur rasche und radikale Demokratisierung nach dem Vorbild der Westmächte. Denn nur eine solche Verfassung – so gross ihre Mängel auch sein mögen – scheint eine so weitgehende Dezentralisierung des Machtwillens zu garantieren, dass eine Wiederholung der Handlungsweise 1914 ausgeschlossen erscheint. Dem heutigen Regime traut im Ausland niemand mehr.

Dies in kurzen Worten meine Überzeugung. Ich habe als einer, der schon vor dem Krieg Pazifist war, ein Recht, sie jetzt zu äussern.

Trotz des offiziellen Verbots hatte der Bund Neues Vaterland (s. Seite 26) insgeheim weiterbestanden, und im Oktober 1918 erschien er wieder im vollen Licht der Öffentlichkeit. Während dieses Monats hielt die Organisation zwei öffentliche Kundgebungen in Berlin; im Verlauf der zweiten wurde eine scharf formulierte Erklärung angenommen, über die auch die Presse berichtete. Darin wurde auf die früheren Aktivitäten des Bundes verwiesen und zum Schluss gesagt:

Heute, wo die Folgen der Machtpolitik klar sind und die Regierung sich zu unserem Programm des Völkerbundes bekennt, fordert der Bund: Glatte Aufhebung des Belagerungszustandes, der Zensur, der Schutzhaft, sowie Amnestie für alle politischen Vergehen. Untersuchung der Schuldfrage am Kriege, Einführung völliger Versammlungs-, Presse- und Redefreiheit und Bekämpfung des militaristischen Geistes besonders in der Jugenderziehung. Darüber hinaus hält der Bund eine völlige Umgestaltung der deutschen Verfassung und Verwaltung im demokratischen Geiste für erforderlich, und zwar durch die Einberufung einer gesetzgebenden Nationalversammlung mit gleichem, geheimem und direktem Wahlrecht auch für Frauen und Soldaten. Die sofortige Erfüllung dieser Forderung würde der Welt den sinnlosen Endkampf ersparen.

Einstein dürfte an dieser Kundgebung ebenfalls teilgenommen haben. Das scheint aus einem Brief Max Plancks vom 26. Oktober 1918 hervorzugehen. Planck erklärt darin, warum er trotz völliger sachlicher Übereinstimmung das ihm von Einstein übersandte Dokument nicht unterschreiben könne. Dabei handelt es sich wahrscheinlich um die oben verzeichnete Erklärung. Planck erklärte, sein Treueid gegenüber dem Kaiser mache es ihm unmöglich, den Rücktritt des Monarchen zu fordern; er hoffe jedoch, dass der Kaiser sich freiwillig dazu entschliessen werde.

Die Abdankung des Kaisers erfolgte unter dem Druck der Revolution am 9. November 1918. Deutschland wurde eine Republik. Zwei Tage später – am Tag des Waffenstillstandes – schrieb Einstein zwei Postkarten an seine Familie in der Schweiz. Die erste war an seine Mutter gerichtet:

Sorge Dich nicht. Bisher ging alles glatt, ja imposant. Die jetzige Leitung scheint ihrer Aufgabe wirklich gewachsen zu sein. Ich bin sehr glücklich über die Entwicklung der Sache. Jetzt wird es mir erst recht wohl hier. Die Pleite hat Wunder getan. Unter den Akademikern bin ich so eine Art Obersozi.

Die zweite Karte schickte Einstein an Schwester und Schwager, das Ehepaar Winteler:

Das Grosse ist geschehen! Ich hatte jeglichen Zusammenbruch der Ordnung befürchtet. Aber bis jetzt ist die Bewegung wahrhaft imposant verlaufen, das grösste äussere Erlebnis, was denkbar war. Und was das Drolligste ist: die Menschen finden sich merkwürdig leicht darein. Dass ich das erleben durfte! Keine Pleite ist so gross, dass man sie nicht gerne in Kauf nähme um so einer herrlichen Kompensation willen. Bei uns ist der Militarismus und der Geheimratsdusel gründlich beseitigt.

Einsteins politische Grundanschauungen änderten sich während seines ganzen Lebens nicht. Es war selbstverständlich, dass er die revolutionäre Entwicklung Deutschlands 1918, den Sturz des Kaisers und die Errichtung der Republik, willkommen hiess. Diese Reaktion entsprach seinem Interesse am Sozialismus, vor allem aber seinem tiefen und uneingeschränkten Bekenntnis zur Demokratie.

Nie hat er seine tief empfundene demokratische Überzeugung eindringlicher formuliert als in einer Ende 1918 gehaltenen kurzen Rede. Radikale Studenten hatten den Präsidenten der Berliner Universität "abgesetzt" und bestanden auf weiteren Änderungen im akademischen Leben. Einstein wurde um Intervention ersucht; er war unter den Studenten – vielleicht gerade wegen seines eigenartigen Wesens, das Distanziertheit mit Wärme vereinigte – ausserordentlich beliebt. In Begleitung zweier Kollegen ging er zum Reichstag, wo die revolutionären Komitees ihre stürmischen Sitzungen hielten. Nach längerer Wartezeit erlaubte man ihm schliesslich den Zutritt. Einstein hielt dann die folgende Ansprache[17]:

Genossen und Genossinen!

Gestatten Sie einem alten Demokraten, der nicht hat umlernen müssen, einige Worte.

Unser aller Ziel ist die Demokratie, d.i. die Herrschaft des Volkes. Sie ist nur möglich, wenn der einzelne zwei Dinge heilig hält, nämlich den Glauben an das gesunde Urteil und den gesunden Willen des Volkes und die willige Unterordnung unter den durch Abstimmung und Wahl bekundeten Volkswillen, auch wenn dieser Volkswille mit dem eigenen persönlichen Willen im Widerspruch ist.

Wie gelangen wir zu diesem Ziel? Was ist schon erreicht? Was muss noch geschehen?

Die alte Klassenherrschaft ist beseitigt. Sie fiel durch die eigenen Sünden und durch die befreiende Tat der Soldaten. Der von diesen rasch gewählte Soldatenrat im Verein mit dem Arbeiterrat muss vorläufig als Organ des Volkswillens aufgefasst werden. Wir sind diesen Behörden also in dieser kritischen Stunde unbedingten Gehorsam schuldig und müssen sie mit allen Kräften stützen.

Andererseits müssen alle wahren Demokraten darüber wachen, dass die alte Klassen-Tyrannei von rechts nicht durch eine Klassen-Tyrannei von links ersetzt werde. Lasset Euch nicht durch Rachegefühle zu der verhängnisvollen Meinung verleiten, dass eine vorläufige Diktatur des Proletariats nötig sei, um Freiheit in die Köpfe der Volksgenossen hineinzuhämmern. Gewalt erzeugt nur Erbitterung, Hass und Reaktion.

Wir müssen daher von der jetzigen Diktaturbehörde, deren Weisungen wir uns willig fügen müssen, unbedingt verlangen, dass sie ohne Rücksicht auf irgendwelche Partei-Interessen unverzüglich die Wahl der gesetzgebenden Versammlung vorbereite, damit möglichst bald alle Befürchtungen neuer Tyrannei zerstreut werden. Erst wenn diese Versammlung einberufen ist und ihre Aufgabe befriedigend gelöst hat, kann das deutsche Volk mit Befriedigung sagen, dass es sich die Freiheit errungen hat.

Rückhaltlose Anerkennung gebührt unseren jetzigen sozialdemokratischen Führern. In stolzem Bewusstsein der werbenden Kraft der von ihnen vertretenen Gedanken haben sie sich bereits für die Einberufung der gesetzgebenden Versammlung entschlossen. Damit haben sie gezeigt, dass sie das demokratische Ideal hochhalten. Möge es ihnen gelingen, uns aus den ernsten Schwierigkeiten herauszuführen, in die wir durch die Sünden und Halbheiten ihrer Vorgänger hineingeraten sind.

Obwohl Einstein zu dieser Zeit den Sozialdemokraten nahestand und wahrscheinlich an einer Reihe ihrer Versammlungen teilnahm, dürfte er nie Mitglied der Partei gewesen sein. Denn er war von Natur aus kein Parteimann[18]. Als er zu einem frühen Zeitpunkt erkannte, dass die Weimarer Republik die auf sie gesetzten grossen Hoffnungen nicht erfüllte, war er schmerzlich enttäuscht. Und diese Ernüchterung wuchs von Jahr zu Jahr. Trotzdem zeigen seine vielen Schriften die Unerschütterlichkeit seiner fundamentalen demokratisch-sozialistischen Anschauungen[19]. Im Jahr 1944 kam er in einem Brief an seinen Freund und Kollegen Max Born auf die Studentenaffäre des Winters 1918–19 zurück:

Erinnerst Du Dich noch daran, dass wir vor etwas unter fünfundzwanzig Jahren zusammen in einer Tram nach dem Reichstagsgebäude fuhren, überzeugt, dass wir wirksam helfen könnten, aus den Kerlen dort ehrliche Demokraten zu machen? Wie naiv wir doch gewesen sind als Männer von vierzig Jahren! Ich kann nur lachen, wenn ich daran denke. Wir empfanden beide nicht, wieviel mehr im Rückenmark sitzt als im Grosshirn und wieviel fester es sitzt. Daran muss man jetzt denken, wenn sich die tragischen Fehler von damals nicht wiederholen sollen.

2. Kapitel

UMSTURZ IN DEUTSCHLAND: HOFFNUNG UND ERNÜCHTERUNG 1919–1923

Am 27. September 1919 schrieb Einstein seiner in der Schweiz lebenden Mutter auf einer Postkarte:

> Heute eine freudige Nachricht. H. A. Lorentz hat mir telegraphiert, dass die englischen Expeditionen die Lichtablenkung an der Sonne wirklich bewiesen haben.

Das Telegramm seines geliebten Freundes Lorentz bedeutete den Anfang einer neuen Phase im Leben Einsteins. Fast über Nacht wandelte sich wissenschaftliche Eminenz in Weltruhm. Wenige Wochen nach dem Waffenstillstand hatten britische Wissenschaftler Expeditionen nach abgelegenen Orten entsandt, um die Sonnenfinsternis am 29. März 1919 zu beobachten. Zu den zu erforschenden Phänomenen gehörte die Biegung des Sternenlichts beim Eintritt in das Gravitätsfeld der Sonne. Dieses Phänomen, auf Grund der Theorie Einsteins prophezeit, wurde von der Natur brillant bestätigt[1].

Die feierliche Bekanntgabe dieses Erlebnisses erfolgte am 6. November 1919 in London und überraschte eine Welt, die noch nicht völlig zum Leben des Friedens zurückgekehrt war. Zwei britische Elitegruppen – die Royal Society und die Royal Astronomical Society – boten zusammen das Forum des Festaktes. Gewiss, ausserhalb des engeren Bereichs der Wissenschaft erfassten wenige die volle Grösse des Ereignisses. Dennoch faszinierte diese Demonstration internationaler Freundschaft weite Kreise der Welt, zumal der Krieg mit all seinen bitteren Animositäten erst ein Jahr zuvor geendet hatte. Ebenso hingerissen waren die Menschen von der so ansprechenden und unkonventionellen Persönlichkeit Einsteins, mit der sich die Weltpresse eingehend befasste.

Kurz darauf übermittelte ein Freund Einsteins ihm einen Brief, den er von einem britischen Gelehrten erhalten hatte[2]:

> Hier spricht man von fast nichts wie Einstein und wenn er jetzt herüber kommen würde, glaube ich, dass er wie ein siegreicher General gefeiert werden würde. Die Tatsache, dass die Theorie eines Deutschen durch Beobachtungen von Engländern bestätigt wurde, hat, wie sich täglich immer deutlicher merken lässt, die Möglichkeit

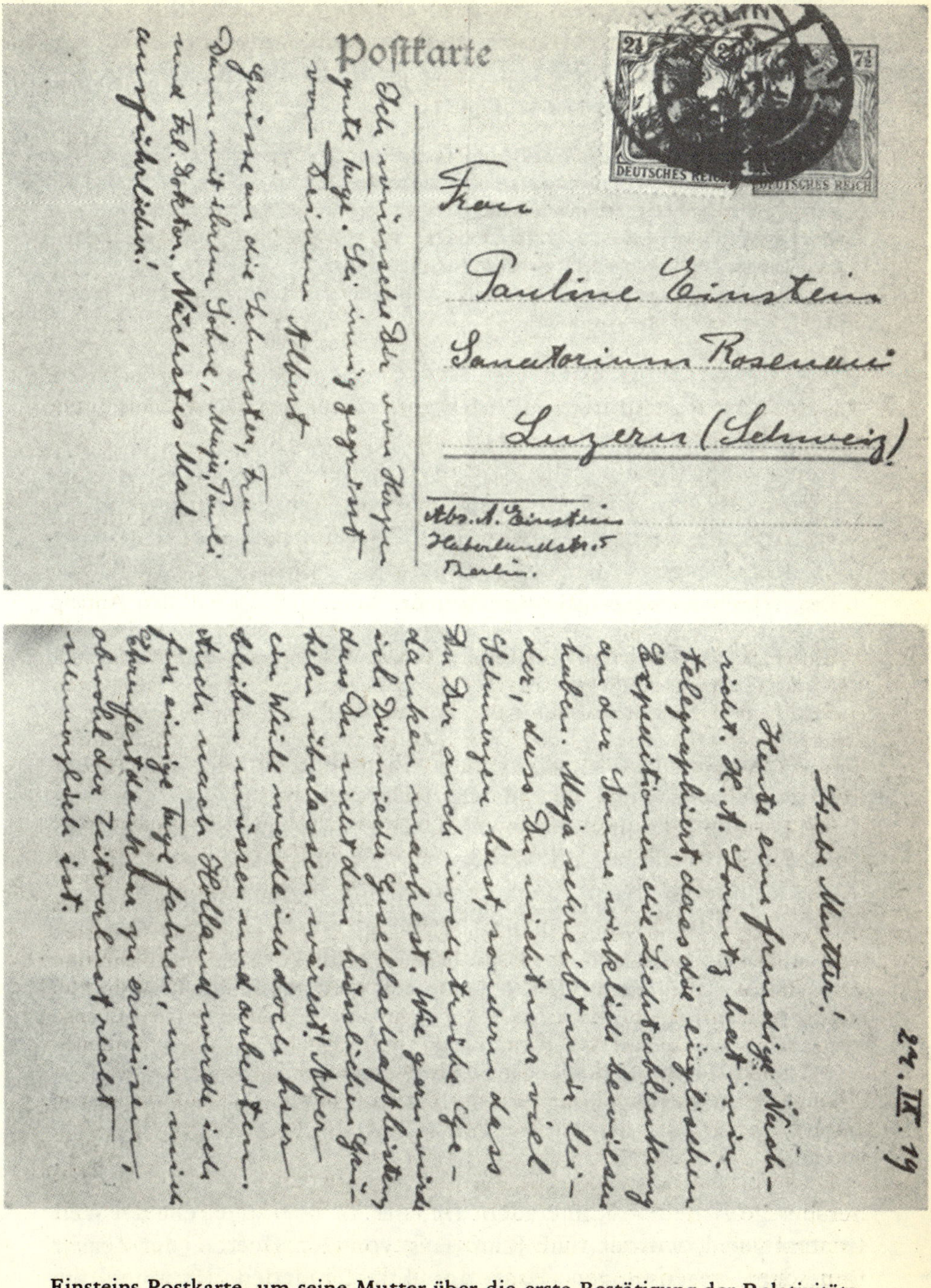

Postkarte

Frau
Pauline Einstein
Sanatorium Rosenau
Luzern (Schweiz)

Abs. A. Einstein
Haberlandstr. 5
Berlin.

Ich wünsche Dir von Herzen gute Tage. Sei innig gegrüsst von Deinem Albert

Grüsse an die Schwester, Frau Dame mit ihrem Sohne, Maja, Paul und Frl. Doktor. Nächstes Mal ausführlicher!

27. IX. 19

Liebe Mutter!

Heute eine freudige Nachricht. H. A. Lorentz hat mir telegraphiert, dass die englischen Expeditionen die Lichtablenkung an der Sonne wirklich bewiesen haben. Maja schreibt mir leider, dass Du nicht nur viel Schmerzen hast, sondern dass Du auch noch trübe Gedanken machst. Wie gern würde ich Dir wieder Gesellschaft leisten, dass Du nicht dem hässlichen Grübeln überlassen wärest! Aber eine Weile werde ich doch hier bleiben müssen und arbeiten. Auch nach Holland werde ich für einige Tage fahren, um mich Ehrenfest dankbar zu erweisen, obwohl der Zeitverlust recht empfindlich ist.

Einsteins Postkarte, um seine Mutter über die erste Bestätigung der Relativitätstheorie zu benachrichtigen (27. September 1919).

eines Zusammenarbeitens zwischen diesen wissenschaftlichen Völkern weit näher gerückt. Damit hat Einstein, ganz abgesehen vom hohen wissenschaftlichen Wert seiner genialen Theorie, der Menschheit einen unschätzbaren Dienst geleistet.

Der Name Einstein begann auf den Titelseiten der Presse zu erscheinen. Das Bild seines mähnigen Hauptes zierte die Umschläge von Magazinen. Wort und Tat Einsteins wurden Zeitgeschichte. Dennoch war der Ruhm für ihn im Grunde eine Bürde. Sinnvoll wurde er nur durch die daraus entspringende Chance, die ihm am Herzen liegenden Ideen und Bewegungen zu fördern.

Bereits am 6. Dezember 1918 hatte Einstein aus Berlin an seinen Freund Ehrenfest in Leiden geschrieben:

... Ich werde nächster Tage über die Schweiz nach Paris reisen, um die Entente zu bitten, die hiesige ausgehungerte Bevölkerung vor dem Hungertod zu retten. Nach so viel Lüge hält es schwer, der bitteren Wahrheit zum Glauben zu verhelfen. Aber ich denke, mir wird man glauben, wenn ich mein Ehrenwort gebe. Übrigens muss ich sagen, dass die hiesigen Menschen den Zusammenbruch mit Fassung und Ruhe tragen, nachdem ihnen die Wahrheit bezüglich der Kriegsursachen etwas aufgedämmert ist.

Seinen ersten Besuch in Frankreich nach dem Kriege machte Einstein jedoch erst etwa dreieinhalb Jahre später.

Am 22. März 1919 schrieb er wieder an Ehrenfest:

... Endlich bin ich glühend mit einem Problem der allgemeinen Relativität beschäftigt, das mir Tag und Nacht keine Ruhe gibt. Die Politik enttäuscht mich gegenwärtig sehr. Diejenigen Staaten, deren Obsiegen ich während des Krieges als das unvergleichlich geringere Übel empfunden hatte, erweisen sich nun als nur wenig kleineres Übel. Dazu die überaus unehrliche hiesige innere Politik. Reaktion mit allen Schandtaten in widerlicher revolutionärer Verkleidung! Man weiss nicht, wohin man schauen soll, um Freude am Treiben der Menschen zu haben.

Im Juni 1919 – noch bevor sein Name symbolische Bedeutung erlangt hatte – unterschrieb Einstein einen von Romain Rolland entworfenen internationalen Aufruf, der im Lauf der Zeit von über hundert Intellektuellen unterzeichnet wurde[3]:

Geistige Arbeiter, Kameraden! Ihr, die ihr über alle Teile der Welt verstreut seid, wurdet fünf Jahre lang von den Heeren, der Zensur und dem gegenseitigen Hass der kriegführenden Nationen am Kontakt miteinander verhindert. Jetzt, da die Barrieren fallen und die Grenzen sich wieder öffnen, rufen wir euch zur Erneuerung unserer brüderlichen Beziehungen auf. Aber wir wollen den neuen Bund auf stärkeren Fundamenten und mit besserem Material bauen als unsere frühere Gemeinschaft.

Der Krieg hat Verwirrung in unsere Reihen getragen. Die meisten Intellektuellen stellten Wissenschaft und Kunst und Denken den Regierungen zur Verfügung. Wir klagen niemanden an. Und wir erheben keine Vorwürfe. Wir kennen die Schwäche des individuellen Denkers und die Stärke der grossen Kollektivströme. Diese haben den zum Widerstand unvorbereiteten Einzelnen überwältigt. Ziehen wir aus dieser Erfahrung aber zum mindesten die nötigen Folgerungen für die Zukunft!

Zunächst müssen wir die katastrophalen Folgen feststellen, die sich aus der fast totalen Abdankung der Intelligenz der ganzen Welt und ihrem freiwilligen Sklavendienst im Interesse der entfesselten dunklen Mächte ergeben haben. Denker und Künstler haben in unvorstellbarem Masse zu der Pest, die am Körper und Geist Europas frisst, durch das Gift ihres Hasses beigetragen. Sie haben ihr Wissen, ihr Gedächtnis und ihre Phantasie nach allen möglichen Gründen durchstöbert, warum man hassen müsse – alten und neuen Gründen, historischen, wissenschaftlichen, logischen, ja dichterischen Argumenten. Auf solche Weise haben sie das gegenseitige Verständnis und die gegenseitige Liebe unter Menschen zu zerstören gestrebt. Den Geist, den sie doch vertreten sollten, haben sie verstümmelt, beschmutzt, erniedrigt. Sie haben ihn zum Werkzeug der Leidenschaften und (möglicherweise, ohne es zu wollen) zum Handlanger des politischen und sozialen Egoismus eines Staates, Landes oder einer Klasse gemacht. Jetzt sind aus dem fieberhaften Kampf der Nationen sowohl Sieger als auch Besiegte verarmt hervorgegangen, und im Innersten schämen sich beide Seiten (obwohl sie es nach aussen nicht zugeben) des von ihnen begangenen Wahnsinns. Und der Geist, der mit in den Kampf verstrickt war, ist ebenso tief gesunken.

Steht auf! Befreien wir den Geist aus der Gefangenschaft der Kompromisse, unwürdigen Allianzen und getarnten Sklavendienste. Wir sind Diener – aber nur Diener des Geistes. Wir leben, um seine Flamme zu hegen und zu hüten. Uns obliegt es, alle verirrten Schafe der Menschheit um die Flamme herum zu sammeln. Ruhe und Stabilität verkörpernd, müssen wir inmitten des Wirbels dunkler Emotionen auf den hellen Leitstern deuten. Zwischen den Leidenschaften der Selbstsucht und der gegenseitigen Zerstörung gibt es für uns keine Wahl; wir verwerfen sie alle. Nur die Wahrheit anerkennen wir – die freie, unbeschränkte Wahrheit, die keine Grenzen kennt und kein Rassen- oder Klassenvorurteil duldet.

Wir arbeiten für die Menschheit, für die ganze Menschheit. Von Völkern wollen wir nichts wissen, wohl aber vom Volk, dem einzigen und universalen Volk, das leidet, kämpft, fällt und sich wieder erhebt und entlang dem von seinem Schweiss und Blut getränkten harten Weg weiterschreitet. Das Volk, alle Menschen, sind gleichermassen unsere Brüder. Für sie wie für uns wollen wir eine Welt der Brüderlichkeit bauen. Aus der Niederung blinden Kampfes heben wir die Bundeslade empor – den freien, zugleich einen und vielfältigen, den ewigen Geist.

Einstein verbrachte den grössten Teil des Sommers 1919 in der Schweiz. Bei seiner Rückkunft fand er in Deutschland zwei Briefe vor, die ihn ersuchten, den Aufruf Rollands in Taten umzusetzen. An einen liberalen Professor in Potsdam schrieb Einstein am 17. August 1919:

... Was nun den Aufruf betrifft, so gehöre ich nicht zu seinen Urhebern. Weil ich die sehr erbitterte Stimmung der Helden von der Tinte in den verschiedenen Ländern kenne, weiss ich sehr wohl, dass derartige Versöhnungs-Versuche gegenwärtig nur recht wenig Erfolg versprechen. Ich gab meine Unterschrift nur darum, weil es weit schlimmer gewesen wäre, sie zu verweigern; aber ich war überzeugt, dass wir keine nennenswerte Resonanz finden würden.

Ich muss Ihnen offen gestehen, dass mir eine Unterschriftensammlung in dem von Ihnen angedeuteten Sinne ebenfalls wenig aussichtsreich erscheint, teils wegen der schmerzlichen Lücken, die sie aufweisen, teils wegen des Widerspruches, der wahrscheinlich nicht ausbleiben würde. Vorderhand dürfte es in erster Linie wertvoll sein, die einzelnen internationalen persönlichen Verbindungen zu pflegen und so still und langsam bessere Beziehungen anzubahnen.

Ebenso halte ich es für heilsam, die Erkenntnis über die schweren Sünden der deutschen Heeresleitung in Belgien und Frankreich zu verbreiten, um ein besseres Verständnis für die Stimmung der anderen anzubahnen. Ich gehöre einer kleinen privaten Kommission an, die gegenwärtig Publikationen auf diesem Gebiet vorbereitet. Vorderhand halte ich es für das Wichtigste, ein Aufkeimen der Revanche-Idee zu verhindern, damit der gegenwärtige, jammervolle Zustand nicht mit derartigen brutalen Mitteln befestigt werde.

Am gleichen Tag bemerkte Einstein in einem Schreiben an einen Breslauer Kollegen:

... Ich fürchte, dass wir durch eine von einer grösseren Zahl Gesinnungsgenossen unterzeichneten Erklärung eine Gegenerklärung von erheblich grösserer Massenwirkung provozieren und so der guten Sache mehr schaden als nützen werden.

Bereits früher – am 26. April 1919 – schrieb Einstein an Lorentz über die Kommission zur Untersuchung von Kriegsverbrechen[4], der er sich angeschlossen hatte:

Sie erinnern sich sicher noch der traurigen Gespräche über die Kriegsgreuel, die wir vor drei Jahren in Holland zusammen führten. Die Erinnerung daran, dass Sie an diesen schrecklichen Dingen den lebhaftesten Anteil nahmen, ermutigt mich, Ihnen folgendes zu unterbreiten:

Es hat sich hier aus wenigen Privatleuten eine Kommission gebildet, die es sich zur Aufgabe gesetzt hat, die im Ausland bekannt gewordenen und als erwiesen geltenden Anklagen gegenüber der deutschen Kriegsführung an Hand hiesiger und womöglich auch ausländischer offizieller Dokumente einer gewissenhaften Prüfung zu unterziehen und das Resultat hier zu veröffentlichen. Der Kommission gehöre ich selber an und ausserdem noch fünf Leute hier, für deren absolut lautere und ernste Gesinnung und Gerechtigkeitswillen ich einstehe.

Um uns in den Besitz von Anklagematerial und womöglich von Beweis-Dokumenten zu setzen, müssen wir unsere Kommission durch im neutralen Auslande wohnende Mitglieder erweitern. Wir wären glücklich, wenn Sie, verehrter Kollege, selbst der Kommission beitreten würden. Denn Ihre grosse Erfahrung in menschlichen Dingen und Ihr Name würden der Bestrebung ungemein nützen. Wenn Sie dies aber aus irgend welchen Gründen nicht wünschen, so bitte ich Sie, mir eine Person in Holland zu nennen, die nach Ihrer Ansicht willens und fähig wäre, an unserer Aufgabe im angegebenen Sinne mitzuwirken.

Ich glaube, dass ein langsamer Abbau des furchtbaren Hasses nur möglich sein wird, wenn die Wahrheit rücksichtslos aufgedeckt ist. Es gibt hier viele durchaus ehrenhafte Menschen, die alle jene schweren Anklagen, soweit ein gedämpfter Ton über dieselben zu ihnen gedrungen ist, für tendenziöse Lügen halten; solchen Menschen Aufklärung zu bringen ist unser Ziel.

Lorentz antwortete prompt und ausführlich (am 4. Mai 1919): zwar wolle er selbst der Kommission nicht beitreten, er könne aber weitgehende Mitarbeit zusagen. Er wolle über die Sache mit einer Reihe seiner Landsleute und auch mit gewissen Franzosen und Belgiern sprechen, die er im Lauf einer für die nahe Zukunft geplanten Reise treffen werde. Im Hinblick auf die Belgier stellte er fest:

Speziell denke ich an Professor Massart, der vor einigen Jahren an die 93 deutschen Gelehrten und Künstler die, leider so gut wie unbeantwortet gebliebene, Forderung gestellt hat, die Initiative zu einer Untersuchung wie die von Ihnen ins Auge gefassten zu nehmen ... Vielleicht – aber das muss ich von den Umständen abhängen lassen – werde ich auch versuchen können, mich mit Vertretern der Geistlichkeit und der Freimaurerei in Verbindung zu setzen; Sie wissen, dass auch von diesen Kreisen Aufforderungen an die Deutschen, ähnlich wie die des Herrn Massart, ausgegangen sind.

Auch betonte Lorentz, Einstein müsse die Zusicherung erlangen, dass die deutsche Regierung ihm nicht nur keine Hindernisse in den Weg stelle, sondern im Gegenteil die Sache positiv unterstütze. Das sei wichtig, da nichtdeutsche Kreise kaum mitarbeiten würden, wenn sie eine antagonistische Einstellung der deutschen Regierung befürchteten.

Lorentz scheint seine Zusage erfüllt zu haben, denn Einstein schrieb ihm am 1. August 1919 aus der Schweiz:

Es ist für unsere Sache von ausserordentlichem Wert, dass Sie uns in so weitgehendem Masse Ihre Unterstützung angedeihen lassen. Auch haben wir es dankbar zu begrüssen und anzuerkennen, dass die genannten französischen und belgischen Gelehrten uns helfen wollen. Bis zu meiner am 28. Juni erfolgten Abreise haben wir noch nicht zu den dort aufgestapelten Dokumenten vordringen können; es gibt offene und besonders verdeckte Widerstände.

Ich begreife die Erbitterung wegen des berühmten Manifestes der Dreiundneunzig, welches übrigens von dem Schriftsteller [Hermann] Sudermann verfasst ist. Als ich nämlich einmal neben ihm sass und über jenes Manifest nicht eben in zarten Tönen mich ausgesprochen hatte, bekannte er sich freimütig und ohne allzuviel Scham als sein Autor. Dieser ist übrigens ein braver und selten wohlwollender Mensch, solange man ihm nicht das rote Tuch "Politik" vor die Augen hält.

Ich begreife, wie gesagt, jene Erbitterung, aber sie hat für mich doch einen leisen Stich ins Komische, wenn auch lange nicht so arg wie das Manifest selbst mit seinen mannhaften Verteidigern. Wenn ein Haufen Menschen an einem Kollektivwahn erkrankt ist, so soll man diese Menschen jeglichen Einflusses berauben; aber Hass und Erbitterung können grosse und sehende Menschen für die Dauer nicht beherrschen, sie seien denn selbst erkrankt. Man muss sich doch vor Augen halten, dass die moralischen Qualitäten der Menschen sich in ihren Mittelwerten von Land zu Land nicht gar zu sehr voneinander unterscheiden.

Für das Handeln ist aber ausserdem die Zeitströmung und die Situation wesentlich; daher wohl die scheinbar grossen Unterschiede. Mag man immerhin die deutschen Gelehrten eine Anzahl Jahre vom internationalen geselligen Verkehr der Gelehrten ausschliessen; dies ist vielleicht für sie eine Schule der Bescheidenheit, die nicht zu viel Schaden stiften wird – hoffentlich sogar Nutzen. Viel Bedeutung hat die Sache keineswegs.

Wichtig aber scheint mir, dass man in Deutschland das Verhalten der "Feinde" verstehen lernt, damit nicht der abscheuliche Revanche-Gedanke Platz greife, aus dem später neuer Jammer erwachsen könnte. In diesem Sinne zu wirken ist unser bescheidenes Ziel.

Während des Schweizer Aufenthalts Einsteins war die erste Veröffentlichung der Untersuchungskommission erschienen: ein Exposé über angeblich in Lille begangene Kriegsgreuel. Am 21. September 1919 schrieb Einstein darüber an Lorentz:

... Als ich sie [die Publikation] vor einigen Tagen gedruckt vorgesetzt erhielt, hatte ich einen richtigen Schrecken. Das Geleitwort war ohne Takt geschrieben; die hiesigen Akten bezogen sich kaum auf die in Frage stehenden Tatbestände, sodass die Broschüre mehr hätte schaden als nützen können. So blieb nichts übrig, als die ganze (zum Glück kleine) Auflage zurückzuziehen, um sie nach Ergänzung und Verbesserung neu zu drucken. Es ist noch so viel Material hier zu verarbeiten, dass es einstweilen noch nicht angezeigt erscheint, zur Einsicht der uns freundlich zur Verfügung gestellten Akten nach Holland zu fahren ...

Was nun die Beurteilung der hiesigen Gelehrten durch die ausländischen Kollegen anlangt, so scheint sie mir trotz der grässlichen Dinge, die geschehen sind, doch zu hart zu sein. Die meisten haben infolge der mehrjährigen gewaltsamen Beeinflussung der öffentlichen Meinung noch durchaus kein klares Urteil über das Geschehene. Man macht sich von aussen keinen Begriff davon, wie schwer es ist, sich der Massensuggestion zu entziehen. Auch sind die nackten Tatsachen hier nicht richtig oder gar nicht bekannt geworden. Deshalb ist die Aufklärung hier so bitter nötig.

Schon a priori ist es unglaublich, dass die Bewohner eines ganzen grossen Landes moralisch minderwertig seien! Die Erklärung der

Dreiundneunzig, so töricht sie war, wurde nicht im Bewusstsein des Unrechts verfasst und unterschrieben. Menschen, deren Leidenschaften durch geschickte Ausnutzung aller Mittel bis zur höchsten Erbitterung aufgepeitscht sind, sind keiner objektiven Prüfung des Tatbestandes fähig. Wenn wir nun auch nachträglich die Erkenntnis zum Leben erwecken können, dass schwerstes Unrecht geschehen ist – was sollen diese Menschen nun tun, um sich zu reinigen? Nachdem sie nun in die grösste Ohnmacht gesunken sind, muss jede Erklärung das Misstrauen erwecken, von charakterlosem Opportunismus diktiert zu sein. Davor fürchten sich gerade die Anständigen, die bisher im Glauben waren, das Recht auf ihrer Seite zu haben! Das sollen wenigstens die Leidenschaftslosen bedenken. Übrigens schadet es nichts, wenn diesen Menschen durch Boykott von Seiten der Ausländer ihre Abhängigkeit fühlbar gemacht wird. Dadurch wird der letzte Rest des Grössenwahnes und Machthungers beseitigt, den früher die wirtschaftliche Hochkonjunktur mit sich gebracht hatte.

Nach meiner Überzeugung sind es eben die *Verhältnisse*, die "Preussen" wachsen lassen; und meine Angst ist, solche möchten nun unter den ganz veränderten Verhältnissen anderwärts nachwachsen. Hoffentlich ist diese Furcht nicht berechtigt.

Am 12. Januar 1920 konnte Einstein Lorentz mitteilen:

... Die neue Publikation über Lille ist in Druck und hat schon starke Anfeindungen erfahren. Sie werden baldigst ein Exemplar erhalten. Es ist traurig, dass selbst hochgebildete Menschen sich gar nicht losmachen können von dem engherzig nationalistischen Standpunkt, nicht einmal, wenn es sich um Recht und Unrecht handelt. Das Böse aus der Vergangenheit wirkt immer weiter, ohne dass ein Ende abzusehen wäre ...

Und am 18. März 1920 schrieb Einstein an seinen Kollegen in Holland:

... Es freut mich, dass Sie das Büchlein über Lille nun haben billigen können. Es haben nur diejenigen unterschrieben, welche das Aktenmaterial untersucht haben. Hier beginnt doch allmählich die Überzeugung durchzudringen, dass schwer gesündigt worden ist, und dass man an dem furchtbaren Hass nicht unschuldig ist. Es ist allerdings schade, dass man inbezug auf die Bestrafung der Kriegsverbrechen nicht international vorgeht; dass nur die fehlbaren Deutschen zur Verantwortung gezogen werden sollen, obwohl auch auf französischer Seite den Gefangenen gegenüber Schlimmes vorgekommen ist, lässt die Genugtuung an diesem Akt der Gerechtigkeit nicht vollkommen werden. Die Engländer sollen sehr korrekt verfahren sein.

Das erste Nachkriegsjahr in Deutschland hatte viele trübe Aspekte: das Toben der politischen Leidenschaften, die Härte der wirtschaftlichen Verhältnisse, die drückende Lebensmittelknappheit, die hauptsächlich der fortdauernden Blockade des Landes durch die siegreichen Alliierten zuzuschreiben war. Einstein, der relativ viel Bewegungsfreiheit hatte, ging es um diese Zeit besser als den meisten Deutschen. Aber obwohl er selbst, wie er einmal Lorentz gegenüber feststellte, keine finanziellen Härten zu erdulden hatte, ergaben sich aus seinen zahlreichen Familienverpflichtungen gewisse Schwierigkeiten. Wahrhaft deprimierend jedoch war für ihn der Hass politischer Fanatiker, dem er sich zunehmend ausgesetzt sah. Seine holländischen Freunde suchten ihn deshalb zum Verlassen Deutschlands zu bewegen. Im Herbst 1919 sprachen sie von der Möglichkeit, ihm eine Dauerstelle an der Fakultät der Universität Leiden zu verschaffen. Einsteins deutsche Mitarbeiter und Kollegen – vor allem Max Planck – beschworen ihn dagegen, in Berlin zu bleiben. Im September 1919 schrieb Einstein an Ehrenfest[5]:

... Ich habe ihm [Planck] daraufhin versprochen, Berlin nicht den Rücken zu kehren, bevor nicht Verhältnisse eintreten, die ihm einen solchen Schritt als natürlich und richtig erscheinen lassen ... Es wäre doppelt hässlich von mir, wenn ich gerade in diesem Augenblick der Erfüllung meiner politischen Hoffnungen, vielleicht zum Teil um äusserer Vorteile willen Menschen ohne Not den Rücken kehrte, die mich mit Liebe und Freundschaft umgeben haben, und denen mein Scheiden in dieser Zeit vermeintlicher Erniedrigung doppelt schmerzlich wäre. Du hast keine Vorstellung davon, mit wieviel Herzlichkeit ich hier umgeben bin; da sind nicht nur solche, die die Schmalztröpfchen auffangen, die ich aus dem Gehirn schwitze.

Du siehst also, wie es bei mir steht. Ich kann von hier nur dann weggehen, wenn eine Wendung eintritt, die mein ferneres Bleiben unmöglich macht. Tritt sie nicht ein, so wäre mein Weggehen mit einem schnöden Wortbruch Planck gegenüber gleichbedeutend und auch sonst treulos. Ich müsste mir später selbst Vorwürfe machen. (Ich komme mir vor wie eine Reliquie in einer alten Stiftskirche; man kann zwar mit den alten Knochen nichts anfangen, aber ...)

Ehrenfest, der den Brief an Lorentz weiterleitete, meinte, die Verleihung des Nobelpreises an Einstein könnte zur Überwindung seiner Schwierigkeiten beitragen. Inzwischen konnte Einstein dank der grosszügigen Hilfe seiner Freunde[6] im Oktober 1919 den ersten Nachkriegsbesuch in Holland machen, der zu dem Angebot einer Gastprofessur an der Universität Leiden führte.

Einstein nahm es an. So konnte er seine Berliner Position behalten und daneben gelegentlich Holland besuchen.

Während des Herbstes 1919 veranlasste er den Bund Neues Vaterland (der, wie bereits erwähnt, seine militante Tätigkeit noch vor Kriegsende wiederaufgenommen hatte) zu einem Protest gegen die sogenannte "Hungerblockade" der Alliierten.

Aber noch grössere Sorge bereitete ihm die politische Lage. Am 4. Dezember 1919 klagte er in einem Brief an Ehrenfest:

... Hier ist starker Antisemitismus und wütende Reaktion, wenigstens bei den "Gebildeten". Ich merkte es besonders in Rostock. Wo soll dies alles hinführen? Sie haben die Situation (Biegen oder Brechen) nicht erfasst und werden sie nicht erfassen ...

Die Bemerkung über Rostock gründete sich auf Eindrücke, die Einstein bei einer Jubiläumsfeier der dortigen Universität gewonnen hatte. In einem Brief an seinen Freund Max Born im Dezember 1919[7] sagte er darüber noch:

... Ich hörte dort bei diesem Anlass arge politische Hetzreden und sah recht Ergötzliches in Kleinstaat-Politik. Das Drollige liegt darin, dass alle einander von der menschlichen Seite so genau kennen, dass grosse Töne, wo sie auch angeschlagen werden, immer von komischen Obertönchen begleitet sind.

Als Festsaal stand nur das Theater zur Verfügung, wodurch der Feier etwas Komödienhaftes gegeben wurde. Reizend war da zu sehen, wie in zwei Proszeniumlogen untereinander die Männer der alten und die der neuen Regierung sassen. Natürlich wurde die neue von den akademischen Grössen mit Nadelstichen aller erdenklichen Art traktiert; dem Ex-Grossherzog wurde eine nicht endenwollende Ovation dargebracht. Gegen die angestammte Knechtseele hilft keine Revolution!

Trotz seiner Enttäuschung über den Kurs der politischen Entwicklung sprach Einstein bei einer unter den Auspizien des Bundes Neues Vaterland veranstalteten Versammlung am 16. Dezember 1919. Der Abend fand zu Ehren Paul Colins statt, des Chefredakteurs von "Art Libre", der als erster Franzose nach dem Krieg in Deutschland als Redner auftrat. In seiner Begrüssungsansprache sagte Einstein:

Im Namen derjenigen hier versammelten Männer und Frauen, die auch während des furchtbaren Krieges das Ideal der Menschlichkeit und der Völkerversöhnung hoch gehalten haben, begrüsse ich Sie bewegten Herzens als den ersten Franzosen, der im Dienste des heiligen Zieles der Völkerversöhnung nach dem Kriege zu uns gekommen ist.

Unsere Pflicht ist ernst und die Stunde schwer. Schwer zu sagen ist es, ob bei Ihnen der Sieg oder bei uns die Niederlage verhängisvoller die nationalistische Leidenschaft entfacht hat, die den Zustand der Blutrache zwischen den beiden benachbarten Ländern zu verewigen droht.

Aber die Wurzel des Unheils liegt nicht im gegenwärtigen geschichtlichen Augenblick, sondern in Traditionen, die sich in den gebildeten Schichten der europäischen Staaten von Geschlecht zu Geschlecht forterben, den äusserlich festgehaltenen Lehren der christlichen Moral zum Trotz: Vergewaltigen und Unterdrücken bringt Ehre und Ruhm, Unrecht erdulden bringt Schande und Schmach. Diesen alten bösen Traditionen, die unseren Kontinent vollends zugrunde zu richten drohen, wollen wir das leidenschaftliche Bekenntnis zu jenem menschlichen Solidaritätsgefühl entgegenstellen, ohne das ein erträgliches Zusammenleben der Individuen und der Staaten nicht möglich ist.

Als man meinem grossen holländischen Kollegen [Lorentz] die Lehre [Heinrich von] Treitschkes vom Staate mit Geschick vorgetragen hatte, da sagte er: "Möglich dass diese Welt so ist, aber in einer solchen Welt mag ich nicht leben."

Möge das mutige und selbstlose Unternehmen unseres heutigen Gastes dazu beitragen, dass dieser Geist diesseits und jenseits des Rheins Wurzel fasse!

Die Lebensmittelnot in Deutschland machte sich natürlich in den Gefängnissen ganz besonders bemerkbar. Am 6. Januar 1920 forderte Einstein darum den liberalen Publizisten Hellmut von Gerlach auf, eine Petition an die deutsche Regierung zugunsten der Entlassung aller politischen Gefangenen in die Wege zu leiten.

Zwei Monate später ereignete sich der Kapp-Putsch, ein Aufstand der deutschen Reaktion, der durch das Heer und den Generalstreik der Arbeiter niedergeschlagen wurde. Einstein kommentierte in einem Brief an Lorentz vom 18. März 1920:

... Dass der jüngste reaktionäre Putsch bei uns so kläglich gescheitert ist, ist ein grosses Glück; unter diesen Leuten wäre es hier nicht auszuhalten gewesen. Die Not der Menschen hier ist aber grauenhaft. Sehr viele sterben an den Folgen ungenügender Ernährung ...

Am 7. April 1920 berichtete er an Ehrenfest:

... Hier ist äusserlich wieder Ruhe eingekehrt. Aber es klaffen

Gegensätze von unerhörter Schärfe. Säbelwillkür ruft Erbitterung hervor. Not und Hunger sind furchtbar in der Stadt [Berlin]. Die Kindersterblichkeit ist entsetzlich. Wohin wir politisch steuern, weiss kein Mensch. Der Staat ist zur äussersten Ohnmacht herabgesunken ...

An einen namhaften deutschen Altphilologen schrieb Einstein am 19. April 1920[8]:

Ich erfahre, dass Sie Bedenken tragen, Ihre Unterschrift über die Förderung der anglo-amerikanischen Hilfsaktion für Zentral-Europa herzugeben, weil Sie es ablehnen mit mir zusammen, den Sie als unabhängigen Sozialisten bezeichnet haben, auf einer Liste zu figurieren. Ich bin jederzeit gerne bereit, mich von dieser Angelegenheit zurückzuziehen, wenn ich ihr dadurch einen Dienst erweisen könnte, zumal es fraglich erscheinen kann, ob ich als Schweizer das Recht habe, mich an dieser Angelegenheit zu beteiligen.

Wenn ich mich dennoch nicht zugleich zurückgezogen habe, so zögerte ich einzig in der Erwägung, dass ich durch meine guten Beziehungen in dem ehemals Deutschland feindlichen und neutralen Auslande dieser im Interesse der Wiederherstellung der internationalen wissenschaftlichen Arbeitsgemeinschaft hoch erfreulichen und wichtigen Aktion dienen zu können glaube. Unter diesen Umständen wäre es wohl das Beste, wenn wir in den nächsten Tagen die Angelegenheit in aller Ruhe zusammen besprächen.

Um die Jahresmitte 1920 wurde mehr als eine halbe Million deutscher Kinder von der amerikanischen Quäkerspeisung versorgt. Um eine Äusserung zu dieser Aktion ersucht, schrieb Einstein am 11. Juli 1920:

In diesen schweren Jahren, die jedem Freunde menschlicher Würde und Gerechtigkeit so grosse Enttäuschungen gebracht haben, gibt es für mich keinen schöneren Trost als den Gedanken an die segensreiche und gross angelegte Wirksamkeit der amerikanischen und englischen Quäker. Ich habe selbst gesehen, dass wertvolle Menschen von ihnen aus schwerer Not gerettet worden sind. Wie grosse politische Enttäuschungen wir auch erlebt haben und wohl noch erleben werden, erleben müssen, wir dürfen die Hoffnung auf eine gerechte und befriedigende Ordnung der Welt nicht sinken lassen, wenn wir sehen, wie in den beiden Ländern, [England und USA] die das Schicksal zur höchsten Stufe der Macht geführt hat, so gewaltige Kräfte zum Heile aller am Werke sind.

Keine andere Komponente des öffentlichen Lebens ist in gleichem Masse geeignet, das gegenseitige Vertrauen der Völker wieder erstarken zu lassen, und es sollte noch mehr getan werden, um dem Volke das segensreiche Wirken der Quäker eindrücklich ins Bewusstsein zu bringen.

Bei einem Besuch in Skandinavien im Sommer 1920 hatte Einstein der norwegischen Studentenvereinigung eine Grussbotschaft versprochen. Am 9. September 1920 sandte er sie:

In dankbarer Erinnerung an die herrlichen Sommertage, die ich als Gast der norwegischen Studenten in Kristiania [jetzt Oslo] habe zubringen dürfen, sende ich Euch hiermit einen herzlichen Gruss aus meinem Studierzimmer in Berlin. An Euch habe ich eine Studentenschaft kennen gelernt, die frei von beengenden nationalistischen Tendenzen das allen gemeinsame Kulturideal hochhält. Es ist mir, wenn ich schon etwas hoch in den Semestern bin, eine grosse Freude, dass Ihr mich in Euren fröhlichen Kreis aufgenommen habt, in dem ich mich so hanz zuhause gefühlt habe.

Neben dem Unpersönlich-Sachlichen, das die Verstehenden aller Länder vereinigt, bedarf es für die Gesundung der internationalen Beziehungen warm fühlender, freier Menschen, die freien Blickes und guten Willens sind. Solche seid Ihr, und es ist zu hoffen, dass Ihr als Studenten eines neutralen Landes wertvolle Beiträge zur Gesundung der europäischen Psyche schaffen werdet.

Der Ruhm, den er auch in den Vereinigten Staaten genoss, führte im Mai 1920 zur Auszeichnung Einsteins durch die Columbia-Universität in New York mit der "Barnard-Medaille für besondere Verdienste um die Wissenschaft". In einem Brief an die Universität, in dem er für die Ehrung dankte, äusserte Einstein die Hoffnung, der Schritt der Universität möge "ein Omen kommender besserer Zeiten sein, in denen das Gefühl internationaler Solidarität die Gelehrten der verschiedensten Länder wieder zusammenführen wird".

Im September 1920 bat ihn der New Yorker Gesellig-Wissenschaftliche Verein (ein deutscher Klub für den Ausbau sozialer und wissenschaftlicher Beziehungen) um einen Beitrag zu einem Erinnerungsband, der für das Goldjubiläum der Organisation vorbereitet wurde. Der Verein stellte Einstein die folgenden Fragen:

Was und wie können die Intellektuellen aller Länder in der alltäglichen Wirklichkeit zur wahren Versöhnung der sich im Kriege gegenüberstehenden Völker und zur wahren Verbrüderung der Menschheit beitragen?

Einstein erwiderte:

Der wichtigste Beitrag der Intellektuellen zur Versöhnung der Völker und zur dauernden Verbrüderung der Menschheit liegt meiner Meinung nach in ihren wissenschaftlichen und künstlerischen Schöpfungen, weil diese den Menschengeist über die persönlichen und national-egoistischen Ziele erheben. Die Konzentration der Kräfte auf jene Fragen und Ziele, die allen geistigen Menschen gemeinsam sind, erzeugt ganz von selbst ein Gefühl der Kameradschaft, das die wahren Gelehrten und Künstler aller Länder stets wieder zusammenführen muss, wenn es auch unvermeidlich ist, dass die weniger grossherzigen und selbständigen Naturen unter ihnen durch politische und andere Leidenschaften zeitweise entzweit werden. Die Intellektuellen sollten nie müde werden, die Internationalität der schönsten Besitztümer der Menschheit zu betonen, niemals aber sollten ihre Korporationen sich dazu hergeben, durch öffentliche Erklärungen oder sonstige Schritte in der Öffentlichkeit den politischen Leidenschaften Vorschub zu leisten.

Endlich möchte ich bemerken, dass es nach meiner Ansicht für die Versöhnung der Völker von Wert wäre, wenn junge Studenten und Künstler in grösserem Umfange als bisher im ehemals feindlichen Auslande studieren würden. Das unmittelbare Erleben wirkt am stärksten den verhängnisvollen Ideologien entgegen, die sich unter dem Einfluss des Weltkrieges in den Gehirnen festgesetzt haben.

Am 19. Januar 1921 – nahezu zwei Jahre, bevor er selbst den Nobelpreis erhielt – bat Einstein das Nobel-Komitee, dem Vorschlag des tschechoslowakischen Parlaments entsprechend, den Präsidenten der Tschechoslowakei, Thomas Garrigue Masaryk, mit dem Friedens-Nobelpreis zu ehren:

... Masaryk hat sich als Beschützer unterdrückter Nationalitäten, insbesondere der Tschechen und Juden, die grössten Verdienste erworben. Er hat niemals seine edlen Überzeugungen einer Erfolg verheissenden Realpolitik geopfert, auch dann nicht, wenn der von ihm verfolgte Weg fast aussichtslos zu sein schien. Nach meiner Überzeugung würde die Verleihung des Nobelpreises an ihn einen schönen Sieg der Idee der Völkerversöhnung bedeuten und in vollem Masse im Sinne des Stifters des Friedenspreises sein.

Einsteins Misstimmung über die damalige politische Entwicklung Deutschlands ergibt sich aus einem Brief an den Berliner Korrespondenten des Londoner "Observer" vom 31. Januar 1921. Der Journalist hatte ihn um ein Interview ersucht. Einstein begründete seine Ablehnung folgendermassen:

Ich kann mich nicht entschliessen, Ihrer freundlichen Aufforderung nachzukommen, nicht etwa aus Mangel an Zeit, sondern aus folgenden Gründen: Erstens wird gegenwärtig Meinungen und Urteilen, die ich ausspreche, ein zu grosses Gewicht beigelegt, sodass ich mich scheue, auf Gebieten, in denen ich nicht besonders kompetent bin, mich öffentlich auszusprechen; zweitens besteht hier in Deutschland mir gegenüber wegen meiner pazifistischen und sonstigen politischen Einstellung eine unleugbare Gereiztheit, die durch die schwierige politische Lage des Landes nur noch erhöht wird. Unter diesen Umständen würden Missdeutungen meiner Äusserungen so gut wie sicher eintreten, sodass dieselben eher Schaden wie Nutzen stiften würden.

Am 21. März 1921 schrieb Einstein an Emmanuel Carvallo, einen Mathematiker und Physiker an der École Polytechnique in Paris[9]:

Ich betrachte es wirklich als eine meiner heiligsten Pflichten, alles zu tun, was die Beziehungen zwischen den Gelehrten wieder verbessern kann. Leicht ist es freilich nicht für einen, der im Lande der Besiegten wohnt. Ist man zurückhaltend, so empfinden es die andern als unfreundlich, ist man entgegenkommend, so wird es von den Genossen im eigenen Lande als Treulosigkeit aufgefasst. Heute sieht es schlimmer aus wie je, weil die Ereignisse des Tages auf beiden Seiten als Beweise für die Unentbehrlichkeit und Wesentlichkeit des Imperialismus und der rohen Gewalt angesehen werden.

Wann wird Europa einsehen, dass es zugrunde gehen muss, wenn seine politische Organisation allzusehr hinter den durch die Entwicklung der Technik gegebenen Verhältnissen zurückbleibt? Besonders verhängnisvoll ist es, dass der persönliche Verkehr zwischen den Bewohnern der ehemals feindlichen Länder fast ganz aufgehört hat; dadurch wachsen die Vorurteile ins Groteske. Sogar die Binsenwahrheit, dass der Charakter und Wert der einzelnen Persönlichkeit von den Grenzpfählen unabhängig sind, zwischen denen ihr Wohnsitz liegt, ist in Vergessenheit geraten.

In Deutschland stand Einstein nunmehr im Mittelpunkt heftiger Kontroverse[10]. Die Gründe dafür waren offensichtlich. Einerseits entsprach das Bild eines Wissenschaftlers, der in das politische Leben eingriff, nicht der akademischen Tradition. Andererseits waren für viele Deutsche alle Formen des Pazifismus, Liberalismus und Internationalismus verpönt. Männer wie Einstein, die sich öffentlich zu diesen Ideen bekannten, riskierten Erpressung, Strafverfolgung und selbst das nackte Leben – wie die vielen politischen Morde jener Jahre zeigten. Die Tatsache, dass Einstein Jude und sein Werk für den "Durchschnittsmenschen" verwirrend und unverständlich war, machte ihn umso mehr zur

Zielscheibe der Nationalisten und Obskurantisten. Und merkwürdigerweise kamen die Angriffe nicht nur von Ignoranten und Übelwollenden; eine Reihe angesehener Wissenschaftler und Publizisten schloss sich dem Lager der Opponenten an. Mitunter nahmen die Attacken den Charakter einer organisierten Hetze an.

Ein nationalistisches Studentenorgan konnte ungestraft die Drohung aussprechen, "diesem Juden die Gurgel durchzuschneiden". In einem Brief an seinen Freund Max Born schrieb Einstein im Dezember 1919, "die Presse und sonstiges Gelichter" verfolgten ihn "so arg, dass ich kaum mehr schnaufen, geschweige zu vernünftiger Arbeit kommen kann". In einem Brief an Lorentz vom Sommer 1920 sagte er:

In der letzten Zeit hatte ich Anfeindungen verschiedenster Art zu erdulden, hauptsächlich durch die Zeitungen. Dies ist aber nicht zu bedauern, denn es ist eine Gelegenheit, um die echten Freunde von den unsicheren zu unterscheiden. Merkwürdig ist, dass in dieser Zeit jede Wertung nach politischen Gesichtspunkten vollzogen wird.

Im Herbst 1920 hatte sich die Situation so sehr verschlimmert, dass Ehrenfest wieder nach einem Weg suchte, Einstein für immer aus Deutschland herauszuholen. Und Lorentz fühlte sich im Hinblick auf die Angriffe auf Einstein von seiten einer grossen wissenschaftlichen Gesellschaft verpflichtet, sein Vertrauen auf seinen Kollegen öffentlich erneut zu bekräftigen.

Einsteins Reaktion auf die hässlichen Attacken ergibt sich aus einem vom 18. März 1921 datierten Brief[11] an einen alten Freund, der damals in China als Dozent tätig war:

... Was ist alles in diese Welt gekommen, seit wir uns das letztemal gesehen haben! Schauder ergreift mich, wenn ich daran denke. Und was muss alles noch kommen in absehbarer Zeit! Es ist fast ein Trost, dass man selbst und all das andere Treiben einmal zu Ende ist.

Meine hiesigen Konflikte sind sehr aufgebauscht worden. Ich stehe den Menschen zu objektiv gegenüber und bin materiell zu gut gesichert, als dass mir das irgendwie was ausmachte. Ich lebe meinen Stiefel unbekümmert weiter und grüble, soweit ich in diesem Strudel noch Zeit habe. Übrigens ist das Erfinden grossen Stiles Sache der Jugend und daher für mich vorbei. Ich bin gerade auf dem Sprung, für zwei Monate nach Amerika zu fahren.

Etwa um dieselbe Zeit wurde Einstein von Elias Tobenkin, einem Korrespondenten der *New York Evening Post,* interviewt. Der Bericht über das Gespräch erschien am 26. März 1921, zwei Tage vor Einsteins Abfahrt nach den Vereinigten Staaten[12]. Tobenkin hatte Einstein über die prekäre Lage der deutschen Wissenschaft befragt, aber die Unterhaltung ging weit darüber hinaus:

Natürlich ... leidet die Wissenschaft unter den schrecklichen

Nachwirkungen des Krieges, aber unseren Pflichten der Bevölkerung gegenüber sollte der Vorrang gegeben werden. Die Menschen leiden heute in Deutschland und allenthalben in Osteuropa, wie schon seit Jahrhunderten nicht mehr.

Die Menschheit leidet unter einer zu starken und engen Konzeption des Nationalismus. Die gegenwärtige nationalistische Welle zeigt eine schwere Krankheit an. Aus dem geringsten Anlass – und manchmal sogar ohne Anlass – wandelt sich der Nationalismus in Chauvinismus.

Der vor dem Krieg auf dem Gebiet der Kultur, im Ideenaustausch, sowie in Handel und Industrie bestehende Internationalismus war im tiefsten Grunde eine gesunde Erscheinung. Bevor dieser Internationalismus wiederhergestellt ist, kann es keinen Frieden und keine Heilung der Kriegswunden geben.

(Soll das heissen, dass er die Gründung der kleinen Staaten ablehnt?)

Nicht im geringsten. Internationalismus, wie ich ihn sehe, bedeutet ein vernünftiges Verhältnis der Länder untereinander, eine gesunde Gemeinschaft und gegenseitiges Verständnis, Zusammenarbeit im Interesse des Gemeinwohls ohne Eingriffe in die besonderen Lebensformen der einzelnen Nationen.

(Und auf welchem Wege soll der bis 1914 herrschende Internationalismus wiederhergestellt werden?)

Hier können die Wissenschaft und die Wissenschaftler der Menschheit einen grossen Dienst erweisen. Wissenschaftler, im besonderen die amerikanischen Gelehrten, müssen hier eine Pionierrolle spielen.

Im Internationalismus ist Amerika die fortgeschrittenste aller Nationen. Man hat von seiner internationalen "Psyche" gesprochen. Das Ausmass dieses Internationalismus wird durch den Anfangserfolg der Pläne Wilsons für eine Weltorganisation bewiesen und durch die Zustimmung, mit der das amerikanische Volk diese Ideen begrüsste.

Dass Wilson seine Ideen nicht ausführen konnte, ist nebensächlich. Wichtig und für die amerikanische Mentalität charakteristisch ist der enthusiastische Empfang dieser Ideen durch das amerikanische Volk. Die amerikanischen Gelehrten sollten zu den ersten gehören, die die Idee des Internationalismus verbreiten und vorwärtstreiben. Die Welt, und mit ihr Amerika, muss sich darum bemühen, die Freundschaft unter den Nationen wiederherzustellen. Das Werk des Friedens kann nicht fortschreiten, solange auch nur eine einzige

Regierung sich in ihren internationalen Beziehungen unsicher fühlt. Misstrauen und Bitterkeit bereiten nicht den Boden für den Fortschritt. Sie · sollten verschwinden – und die Intellektuellen sollten zu den ersten gehören, die ihnen ein Ende bereiten*.

Tobenkin war von der Einfachheit des Studienzimmers Einsteins und der grossen Zahl englischsprachiger Bücher in dessen Regalen beeindruckt. Zwei Radierungen mit dem Bild Newtons waren der einzige Wandschmuck. Der Journalist berichtete, Einstein habe "ein paar abgewetzte Hosen und einen Sweater" getragen; "sollte er einen Kragen angehabt haben, so war er sehr unauffällig, denn ich kann mich daran nicht erinnern". Als Einstein hörte, das Interview werde erst nach Tobenkins Rückkunft in Amerika erscheinen, sagte er:

Bitte vergessen Sie in diesem Fall nicht den Hinweis darauf, dass ich überzeugter Pazifist bin, und glaube, dass die Welt der Kriege überdrüssig ist. Die Nationen müssen zu einer Art internationalen Abkommens gelangen, denn ein neuer Krieg würde die völlige Zerstörung unserer Zivilisation bedeuten. Gewiss, die Zivilisation Europas wurde durch den Krieg schwer geschädigt. Aber der Verlust ist nicht irreparabel. Ein neuer Krieg jedoch könnte das Ende bedeuten*.

Im ausserdeutschen Europa wurde Einstein bei seinen vielen Reisen in der Nachkriegszeit herzlich empfangen. Im Januar 1921 besuchte er Österreich und die Tschechoslowakei[13]. Im Februar erschien er mit anderen führenden deutschen Persönlichkeiten in Amsterdam, im Zusammenhang mit einer "abenteuerlichen, politischen Idee", wie er zu Ehrenfest bemerkte. Nach aussen hin handelte es sich um einen internationalen Gewerkschaftskongress, auf dem die Möglichkeit einer ständigen Zusammenarbeit zwischen der Arbeiter- und Friedensbewegung diskutiert wurde.

Seine erste Reise nach Amerika unternahm Einstein in Begleitung des Zionistenführers Dr. Chaim Weizmann. Die beiden Männer kamen am 2. April 1921 in New York an. Einsteins pazifistische Tätigkeit war in Amerika wenig bekannt. Der Besuch hatte keine politischen Untertöne; sein einziger Zweck war die Beschaffung von Geldmitteln für die in Jerusalem geplante Hebräische Universität. Infolge der Generosität der amerikanischen Ärztewelt waren die Besucher in dieser Richtung sehr erfolgreich.

Wo immer auch Einstein in den Vereinigten Staaten erschien, wurde er enthusiastisch willkommen geheissen. Der einzige Misston ereignete sich in New York: ein Stadtrat, der nie von Einstein gehört hatte, lehnte es ab, ihm das traditionelle Ehrenbürgerrecht zu gewähren[14]. Die amerikanische Presse schwelgte in Betrachtungen über die "mystische" Relativitätstheorie. Einstein besuchte eine Reihe amerikanischer Hochschulen. In Princeton hielt er Gastvorlesungen; am 9. Mai 1921 wurde ihm dort ein Ehrendoktorat verliehen[15]. In seiner Abschiedsrede in New York Ende Mai[16] rühmte er den internationalen Charakter der amerikanischen Wissenschaft:

... Die Welt hat heute internationales Denken und Fühlen der massgebenden Völker und Persönlichkeiten nötiger als je zuvor, wenn sie einer besseren und würdigeren Zukunft entgegengehen will. Ich darf wohl die Hoffnung aussprechen, dass sich diese von hoher Verantwortung getragene Einstellung des amerikanischen Volkes recht bald auf das politische Gebiet ausdehne. Denn ohne die aktive Beteiligung des grossen amerikanischen Staates an der Ordnung der internationalen Verhältnisse müssen alle auf dieses wichtige Ziel gerichteten Bemühungen mehr oder weniger unwirksam bleiben.

Als Einstein Mitte 1921 nach Berlin zurückkehrte, erfuhr er, dass Bemühungen um eine deutsch-französische Aussöhnung seit einiger Zeit im Gange waren. Dabei spielte der Bund Neues Vaterland wiederum eine führende Rolle[17]. Ende 1921 und Anfang 1922 besuchten hervorragende deutsche Pazifisten Frankreich, um dort vorbereitende Gespräche zu führen.

Einstein erkannte die Wichtigkeit dieser Bestrebungen und verfolgte sie mit grossem Interesse. Als jedoch Romain Rollands Schwester Madeleine im Auftrag der Internationalen Frauenliga für Frieden und Freiheit von ihm die Unterstützung eines internationalen Sommer-Seminars für junge Menschen in Italien erbat, erwiderte er am 15. Februar 1922:

Ich brauche Ihnen wohl nicht zu sagen, wie hoch ich die Bestrebung einschätze, in deren Dienst Sie sich gestellt haben, und wie sehr ich erfreut bin, von Ihnen eine Einladung zu Ihrer Zusammenkunft in Ober-Italien zu erhalten. Wenn ich ausserstande bin, diese Einladung anzunehmen, so ist es nicht Mangel an Interesse oder an Mut des Bekennens, sondern der folgende Grund:

Seitdem meine Theorien einen so erstaunlichen Grad von Popularität erhalten haben, ladet man mich von allen Seiten ein, dass ich Dinge persönlich vertrete, von denen jedes einzelne der Hingabe durchaus würdig ist. Gäbe ich diesem Druck nach, so wäre der Rest meines Lebens für die stille wissenschaftliche Arbeit verloren. Ich muss mich daher allen sozialen Unternehmungen grösseren Stiles persönlich fernhalten ...

"Friede, Sicherheit und Aussöhnung": so hiess das Motto eines Aufrufs an die demokratischen Gruppen Frankreichs und Deutschlands, der im März 1922 veröffentlicht wurde. Es war eine gemeinsame Aktion des Bundes Neues Vaterland und seiner französischen Parallelorganisation, der Französischen Liga für Menschenrechte (bald darauf wurde die deutsche Gruppe in "Deutsche Liga für Menschenrechte" umbenannt).

Der Aufruf war von mehreren hundert Persönlichkeiten unterzeichnet. Darunter befanden sich auch Einstein und Georg Friedrich Nicolai, die damit zum zweiten Mal zusammen öffentlich für die Sache des Friedens und der Brüderlichkeit plädierten.

Einstein auf dem Weg zur Verleihung des Ehrendoktorats der Princeton University, Princeton, USA, 1921

Im März 1922 begab sich Einstein nach Paris, obwohl er Zweifel über die Zweckmässigkeit der Reise nicht unterdrücken konnte. Die Animosität weiter deutscher Kreise gegen Frankreich war immer noch so stark, dass er es als notwendig erachtet hatte, die Preussische Akademie der Wissenschaft offiziell von seiner Reise zu verständigen. Er wies darauf hin, dass er seit Jahresbeginn drei verschiedene Einladungen aus Frankreich erhalten hatte. Die letzte war vom Collège de France ausgegangen und schloss eine Bitte um Gastvorlesungen ein. Obwohl gerade diese Einladung einen deutlichen Versuch zur Wiederherstellung guter Beziehungen zwischen deutschen und französischen Gelehrten darstellte, hatte Einstein sie zuerst höflich abgelehnt. Er betonte, dies geschehe aus Solidarität mit seinen deutschen Kollegen. Dann aber änderte er seine Meinung:

... Ich konnte aber das Gefühl nicht unterdrücken, dass ich mit dieser Absage mehr dem Weg des kleinsten Widerstandes als meiner wahren Pflicht gefolgt war. Ein Gespräch mit [Aussen-] Minister [Walther] Rathenau bewirkte, dass sich dies Gefühl zu einer festen Überzeugung verdichtete. Ich schrieb daher wenige Tage nach meiner ersten Absage einen zweiten Brief, in dem ich meine Absage widerrief und erklärte, die Einladung annehmen zu wollen.

Als Einstein in Paris eintraf, wurde er sofort von seinen Gastgebern "hinweggezaubert". Aus Furcht vor Demonstrationen brachten sie ihn an einen geheimen Wohnort. Aber es kam zu keinen Demonstrationen. Obwohl einige wissenschaftliche Gruppen sich von Einstein entfernt hielten, wurde er im Ganzen mit grosser Wärme empfangen. Und sein Vortrag am Collège de France am 31. März 1922 war eine erfolgreiche Werbung für die deutsch-französische kulturelle Zusammenarbeit. Ein enthusiastischer junger französischer Anwalt schrieb ihm[17a]:

... Sie kamen als Friedensbotschafter, und viele Menschen, unter ihnen auch Politiker, sahen Sie in diesem Lichte. Ein ältlicher Abgeordneter schrieb in seinem Blatt treffend:
"Einstein in Paris? Das ist der Anfang der Gesundung der Völker vom Wahnsinn, der Sieg des Erzengels über den Dämon des Abgrunds. Was sage ich? Das ist ja ein Deutscher, der gerufen, gehört, geehrt wurde ... O Deutschland Einsteins, Goethes und Schillers, Beethovens und Wagners! Bist du wirklich zu uns gekommen?"

Viele Jahre später kam sein Freund Maurice Solovine auf diesen Besuch zurück[18]:

... Er traf verschiedene Politiker, mit denen er über Methoden zur Verhütung künftiger Kriege sprach ... Alle stimmten darin überein, dass ernste Bemühungen zur Verringerung der wilden Feindschaft und Spannung zwischen Deutschland und Frankreich unternommen werden müssen ... Aber die Politiker, mit denen Einstein sprach, gehörten nicht der Regierung an, und die Haltung der Männer in einflussreichen Stellen war alles andere als versöhnlich. Frankreich hatte eine harte Prüfung mitgemacht, und es war, psychologisch gesehen, nicht leicht, seine Menschen zum Vergessen der Opfer und Entbehrungen zu veranlassen ...

Einstein glaubt, dass konstruktive Aktionen von Intellektuellen in allen Ländern die Manöver von kriegslustigen Politikern und Nichtpolitikern vereiteln könnten.

Am 9. April 1922 schrieb Einstein an seine Frau:

Du ... kannst Dir kaum vorstellen, mit welcher Sympathie man mir hier entgegengekommen ist. Auch habe ich in politischer Beziehung nur ruhige Betrachtung der Dinge und guten Willen zur Verständigung gefunden, unvergleichlich besser als ich erwartet hätte. Morgen geht es im Auto nach den Kriegsruinen.

Solovine und zwei andere Freunde begleiteten Einstein auf der Rückreise bis nach Saint-Quentin. Hier sah er zum ersten Mal das grauenhafte Vernichtungswerk des Krieges mit eigenen Augen. Solovine schilderte, wie tief beeindruckt Einstein war:

Er sprach mit mir viel darüber, wie entsetzt er war ... Der Krieg ist eine furchtbare Angelegenheit, sagte er wiederholt, und muss um jeden Preis abgeschafft werden. Ich sagte, das werde sich nach meiner Meinung weder durch Propaganda noch durch den guten Willen von ein paar Politikern erreichen lassen. Die Ignoranten und Übelgesinnten seien immer noch zu zahlreich; ihre Ansichten setzten sich viel eher durch als die von aufgeklärten, wohlgesinnten Menschen vertretenen Ideen.

Ach, rief er aus, was Sie sagen, ist so wahr und so erschreckend ...

Um diese Zeit hatte Einstein noch keinen Plan zur Ausrottung der Kriegsgeissel mittels irgend einer politischen Organisation entwickelt; er sprach vom rein humanitären Standpunkt aus.

In Deutschland zurück, erklärte Einstein seinem Freund Romain Rolland[19], warum er während seiner Pariser Tage nicht dazu gekommen war, auch ihn zu besuchen. Über das Ergebnis seiner Reise äusserte er sich in seinem Brief vom 19. April 1922 sehr befriedigt:

Ich bin glücklich, dass mein Aufenthalt in Paris so harmonisch verlaufen ist, und hege die freudige Überzeugung, ein wenig zur

Annäherung der Geister beigetragen zu haben. Besonders froh bin ich, nichts von Siegesstolz und Übermut gesehen zu haben, sondern Menschen, die von Verantwortungsgefühl erfüllt sind. Die Hauptschwierigkeit sehe ich darin, dass hier sowohl als auch in Paris eine starre Überzeugung von den Kausalzusammenhängen und von der "Schuld" existiert, über die sehr schwer hinwegzukommen ist. Persönlicher Kontakt zwischen den Menschen beider Lager ist daher schwierig und wäre doch unbedingt nötig für die Gesundung der Verhältnisse, um das beiderseitige Misstrauen zu beseitigen.

In seinem Antwortschreiben berichtete Rolland über die bevorstehende Gründung eines neuen liberalen Blattes ("Clarté"), zu dessen Mitarbeitern einige führende französische Schriftsteller zählen würden. Einstein war bereits in Paris über das Projekt informiert worden. Weitere Details über das Blatt teilte ihm Henri Barbusse mit, dessen Kriegsroman LE FEU ihm internationalen Ruhm gebracht hatte. Einstein kam der Bitte Barbusses, er möge ihm einige Zeilen über seinen Pariser Besuch schicken, am 11. Juli 1922 nach:

Die Tage in Paris bedeuteten für mich eines meiner schönsten Erlebnisse, an das ich mich stets freudig und dankbar erinnern werde. Die Pariser Fachgenossen empfingen mich wie einen alten Freund ohne jede Reserve, die ich bei dem heutigen Dominieren der national-politischen Einstellung hätte erwarten müssen. Die gemeinsame Arbeit und das gemeinsame Interesse verscheuchten sogleich die Schatten der Vergangenheit. Wenn wir manchmal gemütlich zusammensassen, sprachen wir auch über die politischen Dinge. Das Schöne dabei war, dass ich nichts von Hass oder Siegestrunkenheit zu sehen bekam, sondern weit mehr Trauer und Sorge.

Was die Beurteilung der kausalen Bedingtheit des Weltkrieges und der gegenwärtigen politischen Lage anbelangt, so besteht in Frankreich (wie auch in Deutschland) eine für das Land charakteristische, sozusagen einheitliche, Auffassung, die mit Sicherheit und Ehrlichkeit als die allein mögliche betrachtet wird. Die Verschiedenheit der in den verschiedenen Ländern herrschenden Auffassung bezieht sich weniger auf die Konstatierung als auf die Wertung der einzelnen Tatsachen. Ich erwarte von der Versenkung in jene traurige Vergangenheit und die Diskussion über sie wenig für die moralische Gesundung der beiden Länder. Viel wichtiger erscheint mir die Zusammenarbeit beider Länder zur Wiederherstellung der zerstörten Gebiete.

Fruchtbare Zusammenarbeit setzt Vertrauen voraus, und Vertrauen gedeiht nur durch Pflege persönlicher Beziehungen. Von diesem Gesichtspunkt aus bedeutet meine Einladung von Seiten der Lehrkörper des Collège de France einen ersten mutigen Schritt, dem hoffentlich andere von beiden Seiten nachfolgen werden.

Ein wichtiger Schritt in der Richtung besserer deutsch-französischer Beziehungen war auch bereits von französischer Seite unternommen worden. Eine Delegation namhafter Franzosen erschien zu einer grossen deutsch-französischen Freundschaftsdemonstration in Berlin. Diese wurde vom Deutschen Friedenskartell organisiert, in dem der Bund Neues Vaterland und vierzehn andere pazifistische Gruppen Deutschlands vereinigt waren. Einer der französischen Delegierten, der Sorbonne-Professor Victor Basch, prägte das Schlüsselwort: "Eine Brücke über dem Abgrund!" Im Reichstag, dessen Präsident eine Begrüssungsansprache hielt, fand eine grosse Kundgebung statt. Basch wies die Versammelten auf die Anwesenheit Einsteins hin; dieser – sagte er unter donnerndem Beifall – habe den Beweis dafür geliefert, dass die grossen Männer und Frauen Deutschlands selbst nach einem so katastrophalen Krieg zusammenarbeiten könnten.

Einstein selbst hielt die folgende Ansprache:

Nach den wundervollen Worten, die wir an diesem Tage gehört haben, will ich Ihnen ganz nüchtern unsere Situation vorzustellen suchen, wie, wenn wir so glücklich wären, vom Monde etwa das anzuschauen, was sich auf der elenden Erde abspielt.

Man könnte uns zuerst fragen: inwiefern sind wir heute – nicht im Sinne des heutigen Tages, sondern in diesem halben Jahrhundert – in einer anderen Lage gegenüber den internationalen Fragen als sonst? Und darauf ist die Antwort ganz einfach: Durch die Entwicklung der technischen Mittel sind die Distanzen zwischen den Menschen und ihren Institutionen plötzlich auf den zehnten Teil herabgesunken, sodass wir jetzt in der Welt eine Produktion haben, welche sich aus Teilen zusammensetzt, die über die ganze Erde zerstreut sind. Nun wäre es natürlich und es ist absolut notwendig, dass der Vergrösserung der Territorien, die an der menschlichen Arbeit beteiligt sind, auch eine entsprechende politische Organisation folgt. Dass dies eine wirklich absolute Notwendigkeit ist, haben wir in furchtbarer Weise am eigenen Leibe in diesen schrecklichen Jahren erfahren.

Der Mann auf dem Monde würde sich nun wundern, wenn er sehen würde, dass nach diesem entsetzlichen Experiment, welches die Menschen hinter sich haben, trotzdem so wenig starke Kräfte sich regten, um diese Organisation zu vollenden. Woher kommt das? Nun, die Menschen leiden an der Schwäche ihres historischen Gedächtnisses.

Damit steht es nun ganz eigentümlich. Der Mann aus dem Volke, der unmittelbar die Erlebnisse nimmt, wie sie ihm kommen, kann verhältnismässig leicht seine Einstellung den grossen Dingen gegenüber ändern; aber der Mann, der viele Buchstaben auf der Schulbank gefressen hat und sie andern wieder vorsetzt, ist in ungleich schlimmerer Lage. Die Sprachgemeinschaft spielt dabei noch eine besonders verhängnisvolle Rolle, denn die Gesamtheit einer Nation sind die Männer, die sich mit den Mitteln des Buchstabens unausgesetzt gegenseitig beeinflussen und in einer solchen Weise, dass sie einen einheitlichen Block bilden von solcher Festigkeit, dass die Besonderheit und Willkürlichkeit in der Anschauung, die Einseitigkeit, die in ihrem Weltbild liegt, gar nicht bemerkt wird von den Angehörigen einer solchen Sprachgemeinschaft.

Ich habe Gelegenheit gehabt, bei Reisen nach Holland, Frankreich und Amerika mit grossem Schrecken die Starrheit dieser literarischen Einheiten zu sehen. Diese Besonderheiten der einzelnen menschlichen Zirkel, durch Sprache und staatliche Gemeinschaft gehegt, sind es nun, die ungeheuer schwer zu überbrücken sind; denn sie sind eben das Werk von Jahrhunderten, und wir dürfen uns nicht verhehlen, dass der Kampf gegen diese eingewurzelten geistigen Grenzen ungeheuer schwer ist und dass, solange dieser Kampf nicht durchgekämpft wird, auch wenig Aussicht besteht, eine wirkliche solidarische Zusammenarbeit der Nationen Europas in politischer Beziehung durchzuführen.

Und deswegen glaube ich, dass es von höchstem Werte ist, dass die Notwendigkeit unseres äusseren Lebens schon – um gar nicht von anderen Idealen zu sprechen – es mit sich bringt, dass wir eine grössere Einheit des materiellen und geistigen Zusammenlebens bei dem heutigen Zustand der Welt erreichen, dass jeder zunächst sich intellektuell so einstellt, dass er nicht fragt: "was tut not für mein Land?", sondern: "was muss mein Land noch tun, damit die grössere Gesamtheit überhaupt existieren kann?" Ohne die grössere Gemeinschaft kann das eigene Land auf die Dauer auch nicht existieren.

Ich glaube, nur der Mensch, der sich mit Festigkeit und Energie das gesagt hat und an jeder Stelle seines Lebens daran denkt, wird die Grenzen, welche zwischen den festgewordenen geistigen Einheiten vorhanden sind, zu durchbrechen vermögen. Ich halte es für äusserst wichtig, dass immer, wo nur die Möglichkeit dazu vorhanden ist, Männer verschiedener Sprachen, verschiedener politischer und Kulturkreise über die Landesgrenzen hinaus miteinander in Berührung treten und nicht mit dem Gefühl, etwas für sich und ihr Land herauszuschlagen, sondern mit dem Gefühl, zu versuchen, eine

Brücke herzustellen zwischen diesen geistigen Kreisen von verhältnismässig selbständigen Werten.

Nur auf diese Weise können wir hoffen, dass wir in absehbarer Zeit eine solche politische Gemeinschaft – sagen wir z.B. von Europa – erreichen, dass wir hoffen können, wirtschaftlich und auch in Bezug auf die geistige Existenz uns so zu behaupten, dass dieses Leben als lebenswürdig bezeichnet werden kann.

Auch in anderen Teilen Deutschlands wurde die französische Delegation herzlich empfangen. Aber bereits nach zwei Wochen – am 24. Juni 1922 – wurden die Hoffnungen der deutschen Liberalen heftig erschüttert: der deutsche Aussenminister Walther Rathenau, Exponent der Politik internationaler Zusammenarbeit, wurde von reaktionären Fanatikern ermordet. Einstein hatte Rathenau gut gekannt. In einem Brief an seine Mutter vom 15. Oktober 1918 hatte er Rathenau als "glitzernd mit Geist und Beredsamkeit" charakterisiert. Später beschrieb er seine Bekanntschaft mit Rathenau ausführlicher[20]:

Ich war etliche Male für Stunden zusammen mit Rathenau und hatte über die verschiedensten Dinge Gespräche mit ihm. Die Gespräche waren einigermassen einseitig: er sprach und ich hörte meistens zu. Erstens nämlich war es nicht leicht, zu Worte zu kommen, und zweitens war das Zuhören so angenehm, dass man keine zu grossen Anstrengungen machte.

Die wirklichen Interessen Rathenaus lagen nicht auf dem Gebiete des exakten wissenschaftlichen Denkens. Er war hauptsächlich am sozialen Problem und an jeglicher Art Kunst interessiert. Seine affektiven Bindungen waren widerspruchsvoll. Er fühlte sich als Jude, dachte international und war gleichzeitig – wie übrigens manche begabte jüdische Intellektuelle jener Generation – ins Preussentum mit seinen Junkern und militärischen Formen verliebt . . .

Rathenau hat mir damals nach dem Kriege sehr zugeredet, einer zu jener Zeit wirklich riskanten Einladung nach Paris Folge zu leisten. Es wurde mir bei dieser Gelegenheit klar, wie weit entfernt er war von der engherzigen militaristischen Einstellung fast aller deutschen Intellektuellen, die ich nachher kennen gelernt habe. Trotzdem war er aber merkwürdigerweise doch abhängig von der Anerkennung jener Leute, die innerlich weit unter ihm standen bezüglich aller menschlicher Qualitäten. Trotz dieser merkwürdigen Art der Abhängigkeit machte es ihm aber andererseits Vernügen, Ereignisse und Personen in humoristischer Weise darzustellen. Solche Improvisationen waren oft wahre Kunstwerke in ihrer drolligen Schlichtheit.

Der Entwurf eines Briefes an einen ungenannten Kollegen, der sich im

Nachlass Einsteins findet, spricht über den Rathenau-Mord und seine Folgen (1. Juli 1922)[21]:

Sie haben mich um meine Meinung bezüglich einer Trauerfeier der Universität anlässlich des gewaltsamen Todes von Walter Rathenau gefragt. Meine Meinung ist folgende. An sich wäre eine Trauerfeier der Universität beim Tode eines Ministers natürlich nicht berechtigt. Eine solche Feier kann nur gedacht werden als Stellungnahme gegenüber dem Ereignis des politischen Mordes. Nun ist zwar eine Einmischung der Bildungsinstitutionen in politische Dinge an sich verwerflich. Aber bei uns kommt es *auf eine Festigung der moralischen Einstellung überhaupt* an, also um die Wahrung von Werten, die über dem Streit der Parteien stehen. Die Universität soll nach meiner Meinung klar Stellung nehmen in dem Sinne, dass sie sich zu einer unbedingten Verurteilung politischer Morde bekennt (Studenten und Professoren sollten dabei sprechen). Sie soll klar heraussagen, dass der Meuchelmord auch im Dienste der Politik ein verabscheuungswürdiges Verbrechen ist, und dass eine menschliche Gesellschaft, in welcher das Vertrauen auf die Respektierung des Lebens fehlt, notwendig verfallen muss.

Ich bin überzeugt, dass eine solche Kundgebung, wenn sie entschieden und einmütig ist, einen bedeutenden Einfluss im Sinne einer Gesundung der öffentlichen Meinung ausüben wird. Ein Schweigen der Universität würde beim heutigen Stand der Dinge *auch* als Stellungnahme ausgelegt werden.

An Solovine schrieb er am 16. Juli[22]:

. . . Hier sind erregte Zeiten seit dem abscheulichen Mord an Rathenau. Ich werde auch immer gewarnt, habe mein Kolleg aufgegeben und bin offiziell abwesend, aber in Wahrheit doch hier. Der Antisemitismus ist sehr gross.

Bereits 10 Tage vorher, am 6. Juli 1922, hatte er durch einen Brief an Max Planck[23] einen von ihm übernommenen wissenschaftlichen Vortrag abgesagt:

. . . Ich bin nämlich von seiten durchaus ernst zu nehmender Menschen – von mehreren unabhängig – davor gewarnt worden, mich in der nächsten Zeit in Berlin aufzuhalten, und insbesondere davor, irgendwie in Deutschland öffentlich aufzutreten. Denn ich soll zu der Gruppe derjenigen Personen gehören, gegen die von völkischer Seite Attentate geplant sind. Einen sicheren Beweis dafür habe ich natürlich nicht; aber die gegenwärtig herrschende Situation lässt es durchaus glaubhaft erscheinen . . .

Die ganze Schwierigkeit kommt daher, dass die Zeitungen meinen Namen zu oft genannt und dadurch das Gesindel gegen mich mobil gemacht haben. Nun hilft nichts als Geduld und – Verreisen. Um eines bitte ich Sie: nehmen Sie dieses kleine Vorkommnis mit Humor hin, wie ich es auch tue.

Aber es dauerte nur wenige Wochen, bis sich Einsteins aktivistischer Sinn wieder regte und er alle Vorsicht in den Wind schlug. Anlass seines ersten Wiederauftretens in der Öffentlichkeit war eine Kundgebung, die unter der Losung "Nie wieder Krieg!" in einem Park der deutschen Hauptstadt gehalten wurde[24]. Seit Ende des Krieges war der Jahrestag des Kriegsausbruchs, der 1. August, Anlass zu Demonstrationen, die oft bis zu 200.000 Menschen anzogen. Einstein erschien diesmal bei der Kundgebung in einem Paradewagen; er sprach jedoch nicht.

Am 30. August 1922 setzte er sich für einen Plan mit dem Ziel einer teilweisen Tilgung der deutschen Reparationsschulden ein. Er schrieb zu diesem Zweck an zwei ihm persönlich bekannte Staatsmänner der alliierten Mächte: den britischen Philosophen Lord Haldane und den französischen Mathematiker Paul Painlevé. Die Teilzahlung der Reparationen sollte mittels des Verkaufs deutscher Industrieaktien im Ausland erfolgen[25]. Einstein bat jedoch dringend, seinen Namen in diesem Zusammenhang nicht öffentlich zu nennen.

Aus der hinterlassenen Korrespondenz Einsteins ergibt sich, dass nur Lord Haldane antwortete. In unverbindlich-freundlicher Weise deutete er an, dass die Beamten des britischen Schatzamtes, mit denen er über die Sache gesprochen hatte, keinen Enthusiasmus dafür an den Tag gelegt hätten.

Einsteins pazifistische Position um diese Zeit wird in einem Beitrag umrissen, den er für das 1922 von Kurt Lenz und Walter Fabian herausgegebene Handbuch "Die Friedensbewegung" schrieb[26]:

Kriege sind die schwersten Hindernisse für die Entwicklung aller Bestrebungen, die wesentlich auf der Zusammenarbeit von Menschen aller Nationen beruhen, insbesondere aller kulturellen Bestrebungen. Der Krieg beraubt den geistig Arbeitenden der äusseren und inneren Bedingungen, an die sein Streben gebunden ist; ist er noch jung und stark genug, so macht der Krieg ihn zum Sklaven einer auf Vernichtung zielenden Organisation, sonst umgibt er ihn mit einer Atmosphäre der Aufregung und des Hasses. Ausserdem schafft der Krieg drückende wirtschaftliche Abhängigkeit auf lange Jahre infolge der mit ihm verbundenen Verarmung. Deshalb muss ein Mensch, dem die geistigen Werte die höchsten sind, Pazifist sein. Dies beweist auch die Geschichte, wenn man die Männer der Vergangenheit nicht zählt, sondern wägt.

Wie steht es mit der Wirkung der Wissenschaft auf die Entwicklung des Pazifismus? Der Einfluss der Geisteswissenschaft in dieser Beziehung war offenbar ein sehr geringer. Es ist leicht, zu beobachten, dass die Mehrzahl der Vertreter derjenigen Wissenschaft, die hier in erster Linie in Betracht kommt, nämlich der Geschichte, die Sache des Pazifismus keineswegs gefördert hat. Viele Vertreter dieser Wissenschaft, wenn auch nicht gerade die besten unter ihnen, haben sich merkwürdigerweise, besonders bei Gelegenheit des letzten grossen Krieges, in der Öffentlichkeit durch besonders starke chauvinistische und militaristische Äusserungen hervorgetan.

Ganz anders steht es bei den Naturwissenschaften. Ihre Vertreter neigen infolge des universellen Charakters der von ihnen behandelten Gegenstände und infolge der Notwendigkeit international organisierter Zusammenarbeit zu internationaler Gesinnung und damit zur Begünstigung der pazifistischen Ziele. Ähnlich verhält es sich mit den Nationalökonomen, die den Krieg als eine durch Organisationsmangel bedingte Störung des wirtschaftlichen Prozesses auffassen müssen.

Die grösste Wirkung der Naturwissenschaften auf den uns interessierenden historischen Prozess ist aber nicht geistiger, sondern materieller Art. Die durch die Naturwissenschaften veranlassten technischen Erfindungen haben den Wirtschaftsprozess weitgehend international verkettet und dadurch, sowie durch die Technik auf dem militärischen Gebiete, bewirkt, dass jeder Krieg zu einer Angelegenheit von internationaler Bedeutung werden muss. Wenn diese Sachlage durch genügend viel schwere Erfahrungen ins Bewusstsein der Menschen getreten sein wird, werden sie auch die Energie und den guten Willen aufbringen für die Schaffung von Organisationen, welche Kriege zu verhindern imstande sind.

Anfang Oktober 1922 trat Einstein in Marseille eine sechsmonatige Orientreise an (die Rückkehr erfolgte über Palästina und Spanien). Auf der Hinfahrt an Bord eines japanischen Dampfers quälten ihn Darmschmerzen, von denen ein Mitreisender ihn mit liebevoller Sorgfalt zu befreien suchte. Fünfundzwanzig Jahre später verfasste Einstein eine rührende Inschrift für das Grab dieses japanischen Arztes und seiner Frau (s. Seite 579).

Während der Reise führte Einstein ein Tagebuch, das jedoch nur wenig über Krieg und Frieden und andere politische Probleme aussagt. Am 28. Oktober 1922 notierte er in Colombo, Ceylon:

Wir fuhren in einzelnen Wägelchen, die von herkulischen und doch so feinen Menschen im Laufschritt gezogen wurden. Ich habe mich sehr geschämt an einer so abscheulichen Menschenbehandlung mitschuldig zu sein, konnte aber nichts ändern. Denn diese Bettler in Königsgestalt stürzen sich scharenweise auf jeden Fremden, bis er vor ihnen kapituliert hat. Sie verstehen zu flehen und zu betteln, dass einem das Herz wackelt. Auf den Strassen des Eingeborenen-Viertels sieht man diese feinen Menschen, wie sie ihr primitives Leben verbringen. Sie machen bei aller Feinheit den Eindruck, als wenn das Klima sie verhinderte, mehr als eine Viertelstunde nach rückwärts und vorwärts zu denken. In grossem Dreck und respektvollem Gestank hausen sie zu ebener Erde, tun wenig und brauchen wenig. Viel zu zusammengepfercht, um dem Individuum ein Sonderdasein zu ermöglichen. Halbnackt zeigen sie die feinen und doch kräftigen Leiber und die feinen, geduldigen Gesichter.

Nirgends Geschrei wie bei den Levantinern in Port Said. Keine Brutalität, kein marktschreierisches Leben, sondern stilles, ergebenes Vor-sich-Hinleben, das einer gewissen Heiterkeit nicht entbehrt. Wenn man diese Menschen recht ansieht, kann man an Europäern kaum mehr Freude haben, weil sie verweichlichter und brutaler sind und so viel roher und begehrender aussehen – und darauf beruht leider ihre praktische Überlegenheit, ihre Fähigkeit, grosse Dinge in Angriff zu nehmen und durchzuführen. Ob wir in diesem Klima nicht auch so würden wie die Inder?

Im Hafen lebhaftes Treiben. Herkulische Arbeiter mit leuchtend schwarzen Leibern besorgen die Ladung. Taucher produzieren sich in ihren halsbrecherischen Künsten. Immer dieses Lächeln und sich Hingeben für das schnöde Geld und satte Menschen, die gemein genug sind, um sich dessen freuen zu können.

Der Höhepunkt der Reise war ein langer Besuch in Japan. Die tiefe und dauerhafte Zuneigung, die Einstein für dieses Land gewann, wird aus einem Brief an Solovine (geschrieben am Pfingstsonntag 1923) deutlich[27]:

In Japan war es wundervoll. Feine Lebensform, lebendiges Interesse für alles, Kunstsinn, intellektuelle Naivität bei gutem Verstand – ein feines Volk in einem malerischen Land.

Im Verlauf dieser fernöstlichen Reise erfuhr Einstein, dass ihm der Nobelpreis für Physik des Jahres 1921 zugesprochen worden war.

Vor seiner Rückkehr nach Berlin hatten zwei weltgeschichtlich bedeutsame Ereignisse stattgefunden: in Italien hatte Mussolini Ende Oktober 1922 die Macht an sich gerissen, und am Anfang des Jahres 1923 waren die Franzosen im Ruhrgebiet einmarschiert, um ihren Reparationsforderungen Nachdruck zu verleihen. In einem lakonischen Autogramm urteilte Einstein am 12. Oktober 1923 über diese Entwicklungen[28]:

Die Kinder benutzen nicht die Lebenserfahrungen der Eltern; die Nationen kehren sich nicht um die Geschichte. Die schlechten Erfahrungen müssen immer wieder aufs Neue gemacht werden.

3. Kapitel:

INTERNATIONALE ZUSAMMENARBEIT UND VÖLKERBUND 1922–1927

Einsteins Anschauungen über Krieg und Frieden hatten nach dem Ausbruch des Ersten Weltkriegs immer klarere Konturen angenommen; die Geburt einer überstaatlichen Organisation erschien ihm jetzt als Vorbedingung zur Abschaffung des Krieges. So musste er die Schaffung des Völkerbundes 1920 begrüssen.

Während der Anfangsjahre hatte er keine direkten Kontakte mit der Organisation. Aber 1922 wurde er – zusammen mit der hervorragenden Physikerin Marie Curie, dem Philosophen Henri Bergson und anderen Persönlichkeiten von Weltruf – zur Mitgliedschaft in dem Völkerbundskomitee für intellektuelle Zusammenarbeit aufgefordert. Einstein sagte zu[1]:

Obwohl ich mir keineswegs über die Arbeit dieser Kommission klar bin, erachte ich es für meine Pflicht, dieser Aufforderung Folge zu leisten, da heute niemand seine Hilfe den Bemühungen versagen sollte, eine internationale Zusammenarbeit zuwege zu bringen.

Die Einladung an Einstein – vier Jahre vor der Aufnahme Deutschlands in den Völkerbund! – blieb nicht ohne Opposition. Der Oxford-Professor Gilbert Murray, ein führender britischer Exponent des Völkerbundsgedankens und späterer Vorsitzender des Völkerbundskomitees für intellektuelle Zusammenarbeit, reminiszierte kurz vor seinem Tod 1957[2]:

Mir lag natürlich an der Berufung Dr. Einsteins in das Komitee für intellektuelle Zusammenarbeit – einerseits weil er Deutscher war, andererseits wegen seines grossen persönlichen Prestiges. Aber verschiedene Hindernisse standen im Weg. Einige meiner französischen Kollegen sahen ungern einen Deutschen so früh in einer solchen Funktion, während von deutscher Seite behauptet wurde, Einstein sei gar kein Deutscher, sondern ein Schweizer Jude. Schliesslich misstraute Einstein selbst dem Komitee, das ihm als eine Schöpfung der Siegermächte erschien. Eine Unterhaltung mit führenden Komiteemitgliedern überzeugte ihn jedoch von unserer wahrhaft internationalen und friedensfördernden Gesinnung. Und der Einwand von deutscher Seite war einfach unhaltbar; falls Einstein wirklich Schweizer war, konnten sich die Deutschen doch daran nicht stossen.

Aber Einstein war von der Opposition sehr betroffen. Kurz nachdem er die Mitgliedschaft angenommen hatte, wollte er sich wieder zurückziehen. In diesem Sinne schrieb er an den Völkerbunds-Pressechef Pierre Comert, den einzigen ihm persönlich bekannten Beamten der Organisation[3]. Er sei zwar, sagte Einstein, noch nicht von deutschen Intellektuellen angefeindet worden, aber er fügte hinzu:

Die Situation ist bei uns derart, dass ein Jude gut daran tut, sich in allen öffentlichen Dingen Zurückhaltung aufzuerlegen. Auch muss ich gestehen, dass ich keine Lust dazu habe, Leute zu vertreten, die mich als Vertreter sicher nicht wählen würden und mit denen ich in den im vorliegenden Falle in Betracht kommenden Fragen nicht übereinstimme . . .

Von Madame Curie, Gilbert Murray und anderen wurde Einstein beschworen, seine Zusage nicht zu widerrufen. Offensichtlich vermochten sie ihn umzustimmen.

Zur ersten Tagung des Komitees August 1922 in Genf, an der Einstein nicht teilnehmen konnte, sandte er ein Begrüssungstelegramm. Die Überlegungen, die ihn schliesslich zu einer positiven Entscheidung geführt hatten, sind in einer wahrscheinlich um diese Zeit verfassten Abhandlung über den internationalen Charakter der Wissenschaft klar dargelegt[4]:

Als während des Krieges dic nationale und politische Verblendung ihren Höhepunkt erreicht hatte, prägte Emil Fischer in einer Akademiesitzung mit Nachdruck den Satz: "Sie können nichts machen, meine Herren, die Wissenschaft ist und bleibt international."

Das haben die Grossen unter den Forschern stets gewusst und leidenschaftlich gefühlt, obschon sie in Zeiten politischer Verwicklungen unter ihren Genossen kleineren Formats isoliert blieben. Die Menge der Stimmberechtigten hat in allen Ländern während des vergangenen Krieges das ihr anvertraute heilige Gut verraten. Die internationale Assoziation der Akademien wurde gesprengt. Kongresse wurden und werden noch veranstaltet unter Ausschluss der Fachgenossen aus ehemals feindlichen Ländern. Mit wichtiger Miene vorgebrachte politische Erwägungen verhindern die für das Gedeihen der grossen Ziele notwendige Alleinherrschaft rein sachlicher Gesichtspunkte.

Was können die Wohlgesinnten, den emotionellen Anfechtungen des Augenblicks nicht Unterworfenen tun, um das Verlorene wiederzugewinnen? Wirklich internationale Kongresse grossen Stils können bei der noch vorhandenen Erregung der Mehrzahl der geistigen Arbeiter noch nicht veranstaltet werden; auch sind die psychologischen Widerstände gegen die Wiederaufrichtung der internationalen wissenschaftlichen Arbeitsgemeinschaften noch zu mächtig, um von der Minderzahl derjenigen überwunden werden zu können, die von grösseren Gesichtspunkten und Gefühlen erfüllt sind. Diese können dem grossen Ziel der Gesundung der internationalen Gesellschaften dadurch dienen, dass sie mit Gleichgesinnten aus allen Ländern enge Beziehungen unterhalten und in ihrem eigenen Wirkungskreis beharrlich für die internationalen Interessen eintreten.

Der Erfolg im Grossen wird auf sich warten lassen; aber er wird sicher kommen. Ich will diese Gelegenheit nicht vorbeigehen lassen, ohne rühmend hervorzuheben, dass insbesondere bei einer grossen Zahl englischer Fachgenossen das Streben nach Erhaltung der geistigen Gemeinschaft während dieser ganzen schweren Jahre lebendig geblieben ist.

Überall sind die offiziellen Äusserungen schlimmer als die Gesinnung des einzelnen. Dies sollen die Wohlgesinnten im Auge behalten und sich nicht verärgern oder irre machen lassen: senatori boni viri, senatus autem bestia.

Wenn ich bezüglich des Fortschreitens der allgemeinen internationalen Organisation voll zuversichtlicher Hoffnung bin, so beruht dies weniger auf dem Vertrauen auf die Einsicht und die Noblesse der Gesinnung, als vielmehr auf dem gebieterischen Druck der wissenschaftlichen Entwicklung. Da diese in so hohem Masse auf der Gedankenarbeit selbst der rückschrittlich gesinnten Wissenschaftler ruht, werden auch diese gegen ihren Willen die internationale Organisation schaffen helfen.

Einsteins Glaube an den Völkerbund wurde jedoch plötzlich schwer erschüttert, als die französische Regierung im Januar 1923 den Schlichtungsweg in der Frage der deutschen Reparationszahlungen ablehnte und das Ruhrgebiet militärisch besetzte. So fand er sich auf der gleichen Seite mit den deutschen Nationalisten, obwohl er deren Argumente keineswegs teilte. Der Völkerbund war in seinen Augen jetzt hoffnungslos kompromittiert. Im März 1923 – kurz nach seiner Rückkehr von der Fernost- und Mittelmeerreise – erklärte er öffentlich, dass er von dem Völkerbundkomitee für intellektuelle Zusammenarbeit zurückgetreten sei[5]:

In der letzten Zeit bin ich zu der Überzeugung gekommen, dass der Völkerbund weder die Kraft noch den guten Willen zur Erfüllung seiner grossen Aufgabe hat. Als ernsthafter Pazifist halte ich es deshalb nicht für richtig, mit demselben irgendwie verbunden zu sein. Ich bitte Sie, aus der Liste der Kommission meinen Namen zu streichen.

Um diese Zeit mehrten sich die Angriffe der Nazis gegen Einstein, obwohl die Partei noch in ihren Anfängen steckte. Einstein ersuchte die deutsche zionistische Organisation um die Verbreitung der folgenden Erklärung, die die Nazi-Anschuldigungen gegen ihn zurückwies:

... Ich ermächtige Sie zu einem Dementi in folgender Form: Ich habe weder in Paris, noch irgendwo anders, abgeleugnet, dass ich in Ulm als Sohn deutscher Eltern geboren bin und dass ich Schweizer Bürger durch Einwanderung in die Schweiz geworden bin. Ich kann ferner versichern, dass ich niemals und nirgends mich einzuschmeicheln versucht habe.

In einem Brief vom 20. April 1923 äusserte Gilbert Murray sein Bedauern über den Austritt Einsteins aus dem Völkerbundskomitee:

... Ich kann Ihren Schritt sehr gut verstehen und sympathisiere sogar mit Ihnen. Trotzdem hoffe und glaube ich, dass Sie sich irren. Ich bin überzeugt, dass die grosse Mehrheit der Delegierten der Vollversammlung den nötigen *guten Willen* hat. Man kann keine Sitzung der Versammlung mitmachen oder ein paar Tage im Sekretariat verbringen, ohne das deutlich zu spüren. *Macht* ist natürlich eine ganz andere Sache. Uns konfrontiert in Europa heute die militärische Übermacht einer einzigen Nation, ähnlich derjenigen Napoleons auf der Höhe seiner Macht, und darum ist der Weg zum internationalen Recht äusserst beschwerlich und lang. Selbst Menschen, die wie ich aufs tiefste an den Völkerbund glauben, verlieren mitunter beinahe die Geduld.

Es tut mir leid, dass Sie sich endgültig zurückgezogen haben. Nach meiner Auffassung wäre es das Richtige gewesen, wenn eine Gruppe aus unserer Mitte erklärt hätte, das Komitee für intellektuelle Zusammenarbeit könne nicht weiterwirken, während die Franzosen, die Schiedsgerichtsbarkeit ablehnend, faktisch einen Kriegszustand in Europa herbeiführen. Ich glaube, einige andere Komitee-Mitglieder wären ebenfalls zu einer Aktion in diesem Sinne bereit gewesen. Die meisten Mitglieder haben eigentlich nichts mit dem Völkerbund zu tun...

Einstein erwiderte am 25. Mai 1923:

Sie können sich denken, dass ich mich zu meinem Schritt nur schwer und mit Widerstreben entschlossen habe, und die Frage, ob ich recht daran tat, ist selbst für mich nicht sicher zu beantworten. Aber schliesslich kann man nicht mitarbeiten, wenn das Vertrauen auf den Völkerbund als Ganzes erschüttert ist, wie es bei mir tatsächlich der Fall ist. Nach meiner Meinung ist es nicht das grösste Übel, dass hinter dem Völkerbund keine reale Macht steht, sondern vielmehr, dass er durch Stillschweigen oder gar durch seine Funktion sich als Werkzeug der gegenwärtig Mächtigen erweist. So kann er nicht nur das Recht nicht stützen, sondern er erschüttert sogar das Vertrauen der Gutgesinnten in die Möglichkeit einer überstaatlichen Organisation.

In der Hoffnung, dass Sie davon überzeugt sind, dass ich mich in keiner Weise durch politische Voreingenommenheit oder gar durch Chauvinismus habe leiten lassen, bin ich Ihr . . .

Einsteins Rücktritt aus dem Komitee wurde in vielen Pressekommentaren erörtert. Das veranlasste ihn im Juni 1923 zu einer öffentlichen Erklärung in der deutschen pazifistischen Zeitschrift *Die Friedenswarte*[7]:

Bei meiner Rückkehr aus Japan habe ich schweren Herzens meinen Austritt aus der Völkerbundkommission für intellektuelle Zusammenarbeit erklärt. Ich tat es, weil das bisherige Wirken des Völkerbundes mich davon überzeugte, dass es keine noch so brutale Handlung der gegenwärtig mächtigen Staatengruppe zu geben schien, gegen welche der Völkerbund auftreten würde. Ich tat es, weil der Völkerbund, so wie er heute seines Amtes waltet, das Ideal einer internationalen Organisation nicht nur nicht verkörpert, sondern geradezu diskreditiert. Ich tat es aber mit innerem Widerstreben, weil die Hoffnung in mir doch nicht ganz erloschen war, dass in dieser Schale doch vielleicht allmählich noch ein besserer Inhalt hineinwachsen könnte. Jedenfalls tröstet mich der Gedanke, dass an meiner Stelle einer der reinsten und vortrefflichsten Männer in diese Kommission gewählt wurde, über welche die zeitgenössische Wissenschaft verfügt, ein Mann, der durch seine von allen anerkannte Lauterkeit und Gerechtigkeit einen überaus heilsamen Einfluss ausüben kann. Damit, dass die Kommission ihn gewählt hat (es ist Prof. H. A. Lorentz in Haarlem) hat sie meine harten Worte in gewissem Sinne widerlegt, worüber niemand froher sein kann als ich selbst. Möge der Völkerbund in Zukunft auch in tiefer eingreifenden Fragen meine Worte als falsch erweisen!

Trotzdem unterstützte Einstein auch weiterhin die Grundprinzipien des Völkerbundes. Als die Deutsche Liga für Menschenrechte am 17. Juli 1923 in einer Berliner Massenkundgebung den Eintritt Deutschlands in den Völkerbund propagierte, erhielt sie die folgende Botschaft Einsteins[8]:

Auf Ihre Anfrage hin gebe ich gerne meiner Überzeugung Ausdruck, dass die Schaffung einer kräftigen interstaatlichen Organisation eine Lebensbedingung für Europa bedeutet. Wenn der Eintritt des deutschen Reiches in den Völkerbund eine Förderung dieses Zieles bedeutet, so ist es unsere Pflicht, in diesem Sinne zu arbeiten.

Vor dem Krieg hatte Einstein bei den von dem belgischen Industriellen Ernest Solvay organisierten wissenschaftlichen Konferenzen eine hervorragende Rolle gespielt. Jetzt sollten diese "Solvay-Kongresse" wiederaufgenommen werden. Lorentz fragte Einstein am 15. Juli 1923, ob ihm eine Einladung dazu willkommen wäre. Am 16. August erwiderte Einstein, er habe die Sache mit einem Kollegen besprochen, aber . . .

. . . dass es von mir nicht recht sei, an einem Kongress teilzunehmen, wenn meine deutschen Kollegen ausgeschlossen werden. Ich muss leider zugeben, dass er recht hat. Denn es entspricht meiner Überzeugung, dass man in die wissenschaftlichen Bestrebungen keine Politik hineintragen, und dass man überhaupt die einzelnen Menschen nicht für den Staat verantwortlich machen sollte, dem sie zufällig angehören. Wenn ich an dem Kongress teilnähme, würde ich mich an einer Handlungsweise gewissermassen zum Mitschuldigen machen, die ich als Ungerechtigkeit lebhaft und schmerzlich empfinde. Diese Empfindung ist umso lebhafter, als ich finde, dass die Franzosen und Belgier nun schon so viel gesündigt haben in den letzten Jahren, dass sie nicht mehr die gekränkte Unschuld repräsentieren . . .

Meine Bitte geht nun dahin, Sie möchten dafür sorgen, dass mir die offizielle Einladung zu dem Kongress überhaupt nicht zugesandt wird. So möchte ich eine Absage vermieden sehen, die der guten Sache, d.h. der allmählichen Wiederkehr freudigen Zusammenarbeitens der Physiker der verschiedenen Länder, vielleicht schaden könnte . . .

Lorentz schrieb (am 15. September 1923), er verstehe Einsteins Beweggründe, es stimme aber nicht ganz, dass deutsche Gelehrte prinzipiell ausgeschlossen seien[9]. Die Türe sei bereits halb offen, und er hoffe, sie werde bald ganz offen sein. Er berichtete auch über seine Eindrücke als Nachfolger Einsteins in der ersten Sitzung des Völkerbundskomitees für intellektuelle Zusammenarbeit:

. . . Ich habe den Eindruck, dass Sie, wenn Sie in der Kommission geblieben wären, sehr gut mit ihren Mitgliedern hätten zusammenwirken können. Es besteht wirklich in diesen Kreisen ein Streben nach universeller Verständigung, obgleich das sich jetzt noch nicht so geltend machen kann, wie man es wünschen könnte . . .

In einem Schreiben an Madame Curie sprach Einstein ausführlicher sowohl über seinen Rücktritt aus dem Völkerbundskomitee als auch seine Abneigung, an der Tagung des Solvay-Kongresses teilzunehmen[10]. Der vom 25. Dezember 1923 datierte Brief war anlässlich des 25. Jahrestags der Entdeckung des Radiums geschrieben. (Erst zweieinhalb Jahre später, nachdem Einsteins Standpunkt sich durchgesetzt hatte und Deutsche nicht mehr prinzipiell ausgeschlossen waren, nahm er wieder Einladungen zu Tagungen des Solvay-Kongresses an.) Einstein sagte:

Ich weiss, Sie haben sich mit Recht über mich geärgert, als ich aus der Völkerbundskommission mit bitterem Kommentar austrat, nachdem ich Ihnen kaum ein halbes Jahr vorher geraten hatte, an der Arbeit der Kommission teilzunehmen! Aber es geschah nicht aus schlechten Motiven, auch nicht aus Schwäche für Deutschland, sondern wirklich aus der Überzeugung heraus, dass der Völkerbund (nicht die Kommission, der ich angehörte) unter dem Deckmantel der Objektivität ein gefügiges Werkzeug der Machtpolitik gewesen ist. Also wollte ich mit dem Völkerbund nichts zu schaffen haben. Auch dachte ich, dass eine derartige offene Meinungsäusserung der Sache nicht schaden könne. Vielleicht war dies unrichtig, aber es entsprach meiner Überzeugung.

Ferner habe ich gebeten, nicht nach Brüssel [Solvay-Kongress der Physiker] eingeladen zu werden. Nicht, dass mir die Abneigung der Belgier und Franzosen, mit Deutschen zusammenzutreffen, psychologisch unbegreiflich wäre. Aber wenn ich Gelegenheiten aufsuche, von denen die deutschen Gelehrten nur wegen ihrer staatlichen Zugehörigkeit prinzipiell ausgeschlossen werden, so billige ich damit eine solche Massnahme indirekt. Das entspricht aber ganz und gar nicht meiner Überzeugung. Es ist doch eigentlich gebildeter Männer unwürdig, einander nach derartig äusserlichen Gesichtspunkten zu behandeln, wie der gemeine Pöbel, der durch Massensuggestion geleitet wird. Wenn aber diese Welt doch so beschaffen ist, hüben und drüben, dann bleibe ich lieber still auf meiner Bude, als mich draussen über die Menschen zu ärgern.

Glauben Sie nicht, dass ich die Hiesigen für besser halte und die anderen verkenne — das würde auch gar nicht zur Relativitätstheorie passen . . . Nun aber genug davon: ich würde nicht wagen so zu poltern, wenn ich Sie nicht als eine trotzige Schwester fühlte, die für solche Gefühle in einem Zipfel ihres Gemütes Verständnis hat und der ich mich immer besonders nahe gefühlt habe.

Politische und wirtschaftliche Turbulenz kennzeichnete das Jahr 1923 in Deutschland. Die Ruhrbesetzung durch die Franzosen beschleunigte den völligen Zusammenbruch der deutschen Währung. Die Fortdauer der politischen Demokratie war ernstlich gefährdet. Chauvinistische Leidenschaften wurden bis zur Weissglut aufgepeitscht, und die Nazibewegung gewann mit jedem Tag mehr Anhänger.

Hitlers Bierkellerputsch im November 1923 schlug zwar fehl, aber die allgemeine politische Atmosphäre hatte neue Befürchtungen für Einsteins Leben wachgerufen. Abrupt reiste Einstein damals nach Leiden. Selbst für seine engsten Freunde und Kollegen war dieser Schritt völlig unerwartet. Max Planck erschien auf Einladung Einsteins in dessen Wohnung und musste feststellen, dass der Gastgeber verschwunden war. Äusserst besorgt schrieb er an seinen Kollegen. Er beschwor Einstein, keines der verlockenden Angebote des Auslands, die ihm ohne Zweifel jetzt gemacht würden, anzunehmen. Mochte Einstein auch mit dem Gedanken, Deutschland endgültig zu verlassen, gespielt haben: jedenfalls versicherte er Planck sofort, er denke nicht daran. Bald darauf kehrte er nach Berlin zurück.

Am 16. Mai 1924 wandte sich Gilbert Murray wieder an ihn. In seinem "Vertraulich" markierten Brief heisst es:

Zweifellos haben Sie von Zeit zu Zeit kritische Bemerkungen gelesen, die ich und andere über die Einseitigkeit des Komitees für intellektuelle Zusamenarbeit gemacht haben. Ich glaube, wir haben jetzt einen Punkt erreicht, in dem Ihre Mitgliedschaft einmütig begrüsst würde, falls Sie Ihre Einstellung gegenüber dem Komitee geändert haben. Ich hoffe sehr, dass Sie wieder in unsere Reihen treten werden.

Das wäre eine durchaus folgerichtige Entscheidung. Sie haben das Komitee seinerzeit zum Zeichen des Protests gegen die Ruhrbesetzung und die darauf folgende Verschlechterung der deutsch-französischen Beziehungen verlassen. Ihre Rückkehr würde den Beginn des von uns allen so sehr ersehnten *rapprochement* bedeuten. Gegenwärtig bestehen gute Aussichten auf eine endgültige Lösung der Reparationsfrage und den Rückzug der Franzosen aus Deutschland. Alle guten Europäer sollten, glaube ich, zur Verbesserung der Atmosphäre beitragen. Ihr Wiedereintritt in das Komitee würde ein Ereignis darstellen, dessen Einfluss in ganz Europa spürbar wäre. Wenn Sie mir ganz privat mitteilen würden, dass Sie eine Bitte des Völkerbundsrats um die Erneuerung Ihrer Komitee-Mitgliedschaft zu erwägen bereit sind, zweifle ich kaum daran, dass eine solche Einladung sofort folgen würde.

Einstein erwiderte am 30. Mai 1924:

Von einer mehrwöchentlichen Reise zurückgekehrt, finde ich Ihr hochgeschätztes Schreiben vor, über das ich mich wirklich gefreut habe. Es ist einer ganz offenen Antwort wahrhaft würdig.

Ich habe vor mehr als einem Jahre meinen Austritt aus dem Kommittee für Intellektuelle Zusammenarbeit erklärt und damit begründet, dass mir nicht nur für das Wirken dieser Kommission im Besonderen, sondern für das Wirken des Völkerbundes als Ganzes das Vertrauen fehle. Ich zögere nicht, Ihnen zu sagen, dass gerade meine besten und einsichtsvollsten Freunde diesen von mir getanen Schritt aufs lebhafteste bedauert haben. Auch ich selbst kam langsam zu der Meinung, dass ich mich dabei mehr von einer vorübergehenden Stimmung der Entmutigung als von klarer Überlegung habe leiten lassen. Denn mag der Völkerbund bis jetzt auch vielfach versagt haben, so muss er doch als diejenige Institution angesehen werden, welche in dieser traurigen Zeit dem Freunde aufrichtiger Verständigung am meisten Aussicht auf heilsame Wirkung bietet.

Dazu kommt aber noch die Erwägung, dass im gegenwärtigen Augenblick von seiten der in diesem Lande wohnenden Freunde der Verständigung alles getan werden muss, damit der vom französischen Volke deutlich geoffenbarte Verständigungswille für Europa Frucht trage.

Deshalb erkläre ich Ihnen, dass ich eine eventuelle Wahl in die Kommission dankbar annehmen und bemüht sein würde, mein Mögliches für das Gelingen der guten Sache zu tun. Wenn aber die Wahl nicht erfolgen wird, was ich angesichts des Vergangenen ganz natürlich finden würde, wäre ich auch gerne bereit, in Einzelfällen für die Kommission zu wirken.

Murrays Antwort vom 6. Juni 1924:

Ich kann Ihnen gar nicht sagen, wie sehr ich mich über Ihren höchst grosszügigen und warmherzigen Brief vom 30. Mai gefreut habe.

Natürlich gibt es einen heiklen Punkt: einige Komitee-Mitglieder waren zweifellos über Ihre kritischen Bemerkungen verstimmt (wie ja auch meine eigenen Bemerkungen einiges Missfallen erregt haben); aber ich kann nicht glauben, dass sie weiter solche Ressentiments hegen.

Alle mir zugänglichen Informationen deuten auf einen wirklichen, entscheidenden Wandel im Kurs der französischen Politik, und das gilt besonders für alle mit dem Völkerbund verknüpften Fragen. Und ich kann nur die Überzeugung aussprechen, dass das Komitee für intellektuelle Zusammenarbeit unter der Mitwirkung so international geachteter Gelehrter wie Madame Curie, Bergson und Sie selbst schliesslich den echten Ton internationaler Zusammenarbeit anschlagen wird, der bisher so oft zu fehlen schien ...

Innerhalb von nur zwei Wochen, am 21. Juni 1924, erfolgte die offizielle Einladung Einsteins durch den Generalsekretär des Völkerbunds, Sir Eric Drummond:

Der Präsident des Völkerbundsrats hat mich gebeten Ihnen mitzuteilen, dass der Rat in seiner Sitzung vom 16. Juni beschlossen hat, seine Einladung an Sie, dem Komitee für intellektuelle Zusammenarbeit als Mitglied beitreten zu wollen, zu erneuern ...

Darf ich im Namen des Rats die aufrichtige Hoffnung aussprechen, dass es Ihnen möglich sein werde, diese Einladung anzunehmen?

Einstein sandte sein Jawort am 25. Juni 1924[11]. Am gleichen Tage übermittelte er Pierre Comert eine für die amerikanische Presse bstimmte Erklärung:

Der Umstand, dass mich der Völkerbund wieder in seine Kommission für intellektuelle Zusammenarbeit gewählt hat, ist ein erfreuliches Zeichen für die grosszügige Gesinnung, welche in dieser für die politische Organisation der Menschheit so wichtigen Körperschaft heute herrscht. Denn diese Wiederwahl geschah trotz einer brüsken Absage, welchc ich am Anfang vorigen Jahres unter dem deprimierenden Eindruck der damaligen Ereignisse und Zustände an den Völkerbund gesandt hatte. Getragen von dieser Fähigkeit, zu verstehen und zu – vergessen, wird der Völkerbund seiner grossen Aufgabe der Pazifizierung der Welt gerecht werden, nachdem ihm unter der Einwirkung der vorwärts strebenden Männer aller Nationen alle Staaten beigetreten sein werden.

Der Ernst, mit dem Einstein an seine Aufgaben heranging, wird aus einer Mitteilung an Chaim Weizmann vom 19. Juli 1924 deutlich[12]. Darin erklärte er, an einer wichtigen Zionistentagung in London nicht teilnehmen zu können, da sie zeitlich mit einer Sitzung des Völkerbundskomitees zusammenfalle:

... Tue ich dies nicht, so müssen grosse Verstimmungen entstehen. Vor einem Jahr bin ich nämlich aus der Commission de Coopération Intellectuelle mit grossem Krach ausgetreten, indem ich öffentlich erklärte, dass der Völkerbund seine Aufgabe nicht erfülle. Nun bin ich, nachdem die politischen Verhältnisse wieder etwas gebessert sind, wiedergewählt worden und soll gerade zu der ersten Session kommen. Dies muss ich tun, wenn nicht neue Missverständnisse entstehen sollen . . .

So war er schliesslich doch mit dem Völkerbund verknüpft. In einem Brief an seine Frau unter dem Datum "Genf, 21. Juli 1924" schrieb er einige Tage vor der Eröffnung der Sitzungen des Komitees für intellektuelle Zusammenarbeit:

Das Innere des Völkerbundes wirkt mysteriös – ein verwandeltes Hotel, das sozusagen über Nacht zum Schauplatz nie geträumter Dinge geworden ist. Einrichtung improvisiert. Man läuft geschäftig hin und her und spricht leise.

Henri Bergson führte während der Tagung den Vorsitz; sein Stellvertreter war Gilbert Murray. Von den Mitgliedern waren neben Einstein und Marie Curie unter anderen auch Robert A. Millikan vom California Institute of Technology und H. A. Lorentz anwesend (der, wie bereits früher erwähnt, seinerzeit an Einsteins Stelle in das Komitee gewählt worden war). Im offiziellen Verhandlungsprotokoll vom 25. Juli 1924 heisst es:

Das Komitee hiess Einstein als altes wie neues Mitglied willkommen. Wie alle anderen Mitglieder sei auch er in das Komitee berufen worden, ohne dass er darum nachgesucht hätte. Auf seinen eigenen Wunsch kehre er nunmehr in das Komitee zurück. Er gehöre darum aus doppeltem Grund hierher. Das Komitee sei stolz und glücklich darüber, einen Gelehrten von solchem Weltruf zu seinen Mitgliedern zählen zu dürfen.

Einstein scheine einen Teil der Menschheit für seine hohen Ideale gewonnen zu haben. Es wurde die Hoffnung ausgesprochen, dass er noch eine weitere Bekehrung zustandebringen werde. Bereits während des Krieges, ja noch vor dessen Ausbruch, seien seine Anschauungen über die Beziehungen zwischen den Völkern nicht weit von dem Ideal des Völkerbundes entfernt gewesen. Sollte er durch seine Zugehörigkeit zu einem Komitee des Völkerbunds alle Anhänger seiner edlen Ideale für das Werk der Organisation gewinnen, so hätte er der Menschheit einen neuen grossen Dienst erwiesen.

Am nächsten Tag wurde ein Vorschlag der französischen Regierung diskutiert, in Paris ein Internationales Institut für intellektuelle Zusammenarbeit als Exekutivorgan des Komitees zu gründen. Einsteins Reaktion auf diesen Vorschlag wird in dem Verhandlungsbericht zusammengefasst:

Einstein war der Meinung, der französische Vorschlag sei äusserst wichtig und könne nur mit Dankbarkeit entgegengenommen werden.

In dem Wunsch nach der Zusammenarbeit aller europäischen Länder seien sich die Mitglieder des Komitees völlig einig. Viele Kreise in Deutschland dächten ebenso; jedoch müsse man sich daran erinnern, dass viele Deutsche dem Völkerbund misstrauisch gegenüberstünden und ihm den Vorwurf machten, dass er nicht von einem wirklich objektiven, europäischen Geist erfüllt sei.

Man könne die Annahme begreifen, dass die Verlegung nach Paris nachteilige Folgen haben und das Komitee von der Erreichung seiner hohen Ziele abhalten könnte. Er persönlich teile diese Befürchtung nicht. Er wolle keinen konkreten Vorschlag machen, bitte aber das Komitee, die bestehenden Umstände vom psychologischen Gesichtspunkt aus zu beurteilen.

Einstein erhielt die Zusicherung, dass an die Verlegung des Komiteesitzes nach Paris nicht gedacht werde. Gilbert Murray beschrieb viele Jahre später Einsteins Leistung als Mitglied des Komitees:

... In jeder Beziehung war er ein entzückender Kollege. In seiner Person verkörperte sich der wahre Geist des Komitees. Meinungsverschiedenheiten zwischen uns waren ausschliesslich der besonderen Güte seines Wesens zuzuschreiben. Zum Beispiel gab es unter den Beamten des Komitees einen Franzosen, an dessen Handlungsweise wir Anstoss nahmen. Einstein, der ungern über einem Menschen den Stab brach, glaubte, einige von uns seien wegen der ultra-linken politischen Anschauungen des Mannes voreingenommen; nur schwer war er davon zu überzeugen, dass die vorgebrachten Anschuldigungen wirklich begründet waren.

Für die Mitglieder des Komitees war es zur Gewohnheit geworden, während seiner Tagungen vor Studenten der Universität Genf Vorträge zu halten. Einstein dagegen bot ihnen ein Violinkonzert. Die Hörer waren begeistert ...

Während zweier Jahrestagungen frühstückte ich täglich mit Einstein, Marie Curie und ihrer Tochter Eve, der späteren Biographin ihrer Mütter. Das waren frohe Zusammenkünfte, vor allem wegen des Plätscherns leichter Konversation zwischen Eve Curie und Einstein, der nichts von der grossen Gelehrten so oft zugeschriebenen Feierlichkeit an sich hatte ...

Erwähnen muss ich noch einen Lunch mit Einstein in meinem Haus in England. Einstein entwarf bei dieser Gelegenheit ein sehr trübes Bild der internationalen Situation. Meine Frau fragte ihn: "Wie kommt es nur, Herr Dr. Einstein, dass Sie persönlich so guten Mutes sein können, wenn Ihnen die Welt in so dunklem Licht erscheint? " Lächelnd erwiderte er: "Wir müssen uns darüber klar sein, dass die Erde ein sehr kleiner Stern ist. Das Leben auf grösseren und wichtigeren Sternen mag sehr anständig und glücklich sein."

Einstein selbst berichtete über die erste Sitzung des Völkerbundskomitees, an der er teilnahm, in der "Frankfurter Zeitung" vom 29. August 1924:

Von der Tagung der Völkerbundskommission für intellektuelle Zusammenarbeit aus Genf zurückgekehrt, habe ich das Bedürfnis, der deutschen Öffentlichkeit etwas zu sagen über die Eindrücke, die ich dort empfangen habe.

Ziel der Kommission ist es, Bestrebungen zu fördern oder ins Leben zu rufen, die durch internationales Zusammenwirken die Wissenschaft und das geistige Leben überhaupt in den einzelnen Ländern begünstigen, und so die einzelnen, durch Sprache und Traditionen getrennten Kulturkreise einander näherzubringen. Dabei trägt man sich nicht mit utopischen Plänen, sondern hat sogleich mit bescheidener aber fruchtbarer Kleinarbeit begonnen: in internationaler Organisation der wissenschaftlichen Berichterstattung, Austausch von Publikationen, Schutz des geistigen Eigentums, Austausch von Professoren und Studenten zwischen verschiedenen Ländern usw. Am weitesten ist das Problem der wissenschaftlichen Berichterstattung gefördert worden.

All diese Dinge interessieren das allgemeine Publikum naturgemäss nur wenig. Von grosser Bedeutung für jedermann aber ist die Frage: wie sollen sich die Deutschen, wie das Deutsche Reich zum Völkerbund überhaupt stellen? Mit Rücksicht auf diese wichtige Frage sei hier etwas über meine persönlichen Eindrücke gesagt.

Bei allen Fragen, die behandelt wurden, war es das Bestreben sämtlicher Mitglieder, den echt internationalen Charakter der Institution zu wahren. Deutschland wird bei allen Fragen so angesehen, als ob es bereits Mitglied des Völkerbundes wäre. Wenn auch unbewusst ein gewisses Überwiegen französischer Mentalität vorhanden sein mag, was angesichts der Entstehungsgeschichte des Völkerbundes und angesichts der bisherigen Nichtbeteiligung wichtiger Nationen am Völkerbunde gar nicht anders denkbar ist, habe ich doch mit Freude den ehrlichen Willen zu Objektivität konstatieren können.

Aus diesem Geiste kann nur Gutes entspringen, und ich darf hier wohl der Überzeugung Ausdruck geben, dass der Völkerbund ein geeignetes Instrument sei, um eine innere und damit auch äussere

Gesundung Europas langsam herbeizuführen. Ich habe die Erfahrung gemacht, dass man mit vernünftigen Gründen und bedingungsloser Offenheit viel durchsetzen kann.

Ich hatte auch Gelegenheit, mit gut informierten Leuten, insbesondere mit Franzosen, die Frage des Eintritts Deutschlands in den Völkerbund zu erörtern. Alle ohne Ausnahme waren der Ansicht, dass Deutschland einen ständigen Sitz im Rate des Völkerbundes erhalten würde wie die anderen grossen Staaten. Alle waren auch der Meinung, dass nach glücklicher Beendigung der Londoner Konferenz Deutschland in den Völkerbund eintreten soll. Ich selbst bin auch unbedingt dieser Überzeugung und glaube noch hinzufügen zu sollen, dass andere Bedingungen bzw. Reserven von Deutschland beim Eintritt in den Völkerbund nicht vorgebracht werden sollten. Durch Vertrauen erwirbt man Vertrauen, und ohne Vertrauen ist ein fruchtbares Zusammenwirken überhaupt nicht möglich. Möchten doch alle Freunde der internationalen Verständigung in Deutschland ihren Einfluss dahin geltend machen, dass die gegenwärtige günstige Situation für den Eintritt Deutschlands in den Völkerbund nicht unbenützt vorübergehe.

Auch in einem kurzen Brief an Solovine (30. Oktober 1924) sprach Einstein sehr positiv über die Arbeit des Völkerbundskomitees[14]:

... Die Völkerbunds-Kommission war besser als ich dachte. Es ist doch Hoffnung, dass es besser wird mit Europa.

Eine französische Rundfrage "Les États-Unis d'Europe sont-ils réalisables? " beantwortete Einstein am 29. Oktober 1924[15]:

Ob die Vereinigten Staaten Europa realisierbar seien, darüber braucht man sich den Kopf nicht zu zerbrechen: sie *müssen* realisiert werden, wenn Europa seine Bedeutung und seinen Menschenreichtum einigermassen aufrecht erhalten will.

Das internationale Komitee für intellektuelle Zusammenarbeit hatte es sich zum Ziel gesetzt, in verschiedenen Ländern nationale Komitees halbamtlichen Ranges zu gründen. Trotz ursprünglicher Bedenken scheint Einstein dazu beigetragen zu haben, dass auch in Deutschland – wenn auch erst einige Jahre später – ein solches Komitee zustande kam. Am 16. Dezember 1924 schrieb er an Lorentz:

... Ich sprach neulich abermals mit [Max] Planck wegen der nationalen Kommission. Er war etwas hilflos und sagte weder ja noch nein. Er hatte über unsere Ziele keine richtige Vorstellung und meinte, dass Verbrüderungs-Versicherungen keinen wirklichen Wert hätten. Ich erklärte ihm dann, dass die Kommission zur Lösung realer Aufgaben da sei, und nannte ihm einige davon. Auch sagte ich ihm, dass die nationalen Kommissionen die Organe der zentralen Kommission seien, welche die Verbindung mit den Gelehrten und gelehrten Körperschaften der einzelnen Länder herzustellen hätten. Es wäre nun nach meiner Ansicht der Augenblick gekommen, in dem ein Brief von Ihnen an ihn günstig wirken könnte. Wenn Sie so freundlich sein wollen, einen solchen Brief zu schreiben, so erwähnen Sie bitte nichts davon, dass ich Sie darum gebeten habe . . .

In einem weiteren Brief an Lorentz (9. Januar 1925) sieht er die Opposition Max Plancks in Verbindung mit der allgemeinen politischen Situation:

Den Menschen Gutes zu bringen, ist ein schweres Geschäft . . . Ich habe, wie Sie wissen, Herrn Planck gebeten, eine nationale Kommission für intellektuelle Zusammenarbeit zu begründen bezw. zu bemuttern. Ich sah gleich, dass diese meine Aufforderung ihn unglücklich machte, und der Arme kämpfte nun ein Vierteljahr in seinem Innern. Wenn ich ihn fragte, antwortete er immer, er wisse noch nicht, was er tun solle. Gestern aber kam er von selbst auf die Angelegenheit zurück und erklärte, dass er die ihm zugedachte Funktion nicht übernehmen könne.

Die Begründung, die er gab, war etwa folgende: "Solange die Deutschen bei den internationalen Vereinigungen und Kongressen nicht zugelassen sind, ist es für einen Deutschen das richtige Verhalten, sich seinerseits von allen internationalen Veranstaltungen fernzuhalten – dies unbeschadet der freundschaftlichen Beziehungen, die ihn mit Einzelpersönlichkeiten des Auslandes verbinden." Ich wandte natürlich ein, dass man nicht alle Veranstaltungen in einen Topf werfen dürfe . . .

Trotz der mangelnden Logik der Begründung hielt ich es nicht für richtig, weiter in ihn zu dringen. Denn das Stimmungsmässige ist das Primäre und die Begründung sekundär und – auswechselbar. Ich beurteile Plancks wirkliche Situation so: Er selbst täte es eigentlich gerne, aber die Gebundenheit an seine Gemeinschaft erlaubt es ihm nicht. Die politischen Ereignisse der letzten Wochen, welche hier grosse Verbitterung ausgelöst haben, haben offenbar für seine Entscheidung den letzten Ausschlag gegeben. Wie fest sein Entschluss ist, können Sie am besten daraus erkennen, dass er mir ausdrücklich auftrug, Sie zu ersuchen, ihm nicht über diese Angelegenheit zu schreiben.

Ich bin recht traurig über diesen Ausgang der Angelegenheit. Die epidemische Krankheit der Europäer sitzt im kleinen Gehirn und kann deshalb mit Argumenten nicht bekämpft werden. Ich fürchte, wir können im gegenwärtigen Augenblick keinen Menschen von hinreichendem Ansehen finden (für die lokale Kommission), der von den Hiesigen als einer der ihrigen angesehen wird und Vertrauen geniesst. Wir werden wohl warten müssen, bis das politische Barometer wieder ein Maximum anzeigt . . .

Einstein besuchte kurz darauf Lorentz. Ein Gegenstand ihrer Unterhaltungen war Einsteins Opposition gegen die Idee, in Paris ein Institut für intellektuelle Zusammenarbeit zu gründen (siehe S. 87). Einstein stand damals vor einer längeren Südamerikareise. Für den Fall, dass die nächste Sitzung des Völkerbundskomitees vor seiner Rückkehr stattfinden sollte, bat er Lorentz, eine scharf formulierte Erklärung seines Standpunkts abzugeben; ganz besonders solle er Einsteins Opposition gegen die Ernennung eines Franzosen als Direktor des Instituts zum Ausdruck bringen.

Lorentz lehnte die Übernahme dieser Rolle ab. Er betrachtete die Berufung des Franzosen Julien Luchaire nicht nur als ziemlich gesichert, sondern auch als eine ausgezeichnete Wahl. Ausserdem glaubte er, dass Einstein durch seine Opposition gegen den Willen der Mehrheit lediglich seinen Einfluss innerhalb des Komitees schwächen würde.

Um diese Zeit beschäftigte sich Einstein abermals mit dem Schicksal der politischen Gefangenen in Deutschland. In der Berliner "Welt am Abend" vom 6. Januar 1925 unterstützte er einen kommunistischen Appell für die Befreiung der Gefangenen[16]:

Jeder gerecht denkende Deutsche muss die politische Amnestie wünschen, schon ganz abgesehen davon, dass sie zur politischen Beruhigung und Gesundung beitragen würde. Denn jeder fühlt mit Scham, dass die Justiz auf dem politischen Gebiete nicht die nötige Objektivität und Unbefangenheit aufgebracht hat. Eine politische Amnestie herbeiführen heisst heute eine elementare Pflicht der Gerechtigkeit erfüllen.

Einsteins Bemühungen um internationale Entspannung erstreckten sich auf auf das deutsch-russische Verhältnis. Dem Grafen Georg Arco übermittelte er beste Wünsche für die Arbeit einer deutsch-russischen Gesellschaft, deren Vorstand er angehörte[17]:

Mit besonderer Freude ergreife ich diese ganz einzigartige Gelegenheit, um Ihnen und Ihren Zuhörern meine herzlichen Grüsse zu übermitteln. Dies ist mir umsomehr Bedürfnis, als ich von der freundlichen Aufforderung, an Ihrer Reise nach Moskau teilzunehmen, keinen Gebrauch machen kann. Wissenschaftliche Arbeit, die zu unterbrechen ich mich in diesem Augenblicke nicht entschliessen konnte, hält mich hier fest.

Ich darf wohl bei dieser Gelegenheit meiner Freude darüber Ausdruck geben, dass die abseits vom wechselvollen politischen Kampfe des Tages wirkenden Bestrebungen, die nur kulturelle Ziele verfolgen, aber kulturelle Ziele im weitesten Sinne des Wortes, wieder beginnen, über die Landesgrenzen hinweg zusammen zu wirken und einander so zu fördern. In diesem Sinne möchte ich hiermit auch der Russisch-Deutschen Vereinigung "Kulturtechnik-Ost", deren Kuratorium anzugehören ich die Ehre habe, besten Erfolg wünschen.

Seine Reise nach Südamerika im Frühjahr 1925 war ebenso wie sein früherer USA-Besuch völlig unpolitischer Natur. Einstein traf Wissenschaftler, Staatsmänner und Führer der jüdischen Gemeinschaft; überall wurde er gebührend geehrt. Er freute sich besonders über das Wiedersehen mit Otto Buek, dem Mitunterzeichner des Nicolai-Aufrufs (siehe S. 24), der nunmehr Korrespondent einer argentinischen Zeitung war[18]. Andere Eindrücke waren für ihn weniger erfreulich. In seinem Tagebuch notierte er unter "Buenos Aires, 17. April 1925":

Drollige Gesellschaft, diese Deutschen. Ich bin ihnen eine stinkende Blume und sie stecken mich doch immer wieder ins Knopfloch.

In einer Eintragung vom 30. April 1925 sprach er über einen Besuch in Montevideo, verglich die Uruguayer mit den Holländern und Schweizern und bemerkte:

Hol' der Teufel die grossen Staaten mit ihrem Fimmel. Ich würde sie alle in kleinere zerschneiden, wenn ich die Macht dazu hätte.

In einem Interview mit einem Berliner Korrespondenten der *New York Times*, das das Blatt am 17. Mai 1925 veröffentlichte, beschäftigte sich Einstein mit der Situation Russlands und der grossen fernöstlichen Länder[19]:

Ich glaube, dass die Verbindung zwischen Russland, China und Japan ganz natürlich ist. Da diese Länder sich gegenüber den wirtschaftlich fortgeschritteren Staaten Westeuropas und Amerikas in einer Defensivposition befinden, können sie gar nicht anders handeln. Die Handlungen der Nationen werden mehr von äusseren Umständen als von politischen Zielen bestimmt. Ich bin sicher, dass die Entwicklung der fortgeschritteneren Länder stark gefährdet sein wird, falls sie nicht einen vorsichtigeren und einsichtigeren Kurs einschlagen.

Die fernöstlichen Völker sollten die Chance erhalten, anständige Lebensstandards zu erreichen ... Japan, das einem grossen Kessel ohne Sicherheitsventil gleicht, hat nicht genug Land, um seiner Bevölkerung Lebens- und Entwicklungsraum zu gewähren. Dieser Situation muss irgendwie abgeholfen werden; sonst droht uns ein fürchterlicher Konflikt.

Russland hat, so scheint mir, unter seiner gegenwärtigen Regierungsform nur geringe Fortschritte gemacht und wenig Positives aufzuweisen. Seine industrielle Erzeugung ist zurückgegangen. Aber was seine Zukunft angeht, so wäre eine Voraussage, wie in allen anderen Dingen, ebenso schwer wie unklug.

Deutschland irrt sich in der Annahme, der Völkerbund sei völlig verdienstlos. Der Völkerbund hat bewundernswerte Ziele und kann auf einige wertvolle Leistungen zurückblicken. Aber ich möchte die Überzeugung aussprechen, dass die Weiterexistenz des Völkerbunds wie auch anderer internationaler Organisationen ohne den stabilisierenden Einfluss der Vereinigten Staaten unmöglich ist*.

Einstein war zeitig genug von seiner Reise zurückgekehrt, um doch noch an der fünften Tagung des Komitees für intellektuelle Zusammenarbeit (27.–30. Juli 1925) teilnehmen zu können. Diesmal führte sein Freund Lorentz den Vorsitz. Einstein unterstützte aufs wärmste den Plan, eine internationale Universität zur Schulung von Staatsmännern, Diplomaten, Parlamentariern, politischen Journalisten und Staatswissenschaftlern ins Leben zu rufen. Das Verhandlungsprotokoll summierte seine Auffassung:

Auf eine Frage über den Völkerbund sagte er:

... Es sei offensichtlich, dass der Geschichtsunterricht gegenwärtig nicht die nötige Tiefenperspektive zeige. Historiker seien nicht vorurteilsfrei, eine unparteiische Einstellung sei kaum zu erzielen. Man müsse eine vollkommen freie Institution gründen mit Lehrern, die nur auf Grund ihrer Fähigkeiten und ohne Rücksicht auf ihre persönlichen Meinungen zu berufen wären.

Das Komitee wollte dem Plan noch nicht nähertreten, beschloss aber, weitere Untersuchungen darüber anzustellen. Einstein bekundete auch Interesse an einer Komitee-Arbeit, die darauf abzielte, "Missverständnisse zwischen den Ländern schon im Keim zu ersticken". Das sollte durch direkten Meinungsaustausch zwischen den unter der Ägide des Völkerbundskomitees stehenden nationalen Komitees erzielt werden. Besonders wichtig sei es, die Änderung anstössiger Stellen in den Schulbüchern zu verlangen.

Einen sehr aktiven Anteil nahm Einstein auch an der Diskussion gewisser wissenschaftlicher Pläne des Komitees: zum Beispiel der Vorschläge, ein internationales meteorologisches Büro zu gründen und die naturwissenschaftliche und archäologische Terminologie zu standardisieren.

Der Herbst 1925 brachte einen wichtigen Schritt zur internationalen Aussöhnung: die Locarno-Verträge zwischen Deutschland und den Siegermächten. Zum ersten Mal seit dem Weltkrieg tagten Vertreter Deutschlands und der Westmächte als Gleichberechtigte. Kurz darnach baten zwei amerikanische Blätter, die *New York Evening Post* und das *Philadelphia Public Ledger*, Einstein um einen Kommentar zu diesem Ereignis; er erschien in der Neujahrsausgabe der beiden Blätter[20]:

Der Pakt von Locarno ist ein Beweis dafür, dass in den verantwortlichen Regierungskreisen in Europa die Einsicht von der Notwendigkeit einer interstaatlichen Organisation Europas durchgedrungen ist. Er beweist auch, dass die traditionellen Vorurteile und die durch den Krieg geschaffenen Gefühle bei der Allgemeinheit soweit abgeschwächt sind, dass die Regierungen einen solchen Schritt wagen durften. Ich hoffe und glaube, dass auch die *Völker* den ausserordentlichen Fortschritt der neuen Entwicklung würdigen werden, wenn sich dessen wohltätige Folgen ausgewirkt haben.

Inzwischen war die Schaffung des Instituts für intellektuelle Zusammenarbeit vom Völkerbund beschlossen worden. Seine Tätigkeit begann inoffiziell noch vor Ende 1925. Wie von Lorentz vorausgesagt, wurde der Franzose Julien Luchaire Generaldirektor (er war sowohl an der Gründung des Instituts als auch früher an der Schaffung des Genfer Komitees führend beteiligt gewesen). Am 24. Oktober 1925 bat Luchaire in einem Brief an Einstein, er möge mithelfen, die deutsche Regierung zur Entsendung eines offiziellen Vertreters an dem Institut zu bewegen[21].

Offenbar war das Verhältnis zwischen Institut und Komitee nicht so klar definiert wie Einstein und andere Komiteemitglieder es gewünscht hätten. Daraus erwuchs später ein heftiger Streit. Offiziell war das Institut das Exekutivorgan des Komitees. Andererseits bestand eine stillschweigende Abmachung, dass der Generaldirektor des Instituts immer ein Franzose sein müsse; zudem stellte die französische Regierung die Mittel zum Unterhalt des Instituts zur Verfügung. Bei der offiziellen Einweihung des Instituts am 16. Januar 1926 äusserte Einstein seine Bedenken in einer Tischrede, die er nach deutschen Notizen in stockendem Französisch hielt[22]:

In diesem Jahre haben die massgebenden Politiker Europas zum ersten Mal die Konsequenzen aus der Erkenntnis gezogen, dass unser Erdteil nur dann wieder gedeihen kann, wenn der latente Kampf der traditionellen Staatengebilde gegeneinander aufhört. Die politische Organisation Europas muss gefestigt, die Beseitigung der hemmenden Zollgrenzen allmählich erstrebt werden.

Dieses grosse Ziel kann nicht ausschliesslich durch Staatsverträge erreicht werden. Es bedarf dazu vor allem auch der Vorbereitung der Geister. Wir müssen darnach streben, allmählich ein Solidaritätsgefühl in den Menschen zu erwecken, das nicht wie bisher an den Staatsgrenzen Halt macht. In dieser Erwägung hat der Völkerbund die "Commission de coopération intellectuelle" ins Leben gerufen. Diese Kommission soll eine absolut internationale, von jeder Politik losgelöste Instanz sein, die auf allen Gebieten des geistigen Lebens die Verbindung zwischen den durch den Krieg isolierten nationalen Kulturkreisen herstellen soll. Es ist eine schwierige Aufgabe; denn es muss leider gesagt werden, dass – mindestens in den mir näher bekannten Ländern – die Gelehrten und Künstler sich viel mehr von engen nationalen Tendenzen leiten lassen als die Männer der Praxis.

Bisher tagte diese Kommission zweimal im Jahr. Um ihre Arbeit wirksamer zu gestalten, entschloss sich die französische Regierung, ein ständig arbeitendes Institut für geistige Zusammenarbeit zu schaffen und zu unterhalten, das nun in diesen Tagen eröffnet wird. Es ist eine generöse Tat des französischen Staates, die an sich den Dank aller verdient.

Es ist ein leichtes und dankbares Geschäft, zu jubeln und zu loben und über das zu schweigen, was man bedauert oder nicht billigt. Aber die Entwicklung unserer Aufgaben wird nur durch Ehrlichkeit gefördert. So will ich mich also nicht scheuen, diese Geburts-Gratulation mit einer Kritik zu verbinden:

Ich habe täglich Gelegenheit, zu bemerken, dass das grösste Hindernis, dem die Arbeit unserer Kommission begegnet, der Mangel an Vertrauen in deren politische Objektivität ist. Alles müsste geschehen, um jenes Vertrauen zu festigen; und alles müsste unterlassen werden, was jenes Vertrauen schädigen könnte.

Wenn nun die französische Regierung mit Mitteln des Staates in Paris als ständiges Organ der Kommission ein Institut errichtet und unterhält, mit einem französischen Bürger als Direktor, so muss dies doch auf den Fernerstehenden den Eindruck machen, dass in der Kommission der französische Einfluss überwiege. Dieser Eindruck wird noch verstärkt durch die Tatsache, dass der bisherige Vorsitzende der Kommission selbst ein Franzose ist. Obschon die Männer, um die es sich handelt, von allen und überall hoch geschätzt sind und die höchste Sympathie geniessen – der genannte Eindruck bleibt doch bestehen.

Dixi et salvi animam meam. Ich hoffe von Herzen, dass es dem neuen Institut gelingen wird, in ständiger Wechselwirkung mit der Kommission die gemeinsamen Ziele zu fördern und sich das Vertrauen und die Anerkennung der geistigen Arbeiter aller Länder zu erwerben.

Noch am Tag der Einweihung hatte Einstein eine heftige Auseinandersetzung mit einem Italiener; am 17. Januar 1926 schrieb er seiner Frau:

Gestern hatte ich am Vormittag einen wilden Kampf mit dem faschistischen Unterrichtsminister [Alfredo Rocco], an den der Mann denken wird, so lange er lebt . . .

Rocco war, dem Vorschlag des Völkerbundssekretariats entsprechend, Mitglied des Komitees und italienischer Vertreter im Pariser Institut geworden, und zwar als Nachfolger eines Mussolini-Gegners. Offenbar wurden die Mitglieder des Komitees bei solchen Ernennungen kaum gehört. Einige von ihnen, darunter Einstein und Madame Curie, glaubten, dass politische Gesichtspunkte dabei eine allzu grosse Rolle spielten. Marie Curie lehnte Rocco ab, weil nach ihrer Meinung alle Mitglieder des Komitees von ihren Regierungen unabhängig sein müssten. Einsteins Opposition hatte rein ideologische Gründe. Ja, entgegen seiner sonstigen Übung ging er so weit, sich selbst an Roccos Stelle als Vertreter im Pariser Institut anzubieten.

Aber der Widerstand gegen Roccos Ernennung brach rasch zusammen. Man hatte nämlich vermutet, dass die italienische Regierung mit dem Austritt aus dem Völkerbund gedroht habe. So wurde Rocco Mitglied des Komitees.

Um diese Zeit – am 29. Januar 1926 – feierte Romain Rolland seinen 60. Geburtstag. Maxim Gorki, Stefan Zweig und Georges Duhamel hatten Einstein aufgefordert, einen Artikel für das "Liber Amicorum" ("Buch der Freunde") zu schreiben, das Rolland zur Feier des Geburtstags überreicht werden sollte[23]. Einstein verfasste den folgenden Gruss:

Verehrter Meister!

Ein einziges Mal habe ich Sie mit leiblichen Augen gesehen, als Sie noch unter dem ersten Eindruck der europäischen Krise standen [s. pp. 33]; ein Einsamer, Sehender, mit der grossen Masse unsäglich Leidender, unglücklich in dem Gefühl, nicht Licht schaffen und erlösen zu können. Nie haben Sie vollen Trost darin finden können, durch Ihre hohe Kunst und Ihr Wort auf die fein Organisierten zu wirken; Sie wollen der menschlichen Kreatur helfen, die in selbstgeschaffenem Elend schmachtet.

Die rohen Massen tun ihr Werk aus dumpfen Leidenschaften heraus, denen sie und die sie verkörpernden Staaten völlig untertan sind. Sie rasen gegeneinander in ihrem Wahn und treiben einander ins Unglück; aber sie vollbringen im grossen ganzen ihre Greuel ohne inneren Zwiespalt. Die Wenigen jedoch, die an dem rohen Fühlen der Massen nicht teilnehmen, sondern unbeeinflusst von Leidenschaften am Ideal der Menschenliebe hängen, tragen weit schwereres Los. Sie werden aus ihrer Gesellschaft ausgestossen und wie Aussätzige behandelt, wenn sie nicht Taten begehen, gegen die ihr Gewissen sich

$$\frac{\partial^2 \varphi_{\mu\nu}}{\partial x_\alpha^2} = 0 \qquad \varphi_{\mu\nu} = \frac{\partial \varphi_\mu}{\partial x_\nu} - \frac{\partial \varphi_\nu}{\partial x_\mu}$$

$$\frac{\partial}{\partial x_\nu}(\Box \varphi_\mu) - \frac{\partial}{\partial x_\mu}(\Box \varphi_\nu) = 0 \quad \Big| \quad \Box \varphi_\mu = \frac{\partial \psi}{\partial x_\mu} \quad \Big| \quad \Box \overset{*}{\varphi} = 0 \quad \Box \psi = \psi$$

$$\boxed{\varphi_\mu = \overset{*}{\varphi}_\mu + \frac{\partial \psi}{\partial x_\mu}}$$

$$\frac{\partial \varphi_{\mu\nu}}{\partial x_\alpha} + \frac{\partial \varphi_{\nu\alpha}}{\partial x_\mu} + \frac{\partial \varphi_{\alpha\mu}}{\partial x_\nu} = \frac{\partial \varphi_{\mu\nu}}{\partial x_\nu} = \frac{\partial^2 \varphi_\mu}{\partial x_\nu^2} - \frac{\partial}{\partial x_\mu}\left(\frac{\partial \varphi_\nu}{\partial x_\nu}\right)$$

$$= \frac{\partial^2 \overset{*}{\varphi}_\mu}{\partial x_\nu^2} + \frac{\partial}{\partial x_\mu}(\Box \psi) - \frac{\partial}{\partial x_\mu}(\Box \psi) - \frac{\partial}{\partial x_\mu}\left(\frac{\partial \overset{*}{\varphi}_\mu}{\partial x_\mu}\right)$$

$$e_1 = -\mathcal{L}_{11}\frac{di_1}{dt} - \mathcal{L}_{21}\frac{di_2}{dt} + p_1 = 0 \qquad \overset{*}{\varphi}_\mu = \overset{**}{\varphi}_\mu + \frac{\partial \chi}{\partial x_\nu}$$

$$e_2 = -\mathcal{L}_{12}\frac{di_2}{dt} - \mathcal{L}_{22}\frac{di_2}{dt} + p_2 = 0 \qquad \varphi_\mu'' = 0 \quad \Box \chi = 0$$

$$\Box \overset{*}{\varphi}_\mu = 0 \qquad \overset{*}{\varphi}_\mu = \psi_\mu + \frac{\partial \psi}{\partial x_\mu}$$

$$\varphi_{\mu\nu} = \frac{\partial \varphi_\mu'}{\partial x_\nu} - \frac{\partial \varphi_\nu'}{\partial x_\mu}$$

$$\frac{\partial g_{\alpha\alpha}}{\partial x_\mu} + \frac{\partial g_{\mu\alpha}}{\partial x_\alpha} - \frac{\partial g_{\alpha\mu}}{\partial x_\mu} = 0$$

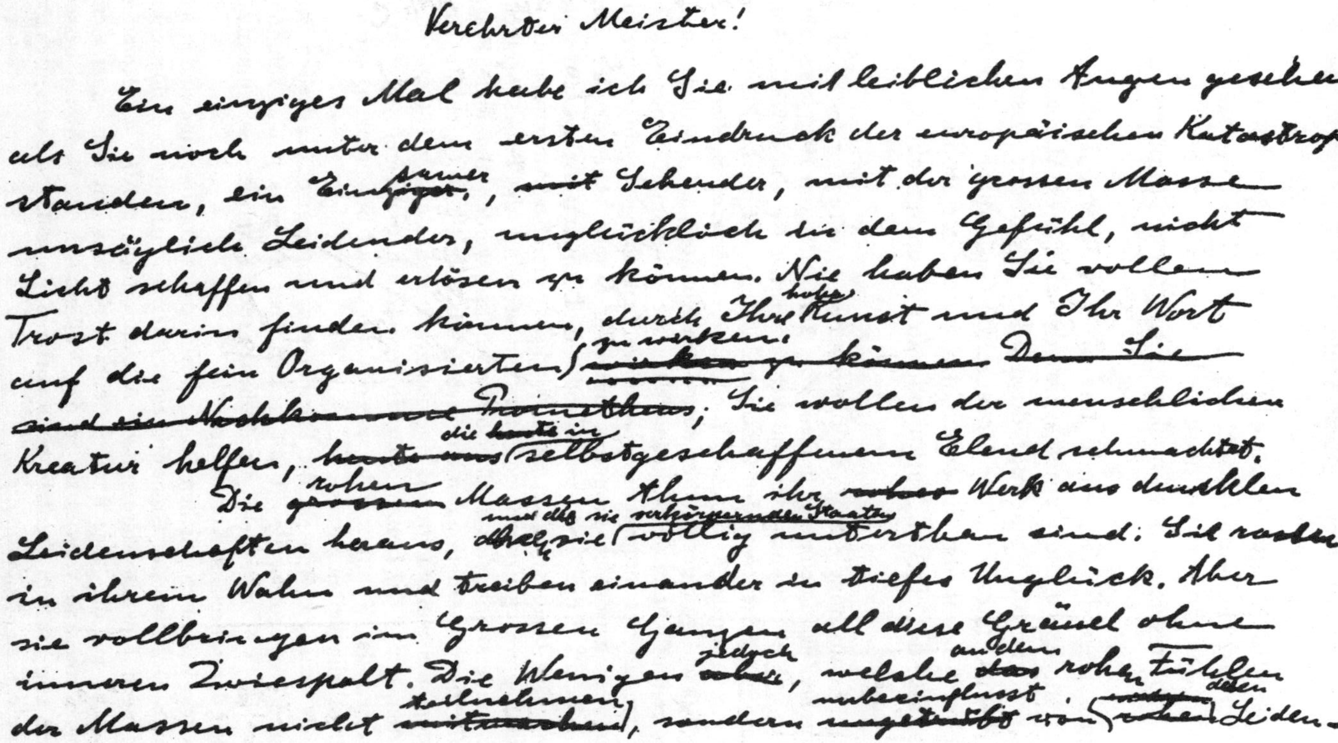
Verehrter Meister!

Ein einziges Mal habe ich Sie mit leiblichen Augen gesehen, als Sie noch unter dem ersten Eindruck der europäischen Katastrophe standen, ein einsamer, Sehender, mit der grossen Masse unsäglich Leidender, unglücklich in dem Gefühl, nicht Licht schaffen und erlösen zu können. Nie haben Sie vollen Trost darin finden können, durch Ihre hohe Kunst und Ihr Wort auf die fein Organisierten zu wirken; Sie wollen der menschlichen Kreatur helfen, die in selbstgeschaffenem Elend schmachtet.

Die rohen Massen [illegible] ihr Werk aus dunklen Leidenschaften heraus, denen sie völlig untertan sind. Sie rasen in ihrem Wahn und treiben einander in tiefes Unglück. Aber sie vollbringen im Grossen Ganzen all diese Gräuel ohne inneren Zwiespalt. Die Wenigen jedoch, welche an den rohen Fühlen der Massen nicht teilnehmen, sondern unbeeinflusst von deren Leiden.

Einsteins Entwurf seines Briefes vom 29. Januar 1926 zu Romain Rollands 60tem Geburtstag; vorher hatte er das Blatt Papier für eine wissenschaftliche Arbeit benützt.

aufbäumt, und feige verschweigen, was sie sehen und fühlen. Sie, verehrter Meister, haben nicht geschwiegen, sondern gelitten, gekämpft und getröstet wie eine grosse Seele.

In dieser für uns Europäer so beschämenden Zeit hat es sich gezeigt, dass Athletik des Geistes nicht schützt gegen Kleinheit der Seele und barbarisches Empfinden. Ich glaube, dass edle, menschliche Gesinnung in den Universitäten und Akademien nicht besser gedeiht als in den Arbeitsstätten des ungekannten stummen Mannes aus dem Volke.

Heute grüsst Sie die Gemeinde derer, die in Ihnen ein leuchtendes Vorbild sehen. Es ist die Gemeinschaft der einsamen Menschen, die immun sind gegen die Epidemien des Hasses, die in der Abschaffung des Krieges ein erstes Ziel der moralischen Gesundung der Menschheit erstreben, das ihnen unvergleichlich wichtiger erscheint als das Sonderinteresse der eigenen Nation oder des eigenen Staates.

Eine tiefe Enttäuschung brachte für Einstein die achte Tagung des Komitees für intellektuelle Zusammenarbeit in Genf vom 26. bis 29. Juli 1926. Nach dem Protokoll gab es viele Diskussionen und wenige positive Resultate. Wieder kam die Frage anstössiger Stellen in den Geschichtsbüchern zur Sprache. Beschlossen wurde, dass ein nationales Komitee nicht einmal die Gründe anzugeben brauche, wenn es die Vorschläge eines anderen nationalen Komitees auf Textänderungen ablehne. Einstein pflichtete den Rumäniern bei, die beantragten, Kopien solcher Vorschläge stets an das internationale Komitee zu senden, das ein Archiv zur Information aller nationalen Komitees unterhalten solle. Aber das Komitee wollte niemandem auf die Zehen treten und lehnte den rumänischen Antrag ab.

War es mit der Unabhängigkeit eines Mitglieds vereinbar, Anweisungen von seiner Regierung entgegenzunehmen? Einstein verneinte die Frage energisch. Aber das Komitee konnte sich darüber nicht schlüssig werden. Und in der Frage der Gründung einer internationalen Hochschule für Politik und Geschichte ging es nicht anders. Einstein drängte auf eine positive Entscheidung, aber Gegner des Plans erklärten, einige der bestehenden Universitäten hätten bereits internationalen Charakter; das Komitee solle sich deshalb darauf beschränken, auf die vorhandenen Möglichkeiten hinzuweisen.

Schliesslich verlangte Einstein die Erleichterung internationaler Reisen von Studenten und Professoren, die oft mit grossen Passschwierigkeiten zu kämpfen hätten. Das sei, so entgegnete die Mehrheit des Komitees, ausschliesslich Angelegenheit der nationalen Komitees.

Selbst in rein wissenschaftlichen Fragen vermied das Komitee eine eindeutige Stellungnahme. Der Plan der Gründung eines internationalen meteorologischen Büros hätte nach Einstein klare, rasche Aktion erfordert. Aber das Komitee schob die Sache auf die lange Bank: es entzog sie dem Unterausschuss, dem Einstein angehörte, und verwies sie an den Völkerbundsrat. Nicht viel besser erging es dem von Einstein ebenfalls befürworteten Vorschlag, die wissenschaftliche Terminologie zu standardisieren.

Das politische Klima innerhalb Deutschlands war sogar noch deprimierender als die internationale Atmosphäre. Im Januar 1927 sandte der Präsident der Vereinigung deutscher Universitäten an Einstein Nachdrucke von durchweg kritischen Artikeln über ihn und sein Werk, die in dem Blatt der Organisation erschienen waren. Der Präsident erklärte, die Organisation biete grundsätzlich Vertretern der verschiedensten Meinungen Raum, selbst dann, wenn Mitglieder unter Namensnennung angegriffen würden; das bedeute nicht, dass sie sich mit solchen Artikeln identifiziere.

Einstein erwiderte:

Was Sie über meine Person publizieren, ist mir gleichgültig. Zu der Sache möchte ich jedoch bemerken, dass es mir schon öfters aufgefallen ist, dass die Information an das akademische Publikum bezüglich der internationalen Beziehungen in einem Sinne erfolgt, der die wünschbare Objektivität vermissen lässt. Es wird künstlich eine gewisse Animosität unter den Akademikern aufrecht erhalten, indem unfreundliche Haltung ausländischer Korporationen registriert, freundliche Haltung ignoriert wird.

Während die verantwortlichen Leiter der deutschen und französischen Politik an der Verständigung arbeiten, deren Notwendigkeit im Interesse der europäischen Kultur und Industrie sie erkannt haben, sind die akademischen Kreise noch immer im Banne einer kleinlichen Prestige-Politik und hemmen so die notwendige Entwicklung. Ich hoffe, dass dies bald anders werden wird; denn es wäre traurig, wenn die nächste akademische Generation von der unsrigen sagen müsste, dass sie die grosse Aufgabe unserer Zeit nicht begriffen habe.

Schon sehr früh hatte Einstein die Gefahr des Faschismus erkannt. Er war sich dessen bewusst, dass das dauernde Anwachsen der Bewegung – die zunehmende Machtkonzentration unter Mussolini und die Ausbreitung dieser Tendenzen in anderen Teilen Europas – eine schwere Bedrohung für den Weltfrieden bedeutete. Und er warnte vor dieser Gefahr, wo immer sich ihm eine Gelegenheit dazu bot. Henri Barbusse ersuchte Einstein Anfang 1927 um Mitarbeit an einer im Werden befindlichen neuen internationalen Zeitschrift. In seinem Brief nannte er Einstein "einen jener Männer, die innerhalb der Gruppe grosser und integrer Kämpfer, die die heranflutende Barbarei des Faschismus aufzuhalten suchen, besonders geachtet sind". Barbusse bat Einstein auch, einen Appell unter dem Titel "Aux Esprits Libres" zu unterschreiben, was Einstein sofort tat.

Obwohl acht Jahre seit Ende des Krieges verflossen seien – so besagte der Aufruf – bestehe das Kriegsklima noch immer. Der Faschismus bedrohe alle Rechte, die die Menschheit in Jahrhunderten schwerer Kämpfe und Opfer erobert habe. Das Gebot der Stunde sei die Schaffung eines Komitees, das "alle Menschen, die in der Weltgemeinschaft intellektuellen und moralischen Einfluss haben", im Kampf gegen die Barbarei des Faschismus vereinigen solle.

Drei Monate später wurde Einstein von dem Gründer der Paneuropa-Union, dem österreichischen Grafen R. N. Coudenhove-Kalergi, gebeten, vor dem zweiten Kongress der Union in Brüssel im Oktober zu sprechen. Einsteins Absagebrief ist vom 25. Juni 1927 datiert[24]:

Sie wissen, wie sehr mir die europäischen Einigungsbestrebungen am Herzen liegen, am meisten aber vorläufig die Einigung der Einigungsbestrebungen!

Ihrer Einladung zur aktiven Beteiligung an dem zweiten Paneuropa-Kongress kann ich leider nicht Folge leisten, teils wegen Mangel an Zeit und Kraft, teils auch deshalb, weil ich etwas Originelles zu dem von Ihnen vertretenen Gegenstand nicht zu sagen habe.

Ich möchte bei dieser Gelegenheit der Bitte Ausdruck geben, Sie möchten alles daran setzen, dass die beiden rivalisierenden Paneuropa-Bewegungen zu einer einzigen verschmolzen werden!

Bei der von Einstein erwähnten Rivalenorganisation handelte es sich wahrscheinlich um den Kongress für die Vereinigten Staaten von Europa, der ein Jahr zuvor unter den Auspizien der Internationalen Liga für Menschenrechte ebenfalls in Brüssel getagt hatte. (Urheberin dieses Kongresses war die Deutsche Liga für Menschenrechte, der Einstein immer noch angehörte und die 1922 die Gründung der Internationalen Liga angeregt hatte.)

Die neunte Tagung des Komitees für intellektuelle Zusammenarbeit in Genf (20.–27. Juli 1927) wurde von Einstein freundlicher bewertet als ihre Vorgängerinnen; er schrieb an seine Frau:

... Die Kommission ist sympathisch, aber vorwiegend französisch orientiert. Immerhin gefallen sie mir besser als "unsere". Ich werde es wohl nicht mehr erleben, dass diese verschiedenen Welten sich amalgamieren. Es macht mir aber Spass, beide zu beobachten, ohne mich als zu den einen oder anderen gehörig zu fühlen ...

Das Genfer Völkerbundskomitee ernannte Einstein zum Mitglied eines "beratenden Ausschusses von Geistesarbeitern", der vom Internationalen Arbeitsamt gegründet worden war. Einstein hatte jedoch erhebliche Einwände gegen die führende Rolle, die den verschiedenen nationalen Komitees für intellektuelle Zusammenarbeit dabei eingeräumt worden war. Er erwähnte die Angelegenheit in einem Brief an Lorentz vom 13. September 1927[25]:

... Besonders bedrückt mich eine Entschliessung, die wir ... gefasst haben. Es wurde festgestellt, dass in jedem souveränen Staat nur *eine* nationale Kommission sein dürfte, mit der wir beständige und offizielle Beziehungen unterhalten. Dagegen wäre an sich nichts einzuwenden, wenn nicht in vielen Staaten leider eine Unterdrückungspolitik gegenüber den nationalen Minderheiten geübt würde. Diese werden von den nationalen Kommissionen ferngehalten und sind also de facto von uns isoliert. Dadurch werden wir zu Mitschuldigen von Taten der kulturellen Unterdrückung, deren Milderung gerade eine Hauptaufgabe unserer Kommission sein müsste.

Sie wissen vielleicht gar nicht, wie schlimm in vielen Ländern Europas die Verhältnisse tatsächlich sind. Ich sende Ihnen zur Information eine Denkschrift über die Lage der unterdrückten Balkanvölker, deren Lektüre mich wahrhaft erschüttert hat.

Glauben Sie nicht, dass wir unseren Beschluss revidieren können? Der Umstand, dass die Société des Nations eine Vertretung von Staaten und nicht von Nationalitäten ist, kann nicht begründen, dass wir nur staatenvertretende lokale Kommissionen anerkennen dürfen. Zum Beweis lässt sich anführen, dass die Mitglieder unserer Kommission ja auch nicht Vertreter von Staaten sind. Es liesse sich sehr wohl denken, dass wir jeder kulturell-nationalen Gruppe das Recht zugestehen würden, eine lokale Kommission zu bilden, die mit uns dauernd und offiziell in Relation steht. Natürlich würden wir auf diese Weise viele Schwierigkeiten haben, aber die Überwindung solcher Schwierigkeiten würde dann auch von grossem Wert sein. Ich glaube sogar, dass durch das blosse Bestehen solcher Verbindungen schon manche Härte gemildert werden könnte.

Während der Julisitzung in Genf wandte sich Einstein – unterstützt von Marie Curie – auch gegen das immer eigenmächtigere Vorgehen des Instituts in Paris. Das offizielle Protokoll vermerkt die von ihm eingebrachte Resolution: "Dem Institut wird aufgetragen, die Meinung des Komitees einzuholen, bevor es Abmachungen trifft und Schritte unternimmt, die die Handlungsfreiheit des Komitees einschränken könnten." Das Protokoll fährt dann fort:

Herr Rocco stimmte zu. Man dürfe aber nicht vergessen, dass das Komitee jährlich nur einmal zusammentrete; in der Zwischenzeit müsse es durch sein Exekutivorgan vertreten werden, das in dringenden Fällen eine gewisse Entscheidungsfreiheit besitzen müsse.

Mme. Curie erwiderte, ihr Antrag solle eine konstruktive Lösung ermöglichen. Professor Einstein und sie selbst verstünden sehr wohl, dass das Institut über ein gewisses Mass von Initiative verfügen müsse. Aber es komme ihnen darauf an, die Wiederholung gewisser Zwischenfälle zu vermeiden, deren Folge die Desavouierung des Instituts durch das Komitee sein könnte. Sie denke nicht im geringsten daran, dem Institut die Hände binden zu wollen; sie wolle ihm lediglich den Rat zur Vorsicht geben.

Professor Einstein stimmte zu: der Antrag solle das Institut nur zur Besonnenheit mahnen. Es komme darauf an, die Richtlinien korrekt aufzufassen, aber dessen sei der Direktor des Instituts ja durchaus fähig . . .

Professor Murray wies darauf hin, dass die entstandenen Missverständnisse nicht auf die Satzungen, sondern auf eine Reihe von Zwischenfällen zurückzuführen seien. Es sei unnötig, eine Resolution anzunehmen, die vom Exekutivorgan und dem Institut unfreundlich ausgelegt werden könnte. Das Komitee könne sich darauf beschränken, jenen beiden Organen in ihrer Arbeit grösste Bedachtsamkeit im Hinblick auf die bestehenden Satzungen anzuraten . . .

Der Vorsitzende (Lorentz) meinte, man brauche die Satzungen nicht zu ändern, da die Diskussion als massgebende Interpretation dienen könne.

Mme. Curie und Professor Einstein erklärten, unter diesen Umständen ihren Antrag zurückzuziehen.

Es gab auch noch andere Schwierigkeiten, zum Beispiel in der Zusammenarbeit mit dem Internationalen Bibliographischen Institut in Brüssel. Ein von dem Institut herausgebrachtes Dokument enthielt zahlreiche Irrtümer, und das Vorwort wurde als unfreundlich gegenüber dem Völkerbund betrachtet. Innerhalb des Komitees wurde vorgeschlagen, der Schrift eine Begleitnotiz beizufügen, in der das Komitee sich als für den Inhalt nicht verantwortlich erklärt hätte. Einstein lehnte diesen Vorschlag ab; sein Antrag, die Verbreitung der Schrift einzustellen, wurde angenommen.

Einsteins generelle Einstellung zu der Arbeit des Komitees ergibt sich aus seinem Antwortbrief vom 12. November 1927 auf ein Schreiben des preussischen Kultusministers:

. . . Die gefassten Resolutionen [der Genfer Juli-Sitzung] werden sämtlich vom Völkerbund veröffentlicht. Die Verhandlungen der Kommission sind geheim und es ist daher fraglich, inwieweit sich die Mitglieder der Kommission über den Verlauf der Beratungen äussern dürfen . . .

Die Kommission und insbesondere ihr Präsident, Professor Lorentz, sind bemüht, sich auf eine rein vermittelnde Tätigkeit zu beschränken. Sie sucht das Zustandekommen internationaler Organisationen und allgemeinen internationalen Zusammenwirkens auf dem Gebiete wissenschaftlicher Arbeit zu *fördern,* ohne selbst eine leitende Stellung in derartigen Unternehmungen anzustreben. Sie wirkt in demselben Sinne auf das Pariser Institut ein . . .

Bezüglich des Eintritts der wissenschaftlichen Korporationen der ehemaligen Zentralmächte in die genannten Organisationen wurde vom Präsidenten mit Erfolg der Standpunkt vertreten, dass es nicht so sehr auf eine *Eingliederung* als vielmehr auf ein *tatsächliches Zusammenwirken* ankomme. Ich lege hierauf deshalb besonderen Wert, weil man das Bestreben erkennt, Prestigefragen auszuschalten und nur der Sache zu dienen . . .

Einige Monate darauf gründete die deutsche Regierung auch ein nationales Komitee, das "Deutsche Komitee für intellektuelle Zusammenarbeit", dessen Mitglieder sie selbst ernannte. Einstein, der am 28. März 1928 Mitglied dieses Komitees wurde, nahm nur noch an einer einzigen Tagung des Völkerbundskomitees in Genf (1930) teil. Einige dabei von dem deutschen Komitee eingebrachten Anträge führten zu Einsteins Protest (siehe S. 125).

Die von Anfang an akute Frage der Berufung eines Stellvertreters für Einstein wurde schon 1926 entschieden: mit seiner Zustimmung wurde der Direktor der Preussischen Staatsbibliothek in Berlin, Dr. Krüss, als permanenter Stellvertreter sowohl im Genfer Komitee als auch im Pariser Institut ernannt. Im Jahre 1933 wurde Dr. Krüss Einsteins Nachfolger im Genfer Komitee.

Gegen Ende des Jahres 1927 gab Einstein dem Berliner Korrespondenten der Neuen Zürcher Zeitung ein Interview, das in der Sonntagsausgabe dieser Zeitung vom 20. November veröffentlicht wurde[26]:

Professor Albert Einstein, der Erfinder der Relativitätstheorie, empfing unseren Vertreter in dem Studienzimmer seiner Wohnung in einem vornehmen westlichen Stadtteile Berlins. Dieses Studierzimmer ist in das Dachgeschoss des Hauses eingebaut, und Professor Einstein verbringt hier oben hoch über dem Lärm der grossen Stadt die seiner wissenschaftlichen Arbeit gewidmete Zeit. Ein junger Student, der gleichzeitig sein Sekretär ist, ist der einzige Zeuge dieser Gelehrtenarbeit.

"Herr Professor", so beginnt die Unterhaltung, "Sie haben in der letzten Zeit sich gelegentlich auch in der Öffentlichkeit über politische Fragen geäussert. Haben Sie starkes Interesse für die Politik des Tages und lassen Ihre wissenschaftlichen Arbeiten Ihnen Zeit, sich um politische Dinge zu kümmern? "

Einstein antwortete:

"Natürlich bin ich kein Politiker im gewöhnlichen Sinne des Wortes; es wird wenig Leute geben, die das sind. Dennoch glaube ich, dass es eine politische Idee und eine politische Aufgabe gibt, der sich niemand entziehen darf, der den Anspruch darauf erhebt, Zeitgenosse zu sein. Ich meine damit die Aufgabe, die durch den Weltkrieg so grenzenlos zerstörte Einigkeit unter den Völkern wiederherzustellen und dafür zu sorgen, dass eine bessere und aufrichtigere Verständigung zwischen den Nationen eine Wiederholung des furchtbaren Unglücks, das wir durchlebt haben, unmöglich macht. Hierbei mitzuwirken, ist meiner Überzeugung nach eine Pflicht, der sich niemand, trotz noch so grosser Leistung, auf welchem Gebiete auch immer, zu entziehen vermag."

"Und glauben Sie, Herr Professor, dass die Welt in der Richtung Ihres Ideals seit Beendigung des Krieges wesentliche Fortschritte gemacht hat? Halten Sie vor allem den Völkerbund für ein geeignetes Instrument, um die endgültige Befriedung der Welt durchzuführen? "

Mit grossem Ernst antwortete der Gelehrte:

"Dass wir Fortschritte gemacht haben, ist ebensowenig zu bezweifeln wie die Tatsache, dass diese Fortschritte sowohl ihrem Umfange nach wie im Hinblick auf das Tempo, in dem sie erreicht worden sind, weder die leitenden Friedensfreunde noch die grossen Massen in allen Völkern zu befriedigen vermögen. Auch lässt sich nicht leugnen, dass der Völkerbund in seiner heutigen Gestalt längst nicht alle die Erwartungen erfüllt hat, die man an seine Gründung glaubte knüpfen zu dürfen. Es steckt in ihm noch zu viel vom Geiste der Vorkriegspolitik, in der das Misstrauen als grösste politische Tugend galt. Dieselben machtpsychologischen Ursachen, die den Völkerbund hemmen, können wir bei der Behandlung der Abrüstungsfrage beobachten, die meiner Überzeugung nach das brennendste Problem internationaler Friedenspolitik ist. Trotzdem wäre es natürlich falsch, sich vom Völkerbund abzuwenden und ihn im Stich zu lassen. Er mag als Instrument schwach und unvollkommen sein, aber er ist doch das einzige grosse Friedensinstrument, das wir besitzen, und so wenig wir ihm gegenüber mit unserer Kritik zurückhalten sollen, so wenig sind wir berechtigt, ihm unsere Mitarbeit zu versagen. Aus diesem Grunde ist es auch sehr zu bedauern, dass zwei so grosse und ausschlaggebende Nationen wie Amerika und Russland bis jetzt noch nicht sich zu dem Entschluss aufraffen konnten, dem Völkerbund beizutreten. Ich kenne die Gründe, die hierfür massgebend sind, und weiss, dass sie zum mindesten in diesen Ländern selbst grosses Gewicht haben. Aber ich gebe die Hoffnung nicht auf, dass in absehbarer Zeit auch Amerika und Russland auf die Völkerbundsbasis treten werden, und ich glaube, dass dieser Augenblick eine entscheidende politische Bedeutung haben wird."

"Und wie beurteilen Sie, Herr Professor, die Friedensaussichten Europas, die hauptsächlich auf der deutsch-französischen Verständigung beruhen?"

"Ich bin fest davon überzeugt, dass der ernste und aufrichtige Wille zur Verständigung bei weitaus der Mehrheit beider Völker vorhanden ist. Für mein eigenes Vaterland kann ich jedenfalls versichern, dass alle vernünftigen und politisch ernst zu nehmenden Menschen keinen grösseren Wunsch haben, als zu der französischen Nachbarnation in das Verhältnis aufrichtiger und völliger Verständigung zu gelangen. Natürlich bedarf es des guten Willens von beiden Seiten, um dieses Ziel zu erreichen. Es lässt sich nicht verhehlen, dass das Weiterbestehen einer fremden Besatzung auf deutschem Boden eines der schwersten psychologischen Hindernisse für die restlose deutsch-französische Verständigung ist."

Auf die Zwischenbemerkung, dass diese Besetzung vielen Franzosen notwendig erscheine im Hinblick auf die in manchen deutschen Kreisen gewünschte Revanche, antwortete Professor Einstein:

"Man lasse sich doch nicht irre machen durch das Geschrei einiger Unverantwortlicher und durch die aussenpolitisch ganz belanglose Tatsache, dass ein Teil des deutschen Volkes sich nur schwer von gewissen Vorstellungen der Vorkriegszeit loszulösen vermag. Objektive Beobachter werden zugeben müssen, dass je mehr sich in Deutschland die Republik konsolidiert, desto aufrichtiger und allgemeiner der Verzicht auf nationalistische Phrasen ist, denen Taten ohnehin bei der völligen Entwaffnung Deutschlands nie zu folgen vermöchten. Sie werden mir vielleicht entgegenhalten, dass gerade in den Kreisen, denen ich beruflich nahestehe, insbesondere in der Studentenschaft, noch nationalistischer Geist herrsche. Aber glauben Sie mir, die jungen Leute, die den Krieg ja nie gesehen haben, vertreten heute Ansichten, über die sie in ein paar Jahren lächeln werden und die vor allem von ihren eigenen Eltern nicht geteilt werden. Nein, mit gegenseitigem Misstrauen kommen wir nicht weiter; das wenigstens sollten wir aus der Vergangenheit gelernt haben. Haben wir Vertrauen zueinander, glauben wir an die Zukunft des Friedensgedankens, tun wir, ein jeder an seinem Platz, unsere Pflicht im Dienste unserer Idee, und der Friede wird besser geschützt sein als durch Kanonen und Gasbomben."

Am 17. Dezember 1927 schrieb Einstein in einem kurzen Brief an den Berliner Pazifisten Hauptmann Hellmuth von Beerfelde:

Sie brauchen mich für die Idee des organisierten Antikriegsheeres gar nicht zu gewinnen, denn ich bin schon jetzt ausserordentlich für die Sache und werde alles für sie tun, was mir möglich ist.

4. Kapitel

KRIEGSDIENSTVERWEIGERUNG I 1928–1931

Die Idee internationaler Militärdienstverweigerung als Mittel zur Ausrottung der Kriege mag bereits in Einsteins frühe pazifistische Anschauungen hereingespielt haben. Aber anscheinend unterstützte er öffentlich erst vom Jahre 1928 ab die organisierte Bewegung individueller Dienstverweigerung, die seit dem Ersten Weltkrieg beträchtlich gewachsen war. Während der darauffolgenden fünf Jahre, bis zur Machtergreifung Hitlers in Deutschland, beherrschte diese Form des militanten Pazifismus die politischen Konzeptionen Einsteins.

Eine seiner frühesten Kundgebungen in dieser Richtung trägt das Datum des 4. Januar 1928. Damals hatte die Internationale Frauenliga für Frieden und Freiheit seine Teilnahme an einer Studienkonferenz über den Giftgaskrieg erbeten. Um die öffentliche Aufmerksamkeit zu erregen, wurde die Konferenz gleichzeitig mit einer Tagung des Abrüstungskomitees des Völkerbunds in Genf gehalten. Einstein konnte zwar nicht teilnehmen, sandte der Liga aber eine bedeutsame Erklärung:

. . . Dem Kriege gewisse Regeln und Beschränkungen vorschreiben zu wollen, scheint mir ganz aussichtslos. Krieg ist eben kein Spiel und kann daher nicht nach Spielregeln getrieben werden. Nur der Krieg als solcher kann bekämpft werden, und dies von Seiten der Massen am wirksamsten durch Organisation der absoluten Kriegsdienstverweigerung im grossen schon in Friedenszeiten. Die in England und in Deutschland in dieser Hinsicht zu verzeichnenden Anfänge sind vielversprechend. Nach meiner Meinung kann Ihre Liga nichts Besseres tun als sich mit ganzer Kraft für diese Bewegung einsetzen, ohne Rücksicht darauf, dass Sie vielleicht einzelne Mitglieder durch so radikales Vorgehen verlieren werden . . .

Um diese Zeit wurde Einstein in den Vorstand der Deutschen Liga für Menschenrechte, der damals führenden deutschen Organisation für Pazifismus und Bürgerrechte, gewählt[1].

Seine Anschauungen über die Kriegsdienstverweigerung präzisierte er in vier weiteren Erklärungen im Lauf der zweiten Hälfte des Jahres 1928. Ende August wurde ein Manifest gegen die Militärdienstpflicht veröffentlicht, das Einstein zusammen mit rund siebzig hervorragenden Pazifisten aus fünfzehn Ländern unterzeichnet hatte.

An die britische Zweigorganisation der Internationale der Kriegsdienstverweigerer in London – sie nannte sich "No More War Movement" – richtete Einstein am 25. November 1928 die folgende Botschaft[2]:

Die internationale Bestrebung für die Verweigerung jeglicher Kriegstätigkeit ist in meinen Augen eine der trostreichsten Erscheinungen unserer Zeit. Jeder denkende, wohlwollende und gewissenhafte Mensch müsste im Frieden die feierliche und unbedingte Verpflichtung übernehmen, unter keinen Umständen je an einer kriegerischen Aktion und deren direkten oder indirekten Unterstützung sich zu beteiligen.

Eine weitere Erklärung erschien in der amerikanischen Zeitschrift *Records of Progress,* deren Ursprünge auf die Haager Friedenskonferenz von 1907 zurückgingen und die jetzt nach längerer Pause wieder erschien. (Sie war das Organ der "League for the Organization of Progress", die, 1902 in Paris gegründet, ihren Sitz nach Yellow Springs, Ohio, verlegt hatte.) Die Zeitschrift fragte Einstein[3]:

Welche Institutionen müssten geschaffen werden, um sicherzustellen, dass die im Kellogg-Pakt verlangte friedliche Beilegung internationaler Konflikte mehr als ein frommer Wunsch ist?

Einsteins Antwort (unter dem Datum des 26. Dezember 1928):

Friedliche Streitschlichtung ist nur möglich, wenn die Kampfheere allenthalben abgeschafft werden und ebenso jede Militärpflicht. Einstweilen wäre es förderlich, wenn alle Menschen von Ansehen für die prinzipielle Militärdienstverweigerung einträten.

Schliesslich leistete er einen epigrammatischen Beitrag zu dem "Goldenen Friedensbuch" der Weltfriedensliga in Genf:

Kein Mensch hat das moralische Recht sich Christ oder Jude zu nennen, wenn er bereit ist, auf Befehl einer Obrigkeit planmässig zu morden oder sich im Dienst eines derartigen Beginnens oder der Vorbereitung hierfür irgendwie missbrauchen zu lassen.

Im Frühjahr 1928 wurde er von einer Krankheit befallen, die ihn mehrere Monate lang zur Einschränkung seines Arbeitspensums zwang. So konnte er im Juli an der Sitzung des Komitees für intellektuelle Zusammenarbeit in Genf nicht teilnehmen. Und doch war er gerade um diese Zeit in ausserordentlicher Weise für das Komitee tätig. Wie bereits gesagt, war Einstein dessen Vertreter im beratenden Ausschuss der Geistesarbeiter, der vom Internationalen Arbeitsamt ins Leben gerufen worden war. Den deutschen Intellektuellen wurde in diesem

Ausschuss ein besonderer Vertreter zugesprochen, und Einstein sollte einen geeigneten Kandidaten benennen. Das war eine ziemlich heikle Angelegenheit: in Deutschland gab es nicht weniger als drei Organisationen der Geistesarbeiter, die es zu konsultieren galt, und daneben mussten auch noch die Wünsche der Reichsregierung berücksichtigt werden.

Einstein selbst war Ehrenmitglied des kleinsten der drei Verbände, der, sozialistisch orientiert, im Gegensatz zu den anderen als Gewerkschaft anzusprechen war. Diese Gruppe unterstützte ohne Zögern den von Einstein vorgeschlagenen Professor Wichard von Möllendorff, einen liberalen, international angesehenen Nationalökonomen. Aber die grösste der drei Organisationen, ein Sammelsurium von nahezu einer halben Million Mitglieder, stemmte sich dagegen und nominierte ihren greisen, aber ambitiösen und als äusserst reaktionär bekannten Vorsitzenden, Otto Everling. Die Situation wurde noch verwickelter, als der deutsche Arbeitsminister, ein Mitglied des katholischen Zentrums, einen braven, aber wenig distinguierten Professor seiner Partei als Kandidaten aufstellte.

Einstein führte, zum Teil vom Krankenbett aus, wochenlange Verhandlungen und Korrespondenzen mit Vertretern der Regierung, des Völkerbundes und der Organisationen. Zunächst schien es unmöglich, die mitunter sehr bitteren Meinungsverschiedenheiten beizulegen. Ein Kabinettswechsel änderte die Situation schliesslich: der katholische Arbeitsminister wurde von einem Sozialisten abgelöst, und Möllendorff wurde vom Internationalen Arbeitsamt als Mitglied des beratenden Ausschusses berufen. Als er nach drei Jahren zurücktrat, gelangte Everling infolge seines beharrlichen Manövrierens doch noch zum Ziel – eine grosse Enttäuschung für Einstein[4].

Der zehnte Jahrestag des Waffenstillstandes – der 11. Novemer 1928 – wurde von Einstein in der Zeitschrift *Die Menschenrechte*, dem Sprachrohr der Deutschen Liga für Menschenrechte, notiert[5]:

> Die politische Apathie der Menschen in ruhigen Zeiten bewirkt, dass man sie so leicht zur Schlachtbank führen kann. Weil sie heute zu faul sind, um durch ihre blosse Unterschrift ihren Willen zur Abrüstung zu bekunden, werden sie morgen bluten müssen.

Am 20. Dezember 1928 schickte er dem Berliner Korrespondenten der *Chicago Daily News*, Edgar Ansel Mowrer, seine Wünsche zum neuen Jahr:

> Ich wünsche,
>
> 1. Dass es in diesem Jahre zu weitgehenden internationalen Abmachungen komme bezüglich der weitgehendsten Abrüstungen zu Wasser und zu Lande.
> 2. Dass eine Lösung der internationalen Kriegsschulden gefunden werde, welche allen Staaten Europas zu existieren erlaubt, ohne ihre Habe successive ans Ausland verkaufen zu müssen.

3. Dass ein ehrlicher modus vivendi gegenüber der Sowjetrepublik gefunden werde, der dieses Land von dem äusseren Druck befreit, so dass seine innere Entwicklung sich ungestört vollziehen kann.

Einstein gehörte zu den Förderern einer "internationalen Konferenz über die modernen Kriegsmethoden und den Schutz der Zivilbevölkerung", die vom 4. bis 6. Januar 1929 in Frankfurt am Main tagte. Einberuferin war die Internationale Frauenliga für Frieden und Freiheit. Vor den dreihundert Teilnehmern sprachen Vertreter von Deutschland, Schweden, Polen, der Schweiz, England, Frankreich und der Tschechoslowakei. Einstein lieferte das Leitmotto:

Für mich ist jede Tötung von Menschen gemeiner Mord, auch wenn es der Staat im Grossen tut.

Einsteins Freund Paul Langevin, Professor der Physik am Collège de France in Paris, entwarf eine Erklärung, die zusammen mit dem Konferenzprotokoll veröffentlicht und von vielen Wissenschaftlern, darunter auch Einstein, unterzeichnet wurde[6]:

Tag für Tag erhöhen die Fortschritte der Wissenschaft und Technik die Macht der Menschen, sich gegenseitig Schaden zuzufügen. Ein automatischer Prozess, der sich offenbar jeder Teilkontrolle entzieht, hat dahin geführt, dass die Wissenschaft von ihren Anfängen an zur Vervollkommnung der Technik des Tötens missbraucht worden ist. Der grosse Krieg hat neue Methoden der Massenvernichtung gebracht. Sollte ein neuer Krieg kommen, würden verfeinerte chemische und bakteriologische Waffen unvorstellbare Greuel hervorrufen. Diese Gefahr für die Zivilisation und das ganze Menschengeschlecht dürfte Zweifel an dem moralischen Wert des wissenschaftlichen Fortschritts selbst in jenen wachrufen, die über die Möglichkeit eines weiteren "altmodischen" Kriegs nicht entsetzt sind.

Die Unterzeichneten betrachten es als ihre dringliche Pflicht, auf die fürchterliche Gefahr hinzuweisen, die der ganzen Menschheit, und besonders den zivilisatorisch fortgeschritteneren Ländern, infolge der Vorbereitungen zu einem technologischen Kriege droht.

Da der Fortschritt der Wissenschaft unaufhaltbar ist, besteht die einzige Alternative in der Ausrottung der Kriege. Es ist unmöglich, die Übersetzung von Ideen in die Wirklichkeit aufzuhalten, einen Prozess, den unser tiefstes Lebensgefühl uns zunehmend diktiert. Menschen, die sich ganz der wissenschaftlichen Forschung gewidmet haben, sehen aber betrübt, wie die Ergebnisse ihrer Arbeit in den Dienst der Gewaltpolitik gestellt werden. Gerade darum müssen sie die Führerrolle im Kampf gegen die von ihnen wider ihren eigenen Willen geschaffene Gefahr übernehmen.

Die Erfahrung zeigt die Willkürlichkeit und Wirkungslosigkeit aller internationalen Abmachungen, die die Anwendung wissenschaftlicher Entdeckungen zu beschränken suchen. Sie fassen das Übel nicht an der Wurzel an. Keine Nation wird sich davon abhalten lassen, alle ihr zur Verfügung stehenden Mittel der Natur und der Wissenschaft anzuwenden.

Die einzige wirksame Aktion besteht darin, für die Ausrottung des Krieges zu kämpfen. Man muss die widersinnige Idee brandmarken, Rüstungen könnten die Sicherheit garantieren. Mit grösster Entschiedenheit müssen wir unsere Überzeugung vertreten, dass es um Leben und Tod der menschlichen Rasse geht und darum die Schaffung eines Völkerrechts beschleunigt werden muss. Auf organisatorischem und propagandistischem Wege muss die öffentliche Meinung davon überzeugt werden, dass Friede und Recht von der gemeinsamen Entschlossenheit der Völker abhängen. Die Regierungen müssen unablässig gedrängt werden, durch Abmachungen den dazu nötigen Apparat zu schaffen.

Aus diesen Gründen und mit dem Blick auf diese Ziele erklären die Unterzeichneten es als ihre wichtigste Pflicht, aus Prinzip gegen alle Kriege zu protestieren. Wir protestieren dagegen, dass die feinsten Ergebnisse wissenschaftlicher Forschung in den Dienst des Krieges gestellt werden. Und wir protestieren gegen all jene Vorurteile und Sonderinteressen, die die barbarische Tradition der gewaltsamen Entscheidung internationaler Konflikte stützen.

Die konziseste und schärfste Erklärung zugunsten der Kriegsdienstverweigerung gab Einstein am 23. Februar 1929 ab. Es war die Antwort auf eine Rundfrage der tschechoslowakischen Zeitschrift *Die Wahrheit:* "Was würden Sie tun, wenn ein neuer Krieg ausbräche?"[7]:

Ich würde direkten oder unmittelbaren Kriegsdienst unbedingt verweigern und versuchen, meine Freunde zu derselben Haltung zu veranlassen, und zwar unabhängig von der Beurteilung der Kriegsursachen.

Diese Erklärung erschien offenbar der tschechoslowakischen Zensur als gefährlich radikal.

"Die Publikation" – schrieb Einstein später einem holländischen Korrespondenten – "wurde in Prag vom Zensor verboten und ist trotzdem in die Presse anderer Länder gelangt . . . Ich halte meine damaligen Worte voll aufrecht und bin der Meinung, dass alle, die es mit unserer Kultur ernst meinen, eine solche revolutionäre Haltung einnehmen müssten."

Diese Worte Einsteins machten ihn für Jahre hinaus in allen Teilen der Welt zum Helden des militanten Pazifismus. Trotz seiner politischen Aktivitäten verfolgte er in all diesen Jahren sein wissenschaftliches Werk mit unverminderter Energie. Im Februar 1929 wurde die erste Fassung der allgemeinen Feldtheorie[8] Einsteins bekanntgegeben, die die Phänomene der Elektrizität und des Magnetismus in einer einzigen Reihe von Gleichungen kombinierte (die mehrfache Neuformulierung und feinere Präzisierung der Theorie beschäftigte ihn bis zu seinem Tode ein Vierteljahrhundert später).

Kurz nach Veröffentlichung der Feldtheorie feierte er seinen 50. Geburtstag, am 14. März 1929. Aus allen Teilen der Welt kamen Grüsse und Geschenke. In New York veranstaltete das Einstein-Jubiläumskomitee Versammlungen, um Gelder für den Jüdischen Nationalfonds – für Palästina – zu beschaffen. In einer Botschaft an das Komitee sagte Einstein:

... Nicht auf Personen kommt es an, sondern auf Werke im Dienste der Gemeinschaft.

In einem offenbar nicht benützten Entwurf zu dieser Botschaft, der sich in seinem Nachlass fand, heisst es:

Ihr feiert eine Legende, die meinen Namen trägt. Das beweist aber, dass in unserer Zeit neben dem verhängnisvollen Streben nach Macht und Luxus auch der Sinn für ewige Ziele des Menschengeistes lebendig sind. Darüber freue ich mich.

Einsteins nachgelassene Papiere zeigen nicht nur, dass eine grosse Zahl von Menschen aus den verschiedensten Kreisen mit den verschiedensten Anliegen an ihn herantrat, sondern auch, dass er tatkräftig – aber nicht blindlings, wie man ihm später vorwarf – half, wo er nur helfen konnte. Wenige Beispiele mögen, die Spannweite seiner Interessen illustrierend, gleichzeitig beweisen, dass er drei Hauptziele nie aus dem Auge verlor: den Frieden, die Demokratie und die Frage eines nationalen, unabhängigen Heims für die Juden.

Im März 1929 übernahm er eine Stelle im Vorstand der neugeschaffenen Jüdischen Friedensliga.

Im April sandte er dem britischen pazifistischen Blatt *No More War* die folgende kurze Botschaft:

Die Völker müssen *selbst* die Initiative aufbringen, zu verhindern, dass sie aufs neue zur Schlachtbank geführt werden. Von ihren Regierungen Schutz zu erwarten ist Torheit.

Zur selben Zeit, am 15. April 1929, protestierte er zusammen mit anderen prominenten Deutschen dagegen, dass die deutsche Reichsregierung dem aus der

Sowjetunion ausgestossenen Leo Trotzki das Asylrecht in Deutschland verweigert hatte[9].

Am 30. Juni 1929 schrieb er den "Freunden der Sowjetunion" in Berlin:

Trotzdem ich die Treibereien gegen die Sowjetunion sowie den Militarismus in unseren Ländern aufs schärfste missbillige, kann ich Ihren Aufruf nicht unterzeichnen, da er ausserdem eine politische Stellungnahme involviert, die meiner Überzeugung nicht entspricht[10].

Am 6. September 1929 legte er den Ehrenvorsitz in der "Liga gegen Imperialismus und für nationale Unabhängigkeit" nieder, da die Organisation das jüdische Siedlungswerk in Palästina angegriffen hatte.

Um diese Zeit wurde die Frage der angeblich 1914 von der deutschen Armee in Belgien begangenen Kriegsgreuel erneut akut. Einstein hatte sich früher um die objektive Klärung der Anschuldigungen sehr bemüht (siehe S. 51ff.). Inzwischen hatte ein vom deutschen Reichstag eingesetzter Untersuchungsausschuss im Jahre 1927 ein fünfbändiges Weissbuch veröffentlicht, das einer Rehabilitierung der deutschen Armee gleichkam[11].

In einer Gegenschrift ("La Légende des Francs-Tireurs de Louvain") bestritt Professor Fernand Mayence von der Universität Löwen die deutsche Behauptung, die kriegsgerichtliche Exekution belgischer Zivilisten (im August 1914) sei nur erfolgt, weil man sie als Heckenschützen ertappt habe. Nachdem er die Schrift gelesen hatte, richtete Einstein an Mayence am 29. Oktober 1928 einen spontanen Brief, den er zur Veröffentlichung freigab:

... Ich finde es sehr verdienstlich von Ihnen, dass Sie sich im Interesse der Gerechtigkeit und der Versöhnung bemüht haben, über jene beklagenswerten Vorgänge Klarheit zu schaffen und zu verbreiten bei denen, die guten Willens sind und bisher vielfach irregeführt worden sind. Ich glaube mit Ihnen, dass der begreiflicherweise angehäufte Groll nur durch Erforschung und vollständige Anerkennung der Wahrheit gebannt werden kann. Dass Ihre Arbeit zur Erreichung des hohen Zieles wirksam beitrage, hoffe ich von ganzem Herzen.

Einsteins Schreiben an Mayence hatte ein gemischtes Echo. Einerseits sandte der Sekretär des früheren Untersuchungsausschusses des Reichstags einen massvollen Protest an Einstein, der in einer folgenden persönlichen Aussprache mit ihm seinen Standpunkt nochmals klarstellte. Andererseits meldete sich ein Augenzeuge der Erschiessungen in Dinant, Belgien: Dom Norbert Nieuwland von der Abtei Maredsous. Er übermittelte Einstein weiteres Belastungsmaterial gegen das deutsche Heer und teilte mit, dass die Deutsche Reichspost die Beförderung der Broschüre von Mayence abgelehnt hatte. Gegen diese Massnahme hat Einstein offenbar dann bei den zuständigen Stellen Protest eingelegt.

Zuerst schien es, als ob durch Einsteins Kontakte die Frage endlich geklärt werden könnte. Er arrangierte eine Unterredung zwischen dem anerkannten

Völkerrechtler Walther Schücking, der damals am Institut für Völkerrecht der Universität Kiel lehrte, und Dom Norbert. Dieser Zusammenkunft (Mai 1929 in Paris) folgten ein Jahr später formellere Gespräche zwischen deutschen und belgischen Katholiken – ohne konkretes Resultat. Trotz der von deutschen Augenzeugen ausgestellten eidlichen Atteste waren die Belgier unwillens zuzugeben, dass irgendwelche ihrer Landsleute aus dem Hinterhalt geschossen hätten. So schrieb Einstein schliesslich am 31. März 1931 in einem kurzen Brief an den Sekretär des Reichstagskomitees[11]:

... Wenn nämlich auch eine endgültige Klärung sich nicht wird erzielen lassen, so wird doch die auf das Ziel der Aufklärung gerichtete gemeinsame Bemühung dazu beitragen, die Atmosphäre zu reinigen.

In einem Gespräch mit dem Chefredakteur der Zeitschrift *Christian Century* Juli 1929 äusserte Einstein tiefe Bewunderung für Gandhi. Und er präzisierte die Motive seiner eigenen pazifistischen Gesinnung[12]:

Mein Pazifismus ist instinktiver Natur – ein Gefühl, von dem ich besessen bin. Der Gedanke des Mordes an einem menschlichen Wesen erfüllt mich mit Abscheu. Meine Haltung ist nicht von intellektueller Theorie, sondern von einem tiefen Widerwillen gegenüber jeglicher Art von Grausamkeit und Hass motiviert*.

Der "Fall Jakubowski", der von der liberalen deutschen Presse und der Deutschen Liga für Menschenrechte aufgerollt wurde, beschäftigte auch Einstein. Josef Jakubowski, ein russischer Kriegsgefangener, der in Deutschland als landwirtschaftlicher Taglöhner geblieben war, wurde 1925 zum Tode verurteilt, weil er angeblich sein eigenes Kind ermordet hatte, um Alimentenzahlungen zu sparen. Nach seiner Hinrichtung erbrachte die Liga in langem, erbittertem Kampf den Nachweis, dass es sich um ein flagrantes Fehlurteil handelte; zu spät wurden die wahren Täter entdeckt und vor Gericht gebracht.

Um den Kampf gegen andere Justizirrtümer und ganz besonders gegen die Todesstrafe führen zu können, beschloss die Liga die Errichtung eines Jakubowski-Fonds[13]. Einstein stellte sich im Juli 1929 zusammen mit Heinrich Mann, Arnold Zweig und anderen bekannten Persönlichkeiten an die Spitze eines Komitees, dem die Werbung für den Fonds oblag.

Im gleichen Monat verstärkten sich Einsteins seit Jahren gehegte Bedenken über die Tätigkeit des Internationalen Instituts für Intellektuelle Zusammenarbeit (siehe S. 87). In einem vertraulichen Brief unterbreitete er dem damaligen Reichsaussenminister Gustav Stresemann am 11. Juli 1929 einen Vorschlag (der von der Regierung nicht befolgt wurde):

... Es ergibt sich doch aus der finanziellen Nichtbeteiligung Deutschlands und Englands ganz naturgemäss ein Überwiegen französischen Einflusses, welches eine gedeihliche Auswirkung des Institutes und weiterhin der Kommission vom Standpunkt der internationalen Solidarität durchaus nicht fördert.

Ich bin überzeugt, dass Deutschland, wenn es einen Jahresbeitrag von der Grössenordnung 40,000 Mark aufzuwenden sich entschliessen würde, es sofort erreichen könnte, dass ein Deutscher als Subdirektor des Institutes eingestellt würde, der auf die Führung des Institutes einen grossen Einfluss ausüben könnte, wenn für diesen Posten eine Persönlichkeit gefunden werden könnte, die durch ihre Tüchtigkeit und ihr Interesse am Fortschritt des Verständigungswerkes Vertrauen und Einfluss gewänne. . . . es würde kaum ausbleiben können, dass England dem Beispiel Deutschlands folgen würde.

Trotz seines Interesses an der Schaffung übernationaler Organe vermochte sich Einstein für die "République Supranationale", eine pazifistische Gruppe, die ihn bereits 1922 in ihrem Vorstand zu sehen wünschte, nicht zu erwärmen. Die Organisation propagierte die Schaffung eines neuen Minderheitengesetzes, wonach der Bürger irgendeines Landes sein Bürgerrecht aufgeben könnte, ohne dadurch das Arbeits- und Wohnrecht in dem betreffenden Land zu verlieren. Als die Organisation sieben Jahre später ihre Einladung an Einstein erneuerte, schrieb er am 19. August 1929:

Der von der "République Supranationale" eingeschlagene Weg scheint mir nicht der richtige zu sein. Der Staat ist doch nicht nur zum Kriegführen da, sondern bedeutet eine lokale Organisation zur Lösung höchst wichtiger ökonomischer und kultureller Aufgaben. Wenn es also wirklich möglich wäre, die Mehrzahl der Bewohner eines Gebietes von dem Staate loszutrennen, so würde dies entweder eine Vernichtung hoher organisatorischer Werte oder aber eine völlige Entrechtung der Majorität bedeuten. Es kommt mir ungefähr so vor, wie wenn man gegen die erblichen Krankheiten das Mittel der allgemeinen Kastration empfehlen wollte.

Der französische Mathematiker Jacques S. Hadamard, Einsteins Freund und ebenfalls ein überzeugter Pazifist, argumentierte scharf gegen die Idee der totalen Dienstverweigerung, die Einstein in seiner Erklärung für die tschechoslowakische Zeitschrift *Die Wahrheit* befürwortet hatte. In seinem Brief vom 16. September 1929 suchte Hadamard an Hand von historischen Beispielen nachzuweisen, dass Länder, die es ablehnten, sich gegen Angreifer zu verteidigen, dadurch nicht zur Verhütung von Angriffen beitrügen. Auch betonte er, dass sich angriffsbereite Länder weder durch die Opposition im eigenen Land noch durch die öffentliche Meinung der Welt abschrecken liessen. Und wie stehe es mit dem Völkerbund? Solle er ebenfalls von der Anwendung von Gewalt abgehalten werden? Hadamard meinte, das Genfer Protokoll von 1924, das den Begriff

Aggression definiert, sei ein bedeutender Schritt auf dem Weg zum Frieden. Er zögere, Einstein in einer so wichtigen Frage entgegenzutreten, und habe deshalb die Veröffentlichung eines Artikels aufgeschoben, um eine Möglichkeit zur Klärung ihrer Meinungsverschiedenheiten nicht zu vereiteln.

Die Antwort Einsteins an Hadamard vom 24. September 1929 wurde von ihm selbst nach der Machtergreifung der Nazis und der dadurch erzwungenen Modifizierung seiner eigenen pazifistischen Haltung oft erwähnt:

Ich habe mich ausserordentlich über Ihren Brief gefreut, erstens weil er von *Ihnen* kam, zweitens aber, weil ich aus demselben den hohen Ernst sehe, mit dem Sie sich mit diesem für unser Europa so ernsten Problem auseinandersetzen. Ich antworte Ihnen zögernd, weil ich sehr gut weiss, dass in derartigen menschlichen Dingen mein Gefühl stärker ist als mein Verstand. Aber ich will doch wagen, meinen Standpunkt auch zu begründen. Zuerst eine Einschränkung. Ich würde einem Stamm in Afrika nicht ohne Einschränkung in analoger Weise zu predigen wagen, denn dort würde der Patient längst tot sein, bevor die Kur nützen könnte. Die Situation in Europa ist aber – trotz Mussolini – eine andere.

Meine erste These ist die: In einem systematisch für den Krieg moralisch und materiell vorbereiteten Europa wird der gewaltlose Völkerbund in der Stunde der nationalen Psychose auch moralisch machtlos sein. Jeder Bürger wird sein Land für das angegriffene erklären und zwar bona fide. . . . Man kann nicht eine Nation für den Krieg systematisch erziehen und ihr gleichzeitig einimpfen, dass der Krieg ein abscheuliches Verbrechen ist.

Zweitens gebe ich zu, dass der sich nicht Verteidigende zunächst ein schweres Opfer auf sich nimmt, aber ein Opfer im Dienst der weiteren Gemeinschaft und der höheren Entwicklung. Aber: ohne Opfer ist kein wirklicher Fortschritt zu erzielen.

Drittens: Diese Opfer sind zwar gross, aber tragbar. Wenn Deutschland nach dem, was es vier Jahre lang getan hat, im Zustande völliger Wehrlosigkeit nicht schlimmer gefahren ist, als es tatsächlich der Fall war, so mag es einem europäischen Lande, welches den Krieg von Anfang an nicht auf sich nimmt, erst recht nicht so schlimm ergehen.

Viertens: Solange der Krieg systematisch vorbereitet wird, werden Angst, Misstrauen und der Ehrgeiz und Egoismus einzelner immer wieder zu Kriegen Veranlassung geben.

Fünftens: Man kann nicht darauf warten, bis die leitenden Schichten der Staaten auf die Souveränität ihrer Staaten freiwillig verzichten: die Machtgier wird es verhindern.

Sechstens: Wenn absoluter Verzicht auf Beteiligung an kriegerischen und überhaupt militärischen Handlungen von solchen öffentlich vertreten wird, welche bei den Alltagsmenschen Autorität haben, so wird dem kriegerischen Geiste sehr wirksam entgegen gearbeitet.

Siebentes: Krieg führen heisst Unschuldige töten und sich selbst unschuldig töten lassen . . . Kann sich ein selbständiger und anständiger Mensch an einem solchen Geschäft beteiligen? Würden Sie einen Meineid begehen, wenn es Ihr Staat verlangt? Gewiss nicht, aber Unschuldige töten?

Offen gesagt ist für mich das letzte Argument das stärkste – wenigstens in seiner Wirkung auf mich selbst. Für mich geht Menschlichkeit eben über Vaterland, ja über alles.

Im Novemer 1929 führten die beiden Freunde in Paris ein langes Gespräch über das umstrittene Problem. Hadamard entwarf daraufhin eine Erklärung, die er Einstein vor der Publikation vorlegte. Ihr entscheidender Punkt war: das Ausmass der Missverständnisse habe sich etwas verringert. Einstein habe zugegeben, dass er möglicherweise seiner Zeit vorauseile, aber hinzugefügt, man müsse gewisse Dinge vorzeitig sagen, um der Zukunft den Weg zu bereiten. Andererseits habe Hadamard an seiner Überzeugung festgehalten, dass nur der Despotismus gefördert würde, wenn ein Land ohne das Abfeuern eines einzigen Schusses einen Sieg erringen könnte.

Nach der wiederholten Bitte Hadamards um Stellungnahme zu seinem Entwurf schrieb Einstein am 9. August 1930:

Ich hatte natürlich Ihre Antwort seinerzeit gelesen und war mit der Publikation einverstanden. Meine Ansicht aber habe ich nicht geändert. Wenn überhaupt in solchen Fällen ein Staat als "schuldig" erklärt werden kann, so sind es jedenfalls nicht diejenigen, deren Haut zu Markte getragen wird. Ich bin ferner nach wie vor überzeugt, dass nur eine prinzipielle Abkehr von der Methode des Krieges helfen kann. Wenn die wegen ihrer Leistungen als Führer Angesehenen ihre bedingungslose Kriegsgegnerschaft öffentlich bekennen würden, würde diese Einstellung rasch unter den Übrigen sich verbreiten. Ich glaube, dass unter unseren Verhältnissen für dieses Ziel das in Kauf zu nehmende Risiko *nicht* zu gross wäre.

Aus einer deutschen Kleinstadt schrieb ein Geschäftsmann und früherer Kriegsteilnehmer an Einstein, er sei ob des wachsenden nationalistischen Trends innerhalb der europäischen Kriegsteilnehmerverbände beunruhigt. Liesse sich dieser Entwicklung nicht durch eine Zusammenkunft der Veteranengruppen verschiedener Länder auf den Schlachtfeldern entgegenwirken? Der Korrespondent hatte damit einen Vorschlag übernommen, den der Engländer Ralph

H. Mottram fünf Jahre vorher in seinem eloquenten Antikriegsbuch "The Spanish Farm" gemacht hatte[14]. Einstein erwiderte am 28. November 1929:

Ich finde Ihre Idee wunderbar und glaube auch an deren Realisierungsmöglichkeit ... Ich will versuchen, auf indirektem Wege Verbindung herzustellen, die der Ausführung Ihres Gedankens dienen kann. Sie werden wieder von mir hören. Ausserdem ersuche ich Sie, über mich zu verfügen.

Ein weiterer Brief des deutschen Korrespondenten veranlasste Einstein am Neujahrstag 1930 zu folgender Antwort:

Ich halte es für richtig, dass Sie an [H. G.]Wells geschrieben haben, indem Sie meine und Coudenhove[-Kalergi]'s (siehe S. 102) Zustimmung geltend gemacht haben. Die Sache in die Hände eines Generals zu legen, halte ich nicht für vorteilhaft ... Beste Wünsche für das Gelingen Ihres Unternehmens.

Am 16. Januar 1930 formulierte Einstein Antworten auf drei Fragen zum Abrüstungsproblem, die der Redakteur der Transocean News Agency in Berlin ihm vorgelegt hatte[15]. Einsteins Erklärungen erschienen in *The New York Times* vom 21. Januar 1930 in der auffälligen Form eines Sonderartikels:

Frage 1: Glauben Sie, dass irgendein Staat dadurch, dass er zu Lande oder zu Wasser abrüstet oder seine Rüstungen einschränkt, leichtsinnig handelt oder gar ein Existenz-Risiko auf sich nimmt?

Antwort: Dass das grosse Rüsten aller Staaten deren Gesamtheit ungemein schädlich ist, ist eine allgemein anerkannte Wahrheit. Ich behaupte aber darüber hinaus, dass bei den heutigen Verhältnissen das Abrüsten eines Staates unabhängig von dem Verhalten der übrigen für ihn kein wirkliches Risiko bedeutet. Wenn dies nämlich nicht zuträfe, müsste die Situation der gar nicht oder nicht in erheblichem Masse gerüsteten Staaten äusserst schwierig, gefährlich und unvorteilhaft sein, was den Tatsachen widerspricht. Ich bin überzeugt, dass der Hinweis auf das Rüsten der andern nur ein Werkzeug in der Hand derjenigen ist, welche an der Produktion der Rüstungsmittel oder an dem Bestehen und der Entwicklung des Militärs ein wirtschaftliches oder politisches, egoistisches Interesse haben.

Frage 2: Ob die Abrüstung, die von den an der Londoner Konferenz beteiligten Mächten angestrebt wird, für die Menschheit erzieherisch wirken kann?

Antwort: Ich bin der Überzeugung, dass die erzieherische Wirkung eines ersten wirklichen Erfolges in der Abrüstungsfrage eine durchschlagende wäre, da der zweite und dritte Schritt unvergleichlich leichter wäre als der erste. Denn der erste Schritt der Verständigung würde das Argument des Bedrohtseins des Vaterlandes bedeutend abschwächen, mit welchem die Parlamentarier aller Staaten bisher eingeschüchtert zu werden pflegten.

Frage 3: Glauben Sie, dass die Rüstungen einen wirtschaftlichen Vorteil für die rüstenden Völker mit sich bringen und dass infolgedessen ein Staat, der Rüstungen einschränkt, damit seine Wirtschaft schädigen könnte?

Antwort: Rüstung kann nie dem Staate als Wirtschaftseinheit von Vorteil sein. Sie bedeutet immer die unproduktive Verwendung von Material und Menschen und ausserdem durch die temporäre Einberufung von Männern im besten Alter eine Beeinträchtigung des produktiven Teiles der Wirtschaft, ganz abgesehen von den moralischen Schädigungen, welche die Beschäftigung mit dem Kriegshandwerk und die moralische Vorbereitung eines Volkes auf dieses mit sich bringt.

Der Physiker Leo Szilard, der in Berlin (wie auch später in Amerika bei den vorbereitenden Schritten zur Produktion der Atombombe) mit Einstein zusammenwirkte, hatte einen internationalen Friedensplan ausgearbeitet. Er erstrebte eine internationale Organisation von Intellektuellen, ganz besonders Wissenschaftlern, die bereit waren, über die Grenzen hinweg die Sache des Friedens und der Abrüstung mittels einer internationalen Regierung zu fördern. Der Plan wurde im Frühjahr 1930 dem britischen Publizisten H. Noel Brailsford vorgelegt, der sich über die Sache nicht schlüssig werden konnte und bei Einstein anfragte, wie er dazu stehe. Einstein erwiderte am 24. April 1930:

... Szilard hat einen Kreis von vortrefflichen jungen Menschen (meist Physiker), die mit ihm sympathisieren. Eine Organisation irgendwelcher Art besteht noch nicht ... Vor allem habe ich die Ansicht, dass Szilard ein feiner, kluger Mensch ist, der sonst nicht zu Illusionen neigt. Vielleicht ist er wie viele derartige Naturen geneigt, die Rolle der Ratio im menschlichen Leben zu überschätzen ...

Die Zukunftsaussicht der von Szilard vertretenen Idee steht keineswegs klar vor mir. Vor allem sehe ich nicht eine starke bindende Kraft, die einer so ausgewählten Masse einheitliche Wirksamkeit verleihen könnte. Andererseits scheint es, dass man nicht diesen für die Menschheit wichtigsten Dingen müssig gegenüber stehen sollte, um seinen Kohlgarten zu pflanzen und zuzusehen, wie die Machtgierigen und Besessenen das Gesicht dieses Planeten immer grässlicher verunstalten.

Die Aufforderung, an einem "Weltkongress für Weltfrieden durch Religion" teilzunehmen, lehnte er am 23. Mai 1930 ab; er benützte die Gelegenheit jedoch zu einem drastischen Kommentar[16]:

Leider ist es mir unmöglich, an dem Kongress teilzunehmen, so sehr mir die Erfassung der religiösen Organisationen für die Ziele der Friedensbestrebungen am Herzen liegt ... Wenn ich die mir zugedachte Rede gehalten hätte, so hätte ich gesagt, dass die Priester im Laufe der Geschichte unendlich viel Streit und Krieg über die Menschheit gebracht und deshalb eine grosse Schuld abzutragen hätten. Sie haben sich den organisierten Mächten des Hasses nur selten gegenüber gestellt, sind meist ihre Knechte gewesen. Ich würde sie nicht bitten, sondern auf den Weg ihrer Menschenpflicht hinweisen ...

Auf die Bitte um einen Beitrag für das Blatt des britischen No More War Movement *(The New World)* schrieb Einstein Mai 1930:

Sie fragen mich nach der Beziehung von Wissenschaft und Krieg. Wissenschaft ist ein mächtiges Werkzeug. Wie es gebraucht wird, ob zum Heile oder zum Fluche des Menschen, hängt von dem Menschen ab, nicht von dem Werkzeug. Mit einem Messer kann man töten oder dem Leben dienen.

Wir dürfen also die Rettung nicht von der Wissenschaft, sondern nur vom Menschen erwarten. Solange dieser für das Verbrechen gegen Menschen systematisch erzogen wird, wird die so erzeugte Mentalität immer wieder Katastrophen herbeiführen. Nur die Verweigerung jeglicher im Dienste des Krieges und dessen Vorbereitung stehender Handlung kann helfen.

Einige Monate später äusserte er sich nochmals zum gleichen Thema[17]:

Die Beschäftigung mit der Wissenschaft wirkt veredelnd auf Alle, die sich forschend oder auch nur lernend mit ihr beschäftigen. Sie vermag ferner durch ihre technischen Anwendungen die Menschen von abstumpfender Muskelarbeit zu befreien. Sie ist es, welche die Abschaffung der Sklaverei im eigentlichen Sinn erst möglich macht.

Die Befreiung von der Geissel des Krieges vermag die Wissenschaft allein nicht zu bringen. Sie ist einem mächtigen Werkzeug vergleichbar, das ebensogut das Leben fördern wie vernichten helfen kann.

Vor den Schrecken des Krieges kann uns nichts retten als der feste Wille, ihn abzuschaffen und sich unter keinen Umständen dazu herzugeben, dass ihre Kräfte im Dienste dieser schlechten Sache missbraucht werden. Hier gilt Luthers Wort:

"Es gibt kein Mittel, dass Ihr nicht müsset vernünftig sein."

Nach der Ratifizierung des Briand-Kellogg-Pakts, der den Krieg als Werkzeug der Politik für ungesetzlich erklärte, veröffentlichte die Internationale Frauenliga für Frieden und Freiheit am 30. Mai 1930 ein Abrüstungsmanifest. Neben Bertrand Russell, Stefan Zweig, Thomas Mann, Jane Addams und Iwan Pawlow gehörte Einstein zu den ersten Unterzeichnern. Hier folgt der Text des Dokumentes[18]:

Die Feststellungen von Gelehrten und Technikern der Welt haben den Beweis erbracht:
dass die wissenschaftlichen Kriegsmethoden die nationale Verteidigung und den Schutz der Zivilbevölkerung illusorisch gemacht haben und
dass ein neuer Krieg die gleichzeitige Ausrottung eines grossen Teils der Zivilbevölkerung durch Feuer, Gift und Bakterien bedeuten würde.

GANZE VÖLKER SIND IN GEFAHR!

Wissen Sie, was ein neuer Krieg mit den Zerstörungsmitteln, die die Wissenschaft täglich vervollkommnet, bedeuten würde?
Wissen Sie, dass künftig der Krieg für niemanden mehr Gewinn bringt, weil nicht nur die Waffen-, Munitions- und die Lebensmitteldepôts, sondern auch alle wichtigen industriellen Zentren, die Zielscheibe der Angriffe sein würden? Dadurch würde der vollständige Ruin der Industrie herbeigeführt werden.
Wissen Sie, dass Bombengeschwader gleichzeitig Städte wie London, Paris, Berlin zerstören können?
Wissen Sie, dass die Giftgase nicht nur den menschlichen Organismus plötzlich oder nach unsäglichen Leiden zerstören, sondern auch in die Tiefe des Bodens eindringen und Erde und Wasser auf lange Zeit vergiften?
Wissen Sie, dass die Feuerbomben durch chemische Prozesse Temperaturen von 3000 Grad C erzeugen können und damit Vernichtung alles Lebenden bedeuten, das bis dahin der Wirkung der Giftgase entgangen ist?

Trotz der offiziellen Friedensversicherung ist die Kriegsgefahr auf der ganzen Welt nie ernster und vielgestaltiger gewesen als jetzt.

Werden die Völker es zulassen, dass die Regierungen solche Vernichtungskriege vorbereiten?

Völker vereinigt Euch und beweist Euern Friedenswillen durch die Forderung der

ALLGEMEINEN ABRÜSTUNG!

DER KRIEG IST GEÄCHTET,
DESHALB FORDERN WIR DIE ÄCHTUNG DER KRIEGSMITTEL.

Die unterzeichneten Männer und Frauen in und ausserhalb der Parteien sind überzeugt:
Dass die jetzige Rüstungspolitik den Völkern keine Sicherheit gewährt und alle Staaten zugleich dem wirtschaftlichen Ruin entgegenführt,
Dass diese Politik einen neuen Krieg unvermeidlich macht,
Dass in Zukunft jeder Krieg ein Vernichtungskrieg sein wird,
Dass die Friedenserklärungen der Regierungen wertlos bleiben, solange die gleichen Regierungen die Abrüstung immer wieder hinausschieben, die doch die selbstverständliche Folge der Kriegsächtung sein sollte.

Sie fordern daher:

DIE ALLGEMEINE UND TOTALE ABRÜSTUNG

und ersuchen ihre Regierungen aufs dringendste, ihren Delegierten zu der nächsten Abrüstungskonferenz formelle Weisungen zu geben, alle schon gemachten oder neu einlaufenden Abrüstungsvorschläge, welchen Ursprungs sie auch sein mögen, auf ihre praktische Ausführbarkeit zu prüfen und die Massnahmen zu treffen, die die rasche Verwirklichung der Weltabrüstung sichern.

Der Fall Rosika Schwimmers veranlasste Einstein zu einer besonders eindrucksvollen Erklärung seiner Position. Der in Ungarn gebürtigen Frau war die amerikanische Staatsbürgerschaft verweigert worden, da sie das übliche Gelöbnis, im Falle eines Krieges Waffen zu tragen, abgelehnt hatte. Am 3. Juli 1930 schrieb Einstein an die Internationale Frauenliga für Friede und Freiheit[19]:

Ich finde, dass Frau Schwimmers Verhalten von hohem Wert ist und dass diese Persönlichkeit den Beistand aller wirklich human Denkenden verdient. Die Regierungen sind die Repräsentanten der noch in überlebten Traditionen der Militärpflicht befangenen Völker. Ohne Kampf der geistig Fortgeschrittenen gegen die von zu überwindenden Mächten abhängigen öffentlichen Gewalten ist der so bitter nötige Schritt zur Pazifizierung der Welt nicht zu erreichen.

Diejenigen, welche sich von der Notwendigkeit dieses Schrittes überzeugt haben, sind also verpflichtet, vor der Öffentlichkeit für diese Überzeugung einzustehen, wobei sie den Konflikt mit der öffentlichen Macht auf sich nehmen müssen. Nur wenn hinreichend viele und einflussreiche Persönlichkeiten die moralische Kraft zu diesem Verhalten aufbringen, kann ein Erfolg erzielt werden.

Solches Verhalten ist revolutionär. Aber eine Sprengung unerträglich gewordener, in Gesetzen erstarrter Knechtung der Individuen ist nie anders erreicht worden als durch revolutionäre Akte. Dieser Weg ist auch hier unvermeidlich. Frau Schwimmer gebührt das Verdienst, dies erkannt und mutvoll nach dieser Erkenntnis gehandelt zu haben.

Einige Zeit vorher hatte Paul Painlevé, der Präsident des Aufsichtsrats des Internationalen Instituts für Intellektuelle Zusammenarbeit in Paris, ernste Bedenken gegen die radikalen Vorschläge des Deutschen Komitees für Intellektuelle Zusammenarbeit, dem Einstein angehörte, erhoben. Einstein antwortete am 9. April 1930:

Ich bin sehr froh darüber, dass Sie mich durch Ihren Brief veranlassen, meine Meinung über die Vorschläge der deutschen nationalen Commission zu sagen, welche zu meinem grossen Bedauern und mit der nachdrücklichen Missbilligung des Auswärtigen Amtes im Schosse der nationalen Commission zum Beschluss erhoben wurden, und zwar in einer Sitzung, in welcher lediglich etwa ein halbes Dutzend Vorstandsmitglieder anwesend waren. Die Redaktion des Vorschlages stammt aus der Feder des Herrn Krüss [s.S. 105], und es wurde uns nichts über den Inhalt *vor* der Sitzung bekannt gegeben.

Über allen sachlichen Fragen muss zunächst der feste Wille stehen, die internationale Zusammenarbeit und das gegenseitige Vertrauen, auf dem alle erspriessliche Zusammenarbeit beruht, zu fördern. Die Initiative der deutschen nationalen Commission ist aber keineswegs geeignet, den Geist des gegenseitigen Vertrauens zu fördern. Wollte man auf die Gestaltung der künftigen Arbeit einwirken, so hätte man mit konfidentiellen Besprechungen mit den französischen Instanzen beginnen sollen, als selbstverständliche Anerkennung des Umstandes, dass die Lasten des Institutes bisher fast ausschliesslich auf den Schultern Frankreichs gelegen haben. Dies wäre umsomehr geboten gewesen als von deutscher Seite bisher an positiver Arbeit der C.I.C.I. noch nicht viel geleistet worden ist.

Was nun das Sachliche anlangt, so weiss ich mich mit Ihnen über gewisse kritische Bemerkungen einig, welche in dem Memorandum stehen. Aber andererseits muss nach meiner Überzeugung *unbedingt daran festgehalten werden, dass das Institut eine ungeteilte Einheit bleibt.* Wenn Teilinstitute in die verschiedenen Länder gelegt würden, wofür leider schon ein Präzedenzfall vorhanden ist, geht der Wert des Institutes für die Entwicklung des internationalen Geistes verloren. Der nationalen Eigenliebe und Eifersucht, dieser bösen Erbkrankheit der europäischen Historie, dürfen wir nicht Konzessionen machen, wenn die C.I.C.I. ihrer hohen Aufgabe treu bleiben will.

Eines aber muss ich bei dieser Gelegenheit noch sagen: ich habe es stets bedauert, dass das Institut ausschliesslich mit französischen Mitteln und in Paris errichtet wurde. Dies geschah zwar aus edeln Motiven, musste aber in einer politisch so bewegten Zeit starkes Misstrauen hervorrufen. Dies Misstrauen konnte selbst die in Bezug auf ihre internationale Objektivität wirklich mustergültige Amtsführung von Herrn Luchaire nicht völlig zerstreuen.

Es wäre nach meiner Überzeugung ein Akt von hohem Verdienste um die internationale Verständigung, wenn von französischer Seite der Vorschlag ausginge: Wir wollen das Institut als Ganzes nach Genf verlegen, und es sollen alle Staaten nach einem zu fixierenden Schlüssel zu dessen Finanzierung beitragen. Nach den grossen Opfern, die Frankreich gebracht hat, darf ein solcher Vorschlag nicht von unserer Seite kommen; käme er aber von Frankreich, so würde man diesen Akt der Selbstbeschränkung als verdienstvolle Tat im Dienste der Erstarkung des internationalen Gedankens überall dankbar begrüssen. Dies ist aber nur ein Wunsch auf lange Sicht. Gebot der Stunde erscheint mir in erster Linie die Erhaltung der Einheitlichkeit des Institutes.

Das Protokoll der letzten Tagung des Genfer Komitees für Intellektuelle Zusammenarbeit, an der Einstein teilnahm (23.–29. Juli 1930), lässt nur wenig von dem harten Kampf um die Reform der Institution durchblicken, der sich zweifellos in den Verhandlungen abspielte. Da Einstein sich von den Sitzungen des Exekutivausschusses absentieren musste, vertrat ihn der deutsche Ersatzdelegierte Krüss. Um dessen Wahl in den Ausschuss zu vermeiden, erklärte sich Marie Curie unter der Zustimmung Einsteins dazu bereit, seine Nachfolgerin in diesem Ausschuss zu werden.

In der Debatte über die Reorganisation des Pariser Instituts nahm Einstein denselben Standpunkt wie in seinem Brief an Painlevé ein. Offensichtlich wurden die Vorschläge des deutschen Nationalkomitees nicht in ihrer Gesamtheit angenommen.

Nur einmal sprach Einstein sehr ausführlich: in der Debatte über den Vorschlag Painlevés, das Komitee möge sich mit der Frage der Elementarerziehung beschäftigen – trotz der politischen Schwierigkeiten in dieser Frage, deren er sich sehr bewusst sei.

"Herr Einstein" – heisst es in dem Protokoll – "unterstützte nachdrücklich die von Herrn Painlevé und Frau Curie vertretenen Anschauungen"[20]. Das von dem Prüfungskomitee entworfene Programm erinnere ihn an ein in Flammen stehendes Haus, aus dem man zwar die Möbel zu retten versuche, ohne sich jedoch dabei auf die wertvollsten Stücke zu konzentrieren. Ganz einfach gesagt, handle es sich um die Frage, ob nicht die Erziehung in ihrer Gesamtheit als Mittel zur Förderung pazifistischer Ideen zu betrachten sei.

Er sei, so sagte Herr Einstein, davon überzeugt (und stütze sich hier auf zuverlässige Informationen), dass das Komitee beim Studium dieses Problems auf die Mitarbeit der verschiedenen Mitgliedsstaaten rechnen könne. Er glaube, das Komitee sollte in dieser Frage aktiv werden, ohne sich um mögliche spätere Hindernisse Sorgen zu machen. Auf alle Fälle dürfe man mit der Arbeit nicht aufhören, bevor man richtig begonnen habe. Hier handle es sich um das wichtigste zu erforschende Problem. Wäre man auf diesem Gebiet erfolgreich, so würde das eine Leistung ersten Ranges darstellen[21].

Was das "Problem verschiedener im gleichen Raum zusammenlebender ethnischer Gruppen" angehe, so zeige eine Prüfung der Lage der europäischen – und nicht nur der aussereuropäischen – Länder, dass der Unterschied im Kulturniveau der ethnischen Minderheiten insofern eines der schwerwiegendsten Probleme darstelle, als die Beziehungen der europäischen Staaten untereinander dadurch beeinträchtigt würden. Herr Einstein betrachtet es als Pflicht des Komitees, diese Frage allen europäischen Staaten eindringlich nahezulegen. Würde das Komitee alle seine anderen Aufgaben beiseiteschieben und sich ausschliesslich mit diesem Problem und demjenigen der Elementarerziehung befassen, so hätte es ein Programm beträchtlichen Umfangs vor sich*.

Obwohl er seine Anschauungen mindestens teilweise durchzusetzen vermochte, war Einstein von der Arbeit des Komitees sehr enttäuscht. An Albert Dufour-Feronce, einen Untersekretär des Völkerbunds und früheren Beamten des Deutschen Auswärtigen Amtes, schrieb er damals[22]:

... Mein Entschluss, nicht mehr nach Genf zu gehen, beruht darauf, dass mich die Erfahrung leider gelehrt hat, dass die Kommission im Mittel nicht den ernsten Willen verkörpert, in den Aufgaben der Gesundung der internationalen Beziehungen wesentliche Fortschritte zu erzielen. Ich sehe in ihr weit eher eine

Verkörperung des Grundsatzes "ut aliquid fieri videatur". Die Kommission erscheint mir in dieser Beziehung sogar schlimmer zu sein als der Völkerbund als Ganzes genommen.

Gerade weil ich nach Kräften für die Schaffung einer den Staaten übergeordneten, internationalen, schiedsrichterlichen und regulierenden Instanz wirken möchte und weil mir dies Ziel sehr am Herzen liegt, glaube ich, die Kommission verlassen zu müssen.

Die Kommission hat ihren Segen zur Unterdrückung der kulturellen Minderheiten in den einzelnen Staaten dadurch gegeben, dass sie in diesen je eine "nationale Kommission" ins Leben rief, welche die einzige Brücke zwischen den Intellektuellen des betreffenden Staates und der Kommission bilden sollte. Sie hat dadurch absichtlich auf die Funktion verzichtet, den nationalen Minderheiten eine moralische Stütze gegen die kulturelle Unterdrückung zu sein.

Die Kommission hat ferner gegenüber dem Problem der Bekämpfung der chauvinistischen und militaristischen Tendenzen des Unterrichtes in den einzelnen Ländern eine so laue Stellung vertreten, dass ernsthafte Bemühungen auf diesem fundamental wichtigen Gebiete von ihr nicht erhofft werden können.

Die Kommission hat es stets unterlassen, denjenigen Persönlichkeiten und Vereinigungen eine moralische Stütze zu sein, die es sich in radikaler Weise zur Aufgabe gemacht haben, für eine internationale Rechtsordnung und gegen das militärische System zu wirken. Die Kommission hat niemals einen Versuch gemacht, sich der Einverleibung solcher Mitglieder zu widersetzen, von denen sie wusste, dass sie Vertreter ganz anderer Tendenzen waren als derer, die zu vertreten ihre Pflicht wäre.

Ich will Sie nicht weiter mit Argumenten langweilen, da Sie nach diesen wenigen Andeutungen meinen Entschluss schon hinlänglich begreifen werden. Ich bin ja nicht zum Ankläger bestellt, sondern habe nur meine Haltung zu begründen. Wenn ich irgend eine Hoffnung hegte, handelte ich anders, dessen können Sie gewiss sein.

Offenbar wurde dieser Brief nicht als offizielle Rücktrittserklärung Einsteins betrachtet. Denn fast zwei Jahre später fand Einstein, nach der Rückkehr von einem neuen Besuch in Amerika, Einladungen zu Sitzungen des Komitees und des Instituts im Juli 1932 in Genf vor. Er erwiderte (am 20. April 1932), er habe seinen Amtstermin mit dem Jahr 1931 als beendet angesehen; jedenfalls glaube er dem Komitee nicht mehr nützen zu können.

Trotz aller Enttäuschung über die Arbeit des Völkerbunds machte er anlässlich des zehnjährigen Bestehens der Organisation 1930 die folgende Feststellung[23]:

Ich habe selten Anlass, über das, was der Völkerbund tut oder zu tun unterlässt, begeistert zu sein, aber ich bin doch immer dafür dankbar, dass es ihn gibt.

Viele Jahre später kam er im Gespräch mit einem Biographen auf das Komitee für Intellektuelle Zusammenarbeit zurück:

Trotz ihrer illustren Zusammensetzung war es das lahmste Unternehmen, an dem ich zeitlebens beteiligt war.

Im Oktober 1930 veröffentlichte er in *Form and Century* unter dem Titel "The World as I See It" ("Wie ich die Welt sehe") eine sehr bekannt gewordene Darstellung seiner Weltanschauung und umriss besonders scharf seine Einstellung zum Militarismus[24]:

... Bei diesem Gegenstand komme ich auf die schlimmste Ausgeburt des Herdenwesens zu reden: auf das mir verhasste Militär! Wenn einer mit Vergnügen in Reih und Glied zu einer Musik marschieren kann, dann verachte ich ihn schon; er hat sein grosses Gehirn nur aus Irrtum bekommen, da für ihn das Rückenmark schon völlig genügen würde. Diesen Schandfleck der Zivilisation sollte man so schnell als möglich zum Verschwinden bringen. Heldentum auf Kommando, sinnlose Gewalttat und die leidige Vaterländerei, wie glühend hasse ich sie, wie gemein und verächtlich erscheint mir der Krieg; ich möchte mich lieber in Stücke schlagen lassen, als mich an einem so elenden Tun beteiligen! Ich denke immerhin so gut von der Menschheit, dass ich glaube, dieser Spuk wäre schon längst verschwunden, wenn der gesunde Sinn der Völker nicht von geschäftlichen und politischen Interessenten durch Schule und Presse systematisch korrumpiert würde ...

Der Hindu-Dichter Rabindranath Tagore besuchte Einstein in Berlin; trotz der erheblichen linguistischen Schwierigkeiten, mit denen die beiden Männer zu kämpfen hatten, wurde ihre Unterhaltung weithin publiziert[25]. Romain Rolland fühlte sich dadurch angeregt, Einstein (am 30. September 1930) um einen Beitrag zu einem "Goldenen Buch" zu bitten, das zum 70. Geburtstag Tagores im Mai 1931 vorbereitet wurde. Einstein erwiderte am 10. Oktober 1930:

Ich bin sehr gern bereit, Ihren schönen Text zu unterzeichnen. Auch will ich gerne einen kleinen Beitrag dazu verfassen. Der mündliche Dialog mit Tagore ist durch Schwierigkeiten der Verständigung ganz verunglückt und hätte natürlich nicht veröffentlicht werden dürfen. Ich will in meinem Beitrag dem Gedanken Ausdruck geben, dass nach meiner Überzeugung die durch ihre geistigen

Leistungen anerkannten Persönlichkeiten die Pflicht hätten, die prinzipielle und unbedingte Kriegsdienstverweigerung moralisch zu unterstützen . . .

Zwei Tage später antwortete Rolland, Einsteins Beitrag sei ausserordentlich passend, doch müsse man den Menschen eigentlich klarmachen, dass Kriegsdienstverweigerung mit grossen Opfern, möglicherweise sogar einer Märtyrerrolle, verbunden sei. "In unserer brutalen Gesellschaft" – schrieb Rolland – "ist das Martyrium fast immer eine Durchgangsstation, durch die die Vernunft schreiten muss, wenn sie den Fortschritt will."

Um dieselbe Zeit (12. Oktober 1930) erschien ein von Einstein sicherlich mit grossem Enthusiasmus unterzeichnetes, obwohl nicht von ihm selbst entworfenes Manifest gegen die Kriegsdienstpflicht und die militärische Ausbildung der Jugend. Es ging vom Vereinigten Friedensrat (Joint Peace Council) aus, einer zwanglosen Verbindung zwischen den Quäkern, der Fellowship of Reconciliation, der Internationale der Kriegsdienstverweigerer, der Internationalen Frauenliga für Frieden und Freiheit und verschiedenen anderen pazifistischen Gruppen. Das Dokument war auch unterzeichnet von Rabindranath Tagore, Romain Rolland, Jane Addams, John Dewey, Upton Sinclair, Sigmund Freud, Auguste Forel, Thomas Mann, Stefan Zweig, Selma Lagerlöf, H. G. Wells und Bertrand Russell. Es hatte folgenden Wortlaut[26]:

Die Regierungen aller Länder haben endlich offiziell das Recht der Völker auf Frieden anerkannt und im Kellogg-Pakt den Krieg als Mittel nationaler Politik verworfen.

Dennoch wird der Krieg weiter vorbereitet. In krassem Gegensatz zu den Friedensbeteuerungen der Regierungen steht vor allem die Aufrechterhaltung, die Erweiterung der militärischen Ausbildung der Jugend.

Zwei Formen dieser militärischen Ausbildung machen sich geltend: in vielen Ländern besteht sie als gesetzliche Wehrpflicht; in anderen ist sie zwar dem Namen nach freiwillig, wird jedoch der Jugend durch moralischen und wirtschaftlichen Druck aufgenötigt. Ausserdem erachten es alle Regierungen als ihr Recht, von den männlichen und weiblichen Staatsbürgern Kriegsdienst zu verlangen.

Wir erklären, dass jeder, der aufrichtig den Frieden will, für die Abschaffung der Militarisierung der Jugend kämpfen und den Regierungen das Recht absprechen muss, den Staatsbürgern die Wehrpflicht aufzuerlegen.

Die Wehrpflicht liefert die Einzelpersönlichkeit dem Militarismus aus. Sie ist eine Form der Leibeigenschaft. Dass die Völker sie gewohnheitsmässig dulden, ist nur ein Beweis mehr für ihren abstumpfenden Einfluss.

Militärische Ausbildung ist Schulung von Körper und Geist in der

Kunst des Tötens. Militärische Ausbildung ist Erziehung zum Kriege. Sie ist die Verewigung des Kriegsgeistes. Sie verhindert die Entwicklung des Willens zum Frieden. Die ältere Generation begeht ein schweres Verbrechen an der Zukunft, wenn sie die Jugend in Schulen und Universitäten, in staatlicher und privaten Organisationen, oft unter dem Vorwand körperlicher Ertüchtigung, das Kriegshandwerk lehrt.

Die Friedensverträge haben den besiegten Völkern die Aufhebung der militärischen Ausbildung der Jugend und die Abschaffung der Wehrpflicht auferlegt. Mögen die Völker der ganzen Welt endlich durch eigene Initiative mit ihnen aufräumen.

Wenn die Regierungen die tiefe Empörung und Auflehnung gegen den Krieg nicht erkennen wollen, so müssen sie mit dem Widerstand aller derer rechnen, denen die Hingabe an die Menschheit und an die Stimme ihres Gewissens höchstes Gesetz ist. Völker der Welt, beschliesst:

FORT MIT DER MILITARISIERUNG!

FORT MIT DER WEHRPFLICHT!

ERZIEHT DIE JUGEND ZUR MENSCHLICHKEIT UND ZUM FRIEDEN!

Am 30. November 1930 trat Einstein die erste von drei in jährlichen Abständen aufeinanderfolgenden Reisen nach den Vereinigten Staaten zum Besuch des California Institute of Technology in Pasadena (Kalifornien) an. Obwohl er sogar an Bord des Schiffes mehr als je zuvor von der Presse belagert wurde, fand er doch auch willkommene Stunden der Entspannung. In knappen Tagebuchaufzeichnungen schilderte er seine fürstliche Kabine:

2. Dezember 1930 . . . Fühle mich unbehaglich als Hochstapler und indirekter Ausbeuter, der unnötige Arbeit beansprucht.

3. Dezember 1930 . . . Jeder Angestellte benimmt sich so vornehm und einfach dabei, dass man sich kurios vorkommt in seiner bäuerischen Art. Southampton brachte mir wieder den Eindruck von der Macht Englands bei. Alles geht still und sicher seinen Weg . . . In England sind sogar die Reporter zurückhaltend! Ehre wem Ehre gebührt. Einmaliges "Nein" genügt. Die Welt kann da noch viel lernen – nur ich will es nicht und kleide mich stets nachlässig, auch beim heiligen Sakrament des Dinners . . .

Als das Schiff sich der amerikanischen Küste näherte, vermerkte er:

10. Dezember 1930 ... Unzählige Telegramme, dass die Schiffs-Radioten nur so schwitzen. Der dicke gemütliche Holländer hat alles ins Englische übersetzt ...

Der "dicke, gemütliche Holländer" war der amerikanische Historiker und Künstler Hendrik Willem Van Loon, den Einstein an Bord kennen lernte. Seine Ankunft in New York am folgenden Tag schilderte er so:

... Ankunft in New York. War ärger als die phantastischste Erwartung. Scharen von Reportern kamen bei Long Island aufs Schiff ... Dazu ein Heer von Photographen, die sich wie ausgehungerte Wölfe auf mich stürzten. Die Reporter stellten ausgesucht blöde Fragen, die ich mit billigen Scherzen beantwortet, die mit Begeisterung aufgenommen wurden. Fast hätte ich die beiden Rundfunkgesellschaften vergessen; die eine bekam meine Botschaft ans amerikanische Volk, für die andere improvisierte ich einen hübschen Vergleich: ich war Jakob und wusste nicht, ob ich die richtige Frau (Radiogesellschaft) bekam. So kontentierte ich beide und ich verdiente dabei dank Elses [Frau Einsteins] schlauer Regie $ 1000 für die Wohltätigkeitskasse. Mittags war ich bereits tot ...

Noch vom Schiff aus, im Hafen von New York, gab er eine durch Funk verbreitete Erklärung ab[27]:

Wenn ich nach zehnjähriger Abwesenheit den Boden der Vereinigten Staaten wieder betrete, so beherrscht mich der Gedanke: dieses Land, durch seine friedliche Arbeit heute das einflussreichste der Erde, ist die unerschütterliche Stütze des demokratischen Gedankens. Hier ist jeder stolz und eifersüchtig auf seine bürgerlichen Rechte, und hier hat jeder nicht nur auf dem Papier, sondern in Wirklichkeit, ungehindert durch Vorrecht der Geburt, die Möglichkeit, seine Kräfte zum Heile der Gemeinschaft frei zu entwickeln.

Durch die Arbeit seiner Köpfe und Hände beweist Euer Land, dass Freiheit der Individuen jeglicher Gewaltherrschaft an Produktivität überlegen ist, wenn die Menschen von einem gesunden Stolz auf ihre Gemeinschaft und von ihrer Verpflichtung beseelt sind, für diese Gemeinschaft Opfer zu bringen. Auf dem Boden dieses amerikanischen Gemeinschaftsgefühls ruht auch Euer fester Glaube an die grössere internationale Gemeinschaft aller Völker und Kulturen, welcher Glaube in kulturfördernden Einrichtungen konkrete Form angenommen hat, deren segensreiche Tätigkeit sich auf alle Länder der Erde erstreckt.

In diesem Lande ruht die Kraft, das drohende Gespenst unserer Zeit, den Militarismus, zu überwinden. Eure politische und wirtschaftliche Position ist heute eine so mächtige, dass Ihr, wenn Ihr nur ernsthaft wollt, die Macht der kriegerischen Tradition brechen könnt, unter welcher das historisch belastete Europa und in geringerem Masse auch die übrige Welt leidet. Hier liegt eine welthistorische Mission, welche das Schicksal gegenwärtig in Eure Hände gegeben hat, durch deren Erfüllung Ihr Eurem Lande und Eurer Generation ein bleibendes Denkmal setzen könnt.

Von diesem Gedanken beseelt grüsse ich Euch und die amerikanische Erde in der freudigen Erwartung, alte Freundschaften zu erneuern und meinen Gesichtskreis zu erweitern durch das, was ich bei Euch sehe und lerne.

Die nächsten fünf Tage waren für Einstein hektisch: eine grosse Zahl von Reden, Pressekonferenzen, Verabredungen, Zeremonien, Rundfahrten, Ausflüge nach Landsitzen, Opern- und Konzertbesuche[28]. Er traf Philosophen, Verleger, Politiker, Wissenschaftler und jüdische Führer. Einstein warf auch einen Blick auf seinen steingemeisselten Kopf am Portal der Riverside Church in New York.

Die Gäste drängten sich zu einem Festakt der Stadt New York, bei dem Bürgermeister James J. Walker und der Präsident der Columbia-Universität, Nicholas Murray Butler, sprachen, und wobei Einstein die Schlüssel der Stadt entgegennahm. Einstein sprach zu einer Massenversammlung im Madison Square Garden anlässlich des jüdischen Hanukkah-Festes. Er drückte Arturo Toscanini, Fritz Kreisler und Rabindranath Tagore die Hand. Hindu-Besucher neigten vor ihm den Kopf zur Erde. Zionisten riefen: "Sie gehören uns!" Trotz aller Freude über den grossartigen Empfang war Einstein froh, die Nächte in seiner ruhigen Schiffskabine verbringen zu können, wo Wachtposten ihn vor Störungen bewahrten.

Ein Höhepunkt der Reise – wie der Laufbahn Einsteins als militanter Pazifist – war seine Rede im New Yorker Ritz-Carlton Hotel am 14. Dezember 1930 unter den Auspizien der New History Society. Da die ursprünglich vorgesehene Dolmetscherin ihrer Aufgabe nicht gewachsen war, sprang Mrs. Rosika Schwimmer (siehe S. 124) ein und übersetzte die improvisierte Ansprache Einsteins ins Englische[29]:

Wenn Menschen pazifistischer Gesinnung eine Versammlung halten, kommen sie gewöhnlich nur mit ihresgleichen zusammen. Sie gleichen einer Herde von Lämmern, auf die aussen die Wölfe lauern. Das ist, wie ich glaube, das Dilemma pazifistischer Redner: sie erreichen gewöhnlich nur das Ohr jener, die bereits in ihrem Lager stehen und nicht mehr überzeugt zu werden brauchen. Die Stimme des Lammes reicht nicht über die eigene Hürde hinaus und ist darum unwirksam. Hierin liegt die wirkliche Schwäche der Friedensbewegung.

Wahre Pazifisten, Menschen, die nicht in den Wolken leben, sondern realistisch zu denken vermögen, müssen unerschrocken bemüht sein, so zu handeln, dass ihre Sache praktisch gefördert wird. Sie wissen, dass das blosse Bekenntnis zu ihren Idealen nicht genügt. Wir brauchen Taten, nicht Worte. Worte allein helfen dem Pazifismus nicht. Sie müssen zu Taten anfeuern, zur Verwirklichung dessen, was im Augenblick verwirklicht werden kann.

Was soll unser nächster Schritt sein? Wir müssen von der Erkenntnis ausgehen, dass unter dem gegenwärtigen Militärsystem jeder Mensch gezwungen werden kann, im Namen seines Landes Morde zu begehen. Darum muss es das Ziel aller Pazifisten sein, andere Menschen von der Immoralität des Krieges zu überzeugen und die Welt von der schändlichen Sklaverei des Militärdienstes zu befreien. Zur Verwirklichung dieses Ziels möchte ich zwei Wege vorschlagen.

Der erste wird bereits beschritten: kompromissloser Widerstand gegen den Krieg: Ablehnung des Militärdienstes unter allen erdenklichen Umständen. Wo Dienstpflicht besteht, muss der wahre Pazifist sie ablehnen. Pazifisten vieler Länder haben sich bereits jetzt geweigert – und tun es unter grossen persönlichen Opfern weiterhin –, während des Friedens im Militär zu dienen. Sie demonstrieren dadurch, dass sie im Fall eines Krieges nicht kämpfen würden.

In Ländern, in denen es keine Dienstpflicht gibt, müssen wahre Pazifisten im Frieden öffentlich erklären, dass sie unter keinen Umständen Waffen tragen werden. Auch das ist eine wirksame Methode des Widerstandes gegen den Krieg. Ich bitte Sie ernstlich darum, Menschen in allen Teilen der Welt von der Richtigkeit dieser Haltung überzeugen zu wollen.

Die Ängstlichen mögen sagen: "Was soll es? Man wird uns nur ins Gefängnis stecken!" Darauf antworte ich: Selbst wenn nur zwei Prozent der Einberufenen ihre Dienstverweigerung ankündigten und damit die Forderung verbänden, alle internationalen Konflikte auf friedliche Weise zu lösen, wären die Regierungen machtlos. Keine von ihnen würde es wagen, eine so grosse Zahl von Menschen ins Gefängnis zu werfen.

Eine zweite Aktionsmethode für Kriegsdienstverweigerer, die ich vorschlagen möchte, würde keinen Konflikt mit dem Gesetz bedeuten. Sie besteht ganz einfach darin, auf dem Weg internationaler Gesetzgebung das Recht zur Ablehnung des Kriegsdienstes in Friedenszeiten zu etablieren. Wer diesen Vorschlag ablehnt, könnte vielleicht Gesetze befürworten, die es den Dienstverweigerern gestatten, statt des Militärdienstes harte und möglicherweise sogar gefährliche zivile Arbeiten für ihr eigenes Land oder die ganze Menschheit zu leisten. Sie würden damit beweisen, dass die Sache der Dienstverweigerung selbstlos und lediglich eine logische Folge ihres Glaubens an die Möglichkeit friedlicher Schlichtung internationaler Streitfälle ist. Es würde klar, dass ihre Opposition gegen den Krieg weder auf Feigheit noch auf den Wunsch nach Komfort oder auf die Unwilligkeit, dem eigenen Land oder der Menschheit zu dienen, zurückgeht. Erklären wir unsere Bereitschaft zur Übernahme selbst der gefährlichsten Arbeit, so werden wir ein grosses Stück Weges in der Richtung auf eine friedlichere Welt zurückgelegt haben.

Weiterhin schlage ich vor, dass Pazifisten in allen Ländern sofort Geldsammlungen zugunsten jener beginnen, die den Militärdienst ablehnen möchten, aber aus finanziellen Gründen dazu nicht in der Lage sind. Ich befürworte die Schaffung einer internationalen Organisation und eines internationalen pazifistischen Fonds zu diesem Zweck.

Zum Schluss möchte ich betonen, dass alle ernsthaften Anhänger des Pazifismus den Mut haben müssen, diese Ziele zu verkünden und zu fördern. Nur dadurch wird die Welt zum Aufhorchen gezwungen werden. Dann werden Pazifisten auch von denen gehört werden, die nicht bereits Pazifisten sind. Und sobald man sie hört, wird ihre Botschaft wirksam werden. Verharren sie aber weiter in ihrer Zurückhaltung, so wird ihre Stimme, wie bisher, nur von ihrer eigenen Gruppe gehört werden. Sie werden dann Lämmer bleiben – pazifistische Lämmer*.

Pazifisten Amerikas und später auch anderer Länder begrüssten die Rede enthusiastisch. Einstein wurde dadurch eine Heldenfigur in der internationalen Friedensbewegung. Viele Glückwunschbotschaften liefen bei ihm ein. Während der folgenden Monate trugen junge Amerikaner auf der Strasse und an Universitäten Propagandaknöpfe mit der Aufschrift "Zwei Prozent!"

Aber eine Reaktion auf die "Zwei Prozent"-Rede mag Einstein nicht zur Kenntnis gekommen sein. Am 16. Februar 1931 richtete H. Runham Brown, der Ehrenvorstand der britischen Abteilung der Internationale der Kriegsdienstverweigerer, an Einsteins Freund Romain Rolland die folgenden Fragen:

Sind sie ebenso wie Einstein der Ansicht, dass die Ablehnung des Militärdienstes ein praktisches Mittel zur Beseitigung der Kriege darstellt?

Glauben Sie, dass jene, die den Militärdienst ablehnen, von allen, die den Kriegen ein Ende setzen wollen, unterstützt werden müssten?

In seiner Antwort an H. Runham Brown schrieb Rolland am 20. Februar 1931, er stimme, wie seine Haltung im Weltkrieg gezeigt habe, völlig mit Einstein überein. Rolland erklärte, die Ablehnung jeder – direkten oder indirekten – Beteiligung am Kriege sei "Gewissenspflicht"[30].

"Aber" – fuhr Rolland fort – "wenn Sie die Frage von der praktischen und nicht von der moralischen Seite her stellen, so halte ich Einsteins Vorschläge für anfechtbar. Der Krieg wird nicht dadurch abgeschafft werden, dass zwei Prozent der Bevölkerung den Kriegsdienst verweigern. Einstein scheint zu übersehen, dass die Kriegstechnik sich seit 1914 geändert hat und sich immer weiter ändert. Neuerdings wird der Nachdruck auf den Einsatz kleiner Heere von Technikern gelegt, die sich darauf verstehen, mit Giftgas und Bakterien geladene Torpedos und andere Waffen der Massenvernichtung anzuwenden. Unter solchen Umständen kann es den Regierungen höchst gleichgültig sein, ob zwei oder zehn Prozent der Bevölkerung den Kriegsdienst verweigern. Sie brauchten dann nicht einmal mehr die Dienstverweigerer ins Gefängnis zu werfen. Soldaten und Zivilisten würden gleichermassen von dem Regen des Todes getroffen werden . . .

Rolland sah in der sozialen Revolution den einzigen Weg "zur Abschaffung des Systems, das die Kriege erzeugt". Er bejahte immer noch das Prinzip des passiven Widerstandes und fand Worte hohen Lobes für Gandhi und individuelle Kriegsdienstverweigerer, betonte aber die Notwendigkeit organisierter Aktionen in grossem Massstab; isolierte Aktionen würden im Falle eines herannahenden Krieges verpuffen.

In einer Abschiedsbotschaft an New York vom Schiff aus (16. Dezember 1931) sprach Einstein sich sehr befriedigt über den Erfolg seines Besuches aus. Drei Tage später – das Schiff hatte eine Zwischenlandung in Havana, Kuba, gemacht – notierte er in sein Tagebuch:

19. Dezember 1931 . . . Revolution, aber nichts davon fühlbar. Krise wegen Fallens der Rohrzuckerpreise. Schöne spanische Gebäude. Akademie, Geographische Gesellschaft, alles das Gleiche. Klub mit Luxus, daneben nackte Armut, hauptsächlich der Farbigen. Hausen in fensterlosen Holzhütten. Aber mildes Klima und Bananen, frohe Gesichter trotz schwerer Arbeitslosigkeit. Wahre Not nur, wo Menschen vom Boden entfernt in rauhem Klima . . .

Die Fahrt durch den Panamakanal beeindruckte ihn sehr, aber er klagte über Belästigungen: "Passagiere werden zudringlicher. Ewiges Photographieren." Und: "Alle müssen mit mir photographiert werden . . . Das Wohltätigkeitsgeschäft mit Autogrammen blüht . . . Haben einen Narren an mir gefressen. Wie soll das enden? "

Einstein war von Kalifornien fasziniert: "Auto spielt Hauptrolle, zum Teil vorweltliche Klapperkästen, aber jeder hat einen. Heute sah ich einen ganz jämmerlichen, der zu 25 Dollar angeboten war! Wunderbar sind die Läden eingerichtet. Jeder bedient sich selbst und zahlt für die Sachen, die er in seinen Korb gepackt hat. Verpackungen genial, besonders Karton-Verpackung der Eier. Alle kennen mich auf den Strassen und schmunzeln mich an." Das Haus, in dem er wohnte, beschrieb er als "Knusperhäuschen mit Schindeldach".

Am 8. Januar 1931 besuchte er Hollywood. Ihm zu Ehren wurde eine Sondervorführung des Films "Im Westen Nichts Neues" (nach dem berühmten Kriegsroman von Erich Maria Remarque) veranstaltet. Einstein fand ihn hervorragend und sprach seine Empörung darüber aus, dass er in Deutschland unterdrückt worden sei. Seine Erklärung spielte später eine grosse Rolle in der Kampagne der Deutschen Liga für Menschenrechte, die die Aufhebung des Verbots durchsetzte; sie hatte folgenden Wortlaut[31]:

Das Verbot dieses Filmes in Deutschland bedeutet eine diplomatische Niederlage unserer Regierung in den Augen der ganzen Welt. Dieses Verbot enthüllt eine solche gefahrvolle Schwäche der Regierung, die sich vor dem Schrei des Strassenmobs gebeugt hat, dass eine Rehabilitierung in den Augen der Welt unbedingt zu verlangen ist.

Am 9. Januar 1931 vermerkte er in seinem Tagebuch:

Besuch bei Upton Sinclair. Prachtvoller idealistischer und dabei heiterer Mensch. Günstige Meinung über Russland wegen Bildung und Erweckung der Massen . . .

Am 22. Januar 1931 lud Sinclair, der in Pasadena wohnte, Einstein zu einer Vorführung von Sergei Eisensteins Mexiko-Film ein. Die Stierkampfepisoden des Films riefen Einsteins tiefen Abscheu hervor.

Ende des Monats übermittelte Sinclair ihm "einige russische Statistiken, die ich gerade erhalten habe". Gleichzeitig erbat er von Einstein einen Beitrag zum fünfundzwanzigjährigen Bestehen des *New Leader,* einer New Yorker sozialistischen Wochenschrift. Sinclairs Fragen und Einsteins Antworten vom 3. Februar 1931 folgen[32]:

Frage: Was sollen die amerikanischen Arbeiter im Hinblick auf die drohende Rüstungs- und Kriegsgefahr tun?

Antwort: Die Vereinigten Staaten von Amerika sind heute der mächtigste Staat der Erde. Deshalb hängt die erfolgreiche Bekämpfung des Militarismus und der Kriegsgefahr sehr wesentlich von der Stellungnahme ihrer Bürger zu diesen Problemen ab. Dies gilt im besonderen auch von den sozialistischen Parteien, deren Interesse an einer aktiven Bekämpfung der Kriegsgefahr keiner besonderen Begründung bedarf.

Frage: Würden Sie den amerikanischen Arbeitern erklären, was Sie von dem Bild des Elends und Hungers in einem Land von so ungeheurer Produktivkraft wie den Vereinigten Staaten halten? Wie Sie wissen, können wir jetzt mehr Lebensmittel erzeugen als verkaufen, und die Kapazität unserer Fabriken ist nur zu einem geringen Teil ausgenützt. Und dabei brauchen Millionen von Menschen dringend Nahrungsmittel und wichtige Gebrauchsgegenstände.

Antwort: Sicherlich ist die gegenwärtige schwere Absatzkrise nach meiner Überzeugung ein Beweis dafür, dass die Organisation der Wirtschaft, soweit heute von einer solchen gesprochen werden kann, den Bedürfnissen nicht genügt. Diese Feststellung soll aber nicht als eine Anklage gedeutet werden, sondern als ein Motiv, zu versuchen, das wirtschaftliche Leben darart zu regulieren, dass die Existenz der Menschen nicht mehr durch Krisen bedroht wird.

Am 2. Februar 1931 publizierte die *Yale Daily News* Einsteins Antworten auf eine Reihe hauptsächlich wissenschaftlicher Fragen[33]. Nur eine davon berührte den politischen Bezirk. Einstein benützte sie zur Erinnerung daran, dass die Wissenschaft keinen direkten Einfluss auf den Bau jener internationalen Organisation habe, die allein ein Weltchaos würde vermeiden können. Nur der entschlossene Wille der Menschheit könne dieses Problem lösen.

Am 16. Februar 1931 sprach er vor mehreren hundert Studenten des California Institute of Technology[34]:

... Ich könnte ein Jubellied singen mit dem Refrain: Wie herrlich weit haben wirs gebracht, und Ihr werdet es noch ungeheuer viel weiter bringen. Sind wir doch im Jahrhundert und dazu im Vaterlande der Technik. Aber es liegt mir ferne so zu sprechen ... Warum beglückt uns die herrliche, das Leben erleichternde, Arbeit ersparende Technik so wenig? Die einfache Antwort lautet: weil wir noch nicht gelernt haben, einen vernünftigen Gebrauch von ihr zu machen.

Im Kriege dient sie dazu, dass wir uns gegenseitig vergiften oder verstümmeln. Im Frieden hat sie unser Leben hastig und unsicher gestaltet. Statt uns weitgehend von geisttötender Arbeit zu befreien, hat sie die Menschen zu Sklaven der Maschine gemacht, die meist mit Unlust ihr eintöniges, langes Tagewerk vollbringen und stets um ihr armseliges Brot zittern müssen.

Ein hässliches Lied singt uns der alte Mann, werdet Ihr denken. Ich tue es aber in einer guten Absicht, indem ich Euch eine Konsequenz nahelegen möchte. Es genügt nicht, dass Ihr etwas von Technik versteht, wenn Eure Arbeit den Menschen einst zum Segen gereichen soll. Die Sorge um die Menschen und ihr Schicksal muss stets das Hauptinteresse allen technischen Strebens bilden, die grossen ungelösten Fragen der Organisation der Arbeit und der Güterverteilung, damit die Erzeugnisse unseres Geistes dem Menschengeschlecht zum Segen gereichen und nicht zum Fluche.

Vergesst dies nie über Euren Zeichnungen und Gleichungen!

Auf seiner Rückreise von der Westküste der USA wurde er am 3. März 1931 in Chicago von einer Friedensdelegation begrüsst, zu der er von der hinteren Plattform des Zuges aus sprach[35]:

Es freut mich, dass Sie mir Gelegenheit dazu geben, ein paar Worte zu Ihnen über das pazifistische Problem zu sprechen. Die Entwicklung der letzten Jahre hat wieder gezeigt, wie wenig wir dazu berechtigt sind, den Kampf gegen die Rüstungen und gegen den kriegerischen Geist den Regierungen zu überlassen. Aber auch die Bildung grosser Organisationen mit vielen Mitgliedern allein kann uns dem Ziel nur wenig näher bringen.

Nach meiner Meinung ist hier der gewaltsame Weg der Militärdienst-Verweigerung der beste, gestützt durch Organisationen, welche den mutigen Kriegsdienstverweigerern in den einzelnen Ländern materiell und moralisch beistehen. So können wir es dahin bringen, dass das pazifistische Problem akut wird, ein wirklicher Kampf, zu dem sich starke Naturen hingezogen fühlen. Es ist ein illegaler Kampf, aber ein Kampf um das wirkliche Recht der Menschen gegen ihre Regierungen, soweit diese verbrecherische Handlungen von ihren Bürgern fordern.

Viele, die sich für gute Pazifisten halten, werden einen solchen radikalen Pazifismus nicht mitmachen wollen, indem sie patriotische Gründe geltend machen. Auf solche aber kann in ernster Stunde doch nicht gerechnet werden. Dies hat der Weltkrieg zur Genüge bewiesen.

Der folgende Tag brachte für Einstein eine sechzehnstündige Geduldsprobe[36]. Ununterbrochen stand er im Mittelpunkt öffentlicher Aufmerksamkeit, von der frühmorgendlichen Ankunft in New York bis zur Abfahrt des Schiffes nach Europa um Mitternacht. Einstein und seine Begleiter gingen direkt auf das Schiff, wo eine Delegation der Liga der Kriegsdienstverweigerer ihn erwartete. In einer Ansprache wiederholte er im wesentlichen die Punkte seiner Chicagoer Erklärung, die er durch folgende Bemerkungen ergänzte:

Die letzten Abrüstungskonferenzen haben gezeigt, dass die Regierungen entweder unwillens oder unfähig sind, eine wahre Abrüstung zu erzielen. Nun liegt es an den Menschen, sich für die Abrüstung einzusetzen, wenn sie sie wirklich wollen.

Die Friedensbewegung ist, im Ganzen gesehen, nicht dramatisch genug, um in Friedenszeiten grössere Massen von Menschen anzuziehen. Aber der Kampf gegen den Militärdienst wird eine dramatische Wirkung haben, denn er wird einen Konflikt schaffen, der unsere Gegner direkt herausfordert.

Wenn die Mitglieder pazifistischer Organisationen schon im Frieden nicht bereit sind, sich trotz drohender Gefängnisstrafen den Behörden entgegenzustellen, werden sie es im Krieg, wo nur der Widerstand der Härtesten und Entschlossensten zu erwarten ist, ganz bestimmt nicht tun*.

Der sozialistische Führer Norman Thomas, der am Schiffsempfang teilnahm, befragte Einstein über seine Eindrücke über ein Land, das damals inmitten der grossen Depression stand. Einstein erklärte:

Es ist leichter, die Menschen für den Pazifismus zu gewinnen als für den Sozialismus. Die sozialen und wirtschaftlichen Probleme werden immer komplexer. Männer und Frauen müssen erst einmal an den Punkt gelangen, wo sie die Möglichkeit friedlicher Lösungen sehen. Ist dieser erreicht, so darf man erwarten, dass sie an die wirtschaftlichen und politischen Probleme im Geist der Kooperation herantreten werden. Ich würde sagen, wir sollten zunächst für den Pazifismus und erst später für den Sozialismus arbeiten*.

Am Nachmittag zog Einstein in ein Hotel, wo er einen nicht endenwollenden Strom von Besuchern, darunter auch die blinde Helen Keller, empfing. Die Presse bemerkte, dass er selbstsicherer geworden war und sich in die Rolle einer Zelebrität hieingefunden hatte. Ein Reporter schrieb: "Man konnte sich kaum noch an den aufgeregten und verwirrten deutschen Professor erinnern, der Anfang Dezember mit einer Menge von Journalisten und Kameraleuten zusammen kam und dann panikartig vor ihnen die Flucht ergriff. Jetzt stand ein lächelnder Gentleman vor ihnen, frei und ungezwungen."

Selbst nach einem Dinner zur Geldsammlung für Palästina im Astor Hotel, wobei der Rabbiner Stephen S. Wise ihn als "Geistesfürsten" feierte, war der Tag Einsteins noch nicht zu Ende. Über 75 Vertreter kriegsgegnerischer Jugendgruppen, von denen viele Plakate trugen, waren auf dem Pier versammelt, als er das Schiff wieder bestieg. Diese Demonstration führte später zur Gründung der Youth Peace Foundation. Einstein kabelte:

Wünsche Glück zu Radikalisierung des Pazifismus. Nur Militärdienst-Verweigerung kann Erfolg bringen.

In einem Abschiedstelegramm äusserte der amerikanische Präsident Herbert Hoover den Wunsch: "Möge Ihr Besuch in den Vereinigten Staaten für Sie so befriedigend gewesen sein wie er es für das amerikanische Volk war."

Am 14. März 1931 kabelte Einstein eine Dankesbotschaft an das amerikanische Volk, die am folgenden Tag in *The New York Times* erschien:

So wenig ein Fisch ein Gefühl für sein Lebenselement haben kann, wenn er das Wasser nie verlässt, so wenig kann ein Mensch die Eigenart seines täglichen Milieus begreifen, bevor er eine andere Umgebung mit ganz anderen Sitten, Normen und Aspirationen kennen gelernt hat.

Mir haben sich die Vereinigten Staaten als eine solche neue Welt von überwältigender Anziehungskraft enthüllt. Es ist, im Gegensatz zu der individualistischen Welt unseres Europas, eine Welt der Bruderschaft und Kooperation. In Amerika kann jeder Mensch ein Gebiet finden, auf dem er erfolgreich arbeiten kann.

Mich erwartete in den Vereinigten Staaten ein viel grösseres Mass von Sympathie und Ehre als ich – oder irgendein anderes Individuum – es je verdient haben könnte, und ich bin froh über diese Gelegenheit, meine Wertschätzung und meinen Dank dafür aussprechen zu können*.

Einsteins Hinweis auf den – wirklichen und latenten – politischen Einfluss der USA war keine isolierte Bemerkung; er hatte dieses Thema während seiner Amerikareise wiederholt angeschlagen. In einem zusammenfassenden Bericht über seine Eindrücke griff er nochmals darauf zurück[37]. In der Erklärung, die am 29. März 1931 in den Vereinigten Staaten veröffentlicht wurde, heisst es:

Die Vereinigten Staaten sind heute das mächtigste, technisch fortgeschrittenste Land der Erde. Ihr Einfluss auf die Gestaltung der internationalen Verhältnisse ist ein geradezu unberechenbarer. Doch Amerika ist gross, und seine Bewohner zeigen bisher nicht so viel Interesse für die internationalen grossen Probleme, an deren Spitze heute das Problem der Abrüstung steht. Dies muss anders werden, schon im eigensten Interesse der Amerikaner.

Der letzte Krieg hat gezeigt, dass es keine Trennung der Koninente mehr gibt, sondern dass die Schicksale aller Länder heute eng miteinander verflochten sind. Es muss sich daher in diesem Lande die Überzeugung durchsetzen, dass seine Bewohner eine hohe Verantwortung tragen auf dem Gebiet der internationalen Politik. Die Rolle des untätigen Zuschauers ist dieses Landes nicht würdig und müsste auf die Dauer für alle verhängisvoll werden.

Während seines USA-Besuches hatte Einstein auch George Sylvester Viereck, einem Vertreter deutscher Interessen, ein Interview gewährt, in dem er sagte[38]:

Wir werden genügend Geld, Arbeit und Lebensmittel haben, wenn wir nur unsere Mittel und Naturschätze unserem Bedarf entsprechend einsetzen, statt unbiegsame Wirtschaftstheorien und Traditionen sklavisch zu befolgen. Vor allem dürfen wir uns nicht durch Vorbereitungen für einen neuen Krieg von konstruktivem Denken und Wirken abhalten lassen. Ich stimme mit dem grossen Amerikaner Benjamin Franklin überein: es hat nie einen guten Krieg oder einen schlechten Frieden gegeben.

Ich bin nicht nur Pazifist; ich bin militanter Pazifist. Ich bin bereit, für den Frieden zu kämpfen. Der Krieg kann nur auf eine einzige Weise verhindert werden: durch die Weigerung der davon betroffenen Menschen, in den Krieg zu gehen.

Jede grosse Sache wird zuerst von einer aggressiven Minderheit verfochten. Ist es nicht besser, für eine Sache, an die man glaubt – wie die des Friedens – umzukommen, als für eine Sache zu bluten, an die man nicht glaubt, wie den Krieg? Jeder Krieg vergrössert lediglich den teuflischen Zirkel, der den Fortschritt der Menschheit lähmt. Eine Handvoll von Kriegsdienstverweigerern könnte den Protest gegen den Krieg dramatisieren.

Die Massen haben für den Militarismus nichts übrig, solange ihr Denken nicht durch Kriegspropaganda vergiftet wird. Ich gebe Ihnen Recht: wir müssen den Massen den Widerstand gegen diese Propaganda beibringen. Wir müssen mit der Erziehung der Kinder beginnen; impfen wir sie gegen den Militarismus, indem wir sie im Geist des Pazifismus erziehen. Europa leidet darunter, dass seine Menschen psychologisch falsch erzogen werden. Unsere Schulbücher verherrlichen den Krieg und schweigen über sein Grauen. Sie bringen den Kindern den Hass bei. Ich möchte, dass man statt des Krieges den Frieden und statt des Hasses die Liebe lehre.

Die Schulbücher sollten neu geschrieben werden. Statt die Intrigen und Vorurteile der Vergangenheit zu verewigen, sollte unser Erziehungssystem mit völlig neuem Geist erfüllt werden. Und die Erziehung sollte an der Wiege beginnen. Die Mütter der ganzen Welt haben die Pflicht, die Saat des Friedens säend, das Denken ihrer Kinder bestimmen zu helfen.

Der kriegerische Instinkt mag sich nicht im Verlauf einer einzigen Generation ausrotten lassen. Ja, es ist nicht einmal wünschenswert, ihn völlig auszurotten. Die Menschen sollten weiterkämpfen, aber der Kampf sollte sich um würdige Ziele drehen, nicht um eingebildete Grenzlinien, Rassenvorurteile oder egoistische Begierden, die mit den Farben des Patriotismus getarnt werden. Dieser Kampf sollte statt mit Schrapnells und Tanks nur mit den Waffen des Geistes geführt werden.

Was für eine Welt könnten wir bauen, wenn sich die Maschine des Krieges auf konstruktivere Aufgaben umschalten liesse: ein Zehntel der Energien, die die kriegführenden Mächte im Weltkrieg aufwandten, und ein Bruchteil des Geldes, das sich in Handgranaten und Giftgasbomben verwandelte, hätte ausgereicht, um den Lebensstandard aller Länder zu heben und die Katastrophe weltweiter Arbeitslosigkeit zu bannen.

Wir müssen bereit sein, heroische Opfer, wie wir sie widerspruchslos im Krieg hinnehmen, für die Sache des Friedens zu bringen. Es gibt keine wichtigere Aufgabe für mich und keine, die meinem Herzen näher läge.

Was ich tue oder sage, kann an dem Bau des Universums nicht das Geringste ändern. Aber vielleicht kann meine Stimme dazu beitragen, das grösste aller Ideale zu fördern: guten Willen unter den Menschen und Frieden auf Erden*.

5. Kapitel

KRIEGSDIENSTVERWEIGERUNG II 1931–1932

Einstein unterstützte die pazifistische Bewegung nicht nur mit Manifesten und Reden; er transformierte seine Überzeugungen häufig zu konkreter Aktion.

So griff er im Jahr 1929 ein, als judenfeindliche Araber in Palästina wegen aufrührerischer Handlungen zum Tod verurteilt worden waren. Einstein stellte sich an die Seite der Internationale der Kriegsdienstverweigerer, die die Umwandlung der Todes- in Gefängnisstrafen verlangte, und sandte an den Hohen Kommissar in Palästina ein entsprechendes Kabel[1].

Im gleichen Jahr unterzeichnete er einen Protestbrief der Internationale der Kriegsdienstverweigerer zugunsten des jungen finnischen Pazifisten Arndt Pekurinen, der wegen Dienstverweigerung zu einer Gefängnisstrafe verurteilt worden war[2]. Der darauffolgende Briefwechsel mit dem finnischen Verteidigungsminister zeigt die Hartnäckigkeit, mit der Einstein eine von ihm als gerecht erkannte Sache verfolgte. Der Minister teilte Einstein mit, dass das finnische Einberufungsgesetz es der Regierung gestatte, Dienstverweigerern nichtmilitärische Aufgaben unter ziviler Kontrolle zuzuweisen. Einstein erwiderte am 20. Februar 1930:

Ich danke Ihnen sehr für Ihre ausführlichen Mitteilungen vom 7. Februar 1930. Aus diesen geht hervor, dass Finnland in wahrhaft würdiger und nachahmenswerter Weise das schwierige Problem gelöst hat, welches dem Staate durch die Kriegsdienstverweigerung gestellt wird.

Dem Brief wurde in Finnland weitgehende Publizität zuteil. Sie rief Felix Iverson, den Präsidenten der Finnischen Friedensliga und Mathematikprofessor an der Universität Helsingfors, auf den Plan. Iverson schrieb Einstein, der Verteidigungsminister habe ihn falsch informiert. In Wirklichkeit habe man Pekurinen gar keine Wahl gelassen; alle ihm angebotene Stellen unterstünden entweder direkt oder indirekt dem Militär. Schliesslich habe man ihn in die Feuerwehrabteilung der finnischen Armee berufen, wo er mit der Bewachung grosser militärischer Installationen und Magazine beauftragt worden sei. Am 6. März 1930 schrieb Einstein nochmals an den finnischen Verteidigungsminister:

Von Gesinnungsfreunden aus Finnland werde ich darüber aufgeklärt, dass mein an Sie gerichtetes Anerkennungsschreiben doch auf falschen Voraussetzungen beruhte. Denn es muss vom Standpunkt der Moral und Billigkeit gefordert werden, dass Kriegsdienstverweigerer nur für solche Dienste verwendet werden, die mit dem Militärwesen in keinem engeren Zusammenhange stehen. Diese Bedingung war bei Ihrem Bürger A. Pekurinen nicht erfüllt, und es kann deshalb als moralisch nicht gerechtfertigt betrachtet werden, dass man über ihn auf Grund seiner Dienstverweigerung eine entehrende Strafe verhängt hat.

Zur selben Zeit stand eine Reihe von Bulgaren wegen Antikriegspropaganda in Sofia vor Gericht. Die Angeklagten schlugen die Vernehmung Einsteins als Zeugen für die Verteidiung vor. Er schrieb sofort (am 20. Februar 1930) an den Präsidenten des Gerichtshofs:

... Nach meiner Überzeugung kann tatsächlich von einer Kriegsgefahr gesprochen werden, solange keine internationalen Garantien gegen den Krieg erkämpft sind. Im besonderen gibt es gegenwärtig eine Kriegsgefahr, welche in gegensätzlichen Interessen gewisser Kreise und Regierungen gegen Russland ihren Ursprung hat.

Der legale Kampf gegen die Kriegsgefahr ist in allen wirklichen Kulturländern gestattet, überall als ein verdienstliches Beginnen. Verfolgung von Kriegsgegnern ist für einen modernen Staat eine Schande und eine Art Geständnis der öffentlichen Gewalt, kriegerische Ziele zu begünstigen.

Der Entwurf zu diesem Brief enthielt noch den folgenden Satz, der aus irgendwelchen Gründen nicht in die Endfassung aufgenommen wurde:

Ich erkläre, selbst Antikriegspropaganda betrieben zu haben.

Eine bedeutsame symbolische Tat Einsteins war sein Entschluss, zwei Preise, deren Verleihung ihm von dänischer Seite übertragen worden war, an Kriegsdienstverweigerer gehen zu lassen. Am 5. August 1930 sandte er dem Chefredakteur der Kopenhagener Zeitung *Politiken* die folgende Erklärung zur Veröffentlichung[3]:

Wie Ihnen wohl schon bekannt ist, wird jährlich das Andenken des dänischen Komponisten Viktor Bendix und seiner Ehefrau Rigmor Stampe durch ein "Erinnerungsgeschenk" geehrt. Der Sinn dieses Geschenkes (1000 Kr. jedes Jahr) ist, im Geiste dieser Persönlichkeiten zu wirken. Es soll darum in aussergewöhnlichen Fällen verwandt werden, sei es für einen einzelnen Menschen, sei es für eine

Gesamtaktion. Obschon es sich um bescheidene Geldmittel handelt, ist der Gedanke durch seine Beispielskraft nicht zu unterschätzen, weil er einem Werk des Protestes dienen wird.

Es soll nämlich da einsetzen, wo Staat und Gemeinde das menschlich Wertvolle vernachlässigen, zum Beispiel zur Entwicklung hochbegabter Jugend beitragen, oder eine in der Stille ausgeführte soziale Tat von hervorragender Bedeutung belohnen, wie die Spende bisher verwandt worden ist. Oder auch eingreifen, wo Staat und Gemeinde – vor allem in Bezug auf Militär- und Kriegsdienst – ihren Bürgern gegenüber einen Zwang ausüben, der vom Standpunkt des ungeschriebenen Moralgesetzes als widerrechtlich aufgefasst werden muss, weil er mit dem Gewissen eines dauernd wachsenden Bevölkerungskreises (und nicht dem ethisch geringsten) unvereinbar ist.

Meine Anschauung in dieser ernsten, brennenden Frage ist wohl genügend bekannt, da ich weder privat noch öffentlich ein Hehl daraus gemacht habe, dass ich den erzwungenen Militär- und Kriegsdienst als eine verwerfliche Gewalttat der Behörden bezeichne und es als eine Gewissenspflicht auffasse, gegen diese barbarische Versklavung des Individuums mit jedem Mittel zu kämpfen. Dies ist wohl die Ursache, dass das Erinnerungsgeschenk für 1929 und 1930 in meine Hände gelegt worden ist, um durch meine Vermittlung der antimilitaristischen Propaganda zu dienen. Es soll diejenigen ermutigen, welche ihre Entschlossenheit bekennen, niemals an einem Kriege, sei es ein Angriffs- oder Verteidigungskrieg, direkt oder indirekt, teilzunehmen. Ferner sollen mit den mir anvertrauten Geldern solche unterstützt werden, welche infolge Militärdienstverweigerung zu Schaden gekommen sind. So ist es mir eine besondere Freude gewesen, mit diesem Gelde zwei zerbrochene Existenzen, Militärdienstverweigerer, die sechs Jahre strengster Zuchthausstrafe wegen ihrer Überzeugung erlitten haben, provisorisch zu unterstützen, bis es ihnen gelang, ihre bürgerliche Existenz wiederherzustellen.

So wird diese Spende, im Namen zweier hochherziger Persönlichkeiten verteilt, etwas Gutes, unter Umständen sogar etwas Grosses ausrichten können. Ich empfinde es als ein Bedürfnis, dies der dänischen Öffentlichkeit mitzuteilen.

In seiner Rede im New Yorker Ritz-Carlton Hotel im Dezember 1930 (siehe S. 133) bat Einstein um finanzielle Unterstützung für die Kriegsdienstverweigerer. Die Internationale der Kriegsdienstverweigerer kündigte daraufhin einen "Einstein-Fonds" an (dessen Gründung er durch ein Schreiben an die Tagung der Organisation in Lyon, Frankreich, August 1931 offiziell begrüsste).[4] Als Einstein im März 1931 auf der Rückfahrt von der amerikanischen Westküste nach Chicago kam, waren 200 Dollar für diesen Fonds zusammengekommen.[5] Aber am 11. Mai 1931 schrieb Frau Einstein, für einen Beitrag von Mrs. Schwimmer dankend:

... Ich wünschte, wir hätten einen grösseren Fonds. Alle paar Tage kommen Menschen, die durch Kriegsdienstverweigerung ins Unglück gekommen sind und Hilfe bei uns suchen. Es hatte sich so herumgesprochen, dass wir einen kleinen Fonds besitzen; leider ist er bis auf wenige Mark nun verteilt.

Was mein Mann in Amerika durch seine Reden bewirkte, ist doch wirklich erhebend. Die Bewegung hat grosse Fortschritte gemacht.

Der tschechoslowakische Präsident Thomas G. Masaryk, dessen Nominierung für den Nobel-Friedenspreis Einstein seinerzeit befürwortet hatte, feierte 1931 seinen 80. Geburtstag. Der Bitte der Zeitschrift *Die Wahrheit* folgend, schrieb Einstein aus diesem Anlass:

Professor Masaryk ist ein wunderbares Beispiel dafür, dass Liebe zum eigenen Volke mit weltbürgerlicher Gesinnung und Denkweise sehr wohl in Einklang zu bringen ist.

Und am 13. April richtete Einstein an Masaryk ein persönliches Schreiben:

Nach langem innerem Ringen und nach den Enttäuschungen, welche die Abrüstungskonferenzen gebracht haben, habe ich die Überzeugung erlangt, dass die Welt nur durch opfermutige Verweigerer jedes Militärdienstes von der Geisel des Krieges allmählich befreit werden kann. Deshalb halte ich es für meine Pflicht, solchen Leuten, soviel ich es nur vermag, beizustehen und ihre Stützung durch eine internationale Vereinigung Gleichgesinnter in die Wege zu leiten.

Ein derartiger Mann von hohen moralischen Qualitäten, Herr Přemysl Pitter, ist in Ihrem Lande durch den obersten Gerichtshof in Brünn zu einer längeren Gefängnisstrafe verurteilt worden.

Bei der hohen Verehrung für Ihre menschliche Grösse, die sich in schweren Zeiten so wundervoll bewährt hat, drängt es mich, Sie hiermit zu bitten, Sie möchten von Ihrem Begnadigungsrechte in diesem Falle Gebrauch machen. Durch ein solches Vorgehen können Sie, dessen persönlicher Einfluss auf freie Menschen der ganzen Welt bedeutsamer ist als der mit Ihrer Stellung als Oberhaupt eines Staates verbundene, der Sache der wahren Gerechtigkeit und Menschlichkeit einen grossen Dienst leisten.

Einsteins Brief wurde formell nur von der Präsidialkanzlei in Prag bestätigt. Aber ein Jahr darauf traf ein vierseitiger handschriftlicher Brief Masaryks bei ihm ein. Dieses Schreiben ging unglücklicherweise 1933 bei einer Razzia der Nazis im Sommerhaus Einsteins in der Nähe von Berlin verloren[6]. Einsteins Antwort trägt das Datum des 5. September 1932:

Ich bin tief berührt davon, mit welcher Gewissenhaftigkeit Sie sich mit dem schwierigen Problem der Militärdienstverweigerung auseinandersetzen. Auch ist es ein Beweis Ihrer hohen Menschlichkeit, dass Sie es nicht verschmäht haben, mir in dieser Sache eigenhändig einen so ausführlichen Brief zu schreiben. Wenn alle Staaten der Oberleitung solcher Männer anvertraut wären, wäre das Ziel der Abschaffung des Krieges nicht so wenig hoffnungsvoll wie es heute leider ist.

Es ist mir schwer begreiflich, dass so wenige Menschen es als einen unwürdigen und beschämenden Zustand empfinden, dass der Staat Individuen zu Handlungen zwingt, die durch die von ihm selbst vertretenen und gelehrten Religionen als höchst verwerflich gewertet werden, und die in ihrer Auswirkng die Existenz der ganzen Zivilisation bedrohen.

In dankbarer Gesinnung – verursacht durch die schöne Erfahrung, die mir durch Sie zuteil wurde – bin ich mit herzlichen Wünschen . . .

Bei seinem Besuch in Kalifornien war Einstein mit dem Fall des amerikanischen Arbeiterführers Tom Mooney vertraut geworden, der nach der Bombardierung einer "Bereitschafts"-Parade in San Francisco 1916 zum Tod verurteilt worden war (die Strafe wurde später in lebenslängliche Haft umgewandelt). Prominente Liberale, die sich mit dem Fall (und den ähnlichen Beschuldigungen gegen Warren K. Billings) beschäftigt hatten, waren von der Unschuld Mooneys überzeugt. Nach seiner Rückkehr sandte Einstein an Mooney von Berlin die folgende Botschaft (18. März 1931)[7]:

Es ist mir wohlbekannt, welch merkwürdige Rechtszustände in Kalifornien herrschen und mit welcher Willkür gegen das Individuum vorgegangen wird, wenn es gewissen einflussreichen Kreisen unbequem ist. Ich kenne auch den heroischen Kampf, der von einer kleinen Minderheit in Ihrem Lande geführt wird, in welchem die Herrschaft der besitzenden Schichten über die öffentlichen Organe noch vollständiger ist als im westlichen Europa.

Ich bin überzeugt, dass die gesunden Kräfte des amerikanischen Volkes diese schweren Übelstände überwinden werden, wenn sich erst einmal die Erkenntnis ihres Bestehens in der schlecht informierten Masse durchgesetzt haben wird.

Am 2. Juni 1931 liess Einstein einen direkten Appell an den kalifornischen Staatsgouverneur James Rolph folgen:

... ich zweifle nicht daran, dass Sie, Herr Gouverneur, dem wahren Recht einen grossen Dienst leisten würden, wenn Sie diesen beiden Männern nach einem grässlichen Schicksal von 15 Jahren unbeschränkte Begnadigung gewährten.

Einstein beteiligte sich auch an dem weltweiten Protest gegen die Verurteilung der acht "Scottsboro boys" im April 1931 in Alabama. Der Ankläger hatte ihnen die Vergewaltigung zweier Frauen zur Last gelegt, von denen eine die Anschuldigung später zurücknahm. Als Einstein hörte, dass man in Amerika an seinem Eintreten für die Verurteilten gezweifelt habe, schrieb er an den deutschen Volkswirtschaftler Alfons Goldschmidt (25. Juli 1931):

... Um meine Beteiligung an dem Protest gegen die Hinrichtung der acht Neger in Scottsboro zu bestätigen, erkläre ich: Ich habe Sie ... ermächtigt und ersucht, meinen Namen unter die Protesterklärung zu setzen ...

Eine andere Angelegenheit, die damals Einsteins Aufmerksamkeit erregte, war die Ermordung des kroatischen Gelehrten Dr. Milan Sufflay. Obwohl die Identität der Mörder bekannt war, wollte die jugoslawische Regierung nicht einschreiten. Dagegen protestierte Einstein zusammen mit dem Schriftsteller Heinrich Mann in einem Brief, der unter den Auspizien der Deutschen Liga für Menschenrechte veröffentlicht wurde[8].

Aber Einsteins intensivster Kampf in jenen Tagen galt dem Fall des Heidelberger Universitätsprofessors Emil J. Gumbel. Nach aussen handelte es sich dabei um die Rettung der gefährdeten akademischen Freiheit. Die tiefste Ursache des Konflikts waren jedoch die pazifistischen und liberalen Ideen Gumbels, der zu den aktivsten demokratischen Kräften der Weimarer Republik im Kampf gegen den Krieg gehörte. Er setzte sich für die Erfüllung des Versailler Vertrags ein und bekämpfte die vielen reaktionären Revanche-Bewegungen, die im Deutschland der Nachkriegszeit aus dem Boden schossen. Gumbel wurde ganz besonders bekannt durch Bücher und Flugschriften, in denen er die im Widerspruch mit Deutschlands Vertragsverpflichtungen vor sich gehende geheime Aufrüstung Deutschlands dokumentierte und die Existenz von Femegerichten aufdeckte. Diese "Gerichte", die ähnlich wie der amerikanische Ku-Klux-Klan keine gesetzeliche Basis hatten, waren rücksichtslose Mordmaschinen. Kleine Gruppen beschlossen und organisierten insgeheim die "Exekution" vieler Liberaler und Pazifisten, deren Kampf gegen Reaktion und Krieg sie missliebig gemacht hatte.

Gumbels entschiedenes Eintreten für die Weimarer Republik trug ihm viele nationalistische Angriffe ein. Planmässig wurde seine akademische Position untergraben. Die Hetze war erfolgreich: die Philosophische Fakultät der Heidelberger Universität, der er angehörte, beschloss 1925 eine offizielle Rüge Gumbels. Dadurch ermutigt, verdoppelten die Nationalisten ihre Agitation in der

Hoffnung, die Entlassung des verhassten Demokraten erwirken zu können. Im Jahre 1931 hatte das zuständige Kultusministerium den Mut, Gumbel eine überfällige Beförderung zuteil werden zu lassen. Das führte zu lärmenden Protestkundgebungen der nationalistischen Professoren und Studenten. Die Aktion der Regierung, wurde gesagt, sei ein Übergriff in die akademische Selbstverwaltung.

Der Fall erregte internationales Interesse. Die Deutsche Liga für Menschenrechte nahm sich seiner ganz besonders an; im April 1931 veranstaltete sie in Berlin eine Massenkundgebung für die Sache E. J. Gumbels. Auch Einstein nahm daran teil. Er hatte eine Rede vorbereitet, die er jedoch nicht halten konnte[9]:

Zahlreich sind die Lehrkanzeln, aber selten die weisen und edlen Lehrer. Zahlreich und gross sind die Hörsäle, doch wenig zahlreich die jungen Menschen, die ehrlich nach Wahrheit und Gerechtigkeit dürsten. Zahlreich spendet die Natur ihre Dutzendware, aber das Feinere erzeugt sie selten.

Das wissen wir alle, warum also klagen? War es nicht immer so und wird es nicht immer so bleiben? Gewiss ist es so, und man muss das von Natur Gegebene hinnehmen, wie es eben ist. Aber es gibt daneben auch einen Zeitgeist, eine der Generation eigentümliche Gesinnung, die sich von Mensch zu Mensch überträgt, und die einer Gemeinschaft ihr charakteristisches Gepräge gibt. An der Wandlung dieses Zeitgeistes muss jeder sein kleines Teil arbeiten.

Vergleichen Sie den Geist, der in der hiesigen akademischen Jugend vor einem Jahrhundert lebendig war, mit dem heute lebendigen! Es gab einen Glauben an eine Besserung der menschlichen Gesellschaft, Hochachtung vor jeder ehrlichen Meinung, jene Toleranz, für die unsere Klassiker gelebt und gekämpft haben. Es gab damals ein Streben nach einer grösseren politischen Einheit, welche Deutschland hiess. Damals war es die akademische Jugend, und waren es die akademischen Lehrer, in denen diese Ideale lebten.

Auch heute gibt es ein Streben nach sozialem Fortschritt, nach Toleranz und Freiheit des Gedankens, nach einer grösseren politischen Einheit, die bei uns heute Europa heisst. Heute aber ist die akademische Jugend nicht mehr die Trägerin der Hoffnungen und Ideale des Volkes, so wenig wie die akademische Lehrerschaft. Dies muss jeder zugeben, der ohne Leidenschaft, mit nüchternem Blicke unsere Zeit betrachtet.

Wir sind heute zusammengekommen, um uns auf uns selbst zu besinnen. Der äussere Anlass zu dieser Zusammenkunft ist der "Fall Gumbel". Dieser von Gerechtigkeitssinn getragene Mann hat mit hingebendem Fleiss, mit hohem Mut und mit musterhafter Objektivität über ungesühnte politische Verbrechen geschrieben und durch seine Bücher der Gemeinschaft einen grossen Dienst erwiesen. Wir erleben es, dass dieser Mann heute von der Studentenschaft und zum Teil auch von der Lehrerschaft seiner Hochschule bekämpft und zu verdrängen gesucht wird.

So weit darf politische Leidenschaft nicht gehen. Ich bin der Überzeugung, dass jeder, der Herrn Gumbels Bücher mit offenem Geiste liest, davon einen ähnlichen Eindruck haben wird wie ich selbst. Solcher Männer bedarf es, wenn wir es zu einer gesunden politischen Gemeinschaft bringen sollen.

Urteile jeder nach seinem eigenen Ermessen, auf Grund seiner eigenen Lektüre, aber nicht nach dem, was andere ihm sagen!

Geschieht dies, so kann der "Fall Gumbel" nach einem wenig rühmlichen Anfang noch Gutes bewirken.

In einem Brief an einen Kollegen wies Einstein noch auf eine andere Seite des Falles hin[10]:

Als Persönlichkeit schätze ich ihn [Gumbel] noch viel höher. Sein politisches Wirken und seine Publikationen sind von einem hohen Ethos getragen. Das Verhalten der akademischen Jugend gegen ihn ist eines der traurigsten Zeichen der Zeit, welche das Ideal der Gerechtigkeit, Toleranz und Wahrheit so wenig hochhält. Was soll aus einem Volke werden, das solche Zeitgenossen brutal verfolgt und dessen Führer dem gemeinen Haufen keinen Widerstand entgegensetzen? . . . Es ist furchtbar, wie man die unerfahrene Jugend hier aus eigennützigen Beweggründen irreführt. Wenn es so weitergeht, werden wir über ein faschistisches Gewaltregime zum roten Terror kommen.

Einsteins unerschütterlicher Glaube an die Kriegsdienstverweigerung als politisches Kampfmittel ging erneut aus seiner Hilfsstellung für fünf polnische Dienstverweigerer hervor. Er schrieb (am 6. November 1932) an die Militärgerichte in Brest und Warschau:

Als Freund der Gerechtigkeit und des menschlichen Fortschrittes halte ich mich für verpflichtet, zugunsten dreier polnischer Bürger Fürsprache einzulegen, welche, der Stimme ihres Gewissens folgend, in Ihrem Lande sich geweigert haben, Militärdienst zu leisten . . .

Nach meiner Überzeugung ist es eines modernen Staates unwürdig, Menschen ausschliesslich deshalb grausam und fortgesetzt zu verfolgen, weil sie sich weigern, sich vom Staate Verpflichtungen auferlegen zu lassen, die sie mit guten Gründen für unmoralisch halten. Es gibt Staaten, in denen solche Menschen, die meist zu den ethisch wertvollsten gehören, ein Ausweg aus ihrer Gewissensnot geboten wird. England bot hierfür – sogar während des Krieges – ein leuchtendes Vorbild.

Um der Gerechtigkeit und um Polens Ansehen willen bitte ich Sie hiermit inständig, dahin zu wirken, dass die genannten Männer ausser Verfolgung gesetzt werden.

Am 17. April 1931 sandte er der deutschen Zeitschrift *Jugendtribüne* den folgenden Beitrag:

Die Regierungen sind von den Interessenten der Kriegsmaschinerie viel zu abhängig, als dass von ihnen in nächster Zeit ein entscheidender Schritt zur Beseitigung der Kriegsgefahr erwartet werden dürfte. Ich glaube, dass nur international organisierte Verweigerung von Militärdienst und Kriegsdienst ernsthafte Fortschritte bringen kann. Es muss in den Menschen das Bewusstsein lebendig werden, dass der Staat nicht berechtigt ist, von seinen Bürgern Handlungen zu fordern, die nach der anerkannten Moral Verbrechen sind. Was die Quäker auf religiöser Basis vermochten, muss Gesamtgut aller ernsten Menschen werden.

Am Vorabend seiner Abreise nach England, wo er sich einen Monat lang aufhielt, schrieb er an das "Schwedische Informationsbüro über Fragen des Friedens und der internationalen Zusammenarbeit" (30. April 1931):

Ich bin fest davon überzeugt, dass eine kräftige internationale Vereinigung, welche systematisch die Verweigerung des Militärdienstes betreibt und den Personen, welche eine solche Verweigerung mutvoll auf sich nehmen, einen moralischen und materiellen Halt gewährt, eine der höchsten Aufgaben erfüllt, die sich Menschen heute stellen können.

Am gleichen Tag beantwortete er einen Brief des Redakteurs des Blattes *The World Tomorrow* in New York, Kirby Page[11], der ihm über das Ergebnis einer Rundfrage unter 19,000 amerikanischen Geistlichen berichtet hatte:

Es ist ein erfreuliches Zeichen für die amerikanische Geistlichkeit, dass 54 Prozent der Geistlichen, welche die Anfrage beantwortet haben, für die Verweigerung der Teilnahme am Kriege gestimmt haben. Nur eine solche radikale Stellungnahme kann der Welt etwas nützen, da ja die Regierung jedes Landes einen von ihr unternommenen Krieg stets als Verteidigungskrieg darzustellen pflegt.

Es wäre ein grosser Erfolg, wenn eine internationale Vereinigung von Geistlichen aller Länder zustandegebracht werden könnte, welche sich offen für Kriegsdienst-Verweigerung ausspricht und deren Mitglieder geloben, im Falle eines Krieges in diesem Sinne zu wirken. Bei dem grossen moralischen Einfluss der Vereinigten Staaten in der Welt wäre der Versuch, eine solche internationale Organisation zustande zu bringen, durchaus nicht hoffnungslos, und er könnte ein Resultat von weltgeschichtlicher Bedeutung zeitigen, welches den Initiatoren zur grössten Ehre gereichen würde.

Wie ernst es Einstein mit diesem Vorschlag war, ergibt sich aus einem Eintrag in seinem England-Tagebuch:

... Vorsatz: ich will versuchen, die Geistlichkeit aller Länder zu vereinigen für das Ziel der Militär- und Kriegsdienstverweigerung.

Offenbar hatte Einstein nichts davon gewusst, dass bereits seit drei Jahren eine internationale Union antimilitaristischer Geistlicher bestand. Die Union gehörte dem Dachverband Joint Peace Council an, mit dem Einstein später zusammenarbeitete.

Oxford, wo Einstein im Mai 1931 eine Anzahl von Vorträgen hielt, bedeutete für ihn das stimulierende Erlebnis eines neuen, ihm völlig fremden Milieus. Trotz vieler Zusammenkünfte, Dinners, Bankette und der Verleihung einer neuen Ehrendoktorwürde fand er Zeit genug, um enge Kontakte mit seinen Kollegen zu suchen und seinen eigenen wissenschaftlichen Interessen nachzugehen. Wie aus einigen Tagebuch-Eintragungen hervorgeht, wurde auch die Weltpolitik nicht vernachlässigt:

20. Mai 1931: ... Abends Studenten Völkerbund-Gesellschaft. Stellen zwei Stunden lang Fragen an mich über innerdeutsche und russische Dinge.

23. Mai 1931 : ... endlich pazifistische Studenten in niedlichem altem Privathause. Grosse politische Reife bei den Engländern. Wie armselig sind *unsere* Studenten dagegen!

26. Mai 1931: ... Nachmittags Besuch der Internationale der Kriegsdienstverweigerer. Besprechung über Ausbreitung und Wirkung meiner Reden in Amerika. Diese Sache hat grosse Aussichten. Ich muss mich nach Kräften dafür einsetzen. Famose Leute, in England religiöse Tradition Basis.

Eine andere Tagebuchnotiz erinnert an eine komische Panne, die ihm während der Japanreise zugestossen war: er hatte einen Zylinder ausgeborgt, der sich als zu klein erwies, sodass er ihn den ganzen Tag lang in der Hand tragen musste. Am 15. Mai 1931 vermerkte er:

. . . das frische Hemd schloss sich nicht beim Umziehen, sodass behaarte Männerbrust bei jeder zweiten Bewegung herausschaut. Ich durchsuche das Junggesellen-Schlafgemach, finde Nadel und Faden und nähe das Ding so zu, dass ich zwar noch durchschlüpfen kann, dass aber meine Bewegungsfreiheit in dezenter Weise beschränkt wird . . .

Bald nach seiner Rückkehr aus England unterzeichnete er (am 2. Juni 1931) zusammen mit acht anderen prominenten deutschen Pazifisten eine Erklärung gegen das Schweizer Milizsystem, dessen Nachahmung damals in anderen Teilen Europas erwogen wurde[12]:

Liebe Freunde,

wir, die unterzeichneten aktiven Mitglieder der deutschen Friedensbewegung, sehen mit Besorgnis auf die wachsende Tendenz innerhalb der internationalen Friedensbewegung, die Forderung auf Beschränkung der ausgebildeten Reserven, die zur Abschaffung der Wehrpflicht führen würde, zugunsten des Prinzips der Verkürzung der Dienstzeit fallen zu lassen, das zu einer allgemeinen Annahme des Schweizer Milizsystems führen würde.

Wir bitten Sie dringend, das System, das aus jedem Staatsbürger von seinem 18. Jahre bis an sein Lebensende einen Soldaten macht und jeden Haushalt mit einer Schusswaffe versieht, genau zu studieren, ehe Sie es empfehlen. Unsere Schweizer pazifistischen Kameraden stellen in dem beiliegenden an die Delegierten der Völkerbundsversammlung 1928 gerichteten Schreiben fest, dass

> "gerade nach unseren schweizerischen Erfahrungen mit dem Milizsystem dessen allgemeine Einführung gleichbedeutend wäre mit einer Verjüngung des Kriegsgeistes in den Völkern und einer Verunmöglichung der Abrüstung. Man könnte als Gegner des Friedens kein raffinierteres Mittel erfinden, um diesen endgültig zu verhindern."

Tatsächlich liegen die Dinge so, dass je kürzer die Ausbildungszeit, umso grösser die Anzahl der Rekruten sein kann und wird, die man dieser Ausbildung ausliefert. Das bedeutet, dass die Militarisierung der Völker in einem bisher noch nicht dagewesenen Umfange erfolgen und jeden Fortschritt zum Weltfrieden illusorisch machen wird.

Ausserdem ist zu befürchten, dass die Zentralmächte auf die Dauer nicht in das Fortbestehen zweier verschiedener Systeme willigen werden. Das österreichische Parlament hat bereits eine Resolution angenommen, die von der österreichischen Regierung verlangt, sie möge Schritte dazu tun, von den Entente-Mächten die Erlaubnis zur Einführung des Milizsystems zu erwirken.

Wir in Deutschland, die wir die Wehrpflicht nicht nur als eine vorübergehende Kriegsmassnahme, sondern als eine dauernde Einrichtung mit ihrem entscheidenden Einfluss auf den Geist und das Leben der Nation kennen, wenden uns mit der dringenden Bitte vor allem an unsere englischen Kameraden, uns in unserem Kampfe gegen ein System nicht im Stiche zu lassen, das, obgleich es schon erschüttert ist, den protestierenden Massen wieder aufgezwungen werden soll. Wir erinnern daran, dass nicht die Völker, sondern die Regierungen seine Beibehaltung wünschen, und dass es zahlreiche Beweise für den wachsenden Widerstand gegen ein System gibt, das mit dem Kellogg-Pakt und seinen Folgerungen unvereinbar ist.

Am 13. Juni 1931 antwortete Einstein einem akademischen Korrespondenten, dessen Brief an ihn sich nicht in seinen nachgelassenen Papieren findet. Aber auch ohne die genaue Kenntnis des Zusammenhangs ist Einsteins Erwiderung interessant:

Ihre Absicht ist gut, das Mittel aber gänzlich ungeeignet. In moralischen Dingen gibt es keine Organisation und kann es keine geben. Deshalb haben Buddha und Christus auch keine Vereine gegründet.

Zu Einsteins Besuchern während seiner Oxforder Tage gehörte auch A. Fenner Brockway, Mitglied des britischen Unterhauses und Mitglied der Internationalen der Kriegsdienstverweigerer. Brockway schilderte seine Eindrücke über die Zusammenkunft mit Einstein in der Juli 1931-Ausgabe der Zeitschrift *The New World*[13]:

... Professor Einstein teilte die Auffassung, dass es auf die Ablehnung des Militärdienstes ankomme, betonte jedoch, die Tyrannei der Dienstpflicht könne gebrochen werden, wenn die Dispensierung jener, die zivile statt militärische Dienste anböten, gesetzlich verankert würde.

Er sieht zwei Möglichkeiten des Widerstandes gegen den Krieg: den legalen und den revolutionären Weg. Der legale Weg besteht im Angebot nichtmilitärischer Dienstleistungen – und zwar nicht als Privileg Weniger, sondern als Recht für Alle. Der revolutionäre Weg besteht in kompromisslosem Widerstand gegen den Krieg mit dem Ziel, in Friedenszeiten die Macht des Militärs zu brechen und in Kriegszeiten die staatlichen Kraftquellen zu schwächen. Professor

Einstein zog die allgemeine Schlussfolgerung, beide Wege seien nützlich; gewisse Umstände liessen den ersten, andere wiederum den zweiten als angebracht erscheinen.

Professor Einstein überraschte mich durch die Intensität seiner Überzeugung, einzig jene Friedensgesellschaften seien der Unterstützung wert, die den Krieg ohne Einschränkung bekämpfen und bei ihren Regierungen – gleichgültig, was andere Nationen tun mögen – auf völlige Abrüstung drängen.

"Es gibt ja so viele fiktive Friedensgesellschaften", rief er aus. "Diese sind zwar bereit, in Friedenszeiten vom Frieden zu sprechen, aber im Krieg kann man sich auf sie nicht verlassen. Fürsprecher des Friedens, die diese Rolle nicht auch im Krieg zu spielen bereit sind, haben keinen Wert. Sich zum Frieden zu bekennen und dann, wenn die Probe kommt, zurückzuweichen – das ist sinnlos, völlig sinnlos ...

"Eine Regierung kann Kriege immer auf solche Weise rechtfertigen, dass das Volk glaubt, das Vaterland gegen einen wirlichen oder möglichen Angreifer verteidigen zu müssen. Wir müssen uns vornehmen, Kriege auf keinen Fall zu unterstützen ..."

Professor Einstein erklärte, man dürfe kein Mittel unversucht lassen, um in allen Ländern einflussreiche Männer und Frauen für die Sache zu gewinnen. Er gibt zu, dass es schwierig sei, Männer in Beamten- oder Universitätsstellungen zum offenen Bekenntnis der Kriegsdienstverweigerung zu bewegen ... Aber trotz aller Schwierigkeiten müsse man die "Intellektuellen" für die Sache des Friedens zu gewinnen suchen. "Würden Männer und Frauen von intellektuellem Rang sich in ausreichender Zahl für den Widerstand gegen den Krieg erklären, so wäre der Vorstellung, nur wirklichkeitsfremde Idealisten könnten Kriegsdienstverweigerer sein, der Boden entzogen ..."

Eine Gruppe von Amerikanern besuchte Einstein im Juli 1931 in seinem Sommerhaus in der Nähe Berlins. Ihre Idee war, ihn für die Gründung einer alle Kriegsgegner zusammenschliessenden "Kellogg-Liga" zu interessieren. Nach einem vorliegenden Bericht erwiderte Einstein[14]:

Die Aufstellung von Namenslisten genügt in keiner Weise. Wir brauchen konkrete Bemühungen, um in einzelnen Menschen einen so starken Enthusiasmus für die Sache zu wecken, dass sie auch andere zum Anschluss bewegen. Kein noch so grosses Ideal kann an der bestehenden Situation etwas ändern, wenn die Menschen nicht für ihre Überzeugungen Opfer zu bringen gewillt sind. Und ist es denn ein Opfer, sich in eine Namensliste einzutragen?

Aber es genügt auch nicht, wenn Männer in prominenten Positionen, die in die Reihen der Pazifisten eingetreten sind, Opfer und Entbehrung auf sich nehmen. Ich glaube nicht, dass die Regierungen selbst auf Kundgebungen hervorragender Einzelner hören würden; nur die Masse macht Eindruck. Eines ist sicher: sollte eine formelle Erklärung gegen den Krieg die einzige Bedingung zur Mitgliedschaft in der Liga sein, so würde die ganze Sache nichts als ein Fetzen Papier bleiben.

Menschen in allen Ländern müssen die pazifistische Idee kulturell und sozial absorbieren. Ich fürchte sehr, dass all jene, die in Friedenszeiten nur generelle Antikriegserklärungen abgeben, im Angesicht eines Krieges schlapp machen werden.

Sie müssen, eine Art Kult beginnend, immer neue Mitglieder dafür gewinnen und die Ideale des Pazifismus durch wöchentliche gesellige Zusammenkünfte und Kulturprogramme fördern. Nur so kann die Idee des Weltfriedens unter die Haut des kleinen Mannes dringen. Kurz gesagt: es muss das Ziel des Pazifismus sein, das Alltagsleben der Menschen zu durchdringen*.

Bei seiner Rückkehr aus England hatte Einstein auch einen Brief des Berliner Rabbiners Dr. Leo Baeck vorgefunden, der ihn im Auftrag des Weltkongresses für internationalen Frieden bat, in einer für August in Genf geplanten Tagung über das Thema "Religion und Pazifismus" zu sprechen. Einstein sagte ab (10. Juli 1931):

Ich brauche Ihnen nicht zu sagen, dass mir der Versuch, die Geistlichkeit für das pazifistische Ideal zu mobilisieren, ausserordentlich am Herzen liegt. Trotzdem kann ich zu meinem grossen Leidwesen das mir zugedachte Referat nicht übernehmen, weil es mir objektiv unmöglich ist, zu derartigen Veranstaltungen zu kommen, weil es deren zu viele gibt, die alle wichtig sind, sodass ich keine Wahl treffen kann. So ist zum Beispiel dieses Jahr ein Kongress der "War Resisters" in Lyon von eminenter Wichtigkeit und ich kann auch nicht hingehen. Ich muss mich strikte auf das beschränken, was ich am Schreibtisch machen kann.

Mit der Bitte um gütige Entschuldigung dieser Absage . . .

Die Tagung der Internationale der Kriegsdienstverweigerer, die Einstein in dem Brief an Rabbiner Baeck erwähnt, fand vom 1. bis 4. August in Lyon, Frankreich, statt. Einstein richtete an die dort Versammelten die folgende Botschaft[15]:

Ich wende mich an Sie, die Delegierten der Internationale der

Kriegsdienstgegner, die in Lyon zum Kongress zusammentreten, weil Sie diejenige Bewegung vertreten, die am sichersten die Abschaffung des Krieges verbürgt. Wenn Sie klug und mutig handeln, können Sie die wirksamste Gemeinschaft in der grössten aller menschlichen Bestrebungen werden. Die Männer und Frauen in 56 Ländern, die Sie vertreten, können zu einer grösseren Weltmacht werden als das Schwert.

Alle Nationen der Welt sprechen von Abrüstung. Sie müssen sie lehren, mehr zu tun, als bloss davon zu sprechen. Die Völker müssen den Staatsmännern und Diplomaten die Abrüstung aus der Hand nehmen. Die Völker selbst müssen die Abrüstung verwirklichen.

Wer glaubt, dass die Kriegsgefahr vorüber ist, lebt in einer Traumwelt. Wir erleben heute einen Militarismus, stärker und gefährlicher als jener, der den Weltkrieg heraufbeschworen hat.

Soweit haben uns die Regierungen gebracht. Aber bei den Völkern wächst der Gedanke der Kriegsdienstverweigerung. Ihr müsst furchtlos und herausfordernd diesen Gedanken verbreiten. Ihr müsst die Völker dazu führen, die Abrüstung selbst in die Hand zu nehmen und zu erklären, dass sie keinen Teil am Kriege und an seiner Verbreitung haben werden. Ihr müsst die Arbeiter alle Länder dazu auffordern, sich vereint zu weigern, zu Werkzeugen lebensfeindlicher Interessen zu werden. In zwölf Ländern kämpfen junge Menschen gegen die Wehrpflicht durch ihre Weigerung, Militärdienst zu leisten. Das sind die Pioniere einer krieglosen Welt. Jeder aufrichtige Friedensfreund muss ihnen zur Seite stehen und ihnen helfen, das Gewissen der Welt gegen die Wehrpflicht aufzurufen.

Ich appelliere besonders an die geistigen Führer aller Länder. Ich appelliere an meine Kollegen, die Vertreter der Wissenschaften, ihre Mitarbeit für Kriegszwecke zu verweigern. Ich appelliere an die Geistlichkeit mit der Bitte, die Wahrheit zu suchen und nationalen Vorurteilen zu entsagen. Ich appelliere an die Schriftsteller, sich offen zu uns zu bekennen.

Ich fordere jede Zeitung, die für den Frieden kämpfen will, dazu auf, die Menschen zur Kriegsdienstverweigerung zu ermutigen. Ich bitte die Führer der Presse, hervorragende und einflussreiche Persönlichkeiten ohne Umschweife zu fragen: "Wie stellen Sie sich zur Frage des Friedens? Fürchten Sie sich, sich mit denen zu verbünden, die den Kriegsdienst verweigern? Müssen Sie auf die Abrüstung der anderen warten, ehe Sie selbst die Waffen niederlegen und die Hand der Freundschaft ausstrecken? "

Jetzt ist nicht Zeit zur Mässigung. Entweder Ihr seid für oder gegen den Krieg. Wenn Ihr für den Krieg seid, dann fordert von der Wissenschaft, der Finanz, der Industrie, der Religion und der Arbeiterschaft, die nationalen Rüstungen nach Kräften auszubauen und sie so todbringend wie möglich zu gestalten. Seid Ihr aber gegen den Krieg, dann fordert sie auf, ihm mit allen Kräften zu widerstehen. Ich bitte jeden, der diese Worte liest, diese ernste und endgültige Entscheidung zu fällen.

Möge diese Generation den wichtigsten Fortschritt zuwege bringen, den die Geschichte der Menschheit kennt. Möge sie denen, die nach ihr kommen, die unschätzbare Gabe einer Welt hinterlassen, aus der die Barbarei des Krieges für immer verbannt ist. Wir können es tun, wenn alle diejenigen, die den Krieg hassen, den Mut haben zu sagen, dass sie keinen Krieg haben wollen.

Ich appelliere an alle Männer und Frauen, an die bedeutenden und an die Durchschnittsmenschen, noch vor dem Zusammentreten der Weltabrüstungskonferenz in Genf im Februar nächsten Jahres zu erklären, dass sie sich weigern, in Zukunft irgendwelche Kriege oder Kriegsvorbereitungen zu unterstützen. Ich bitte Sie, dies der Regierung ihres Landes schriftlich mitzuteilen, und ihren Entschluss dadurch zu bekräftigen, dass sie mich von dieser Mitteilung an ihre Regierung in Kenntnis setzen.

Ich rechne auf Tausende von Antworten auf diesen Appell. Ich bitte, sie an mich unter der Adresse der War Resisters' International, 11 Abbey Road, Enfield, Middlesex, England zu schicken. Um diese grosse Aktion wirksam durchzuführen, habe ich meine Einwilligung zur Eröffnung eines "Einstein Fonds der War Resisters' International" gegeben. Beiträge zu diesem Fonds sind zu senden an den Schatzmeister der War Resisters' International, 11 Abbey Road, Enfield, Middlesex, England.

Einsteins Worte beeindruckten den Kongress aufs tiefste. Und sie fanden einen weiten und positiven Widerhall in den meisten Ländern, wie H. Runham Brown in einem Schreiben an Einstein vom 15. September 1931 feststellte. Aber Deutschland bildete dabei eine Ausnahme: nur die *Friedensfront,* das Organ des deutsche Zweiges der Internationale der Kriegsdienstverweigerer, druckte den vollen Wortlaut der Botschaft, während selbst die grossen deutschen Tageszeitungen nur dürftige Auszüge brachten, in denen Einsteins Ruf zur Aktion fehlte. Einstein erhielt nur wenige Antworten auf seine allgemeine Bitte, an ihn zu schreiben, und die für den internationalen Fonds der Kriegsdienstverweigerer einlaufenden Beiträge waren minimal.

Trotz seiner klaren, unzweideutigen Haltung in der Frage der Dienstverweigerung wurde Einstein von einigen Seiten vorgeworfen, er gehe nicht weit genug. So erklärte Kurt Hiller (siehe S. 42) in einem Offenen Brief in der *Welt-*

bühne, dem bekannten deutschen radikal-pazifistischen Wochenblatt, dass der Pazifismus, solle er wirksam sein, zur sozialen Revolution aufrufen müsse. Der Artikel trug den Titel: "Einen Schritt weiter, Einstein!"

Privat bezeichnete Einstein Hillers Angriff als "ziemlich dumm". Er schrieb Hiller am 21. August 1931:

... Früher habe ich mich ... nie mit politischen Angelegenheiten öffentlich beschäftigt. Hierzu kam es durch Anfragen und Aufforderungen, auf die ich reagieren musste. Ich bin wohl darin mit Ihnen einig, dass die Entwicklung der Wirtschaft planmässiges Vorgehen in vielen Dingen gebieterisch verlangt. Von Revolutionen erwarte ich mir dabei nicht viel in Ländern mit demokratischer Verfassung. Ich bin gar nicht überzeugt, dass die Nutzniesser eines mit irgendeinem Schlagwort operierenden revolutionären Unternehmens meinem Ideal gemäss funktionieren würden. Ausserdem bin ich der Meinung, dass das Ziel der Befriedung lange vor dem sozialen Problem entschiedenen Fortschritt machen muss ...

Einen Schweizer Dienstverweigerer ermutigte er in einem Brief vom 15. August 1931:

... Ich drücke Ihnen meine Hochachtung aus für Ihr charaktervolles Verhalten. Ein Mann, der den Mut hat, sich zu weigern, Militärdienst zu machen, nützt der Menschheit mehr als tausend, die in normaler Weise ihre Pflicht tun. So einer wirkt wie ein Sandkorn, das in eine Maschine kommt. Mit solchen Sandkörnern sollen die Maschinen des Kriegs zerstört oder wenigstens die unwürdige Dienstpflicht beseitigt werden ...

Am 21. August 1931 antwortete er einem New Yorker Hochschullehrer, der seine Kollegen zur aktiven Opposition gegen Kriegspläne organisieren wollte:

Ich glaube, dass die von Ihnen ins Leben gerufene Bewegung von grosser Bedeutung ist, da die Schule für die Bildung der politischen Ansichten der werdenden Generation massgebend ist. Deshalb ist es von hoher Wichtigkeit, den pazifistischen Gedanken unter der Lehrerschaft zu pflegen und lebendig zu erhalten. Wenn es Ihnen gelingt, in Amerika einen erheblichen Einfluss zu entfalten, werden Sie auch in anderen Ländern Nachahmung finden können, da die Lehrerschaft in jedem Lande organisiert ist. Besonders nützlich wäre natürlich eine Reinigung der Schulbücher von chauvinistischen Tendenzen ...

Über hunderttausend Belgier flämischer Abstammung unternahmen am 23. August 1931 ihre jährliche Pilgerfahrt zu einem Denkmal, das an die im Ersten Weltkrieg Gefallenen erinnerte. Dazu sandte Einstein die folgende Botschaft[16]:

Ich preise mich glücklich, die grosse Friedensmanifestation zu erleben, die das flämische Volk unternommen hat. Es ist mir ein Bedürfnis, allen, die dabei mitwirken, im Namen der Wohlmeinenden und um die Zukunft Besorgten zuzurufen: Wir fühlen uns mit euch aufs tiefste verbunden in dieser Stunde der Besinnung und des erwachenden Gewissens.

Wir dürfen uns nicht verhehlen, dass eine Besserung der obwaltenden trostlosen Verhältnisse nicht ohne schwere Kämpfe möglich sein wird; denn das Häuflein der zu radikaler Abhilfe Entschlossenen ist klein gegenüber der Masse der Unentschlossenen und Verführten. Und die Macht der an der Erhaltung der Maschinerie des Krieges Interessierten ist gross; sie scheuen kein Mittel, die Volksmeinung ihren lebensfeindlichen Zwecken dienstbar zu machen.

Es hat den Anschein, dass die regierenden Staatsmänner von heute wirklich das Ziel verfolgen, den Frieden dauernd zu befestigen. Aber die unablässige Vermehrung der Rüstungen zeigt allzudeutlich, dass sie den feindlichen Mächten, die zur Vorbereitung des Krieges drängen, nicht gewachsen sind. Nach meiner Überzeugung kann eine Rettung nur aus dem Schosse der Völker selbst kommen. Sie müssen sich, wenn sie die unwürdige Sklaverei des Kriegsdienstes vermeiden wollen, entschlossen für die vollständige Abrüstung einsetzen. Denn solange es Heere gibt, wird jeder ernstere Konflikt auch zum Kriege führen. Ein Pazifismus, der die Rüstungen der Staaten nicht aktiv bekämpft, ist und bleibt ohnmächtig.

Möge das Gewissen und der gesunde Sinn der Völker lebendig werden, damit wir eine neue Stufe des Völkerlebens erreichen, von der aus der Krieg als unbegreifliche Verirrung der Vorfahren erscheint.

Am 17. September 1931 – dem Vorabend der japanischen Invasion in der Mandschurei – schrieb Einstein an das holländische Blatt *Nieuw Europa:*

Der Gedanke, dass die menschenwürdige Fortexistenz der Völker Europas an die Realisierung einer weitgehenden Abrüstung geknüpft ist, hat in diesen Zeiten schwerer Not grosse Fortschritte gemacht. Es kann aber nicht eindringlich genug gesagt werden, dass die Abrüstung nur dann wirkliche Aussicht auf Realisierung hat, wenn den einzelnen Staaten eine Garantie geboten ist für die Durchführung der

Entscheidungen eines obligatorischen internationalen Schiedsgerichtes. Deshalb muss Jeder, dem es ernst um den Frieden zu tun ist, dafür eintreten, dass alle Staaten die Verpflichtung übernehmen, mit allen ihnen zu Gebote stehenden Mitteln in Gemeinsamkeit mit allen anderen gegen jeden Staat vorzugeben, der einem Schiedsspruch dieser Instanz zuwiderhandelt.

Um dieselbe Zeit richtete Einstein einen Brief an den Chefredakteur des Berliner *Vorwärts,* des Zentralorgans der deutschen Sozialdemokratie. Darin empfahl er die Publikation eines von einem Kriegsdienstgegener verfassten Artikels und bemerkte:

Es ist ein offenes Geheimnis, dass die Sozialdemokratie durch Paktieren mit dem Militarismus Schaden gelitten und an Vertrauen verloren hat. Dies ist im Interesse einer Gesundung der politischen Verhältnisse tief zu bedauern, aber der Schaden ist reparabel. Die Widerherstellung der internationalen Solidarität kann dem Sozialismus neue Kraft geben, aber diese Solidarität ist nur auf ehrlicher pazifistischer Grundlage möglich . . .

Der Chefredakteur des *Vorwärts* lehnte die Veröffentlichung des Artikels ab[17]. Individuelle Kriegsdienstverweigerung, argumentierte er, sei verhältnismässig unwichtig; viel wichtiger sei es, den Wahnsinn eines neuen Krieges deutlich zu machen. Im übrigen würde die sozialdemokratische Unterstützung der Dienstverweigerung selbst in Friedenszeiten zu Schwierigkeiten mit benachbarten Ländern führen, in denen im Gegensatz zu Deutschland die Dienstpflicht bestehe. Die Differenzen zwischen Einstein und der Sozialdemokratie seien mehr in der Methode als im Prinzip zu suchen. Wie wäre es, wenn Einstein selbst seine eigenen Anschauungen im *Vorwärts* darlegen würde?

Dazu kam es nicht; offenbar wünschte Einstein damals keine Debatte. Dagegen sprach er sich sehr ausführlich in einem Artikel der New Yorker Zeitschrift *The Nation* aus, der, im Hinblick auf die für 1932 anberaumte Abrüstungskonferenz geschrieben, am 23. September 1931 erschien[18]:

Was uns der Erfindergeist der Menschen in den letzten hundert Jahren geschenkt hat, vermöchte das Leben sorglos und glücklich zu gestalten, wenn die organisatorische Entwicklung mit der technischen hätte Schritt halten können. So aber nimmt sich das mühsam Errungene in der Hand unserer Generation aus wie ein Rasiermesser in der Hand eines dreijährigen Kindes. Der Besitz von wunderbaren Produktionsmitteln brachte nicht Freiheit, sondern Sorge und Hunger.

Am schlimmsten aber wirkt sich der technische Fortschritt da aus, wo er die Mittel zur Vernichtung von Menschenleben und mühsam erzeugten Produkten der Arbeit liefert. Wir Ältere haben es im Weltkrieg schaudernd erlebt. Noch schrecklicher als die Vernichtung dünkt mich die unwürdige Knechtschaft, in die der Einzelne durch den Krieg hineingerissen wird. Ist es nicht furchtbar, durch die Allgemeinheit zu Handlungen gezwungen zu werden, die jeder Einzelne als verabscheuungswürdige Verbrechen empfindet? Nur wenige haben die moralische Grösse gefunden, sich zu widersetzen; sie sind in meinen Augen die wahren Helden des Weltkrieges.

Es gibt einen Hoffnungsstrahl. Es scheint mir, dass heute die verantwortlichen Führer der Völker in der Hauptsache den ehrlichen Willen haben, den Krieg abzuschaffen. Der Widerstand gegen den unbedingt nötigen Fortschritt liegt in den unglücklichen Traditionen der Völker, die durch den Erziehungsapparat wie eine Erbkrankheit von Generation zu Generation fortgeschleppt werden. Hauptträger aber dieser Tradition ist die militärische Ausbildung und ihre Verherrlichung, sowie nicht minder die von Schwerindustrie und Militär abhängige Presse. Ohne Abrüstung gibt es keinen dauernden Frieden. Umgekehrt wird die Fortsetzung der militärischen Rüstungen im gegenwärtigen Ausmasse mit Sicherheit zu neuen Katastrophen führen.

Deshalb wird die Abrüstungskonferenz 1932 für das Schicksal der gegenwärtigen und nächsten Generation entscheidend sein. Denkt man an die bisherigen, im Ganzen genommen kläglichen Ergebnisse der bisherigen Konferenzen, so wird es klar, dass die einsichtigen und verantwortungsvollen Menschen alle Kräfte aufbieten müssen, um die öffentliche Meinung immer wieder auf die grosse Wichtigkeit der Konferenz 1932 hinzuweisen. Nur wenn die Staatsmänner den Friedenswillen einer entscheidenden Mehrheit in ihrem Lande hinter sich haben, können sie ihr wichtiges Ziel erreichen, und für die Gestaltung dieser öffentlichen Meinung ist jeder mitverantwortlich durch jede Tat und jedes Wort.

Der Misserfolg der Konferenz wäre besiegelt, wenn die Abgesandten mit fertigen Instruktionen dorthin kämen, deren Durchsetzung alsbald zu einer Angelegenheit des Prestiges würde. Dies scheint allgemein erkannt zu sein. Denn die Zusammenkünfte der Staatsmänner je zweier Staaten, welche sich in der letzten Zeit häuften, wurden dazu verwendet, durch Besprechungen über das Abrüstungsproblem den Boden für die Konferenz vorzubereiten. Dieser Weg scheint mir ein sehr glücklicher zu sein, da zwei Menschen oder Gruppen am vernünftigsten, ehrlichsten und leidenschaftslosesten miteinander verhandeln zu können pflegen, wenn kein

Dritter zuhört, auf den sie bei ihren Reden Rücksicht nehmen zu müssen glauben. Nur wenn die Konferenz in dieser Weise erschöpfend vorbereitet wird, wenn Überraschungen dadurch ausgeschlossen sind und wenn durch ehrlichen guten Willen eine Atmosphäre des Vertrauens geschaffen wird, dürfen wir auf ein glückliches Ergebnis hoffen.

Der Erfolg bei derartigen grossen Dingen ist nicht eine Sache der Klugheit oder gar Schlauheit, sondern eine Sache von Ehrlichkeit und Vertrauen. Das Moralische kann nicht durch Verstand ersetzt werden – Gottseidank, möchte ich sagen.

Dem einzelnen Zeitgenossen kommt es nicht zu, bloss abzuwarten und zu kritisieren. Er muss dieser Sache dienen, so gut er es vermag. Das Schicksal der Gesamtheit wird das sein, das sie verdient.

Einem Korrespondenten in Maine (USA) antwortete Einstein am 30. September 1931:

Die Theorie, dass Kriege ausschliesslich oder in der Hauptsache von Kapitalisten gemacht werden, halte ich nicht für richtig. Ich halte das Problem der Beseitigung der schweren wirtschaftlichen Ungerechtigkeiten für noch wichtiger als das pazifistische Problem. Ich bin aber überzeugt, dass wir die Lösung des letzteren nicht von der Lösung des ersteren abhängig machen dürfen, da bereits die heutigen Verhältnisse für die Schaffung einer Organisation reif sind, durch welche die Kriege abgeschafft werden.

Ich bin überzeugt, dass die Militär- und Kriegsdienstverweigerung ein Mittel ist, um die Staaten zum Eingehen von Verpflichtungen für die gemeinsame Durchführung internationaler Schiedssprüche geneigt zu machen.

Und Mrs. Schwimmer, die ihm im Zusammenhang mit der Abrüstungskonferenz Vorschläge für Massenaktionen unterbreitet hatte, erhielt am gleichen Tag folgende Mitteilung von Einstein:

Ihre Vorschläge enthalten nach meiner Ansicht zu wenig Substantielles, insbesondere kann man nicht einfach kategorisch Abrüstung verlangen, ohne den bedrohten Staaten einen Weg zur Sicherung gegen Überfälle zu zeigen.

Einstein zog mit Bedauern die früher Mrs. Schwimmer gegebene Erlaubnis zurück, in seinen Papieren nach Antikriegsbekenntnissen zu suchen, die im Rahmen einer in Vorbereitung befindlichen Sammlung veröffentlicht werden sollten[19]:

Nach reiflicher Überlegung bin ich von diesem Vorhaben abgekommen. Es kann der Sache nur schaden, wenn geringwertiges Zeug hinausposaunt wird, selbst wenn es von meiner Gnaden stammt . . .

Am 8. Oktober 1931 sandte er eine Botschaft an den deutschen Zweig der Internationale der Kriegsdienstverweigerer, den "Bund der Kriegsdienstgegner"[20]:

In diesem Lande, in welchem die Ideologie der Gewalt und des Waffenhandwerkes leider im Volke, ja selbst in den meistgebildeten Schichten noch so fest sitzt, bedarf es ungewöhnlicher Selbstständigkeit und auch eines gewissen Mutes, um das zu vertreten, was für einen unverdorben denkenden und fühlenden Menschen eine Selbstverständlichkeit ist: Keine Instanz, auch nicht der Staat, hat das Recht vom Individuum Handlungen zu fordern, welche das von allen anerkannte Sittengesetz als verbrecherisch brandmarkt.

Technik und Wissenschaft gereichen dem Menschen zum Verderben, wenn die moralischen Kräfte verkümmert sind. Nur der starke und unbeugsame Wille zur Förderung internationaler Gerechtigkeit kann eine wirksame Grundlage für das Gelingen der Abrüstungsbestrebungen liefern.

Lasst uns stets daran denken, wie mächtige Bestrebungen, die der Menschheit zum Segen hätten gereichen können, durch Kompromisse verfault sind. Wenn wir trotzig und stark sind, werden wir die Besten für uns gewinnen und zuletzt die schwankende Menge.

Die Führer des schwedischen Komitees für ein Abrüstungs-Volksparlament planten einen Aufruf zu Massenkundgebungen in allen Ländern im Zusammenhang mit der bevorstehenden Genfer Abrüstungskonferenz und baten Einstein um eine Proklamation dafür. Seine am Waffenstillstandstag 1931 geschriebene Antwort enthält den ersten Hinweis auf den japanischen "Zwischenfall" in der Mandschurei:

Ich freue mich sehr darüber, dass Sie sich in Schweden mit so grosser Energie für das Gelingen der Abrüstungskonferenz einsetzen . . .

Was nun die Abrüstungskonferenz betrifft, so möchte ich bemerken, dass es nicht genügt, einfach einen Druck auszuüben zur Erzwingung der Abrüstung. Ich bin der Überzeugung, dass die von den Staaten bisher übernommenen Verpflichtungen bezüglich des internationalen Schlichtungsverfahrens nicht als Basis für eine Abrüstung genügen. In dieser Beziehung glaube ich, dass der Standpunkt Frankreichs gerechtfertigt ist. Wenn alle Staaten die Pflicht übernehmen, die Durchführung einer jeden in Genf oder im Haag gefällten Entscheidung dadurch zu garantieren, dass gegen jeden sich nicht fügenden Staat wirtschaftliche oder eventuell auch militärische Massregeln ergriffen werden, dann erst können es die Regierungen der einzelnen Staaten riskieren, abzurüsten.

Ich bin der Überzeugung, dass alle ehrlichen Gegner des militärischen Systems diesen Standpunkt, dessen Berechtigung durch das gegenwärtige Vorgehen Japans [Einfall in die Mandschurei] illustriert wird, mit Entschiedenheit vertreten müssten. Heute nämlich schreien auch alle diejenigen nach Abrüstung, welche in Wahrheit keineswegs auf militärische Abenteuer zu verzichten geneigt sind.

Der Chefredakteur des französischen Blattes *Paix Mondiale* erinnerte an die häufig in Deutschland erhobene Forderung der Revision des Versailler Friedensvertrags und im besonderen der Klausel, die die Mittelmächte als für den Krieg allein verantwortlich erklärte. Der Journalist stellte an Einstein drei Fragen, die er am 17. November 1931 beantwortete:

Frage: Sind Sie für die Revision des Versailler Vertrages? Wenn ja, in welcher Form?

Antwort: Ich bin überzeugt, dass der Friedensvertrag zum Teil ungerecht und unvernünftig ist. Die Revisionsforderung erscheint mir aber im gegenwärtigen Zeitpunkt nicht zweckmässig, zumal auch ohne eigentliche Revision bei gutem Willen vieles in der internationalen Politik gebessert werden kann.

Frage: Ist physische Abrüstung ohne eine vorausgegangene moralische Abrüstung möglich?

Antwort: Das Streben nach moralischer Abrüstung ist zweifellos wichtig. Es genügt aber nicht als Vorbedingung für materielle Abrüstung. Wirkliche Abrüstung wird jedoch nur dann möglich werden, wenn den einzelnen Staaten Sicherheiten gegen militärische Angriffe geboten werden. Diese Notwendigkeit hat sich wieder deutlich bei dem Angriff Japans auf die Mandschurei gezeigt. Wenn alle Staaten in einem solchen Falle zu wirtschaftlichen Boykottmassregeln gegen den Friedensbrecher verpflichtet gewesen wären, hätte Japan bestimmt auf seinen Angriff verzichten müssen.

Frage: Muss die Abrüstungskonferenz 1932 unter den gegenwärtigen Verhältnissen nicht mit einem Fiasko und all seinen tragischen Folgen enden?

Antwort: Ich bin der Meinung, dass die Konferenz 1932 unbedingt stattfinden soll, weil sie zum mindesten Klarheit über die Situation schafft und die Aufmerksamkeit auf das wichtige Problem der Abrüstung lenkt.

In einem von *The New York Times* am 22. November 1931 veröffentlichten Artikel erklärte Einstein[21]:

Darf ich mit einem politischen Bekenntnis beginnen? Es lautet: der Staat ist für die Menschen da und nicht die Menschen für den Staat. Von der Wissenschaft kann das Gleiche gesagt werden wie vom Staat. Dies sind alte Formeln, geprägt von solchen, die die menschliche Persönlichkeit als den höchsten menschlichen Wert ansehen. Ich würde mich scheuen, sie zu wiederholen, wenn sie nicht immer wieder in Vergessenheit zu geraten drohten, ganz besonders in unserer Zeit der Organisation und der Schablone. Als wichtigste Aufgabe des Staates sehe ich die, das Individuum zu schützen und ihm die Möglichkeit zu bieten, sich zur schöpferischen Persönlichkeit zu entfalten.

Der Staat soll also unser Diener sein, nicht wir Sklaven des Staates. Dies Gebot verletzt der Staat, wenn er uns mit Gewalt dazu zwingt, Militär- und Kriegsdienst zu leisten, zumal dieser knechtische Dienst zum Ziel und zur Wirkung hat, Menschen anderer Länder zu vernichten oder in ihrer Entwicklungsfreiheit zu schädigen. Wir sollen für den Staat nur solche Opfer bringen, welche der freien Entwicklung menschlicher Individuen zugute kommen. Diese Sätze mögen für jeden Amerikaner Selbstverständliches aussagen, nicht aber für jeden Europäer. Deshalb dürfen wir hoffen, dass der Kampf gegen den Krieg eine mächtige Stütze an den Amerikanern haben wird.

Nun aber zur Abrüstungskonferenz! Soll man lachen, weinen oder hoffen, wenn man an sie denkt? Stellen Sie sich eine Stadt vor, die von jähzornigen, unredlichen und händelsüchtigen Bürgern bewohnt ist! Man empfindet dort die beständige Lebensgefahr als schwere Hemmung, die jede gesunde Entwicklung unmöglich macht. Der Magistrat will diesen abscheulichen Verhältnissen abhelfen, obwohl jeder von den Magistratsräten und sonstigen Bürgern es sich nicht verbieten lassen will, seinen Dolch im Gürtel zu tragen. Nach jahrelangen Vorbereitungen entschliesst sich der Magistrat zu einer Verhandlung über den Gegenstand und stellt das Thema zur Debatte: Wie lang und scharf darf das Dolchmesser sein, das jeder beim Spazierengehen im Gürtel trägt? Solange die schlauen Bürger nicht durch Gesetz, Gericht und Polizei gegen das Messerstechen vorgehen, wird es natürlich nicht anders. Eine Festsetzung über die Länge und Schärfe der zugelassenen Dolchmesser aber wird nur den Rauflustigen und Stärksten zugute kommen und ihnen die Schwächeren ausliefern. Sie werden alle wissen, wie dieser Vergleich gemeint ist.

Wir haben zwar einen Völkerbund und ein Schiedsgericht. Aber der Völkerbund ist nicht viel mehr als ein Versammlungslokal, und das Schiedsgericht hat kein Mittel, seine Entscheidung durchzusetzen. Diese Institutionen bieten keinem Staat Sicherheit im Falle eines Angriffs gegen ihn. Wenn Sie sich dies vor Augen halten, werden Sie den Standpunkt Frankreichs, seine Weigerung einer Abrüstung ohne Sicherheit milder beurteilen, als es gegenwärtig im allgemeinen zu geschehen pflegt.

Wenn wir uns nicht dazu verstehen, die einzelnen Staaten in ihrer Souveränität zu beschränken, indem sich alle zu gemeinsamer Aktion verpflichten gegen jeden Staat, der sich einem Urteil des Schiedsgerichtes offen oder versteckt widersetzt, so können wir aus dem Zustand der allgemeinen Anarchie und Bedrohung nicht herauskommen. Unbeschränkte Souveränität der einzelnen Staaten und Sicherheit gegen Angriffe lassen sich durch keinerlei Kunstgriffe miteinander vereinigen. Wird es noch neuer Katastrophen bedürfen, um die Staaten dazu zu bringen, sich zum Durchsetzen jeder Entscheidung der anerkannten internationalen gerichtlichen Instanz zu verpflichten? Kaum haben wir auf Grund der bisherigen Entwicklung Ursache, in der nahen Zukunft Besseres zu erhoffen. Aber jeder Freund der Kultur und Gerechtigkeit muss seine besten Kräfte daran setzen, um seine Mitmenschen von der Notwendigkeit einer derartigen internationalen Bindung der Einzelstaaten zu überzeugen.

Man wird nicht ohne eine gewisse Berechtigung gegen diese Auffassung einwenden, dass sie das Organisatorische überschätzt, das Psychische, insbesondere das Moralische aber vernachlässigt. Man behauptet, die geistige Abrüstung müsse der materiellen vorangehen. Man sagt auch mit Recht, das grösste Hindernis internationaler Ordnung sei der ins Ungeheuerliche gesteigerte Nationalismus, der mit einem sympathischen, aber missbrauchten Namen auch Patriotismus genannt wird. Dieser Götze hat in den letzten anderthalb Jahrhunderten allenthalben eine unheimliche, ungemein verderbliche Macht erlangt.

Um zu diesem Einwand die richtige Stellung zu gewinnen, muss man sich vergegenwärtigen, dass das Organisatorische und das Psychische einander gegenseitig bedingen. Nicht nur sind die Organisationen von traditionellen gefühlsmässigen Einstellungen abhängig, verdanken ihnen Entstehung und Sicherheit des Bestandes, die bestehenden Organisationen wirken auch wieder mächtig zurück auf die gefühlsmässigen Einstellungen der Völker.

Der gegenwärtig allenthalben so verderblich hoch entwickelte Nationalismus scheint mir nun aufs engste zusammenzuhängen mit der Schaffung der allgemeinen Wehrpflicht oder – wie der süssere Namen heisst – des Volksheeres. Der Staat, der von seinen Bewohnern Militärdienst verlangt, ist genötigt, eine nationalistische Gesinnung dieser Bewohner zu züchten, die für die militärische Brauchbarkeit die psychische Grundlage liefert. Er muss neben der Religion sein Instrument brutaler Gewalt in den Augen der Jugend in seinen Schulen verherrlichen!

Die Einführung der allgemeinen Dienstpflicht ist deshalb nach meiner Überzeugung die Hauptursache des moralischen Verfalls der weissen Rasse, der den Fortbestand unserer Kultur, ja unserer Existenz ernstlich in Frage stellt. Neben grossen sozialen Segnungen ist dieser Fluch von der grossen französischen Revolution ausgegangen und hat dann in kurzer Zeit alle übrigen Völker mitgerissen.

Wer also die internationale Gesinnung pflegen und dem nationalen Chauvinismus entgegenwirken will, der muss die allgemeine Dienstpflicht bekämpfen. Sind die schweren Verfolgungen, denen die von moralischen Motiven getragenen Militärdienst-Verweigerer heute ausgesetzt sind, weniger beschämend für die Allgemeinheit als die Verfolgungen, welchen in früheren Jahrhunderten die religiösen Märtyrer ausgesetzt waren? Kann man – wie es im Kellogg-Pakt geschehen ist – den Krieg ächten, wenn man die Individuen ungeschützt der Kriegsmaschinerie der einzelnen Staaten ausliefert?

Wenn man sich im Hinblick auf die Abrüstungskonferenz nicht auf das Organisatorisch-Technische beschränken, sondern auch dem Psychologischen in direkterer Weise aus erzieherischen Motiven Rechnung tragen will, so muss man auf internationalem Weg den Individuen eine legale Möglichkeit zu schaffen suchen, den Militärdienst zu verweigern; von einer solchen Massregel würde ohne Zweifel eine mächtige moralische Wirkung ausgehen.

Ich fasse meine Stellungnahme kurz zusammen: Blosse Abmachungen über Rüstungsbeschränkungen verleihen keinerlei Sicherheit. Einem obligatorischen Schiedsgericht muss eine von allen Teilnehmerstaaten garantierte Exekutive zur Verfügung stehen, die gegen den Friedensbrecher mit wirtschaftlichen und militärischen Sanktionen einschreitet. Die allgemeine Dienstpflicht als Hauptbrutstätte des ungesunden Nationalismus muss bekämpft werden; insbesondere müssen die Militärdienst-Verweigerer auf internationaler Basis geschützt werden.

Verschiedene wichtige Abschnitte im Manuskript Einsteins waren von *The New York Times* gestrichen worden. Eine der Auslassungen betraf das von Einstein empfohlene Buch Ludwig Bauers "Morgen wieder Krieg". (Einstein bemerkte, dass Bauer die von ihm in seinem Artikel berührten Fragen "scharfsinnig, vorurteilslos und mit grossem psychologischem Verständnis" behandelt hätte.) Ausgelassen war auch ein langer Abschnitt, in dem Einstein Prof. D. Holde zitierte, einen der Führer der Protestaktion zugunsten von E. J. Gumbel (siehe S. 149) und Autor der folgenden konkreten Vorschläge zur Legalisierung der Kriegsdienstverweigerung:

Nachdem durch den Kellogg-Pakt von den Regierungsvertretern der ganzen Welt der Krieg als unehrenhaftes und unzulässiges Mittel zur Austragung von Differenzen irgendwelcher Art zwischen den einzelnen Nationen erklärt und moralisch geächtet worden ist, ergibt sich hieraus eine logische Mindestforderung . . .

Vorschlag: Sämtliche Unterzeichner des Kellogg-Paktes verpflichten sich feierlich vor der ganzen Welt im Namen ihrer Regierungen, dass von Seiten ihrer Regierungen niemals ein Angehöriger der von ihnen vertretenen Staaten oder Nationen auf irgend eine Weise, zum Beispiel durch Gewalt, moralischen oder sonstigen Zwang oder Druck genötigt werden darf, gegen seine sittliche oder religiöse Überzeugung, also gegen sein moralisches Gewissen an irgend einer Kriegshandlung direkt oder indirekt teilzunehmen oder diese Handlungen in irgendwelcher Form mittelbar oder unmittelbar zu unterstützen.

Es dürfen zum Beispiel auch nicht etwa Geistliche irgendwelcher Konfession dazu angehalten werden, dass sie in Feldgottesdiensten oder sonstigen religiösen Handlungen die Kriegswaffen der Soldaten oder anderer am Krieg teilnehmender Personen segnen und den Sieg ihrer Nation von Gott erflehen, weil eine derartige Handlung im Sinne der Ächtung des Krieges als une unehrenhafte anzusehen ist und dem Geiste der Nächstenliebe widerspricht.

Die Annahme eines solchen skizzierten Antrags dürfte eine weitere, ganz besonders wichtige Verpflichtung der an dem Kellogg-Pakt beteiligten Regierungen darstellen, nunmehr auch die nächstliegenden, sich aus dem Kellogg-Pakt ergebenden moralischen und rechtlichen Verpflichtungen ihren Völkern gegenüber feierlich vor aller Welt zu kodifizieren und damit auch die weiteren Grundlagen für die technische Erleichterung der allgemeinen Weltabrüstung festzulegen.

Das schwierige Problem der Definition des Verhältnisses zwischen dem Staat und dem Individuum hat Einstein zeitlebens beschäftigt. Sowohl sein Artikel in *The New York Times* als auch der Plan Professor Holdes spielen darauf an.

Um dieselbe Zeit bat Einstein den italienischen Justizminister Alfredo Rocco, er möge an Mussolini mit dem Vorschlag herantreten, den italienischen Wissenschaftlern die Demütigung eines erzwungenen Loyalitätseides zu ersparen. Einstein fuhr fort[21a]:

... Wie verschieden unsere politischen Überzeugungen auch sein mögen, in einem fundamentalen Punkt weiss ich mich mit Ihnen einig: wir sehen und lieben beide in den Blüten der europäischen Geistesentwicklung unsere höchsten Güter. Diese ruhen auf der Freiheit der Überzeugung und der Lehre, auf dem Grundsatz, dass das Streben nach Wahrheit allem andern Streben vorangestellt werden muss...

Es liegt mir fern, mit Ihnen darüber zu rechten, was für Eingriffe in die Freiheit der Menschen durch die Staatsraison gerechtfertigt werden dürfen. Aber das von praktischen Interessen des Alltags losgelöste Streben nach wissenschaftlicher Wahrheit sollte jeder Staatsgewalt heilig sein, und es liegt im höchsten Interesse aller, dass die aufrichtigen Diener der Wahrheit in Ruhe gelassen werden...

In dem unveröffentlichten Entwurf eines Briefes an die *New York Times* – wahrscheinlich nach Einsteins Ankunft in Pasadena bei seinem zweiten USA-Besuch entstanden – empfahl er eine unter den Auspizien der Unitarischen Kirche herausgegebene Broschüre von John H. Dietrich ("Shall the Nations Disarm?"):

... deren Verbreitung geeignet wäre, einen entscheidenden Einfluss auf die öffentliche Meinung Amerikas und der zivilisierten Welt auszuüben und dadurch auf den Ausgang der Abrüstungskonferenz in günstigem Sinne einzuwirken. Findet sich irgendwo in Amerika eine genügend mächtige Persönlichkeit, die gewillt wäre, durch weite Verbreitung dieser lichtvollen Broschüre sich einen bleibenden Verdienst um unsere gefährdete Zivilisation zu erwerben? Im jetzigen Augenblick könnte das eine Tat von welthistorischer Bedeutung sein.

Seinen dritten Amerikabesuch trat er am 2. Dezember 1931 an, diesmal auf einem kleinen Schiff, das ihn direkt nach Kalifornien brachte.

Aus Pasadena schrieb Frau Einstein am 3. Februar 1932 an Mrs. Rosika Schwimmer: "Wir haben vermieden über New York zu reisen, da mein Mann dem grossen Ansturm dort nicht gewachsen ist." Noch während der Schiffsreise hatte Einstein, wie eine Tagebuchnotiz vom 6. Dezember 1931 andeutet, einen entscheidenden Entschluss gefasst:

... Heute entschloss ich mich, meine Berliner Stellung im Wesentlichen aufzugeben. Also Zugvogel für den Lebensrest! Möwen begleiten immer noch das Schiff beständig fliegend. Das sind meine neuen Kollegen, aber weiss Gott tüchtiger als ich. Kennen auch besser die Geographie. Wie abhängig ist ein Mensch von äusseren Dingen im Vergleich mit so einem Vieh! ...

Bereits einige Monate vorher hatte er offenbar geplant, zwar in Deutschland zu bleiben, aber seine deutsche Staatsbürgerschaft aufzugeben. Das zeigt ein Brief an Max Planck von der Preussischen Akademie der Wissenschaften, den er am 17. Juli 1931 entwarf, jedoch anscheinend nicht absandte. Einstein gibt darin die Unsicherheit zu erkennen, die er im Hinblick auf den wachsenden Einfluss der Nazibewegung im politischen und sozialen Leben Deutschlands spürte:

Ich fühle es als eine Notwendigkeit, Ihnen eine Sache vorzutragen, die mit meinem Anstellungsverhältnis in enger Beziehung steht. Sie erinnern sich gewiss noch daran, dass ich am Ende des Krieges mich bereit erklärt habe, neben meiner Schweizer Staatsangehörigkeit auch die deutsche zu übernehmen[22]. Die mit den Ereignissen der letzten Tage zusammenhängenden Massregeln lassen mir aber die Aufrechterhaltung dieses Zustandes als allzu unvorteilhaft erscheinen. Ich bitte Sie deshalb, dafür zu sorgen, dass meine deutsche Staatsangehörigkeit aufgehoben wird, bezw. mir Mitteilung darüber zukommen zu lassen, ob diese Änderung mit der Aufrechterhaltung meiner Stellung an der Akademie der Wissenschaften vereinbar ist (was ich hoffe, aber nicht weiss).

Die Sorge für die zahlreichen von mir finanziell abhängigen Menschen sowie auch ein gewisses Bedürfnis nach persönlicher Unabhängigkeit zwingen mich zu diesem Schritte, und ich hoffe sehr, dass Sie für diesen meinen Schritt Verständnis haben werden und mir denselben nicht als einen Akt der Undankbarkeit auslegen gegenüber einem Lande und einer Institution, die mir während der besten Jahre meines Lebens beneidenswerte Bedingungen der Existenz und des Schaffens geboten haben. Ich habe auch bis jetzt alle noch so verlockenden Angebote des Auslands, die auf ein Verlassen der Stätte meiner Arbeit hinzielten, stets ausgeschlagen, und ich hoffe, dies auch in Zukunft so halten zu können.

Einstein genoss die Seereise, vermied aber Kontakte mit den anderen Passagieren. Sarkastisch spielt er in seinem Tagebuch (am 9. Dezember 1931) auf einen anonymen Brief an, den er kurz zuvor in Berlin erhalten hatte:

... Nur eines fehlt: es kommt nie ein anonymer Brief, das ist bedauerlich. Denn in diesen sind sogar die dicksten Lügen sozusagen ehrlich – das heisst Ausdruck der wahren Persönlichkeit des Schreibers.

In Porto Moios an der pazifischen Küste Zentralamerikas führte man ihn durch Bananenpflanzungen. Tagebuch-Eintrag vom 20. Dezember 1931:

... Ich erfuhr vom Aussterben der eingeborenen, den Eskimos ähnlichen Indianer, die der Arbeit erliegen und ohne sie in den Bergen verhungern. Der Daseinskampf erscheint in den Tropen noch nackter und brutaler als bei uns, bei Menschen, Tieren und Pflanzen. Dort kämpft überall Organisches gegen Organisches und an der Spitze steht nun die Aktienkompanie, die es systematisch macht. Ihr Wille wird vom Dividendenhunger unbekannter Namenloser gespeist – eine erhebende Welt – und doch gibt es keinen Ausweg. Fresse und werde gefressen ohne Ziel und Ende.

Am Tag seiner Ankunft in Los Angeles – 30. Dezember 1931 – notiert Einstein: "In Pasadena zehn Prozent Arbeitslose". Und: "Ziemlich bedenkliche Zustände hier. Hoover verweigert Empfang von Arbeitslosen-Deputation".

Am gleichen Tag veröffentlichte die Zeitschrift *Liberty* ein Porträt von John D. Rockefeller Jr. Der Autor, George Sylvester Viereck, gab darin auch Teile eines Gesprächs wieder, das Rockefeller und Einstein auf Vierecks Anregung hin in New York geführt hatten[23]:

... Professor Einstein erklärte, dass die strikten Bestimmungen seiner [Rockefellers] Kultur- und Erziehungsstiftungen mitunter den Menschen von Genius unterdrückten. "Bürokratische Fesseln", rief der Professor aus, "zwängen den Geist gleich den Bändern von Mumien ein!"

Rockefeller betonte dagegen, man müsse verhindern, dass Stiftungsmittel an wertlose Projekte oder Menschen ohne Verdienst verschwendet würden.

Gegenüber dem grössten Geist der modernen Welt verteidigte er geschickt die Arbeitsprinzipien der verschiedenen Stiftungen.

"Ich vertraue auf Intuition", erklärte Einstein.

"Und ich auf Organisation", erwiderte Rockefeller.

Einstein plädierte für den ausserordentlichen Menschen. Rockefellers Ziel war der grösstmögliche Nutzen für die grösstmögliche Zahl von Menschen. Einstein war der Aristokrat, Rockefeller der Demokrat.

Beide waren aufrichtig. Keiner überzeugte den anderen, aber jeder war von der Aufrichtigkeit des anderen überzeugt.

Die Unterhaltung drehte sich dann um wirtschaftliche Fragen. Einstein befürwortete die Verringerung der Arbeitsstunden, um so den Erwerbslosen eine Chance zu geben. Auch erklärte er die Ausdehnung der Schuljahre für wünschenswert; Kinder würden dann nicht mehr mit Erwachsenen konkurrieren.

"Wäre das nicht eine unerwünschte Einschränkung der individuellen Freiheit? " fragte Rockefeller.

Einstein erwiderte, der gegenwärtige wirtschaftliche Notstand rechtfertige Massnahmen, wie sie von Regierungen in Kriegszeiten ergriffen würden.

Einstein erklärte seine Opposition gegen den Krieg. Rockefeller ist auch ein Gegner von Kriegen, steht aber mit allzu festen Füssen auf dem Erdboden, als dass er sich die Anschauungen der radikaleren Pazifisten völlig zueigen machen könnte. "Kriege", brach Einstein aus, "können nur aufhören, wenn die Menschen es ablehnen, Soldaten zu werden!"

Im Februar 1932 schrieb Einstein in *The Crisis*, dem Organ der Neger-Bürgerrechtsorganisation National Association for the Advancement of Colored People[24]:

Es scheint eine allgemeine Tatsache zu sein, dass Minderheiten – besonders wenn deren Individuen durch körperliche Merkmale erkennbar sind – von den Mehrheiten, unter denen sie leben, als minderwertige Menschenklasse behandelt werden. Das Tragische solchen Schicksals liegt aber nicht nur in der instinktiv realisierten Benachteiligung dieser Minderheiten in wirtschaftlicher und sozialer Beziehung, sondern auch darin, dass die durch solche Behandlung Betroffenen durch den suggestiven Einfluss der Majorität meist selbst jenem Wertungsvorurteil erliegen und ihresgleichen für minderwertig halten.

Dieser zweite und grössere Teil des Übels kann durch engeren Zusammenschluss und durch zielbewusste erzieherische Aufklärung der Minderheit beseitigt und so eine seelische Befreiung der Minderheit erreicht werden. Das zielbewusste Streben der amerikanischen Neger in dieser Richtung verdient alle Anerkennung und Förderung.

"Auch in diesem Jahr arbeitet mein Mann für 'disarmament and peace' ", schrieb Frau Einstein an Rosika Schwimmer in einem Brief vom 3. Februar 1932; "er hielt für diesen Zweck in Whittier, einer Stadt, in der eine Quäkerschule ist, eine Rede. Ich habe den Eindruck, dass unsere Sache seit dem letzten Jahr grosse Fortschritte gemacht hat." Einsteins Hinweis in dieser Rede auf die Auswirkungen eines möglichen Fehlschlags der Genfer Abrüstungskonferenz kam fast einer Prophetie gleich. Hätte er die internationale Situation nicht als so ernst angesehen, wäre er, als Gast in den Vereinigten Staaten, wahrscheinlich in der Formulierung der Weltaufgabe Amerikas weniger offen und artikuliert gewesen[25]:

Die Amerikaner von heute sind erfüllt von den Sorgen, welche die ökonomische Lage des eigenen Landes mit sich bringt. Die verantwortungsbewussten führenden Männer richten ihr Streben hauptsächlich auf die Beseitigung der schweren Arbeitslosigkeit im eigenen Lande. Das Gefühl der Verflochtenheit mit dem Schicksal der übrigen Welt und im besonderen mit dem Mutterland Europa ist noch weniger lebendig als in normalen Zeiten.

Aber die freie Wirtschaft wird diese Schwierigkeiten aus sich heraus nicht automatisch überwinden. Es bedarf regulatorischer Massregeln von Seiten der Allgemeinheit, um eine gesunde Verteilung von Arbeit und Konsumgütern unter den Menschen herbeizuführen; ohne sie erstickt auch die Bevölkerung des reichsten Landes. Da nämlich die für die Versorgung Aller nötige Arbeit durch die Verbesserung der technischen Methoden gesunken ist, stellt sich durch das freie Spiel der Kräfte nicht leicht ein Zustand ein, bei dem alle Arbeitskräfte Verwendung finden. Eine bewusste organisatorische Regelung wird notwendig, um die Fortschritte der Technik zugunsten aller wirksam werden zu lassen.

Wenn nun schon die Wirtschaft ohne planmässige Regelung nicht in Ordnung gebracht werden kann, so ist eine solche planmässige Regelung noch viel unentbehrlicher für die internationalen Probleme der Politik. Nur wenige Menschen sind heute noch der Ansicht, dass Gewaltakte in Form von Kriegen ein vorteilhaftes, der Menschheit würdiges Mittel zur Lösung internationaler Probleme seien. Aber sie sind nicht konsequent genug, diejenigen Massregeln energisch zu vertreten und anzustreben, die den Krieg, dies barbarische und unwürdige Überbleibsel aus den Zeiten der Barbarei, zu vermeiden imstande wären.

Es bedarf einiger Besinnung, um hier klar zu sehen, und eines gewissen Mutes, um mit Entschiedenheit und in wirksamer Weise diesem wichtigen Ziel zu dienen.

Wer den Krieg wirklich abschaffen will, muss mit Entschiedenheit dafür eintreten, dass der eigene Staat zugunsten internationaler Institutionen auf einen Teil seiner Souveränität verzichtet; er muss bereit sein, den eigenen Staat im Falle irgend eines Konfliktes dem Schiedsspruch eines internationalen Gerichtes zu unterwerfen. Er muss mit aller Entschiedenheit dafür eintreten, dass alle Staaten abrüsten, wie es sogar in dem unseligen Versailler Vertrag vorgesehen ist; ohne Beseitigung der militärischen und aggressiv-patriotischen Volkserziehung ist kein Fortschritt zu erhoffen.

Kein Ereignis der letzten Jahre war beschämender für die

gegenwärtig massgebenden Kulturstaaten als das bisherige Versagen der Abrüstungs-Konferenz; denn dies Versagen beruht nicht nur auf Intrigen ehrgeiziger und gewissenloser Staatsmänner, sondern auch auf der Gleichgültigkeit und Energielosigkeit der Menschen in allen Ländern. Wenn dies nicht anders wird, werden wir vernichten, was unsere Vorfahren an wirklich Wertvollem geschaffen haben.

Ich glaube, dass sich das amerikanische Volk der in dieser Beziehung auf ihm lastenden Verantwortung nicht voll bewusst ist. Man denkt wohl in Amerika: "Mag Europa verderben, wenn es durch die Unverträglichkeit und Bosheit seiner Bewohner zugrunde gerichtet wird! Präsident Wilsons gute Saat ist auf dem sterilen Boden Europas kümmerlich genug aufgegangen. Wir sind stark und sicher und werden uns nicht so schnell wieder in fremde Händel einmischen."

Wer so denkt, denkt weder edel noch weitblickend. Amerika ist nicht unschuldig an der Not Europas. Es beschleunigt durch das rücksichtslose Eintreiben seiner Forderungen den ökonomischen und damit auch den moralischen Verfall Europas; es hat mit dazu beigetragen, Europa zu balkanisieren und ist so mitschuldig am Verfall der politischen Moral und an der Züchtung jenes Geistes der Rache, der durch die Verzweiflung genährt wird. Dieser Geist wird nicht vor den Türen Amerikas Halt machen. Seht Euch um und seht Euch vor!

Es bedarf nicht vieler Worte: Die Abrüstungskonferenz bedeutet nicht nur für uns, sondern auch für Euch eine letzte Gelegenheit zur Wahrung des Besten, was die Kulturmenschheit erzeugt hat. Auf Euch, als die Mächtigsten und als die verhältnismässig Gesunden, sind die Blicke und Hoffnungen gerichtet.

Zwei Tage nach dieser Rede, am 20. Januar 1932, vermerkt er in seinem Tagebuch: "Vortrag von [Jacob Gould] Schurman [ehemals amerikanischer Botschafter in Berlin] über das gegenwärtige Deutschland. Parteiwesen etwas spöttisch behandelt. Oberflächlich aus Feigheit bezüglich der wirtschaftlichen Situation."

Am 25. Januar 1932 waren Einstein, Schurman und der Historiker Charles A. Beard Ehrengäste bei einem Dinner des California Institute of Technology. Einstein würdigte dabei Schurmans akademische und diplomatische Laufbahn und fuhr dann fort[26]:

Ich kann es mir nicht versagen, zu einem zweiten Gegenstande überzugehen, den man heute nicht ungenannt lassen kann, wenn man sich nicht dem Verdacht absichtlichen Schweigens aussetzen will: die Basis der europäisch-amerikanischen Zivilisation zittert bedenklich, und ein Gefühl der Ratlosigkeit und Furcht hat sich aller bemächtigt angesichts der unheimlichen, ungreifbaren Macht, die uns in unserer Existenz bedroht. Während wir an Verbrauchsgütern und Produktionsmitteln reich sind wie keine Generation vor uns, leidet ein grosser Teil der Menschen schwere Not! Erzeugung und Verbrauch stocken in steigendem Masse, und das Vertrauen in die öffentlichen Institutionen ist gesunken wie nie zuvor. Es ist, wie wenn das System des Blutkreislaufes des gesamten wirtschaftlichen Organismus unheilbar erkrankt wäre.

Gar viel wird philosophiert über die Ursachen der Krankheit und es sieht so aus, wie wenn rein technische Hilfsmittel die Gesundung herbeiführen könnten. Warum sollte sich das Gleichgewicht zwischen Produktion und Konsum nicht durch geeignete Massnahmen herstellen lassen? — so fragt der Optimist. Der Pessimist aber frägt: Warum sollte unsere Zivilisation nicht in ähnlicher Weise durch inneren Zerfall zugrunde gehen wie die des römischen Weltreiches? Wer hat Recht? Wo stehen wir?

Ich will gleichsam mit einem Blick aus der Ferne zu antworten versuchen. Unsere Zivilisation hat die Erhaltung und Entwicklung unserer inneren Kultur zur notwendigen Voraussetzung. Diese aber empfängt ihre Nahrung aus zwei Quellen.

Die erste kommt vom hellenischen Geiste her und empfing ihre Erneuerung und Ergänzung in der italienischen Renaissance. Sie tritt an das Individuum mit der Forderung heran: Denke, beobachte und gestalte!

Die zweite kommt aus dem Judentum und dem Urchristentum. Sie ist gekennzeichnet durch die Maxime: Rette deine Seele durch selbstlosen Dienst an der menschlichen Gesellschaft. Wir können in diesem Sinne von einer gestaltenden und einer sittlichen Lebensquelle unserer Kultur reden.

Bis zur Neige des Mittelalters war das Leben der Kultur nur durch die zweite Quelle gespeist; diese Kultur war kümmerlich, aber stabil. Als dann zur Zeit der Renaissance die Quelle der Gestaltung üppiger zu fliessen begann, da begann eine sich stets steigernde Blüte der Kultur bis in unsere Tage, an der sich die Generationen berauschten. Eine gewaltige Zivilisation und Technik in Verbindung mit einer ungeahnten Vermehrung der Bevölkerung und einer Erhöhung des physischen und geistigen Lebensstandards war die Folge dieser fieberhaften Entwicklung.

Wir hatten sozusagen vergessen, dass auch die Lebensquelle des Sittlichen eine Existenzbedingung unseres Seins ist. Jetzt aber, im

Zustande der Krankheit, müssen wir mit Schrecken sehen, dass diese Quelle bedenklich zurückgegangen ist; und ohne sie sind wir rettungslos dem Verfall ausgeliefert. Je mächtiger die Werkzeuge sind, welche die Gestaltungskraft der Generationen in unsere Hand gegeben hat, desto grössere und reinere sittliche Kräfte sind nötig, um von diesen einen heilsamen Gebrauch zu machen. Nicht an Intelligenz fehlt es für die Überwindung des Übels, sondern es fehlt an der selbstlosen, verantwortungsvollen Hingabe der Menschen im Dienste der Gemeinschaft.

Soll ich dies im einzelnen begründen? Erlebt man nicht alltäglich in fast allen Ländern, dass der Gerechtigkeitssinn der Völker nicht ausreicht, um die Aufhebung von gerichtlichen Urteilen zu erzwingen, welche vom Volke als Fehlurteile gefühlt werden? Hält man nicht an Staatsverträgen fest, deren wirtschaftliche Undurchführbarkeit längst erkannt, aber doch nicht öffentlich anerkannt wird? Betreiben nicht die Staaten materielle und psychologische Vorbereitung von kriegerischen Akten, deren katastrophale Folgen für die Menschheit und deren Unvereinbarkeit mit den offiziell sittlichen Gesetzen unzweifelbar ist?

Jeder kann so ins Endlose weiterfragen; aber er erhält als einzige Antwort ein skeptisches Lächeln. Heinrich Heine aber sang mit Bitternis: "Und ein Narr wartet auf Antwort".

Ich schliesse mit einer dankbaren Anerkennung für die freien und gastlichen Institutionen dieses Landes, die es ermöglichen, in diesem weiten Kreise mit solcher Offenheit zu sprechen.

Ein deutscher Freund, Arnold Kalisch, wiederholte in jenen Tagen seine bereits früher ausgesprochene Bitte, Einstein möge H. Runham Brown, den Ehrensekretär der Internationale der Kriegsdienstverweigerer, für den Nobelfriedenspreis nominieren. Eile war geboten: die Frist für die Einreichung von Vorschlägen laufe am 1. Februar 1932 ab. Kalisch, der Redakteur der *Friedensfront* (siehe S. 159), legte den Entwurf eines Briefes bei, der, um Unterstützung der Nominierung Browns bittend, unter deutschen Professoren zirkuliert werden sollte.

Einstein schrieb noch rechtzeitig im Januar an das Nobel-Komitee:

... Herr Runham Brown ist nach meiner Überzeugung der verdienstlichste aktivistische Kämpfer im Dienste des Pazifismus, der diesem wichtigen Bestreben mit grossem Mut und bedeutendem Aufwand an Zeit, Kraft und Energie unermüdlich gedient hat. Er hat es verstanden, nur gestützt auf seine eigenen bescheidenen Mittel, die Kriegsdienstverweigerung zu organisieren und so dem Wirken derjenigen durch Zusammenschluss ein grösseres Gewicht zu geben, welche die grossen persönlichen Opfer und Gefahren auf sich nehmen, die mit der Dienstpflichtverweigerung verknüpft sind.

Aber Einstein machte sich keine Illusionen: sowohl der Mann als auch seine Sache waren in akademischen Kreisen Deutschlands nicht gerade populär. So schrieb er an Kalisch:

Für die Unterstützung dieses Antrages auf schriftlichem Wege unter den deutschen Professoren zu werben halte ich für unwirksam und verkehrt. Es können in dieser heiklen Sache nur persönlich Helfer geworben werden, nicht aber auf dem Wege des Rundschreibens. Ich wünsche auch nicht, dass mein Antrag veröffentlicht oder einem Rundschreiben beigefügt wird, da dies nur hässliche Reaktionen auslösen würde.

Wohl aber kann mein Antrag solchen gezeigt werden, von welchen wir hoffen dürfen, dass sie gewillt sind, unsere Sache zu fördern. Wir müssen vermeiden, dass diese Angelegenheit vorzeitig in die Öffentlichkeit gezerrt wird, da sonst sofort eine Einschüchterungs-Kampagne einsetzen würde, die ihre Wirkung auf viele, vielleicht sogar auf das Komitee nicht verfehlen würde.

Einsteins Bemühung blieb fruchtlos: der Nobel-Friedenspreis wurde 1932 nicht verliehen.

Am 1. Februar 1932 sprach er in Pasadena unter den Auspizien der Los Angeles University of International Relations, einer mit der Universität von Südkalifornien verbundenen Hochschule für Diplomaten und Volkswirtschaftler. Frau Einstein klagte in einem Brief an Rosika Schwimmer zwei Tage später: "Man hat aus dieser Zusammenkunft ein grosses 'social entertainment' gemacht. Der richtige Ernst fehlte. Es war peinlich zu bemerken, wie der Vorsitzende in seiner Rede Witzchen machte ... Der Hauptredner war jedoch ein früherer Flottenoffizier, und er wurde der Sache vollkommen gerecht."

Mit beissender Ironie äussert sich Einstein in seinem Tagebuch: "Ich hielt auch eine Rede, aber leider Perlen vor die Säue. Bei den Besitzenden wird hier alles ergriffen, was Waffen im Kampf gegen die Langeweile liefert. Aber man muss das nicht mit ernstem Interesse verwechseln. Arme Welt, in der solche Menschen die erste Geige spielen ..."

Hier folgt der Text der Rede Einsteins[27]:

Die Realisierung des Abrüstungsplans wird besonders dadurch erschwert, dass man sich von der grossen Schwierigkeit des Problems im allgemeinen keine Rechenschaft gibt. Die meisten Ziele werden in kleinen Schritten erlangt. Man denke an die Ablösung der absoluten Monarchie durch die Demokratie! Hier aber liegt ein Ziel vor, das sich nicht allmählich in kleinen Schritten erreichen lässt.

Solange nämlich nicht die Möglichkeit von Kriegen ausgeschaltet ist, werden die Nationen es sich nicht nehmen lassen, so vollkommen wie möglich militärisch vorbereitet zu sein, um den nächsten Krieg siegreich bestehen zu können. Auch wird man nicht umhin können, die Jugend in den kriegerischen Traditionen zu erziehen, engherzige nationale Eitelkeit in Verbindung mit der Verherrlichung kriegerischer Gesinnung zu pflegen, solange man damit rechnen muss, von einer solchen Gesinnung der Bürger für kriegerische Auseinandersetzungen Gebrauch machen zu müssen. Rüsten bedeutet eben nicht den Frieden, sondern den Krieg bejahen und vorbereiten. Man wird also nicht in kleinen Schritten abrüsten, sondern auf einmal oder gar nicht.

Die Realisierung einer solchen tiefgehenden Änderung des Völkerlebens hat eine gewaltige moralische Anstrengung zur Voraussetzung, eine bewusste Abkehr von festeingewurzelten Traditionen. Wer nicht bereit ist, das Schicksal seines Landes im Fall von Streitigkeiten bedingungslos von der Entscheidung eines internationalen Schiedsgerichts abhängig zu machen und dies ohne Reserve durch Staatsvertrag festzulegen, der ist nicht wirklich zur Vermeidung der Kriege entschlossen. Hier gilt die Losung: Alles oder nichts!

Es lässt sich nicht leugnen, dass die bisherigen Bemühungen zur Sicherung des Friedens daran gescheitert sind, dass sie ungenügende Kompromisse anstrebten. Abrüstung und Sicherheit sind nur in Verbindung miteinander zu erreichen. Sicherheit gewährt nur die von allen Nationen übernommene Verpflichtung, die internationalen Entscheidungen zur Durchführung zu bringen.

Wir stehen also an einem Scheidewege. Ob wir den Weg des Friedens finden oder den bisherigen, unserer Zivilisation unwürdigen Weg der brutalen Gewalt weiter gehen, ist in unsere Hand gegeben. Auf der einen Seite winkt Freiheit der Individuen und Sicherheit der Gemeinschaften, auf der anderen Seite droht Knechtschaft für die Individuen und Vernichtung unserer Zivilisation. Unser Schicksal wird so sein, wie wir es verdienen.

Am 2. Februar 1932 fand im Gerichtsgebäude von Santa Barbara, Kalifornien, eine Massenkundgebung statt, an die Einstein eine Botschaft richtete. Er bekräftigte sein Bekenntnis zur Abrüstung und zur internationalen Schiedsgerichtsbarkeit wie auch seine Forderung, Amerika möge eine aktivere Rolle im Kampf um den Frieden spielen[28]:

Es ist von der grössten Wichtigkeit, dass die Bürger Amerikas an dem Problem der Abrüstung aktiven Anteil nehmen, denn die

Vereinigten Staaten sind heute der einflussreichste Faktor in internationalen Angelegenheiten, wenn deren Bürger es nur selbst wollen . . .

Am 4. Februar 1932 hörte er einen Vortrag von Jacob Gould Schurman über die japanische Invasion in der Mandschurei, der ihn zu dem Kommentar bewegte: "Klug und amoralisch. Daher alles Unglück."

Am 27. Februar 1932 sprach Einstein selbst vor den Vertretern von elf Universitäten Südkaliforniens; sein Thema war die Schärfung des öffentlichen Interesses an der Weltpolitik[29]. In verschiedener Beziehung nahm Einstein Gedanken vorweg, die Präsident Franklin D. Roosevelt fünf Jahre später in seiner berühmten "Quarantäne für die Aggressoren"-Rede verkündete. Einstein betonte die Gefahren, die sich aus der völlig unkontrollierten wirtschaftlichen Freiheit eines Landes ergeben. Eine Planwirtschaft sei nötig, um die komplizierten Probleme der heutigen Produktion und Distribution zu lösen. Ungezügelter sacro egoismo sei katastrophal für das Wirtschaftsleben – und sogar noch katastrophaler auf dem Gebiet der internationalen Beziehungen. Der hochmechanisierte moderne Krieg stelle unser ganzes Fortleben in Frage; trotzdem seien die Bemühungen zur Verhütung von Kriegen bisher völlig unzureichend.

Einstein unterbaute seinen Appell für Abrüstung, Schlichtung internationaler Konflikte und Kollektivsicherheit durch den Hinweis auf die akute Situation im Fernen Osten:

Stellen Sie sich zum Beispiel vor, die amerikanische, englische und französische Regierung würde unter Androhung eines völligen Warenboykotts von der japanischen Regierung die sofortige Einstellung der kriegerischen Aktion in China verlangen! Glauben Sie, dass sich in Japan eine Regierung finden würde, die es auf sich nehmen wollte, ihr Land in ein so gefährliches Abenteuer zu stürzen? Warum geschieht dies nicht? Warum muss jede Person und jede Nation um ihre Existenz zittern? Weil jede ihren armseligen momentanen Vorteil sucht und ihn dem Wohl und Gedeihen der Gemeinschaft nicht unterordnen will . . .

Einstein, der kurz darauf (am 4. März 1932) die Rückreise nach Europa antrat, schloss seine Rede mit einem Aufruf an die Jugend, eine fundamentale Änderung der menschlichen Situation zu erkämpfen: "So sehen wir Älteren auf euch und hoffen von euch, dass ihr mit euren besten Kräften erstrebt und erreicht, was uns versagt blieb."

6. Kapitel

VOR HITLERS MACHTERGREIFUNG 1932–1933

Seit die Nationalsozialisten ihren unerwartet grossen Sieg bei den Reichstagswahlen im September 1930 errungen hatten, überschattete die Gefahr einer Hitler-Diktatur alle anderen politischen Probleme Deutschlands. Viele politische Führer, die zur Verteidigung der demokratischen Einrichtungen der Weimarer Republik eidlich verpflichtet waren, spielten direkt oder indirekt den Nazis in die Hände. Die politische Linke, zerklüftet, verwirrt und ohne hinreichendes Verständnis der wahren Natur des Faschismus, war jeder politischen Schlagkraft bar. So konnte die Hitler-Diktatur 1933 eine Realität werden.

Das Jahr 1932 war eine Periode wachsender Furcht für all jene, die wussten, dass eine Naziherrschaft nicht nur das Ende von Anstand, Gesetz und Freiheit, sondern vor allem auch die totale Militarisierung des deutschen Volkes und die aktive Kriegsvorbereitung mit sich bringen würde. Einstein gehörte zu der verhältnismässig kleinen Minorität, die sich über Wesen und Grösse der Drohung völlig klar war. Besonders tief beunruhigte ihn die Katastrophe, von der der jüdische Teil der deutschen Bevölkerung betroffen würde. Die Hoffnung auf eine gesündere Neuorganisation der Welt, für die er als Einzelner und zusammen mit anderen seit Ende des Ersten Weltkriegs so kraftvoll und unermüdlich gekämpft hatte, schien zu schwinden. Seine Entscheidung, Deutschland nun doch zu verlassen und eine Stelle in Amerika anzunehmen – ein Schritt, den er viele Jahre hindurch hartnäckig abgelehnt hatte –, war zweifellos teilweise der Erkenntnis zuzuschreiben, dass selbst er nur äusserst wenig, wenn überhaupt, zur Eindämmung der jetzt über Deutschland hereinbrechenden turbulenten Flut des Hasses, der Unterdrückung und des Militarismus beizutragen vermochte.

Dennoch wirkte er bis zuletzt für die Abschaffung der Kriege und für die Völkerverständigung. Ja, während des letzten Jahres vor der Nazi-Machtergreifung, das auch sein letztes volles Jahr in Europa war, trat zu seinen gewohnten politischen Aktivitäten noch die Arbeit an einigen grossen und wichtigen Sonderprojekten: ein demonstrativer eintägiger Besuch der Abrüstungskonferenz in Genf; Mitarbeit an dem Plan zur Gründung eines internationalen Friedenszentrums; die Frage der Beteiligung an einem heiss umstrittenen Friedenskongress in Amsterdam; schliesslich ein Briefwechsel mit Sigmund Freud über das Problem des Krieges.

Einsteins Bemühung, Geistliche in allen Ländern für die Sache des Friedens zu gewinnen, ist bereits früher erwähnt worden (s.S. 122, 152). Kurz nach seiner

Rückkehr aus den Vereinigten Staaten im Frühjahr 1932 erhielt er einen Brief von J. B. Th. Hugenholtz von Ammerstol, Holland, der als Delegierter der Internationalen Union der Antimilitaristischen Geistlichen beim Joint Peace Council wirkte. Hugenholtz erbat Einsteins Teilnahme an einer Tagung, die der Council für Mai 1932 in Genf plante.

Hugenholtz, der sich über die finanziellen Schwierigkeiten der Friedensbewegung bitter beklagte, sprach von einem Geldsammlungsplan, den er Einstein vorlegen wolle. Dieser antwortete am 16. April 1932:

Ich finde keine Worte, um auszudrücken, wie wichtig mir eine Organisation der Geistlichkeit zur Bekämpfung des kriegerischen Geistes erscheint. Bisher sind die Geistlichen aller Konfessionen meist willenlose Diener des Staates gewesen, von dem sie ja in den meisten Ländern wirtschaftlich abhängig sind, auch wenn dessen Forderungen den elementarsten Gesetzen und den von allen Konfessionen gelehrten moralischen Grundsätzen direkt widersprechen. Wenn nach den beschämenden Erfahrungen des Weltkrieges sich in dieser Beziehung eine radikale Umkehr erzielen liesse, so wäre ein grosser Schritt zur Besserung getan.

Ursprünglich hatte Einstein Hugenholtz' Einladung nach Genf abgelehnt; später aber (nach einem weiteren Besuch der Universität Oxford im Mai 1932) entschloss er sich doch, an der Tagung des Joint Peace Council teilzunehmen. Die langerwartete Abrüstungskonferenz tagte in Genf bereits seit einigen Wochen. Die Debatten waren endlos, und die Chancen rascher und entscheidender Aktion verringerten sich von Tag zu Tag. Alle Pazifisten waren desillusioniert.

Der Joint Peace Council wollte die Öffentlichkeit vor der Gefahr eines völligen Fiaskos auf dramatische Weise warnen. Einstein spielte dabei eine führende Rolle. Am Sonntag, 22. Mai 1932 reiste er mit Lord Ponsonby, einem früheren britischen Parlamentsmitglied und bekannten Pazifisten, von London nach Genf. Am nächsten Tag hielten die beiden eine Pressekonferenz, zu der sechzig Korrespondenten erschienen.

Ponsonby gab, zugleich für Einstein, Romain Rolland und den hervorragenden französischen Romancier und Friedenskämpfer Victor Margueritte, folgende kurze Erklärung ab:

Da es sich jetzt herausgestellt hat, dass die Verhandlungen in Genf sich nicht in der Richtung eines realistischen Abrüstungsprogramms bewegen, das allein die Welt vor den Schrecken eines neuen Kriegs retten könnte, glauben wir, dass die Völker nunmehr die Sache selbst in die Hand nehmen müssen. Sie müssen auf totaler Abrüstung innerhalb von fünf Jahren und auf einer sofortigen Erklärung des Kriegsverzichts unter allen erdenklichen Umständen bestehen. Gleichzeitig müssen sie die Abschaffung der Militärdienstpflicht und die sofortige Einstellung der Einberufungen und der Erzeugung von Waffen und Munition fordern.

Die Völker der Welt müssen bereit sein, diese Ziele durch die individuelle wie kollektive Ablehnung aller Kriegsdienste und aller Mitarbeit an der Produktion und dem Transport von Kriegsmaterial zu erreichen.

Dann sprach Einstein[1]:

Ich bin hierher gekommen, um zu Ihnen zu sprechen, weil einige Freunde mich von der Pflicht eines solchen Tuns überzeugt haben. Nun möchte ich in wenigen, einfachen Worten sagen, wie ich die Lage sehe, und ich brauche wohl kaum die Tatsache hervorzuheben, dass ich mit meinem Freunde hier vollkommen übereinstimme.

In erster Linie möchte ich sagen, dass das, was gegenwärtig hier in Genf geschieht, ohne den tragischen Hintergrund einfach lächerlich wäre. Man kann der Vermeidung eines Krieges nicht dadurch näher kommen, dass man Regeln darüber aufzustellen sucht, wie Krieg zu führen sei. Am Anfang muss vielmehr der feste Wille stehen, die internationalen Konflikte ohne Krieg auf dem Wege schiedsgerichtlicher Entscheidung zu lösen. Es ist ein Problem der Moral und des Wollens, nicht ein solches für technische Experten.

Es ist nicht meine Absicht, hier ein Exposé zu geben über die anzuwendenden Mittel, zumal ein solches Exposé in kurzer Form durch meinen Gesinnungsfreund soeben vorgelegt worden ist. Ich möchte mich lieber darauf beschränken, Fragen zu beantworten.

[Nach seiner Meinung über moralische Abrüstung befragt, sagte Professor Einstein]:

Die Frage, ob materielle oder moralische Abrüstung vorangehen müsse, erinnert mich an die Frage, ob das Huhn oder das Ei zuerst existiert habe. Natürlich ist moralische Abrüstung nötig. Solange die Staaten aber Kriege vorbereiten müssen, können sie die moralische Abrüstung nicht ehrlich betreiben.

Die moralische Abrüstung, sowie die Lösung des pazifistischen Problems überhaupt, wird dadurch erschwert, dass die Menschen, die in den einzelnen Staaten Träger der Macht sind, stets daran interessiert sind, dass ihr Staat an allen seinen Machtbefugnissen festhalte, während doch das Ziel der Abschaffung des Krieges daran gebunden ist, dass die einzelnen Staaten auf einen Teil ihrer Machtbefugnisse verzichten.

Deshalb bin ich der Meinung, dass die Nationen die Lösung dieses Problems nicht einfach ihren Regierungen überlassen dürfen. Es muss vielmehr dahin gewirkt werden, dass geistig und moralisch relativ unabhängige Persönlichkeiten in organischer Zusammenfassung ihres Einflusses und ihrer Kraft gegen den Militarismus kämpfen. Es muss so der Skepsis und der Mutlosigkeit gesteuert werden, welche heute die geistig und moralisch Hochstehenden ihres so notwendigen Einflusses beraubt.

Da es offensichtlich geworden ist, dass die Verhandlungen in Genf keinen derartigen Fortschritt nehmen, dass ein praktisches Abrüstungsprogramm erreicht werden könnte, um die Welt rechtzeitig vor dem Schrecken eines neuen Krieges zu bewahren, glauben wir, dass für die Völker der Erde die Zeit gekommen ist, diese Sache in ihre eigenen Hände zu nehmen, indem sie auf vollständige Abrüstung innerhalb fünf Jahren bestehen und auf den unmittelbaren Verzicht auf alle Kriegsmethoden unter jedweden Umständen. Damit verbunden ist: die Abschaffung der obligatorischen Wehrpflicht, unverzüglicher Abbruch der Rekrutierung und unverzüglicher Abbruch der Munitions- und Kriegswaffenproduktion.

Die Völker der Erde müssen bereit sein, diese Ziele zu erreichen durch individuelle und gemeinsame Verweigerung jeder Herstellung und jeden Transportes von Kriegsmaterial und durch die Verweigerung des Militärdienstes.

Einstein wurde gefragt, ob er glaube, dass Schiedsgerichte die internationale Sicherheit zu garantieren vermögen. In seiner Antwort bekräftigte er sein Bekenntnis zur friedlichen Lösung internationaler Streitfälle:

[Nach dem Genfer Protokoll befragt:]

Wir sollten kein Jota nachgeben. Das grösste Verbrechen besteht darin, nachzugeben, um in einem kleinen Punkt zu gewinnen. Wir müssen immer für das Genfer Protokoll kämpfen.

[Über die Beeinflussung der Arbeiterschaft und der Frauen:]

Beide sind wichtig. Ich denke zum Beispiel an die International Women's Cooperative Guild, an die Internationale Frauenliga für Frieden und Freiheit und andere, die wichtige Stützen des wirklichen Fortschrittes werden können. Ebenso liegt es im höchsten Masse im Sinne der Arbeiterverbände und -parteien, dass sie für die Sicherung des Friedens wirken. Bedingung ist nur, dass Klarheit darüber herrsche, dass die Hauptgefahr in der Annahme schlechter Kompromisse liegt, die das grosse Ziel momentanen Scheinerfolgen opfern

("Humanisierung" des Krieges, "Sozialpatrioten"). Man sollte die Menschen auch im Sinne der Militärdienstverweigerung beeinflussen. Dies wäre von sehr grosser Wirkung.

Ich bin ganz der Ansicht, dass wir alle unsere Kraft gebrauchen sollten, um diese Bewegung zu begünstigen, deren moralische Bedeutung gar nicht überschätzt werden kann. Diese Bewegung weckt wie keine andere den Mut und das Gewissen der Individuen und untergräbt die Autorität des militärischen Systems. Ich habe die grösste Bewunderung für die Bewegung in Frankreich, wo 78 000 Lehrer sich geweigert haben, in chauvinistischer Weise zu lehren.

[Ein Fragesteller . . . : "Wenn Sie denken, dass wir zu keinem Kompromiss kommen können, so geben Sie der ganzen Abrüstungskonferenz das Grabgeläute."]

Das entspricht auch durchaus meiner Ansicht. Diese Konferenz steuert einem schlechten Kompromiss zu. Vereinbarungen über die zulässigen Waffen würden im Ernstfalle doch nicht eingehalten werden. Der Krieg lässt sich nicht humanisieren, nur abschaffen.

Lord Ponsonby wurde daran erinnert, dass in vielen Ländern die Presse von der Regierung kontrolliert werde; die Pressekonferenz Einsteins und Ponsonbys sei darum vielleicht nicht sehr wirksam. Pensonby stimmte dem zu: "Möglicherweise haben wir heute nicht sehr viel erreicht, aber wir sind beide entschlossen, unermüdlich weiterzuarbeiten."

Auch andere äusserten Vorbehalte über das Vorgehen Einsteins und Ponsonbys. Romain Rolland zeigte sich in seinem Tagebuch[2] verstimmt darüber, dass er die Einladung zur Teilnahme an der Genfer Konferenz und zur Unterzeichnung der Ponsonby-Einstein-Erklärung erst nach der Abreise der beiden Männer von London nach Genf erhalten hatte. Trotzdem informierte er Einstein, dass er die Erklärung unterschreiben werde:

Ich stehe völlig auf Ihrer Seite: es kommt darauf an, nachdrücklich nicht nur an die öffentliche Meinung zu appellieren, der es an Konzentration und Einheit fehlt, sondern besonders die Massen der Arbeiter in der Rüstungsindustrie und im Transportwesen scharf und klar zur Aktion aufzurufen. Diese Arbeiter müssen zum Streik gegen Entfesselung und Förderung von Kriegen übergehen. In ihren Händen liegt der Schlüssel zur Lösung des Problems.

Und Rolland bekräftigte sein Einverständnis durch eine Fussnote zu der Ponsonby-Einstein-Erklärung:

Der letzte Punkt der Erklärung sollte nach meiner festen Überzeugung der erste sein. "Gott (und das heisst in diesem Fall die verschiedenen Regierungen und der Völkerbund) hilft denen, die sich selbst helfen!" Es liegt bei den Völkern, den Frieden zu erhalten, statt auf Aktionen ihrer Regierungen zu warten. Die Regierungen werden ihren Völkern gegenüber nichts als Verachtung empfinden, bis die Massen unzweideutig ihren Willen bekunden.

Ein französischer Journalist, der an der Pressekonferenz teilgenommen hatte, klagte Rolland gegenüber, Einstein habe in seinem Lehnstuhl gesessen und sinnlose Fragen mit Gemeinplätzen beantwortet. Einstein und Ponsonby hätten keinen wirklichen Aktionsplan vorgeschlagen und seien, ohne die weiteren Entwicklungen abzuwarten, eilends verschwunden.

Rolland bestritt die Auffassung des Journalisten, Einstein sei ein gefügiges Instrument von Organisationen wie der Internationale der Kriegsdienstverweigerer, gab aber zu, dass sein Freund in nichtwissenschaftlichen Fragen einen Hang zum Unrealen habe.

Einsteins kurzes Auftreten in Genf hatte jedoch einen stärkeren Eindruck hinterlassen als Romain Rolland auf Grund seiner Informationen annahm. Das bezeugt ein Artikel über die Genfer Konferenz ("The Comedy of Peace"), den der rumänisch-amerikanische Journalist Konrad Bercovici Februar 1933 in dem Magazin *Pictorial Review* veröffentlichte. Bercovicis Schilderung mag etwas übertrieben sein, zeigt aber die allgemeine, tiefe Wirkung der Persönlichkeit Einsteins[2a]:

... Alle Journalisten verliessen den Konferenzsaal, als sich die Nachricht von der Ankunft Einsteins in Genf verbreitete. Selbst einige der Delegierten hielten es für wichtiger, einen Blick auf den grossen Mann zu werfen, als die Diskussion über den Bakterien- und Luftkrieg anzuhören.

Er besass keine offizielle Legitimation für die Friedenskonferenz. Er war kein Delegierter von Rang und Einfluss. Ja, er war nicht einmal ein akkreditierter Zeitungsmann. Und doch bestritt ihm keiner das Recht, da zu sein – keiner, abgesehen von einem Balkandelegierten, der fragte:

"Wer hat ihn aufgefordert, hierher zu kommen? Wen vertritt er? Wen vertritt dieser Jude? "

Rasch wurde er zum Schweigen gebracht. Ein amerikanischer Journalist schlug dem Narren mit seinem Notizbuch über den Mund.

Es war ein merkwürdiger Anblick: der Mann mit dem Silberhaar und der massiven Gestalt, der da die breite Treppe des Friedenspalasts heraufschritt, gefolgt von hunderten von Menschen, die sich in respektvoller Distanz hielten. Langjährige Routine hatte den Journalisten einem Einstein gegenüber nicht jene Zutraulichkeit gegeben, die für sie selbst im Verkehr mit gekrönten Häuptern zur Selbstverständlichkeit geworden ist ...

Sie alle blieben ruhig zwei oder drei Schritte hinter ihm stehen, als er sich umwandte und lächelnd sagte, er werde später mit ihnen sprechen. Ein junger Reporter fiel vor Aufregung fast in Ohnmacht, als Einstein ihn um sein Feuerzeug bat, um die Zigarre, die er gerade rauchte, neu anzuzünden.

Er betrat den Konferenzsaal. Der Techniker des Luftkriegs-Komitees, der mitten in der Vorlesung eines Dokuments war, unterbrach sich für einen Augenblick. Diese Sekunde war eine stärkere Würdigung der Grösse, die der Mann ausstrahlte, als wenn alle Anwesenden die Arbeit unterbrochen und applaudiert hätten. Alle Augen richteten sich auf Einstein. Wo er war, da war die Welt.

Kurz darauf erschien Einstein im Pressezimmer. Wieder hielten sich die Journalisten in ehrfurchtsvoller Distanz. Sie bedrängten ihn nicht, schrien ihn nicht an und bombardierten ihn nicht mit Fragen. Es war die erste wirkliche Sensation, die diese Leute seit ihrer Ankunft in Genf erlebt hatten . . .

Am Sonntag, 10. Juli 1932 empfing Einstein den Vertreter des Friends Service Council (des britischen Zweigs der Quäker), Corder Catchpool, in seinem Sommerhaus in Caputh in der Nähe von Berlin. Catchpool gab einen ausführlichen Bericht über das Gespräch[3]:

. . . Einsteins kleine Villa aus Stein und Holz . . . steht zwischen Wasser und Wald; der Blick schweift über den Schwielow-See, und dahinter drängen sich die allgegenwärtigen Föhren . . . Der weisse Sand des langgezogenen Gartens reflektierte das blendende Sonnenlicht, als ich den Weg hinaufstieg . . . Es war ausserordentlich heiss . . . Der Professor sass an der einzigen schattigen Stelle, unter der giebelförmigen Dachtraufe . . . Die ganze Vorderseite des Hauses schien offen . . .

Ich richtete an ihn eine ernste Frage (über die These Einsteins, dass Kriege unmöglich würden, wenn auch nur zwei Prozent der Wehrpflichtigen den Militärdienst ablehnten): Könnte nicht zum Beispiel eine diktatorische Regierung wie die Russlands die zwei Prozent erschiessen lassen und ihren alten Kurs weiterverfolgen? "Ja, zwei Prozent und vielleicht sogar zehn Prozent! Auf Russland und einige andere Länder wäre der Vorschlag nicht anwendbar."

Aber die teilweise Unanwendbarkeit, meinte er, ändere nichts an dem Prinzip; es gebe eine genügende Zahl von Ländern, in denen es durchführbar sei und durchgeführt werden sollte. Immer und immer wieder kam Professor Einstein auf die Kriegsdienstverweigerung zurück; sie sei der wesentlichste und realste Schritt zur Abschaffung

Einsteins Sommerhaus in Caputh bei Berlin

der Kriege. "Denn auf diese Weise können selbst wenige Menschen einen grossen Eindruck machen. Man braucht nicht viele – aber es müssen entschlossene Menschen sein."

Diese Idee eines grossen Kreuzzugs gegen den Krieg mittels des passiven Widerstandes ist seine Hauptbotschaft. "Von der Abrüstungskonferenz ist nichts zu erwarten. Hoffen wir, dass die Menschen, sobald diese Erkenntnis Gemeingut geworden ist, zu radikaleren Methoden übergehen werden."

Die Völker der Welt müssen ihr Vertrauen in Verträge setzen, auf die sich eine Völkergemeinschaft gründet. Eine solche Völkergemeinschaft muss die Macht haben, ihren Willen durchzusetzen. Die Völker der Welt müssen die Existenz einer übernationalen kontrollierenden Macht anerkennen; sonst werden sie wieder der nationalen Kriegspsychologie anheimfallen . . .

Der Professor hat eine ziemlich klare Vorstellung, wie diese übernationale Macht aussehen sollte. Die unter dem Versailler Vertrag Deutschland zugestandene Armee von 100 000 Mann könnte als sinnvolle nationale Komponente angesehen werden; kleineren Ländern wäre ein im Verhältnis zu ihrer Bevölkerungszahl grösserer Prozentsatz zuzusprechen. Zwar bestünden diese Heereskontingente aus Berufssoldaten, sie sollten aber als Polizeitruppen betrachtet werden und nach Möglichkeit nicht in ihren eigenen Ländern stationiert sein.

Aber wir stehen einem grossen Problem gegenüber: die blosse Kriegsdienstverweigerung mag für die Jugend ein zu negatives Programm sein . . . Ein heroischer Pazifismus ist zweifellos denkbar.

Ich fragte, ob man von der Jugend eines Landes wie Frankreich nicht zuviel verlange, wenn man von ihr die Ablehnung des Militärdienstes erwarte. "Auf keinen Fall!" erwiderte der Professor. "Im Gegenteil: das heutige Dilemma Deutschlands besteht darin, dass wir zwar keinen Dienstzwang, aber einen starken Militarismus haben. Diesem Geist wird die Jugend leicht zum Opfer fallen, wenn es an jener pazifistischen Rückenstärkung fehlt, die sich aus einer grossen Auseinandersetzung über die Frage der Dienstpflicht ergeben kann . . ."

Ich fragte, was mit der Jugend geschehen solle, nachdem wir die Kriege abgeschafft haben. "Das ist eine sehr wichtige Frage, aber wir haben Zeit genug, darüber nachzudenken." Die Jugend fühle sich von allen Aufgaben angezogen, die grosse persönliche Opfer und vor allem auch Risiken mit sich bringen.

Professor Einstein begrüsst Regierungspläne für alternative (zivile)

Dienstleistungen. Ohne Zweifel seien Schwierigkeiten damit verbunden, aber sie würden durch die grosse moralische Wirkung der Tatsache, dass Menschen nicht mehr zum Mord gezwungen werden könnten, aufgewogen. "Denn das ist das Allerschrecklichste."

Ich glaube, dass hier die Grundursache seiner Kriegsgegnerschaft zu suchen ist (obwohl ich ihn nicht ausdrücklich darüber befragte); er steht der Position der Quäker sehr nahe.

(Einstein berührte dann eine Reihe anderer Fragen:)

Der polnische Korridor: "Ich hätte ihn nicht geschaffen, aber es hat keinen Sinn, jetzt etwas daran ändern zu wollen. Die blosse Tatsache der Trennung Ostpreussens vom übrigen Deutschland stellt keinen stichhaltigen Grund gegen die Existenz des Korridors dar. Viele Staaten bestehen aus zwei oder mehr voneinander getrennten Inseln. Der Korridor bietet ein starkes Argument für die Schaffung eines Überstaates."

Mandschurei und Sanktionen: Hätten England und Amerika von Anfang an ihre Häfen gesperrt, wäre Japan sofort zum Nachgeben gezwungen gewesen. Professor Einstein fragte, warum die Sperrung nicht erfolgt sei, und war von der simplen Antwort überrascht: dass die vielen kommerziellen Interessen offensichtlich einen solchen Schritt nicht erlaubten.

Russland und Japan: Die Kriegsgefahr ist akut, obwohl der Kapitalismus nicht, wie die Marxisten behaupten, die einzige Ursache eines Krieges ist. Nach Professor Einsteins Meinung ist der psychologische Faktor noch wichtiger.

Gandhi und passiver Widerstand: Gandhis wirtschaftliche Anschauungen sind anfechtbar, aber seine Satjagraha ist bedeutungsvoll und liesse sich auf Europas Probleme anwenden.

Ich war bereits am Aufbruch, aber auf dem Weg durch den Garten sprang die Unterhaltung noch auf ein anderes Thema über: Friede und Erziehung. Was die Naturwissenschaften angehe, meinte er, sei an den Lehrmethoden nichts auszusetzen. Aber der Geschichtsunterricht! Da herrsche der nationalistische Standpunkt, woraus sich ernste und gefährliche Probleme ergäben. "Ich möchte es so ausdrücken: 'Die Völker leiden unter ihren eigenen Erinnerungen'."

Dabei brach er in ein herzhaftes Lachen aus, das mich beim Abschied begleitete wie es mich bei der Ankunft begrüsst hatte.

Zeuge des Interviews war der holländische pazifistische Geistliche J. B. Th. Hugenholtz, mit dem Einstein früher korrespondiert hatte und der jetzt Wochenendgast in Einsteins Sommerhaus war. Hugenholtz hatte die persönliche Begegnung mit Einstein gesucht, um ihn für seinen Plan der Gründung eines internationalen Friedenshauses im Haag zu gewinnen. Die Finanzierung sollte unabhängig von den pazifistischen Organisationen erfolgen, die in dem geplanten Gebäude Büro-, Bibliotheks- und Versammlungsräume erhalten sollten. Moralische Unterstützung dieses Plans wurde von vier Verbänden erwartet: der Internationale der Kriegsdienstverweigerer, der Internationalen Frauenliga für Frieden und Freiheit, der International Fellowship of Reconciliation und dem Internationalen Antimilitaristischen Bureau. Am 25. Juli 1932 billigte Einstein das Projekt:

Ich bin mit dem Wortlaut des Protokolls völlig einverstanden und hoffe, dass es Ihnen gelingen wird, den Beifall und die bedingungslose Mitwirkung der angegebenen Organisationen zu erhalten. Ich bitte Sie, mich über den Erfolg Ihrer Bemühungen auf dem Laufenden zu halten.

Das Protokoll schicke ich Ihnen anbei unterschrieben zurück. Ich bin mit allem einverstanden, nur nicht damit, dass ich Präsident der Exekutive werde. Präsident sollte ein Mann sein, der wirklich die Arbeit leitet und nicht nur "dekorativ" wirkt. Ich glaube überhaupt, dass man über die Form der Organisation mit den Organisationen beraten soll, die zusammengefasst werden sollen. Es muss jeder Schein des Versuchs einer Majorisierung vermieden werden. Ich habe volles Vertrauen in Ihr feines Taktgefühl in dieser Beziehung.

Hugenholtz nahm Einsteins Vorschläge an und sandte ihm Durchschläge von Briefen an die verschiedenen pazifistischen Organisationen. Er berichtete, dass ein für Ende August in Amsterdam geplanter Friedenskongress, in dem Henri Barbusse eine führende Rolle spielen sollte, unter kommunistischer Leitung stehe; der Joint Peace Council habe sich nach grossem Zögern entschlossen, nicht an der Konferenz teilzunehmen.

Einige Monate später schrieb Hugenholtz nochmals: die pazifistischen Verbände schienen seinen Plan für ein internationales Friedenshaus nicht zu verstehen. Die Internationale der Kriegsdienstverweigerer und das Internationale Antimilitaristische Bureau hätten die Unterstützung verweigert, und von den anderen beiden Gruppen sei keine Antwort gekommen. Der Amsterdamer Antikriegskongress sei ein "Fiasko" gewesen; er selbst, Hugenholtz, sei jetzt dabei, einen "wahren" Antikriegskongress zu organisieren. Der Plan des Friedenshauses müsse ohne weiteren Aufschub verfolgt werden. Wäre Einstein vielleicht bereit, Gelder in Amerika sammeln zu helfen, "wenn Sie in Princeton sind"?

Einsteins letzter Brief in dieser Korrespondenz war vom 26. Oktober 1932 datiert:

Ich habe meine Mitwirkung bei Ihrem Unternehmen von der Zustimmung und Mitwirkung der wichtigsten radikal-pazifistischen Vereinigungen abhängig gemacht. Wenn diese nicht in vollem Masse zu erlangen ist, würde ich es für einen schweren Fehler halten, etwas

Derartiges zu unternehmen, und ich könnte mich daran nicht beteiligen. Das Schlimmste, das wir tun könnten, würde sein, den Militaristen das Schauspiel der Zwietracht zu bieten.

Ich halte es auch für einen schweren Fehler, so kurz nach dem Amsterdamer Kongress einen neuen Kongress mit demselben Ziele einzuberufen und ich könnte mich daran in keiner Weise beteiligen. So sehr ich auch die Fehler beklage, welche Herr Barbusse bei seiner Veranstaltung begangen hat, so sehr bin ich überzeugt, dass jeder Schein einer Gegenaktion von pazifistischer Seite vermieden werden muss. Ich bitte Sie dringend, ja ich beschwöre Sie, nichts zu unternehmen, was unserer Sache schaden könnte. In diesem Augenblick ist es wichtiger, sich zu bescheiden, als Initiative zu entfalten. Arbeiten Sie lieber mit Geduld daran, die volle Einigung der radikal-pazifistischen Organisationen zu erreichen, selbst unter Preisgabe aller Ihrer persönlichen Wünsche.

Lange vor dem Empfang der Mitteilungen von Hugenholtz war Einstein über den Amsterdamer Kongress ziemlich genau informiert gewesen. Bereits am 19. April hatte Barbusse ihn telegrafisch um seine Zustimmung gebeten, als Miteinberufer des Kongresses zu fungieren. Die wachsende Fernostkrise hatte den Plan der Tagung reifen lassen. Der japanischen Invasion der Mandschurei im September 1931 folgten im Januar 1932 Zwischenfälle in Schanghai, die zu schwerem Blutvergiessen führten. Barbusse sah gleich vielen anderen die japanische Aktion als im Grunde gegen die Sowjetunion gerichtet an.

Einstein schrieb am 20. April 1932 an Barbusse:

Ich würde mich niemals an einem solchen Kongress beteiligen, der doch in seiner Ohnmacht kläglich wirken müsste. Es ist so ähnlich wie ein Kongress für die Verhinderung der Tätigkeit der Vulkane oder zur Vermehrung des Regens in der Sahara.

Seit Japan sein mandschurisches Abenteuer begann, war es mir klar, dass es über starke unsichtbare Bundesgenossen verfügen müsse. Ich habe keinerlei direkten Anhaltspunkt, wer diese Bundesgenossen sind. Ich denke aber, es sind dieselben, welche die Abrüstungsbestrebungen sabotieren. Ich glaube auch, dass sie mehr in Frankreich als in England zu finden sind. Militaristen und Kriegsindustrie verstehen, die im französischen Volke vom Kriege her gebliebene Angst für ihre Ziele auszubeuten. Um einer durch Krise gebotenen vernünftigen Regelung der wirtschaftlichen Verhältnisse auszuweichen, hat man von jeher zum militärischen Abenteuer seine Zuflucht genommen, und der ungestillte Dividendenhunger steht überall mächtig dahinter . . .

Für Ihr neues Buch über Frankreichs grossen Kämpfer für die Gerechtigkeit [Zola] danke ich Ihnen herzlich.

Einsteins Brief kreuzte sich mit einem Schreiben von Barbusse, das die Pläne für den Antikriegskongress ausführlicher schilderte. Ursprünglich hatte die Tagung in Genf am 28. Juni, dem 18. Jahrestag der Ermordung des österreichischen Thronfolgers, stattfinden sollen, die die unmittelbare Ursache des Ersten Weltkriegs war.

Der Kongress sollte, alle Parteitendenzen meidend, die moralischen und intellektuellen Kräfte der Welt zum Kampf gegen die Torheit eines imperialistischen Krieges zusammenführen. Durch die Zusammenarbeit der seit dem Krieg entstandenen, zerstreuten pazifistischen Gruppen wollte man eine breite Aktionsbasis erzielen. Neben Einstein und Barbusse waren als Einberufer vorgesehen: Frau Sun Yat-sen, Theodore Dreiser, Upton Sinclair, John Dos Passos, Heinrich Mann, Maxim Gorki, George Bernard Shaw, H. G. Wells, Romain Rolland und Paul Langevin.

Einstein erwiderte am 26. April 1932:

Ihr Brief vom 20. April zeigt mir, dass ich aus Ihrem Telegramm eine nicht zutreffende Auffassung über das von Ihnen geplante Unternehmen erhalten hatte. Ich glaubte, es handle sich ausschliesslich um einen Versuch, die Politik der Japaner im gegenwärtigen Augenblick durch einen ohnmächtigen Protest zu beeinflussen. So aber sehe ich, dass Sie das grosse allgemeine Ziel im Auge haben, das heisst, einen Versuch, dazu beizutragen, dass wirksamere Bemühungen gegen den Krieg getroffen werden, als es bis jetzt der Fall war. Bei diesem Bestreben will ich gern mitwirken, so gut ich vermag.

Nach meiner Überzeugung kann nur eines helfen, nämlich, dass alle zum Völkerbund gehörigen Staaten und ausserdem die Vereinigten Staaten von Amerika die unbedingte Verpflichtung übernehmen, alle Entscheidungen des Völkerbundes und des Haager Schiedsgerichtes zur Ausführung zu bringen.

Wenn es gelänge, die Überzeugung für die Notwendigkeit eines so weitgehenden Verzichtes der Staaten auf ihre Souveränität bei dem gebildeten Teil der Öffentlichkeit zu verbreiten, würden wir wirklich etwas nützen können. Wenn wir heute schon so weit wären, würde das unverschämte Vorgehen Japans durch Verhängung eines Boykotts gegen alle japanischen Waren und Schiffe unmöglich gemacht werden können.

Während des Frühjahrs 1932 erhielt Einstein von Barbusse eine Reihe von Briefen, in denen er über die Unterstützung des Kongresses durch viele andere prominente Persönlichkeiten, sowie den stetigen Fortschritt in der Organisation der Tagung berichtete. Einem Schreiben vom 18. Mai 1932 lag der Text eines Aufrufs bei, der, von allen Miteinberufern unterzeichnet, als öffentliche

Ankündigung dienen sollte. Es hiess darin, dass der von Japan in China entfesselte Krieg "unter der offenen oder stillschweigenden Billigung der grossen imperialistischen Mächte" unzweideutig gegen die Sowjetunion gerichtet sei.

Das wurde besonders im ersten Abschnitt des Aufrufs betont: "Während in Genf die Abrüstungskonferenz in vollem Gange ist, hat Japan die Aggression in Kontinentalasien begonnen. Es hat ungezählte schuldlose Menschen in Tschapei ermordet. Und es hat die Mandschurei besetzt, die – nur allzu durchsichtig als unabhängige Republik getarnt – eindeutig als strategische Basis für einen Krieg gegen die Sowjetunion dienen soll. Fünfzehn Jahre lang hat die Sowjetunion für den Bau einer neuen Weltordnung gekämpft, die sich auf die Kooperativ-Gemeinschaft der Arbeiter, die angemessene Verteilung des Nationaleinkommens, das Streben nach allgemeiner Wohlfahrt, die Abschaffung der Ausbeutung und Unterdrückung des Menschen durch den Menschen, kurz auf Prinzipien stützt, die der Anarchie des kapitalistischen Systems direkt entgegenstehen. Die Sowjetunion, die mitten in ihrer grossen Aufgabe des sozialistischen und menschlichen Neubaus steht, hat monatelang die japanischen Provokationen heroisch ertragen..."

Anfang Juni 1932 erwiderte Einstein auf die Bitte Barbusses um Unterzeichnung des Aufrufs:

Von England zurückgekehrt, finde ich Ihren Aufruf vor. Ich kann mich nicht entschliessen, ihn zu unterzeichnen, weil er eine Glorifizierung Sowjetrusslands enthält. Ich habe mir in der letzten Zeit grosse Mühe gegeben, mir über die Entwicklung dort ein Urteil zu bilden, und ich bin zu recht trüben Ergebnissen gekommen.

Oben persönlicher Kampf machthungriger Personen mit den verworfensten Mitteln aus rein egoistischen Motiven; nach unten völlige Unterdrückung der Person und der Meinungsäusserung. Was hat denn unter solchen Bedingungen das Leben noch für einen Wert?

Deshalb empfinde ich aber die Machenschaften Japans und der hinter ihm Stehenden nicht als weniger verwerflich als Sie. Ich habe an verschiedenen Stellen wegen eines internationalen Warenboykotts gegen Japan angetippt und gesehen, dass nichts auszurichten ist wegen – wichtiger Geschäftsinteressen! Wenn Sie sich entschliessen könnten, den ersten Absatz des Aufrufes objektiver zu verfassen, sodass er keinerlei Glorifizierung der russischen Zustände enthielte, würde ich ihn unbedingt unterzeichnen.

Dagegen entsprach Einstein einer anderen Bitte des französischen Autors. Barbusse hatte in einem seiner Briefe erwähnt, dass sein vier Jahre zuvor unter Einsteins Hilfe gegründetes Blatt *Monde* mit finanziellen Schwierigkeiten kämpfe, und Einstein um eine Erklärung ersucht, in der die Wichtigkeit der Weiterexistenz des Blattes betont würde. Einstein schrieb:

Wir leben in einer Zeit moralischer Décadence. Ehrfurcht vor dem Leben und Ehrfurcht vor der Wahrheit sind gesunken. Allenthalben macht sich das stupide Idol der brutalen Macht breit. Die zur Hütung der geistigen Tradition Berufenen haben sich einer müden Skepsis hingegeben und sehen untätig der moralischen Verarmung zu.

In Frankreich verfolgen die Mächtigen Ziele persönlichen Ehrgeizes und öder Gewinnsucht, indem sie die aus dem Weltkrieg resultierende Furcht des Volkes anfachen und ausnützen.

Monde ist eine einsame Stimme der Menschlichkeit, die das Gewissen der Trägen und Schläfrigen aufzurütteln sucht und in die Abgründe und Hintergründe des gegenwärtigen Geschehens hineinleuchtet, ehrlich und furchtlos.

In einem Brief, den Barbusse nach Empfang der ablehnenden Antwort Einsteins abgeschickt hatte, teilte er mit, er habe nicht auf alle Unterschriften der in Aussicht genommenen Miteinberufer warten können und darum den Aufruf ausschliesslich in seinem eigenen Namen und dem Romain Rollands publiziert. Der Aufruf habe ein positives Echo gefunden. Barbusse fügte hinzu, Einsteins eigene Erfahrungen bei der Propaganda eines Wirtschaftsboykotts gegen Japan enthüllten die Rolle des Kapitalismus bei der Anzettelung von Kriegen. Auf die innere Situation der Sowjetunion eingehend, sprach er von krassen Verleumdungen, die darüber im Umlauf seien, und forderte Einstein auf, Russland zu besuchen und sich ein eigenes Urteil zu bilden.

Einstein erwiderte aus Caputh am 17. Juni 1932:

Sie wissen sehr gut, dass ich in allen wesentlichen Punkten mit Ihnen übereinstimme. Es muss alles daran gesetzt werden, um zu verhindern, dass die russische Entwicklung von aussen bedroht wird. Ich wünschte nur, zu verhindern, dass die inneren Verhältnisse in Russland in dem Aufrufe glorifiziert würden. Ich will mich darüber jetzt nicht auslassen. Ich bin aber ziemlich überzeugt, dass, wenn Barbusse zufällig Russe wäre, er sich irgendwo im Gefängnis oder in der Verbannung befände, wenn man ihn überhaupt am Leben gelassen hätte.

Jedenfalls möchte ich im Interesse der eminent wichtigen Sache eindringlich dazu raten, in Genf zwar mit aller Energie für den Frieden, aber durchaus nicht für den Bolschewismus Partei zu nehmen. Sonst wird es unter den ehrlichsten und der Sache ergebensten Menschen zu einem hässlichen Streit kommen und die Aktion würde noch weniger Aussicht auf praktischen Erfolg haben, als es leider ohnehin der Fall ist.

Der Sache des Friedens kann nach meiner Überzeugung nur dadurch wirksam gedient werden, dass man den Grundsatz von der Unantastbarkeit des Lebens und der Person von allem sonstigen politischen Streit isoliert. Vergessen Sie nicht, dass die mutigsten Kämpfer gegen den Militarismus aus dem Lager der Quäker, also der Religiösen, herkommen.

Als der Kongress während der folgenden Wochen allmählich Gestalt gewann, wurde der Tagungsort von Genf (wo die Behörden ihn als "umstürzlerisch" erklärt hatten) nach Brüssel und schliesslich nach Amsterdam verlegt, wo er am 27. August 1932 eröffnet wurde[4]. Bis dahin hatte Einstein von Barbusse fünf weitere Briefe mit der Bitte um aktive Teilnahme erhalten. Auch der (aus Moskau schreibende) Volkswirtschaftler Alfons Goldschmidt und der deutsche kommunistische Führer und Reichstagsabgeordnete Willi Münzenberg bestürmten Einstein in diesem Sinn. Barbusse wies begeistert auf zahlreiche weitere Individuen und hunderte von Ortskomitees hin, die sich inzwischen den Förderern des Kongresses angeschlossen hatten. Dieser wurde jetzt "Internationaler Kongress gegen imperialistische Kriege" genannt; der Briefkopf verzeichnete Einstein und 26 andere Prominente als Förderer der Tagung.

Einsteins Befürchtung, der Kongress werde zu einer Spaltung der pazifistischen Reihen führen, erwies sich als richtig. Am 22. August 1932 sandte Barbusse an Einstein aus Paris folgendes Kabel:

Ihre Gegenwart Antikriegskongress Amsterdam 26. August äusserst wichtig stop Abwesenheit würde als Misstrauensvotum gedeutet stop beschwöre Sie nach Amsterdam zu kommen stop Romain Rolland Paul Signac Maxim Gorki

Auf die Rückseite des Telegrammformulars schrieb Einstein (der Text ist vielfach korrigiert):

Als Japan die Mandschurei überfiel, vermochte das Gewissen der zivilisierten Welt dieses Unrecht nicht zu verhüten. Das wirtschaftliche Interesse der Kriegsindustrien war mächtiger als die Friedenssehnsucht der Völker. Inzwischen ist es allen klar geworden, dass das japanische Abenteuer mindestens teilweise auch von der Absicht bestimmt war, Russland zu schwächen und seine wirtschaftliche Entwicklung zu sabotieren.

Die Anhänger einer gesunden Entwicklung internationaler Rechtsorgane müssen – ohne Rücksicht auf die politischen und wirtschaftlichen Ideologien des Einzelnen – alles in ihrer Macht Stehende tun, um die brutale Gewalt und den zügellosen Profithunger zu unterdrücken und Organisationen zu schaffen, die gerechte und wohlüberlegte Entscheidungen garantieren. Während der gegenwärtigen schweren Bedrohung unserer Kultur abseits zu stehen, hiesse sich mitschuldig zu machen.

Sobald der Rechtswille in den führenden Ländern der Welt

genügend erstarkt ist, wird das Recht zur Wirklichkeit werden. Ich hoffe, dass dieser Kongress die öffentliche Meinung mobilisieren und so die Regierungen der Grossmächte zwingen wird, die zur Abwendung der nahenden Katastrophe notwendigen Massnahmen zu ergreifen.

Am 11. September 1932 schrieb Barbusse in einem Brief an Einstein, seine Botschaft sei mit warmem Applaus empfangen worden. Aber ein Bericht in einer deutschen pazifistischen Zeitschrift besagt, Einsteins Worte seien – im Gegensatz zu dem Enthusiasmus, den die kommunistischen Redner ausgelöst hätten – "mit ausserordentlicher Kühle" entgegengenommen worden.

Am 23. September teilte das deutsche "Komitee gegen imperialistische Kriege", eine Gründung des Kongresses, Einstein mit, dass er zum Mitglied dieser Gruppe wie auch eines "Welt-Antikriegskomitees" gewählt worden sei.

Einstein erwiderte am 29. September 1932:

Nach reiflicher Überlegung sehe ich mich ausserstande, dem Komitee beizutreten. Meine Beteiligung an dem internationalen Komitee habe ich auch längst bedauert, obwohl die von dem Amsterdamer Kongress und seinen Kommissionen verfolgten Ziele ganz mit den meinigen übereinstimmen. Begründung: Der Amsterdamer Kongress war ganz unter russisch-kommunistischem Regime; auch die Resolution ist in dieser Phraseologie abgefasst. Prominente Sozialdemokraten waren aus dem Komitee des Kongresses ausgeschlossen worden; extreme Pazifisten haben mich ersucht, wegen dieses intoleranten Verhaltens an dem Kongress nicht teilzunehmen. Wenn ich im voraus gewusst hätte, wie es um die Kongressleitung bestellt war, hätte ich mich niemals in das Amsterdamer Komitee wählen lassen, da es mir im Interesse späteren Wirkens im Dienste des radikalen Pazifismus wichtig ist, eine politisch neutrale Position zu behaupten.

Am gleichen Tag beantwortete Einstein die Einladung, eine andere Gründung des Amsterdamer Kongresses, das Antikriegskomitee der Ärzte, zu unterstützen:

... Es wäre nach meiner Überzeugung höchst verdienstvoll, wenn die Ärzteschaft für die Sache eines wirklich aktiven Pazifismus interessiert würde. Nach meiner Meinung sollte aber eine solche Bestrebung im übrigen von jeder einseitig politischen Bindung frei sein. Dies trifft aber in keiner Weise zu auf den Amsterdamer Kongress, der sich zu einem reinen Sowjetunternehmen ausgewachsen hat. Ein grosser Teil der aktiven Pazifisten hat sich deshalb davon zurückgezogen.

Gewiss hätte Romain Rolland seinen Namen nicht hergegeben, wenn er frühzeitig genauer über die politischen Hintergründe informiert gewesen wäre. Für mich gilt natürlich das Gleiche. Wenn Sie also etwas in der Sache unternehmen wollen, so rate ich Ihnen dringend, den Amsterdamer Kongress aus dem Spiele zu lassen.

Der Vorsitzende des deutschen Hauptkomitees erwiderte, Einsteins Einwendungen seien unbegründet. Nur sechs Prozent der Mitglieder des Vorstandskomitees des Amsterdamer Kongresses seien Kommunisten gewesen. Die Sozialdemokraten seien nicht nur nicht ausgeschlossen, sondern im Gegenteil ausdrücklich willkommen geheissen worden. Die Resolution sei von einem Komitee, in der die Kommunisten nur über eine geringe Minderheit verfügten, eingebracht worden. Ja, die Kommunisten hätten die Resolution angegriffen, da sie ihnen als nicht weitgehend genug erschienen sei. Und viele nichtkommunistische Pazifisten hätten erklärt, der Kongress habe bewiesen, dass es möglich sei, mit Kommunisten zusammenzuarbeiten.

Einstein schloss diesen Meinungsaustausch mit dem folgenden Brief vom 13. Oktober 1932:

Meine Informationen [über den Amsterdamer Kongress] stammen von allerersten Leuten, zu denen ich volles Zutrauen habe. Einer davon ist ein sehr verdienstvoller extremer Pazifist von unbezweifelbarer Selbstlosigkeit. Da mir daran liegt, mich nicht parteipolitisch zu binden, muss ich, obwohl ich Ihr Ziel voll billige, Ihrer Organisation fernbleiben. Dagegen bin ich gerne bereit, von Fall zu Fall mit Ihnen zu kooperieren.

Einstein stand in der Enttäuschung über den Amsterdamer Kongress nicht allein. Der französische Autor Victor Margueritte, der politisch weit mehr linksgerichtet war als er, sandte ihm den Durchschlag eines scharf formulierten Absagebriefes an den Amsterdamer Kongress. Einstein erwiderte am 19. Oktober 1932:

Sie haben vollständig recht . . . Barbusse ist ein guter Mann, aber leider ein schlechter Musikant. Er hat sich von den Bolschewiken völlig einwickeln lassen, so dass der Kongress seinen überparteilichen Charakter verlor. Sicher ist Romain Rolland ebenfalls sehr unzufrieden über die Leitung dieses Unternehmens, findet aber keinen guten Weg, um sich zurückzuziehen. Ich glaube, dass der Sache des Friedens durch eine radikal-pazifistische Vereinigung angesehener Schriftsteller, anerkannter Künstler und Gelehrter am wirksamsten gedient werden könnte. Ich glaube, man könnte eine wirklich einflussreiche Gemeinschaft zustandebringen, wenn man es geschickt genug versuchte.

Margueritte antwortete enthusiastisch: er selbst habe bereits an die Gründung einer solchen Organisation gedacht und habe Einstein den Plan bei seinem Besuch in Berlin im Mai 1932 vorlegen wollen, aber Einstein sei damals in England gewesen. Die bevorstehende Pariser Tagung der Internationalen Liga gegen den Antisemitismus könnte das Forum zur Organisation des von Einstein vorgeschlagenen Komitees sein.

Einstein schlug darauf Margueritte vor, er möge Paul Langevin aufsuchen, den Einstein offenbar als geeigneten Vorsitzenden einer solchen Gruppe betrachtete. Einstein mag die Idee mit Langevin persönlich oder in Briefen, von denen kein Durchschlag erhalten ist, diskutiert haben. Jedenfalls schrieb er am 20. November 1932 an seinen Freund Maurice Solovine in Paris[5]:

Sagen Sie Herrn Langevin nochmals meinen herzlichsten Dank und drängen Sie ihn, dass er bald auf meinen Brief antwortet. Es handelt sich nämlich um eine internationale Vereinigung von zuverlässig pazifistisch eingestellten führenden Intellektuellen, welche versuchen sollen, als Gesamtheit durch die Presse politischen Einfluss in den Fragen der Abrüstung, Sicherheit usw. zu gewinnen. Langevin müsste die Seele einer solchen Gemeinschaft sein, weil er nicht nur guten Willen, sondern auch viel politisches Verständnis hat.

Und am gleichen Tag richtete er an Chaim Weizmann in London das folgende Schreiben[6]:

... Ich glaube, dass Sie mit Ihren Bemerkungen bezüglich der Kriegsgefahr und der Erfolglosigkeit der Bemühungen der Politiker völlig recht haben. Ich habe mich auch schon seit einiger Zeit bemüht, unabhängige Männer, die es durch geistige Arbeit verschiedener Art zu Ansehen gebracht haben, und über deren Objektivität und ehrlichen Willen kein Zweifel ist, zu einer aktionsfähigen Vereinigung zusammen zu bringen. Zweck dieser Vereinigung wäre, alle Bemühungen internationaler Verständigung, insbesondere die auf Abrüstung und Sicherheit gerichteten Bemühungen, dadurch zu unterstützen, beziehungsweise zu beeinflussen, dass sie zu den wichtigeren Fragen des Tages in der Presse Stellung nimmt.

[Graf] Coudenhove würde für diesen Kreis allerdings nicht in Betracht kommen, weil er sich nicht durch Leistungen ausserhalb des politischen Gebietes einen Namen erworben hat und weil seine politischen Einstellungen, zum Beispiel sein scharfer Angriff gegen Russland, die gute Atmosphäre einer solchen Vereinigung gefährden könnten. Überhaupt ist es zweifelhaft, ob ein Politiker von Beruf einer solchen Vereinigung offiziell angehören soll.

Offenbar blieb es bei der Idee. Denn im nächsten Jahr (am 1. Juli 1933) schrieb Einstein einer französischen Dame, die einen ähnlichen Vorschlag gemacht hatte:

Der von Ihnen ins Auge gefasste Plan steht einem andern sehr nahe, den ich zusammen mit Langevin wiederholt beraten habe. Es scheint mir sehr schwierig, Menschen zu finden, die *nur* durch ihre moralischen Qualitäten hervorragen. Wir wollten deshalb eine Gemeinschaft von etwa dreissig Persönlichkeiten bilden, die ausser ihren moralischen Qualitäten auch Leistungen aufzuweisen hätten, vermöge deren sie in der Welt bekannt sind und Ansehen geniessen. Die moralische Qualität allein sichert einer derartigen Gemeinschaft nicht die nötige Resonanz.

Die Sache ist dadurch eingeschlafen, dass ich von dem vielbeschäftigten Langevin nichts mehr darüber gehört habe. Vielleicht haben Sie die Möglichkeit, ihn aufs neue zu interessieren. Es kann sein, dass die Vorgänge in Deutschland ihn abgeschreckt haben. Es ist aber wohl denkbar, dass auch heute noch eine derartige internationale Körperschaft genügend Prestige besitzen würde, um die Mitglieder der Verfolgung durch chauvinistische Regierungen zu entziehen.

Wenn Sie der Sache helfen wollen, so könnten Sie es am besten, indem Sie mit Langevin darüber sprechen und mir dann genügend ausführlich darüber Bericht erstatten. Sagen Sie ihm dann auch bitte, dass ich nach Paris kommen will, sobald es meine Gesundheit wieder einigermassen zulässt.

Einsteins wachsende Befürchtung eines Nazisieges in Deutschland und der sich daraus ergebenden Erhöhung der Kriegsgefahr veranlasste ihn, überall nach Verbündeten im Kampf für die Sache der Vernunft zu suchen. So trat er 1932 zweimal mit einem anderen geistigen Giganten, Sigmund Freud, in Verbindung.

Seine persönliche Einstellung zu Freuds Werk war freundlich, aber nicht unkritisch gewesen. Einstein machte jedoch einen Unterschied zwischen Freud, dem Vater der Psychoanalyse, und Freud dem Sozialphilosophen. An diesen "zweiten" Freud richtete er sich in seinem Bestreben, eine Gruppe geistiger Führer um sich zu sammeln, und mit dem späteren Vorschlag, Freud möge mit ihm öffentlich darüber diskutieren, wie die Menschheit von der Gefahr des Krieges befreit werden könne.

Freud kannte die Einwände, die Einstein gegen die Psychoanalyse hatte. In einem Brief an George Sylvester Viereck vom 6. November 1929 hatte Freud geschrieben[7]:

... Sie haben diesen seltenen Menschen, das Echte, Wahrhafte, fast Naive seiner Grösse, seine Freiheit von ungezählten menschlichen Schwächen treffend herausgebracht ... Einsteins Stellung zur

Psychoanalyse war mir bereits bekannt. Ich hatte vor einigen Jahren eine lange Unterhaltung mit ihm, in der ich zu meiner Belustigung feststellte, dass er von der Psychoanalyse nicht mehr versteht als ich von der Mathematik. Ja, ich glaube, ich bin ihm darin vor; während ich wenigstens die Berechtigung des mathematischen Denkens voll einsehe, bestreitet er die Berechtigung der Psychologie . . .

Wenn Einstein meinen Stil und meine Darstellungskunst lobt, zeigt das nur, ein wie wohlmeinender Mensch er ist. Er möchte mich anerkennen – für den Inhalt meiner Schriften fehlt ihm aber das Verständnis, darum lobt er wenigstens den Stil . . .

Dass sich Einsteins Anschauungen über Freud bis 1931 nicht geändert hatten, zeigt ein Tagebucheintrag vom 6. Dezember jenes Jahres:

. . . Jungs [Carl Gustav Jung, Schweizer Psychiater und Freud-Jünger] Drumherum habe ich zwar verstanden, aber wertlos gefunden: Haufen Rederei ohne klare Linie. Wenn schon "Psychaster", dann schon lieber Freud. Dem glaube ich zwar nicht, liebe aber seinen prägnanten Stil ausserordentlich und seinen originellen, wenn auch allzu ausschweifenden Geist . . .

Später modifizierte Einstein seine Meinung über die Psychoanalyse. Am 21. April 1936 schrieb er Freud zu dessen 80. Geburtstag, er habe sich lange Zeit über die Gültigkeit der Theorien Freuds kein wirkliches Urteil bilden können, sei aber jetzt durch einige Fälle überzeugt worden, die keinen Zweifel an Freuds Theorien offen liessen. "Dies empfand ich als beglückend", erklärte er; "denn es ist stets beglückend, wenn eine grosse und schöne Idee sich in der Wirklichkeit als zutreffend erweist."

In seinem letzten Schreiben an Freud – vom 4. Mai 1939, wenige Monate vor dessen Tod – äusserte er nochmals Bewunderung für die literarischen Qualitäten des Werks von Freud; man müsse, bemerkte er, froh sein, wenn man die gedankliche Konstruktion in einem wissenschaftlichen Feld, in dem man selbst kein Experte sei, zu erfassen vermöge.

Der Brief an Freud, in dem Einstein über die geplante Organisation intellektueller Führer spricht, ist entweder 1931 oder 1932 geschrieben (das genaue Datum lässt sich nicht feststellen)[8]:

Es ist zu bewundern, wie bei Ihnen die Sehnsucht nach dem Sehen der Wahrheit jede andere Sehnsucht überwunden hat. Sie zeigen mit unwiderstehlicher Klarheit, wie untrennbar die Instinkte des Kampfes und der Vernichtung mit denen der Liebe und der Lebensbejahung in der menschlichen Psyche verbunden sind. Aber es leuchtet aus Ihren zwingenden Darlegungen zugleich eine tiefe Sehnsucht nach dem grossen Ziel der inneren und äusseren Befreiung des Menschen vom Kriege.

Zu dieser grossen Sehnsucht bekannten sich alle, die über ihre Zeit und ihre Nation hinaus als Führer in der geistigen und moralischen Sphäre verehrt wurden. Da herrscht Einigkeit von Jesus Christus bis Goethe und Kant. Ist es nicht bedeutsam, dass solche Menschen eben doch allgemein als Führer anerkannt wurden, obschon sich ihr Wille zur Gestaltung menschlicher Verhältnisse nur sehr mangelhaft durchsetzen konnte?

Ich bin überzeugt, dass die hervorragenden Menschen, die – wenn auch in kleinerem Kreise – durch ihre Leistungen führend sind, ganz überwiegend dasselbe Ideal teilen. Auf die politische Entwicklung aber haben sie wenig Einfluss. Fast scheint es, wie wenn dieses für das Schicksal der Nationen massgebende Gebiet unentrinnbar der Hemmungslosigkeit und Verantwortungslosigkeit der politischen Machthaber überantwortet sein müsste.

Die politischen Führer und Regierungen verdanken ihre Stelle teils der Gewalt, teils der Wahl durch die Masse. Sie können nicht als eine Vertretung des geistig und moralisch höherstehenden Teiles der Nationen angesehen werden. Die geistige Elite übt aber heute keinen direkten Einfluss auf die Geschichte der Völker aus; ihre Zersplitterung verhindert ihre direkte Mitwirkung bei der Lösung der Probleme der Stunde. Glauben Sie nicht, dass hier durch eine freie Verbindung von Personen, die durch ihr bisheriges Schaffen und Wirken eine Garantie für ihre Fähigkeiten und die Lauterkeit ihres Wollens bieten, Wandel geschaffen werden könnte?

Diese Gemeinschaft von internationalem Charakter, deren Mitglieder durch ständigen Austausch der Meinungen in Fühlung bleiben müssten, könnte durch Stellungnahme in der Presse – immer unter der Verantwortung der jeweils unterzeichnenden Mitglieder – auf die Lösung politischer Fragen einen bedeutenden und heilsamen moralischen Einfluss gewinnen.

Freilich würde eine solche Gemeinschaft an all den Übelständen kranken, die bei den gelehrten Akademien so vielfach zur Degeneration führen, Gefahren, die unlöslich mit den Mängeln der menschlichen Natur verbunden sind. Sollte eine solche Anstrengung nicht dennoch gewagt werden? Ich halte einen solchen Versuch geradezu für eine unabweisbare Pflicht.

Wenn eine solche Gemeinschaft von Rang gebildet werden könnte, so müsste sie wohl auch systematisch versuchen, die religiösen Organisationen für den Kampf gegen den Krieg zu mobilisieren. Sie würde vielen Persönlichkeiten, deren guter Wille heute durch schmerzliche Resignation paralysiert ist, einen moralischen Halt geben. Endlich glaube ich, dass eine aus solchen, durch ihre Leistungen hochangesehenen Individuen gebildete Gesellschaft auch geeignet wäre, denjenigen Kräften im Völkerbund, die wirklich im Sinne des grossen Zieles dieser Institution ihre Tatkraft einsetzen, eine wertvolle moralische Stütze sein.

Ich unterbreite diese Dinge lieber Ihnen als irgend jemand anderem in der Welt, weil Sie weniger als andere von Wünschen betört werden und ihr kritisches Urteil von ernstestem Verantwortungsgefühl getragen ist.

Der Höhepunkt der Beziehungen zwischen Einstein und Freud war der von Einstein veranlasste, öffentliche Gedankenaustausch der beiden Männer über Ursachen und Verhütung der Kriege. Er fand im Sommer 1932 unter den Auspizien des Internationalen Instituts für Intellektuelle Zusammenarbeit statt. Einsteins öffentliche Erklärung (30. Juli 1932) war von einem kurzen Privatbrief desselben Datums begleitet:

Ich möchte diese Gelegenheit dazu benutzen, um Ihnen privatim herzliche Grüsse zu senden und Ihnen zu danken für so manche schöne Stunde, die ich der Lektüre Ihrer Werke verdanke. Es ist für mich immer so amüsant zu beobachten, dass auch die Menschen, welche sich Ihren Lehren gegenüber als "Ungläubige" betrachten, Ihren Ideen so wenig Widerstand entgegenzusetzen vermögen, dass sie in ihren Begriffen zu denken und zu reden pflegen, wenn sie sich – gehen lassen.

Hier folgt der Text des Offenen Briefes Einsteins an Freud, der merkwürdigerweise nie in weiten Kreisen bekannt geworden ist[9]:

Lieber Herr Freud:

Ich bin glücklich darüber, dass ich durch die Anregung des Völkerbundes und seines Internationalen Instituts für geistige Zusammenarbeit in Paris, in freiem Meinungsaustausch mit einer Person meiner Wahl ein frei gewähltes Problem zu erörtern, eine einzigartige Gelegenheit erhalte, mich mit Ihnen über diejenige Frage zu unterhalten, die mir beim gegenwärtigen Stande der Dinge als die wichtigste der Zivilisation erscheint: Gibt es einen Weg, die Menschen von dem Verhängnis des Krieges zu befreien? Die Einsicht, dass diese Frage durch die Fortschritte der Technik zu einer Existenzfrage für die zivilisierte Menschheit geworden ist, ist ziemlich allgemein durchgedrungen, und trotzdem sind die heissen Bemühungen um ihre Lösung bisher in erschreckendem Masse gescheitert.

Ich glaube, dass auch unter den mit diesem Problem praktisch und beruflich beschäftigten Menschen aus einem gewissen Gefühl der

Ohnmacht heraus der Wunsch lebendig ist, Personen um ihre Auffassung des Problems zu befragen, die durch ihre gewohnte wissenschaftliche Tätigkeit zu allen Fragen des Lebens eine weitgehende Distanz gewonnen haben. Was mich selber betrifft, so liefert mir die gewohnte Richtung meines Denkens keine Einblicke in die Tiefen des menschlichen Wollens und Fühlens, so dass ich bei dem hier versuchten Meinungsaustausch nicht viel mehr tun kann, als versuchen, die Fragestellung herauszuarbeiten und durch Vorwegnahme der mehr äusserlichen Lösungsversuche Ihnen Gelegenheit zu geben, die Frage vom Standpunkte Ihrer vertieften Kenntnis des menschlichen Trieblebens aus zu beleuchten. Ich vertraue darauf, dass Sie auf Wege der Erziehung werden hinweisen können, die auf einem gewissermassen unpolitischen Wege psychologische Hindernisse zu beseitigen imstande sind, welche der psychologisch Ungeübte wohl ahnt, deren Zusammenhänge und Wandelbarkeit er aber nicht zu beurteilen vermag.

Weil ich selber ein von Affekten nationaler Natur freier Mensch bin, erscheint mir die äussere, bezw. organisatorische Seite des Problems einfach: Die Staaten schaffen eine legislative und gerichtliche Behörde zur Schlichtung aller zwischen ihnen entstehenden Konflikte. Sie verpflichten sich, sich den von der legislativen Behörde aufgestellten Gesetzen zu unterwerfen, das Gericht in allen Streitfällen anzurufen, sich seinen Entscheidungen bedingungslos zu beugen, sowie alle diejenigen Massnahmen durchzuführen, welche das Gericht für die Realisierung seiner Entscheidungen für notwendig erachtet. Hier schon stosse ich auf die erste Schwierigkeit: Ein Gericht ist eine menschliche Einrichtung, die umsomehr geneigt sein dürfte, ihre Entscheidungen ausserrechtlichen Einflüssen zugänglich zu machen, je weniger Macht ihr zur Verfügung steht, ihre Entscheidungen durchzusetzen. Es ist eine Tatsache, mit der man rechnen muss: Recht und Macht sind unzertrennlich verbunden, und die Sprüche eines Rechtsorgans nähern sich umsomehr dem Gerechtigkeitsideal der Gemeinschaft, in deren Namen und Interesse Recht gesprochen wird, je mehr Machtmittel diese Gemeinschaft aufbringen kann, um die Respektierung ihres Gerechtigkeitsideals zu erzwingen. Wir sind aber zurzeit weit davon entfernt, eine überstaatliche Organisation zu besitzen, die ihrem Gericht unbestreitbare Autorität zu verleihen und der Exekution seiner Erkenntnisse absoluten Gehorsam zu erzwingen imstande wäre. So drängt sich mir die erste Feststellung auf: Der Weg zur internationalen Sicherheit führt über den bedingungslosen Verzicht der Staaten auf einen Teil ihrer

Handlungsfreiheit bezw. Souveränität, und es dürfte unbezweifelbar sein, dass es einen andern Weg zu dieser Sicherheit nicht gibt.

Ein Blick auf die Erfolglosigkeit der zweifellos ernstgemeinten Bemühungen der letzten Jahrzehnte, dieses Ziel zu erreichen, lässt jeden deutlich fühlen, dass mächtige psychologische Kräfte am Werke sind, die diese Bemühungen paralysieren. Einige dieser Kräfte liegen offen zutage. Das Machtbedürfnis der jeweils herrschenden Schicht eines Staates widersetzt sich einer Einschränkung der Hoheitsrechte desselben. Dieses "politische Machtbedürfnis" wird häufig genährt aus einem materiell ökonomisch sich äussernden Machtstreben einer andern Schicht. Ich denke hier vornehmlich an die innerhalb jedes Volkes vorhandene kleine, aber entschlossene, sozialen Erwägungen und Hemmungen unzugängliche Gruppe jener Menschen, denen Krieg, Waffenherstellung und -Handel nichts als eine Gelegenheit sind, persönliche Vorteile zu ziehen, den persönlichen Machtbereich zu erweitern.

Diese einfache Feststellung bedeutet aber nur einen ersten Schritt in der Erkenntnis der Zusammenhänge. Es erhebt sich sofort die Frage: Wie ist es möglich, dass die soeben genannte Minderheit die Masse des Volkes ihren Gelüsten dienstbar machen kann, die durch einen Krieg nur zu leiden und zu verlieren hat? (Wenn ich von der Masse des Volkes spreche, so schliesse ich aus ihr diejenigen nicht aus, die als Soldaten aller Grade den Krieg zum Beruf gemacht haben, in der Überzeugung, dass sie der Verteidigung der höchsten Güter ihres Volkes dienen, und dass manchmal die beste Verteidigung der Angriff ist.) Hier scheint die nächstliegende Antwort zu sein: Die Minderheit der jeweils Herrschenden hat vor allem die Schule, die Presse und meistens auch die religiösen Organisationen in ihrer Hand. Durch diese Mittel beherrscht und leitet sie die Gefühle der grossen Masse und macht diese zu ihrem willenlosen Werkzeuge.

Aber auch diese Antwort erschöpft nicht den ganzen Zusammenhang, denn es erhebt sich die Frage: Wie ist es möglich, dass sich die Masse durch die genannten Mittel bis zur Raserei und Selbstaufopferung entflammen lässt? Die Antwort kann nur sein: Im Menschen lebt ein Bedürfnis zu hassen und zu vernichten. Diese Anlage ist in gewöhnlichen Zeiten latent vorhanden und tritt dann nur beim Abnormalen zutage; sie kann aber verhältnismässig leicht geweckt und zur Massenpsychose gesteigert werden. Hier scheint das tiefste Problem des ganzen verhängnisvollen Wirkungskomplexes zu stecken. Hier ist die Stelle, die nur der grosse Kenner der menschlichen Triebe beleuchten kann.

Dies führt auf eine letzte Frage: Gibt es eine Möglichkeit, die psychische Entwicklung der Menschen so zu leiten, dass sie den Psychosen des Hasses und des Vernichtens gegenüber widerstandsfähiger wird? Ich denke dabei keineswegs nur an die sogenannten Ungebildeten. Nach meinen Lebenserfahrungen ist es vielmehr gerade die sogenannte "Intelligenz", welche den verhängnisvollen Massensuggestionen am leichtesten unterliegt, weil sie nicht unmittelbar aus dem Erleben zu schöpfen pflegt, sondern auf dem Wege über das bedruckte Papier am bequemsten und vollständigsten zu erfassen ist.

Zum Schluss noch eins: Ich habe bisher nur vom Krieg zwischen Staaten, also von sogenannten internationalen Konflikten gesprochen. Ich bin mir dessen bewusst, dass die menschliche Aggressivität sich auch in anderen Formen und unter anderen Bedingungen betätigt (zum Beispiel Bürgerkrieg, früher aus religiösen, heute aus sozialen Ursachen heraus, Verfolgung von nationalen Minderheiten). Ich habe aber bewusst die repräsentativste und unheilvollste, weil zügelloseste Form des Konfliktes unter menschlichen Gemeinschaften hervorgehoben, weil sich aus ihr vielleicht am ehesten demonstrieren lässt, wie sich kriegerische Konflikte vermeiden liessen.

Ich weiss, dass Sie in Ihren Schriften auf alle mit dem uns interessierenden, drängenden Problem zusammenhängenden Fragen teils direkt, teils indirekt geantwortet haben. Es wird aber von grossem Nutzen sein, wenn Sie das Problem der Befriedigung der Welt im Lichte Ihrer neuen Erkenntnisse besonders darstellen, da von einer solchen Darstellung fruchtbare Bemühungen ausgehen können.

Mit herzlichen Grüssen

Ihr

A. Einstein.

Leo Steinig, ein Völkerbundsbeamter, der an dem Zustandekommen des Gedankenaustauschs zwischen Einstein und Freud einen grossen Anteil hatte, schrieb Einstein am 12. September 1932:

. . . Professor Freud, den ich in Wien besucht habe, bat mich, Ihnen für Ihre freundlichen Worte an ihn zu danken und zu sagen, dass er sein Bestes tun wird, um sich mit dem dornigen Problem der Kriegsverhütung auseinanderzusetzen. Er will seine Antwort Anfang Oktober fertigstellen und meinte, dass er wenig Erfreuliches zu sagen haben wird: "Ich habe den Menschen mein Leben lang schwer zu ertragende Wahrheiten sagen müssen; auf meine alten Tage kann ich ihnen nicht Honig um den Mund schmieren." Er zweifelte sogar daran, ob [Henri] Bonnet [Direktor des Instituts für Intellektuelle Zusammenarbeit, Paris] seine pessimistische Antwort wird veröffentlichen wollen ...

Einstein antwortete Steinig am 16. September: Freuds Erklärung, wäre sie auch alles andere als optimistisch, würde bestimmt interessant und psychologisch wirksam sein.

Auch dem Gegenmanifest Freuds – unter dem Datum "Wien, September 1932" – ist nie gebührende Aufmerksamkeit zuteil geworden. Hier folgt es im Wortlaut:

Lieber Herr Einstein:

Als ich hörte, dass Sie die Absicht haben, mich zum Gedankenaustausch über ein Thema aufzufordern, dem Sie Ihr Interesse schenken und das Ihnen auch des Interesses anderer würdig erscheint, stimmte ich bereitwillig zu. Ich erwartete, Sie würden ein Problem an der Grenze des heute Wissbaren wählen, zu dem ein jeder von uns, der Physiker wie der Psycholog, sich seinen besonderen Zugang bahnen könnte, so dass sie sich von verschiedenen Seiten her auf demselben Boden träfen. Sie haben mich dann durch die Fragestellung überrascht, was man tun könne, um das Verhängnis des Krieges von den Menschen abzuwehren. Ich erschrak zunächst unter dem Eindruck meiner – fast hätte ich gesagt: unserer – Inkompetenz, denn das erschien mir als eine praktische Aufgabe, die den Staatsmännern zufällt. Ich verstand dann aber, dass Sie die Frage nicht als Naturforscher und Physiker erhoben haben, sondern als Menschenfreund, der den Anregungen des Völkerbunds gefolgt war, ähnlich wie der Polarforscher Fridtjof Nansen es auf sich genommen hatte, den hungernden und den heimatlosen Opfern des Weltkrieges Hilfe zu bringen. Ich besann mich auch, dass mir nicht zugemutet wird, praktische Vorschläge zu machen, sondern dass ich nur angeben soll, wie sich das Problem der Kriegsverhütung einer psychologischen Betrachtung darstellt.

Aber auch hierüber haben Sie in Ihrem Schreiben das meiste gesagt. Sie haben mir gleichsam den Wind aus den Segeln genommen, aber ich fahre gern in Ihrem Kielwasser und bescheide mich damit, alles zu bestätigen, was Sie vorbringen, indem ich es nach meinem besten Wissen – oder Vermuten – breiter ausführe.

Sie beginnen mit dem Verhältnis von Recht und Macht. Das ist gewiss der richtige Ausgangspunkt für unsere Untersuchung. Darf ich das Wort "Macht" durch das grellere, härtere Wort "Gewalt" ersetzen? Recht und Gewalt sind uns heute Gegensätze. Es ist leicht zu zeigen, dass sich das eine aus dem anderen entwickelt hat, und wenn wir auf die Uranfänge zurückgehen und nachsehen, wie das zuerst geschehen ist, so fällt uns die Lösung des Problems mühelos zu. Entschuldigen Sie mich aber, wenn ich im Folgenden allgemein Bekanntes und Anerkanntes erzähle, als ob es neu wäre; der Zusammenhang nötigt mich dazu.

Interessenkonflikte unter den Menschen werden also prinzipiell durch die Anwendung von Gewalt entschieden. So ist es im ganzen Tierreich, von dem der Mensch sich nicht ausschliessen sollte; für den Menschen kommen allerdings noch Meinungskonflikte hinzu, die bis zu den höchsten Höhen der Abstraktion reichen und eine andere Technik der Entscheidung zu fordern scheinen. Aber das ist eine spätere Komplikation. Anfänglich, in einer kleinen Menschenhorde, entschied die stärkere Muskelkraft darüber, wem etwas gehören oder wessen Wille zur Ausführung gebracht werden sollte. Muskelkraft verstärkt und ersetzt sich bald durch den Gebrauch von Werkzeugen; es siegt, wer die besseren Waffen hat oder sie geschickter verwendet. Mit der Einführung der Waffe beginnt bereits die geistige Überlegenheit die Stelle der rohen Muskelkraft einzunehmen; die Endabsicht des Kampfes bleibt die nämliche, der eine Teil soll durch die Schädigung, die er erfährt, und durch die Lähmung seiner Kräfte gezwungen werden, seinen Anspruch oder Widerspruch aufzugeben. Dies wird am gründlichsten erreicht, wenn die Gewalt den Gegner dauernd beseitigt, also tötet. Es hat zwei Vorteile, dass er seine Gegnerschaft nicht ein andermal wieder aufnehmen kann, und dass sein Schicksal andere abschreckt, seinem Beispiel zu folgen. Ausserdem befriedigt die Tötung des Feindes eine triebhafte Neigung, die später erwähnt werden muss. Der Tötungsabsicht kann sich die Erwägung widersetzen, dass der Feind zu nützlichen Dienstleistungen verwendet werden kann, wenn man ihn eingeschüchtert am Leben lässt. Dann begnügt sich also die Gewalt damit, ihn zu unterwerfen anstatt ihn zu töten. Es ist der Anfang der Schonung des Feindes, aber der Sieger hat von nun an mit der lauernden Rachsucht des Besiegten zu rechnen, gibt ein Stück seiner eigenen Sicherheit auf.

Das ist also der ursprüngliche Zustand, die Herrschaft der grösseren Macht, der rohen oder intellektuell gestützten Gewalt. Wir wissen, dies Regime ist im Laufe der Entwicklung abgeändert worden, es führte ein Weg von der Gewalt zum Recht, aber welcher? Nur ein einziger, meine ich. Er führte über die Tatsache, dass die grössere Stärke des Einen wettgemacht werden konnte durch die Vereinigung mehrerer Schwachen: "L'union fait la force". Gewalt wird gebrochen durch Einigung, die Macht dieser Geeinigten stellt nun das Recht dar im Gegensatz zur Gewalt des Einzelnen. Wir sehen, das Recht ist die Macht einer Gemeinschaft. Es ist noch immer Gewalt, bereit sich gegen jeden Einzelnen zu wenden, der sich ihr widersetzt, arbeitet mit denselben Mitteln, verfolgt dieselben Zwecke; der Unterschied liegt wirklich nur darin, dass es nicht mehr die Gewalt eines Einzelnen ist, die sich durchsetzt, sondern die der Gemeinschaft. Aber damit sich dieser Übergang von der Gewalt zum neuen Recht vollziehe, muss eine psychologische Bedingung erfüllt werden. Die Einigung der Mehreren muss eine beständige, dauerhafte sein. Stellte sie sich nur zum Zweck der Bekämpfung des einen Übermächtigen her und zerfiele nach seiner Überwältigung, so wäre nichts erreicht. Der nächste, der sich für stärker hält, würde wiederum eine Gewaltherrschaft anstreben und das Spiel würde sich endlos wiederholen. Die Gemeinschaft muss permanent erhalten werden, sich organisieren, Vorschriften schaffen, die den gefürchteten Auflehnungen vorbeugen, Organe bestimmen, die über die Einhaltung der Vorschriften – Gesetze – wachen und die Ausführung der rechtmässigen Gewaltakte besorgen. In der Anerkennung einer solchen Interessengemeinschaft stellen sich unter den Mitgliedern einer geeinigten Menschengruppe Gefühlsbindungen her, Gemeinschaftsgefühle, in denen ihre eigentliche Stärke beruht.

Damit, denke ich, ist alles Wesentliche bereits gegeben; die Überwindung der Gewalt durch Übertragung der Macht an eine grössere Einheit, die durch Gefühlsbindungen ihrer Mitglieder zusammengehalten wird. Alles weitere sind Ausführungen und Wiederholungen.

Die Verhältnisse sind einfach, solange die Gemeinschaft nur aus einer Anzahl gleichstarker Individuen besteht. Die Gesetze dieser Vereinigung bestimmen dann, auf welches Mass von persönlicher Freiheit, seine Kraft als Gewalt anzuwenden, der Einzelne verzichten muss, um ein gesichertes Zusammenleben zu ermöglichen.

Aber ein solcher Ruhezustand ist nur theoretisch denkbar, in Wirklichkeit kompliziert sich der Sachverhalt dadurch, dass die Gemeinschaft von Anfang an ungleich mächtige Elemente umfasst, Männer und Frauen, Eltern und Kinder, und bald infolge von Krieg und Unterwerfung Siegreiche und Besiegte, die sich in Herren und Sklaven umsetzen. Das Recht der Gemeinschaft wird dann zum Ausdruck der ungleichen Machtverhältnisse in ihrer Mitte, die Gesetze werden von und für die Herrschenden gemacht werden und den Unterworfenen wenig Rechte einräumen.

Von da ab gibt es in der Gemeinschaft zwei Quellen von Rechtsunruhe aber auch von Rechtsfortbildung. Erstens die Versuche Einzelner unter den Herren, sich über die für alle gültigen Einschränkungen zu erheben, also von der Rechtsherrschaft auf die Gewaltherrschaft zurückzugreifen, zweitens die ständigen Bestrebungen der Unterdrückten, sich mehr Macht zu verschaffen und diese Änderungen im Gesetz anerkannt zu sehen, also im Gegenteil vom ungleichen Recht zum gleichen Recht für alle vorzudringen.

Diese letztere Strömung wird besonders bedeutsam werden, wenn sich im Inneren des Gemeinwesens wirklich Verschiebungen der Machtverhältnisse ergeben, wie es infolge mannigfacher historischer Momente geschehen kann. Das Recht kann sich dann allmählich den neuen Machtverhältnissen anpassen, oder, was häufiger geschieht, die herrschende Klasse ist nicht bereit, dieser Änderung Rechnung zu tragen, es kommt zur Auflehnung, Bürgerkrieg, also zur zeitweiligen Aufhebung des Rechts und zu neuen Gewaltproben, nach deren Ausgang eine neue Rechtsordnung eingesetzt wird.

Es gibt noch eine andere Quelle der Rechtsänderung, die sich nur in friedlicher Weise äussert, das ist die kulturelle Wandlung der Mitglieder des Gemeinwesens, aber die gehört in einen Zusammenhang, der erst später berücksichtigt werden kann.

Wir sehen also, auch innerhalb eines Gemeinwesens ist die gewaltsame Erledigung von Interessenkonflikten nicht vermieden worden. Aber die Notwendigkeiten und Gemeinsamkeiten, die sich aus dem Zusammenleben auf demselben Boden ableiten, sind einer raschen Beendigung solcher Kämpfe günstig und die Wahrscheinlichkeit friedlicher Lösungen unter diesen Bedingungen nimmt stetig zu. Ein Blick in die Menschheitsgeschichte zeigt uns eine unaufhörliche Reihe von Konflikten zwischen einem Gemeinwesen und einem oder mehreren anderen, zwischen grösseren und kleineren Einheiten, Stadtgebieten, Landschaften, Stämmen, Völkern, Reichen, die fast immer durch die Kraftprobe des Krieges entschieden werden. Solche Kriege gehen entweder in Beraubung oder in volle Unterwerfung, Eroberung des einen Teils, aus.

Man kann die Eroberungskriege nicht einheitlich beurteilen. Manche, wie die der Mongolen und Türken, haben nur Unheil gebracht, andere im Gegenteil zur Umwandlung von Gewalt in Recht beigetragen, indem sie grössere Einheiten herstellten, innerhalb deren nun die Möglichkeit der Gewaltanwendung aufgehört hatte und eine neue Rechtsordnung die Konflikte schlichtete.

So haben die Eroberungen der Römer den Mittelmeerländern die kostbare pax romana gegeben. Die Vergrösserungslust der französischen Könige hat ein friedlich geeinigtes, blühendes Frankreich geschaffen. So paradox es klingt, man muss doch zugestehen, der Krieg wäre kein ungeeignetes Mittel zur Herstellung des ersehnten "ewigen" Friedens, weil er imstande ist, jene grosse Einheiten zu schaffen, innerhalb deren eine starke Zentralgewalt weitere Kriege unmöglich macht.

Aber er taugt doch nicht dazu, denn die Erfolge der Eroberung sind in der Regel nicht dauerhaft, die neu geschaffenen Einheiten zerfallen wieder, meist infolge des mangelnden Zusammenhalts der gewaltsam geeinigten Teile. Und ausserdem konnte die Eroberung bisher nur partielle Einigungen, wenn auch von grösserem Umfang, schaffen, deren Konflikte die gewaltsame Entscheidung erst recht herausforderten. So ergab sich als die Folge all dieser kriegerischen Anstrengungen nur, dass die Menschheit zahlreiche, ja unaufhörliche Kleinkriege gegen seltene, aber umsomehr verheerende Grosskriege eintauschte.

Auf unsere Gegenwart angewendet ergibt sich das gleiche Resultat, zu dem Sie auf kürzerem Weg gelangt sind. Eine sichere Verhütung der Kriege ist nur möglich, wenn sich die Menschen zur Einsetzung einer Zentralgewalt einigen, welcher der Richtspruch in allen Interessenkonflikten übertragen wird. Hier sind offenbar zwei Forderungen vereinigt, dass eine solche übergeordnete Instanz geschaffen und dass ihr die erforderliche Macht gegeben werde. Das eine allein würde nichts nützen.

Nun ist der Völkerbund als solche Instanz gedacht, aber die andere Bedingung ist nicht erfüllt: der Völkerbund hat keine eigene Macht und kann sie nur bekommen, wenn die Mitglieder der neuen Einigung, die einzelnen Staaten, sie ihm abtreten. Dazu scheint aber derzeit wenig Aussicht vorhanden. Man stünde der Institution des Völkerbundes nun ganz ohne Verständnis gegenüber, wenn man nicht wüsste, dass hier ein Versuch vorliegt, der in der Geschichte der Menschheit nicht oft – vielleicht noch nie in diesem Mass – gewagt worden ist. Es ist der Versuch, die Autorität – d.i. den zwingenden Einfluss –, die sonst nur auf dem Besitz der Macht ruht, durch die Berufung auf bestimmte ideelle Einstellungen zu erwerben.

Wir haben gehört, was eine Gemeinschaft zusammenhält, sind zwei Dinge: der Zwang der Gewalt und die Gefühlsbindungen – Identifizierungen heisst man sie technisch – der Mitglieder. Fällt das eine Moment weg, so kann möglicherweise das andere die Gemeinschaft aufrecht halten. Jene Ideen haben natürlich nur dann eine Bedeutung, wenn sie wichtigen Gemeinsamkeiten der Mitglieder Ausdruck geben. Es fragt sich dann, wie stark sie sind. Die Geschichte lehrt, dass sie in der Tat ihre Wirkung geübt haben. Die panhellenische Idee zum Beispiel, das Bewusstsein, dass man etwas Besseres sei als die umwohnenden Barbaren, das in den Amphiktyonien, den Orakeln und Festspielen so kräftigen Ausdruck fand, war stark genug, um die Sitten der Kriegsführung unter Griechen zu mildern, aber selbstverständlich nicht imstande, kriegerische Streitigkeiten zwischen den Partikeln des Griechenvolkes zu verhüten, ja nicht einmal um eine Stadt oder einen Städtebund abzuhalten, sich zum Schaden eines Rivalen mit dem Perserfeind zu verbünden.

Ebensowenig hat das christliche Gemeingefühl, das doch mächtig genug war, im Renaissance-Zeitalter christliche Klein- und Grossstaaten daran gehindert, in ihren Kriegen miteinander, um die Hilfe des Sultans zu werben.

Auch in unserer Zeit gibt es keine Idee, der man eine solche einigende Autorität zumuten könnte. Dass die heute die Völker beherrschenden nationalen Ideale zu einer gegenteiligen Wirkung drängen, ist ja allzu deutlich. Es gibt Personen, die vorhersagen, erst das allgemeine Durchdringen der bolschewistischen Denkungsart werde den Kriegen ein Ende machen können, aber von solchem Ziel sind wir heute jedenfalls weit entfernt, und vielleicht wäre es nur nach schrecklichen Bürgerkriegen erreichbar.

So erscheint es also, dass der Versuch, reale Macht durch die Macht der Ideen zu ersetzen, heute noch zum Fehlschlagen verurteilt ist. Es ist ein Fehler in der Rechnung, wenn man nicht berücksichtigt, dass Recht ursprünglich rohe Gewalt war und noch heute der Stützung durch die Gewalt nicht entbehren kann.

Ich kann nun daran gehen, einen anderen Ihrer Sätze zu glossieren. Sie verwundern sich darüber, dass es so leicht ist, die Menschen für den Krieg zu begeistern, und vermuten, dass etwas in ihnen wirksam ist, ein Trieb zum Hassen und Vernichten, der solcher Verhetzung entgegenkommt.

Wiederum kann ich Ihnen nur uneingeschränkt beistimmen. Wir glauben an die Existenz eines solchen Triebes und haben uns gerade in den letzten Jahren bemüht, seine Äusserungen zu studieren.

Darf ich Ihnen aus diesem Anlass ein Stück der Trieblehre vortragen, zu der wir in der Psychoanalyse nach vielem Tasten und Schwanken gekommen sind? Wir nehmen an, dass die Triebe des Menschen nur von zweierlei Art sind, entweder solche, die erhalten und vereinigen wollen – wir heissen sie erotische, ganz im Sinne des

Eros im Symposion *Platos* oder sexuelle mit bewusster Überdehnung des populären Begriffs von Sexualität – und andere, die zerstören und töten wollen; wir fassen sie als Aggressionstrieb oder Destruktionstrieb zusammen.

Sie sehen, das ist eigentlich nur die theoretische Verklärung des weltbekannten Gegensatzes von Lieben und Hassen, der vielleicht zu der Polarität von Anziehung und Abstossung eine Urbeziehung unterhält, die auf Ihrem Gebiet eine Rolle spielt.

Nun lassen Sie uns nicht zu rasch mit den Wertungen von Gut und Böse einsetzen. Der eine dieser Triebe ist ebenso unerlässlich wie der andere, aus dem Zusammen- und Gegeneinanderwirken der Beiden gehen die Erscheinungen des Lebens hervor. Nun scheint es, dass kaum jemals ein Trieb der einen Art sich isoliert betätigen kann, er ist immer mit einem gewissen Betrag von der anderen Seite verbunden, wie wir sagen: legiert, der sein Ziel modifiziert oder ihm unter Umständen dessen Erreichung erst möglich macht. So ist zum Beispiel der Selbsterhaltungstrieb gewiss erotischer Natur, aber gerade er bedarf der Verfügung über die Aggression, wenn er seine Absicht durchsetzen soll. Ebenso benötigt der auf Objekte gerichtete Liebestrieb eines Zusatzes von Bemächtigungstrieb, wenn er seines Objektes überhaupt habhaft werden soll. Die Schwierigkeit, die beiden Triebarten in ihren Äusserungen zu isolieren, hat uns ja so lange in ihrer Erkenntnis behindert.

Wenn Sie mit mir ein Stück weitergehen wollen, so hören Sie, dass die menschlichen Handlungen noch eine Komplikation von anderer Art erkennen lassen. Ganz selten ist die Handlung das Werk einer einzigen Triebregung, die an und für sich bereits aus Eros und Destruktion zusammengesetzt sein muss. In der Regel müssen mehrere in der gleichen Weise aufgebaute Motive zusammentreffen, um die Handlung zu ermöglichen. Einer Ihrer Fachgenossen hat das bereits gewusst, ein Professor G. Ch. Lichtenberg, der zur Zeit unserer Klassiker in Göttingen Physik lehrte; aber vielleicht war er als Psychologe noch bedeutender denn als Physiker. Er erfand die Motivenrose, indem er sagte: "die Bewegungsgründe* woraus man etwas tut, könnten so wie die 32 Winde geordnet und ihre Namen auf eine ähnliche Art formiert werden, z.B. Brot–Brot–Ruhm oder Ruhm–Ruhm–Brot".

Wenn also die Menschen zum Krieg aufgefordert werden, so mögen eine ganze Anzahl von Motiven in ihnen zustimmend antworten, edle

* **Wir sagen heute: Beweggründe**

und gemeine, solche, von denen man laut spricht, und andere, die man beschweigt. Wir haben keinen Anlass, sie alle blosszulegen. Die Lust an der Aggression und Destruktion ist gewiss darunter; ungezählte Grausamkeiten der Geschichte und des Alltags bekräftigen ihre Existenz und ihre Stärke. Die Verquickung dieser destruktiven Strebungen mit anderen, erotischen und ideellen, erleichtert natürlich deren Befriedigung. Manchmal haben wir, wenn wir von den Greueltaten der Geschichte hören, den Eindruck, die ideellen Motive hätten den destruktiven Gelüsten nur als Vorwände gedient, andere Male, zum Beispiel bei den Grausamkeiten der heiligen Inquisition, meinen wir, die ideellen Motive hätten sich im Bewusstsein vorgedrängt, die destruktiven ihnen eine bewusste Verstärkung gebracht. Beides ist möglich.

Ich habe Bedenken, Ihr Interesse zu missbrauchen, das ja der Kriegsverhütung gilt, nicht unseren Theorien. Doch möchte ich noch einen Augenblick bei unserem Destruktionstrieb verweilen, dessen Beliebtheit keineswegs Schritt hält mit seiner Bedeutung. Mit etwas Aufwand von Spekulation sind wir nämlich zu der Auffassung gelangt, dass dieser Trieb innerhalb jedes lebenden Wesens arbeitet und dann das Bestreben hat, es zum Zerfall zu bringen, das Leben zum Zustand der unbelebten Materie zurückzuführen. Er verdiente in allem Ernst den Namen eines Todestriebes, während die erotischen Triebe die Bestrebungen zum Leben repräsentieren. Der Todestrieb wird zum Destruktionstrieb, indem er mit Hilfe besonderer Organe nach aussen, gegen die Objekte, gewendet wird. Das Lebewesen bewahrt sozusagen sein eigenes Leben dadurch, dass es fremdes zerstört.

Ein Anteil des Todestriebes verbleibt aber im Innern des Lebewesens tätig, und wir haben versucht eine ganze Anzahl von normalen und pathologischen Phänomenen von dieser Verinnerlichung des Destruktionstriebes abzuleiten. Wir haben sogar die Ketzerei begangen, die Entstehung unseres Gewissens durch eine solche Wendung der Aggression nach innen zu erklären. Sie merken, es ist gar nicht so unbedenklich, wenn sich dieser Vorgang in allzu grossem Ausmass vollzieht, es ist direkt ungesund, während die Wendung dieser Triebkräfte zur Destruktion in der Aussenwelt das Lebewesen entlastet, wohltuend wirken muss.

Das diene zur biologischen Entschuldigung all der hässlichen und gefährlichen Strebungen, gegen die wir ankämpfen. Man muss zugeben, sie sind der Natur näher als unser Widerstand dagegen, für den wir auch noch eine Erklärung finden müssen. Vielleicht haben

Sie den Eindruck, unsere Theorien seien eine Art von Mythologie, nicht einmal eine erfreuliche in diesem Fall. Aber läuft nicht jede Naturwissenschaft auf eine solche Art von Mythologie hinaus? Geht es Ihnen heute in der Physik anders?

Aus dem Vorstehenden entnehmen wir für unseren nächsten Zweck zunächst soviel, dass es keine Aussicht hat, die aggressiven Neigungen der Menschen abschaffen zu wollen. Es soll in glücklichen Gegenden der Erde, wo die Natur alles, was der Mensch braucht, überreichlich zur Verfügung stellt, Völkerstämme geben, deren Leben in Sanftmut verläuft, bei denen Zwang und Aggression unbekannt sind. Ich kann es kaum glauben, möchte gerne mehr über diese Glücklichen erfahren. Auch die Bolschewisten hoffen, dass sie die menschliche Aggression zum Verschwinden bringen können dadurch, dass sie die Befriedigung der materiellen Bedürfnisse verbürgen und sonst Gleichheit unter den Teilnehmern an der Gemeinschaft herstellen. Ich halte dies für eine Illusion. Vorläufig sind sie auf das Sorgfältigste bewaffnet und halten ihre Anhänger nicht zum mindesten durch den Hass gegen alle Aussenstehenden zusammen. Übrigens handelt es sich, wie Sie selbst bemerken, nicht darum, die menschliche Aggressionsneigung völlig zu beseitigen; man kann versuchen, sie soweit abzulenken, dass sie nicht ihren Ausdruck im Kriege finden muss.

Von unserer mythologischen Trieblehre her finden wir leicht eine Formel für die indirekten Wege zur Bekämpfung des Krieges. Wenn die Bereitwilligkeit zum Krieg ein Ausfluss des Destruktionstriebs ist, so liegt es nahe, gegen sie den Gegenspieler dieses Triebes, den Eros, anzurufen. Alles, was Gefühlsbindungen unter den Menschen herstellt, muss dem Krieg entgegenwirken.

Diese Bindungen können von zweierlei Art sein. Erstens Beziehungen wie zu einem Liebesobjekt, wenn auch ohne sexuelle Ziele. Die Psychoanalyse braucht sich nicht zu schämen, wenn sie hier von Liebe spricht, denn die Religion sagt dasselbe: Liebe Deinen Nächsten wie Dich selbst. Das ist nun leicht gefordert, aber schwer zu erfüllen. Die andere Art von Gefühlsbindung ist die durch Identifizierung. Alles, was bedeutsame Gemeinsamkeiten unter den Menschen herstellt, ruft solche Gemeingefühle, Identifizierungen hervor. Auf ihnen ruht zum guten Teil der Aufbau der menschlichen Gesellschaft.

Einer Klage von Ihnen über den Missbrauch der Autorität entnehme ich einen zweiten Wink zur indirekten Bekämpfung der Kriegsneigung. Es ist ein Stück der angeborenen und nicht zu beseitigenden Ungleichheit der Menschen, dass sie in Führer und

Abhängige zerfallen. Die letzteren sind die übergrosse Mehrheit, sie bedürfen einer Autorität, welche für sie Entscheidungen fällt, denen sie sich meist bedingungslos unterwerfen. Hier wäre anzuknüpfen, man müsste mehr Sorge als bisher aufwenden, um eine Oberschicht selbständig Denkender, der Einschüchterung unzugänglicher, nach Wahrheit ringender Menschen zu erziehen, denen die Lenkung der unselbständigen Massen zufallen würde.

Dass die Übergriffe der Staatsgewalten und das Denkverbot der Kirche einer solchen Aufzucht nicht günstig sind, bedarf keines Beweises. Der ideale Zustand wäre natürlich eine Gemeinschaft von Menschen, die ihr Triebleben der Diktatur der Vernunft unterworfen haben. Nichts anderes könnte eine so vollkommene und widerstandsfähige Einigung der Menschen hervorrufen, selbst unter Verzicht auf die Gefühlsbindungen zwischen ihnen. Aber das ist höchstwahrscheinlich eine utopische Hoffnung. Die anderen Wege einer indirekten Verhinderung des Krieges sind gewiss eher gangbar, aber sie versprechen keinen raschen Erfolg. Ungern denkt man an Mühlen, die so langsam mahlen, dass man verhungern könnte, ehe man das Mehl bekommt.

Sie sehen, es kommt nicht viel dabei heraus, wenn man bei dringenden praktischen Aufgaben den weltfremden Theoretiker zu Rate zieht. Besser, man bemüht sich in jedem einzelnen Fall der Gefahr zu begegnen mit den Mitteln, die eben zur Hand sind. Ich möchte aber noch eine Frage behandeln, die Sie in Ihrem Schreiben nicht aufwerfen und die mich besonders interessiert. Warum empören wir uns so sehr gegen den Krieg? Sie und ich und so viele andere, warum nehmen wir ihn nicht hin wie eine andere der vielen peinlichen Notlagen des Lebens? Er scheint doch naturgemäss, biologisch wohlbegründet, praktisch kaum vermeidbar.

Entsetzen Sie sich nicht über meine Fragestellung. Zum Zweck einer Untersuchung darf man vielleicht die Maske einer Überlegenheit vornehmen, über die man in Wirklichkeit nicht verfügt. Die Antwort wird lauten, weil jeder Mensch ein Recht auf sein eigenes Leben hat, weil der Krieg hoffnungsvolle Menschenleben vernichtet, den einzelnen Menschen in Lagen bringt, die ihn entwürdigen, ihn zwingt, andere zu morden, was er nicht will, kostbare materielle Werte, Ergebnis von Menschenarbeit, zerstört. Auch dass der Krieg in seiner gegenwärtigen Gestaltung keine Gelegenheit mehr gibt, das alte heldische Ideal zu erfüllen, und dass ein zukünftiger Krieg infolge der Vervollkommnung der Zerstörungsmittel die Ausrottung eines oder vielleicht beider Gegner bedeuten würde. Das ist alles wahr und scheint so unbestreitbar, dass man sich nur verwundert, dass das Kriegführen noch nicht durch allgemeine menschliche Übereinkunft verworfen worden ist.

Man kann zwar über einzelne dieser Punkte diskutieren. Es ist fraglich, ob die Gemeinschaft nicht auch ein Recht auf das Leben des Einzelnen haben soll; man kann nicht alle Arten von Krieg in gleichem Mass verdammen; solange es Reiche und Nationen gibt, die zur rücksichtslosen Vernichtung anderer bereit sind, müssen diese anderen zum Krieg gerüstet sein. Aber wir wollen über all das rasch hinweggehen, das ist nicht die Diskussion, zu der Sie mich aufgefordert haben. Ich ziele auf etwas anderes hin; ich glaube, der Hauptgrund, weshalb wir uns gegen den Krieg empören, ist, dass wir nicht anders können. Wir sind Pazifisten, weil wir es aus organischen Gründen sein müssen. Wir haben es dann leicht, unsere Einstellung durch Argumente zu rechtfertigen.

Das ist wohl ohne Erklärung nicht zu verstehen. Ich meine das Folgende: Seit unvordenklichen Zeiten zieht sich über die Menschheit der Prozess der Kulturentwicklung hin. (Ich weiss, andere heissen ihn lieber: Zivilisation.) Diesem Prozess verdanken wir das Beste, was wir geworden sind, und ein gut Teil von dem, woran wir leiden. Seine Anlässe und Anfänge sind dunkel, sein Ausgang ungewiss, einige seiner Charaktere leicht ersichtlich. Vielleicht führt er zum Erlöschen der Menschenart, denn er beeinträchtigt die Sexualfunktion in mehr als einer Weise, und schon heute vermehren sich unkultivierte Rassen und zurückgebliebene Schichten der Bevölkerung stärker als hochkultivierte.

Vielleicht ist dieser Prozess mit der Domestikation gewisser Tierarten vergleichbar; ohne Zweifel bringt er körperliche Veränderungen mit sich; man hat sich noch nicht mit der Vorstellung vertraut gemacht, dass die Kulturentwicklung ein solcher organischer Prozess sei. Die mit dem Kulturprozess einhergehenden psychischen Veränderungen sind auffällig und unzweideutig. Sie bestehen in einer fortschreitenden Verschiebung der Triebziele und Einschränkung der Triebregungen. Sensationen, die unseren Vorahnen lustvoll waren, sind für uns indifferent oder selbst unleidlich geworden; es hat organische Begründungen, wenn unsere ethischen und ästhetischen Idealforderungen sich geändert haben.

Von den psychologischen Charakteren der Kultur scheinen zwei die wichtigsten: die Erstarkung des Intellekts, der das Triebleben zu beherrschen beginnt, und die Verinnerlichung der Aggressionsneigung mit all ihren vorteilhaften und gefährlichen Folgen. Den psychischen

Einstellungen, die uns der Kulturprozess aufnötigt, widerspricht nun der Krieg in der grellsten Weise; darum müssen wir uns gegen ihn empören, wir vertragen ihn einfach nicht mehr, es ist nicht bloss eine intellektuelle und affektive Ablehnung, es ist, bei uns Pazifisten, eine konstitutionelle Intoleranz, eine Idiosynkrasie gleichsam in äusserster Vergrösserung. Und zwar scheint es, dass die ästhetischen Erniedrigungen des Krieges nicht viel weniger Anteil an unserer Auflehnung haben als seine Grausamkeiten.

Wie lange müssen wir nun warten, bis auch die Anderen Pazifisten werden? Es ist nicht zu sagen, aber vielleicht ist es keine utopische Hoffnung, dass der Einfluss der beiden Momente, der kulturellen Einstellung und der berechtigten Angst vor den Wirkungen eines Zukunftskrieges, dem Kriegführen in absehbarer Zeit ein Ende setzen wird. Auf welchen Wegen oder Umwegen, können wir nicht erraten. Unterdes dürfen wir uns sagen: Alles, was die Kulturentwicklung fördert, arbeitet auch gegen den Krieg.

Ich grüsse Sie herzlich und bitte Sie um Verzeihung, wenn meine Ausführungen Sie enttäuscht haben.

Ihr Sigm. Freud

Einstein war von dieser Antwort durchaus nicht enttäuscht, denn er schrieb Freud am 3. Dezember 1932:

Sie haben den Völkerbund und mich mit einer wahrhaft klassischen Antwort beglückt. Als ich Ihnen schrieb, war ich ganz durchdrungen von der Belanglosigkeit meines Schreibens, das nichts sein sollte als eine Dokumentierung des guten Willens, und ich der Wurm an der Angel, der den wunderbaren Fisch zum Anbeissen bewegen sollte. Sie haben da wirklich etwas Herrliches hergegeben. Man kann nicht wissen, was aus solchem Samen wachsen wird, wie denn überhaupt Wirkung auf Menschen etwas Unberechenbares ist. Dies steht nicht in unserer Macht und wir brauchen uns nicht den Kopf darüber zu zerbrechen.

Ihnen gebührt mein und aller Dank, dass Sie Ihre ganze Kraft dem Streben nach Wahrheit geopfert und einen ganz seltenen Mut im Bekennen der Überzeugung Ihr Leben lang bewiesen haben . . .

Als dieser Gedankenaustausch unter dem Titel "Warum Krieg? " veröffentlicht wurde, war Hitler, der beide Männer ins Exil trieb, bereits an der Macht. So erhielten die beiden Offenen Briefe nicht die grosse Verbreitung, auf die man gerechnet hatte: die Erstauflage der deutschen wie auch der englischsprachigen Broschüre war auf je zweitausend Exemplare beschränkt.

Abgesehen von den vier Hauptprojekten, von denen hier berichtet wurde, beschäftigte sich Einstein in jenen Tagen mit der Abfassung von Antworten auf viele bei ihm einlaufende Anfragen. Alle seine Erklärungen spiegeln die zunehmenden politischen Spannungen wider.

Am 20. April 1932 sandte er dem in Riga in russischer Sprache erscheinenden Blatt *Nord-Ost* einen Beitrag zu einem Symposium über das Thema "Europa und der kommende Krieg":

Solange die internationale schiedsrichterliche Entscheidung aller Streitigkeiten und deren Durchführung nicht gesichert und die Produktion der Kriegsmittel nicht verhindert ist, sind wir gewiss, dass es immer wieder Krieg geben wird. Wenn unsere Zivilisation die moralische Kraft zur Überwindung dieses Übels nicht findet, wird ihr das Schicksal früherer Zivilisationen, das heisst Vernichtung und Untergang, bald zuteil werden.

An Arnold Kalisch, den Redakteur der *Friedensfront*, der ihn um Empfehlung des kriegsgegnerischen Buchs eines tschechoslowakischen Arztes gebeten hatte, schrieb er am 26. April 1932:

Sie können sich denken, dass ich gerne alles begünstige, was zur wirksamen Bekämpfung der militaristischen Gefühlseinstellung des Publikums dienen kann. Bezüglich des von Ihnen ... skizzierten Buches ... habe ich aber meine Bedenken. Wenn man die Kriegspsychose als Krankheit in dem Sinne auffassen könnte, wie etwa die Paranoia, so müsste auch jede Panik in einer Versammlung in demselben Sinn als Krankheit aufgefasst werden. Es scheint mir aber, dass der geringe Widerstand der Menschen gegen Gefühlseinstellungen der Mitmenschen eine ganz normale Erscheinung bei allen gesellschaftlichen Tieren und auch bei Menschen ist. Damit, dass man diese Reaktionsweise im Falle eines Krieges als krankhaft erklärt, ist nach meiner Ansicht nicht das Geringste gewonnen ...

Graf R. N. Coudenhove-Kalergi von der Paneuropa-Union hatte ihn um Teilnahme an dem Führungsgremium eines für Herbst 1932 geplanten Kongresses gebeten. Einstein erwiderte am 6. Juli 1932:

Obwohl ich ein unbedingter Anhänger des Europagedankens bin, kann ich mich doch nicht entschliessen, Ihrem Komitee beizutreten. Begründung:

Die Paneuropa-Bewegung ist ganz mit Ihrem Namen verknüpft. Sie haben in einer besonderen Publikation gegen das heutige Russland eine ausgesprochen feindliche Haltung angenommen und dies gerade zu einer Zeit, in welcher eine gewaltsame Unterdrückung dieses Staates durch militärische Mittel in hinterlistiger Weise in Szene gesetzt wurde. Unter diesen Umständen würde ein Beitritt zu Ihrem Komitee eine Parteinahme bedeuten, die durchaus nicht in meinem Sinne liegt. Auch ich billige vieles nicht, was in Russland geschieht, noch weniger aber die Methoden, mit denen man versucht, den einzig ernsthaften Versuch der Schaffung einer vernünftigen und gerechten wirtschaftlichen Organisation mit Gewalt zu unterdrücken.

An den grossen russischen Dichter Maxim Gorki, der seinen 65. Geburtstag feierte, schrieb er am 29. September 1932:

Ich lese, dass Sie ein Jubiläum Ihrer wunderbaren Künstlerschaft feiern. Bei dieser Gelegenheit ist es mir Bedürfnis, zu sagen, wie sehr ich mich bewusst darüber freue, dass es überhaupt einen Menschen wie Sie gibt. Wenige Meister hoher Kunst sind in solchem Masse Diener ihrer Gemeinschaft geblieben, Kämpfer um die Verbesserung menschlichen Loses. Möge Ihr Werk veredelnd auf die Menschen wirken, wie sich auch immer die Formen der politischen Organisation gestalten mögen. Für das Schicksal entscheidend wird es immer bleiben, was der Einzelne fühlt, will und tut. Deshalb wird auf die Dauer die Erziehung des Menschen stets mehr das Werk der Künstler als der Politiker sein.

Ein Berliner Blatt erbat seine Meinung zur Frage der Pressefreiheit. Einstein schrieb am 13. Oktober 1932[10]:

Ein Staat, der die schriftliche und mündliche freie Kritik und Meinungsäusserung über politische Gegenstände beeinträchtigt oder gar unterbindet, muss notwendig degenerieren. Die Tolerierung solcher Beschränkungen beweist und erzeugt die politische Minderwertigkeit seiner Bürger.

Er unterstützte aufs wärmste eine Demonstration der Intellektuellen für die Freiheit der Presse, Rede und Versammlung. An den Journalisten Rudolf Olden, der ihn um eine Erklärung dazu gebeten hatte, schrieb er am 12. Oktober 1932:

Ich bin fest davon durchdrungen, dass ein Staat, dessen Bürger eines der drei von Ihnen genannten Rechte preisgeben, nicht als Kulturstaat, sondern als eine Art Untertanenverband anzusehen ist. Einem solchen anzugehören ist eines selbständigen Menschen nicht würdig – wenn er es vermeiden kann . . .

Ich versichere Ihnen, dass ich mit Ihrer Bemühung nicht nur sympathisiere, sondern dass ich ihre Unterstützung für eine selbstverständliche Pflicht halte für jeden Einsichtigen, dem das Wohl und die Würde des Gemeinwesens nicht gleichgültig sind.

Der französische Premierminister Edouard Herriot hatte gewisse Abrüstungsvorschläge gemacht, die auch die Schaffung einer internationalen Polizeitruppe einschlossen. Einstein kommentierte am 18. November 1932[11]:

Herriots Plan bedeutet nach meiner Überzeugung einen wichtigen Fortschritt in der Frage, wie in der Zukunft internationale Konflikte gelöst werden sollen. Er ist nach meiner Meinung den übrigen bisherigen Vorschlägen im Prinzip vorzuziehen. Wie in allen Fragen der Erkenntnis ist auch hier die Problemstellung das Entscheidende. Diese darf nicht in der Frage gipfeln: "In welcher Weise und unter welchen Bedingungen darf gerüstet und Krieg geführt werden?" Der Ausgangspunkt muss vielmehr in der Entschliessung liegen:

"Wir sind bereit, uns in allen internationalen Streitfragen der Entscheidung einer von Allen gemeinsam eingesetzten schiedsrichterlichen Instanz zu unterwerfen. Damit dies möglich sei, verlangen wir die Erfüllung bestimmter Bedingungen, welche unsere Sicherheit verbürgen. Das Problem ist, uns über diese Bedingungen zu einigen."

Dieser Verzicht auf unbeschränkte Souveränität der Einzelstaaten ist die unerlässliche Vorbedingung für eine wirkliche Lösung des Problems. Sich zu einem solchen Verzicht im Prinzip bereit erklärt zu haben, ist Herriots, beziehungsweise Frankreichs, grosse Tat.

Auch darin muss ich Herriot zustimmen, dass die einzige Truppe, welcher die wirklich wirksamen Waffen zuzubilligen sind, eine internationalen Organen unterstellte Polizeitruppe sein soll, die über die Länder zu verteilen ist.

Meine Haupteinwände gegen Herriots Plan sind folgende: Die Glieder der Polizeitruppe dürfen nicht nationale Truppenkörper sein, die von ihren eigenen Regierungen abhängen. Sie müssen – sollen sie wirklich zuverlässige Mittel in der Hand der übernationalen Instanz sein – bezüglich der Mannschaften und besonders hinsichtlich der Führung international zusammengefügt sein.

Noch einen zweiten wichtigen Punkt muss ich erwähnen, in dem ich den französischen Plan nicht billige: *die Bevorzugung des Milizsystems.* Dieses bedeutet Erziehung der gesamten Bevölkerung im militärischen Geiste, es bedeutet Erziehung der neuen Generation in einer überalterten und verhängnisvollen Weltauffassung. Was würden die fortgeschrittenen Völker zu der Zumutung sagen, dass jeder Mensch eine bestimmte Zeit seines Lebens als Polizist zu dienen verpflichtet sein sollte? Die Frage stellen heisst schon sie beantworten.

Diese Einwände sollen aber nicht den Anschein erwecken, als

wolle man in Herriots Vorschlag nicht eine dankbar zu begrüssende mutige Tat sehen und einen bedeutsamen Schritt auf richtigem Wege.

Die folgende, wahrscheinlich aus dem Jahr 1932 stammende Erklärung Einsteins sollte die Arbeit des Reichsbanners unterstützen, der paramilitärischen Organisation, die die Liberalen und die nichtkommunistische Linke Deutschlands zur Verteidigung der Weimarer Republik begründet hatten[12]:

Es ist unbezweifelbar, dass das "Reichsbanner" durch seine systematische Aufklärungsarbeit und seine Unabhängigkeit von einer bestimmten politischen Partei in erster Linie dazu berufen ist, den Gefahren der nationalsozialistischen Propaganda entgegenzuwirken. Ich glaube daher, dass jeder einsichtsvolle Bürger, dem die Möglichkeit hiefür gegeben ist, in dieser Zeit der Gefährdung der politischen Zucht diese Institution stützen muss, damit die grossen wirtschaftlichen Gefahren abgewendet werden und im In- und Auslande das Vertrauen auf Ordnung und Sicherheit wiederhergestellt wird.

Als sich die Nachricht verbreitete, dass Einstein während des Winters 1932/33 einen neuen Amerikabesuch plante, protestierte eine Gruppe "patriotischer Frauen" beim amerikanischen Aussenministerium gegen die Erteilung des Visums an einen "Kommunisten", der der Internationale der Kriegsdienstverweigerer angehöre. In einer ironischen Erklärung sagte Einstein[13]:

Noch nie habe ich von Seiten des schönen Geschlechtes so energische Ablehnung gegen jede Annäherung gefunden; sollte es doch einmal der Fall gewesen sein, dann sicher nicht von so vielen auf einmal.

Aber haben sie nicht Recht, die wachsamen Bürgerinnen? Was soll man einen Menschen zu sich kommen lassen, der mit demselben Appetit und Behagen hartgesottene Kapitalisten frisst wie einst das Ungeheuer Minotaurus in Kreta leckere griechische Jungfrauen, und der zudem so gemein ist, jeden Krieg abzulehnen, ausgenommen den unvermeidlichen Krieg mit der eigenen Gattin?

Hört also auf Eure klugen und patriotischen Weiblein und denkt daran, dass auch das Kapitol des mächtigen Rom einst durch das Geschnatter seiner treuen Gänse gerettet worden ist!

Vielleicht waren die Damen von einem anderen Kommentar Einsteins über "patriotische Frauen" irritiert gewesen[14]:

Nach meiner Ansicht sollte man beim nächsten Krieg die patriotischen Frauen an die Front senden statt der Männer. Dies wäre doch einmal etwas Neues auf diesem trostlosen Gebiet unendlicher

Verwirrung, und dann – warum sollen solche heroischen Gefühle von seiten des schönen Geschlechtes nicht pittoresker verwendet werden als durch einen Angriff auf einen wehrlosen Zivilisten?

Am 10. Dezember 1932 reiste Einstein nach Amerika ab. Sein Aufenthalt in Pasadena stand diesmal weniger im Zeichen öffentlicher Aktivitäten als bei den beiden vorangegangenen Besuchen. Am 22. Januar 1933 sprach er wieder vor Studenten des California Institute of Technology[15]:

Es ist sehr erfreulich, dass die Jugend Kaliforniens ein so grosses Interesse an der Erhaltung und Festigung des Friedens hat. Dieses Problem ist in der Tat eines der wichtigsten, mit denen die heutige Menschheit zu ringen hat.

Die Amerikaner sind ohne Zweifel in einer besonders günstigen Lage, weil eine Bedrohung ihres Landes durch militärischen Angriff nicht ernsthaft in Betracht kommt. Trotzdem haben sie ein grosses Interesse an der Aufrichtung einer internationalen schiedsrichterlichen Instanz zur Schlichtung aller internationalen Konflikte und an der Sicherung der Ausführung seiner Entscheidungen. Denn der Weltkrieg hat gezeigt, wie eng die Schicksale der Völker miteinander verflochten sind; die Gleichzeitigkeit der ökonomischen Krise in allen Ländern der Erde lehrt dasselbe.

Hieraus ergibt sich als erstes, dass die amerikanische Jugend dahin wirken muss, dass die Vereinigten Staaten an allen Bemühungen aktiv teilnehmen, welche die Herbeiführung einer internationalen Ordnung zum Ziele haben. Es ist verständlich, dass die Erfahrungen der Kriegs- und Nachkriegszeit viele Amerikaner abgeschreckt haben; aber das Andauern der bisher geübten Zurückhaltung würde der ganzen Menschheit und damit auch den Vereinigten Staaten zum Schaden gereichen.

Als dringendste Aufgabe pazifistischer Organisationen erscheint es mir gegenwärtig, ihren ganzen Einfluss dahin geltend zu machen, dass die allgemeine militärische Dienstpflicht in allen Ländern abgeschafft wird. Nur so kann der Geist der Verständigung bei den Völkern Boden gewinnen. Sie wissen alle, dass das deutsche Reich auf militärischem Gebiete die Wiederherstellung seiner Gleichberechtigung fordert, und dies gewiss mit vollem Recht. Die Frage kann nur die sein, auf welcher Basis diese Gleichberechtigung hergestellt werden soll.

Wenn es jetzt nicht gelingt, auf internationalem Wege die allgemeine Dienstpflicht abzuschaffen, so wird sie zunächst auch in Deutschland wiederhergestellt werden, und es wird eine Lage geschaffen, die an Bedrohlichkeit derjenigen der Vorkriegszeit um nichts nachsteht. Dies den Völkern zum Bewusstsein zu bringen und energisch im Sinne der Abschaffung der allgemeinen militärischen Dienstpflicht auf internationaler Basis zu wirken, ist daher die wichtigste pazifistische Aufgabe von heute.

Aus derselben Zeit stammt eine ähnliche, wahrscheinlich für eine pazifistische Versammlung in Kalifornien vorbereitete Erklärung[16]:

Ich begrüsse Euch Friedenskämpfer herzlich. Ihr wisst, dass die Situation der Welt nicht besser geworden ist in diesen Jahren. Die Not der Krisenzeit hat überall die Reaktion gestärkt, die einen blinden Nationalismus schuf und für ihre Zwecke missbrauchte. Man ist auf dem Wege, in immer mehr Staaten die allgemeine Dienstpflicht einzuführen und die Freiheit der Rede und der Presse zu beschränken. Der Sinn für Freiheit, Menschenwürde und Gerechtigkeit erlahmt immer mehr.

Ihr aber erinnert Euch daran, dass die Allgemeinheit zwar ein Recht hat auf Eure Mitarbeit am gemeinsamen Wohle, aber kein Recht auf Euere Körper und Euere Seelen. Es gibt keine Macht, von der wir den Befehl zum Töten und zur Ausbildung zum Töten annehmen dürfen.

Wollen wir uns geloben, alles zu tun, dass dieser Geist verbreitet werde und ganz besonders, dass unsere Kinder in dieser Gesinnung aufwachsen.

Einem amerikanischen Pädagogen, der ihn 1931 in Caputh besucht hatte, schrieb Einstein am 1. Februar 1933[17]:

Das Ziel der Sicherung des internationalen Friedens ist von den wirklich bedeutenden Menschen früherer Generationen in seiner Wichtigkeit erkannt worden. Die Entwicklung der Technik in unserer Zeit aber macht dieses ethische Postulat zu einer Existenzfrage für die heutige zivilisierte Menschheit und die aktive Teilnahme an der Lösung des Friedensproblems zu einer Gewissenssache, der kein gewissenhafter Mensch ausweichen kann.

Man muss sich klar machen, dass jene mächtigen Gruppen der Industrie, welche an der Produktion der Waffen beteiligt sind, in allen Ländern einer friedlichen Regelung der internationalen Streitfragen entgegenwirken, und dass die Regierenden nur dann jenes wichtige Ziel erreichen können, wenn sie der tatkräftigen Unterstützung der Majorität der Bevölkerung sicher sind. In unserer Zeit demokratischer Regierungsform ist das Schicksal der Völker von diesen selbst abhängig; dessen muss jeder Einzelne stets eingedenk sein.

Die böswilligen Angriffe auf Einstein hörten auch nach seiner Ankunft in Amerika nicht auf. Ihre prägnanteste Zurückweisung stellt eine am 30. Januar 1933, dem Tag der Machtergreifung Hitlers, durch das Staatsparlament von New Jersey angenommene Resolution dar[18]:

Da bekanntgemacht wurde, dass das im Staat New Jersey gelegene neue Institute for Advanced Study den hochangesehenen Professor Albert Einstein zum Eintritt in seine Fakultät eingeladen hat;

da weiter bekanntgegeben wurde, dass der besagte Professor Albert Einstein die Einladung angenommen hat; und

da der Eintritt des besagten Professors Albert Einstein in die Fakultät einer wissenschaftlichen Institution New Jerseys dem Staat New Jersey und seiner Bevölkerung Ehre erweist; und

da wir, die Mitglieder des Staatsparlaments von New Jersey, der grossen, eminenten Position des besagten Professors Albert Einstein in der wissenschaftlichen Welt ebenso eingedenk sind wie der Ehre, die unserem Staat durch seine Annahme der Fakultätsmitgliedschaft an einer der Institutionen des Staates zuteil wird;

sei hiermit beschlossen, dass das Staatsparlament von New Jersey den hochangesehenen Professor Albert Einstein in New Jersey, der neuen Stätte seiner wissenschaftlichen Tätigkeit, willkommen heisst,

und weiterhin beschlossen, dass eine Einladung an Professor Einstein ergehen soll, vor den Mitgliedern des Staatsparlaments in Bälde zu sprechen,

und weiterhin beschlossen, dass eine Abschrift dieser Resolution an den besagten Professor Albert Einstein und an das neue Institute for Advanced Study in New Jersey zu übermitteln ist.

Trotz dieser offiziellen Ehrung wurde Einstein von einem Alten Herrn der Universität Princeton bitter angegriffen (er bezeichnete Einstein als "einen fremdländischen Ausspeier von Theorien, die sich gegen unsere Verfassung, Geschichte und Gesellschaft richten", der "wegen seiner kommunistischen und pazifistischen Anschauungen" von den Hörsälen Princetons ausgeschlossen bleiben sollte). Auch von anderen Seiten gingen die Angriffe weiter. So sah sich Einstein gezwungen, am 7. Juli 1933 an die Londoner *Times* und *The New York Times* zu schreiben:

Ich erhielt ein von der "Better America Federation" herausgegebenes Zirkular, das angeblich Bilder von mir enthält, die beweisen sollen, dass ich mit der Dritten (kommunistischen) Internationale verbunden sei.

Ich habe mit der Dritten Internationale nie etwas zu tun gehabt und bin auch nie in Russland gewesen.

Es macht mir ferner den Eindruck, dass die beigelegten Bilder nicht photographische Abbildungen meiner Person sind. Es handelt sich wahrscheinlich um Fälschungsversuche aus politischen Beweggründen.

Hitlers Aufstieg zur Macht am 30. Januar 1933 überraschte Einstein nicht. Er entschloss sich, nicht nach Deutschland zurückzukehren. Seine Pläne für die unmittelbare Zukunft waren, wie sich aus einem Brief aus Pasadena an eine ihm befreundete Dame ergibt, zunächst noch unbestimmt; er schrieb ihr am 27. Februar 1933[19]:

Im Hinblick auf Hitler wage ich es nicht, deutschen Boden zu betreten . . . Wir fahren am 10. März hier ab, und vor der Abreise habe ich tagelange mühevolle Arbeiten in Chicago und New York zu leisten . . . Meinen Vortrag an der Preussischen Akademie der Wissenschaften habe ich bereits abgesagt . . . Ich werde am 25. März nach der Schweiz reisen, um dort meinen Sohn zu treffen . . . Dann werde ich entweder nach Lugano, Belgien oder Holland gehen.

"Ich gehe nicht nach Hause", bemerkte er am Vorabend seiner Abreise aus Pasadena in einem Interview, über das Evelyn Seeley im *New York World Telegram* vom 11. März 1933 berichtete. Und in einer stark publizierten Erklärung gab er die Gründe seiner Entscheidung[20]:

Solange mir eine Möglichkeit offen steht, werde ich mich nur in einem Lande aufhalten, in dem politische Freiheit, Toleranz und Gleichheit aller Bürger vor dem Gesetz herrschen. Zur politischen Freiheit gehört die Freiheit der mündlichen und schriftlichen Äusserung politischer Überzeugung, zur Toleranz die Achtung vor jeglicher Überzeugung eines Individuums. Diese Bedingungen sind gegenwärtig in Deutschland nicht erfüllt. Es werden dort diejenigen verfolgt, die sich um die Pflege internationaler Verständigung besonders verdient gemacht haben, darunter einige der führenden Künstler.

Wie jedes Individuum, so kann auch jeder gesellschaftliche Organismus psychisch krank werden, besonders in Zeiten erschwerter Existenz. Nationen pflegen solche Krankheiten zu überstehen. Ich hoffe, dass in Deutschland bald gesunde Verhältnisse eintreten werden und dass dort in Zukunft die grossen Männer wie Kant und Goethe nicht nur von Zeit zu Zeit gefeiert werden, sondern dass sich auch die von ihnen gelehrten Grundsätze im öffentlichen Leben und im allgemeinen Bewusstsein durchsetzen.

"Wir werden wahrscheinlich in die Schweiz gehen," sagte er zu Evelyn Seeley. "Meine Staatsbürgerschaft ist eine merkwürdige Angelegenheit. Obwohl ich in Wirklichkeit Schweizer bin, bin ich auf Grund meiner offiziellen Stellung deutscher Staatsbürger[21]. Für einen international orientierten Menschen ist jedoch die Bürgerschaft eines bestimmten Staates nicht wichtig. Menschheitsbürgerschaft ist wichtiger als nationale Bürgerschaft."

Einstein musste das Interview eilends abbrechen, um an einem wissenschaftlichen Seminar teilzunehmen. Miss Seeley berichtet: "Als er nach Beendigung des Seminars das Universitätsgelände überquerte, wankte der Boden unter seinen Füssen. Los Angeles wurde von dem schlimmsten Erdbeben seiner Geschichte heimgesucht. Einstein ging jedoch ruhig nach Hause."

In Chicago wurde er am 14. März 1933, seinem 54. Geburtstag, durch ein Luncheon geehrt[22]. Unter vielen prominenten Gästen befanden sich der Staatsgouverneur von Illinois, der Anwalt Clarence Darrow und der Physiker Arthur Holly Compton von der Universität Chicago, der den Ehrengast einführte.

"Einstein sprach leise und stockend; gelegentlich fragte er einen Tischnachbarn nach einem bestimmten Wort", berichtete *The New York Times.* Er beschäftigte sich vor allem mit zwei Fragen: "wie man eine Distributionsmethode entwickeln könnte, die ebenso wirksam wäre wie das Produktionssystem" und: "wie eine Neuorganisation der internationalen Politik aussehen müsste, die zur Abschaffung der Kriege führt".

Der politische Umsturz in Deutschland machte Einsteins Besuch in New York besonders bedeutungsvoll. Die sieben Tage, die er Mitte März 1933 dort verbrachte, stellten wieder einen grossen persönlichen Triumph dar. Am 17. März veranstalteten Rosika Schwimmer und Alfred Lief, dessen Anthologie der pazifistischen Schriften Einsteins ("The Fight Against War") noch im Lauf des gleichen Jahres erschien, einen Empfang für ihn im Waldorf-Astoria Hotel[23].

Im Lauf der von vielen Prominenten besuchten Zusammenkunft wurde Einstein gefragt, ob ihm ein Friedensbudget der Vereinigten Staaten analog dem Kriegsbudget für wünschenswert erscheine. Er befürwortete die Idee. Man müsse aber, fügte er hinzu, sicherstellen, dass das Verfügungsrecht über ein solches Friedensbudget in die Hände geeigneter Leute gelegt würde; sonst wäre es nicht nützlicher als die von der Carnegie-Stiftung für den "Frieden" ausgegebenen Gelder. Einstein stellte nochmals seine Überzeugung fest, dass Kriege nicht durch Teilabrüstung verhindert werden könnten; die einzige Bedeutung einer Teilabrüstung läge in einer gewissen Geldersparnis.

Rosika Schwimmer wollte wissen, ob Amerika zur Verringerung der politischen Spannungen in Europa beitragen könne. Einstein meinte, es wäre falsch, den Einfluss der amerikanischen Presse zu unterschätzen. Aber was auch immer getan werden könne: "direkte" Aktion sei nicht zweckmässig. Die amerikanische Sympathie für das deutsche Volk und der Schmerz über die politische Wendung in Deutschland sollten in würdiger Weise geäussert werden, nicht dadurch, dass man die Deutschen als Idioten bezeichne. Er erklärte es für schmachvoll, dass die Deutsche Akademie der Kunst einen Schriftsteller wie Heinrich Mann und eine Künstlerin wie Käthe Kollwitz zum Austritt getrieben habe. Pazifisten würden jetzt in Deutschland offiziell als Staatsfeinde angesehen.

Am 20. März 1933 brachen die Nazis im Sommerhaus Einsteins in Caputh bei Berlin unter dem Vorwand der Suche nach versteckten Waffen ein. Einstein gab von Bord des Schiffes, auf dem er von Amerika nach Europa zurückkehrte, folgende Erklärung ab:

Eine Schar Bewaffneter ist in unser Heim in Caputh eingebrochen. Das ist nur ein einziges Beispiel der willkürlichen Gewaltakte, die sich jetzt in ganz Deutschland ereignen. Diese Akte sind das Ergebnis der jähen Übernahme der polizeilichen Machtbefugnisse durch den wilden Pöbel der Nazi-Miliz . . .

Einstein fuhr nicht in die Schweiz. Statt dessen zog er sich für einige Monate in einen kleinen Badeort an der Küste Belgiens, Le Coq-sur-mer, zurück. Die Machtergreifung der Nazis verursachte ihm wie anderen Pazifisten schwere Gewissensprobleme, und er brauchte einige Zeit, um sich mit der neuen Situation auseinanderzusetzen. Jedenfalls hatte sich seine Einstellung bis zum 1. Mai 1933 noch nicht geändert, denn an diesem Tage schrieb er an den Autor eines Buches, das die Juden gegen den Vorwurf der Feigheit in Schutz nahm[24]:

Ich habe nichts dagegen, wenn Sie mir Ihr Buch eventuell widmen. Ich kann mich aber nicht dazu entschliessen, ein Vorwort dazu zu schreiben. Als Antimilitarist lege ich gar keinen Wert auf das Verhalten der Juden als Soldaten. Ich versichere Ihnen, dass mir jedes Mittel recht gewesen wäre, um mich von der Beteiligung an einem Kriege zu drücken, wenn der Versuch gemacht worden wäre, mich zu einer solchen Teilnahme zu zwingen. Wenn einer schon ein Held sein will, dann mag er es dadurch bekunden, dass er die Konsequenzen auf sich nimmt, welche ihm aus der Verweigerung des Kriegsdienstes erwachsen.

Aber ein entscheidender Kurswechsel Einsteins stand bevor.

7. Kapitel

NAZIS AN DER MACHT. EINSTEIN FÜR AUFRÜSTUNG DER WESTMÄCHTE 1933

Die Machtergreifung der Nazis in Deutschland am 30. Januar 1933 warf einen Schatten auf das Leben Einsteins, der bis zum Ende seines Lebens nicht mehr verschwinden sollte. Nie konnte er vergessen, dass Deutschland, sein Geburtsland, der Welt einen neuen Krieg und unermessliches Leiden und Elend gebracht und in dem satanischen Trieb zur Vernichtung aller Juden einen Grad der Bestialität und Barbarei erreicht hatte, der selbst die Träume der wildesten Phantasie überstieg. Einstein war darüber so tief verletzt, dass er sich nach dem Zweiten Weltkrieg völlig abseits von Deutschland hielt und – mit einer von wenigen anderen gezeigten Konsequenz – alle von dort kommenden Annäherungsversuche zurückwies.

Die immanente Kriegsdrohung des Nazismus, der Zweite Weltkrieg und, nach dem Krieg, die Aufrüstung Deutschlands und der Welt absorbierten die Aufmerksamkeit Einsteins und beeinflussten seine politischen Entscheidungen und Aktionen. Er blieb unerschütterlich in seinem tiefen Abscheu vor dem Krieg und in der Überzeugung, dass nur eine übernationale Organisation den Weltfrieden zu sichern vermöge. Aber die Schaffung einer totalitären Macht im Herzen Europas durch eine politische Gruppe, die alle moralischen und ethischen Grundsätze in den Wind schlug und den Krieg offen glorifizierte, zwang ihn, statt Kriegsdienstverweigerung die Aufrüstung der westlichen Länder zu befürworten – ein radikaler Positionswechsel, der ihm angesichts der die Welt bedrohenden Katastrophe unumgänglich erschien.

Er hatte die moralische Stärke, unter dem Zwang der Umstände seinen Kurs radikal zu ändern. Aber nie übersah er den Unterschied zwischen Strategie und Prinzip. Als das Nazi-Monstrum den Frieden Europas gefährdete, setzte er sich – trotz schwerer Angriffe seitens vieler pazifistischer Freunde – für militärische Gegenvorbereitungen ein. Auf der anderen Seite jedoch plädierte er unermüdlich weiter für die Schaffung einer Organisation zur friedlichen Lösung internationaler Konflikte. Während der zweiundzwanzig Jahre vom Beginn des Nazi-Regimes in Deutschland 1933 bis zu seinem Tod 1955 benützte er jede sich bietende Gelegenheit, für die Abschaffung des Krieges zu kämpfen – was auch immer seine politische Strategie zu einem gewissen Zeitpunkt sein mochte.

Mit besonderer Energie führte er diesen Kampf in den ersten Jahren nach dem Zweiten Weltkrieg. Aber die Chancen eines frühen Erfolgs seiner Ideen betrachtete er mit steigendem Pessimismus. Umso mehr wuchs seine Abneigung gegen alle Halbheiten, die keinen merklichen Fortschritt auf dem Weg zum Endziel, der Abschaffung aller Kriege, bringen konnten.

Der konterrevolutionäre Aufstand in Deutschland führte auch zu entscheidenden Änderungen im persönlichen Leben Einsteins. Obwohl er noch vor der Nazi-Machtergreifung, nämlich im Sommer 1932, eine Einladung angenommen hatte, das erste Fakultätsmitglied des neuen Institute for Advanced Study in Princeton, New Jersey[1], zu werden, hatte ihm der Gedanke eines endgültigen Abschieds von Europa fern gelegen. Er wollte die Mitgliedschaft in der Preussischen Akademie der Wissenschaften aufrechterhalten und die Sommersemester weiter in Berlin verbringen. Diese Pläne wurden jetzt zunichte.

Während die Emigration nach Amerika keine Änderung in seiner eigenen wissenschaftlichen Arbeit bedeutete (selbst sein Assistent folgte ihm über den Ozean), unterschied sich der Alltag in dem neuen Land in vieler Beziehung von dem Berliner Leben. Am meisten vermisste er (und dafür gab es keinen Ersatz) die Verbindung mit einer ungewöhnlichen Gruppe hervorragender Gelehrter, deren stimulierende Freundschaft für ihn so viel bedeutet hatte. Auch ausserhalb Berlins gab es in Europa Wissenschaftler, die ihm sehr nahe standen, wie Langevin und Marie Curie in Paris und Ehrenfest in Holland, die nach seinem Weggang aus Europa im Herbst 1933 kein direkter Teil seines Lebens mehr sein konnten.

Nach seiner Rückkehr aus den Vereinigten Staaten am 28. März 1933 trat er offiziell aus der Preussichen Akademie aus, die ihn wenige Tage später bestimmt ausgeschlossen hätte. Sein Schritt führte zu einem scharfen Briefwechsel mit der Akademie[2]. Einstein erklärte, es sei ihm unmöglich, weiter in einem Land zu bleiben, in dem nicht alle Bürger die gleichen Rechte hätten, während die Akademie ihn beschuldigte, im Ausland "Greuelmärchen" über Deutschland verbreitet zu haben, wo es doch – so wurde gesagt – seine Pflicht gewesen wäre, Deutschland gegen "absurde" Anklagen zu verteidigen.

In seinem letzten Brief an die Akademie vom 12. April 1933 schrieb er:

. . . Hierauf muss ich erwidern, dass ein solches Zeugnis, wie Sie es mir zumuten, einer Verneinung aller der Anschauungen von Gerechtigkeit und Freiheit gleichgekommen wäre, für die ich mein Leben lang eingetreten bin. Ein solches Zeugnis wäre nämlich nicht, wie Sie sagen, ein Zeugnis für das deutsche Volk gewesen; es hätte sich vielmehr nur zugunsten derer auswirken können, die jene Ideen und Prinzipien zu beseitigen suchen, die dem deutschen Volke einen Ehrenplatz in der Weltzivilisation verschafft haben. Durch ein solches Zeugnis unter den gegenwärtigen Umständen hätte ich – wenn auch nur indirekt – zur Sittenverrohung und Vernichtung aller heutigen Kulturwerte beigetragen . . .

Die Bayerische Akademie der Wissenschaft, der Einstein als korrespondierendes Mitglied angehörte, betonte in einem Schreiben vom 8. April 1933 ihre Solidarität mit der Preussischen Akademie und richtete an Einstein die Suggestivfrage, wie er sich im Hinblick auf seinen Bruch mit der Preussischen

Akademie seine künftigen Beziehungen zur Bayerischen Akademie vorstelle. Einstein erwiderte am 21. April 1933:

Ich habe den Rücktritt von meiner Stellung an der Preussischen Akademie damit begründet, dass ich unter den obwaltenden Umständen weder deutscher Bürger sein, noch in einer Art Abhängigkeitsverhältnis zu dem preussischen Unterrichtsministerium stehen wolle.

Diese Gründe würden an und für sich eine Lösung meiner Beziehungen zur Bayrischen Akademie nicht bedingen. Wenn ich trotzdem wünsche, dass mein Name aus der Liste der Mitglieder gestrichen wird, so hat dies einen anderen Grund:

Akademien haben in erster Linie die Aufgabe, das wissenschaftliche Leben eines Landes zu fördern und zu schützen. Die deutschen gelehrten Gesellschaften haben aber – so viel mir bekannt ist – es schweigend hingenommen, dass ein nicht unerheblicher Teil der deutschen Gelehrten und Studenten, sowie der auf Grund einer akademischen Ausbildung Berufstätigen ihrer Arbeitsmöglichkeit und ihres Lebensunterhaltes in Deutschland beraubt wird. Einer Gesellschaft, die – wenn auch unter äusserem Druck – eine solche Haltung einnimmt, möchte ich nicht angehören.

Einstein hatte sich in seinem Urteil über die Haltung seiner Kollegen an der Preussischen Akademie nicht geirrt, und sein Rücktritt war keinen Tag zu früh erfolgt. Das zeigten verschiedene Briefe seines Freundes Max Planck im März 1933, die ihn erst Anfang April, nachdem er seinen Rücktritt bereits erklärt hatte, erreichten. Für Einstein muss es beonders schmerzlich gewesen sein zu erkennen, dass selbst Planck – derselbe Mann, der zwanzig Jahre zuvor ihm nahegelegt hatte, seine Position in Zürich aufzugeben und die Mitgliedschaft in der Preussischen Akademie anzunehmen – von der Hasspropaganda der gleichgeschalteten deutschen Presse angesteckt war und Einsteins Rücktritt als den einzigen Weg ansah, die Trennung von der Akademie auf "ehrenvolle" Weise zu vollziehen. Wie Planck sagte, habe Einstein damit seinen Freunden "ein unabsehbares Mass von Schmerz und Kummer erspart". Er wollte zweifellos andeuten, dass Einsteins "Freunde" den Ausschluss aus der Akademie gebilligt hätten, wäre Einstein ihm nicht durch seinen Rücktritt zuvorgekommen.

Einstein erwiderte auf Plancks Briefe am 6. April 1933:

... Insbesondere habe ich mich an keiner "Greuelhetze" beteiligt. Ich nehme zugunsten der Akademie an, dass sie eine derartige verleumderische Äusserung nur unter äusserem Druck getan hat. Aber auch in diesem Falle wird es ihr kaum zum Ruhme gereichen, und mancher von den Besseren wird sich dessen heute schon schämen.

Sie haben wahrscheinlich gehört, dass man mir auf Grund

derartiger falscher Anklagen meinen Besitz in Deutschland beschlagnahmt hat. Dies hat dazu geführt, dass die holländischen Kollegen sich zusammengetan haben, in dem Wunsche, mir über die ersten finanziellen Schwierigkeiten hinwegzuhelfen. Ich habe dies nicht annehmen müssen, denn ich war vorsichtig und habe vorgebaut. Wie das Ausland über die mir gegenüber angewandten Praktiken denkt, können Sie sich leicht vorstellen. Es wird wohl eine Zeit kommen, in der sich anständige Menschen in Deutschland unter anderem auch dessen schämen, in wie niedriger Weise man sich mir gegenüber verhalten hat.

Ich muss jetzt doch daran erinnern, dass ich Deutschlands Ansehen in all diesen Jahren nur genützt habe, und dass ich mich niemals daran gekehrt habe, dass – besonders in den letzten Jahren – in der Rechtspresse systematisch gegen mich gehetzt wurde, ohne dass es jemand für der Mühe wert gehalten hat, für mich einzutreten. Jetzt aber hat mich der Vernichtungskrieg gegen meine wehrlosen jüdischen Brüder gezwungen, den Einfluss, den ich in der Welt habe, zu ihren Gunsten in die Wagschale zu legen.

Damit Sie dies besser begreifen, bitte ich Sie, sich einen Augenblick in folgende Lage hineinzudenken: Sie wären in Prag Universitätsprofessor. Es käme eine Regierung dort ans Ruder, die die tschechischen Deutschen ihrer Existenzquellen beraubte und sie gleichzeitig mit Gewalt verhinderte, das Land zu verlassen. Man hätte Posten an der Grenze aufgestellt, welche auf solche schiessen, die ohne Erlaubnis das Land zu verlassen suchen, dessen Regierung einen unblutigen Vernichtungskrieg gegen sie führt. Würden Sie es dann für richtig finden, dies schweigend hinzunehmen, ohne sich für sie einzusetzen? Ist die Vernichtung der deutschen Juden durch Aushungerung nicht das offizielle Programm der jetzigen deutschen Regierung?

Wenn Sie das, was ich gesagt habe, in nicht entstellter Form lesen würden, so würden Sie zweifellos finden, dass ich mich in besonnener und gemässigter Form ausgedrückt habe. Ich sage das nicht, um mich zu entschuldigen, sondern um Ihnen lebendig ins Bewusstsein zu bringen, wie unnobel und niedrig das Verhalten der deutschen massgebenden Instanzen gegen mich ist.

Bei alledem freue ich mich darüber, dass Sie mir in alter Freundschaft entgegengekommen sind, und dass auch die stärksten äusseren Belastungen es nicht vermocht haben, unsere gegenseitigen Beziehungen zu trüben. Diese stehen in ihrer alten Schönheit und Reinheit da, ungeachtet dessen, was sozusagen weiter unten sich zuträgt. Gleiches gilt auch bezüglich meiner Beziehung zu Laue, den ich ausserordentlich hochschätze.

P.S. Die etwas formalistische Adresse wähle ich, um die Wahrscheinlichkeit zu vermindern, dass der Brief unterwegs geöffnet und weggenommen wird.

Wie sehr Einstein von den Geschehnissen in Deutschland erschüttert war, enthüllt ein Schreiben an Max von Laue, einen anderen deutschen Physiker, der ihm viele Jahre hindurch ein enger und loyaler Freund gewesen war. Von Laue, Nobelpreisträger des Jahrs 1914, gehörte zu den Wenigen, die Einstein während der frühen zwanziger Jahre gegen die bösartigen politischen Angriffe rechtsradikaler Kreise verteidigt hatten. Er war einer der wenigen deutschen Wissenschaftler, die nach 1933 in Deutschland blieben und doch nicht vor den Nazis zu Kreuze krochen.

Einstein schrieb an Max von Laue am 26. Mai 1933, während eines kurzen Besuchs in Oxford:

... Deine Ansicht, dass der wissenschaftliche Mensch in den politischen, d.h. menschlichen Angelegenheiten in weiterem Sinne, schweigen soll, teile ich nicht. Du siehst ja gerade an den Verhältnissen in Deutschland, wohin solche Selbstbeschränkung führt. Es bedeutet, die Führung den Blinden und Verantwortungslosen widerstandslos überlassen. Steckt nicht Mangel an Verantwortungsgefühl dahinter? Wo stünden wir, wenn Leute wie Giordano Bruno, Spinoza, Voltaire, Humboldt so gedacht und gehandelt hätten?

Ich bedauere kein Wort, was ich gesagt habe, und glaube dadurch den Menschen gedient zu haben. Glaubst Du, dass ich es bedauere, unter solchen Umständen nicht in Eurem Lande bleiben zu können? Dies wäre mir unmöglich gewesen, selbst wenn man mich in Watte gepackt hätte. Mein Gefühl warmer Freundschaft für Dich und einige wenige Andere dort bleibt bestehen. Hoffentlich sehen wir uns in besseren Zeiten wieder ...

Einstein sprach sich über die von den Nazis geschaffene Situation in einer Reihe von Briefen an befreundete Physiker aus. So schrieb er an seinen intimen Freund Paul Ehrenfest in Holland am 14. April 1933:

Du weisst doch, wie fest ich von der Kausalität alles Geschehens durchdrungen bin. Du kannst Dir also denken, dass ich nichts aus blinder Leidenschaftlichkeit unternehme. Ich sehe es so an:

In Deutschland hat sich eine kleine Schar pathologischer Demagogen der Zustimmung des politisch gänzlich ungeschulten Volkes bemächtigt und handelt nun in einer Richtung, die sich mehr und mehr destruktiv auswirken muss. Die Gefahr einer Ansteckung ist auch für das Ausland gegeben, zumal diese Leute in Deutschland Meister der Propaganda sind. Ich hielt es für unbedingt nötig, das Meine dazu beizutragen, um die anständigen Leute des Auslands zu mobilisieren, und ich tat es mit aller Vorsicht insofern, als ich nichts sagte, was ich nicht verantworten kann. Wenn der starke moralische und wirtschaftliche Druck nicht rasch eingesetzt hätte, wäre es den deutschen Juden noch viel schlimmer ergangen, als es tatsächlich der Fall war.

Die Freunde in Deutschland brauchen mich nicht in Schutz zu nehmen; sie können gegenwärtig hierin nichts tun, ohne sich selber nutzlos in Gefahr zu bringen. Aber im allgemeinen war der Mangel an Zivilcourage der kulturellen Schicht in Deutschland verhängnisvoll. Denke nur daran, wie jammervoll sich die Akademie der Künste angesichts der Angelegenheit Heinrich Mann–Käthe Kollwitz verhalten hat. Auch die törichte Haltung des Sekretärs [der Preuss. Akademie d. Wissensch.], der gerade anwesend war und der die Lancierung der verleumderischen Pressenotiz über mich erlaubte, gehört hierher . . . .

Viele Physiker ausserhalb Deutschlands waren über die Haltung der Preussischen Akademie empört. Zu ihnen zählte der Wiener Universitätsprofessor Hans Thirring, ein Philosoph und aktiver Kriegsgegner. In Briefen an Max Planck wie an Professor Erwin Schrödinger, einen anderen Physiker der Berliner Universität, äusserte er seine Bestürzung über die Behandlung Einsteins durch die Akademie. Am 3. Mai 1933 antwortete Einstein auf einen Brief, in dem Thirring Sympathie und Bewunderung für ihn ausgesprochen hatte:

Es gehört heute viel Mut dazu, das Selbstverständliche zu sagen und zu tun, und es sind wahrhaft wenige, die diesen Mut aufbringen; Sie gehören zu diesen Wenigen und ich drücke Ihnen die Hand als einem, der mir in der ganzen Sinnesart nahesteht. Unseresgleichen gehört die Zukunft oder die Völkerwanderung von unten wird alles Geistige zerstören.

Es handelt sich nämlich hier um viel mehr als die Juden. Diese fallen nur als exponierte Position des Geistigen, des Individuellen. Unsere Vertreter der Wissenschaft versagen in ihrer Pflicht, für das Geistige einzustehen, weil ihnen die leidenschaftliche Liebe für geistige Werte völlig abhanden gekommen ist – die Mentalität Giordano Brunos. Deshalb nur können minderwertige und gemeine Naturen zur Herrschaft gelangen und ihren niedrigen Sinn dem Volke aufprägen.

Noch ist es nicht überall so. Aber wir sehen mit erschreckender

Deutlichkeit, dass wir kämpfen müssen und dass wir die aufrecht Gebliebenen davon zu überzeugen haben, dass auch sie nicht abseits stehen bleiben dürfen.

An einen seiner treusten Freunde, den französischen Physiker Paul Langevin, schrieb er am 5. Mai 1933:

Lieber Freund,

Seit unserem Zusammensein in Antwerpen haben sich grosse und schwere Dinge zugetragen, die die Lage unserer Zivilisation, am meisten aber die Lage Europas, in recht trübem Lichte erscheinen lassen. Wie im Kriege hat man sich wieder daran gewöhnt, täglich von grässlichen Gewalttätigkeiten zu lesen mit dem Bewusstsein, dass das Meiste nicht ans Licht der Öffentlichkeit kommt. In Deutschland hat ein bewaffneter Pöbelhaufen die verantwortungsbewussten Menschen völlig zum Schweigen gebracht, eine Art Völkerwanderung von unten, die bald alles Feinere zerstört oder paralysiert haben wird. Was heute eine mehr kulturelle Bedrohung ist, wird in ein paar Jahren eine sehr ernste militärische Bedrohung sein, wenn sich die noch übrig gebliebenen, parlamentarisch regierten Länder nicht zu einer energischen Aktion aufraffen, die heute noch rein wirtschaftlichen Charakter haben könnte. Leider scheint es, dass man entweder sich der Bedrohlichkeit der Lage nicht genügend bewusst ist oder dass man trotz Erkenntnis der Sachlage sich nicht zu energischem Handeln aufraffen kann, obwohl die letzte furchtbare Lektion erst vor noch nicht einmal 15 Jahren zu Ende ging. Ich bin überzeugt, dass heute die deutsche Gefahr durch eine Art Handelsblockade noch völlig abgewendet und das ganze System zum Scheitern gebracht werden könnte.

Die wunderbare Haltung der französischen Regierung und der dortigen Kollegen mir gegenüber hat mich sehr gefreut. Ich habe noch gar nicht offiziell danken können, weil ich noch keine offizielle Mitteilung von der Wahl an das Collège de France erhalten habe.

Ich bin nun in einer Art Bedrängnis von genau umgekehrter Art als diejenige meiner aus Deutschland vertriebenen Stammesgenossen. Ich bin nämlich den ganzen Winter (5–6 Monate) für das Forschungsinstitut von Abraham Flexner in Princeton verpflichtet. Ferner bin ich für fünf Jahre jährlich für einen Monat an das Christ Church College in Oxford eingeladen. Ausserdem hat mir Spanien eine Art Lehrtätigkeit (ebenfalls Professur) an der Universität Madrid angeboten und ich habe versprochen, nächsten April dorthin zu kommen. Dies habe ich zugesagt, bevor ich die französische Offerte bekam . . .

Dieses Jahr habe ich ausserdem für diesen Monat Vorträge an der Franqui-Stiftung in Brüssel zu halten übernommen, so dass ich den Mai über gebunden bin. Da die Zeit der Sommerferien nicht in Betracht kommt, ist es mir deshalb recht unklar, wann und wie lange ich nach Paris kommen könnte. Ich habe dies alles dem französischen Konsul genau mitgeteilt, als er mir im Auftrag des französischen Ministers zum ersten Mal von dem Projekt sprach.

Sie werden nun denken, dass es eigentlich meine Pflicht gewesen wäre, sowohl das spanische als auch das französische Anerbieten höflich abzulehnen, da das, was ich wirklich leisten kann, doch nicht im Verhältnis steht zu dem, was man von mir erwartet. Eine solche Ablehnung wäre aber unter den gegenwärtigen Umständen gewiss falsch gedeutet worden, denn beide Anerbieten haben, wenigstens zum Teil, den Charakter einer politischen Manifestation, deren Gelingen zunächst das Wichtigste war ... Vielleicht kommt es so, dass wir noch einmal nahe beieinander hausen können. Für mich wäre es eine grosse Freude.

Berühmte Universitäten in verschiedenen Ländern warben um Einstein. Die Stellung am Institute for Advanced Study in Princeton war gesichert. Dennoch blieb die persönliche Situation Einsteins ziemlich prekär. Er war ohne ständigen Wohnsitz; Mitglieder seines engsten Familienkreises befanden sich immer noch in Deutschland, und das Leben in Le Coq-sur-mer war nicht einfach. Gerüchte gingen um, wonach die Deutschen einen Preis auf seinen Kopf ausgesetzt hätten; es hiess, man wolle ihn entführen oder sogar ermorden.

Ein fortdauernder Strom von – oft hilfesuchenden – Besuchern brach über ihn herein. Am 29. April 1933 schrieb er an Thomas Mann:

Es drängt mich, Ihnen etwas ganz Selbstverständliches zu sagen: Ihre und Ihres Bruders[2a] verantwortungsbewusste Haltung war einer der wenigen Lichtblicke in dem Geschehen, das sich in letzter Zeit in Deutschland abgespielt hat. Die übrigen zu geistiger Führung Berufenen haben nicht den Mut und die Charakterstärke aufgebracht, einen deutlichen Trennungsstrich zu ziehen zwischen sich und denen, welche auf Grund von Mitteln der Gewalt heute den Staat vertreten. Durch diese Unterlassung haben sie die Macht jener verhängnisvollen Elemente vergrössert und dem deutschen Namen unaussprechlich geschadet. Sie haben sich darüber hinaus der Gefahr ausgesetzt, von demselben Pöbel, dem sie geschmeichelt haben, mit Verachtung beiseite gestellt zu werden.

Man sieht wieder, dass das Schicksal einer Gemeinschaft in erster Linie durch das moralische Niveau bestimmt wird. Wenn sich wieder eine Führung bildet, die dieses Namens würdig sein wird, so wird sie nur durch Wachstum an solchen Keimen der Kristallisation erstehen können, wie solche in Ihnen und Ihrem Bruder zu erkennen sind. Auch wenn Sie es nicht erleben sollten, wird dies Ihr bester Trost sein während der bitteren Zeiten, die wir jetzt erleben und noch erleben werden.

In einem Brief an den deutschen Schriftsteller Wilhelm Herzog vom 5. Mai 1933 warnte er vor Passivität gegenüber dem Geschehen in Deutschland:

... Ihre [der deutschen Intellektuellen im Exil] grosse Aufgabe ist es, das der Kultur und Freiheit noch treugebliebene Ausland mit der lebendigen Überzeugung zu erfüllen, dass Abwarten eine ungeheure Gefahr bedeutet. Heute könnte man die deutschen Machthaber noch auf ökonomischem Wege zur Strecke bringen ohne Blutvergiessen, während in ein paar Jahren grosse Blutopfer gewiss und der Erfolg recht zweifelhaft wäre. Ich habe den Eindruck, dass man im Allgemeinen im Ausland die Grösse der Gefahr nicht richtig einschätzt oder gar sich in der Hoffnung wiegt, der Spuk werde sozusagen von selber verschwinden ...

Von Oxford schrieb er an einen alten zionistischen Freund, den Rabbiner Stephen S. Wise von der Freien Synagoge in New York, der zu den frühesten und aktivsten amerikanischen Kämpfern gegen den Nazismus gehörte. Wise wurde damals von gewissen jüdischen Gruppen in den Vereinigten Staaten heftig angegriffen; sie befürchteten, allzu scharfe Attacken gegen den Nazismus von seiten der amerikanischen Juden könnten der deutschen Regierung als Vorwand zur Intensivierung ihrer antijüdischen Kampagne dienen. Wise hatte die schwierige Situation in einem Brief an Einstein vom 9. Mai 1933 geschildert. Einstein erwiderte am 6. Juni 1933:

Zuerst möchte ich Ihnen dafür danken, dass Sie mich dazu anregen, Herrn Holmes [John Haynes Holmes, Pastor der Community Church in New York und naher Freund von Rabbiner Wise] zu schreiben. Ich tat es gleich nach Lektüre Ihres Briefes – das heisst heute! Ich habe aber seither gewiss nicht geschlafen, sondern habe einfach meinen Pflichten des Tages nicht nachkommen können.

Ich habe nachgedacht über die aus den übersandten Korrespondenzen zutage tretende Meinungsdifferenz zwischen Ihnen und Herrn Cyrus Adler [Präsident des Jewish Theological Seminary of America], und Sie werden sich gewiss wundern, wenn ich Ihnen sage, dass meine Entscheidung keineswegs eine eindeutige ist.

Was von Juden in der übrigen Welt *sichtbar* getan wird, hat einerseits eine gewisse Wirkung auf die deutschen Machthaber, dient ihnen aber andererseits als Reklame für ihre antisemitische Hetze und als Vorwand für die Gewalttaten gegen deutsche Juden. Es könnte aber sein, dass Demonstrationen von Seiten der amerikanischen Juden dafür wichtig sind, die nichtjüdische Welt in Amerika gegen die deutschen Machthaber zu mobilisieren . . .

Viel wichtiger ist aber jedenfalls ein *organisiertes* Wirken im Stillen, besonders auf die amerikanischen Behörden und die amerikanische Presse. Es muss immer wieder die einfache Wahrheit betont werden, dass die Deutschen im Geheimen in grossem Massstabe rüsten. Fabriken laufen Tag und Nacht; Flugzeuge, Bomben, Tanks und Geschütze werden hergestellt, zum Teil auf schwedischem Boden. Millionen Mannschaften werden unter der Hand ausgebildet, Meldung solchen Bruches des Versailler Vertrags wird als Hochverrat bestraft und Leute durch Terror aller Art zum Schweigen gebracht. Die Revanche-Gesinnung der Gebildeten erklärt, warum diese sich gegen das unwürdige und verbrecherische Regime nicht zur Wehr setzen bezw. nicht zur Wehr gesetzt haben, solange es noch mit Erfolg möglich war. Man wird es mit einem schauderhaften Opfer an Menschen und Sachen bezahlen müssen, wenn man die Leute auch nur ein Jahr lang so gewähren lässt . . .

Wenn die führenden Männer in Amerika einsehen, dass unter diesen Umständen "grossmütige" Duldung ein Verbrechen sein würde, das sich bald bitter rächen wird, vor allem ein Verbrechen gegen Frankreich, so würden sie sicher vor einer detaillierten Überwachung der gesamten deutschen Industrie nicht zurückschrecken und Mittel finden, um den Leuten die Hände zu binden. Eine richtige Einschätzung der deutschen Gefahr würde die amerikanischen Behörden aber auch geneigter machen, etwas Effektives zum Schutze der Juden in Deutschland via Genf in die Wege zu leiten.

Dem Publikum muss durch die Presse die deutsche militärische Gefahr eingehämmert werden. Es müssen ihm die Folgen einer neuen europäischen Kriegskatastrophe vor Augen geführt werden – auch im Zusammenhange mit der japanischen Gefahr, die durch ein solches Ereignis wegen der Paralysierung Europas noch viel drohender würde als sie ohnehin schon ist.

Einstein betonte weiterhin die Notwendigkeit des individuellen Widerstandes gegen den Militärdienst. Aber seit einiger Zeit zweifelte er, ob seine These, die Anwendung von Gewalt sei unter keinen Umständen gerechtfertigt, noch stichhaltig sei. Immer mehr sah er in einer von Bürgern verschiedener Länder gebildeten internationalen Polizeitruppe den Weg zur Sicherung des Weltfriedens. Er hatte diese Idee während seines Amerikabesuchs im vorangegangenen Winter mit Vertretern der Internationale der Kriegsdienstverweigerer besprochen.

Aber die Liga lehnte Einsteins Idee ab, wie ein Brief Lord Ponsonbys an den Ehrensekretär der Organisation, H. Runham Brown, zeigt. In diesem an Einstein weitergesandten Schreiben heisst es (10. April 1933):

... Professor Einsteins ... Ansichten verdienen natürlich sorgfältige Prüfung ... Aber ich neige zu der Auffassung, dass wir in dem Bestreben, "praktisch" zu sein, in einer Zwischenstation landen würden, was sich mit unserer radikalen Position nicht vereinbaren liesse. Wir würden dadurch gewiss an Anhängern verlieren. Unsere Stärke liegt in unserer kompromisslosen Haltung ...

Ich bin mir völlig klar darüber, dass wir von allem absehen sollten, was einer neuen Form militärischer Organisation gleichkäme. Professor Einsteins Idee der Fusionierung kleiner Berufsheere und der Bildung einer internationalen Polizeitruppe erinnert mich an die französischen Vorschläge. Hier wird diese Politik von Lord Davies und anderen vertreten. Ich selbst habe sie aus zwei Gründen immer scharf bekämpft:

1. weil darin ein Zugeständnis liegt, dass Gewalt zur Lösung internationaler Konflikte beitragen könne;

2. weil sie unpraktisch ist: denn der Völkerbund, der nicht einmal über abstrakte Resolutionen oder Proteste Einstimmigkeit erzielen kann, könnte niemals ein Abkommen über ... eine internationale Truppe und ihre Aufgaben zustande bringen.

... Erlaube ich, dass ein Spalt der Tür geöffnet wird, so habe ich keine logische Handhabe gegen jene, die die Tür ganz öffnen wollen. Ich lasse mich meiner Schlösser und Riegel nicht berauben. Zwar kann ich sie noch nicht stark genug schmieden, aber die Nachwelt wird es tun – und zwar früher als es manche Leute für möglich halten.

Lord Ponsonbys Argumente erschütterten Einsteins Haltung nicht. Im Gegenteil: Hitlers Machtergreifung und der darauffolgende Wandel der internationalen Situation zeigten Einstein noch dringlicher als zuvor die Notwendigkeit der Organisierung militärischer Macht auf übernationaler Basis. Er erörterte die Frage brieflich mit J. B. Th. Hugenholtz und Otto Lehmann-Russbüldt. Diesen beiden militanten Pazifisten erschien jedoch die Gründung eines internationalen Friedenshauses (siehe S. 191) immer noch als dringendste Aufgabe. Einstein lehnte den Gedanken eines internationalen Friedenszentrums nicht ab – er hoffte, dass eines Tages eine Verschmelzung der bestehenden Friedensorganisationen dazu führen würde –, aber er scheute davor zurück, seinen Namen für die ambitiösen Pläne seiner Freunde herzugeben. Am 1. Juli 1933 schrieb er:

... Ich muss auch offen bekennen, dass mir die Zeit für das Fortschreiten eines Teils der radikalpazifistischen Bestrebungen ungünstig erscheint. Soll man z.B. heute angesichts der Rüstungsanstrengungen Deutschlands einem Franzosen oder Belgier raten, Militärdienst zu verweigern? Oder für eine solche Verweigerung zu wirken? Ich finde es, offen gestanden, nicht. Es scheint mir, dass man beim heutigen Stande nur für übernationale Organisation der Gewalt, aber nicht für Abschaffung der Gewalt eintreten kann. Insofern habe ich durch die Ereignisse der letzten Zeit "umgelernt" . . .

Am folgenden Tag sandte Einstein eine Erklärung an die vom Spinoza-Zentrum in New York herausgegebene *Biosophical Review.* Wiederum unterstrich er sein Credo: ein übernationaler Gerichtshof zur Schlichtung von internationalen Streitfällen; eine übernationale Polizeitruppe als Instrument zur Sicherung des Weltfriedens[3].

Während seiner Englandreise im Frühjahr hatte Einstein in Glasgow Lord Davies kennen gelernt und den Eindruck gewonnen, dass die unter dem Vorsitz des Lords stehende New Commonwealth Society seinen eigenen Überzeugungen nahekomme. Am 20. Juli 1933 sandte er Davies die folgende Erklärung zur Publikation:

Ihre Bücher sind nach meiner Meinung das Beste und Wirksamste, was auf diesem Gebiete überhaupt publiziert worden ist. Was ich selber sagen könnte, könnte nur eine Abschwächung dessen sein, was Sie besser und vollständiger ausgesprochen haben:

Keine Abrüstung ohne Sicherheit.

Keine Sicherheit ohne obligatorisches internationales Schiedsgericht und ohne ständige internationale Wehrmacht.

Sie haben diese These eindrucksvoll bewiesen und ich hoffe nichts sehnlicher, als dass Ihre Werke die ernste Beachtung finden, die sie verdienen.

Im August nahm Einstein die Wahl zum "Gründungsmitglied" der New Commonwealth Society an. Auf Vorschlag von Lord Davies entwarf er eine Erklärung, in der er die übernationale Armee als "Polizeitruppe" charakterisierte und bemerkte:

Eine *schrittweise* Realisierung dieses zur Abwendung der Gefahr völliger Vernichtung zu erstrebenden Zieles ist leider nicht möglich. Denn Verzicht auf die Rüstungskonkurrenz der Einzelstaaten ist erst dann möglich, wenn dies Problem der Sicherheit wirklich vollständig gelöst ist. Das Programm verlangt einen freiwilligen Verzicht der beteiligten Staaten auf einen Teil ihrer Souveränität, gegen welchen Verzicht sich die nationale Eitelkeit, insbesondere in den grossen Staaten, widersetzt.

Der Staatsmann, der diese Organisation zustande bringt, wird der Menschheit den grössten Dienst leisten, der je einem Menschen gelang.

Während dieser aufregenden Monate in Le Coq-sur-mer beschäftigte ihn aufs tiefste die Frage der Kriegsdienstverweigerung, die ihm im Hinblick auf die Entwicklungen in Deutschland in einem völlig neuen Licht erschien. Er konnte eine prinzipielle Entscheidung nicht länger aufschieben: denn ein damals in Belgien lebender junger französischer Pazifist, Alfred Nahon, beschwor ihn im Juni, die Verteidigung zweier in Brüssel gefangengehaltener Kriegsdienstverweigerer, Day und Campon, persönlich zu unterstützen. Die Möglichkeit einer Intervention Einsteins in diesem Falle erregte auch die Aufmerksamkeit des belgischen Königs. Eine dem Hof nahestehende Dame schrieb an Einstein Anfang Juli, dass "der Gatte der zweiten Geigerin Sie in einer dringenden Angelegenheit zu sprechen wünscht". Das war eine Anspielung auf König Albert, dessen Frau, die Königin Elisabeth, in einem privaten Streichquartett, in dem Einstein die erste Geige spielte, mehrfach zweite Geige gespielt hatte[4]. Die Begegnung fand statt, und die Unterhaltung mit dem König half Einstein, in der schicksalsschweren Frage des Widerstandes Einzelner gegen den Krieg zu einer Entscheidung zu kommen. Das beweist ein Brief, den er am 14. Juli 1933 an den König richtete und der offensichtlich das in der Unterhaltung Besprochene mit grosser Präzision summieren sollte:

Majestät:

Die Angelegenheit der Militärdienstverweigerer will mir nicht aus dem Kopfe. Es ist eine ernste Frage, deren Bedeutung über den mir vorliegenden Fall weit hinausgeht. Warum ich nicht intervenieren soll – trotz meiner engen Verbindung mit den Kriegsdienstgegnern – habe ich schon angedeutet:

1. Bei der heutigen, durch die deutschen Vorgänge geschaffenen Situation ist Belgiens Wehrkraft sicherlich ein blosses Verteidigungsmittel und gewiss kein Werkzeug des Angriffes. Zur Verteidigung aber ist diese Wehrkraft gerade jetzt dringend nötig.

2. Wenn jemand in dieser Sache interveniert, so soll es nicht eine Person sein, die im Lande Gastfreundschaft geniesst.

Darüber hinaus möchte ich aber noch eine Bemerkung machen. Wenn es Menschen gibt, die durch ihre religiöse und moralische Überzeugung genötigt werden, Militärdienst zu verweigern, so sollte man sie nicht wie Verbrecher behandeln. Man sollte auch nicht andere Menschen darüber urteilen lassen, ob wirklich tiefe Überzeugungen oder nur wenig wertvolle Motive der Weigerung zugrunde liegen.

Nach meiner Überzeugung gibt es eine viel noblere und zugleich zweckmässigere Art, diese Menschen zu prüfen und zu verwenden.

Einstein und König Albert von Belgien, 1933

Man stelle es jedem frei, den Militärdienst durch einen schwereren und gefährlicheren zu ersetzen; wenn er sich durch ernste Überzeugung dazu gezwungen sieht, wird er diesen Weg gehen, und es werden derer nie viele sein. Als Ersatzdienst denke ich zum Beispiel an gewisse Arten von Bergwerksdienst, Heizerdienst auf Schiffen, Pflegerdienst bei infektiösen Kranken oder in gewissen Abteilungen der Irrenhäuser. Es mag solcher Verwendungen noch mehr geben. Ein Mensch, der sich freiwillig und ohne Bezahlung solchem Dienst unterwirft, hat beachtliche Qualitäten und verdient eigentlich noch mehr, als dass solche Rücksichten auf ihn genommen werden. Jedenfalls sollte man ihn nicht wie einen Verbrecher behandeln.

Wenn Belgien ein solches Gesetz oder auch nur einen Usus dieser Art schüfe, so bedeutete es einen sehr beachtlichen Schritt zu wirklicher Humanität.

In Hochachtung und Herzlichkeit
Albert Einstein.

Die aus Ostende am 24. Juli 1933 abgesandte Antwort des Königs war ebenso freundlich wie unverbindlich:

Lieber Herr Professor:

Mit grossem Vergnügen bestätige ich den Empfang Ihres Briefes, den Sie liebenswürdigerweise an mich gerichtet haben, und danke Ihnen dafür wärmstens.

Von dem, was Sie über Belgien und die Ehrlichkeit seiner Aussenpolitik sagten, war ich sehr beeindruckt.

Die belgische Regierung beabsichtigt, sich den Konflikten im Innern der Nachbarstaaten wie auch zwischen ihnen fernzuhalten; unter keinen Umständen wird sie diskriminierenden Aktionen, die der grossen Mehrheit der Bevölkerung unannehmbar erscheinen, ihre Zustimmung geben. Unsere Armee ist, wie Sie sehr treffend bemerken, defensiver Natur. Der Dienst in ihr bedeutet die Erfüllung des Willens eines freien Volkes, das die ihm innerhalb der Gemeinschaft der Völker legitim gebührende Stelle aufrechterhalten will.

Wir freuen uns darüber, dass Sie zu uns gekommen sind. Es gibt Menschen, die durch Werk und geistige Statur eher der ganzen Menschheit als einem besonderen Land angehören. Aber das von solchen Menschen als Asylstätte erkorene Land ist auf diese Wahl ausserordentlich stolz.

Die Königin und ich senden Ihnen beste Wünsche für einen angenehmen Aufenthalt in Belgien. Bitte seien Sie meiner Hochachtung versichert.

Albert

Noch vor dem Empfang der Antwort des Königs hatte Einstein einen Schritt unternommen, der viele seiner pazifistischen Bewunderer enttäuschen musste. Am 20. Juli 1933 schrieb er an Alfred Nahon, der seine Intervention für die beiden verhafteten Kriegsdienstverweigerer erbeten hatte[5]:

Sie werden sich sehr wundern über das, was ich Ihnen sage: Vor kurzem war noch eine Zeit, in der man hoffen konnte, den Militarismus in Europa durch persönliche Resistenz wirksam zu bekämpfen. Heute aber stehen wir vor einer ganz anderen Sachlage. In der Mitte Europas ist eine Macht (Germany), die offenkundig mit allen Mitteln auf einen Krieg hinarbeitet. Die romanischen Länder, insbesondere Belgien und Frankreich, befinden sich dadurch in einer schweren Gefahr und sind auf ihre Wehrmacht unbedingt angewiesen.

Bei Belgien speziell ist es klar, dass dies kleine Land niemals Missbrauch mit seiner Wehrmacht treiben kann, sondern dass es diese bitter nötig hat zur Behauptung seiner Existenz. Stellen Sie sich vor, dass Belgien von dem heutigen Deutschland besetzt würde! Es wäre offenbar noch viel schlimmer als 1914, und damals war es auch gerade schlimm genug. Deshalb sage ich Ihnen ganz offen: Unter den heutigen Umständen würde ich als Belgier den Militärdienst nicht verweigern, sondern ihn in dem Gefühl, der Rettung der europäischen Zivilisation zu dienen, gerne auf mich nehmen.

Dies bedeutet keinen prinzipiellen Verzicht auf den früher eingenommenen Standpunkt. Ich hoffe nichts *mehr,* als dass wieder Zeiten eintreten mögen, in denen die Verweigerung des Militärdienstes wieder ein nützliches Kampfmittel im Dienste der Menschheit sein wird.

Ich bitte Sie, diesen Brief den Gesinnungsgenossen, mit denen Sie in Verbindung sind, und insbesondere auch den beiden in Haft befindlichen Freunden zur Kenntnis zu bringen.

Bereits vor Veröffentlichung des Briefes in *La Patrie Humaine* (am 18. August 1933) deutete sich das kommende Echo an. Der französische Sekretär des Verteidigungskomitees der Liga der Kriegsdienstverweigerer (eines Zweiges der Internationale der Kriegsdienstverweigerer) schrieb empört an Einstein: Die Gerüchte können ja unmöglich zutreffen; der Hohepriester der Kriegsdienstverweigerer kann doch seine treuen Anhänger nicht verlassen haben!

Einstein antwortete am 28. August 1933:

Einstein, aufgenommen von Königin Elisabeth von Belgien, 1932

In einer Korrespondenz mit Herrn Professor Hadamard [s.S. 117f.] habe ich vor einigen Jahren die Kriegsdienstverweigerung verteidigt mit etwa folgenden Worten: "Ich gebe zu, dass für manchen Negerstamm in Afrika die Abkehr vom Kriege eine schwere Gefahr bedeuten würde. Für die zivilisierten Völker Europas ist es aber anders . . ."

Seither haben sich zwar nicht meine Ansichten, wohl aber die europäischen Verhältnisse geändert bezw. den afrikanischen angenähert. Solange Deutschland durch materielle Rüstungen und Abrichtung der Bürger systematisch den Revanchekrieg vorbereitet, sind die westeuropäischen Länder leider auf militärische Abwehr angewiesen. Ich behaupte sogar, dass sie, wenn sie klug und vorsichtig sind, nicht warten werden, bis sie angegriffen sind . . . Dies können sie nur, wenn sie hinreichend gerüstet sind.

Dies zu sagen macht mir wenig Freude, denn ich hasse in meinem Herzen Gewalt und Militarismus nicht weniger als je zuvor. Ich kann aber meine Augen nicht vor der Wirklichkeit verschliessen.

Wenn Sie einen andern Weg wissen, wie die freigebliebenen Länder sich schützen können, so bin ich gerne bereit, von Ihnen zu lernen. Ich aber weiss keinen anderen Ausweg, solange der gegenwärtige bedrohliche Zustand nicht überwunden ist. Wenn es aber andererseits keinen anderen Ausweg gibt, müssen wir so ehrlich sein, es anzuerkennen.

Lord Ponsonby war ebenfalls über Einsteins Haltung enttäuscht; in einem deutsch geschriebenen Brief vom 21. August 1933 sagte er[6]:

. . . Ich weiss, dass Sie es mir nicht übelnehmen werden, wenn ich sage, dass ich über die Änderung Ihrer Stellungnahme in Bezug auf Kriegsdienstverweigerung sehr enttäuscht war.

Ich verstehe nur zu gut Ihren Unwillen und Ihre Verzweiflung über die Vorgänge in Deutschland. Wie sehr herausfordernd sich eine Regierung auch zeigen möge, so ist dies meiner Ansicht nach jedoch kein genügender Grund, die Vernunft- und Zweckmässigkeit der Kriegsdienstverweigerung zu verneinen. Wie irrsinnig und verbrecherisch Hitlers Vorgehen auch sein mag, so bin ich fest überzeugt, dass er kein solcher Narr ist, anzunehmen, dass er durch einen Krieg mit einem anderen Land irgendetwas für Deutschland gewinnen kann. Er würde ganz Europa als Gegner haben und eine vernichtende Niederlage wäre unvermeidlich. Er besitzt weder Geld noch Waffen und ist ausserdem viel zu sehr um seine eigene Sicherheit besorgt, als dass er sich auf solch ein dummes Abenteuer einlassen würde.

Die Sicherheit Belgiens beruht jetzt und in Zukunft einzig und allein in seiner Abrüstung, und alle, die auf dieses Ziel hinarbeiten, indem sie jede Teilnahme an einem Krieg verweigern, verdienen unter allen Umständen unsere Achtung und Ermutigung. Kriegsdienstverweigerung ist nicht nur ein erstrebenswertes Ziel in friedvollen und leichten Zeiten, sondern muss gerade in schweren und stürmischen Zeiten machtvoll unterstützt werden.

Ich halte unter allen Umständen unerschütterlich an diesem Glauben fest. Ich erlaube mir, die Hoffnung auszusprechen, dass, obwohl die momentanen Grausamkeiten und Unterdrückungen in Deutschland Sie in Ihrem Glauben erschüttert haben, Sie es nicht zulassen werden, dass die – wie ich sicher fühle – nur vorübergehende Änderung Ihrer Ansichten öffentlich bekannt gegeben werde, wenigstens nicht, bevor Sie die Sachlage in Ruhe überdacht haben, da andernfalls die Chauvinisten, Militaristen und Waffenhändler bestimmt spotten und sich freuen werden.

Einstein erwiderte am 28. August 1933:

Bei Verhältnissen, wie sie bis zum Ende des vorigen Jahres in Europa geherrscht haben, war nach meiner Meinung die Militärdienstverweigerung ein wirksames Mittel zur Herstellung gesünderer und würdigerer Zustände in Europa. Nun ist es aber – hoffentlich für nicht lange Zeit – anders geworden.

Wissen Sie nicht, dass in Deutschland fieberhaft gerüstet wird? Und dass die gesamte Bevölkerung nationalistisch verhetzt und zum Kriege gedrillt wird? Glauben Sie, dass die Machthaber dieses Landes gegen die Franzosen rücksichtsvoller verfahren würden als gegen ihre eigenen Mitbürger, die ihnen nicht zu Willen oder sonst nicht genehm sind? Ich hasse Militär und Gewalt jeder Art. Ich bin aber fest davon überzeugt, dass heute dieses verhasste Mittel den einzigen wirksamen Schutz bildet. Ich bin sicher, dass Sie, wenn Sie in Frankreich verantwortlicher Minister wären, keinen anderen Standpunkt einnehmen könnten, solange dieser bedrohliche Zustand anhält.

Auf viele Anfragen hin zirkulierte die Internationale der Kriegsdienstverweigerer im September 1933 unter ihren Zweigstellen den Ponsonby-Einstein-Briefwechsel mit der Aufforderung, die Sache streng vertraulich zu behandeln. "Im Augenblick besteht keine Möglichkeit, Professor Einstein zum Widerruf zu bewegen. Es ist ein schwerer Schlag für unsere Sache," schrieb H. Runham Brown. Ein anderer Funktionär der Internationale der Kriegsdienstverweigerer sagte: "Ich fürchte, wir können im Augenblick nichts anderes tun als in aller Öffentlichkeit unsere Entschlossenheit, für das Prinzip des Widerstandes gegen den Krieg zu arbeiten, erneut zu bekräftigen, und darauf hinweisen, dass ein vereinzeltes Straucheln nicht bedeutet, dass unsere Prinzipien falsch, sondern dass die Menschen sehr schwach sind."

Die Bestürzung pazifistischer Kreise über Einsteins Brief an Nahon zeigt ein Artikel im *Press Service* der Internationalen Antimilitaristischen Kommission, der in Haarlem, Holland, am 7. September 1933 erschien. Der Aufsatz, in dessen Rahmen Einsteins Brief wiedergegeben wurde, trug den Titel "Einstein der Abtrünnige" und enthielt folgende Bemerkungen:

... In einem sehr kritischen Augenblick geht Einstein zum Militarismus über .... Er glaubt jetzt die europäische Zivilisation durch Brandbomben, Giftgas und Bakterien retten zu können ... Die Abtrünnigkeit Einsteins bedeutet einen grossen Sieg für den deutschen Nationalsozialismus. Einsteins Aktion hat der Sache des Antimilitarismus unaussprechlichen Schaden zugefügt.

Ein weiterer bitterer Kommentar, von dem Einstein keine Ahnung haben konnte, findet sich in einer Tagebucheintragung Romain Rollands vom September 1933[7]. Rolland erinnerte an seine seinerzeitige Zurückweisung der "kindischen Versicherung" und "trügerischen Versprechungen" Einsteins, die Kriegsdienstverweigerung einiger tausend entschlossener Männer werde einen Krieg verhindern können. Nun lehne Einstein es ab, gerade jene Dienstverweigerer, die er zum passiven Widerstand aufgefordert habe, zu unterstützen; er habe damit die von ihm früher gepredigte Lehre widerrufen:

Eine solche Schwäche der Gesinnung ist geradezu unvorstellbar bei einem Gelehrten, der seine Erklärungen vor ihrer Bekanntgabe sorgfältig abwägen sollte. Besonders unglaublich ist sie im Falle des Urhebers der Relativitätstheorie. Hat er nie an die Möglichkeit einer Situation wie der heutigen gedacht, in der die Ausübung der von ihm befürworteten Kriegsdienstverweigerung gefährlich werden kann? Es ist gewissermassen ein intellektuelles Spiel, eine Idee zu einer Zeit zu vertreten, in der kein Risiko damit verbunden ist. Andererseits nimmt man eine besonders ernste Verantwortung auf sich, wenn man eine blindlings gläubige Jugend ohne Rücksicht auf die Folgen mit Lehren und Losungen erfüllt. Eines erscheint mir völlig klar: Einstein, ein Genius der Wissenschaft, ist ausserhalb seines Fachs schwach, unentschieden und widerspruchsvoll. Das habe ich mehr als einmal gespürt.

Man kann sich die mörderische Wut der Hitlerleute vorstellen, als sie hörten, ein gebürtiger Deutscher habe andere Nationen zur Bewaffnung gegen Deutschland aufgefordert. Nichts könnte für die Sache der Juden in Deutschland verhängnisvoller sein. Einstein hat sicherlich damit nicht gerechnet. Ich fürchte, er wird es jetzt recht schwer finden, sich zu rechtfertigen. Sein unausgesetzter Meinungswandel und das Zögernde und Widersprüchliche seiner Aktionen sind schlimmer als die unbeugsame Zähigkeit eines erklärten Feindes . . .

Die Welle der Protestbriefe wollte nicht aufhören. Die Internationale Liga der Friedenskämpfer erkundigte sich, ob die Berichte über Einsteins Meinungsänderung wahr seien; in diesem Falle würde es sich um einen radikalen Bruch mit seinen früheren Erklärungen, die zum Credo der Pazifisten geworden seien, handeln. Einstein erwiderte am 7. September 1933:

Ich habe die beiden Äusserungen wirklich getan und sie entsprechen meiner Überzeugung. Ich kann mir nicht denken, dass ein vernünftiger Mensch wünschen kann, dass Frankreich und Belgien wehrlos einer deutschen Invasion ausgesetzt werden. Andererseits ist bei dem gegenwärtigen Stand der Dinge nicht zu bezweifeln, dass eine solche Invasion die unvermeidliche Folge einer Wehrlosigkeit dieser Länder wäre. Wenn wieder internationale Verhältnisse herrschen, wie sie noch vor einem Jahr gewesen sind, werde ich wieder den früheren Standpunkt einnehmen, vorher aber nicht.

Zwei Tage später – am Vorabend seiner Abreise nach England – schrieb er an ein belgisches Komitee von Kriegsdienstverweigerern:

Es ist wahr, dass ich den Standpunkt vertrete, dass bei dem heutigen Zustand Verweigerung des Militärdienstes in den demokratisch gebliebenen Ländern nicht am Platze ist. Solange wir keine internationale Polizei haben, müssen jene Länder den Schutz der Kultur übernehmen. Die Situation hat sich in Europa im letzten Jahre entscheidend geändert, und wir würden für unsere grössten Feinde arbeiten, wenn wir dieser Sachlage gegenüber die Augen schliessen würden.

Ebenfalls vor der Abfahrt gab er Leo Lania, einem emigrierten deutschen Journalisten, ein Interview[8]. Lania zitierte folgende Äusserungen Einsteins:

. . . Eine Überlegung scheint mir auf den raschen, unvermeidlichen Zusammenbruch der Nazidiktatur zu deuten. Ich verlasse mich nicht auf die Stärke oder Intelligenz der Gegner des Nazismus, sondern auf die Stupidität der Nazis . . .

Es ist gesagt worden, die Existenz eines Belagerungszustandes ermögliche es den grössten Dummköpfen, die Herrschaft über ein Land an sich zu reissen. Das stimmt nicht. Ohne einige Intelligenz kann selbst ein von Bajonetten flankierter Diktator sein Regime nicht endlos weiterführen. Hitler und seinen Lakaien fehlt es selbst an jenem Mindestmass geistiger Fähigkeiten, das eine Diktatur unter den heutigen Verhältnissen erfordert . . .

Ich bin überzeugter Demokrat. Aus diesem Grund gehe ich nicht nach Russland, obwohl ich von dort herzliche Einladungen erhalten habe. Würde ich nach Moskau reisen, so würde das zweifellos von den Sowjetherrschern für ihre eigenen politischen Zwecke ausgebeutet werden. Nun, ich bin ein Feind des Bolschewismus wie des Faschismus. Ich bin gegen alle Diktaturen.

Nie könnte ich in Italien im Schatten der Fasces oder in Russland unter der Herrschaft der Geheimpolizei leben – und natürlich noch weniger in Deutschland, falls ich heute überhaupt dorthin gehen könnte. Ich will mit dem heutigen Deutschland nichts zu tun haben.

Ich kann es nicht fassen, warum die ganze zivilisierte Welt sich nicht zum gemeinsamen Kampf zusammengeschlossen hat, um dieser modernen Barbarei ein Ende zu bereiten. Sieht denn die Welt nicht, dass Hitler uns in einen Krieg hineinzerrt?

Noch von Le Coq-sur-mer aus sah er sich zur Abgabe der folgenden allgemeinen Erklärung gezwungen:

Mein Ideal war und bleibt die Lösung aller internationaler Probleme auf dem Wege schiedsrichterlicher Entscheidung. Bis vor einundeinhalb Jahren konnte die Verweigerung des Militärdienstes nach meiner Überzeugung als eines der wirksamsten Mittel angesehen werden, diesem Ziele näher zu kommen. Denn nirgends in der zivilisierten Welt war eine Nation, die eine Vergewaltigung anderer Nationen auf ihr Programm gesetzt hatte. Auch heute bin ich unbedingter Anhänger der Idee, dass bessere Verhältnisse unter Vermeidung kriegerischer Handlungen angestrebt werden müssen.

Aber eben darum glaube ich, dass man gegenwärtig nichts tun darf, was geeignet ist, die organisierte Macht jener europäischen Nationen zu schwächen, welche heute dazu berufen sind, in erster Linie zur Realisierung dieses Zieles beizutragen.

Seiner Überfahrt nach Amerika ging ein einmonatiger Aufenthalt in England voraus, wo er am 9. September 1933 ankam. Am folgenden Tag klagte er seiner Sekretärin Helene Dukas, die in Le Coq-sur-mer geblieben war:

. . . Die Antimilitaristen fallen nun über mich her als über einen bösen Renegaten. Die Kerle haben eben Scheuklappen und wollen die Vertreibung aus dem "Paradies" nicht erkennen.

Briefe, in denen er um Klärung seiner Ansichten gebeten wurde, folgten ihm nach England und selbst nach Amerika. An den pazifistischen Professor G. C. Heringa von der Universität Amsterdam, der ebenfalls den Presseberichten nicht hatte glauben wollen, schrieb Einstein aus Cromer, England, am 11. September 1933:

Verehrter Herr Kollege!

Sie können mir glauben, dass ich mich nur mit grösstem innerem Widerstreben zu meiner gegenwärtigen Stellung gegenüber der militärischen Dienstpflicht durchgerungen habe. Alles Übel kommt daher, dass wir keine mächtige internationale Polizei haben und keine internationale schiedsrichtliche Instanz, deren Entscheidungen sicher durchgeführt werden.

Trotzdem durfte man sich als Antimilitarist durch Verweigerung des Militärdienstes betätigen, solange in Europa die Völker in ihren überwiegenden Teilen auf Frieden bedacht waren. Dies ist aber heute nicht mehr der Fall. Ich halte es für ganz sicher, dass die Verhältnisse in Deutschland nach kriegerischen Unternehmungen hindrängen, ähnlich wie in Frankreich nach der grossen Revolution. Wenn diese Bestrebungen Erfolg haben, so wird der letzte Rest persönlicher Freiheit auf dem europäischen Kontinent vernichtet.

Es ist wohl richtig, dass die Zustände in Deutschland zum Teil durch die Politik der Nachbarn sich so verschlimmert haben. Aber was nützt solches Begreifen? Das Evangelium der Gewalt und Unterdrückung nach innen und aussen hat sich dort durchgesetzt und bildet eine schwere Bedrohung des Kontinentes und der Unabhängigkeit eines jeden seiner Bewohner. Dieser Bedrohung kann nicht durch moralische Mittel, sondern nur durch organisierte Macht entgegengewirkt werden. Um das grössere Übel zu vermeiden, muss (einstweilen!) das kleinere in Kauf genommen werden, das verhasste Militär! Wenn sich Deutschland durchsetzt, dann gibt es kein lebenswertes Dasein mehr in Europa.

Ich glaube übrigens, dass es heute noch möglich ist, einen künftigen Krieg abzuwenden, indem man eine deutsche Rüstung durch diplomatischen Druck verhindert. Aber dafür bedarf es einer absoluten militärischen Überlegenheit der Nachbarn. Diese zu zerstören bedeutet deshalb heute einen Verrat an der Sache Europas.

Sie können den französischen Militarismus nicht mit dem deutschen vergleichen, weil das französische Volk heute in seiner überwiegenden Mehrheit bis in die letzten Schichten hinein pazifistisch ist und nur auf Verteidigung bedacht ist. Dies gilt erst recht für Belgien.

Ich fasse zusammen: Unter den heutigen Umständen können vernünftige Pazifisten nicht mehr die Zerstörung, sondern nur mehr die Internationalisierung der militärischen Macht erstreben. Erst wenn diese einmal erreicht ist, müssen wir die Reduktion zu einer internationalen Polizei anstreben. Die Gefahr wird nicht dadurch gebannt, dass wir vor ihr die Augen schliessen!

Freundlich grüsst Sie Ihr

Während seines Aufenthalts in England führte Einstein Gespräche mit einer Reihe britischer Staatsmänner, die er von der akuten Gefahr der deutschen Aufrüstung zu überzeugen suchte. Er hatte Unterredungen mit Winston Churchill, Sir Austen Chamberlain und Lloyd George. An seine Frau schrieb er:

... Heute Mittag war ich bei Churchill. Dieser ist ein eminent kluger Mann, und es wurde mir völlig klar, dass diese Leute gut vorgebaut haben und entschlossen und *bald* handeln werden ...

Am 3. Oktober 1933 stand er, zum erstenmal seit der Nazi-Machtergreifung, vor einem grösseren Publikum. Der Anlass war ein Massenmeeting in der Londoner Royal Albert Hall, das von dem neugegründeten Refugee Assistance Fund (Flüchtlings-Hilfsfonds) organisiert worden war. Eine Reihe von Gruppen, darunter die Quäker, hatte sich zusammengeschlossen, um den bereits exilierten und in der Zukunft exilsuchenden deutschen Gelehrten zu helfen.

Scotland Yard hatte von einem Mordkomplott gegen Einstein gehört, und die Halle war stark bewacht. Einstein war sich der Gefahr offensichtlich nicht bewusst, obwohl, verschiedenen Berichten zufolge, derartige Drohungen in Belgien seinen Entschluss, nach England zu gehen, mitveranlasst hatten.

Vor zehntausend Menschen sprachen Einstein, der frühere britische Aussenminister Sir Austen Chamberlain, die Physiker Sir James Jeans und Lord Rutherford und der Volkswirtschaftler und Pädagoge Sir William Beveridge. Einstein sagte[9]:

Es freut mich, dass Sie mir Gelegenheit geben, Ihnen an dieser Stelle als Mensch, als guter Europäer und als Jude meinen tiefen Dank auszusprechen. Durch Ihr wohlorganisiertes Hilfswerk haben Sie nicht nur unschuldig verfolgten Forschern geholfen, sondern auch der Menschheit und der Wissenschaft einen grossen Dienst erwiesen. Sie haben gezeigt, dass Sie und das englische Volks der Tradition der Toleranz und Gerechtigkeit treu geblieben sind, die Sie mit Stolz seit Jahrhunderten hochgehalten haben.

Gerade in Zeiten wirtschaftlicher Not und Sorge, wie wir sie jetzt überall erleben, zeigt es sich deutlich, wie stark und wirksam die moralischen Kräfte sind, die in einem Volk lebendig sind. Hoffentlich wird der spätere, in einem politisch und wirtschaftlich geeinten Europa urteilende Historiker sagen können, dass in unseren Tagen

Freiheit und Ehre dieses Kontinentes durch seine westlichen Nationen gerettet worden sind, die in harten Zeiten den Versuchungen des Hasses und der Unterdrückung stand gehalten haben; durch Westeuropa sei jene Freiheit des Individuums erfolgreich verteidigt worden, die uns alle Fortschritte der Erkenntnis und Technik gebracht hat, eine Freiheit, ohne die einem aufrechten Menschen das Leben nicht lebenswert erscheint.

Es kann nicht meine Aufgabe sein, über das Verhalten einer Nation Richter zu sein, die mich Jahrzehnte lang zu den ihrigen gerechnet hat; vielleicht ist Urteilen in Zeiten, die Taten verlangt, überhaupt ein müssiges Beginnen. Heute stehn die Fragen im Vordergrund: Wie rettet man die Menschen und die geistigen Errungenschaften, deren Erben wir sind? Wie schützt man Europa vor neuem Unheil?

Es ist nicht zu bezweifeln, dass die Weltkrise und die durch sie verursachten Leiden und Entbehrungen der Völker zum grossen Teile die gefährlichen Erschütterungen veranlasst hat, deren Zeugen wir sind. In solchen Zeiten erzeugt das Unbehagen den Hass und dieser führt zu Umsturz und Gewalttat, oft auch zu Kriegen. So erzeugen Not und Unheil neue Not und neues Unheil.

Wieder lastet eine ungeheure Verantwortung auf den leitenden Staatsmännern wie vor zwanzig Jahren. Möge es ihnen gelingen, durch rechtzeitige Übereinkunft einen Zustand solcher Klarheit der Bindungen und internationaler Verpflichtungen in Europa herbeizuführen, dass ein kriegerisches Abenteuer für jeden Staat von vornherein als aussichtslos erscheinen muss. Das Werk der Staatsmänner kann aber nur dann gelingen, wenn hinter diesen der ernste und feste Wille der Völker steht.

Es handelt sich aber nicht nur um das sozusagen technische Problem der Sicherung des Friedens, sondern auch um eine wichtige Aufgabe der Aufklärung und Erziehung. Wenn wir den Mächten widerstehen wollen, die zu einer Unterdrückung der geistigen und persönlichen Freiheit drängen, müssen wir uns klar vor Augen halten, was auf dem Spiel steht, was wir jener Freiheit verdanken, die unsere Vorfahren unter schweren Kämpfen errungen haben.

Ohne jene Freiheit hätte es keinen Shakespeare, keinen Goethe, keinen Newton, keinen Faraday und keinen Pasteur gegeben. Es gäbe keine geräumigen Häuser für die Masse des Volkes, keine Eisenbahnen, kein Radio, keinen Schutz gegen die Epidemien, keine billigen Bücher, keine Bildung und keine Segnungen der Kunst für alle. Keine Maschinen würden den Menschen die grobe Arbeit für die Erzeugung der lebensnotwendigen Dinge abnehmen, die meisten Menschen würden ein Leben dumpfer Sklaverei führen wie ehemals in den grossen Despotien Asiens. Denn nur der freie Mensch schafft jene Erfindungen und geistigen Werte, die uns modernen Menschen das Leben lebenswert erscheinen lassen.

Ohne Zweifel werden uns die gegenwärtigen Schwierigkeiten der Wirtschaft dazu führen, das Gleichgewicht zwischen Arbeitsangebot und Arbeitsbedarf, zwischen Produktion und Konsum durch gesetzliche Bindungen zu erzielen. Aber wir werden auch dies Problem als freie Menschen lösen und uns um seinetwillen nicht in eine Sklaverei hineindrängen lassen, die schliesslich eine Stagnation jeder gesunden Entwicklung mit sich bringen würde.

Sollen wir uns darüber grämen, dass wir in einer Zeit der Verwicklung, der Gefahr und des Mangels leben? Ich glaube nicht! Der Mensch ist von Natur, wie alle Tiere, träge. Wenn ihn nichts zwickt, dann denkt er kaum und handelt aus Routine ähnlich wie ein Automat. Ich bin so alt, dass ich als Kind und als junger Mann eine solche Zeit erlebte. Der Mensch denkt nur an die *Lappalien* des persönlichen Daseins, sein Haar ist pomadisiert, er redet wie die andern und handelt wie sie. Man erkennt nur schwer und unsicher, was hinter einer Person steckt; denn alles ist durch das konventionelle Handeln und Reden wie in Watte verpackt.

Wie anders ist es heute! In der grellen Gewitterbeleuchtung einer bewegten Zeit sieht man die Dinge und Menschen wie nackt. Jedes Volk und jeder Mensch zeigt deutlich, was für Ziele, Stärken und Schwächen, was für Leidenschaften ihm eigen sind. Routine wird nutzlos unter den rasch wechselnden Verhältnissen, Konventionen fallen ab wie leere Hülsen.

Der Mensch denkt in seiner Not nach über Mängel der Formen der Wirtschaft und über die Notwendigkeit übernationaler politischer Bindungen. Völker sind nur durch Gefahr und Erschütterungen zur Entwicklung zu bringen; mögen diese Erschütterungen zu guten Folgen führen.

Hinter dieser sehr ästhetischen Wertung unserer Zeit wollen wir aber die Sorge um die ewigen und höchsten Güter bewahren, die dem Leben Sinn geben und die wir unseren Kindern reicher und reiner überliefern wollen, als wir sie von unseren Eltern empfangen haben. Dazu tragen Sie durch Ihr segensreiches Wirken bei.

Anscheinend hatte man Einstein davon überzeugt, aus der Rede nachstehende Absätze auszulassen:

Wenn in einem grossen Lande Menschen nur dadurch zur Macht gelangen, dass sie dem Volke Hass und Vergeltung predigen, dann bedeutet es eine schwere Gefahr für den Frieden der Nationen, ganz unabhängig davon, ob diese zur Macht gelangten Menschen den Krieg anstreben oder nicht. Beispiele aus der Geschichte Europas zeugen davon und warnen. Man würde den Zustand auch dann für gefährlich halten müssen, wenn man nicht von geheimen Rüstungen und Bestrebungen zur Beunruhigung des Auslandes erfahren hätte.

Heute kann ein gefährlicher Brand noch verhindert werden. Wenn ich dazu einen Wunsch äussern darf, so ist es der, man möge für dieses Geschäft weniger den Juristen als den Feuerwehrmann zu Rate ziehen und den Standpunkt derjenigen würdigen, deren nachbarliches Haus in erster Linie bedroht ist.

Neben dem in der Royal Albert Hall vorgetragenen Text hatte Einstein einen zweiten Entwurf der Rede vorbereitet, der später als Grundlage einer Broschüre ("Europe's Danger – Europe's Hope") diente. Die noch 1933 von den "Friends of Europe" in London veröffentlichte Schrift schloss auch verschiedene Abschnitte der Londoner Rede ein. Hier folgt die Originalfassung des Manuskripts[10]:

Europas Gefahr und Europas Hoffnung.

Wenn ich von Europa rede, so meine ich nicht den geographischen Begriff Europa, sondern eine gewisse Einstellung zum Leben und zur Gesellschaft, die in Europa entstand und für unsere Zivilisation charakteristisch ist. Ich meine den Geist, der im alten Griechenland aufkam, und mehr als ein Jahrtausend später sich im Anschluss an die Antike von Italien aus zur Zeit der Renaissance verbreitete – den Geist der individuellen Freiheit und der Achtung vor dem Individuum.

Wenn heute unsere Kenntnis der Naturvorgänge und unsere technischen Möglichkeiten zur Gestaltung unseres Daseins auf einer Höhe stehen wie nie zuvor in der uns bekannten Geschichte der Menschheit, so verdanken wir dies der Erkenntnis, dass nur das Individuum wirklich Neues und Wertvolles schaffen kann; deshalb muss diesem die Möglichkeit freier Entwicklung, freier Mitteilung, freien Glaubens und – soweit es das Wohl der menschlichen Gesellschaft zulässt – freier Initiative des Handelns garantiert werden.

Niemand kann es leugnen, dass heute diese Grundlage eines würdigen menschlichen Daseins bedenklich in Gefahr geraten ist, dass Kräfte am Werke sind, die den europäischen Geist der Freiheit, der Toleranz und Menschenwürde zu zerstören streben. Die Gefahr ist in unserem politischen Leben durch die Schlagworte Faschismus, Nationalismus, Militarismus, Kommunismus gekennzeichnet, die zwar verschiedene Dinge bezeichnen, aber alle auf eine Knechtung und Vergewaltigung des Individuums durch den Staat, Vernichtung der Toleranz und der persönlichen Freiheit hinauslaufen.

Da hat jeder die Pflicht zu reden und zu warnen, der an der feineren Gestaltung und Schönheit des menschlichen Daseins hängt und die tiefen Ursachen der gegenwärtigen bedrohlichen Situation zu sehen glaubt. Denn wenn wir uns nicht energisch wehren, werden wir in ein Dasein zurücksinken, das dem Bewohner der altasiatischen Despotien aufs Haar gleicht. Es wird sogar noch schlimmer sein; denn dem modernen Despoten steht zwar nicht *mehr* Vernunft zur Verfügung als seinen alten Kollegen, wohl aber der lange und starke Arm einer mächtigen technischen Apparatur zur Ausübung der physischen Gewalt und ein Apparat zur seelischen Beeinflussung (Schule, Radio, Presse), dem der durchschnittliche Sterbliche nicht widerstehen kann.

Das Wesen der Despotie liegt aber nicht nur darin, dass ein Individuum mit praktisch unbegrenzten Befugnissen an der Spitze steht, sondern in der Knechtung des Individuums durch die Gesellschaft überhaupt; ich will den Feind des europäischen Geistes daher lieber als Staatsknechtschaft bezeichnen. Diese besteht, wenn der Staat nicht in der Hand der Bürger als ihr Instrument, sondern umgekehrt die Bürger in der Gewalt des Staates, diesem praktisch bedingungslos ausgeliefert sind. Dies drückt sich z.B. in der deutschen Sprache so aus, dass man statt von "Bevölkerung" von "Menschenmaterial" spricht.

Wie wird nun der freie europäische Mensch zum Staatssklaven? Hierauf antworte ich einfach: durch die Notwendigkeit der militärischen Organisation der Einzelstaaten oder – anders ausgedrückt – durch die internationale rechtliche Anarchie. Ich glaube z.B., dass der Deutsche dadurch zum willenlosen Staatssklaven wurde, dass sein Land durch die geographische Lage dem Angriff am meisten ausgesetzt, also am meisten auf straffe militärische Organisation angewiesen war. Militärische Organisation bedeutet aber Degradierung des Individuums zum willenlosen Werkzeug. Sie verlangt Erziehung der Jugend zu gedanken- und kritiklosem Gehorsam gegen den "Vorgesetzten", kurz Aufgeben der Persönlichkeit und Menschenwürde.

Die kleinen Leute, die heute in Deutschland diktieren, verdanken ihre Macht grossenteils der Erziehung früherer Generationen im Geiste der Unterwürfigkeit, einer Einstellung, die dem Bewusstsein persönlicher Verantwortung des wahren europäischen Menschen diametral entgegengesetzt ist.

Wenn es nun wahr ist, dass die individualistische Grundlage des europäischen Menschheitsideals am meisten durch die Notwendigkeit militärischer Organisation der Einzelstaaten bedroht ist, dann kann es nicht zweifelhaft sein, wie wir die Gefahr überwinden können und müssen; es muss dem Einzelstaat eine wirksame Garantie für seine Sicherheit gegenüber seinen Nachbarstaaten geboten werden. Abrüstung nach einem bestimmten Plane ohne Garantie der Sicherheit durch die Staatengemeinschaft ist unmöglich, weil der Krieg kein Gesellschaftsspiel ist, bei dem man sicher wäre, dass alles nach bestimmten Regeln geht. In diesem Hauptpunkte teile ich also vollkommen den französischen Standpunkt.

Ich bin sogar überzeugt, dass vertragliche Garantie der Sicherheit der Einzelstaaten durch die Gemeinschaft der Staaten an sich noch keineswegs ausreicht. Es müssten die Militärorganisationen der Einzelstaaten internationalisiert, d.h. in eine internationale Polizeimacht umgewandelt werden, welche einer übernationalen Behörde untersteht.

Wenn der Leser dies utopisch findet, so mag er sich zum Vergleich einen Staat denken, in dem es keine Polizei und kein Gericht gibt. Statt dessen soll es ein Gesetz geben, demzufolge jeder Bürger verpflichtet ist, jedem Zweiten in dem Falle beizustehen, dass sich ein Dritter Übergriffe gegen ihn erlaubt. Glaubt Ihr, dass die Bürger eines so geführten Staates darauf verzichten werden, eine Waffe bei sich zu tragen? Ich bezweifle es.

Die ernsten Bemühungen der Staaten, welche zu der Abrüstungskonferenz geführt haben, zeigen, dass man sich allgemein der schweren Gefahr bewusst ist, in der wir schweben. Der bisherige Misserfolg ist leicht verständlich aus den angeführten Gründen. Es gibt eben Probleme, die durch kleine Schritte der Lösung nicht nähergebracht werden können. Entweder es wird die Sicherheit der Staaten international gewährleistet; dann braucht der Einzelstaat überhaupt keine eigene militärische Organisation. Oder diese Sicherheit fehlt; dann muss er so wirksam und vollständig rüsten als möglich.

Nationalismus ist nach meiner Meinung nicht mehr als ein idealistischer Unterbau für den militärischen bezw. aggressiven Geisteszustand eines Volkes, Faschismus eine den militärischen Zwecken völlig angepasste Staatsform. Dies ist so wahr, dass ein

"Führer" sich nur halten kann, wenn er sich wenigstens zum Schein aggressiv gegen aussen gebärdet; denn er muss seinem Volke immer den wirklichen oder eingebildeten Zweck vor Augen führen, für den es eine Freiheit zu opfern hat.

Einige Monate nach seiner Niederlassung in Amerika sandte ihm der Sekretär der "Friends of Europe", Rennie Smith, Exemplare aller von der Organisation herausgegebenen Broschüren. Er fragte, ob Einstein bei dem Versuch einer Massenzirkulation in den Vereinigten Staaten behilflich sein könnte. Auch erbat er Einsteins Hilfe bei der Sammlung von Geldern für einen doppelten Zweck: "erstens, um genaue Informationen über die politische Entwicklung in Deutschland, besonders in der Aussenpolitik, verbreiten zu können; zweitens, um eine wirksame Zusammenarbeit von Völkern und Regierungen zur Verhütung eines Krieges zu fördern".

Smith ersuchte Einstein um die Bewilligung des Abdrucks seiner Flugschrift in einer amerikanischen Zeitung. Offensichtlich wusste Rennie Smith nicht, dass ein solcher Nachdruck bereits erfolgt war. Einstein informierte ihn am 13. Februar 1934:

Die "New York Herald Tribune" vom 4. Februar hat hier, ohne mich zu konsultieren oder auch nur zu benachrichtigen, einen Artikel unter meinem Namen publiziert [den Inhalt des Pamphlets benutzend] . . . ohne dass die "Friends of Europe" auch nur erwähnt wären. Nach meiner Meinung sollten wir uns diesen Unfug nicht gefallen lassen. Ich habe aber keine Zeit, diese Angelegenheit selber zu verfolgen.

Ich glaube, dass der Artikel in Ihrer Sammlung wohl am Platze ist, da diese sich an einen bestimmten Kreis wendet. Dagegen hätte ich den Abdruck in der Tagespresse nicht gestattet wegen der bösen Folgen, die eine solche Publikation für die in Deutschland verbliebenen Juden und Liberalen haben könnte. Denn die Individuen, welche in Deutschland den Knüppel in der Hand haben, betrachten mich als einen abtrünnigen Deutschen und machen schuldlose Mitmenschen für meine Handlungen verantwortlich . . .

8. Kapitel

EINSTEIN IN AMERIKA: AUFRÜSTUNG UND KOLLEKTIVSICHERHEIT 1933–1939

Einstein kam am 17. Oktober 1933 in Amerika an; er kehrte nie mehr nach Europa zurück. Princeton, wo er jetzt seine Stelle am Institute for Advanced Study antrat, wurde sein letzter ständiger Wohnort.

Während der folgenden sechs Jahre, bis zum Ausbruch des Zweiten Weltkriegs, gab er weniger öffentliche Erklärungen zum Friedensproblem ab als zu jeder anderen Zeit seit Ende des Ersten Weltkriegs. Seine grössere Zurückhaltung war weder der physischen Trennung von Europa und seinen alten Freunden noch einer Änderung seiner Grundanschauungen zuzuschreiben. Vielmehr war sie eine Folge des vollkommenen Wandels der internationalen Lage, die sich aus den politischen Entwicklungen in Europa ergab. Einstein zweifelte nach dem politischen Sieg des Nazismus in Deutschland nie daran, dass ein Krieg nur durch zielbewusste Verteidigungsmassnahmen der westlichen Nationen verhindert werden könne. Darum sprach er jetzt weniger oft über die – auf jeden Fall sehr schwierige – Erringung des Weltfriedens durch internationale Gesetzgebung: er wusste, dass während der Ära Hitlers und Mussolinis überhaupt nicht daran zu denken war.

Es war für ihn vor allem eine Zeit der Erklärung und Rechtfertigung seines neuen Kurses. Warum befürwortete er nicht mehr die Kriegsdienstverweigerung des Einzelnen? Warum trat er für die Aufrüstung der westlichen Länder ein? Immer wieder betonte er das Gebot der Stunde. Der Nazismus raste fanatisch und brutal dem Krieg entgegen – wäre es da nicht ein Verbrechen gegenüber dem Ideal des Pazifismus, die fürchterlichen Zeichen der Zeit zu ignorieren oder zu verkleinern? Die veränderten Umstände erforderten einen veränderten Weg zum Frieden: das erkannte er mit überwältigender Klarheit. Er forderte die Vereinigten Staaten auf, ihren Isolationismus aufzugeben und durch ihren Eintritt in den Völkerbund die internationale Organisation zu stärken. Als er vor 1933 die Schaffung einer übernationalen Polizeitruppe vorgeschlagen hatte, runzelten viele seiner pazifistischen Freunde die Stirn. Jetzt aber hatte die Idee plötzlich akute Bedeutung gewonnen. Die katastrophalen Ereignisse in Deutschland bestärkten Einstein in der Überzeugung, dass eine übernationale militärische Streitkraft die Vorbedingung für die Abschaffung des Krieges sein müsse. Wäre jetzt eine derartige internationale militärische Organisation bereits vorhanden gewesen, so hätte er sie der Aufrüstung einzelner Nationen, die er nun als Notmassnahme gegen die Nazi-Aggressoren befürwortete, bei weitem vorgezogen.

In einem Brief an die belgische Königin vom 20. November 1933 schilderte Einstein seine Eindrücke über sein neues Lebens- und Arbeitsmilieu:

Liebe Königin:

Längst hätte ich Ihnen geschrieben, wenn Sie nicht Königin wären. Und doch ist es mir eigentlich nicht klar, wieso dies ein Hinderungsgrund sein kann. Dies zu beantworten ist aber ein Geschäft für einen Psychologen, während wir andere lieber nach aussen schauen als in uns selbst; denn im letzteren Falle sehen wir nur ein finsteres Loch, das heisst gar nichts.

Ich habe in der Zwischenzeit teils direkt, teils indirekt viel Freundliches und Gutes erfahren. Den freundlichen Rat, in der politischen Öffentlichkeit zu schweigen, habe ich soweit es möglich war beherzigt, allerdings nicht aus Angst für meinen abgetragenen Leichnam, sondern weil ich keine Möglichkeit sah, irgend etwas Gutes bewirken zu können . . .

Princeton ist ein wundervolles Stückchen Erde und dabei ein ungemein drolliges zeremonielles Krähwinkel winziger stelzbeiniger Halbgötter. Man kann sich aber durch Verstossen gegen den guten Ton eine schöne Ungestörtheit verschaffen; dies tue ich. Die Menschen, welche die sogenannte Gesellschaft bilden, sind hier noch weit unfreier als in Europa. Es scheint aber, dass sie es nicht empfinden, weil die Lebensform die Entwicklung der Persönlichkeit von Jugend auf unterbindet. Wenn Europa wirklich kaput geht, wie einst Griechenland, so wird die damit verbundene geistige Verödung keine geringere sein als damals. Das Tragische liegt darin, dass derselbe Eigenwille der Individuen und Nationalitäten, der den Wert und Reiz Europas ausmacht, auch die Zwietracht und den Untergang herbeiführt . . .

Einstein dachte nicht daran, sich der Politik völlig fernzuhalten. Er hätte es auch nicht vermocht – schon deshalb nicht, weil die Unruhe pazifistischer Kreise über seine veränderte Einstellung zur Frage der Kriegsdienstverweigerung sich nicht legen wollte. Verschiedene Anfragen, die gleich nach seiner Ankunft in Amerika einliefen, beantwortete er mit der von ihm vor der Abreise aus Belgien entworfenen allgemeinen Erklärung (siehe S. 251).

Aber er konnte es dabei nicht belassen. Am 22. Oktober 1933 richtete Professor F. M. Hardie an ihn einen besonders herausfordernden Brief. Hardie, unter dessen Präsidentschaft die berühmte Oxford Union Society beschlossen hatte, dass "die Mitglieder dieses Hauses unter keinen Umständen für König und Vaterland kämpfen werden", fragte Einstein in eindringlicher Weise: Warum? Ein Pazifist, meinte Hardie, müsse den Frieden sogar noch über das Recht stellen: "Um gradlinig zu bleiben, müsste der Pazifist erklären, dass selbst die Herrschaft eines Hitler besser sei als ein Krieg."

Einstein erwiderte am 11. November 1933:

Ich will gerne versuchen, Ihre Frage zu beantworten. Die Vermeidung der Kriege scheint auch mir das wichtigste Problem der heutigen Menschheit zu sein. Ich gehe aber nicht so weit, dass ich eine bleibende Zerstörung unserer geistigen und politischen Tradition in Kauf nehmen möchte, nur um des einzigen Zieles, der Vermeidung des Krieges willen.

Bis zur Aufrichtung des Hitlerregimes war ich der Meinung, dass die Verweigerung des Militärdienstes eine berechtigte und wirkliche Waffe der Kriegsgegner sei. Denn keine Nation hatte sich damals zum Ziele gesetzt, ihren Willen auf Kosten anderer mit Gewalt durchzusetzen. Leider ist dieser Zusstand heute nicht mehr vorhanden, indem im heutigen Deutschland das ganze Volk im Hinblick auf eine kriegerische Zukunft systematisch beeinflusst wird. Es ist nun keineswegs meine Meinung, dass jene recht haben, welche auf Grund dieser Tatsachen einem Präventivkrieg das Wort reden. Ich glaube vielmehr, dass die demokratisch gebliebenen Staaten alles daran setzen müssen, auf dem Wege der Verhandlung und der Überwachung jene gefahrdrohende Entwicklung zu verhindern. Dieser Weg kann aber nur dann von Erfolg begleitet sein, wenn die deutschen Machthaber zu der Überzeugung gebracht werden, dass ein kriegerisches Abenteuer für sie aussichtslos wäre. Hierfür ist es aber notwendig, dass das übrige Europa militärisch stark und einig sei. Deshalb glaube ich, dass man Europa und dem Frieden keinen guten Dienst leistet, wenn man in der Gegenwart irgendetwas unternimmt, das geeignet ist, die Militärmacht der demokratisch gebliebenen Nationen zu schwächen.

Amerikanische Pazifisten waren über Einsteins Haltung nicht weniger beunruhigt als ihre europäischen Gesinnungsfreunde. Das bewies ein Brief der amerikanischen Sektion der Internationalen Frauenliga für Frieden und Freiheit in Philadelphia.

Einstein antwortete mit einer ausführlichen Darstellung seiner Position. Er unterstrich die Notwendigkeit der Einschränkung der nationalen Souveränität und der Schaffung einer vitalen internationalen Schlichtungsbehörde; gleichzeitig wies er aber darauf hin, dass Kriegsdienstverweigerung angesichts der Hitler-Gefahr eine falsche Parole wäre:

... Damit ist natürlich nicht gesagt, dass ich irgendwie ein Anhänger des Krieges geworden wäre. Im Gegenteil sehe ich in der militärischen Bereitschaft jener [demokratischen] Länder [Europas] geradezu ein Mittel, den Zielen des Pazifismus in diesen bösen Zeiten näher zu kommen. Ich brauche wohl nicht besonders hervorzuheben, dass ich die Schaffung einer hinreichend mächtigen internationalen

Militär- bezw. Polizeimacht jeder Rüstung von Einzelstaaten weit vorziehen würde.

Am 18. Dezember 1933 wurde in New York unter den Auspizien der "World Peaceways" der 100. Jahrestag der Geburt Alfred B. Nobels gefeiert. Neben drei anderen Nobelpreisträgern – Sinclair Lewis (Literatur), Frank Kellogg (Friedenspreis) und Irving Langmuir (Chemie) – gehörte auch Einstein zu den Ehrengästen. Die Hauptrede hielt Kellogg, der frühere amerikanische Aussenminister und Vater des Kellogg-Briand-Paktes, dessen Auffassungen sich nicht wesentlich von denen Einsteins unterschieden – abgesehen davon, dass Kellogg eine stufenweise durchgeführte Abrüstung für möglich hielt und die Kompetenz einer internationalen Schlichtungsbehörde enger umgrenzen wollte.
Einsteins Ansprache konzentrierte sich auf die Persönlichkeit Nobels[1]:

Wir sind heute zusammengekommen, um dem grossherzigen Stifter Nobel unsere Dankbarkeit und Anerkennung zu bezeugen. Ich glaube, wir können dies nicht in besserer Weise tun, als dadurch, dass wir uns in sein inneres Erleben zu vertiefen suchen. Was mag in diesem Mann vorgegangen sein, dass er sich dazu bewogen fühlte, eine so einzigartige testamentarische Verfügung zu treffen?

Ich glaube, dass die Lösung dieses Rätsels in Folgendem zu finden ist: Nur selten beruht die Erwerbung einer wirtschaftlichen Machtposition auf wirklichen produktiven Fähigkeiten, auf schöpferischer Leistung. Erfinden neuer Dinge und an sich reissen oder organisieren sind auf ganz verschiedene Fähigkeiten zurückzuführen, die auch selten in einer Person vereinigt sind. Schopenhauer hat nicht mit Unrecht Willen und Intelligenz als antagonistische Kräfte in Gegensatz zueinander gestellt.

Nobel war nun in erster Linie ein schöpferischer Geist und in zweiter Linie eine durch sein organisatorisches Talent zum Herrschen geborene Persönlichkeit. Seine eigentliche Liebe galt dem schöpferischen Geiste und der wertvollen Persönlichkeit. Die Liebe zur freien Persönlichkeit führt aber notwendig zur leidenschaftlichen Beschäftigung mit dem Friedensproblem. Denn es gibt keine gefährlichere Bedrohung persönlicher Werte als Krieg und Militarismus.

Es mag Nobels Seele bedrückt haben, dass seine hauptsächliche schöpferische Leistung gerade denjenigen Mächten zugute kam, die er als Mensch als feindliche und zerstörende ansah. So erscheint sein Testament als ein heroischer Versuch, sein Lebenswerk den guten, den lebenspendenden Göttern zu Füssen zu legen und damit einen schmerzlichen Zwiespalt seiner Seele zu lösen, eine Tat edelster Selbstbefreiung.

Menschen solcher Art werden es sein, die uns zu der Lösung der brennenden sozialen und ökonomischen Probleme unserer Tage führen, Menschen, denen die Errungenschaften der Wirtschaft nur Mittel sind, um der Entwicklung *menschlicher* Werte zu dienen.

Einstein verfolgte wieder seinen Brauch, Versammlungen von Kriegsgegnern durch schriftliche Botschaften zu begrüssen. Aber der Akzent war jetzt verschieden: er lag auf dem Gebot, eine wahrhaft internationale Organisation zu schaffen. Am 22. März 1934 schrieb er an das Komitee der Kriegsgegner an der New York University:

Mit Befriedigung erfahre ich, dass die Studenten der New York University bei Gelegenheit des 17. Jahrestages des Eintritts Amerikas in den Weltkrieg eine Versammlung abhalten wollen, welche dem internationalen Friedensproblem gewidmet sein soll. Es ist von grosser Bedeutung, dass sich die junge Generation dieses politisch so einflussreichen Landes, dessem grossen Sohn Wilson die Errichtung des Völkerbundes zu verdanken ist, mit dieser wichtigsten Angelegenheit der Gegenwart beschäftigt.

Es genügt hierbei nicht, dass Resolutionen für die Erhaltung des Friedens und für die Entwaffnung beschlossen werden. Wesentlich ist vielmehr die Verbreitung der Erkenntnis, dass dieses grosse Ziel nur durch die Schaffung einer alle grösseren Staaten umfassenden internationalen Organisation erreicht werden kann, welcher eine hinreichend starke exekutive Macht zur sicheren Verfügung steht.

Es sollte ferner bei dieser Gelegenheit Herrn Präsidenten Nicholas Murray Butlers Anregung für ein Zusammenwirken Amerikas und Englands in dieser Sache unterstützt werden. Auch wäre es dringend wünschbar, dass ein Zusammenwirken der amerikanischen und englischen Studenten angebahnt würde, besonders im Hinblick darauf, dass sich in der englischen Studentenschaft ähnliche Tendenzen unzweifelhaft bemerkbar machen.

Für einen offiziellen Empfang durch den Staat New Jersey im März 1934 entwarf Einstein die folgende Ansprache:

Ihnen allen gegenüber drängt es mich, nochmals meiner Freude und Dankbarkeit Ausdruck zu geben für alle Beweise einer herzlichen Gesinnung meiner Person gegenüber. Dies erhebende Erlebnis zeigt mir wieder aufs Neue, dass die schönsten Dinge, die uns das Leben bringt, durch Gnade des Schicksals und nicht durch Verdienst zu uns kommen. Denn das beste Erleben kommt aus der Zuneigung und Sympathie unserer Mitmenschen, und diese Sympathie ist ein

Geschenk des Himmels und ist gerade dann am schönsten, wenn sie unverdient und unbegründet ist. Sympathie ist mit freudiger Dankbarkeit und jener Bescheidenheit hinzunehmen, die aus dem Bewusstsein der eigenen Unzulänglichkeit entspringt; sie erweckt den Wunsch, zurückzustrahlen, was man in so reichem Masse empfangen hat.

Auch drängt es mich, Ihnen nochmals dafür besonders zu danken, dass Sie durch Ihre Beteiligung an dieser Veranstaltung einem Werke selbstloser Hilfeleistung dienen. Ich hatte schon oft Gelegenheit, den Geist der Hilfsbereitschaft zu bewundern, der eine der schönsten Traditionen der Vereinigten Staaten bildet. Es dürfte auch kein zweites Land geben, welches so viele und so mächtige Institutionen ins Leben gerufen hat, deren Tätigkeit dem Wohle und der Vervollkommnung der Menschen aller Länder gewidmet ist.

Ist es nicht auch dieser Geist der übernationalen Hilfsbereitschaft, der Euren Wilson erfüllte, als er nach dem grossen Kriege die Gründung des Völkerbundes durchsetzte? Mag dann Enttäuschung über den mangelnden internationalen Geist der übrigen Welt Amerika dazu gebracht haben, sich vorläufig ins eigene Haus zurückzuziehen; ich hoffe und glaube jedoch, dass Amerika, von dem Geiste seiner Hilfsbereitschaft getragen, sich der für die Zukunft der Menschheit so wichtigen Mitarbeit an den internationalen organisatorischen Problemen wieder zuwenden wird. Ich sehe in äusseren politischen Handlungen Ihres gegenwärtigen Präsidenten erfreuliche Stützen für diese Hoffnung . . .

Ein Rabbiner in Rochester, New York, erhielt von Einstein das folgende (vom 5. April 1934 datierte) Schreiben:

Ich bin derselbe glühende Pazifist heute wie früher. Doch glaube ich, dass in Europa das Kampfmittel der Dienstverweigerung erst dann wieder empfohlen werden kann, wenn die militärische Bedrohung der demokratischen Länder durch Diktaturen mit aggressiver Tendenz aufgehört hat. Eine militärische Schwächung der Nachbarn Deutschlands würde gegenwärtig eine Katastrophe für die europäische Zivilisation bedeuten. Das Ziel bleibt dasselbe, aber die Methoden müssen den Umständen angepasst werden. Ziel der Pazifisten muss heute die Schaffung einer Aktionsgemeinschaft der normal gebliebenen Mächte sein.

Einsteins Vorstellungen von der Rolle, die die Vereinigten Staaten im Hinblick auf den Völkerbund spielen sollten, sind besonders anschaulich in einer

Ansprache ausgedrückt, die er wahrscheinlich für eine in Princeton im April 1934 veranstaltete Konferenz zum Thema "Ursachen und Abschaffung der Kriege" vorbereitet hatte. Nachdem er die Notwendigkeit des Schiedsgerichtszwangs bei internationalen Konflikten hervorgehoben hatte, fuhr er fort:

... Der Völkerbund ist für den konsequenten Pazifisten ein verheissungsvoller Keim für eine derartige internationale Institution und muss deshalb gefördert werden. Aber man muss sich des Umstandes bewusst sein, dass er in seinem gegenwärtigen Zustande seinen Mitgliedern keinerlei tatsächlichen Schutz bietet. Deshalb sind diese unter den gegenwärtigen Verhältnissen nicht in der Lage, ihre militärischen Rüstungen einzuschränken, und es war vorauszusehen, dass alle hierauf gerichteten Bemühungen scheitern mussten.

Der Austritt zweier grosser und militärisch leistungsfähiger Staaten [Deutschland und Japan] bedeutet nach meiner Ansicht keine wirkliche Schwächung des Völkerbundes. Denn Beide bedeuteten ihrer aggressiven Tendenzen wegen für dessen Entwicklung im Sinne seines pazifistischen Zieles mehr eine hemmende als eine fördernde Kraft. Auch bildet die durch jene Staaten geschaffene Situation der Gefährdung der übrigen Welt einen starken Antrieb für eine stärkere Bindung der im Völkerbund verbliebenen Staaten. Der Völkerbund muss zu einem Instrument wirkungsvoller gegenseitiger Hilfe seiner Mitglieder ausgebaut werden, soll er den Stürmen der kommenden Jahre Trotz bieten können.

Die Pazifisten der Vereinigten Staaten müssen nach meiner Überzeugung in erster Linie danach streben, dass diese dem Völkerbund beitreten. Ihrem Präsidenten Wilson verdankt der Völkerbund seine Entstehung. Jetzt liegt es in der Hand der Vereinigten Staaten, ihn zu einem wirksamen Instrument der internationalen Sicherheit zu machen; denn es würde wohl jedes Verlangen durchgesetzt werden können, dessen Erfüllung für den Eintritt der Vereinigten Staaten zur Bedingung gemacht würde. Die Geschichte der letzten zwanzig Jahre hat gezeigt, dass das Schicksal der Vereinigten Staaten recht eng mit dem der alten Welt verbunden ist. Verzicht auf Mitwirkung an der internationalen Organisation bedeutet den teilweisen Verzicht an der Gestaltung des eigenen Schicksals.

Trotz der bedrohlichen internationalen Situation und der zwangsweisen Militarisierung grosser Staaten können die Pazifisten getrost in die Zukunft sehen, wenn sie tapfer sind in ihrem friedlichen Kampf. Denn das Bewusstsein der vernichtenden Folgen eines neuen Krieges ist ein mächtiger Bundesgenosse. In den Vereinigten Staaten, England, Frankreich und Russland sehnt man sich nach nichts stärker als nach Sicherheit und Stabilität. Die Pazifisten besonders dieser Länder haben heute mehr Aussicht, die Umwandlung des Völkerbundes zu einem wirklichen Instrument des Friedens zu erzwingen als in den früheren Jahren seines Bestehens.

Den "Tag der Brüderlichkeit", den die "National Conference of Christians and Jews" zum 29. April 1934 organisiert hatte, begrüsste er in einer ganz Amerika erfassenden Rundfunksendung[2]:

Die organisierten Religionen mögen den Respekt, den sie während des letzten Kriegs verloren haben, zu einem gewissen Grade dadurch wiedergewinnen, dass sie den guten Willen und die Aktionsbereitschaft ihrer Anhänger im Kampf gegen die steigende Welle der Reaktion einsetzen*.

Kriegsgegner, die sich am 26. Mai 1934 im Teachers College in New York unter den Auspizien der "Amerikanischen Liga gegen Krieg und Faschismus" versammelten, hörten folgende Erklärung Einsteins:

Es ist hocherfreulich, dass sich die amerikanischen Intellektuellen in so hohem Masse für das Friedensproblem interessieren. Wir gedenken bei dem vorliegenden Anlass in Dankbarkeit des edeln Präsidenten Wilson, dem es gelungen ist, den ersten Schritt zu einer internationalen Organisation zur friedlichen Lösung internationaler Konflikte zu verwirklichen. Mögen die amerikanischen Intellektuellen dazu beitragen, dass die Vereinigten Staaten als einer der beiden wichtigsten Machtfaktoren aus ihrer Zurückhaltung heraustreten und sich in naher Zukunft für die Verwirklichung einer aktionsfähigen internationalen Zentralgewalt einsetzen.

Das Streben nach internationaler Solidarität ist auch die beste Abwehr gegen den Faschismus, der eine so schwere Bedrohung unseres kulturellen Lebens bildet.

"Pädagogen und Weltfrieden" hiess das Thema einer Tagung der "Progressive Education Association" in New York am 23. November 1934. Neben dem Sowjetbotschafter in den Vereinigten Staaten, Alexander Trojanowsky, hatten die Veranstalter auch Einstein zu einem Referat eingeladen. Er sandte eine Botschaft, die vor den versammelten Pädagogen verlesen wurde[3]:

Die Vereinigten Staaten sind durch ihre geographische Lage in der glücklichen Situation, einen vernünftigen Pazifismus in den Schulen lehren zu können, ohne für ihre Sicherheit bangen zu müssen. Denn es besteht keine ernsthafte Gefahr eines militärischen Angriffs von aussen und infolgedessen kein Zwang, die Jugend in militärischem

Geiste zu erziehen. Es besteht aber andererseits die Gefahr, dass dieses Problem lediglich vom emotionellen Standpunkt aus behandelt wird ...

In erster Linie sollte der Jugend klargemacht werden, dass die Vereinigten Staaten jederzeit in kriegerische Verwicklungen hineingezogen werden könnten, auch wenn ein direkter Angriff auf das Land kaum zu befürchten ist; ein blosser Hinweis auf die Beteiligung Amerikas am letzten Weltkriege beweist dies zur Genüge. Wirkliche Sicherheit dagegen, in kriegerische Verwicklungen hingezogen zu werden, ist auch für die Amerikaner nur aus einer befriedigenden Lösung des allgemeinen Friedensproblems zu erhoffen.

Es muss also vor der Auffassung gewarnt werden, dass durch politische Abschliessung der Vereinigten Staaten gegen aussen eine genügende Sicherheit für den Amerikaner zu erlangen sei; es muss vielmehr ein ernstes Interesse für eine internationale Lösung des Friedensproblems in der Jugend wachgerufen werden. Insbesondere sollte der Jugend ein klares Verständnis dafür beigebracht werden, eine wie schwere Verantwortung die amerikanischen Politiker auf sich geladen haben, dadurch, dass sie Wilsons grosszügige Pläne beim Friedensschluss und seither nicht unterstützt und dadurch den Völkerbund in seiner Auswirkung gehemmt haben.

Es ist darauf hinzuweisen, dass von einer blossen Forderung der Abrüstung nichts zu erhoffen sei, solange es grosse Staaten gibt, die ihre zukünftige Stellung in der Welt durch militärische Expansion zu erlangen gewillt sind. Es muss vielmehr die Berechtigung des z.B. von Frankreich vertretenen Standpunktes der Sicherung der einzelnen Staaten durch internationale Institutionen anerkannt werden. Für die Erzielung solcher Sicherung sind internationale Verträge zur gemeinsamen Abwehr des Friedensbrechers notwendig, aber nicht hinreichend. Es müssten vielmehr die militärischen Verteidigungsmittel durch Verschmelzung und Austausch der Kräfte im grossen Stil derart internationalisiert sein, dass die in einem Staate stationierten militärischen Kräfte für ausschliessliche Ziele dieses Staates überhaupt nicht zu verwenden sind.

Um die Nationen für eine solche wirksame Sicherung des Friedens vorzubereiten, sollte der Jugend dieses wichtige Problem klar und deutlich vor Augen gestellt werden. Auch sollte der Geist für internationale Solidarität gestärkt und nationaler Chauvinismus als schädlich und den Fortschritt hemmende Kraft bekämpft werden.

Die Schule sollte eifrig bemüht sein, die Geschichte vom Standpunkt des Fortschrittes, bezw. der Entwicklung der menschlichen

Zivilisation zu betrachten und nicht als Mittel zu benutzen, in der heranwachsenden Generation die Entfaltung äusserer Macht und die Erzielung kriegerischer Erfolge als Ideal erscheinen zu lassen. Die Benutzung von H. G. Wells' "Weltgeschichte" würde sich nach meiner Meinung von diesem Gesichtspunkte aus sehr empfehlen.

Endlich ist es für die Ziele des Pazifismus zwar nur von indirekter, aber doch von erheblicher Bedeutung, dass in Geographie und Geschichte ein sympathisches Verständnis für die Wesensart der verschiedenen Völker geweckt wird, insbesondere auch von solchen Völkern, welche wir gemeinhin als "primitiv" zu bezeichnen pflegen.

Auf das Jahr 1934 geht auch der Entwurf einer nicht gehaltenen, offensichtlich für eine Flüchtlings-Hilfsorganisation bestimmten Rede zurück:

... Wie ist es möglich, dass eines der kultiviertesten Völker sich dazu erniedrigt, einen so grausamen und ungerechten Kampf gegen eine kleine und wehrlose Minorität zu führen, einer Minorität, der keinerlei Schuld nachgesagt werden kann und deren kulturelle Verdienste wahrlich nicht gering sind?

Der wunderbare Spinoza sagt, man solle die Menschen wegen ihrer Taten weder hassen noch verachten, sondern man solle suchen, sie zu verstehen. Nur durch Verstehen können wir hoffen, nach menschlichen Kräften den furchtbaren Katastrophen vorzubeugen, welche die Menschen einander bereiten.

In der Seele eines jeden Menschen wohnen die Tendenzen der Liebe und des Hasses, freudigen Schaffens und grausamen Zerstörens enge beisammen. In Zeiten geordneten Zusammenlebens in einem Rechts-Staate tritt diese problematische und widerspruchsvolle Struktur nicht in Erscheinung, da bei dem normalen Menschen unter normalen Verhältnissen die lebensfeindlichen Seelenkräfte verborgen und unterdrückt werden. Nur bei den geborenen Verbrechern kommen den nivellierenden Einflüssen der Gesellschaft zum Trotz jene Nachtseiten der menschlichen Natur zum Durchbruch.

Es gibt aber Zeiten, in denen Staat und Gesellschaft jene Funktion der Hemmung nicht oder sehr unvollständig ausüben. Dies tritt ein im Falle des Krieges oder wenn sonst eine politisch einflussreiche Schicht von den auf Zerstörung gerichteten Tendenzen der Menschen Gebrauch machen will. Die sozialen Hemmungen gegen Handlungen barbarischer Grausamkeit fallen dann weg, und jene Seiten der menschlichen Natur tun ihr furchtbares Werk, die sonst sorgfältig verhüllt und verleugnet werden. Beteiligung an Verbrechen der Masse erweckt nur das Gewissen ganz Weniger, die sich zu hoher Selbständigkeit und Einsamkeit durchgerungen haben.

Besteht eine Hoffnung dafür, dass wir lernen werden, jene Katastrophen zu vermeiden? Eine völlige Sicherung gibt es nach meiner Meinung nicht, zumal wir an der menschlichen Natur nichts oder so gut wie nichts zu verändern vermögen. Aber Wilsons wunderbarer Plan einer politischen Rechtsordnung für die ganze Erde wird uns dem Ziele näher bringen, wenn dieser Plan nur einmal wirklich realisiert sein wird. Ein wirklicher Völkerbund, wie er Wilson vorschwebte, wird Kriege verhüten und damit auch jenen Nationalismus abschwächen, der seine Hauptnahrung aus der kriegerischen Mentalität schöpft. Eine Abschwächung des Nationalismus aber in Verbindung mit der Schaffung von Sicherheit für die einzelnen Staaten wird eine Hauptursache aus dem Wege räumen für gesellschaftliche Entartungsprozesse, wie wir sie gegenwärtig in Zentraleuropa erleben.

Einstweilen bleibt uns nur der Trost, dass es das Böse ist, durch dessen Abwehr das Gute erstarkt.

Eine besonders detaillierte Darstellung seiner veränderten Position in der Frage der Kriegsdienstverweigerung und der internationalen Sicherheit gab er in einem Artikel "A Re-examination of Pacifism" ("Überprüfung des Pazifismus"), den er im Januar 1935 in der kleinen Zeitschrift *Polity* erscheinen liess. Es handelte sich dabei um die Antwort auf einen Artikel, den der sehr rührige Pazifist Brent Dow Allinson in dieser Zeitschrift im November 1934 unter dem Titel "Speak, Einstein, for the Peace of Europe" ("Einstein, sprechen Sie für den Frieden Europas!") veröffentlicht hatte. Einstein erklärte[4]:

Herr Allinson hat mich in einer ziemlich liebenswürdigen Form auf eine Anklagebank plaziert. Dies freut mich insofern, als sich dadurch eine passende Gelegenheit bietet, etwas öffentlich zu sagen, was ohnehin gesagt werden musste.

Die Anklage lautet in kurzer, schmuckloser Form etwa so: "Vor einigen Jahren hast du öffentlich zur Verweigerung des Militärdienstes aufgefordert. Nun – obwohl die internationale Lage sich in ungeahnter Weise verschärft und verschlimmert hat – hüllst du dich in Stillschweigen oder nimmst gar deine früheren Äusserungen zurück. Hat dein Verstand oder dein Mut oder haben gar alle beide unter der Wucht der Ereignisse gelitten? Wenn nicht, dann zeige ohne Zögern, dass du noch zu der Gilde der Aufrechten gehörst."

Nun meine Antwort. Grundsätzlich steht für mich fest: eine wirkliche Lösung des pazifistischen Problems kann nur die Schaffung einer übernationalen schiedsrichterlichen Institution herbeiführen, die zum Unterschiede von dem heutigen Genfer Völkerbund über die Mittel verfügt, die Durchführung ihrer Entscheidungen zu erzwingen – kurz eine internationale Justiz mit permanentem mächtigem Militär- beziehungsweise Polizeiapparat. Einen vortrefflichen Ausdruck findet diese Überzeugung in Lord Davies' Buch "Force" (London, Ernest Benn Ltd. 1934), dessen Lektüre hiemit jedem eindringlich empfohlen sei, der dieses Grundproblem der Menschheit wirklich ernst nimmt.

Von dieser Grundüberzeugung ausgehend trete ich ein für jede Massnahme, die mir geeignet erscheint, die Menschheit diesem Ziele näher zu bringen. Eine solche Massnahme *war* bis vor wenigen Jahren die Verweigerung des Militärdienstes durch mutige und opferwillige Personen; sie ist – wenigstens in Europa – heute keine zu empfehlende Methode mehr. Solange nämlich alle mächtigeren Staaten ungefähr gleichartig demokratisch verwaltet waren, und keiner dieser Staaten seine Zukunftspläne auf militärischen Überfall stützte, konnte Verweigerung des Militärdienstes durch eine einigermassen erhebliche Zahl von Bürgern die Regierungen aller Staaten einer gesetzlichen internationalen Regelung der internationalen Konflikte geneigter machen. Auch war ein solches Vorgehen geeignet, das Bewusstsein der Öffentlichkeit im Sinne eines wahren Pazifismus zu erziehen. Sie war geeignet, den Zwang des Staates gegenüber seinen Bürgern zur Übernahme militärischer Pflichten als einen im höheren Sinne unmoralischen Zwang erscheinen zu lassen und dadurch in hohem Masse segensreich zu wirken.

Heute stehen wir aber vor der Tatsache, dass mächtige Staaten jede selbständige politische Haltung ihrer Einwohner unmöglich machen und gleichzeitig die übrige Welt durch Schaffung einer die ganze Einwohnerschaft umfassenden militärischen Organisation und durch falsche Information durch eine geknebelte Presse, einen zentralisierten Radiodienst und einen in den Dienst der aggressiven Aussenpolitik gestellten Schulunterricht irreleiten. In solchen Staaten bedeutet Verweigerung des Militärdienstes Martyrium und Tod für die mutvoll Widerstehenden. In dieser Zeit bedeutet Verweigerung des Militärdienstes in denjenigen Staaten, welche an den politische Rechten ihrer Bürger festhalten, eine Schwächung der Widerstandskraft des gesünder gebliebenen Teiles unserer zivilisierten Welt. Aus diesem Grund kann kein einsichtsvoller Mensch – wenigstens in dem besonders gefährdeten Europa – gegenwärtig für die Militärdienst-Verweigerung eintreten. Ich glaube unter den heutigen Verhältnissen nicht an die Wirksamkeit der Methode der passiven Resistenz, auch wenn diese noch so heldenhaft durchgeführt würde. Andere Zeiten, andere Mittel, wenn auch das Endziel dasselbe bleibt.

Deshalb muss der überzeugte Pazifist gegenwärtig auf andere Art zu wirken versuchen als in früheren, ruhigeren Zeiten. Er muss dahin zu wirken suchen, dass die auf eine friedliche Entwicklung bedachten Staaten sich so enge als möglich zusammenschliessen, um die Chancen einer kriegerischen Abenteuerpolitik der auf Gewalt und Raub eingestellten Staaten möglichst zu vermindern. Ich denke hier in erster Linie an ein dauerndes und planvolles Zusammenwirken der Vereinigten Staaten und des englischen Weltreiches, womöglich zusammen mit Frankreich und Russland.

Vielleicht vermag die gegenwärtige Gefahr einen solchen Zusammenschluss zu erleichtern und auf diese Weise eine pazifistische Lösung des internationalen Problems zu begünstigen. Dies ist die Lichtseite der gegenwärtigen trüben Situation; hier kann konsequentes Wirken im Sinne der Aufklärung der öffentlichen Meinung Wertvolles beitragen.

Auch diese Erklärung vermochte offenbar die Argumente der Kritiker Einsteins nicht völlig zu entkräften. Da ihm daran lag, in dieser für ihn so wichtigen Frage absolute Klarheit zu schaffen, liess er noch einen kürzeren Kommentar folgen:

Die grosse Verschiedenheit meiner Äusserungen über die zur Erreichung des pazifistischen Ideals anzuwendenden Mittel erklärt sich aus den tiefgreifenden Änderungen der politischen Situation in Europa. Zur Zeit des ersten Artikels [Living Philosophies] war die Ausübung der Dienstverweigerung und die Propaganda für dieselbe in allen grossen Staaten möglich, während dies zur Zeit des zweiten Artikels [Magazin "Polity", Chicago] nicht mehr der Fall war.

Einseitige Schwächung der liberalen Staaten durch Dienstverweigerung wäre geradezu Verrat am Interesse der Kultur und Humanität. In unserer Zeit kann uns nur organisiertes Zusammenwirken der demokratischen Länder dem pazifistischen Ziele näherbringen. In den faschistischen Ländern ist jedes Wirken im Dienste des Pazifismus absolut unmöglich.

Am 16. Februar 1935 schrieb er an die Königin-Witwe von Belgien:

... Unter meinen europäischen Freunden werde ich nur der "grosse Schweiger" genannt, welchen Titel ich mir durch allseitiges Schweigen redlich verdiente. Das Gefühl von dem dumpfen und bösen Geschehen in Europa hat so lähmend auf mich gewirkt, dass mir persönliche Worte nicht recht aus der Feder fliessen wollen. So hab ich mich in die halb hoffnungslosen Probleme verbissen, zumal einem älteren Menschen die hiesige Gesellschaft innerlich fremd bleibt . . .

Einstein fügte einige besonders warme Worte über König Albert bei, der 1934 bei der Erkletterung eines Berges umgekommen war, und äusserte den Wunsch, die Königin möge in ihrer künstlerischen Betätigung Trost finden:

. . . Ich kenne das Gefühl, in dem man so lebt, vom wissenschaftlichen Streben her. Spannung und Ermattung lösen einander ab wie bei einer anstrengenden Bergbesteigung ohne erreichbaren Gipfel. Dies Hängen am Aussermenschlichen macht unabhängig von den Wechselfällen des Schicksals, aber es ist ein harter Dienst, der uns immer aufs Neue mit dem Gefühl der Armseligkeit unserer Kräfte erfüllt.

Manchmal denke ich sehnsüchtig an schöne vergangene Stunden zurück; sie locken zu einer Reise nach Europa. Aber so viele Pflichten würden mich dort erwarten, dass ich nicht den Mut für solchen Vorsatz aufbringen kann . .

Ein New Yorker Korrespondent hatte ihn kritisiert, weil er gesagt hatte, es gebe keine deutschen, russischen und amerikanischen Juden, sondern nur Juden. Einstein schrieb seinem Kritiker Anfang April 1935:

Im letzten Grund ist jeder ein Mensch, gleichgültig ob Amerikaner, Deutscher, Jude oder Nichtjude. Wenn es möglich wäre, mit diesem allein würdigen Standpunkt auszukommen, wäre ich ein glücklicher Mensch. Ich finde es traurig, dass im heutigen praktischen Leben Trennungen nach Staatszugehörigkeit und kultureller Tradition eine so erhebliche Rolle spielen. Da dies nun aber einmal unabänderlich ist, darf man sich der Wirklichkeit gegenüber nicht verschliessen . . .

Im Frühjahr 1935 fanden an vielen amerikanischen Hochschulen pazifistische Demonstrationen, teilweise unter der Führung des "National Student Strike Committee", statt, das eine Reihe radikaler und religiöser Jugendgruppen repräsentierte. Für eine dieser Kundgebungen – an der Temple University in Philadelphia – schrieb Einstein am 9. April 1935 eine Erklärung, die offenbar einige Tage später auch bei einer Versammlung an der Universität Princeton verlesen wurde[5]:

Es ist ein erfreuliches Zeichen, dass sich die studierende Jugend Amerikas so eifrig mit dem wichtigsten Problem unserer Zeit, der Sicherung des Friedens, beschäftigt. Die Schaffung des ernsthaften guten Willens ist in der Tat der erste wichtige Schritt zur Erreichung des Zieles. Der zweite, ebenso unerlässliche Schritt ist die klare Erkenntnis der Mittel, die zur Erreichung des grossen Zieles führen können.

In dieser Beziehung kann ich Sie nicht eindringlich genug auf die Organisation "The New Commonwealth Society" in London hinweisen, welche Lord Davies ins Leben gerufen hat. In den Büchern dieses ebenso klaren wie politisch erfahrenen Autors ist das ganze Problem nach meiner Ansicht überzeugend und erschöpfend behandelt. Seine Auffassung ist durch die Stichworte "Internationales Schiedsgericht in Verbindung mit Internationaler Polizeimacht" gekennzeichnet.

Begnügt Euch nicht mit schönen Gefühlen und Worten, sondern behandelt diesen Gegenstand als eine gewaltige praktische Aufgabe und stärket durch Zusammenwirken jene Organisation, hinter welcher die klarste Erkenntnis des Problems und der Mittel zu seiner Lösung steht.

Neben anderen Prominenten wurde auch Einstein um einen Kommentar über eine aufsehenerregende Entscheidung des Connecticut State College gebeten. Diese Hochschule hatte angeordnet, dass "jede formelle öffentliche Agitation oder formelle öffentliche Diskussion auf dem Universitätsgelände, die von Angehörigen des Hochschulstabs oder von individuellen Studenten geführt wird und ein ungünstiges Licht auf die militärische Instruktion und Ausbildung an der Hochschule wirft, einen Grund zur Entlassung derartiger Personen darstellt".

Einstein schrieb am 29. April 1935 an Professor Walter Landauer in Storrs, Connecticut:

Vom formal-juristischen Standpunkt aus betrachtet, mag der Leitung der Universität das Recht zustehen, dem Lehrkörper Funktionen aufzuerlegen, die mit dem eigentlichen Zweck der Hochschule nichts zu tun haben. Vom kulturellen Standpunkte aus scheinen mir derartige Massregeln aber unvorteilhaft; denn sie führen zu einer ungünstigen Auswahl der Persönlichkeiten. Charakterschwache Personen pflegen nämlich zu jedem Kompromiss bereit zu sein, während überzeugungstreue Personen vom Lehrberufe abgeschreckt werden. Solche aber, welche durch die Not gezwungen werden, sich in Vorschriften zu fügen, deren moralische Berechtigung sie innerlich verneinen, werden durch ein Gefühl ohnmächtiger Erbitterung jene Hingabe und Liebe zu ihrem Wirken einbüssen, welche für die Erreichung hoher Ziele unvergleichlich wichtiger sind als stumme formale Loyalität.

Am 18. Juni 1935 schrieb Einstein aus Old Lynne, Connecticut, an eine Organisation in Ohio, die sich "SOS" ("Stop Organized Slaughter" – "Schluss mit der organisierten Schlächterei!") nannte. Die Organisation gelobte Amerika im Falle einer Invasion zu verteidigen; sie wollte die Sache des Friedens vor allem durch Beseitigung aller Profite in der Rüstungsindustrie und durch die "Einberufung von Vermögen wie von Männern" fördern. Einstein warnte die Gruppe vor Halbheiten:

So wie innerhalb der Vereinigten Staaten Kriege nur verhütet werden können durch gemeinsame Legislative, Gerichtsbarkeit und Polizei, so wird für die ganze Erde nur durch die Errichtung eines entsprechenden Apparates der Friede gesichert werden können. Halbe Massregeln versprechen auch auf diesem Gebiete keinen Erfolg . . .

In einem von der Zeitschrift *Survey Graphic* im August 1935 veröffentlichten Interview mit Robert Merrill Bartlett ("Peace Must be Waged" – "Der Friede muss erkämpft werden!") werden folgende Äusserungen Einsteins zitiert[6] :

. . . Der Krieg kommt. Ich bezweifle, dass er dieses oder nächstes Jahr kommt; man ist mit den Vorbereitungen noch nicht fertig. Aber in zwei oder drei Jahren wird er bestimmt kommen. Deutschland rüstet jetzt rapide auf, und eine ansteckende Angst hat Europa ergriffen. England hätte diese katastrophale Entwicklung noch vor zwei Jahren durch scharfe Opposition gegen die deutsche Aufrüstung aufhalten können: aber nichts ist geschehen.

Auch heute gibt es unter den Intellektuellen in Nazi-Deutschland immer noch einige Gegner der militaristisch-nationalistischen Politik, aber die meisten, die die Opposition hätten organisieren können, sind entweder vertrieben oder unterdrückt worden. Da ich jetzt schon seit zwei Jahren ausserhalb Deutschlands lebe, kann ich den Puls der öffentlichen Meinung nicht genau abmessen. Gewiss, viele, die die Jahre von 1914 bis 1918 mitgemacht haben, wollen keinen neuen Krieg. Aber daneben gibt es viele unruhige junge Leute, die als Opfer der wirtschaftlichen Krise von dem gegenwärtigen Regime ausgebeutet werden. Deutschland ist kriegerisch gestimmt; der Konflikt ist unvermeidlich. Seit 1870 befindet sich die Nation geistig und moralisch im Abgleiten. Viele der Männer, mit denen ich in der Preussischen Akademie zusammensass, haben sich in den Nachkriegsjahren nationalistischen Fiebers als kleine Geister herausgestellt.

(Frage: Glaubt er immer noch an die Wirksamkeit entschiedener Kriegsdienstverweigerung durch Einzelpersonen? Und an die Möglichkeit, einen Krieg dadurch zu verhüten, dass zwei Prozent eines Volkes den Kriegsdienst ablehnen?)

Im Hinblick auf die uns jetzt konfrontierenden Umstände ist ein derartiger moralischer Widerstand unzureichend. In gewissen Situationen – wie zum Beispiel im heutigen Deutschland – würde der Pazifismus auf diese Weise seine eigene Niederlage herbeiführen; denn jeder, der sich dem militärischen Programm widersetzt, wird rasch unschädlich gemacht.

Wir müssen, die Menschen erziehend, die Ächtung des Krieges durch die öffentliche Meinung erzwingen. Ein solches Aktionsprogramm muss zwei Punkte umfassen:

Erstens die Idee der übernationalen Souveränität: die Menschen müssen gelehrt werden, in weltweiten Perspektiven zu denken. Jedes Land wird auf ein Stück seiner Souveränität verzichten müssen, um internationale Zusammenarbeit zu ermöglichen. Wollen wir Kriege vermeiden, dann müssen wir durch die Schaffung eines autoritativen internationalen Gerichtshofs jegliche Aggression im Keime ersticken. Sowohl der Völkerbund als auch der gegenwärtige Weltgerichtshof haben keine Macht, ihre Entscheidungen durchzusetzen. Diese Institutionen mögen gegenwärtig unpopulär sein; dennoch geht die Entwicklung in der Richtung auf eine Weltorganisation, und Organe dieser Art sind unumgänglich nötig. Militärische Schulung und Rüstungswettbewerb sind keine Wege zur Verhütung von Kriegen ...

Zweitens müssen wir die wirtschaftlichen Ursachen der Kriege erkennen. Das Grundübel liegt in der Selbstsucht der Menschen, die den Profit über die Menschlichkeit stellen. Es gibt Leute, die sich gegen alle liberalen Ideen stemmen; sie bleiben provinziell, satt und selbstzufrieden, solange sie ihres fetten Geldbeutels sicher sind. Wir leiden unter den Übeln des wirtschaftlichen Nationalismus und der Kriege, weil diese Menschen die leidenschaftliche Jagd nach immer grösserem Reichtum nicht aufgeben wollen.

Romain Rolland hat vielleicht gar nicht Unrecht, wenn er die soziale Revolution als den einzigen Weg zur Abschaffung der Kriege erklärt. Da ich seine jetzige Haltung gegenüber dem Kommunismus nicht kenne, vermag ich nicht zu sagen, ob ich mit ihm völlig übereinstimme. Aber zweifellos irrt er sich nicht, wenn er die Habgier des Einzelnen und den Wettlauf der Nationen um Reichtum als entscheidende Elemente sieht, die unaufhaltsam zum Krieg drängen. Zum mindesten müssen wir eine entscheidende Änderung in unserem Wirtschaftssystem erstreben: die Kontrolle der Munitionsindustrie.

Damit will ich nicht sagen, dass ich das Leben, wie manche es tun, auf das Widerspiel der wirtschaftlichen Kräfte aufgebaut sehen möchte. Es gibt in allen menschlichen Beziehungen auch ein ständiges emotionales Element, mit dem man rechnen muss. Jede einzelne Volksgruppe unterscheidet sich gefühlsmässig von jeder anderen, und oft sind die Handlungen einer Nation von Vorurteilen gegenüber einer anderen diktiert. Wir müssen unsere Vorurteile erkennen und beseitigen . . .

(Frage: Werden wir je alle Kriege beseitigen können?)

Ja, ich glaube es; ich bin dessen sogar ganz sicher. Unsere Hoffnung liegt in der Erziehung der Jugend zu einer gesünderen Lebensanschauung. Schönheit und Brüderlichkeit in das Leben zu tragen, muss zum Hauptziel des Menschen werden, zur Quelle des höchsten Glücks. Nicht durch den Kult der Angst, sondern durch den Aufruf des Besten in der menschlichen Natur werden wir dieses Ziel erreichen.

(Frage: Wen betrachtet er als bedeutendsten Führer der heutigen Welt?)

Ich bezweifle, dass es seit Tolstoi einen wahrhaft moralischen Führer von weltweitem Einfluss gegeben hat. Tolstoi bleibt in vieler Beziehung der grösste Prophet unserer Zeit . . . Niemand in der heutigen Welt verfügt über eine so tiefe Einsicht und moralische Macht. Ich bewundere Gandhi sehr, finde aber zwei Schwächen in seinem Programm: Der passive Widerstand – die intelligenteste Methode, gegen Unbill anzukämpfen –, ist nur unter idealen Bedingungen wirksam. Möglicherweise kann er mit Erfolg gegen die Briten in Indien angewendet werden. Aber als Waffe gegen die Nazis im heutigen Deutschland wäre er sinnlos. Ausserdem irrt sich Gandhi in seiner Bemühung, die maschinelle Erzeugung aus der modernen Zivilisation entweder auszuschalten oder auf ein Minimum zu beschränken. Die Maschine ist und bleibt da, und wir müssen sie akzeptieren.

(Er habe, bemerkte ich, ein grosses Opfer gebracht, als er sich gegen die Nazi-Regierung gestellt und Deutschland verlassen habe. Würde er denselben Schritt nochmals unternehmen?)

Ich habe kein Opfer gebracht, sondern nur getan, was jeder denkende Mensch unter diesen Umständen tun würde . . . Man muss in gewissen grossen Fragen eine entscheidende Haltung einnehmen. Ich will kein Lob für meine Aktion; ein anderer Kurs wäre unmöglich gewesen.

. . . Ich bin sehr glücklich in meinem neuen Heim in diesem freundlichen Land und in der liberalen Atmosphäre von Princeton.

... An manchen Tagen sitze ich in meinem Studierzimmer stundenlang mit einem Blatt Papier vor mir. Ein paar kleine Zahlen mögen das einzige Resultat sein ...*

Wenige Wochen nach der Invasion Abessiniens durch Italien, am 22. Oktober 1935, sprachen Einstein und der frühere New Yorker Staatsgouverneur Alfred E. Smith über ein ganz Amerika erfassendes Rundfunknetz; der Anlass war ein in New York von zwei Hilfsgruppen (für politische und nichtjüdische Flüchtlinge aus Deutschland) veranstaltetes Dinner. Hier folgen die Bemerkungen Einsteins[7]:

Der kulturelle Zersetzungsprozess, welcher in den letzten Jahren in Zentraleuropa erschreckende Dimensionen angenommen hat, muss jeden mit ernster Sorge erfüllen, dem das Schicksal der Menschheit wirklich am Herzen liegt. Da die internationale Organisation und das Verantwortungsbewusstsein der einzelnen Nationen noch nicht weit genug fortgeschritten sind, um in Gemeinschaft Mittel zur Heilung der Krankheit am Orte der Erkrankung selbst zur Anwendung bringen zu können, werden zweierlei Anstrengungen gemacht, um die Gefahr zu bannen und bedrohte Kulturwerte zu retten.

Das Erste und Wichtigste ist ein engerer Zusammenschluss der nicht unmittelbar betroffenen Nationen im Rahmen des Völkerbundes zur gemeinsamen Verteidigung des Friedens und der militärischen Sicherheit. Das Zweite ist die Hilfe für diejenigen, welche teils durch unmittelbare Bedrohung, teils durch gewaltsame Unterbindung ihrer wirtschaftlichen Existenzbasis zur Auswanderung gezwungen worden sind. Das Los dieser Menschen ist noch ausserordentlich erschwert durch die ökonomische Weltkrise und die mit ihr verknüpfte Arbeitslosigkeit in fast allen Ländern, welche an vielen Orten zu einem Arbeitsverbot für Fremde geführt hat.

Dass der deutsche Faschismus am schlimmsten gegen meine jüdischen Brüder wütet, ist wohlbekannt. Es handelt sich hier um die Verfolgung einer Gruppe, die sich zu einer Religionsgemeinschaft bekennt. Die Verfolgung wird durch das Ziel begründet, die arische Rasse in Deutschland zu reinigen, welche arische Rasse allerdings nicht existiert, sondern eigens zur Motivierung der Verfolgung und Beraubung der Juden erfunden worden ist.

Die Juden aller Länder helfen ihren in äusserste Not geratenen Brüdern nach Kräften. Sie haben ihre Hilfe auch nach Möglichkeit Emigranten zugewandt, die nicht zu ihrer Gruppe gehören. Um diesen Opfern des Terrors zu helfen, reichen aber die Kräfte der jüdischen Gemeinschaft bei weitem nicht aus, sodass das Los der nichtjüdischen Emigranten bisher ein noch schwierigeres war als das der jüdischen. Die nichtjüdische Emigration setzt sich zusammen a) aus Personen mit wenigstens teilweise jüdischen Vorfahren, b) aus Personen, die früheren politischen Wirkens wegen bedroht sind, hauptsächlich Liberale, Sozialisten und Pazifisten, c) Personen, welche die Emigration der Unterwerfung unter Vorschriften vorziehen, deren Erfüllung sie mit ihrem Gewissen nicht vereinbaren können ...

Es handelt sich um eine Tat der Menschenliebe, der Erhaltung kultureller Werte und nicht zuletzt um eine Aktion von erheblicher politischer Bedeutung ... Eine Verelendung dieser Opfer würde ein schwerer Schlag sein für alle, die bisher an menschliche Solidarität geglaubt haben, und zugleich eine Ermutigung für jene, die nur an Gewalt und Unterdrückung glauben ...

Der nachstehende, mehr analysierende Kommentar stammt von 1935 (das Manuskript trägt den Vermerk "Unveröffentlicht"):

Ein bei aller Tragik groteskes Schauspiel ist es, das sich im Herzen von Europa abspielt, Deutschland zu ewiger Schande und auch recht unrühmlich für die Gemeinschaft der Nationen, welche sich selber als "Kulturmenschheit" bezeichnet.

Das deutsche Volk ist durch Jahrhunderte hindurch von einer sich ewig erneuernden Schar von Schulmeistern und Unteroffizieren sowohl zu emsiger Arbeit und mancherlei Wissen als auch zu sklavischer Unterwürfigkeit und zu militärischem Drill und Grausamkeit erzogen worden. Die republikanisch-demokratische Verfassung der Nachkriegszeit passte zu diesem Volke etwa wie der Anzug des korpulenten Onkels für den kleinen Hans. Dazu kamen dann die Inflation und die bösen Krisenjahre, sodass jeder Mensch in Furcht und Spannung lebte.

Da erschien in Hitler einer von den Armen im Geiste, unbrauchbar für jegliche Arbeit, erfüllt von Neid und Erbitterung gegen alle, die von Natur und Schicksal mehr begünstigt erschienen als er. Er war der Sohn einer Kleinbürger-Familie mit gerade genug Klassendünkel, um auch die um einen vernünftigen Ausgleich der Lebensbedingungen kämpfenden Arbeiter zu hassen. Am meisten aber hasste er Geist und Bildung, die ihm am unerbittlichsten versagten Gaben. In seiner verzweifelten Lage fand er heraus, dass seine verworrenen, von Hass getragenen Reden stürmischen Anklang fanden bei den ach so Zahlreichen, deren Lage und Gesinnung der seinigen ähnlich waren. Solche verzweifelten Existenzen las er auf der Strasse und im Wirtshause auf, scharte sie um sich. So wurde er zum Politiker.

Was ihn aber zum "Führer" prädestinierte, war sein bitterer Hass gegen das Ausland und gegen eine wehrlose Minorität, die deutschen Juden. Diese hasste er besonders als die Vertreter einer ihm unheimlichen Geistigkeit, die er nicht ganz mit Unrecht als undeutsch empfand.

Unablässige Hassreden gegen diese beiden Arten von "Feinden" eroberte die Massen, denen er glänzenden Sieg und ein goldenes Zeitalter versprach. Auch nützte er weidlich den gewohnheitsmässigen Drang der seit Jahrhunderten militärisch gedrillten Massen zum Marschieren, blinden Gehorsam, Befehlen und zur Menschenschinderei für seine Zwecke aus. So wurde er zum "Führer".

Geld floss ihm reichlich zu, nicht zuletzt von der besitzenden Klasse, die in ihm ein Werkzeug sah zur Verhinderung der in der Zeit der Republik in gewissem Umfange begonnenen sozialen und wirtschaftlichen Befreiung des Volkes. Dem Volk aber schmeichelte er durch jene romantischen Phrasen der Vaterländerei, an die es von der Vorkriegszeit her gewöhnt war, sowie durch jenen Schwindel von der Überlegenheit einer von den Antisemiten zu ihren besonderen Zwecken erfundenen "arischen", beziehungsweise "nordischen" Rasse. Die Verworrenheit seines Geistes macht es mir unmöglich zu beurteilen, bis zu welchem Grade er selbst an den Unsinn glaubte, den er unablässig predigte. Die aber, welche sich um ihn scharten und sich durch die Woge nach oben treiben liessen, waren meist verworfene Zyniker, die sich der Verlogenheit ihrer Mittel voll bewusst waren.

Eine wichtige Kampagne, an der Einstein 1935 teilnahm, galt der Nominierung Carl von Ossietzkys für den Nobel-Friedenspreis[8]. Ossietzky, ein ausserordentlich mutiger deutscher pazifistischer Publizist, der den deutschen Chauvinismus bereits vor dem Ersten Weltkrieg bekämpft hatte, war erst kurze Zeit vor Hitlers Machtantritt aus dem Gefängnis entlassen worden. Seine von einem Gericht der Weimarer Republik ausgesprochene Haftstrafe war auf einen in seiner Zeitschrift *Die Weltbühne* veröffentlichten Artikel zurückzuführen, in dem er den deutschen Militäretat kritisiert hatte. Die Hitlerleute warfen Ossietzky unverzüglich in ein Konzentrationslager. So wurde sein Name ein internationales Symbol im Kampf gegen den Nazismus. Diese Tatsache verlieh der internationalen Kampagne, ihm den Nobel-Friedenspreis zu verleihen, besondere Beachtung. Aber sie war mit grossen Schwierigkeiten verbunden – vor allem, weil es auch noch andere namhafte Kandidaten, so zum Beispiel den tschechoslowakischen Präsidenten Masaryk, gab.

Ossietzkys Freunde waren sich klar darüber, dass sie infolge der äusserst prekären Lage Ossietzkys mit grösster Vorsicht zu Werke gehen mussten: vorzeitige Publizität über den Friedenspreis hätte seine Lage im Konzentrationslager noch verschlimmern oder sogar seinen Tod verursachen können (zudem litt er an Tuberkulose, der Krankheit, der er 1938 erlag).

Auf Einsteins Vorschlag hatte Jane Addams, die amerikanische Sozialfürsorgerin, Friedenskämpferin und frühere Nobelpreisträgerin, Ossietzky Anfang 1935 nominiert. Viele bedeutende europäische Intellektuelle schlossen sich ihrem Appell an: Thomas und Heinrich Mann, Romain Rolland, Wickham Steed, Lion Feuchtwanger, Arnold Zweig und André Germain. Ossietzkys Kandidatur wurde auch von der amerikanischen Gruppe der Internationalen Liga für Akademische Freiheit, deren Mitglied Einstein war, unterstützt. Trotz aller Vorsicht seitens der Leiter der Kampagne erfuhr die Presse von der Angelegenheit. Das *New York World Telegram* berichtete darüber am 31. Mai 1935. Ein ganzseitiger Artikel folgte am 15. Juni 1935 in der *New Yorker Volkszeitung*, eine Kolumne in der *New York Post* vom 24. Juni 1935. Auch ein deutsches Flüchtlingsorgan in Prag brachte die Nachricht. Und Einsteins Name war in all diesen Berichten erwähnt.

Einstein äusserte sich dazu in einem Brief vom 1. September 1935. Auf eine Bitte, er möge persönlich mit dem Nobel-Komitee in Verbindung treten, antwortete er:

Ihre Aufforderung, wegen Ossietzky an das Nobel-Komitee zu schreiben, hat manches für sich, aber noch mehr gegen sich:

1. Ich glaube, dass eine Aufforderung von deutschen politischen Emigrierten von den Preisrichtern nicht als objektiven Motiven entspringend angesehen wird und deshalb nicht den gewünschten Eindruck macht.

2. Ossietzky hat durch seine Freunde im Ausland wissen lassen, dass irgendwelche Schritte zu seinen Gunsten von seiten Emigrierter, falls sie den deutschen Machthabern bekannt werden, zur Verschärfung seiner ohnehin grauenhaften Lage beitragen. Würde es nicht doch durch Indiskretion bekannt werden, wenn ich – wenn auch inoffiziell – dorthin schreibe?

Letztes Jahr hat Jane Addams auf meine Bitte hin Ossietzky vorgeschlagen. Ich glaube, dass dieser indirekte Weg am ehesten erfolgversprechend wäre. Ich habe keine Möglichkeit herauszufinden, an welche wahlberechtigte Persönlichkeit man in dieser Sache mit einiger Aussicht auf Erfolg herantreten könnte. Wenn es Ihnen gelänge, eine einigermassen zuverlässige Orientierung hierüber zu erlangen, so wäre ich gerne bereit, an eine oder zwei Personen zu schreiben.

Ich glaube, dass der gute Nobel sich im Grabe umdrehen würde, wenn er die Liste der Personen mustern könnte, die in seinem Namen für den Frieden belobt und belohnt worden sind.

Trotz seiner Bedenken schrieb Einstein dann doch am 27. Oktober 1935 aus Princeton an das Nobelkomitee:

Ich habe formal kein Recht, einen Kandidaten für den Friedens-Nobelpreis vorzuschlagen. Aber unter den in unserer Zeit gegebenen Umständen fühle ich es als meine Pflicht, mein Gewissen durch diesen Brief zu entlasten.

Das Nobel-Komitee hat einmalig eine Gelegenheit, durch die Verleihung des Preises eine geschichtliche Tat zu vollbringen, welche durch ihre Auswirkung in hohem Masse geeignet ist, die Lösung des Friedensproblems zu fördern. Dies kann dadurch geschehen, dass ein Mann ausgezeichnet wird, der durch sein Tun und Leiden den Preis mehr verdient als irgend eine andere lebende Person – Carl von Ossietzky! Durch die Verleihung des Friedenspreises an diesen Mann würde der Pazifismus in demjenigen Lande neue Nahrung finden, das durch die gegenwärtig dort herrschenden Umstände die schwerste Gefahr für den Weltfrieden bedeutet. Auch würde dadurch überall in der Welt das Gewissen aller besseren Menschen aufs Neue erweckt zur Arbeit für eine definitive Festigung einer internationalen Gesinnung.

Zwei Tage später gaben die amerikanischen Förderer der Ossietzky-Kandidatur durch einen taktvoll-diplomatischen Schritt zu erkennen, dass sie allen Anschein einer Rivalität zwischen Masaryk und Ossietzky vermeiden wollten. Sie kabelten direkt an Masaryk: "Als Bewunderer Ihres Interesses an der Förderung des Friedens erlauben wir uns, Ihre Mithilfe zu erbitten, um dem Nobel-Friedenspreis-Komitee in Oslo die Verdienste Carl von Ossietzkys nahezulegen, der durch seine unbeugsame Treue zur Sache des Friedens allen jenen, die an die von ihm vertretenen Ideale glauben, Stärke und Mut verliehen hat."

Das Kabel war nicht von Einstein unterzeichnet, was aber nicht bedeutet, dass er irgendwelche Bedenken gegen die Bitte an Masaryk hatte.

Einstein arbeitete eng mit den Freunden Ossietzkys zusammen, um prominente Persönlichkeiten für die Untersützung der Kandidatur Ossietzkys in Oslo zu gewinnen. Er selbst trat an drei Nobelpreisträger heran: Nicholas Murray Butler, den Präsidenten der Columbia-Universität, Sir Austen Chamberlain, den früheren britischen Aussenminister, und Sir Norman Angell, den britischen Autor und Pazifisten. Alle drei lehnten eine Intervention in Oslo ab. Chamberlain antwortete, er glaube nicht, dass Nobel an Fälle solcher Art gedacht habe. Ein Mitglied der Nobel-Familie habe ihm gesagt, Nobels Idee sei gewesen, nur solche Persönlichkeiten mit dem Friedenspreis auszuzeichnen, die durch konkrete Aktionen, nicht blosse allgemeine Propaganda, die Sache des Friedens gefördert hätten; leider hätten sich Nobels Testamentsvollstrecker in vielen Fällen nicht an dieses Prinzip gehalten. Angell bemerkte, er habe bereits Lord Cecil für 1936 nominiert und halte dessen Kandidatur für unabweisbar; möglicherweise könne er Ossietzky für das folgende Jahr empfehlen.

Für das Jahr 1935 wurde der Friedenspreis nicht verliehen, aber ein Jahr später fiel die Wahl auf Ossietzky – trotz der Proteste der Nazi-Regierung, die in ihrer Verlegenheit ein Gesetz erliess, das für die Zukunft Deutschen die Annahme von Nobelpreisen verbot. Die Entscheidung in Oslo war zweifellos zu einem nicht unwesentlichen Teil auf die Aktivität Einsteins zurückzuführen, die sich keineswegs auf Korrespondenz beschränkte und der breiten Öffentlichkeit so gut wie unbekannt blieb.

Zu dieser Zeit drückte Einstein immer wieder seine Enttäuschung über die Weigerung der Vereinigten Staaten aus, dem Völkerbund beizutreten. Einer Friedensgruppe in Newark, New Jersey, schrieb er am 26. Februar 1936:

Wenn sich die Vereinigten Staaten aus der internationalen Politik zurückziehen, so sinkt dadurch der Einfluss des Völkerbundes, und der Ausbruch eines neuen Weltkrieges wird wahrscheinlicher. Wenn dieser Fall wirklich eintreten wird, so glaube ich kaum, dass die Vereinigten Staaten für die Dauer neutral bleiben können, auch nicht, nachdem sie das Postulat des Schutzes ihres eigenen Seeverkehrs aufgegeben haben.

Dagegen würde ein in geeigneter Form realisierter Anschluss der Vereinigten Staaten an den Völkerbund die Gefahr eines neuen Weltkrieges bedeutend reduzieren. Ich bin deshalb überzeugt, dass die gegenwärtig hier populäre Tendenz der politischen Isolierung vom Standpunkt des Zieles des Pazifismus und vom Standpunkt der Sicherung der Vereinigten Staaten aus nicht vorteilhaft ist.

Am 18. März 1936 – zehn Tage nach Hitlers Einmarsch in das Rheinland – folgte Einstein, wie er das manchmal tat, einem Impuls und schrieb an eine Persönlichkeit des öffentlichen Lebens, die ihn besonders beeindruckt hatte. Raymond Leslie Buell, der Präsident der Foreign Policy Association, hatte gerade ein Pamphlet veröffentlicht, in dem er die Schwächen der amerikanischen Aussenpolitik im Licht der wachsenden deutschen Aufrüstung und der expansionistischen Politik Italiens und Japans kritisierte. Einstein schrieb:

Gestern Abend 11 Uhr begann ich mit der Lektüre Ihrer Broschüre über die internationale politische Situation der Gegenwart. Ihre Darstellung fesselte mich derart, dass ich nicht aufhören konnte, bis ich um 3 Uhr morgens damit fertig war. Zweifellos haben Sie sich durch diese Denkschrift ein grosses Verdienst erworben. Die Analyse der Zusammenhänge ist merkwürdig klar, vollständig und objektiv, die politisch-erzieherische Wirkung, die von Ihrer Schrift ausgehen könnte und sollte, kann gar nicht hoch genug eingeschätzt werden. Am allermeisten habe ich die Objektivität und Kühnheit bewundert, mit der Sie, ohne irgendwie ins Extrem zu verfallen, die englische Haltung gewürdigt und diejenige Ihres eigenen Landes kritisiert haben; in dieser Beziehung ist Ihre Leistung wirklich einzigartig.

Nicht minder bewundere ich die Konsequenz, mit der Sie die Bedeutung des Völkerbundes herausgearbeitet haben, ohne dessen Sünden und Schwächen im Geringsten zu verhüllen. Dadurch können

Sie auf die aussenpolitische Haltung Ihrer Landsleute, die von so grosser Wichtigkeit für das zukünftige Geschehen ist, eine bedeutende und wohltätige Wirkung erreichen, wenn die Schrift die verdiente Beachtung findet.

Wenn es nicht vermessen ist, Ihrer Arbeit gegenüber irgendwelche kritische Stellung einzunehmen, so möchte ich mir am Schlusse zwei Bemerkungen erlauben. Ich stimme mit Ihnen darüber ein, dass sich Italien, Japan und Deutschland in einer durch Übervölkerung bedingten Zwangslage befinden. Hieraus kann aber nach meiner Meinung für das Streben nach Expansion keine Rechtfertigung abgeleitet werden, sondern nur für das Erstreben einer Begünstigung von Aussenhandel und Emigration, welche sich nach meiner Ansicht auf friedlichem Wege erreichen lässt. Kein Staat kann mit Recht auf die Besitzergreifung von Territorien Anspruch machen, in welches seine überschüssige Bevölkerung auswandern könnte . . .

Der zweite Punkt betrifft das Verhalten der Alliierten gegenüber Deutschland. Bei den Deutschen besteht die ungeschriebene Übereinkunft, dass sie Treu und Glauben sowie Verträge nur für ihre Beziehungen untereinander respektieren, nicht aber für ihre Beziehungen zu ausländischen Staaten und Individuen. Ich hatte oft Gelegenheit, mich von dieser Tatsache zu überzeugen, die allerdings seit dem Weltkriege an Schärfe zugenommen hat. Die Franzosen wissen das schon lange, die Engländer aber merkwürdigerweise nicht; diese Erkenntnis führt ohne Zweifel zu einer milderen Beurteilung von Persönlichkeiten wie Clemenceau und Poincaré.

Ein politisch radikaler junger Kanadier hatte zu den Wenigen gehört, die Einsteins Wandel in der Frage der Kriegsdienstverweigerung billigten. Es entwickelte sich zwischen den beiden eine sporadische Korrespondenz. Am 14. September 1935 schrieb Einstein dem jungen Mann:

Aus Ihnen spricht der kommunistische Katechismus. Es ist gewiss viel Wahres in Ihren Worten. Ich glaube aber an die Möglichkeit einer stetigen sozialen Gesundung unserer Gesellschaft. Ihre Charakterisierung der Bourgoisie ist gewissermassen schablonenhaft . . . Die Unternehmerklasse allein besteht aus so wenigen Individuen, dass sie in einem demokratisch und politisch hinreichend reifen Lande sich der Mehrheit fügen müsste. Die Frage der Erzielbarkeit jener politischen Reife ist der eigentliche Streitpunkt. Ich behaupte aber, dass ohne politische Reife der Masse auf die Dauer überhaupt nicht geholfen werden kann. Sie wollen doch schliesslich eine Revolution ebenfalls durch Erzielung politischer Reife unter den Arbeitern herbeiführen. Ich behaupte aber, dass wenn dieses Ziel erst erreicht ist, man überhaupt keine Revolution mehr braucht.

Es ist wahr, dass die wissenschaftlichen Arbeiter im allgemeinen wenig Interesse für die sozialen und politischen Probleme haben. Dies liegt an der unglückseligen Spezialisierung, die politisch und menschlich gesehen eine Art Verblödung ist. Dem Übel ist nur durch geduldige Aufklärungsarbeit beizukommen, die von den einsichtigen und verantwortungsbewussten Menschen ausgeht. Auch gegen Faschismus und Militarismus gibt es kein Mittel als das der politischen Aufklärung, und umgekehrt gibt es keine Form der Gesellschaft, deren Gesundheit ohne Erziehung und Aufrechterhaltung politischer Einsicht und eines ausgeprägten Gerechtigkeitssinnes auf die Dauer gewährleistet ist.

Am 20. April 1936 schrieb er an den gleichen Korrespondenten, der ihm Romain Rollands Buch "Friede durch Revolution" gesandt hatte:

Ich habe in dem Buche ein gut Teil gelesen, eigentlich ohne engeren Kontakt zu finden. Der Mann ist merkwürdig abstrakt; die Worte sind ihm näher als das lebendige Leben. Sachlich stimme ich natürlich sehr weitgehend mit ihm überein, wundere mich aber, dass ein so erfahrener Mensch noch glauben kann, durch solche Erklärungen das Geschehen beeinflussen zu können.

Mit Ihren Vorwürfen an die Adresse der Intellektuellen haben Sie recht. Die meisten haben durch Vertiefung in aussermenschliche Dinge das warme Interesse für die dringendsten Angelegenheiten der Menschen aus den Augen verloren. Deshalb neigen sie dazu, in politischen Dingen den schmutzigen Weg des geringsten Widerstandes einzuschlagen, indem sie nichts anderem ergeben sind als der Spezialität, welcher sie ihre Arbeit widmen. Ich empfinde es selber, wie schwer es ist, neben der aufreibenden geistigen Arbeit ein wirklicher Mensch zu bleiben. Ich glaube aber doch, dass diese Menschen durch ihre redliche Arbeit mehr zur Beseitigung der die Entwicklung hemmenden Vorurteile beitragen als die Politiker. Vergessen Sie nicht, dass auch Karl Marx und Lenin aus diesem Lager gekommen sind und von dorther ihre Kraft bezogen haben . . .

Einer der amerikanischen Pädagogen[9], die ihn 1931 in Caputh besucht hatten (siehe S. 156), erbat fünf Jahre später Einsteins Meinung über einen von ihm entworfenen Friedensplan. Einstein erwiderte am 18. Mai 1936:

Ich habe über Ihren Vorschlag etwas nachgedacht. Folgendes aber ist fraglich:

1. Ist es denkbar, dass die Staaten bereit sind, die Entschlüsse eines solchen Komitees a priori zu akzeptieren? Wenn nein, warum sollten die Entscheidungen, beziehungsweise Ratschläge, eines solchen Komitees mehr Gewicht haben als die Meinungsäusserung einer kompetenten Privatperson?

2. Selbst wenn die Staaten die Entscheidungen anzuerkennen sich verpflichten würden, würden sie dann diese Verpflichtung einhalten, wenn genügend kräftige Gegenströmungen in einer Nation vorhanden wären? Die Antwort ist: Nein. Man braucht gar nicht die Vertragsbrüche gegenüber Verpflichtungen gegen den Völkerbund heranzuziehen. Denken Sie vielmehr, zum Beispiel, an die Geschichte des amerikanischen Bürgerkrieges. Hier hat nicht einmal eine völlig intakt befindliche, anerkannte Zentralregierung zu verhindern vermocht, dass sich viele Staaten unter Rekurs zu den Waffen geweigert haben, die übernommene Verpflichtung zu erfüllen, sich der Entscheidung der Bundesregierung zu unterwerfen.

3. Daraus folgt, dass nur eine Weltinstanz, hinter der eine hinreichende Wehrmacht steht, Aussichten bietet, Kriege zu vermeiden, und dass sogar ein solch radikales Mittel keine volle Sicherheit bietet. Mit geringerem Aufwand aber ist überhaupt kein wirklicher Schutz erzielbar.

Um diese Zeit erschien eine Sammlung der Reden und öffentlichen Erklärungen Einsteins unter dem Titel "The World As I See It" ("Mein Weltbild"). Einstein sandte ein signiertes Exemplar an General Jan Christian Smuts, den damaligen Justizminister und früheren Premierminister der Republik Südafrika.

Smuts, ein prominenter Internationalist, ging in einem Dankesbrief vom 15. Mai 1936 auf die allgemeine Weltlage ein: Intoleranz, Diktatur und politische Verfolgung verbreiteten sich immer mehr; trotzdem gebe es Gründe für eine optimistische Betrachtung der Dinge. Nach seiner Auffassung werde die Menschheit nicht in das Dunkel der Nacht stürzen, sie befinde sich in einer Durchgangsphase, die trotz aller entmutigenden Punkte das Licht des kommenden Tages durchscheinen lasse. Der Sinn für das Rechte in der menschlichen Natur werde sich am Ende durchsetzen und die Menschheit zu höheren Lebens- und Denkformen führen. Aber er, Smuts, befürchte den Untergang des Völkerbundes, woraus sich ernste Konsequenzen für Europa ergeben würden. Einstein, den die Denker und Gelehrten der ganzen Welt als ihren Führer betrachteten, möge darum Europa eine Botschaft der Ermutigung, des Glaubens und der Aufklärung schicken, "die den Kämpfern für eine bessere Welt Hoffnung und Stärke gibt".

Einstein antwortete am 24. Juni 1936:

Wie gerne würde ich Ihrer freundlichen Anregung folgen, wenn ich irgendwelche Hoffnung auf Erfolg sähe. Unsere Zeit ist weniger als die unmittelbar vorangehende geneigt, auf geistige Menschen zu hören, hinter denen keine Macht steht. Zum Teil ist dies die Schuld vieler Intellektueller selbst, die böse Kompromisse gemacht haben. Dazu kommt, dass ich meine Meinung wiederholt unzweideutig ausgesprochen habe, so dass ich mich nur wiederholen könnte.

Jedenfalls danke ich Ihnen herzlich für Ihr Vertrauen und die Sympathie, die aus Ihrem freundlichen Briefe spricht.

Ein Redaktionsmitglied der Zeitschrift *Current History* richtete an Einstein die Frage, ob es nicht zwei Formen des Pazifismus gäbe: die ältere, idealistische, jetzt im Verfall begriffene Konzeption, und eine jüngere, materiell orientierte Anschauung, die von der Annahme ausgehe, dass der Krieg unprofitabel geworden sei. Einstein antwortete am 9. Juli 1936:

Mir ist jeder recht, der es mit den pazifistischen Zielen ernst nimmt, selbst wenn er nur von utilitaristischen Gesichtspunkten beherrscht ist. Ich bin davon überzeugt, dass die englische Commonwealth insofern den richtigen Standpunkt einnimmt, als nur die Bildung einer starken und wohlorganisierten Militärmacht einen dauernden Frieden wird sichern können. Insofern halte ich die amerikanische Politik der Nichtbeteiligung an der Lösung internationaler Probleme für einen unglückseligen Irrtum. Diese Nichtbeteiligung erhöht die Kriegsgefahr, und wenn erst einmal ein Weltkrieg von genügender Ausdehnung entbrannt sein wird, wird Amerika doch wieder hineingezogen werden. In der Verbreitung solcher Erkenntnis sehe ich gegenwärtig die Hauptaufgabe des amerikanischen Pazifismus.

Kurz vor Ausbruch des Bürgerkriegs in Spanien, im Juli 1936, schrieb an Einstein sein österreichischer Fachkollege Hans Thirring über einen für September 1936 in Genf geplanten Weltfriedenskongress. Thirring bemerkte, er würde sich zwar gefreut haben, bei dieser Gelegenheit Einstein wiederzusehen, glaube jedoch, die Emigranten würden der Sache am besten dienen, wenn sie sich so weit wie möglich im Hintergrund hielten.

Dem Brief war ein Bericht beigelegt, den Thirring als Mitglied der österreichischen Delegation des Kongresses entworfen hatte. Es hiess darin, dass Friedenspropaganda und antifaschistische Aktion nicht untrennbar miteinander verbunden seien. Die faschistischen Regimes sässen fest im Sattel; Diktaturen könnten nicht auf friedliche Weise beseitigt werden. Der Pazifismus, der die Anwendung von Gewalt ablehne, verzichte damit auf das Ziel des Sturzes der faschistischen Regierungen, die nur mit Gewalt zu beseitigen seien. Thirring meinte, selbst faschistische Länder könnten daran interessiert sein, bei Konflikten friedliche Alternativlösungen in Betracht zu ziehen.

Am 12. August 1936 antwortete Einstein aus Glenwood, Saranac Lake, New York:

... Ihre Ausführungen zu dem Friedenskongress habe ich mit Interesse gelesen. Ich bin übrigens, soviel ich mich erinnere, nicht eingeladen und würde auch keinesfalls hingehen. Die von Ihnen vertretenen Ansichten kann ich nicht billigen. Zwar bin ich auch der Ansicht, dass es nicht Sache eines solchen Kongresses sein kann, faschistische Regierungsformen zu bekämpfen. Aber ich halte es für ganz abwegig, Leute einzuladen, oder auch nur zuzulassen, die in faschistisch regierten Staaten wohnen, und zwar aus zwei Hauptgründen:

1) Diese Leute können ihre Überzeugung nicht äussern, ohne ihr Leben in unnützer Weise zu gefährden.

2) Die Regierung faschistischer Staaten würden ihre Kreaturen hinsenden und den Kongress auf diese Weise sabotieren und zur Propaganda ausnützen.

Zur Sache selbst denke ich, dass Bestrebungen nicht am Platze sind, welche einfach die Erhaltung des sogenannten Friedens anstreben. Heute ist das einzig vernünftige Ziel die Errichtung eines internationalen Sicherungssystems, das einer internationalen Instanz bedingungslos unterstellt ist: internationale Gewalt anstatt Gewalt von Einzelstaaten. Es war ein verhängnisvoller Fehler der Engländer, dass sie dies nicht rechtzeitig eingesehen und Frankreich im Stich gelassen haben. Nun ist es zu spät und es wird nicht ohne einen fürchterlichen Krieg abgehen.

Sie werden von mir denken, ich sei ein recht merkwürdiger Pazifist! Ich kann aber vor den Realitäten die Augen nicht verschliessen. Man kann ohne Übertreibung sagen, dass die englischen und teilweise auch die französischen Pazifisten zum grossen Teil an der heutigen verzweifelten Lage schuld sind, weil sie rechtzeitige energische Aktionen verhindert haben, die verhältnismässig leicht gewesen wären. 1933 bin ich umsonst in diesem Sinne bemüht gewesen. Damals haben die "grossen Männer" die Gefahr bagatellisiert.

Am 15. Oktober 1936 wurde von der New Yorker Staatsuniversität in Albany das dreihundertjährige Bestehen des akademischen Bildungswesens in Amerika gefeiert. Im Verlauf des Festakts erhielt Einstein ein Ehrendoktorat. In seiner Dankesrede erklärte er[10]:

Am schlimmsten scheint es mir zu sein, wenn eine Schule hauptsächlich mit den Mitteln von Furcht, Zwang und künstlicher Autorität arbeitet. Solche Behandlung vernichtet das gesunde Lebensgefühl, die Aufrichtigkeit und das Selbstvertrauen des Schülers.

Sie erzeugt den unterwürfigen Untertanen. Es ist kein Wunder, dass derartige Schulen in Deutschland und Russland die Regel bildeten. Ich weiss, dass die Schulen in diesem Lande von diesem schlimmsten Übel frei sind; ebenso ist es auch in der Schweiz und wohl in allen demokratisch regierten Staaten. Es ist verhältnismässig einfach, die Schule von diesem schlimmsten aller Übel frei zu halten: man gibt dem Lehrer möglichst wenig Zwangsmittel in die Hand, so dass die einzige Quelle des Respektes der Schüler gegenüber dem Lehrer dessen menschliche und intellektuelle Qualitäten sind.

Am 31. März 1937 richtete Einstein an die Zweiggruppe der Amerikanischen Studentenvereinigung am Hunter College, New York City, die folgende Erklärung:

Ein wahrer Pazifist ist nur derjenige, der für eine internationale gesetzliche Ordnung arbeitet. Streben nach Neutralität und Isolierung von Seiten einer mächtigen Nation trägt nur zur Anarchie der internationalen Verhältnisse bei und führt so indirekt zu Situationen, die zum Kriege zwingen.

Für die um ihre Existenz kämpfende spanische Republik fand am 18. April 1937 in New York eine Massenkundgebung statt. Als Redner war neben Thomas Mann auch Einstein vorgesehen, der jedoch erkrankt war und durch den Bischof Francis J. McConnell eine Botschaft an die Versammlung sandte:

Vor allem möchte ich hervorheben, dass tatkräftiges Wirken für die Rettung der spanischen Freiheit in meinen Augen eine unabweisbare Pflicht für alle wirklichen Demokraten ist. Eine solche Pflicht läge auch dann vor, wenn die spanische Regierung und das spanische Volk nicht so bewunderungswürdige Beweise von Opfermut und Heldenhaftigkeit gegeben hätten. Denn ein Verlust der politischen Freiheit in Spanien würde auch diejenige Frankreichs ernsthaft gefährden, dieser Geburtsstätte der Menschenrechte.

Möge es Ihnen gelingen, das Bewusstsein der hiesigen Öffentlichkeit aufzurütteln, und möge daraus aktive Hilfe entspringen . . . Der Erfolg Ihrer gerechten und wichtigen Sache liegt mir ausserordentlich am Herzen.

Zur internationalen Feier des Gründertags der Young Men's Christian Association (Y.M.C.A.) schrieb Einstein am 11. Oktober 1937[11]:

Die politischen und ökonomischen Kämpfe und Verwicklungen der letzten Jahrzehnte . . . haben uns Gefahren vor Augen geführt, von denen die schwärzesten Pessimisten der vergangenen Jahrhunderte nichts geahnt haben. Die Leitsätze der Bibel über die menschlichen

Beziehungen galten damals Gläubigen und Ungläubigen als selbstverständliche Forderungen für Individuen und Gemeinschaften; niemand wäre ernst genommen worden, der das Streben nach objektiver Wahrheit und Erkenntnis nicht als hohes und ewiges Ziel der Menschen anerkannt hätte.

Heute aber müssen wir mit Schrecken erkennen, dass diese Grundpfeiler gesitteter menschlicher Existenz ihre Festigkeit eingebüsst haben. Ehemals hochstehende Nationen beugen sich vor Gewalthabern, die offen auszusprechen wagen: Recht ist, was uns nützt! Streben nach Wahrheit um ihrer selbst willen ist unberechtigt und wird nicht geduldet. Willkür, Unterdrückung, Verfolgung von Individuen, von Überzeugungen und Gemeinschaften werden in jenen Ländern unverhüllt geübt und als berechtigt oder als unvermeidlich hingenommen.

Der Rest der Menschheit aber hat sich langsam an diese Erscheinungen des moralischen Verfalles gewöhnt. Man vermisst die elementare Reaktion gegen das Unrecht und für das Recht, die auf die Dauer den einzigen Schutz der Menscheit gegen den Rückfall in die Barbarei bildet. Ich bin fest davon überzeugt, dass leidenschaftlicher Wille zum Rechte und zur Wahrheit für die Verbesserung der menschlichen Verhältnisse weit mehr geleistet hat als berechnende politische Klugheit, die auf die Dauer doch nichts anderes erzeugt als Misstrauen aller gegen alle. Kann man daran zweifeln, dass Moses ein besserer Führer gewesen ist als Machiavelli? . . .

Der Humanist Einstein verurteilte nicht nur die Grausamkeit des Menschen gegen den Menschen, sondern auch die Brutalität gegenüber dem Tier. Das Bulletin der National Society for the Abolition of Cruel Sports in England (Mitteilungsblatt des Nationalvereins für die Abschaffung von grausamem Sport in England) brachte in der Novembernummer des Jahres 1937 eine Erklärung Einsteins über den Jagdsport (21. August 1937)[12]:

Ihr Artikel spricht mir aus der Seele, ja er spricht für mich etwas gefühlsmässig Selbstverständliches aus. Die Natur hat den Tieren, die sich unmittelbar vom Fleische ihrer Mitgeschöpfe ernähren müssen, eine Lust am Töten eingepflanzt, und es ist kein Zweifel, dass wir von solchen Tieren abstammen.

Dieser Instinkt scheint aber in Menschen zu erlöschen, wenn er durch Jahrtausende im Zustande der Zivilisation lebt. Nur so kann ich mir erklären, dass ich beim Gedanken an eine Jagdpartie einen starken und unmittelbaren Abscheu empfinde, während ich doch bei so vielen meiner Mitmenschen, die meist über eine viel kürzere Zeit der Zivilisation ihrer Vorfahren zurückblicken, eine ganz entgegengesetzte seelische Reaktion vorfinde.

Ich weiss, dass diese tiefgehende Diskrepanz von Menschen meiner Art als tragisch empfunden wird; sie erstreckt sich natürlich nicht nur auf die seelische Haltung gegenüber der Tierwelt, sondern auch auf das gefühlsmässige Verhalten der Menschen gegeneinander – wie Sie es ganz richtig und treffend auseinandergesetzt haben.

Die Amerikanische Liga gegen Krieg und Faschismus rief zu einem "Volkskongress für Demokratie und Frieden" nach Pittsburgh, Pennsylvania, auf (26.–28. Novemer 1937). Einstein unterstützte den Kongress, erkundigte sich jedoch, ob die Liga wirklich überparteilich eingestellt sei. Ihr Exekutivsekretär versicherte ihm, dass zwar Kommunisten in der Liga tätig seien, diese jedoch nicht von der Kommunistischen Partei beherrscht werde.

In einem Brief, den Einstein am 15. November 1937 an die Organisation richtete, erörterte er die Strategie des Pazifismus gegenüber der faschistischen Gefahr:

. . . Im Prinzip ist es jedenfalls sehr zu begrüssen, dass eine so ausgebreitete Organisation zur Verbreitung des demokratischen und pazifistischen Ideals vorhanden ist. Andererseits muss leider gesagt werden, dass in der letzten Zeit die Pazifisten der Sache der Demokratie mehr geschadet als genützt haben. Dies ist z.B. besonders deutlich bei England, dessen von der Bewaffnung der faschistischen Staaten erzwungenen Aufrüstung durch pazifistische Einflüsse in gefährlichem Masse verzögert wurde.

Es ist zwar richtig, dass militärische Erstarkung stets eine Gefahr für die Demokratie bildet. Wenn man aber durch Unterlassung der Bewaffnung den kriegerischen faschistischen Staaten ungerüstet gegenüber steht, so ist diese Gefahr noch viel grösser.

Das ganze Dilemma hängt nach meiner Überzeugung damit zusammen, dass die pazifistischen Organisationen eine gewissermassen kurzsichtige Politik des Pazifismus verfolgt haben. Das oberste Ziel muss nämlich die Vermeidung von Kriegen durch internationale Organisation sein, nicht aber die momentane Vermeidung von Aufrüstung und Verwicklung in internationale Konflikte. In Amerika haben die Pazifisten erheblich beigetragen zur Erzwingung jener Neutralitäts-Gesetze, die für die Opfer von Angriffen faschistischer Mächte so verhängnisvoll gewesen sind und in Zukunft zu werden drohen.

Bei dem heutigen Stand der internationalen Verhältnisse kann nur der Staat für die Erlangung internationaler Ordnung und Sicherheit wirken, der über hinreichende militärische Machtmittel verfügt. Vor diesen für uns Pazifisten und Demokraten betrüblichen Tatsachen die Augen zu schliessen, ist unter den heutigen Umständen geradezu ein Verbrechen gegenüber dem pazifistischen Ideal . . .

Da Aufrüstung unvermeidlich erscheint, so muss dahin gewirkt werden, dass sie nicht zu gefährlicher wirtschaftlicher Macht privater Unternehmer führt. Demgegenüber ist es immer noch vorzuziehen, dem Staate erhöhte wirtschaftliche Machtmittel in die Hand zu geben (Verstaatlichung der Industrien, die in erster Linie der Bewaffnung dienen).

Hauptziel pazifistischer Propaganda müsste das Eintreten für eine möglichst mächtige übernationale Instanz zur Entscheidung aller internationaler Konflikte sein, nicht aber das Wirken für die Idee der Isolierung, die man am besten als den Standpunkt eines kurzsichtigen Egoismus bezeichnen muss.

Nach dem Einmarsch Hitlers in Österreich am 21. März 1938 wurde die Lage der dem Griff des Naziterrors ausgesetzten Juden noch verzweifelter als zuvor. Als enger Freund Einsteins suchte der Volkswirtschaftler Otto Nathan ihn dafür zu gewinnen, einen dringlichen Aufruf an das Weltgewissen zu richten. Einstein zögerte; er glaubte nicht, dass ein solcher Appell erfolgreich wäre. Aber er erklärte sich dann bereit, dem damaligen Harvard-Professor Felix Frankfurter (und späteren Mitglied des amerikanischen Oberbundesgerichts) eine Hilfsaktion vorzuschlagen. Einstein schien der Kontakt mit Frankfurter wegen seiner österreichisch-jüdischen Abkunft und seiner engen Verbindung mit Präsident Franklin D. Roosevelt erfolgversprechend. Einstein schrieb Frankfurter am 3. April 1938:

Heute habe ich mit meinem Freund Professor Nathan über die verzweifelte Lage der europäischen Judenheit gesprochen. Wir waren beide der Ansicht, dass jüdische charitative Hilfe allein aus rein zahlenmässigen Gründen nur gänzlich unzureichende Hilfe leisten kann. Das Einzige, was uns irgendwelche wirklich fühlbare Erleichterung zu versprechen schien, wäre ein Versuch, grosse nichtjüdische, nichtpolitische Organisationen (Kirchen, Universitäten, Professoren, Lehrer, Rotes Kreuz etc.) nicht nur in Amerika, sondern auch in Europa zu einem gemeinsamen Appell an das Gewissen aller wohlgesinnten Menschen zu veranlassen. Wir glauben, dass ein solcher Appell, wenn er wirklich gelingt, sogar jetzt noch das Allerschlimmste abwenden könnte.

Wie denken Sie darüber? Möchten Sie Ihre Kräfte und Ihre Erfahrung einer solchen Sache widmen? Wollen Sie mit uns darüber beraten? Wir wollen nichts tun, bevor wir nicht Ihre Antwort haben. Wenn Sie wollen, kommen wir zu Ihnen.

Frankfurter unterstützte die Idee im Prinzip; da er jedoch Einstein die Reise nach Cambridge nicht zumuten wollte, kam die vorgeschlagene Zusammenkunft zwischen ihm und Einstein und Nathan nie zustande. Frankfurter empfahl, an

Charles C. Burlingham, heranzutreten, einen liberalen New Yorker Anwalt, in dem Frankfurter einen idealen Initiator der vorgeschlagenen Aktion sah. Einstein schickte Burlingham am 9. April 1938 folgendes Memorandum:

Das Versagen des Systems der kollektiven Sicherheit hat gewiss Jeden, der um das Wohl der Menschheit ernstlich besorgt ist, aufs tiefste erschüttert. Er ist sich des Umstandes schmerzlich bewusst, dass hier ein Rückschritt des internationalen Völkerlebens zu beklagen ist, der wohl nur durch schwere Opfer an Wohlfahrt und Menschenleben wiedergutgemacht werden kann.

Mit nicht geringerer Sorge und Missbilligung haben wir erleben müssen, dass in unseren Tagen Staaten, die sich ehedem mit Stolz als Träger hoher Zivilisation betrachten durften, jene politischen und persönlichen Rechte eines Teiles ihrer Bürger vernichtet haben, deren Respektierung seit geraumer Zeit als eine selbstverständliche Pflicht eines jeden zivilisierten Staates betrachtet worden ist. Alle diese im Dasein der Völker so eminent wichtigen Grundregeln überragt aber *einer* an fundamentaler Bedeutung, nämlich die Aufrechterhaltung des Grundsatzes: Kein Staat darf einen innerhalb seiner Grenzen lebenden Bevölkerungsteil physisch vernichten. Wir sind entschlossen, auf jede uns mögliche Weise zu verhindern, dass unschuldige Menschen, sei es mit Waffen, sei es durch systematische Entziehung jeder Ernährungsmöglichkeit, in den Tod getrieben werden.

Deutschland hat durch seine unmenschlichen Massregeln gegen die deutschen und österreichischen Juden diesen Vernichtungsweg beschritten und benutzt seine militärische, politische und wirtschaftliche Macht gegenüber den kleinen Staaten des östlichen Europa, um deren jüdischen Bevölkerungsteil auf gleiche Weise zu vernichten.

Wir sind als nicht-politische Gemeinschaften und als diesen angehörige Einzelpersonen dazu entschlossen, uns mit allen unseren Kräften dafür einzusetzen, dass die Unantastbarkeit des Lebens unschuldiger Menschen überall respektiert werde. In diesem Punkte gibt es für uns kein Prinzip der Nichteinmischung.

Kann es etwas Beschämenderes für eine Generation geben als den Umstand, dass es nötig geworden ist, eine solche Forderung zu stellen?

Das Ergebnis dieses Briefs war – einen ganzen Monat später – eine Zusammenkunft prominenter Persönlichkeiten in der Wohnung des damaligen Präsidenten des Union Theological Seminary in New York, Harry Emerson Fosdick. Aber die lange Diskussion über verschiedene Aktionsmöglichkeiten brachte keine Entscheidung, keine weitere Zusammenkunft wurde vereinbart, und das Ganze verlief im Sande.

Die Enttäuschung Einsteins über die allgemeine amerikanische Passivität gegenüber dem europäischen Geschehen findet fast prophetischen Ausdruck in einer Botschaft an ein Friedensmeeting in New York am 5. April 1938[13]:

... Viele Amerikaner, sogar viele Pazifisten, denken und sagen: "Lasset Europa untergehen, wenn es nichts Besseres verdient; wir werden uns abseits halten und uns nicht darum kümmern." Solche Haltung betrachte ich nicht nur als unwürdig, sondern auch als kurzsichtig. Es scheint mir unwürdig einer grossen Nation, der mit zynischer Verachtung des Rechtes ins Werk gesetzten Vernichtung kleiner, aber kulturell hochstehender Staaten untätig zuzusehen.

Es scheint mir aber auch kurzsichtig vom Standpunkt eines verständigen Egoismus. Denn aus einem Sieg barbarischer, Recht und Menschlichkeit verachtender Mächte wird schliesslich eine Situation hervorgehen, die Amerika zum Kämpfen zwingt, und zwar unter viel ungünstigeren Bedingungen, als sich die meisten heute vorstellen können ...

Noch vor Ausbruch des Kriegs in Europa schrieb Einstein ein Nachwort zu seinem Bekenntnis aus dem Jahre 1930 "The World As I See It" (siehe S. 129). Es erschien 1939 im Rahmen einer Sammlung von Credos bedeutender Männer und Frauen[14]:

Wenn ich die Zeilen wieder durchlese, die ich vor zehn Jahren zu dem Bande "Living Philosophies" beigetragen habe, so erhalte ich zwei merkwürdig kontrastierende Eindrücke. Erstens nämlich scheint mir das Geschriebene sachlich noch ebenso zutreffend wie damals; zweitens aber erscheint mir dies alles so merkwürdig ferne und fremd.

Wie ist dies möglich? Hat sich die Menschenwelt in zehn Jahren wirklich so grundlegend verändert oder erscheint mir alles in so verschiedenen Farben, weil ich zehn Jahre älter geworden bin und mein Auge infolgedessen alles in verändertem, trüberen Lichte sieht? Was bedeuten zehn Jahre in der Geschichte der Menschheit? Sind nicht alle wesentlichen Kräfte, die das Leben der Menschen bestimmen, gegenüber so geringfügigen Zeitdifferenzen als konstant zu betrachten? Ist meine abwägende Vernunft so hinfällig, dass die physiologischen Änderungen meiner Person in diesen zehn Jahren meine Einstellung zum Leben so empfindlich zu beeinflussen vermochten?

Es scheint mir klar, dass diese Gesichtspunkte den Wechsel der gefühlsmässigen Einstellung zu den allgemeinen Fragen des Lebens nicht aufklären können. Auch weiss ich, dass mein persönliches äusseres Schicksal in meinem Denken und Fühlen stets eine ziemlich nebensächliche Rolle gespielt hat, dass also auch hier der Grund für die seltsame Veränderung nicht zu suchen ist.

Nein, es handelt sich um etwas ganz anderes: In diesen zehn Jahren ist das Vertrauen in die Stabilität, ja in die Lebensfähigkeit der zivilisierten menschlichen Gesellschaft weitgehend dahingeschwunden. Man fühlt nicht nur eine Bedrohung des menschlichen Kulturgutes, sondern auch eine geringere Wertung alles dessen, was man mit allen Kräften verteidigt wissen möchte.

Zwar war in einem bewussten Menschen gewiss zu allen Zeiten das Bewusstsein lebendig, dass das Leben des Individuums ein Abenteuer sei, dass das Leben beständig dem Tode abgerungen werden muss. Die Gefahren waren zum Teil äussere: Man konnte die Treppe hinunterfallen und sich den Hals brechen oder gar durch Irrtum unschuldig verurteilt oder durch eine Verleumdung ruiniert werden. Das Zusammenleben mit Menschen barg Gefahren verschiedenster Art in sich; aber diese Gefahren waren chaotischer Art, dem Zufall unterworfen. Die menschliche Gesellschaft, in der man lebte, aber war als Ganzes scheinbar stabil. Sie war zwar, an den Idealen des Geschmacks und der Moral gemessen, höchst unvollkommen. Aber man glaubte, sie im Ganzen genommen zu kennen, und – abgesehen von Zufällen aller Art, die sie bot – fühlte man sich in ihr gewissermassen sicher. Man empfand ihre wesentlichen Qualitäten als etwas Selbstverständliches, ähnlich der Luft, die man einatmet. Auch die Massstäbe für das, was als gut, erstrebenswert und vom Standpunkte des praktischen Lebens als wahr anzusehen sei, galten als sicher und als ein allen Gliedern der zivilisierten Menschheit gemeinsames, unantastbares Gut.

Allerdings hatte bereits der Weltkrieg dieses Gefühl der Sicherheit erschüttert. Da wurden die Heiligkeit des Lebens und die freie Verfügung des Individuums über sich selbst aufgehoben, und die Lüge zum Instrument der Politik erhoben. Aber der Krieg wurde weitgehend als eine Art äusseres Ereignis empfunden, nicht oder nur teilweise als Folge des bewussten planmässigen Handelns von Menschen, eine Unterbrechung des normalen Lebens der Menschheit durch äussere Ursachen, ein Zustand, der von allen als unglücklich und schlecht empfunden wurde. Das Gefühl der Sicherheit hinsichtlich menschlicher Ziele und Werte blieb in der Hauptsache unerschüttert.

Die nachfolgende Entwicklung markiert sich scharf durch politische Geschehnisse, die aber weniger tiefgreifend sind als ihr weniger leicht fassbarer psychologisch-sozialer Hintergrund. Erst ein kurzer hoffnungsvoller Aufstieg charakterisiert durch die Schaffung des Völkerbundes durch Wilsons gross angelegte Initiative und die

Aufrichtung eines Systems kollektiver Sicherheit der Nationen. Dann die Bildung faschistischer Staatengebilde, verbunden mit einer Kette von Vertragsbrüchen und unverhüllten Gewaltakten gegen Menschen und militärisch schwächere Nationen. Das System der kollektiven Sicherheit fiel zusammen wie ein Kartenhaus. Dieser Zusammenbruch ist heute in seinen Folgen noch unübersehbar. Er manifestierte eine Charakterschwäche und Verantwortungslosigkeit der geistig führenden Schichten der betroffenen Länder und einen kurzsichtigen Egoismus in den bisher äusserlich intakt gebliebenen Demokratien, der eine energische Gegenaktion nicht aufkommen liess.

Es kam schlimmer, als der scharfäugigste Pessimist zu prophezeien gewagt hätte. In Europa östlich des Rheines gibt es so gut wie keine freie geistige Betätigung mehr und die Bevölkerung wird durch zur Macht gelangte Verbrecher terrorisiert, die Jugend durch systematische Lügen vergiftet. Der Scheinerfolg politischer Abenteurer hat die übrige Welt geblendet; überall zeigt es sich, dass die Generation die starken Kräfte vermissen lässt, die in den letzten Jahrhunderten die politische und intellektuelle Freiheit des Individuums mühselig und mit schweren Opfern erkämpft hatten.

Das Bewusstsein von dieser Sachlage überschattet jede Stunde meines gegenwärtigen Daseins, während ich vor zehn Jahren noch nicht davon erfüllt war; dies ist es, was ich beim Durchlesen der damals niedergeschriebenen Zeilen so stark empfinde.

Und doch weiss ich, dass die Menschen im Ganzen sich wenig verändern, wenn auch die Mode, der sie folgen, sie in verschiedenen Zeiten als sehr verschieden erscheinen lässt, und wenn auch Zeitströmungen wie die jetzige unvorstellbares Leid über sie bringt. Nichts davon wird bleiben als eine armselige Seite in den Geschichtsbüchern, in welchen der Jugend späterer Geschlechter die Torheiten der Vorfahren in gedrängter Form vor Augen geführt werden.

Am 9. Januar 1938 erbat Einstein die Hilfe der belgischen Königinmutter, um einer in Deutschland lebenden betagten Verwandten Einsteins das Aufenthaltsrecht in Belgien zu verschaffen. Er benützte die Gelegenheit, um sich über sein Leben und Werk und die Situation der Welt auszusprechen:

... ich war zu bekümmert, um in Freude zu erwidern. Der moralische Abstieg, den wir miterleben müssen und die mit ihm verbundenen Leiden sind so drückend, dass man es keinen Augenblick vergessen kann. Mag man sich noch so sehr in die Arbeit vertiefen, es bleibt doch ein dumpfes Gefühl von etwas Unentrinnbarem gegenwärtig.

Es gibt aber doch Stunden, in denen man von der inneren Verbundenheit mit menschlicher Unzulänglichkeit befreit ist. Man steht dann auf irgend einem Fleck eines kleinen Planeten und sieht staunend die kalte und doch so ergreifende Schönheit des Ewigen, in seiner Tiefe Unergründlichen. Da fliesst Leben und Tod zur Einheit zusammen, und es gibt kein Werden und kein Schicksal sondern nur ein Sein.

Die Arbeit hat sich im letzten Jahre als fruchtbar erwiesen. Ich habe eine hoffnungsvolle Spur gefunden, die ich mit ein paar jungen Arbeitsgenossen mühsam aber unentwegt verfolge. Ob es zur Wahrheit führt oder in die Irre, werde ich vielleicht in der kurzen mir verbleibenden Zeitspanne nicht mehr mit einiger Sicherheit herausfinden können. Aber ich bin dem Schicksal dankbar für den spannenden Lebensinhalt, der das Dasein als sinnvoll erscheinen lässt ...

Anfang 1939 wurde Einstein von der angesehenen amerikanischen Studentenverbindung Phi Beta Kappa ersucht, als Redner zugunsten eines "Verteidigungsfonds für ... die Geistesfreiheit" zu sprechen. Einsteins Antwort vom 1. Februar 1939 ist ebenso interessant in ihrem endgültigen Wortlaut wie in den aus dem ursprünglichen Entwurf ausgelassenen Teilen. Er sei, bemerkte er in dem Brief, weder ein wirksamer Redner noch mit der englischen Sprache hinreichend vertraut, um die Gefahr von Missverständnissen ausschalten zu können. Aber er lobte den Phi-Beta-Kappa-Plan:

... Es ist sehr verdienstlich und von besonderer politischer Bedeutung, wenn eine so angesehene Körperschaft für die gegenwärtig mehr als früher gefährdete Freiheit der Lehre, der Forschung und der Publizistik mit solcher Energie sich einsetzt ...

Ein langer, in der Endfassung des Briefs gestrichener Absatz handelte von Einsteins Opposition gegen den amerikanischen Isolationismus und der amerikanischen Mitverantwortung für den Fehlschlag der Bemühungen um Kollektivsicherheit. Ausserdem waren die folgenden beiden Absätze des Entwurfs ausgelassen:

... So gleicht heute Europa einer Stadt, in welcher zwar die Diebe und Mörder bestens organisiert sind, während sich dagegen die das Gesetz respektierenden Bürger nicht dazu entschliessen können, eine Polizei zu schaffen.

Wie aber Amerika? Da besteht einstweilen ein trügerisches Vertrauen in die Möglichkeit eigener Sicherheit durch Isolation, wenn auch Europa zusammen mit England und seinem Imperium den neuen Barbaren zum Opfer fällt. Wenn schnell genug erkannt wird, dass dies Vertrauen trügerisch ist, dann wird in diesem aktiven Lande die wirksame Gegenaktion nicht lange auf sich warten lassen. Es ist aber auch keine Zeit mehr zum Warten, wenn verhütet werden soll, dass Amerika später ohne Bundesgenossen unter den ungünstigsten Umständen und mit zweifelhafter Aussicht auf Erfolg sich seiner Haut wird wehren müssen.

Ein "Lincoln-Geburtstags-Komitee für Demokratie und Geistesfreiheit" war 1939 unter dem Vorsitz des berühmten Anthropologen Franz Boas und unter Teilnahme vieler bedeutender Gelehrter organisiert worden. Das Komitee übermittelte vierzig hervorragenden intellektuellen Führern einen Fragebogen. Hier folgen die Fragen und Einsteins Antworten (Anfang Februar 1939):

Frage: Wie kann der Wissenschaftler die Freiheit der Forschung und die gemeinnützige Anwendung seiner Forschungsergebnisse sichern?

Antwort: Freiheit der Forschung und Sicherung der Anwendung ihrer Ergebnisse hängt von politischen Faktoren ab. Auf diese Entwicklung haben die Forscher nicht als solche, sondern nur als Bürger Einfluss. Hieraus folgt, dass der Forscher die Pflicht hat, in den politischen Fragen im Sinne obiger Ziele aktiv zu sein. Er muss den Mut haben, in politischen und ökonomischen Fragen auch als Lehrer und Publizist seine durch Studium begründeten Überzeugungen klar zu vertreten. Gegen Verkrüppelung der Lehr- und Publikationsfreiheit sollte er sich und die Allgemeinheit durch Zusammenschluss und kollektives Handeln nach Möglichkeit schützen und für Gefährdung auf diesem Gebiete stets ein wachsames Auge haben.

Frage: Wie können Wissenschaftler und Pädagogen den Kampf gegen rassische, religiöse und andere Formen der Diskriminierung unterstützen, die dem Buchstaben und Geist der amerikanischen Unabhängigkeitserklärung und der Freiheitsurkunde (Bill of Rights) zuwiderlaufen? Wie kann die Schule die ihr als Bollwerk der Demokratie obliegenden Aufgaben am besten erfüllen?

Antwort: Freiheit der Lehre und Schutz der ethnischen und religiösen Minderheiten sind Grundpfeiler eines freiheitlichen Staates. Diese Wahrheit sowie das Bewusstsein der Bedeutung der Unantastbarkeit der Rechte des Individuums im Bewusstsein des Volkes lebendig zu erhalten, ist eine der wichtigsten Aufgaben der Schule. Bedeutende Wirkungsmöglichkeiten sind in die Hände des Lehrers gelegt und grosse Verantwortung ruht auf ihm. Es gibt keine besondere Methode, die in dieser wichtigen Angelegenheit den Erfolg sichert; geistige Atmosphäre und Vorbild sind hier noch wirksamer als Wissen und Verstehen.

Frage: Wie kann die Regierung die Entwicklung von Wissenschaft und Kultur am wirksamsten fördern?

Antwort: Die öffentliche Hand kann und soll die Lehrer aller Stufen gegen Beeinflussung durch irgendeinen wirtschaftlichen Zwang schützen, die Erscheinung billiger, aufklärender Bücher, überhaupt die Volksbildung begünstigen. Sie soll die geistige und berufliche Ausbildung der mittellosen begabten Individuen ermöglichen. Auch sollte die Verwaltung des Schulwesens ohne uniformierende Zentralisierung so beschaffen sein, dass sie vom Privatkapital möglichst wenig abhängig ist.

Eine Botschaft, die Einstein im Sommer 1939 schrieb, galt der Nachwelt. G. Edward Pendray hatte für den Westinghouse-Konzern einen Publizitätsschlager ersonnen: die "Zeitkapsel", eine dicke Metallhülle, in die zeitgenössische Denkwürdigkeiten eingeschlossen und die während der New Yorker Weltausstellung vergraben wurde. Einsteins Beitrag lautet:

In unserer Zeit gibt es viele erfindungsreiche Köpfe, deren Erfindungen unser Leben in hohem Masse erleichtern könnten. Wir durchqueren die Meere mit Maschinenkraft und benutzen die letztere auch, um die Menschen von aller anstrengenden Muskelarbeit zu befreien. Wir haben fliegen gelernt und senden uns bequem alle Nachrichten über die ganze Erde durch elektrische Wellen.

Aber die Produktion und Verteilung der Güter ist völlig unorganisiert, so dass jeder in Angst leben muss, aus dem Kreislauf der Wirtschaft ausgeschaltet zu werden und an allem Mangel zu leiden. Ausserdem töten einander die Menschen, die in verschiedenen Ländern wohnen, in unregelmässigen Zeitabschnitten, so dass auch aus diesem Grunde alle in Furcht und Schrecken leben, welche sich irgendwie über die Zukunft Gedanken machen. Alles hängt damit zusammen, dass die Intelligenz und Charakterbildung der Massen unvergleichlich tiefer steht als die entsprechenden Eigenschaften der wenigen, die für die Gesamtheit Wertvolles hervorbringen.

Hoffentlich liest das spätere Geschlecht diese Konstatierungen mit dem Gefühl stolzer und berechtigter Überlegenheit.

Am 12. August 1939 schrieb Einstein der belgischen Königinmutter von seiner Sommerwohnung auf Long Island:

... Beim Lesen Ihres Briefchens erblassten alle die bitteren Gefühle, die sonst mit dem Gedanken an Europa so unlöslich verbunden sind. Der Wunsch, nach langen sechs Jahren wieder den vertrauten Boden zu betreten, regt sich mächtig. Ich bin aber wie eine alte Dame, die eine so komplizierte Schleppe an ihrem Kleide hat, dass sie es nicht wagt, aufzustehen, nachdem sie einmal glücklich irgendwo sitzt ...

Begeistert schilderte er die Freuden, die ihm sein Segelboot und das wöchentliche Musizieren mit Nachbarn boten. Er war von der wachsenden Pflege der klassischen Musik in Amerika stark beeindruckt: "Kein Fremder, der dies Land nur von der lärmenden Aussenseite zu sehen bekommt, würde so etwas je vermuten."

... Wären nicht Zeitung und die zahllosen Briefe, käme es mir gar nicht zum Bewusstsein, dass ich in einer Zeit lebe, in der menschliche Unzulänglichkeit und Grausamkeit beängstigend überhand nimmt. Vielleicht wird man später einmal die Einsamkeit als Erzieherin der Persönlichkeit schätzen lernen. Die Orientalen verstehen dies besser. Wer durch diese Schule gegangen ist, kann nicht mehr so leicht einer Massensuggestion zum Opfer fallen ...

Zehn Tage zuvor hatte er einen Brief unterzeichnet, der den Gang der Geschichte ändern sollte. Sein Empfänger war der Präsident der Vereinigten Staaten, Franklin D. Roosevelt. Einstein riet darin der amerikanischen Regierung dringend, sich mit den Möglichkeiten der Kernspaltung zu beschäftigen.

9. Kapitel

GEBURT DES ATOMZEITALTERS 1939–1940

Einsteins wissenschaftliches Werk war ungewöhnlich schöpferisch und reich an Erfüllung. Er war in der glücklichen Lage, sich auf jene Forschungsgebiete konzentrieren zu können, die seinen besonderen Fähigkeiten am meisten entsprachen. Wie nur wenige andere konnte er sich fast ausschliesslich der abstrakt-wissenschaftlichen Arbeit widmen und äusseren Verpflichtungen, die vielen Gelehrten Zeit und Energie rauben, aus dem Weg gehen. Und er war von Erfolg gesegnet: er hatte das Wissen des Menschen über das Universum, dessen Teil er selbst ist, vertieft, hatte zu Lebzeiten seine revolutionären wissenschaftlichen Hypothesen bestätigt gefunden und war bereits in verhältnismässig jungen Jahren in der wissenschaftlichen Welt als einer jener Giganten, deren Spuren sich der Zivilisation für alle Zeit einprägen, anerkannt worden.

Dennoch war es merkwürdigerweise gerade sein so ausserordentliches und gewichtiges wissenschaftliches Werk, das ihm die schmerzlichste Erfahrung seines Lebens brachte. Es war tragisch, dass die Vertiefung unseres Wissens um die physische Welt, die Einsteins wissenschaftlichem Genie mit zu danken ist, zunächst nicht in der von ihm so brennend ersehnten Verbesserung des menschlichen Wohlergehens, sondern in der Erzeugung eines unvorstellbar mächtigen Vernichtungsinstruments resultierte. Eine ironische Laune der Geschichte wollte es, dass der Mann, der lebenslang und leidenschaftlich für eine Welt ohne Kriege kämpfte, zu denen gehörte, die die wissenschaftliche Grundlage für die grösste Bedrohung der menschlichen Existenz – die Atombombe – erarbeiteten.

Ganz besonders tragisch war es, dass Einstein, durch sein revolutionäres Werk in jungen Jahren, nicht nur die zur Erzeugung der Atombombe führende allgemeine wissenschaftliche Entwicklung anbahnte, sondern dass er auf weit direktere Weise die Produktion der Bombe förderte: gestützt auf das einzigartige Ansehen, das er durch seine wissenschaftliche Arbeit errungen hatte, befürwortete er die Notwendigkeit bestimmter wissenschaftlicher Experimente, die dann zu dem Abwurf der Atombomben über Hiroschima und Nagasaki im August 1945 und zu dem Tod von weit über hunderttausend Menschen führten.

Auf den folgenden Seiten werden die Einzelheiten der in die Geburt des Atomzeitalters mündenden Entwicklung dargestellt. Es soll hier, soweit die vorliegenden Dokumente es erlauben, versucht werden, einerseits den historischen Anteil Einsteins an den dramatischen Ereignissen jener Tage zu schildern, andererseits aber auf die überraschende Zwanglosigkeit der Anfangsschritte hinzuweisen, die eine technische Evolution von ungeheurer – besonders auch militärischer – Tragweite in Gang brachten.

Um die Vorgeschichte der Atombombe zu verstehen, muss man sich vergegenwärtigen, dass das Atom einen wahren Energiespeicher darstellt – eine Tatsache, die nach der Entdeckung der Radioaktivität des Elements Uran durch Henri Becquerel 1896 und der folgenden Isolierung des Radiums durch Marie und Pierre Curie 1902 erkannt wurde[1]. Drei Jahre später erregte Einstein das Staunen der wissenschaftlichen Welt mit seiner revolutionären Feststellung der Äquivalenz von Materie und Energie (ausgedrückt in der berühmten Formel: $E = mc^2$; Energie ist gleich Masse mal Quadrat der Lichtgeschwindigkeit). Aber erst fünfzehn Jahre darnach bestätigten die ersten künstlich hervorgerufenen Umwandlungen von Masse in Energie die Richtigkeit der Einstein-Formel, und auch dann nur in winzigem Massstab.

Vor und nach dem Ersten Weltkrieg wurde viel darüber gesprochen, ob nicht eines Tages die aus einem einzigen Stückchen Kohle oder einer ähnlichen Substanz gewonnene Atomenergie als Treibstoff eines grossen transatlantischen Schiffs dienen könnte. Für die Wissenschaft handelte es sich um die Entdeckung eines Wegs, die Energie aus der Materie freizusetzen und für ausreichenden, dauernden Nachschub zu sorgen. Das inzwischen als "Kettenreaktion" bekannt gewordene Phänomen – die sich selbst erneuernde Energieproduktion – war in gewöhnlichen Brennstoffen und Explosiven leicht zu induzieren, aufrechtzuerhalten und zu kontrollieren. Aber selbst Einstein glaubte nicht, dass er persönlich die Freisetzung der Atomenergie erleben werde, obwohl er sie theoretisch für möglich hielt.

Während der zwanziger und dreissiger Jahre bemühten sich Physiker, durch die Beschiessung mit gewissen Partikeln ein Atom in einzelne Stücke zu brechen; aber es gelang nur die Ablösung kleiner Splitter, und die durch die Detonation erzeugte Energie war geringer als die der induzierenden Kraft. Das verheissungsvollste dieser neuen Partikel war das 1932 von James Chadwick in England entdeckte Neutron. Mit Hilfe von Neutronstrahlen gelang es Enrico Fermi in Italien und Irène und Frédéric Joliot-Curie in Frankreich, den Zerfall von schweren Atomen im Jahre 1934 zu bewerkstelligen, aber sie erkannten nicht, dass damit die Kernspaltung gelungen war.

Erst im Dezember 1938 begann die Lösung des Rätsels. Zwei deutsche Gelehrte, Otto Hahn und Fritz Strassmann von der Kaiser-Wilhelm-Gesellschaft in Berlin, identifizierten eines der grossen Fragmente, die sich durch die Beschiessung des schweren Elements Uran ergaben, als Barium, dessen spezifisches Gewicht etwa halb so gross ist wie das des Urans. Hahn sandte einen Vorabdruck ihrer epochemachenden (Anfang 1939 veröffentlichten) Studie[2] an seine langjährige Kollegin Lise Meitner, die als Halbjüdin Nazideutschland kurz vorher verlassen hatte und jetzt in Schweden lebte. Lise Meitner und ihr (damals als Mitarbeiter von Professor Niels Bohr in Kopenhagen tätiger) Neffe Otto Frisch vermuteten sofort, dass bei den Experimenten Hahns und Strassmanns das Uran-Atom in zwei nahezu gleiche Hälften geteilt worden war, wobei eine ungeheure Menge von Energie freigesetzt wurde, – ein Phänomen, das man später als Kernspaltung bezeichnete. Meitner und Frisch legten ihre Vermutung in einer Fachzeitschrift dar. Noch vor der Veröffentlichung dieser Arbeit im

Februar 1939 wurde Bohr, einer der führenden Kenner der Atomstruktur, von dem Inhalt in Kenntnis gesetzt. Bohr, der die weitreichende Bedeutung der Entdeckung sofort begriff, sprach darüber im Rahmen einer Ende Januar 1939 in Washington gehaltenen Tagung von Wissenschaftlern. Seine Rede wirkte sensationell. Berichten zufolge verliessen verschiedene Wissenschaftler die Tagung vorzeitig und verifizierten die Entdeckung im Lauf von wenigen Stunden in ihren Laboratorien. Später wurde bekannt, dass Frisch in Kopenhagen die Entdeckung bereits bestätigt hatte.

Der wichtigste Aspekt der neuen Entdeckung war die Vermutung verschiedener Gelehrter, dass im Lauf der mittels Neutronen-Beschiessung bewirkten Kernspaltung weitere Neutronen ausgestossen würden, die ihrerseits die Spaltung zusätzlicher Atome herbeiführen könnten. Erwies sich diese Annahme als richtig, so war die Erzeugung einer atomaren Kettenreaktion in greifbare Nähe gerückt.

Fermi sprach bei der Washingtoner Tagung mit Bohr über diese Möglichkeit. Zur selben Zeit beschäftigten sich Joliot-Curie in Paris und andere Gelehrte mit der Idee. Aber der endgültige Nachweis des Phänomens – und damit die Produktion von Atomenergie und Atombomben – liess noch längere Zeit auf sich warten; er gelang erst, nachdem sich Bohrs Annahme, dass nur eine seltene Abart (Isotope) des Urans ohne weiteres spaltbar sei, bestätigt hatte.

Die Intensität der von diesen Entwicklungen befeuerten Forschungstätigkeit mag daran ermessen werden, dass innerhalb eines knappen Jahres nach der Entdeckung Hahns und Strassmanns über hundert wissenschaftliche Studien zur Frage der Kernspaltung erschienen[3]. Und während die Wissenschaftler im Eiltempo arbeiteten, verschlimmerte sich die internationale politische Situation immer mehr. Im Frühjahr 1939 bemächtigte sich Hitler der Tschechoslowakei. Der Kreis derer, die mit Wesen und Ideologie der Regimes in Deutschland, Italien und Spanien vertraut waren und die politische Entwicklung in Europa aufmerksam verfolgten, erkannte die volle Grösse der faschistischen Gefahr. Das traf vor allem auf die zahlreichen aus Europa in die Vereinigten Staaten emigrierten Wissenschaftler zu, die dem Faschismus entronnen waren.

Die Physiker unter diesen Gelehrten begriffen weit eher als ihre amerikanischen Kollegen das Unheil, das infolge der neuen wissenschaftlichen Entdeckungen drohte: die Möglichkeit der bevorstehenden Erzeugung einer neuen fürchterlichen Waffe in Deutschland, wo derart bahnbrechende Untersuchungen über die Kernspaltung stattgefunden hatten. Deutschland genoss ja noch immer den in der Vorhitlerzeit gewonnenen Ruf grosser wissenschaftlicher Effizienz. Überdies wusste man, dass die Nazis die Waffenforschung mit allen Mitteln unterstützten.

Beunruhigende Berichte liefen in den Vereinigten Staaten ein. Darnach habe Deutschland die Ausfuhr von Uran-Erz aus der jetzt unter seiner Herrschaft stehenden Tschechoslowakei verboten, und eine ganze Abteilung der Kaiser-Wilhelm-Gesellschaft arbeite an dem Zustandekommen einer atomaren Kettenreaktion.

Tief besorgt, forderten einige der emigrierten Gelehrten die Beschleunigung der amerikanischen Atomforschung, um zu verhüten, dass das Hitlerregime den demokratischen Ländern in der Produktion der neuen Waffe zuvorkomme. In dieser Richtung wirkten vor allem Enrico Fermi (damals Professor an der Columbia-Universität in New York) und Leo Szilard, der in Berlin mit Einstein zusammengearbeitet hatte und jetzt als Gastforscher an den physikalischen Laboratorien der Columbia-Universität tätig war; ebenso Eugene P. Wigner an der Universität Princeton; Victor F. Weisskopf am Massachusetts Institute of Technology in Cambridge und Edward Teller an der George Washington University in Washington.

Im März 1939 hatten Szilard, Fermi und andere Gelehrte den lange gesuchten Beweis dafür erbracht, dass die bei der Kernspaltung erfolgende Auslösung grosser Energiemengen die Freilegung weiterer Neutrone bewirkte, wodurch eine Kettenreaktion denkbar war. Szilard und Walter H. Zinn, sein Kollege an den Columbia-Laboratorien, vollendeten am 16. März 1939 eine Studie über dieses Thema, die am 15. April 1939 in der Zeitschrift *The Physical Review* erschien (sie trug den Titel: "Instantaneous Emission of Fast Neutrons in the Interaction of Slow Neutrons with Uranium" – "Spontane Entladung schneller Neutronen bei der Wechselwirkung zwischen langsamen Neutronen und Uran").

Etwa um dieselbe Zeit richtete der Dekan der Graduate-Fakultät der Columbia-Universität, George B. Pegram, auf Bitte Szilards und Fermis einen Brief an den Admiral der amerikanischen Kriegsflotte S. C. Hooper. Pegram wies auf die Möglichkeit hin, "dass Uran, als Sprengstoff verwendet, pro Pfund einmillionmal so viel Energie erzeugen könne wie die konventionellen Sprengstoffe". Er arrangierte eine Zusammenkunft Fermis mit Vertretern des Flottenministeriums, um Wege rascher Information der Flotte über künftige wissenschaftliche Entwicklungen zu diskutieren.

Aber waren die atomare Kettenreaktion und der Bau einer Atombombe wirklich im Bereich des Möglichen? Pegram äusserte in einem Brief an Hooper Zweifel daran, die von anderen Wissenschaftlern geteilt wurden. "Selbst Enrico", bemerkt Laura Fermi in ihrem Buch über Leben und Werk ihres verstorbenen Mannes, "bezweifelte im Gespräch mit Admiral Hooper die Relevanz seiner eigenen Voraussagen"[4].

Das Gespräch zwischen Fermi und den Vertretern des Flottenministeriums führte nur zu der Vereinbarung, dass die Wissenschaftler das Ministerium auf dem Laufenden halten würden. Im Lauf des Frühjahrs 1939 führte auch Leo Szilard (während einer wissenschaftlichen Tagung in Princeton) inoffizielle Gespräche mit Vertretern des Ministeriums. Aber am 10. Juli 1939 informierte ihn Ross Gunn, der wissenschaftliche Sachverständige des Flottenministeriums, dass das Ministerium die Sache zunächst nicht weiter verfolgen wolle.

Szilard, ein Wissenschaftler von hohen schöpferischen Fähigkeiten, blieb dennoch von der äussersten Dringlichkeit des Problems überzeugt. Früher als andere seiner Kollegen hatte er erkannt, dass der Bau einer Atombombe technisch möglich und vielleicht schon in naher Zukunft zu erwarten war. Einige seiner eigenen wissenschaftlichen Arbeiten schienen erfolgversprechend.

Aber Fermi war während des Sommers von New York abwesend; vor seiner Rückkehr zu Beginn des akademischen Herbstsemesters liess sich wenig unternehmen. Die Rolle, die Szilard bei den folgenden Entwicklungen spielte, ist umso bemerkenswerter, als er damals noch ein "Ausländer" in Amerika ohne feste akademische Position war: an der Columbia-Universität hatte er nur Gast-Status.

Erst jetzt, im Frühsommer 1939, wurde Einstein auf Szilards Anregung hin in

Einstein und Szilard, aufgenommen von H. Landshoff

die Bemühungen hineingezogen, experimentelle Versuche über die Atombombe zu veranlassen. Nur wenige Jahre zuvor hatte Einstein scheinbar der Möglichkeit der Kernspaltung noch skeptisch gegenübergestanden. Bei der Wintertagung der American Association for the Advancement of Science (Amerikanische Vereinigung für die Förderung der Wissenschaften) im Januar 1935 in Pittsburgh war er von Reportern gefragt worden, ob es nach seiner Meinung der Wissenschaft je glücken werde, Materie auf praktisch anwendbare Weise in Energie umzuwandeln. Nach einem Zeitungsbericht, der allerdings mit Vorsicht zu betrachten ist, soll Einstein erwidert haben[5], man könne fast mit Sicherheit annehmen, dass ein solches Verfahren unmöglich sei. Dem Reporter zufolge verwies er auf die grosse Energiemenge, die zur Auslösung der Energie eines Moleküls nötig sei, und fügte hinzu: "Das ist genau so, als würde man im Dunkel auf Vögel schiessen, und zwar in einem Land, wo es kaum Vögel gibt."

Möglicherweise hat Einstein Anfang 1939 über die Entdeckungen von Hahn und Strassmann, Meitner und Frisch und über die darauffolgenden Veröffentlichungen gehört. Aber es scheint, dass er eine baldige praktische Anwendung der neuen wissenschaftlichen Funde für unwahrscheinlich hielt. Anlässlich seines sechzigsten Geburtstags, am 14. März 1939, hatte er auf eine ihm von *The New York Times* vorgelegte Frage geantwortet[6]:

Unsere bisherigen Resultate betreffend den Zerfall der Atome rechtfertigen nicht die Vermutung von einer wirtschaftlichen Verwertbarkeit der betreffenden Vorgänge. Es gibt aber wohl keinen Physiker von so geringer Wissensbegierde, dass sein Interesse an diesen wichtigen Gegenständen durch die ungünstigen Ergebnisse der bisherigen Versuche beeinträchtigt würde.

Einige Monate darauf setzte sich Szilard mit Einstein in Verbindung. Zunächst dachte Szilard nicht daran, mit Washington Kontakt aufzunehmen. Wie er rückblickend mitteilte, waren er und sein Kollege Wigner von dem Gedanken beunruhigt, dass Deutschland grosse Quantitäten von Uran aus dem Belgischen Kongo, der Hauptquelle des Materials, erhalten könnte. Sie fürchteten, dass die Forschungsarbeit in Deutschland dadurch entscheidend gefördert würde und bald zur Erzeugung von Atombomben führen könnte.

Szilard und Wigner glaubten, die belgische Regierung müsse von dieser Möglichkeit verständigt werden, damit sie eventuell den Uran-Export nach Deutschland unterbinden könne. Szilard wusste, dass Einstein seit Jahren in freundschaftlichen persönlichen Beziehungen zu der belgischen Königin Elisabeth stand. Zusammen mit Wigner suchte er Einstein in seiner Sommerresidenz (Nassau Point, Peconic, Long Island) auf. Ihre Idee war – so berichtet Szilard –, Einstein dafür zu gewinnen, die Königin von der Angelegenheit zu informieren. Es ist einer der dramatischsten Aspekte der Atomentwicklung, dass dieser von einem verhältnismässig bescheidenen Zweck motivierte Besuch Ereignisse völlig anderer und am Ende schicksalsschwerster Art auslöste. Die Begegnung fand um den 15. Juli 1939 herum statt.

Szilard erinnerte sich, dass Einstein, als er von der Möglichkeit einer Kettenreaktion hörte, ausrief: "Daran habe ich gar nicht gedacht!" Einstein habe jedoch sofort erkannt, was die Zugänglichkeit des Kongo-Urans für Deutschland bedeuten könnte, und sich bereit erklärt, die belgische Regierung zu informieren. Verschiedene Schritte wurden von den Wissenschaftlern erwogen. Wigner betonte anscheinend nicht nur, dass die belgische Regierung, sei es auf dem Weg über die Königin oder den belgischen Botschafter in Washington, von der Gefahr der Uran-Exporte nach Deutschland verständigt werden müsse; er sprach auch von der Notwendigkeit grosser Uran-Importe in die USA. Ob in dieser Richtung genauere Vorschläge ausgearbeitet wurden, ist nicht bekannt geworden. Einstein befürwortete einen – anscheinend ebenfalls von Wigner gemachten – Vorschlag, dem amerikanischen Aussenministerium den Entwurf eines Briefes an die Königin von Belgien zu unterbreiten; Einsteins Schreiben sollte nur unter der ausdrücklichen Billigung des Ministeriums abgesandt werden. Ob die drei Gelehrten auch erwogen, die amerikanische Regierung auf die grosse politische und militärische Bedeutung der wissenschaftlichen Entdeckungen hinzuweisen, ist nicht bekannt.

Aber das Drama nahm dann einen viel aufregenderen Verlauf, als die drei Wissenschaftler es bei ihrer Besprechung erwartet hatten.

Ob bei dieser ersten Zusammenkunft zwischen Einstein, Szilard und Wigner auch über Mittel und Wege diskutiert wurde, die amerikanische Regierung zur Förderung und Subvention weiterer Atomforschungen zu bewegen, ist ebenfalls unbekannt. Jedenfalls aber hatte Szilard noch vor dem Besuch bei Einstein mit einem Freund aus der New Yorker Finanzwelt über die Frage gesprochen. Der Etat der physikalischen Fakultät der Columbia-Universität verfügte, wie er wusste, nicht über die Mittel, die die von ihm und Fermi geplanten Untersuchungen erforderten; weitere Fonds mussten von aussen her erschlossen werden. Nach Szilards Rückkehr von dem Besuch bei Einstein teilte ihm sein Freund mit, er habe inzwischen mit Dr. Alexander Sachs, einem mit dem New Yorker Bankhaus Lehman Brothers verbundenen Volkswirtschafter und inoffiziellen Berater des Präsidenten Roosevelt, gesprochen; Szilard möge Sachs aufsuchen. Das geschah offenbar unverzüglich.

Sachs, der Dringlichkeit und Umfang des Problems erkannte, bemerkte, nur durch die Einschaltung des Weissen Hauses könnten konkrete Resultate erzielt werden[7]. Er schlug darum Szilard vor, Einstein solle seinen Brief, statt an die belgische Königin oder den belgischen Botschafter, an den Präsidenten der Vereinigten Staaten richten. Er, Sachs, werde dafür sorgen, dass der Brief den Präsidenten persönlich erreiche.

Szilard schrieb Einstein am 19. Juli 1939, er habe Sachs zwar nur einmal gesehen und könne sich über ihn kein Urteil bilden, empfehle aber den von Sachs befürworteten Kurs. Übrigens schliesse sich Professor Edward Teller, der jetzt eine Gastprofessur an der Columbia-Universität innehatte, dieser Empfehlung an.

Es ist unmöglich, alle Details der Entwicklung in den folgenden zwei Wochen zu rekonstruieren. Aber wir wissen, dass Szilard während dieser Zeit Einstein nochmals in seiner Sommerresidenz aufgesucht hat. Da Wigner sich gerade auf Reisen befand, begleitete ihn Edward Teller.

Bei dieser Gelegenheit erklärte Einstein, falls er es nicht schon kurz zuvor telefonisch oder brieflich getan hatte, sein Einverständnis mit dem Vorschlag, einen durch Sachs zu übermittelnden Brief an Roosevelt zu schreiben. Einstein diktierte Teller auf Deutsch einen Teilentwurf, der bereits einige der Hauptpunkte des späteren epochemachenden Schreibens an den Präsidenten enthielt:

Es sind in der letzten Zeit Arbeiten bekannt geworden, die es sehr wahrscheinlich machen, dass Uran zu einer wichtigen, neuartigen Energiequelle wird. Eine neue Arbeit von E. Fermi und L. Szilard, die noch nicht veröffentlicht ist, mir aber im Manuskript zugeschickt worden ist, lässt es als wahrscheinlich erscheinen, dass in der unmittelbaren Zukunft die Energiebefreiung aus dem Uran mit Hilfe einer Kettenreaktion gelingen wird. Nicht so sicher, aber doch nicht zu vernachlässigen ist die Möglichkeit, dass dadurch Bomben möglich werden, die zwar zu schwer sein könnten, um durch Flugzeuge transportiert zu werden, aber nicht zu schwer für Boote, und eine einzige solche Bombe, im Hafen explodiert, könnte sehr wohl den Hafen zusammen mit der Umgebung zerstören.

In dieser Lage wäre es von Vorteil, wenn die Administration einen dauernden Kontakt mit der Gruppe von Physikern hätte, die in diesem Lande über die Kettenreaktion arbeiten. Vielleicht wäre ein möglicher Weg dazu, dass ein Privatmann, der Ihr Vertrauen geniesst, damit beauftragt wird, einen solchen Kontakt herzustellen und aufrecht zu erhalten. Soweit ich verstehe, hat Deutschland die Ausfuhr von Uranerz bereits eingestellt, und dies ist damit vielleicht erklärlich, dass der Sohn des Staatssekretärs von Weizsäcker als Physiker im Kaiser-Wilhelm-Institut in Berlin tätig ist, wo jetzt die amerikanischen Arbeiten über Uran wiederholt werden.

Die Vereinigten Staaten haben nur sehr minderwertige Uranerze, das Hauptvorkommen des Urans ist in Belgisch-Kongo.

Es lässt sich nicht feststellen, ob Einsteins Entwurf durch den Text angeregt war, den Szilard nach seiner Unterredung mit Sachs niedergeschrieben und Einstein vor seinem zweiten Besuch zugesandt hatte. Jedenfalls berichtete Szilard in einem Brief an Einstein vom 2. August 1939 über einen weiteren Vorschlag, der sich aus Diskussionen mit Sachs ergeben hatte: Für den – in Einsteins Entwurf und in der Endfassung des Briefes an Roosevelt vorgeschlagenen – Posten des Verbindungsmannes zwischen der Regierung und den Atomwissenschaftlern waren K. T. Compton, Bernard Baruch und Charles Lindbergh genannt worden (Szilard fügte hinzu, dass man im Augenblick Lindbergh den Vorzug gäbe).

Auf Grund des deutschsprachigen Entwurfs Einsteins hatte Szilard, nach einer weiteren Begegnung mit Sachs, zwei englischsprachige Fassungen des geplanten Briefs an den Präsidenten entworfen, die er mit seinem Briefe vom 2. August 1939 an Einstein sandte.

Szilard fügte hinzu:

Die erste Fassung hat den Vorzug der Kürze, dagegen enthält die zweite all das, was nötig ist, um dem Präsidenten ein klares Bild zu geben, welche Aufgaben die von ihm zu bestellende Vertrauensperson zu erfüllen hätte. Ich weiss nicht, welche von den beiden

Fassungen Ihnen als richtiger erscheinen wird, und schicke Ihnen daher beide Fassungen zu.

Einstein erwiderte an einem der folgenden Tage:

Ich habe gleich beide Briefe unterschrieben, würde aber ebenfalls dem ausführlicheren den Vorzug geben. Eine Einführung an Lindbergh liegt auch bei. Nun aber hoffe ich, dass Ihr endlich die inneren Widerstände überwindet; es ist immer bedenklich, wenn man etwas zu gescheit machen will!

Szilard bestätigte am 9. August 1939 den Brief Einsteins mit den Beilagen:

Wir werden versuchen, Ihre Mahnung zu beherzigen und, so gut es geht, unsere inneren Widerstände zu überwinden. Übrigens wollen wir es gar nicht zu gescheit machen und sind schon zufrieden, wenn wir es nicht zu dumm machen. Ich werde Ihnen laufend berichten, wie es weiter geht.

Hier folgt der Text des historischen Briefs Einsteins an den Präsidenten Roosevelt (er trägt das Datum des 2. August 1939):

Albert Einstein
Old Grove Road
Nassau Point
Peconic, Long Island

F. D. Roosevelt
Präsident der Vereinigten Staaten
White House
Washington, D. C.

Sehr geehrter Herr!

Einige mir im Manuskript vorliegende neue Arbeiten von E. Fermi und L. Szilard lassen mich annehmen, dass das Element Uran in absehbarer Zeit in eine neue wichtige Energiequelle verwandelt werden könnte. Gewisse Aspekte der Situation scheinen die Aufmerksamkeit der Regierung und, wenn nötig, rasche Aktion zu erfordern. Ich halte es daher für meine Pflicht, Ihnen die folgenden Fakten und Vorschläge zu unterbreiten:

Im Lauf der letzten vier Monate wurde – durch die Studien von Joliot in Frankreich und von Fermi und Szilard in den Vereinigten Staaten – die Möglichkeit geschaffen, in einer grossen Uranmasse atomare Kettenreaktionen zu erzeugen, wodurch gewaltige Energiemengen und grosse Quantitäten neuer radiumähnlicher Elemente ausgelöst würden. Es scheint jetzt fast sicher, dass dies in der allernächsten Zeit gelingen wird.

Das neue Phänomen würde auch zum Bau von Bomben führen, und es ist denkbar – obwohl weniger sicher –, dass auf diesem Wege neuartige Bomben von höchster Detonationsgewalt hergestellt werden können. Eine einzige Bombe dieser Art, auf einem Schiff befördert oder in einem Hafen explodiert, könnte unter Umständen den ganzen Hafen und Teile der umliegenden Gebiete völlig vernichten. Möglicherweise würden solche Bomben infolge ihres Gewichts den Transport auf dem Luftweg ausschliessen.

Die Vereinigten Staaten verfügen nur über bescheidene Mengen schwacher Uran-Erze. Kanada und die frühere Tschechoslowakei dagegen haben gute Uran-Erze. Die beste Uranquelle ist der belgische Kongo.

Im Hinblick auf diese Situation mögen Sie es für wünschenswert erachten, dass ein ständiger Kontakt zwischen der Regierung und der Gruppe von Physikern in Amerika hergestellt wird, die an dem Zustandekommen der Kettenreaktion arbeiten. Das könnte vielleicht dadurch erreicht werden, dass Sie eine Ihr Vertrauen geniessende Person benennen, die, möglicherweise in nichtamtlicher Kapazität wirkend, folgende Aufgaben übernehmen könnte:

A) Verbindung mit Regierungsstellen, die ständig über die weiteren Entwicklungen zu informieren wären; Vorschläge von Regierungsaktionen, wobei der Sicherung ausreichender Uranerz-Quantitäten für die Vereinigten Staaten besondere Aufmerksamkeit geschenkt werden müsste;

B) Beschleunigung der experimentellen Arbeiten, die gegenwärtig mit den beschränkten Mitteln der Universitätslaboratorien finanziert werden; falls nötig, Beschaffung zusätzlicher Fonds durch Kontakte mit Privatpersonen, die die Sache zu unterstützen gewillt sind; vielleicht auch Gewinnung der Mitarbeit industrieller Laboratorien, die über die nötigen technischen Einrichtungen verfügen.

Es wurde mir mitgeteilt, dass Deutschland den Verkauf von Uran aus den von ihm übernommenen tschechoslowakischen Bergwerken eingestellt hat. Dass diese Aktion so frühzeitig erfolgte, mag dadurch zu erklären sein, dass der Sohn des Staatssekretärs im deutschen Auswärtigen Amt von Weizsäcker mit dem Kaiser-Wilhelm-Institut in Berlin verbunden ist, wo einige der amerikanischen Uranexperimente jetzt dupliziert werden.

Ihr sehr ergebener
A.Einstein

Dieser Brief, den der grösste Gelehrte seiner Zeit an einen der damals bedeutendsten politischen Führer der Welt richtete und der in sachlicher Sprache auf eine der folgenschwersten wissenschaftlichen und militärischen Entwicklungen der Epoche hinwies und rasche Aktionen Washingtons empfahl, hatte ein merkwürdiges Schicksal. Er wurde dem Präsidenten der Vereinigten Staaten erst nach über zwei Monaten ausgehändigt – einem Zeitraum, in dem die Deutschen auf der Suche nach der atomaren Kettenreaktion grosse Fortschritte hätten erzielen können.

Worauf war die Verzögerung zurückzuführen? Die Dokumente in Einsteins Archiv und alle anderen Informationsquellen geben keine ausreichende Erklärung. In einem Brief vom 27. September 1939 teilte Szilard Einstein mit:

Soviel ich verstehe, ist Ihr Brief an den Präsidenten schon seit einiger Zeit in Washington ... Ich schicke Ihnen in der Anlage die Rede von Lindbergh, die Sie vielleicht gelesen hatten. Ich fürchte, er ist in der Tat nicht unser Mann. Im übrigen steht die Diskussion über das Neutralitätsgesetz auf einem erbärmlichen Niveau. Man wird dabei Lindbergh gegenüber noch ganz milde gestimmt, denn er gibt wenigstens menschliche Töne von sich.

Aber in einem weiteren Brief an Einstein vom 3. Oktober 1939 berichtete Szilard, zusammen mit Wigner Sachs besucht zu haben, "der uns gestanden hat, dass er immer noch auf Ihrem Brief sitzt". Sachs habe erklärt, aus verschiedenen Telefongesprächen mit Roosevelts Sekretär den Eindruck gewonnen zu haben, dass der Präsident mit Arbeit überhäuft und daher ein Aufschub des Besuchs von Sachs im Weissen Haus geboten sei.

Später gab Sachs einen anderen Grund an. In seiner Aussage vor dem Sonderkomitee des amerikanischen Bundessenats über Atomfragen am 27. November 1945 erklärte er, er habe mit Roosevelt nicht zusammentreffen wollen, solange dieser noch mit der Revision der Neutralitätsgesetze beschäftigt gewesen sei. In Wirklichkeit aber wurden die Neutralitätsgesetze erst nach dem Ausbruch des Krieges in Europa am 1. September 1939 zur brennenden Frage – also über vier Wochen nach der Unterzeichnung des Briefs an den Präsidenten durch Einstein.

In einem Brief an Einstein vom 3. Oktober 1939 bemerkte Szilard weiterhin:

Es ist durchaus möglich, dass Sachs unbrauchbar ist. Gegebenenfalls müssen wir die Sache in die Hand eines Anderen legen. Ich habe mit Wigner verabredet, dass wir Sachs noch eine Frist von zehn Tagen lassen.

Aber am 11. Oktober 1939 suchte Sachs endlich Roosevelt auf und überbrachte ihm Einsteins Brief, zusammen mit einem technischen Memorandum Szilards und beträchtlichem Material zur Vorgeschichte der Atomfrage. Szilards Denkschrift stellte fest, dass mittels des Einsatzes schneller Neutrone "der Bau äusserst gefährlicher Bomben ... mit einer Destruktivkraft jenseits aller hergebrachten militärischen Konzeptionen ein Leichtes wäre". Sachs fügte seinerseits ein Memorandum bei, das die Hauptprobleme summierte und auf Schritte hinwies, die die Vereinigten Staaten zur weiteren Erforschung des Problems der Kernspaltung unternehmen sollten.

Präsident Roosevelt sah intuitiv die Dringlichkeit der Sache. Er ernannte sofort ein "Uran-Beratungskomitee", das ihm so rasch wie möglich Bericht erstatten solle. Und er schrieb an Einstein am 19. Oktober 1939:

The White House
Washington, D.C.

Lieber Herr Professor:

Ich möchte Ihnen für Ihren kürzlich gesandten Brief und die äusserst interessanten und wichtigen Beilagen danken.

Ich fand diese Mitteilungen so bedeutungsvoll, dass ich einen Ausschuss ins Leben gerufen habe, bestehend aus dem Chef des Bureau of Standards und Vertretern des Heeres und der Flotte, um die von Ihnen angedeuteten, das Element Uran betreffenden Möglichkeiten gründlich zu prüfen.

Ich freue mich, dass Herr Dr. Sachs mit diesem Komitee zusammenarbeiten wird, und glaube, dass dies die praktischste und wirksamste Behandlung des Problems ist.

Bitte nehmen Sie meinen aufrichtigen Dank entgegen.

Ihr sehr ergebener
Franklin D. Roosevelt

Das Uran-Beratungskomitee bestand aus dem Chef des Bureau of Standards, Dr. Lyman J. Briggs, der als Vorsitzender fungierte, Oberst Keith F. Adamson, der das Zeugkorps des Heeres vertrat, und seinem Kollegen im Flotten-Zeugkorps, Kommandeur Gilbert C. Hoover.

An der ersten Zusammenkunft des Komitees, die am 21. Oktober 1939 stattfand, nahmen auch Sachs, Szilard, Fermi, Wigner und Teller teil. Bereits am 1. November 1939 sandte das Komitee an Präsident Roosevelt einen Bericht, der von der im Gang befindlichen wissenschaftlichen Revolution ein bemerkenswert positives Bild entwarf. Er verwies auf die Möglichkeit der Erzeugung einer Kettenreaktion, die als Quelle bedeutender Mengen von Atomenergie dienen könnte und "möglicherweise als Quelle von Bomben, die an Destruktivkraft alles bisher bekannte Material weit übertreffen würden". Im Hinblick auf die fundamentale Bedeutung dieser technischen Möglichkeiten und ihren immanenten militärischen Wert sei – so wurde gesagt – eine gründliche Durchforschung des Gegenstandes nötig, und ein solches Projekt verdiene "direkte finanzielle Unterstützung durch die Regierung".

Die darauffolgenden Phasen der Entwicklung der Atombombe sind in anderen Veröffentlichungen geschildert worden und brauchen deshalb an dieser Stelle nicht erörtert zu werden; hier ist nur auf die weitere Rolle Einsteins hinzuweisen.

Zu den folgenden Sitzungen des Beratungskomitees wurden auch noch andere Wissenschaftler eingeladen. Sachs spielte, wie er oft betont hat, weiter die Rolle des Verbindungsmannes zwischen dem Präsidenten und Einstein. Er beriet sich mit Einstein und leitete dessen Meinungen und Vorschläge an den Präsidenten oder das Komitee mündlich oder schriftlich weiter. Häufig scheint Sachs, die Initiative ergreifend, das Komitee angekurbelt und auf die akuten Aufgaben des Augenblicks gelenkt zu haben.

Während dieses ersten Winters des europäischen Krieges war das Uran-Beratungskomitee die einzige offiziellen Rang besitzende Arbeitsgruppe auf diesem Gebiet in den Vereinigten Staaten. Die ersten offiziellen Schritte zur Förderung der bis dahin ausschliesslich von Universitätslaboratorien betriebenen Kernforschung waren äusserst bescheiden. Den Vorschlägen in dem Novemberbericht des Komitees entsprechend, bewilligte die amerikanische Regierung für das Studium der Kernspaltung den Betrag von 6,000 Dollar, der vom 1. November 1939 bis 31. Oktober 1940 reichen sollte – eine lächerliche Kleinigkeit für das "entscheidende erste Jahr ihrer Beschäftigung mit dem Uran-Programm" (Arthur H. Compton). Eine Privatorganisation war etwas grosszügiger: die Carnegie Institution in Washington stellte für denselben Zeitraum 20,000 Dollar für Uranforschungen zur Verfügung. Im Vergleich mit dem bereits damals riesigen Rüstungsetat mussten diese Ziffern winzig erscheinen.

Möglicherweise teilten die amerikanischen Physiker und die Spitzen der amerikanischen Armee und Flotte nicht das Gefühl akuter Wichtigkeit, von dem die aus Europa stammenden Wissenschaftler an amerikanischen Universitäten getrieben waren. Zu der relativen Inaktivität mag auch die allgemeine internationale Atmosphäre beigetragen haben. Polen war von den Nazis und Russen erobert worden. Der "Sitzkrieg" hatte begonnen. Viele Kreise gaben sich der Hoffnung hin, der Krieg könne durch diplomatische Manöver und "appeasement" (Besänftigungspolitik) zu Ende gebracht werden, ohne dass die Vereinigten Staaten in den Konflikt verstrickt würden.

Das Beratungskomitee setzte seine Arbeit fort, aber Szilard und Sachs waren über das schleppende Tempo des Fortschritts sehr besorgt. Im Februar 1940 erschien ihnen eine neue Aktion Einsteins geboten. Sie erfolgte in Form eines zweiten Briefes. Er war, unter dem Datum des 7. März 1940, an Sachs gerichtet (der offenbar selbst an seiner Formulierung mitwirkte), in Wirklichkeit aber für Präsident Roosevelt bestimmt:

Im Hinblick auf unser gemeinsames Interesse an den Ergebnissen der experimentellen Arbeiten an gewissen mit der Landesverteidigung verbundenen Problemen möchte ich Sie auf eine Entwicklung hinweisen, die seit der von Ihnen arrangierten Konferenz zwischen Wissenschaftlern und Regierungsvertretern im vergangenen Oktober stattgefunden hat.

Als ich im letzten Jahr erkannte, dass die Uranforschungen zu Resultaten von nationaler Bedeutung führen könnten, hielt ich es für meine Pflicht, die Regierung davon zu verständigen. Sie erinnern sich vielleicht daran, dass ich in dem Brief an den Präsidenten auch den Umstand erwähnt habe, dass in Deutschland C. F. von Weizsäcker, der Sohn des Staatssekretärs im Auswärtigen Amt, mit einer Gruppe von Chemikern im Institut für Chemie der Kaiser-Wilhelm-Gesellschaft in der Uranforschung zusammenarbeite.

Seit dem Ausbruch des Krieges besteht in Deutschland erhöhtes Interesse am Uran. Ich habe jetzt gehört, dass die Forschungen in grösster Verschwiegenheit fortgeführt werden und auf einen weiteren Zweig der Kaiser-Wilhelm-Gesellschaft, das Institut für Physik, ausgedehnt worden sind. Dieses ist von der Regierung übernommen worden, und eine Gruppe von Physikern betreibt jetzt dort Uranforschung unter der Leitung von C. F. von Weizsäcker in enger Verbindung mit dem Institut für Chemie. Der frühere Direktor ist anscheinend für die Dauer des Kriegs beurlaubt worden.

Sollten Sie es für ratsam halten, diese Informationen an den Präsidenten weiterzuleiten, so steht das Ihnen frei. Wären Sie so liebenswürdig, mich wissen zu lassen, ob Sie einen solchen Schritt unternehmen wollen?

Herr Dr. Szilard hat mir ein für die *Physics Review* bestimmtes Manuskript gezeigt, in dem er eine Methode detailliert, mittels derer eine Uran-Kettenreaktion erzeugt werden kann. Die Studie wird im Druck erscheinen, falls das nicht im letzten Augenblick verhindert wird. Die Frage ist, ob nicht etwas getan werden sollte, die Veröffentlichung zu unterbinden.

Ich habe mit Herrn Dr. Wigner von der Universität Princeton die Situation im Licht der vorliegenden Informationen besprochen. Herr Dr. Szilard wird Ihnen ein Memorandum übergeben, das Sie über die seit Oktober gemachten Fortschritte informiert. Auf Grund dessen können Sie die Schritte unternehmen, die Sie unter den bestehenden Verhältnissen für nötig halten. Der Kurs, den er [Szilard] eingeschlagen hat, ist, wie Sie sehen werden, anders und offenbar mehr erfolgversprechend als derjenige Joliots in Frankreich, über dessen Arbeit Sie vielleicht in den Zeitungen gelesen haben.

Der Hinweis auf die geplante Publikation der Forschungsergebnisse Szilards war offenbar von wichtigen taktischen Überlegungen diktiert. Bereits früher hatten Szilard und andere prominente Atomwissenschaftler eine Kollektivbemühung vorgeschlagen, um die Veröffentlichung wichtiger Atomdaten zu unterbinden, und versucht, dafür auch Niels Bohr zu gewinnen. Aber natürlich war das eine heikle Angelegenheit, denn eine solche Unterdrückung wissenschaftlicher Forschungsergebnisse bedeutete den Bruch eines Prinzips, das Szilard und viele seiner Kollegen bisher immer verteidigt hatten. Überdies wussten sie, dass gerade die prompte Publizierung von Forschungsergebnissen häufig der einzige Weg war, durch den ein Wissenschaftler die Priorität seiner Entdeckungen etablieren konnte; Hahn, Strassmann, Meitner und Frisch hatten das ja gerade in der jüngsten Zeit gezeigt.

Aber die internationale Situation und das ziemlich unverhüllte Eintreten Amerikas für die Alliierten änderten die Perspektive. Im Hinblick darauf hatte eine Reihe von Wissenschaftlern die Hilfe des National Research Council erbeten, um die Publikation wissenschaftlicher Daten "auf allen Gebieten von militärischer Bedeutung" zu verhindern. In Europa hatten Niels Bohr und die britischen Wissenschaftler die Idee unterstützt. Französische Gelehrte zögerten. Schliesslich aber wurde ein System der Selbstzensur gefunden.

Am 15. März 1940 machte Sachs den Präsidenten Roosevelt mit dem zweiten Brief Einsteins bekannt. Roosevelt schlug darauf vor, das Uran-Beratungskomitee möge eine Sitzung mit erweiterter Teilnehmerschaft halten. Einstein und andere von Einstein vorgeschlagene Wissenschaftler sollten dazu eingeladen werden. Das geschah dann durch den Komiteevorsitzenden Briggs. Einstein, der an der Sitzung nicht teilnehmen konnte, schrieb an Briggs (25. April 1940):

Ich danke Ihnen für die kürzlich gesandte Mitteilung über die Sitzung des von Präsident Roosevelt ernannten Sonderberatungskomitees.

Da ich zu meinem Bedauern daran nicht teilnehmen kann, habe ich mit den Herren Dr. Wigner und Dr. Sachs ganz besonders über die mit den Forschungen Dr. Fermis und Dr. Szilards verbundenen Fragen gesprochen. Ich bin überzeugt, dass die Erkenntnis deren Dringlichkeit zur Schaffung eines Rahmens führen sollte, der die Fortsetzung dieser und ähnlicher Arbeiten in rascherem Tempo und grösserem Stil als bisher ermöglicht.

In dieser Hinsicht scheint mir der von Herrn Dr. Sachs gemachte Vorschlag interessant, das Sonderberatungskomitee möge eine Personalliste für den Aufsichtsrat einer gemeinnützigen Organisation aufstellen, deren Aufgabe es wäre, unter der Billigung des Regierungskomitees die für die Atomforschung erforderlichen Mittel aus öffentlichen und privaten Quellen aufzubringen. Eine solche Organisation könnte nach meiner Meinung den für Dr. Fermi, Dr. Szilard und ihre Mitarbeiter nötigen Spielraum schaffen. Die Vorbereitung weittragender Experimente und die Untersuchung der verschiedenen Möglichkeiten praktischer Anwendung stellen eine äusserst komplexe Aufgabe dar. Ich glaube, dass sie innerhalb eines solchen Rahmens und der nötigen Mittel viel rascher ausgeführt werden könnte, als durch eine lockere Zusammenarbeit zwischen Universitätslaboratorien und Regierungsstellen.*

Soweit sich ermitteln lässt, hatte Einstein weder an der weiteren Entwicklung, die zu dem Atombomben-Projekt führte, noch an dem Projekt selbst irgendeinen Anteil. Die Stellung des Beratungskomitees änderte sich mit der Schaffung des National Defense Research Committee durch Roosevelt im Juni 1940. Das neue Komitee nahm sofort eine Schlüsselstellung in der Organisation der amerikanischen Landesverteidigung ein. Unter den Direktiven des Präsidenten sollte das

Uran-Beratungskomitee (wiederum unter dem Vorsitz von Briggs) als Unterausschuss im Rahmen des neuen Komitees fungieren, dem vor allem die Verantwortung für Kernforschungsprobleme übertragen wurde. "Das bedeutete, dass es die Vorschläge des Briggs-Ausschusses überprüfen und daraufhin die nötigen Aktionen beschliessen sollte", erklärte ein Mitglied des neuen Komitees, Professor Karl T. Compton.

In einer weiteren geschichtlichen Perspektive gesehen, war Einsteins Rolle in einem wichtigen Punkt entscheidend: seine einzigartige moralische Autorität führte zur Beteiligung der Regierung und zur Mitfinanzierung der Atomforschung aus öffentlichen Mitteln. Denn seiner Intervention war es zuzuschreiben, dass Roosevelt auf die Sache aufmerksam wurde. Das unmittelbare Resultat dieser Intervention, das Uran-Beratungskomitee, wurde die Keimzelle der gigantischen technisch-wissenschaftlichen Atomschöpfung.

Hätte auch ohne Einsteins Schritt eine solche Entwicklung eingesetzt? Wäre die Atombombe zu derselben Zeit, nämlich vor dem Ende des Krieges, produziert worden? Einige Wissenschaftler – wie zum Beispiel Professor Arthur H. Compton und Dr. Vannevar Bush, der Vorsitzende des National Defense Research Committee – neigten dazu, diese Frage zu bejahen[8]. Aber man kann darüber nur Vermutungen anstellen. In vieler Beziehung unterschieden sich die zum Bau der Atombombe 1945 führenden Entwicklungen nicht von anderen epochemachenden Ereignissen der Geschichte. Solche Kulminationen gleichen reifenden Früchten, die irgendwann vom Baum fallen müssen. Die Frage ist, wann und unter welchen Umständen es geschieht. Das Kommen des historischen Augenblicks kann durch die einzigartigen Aktionen gewisser Individuen oder auch, wie bei der Atombombe, durch einen Wurf des Zufalls beschleunigt werden. Was wäre geschehen, wenn Szilard Einstein nicht im Juli 1939 aufgesucht hätte? Und wenn Einstein den Appell an das Weisse Haus nicht unterstützt hätte? Darüber wird sich wohl nie Endgültiges sagen lassen.

Selbst nach der Schaffung des National Defense Research Committee verstrich eine verhältnismässig lange Zeit, bis die amerikanische Regierung die Atomforschung in jenem Ausmass unterstützte, das die Initiatoren erhofft hatten. Erst am Vorabend der Pearl Harbor-Katastrophe, am 6. Dezember 1941, entschied sich die Regierung zur massiven Beteiligung. Nach einem weiteren Jahr, am 2. Dezember 1942, wurde in Chicago die erste Kettenreaktion erzeugt. Das Projekt nahm schliesslich unter dem Decknamen "Manhattan District" seine endgültige Gestalt an. Unter der Leitung von General Leslie R. Groves wuchs dieses Werk der amerikanischen Heeresingenieure zu einem der grössten wissenschaftlichen und industriellen Unternehmen der Geschichte. Es produzierte die erste Atombombe. Der entscheidende und erfolgreiche Test erfolgte in Alamogordo, in der Wüste des Staates New Mexico, am 16. Juli 1945. Etwa drei Wochen später, am 6. und 9. August 1945, wurden Atombomben über den japanischen Städten Hiroschima und Nagasaki abgeworfen.

Wie bereits betont, war Einstein in keiner Weise an der physischen Entwicklung der Atombombe beteiligt. Ebenso wenig gibt es irgendwelche Anzeichen dafür, dass er über die dazu erforderliche weitere Forschung informiert worden wäre. Das war schon im Hinblick auf die ungewöhnlich strenge Schweigepflicht unmöglich, die allen Mitarbeitern des Atomprojekts, darunter auch Einsteins wissenschaftlichen Freunden, auferlegt war.

Gewiss, Einstein wurde 1943 wissenschaftlicher Berater der Zeugmeisterei (Bureau of Ordnance) der amerikanischen Flotte. Aber alle vorhandenen Dokumente zeigen, dass diese Tätigkeit in keiner Weise mit dem Bau der Bombe verbunden war. Mitglieder des Einstein-Haushalts erinnern sich daran, dass Flottenoffiziere und für die Flotte arbeitende Wissenschaftler von Zeit zu Zeit in seiner Wohnung in Princeton erschienen und mit ihm stundenlange Unterhaltungen hatten. Die Verbindung Einsteins mit der Flotte war jedoch kein Geheimnis: Publizitäts-Photos zeigten ihn zusammen mit Vertretern des Flottenministeriums. Bald nachdem Einstein die Rolle als Berater der Flotte übernommen hatte, bat ihn der Vorsitzende des U.S. Office of Scientific Research and Development, Dr. Vannevar Bush, eine entsprechende Funktion für seine Organisation zu akzeptieren. Einstein lehnte die Einladung ab[9].

In der zweiten Hälfte des Jahres 1944 kehrte er zu einer seiner wichtigsten Ideen der Vorkriegszeit zurück, angeregt zum Teil durch Unterhaltungen mit einem wissenschaftlichen Freund aus früheren Jahren. In einem Brief an einen anderen Wissenschaftler schlug er Beratungen zwischen hervorragenden Wissenschaftlern Amerikas und der alliierten Länder, darunter auch der Sowjetunion, vor, mit dem Ziel, die Regierungen der verschiedenen Länder durch den geeinten Einfluss der hervorragendsten Wissenschaftler zur Bildung eines internationalen Heeres und einer übernationalen Regierung zu drängen. Dieser – wie Einstein ihn nannte – radikale Gedanke bedeutete eine Wiederaufnahme des Hauptziels, das er während der Vorhitlerzeit verfolgt hatte.

In dem Brief sprach Einstein von seiner Furcht, die Zukunft könnte "wahre Vernichtungskriege" bringen, "schlimmer als der jetzige in Lebensvernichtung". Ob er dabei von dem Gedanken an die möglichen verheerenden Auswirkungen der Atomenergie geleitet war, lässt sich nicht sagen. Jedenfalls verfolgte er den politischen Plan nicht weiter; der Empfänger des Briefes hatte ihm davon abgeraten und hatte ihn darauf hingewiesen, dass ähnliche Bestrebungen bereits von anderer Seite im Gang seien.

Als der Bau der Bombe sich der Verwirklichung näherte, wurde eine Reihe der an dem Projekt beteiligten Wissenschaftler von wachsenden Skrupeln gequält. Sie fürchteten, dass die Bombe tatsächlich angewendet werden könnte. Überdies sahen sie katastrophale Folgen für die Zukunft der Menschheit voraus. Bereits im Juli 1944 entwarf Niels Bohr, der aus Dänemark herausgeschmuggelt worden war und nunmehr insgeheim in Amerika arbeitete, ein die Atomkontrolle in der Nachkriegszeit betreffendes Memorandum, das er mit Präsident Roosevelt im folgenden Monat diskutierte[10]. Bohr glaubte, dass die Sowjetführer von der Existenz von Atomwaffen verständigt werden müssten; geschähe das bereits während des Krieges, so könnten die Pläne für eine Zusammenarbeit in der Nachkriegszeit auf realistischerer Grundlage formuliert werden.

In einer weiteren Denkschrift an Roosevelt vom 24. März 1945 empfahl Bohr, die bestehenden Verbindungen zwischen Wissenschaftlern verschiedener Länder zu benützen, um eine Lösung der verwirrenden neuen Probleme anzustreben – eine Idee, die an Einsteins oben skizzierten Vorschlag erinnert. Ein amerikanisches Studienkomitee zur Untersuchung der Atomprobleme der Nachkriegszeit existierte damals bereits; der "Jeffries-Report", ein "Dokument von grossem historischem Interesse", war schon am 18. November 1944 vorgelegt worden[11].

Im März 1945 entwarf Leo Szilard, der jetzt an den Metallurgischen Laboratorien in Chicago arbeitete, ein bemerkenswert prophetisches Dokument, in dem er die Gefahren eines atomaren Rüstungswettbewerbs voraussagte und sogar die Rolle interkontinentaler Raketen diskutierte[12]. Er betonte die ungünstige Wirkung, die die Existenz einer Atomwaffe auf die amerikanische Nachkriegsposition ausüben könnte, denn die Vereinigten Staaten "könnten dann nicht mehr damit rechnen, einen Krieg dadurch gewinnen zu können, dass sie andere Länder in der Produktion von Kanonen und Tanks übertreffen".

Szilard suchte Einstein auf. Er "enthüllte" nichts, sprach aber von seiner grossen Sorge für die Zukunft der Welt und gewann Einsteins Unterstützung für seinen Versuch, eine Unterredung mit Präsident Roosevelt zu erzielen.

Am 25. März 1945 übergab ihm Einstein den folgenden Einführungsbrief an Roosevelt:

The Honorable Franklin Delano Roosevelt — 112 Mercer St.
The President of the United States — Princeton, New Jersey
The White House
Washington, D.C.

Sehr geehrter Herr:

Hiermit möchte ich Herrn Dr. L. Szilard bei Ihnen einführen, der Ihnen gewisse Überlegungen und Vorschläge nahelegen möchte. Ungewöhnliche Umstände, die ich noch näher darstellen will, veranlassen mich zu dieser Aktion, obwohl ich den Inhalt der Überlegungen und Vorschläge, die Dr. Szilard Ihnen unterbreiten möchte, nicht kenne.

Im Sommer 1939 hat Herr Dr. Szilard mir seine Ansichten über die potentielle Bedeutung des Urans für die Landesverteidigung dargelegt. Er war über die sich daraus ergebenden Möglichkeiten sehr beunruhigt und legte Wert darauf, dass die amerikanische Regierung davon so rasch wie möglich informiert werde. Dr. Szilard – einer der Entdecker der Neutronen-Auslösung des Urans, auf die sich die gesamte gegenwärtige Uran-Arbeit gründet – beschrieb mir eine von ihm gefundene Methode, mit deren Hilfe nach seiner Ansicht in naher Zukunft in nicht abgesondertem Uran eine Kettenreaktion erzielt werden könnte. Ich kenne ihn als Wissenschaftler und als Mensch seit über zwanzig Jahren und vertraue seinem Urteil.

Auf Grund seiner wie meiner eigenen Beurteilung der Situation habe ich mir seinerzeit erlaubt, Ihnen das Problem nahezulegen. Sie erwiderten auf meinen Brief vom 2. August 1939 mit der Berufung des Komitees unter dem Vorsitz von Dr. Briggs, wodurch der Einsatz der Regierung auf diesem Gebiet begann.

Die Schweigepflicht, unter der Dr. Szilard gegenwärtig arbeitet, verbietet es ihm, mich über seine Arbeiten zu unterrichten. Ich habe jedoch erfahren, dass er gegenwärtig eine grosse Sorge hat, und zwar über den Mangel ausreichender Kontakte zwischen den Wissenschaftlern, die in dieser Arbeit stehen, und den für die Formulierung politischer Richtlinien verantwortlichen Mitgliedern Ihres Kabinetts. Unter diesen Umständen sehe ich es als meine Pflicht an, Herrn Dr. Szilard diese Einführung zu geben, und möchte die Hoffnung aussprechen, dass Sie seiner Darstellung der Angelegenheit Gehör schenken mögen.

Ihr sehr ergebener
A. Einstein

Der Brief, der sich nach dem Tod Roosevelts in seinem Büro vorfand, wurde Präsident Truman übergeben. Truman leitete ihn an James F. Byrnes weiter, der, als Aussenminister vorgesehen, damals aber noch Privatmann ohne Regierungsstatus war. Erst sechs Wochen später, am 28. Mai 1945 – der Krieg in Europa war bereits zu Ende –, wurde es Dr. Szilard ermöglicht, Byrnes in Begleitung von zwei anderen Wissenschaftlern in seiner Wohnung in Spartanburg, South Carolina, aufzusuchen. Byrnes berichtete später, Szilard habe sich über den unzureichenden Kontakt zwischen den Atomwissenschaftlern und den für den politischen Kurs verantwortlichen Regierungsspitzen beklagt. Szilards Vorschläge machten auf Byrnes "einen ungünstigen Eindruck". Aber ein gewissenhafter Historiker, der sich über die Spartanburger Unterredung mit den drei Wissenschaftlern unterhielt, stellte fest: "Die Wissenschaftler sahen kein Zeichen dafür, dass Byrnes die Bedeutung der Atomenergie begriffen hatte[13]."

Der grösste Teil des Gesprächs drehte sich um die mögliche Anwendung von Atomenergie zur Elektrizitätserzeugung, worüber Byrnes überhaupt nichts gehört hatte. Byrnes hatte keine Zeit übrig für eine Besprechung von Szilards Memorandum, auch nicht für eine Erörterung seiner Ansicht, dass durch den Verzicht der Einsetzung der Atombombe gegen Japan dem Weltfrieden am besten gedient und ein Rüstungswettrennen vermieden werden könne. Byrnes informierte die Wissenschaftler über eine bevorstehende Sitzung des von Truman eingesetzten Interims-Komitees, das den Präsidenten über die Anwendung der neuen Atomwaffen beraten sollte[14].

Mitglieder des Interimskomitees, das am 31. Mai 1945 tagte, waren: Kriegsminister Henry L. Stimson; der Präsident der New York Life Insurance Company, George L. Harrison; James F. Byrnes, der persönliche Vertreter des Präsidenten Truman; der Unterstaatssekretär des Flottenministeriums, Bard; der Unterstaatssekretär im Aussenministerium, Clayton; Vannevar Bush; der Präsident des Massachusetts Institute of Technology; Karl T. Compton, der auch dem Office of Scientific Research and Development angehörte; und der Präsident der Harvard-Universität und Vorsitzende des National Research Council, James B. Conant.

Kriegsminister Stimson, der den Vorsitz führte, erinnerte daran, dass sowohl er als auch der Generalstabschef, General George C. Marshall, die Überzeugung ausgesprochen hatten, die Atomenergie müsse als neues Bindeglied zwischen Mensch und Universum und nicht lediglich als eine neue Waffe betrachtet werden. Obwohl dieser bedeutungsvolle Gedanke der Sitzung als Motto vorausgeschickt wurde, empfahl das Interimskomitee am 1. Juni 1945 einstimmig die Anwendung der Bombe gegen Japan, und zwar bald und ohne vorhergehende Warnung an Japan. Als Ziel wurde "eine von Häusern umgebene militärische Anlage oder Waffenfabrik" in Aussicht genommen, "die besonders grossem Schaden ausgesetzt wäre". Wie alle anderen Komiteemitglieder stimmte auch Byrnes dafür; der Besuch, den die Atomwissenschaftler ihm einige Tage zuvor abgestattet hatten, war also ohne Einfluss auf ihn geblieben.

Unterstützt wurde das Werk des Interimskomitees von einem wissenschaftlichen Gremium, das vier erstrangige Kernphysiker vereinte: Arthur H. Compton, Enrico Fermi, Ernest O. Lawrence und J. Robert Oppenheimer. In ihrem offiziellen Bericht an das Interimskomitee stellten diese Wissenschaftler fest, dass es "keine annehmbare Alternative zu dem direkten militärischen Einsatz" der Bombe gebe.

Aber gleichzeitig bemühten sich andere Atomwissenschaftler, ihre entgegengesetzte Auffassung zu propagieren: dass die Bombe nicht über einer bevölkerten Gegend – und zum mindesten nicht ohne vorherige deutliche Warnung – abgeworfen werden dürfe. Szilard, der entschlossenste Gegner jeder Anwendung der Bombe, nahm an verschiedenen dieser Kampagnen teil. Zusammen mit sechs anderen Wissenschaftlern in Chicago, deren Wortführer Professor James Franck war, unterzeichnete er ein für den Kriegsminister Stimson bestimmtes Memorandum. Darin wurde vorgeschlagen, zunächst in Gegenwart von Vertretern aller Mitgliedsstaaten der Vereinten Nationen die neue Waffe "über einer Wüste oder über einer öden, unbewohnten Insel" zu demonstrieren, zudem müsse vor Anwendung der Bombe an Japan ein Ultimatum ("Kapitulation oder Räumung bestimmter Gebiete") gestellt werden.

Der Franck-Report[15], der Name, unter dem die Denkschrift der sieben Chicagoer Wissenschaftler (drei Physiker, drei Chemiker und ein Biologe) bekannt geworden ist, machte prophetische Bemerkungen über ein kommendes atomares Rüstungswettrennen. Falls kein wirksames internationales Abkommen erzielt werde, werde das Wettrennen "bereits am Tag nach unserer ersten Demonstration der Existenz von Kernwaffen" beginnen. Die in dem Bericht ausgesprochene Opposition gegen die Anwendung der Atombombe über Japan gründete sich auf die Überzeugung, dass dadurch "eine fast unüberwindliche Barriere gegen die internationale Kontrolle der Atomenergie" geschaffen werde. Nur durch eine politische Weltorganisation, betonte der Bericht, könne die Menschheit geschützt werden.

Franck verwies auch auf den "unerträglichen" inneren Konflikt der Wissenschaftler: sie hatten von den Friedensplänen für die Zukunft gehört, waren aber zum Schweigen über den Bau von Atomwaffen verpflichtet; dabei seien sie sich zutiefst bewusst, "dass all jene Friedenspläne hinfällig seien, weil ein künftiger Krieg einen völlig anderen, weit unheilvolleren Charakter als der gegenwärtige haben würde".

Aber die Atomwissenschaftler waren sich über den einzuschlagenden Kurs durchaus nicht einig. Eine unter der Leitung von Arthur H. Compton im Juli 1945[16] am Metallurgischen Laboratorium der Universität Chicago vorgenommene Abstimmung hatte folgendes Ergebnis: 15 Prozent der befragten 150 Wissenschaftler waren für volle, unbeschränkte militärische Anwendung der

Atombombe; 46 Prozent für die beschränkte Anwendung (das bedeutete: eine militärische Demonstration in Japan; Aufforderung Japans zur Kapitulation; erst nach deren Ablehnung voller Einsatz der Waffe); 26 Prozent befürworteten vor der Anwendung eine experimentelle Demonstration der Bombe in den Vereinigten Staaten; nur 13 Prozent der Befragten lehnten jeden militärischen Einsatz der Bombe ab.

Es muss jedoch darauf hingewiesen werden, dass die vier Fragen teilweise missverständlich formuliert waren. Besonders traf das bei der zweiten Frage über die "beschränkte Anwendung" der Bombe zu, sodass man sich über die wahren Ansichten der 46 Prozent, die dafür stimmten, kein richtiges Bild machen kann.

Szilard war der festen Überzeugung, dass die humanitären und moralischen Argumente gegen die Anwendung der Bombe den höchsten Stellen eindringlich zur Kenntnis gebracht werden müssten. Er sammelte unter seinen Kollegen mehr als sechzig Unterschriften für eine letzte direkte Petition an Präsident Truman[17]. Ihr Hauptpunkt war: keine Anwendung der Atomwaffe ohne hinreichende Warnung Japans, dem die Möglichkeit der Kapitulation unter klar festgestellten Bedingungen gegeben werden müsse.

Arthur H. Compton berichtet, der ursprüngliche Entwurf Szilards habe aus moralischen Gründen die Anwendung von Atombomben bedingungslos verworfen; der Entwurf sei aber dann abgeschwächt worden, um eine breitere Anhängerschaft unter den Wissenschaftlern zu gewinnen. Szilards Petition und die von ihr abweichenden Gegenpetitionen, die andere Wissenschaftler im Lauf dieser entscheidenden Wochen unterzeichneten, bezeugen die starken Meinungsverschiedenheiten innerhalb der wissenschaftlichen Welt und den emotionellen Aufruhr unter den Wenigen, die von dem "Geheimnis" wussten.

Am 17. Juli 1945, einen Tag nach der erfolgreichen Detonation der ersten Atombombe in Alamogordo, sandte Compton Szilards Petition nach Washington. Aber Präsident Truman und seine Berater waren bereits auf dem Weg zur Friedenskonferenz der Alliierten in Potsdam. Ob die Ergebnisse der Chicagoer Abstimmung und die Petitionen Szilards und anderer Wissenschaftler an Truman gelangten, bevor er sich für die Anwendung der Bombe in Japan entschied, ist nicht bekannt.

Und Einstein? Nichts deutet darauf hin, dass er über die Tätigkeit und Haltung der Atomwissenschaftler vor der Anwendung der Bombe in Japan informiert worden war. Aber im Hinblick auf seine späteren Erklärungen kann nicht bezweifelt werden, dass er Professor James Franck und die anderen Wissenschaftler in Chicago, die gegen den militärischen Einsatz der Bombe kämpften, unterstützt hätte[18]. Als die Nachricht über Hiroschima ihn erreichte, rief er tieftraurig: "Oh weh!" Und als sein Brief vom August 1939 an Präsident Roosevelt veröffentlicht wurde, gab er sofort bekannt – und er wiederholte es bei vielen Gelegenheiten –, dass nur die grosse Gefahr des Baus einer Atombombe in Deutschland ihn zu seiner Intervention bei dem Präsidenten bewogen hatte.

Während der letzten zehn Jahre seines Lebens – ja, bis wenige Stunden vor seinem Tod am 18. April 1955 – hat ihn kein ausserwissenschaftliches Problem so stark beschäftigt wie die Sorge, die Menschheit vor einer atomaren Katastrophe zu bewahren.

10. Kapitel

DER ZWEITE WELTKRIEG 1939–1945

Einstein war gerade sechzig Jahre alt geworden, als der Zweite Weltkrieg ausbrach. Es war eine Welt, die sich wesentlich von der politischen und sozialen Konstellation des ersten grossen Weltkonflikts unterschied, in dessen Verlauf seine pazifistischen Anschauungen gereift waren. Im Jahre 1914 hatte seine Unterschrift unter einer politischen Erklärung verhältnismässig geringe Beachtung gefunden; jetzt war sie ein internationales Ereignis.

Einstein war sich dessen bewusst. Er machte seinen Einfluss, wo er nur konnte, geltend, wenn auch die Kriegsjahre die Möglichkeiten zur Geltungmachung seiner politischen und sozialen Ansichten einschränkten. Obwohl er sich seit dem Beginn des Hitlerregimes von den "abstrakten" Pazifisten abgesondert hatte, blieb er ein unerschütterlicher Kämpfer für die Abschaffung der Kriege. Wie ein kurzes Schreiben an den Sowjetbotschafter in Washington im Dezember 1941 zeigt, hoffte er, dass das Ende des Kriegs eine neue Gelegenheit zur Friedenssicherung durch eine Weltorganisation bieten werde.

Nie verlor er das Interesse an der Reform des Erziehungswesens. In einer Botschaft an eine Tagung der New Jersey Education Association am 10. November 1939 in Atlantic City kontrastierte er die abstrakte Erziehung mit der "Schule des Lebens"[1] :

Während die Schule des Lebens ungeplant-chaotisch verläuft, arbeitet das Schulsystem nach einem klaren Plan . . . Darum ist das Erziehungswesen ein so wichtiges politisches Instrument: denn es besteht immer die Gefahr seines Missbrauchs durch rivalisierende politische Parteien. Während seiner Schuljahre kann ein Schüler verhängnisvolle Vorurteile lernen, deren er sich in späteren Jahren nur schwer entledigen kann. Die Kontrolle, die ein Staat über das Erziehungswesen ausübt, kann zur geistigen Versklavung seiner Bürger führen.*

Er skizzierte dann vier Hauptaufgaben des Erziehungswesens: Heranbildung des Charakters auf der Grundlage bestimmter moralischer und sozialer Werte; Entwicklung der geistigen und körperlichen Fähigkeiten des Schülers; Unterricht im Allgemeinwissen; Pflege individueller Fähigkeiten. Einstein hob hervor, dass das Lernen von Fakten allein nicht ausreiche:

Wahrhafte Bildung erfordert mehr: nämlich die Erweckung des sozialen Sinns, des Gefühls für den Nebenmenschen ... Charakterbildung wird nicht einfach dadurch erreicht, dass man den Schülern frömmelnde Formeln beibringt wie etwa "Liebe deinen Nächsten wie dich selbst". Auch Erzählungen über sogenannte "Musterpersönlichkeiten" sind von geringem Wert.

Im allgemeinen wird eine gesunde soziale Einstellung nicht durch die Lehre, sondern durch die Erfahrung erzeugt. Nur durch die Praxis kann das Gemeinschaftsgefühl erwachsen. Das Interesse des Schülers sollte nicht durch Wettbewerb stimuliert werden (der nur den Kult des Ichs fördert), sondern durch die Erweckung des Vergnügens an schöpferischem Werk. Nur so werden die Klassenkameraden ein freundliches und positives Interesse aneinander nehmen.

Was können die Schulen zur Verteidigung der Demokratie tun? Sollten sie überhaupt eine klar umrissene politische Doktrin propagieren? Ich glaube nicht. Gelingt es ihnen, in den jungen Menschen den kritischen und sozialen Sinn zu erwecken, so haben sie ihre Pflicht erfüllt. Auf diese Weise werden die Schüler mit dem Rüstzeug versehen werden, das für die Bürger einer gesunden demokratischen Gesellschaft nötig ist.*

Im Frühjahr 1940 verursachte die Berufung Bertrand Russells als Gastprofessor an das College of the City of New York eine heftige Kontroverse. Einstein gehörte zu den vielen Prominenten, die Russell zu verteidigen suchten. Er schrieb an Morris Raphael Cohen, einen emeritierten Philosophie-Professor des City College, am 19. März 1940[2]:

Grosse Geister haben stets heftige Gegnerschaft in den Mittelmässigen gefunden. Diese letzteren nämlich können es nicht verstehen, wenn ein Mensch sich nicht gedankenlos den ererbten Vorurteilen unterwirft, sondern ehrlich und mutig seine Intelligenz gebraucht und die Pflicht erfüllt, die Ergebnisse seines Denkens in klarer Form auszusprechen ...

Um diese Zeit schritt die Nazi-Aggression in Europa fort. Am 9. April 1940 wurden Dänemark und Norwegen, einen Monat später die Niederlande, Belgien und Luxemburg überfallen und besetzt. Einstein schrieb dazu[3]:

Nichts ist so schmerzlich als rohe Gewalt über menschlich Wertvolles und Besseres triumphieren zu sehen. Dies ist es, was unsere Zeit so grauenvoll macht, was mehr niederdrückt als alles

Leiden im Einzelnen. Holland hat durch Erzeugnisse der Kunst und des Geistes die Menschheit veredelt und durch seinen Kampf für Gerechtigkeit zur inneren und politischen Befreiung des Individuums beigetragen. Die menschliche Atmosphäre in Holland bezaubert durch eine glückliche Verbindung von Toleranz, breitem Verständnis, Humor und echter Hilfsbereitschaft.

Warum konnten die wertvollen und produktiven Faktoren nicht die Welt vor Angriffen roher Gewalt bewahren? Weil sich das Prinzip der kollektiven Sicherheit auf dem politischen und sozialen Gebiete gegen unhaltbar gewordene Traditionen noch nicht durchgesetzt hat. Wenn ein Organismus geschwächt ist, so fehlt der Widerstand gegen die Bakterien, welche die Krankheit erzeugen. Hoffen wir auf die Erstehung eines einsichtigeren Geschlechts, das nach Überstehen all dieser sinnlosen Qualen der Welt eine auf wirklicher Gerechtigkeit ruhende Sicherheit bringen wird.

Die American Association of Scientific Workers gab eine öffentliche Erklärung zum Krieg ab, die in gewissen Kreisen als isolationistisch angesehen wurde. Zum Protest dagegen telegrafierten am 22. Mai 1940 siebzehn Gelehrte in Princeton, darunter auch Einstein, an den Präsidenten Roosevelt[4]:

Die unterzeichneten, in Princeton lebenden Wissenschaftler missbilligen aufs schärfste die von der American Association of Scientific Workers entworfene Petition. Wir glauben, dass die Interessen der Vereinigten Staaten und aller anderen zivilisierten Länder durch die totalitäre Aggression unmittelbar bedroht sind und dass unsere wirksamste Landesverteidigung in der Unterstützung jener besteht, die jetzt diese Aggression bekämpfen.

Am 22. Juni 1940 unterzog sich Einstein, der die amerikanische Staatsbürgerschaft beantragt hatte, in Trenton, New Jersey, der dazu nötigen Prüfung. Vom Büro des dabei amtierenden Bundesrichters aus nahm Einstein an einer von der amerikanischen Einwanderungsbehörde (U.S. Immigration and Naturalization Service) arrangierten Rundfunksendung teil. Die Sendung gehörte zu einer Programmreihe, in der prominente Immigranten interviewt wurden. Hier folgen Auszüge aus Einsteins Bemerkungen[5]:

... Um den Gang der Ereignisse direkt zu beeinflussen, muss jemand die Gabe besitzen, Menschen unmittelbar in ihrem Handeln zu beeinflussen ... Intellektuelle haben deshalb meist wenig Aussicht, auf Versammlungen Eindruck zu machen. Unter den bedeutenden Staatsmännern Amerikas repräsentiert Wilson wohl am ausgesprochensten den intellektuellen Typ. Auch er scheint in der Kunst der Menschenbehandlung kein Meister gewesen zu sein. Sein grösstes

Werk, der Völkerbund, sieht heute bei oberflächlicher Betrachtung aus wie ein Misserfolg. Aber nach meiner Meinung wird dieses Werk, das von seinen Zeitgenossen verstümmelt wurde und bei seinen eigenen Landsleuten kein Verständnis fand, später in neuer, lebensfähigerer Form wieder aufleben. Dann erst wird die Bedeutung dieses grossen Neuerers allgemein anerkannt werden . . .

Ich bin davon überzeugt, dass eine internationale politische Organisation nicht nur möglich, sondern sogar unbedingt nötig ist, wenn die Zustände auf unserem Planeten für die Menschen nicht schlechterdings unerträglich werden sollen. Der Völkerbund hat versagt, weil er nicht auf einen teilweisen Verzicht der Souveränität der ihn konstituierenden Staaten gegründet war und weil es an jeder Exekutivgewalt fehlte. Ein Weltstaat kann nur dann den Frieden sichern, wenn die ihn bildenden Staaten ihm alle ihre militärischen Machtmittel in die Hand geben.

Der übertriebene Nationalismus ist ein künstlich geschaffener Gemütszustand, der mit der gegenwärtig die Staaten beherrschenden Notwendigkeit verbunden ist, auf den Krieg vorbereitet zu sein. Dieser übertriebene Nationalismus würde mit der Beseitigung der Kriegsgefahr schnell verschwinden.

Ich halte es ferner für unrichtig, dass die ungleichmässige geographische Verteilung der Rohmaterialien notwendig zu Kriegen führt. Solange einer Nation die zu ihrer industriellen Entwicklung nötigen Materialien nicht vorenthalten werden, kann sie ökonomisch sehr wohl bestehen, wie solche Länder wie die Schweiz, Finnland, Dänemark und Norwegen klar beweisen. Den ungehinderten Absatz der Rohmaterialien und freie Zugänglichkeit zu den Produktionsgebieten zu sichern, wäre eine der wichtigsten Funktionen einer überstaatlichen Ordnung.

Optimismus liegt mir ferne. Denn ich habe ja meine Aussage durch den Satz eingeschränkt "wenn die Zustände auf unserem Planeten für die Menschen nicht schlechterdings unerträglich werden sollen". Niemand wird bestreiten, dass wir dem angegebenen Ziele jetzt weit ferner gerückt sind, als es vor zehn Jahren der Fall zu sein schien. Dies hätte nicht sein müssen, wenn die demokratischen Staaten den Opfermut und die Solidarität entwickelt hätten, die jetzt in der Stunde der Not offenbar werden. Opfermut, Solidarität und kluge Voraussicht aber sind gerade dann voll wirksam, wenn die Stunde der bitteren Notwendigkeit noch nicht geschlagen hat . . .

Am 21. Juni 1940 – einen Tag vor der Rundfunksendung – sandte er einem an der amerikanischen Westküste lebenden Freund die folgenden Zeilen, die seine Beunruhigung über das Geschehen der Zeit noch deutlicher ausdrücken[6]:

... Seit wir uns nicht mehr gesehen haben, hat sich so Furchtbares zugetragen wie viele glückliche Generationen es nicht gesehen haben, und die Zukunft steht grauenvoll vor jedem ernsteren Menschen. Ich wundere mich jeden Tag, dass der Himmel, die Bäume und die Vögel immer noch so sind wie ehedem ...

Ein bemerkenswerter Meinungsaustausch über die politische Neuorganisation der Nachkriegswelt begann am 10. August 1940 mit dem folgenden Brief des damals an der Columbia-Universität wirkenden Professors Harold C. Urey[7], der sechs Jahre vorher für die Entdeckung des schweren Wasserstoffs den Nobelpreis erhalten hatte:

In einem Punkt scheint zwischen den Achsenmächten und Grossbritannien Übereinstimmung zu bestehen: in der Feststellung, dass es für die kleineren Länder Europas und die Welt im allgemeinen unmöglich sei, völlig unabhängig zu bleiben und individuelle Zollbarrieren und Kommunikations- und Transportsysteme aufrecht zu erhalten.

Hitler betrachtet die gegenwärtig bestehende Balkanisierung Europas als eine unmögliche Situation, und darin scheint er mir völlig Recht zu haben. Ihm erscheint als Lösung des Problems die Eroberung Europas – und vielleicht der ganzen übrigen Welt – und die Etablierung eines Herrenvolkes, das aus ihm und seinen Freunden in einem prosperierenden Deutschland bestehen würde, und einer Sklavengruppe, die von dem Rest der Welt, uns einbegriffen, gebildet würde. Wir rüsten in rapidem Tempo auf, um dieses Schicksal abzuwenden.

Kanonen werden uns nicht gegen Ideen verteidigen. Die demokratischen Länder kämpfen mit dem Rücken gegen die Wand, um die Wahrung des status quo zu sichern. Sie haben keine zentrale Idee, für die sie kämpfen. Ihre Gegner aber haben offensichtlich die glorreiche Idee einer neuen Regierungsform: der totalitären Herrschaft, der Aufopferung des Individuums für den Staat. Wir können es vielleicht nicht verstehen, aber die Menschen der Achsenmächte leiden und sterben für eine Idee, die ihnen als grossartig erscheint. Und ich glaube, dass sie, solange diese Situation andauert, gewinnen müssen – wenn nicht militärisch, so doch ideologisch.

Wir müssen ihnen eine klar definierte Idee entgegensetzen – eine Idee, für die auch wir Opfer zu bringen und, wenn nötig, zu sterben bereit sind.

Clarence Streit (ein amerikanischer Journalist und Autor) schlägt eine föderative Union der demokratischen Länder der Welt vor. Seine Argumente gründen sich auf den grossen Erfolg unseres eigenen Bundessystems und der Bundestraditionen Kanadas, Australiens und der Schweiz. Die Union der Länder würde auf demokratischer Basis erfolgen und durch die bemerkenswerten Errungenschaften auf dem Transport- und Kommunikationsgebiet gestärkt werden. Weite Kreise sind an dieser Idee interessiert; sie sehen darin einen bedeutsamen Fortschritt. Man kann sich daraus ein Zukunftsbild machen – ein Bild der Welt nach dem Sieg Grossbritanniens, falls dieser Wirklichkeit wird.

Ich schreibe diesen Brief, um an Sie im besonderen die Bitte zu richten, den Gedanken der Bundesunion der Demokratien der Welt unterstützen und eine Erklärung abgeben zu wollen, die Streit eventuell publizieren könnte. Er hat mich ersucht, an alle in den Vereinigten Staaten lebenden Nobelpreisträger zu schreiben, und ich entspreche seiner Bitte hiermit. Ich hoffe sehr, dass Sie sich dieser wichtigen ideologischen Kampagne anschliessen werden – einer Kampagne, die, wie ich glaube, ebenso wichtig ist wie die Unterstützung der physischen Landesverteidigung.

Ich würde mich freuen, wenn Sie mich Ihren Entschluss in dieser Angelegenheit wissen liessen.

Einstein erwiderte am 16. August 1940 aus Knollwood, Saranac Lake, New York:

Die Notwendigkeit einer wirksamen organisatorischen Zusammenfassung aller demokratischen Länder war für jeden vernünftigen Beobachter eine Notwendigkeit schon seit dem letzten Weltkriege. Es war ganz klar, dass Neutralität im alten Sinne unter den geschaffenen neuen Bedingungen nichts ist als eine Art Selbstmord. Heute liegt die Erkenntnis von der Notwendigkeit einer übernationalen Organisation, die über richterliche und militärische Gewalt verfügt, noch deutlicher zutage als in der Zeit des letzten Weltkrieges.

Die Frage aber ist, was wir Intellektuelle für die Erreichung dieses vital wichtigen Zieles tun können. Wir wissen, dass das Geschehen in der Politik weit mehr auf emotionellen Impulsen als auf vernünftigen Erwägungen beruht. Nach dem letzten Kriege glaubte ich noch, dass man durch Predigen der Vernunft wirken könne. Heute glaube ich es nicht mehr.

Eher kann man noch durch Autorität wirken, das heisst durch das blinde Vertrauen, das einem von manchen entgegengebracht wird.

Das blinde Vertrauen in solche, die sich durch geistige Leistungen ausgezeichnet haben, ist aber ausserordentlich vermindert durch die Tatsache, dass in der letzten Zeit rohe Gewalt und Unterdrückung in einem Masse triumphiert haben wie selten im Laufe der Geschichte.

Wenn also eine kollektive Äusserung für die allgemeine Öffentlichkeit irgendein Gewicht haben soll, so darf sie nicht nur von einigen Wenigen, zum Beispiel Trägern des Nobelpreises, ausgehen. Die Masse derer, die intellektuelle Autorität haben, kann sich aber auf keine Formulierung einigen, die zu den Hauptfragen konkret Stellung nimmt.

Zum Beispiel ist es nach meiner Ansicht Tatsache, dass die Stellung Amerikas zum heutigen Kriege, insbesondere zu England, ebenso verhängnisvoll ist wie es vor einigen Jahren die Stellung Englands gegenüber den Demokratien auf dem europäischen Kontinent gewesen ist: halbe Massregeln statt bedingungsloser Solidarität mit allen Konsequenzen. Glauben Sie, dass die Träger geistiger Autorität in diesem Lande bereit sein werden, so sehr unpopuläre Weisheiten zu unterschreiben? Ich bin überzeugt, dass sie es nicht tun werden. Lieber werden sie, wie bisher, zusehen, wie eine Zufluchtsstelle der Kultur und des Rechtes nach der andern vernichtet wird, bis sie selber daran kommen. Denn die Intellektuellen sind feige, feiger als die Menschen im allgemeinen, und haben überall kläglich versagt, wenn es galt, für eine gefährliche Überzeugung einzutreten.

Am 2. Oktober 1940, dem Tag nach der Verleihung der amerikanischen Staatsbürgerschaft an Einstein, schrieb Urey nochmals:

Ihr kürzlich eingetroffener Brief hat mich sehr interessiert. Ich habe bisher noch nicht geantwortet, da ich erst noch die Reaktion anderer Persönlichkeiten auf die "Union Now of the Democracies"-Idee abwarten wollte. Heute kann ich sagen, dass die anderen Antworten auf meinen Brief völlig mit den von Ihnen ausgesprochenen Ansichten übereinstimmen.

Auch ich glaube, dass man Intellektuelle nicht zu einer offenen Stellungnahme in einer solchen Streitfrage gewinnen kann, solange nicht feststeht, dass die Mehrheit der Bevölkerung ihren Standpunkt teilt. Ich glaube, dass in solchen Dingen auf eine mutige Haltung der Wissenschaftler nicht zu rechnen ist. Sie interessieren sich nicht für die Politik, die sie im Vergleich mit ihrer wissenschaftlichen Arbeit für unwichtig halten. Ich glaube, sie fürchten, dass ihre Kollegen sie kritisieren, wenn sie sich in politische Angelegenheiten mischen, und sind nicht geneigt, solche Kritik hinzunehmen.

Die Situation ist, glaube ich, sehr entmutigend. Wer wird sich über Dinge dieser Art Gedanken machen? Und wer wird dabei eine Führerrolle spielen? Wir in den Vereinigten Staaten wiederholen alle in Deutschland vor der Machtergreifung Hitlers gemachten Fehler . . . Es scheint mir ein "Naturgesetz" zu sein, dass keiner den anderen von der Bedrohung der Zivilisation überzeugen kann, wenn die Gefahr nicht zum Greifen nahe ist. Es tut mir leid, dass die Dinge so liegen. Aber sie sind eben scheinbar so. Ich schreibe Ihnen diese Zeilen nur, um Ihnen zu sagen, dass ich zu diesem Schluss gekommen bin.

Meinen Glückwunsch zur Erwerbung der amerikanischen Staatsbürgerschaft!

Für ein Dinner des Common Council for American Unity am 3. April 1941 schrieb Einstein folgende Botschaft[8]:

Wenn Menschen von einem gemeinsamen Ziel erfüllt sind, bedürfen sie nicht der Uniformierung ihrer Gewohnheiten und kulturellen Traditionen, um als Gemeinschaft fruchtbar sein zu können. Amerikas Vergangenheit ist wohl die Illustration grössten Ausmasses für diese Wahrheit.

Und doch kann man nicht behaupten, dass diese Erkenntnis sich allgemein durchgesetzt hätte, auch nicht bei den Amerikanern. Nationale und Rassen-Vorurteile hemmen grosse Teile des Volkes an der freien Mitarbeit am gemeinsamen Werke. Diese Vorurteile verdanken einen Teil ihrer Hartnäckigkeit dem Umstande, dass man nach ihnen handelt, es aber meist sorgfältig vermeidet, von ihnen öffentlich zu sprechen.

Was aber das Licht scheut, kann meist am besten durch das Licht bekämpft und unschädlich gemacht werden. Hierauf beruht das segensreiche Wirken des Common Council for American Unity. Jeder, dem Gerechtigkeit und das wahre Interesse des Landes am Herzen liegen, sollte dieser Bestrebung beistehen.

Der Kampf des Council gegen eingewurzelte Vorurteile ist auch in ruhigen Zeiten nötig. In dieser Zeit internationaler Verwicklungen aber wächst seine Bedeutung ausserordentlich. Bedrohung von aussen und das subversive Wirken innerer Feinde haben eine politische Nervosität geschaffen, die ernste Gefahren in sich birgt. Wachsamkeit und Vorsicht ist dringend nötig zur Sicherung des Verteidigungswerkes; blindes Misstrauen aber kann schweren Schaden stiften. Die politische Zuverlässigkeit eines Menschen hängt nicht davon ab, auf welcher Seite des Ozeans er geboren ist, und auch nicht davon, in welchem Lande seine Vorfahren gelebt haben. Unter den Flüchtlingen finden sich besonders zuverlässige Kämpfer für die Sache Amerikas. Die Arbeit jedes Menschen sollte willkommen sein, dessen Zuverlässigkeit durch sorgfältige Erkundigungen gesichert erscheint.

In allen Bevölkerungskreisen lassen sich zuverlässige Persönlichkeiten finden, die unter Verwendung ihrer persönlichen Beziehungen sichere Auskünfte über Individuen geben können. Dieser Weg, der auf persönlichem Vertrauen beruht, ist der einzige, auf welchem man alle zuverlässigen Kräfte im Dienste des Landes aktiv machen kann.

Schematischer Ausschluss ganzer Klassen der Bevölkerung vermindert nicht nur die Aktionsfähigkeit, sondern schafft gefährliche Verbitterung. Möge es dem Council gelingen, der Nation auf Wegen der Aufklärung und zweckmässiger Organisation der Gerechtigkeit und Aktionsfähigkeit in dieser Zeit ernster äusserer Gefährdung zu dienen.

Immer noch erhielt Einstein Briefe von Pazifisten, die ihn der Abtrünnigkeit bezichtigten. Merkwürdigerweise aber liefen nach Ausbruch des Kriegs auch Briefe von Soldaten bei ihm ein, die ihn des Festhaltens an der pazifistischen Position beschuldigten.

Seine Antworten auf diese Briefe fügten dem, was er 1933 gesagt hatte, kaum etwas hinzu. Die Korrespondenten waren oft bescheidene, vereinsamte Menschen, die mit schweren persönlichen und politischen Problemen rangen. Mit grosser Geduld erwiderte er; Ernst und Güte seiner Worte zeigten, wie sehr ihm daran gelegen war, das auf ihn gesetzte Vertrauen zu rechtfertigen.

Einer dieser Briefe – er stammte von einem Studenten der Missouri-Universität – erreichte ihn in Knollwood im Sommer 1941. Der Student erklärte, dass ihm infolge seiner Dienstverweigerung eine Gefängnisstrafe drohe, aber er sei "nicht religiös im konventionellen Sinne"; sein Gewissen erlaube ihm daher nicht, auf Dispensierung vom Militärdienst Anspruch zu erheben. "Bitte schreiben Sie mir und lassen Sie mich wissen, dass ich einen Freund in der Welt habe!"

Einstein erwiderte am 14. Juli 1941:

Meine Abneigung gegen Militär und Krieg ist ebensogross wie die Ihre. Bis etwa 1933 habe ich mich für Verweigerung des Militärdienstes eingesetzt. Als aber der Faschismus aufkam, erkannte ich, dass dieser Standpunkt nicht aufrecht zu erhalten war, wenn nicht die Macht in der ganzen Welt in die Hände der schlimmsten Feinde der Menschheit geraten soll. Gegen organisierte Macht gibt es nur organisierte Macht; ich sehe kein anderes Mittel, so sehr ich es auch bedauere.

Wenn alle jungen Leute in Amerika dächten wie Sie, so wäre das Land wehrlos und der Sklaverei ausgeliefert. Deshalb muss heute jeder ehrliche Mensch gegen die faschistische Tyrannei kämpfen und für eine gewisse Zeit seine individuelle Freiheit aufgeben. Deshalb kann ich Ihren Standpunkt nicht billigen und hoffe, dass Sie Ihren Entschluss ändern werden.

Es gibt einen vernünftigen Pazifismus und einen unvernünftigen. Vernünftiger Pazifismus sucht die Kriege durch auf Macht gegründete Ordnung zu verhüten, nicht durch eine rein passive Haltung den Weltproblemen gegenüber. Unvernünftiger, verantwortungsloser Pazifismus hat grossenteils Frankreichs Niederlage und die schwierige Situation Englands verschuldet. Tragen Sie das Ihre dazu bei, dass in diesem Lande nicht ähnliche Fehler gemacht werden!

Vernünftiger, aktiver Pazifismus aber ist heute wichtiger als je. Man muss die Erkenntnis zu verbreiten suchen, dass Sicherung des Friedens heute nur auf der Basis einer Weltorganisation erreichbar ist, welcher die besonderen Interessen des eigenen Landes unterzuordnen sind. Die Losung heisst: Sicherung durch teilweisen Verzicht. Wäre Amerika nach dem letzten Kriege Wilson gefolgt, der diesen Standpunkt mit aller Energie einnahm, so würden wir heute nicht einer so abscheulichen Situation gegenüberstehen. Es gilt, aus den früheren Fehlern zu lernen.

Am Pearl Harbor-Tag – 7. Dezember 1941 – diktierte er telefonisch einem Korrespondenten, der im Weissen Haus in Washington stationiert war, eine "Botschaft für Deutschland"[9]:

Dieser Krieg ist ein Kampf zwischen den Anhängern des Prinzips der Unterdrückung und Sklaverei und den Anhängern des Prinzips der freien Selbstbestimmung der Individuen und der Nationen. Bin ich da als ein Werkzeug für den Staat oder ist der Staat nur ein Mittel, das geordnete Dasein von Menschen zu ermöglichen? Ich denke, dass die freie Entfaltung des einzelnen Menschen und seiner Fähigkeiten letzten Endes das einzig berechtigte Ziel politischen Strebens ist.

Deshalb bin ich besonders glücklich, ein Amerikaner zu sein. Denn Amerika ist heute die Hoffnung aller aufrechten Menschen, die den Respekt vor dem fremden Dasein und dem Rechte aller auf freie Existenz hochhalten.

Einstein verlor nie die Hoffnung darauf, dass nach Kriegsende eine starke internationale Organisation zur Sicherung des Friedens entstehen werde. Das zeigt sich in einem Brief, den er am 10. Dezember 1941, nur drei Tage nach Amerikas Eintritt in den Krieg, an Maxim Litwinow, den damaligen Sowjetbotschafter in den Vereinigten Staaten, richtete. Er sprach darin die Überzeugung aus, dass die Mitwirkung der Sowjetunion am Bau einer solchen internationalen Organisation unumgänglich notwendig sei. Einstein schrieb:

Wegen der Aufgeregtheit dieser Tage werden Sie mir vielleicht verzeihen, wenn ich kurz eine Meinung äussere.

Könnten Sie nicht auf Grund von Russlands heutiger entscheidender Position es dahin bringen, dass Roosevelt den Eintritt Amerikas in einen zu erneuernden und mit entscheidenden Garantien versehenen Völkerbund durchzusetzen versuchte? Ihre eigene Politik würde wohl dadurch inseits Russland gestärkt werden und nebenbei zu einer Vereinbarung mit Finnland beitragen. Ich glaube, dass der Moment höchst geeignet wäre, auf Grund der Erschütterung, die hier die Menschen erfahren haben.

Diese Zeilen bedürfen natürlich keiner Beantwortung.

Litwinow antwortete trotzdem am 18. Dezember 1941[10]:

Ich danke Ihnen für Ihren Brief. Ich bin überzeugt, dass nach allem Geschehenen ein Rückfall in den Isolationismus in keinem Land möglich sein wird.

Bei der Diskussion der Nachkriegsprobleme werde ich gewiss an Ihren Brief denken.

Am 29. Dezember 1941 wurde Einstein in Princeton anlässlich der Tagung der American Physical Society kurz interviewt. Er glaube, sagte er, an den Sieg der demokratischen Länder, der jedoch schwere menschliche und materielle Opfer erfordern werde.

Nach dem Eintritt Amerikas in den Krieg wurde Einstein in öffentlichen Erklärungen zurückhaltender, was ihm offenbar ein Gefühl des Missbehagens verursachte. In einem Brief vom 25. September 1942 an seinen alten pazifistischen Freund Otto Lehmann-Russbüldt sagte er:

. . . Ich lebe hier in aller Stille und arbeite. Obwohl ich die Sachen oft recht gut sehe, fehlt mir doch vollständig die Fähigkeit, überzeugend auf andere zu wirken.

Der Bridgemeister Ely Culbertson, der zu den Propagandisten des Gedankens einer Weltregierung gehörte, sandte Einstein im Juli 1942 einen sorgfältig ausgearbeiteten "Weltföderations"-Plan. Seiner Bitte um Kritik und Rat kam Einstein in einem Schreiben aus Knollwood, Saranac Lake, New York, vom 8. August 1942 nach:

In der Hauptsache betrachte ich Ihren Plan – besonders soweit es sich um die Organisation der Weltföderation handelt – als sinnvoll und durchführbar. Dagegen glaube ich nicht, dass Ihr Programm für die Behandlung Deutschlands und Japans während der ersten Nachkriegsjahrzehnte wünschenswert ist.

Hätten diese Länder Armeen zur Verfügung, die aus den Reihen ihrer Bürger rekrutiert wären, und überliesse man den beiden Staaten die Kontrolle ihrer eigenen industriellen Kapazität, so würden sie ebenso wie nach dem Ersten Weltkrieg Möglichkeiten finden, insgeheim neue Angriffskriege vorzubereiten. Wenige Menschen in unserem Land verstehen die tiefe Verwurzelung der militärischen Mentalität gewisser Schichten Deutschlands und Japans, die sich mit dem Staat identifizieren.

Sie werden verstehen, was ich meine, wenn Sie den beigelegten Artikel des grossen deutschen Historikers Friedrich Wilhelm Förster lesen, der die verbrecherische Politik der herrschenden Klassen seines Landes ausserordentlich energisch und mutig bekämpft hat.

Eine ausgezeichnete, erschöpfende Analyse dieser Charakterzüge der herrschenden Klassen bietet auch der amerikanische Volkswirtschaftler Thorstein Veblen, den ich als einen der bemerkenswertesten politischen Schriftsteller nicht nur Amerikas, sondern der Welt betrachte. Sie werden eine solche Analyse in Veblens Büchern "The Nature of Peace" (1917) und "Germany and the Economic Revolution" finden (hier bin ich des Titels nicht ganz sicher, aber Sie können ihn ja leicht herausfinden). Bedauerlicherweise wird dieser bedeutende Mann von seinen eigenen Landsleuten nicht gebührend geschätzt.*

Im Februar 1944 sandte Culbertson Einstein ein Exemplar seines neuen Buchs "Total Peace" ("Totaler Frieden"). Er schrieb, Einsteins Kritik an seinem Weltregierungsplan sei für ihn sehr wertvoll gewesen. Inzwischen glaube er, für das Problem der permanenten Abrüstung Deutschlands eine befriedigende Lösung gefunden zu haben ("Total Peace", S. 288–289). Culberton sprach die Hoffnung aus, auch weiter Einsteins Rat und Kritik zu erhalten[11].

Der Jewish Council for Russian War Relief (Jüdisches Komitee zur Kriegshilfe für Russland") gab am 25. Oktober 1942 ein Ehrendinner für Einstein. Da sein Gesundheitszustand ihn am Erscheinen verhinderte, hielt Einstein seine Ansprache aus Princeton telefonisch[12]:

Mein prekärer Gesundheitszustand verbietet mir leider, bei dieser Veranstaltung unter Ihnen zu weilen, die mir von grosser Wichtigkeit zu sein scheint. Als Freunde allen menschlichen Fortschrittes, als Amerikaner und nicht zuletzt als Juden haben wir das grösste Interesse, uns mit all unseren Kräften für den bewundernswerten Freiheitskampf des russischen Volkes einzusetzen.

Lasst uns vor allem darüber klar sein, dass wir viele Jahre lang über die Leistungen und Errungenschaften des russischen Volkes und der russischen Regierung durch die Presse irregeführt worden sind. Heute weiss ein jeder, dass in Russland mit demselben Eifer an dem Fortschritt der Wissenschaft gearbeitet worden ist und gearbeitet wird, wie es in unserem Lande geschieht. Auch ist es aus den Leistungen in diesem Kriege jedem deutlich, dass Russland auf allen Gebieten der Technik und Industrie Grosses geleistet hat. Das Tempo der dortigen Entwicklung von rudimentären Anfängen durch die letzten 25 Jahre ist ein so gewaltiges, dass es in der Geschichte kaum ein zweites Beispiel geben dürfte, das sich der russischen Entwicklung vergleichen liesse.

Es wäre aber durchaus ungerecht, wenn man diese in erster Linie organisatorische Fortschritte allein ins Auge fassen wollte. Vor allem haben wir des Umstandes zu gedenken, dass die russische Regierung von allen Regierungen der Grossmächte am ehrlichsten und unzweideutigsten an der Politik der übernationalen Sicherheit gearbeitet hat. Sie hat bis kurz vor dem Kriege konsequent diese Richtung der äusseren Politik verfolgt, tatsächlich so lange, bis sie von den übrigen Grossmächten in den Tagen des Verrates an der Tschechoslowakei aus der europäischen Gemeinschaft brüsk ausgeschlossen wurde. Dadurch wurde Russland genötigt, den unseligen Pakt mit Deutschland zu schliessen; denn das Bestreben einer Ablenkung der deutschen militärischen Angriffsmaschine nach dem Osten war ganz offenkundig. Russland, das im Gegensatz zu den westlichen Mächten der legalen Regierung Spaniens beigestanden war, auch der Tschechoslowakei Beistand anbot und keine Mitschuld trägt an dem Erstarken der Abenteurer in Deutschland und Japan, kann fürwahr auf dem Gebiete der äusseren Politik nicht der Treulosigkeit beschuldigt werden. Es ist im Gegenteil auch für die Zukunft zu erwarten, dass Russland an einem wirksamen System übernationaler Sicherheit kraftvoll und loyal mitarbeiten wird, wenn es den ernsten Willen bei den übrigen Grossmächten finden wird.

Nun eine Bemerkung über die inneren politischen Verhältnisse Russlands. Niemand wird leugnen, dass es auf politischem Gebiete in Russland einen scharfen Zwang gibt. Es mag zum Teil die Notwendigkeit daran schuld sein, die Macht der ehemals herrschenden Klasse zu brechen und das Land gegen äussere Gefahr zu sichern, eine politisch unerfahrene und in der Bildung vernachlässigte Bevölkerung zu wohlorganisierter produktiver Arbeit zu bringen, entgegen eingewurzelter Traditionen.

Ich masse mir in diesen schwierigen Fragen kein Urteil an; doch ich sehe an der Einheit des russischen Volkes in der Verteidigung gegen einen mächtigen äusseren Feind den Beweis, dass der Wille allgemein und stark ist, das Errungene mit unbegrenzten Opfern und mustergültiger Selbstverleugnung jeder einzelnen Person zu verteidigen. Auch ist wohl zu bedenken, dass die ökonomische Sicherung des Individuums und die wirtschaftliche Verwertung der Produktionskräfte des Landes zum Wohle der Gemeinschaft ein gewisses Opfer an persönlicher Freiheit des Einzelnen nötig machen, jener persönlichen Freiheit, die ohne ökonomische Sicherung des Individuums doch nur von einigermassen prekärer Realität ist.

Lasset uns ferner der erfolgreichen Pflege des intellektuellen Lebens gedenken, deren sich das heutige Russland erfreut. Die besten Werke werden in ungeheuren Auflagen verbreitet und eifrigst gelesen und studiert von einem Volke, dem bis vor 25 Jahren bis auf eine dünne privilegierte Schicht jede geistige Ausbildung vorenthalten blieb; es ist dies ein Umschwung, von dem wir uns überhaupt nur eine blasse Idee machen können.

Endlich lassen Sie mich eines für uns Juden besonders massgebenden Umstandes gedenken. In Russland gibt es nicht nur eine formale, sondern eine wirkliche Gleichberechtigung der Nationalitäten und Traditionsgemeinschaften jeglicher Art. "Gleiche Ziele und gleiche Rechte bei gleichen Leistungen" ist dort keine tote Phrase sondern eine Norm, nach der sich das wirkliche Leben abspielt.

Soviel über Russland, wie es heute aussieht. Nun noch ein Wort darüber, was Russland heute für uns ist. Nehmen Sie einmal an, Russland wäre den deutschen Horden erlegen, wie vorher nahezu der ganze übrige europäische Kontinent. Wie stünde es dann heute mit England und mit uns in Amerika? Ich denke, es gehört keine grosse Phantasie dazu, einzusehen, dass es mit unserer Lage übel bestellt wäre. Ich persönlich glaube, dass ohne Russland die deutschen Bluthunde ihr Ziel erreicht hätten oder sogar heute noch erreichen würden.

Es ist deshalb einfach ein Gebot der Selbsterhaltung, dass wir für Russland tun, soviel wir mit Anspannung unserer äussersten Kräfte können. Dies ist so, ganz abgesehen davon, dass die ungeheuren Leiden und Verluste des russischen Volkes uns und unseren Kindern eine Dankesschuld aufgeladen haben, von deren Bewusstsein wir jede Stunde unseres Lebens erfüllt sein müssen, wenn wir uns selber achten wollen.

Lasset uns demgemäss handeln.

Die einzige wichtige Erklärung Einsteins im Jahr 1943 galt ebenfalls der Sowjetunion. Einer Versammlung, die zu Ehren einer die USA besuchenden sowjetisch-jüdischen Delegation gehalten wurde, sandte er folgende Botschaft[13]:

... In dieser schweren Zeit, in der ein grosser Teil unseres Volkes der Mordgier der Deutschen zum Opfer gefallen ist, ist die Pflege der Solidarität des jüdischen Volkes von besonderer Bedeutung. Diese Solidarität kann auch nur nützlich sein für die Befestigung der Kooperation und des gegenseitigen Verständnisses der russischen und amerikanischen Nationen – ein politischer Faktor, von dem nicht nur die siegreiche Beendigung dieses Krieges abhängt, sondern auch die Schaffung einer wirksamen Sicherung der Völker gegen eine Wiederholung solcher räuberischer Überfälle, wie wir deren zwei in einer einzigen Generation von seiten der Deutschen schaudernd erlebt haben.

Möge die Delegation in diesem Lande einen Widerhall finden, wie er unserer Anhänglichkeit an das gemeinsame ethische Ideal entspricht, sowie der Dankbarkeit für Russlands heroische Leistung im Kampfe gegen die unwürdigsten Verbrecher, die je die Menschheit bedroht haben.

Dem Londoner *News Chronicle,* der ihn zu seinem 65. Geburtstag beglückwünscht und um eine Botschaft für das britische Volk gebeten hatte, kabelte er am 13. März 1944[14]:

Ich habe die Kraft des englischen Volkes in den Tagen grösster Gefahr bewundert und hege alle Zuversicht für eine siegreiche Beendigung des Krieges.

Der Zeit, die dann folgen wird, sehe ich mit einer Mischung von Hoffnung und Sorge entgegen. Wenn die deutsche Gefahr momentan gebannt ist – wird sie dann auf dem Boden von Zwietracht zwischen den Aliierten nicht wieder nachwachsen? Werden die Verluste dieses Krieges eine Wiederholung der bösen Erfahrungen und Irrtümer verhüten, die wir zwischen 1918 und 1939 erlebt haben?

Dies zu hoffen, ist nicht genug; wir müssen auch entschlossen sein, in diesem Sinn konsequent zu handeln.

Ende Mai 1944 hielt der "National Council of Scientific, Professional, Art and White Collar Organizations", eine Dachorganisation von 75 Gruppen amerikanischer Geistesarbeiter unter dem Vorsitz von Professor Kirtley F. Mather (Harvard Universität), eine Tagung in New York[15]. Einstein benützte die Gelegenheit, um für die Schaffung einer supranationalen Organisation in der Nachkriegszeit zu werben:

Ich halte es für sehr wichtig, sogar für dringend notwendig, dass sich die intellektuellen Arbeiter zusammenschliessen, sowohl zur

Verteidigung ihrer eigenen wirtschaftlichen Interessen als auch zur Sicherung politischen Einflusses allgemeiner Art.

In Bezug auf die erstgenannte wirtschaftliche Seite können uns die Arbeiter zum Vorbilde dienen, die es fertiggebracht haben, ihre wirtschaftlichen Interessen wenigstens einigermassen zu verteidigen. Wir können auch von den Arbeitern lernen, wie dieses Problem organisatorisch gelöst werden kann. Wir lernen auch von ihnen, dass die grösste Gefahr, die man zu vermeiden suchen muss, Schwächung durch Spaltung ist. Denn wenn es einmal zur Spaltung gekommen ist, dann ist ein Zusammenwirken schwierig und gegenseitige Bekämpfung der Einzelorganisationen unvermeidlich.

Wir können aber auch von den Arbeitern lernen, dass Beschränkung auf unmittelbar wirtschaftliche Ziele unter Ausschluss politischer Zielsetzung und Wirksamkeit nicht genügt. In dieser Beziehung fangen die Arbeiter in diesem Lande eben erst an, sich zu entwickeln. Mit der fortschreitenden Zentralisierung aller Produktion ist es unvermeidlich, dass der wirtschaftliche und der politische Kampf immer enger miteinander verflochten werden, wobei der politische Faktor immer mehr an Bedeutung gewinnt. Einstweilen ist es so, dass die geistigen Arbeiter infolge ihres Organisationsmangels gegen Willkür und Ausbeutung weniger geschützt sind als irgend eine andere Berufsklasse.

Der Zusammenschluss der geistigen Arbeiter ist aber nicht nur in deren eigenem wirtschaftlichen Interesse von Bedeutung, sondern nicht weniger im Interesse der Gesamtheit. Denn die Zersplitterung der Intellektuellen ist zum Teil schuld daran, dass die im Schosse dieser Klasse vorhandenen Kräfte und Erfahrungen bisher für die politischen Ziele so wenig nutzbar gemacht worden sind, sodass Gewinnsucht und politischer Ehrgeiz fast ausschliesslich allein das Geschehen bestimmen, statt auf Sachkenntnis und auf objektives Denken gegründetes Urteil.

Den grössten Wert für die Allgemeinheit kann eine Organisation der geistigen Arbeiter dadurch erlangen, dass sie durch Schule und Publizistik aufklärend auf die öffentliche Meinung einwirkt. Sie ist dazu berufen, die Lehrfreiheit zu verteidigen, ohne welche eine gesunde Entwicklung in einem demokratischen Lande unmöglich ist.

Eine besonders wichtige Aufgabe einer Organisation der geistigen Arbeiter ist es im gegenwärtigen Zeitpunkte, für die Errichtung einer übernationalen politischen Macht zum Schutze gegen neue Angriffskriege zu kämpfen. Es scheint mir, dass die Ausarbeitung, bzw. Auswahl eines besonderen Planes für eine übernationale Regierung im gegenwärtigen Augenblick nicht unser hauptsächlichstes Ziel sein sollte; denn wenn ein fester Wille für die Errichtung einer solchen übernationalen Sicherung bei der Majorität der Bürger vorhanden wäre, würde die technische Ausgestaltung der Institution kein allzuschwieriges Problem sein. Was bei der Majorität fehlt, ist die auf klares Denken gegründete Überzeugung, dass es für die Dauer kein anderes Mittel gibt, Katastrophen wie der gegenwärtigen vorzubeugen. In der Organisation und Förderung der Aufklärung in dieser Frage sehe ich den wichtigsten Dienst, den eine Organisation der geistigen Arbeiter in diesem historischen Augenblick der Allgemeinheit bieten kann. Nur durch energische Inangriffnahme einer solchen Aufgabe kann eine Organisation wie die hier geplante innere Kraft und äusseren Einfluss erlangen.

Im Juni 1944 fiel Rom in die Hände der Alliierten. Am 7. Juni richtete Einstein einen Brief an den italienischen Philosophen und Staatsmann Benedetto Croce[16], der damals für kurze Zeit eine politische Rolle spielte:

Ich erfahre von einem hiesigen Soldaten, der das Glück hatte, Sie besuchen zu dürfen, dass er sich geweigert hat, Ihnen meinen an ihn gerichteten Brief zu geben. Aber mein Trost ist, dass Sie gegenwärtig gewiss von unvergleichlich wichtigeren Gedanken und Wünschen beseelt sind, besonders von der Hoffnung, dass Ihr schönes Heimatland bald von den üblen Bedrückern von aussen und innen befreit sein wird.

In dieser Zeit allgemeiner Zerrüttung mag es Ihnen vergönnt sein, Ihrem Lande einen überaus wertvollen Dienst zu leisten, da Sie einer der Wenigen sind, welche, über den Parteien stehend, das Vertrauen Aller haben. Wenn der alte Plato so etwas sehen könnte, würde es ihn sehr anheimeln; denn in der langen Zwischenzeit würde er es selten gesehen haben, dass sein Traum von der Führung durch erleuchtete Philosophen in Erfüllung gegangen ist. Sonst allerdings würde er gewiss mit mehr Stolz als eigentlicher Befriedigung gesehen haben, dass seine Idee von dem Kreislauf der Regierungs-Systeme sich immer wieder realisiert.

Die Philosophie und Vernunft aber werden in absehbarer Zeit wohl kaum zu Führerinnen der Menschen werden, wohl aber die schönste Zuflucht bleiben, die sie den Auserwählten stets gewesen ist. Es ist die einzige wahre Aristokratie und dazu eine solche, die niemand bedrückt und niemandes Neid erweckt, ja die nicht einmal erkennbar ist für die, die nicht selbst dazu gehören. In keiner anderen Gemeinschaft sind die Bande zwischen den Lebenden und den Toten so lebendig. Man erlebt die Genossen aus früheren Jahrhunderten wie Freunde, deren Äusserungen ihren Reiz, ihre Fruchtbarkeit und ihren persönlichen Zauber nie verlieren. Und endlich, wer wirklich zu dieser Aristokratie gehört, der kann vom Reste der Menschheit zwar getötet, aber nie verletzt werden.

Croce erwiderte am 28. Juli 1944 aus Sorrento:

Ihr Brief hat mich tief bewegt, denn er rief in mir lebendige Erinnerungen an die grosse Aussprache wach, die wir 1931 in Berlin hatten, als wir beide über die der Freiheit Europas drohende Gefahr besorgt waren. Auch bei einem anderen Anlass zeigte sich die Verwandtschaft unserer Gefühle und Ideale: nachdem Sie infolge des Freiheitsraubs in Ihrem Geburtsland ins Exil getrieben worden waren, arbeiteten wir gemeinsam an einem Band von Essays über die Freiheit, der vor vier Jahren in New York erschienen ist.

Sie sprechen von zwei Theorien Platos. Die erste – die Idee der idealen Republik, in der die Vernunft herrscht und Philosophen an der Spitze stehen, – hat sich nicht nur nicht durchgesetzt: sie ist von den Denkern der Neuzeit verworfen worden. Die zweite, übrigens nicht nur von Plato vertretene Theorie – die Betrachtung der Geschichte als Kreislauf – hat sich behauptet und sogar durch die ergänzende Konzeption des steten Fortschritts und der Veredelung der Menschheit noch klarere Konturen gewonnen (Ihr Goethe spricht in diesem Zusammenhang von einer "Spiralbewegung"). Hier ist der Urgrund unseres Glaubens an Vernunft, Leben und Realität.

Was die Philosophie betrifft, so wäre sie ihres Namens unwürdig, wenn sie sich nicht nur ihrer Funktion, sondern auch der Grenzen ihrer Funktion bewusst wäre. Denn ihr Hauptbeitrag zum menschlichen Fortschritt ist das klare Denken, die Erhellung der Wahrheit. Philosophie ist ein geistiger Prozess, der den Weg zu praktischer moralischer Aktion öffnet. Sie mag zur Aktion inspirieren, kann aber nicht den Anspruch erheben, die Stelle der Aktion einzunehmen. Im Bereich der Aktion sollten wir als bescheidene Philosophen dem Beispiel unseres antiken Vorfahren Sokrates folgen, der als Infanterist bei Potidea kämpfte, oder dem Vorbild des Dichters Dante, der bei Campaldino focht. Aber da nicht jeder von uns eine so aktive Rolle zu jeglicher Zeit spielen kann, müssen wir uns zum mindesten in dem noch komplexeren und schwierigeren täglichen Kampf in der politischen Arena engagieren.

Auch ich weile gern in der von Ihnen so fein beschriebenen Gesellschaft unserer Vorfahren, die uns eine Schatzkammer philosophischer und dichterischer Ideen hinterlassen haben. Mich auf der Suche nach geistiger Auffrischung in ihre Schriften zu versenken, ist für mich geradezu ein religiöser Ritus. Aber ich darf es nicht dabei belassen, mich in diese Schriften zu vertiefen; ich muss in die Welt von heute hineinschreiten und mich den von ihr gestellten bescheidenen und oft undankbaren Aufgaben widmen.

Darum entspringt meinen Idealen und Überzeugungen der Wille, an dem heutigen politischen Kampf meines Landes teilzunehmen. Ich wünschte, ich hätte mehr Kraft zur Bewältigung der akuten Aufgaben, aber ich gebe alles, was ich mit grosser Anstrengung zu geben vermag.

Ich danke Ihnen für die so grosszügig geäusserten guten Wünsche für Italien. Die traurigen Erfahrungen Italiens gehen auf den Zusammenbruch zurück, den es gleichzeitig mit anderen Ländern nach dem Ersten Weltkrieg erlitten hat. Unter diesen Umständen konnten hirnverbrannte, gewalttätige Menschen (übrigens nicht ohne weltweiten Beifall) die Macht an sich reissen und Italien auf einen Pfad drängen, der seiner innersten Natur wie seiner gesamten Geschichte zuwiderlief. Seit dem Zusammenbruch des Römischen Reiches hatte Italien nie wieder den wahnsinnigen Hang zur Eroberung der Welt verspürt. Jahrhunderte hindurch lebte es entweder in Freiheit oder kämpfte für die Freiheit – und Freiheit war das Fundament seines nationalen Zusammenschlusses. Chauvinismus und Faschismus aber waren bei uns die Sprösslinge ausländischer Ideologien; nur mit deren Hilfe konnten jene hirnverbrannten, gewalttätigen Männer ihre Untaten rechtfertigen. Selbst dem antiken Rom war diese Art des Wahnsinns fremd. Es hatte seine Aufgabe darin gesehen, auf den griechischen Ansätzen weiterbauend, die Schöpfung Europas zu vollenden – das hiess, barbarischen Völkern, die zuvor keine oder nur barbarische Gesetze gekannt hatten, den Kodex des Rechtes zu bringen.

Krieg ist Krieg; er gehorcht nur seinen eigenen Prinzipien und benützt selbst die edelsten Ideologien als Mittel zu seinen Zwecken. Jeder Kenner der Geschichte weiss das, und jeder intelligente Mensch ist sich darüber klar. Sobald der Krieg zu Ende ist, muss der Kampf für Zivilisation und Freiheit innerhalb jedes einzelnen Landes geführt werden, gleichgültig, ob es zu den Siegern oder zu den Besiegten gehört. Denn alle Länder haben durch die Beteiligung am Krieg gleichermassen gelitten und sind gleichermassen der Übung der Freiheit entfremdet; darum wird der kommende Kampf schwer und gefährlich sein.

Da alle Kriege den Frieden zum Ziel haben, müssen wir flehentlich erhoffen, dass die heutigen Staatsmänner alle Entwicklungen vereiteln werden, die einen dauerhaften Frieden unmöglich machen, die Sache der Freiheit beeinträchtigen und einen neuen Krieg verursachen könnten. Kriege können nicht durch die Anwendung von Gewalt verhindert werden, sondern nur dadurch, dass die Gesinnung des Menschen auf Frieden, Eintracht und die Würde der menschlichen Arbeit eingestimmt ist. "Zungen können Schwerter hemmen", sagt ein alter italienischer Philosoph.

Ich möchte Sie nicht mit Beobachtungen und Urteilen über die internationalen und italienischen politischen Ereignisse langweilen. Im Gegenteil: ich muss mich dafür entschuldigen, Ihre gütigen und herzlichen Worte zum Vorwand genommen zu haben, um meine Ansichten über die in Ihrem Brief aufgeworfenen wichtigen Fragen zu äussern. *Naturam expelles furca, tamen usque recurret,* oder: wirfst du die Natur zur Tür hinaus, so kommt sie durch das Fenster zurück. Damit möchte ich auf die unverbesserliche Art des Philosophen, der immer ins Theorisieren kommt, anspielen.

Am 19. Juni 1944 sandte Einstein der Zeitschrift *Free World* Antworten auf fünf Fragen, die im Rahmen eines Symposiums zum Thema der internationalen wissenschaftlichen Zusammenarbeit veröffentlicht wurden[17]:

Frage: Der Fortschritt der Wissenschaft hat eine Rückkehr zur alten Welt des Isolationismus, einer Welt vieler voneinander abgekapselter Bestandteile, unmöglich gemacht. Welches ist der beste, oder wichtigste, Weg, durch den die Wissenschaftler die Zusammenarbeit der Welt fördern können?

Antwort: Nach meiner Meinung können wissenschaftliche Leute an der Erreichung des Zieles internationaler Sicherheit dadurch mitwirken, dass sie der Öffentlichkeit gegenüber für die Errichtung einer übernationalen Behörde mit ständigem Personal und ständiger militärischer Macht eintreten. Ein solcher kollektiver Schritt von möglichst vielen Intellektuellen von Rang wäre umso notwendiger, als ohne starken Druck der Öffentlichkeit die Regierung keiner der Grossmächte geneigt zu sein scheint, etwas von ihrer Souveränität in internationalen Angelegenheiten aufzugeben.

Frage: In gewissen Kreisen herrscht anscheinend die Meinung, der echte oder "reine" Wissenschaftler solle sich nicht mit Politik befassen. Wie denken Sie darüber?

Antwort: Nach meiner Ansicht hat jeder Bürger die Pflicht, nach besten Kräften seine Überzeugung in politischen Dingen zur Geltung zu bringen. Wird diese Pflicht von den intelligenten und urteilsfähigen Bürgern versäumt, so kann es keine gesunde Demokratie geben.

Frage: Gibt es eine Beziehung zwischen dem Fortschritt der Physik und Mathematik und dem Fortschritt der Gesellschaft?

Antwort: Physik und Mathematik sind in zwei Weisen von Bedeutung für das Gemeinwesen, erstens indem sie die technische Entwicklung befruchten, zweitens indem sie, wie alle feineren kulturellen Bestrebungen, ein wirksames Gegengewicht gegen die Gefahr bilden, einer öden materialistischen Lebensauffassung zu verfallen, die zum Vorherrschen ungezügelter Selbstsucht führt.

Frage: Welche erzieherischen Massnahmen sind nötig, um die Auswirkungen der Nazi-Doktrin zu beseitigen und das deutsche Volk auf den Weg der Demokratie zu lenken?

Antwort: Deutsche können getötet oder unterdrückt, aber nicht in absehbarer Zeit zum demokratischen Denken und Handeln erzogen werden.

Im Herbst 1944 stand Präsident Roosevelt zur Wiederwahl. Zur Unterstützung seiner Kampagne hatte sich unter dem Vorsitz des amerikanischen Bildhauers Jo Davidson ein Komitee von Künstlern, Wissenschaftlern und anderen Geistesarbeitern gebildet. Einstein schlug dem Komitee ein politisches Programm vor:

Eine Vereinigung der Intellektuellen für politische Zwecke setzt ein festes und klares Programm hinsichtlich der Ziele voraus, wenn es wirksam sein soll. Als wichtigste Ziele sehe ich zwei:

1. Zur Sicherung des Friedens ist Internationalisierung der militärischen Macht unerlässlich. Die Erkenntnis, dass jede weniger radikale Lösung des Sicherheitsproblems nur kurzfristige Wirkung haben kann, muss Allgemeingut werden, damit ein Druck der öffentlichen Meinung in dieser Richtung geschaffen wird. Eine internationale Vereinigung einflussreicher Intellektueller, die hinreichend informiert sind über die Gefahren neuer militärischer Erfindungen, kann unmittelbar auf die verantwortlichen Politiker wirken.

2. Die zweite wichtigste Aufgabe für eine Gemeinschaft Intellektueller liegt meiner Meinung nach in dem Schutz der Individuen und der Gemeinschaft gegen die Übermacht des Finanzkapitals, sowie Einflussnahme auf die Gesetzgebung und auf die öffentliche Meinung durch Aufklärung.

Ein verhältnismässig kleines Komitee von unabhängigen und einflussreichen Intellektuellen sollte dies und verwandte Fragen so lange diskutieren, bis eine Einigung dieses Nucleus inbezug auf die Grundfragen erreicht ist.

Aber Einstein trat auch für das unmittelbare Ziel des Komitees, die Wiederwahl Roosevelts, ein:

Roosevelt war einer der Wenigen, welche die Gefahr der Vorkriegssituation für Amerika voll erkannt und mit voller Energie nach dieser Erkenntnis gehandelt haben. Er hat ferner stark dazu beigetragen, dass unter den Alliierten eine Atmosphäre des Vertrauens zustande kam. Es ist nach meiner Überzeugung von grösster Bedeutung für Amerika und für die internationale Situation, dass Rossevelts Erfahrung und das Vertrauen, das er überall geniesst, für das Werk des Friedensschlusses und des Wiederaufbaus nutzbar gemacht werden. Darum muss alles daran gesetzt werden, dass er wiedergewählt wird.

Eine längere Erklärung Einsteins zugunsten eines vierten Amtstermins für den Präsidenten Roosevelt wurde am 9. Oktober 1944 bei einer Wahlkundgebung der "Independent League for Roosevelt" in Trenton, New Jersey, verlesen[18]:

Die Präsidentenwahl bedeutet eine der schicksalsschwersten Entscheidungen, die das amerikanische Volk je zu treffen hatte. Sollen die schweren Opfer, die Amerika für seine Sicherheit gebracht hat, ein zweites Mal vergeblich gewesen sein? Soll unseren Kindern das harte Los erspart werden, das der jungen Generation der Gegenwart beschieden ist?

Die nächsten Jahre sollen einen gesicherten Friedenszustand und einen Schutz gegen jeden Versuch neuer Raubkriege bringen. Roosevelt, Churchill und Stalin bemühen sich ehrlich, einen Zustand des Rechts und des Vertrauens zu schaffen, von dem die Sicherheit aller Nationen abhängt. Diese Männer haben gezeigt, dass sie den Willen, die Kraft und die Mässigung besitzen, um dieses schwierige Werk zu einem guten Ende zu bringen. Sie haben mit Umsicht eine Atmosphäre des Vertrauens geschaffen, ohne die kein Werk des Friedens gelingen kann. Dieses Werk sollen wir nicht dadurch stören, dass wir eine neue Situation schaffen, welche die bereits gesponnenen Fäden des Vertrauens wieder zerreissen würde.

Die Älteren unter uns haben die folgenschweren Tage erlebt, in welchen Wilsons Bestrebungen für die Sicherung der Nationen dadurch scheiterten, dass Wilson von seinen Mitbürgern im Stiche gelassen wurde, bevor das Ziel erreicht war. Die Gefahr, dass solches ein zweites Mal geschehe, müssen wir mit allen Kräften abzuwenden suchen, zu unserem eigenen Wohle, zu dem unserer Kinder und zum Wohle aller der Völker, die so unbeschreiblich Schweres durch den Überfall der Deutschen und Japaner erduldet haben.

Lasst uns darum alle unsere Kräfte und unseren Einfluss dafür einsetzen, dass Roosevelt mit grosser Majorität gewählt werde.

Die Charta für die Vereinten Nationen wurde im Herbst 1944 in der historischen Konferenz von Dumbarton Oaks (ein Bezirk von Washington) entworfen. Eine Reihe von Organisationen übernahm die Aufgabe, das amerikanische Volk über das Werk der Konferenz zu informieren. Zu ihnen gehörte auch die "Commission to Study the Organization of Peace" ("Komitee für das Studium der Organisation des Friedens"), die mit der älteren "League of Nations Association" ("Völkerbund-Vereinigung") verbunden war. Einstein akzeptierte die Bitte dieser Organisation, er möge die Kampagne für die Annahme der Dumbarton Oaks-Vorschläge unterstützen[19], und gab am 31. Januar 1945 folgende Erklärung ab:

Gern schliesse ich mich dem Förderungskomitee an, das Sie für die Kampagne ins Leben rufen wollen. Es ist, wie ich glaube, von grösster Wichtigkeit, dem amerikanischen Volk die Bedeutung des Projekts klarzumachen. Nur durch gegenseitiges Vertrauen und organisierte Zusammenarbeit zwischen den Grossmächten lassen sich künftig Kriege vermeiden. Sollten wir dieses Ziel nicht erreichen und sollten die Nationen in ihrem gegenseitigen Misstrauen verharren, so werden wachsende Rüstungen unvermeidlich werden, und innerhalb der nächsten Jahrzehnte mag es sogar Präventivkriege geben.

Auch erscheint es mir wichtig, dass alle Bürger unseres Landes eine Tatsache klar sehen: ohne ein wirksames internationales Sicherheitssystem werden die Vereinigten Staaten mit ihrer grossen Landfläche und relativ kleinen Bevölkerung immer mehr von der rapiden technologischen Entwicklung der Angriffswaffen bedroht werden.*

Als über die bevorstehende Niederlage Deutschlands kein Zweifel mehr bestehen konnte, schrieb Einstein an einen an der amerikanischen Westküste lebenden Freund, dem gegenüber er am Anfang des Kriegs tiefe Besorgnis geäussert hatte (19. März 1945)[20]:

... So erleben wir es nun doch, dass das Schändliche da drüben in den Staub fällt. Auf die Dauer mag dies Entsetzliche sogar gute Folgen haben, und es wäre nicht ganz unlogisch, eine Statue des jammervollen Hitler in die Vorhalle des künftigen Weltregierungs-Palastes zu stellen als den mächtigen Förderer der Überzeugung von der Notwendigkeit einer übernationalen Organisation.

Am 12. April 1945 starb Franklin D. Roosevelt. Die New Yorker deutschsprachige Wochenschrift *Aufbau* veröffentlichte am 27. April eine Botschaft, die Einstein für eine Gedächtniskundgebung in New York verfasst hatte[21]:

... Selten ist es, dass einem, der das Herz auf dem rechten Fleck hat, auch das politische Genie und die Willenstärke zuteil wird, durch welche Gaben allein ein Mensch das historische Geschehen entscheidend und nachhaltig beeinflussen kann. Er hat das Unvermeidliche frühzeitig vorausgesehen und dafür gesorgt, dass Amerika die vom Lande unserer Geburt drohende schwere Gefährdung siegreich bestehen konnte. Er hat sich im Rahmen des politisch Möglichen erfolgreich für die Sicherung der Schwachen und für eine Gesundung der wirtschaftlichen Verhältnisse eingesetzt.

So schwer die Last war, die er zu schleppen hatte, sein gesunder Humor hat es ihm erlaubt, innerlich frei zu bleiben – wie wir es nur bei ganz Wenigen finden, die unausgesetzt die folgenschwersten Entscheidungen zu treffen hatten. Er war unerhört konsequent in seinen letzten Zielen und doch so bewundernswert elastisch bei der Überwindung der schweren Widerstände, die sich einem weitblickenden Staatsmann ganz besonders in einem demokratischen Lande entgegenstellen, in welchem ein Amt – auch das höchste – nur in beschränktem Masse Autorität verleiht.

Wann auch immer dieser Mann von uns genommen worden wäre, wir hätten es immer als unersetzlichen Verlust empfunden. Tragisch ist es, dass er seine einzigartigen Fähigkeiten nicht mehr für die Lösung des Problems der internationalen Sicherung einsetzen konnte ...

Roosevelts Tod wird von allen Menschen, die guten Willens sind, empfunden wie der Verlust eines alten und nahen Freundes. Möge sein Einfluss auf die Gedanken und Gesinnungen der Menschen ein dauernder sein!

11. Kapitel

DIE DROHUNG DER ATOMWAFFE 1945

Mit dem Ende der nationalsozialistischen und faschistischen Gefahr – nach dem Sieg der Alliierten über Deutschland im Mai 1945 und dem Abwurf der Atombombe über Hiroschima im August 1945 – begann eine neue Phase im öffentlichen Leben Einsteins. Jetzt entfiel der Zwang zur Zurückhaltung in seinen pazifistischen Aktivitäten, den er sich nach der Machtergreifung Hitlers selbst auferlegt hatte. Aber gleichzeitig war ein neues Problem erwachsen: die erfolgreiche Anwendung der Atomenergie zur militärischen Massenvernichtung brachte eine monumentale Drohung für die Zukunft der Menschheit.

Diese Erkenntnis trieb Einstein nach dem Zweiten Weltkrieg dazu, in dem Kampf gegen die Selbstzerstörung der Menschheit eine höchst aktive Rolle zu spielen. Die Intensität seines Engagements in den ersten Jahren nach dem Krieg kann nur mit seinem hingebungsvollen Kampf für Pazifismus und Kriegsdienstverweigerung in den Jahren vor 1933 verglichen werden. In der Kampagne für die Abschaffung der Atomwaffen und die Errichtung einer Weltregierung übernahm er eine Führerrolle, die selbst über das Mass seiner Betätigung in den zwanziger und dreissiger Jahren hinausging.

Dabei leitete ihn nicht nur der Gedanke an die verheerenden Dimensionen einer möglichen atomaren Katastrophe, sondern zweifellos auch das Bewusstsein, dass er selbst eine grosse Rolle in der zur Produktion der Bombe führenden Entwicklung gespielt hatte. Übrigens enthüllte der offizielle amerikanische Smyth-Report ("Atomenergie für militärische Zwecke"[1]) den epochemachenden Brief Einsteins an den Präsidenten Roosevelt vom August 1939, und Einsteins Name erschien in den Schlagzeilen der Presse.

Trotzdem verlief sein Alltagsleben in den gewohnten Bahnen. Er verliess Princeton nur während der Sommerferien. Am Ort pendelte er gewöhnlich nur zwischen seinen beiden Studierzimmern hin und her: das eine in seinem bescheidenen Heim in der Mercer Street, das andere im Institute for Advanced Study; auch nach seiner Emeritierung am 15. April 1945 besuchte er das Institut täglich. Der Strom der Besucher und der Korrespondenz blieb unverändert.

Unverändert blieb auch sein Interesse an der Errichtung einer Heimstätte für das jüdische Volk in Palästina. Er unterstützte die Sache des Zionismus, wenn immer sich ihm eine Gelegenheit dazu bot, und ganz besonders in der Zeit unmittelbar vor der Gründung des Staates Israel. Auch nahm er rührigen Anteil an den Bemühungen um die Schaffung einer jüdischen Universität in Amerika (der späteren Brandeis-Universität). Er zog sich von den vorbereitenden Arbeiten für diese Universität erst zurück, als seine Ideen über die akademische Organisation der neuen Institution grossen Widerspruch hervorriefen und er und seine Mitarbeiter an dem Projekt zur Zielscheibe politischer Schmähungen wurden. Hier waren die ersten Symptome der reaktionären Hetze zu erkennen, die sich in Amerika während des kalten Kriegs verbreitete. In dieser Ära wurde Einstein einer der konsequentesten und kompromisslosesten Kämpfer für Freiheit und menschlichen Anstand.

Für die Opfer politischer Verfolgung war er immer zugänglich. Nie geizte er mit seiner Zeit, wenn Besucher ihm ihre Ansichten und Ideen auseinandersetzen wollten. Und doch vernachlässigte er zu keiner Zeit sein wissenschaftliches Werk, das nach wie vor seine Hauptaufmerksamkeit beanspruchte. Die Frucht seiner in diesen Jahren besonders intensiven Forschungsarbeit zeigte sich 1949 in der Veröffentlichung seines letzten Versuchs, eine allgemeine Feldtheorie zu formulieren[1a].

Einsteins Kampf um die Verhütung einer atomaren Weltkatastrophe begann kurz nach den folgenschweren Angriffen auf Japan. Einen Monat nach dem Grauen von Hiroschima und Nagasaki stöberte ein Reporter der United Press Einstein "in seiner Hütte inmitten eines dichten Nadelwaldes" auf:

Nach meiner Meinung – sagte Einstein während dieses Interviews am 14. September 1945 in Saranac Lake – ist die Rettung der Zivilisation und der Menschenrasse nur durch die Schöpfung einer Weltregierung möglich, deren Gesetze den Nationen Sicherheit gewähren. Neue Kriege sind unvermeidlich, solange souveräne Staaten weiterhin rüsten und die Rüstungen geheim halten*[2].

Schon vorher hatte der damalige Kanzler der Universität Chicago, Robert M. Hutchins, Einstein zu einer Konferenz von Physikern, Staatswissenschaftlern und Beamten über das Atomproblem eingeladen[3]. Hutchins zitierte die Schlussfolgerung des Smyth-Reports: "Hier geht es nicht um technische, sondern um politische und soziale Fragen. Von den Antworten darauf mag das Schicksal ganzer künftiger menschlicher Generationen abhängen ... In einem freien Land wie dem unsrigen sollten solche Fragen vom Volk diskutiert und die Entscheidungen von den Vertretern des Volkes getroffen werden."

Einstein erwiderte am 10. September 1945:

Ich danke Ihnen für Ihre freundliche Einladung und für den sehr interessanten Bericht von Professor Smyth über die Atombombe. Zu meinem grossen Bedauern kann ich, mit Rücksicht auf meinen Gesundheitszustand und meine Arbeitslast, an der Konferenz nicht teilnehmen.

Mir scheint das Problem rein politischer Natur zu sein. Solange die Nationen auf unbeschränkter Souveränität beharren, werden wir unzweifelhaft immer grössere Kriege erleben, die mit immer grösseren und technologisch fortgeschritteneren Waffen geführt werden. Es ist die wichtigste Aufgabe der Intellektuellen, der breiten Öffentlichkeit das klarzumachen. Immer und immer wieder müssen sie die Notwendigkeit einer wohlorganisierten Weltregierung betonen und die Abschaffung der Rüstungen und des Militärgeheimnisses individueller Nationen fordern*.

Emery Reves, ein aus Ungarn stammender Volkswirtschaftler und Autor, hatte kurz vor Kriegsende ein kleines Buch "The Anatomy of Peace" veröffentlicht, das weite Beachtung fand[3a]. Im September 1945 machte er Einstein mit einer Erklärung bekannt, die eine Gruppe von Wissenschaftlern in der Atom-Forschungsstätte von Oak Ridge, Tennessee, abgegeben hatte. Darnach sollte der U.N.-Sicherheitsrat die Treuhänderschaft über die Atomenergie übernehmen; alle Nationen sollten einer gründlichen Inspektion ihrer wissenschaftlichen, technischen, industriellen und militärischen Anlagen durch diese Behörde zustimmen, und sämtliche wissenschaftlichen und technologischen Fortschritte wären dieser Stelle laufend mitzuteilen. Nach Reves' Ansicht[4] zeigten diese Vorschläge, dass die Wissenschaftler

das politische Problem nicht voll erfasst haben. Sie glauben immer noch an einen Internationalismus alten Stils, an die Möglichkeit, durch einen Bund souveräner Nationalstaaten den Frieden zwischen den Mitgliedsstaaten sichern zu können. ... Würden die Nationalstaaten alles tun, was von ihnen erwartet werden könnte, so bestünde nicht die geringste Gefahr der Anwendung der Atombombe.

Leider ist aber die Idee des Friedens zwischen souveränen Mächten ein Phantasiegespinst. ... Man kann mit mathematischer Sicherheit sagen: Würde die Kontrolle der Atomenergie dem Sicherheitsrat der Vereinten Nationen übertragen werden, so wäre ein verheerender Weltkrieg mit unbeschränkter Anwendung der Atomwaffe geradezu unvermeidlich ...

Ein Atomkrieg kann nur auf eine einzige Weise verhindert werden. Und das ist die Ausrottung des Krieges überhaupt ... Überprüft man die Kriege im Verlauf der Geschichte ..., so erkennt man, glaube ich, dass eine bestimmte Organisation der menschlichen Gesellschaft – und sie allein – alle Kriege verursacht hat; und das ist das Nebeneinander-Bestehen souveräner Mächte ... Friede muss durch Gesetzgebung hergestellt werden; Friede zwischen souveränen gesellschaftlichen Einheiten ... kann nur durch die Integration dieser Einheiten in einer höheren gesellschaftlichen Souveränität erreicht werden ... durch die Schaffung einer Weltregierung, die in direkter Beziehung zu dem individuellen Bürger steht.

Versuche der Sicherung des Friedens ... durch eine Liga, wie sie die Organisation von San Francisco vorsieht . . . sind entsetzlich überholt und zum Scheitern verurteilt . . . Es gibt einen – und nur einen – Weg, die Vereinigten Staaten gegen einen atomaren Bombenangriff zu sichern. Dieser Weg ist derselbe, der heute die Staaten New York und Kalifornien (Nichtproduzenten von Atombomben) vor der Vernichtung durch die Staaten Tennessee und New Mexico (Produzenten von Atombomben) schützt.

Keine Gruppe hat heute einen so starken Einfluss auf die öffentliche Meinung wie die der Atomphysiker, denen die ungeheure Verantwortung obliegt, politische Vorschläge zu machen . . . Und sie sollten sich immer der von Hamilton in "The Federalist" niedergelegten Grundthese erinnern: "Würde man ständige Eintracht zwischen einer Reihe unabhängiger, nicht miteinander verbundener, aber benachbarter Länder erwarten, so hiesse das, den eindeutigen Kurs der menschlichen Geschichte, die gesammelte Erfahrung aller Zeiten missachten."

Einstein hatte irrtümlicherweise angenommen, dass Dr. J. Robert Oppenheimer in Los Alamos einer der Unterzeichner der Oak Ridge-Erklärung gewesen sei. Darum leitete er am 29. September 1945 das Schreiben von Reves an Oppenheimer weiter, zusammen mit einem Begleitbrief, der Einsteins Übereinstimmung mit Reves' Ideen unterstrich:

Herr Reves, mit dem ich öfter die dringenden politischen Probleme unserer Tage besprochen habe, hat mir das statement zu lesen gegeben, das die an der Herstellung der Atombombe beteiligten Physiker zur Aufklärung des Publikums und der Regierung herausgegeben haben. Ich war sehr erfreut über den ehrlichen Willen und die offene Sprache dieses statements, aber zugleich erschreckt über die gegebenen politischen Vorschläge, weil mir deren Unwirksamkeit offenkundig erscheint. Die kümmerlichen Ansätze zur Erzielung internationaler Sicherheit, wie sie gegenwärtig ins Auge gefasst sind, machen nicht Schluss mit dem Wett- und Geheimrüsten der Staaten, die nichts von ihrer unbeschränkten Souveränität abzugeben bereit sind. Dieser Zustand führt notwendig zu neuen Kriegen, denn er zwingt die einzelnen Staaten all das zu tun, was eben neue Kriege erzeugt.

Solange man keine übernationale Regierung hat, die über genügend Machtmittel verfügt, um rechtliche Entscheidungen auf internationalem Gebiete durchzusetzen, ist jeder Einzelversuch, spezielle Gefahren abzuwenden, völlig illusorisch. Es wäre nach meiner Ansicht sehr wünschenswert, wenn Sie und Ihre Kollegen das

Büchlein von Herrn Reves "Anatomy of Peace" lesen würden, das nach meiner Meinung die Situation richtig und prägnant charakterisiert. Ich möchte Euch das Büchlein gerne senden, wenn man mir die Adressen der Kollegen mitteilt. Ich bin überzeugt, dass der politische Teil des statements von Euch anders formuliert worden wäre, wenn die dort dargelegten einfachen Tatsachen und Überlegungen den Beteiligten lebhaft bewusst gewesen wären.

Einsteins Brief an Dr. Oppenheimer gab seiner Sorge Ausdruck, die er um diese Zeit über das Problem der Atombombe fühlte. Aber Dr. Oppenheimer hatte, wie sich dann herausstellte, weder an dem Entwurf der Erklärung seiner Kollegen in Los Alamos mitgewirkt, noch vor der Publikation Kenntnis davon gehabt.

Einstein selbst unterzeichnete mit neunzehn anderen prominenten Persönlichkeiten – darunter Thomas Mann und der Richter am amerikanischen Oberbundesgericht, Owen J. Roberts – eine Erklärung, die am 10. Oktober 1945 als Leserbrief in *The New York Times* erschien[5]:

Die erste Atombombe hat nicht nur die Stadt Hiroschima zerstört. Sie hat auch unsere traditionellen, längst überholten politischen Ideen endgültig vernichtet.

Einige Tage bevor zum ersten Mal in der menschlichen Geschichte diese brutale Gewalt der Natur entfesselt wurde, war in Washington die Charta von San Francisco unterzeichnet worden. Der Traum eines Völkerbundes war, nach 26 Jahren, durch die Abstimmung im amerikanischen Senat endlich Wirklichkeit geworden.

Wie lange wird die Charta der Vereinten Nationen in Kraft bleiben? Im Glücksfall vielleicht eine Generation oder sogar ein Jahrhundert lang? Es gibt keinen Menschen, der einen solchen Glücksfall nicht ersehnen würde – für die Charta wie für sich selbst, für seine Arbeit und seine Kindeskinder.

Aber darf man den Frieden dem Zufall überlassen? Friede durch Gesetz: dieses Ziel können die Völker erreichen, wenn sie es nur wollen. Und jetzt ist die Zeit, es durchzusetzen. Unsere Generation muss dazu helfen.

Jeder von uns weiss, dass die Charta nur einen Anfang darstellt. Sie garantiert den Frieden durchaus nicht. Und doch haben die vielversprechenden, leidenschaftlichen Worte von Dumbarton Oaks und San Francisco eine sehr ernste Gefahr heraufbeschworen: dass nämlich Millionen von Amerikanern sich von dem Glauben einlullen lassen, eine Reihe von Unterschriften unter einem Dokument habe den Apparat zur Verhütung eines neuen Krieges geschaffen.

Wir halten es für unsere Pflicht, das amerikanische Volk vor diesem

Fehlschluss zu bewahren. Die Charta wird sich als eine tragische Illusion erweisen, wenn wir nicht die zur Organisation des Friedens nötigen Schritte ergreifen. Bei seiner Rückkehr aus San Francisco sagte Präsident Truman: "Die Nationen werden ebenso leicht innerhalb einer Weltrepublik zusammenleben können, wie wir Seite an Seite innerhalb der Republik der Vereinigten Staaten leben. Nun, wenn Kansas und Colorado sich über die Regulierung des Arkansas-Flusses streiten, mobilisieren die beiden Staaten nicht die Nationalgarde und bekriegen sich nicht gegenseitig. Vielmehr werden sie eine Klage beim amerikanischen Oberbundesgericht einreichen, dessen Entscheidung beide sich fügen werden. Es gibt keinen Grund, warum wir nicht auf der internationalen Ebene denselben Weg einschlagen könnten."

Das waren historische Worte. Sie zeigen, dass der Weg der Zukunft weit über San Francisco hinausgehen muss.

Jahrtausende hindurch haben die Menschen gelernt, dass, wo immer eine Regierung sich auf Gesetze stützen muss, Friede herrscht . . . Die Charta von San Francisco hält die völlige Souveränität der rivalisierenden Nationen aufrecht; sie steht einem höheren Gesetz zur Regelung der internationalen Beziehungen im Wege. Darin ähnelt sie der Konföderationssatzung der dreizehn ursprünglichen amerikanischen Republiken. Wir wissen, dass diese Konföderation sich als unhaltbar erwiesen hat. Kein im Lauf der Geschichte ausprobiertes Bundessystem hat Konflikte zwischen seinen Mitgliedern auszuschalten vermocht. Wir müssen eine Verfassung der Welt, das heisst eine wirksame weltweite internationale Ordnung anstreben, die uns hilft, einen Atomkrieg zu verhüten.

Zufällig ist gerade in diesem schicksalsschweren Augenblick unserer Geschichte ein kleines, sehr wichtiges Buch erschienen, das in klaren und einfachen Worten zusammenfasst, was viele unter uns schon lange gedacht haben: "The Anatomy of Peace" von Emery Reves. Wir bitten die Männer und Frauen Amerikas, dieses Buch zu lesen, über seine Schlussfolgerungen nachzudenken und darüber mit Nachbarn und Freunden privat wie öffentlich zu diskutieren. Noch vor wenigen Wochen erschienen diese Ideen zwar als wichtig, aber erst in der Zukunft erreichbar. In der neuen Welt des atomaren Krieges jedoch müssen sie, will die Menschheit nicht Selbstmord begehen, als brennend akut behandelt werden.

Im Entwurf seiner letzten Rede, die er nicht mehr halten konnte, summierte Präsident Roosevelt sein politisches Testament: "Wir stehen einer alles überragenden Tatsache gegenüber: der Bestand unserer Zivilisation hängt davon ab, dass wir die Wissenschaft der menschlichen Beziehungen pflegen: die Fähigkeit von Menschen verschiedenster Art, in derselben Welt im Frieden zusammenzuleben und zusammen zu arbeiten."

Wir haben gelernt – und dafür einen schrecklich hohen Preis bezahlt –, dass Zusammenleben und Zusammenarbeit nur auf eine einzige Weise möglich sind: unter dem schützenden Dach des Gesetzes. In der heutigen Welt gibt es keine wahrere und selbstverständlichere Idee. Setzt sie sich nicht durch und erringen wir nicht im gemeinsamen Kampf neue Wege des Denkens, so ist die Menschheit dem Untergang geweiht.

Aus dem Strahlen-Laboratorium des Massachusetts Institute of Technology richtete der Physiker Dr. Daniel Q. Posin am 21. Oktober 1945 folgendes Schreiben an Einstein[6]:

Die Wissenschaftler in Cambridge, wie die der ganzen Welt, bedürfen in diesen Tagen beispielloser Unruhe und Spannung Ihrer Hilfe und Unterstützung. Was sie an der gegenwärtigen atomaren Situation aufs tiefste beunruhigt, ist diese grausame Ironie: dass einer der grössten und freudigsten Triumphe des wissenschaftlichen Intellekts nicht geistigen Aufschwung und grössere Lebenskühnheit, sondern Enttäuschung und Tod bringen sollte. Die endgültige und uneingeschränkte Bestätigung Ihrer Gleichung "$E = mc^2$" hätte am Anfang einer Ära des Lichtes stehen sollen. Statt dessen starren wir verwirrt in ein undurchdringliches Dunkel.

Die Wissenschaftler in Los Alamos haben sich ausgesprochen. Ebenso ihre Kollegen in Oak Ridge. . . . Ein Physiker in Texas hat an den Bürgersinn der Wissenschaftler appelliert. Aus Chicago hörten wir die Forderung nach einem internationalen Abkommen. Dort bekannte [Samuel King] Allison, er könne seine Lebensarbeit unmöglich hinter verschlossenen Türen leisten. Hier, im Massachusetts Institute of Technology, kann sich [Norbert] Wiener vor Entsetzen kaum fassen; er fühlt sich wie ein Mensch, der wirre Angstträume erlebt. Er fragt: was müssen wir tun? Bei wissenschaftlichen Tagungen protestiert er gegen das "Massaker von Nagasaki", das es gewissen Menschen erleichtert, andere Massaker dieser Art zu erwägen. Und hier am Strahlen-Laboratorium protestieren junge Wissenschaftler gegen das May-Johnson-Gesetz [für Atomkontrolle durch die amerikanische Regierung] und vertreten in öffentlichen Erklärungen die unbestreitbare Notwendigkeit internationaler Kontrolle der Atombombe und Atomenergie.

Aber diese isolierten Stimmen genügen nicht . . .

Wir schlagen deshalb die Einberufung eines nationalen Kongresses von Wissenschaftlern vor, damit wir uns gegenseitig den Rücken stärken und uns über unsere Haltung und unsere Aktionen klar werden können. Darum sage ich: wir brauchen Ihre Anwesenheit und Ihre Stimme, um die soziale Bedeutung der Ära der Atomenergie klarzustellen. Instinktiv fühlen wir, dass Ihre Gegenwart uns inspirieren würde, unsere Zukunft zu meistern. Ja, wir glauben sagen zu können: es ist Ihre Pflicht, uns und der Welt zu helfen. Nicht nur, weil Ihre Stimme ebenso mächtig wie bescheiden ist, sondern auch, weil Ihr Werk, die Entdeckung des Masse-Energie-Prinzips, im weitesten Sinn uns an eine Wegkreuzung geführt hat – und wir rechnen bei der Entscheidung über die richtige Fortführung des Weges auf Ihre Hilfe.

Dem Brief dieses Wissenschaftlers lag der Plan eines Nationalkongresses amerikanischer Wissenschaftler bei, der vom 10. bis 12. Januar 1946 stattfinden sollte. Aber der Kongress kam nicht zustande, und darum sandte Einstein offenbar die folgende von ihm entworfene Erklärung nicht ab:

Leider werde ich nicht zu Ihrem Kongress kommen können, weil meine geschwächte Gesundheit mich dazu zwingt, mich auf solche Aktivitäten zu beschränken, die ich zuhause leisten kann.

Ich empfinde es als eine überaus erfreuliche und tröstliche Tatsache, dass die wissenschaftlichen Kollegen in ihrer grossen Majorität sich ihrer Verantwortung als Forscher und Weltbürger voll bewusst sind, und dass sie der allgemeinen Hysterie nicht zum Opfer fallen, welche unser aller und unserer Kinder Zukunft bedroht.

Wir dürfen nicht zugeben, dass die freie Publizität der wissenschaftlichen Arbeit eingeschränkt wird, weil durch solche Beschränkung der geistigen Entwicklung ein unberechenbarer Schaden zugefügt würde. Ich sehe mit Schrecken, wie das Gift der Militarisierung und des imperialistischen Geistes dieses Land bedroht in einem Augenblick, in dem die Vereinigten Staaten in der Herbeiführung internationaler Sicherheit führend sein könnten und sollten.

Wo ist denn der potentielle Gegner, gegen den alle diese Machenschaften gerichtet sind, und aus Furcht vor welchem der Amerikaner die permanente militärische Knechtschaft auf sich nehmen soll? Es ist dasselbe Russland, das bisher in dem Streben nach übernationaler Sicherung vorangegangen und die loyalste Stütze des Völkerbundes gewesen ist.

Es ist nicht der Wille des amerikanischen Volkes, den wir hier am Werke sehen, sondern der Wille der mächtigen Minderheit, die durch ihre wirtschaftliche Machtstellung auch die politischen Organe beherrscht. Diese Leute fürchten in Wahrheit nicht eine militärische Aktion Russlands, sondern vielmehr den moralischen Einfluss eines starken Russlands, der ihrer Machtstellung auf indirektem Wege gefährlich werden könnte.

Wenn die Regierung fortfährt, diesen verhängnisvollen Weg zu beschreiten, so dürfen wir Forscher der Regierung nicht zu Willen sein, auch dann nicht, wenn sie an uns durch ihre legale Maschinerie unmoralische Forderungen stellt. Denn es gibt ein ungeschriebenes Gesetz, das stärker bindet als Paragraphen, die in Washington zusammengebraut werden mögen. Schliesslich bleibt auch *uns* die Waffe der Non-Cooperation und des Streikes.

Wir tadeln es mit Recht an den deutschen Intellektuellen, dass sie einer unwürdigen Regierung bedingungslos zu Willen waren, wir bestrafen sie mit Recht für die Verbrechen, die sie in solcher, angeblich legaler Abhängigkeit begangen haben. Ich hoffe, dass die hiesigen Intellektuellen entschlossen sind, entsprechende Entgleisungen zu vermeiden; ihr bisheriges Verhalten ermutigt zu solcher Hoffnung.

Einstein fügte seinem Brief an Posin folgende Nachschrift hinzu: "Dieser Brief braucht nicht als vertraulich behandelt zu werden. Ich bin gern bereit, für meine Überzeugungen einzustehen." Offensichtlich war Einstein jetzt, nach dem Ende des Kriegs, willens, die ihm am Herzen liegenden Bewegungen und Ideen ebenso rückhaltlos wie in der Vorkriegszeit zu unterstützen.

Aber er tat es nicht blindlings. Als zum Beispiel das amerikanische Komitee für die Freiheit Spaniens – eine Organisation, die den Bruch der diplomatischen und Handelsbeziehungen Amerikas mit Franco-Spanien befürwortete – für einen Geldaufruf seine Unterschrift erbat, gab er dazu nicht die Erlaubnis. Am 6. Oktober 1945 schrieb er an die Organisation:

... Ich habe nicht das Gefühl, als öffentlicher Sprecher für die spanische Sache auftreten zu sollen, obwohl nach meiner Überzeugung das Recht auf Seiten der spanischen Loyalisten liegt und der Fortbestand des faschistischen Spanien die internationale Sicherheit ernstlich gefährdet. Ich habe über die dort herrschenden Zustände keine direkten Informationen, ganz besonders nicht über gewisse Punkte des Pressebulletins, das den Geldaufruf begleiten soll. Darum wäre es ebenso unehrlich wie unklug, die Popularität und den Publizitätswert meines Namens für Ihre Zwecke auszunützen. Erlaubte ich die Verwendung meines Namens unter solchen Umständen, so verlören viele Menschen rasch das in mich gesetzte Vertrauen – ein Vertrauen, das es mir erlaubt, in Angelegenheiten, in denen ich mich kompetent fühle, wirkungsvoll zu sprechen.*

Trotz dieser strikten Absage verwendete das Komitee Einsteins Namen auf seinen um Geldspenden bittenden Zirkularen. Davon fiel eines in die Hände des Kongressabgeordneten John Rankin aus Mississippi, eines Ultrakonservativen und Rassenfanatikers. Am 25. Oktober 1945 griff Rankin im Repräsentantenhaus in Washington Einstein heftig an[7]:

... Dieser fremdländische Agitator möchte uns in einen neuen europäischen Krieg stürzen, um den Fortschritt des Kommunismus in der ganzen Welt zu fördern ... Es ist an der Zeit, dass das amerikanische Volk Einstein durchschaut. Nach meiner Meinung hat er sich gegen das Gesetz verstossen und sollte strafrechtlich verfolgt werden ... Dieser Mensch benützt die Post für eine Geldsammlung, mit deren Hilfe der Abbruch der Beziehungen mit Spanien propagiert werden soll, was, wie ich bereits sagte, wahrscheinlich zu einem neuen Krieg führen würde ... Ich fordere das Justizministerium auf, diesem Menschen Einstein das Handwerk zu legen ...

Einstein ignorierte die Attacke.

Im Oktober 1945 unterbreitete der Bundessenator Joseph H. Ball aus Minnesota dem Senat einen Abänderungsvorschlag zu dem Gesetzentwurf über die Atomkontrolle, der, obwohl unter den Namen der Abgeordneten May und Johnson laufend, vom Kriegsministerium ausgearbeitet worden war. In einer Erklärung vom 5. November 1945 sagte Senator Ball:

Ich pflichte der Meinung der Wissenschaftler über den May-Johnson-Entwurf bei: in der gegenwärtigen Fassung ist dieser Entwurf nicht nur undemokratisch, da das vorgesehene gigantische Monopol völlig im Geheimen funktionieren würde, sondern auch unpraktisch, denn die scharfen Schweige- und Kontrollvorschriften würden sowohl die theoretische Forschung wie auch die praktische Anwendung der Atomenergie für friedliche Zwecke bremsen statt sie zu beschleunigen.

Dieser neue Gesetzentwurf [von Senator Ball] stellt einen Versuch dar, die theoretische und praktisch-industrielle Forschung von allen gesetzlichen Fesseln zu befreien ... und nur für die rein militärische Anwendung der Atomenergie die aus Sicherheitsgründen nötige Geheimhaltung zu wahren. Ich glaube, das ist für die Vereinigten Staaten die einzige gesunde Lösung ...

Am 17. November 1945 sandte Senator Ball an Einstein eine Abschrift seines Gesetzentwurfs mit folgenden Begleitzeilen[8]:

Es wäre mir willkommen, Ihre Meinung über den Entwurf zu hören. Sollten Sie in ihm eine angemessene Lösung des Problems sehen, könnten Sie vielleicht an einige Ihrer wissenschaftlichen Kollegen schreiben und sie bitten, ihre Ansichten dem Atom-Sonderkomitee des Senats, das unter dem Vorsitz von Senator Brien McMahon von Connecticut steht, mitzuteilen.

Einsteins Erwiderung an Ball vom 22. November 1945:

Ich habe Ihre Rede im Cincinnati Foreign Policy Institute vom 9. November mit der erschöpfenden Analyse der internationalen Situation ausserordentlich bewundert. Ich stimme mit allem, was Sie sagten, überein. [Ball war für den Ausbau der Vereinten Nationen in der Richtung auf eine Weltregierung eingetreten].

Was jedoch das vorgeschlagene Gesetz über Entwicklung und Kontrolle der Atomenergie betrifft, so gehen unsere Meinungen etwas auseinander. Gewiss, die darin gemachten Vorschläge sind denen des May-Johnson-Entwurfs bei weitem vorzuziehen. Aber es scheint mir, dass Ihr Entwurf, sollte er Gesetz werden, die Lösung der dringlichsten Aufgabe erschweren würde: die Schaffung der nötigen Atmosphäre des Vertrauens unter den grossen militärischen Mächten, die die Voraussetzung eines Abkommens auf internationaler Ebene ist.

Wäre es Ihnen möglich, die Diskussion der gesetzgeberischen Seite des Atomproblems zu vertagen, bis ein umfassender Versuch unternommen worden ist, unter den drei Grossmächten ein Abkommen über die Atomenergie und, im weiteren Sinne, ein Einverständnis über die notwendige Beschränkung der nationalen Souveränität in militärischen Angelegenheiten zu erzielen? Mir scheint, dass eine befriedigende Gesetzgebung in dieser ungeheuer wichtigen Frage nur nach hinreichender Klärung der internationalen Lage möglich wäre.

Wie Sie selbst in Ihrer Rede in Cincinnati so eindringlich gesagt haben, kann es zwischen einer Politik des Rüstungswettbewerbs und der Konzeption einer Weltregierung, die die Sicherheit aller Länder garantiert, keinen Kompromiss geben.*

In seiner Bestätigung des Briefes Einsteins wies Senator Ball darauf hin, dass das McMahon-Komitee des Senats wahrscheinlich ein langsames Tempo einschlagen werde, während die Regierung auf rasche Aktion dränge. Das Komitee, sagte er, wäre wahrscheinlich damit einverstanden, das Atomgesetz auf einen Zeitraum bis zu zwei Jahren zu beschränken.

Zum Schluss schrieb Ball: "Ebenso wie Sie glaube auch ich, dass die Vereinigten Staaten sich in stärkerem Masse um ein internationales Abkommen bemühen sollten als das gegenwärtig anscheinend der Fall ist."

Bereits früher, am 27. August 1945, hatte Einstein spontan an Raymond

Gram Swing, einen politischen Kommentator der American Broadcasting Company (ABC), geschrieben, dessen abendliche Rundfunksendungen während des Kriegs ihm grosse Popularität eingetragen hatten:

Ich möchte Ihnen meinen grossen Dank für die systematische Art aussprechen, in der Sie die Öffentlichkeit über die Notwendigkeit einer wirksamen Weltregierung informieren.

Mit Recht haben Sie darauf hingewiesen, dass die Besetzung der Inseln im Pazifik durch amerikanische Streitkräfte ein Schritt in der falschen Richtung ist, der künftige Bemühungen um die Erzielung internationaler Sicherheit erschweren wird.

Am gefährlichsten aber sind die Geheimpolitik der Militärs und die Aufrechterhaltung grosser Organisationen, die neue Geheimwaffen auf nationaler Basis erzeugen können. Das haben Sie ebenfalls in sehr überzeugender Weise betont. Sie bleiben einer der wenigen Unabhängigen, die die kritischen Probleme unserer Zeit verstehen und auf die öffentliche Meinung einen grossen Einfluss ausüben. Im Hinblick auf die Grösse der uns drohenden Gefahr und auf die verhängnisvollen Fehler unserer Regierung bin ich allerdings erstaunt darüber, dass Ihre Rundfunksendungen nicht eine breitere Wirkung auf die öffentliche Meinung gehabt haben.

Ich hoffe von ganzem Herzen, dass es Ihnen gelingen möge, den Gang der Ereignisse durch Ihre mutigen und ehrlichen Darlegungen zu beeinflussen.*

Obwohl Einstein dem Brief die Bemerkung hinzufügte "Keine Antwort erforderlich", erwiderte Swing am 30. August 1945[9]:

Ich bin begeistert über Ihren Brief und die mir gebotene Unterstützung, die ich – offen gesagt – brauche, denn die Welt benimmt sich so, als sei nichts geschehen.

Dürfte ich Sie um eine Gefälligkeit bitten? Dürfte ich Sie einmal an einem Samstag, wenn Sie in Princeton sind, aufsuchen, um mit Ihnen über die Auswirkungen der Atomenergie zu sprechen?

Einstein empfing Swing dann in Princeton. Das Ergebnis des Gesprächs war ein Artikel, der in der November 1945-Ausgabe des *Atlantic Monthly* erschien ("Atomic War or Peace") und Swings Notizen über Einsteins Bemerkungen zusammenfasste[10]:

Die Entfesselung der Atomenergie hat kein neues Problem geschaffen. Sie hat lediglich die Notwendigkeit der Lösung eines bereits vorher bestehenden Problems noch akuter gemacht. Man könnte sagen: sie hat die Dinge quantitativ, aber nicht qualitativ geändert. Solange souveräne Nationen über grosse militärische Macht verfügen, werden Kriege unvermeidlich sein. Das bedeutet nicht, dass man den Zeitpunkt eines Krieges voraussagen kann; man kann nur mit Sicherheit sagen, dass er kommen wird. Das war bereits vor dem Bau der Atombombe der Fall. Was sich geändert hat, ist die destruktive Dimension des Krieges.

Ich glaube nicht, dass das Geheimnis der Bombe den Vereinten Nationen oder der Sowjetunion anvertraut werden sollte. Das wäre der Aktion eines Kapitalbesitzers vergleichbar, der die Partnerschaft eines anderen in einem gemeinsamen Unternehmen mit der Überschreibung der Hälfte seines eigenen Kapitals an den Teilhaber erkauft. Der Mann, dessen Mitwirkung erwünscht ist, hätte statt dessen ein Konkurrenzunternehmen anfangen können.

Das Geheimnis der Bombe sollte einer Weltregierung anvertraut werden, und die Vereinigten Staaten sollten unverzüglich ihre Bereitschaft dazu erklären. Eine solche Weltregierung sollte von den Vereinigten Staaten, der Sowjetunion und Grossbritannien – den einzigen drei Mächten, die grosse militärische Stärke besitzen – etabliert werden. Die drei Länder müssten der Weltregierung ihre gesamten militärischen Machtmittel zur Verfügung stellen. Die Tatsache, dass es nur drei Nationen von grosser militärischer Stärke gibt, sollte die Errichtung einer Weltregierung erleichtern helfen.

Da die Vereinigten Staaten und Grossbritannien zum Unterschied von der Sowjetunion das Geheimnis der Atombombe kennen, sollten sie Russland auffordern, eine Verfassung für die geplante Weltregierung vorzubereiten. Das würde zur Beseitigung des Misstrauens der Russen beitragen, die glauben, das Geheimnis der Bombe werde vor allem deshalb gewahrt, weil man sie vom Bau einer Bombe abhalten wolle. Natürlich wäre der erste Verfassungsentwurf nicht endgültig, aber die Russen sollten auf diese Weise das Gefühl bekommen, dass die Weltregierung auch ihre Sicherheit garantieren soll.

Es wäre gut, wenn ein Amerikaner, ein Brite und ein Russe über die endgültige Gestalt der Verfassung verhandeln würden. Berater müssten ihnen zur Verfügung stehen, aber nur, wenn nötig, in Aktion treten. Ich glaube, die drei Männer könnten ein für alle Mächte akzeptables und durchführbares Statut zustandebringen. Würden sechs, sieben oder mehr Männer sich dieser Aufgabe widmen, würden sie wahrscheinlich scheitern.

Nach der Annahme der Verfassung durch die drei Mächte sollten die kleineren Nationen zum Eintritt in die Weltregierung aufgefordert werden. Es sollte ihnen freistehen, der Weltregierung fernzubleiben;

aber obwohl sie sich auch ausserhalb der Weltregierung durchaus sicher fühlen mögen, glaube ich, dass sie am Ende doch beitreten würden. Natürlich sollten sie das Recht haben, Änderungen in der von den Grossen Drei formulierten Verfassung vorzuschlagen. Aber ohne Rücksicht darauf, ob die kleineren Nationen sich anschliessen oder nicht, sollten die Grossen Drei mit der Organisation der Weltregierung beginnen.

Eine solche Weltregierung sollte Jurisdiktion in allen militärischen Fragen haben. Darüber hinaus bedürfte sie nur noch einer einzigen Vollmacht: zur Intervention in Ländern, in denen eine Minderheit die Mehrheit unterdrückt und so jene Unsicherheit schafft, die zum Krieg führen muss. Eine solche Situation findet sich heute zum Beispiel in Argentinien und Spanien, und damit müsste sich die Weltregierung beschäftigen. Die Konzeption der "Nichteinmischung" muss verschwinden. Denn gerade die Einmischung ist unter gewissen Umständen zur Sicherung des Friedens notwendig.

Die Gründung einer Weltregierung sollte nicht solange aufgeschoben werden, bis ähnliche Bedingungen innerer Freiheit in jeder der drei grossen Nationen bestehen. Zwar herrscht in der Sowjetunion eine Minderheit; ich glaube aber nicht, dass die innere Situation Russlands eine Gefahr für den Weltfrieden darstellt. Man muss sich vor Augen halten, dass das russische Volk nicht auf eine langjährige Tradition politischer Erziehung zurückblicken kann; die Lebensbedingungen in Russland mussten von einer Minderheit verbessert werden, weil sich keine Mehrheit mit der nötigen Aktionsfähigkeit fand. Wäre ich als Russe auf die Welt gekommen, hätte ich mich, glaube ich, mit dieser Situation abgefunden.

Die Errichtung einer Weltregierung mit absoluter Autorität in militärischen Angelegenheiten sollte keine Veränderungen in der inneren Struktur der drei Grossmächte erfordern. Die drei Vertreter, denen der Entwurf der Verfassung überlassen wäre, müssten sich, trotz der Verschiedenheit der inneren Struktur ihrer Länder, über Wege der Zusammenarbeit einigen.

Ob ich die Tyrannei einer Weltregierung fürchte? Natürlich! Aber meine Furcht vor einem neuen Krieg ist noch grösser. Jede Regierung ist in einer gewissen Weise vom Übel. Aber eine Weltregierung ist dem weit grösseren Übel der Kriege vorzuziehen – ganz besonders, wenn man deren gesteigerte Destruktivgewalt bedenkt. Auch wenn eine Weltregierung nicht durch Abkommen unter den Nationen entstehen sollte, wird sie nach meiner Überzeugung trotzdem kommen – aber in einer weit gefährlicheren Form. Denn neue Kriege können dahin führen, dass eine einzige Macht triumphiert und die übrigen Länder der Welt mittels ihrer überwältigenden militärischen Übermacht beherrscht.

Jetzt, da wir das Geheimnis des Atoms besitzen, dürfen wir es nicht verlieren; und dieses Risiko würden wir eingehen, wenn wir es entweder den Vereinten Nationen oder der Sowjetunion anvertrauen würden. Aber wir müssen so bald wie möglich die Welt davon überzeugen, dass wir das Geheimnis der Bombe nicht hüten, um unsere Macht aufrechtzuerhalten, sondern um den Frieden auf dem Weg einer Weltregierung zu sichern, und dass wir unser Äusserstes tun, um diese Weltregierung ins Leben zu rufen.

Ich bin mir klar darüber, dass gewisse Leute die Weltregierung zwar als höchstes und letztes Ziel anerkennen, aber ihre stufenweise Errichtung befürworten. Dieser Weg der "kleinen Schritte" hat jedoch einen Haken: während wir ihn verfolgen, behalten wir allein die Bombe, ohne die Nichtbesitzer der Bombe von unseren wirklichen Absichten für eine Endlösung des Friedensproblems überzeugen zu können.

Darin liegt die Saat der Furcht und des Misstrauens. Die Folge wird sein, dass die Beziehungen zwischen den rivalisierenden Mächten sich in einem gefährlichen Ausmass verschlechtern. Diejenigen, die einen "kleinen Schritt" nach dem andern befürworten, mögen darin den Weg zum Weltfrieden sehen. In Wirklichkeit jedoch erhöhen sie durch ihr langsames Tempo die Gefahr eines neuen Krieges. Wir haben keine Zeit zu vergeuden. Wenn wir den Krieg verhüten wollen, müssen wir rasch handeln.

Im übrigen werden wir nicht lange das Monopol der Bombe besitzen. Ich kenne das Argument, kein anderes Land der Welt habe das nötige Geld zur Entwicklung der Atombombe, und wir seien deshalb unseres Privilegs für lange Zeit sicher. Aber es ist ein hierzulande häufig begangener Irrtum, Dinge ausschliesslich nach ihren Kosten zu beurteilen. Andere Länder, die die erforderlichen Rohstoffe und Arbeitskräfte besitzen und sie für die Entwicklung der Atomenergie einsetzen wollen, können das ohne weiteres tun; Menschen, Material und Entschlüsse sind nötig: das Geld ist sekundär.

Ich betrachte mich nicht als den Vater der Auslösung der Atomenergie. Mein Anteil daran war ein sehr indirekter. Ja, ich hätte nicht geglaubt, dass die Kernspaltung zu meinen Lebzeiten verwirklicht würde. Das geschah durch die zufällige Entdeckung der Kettenreaktion – ein Phänomen, das ich nicht voraussehen konnte.

Hahn in Berlin war der Entdecker, und er selbst missdeutete zunächst seine Entdeckung. Lise Meitner, die die "Entdeckung" korrekt interpretierte, flüchtete aus Deutschland, um Niels Bohr über den Sachverhalt zu unterrichten[11].

Nach meiner Meinung kann eine grosse Ära der Atomwissenschaft nicht dadurch geboren werden, dass man die Wissenschaft nach Art der grossen Korporationen organisiert. Man kann die Anwendung einer bereits gemachten Entdeckung organisieren, niemals aber die Entdeckung selbst. Jedoch ist eine Form von Organisation denkbar, die dem Wissenschaftler Freiheit und angemessene Arbeitsbedingungen sichert. Zum Beispiel sollten Wissenschaftler an amerikanischen Universitäten von einem Teil ihres Lehrpensums befreit werden, sodass sie der Forschungsarbeit mehr Zeit widmen können. Kann man sich vorstellen, dass eine wissenschaftliche Organisation die Entdeckungen Darwins gemacht hätte?

Ich glaube nicht, dass die grossen Privatkonzerne in den Vereinigten Staaten dem Gebot der Stunde entsprechen. Würde es einem Besucher von einem anderen Planeten, der in unser Land käme, nicht seltsam erscheinen, dass hier Privatkonzerne eine solche Macht ausüben, ohne ein entsprechendes Mass von Verantwortung tragen zu müssen?

Ich will damit meine Überzeugung betonen, dass die amerikanische Regierung an der Kontrolle der Atomenergie festhalten muss; nicht etwa deshalb, weil der Sozialismus unbedingt wünschenswert wäre, sondern weil die Atomenergie von der Regierung entwickelt worden ist. Es wäre undenkbar, dieses Besitztum des Volkes einem Individuum oder einer Gruppe von Individuen auszuhändigen. Und was den Sozialismus betrifft: falls er nicht internationale Spannweite hätte und die Errichtung einer Weltregierung mit absoluter Kontrolle aller militärischen Macht nicht ein Teil seines Programms wäre, so könnte er infolge seiner grösseren Machtkonzentration noch leichter Kriege verursachen, als es das kapitalistische System tut.

Es ist unmöglich vorauszusagen, wann die Atomenergie für friedliche, konstruktive Zwecke verwendet werden kann. Bisher verstehen wir uns nur auf die Anwendung ziemlich massiver Quantitäten von Uran. Die Einsetzung kleiner Quantitäten, mittels deren man etwa ein Auto oder ein Flugzeug betreiben könnte, ist bisher nicht möglich, und man kann nicht voraussagen, wann sie zur Wirklichkeit wird ... Auch kann man nicht sagen, wann gewöhnlichere Rohstoffe als Uran zur Erzeugung von Atomenergie benützt werden können ...

Mir selbst ist es nicht gegeben, eine grosse Zahl von Menschen von der Dringlichkeit der Probleme, denen sich die Menschheit heute gegenübersieht, zu überzeugen. Darum möchte ich einen Mann empfehlen, der diese Gabe besitzt: Emery Reves, dessen Buch "The Anatomy of Peace" die Fragen des Kriegs und der Weltregierung auf intelligente, klare, knappe und – wenn ich das absurde Wort gebrauchen darf – dynamische Weise auseinandersetzt.

Da ich nicht voraussagen kann, dass die Atomenergie sich in der unmittelbaren Zukunft als Segen für die Welt herausstellen wird, muss ich sagen, dass sie im Augenblick eine Gefahr darstellt. Diese mag die Menschheit jedoch in einem solchen Ausmass einschüchtern und bedrücken, dass die Menschen dazu gezwungen werden, Ordnung in ihre internationalen Beziehungen zu bringen, was ohne die überwältigende Macht der Angst zweifellos nicht geschehen würde.*

Das war Einsteins erste öffentliche Erklärung über die Atombombe. Sie wurde in einer Reihe von Publikationen, darunter in *The New York Times* vom 27. Oktober 1945, nachgedruckt. Die *Times* hatte allerdings Einsteins Hinweis auf das Buch "The Anatomy of Peace" ausgelassen. Einstein sprach sein Bedauern darüber in einem Leserbrief aus, den das Blatt am 1. November 1945 veröffentlichte:

... Mein Artikel sollte in erster Linie das amerikanische Volk auf dieses Buch aufmerksam machen. Die grossen, komplexen Probleme, die mit der dringlichen Errichtung einer weltweiten Organisation zur Verhütung eines Atomkrieges verbunden sind, können in einem kurzen Artikel nicht hinreichend auseinandergesetzt werden. Einige meiner Bemerkungen könnten ohne ausführlichere Begründung überraschend, ja missverständlich wirken. Darum betrachte ich es als Dienst an der Öffentlichkeit, ihre Aufmerksamkeit auf dieses Buch zu lenken. Nach meiner Auffassung stellt es die klarste und umfassendste Analyse des Friedensproblems und die beste Stütze für die in meinem Artikel vorgebrachten Argumente dar.*

Die Redaktion des *Atlantic Monthly* bat Sumner Welles, der bis September 1943 Unterstaatsekretär im amerikanischen Aussenministerium gewesen war, um einen Kommentar zu Einsteins Artikel. Welles nahm eine von Einsteins Auffassungen scharf abweichende Position ein. Sein Gegenartikel wurde in der Januar 1946-Ausgabe der Zeitschrift veröffentlicht ("The Atomic Bomb and World Government"). Welles meinte, die Sowjetunion werde nie die von Einstein befürwortete Form einer Weltregierung annehmen, weil damit die völlige Vernichtung des Sowjetsystems verbunden wäre. Ausserdem sei Einstein inkonsequent zu verlangen, dass die Weltregierung gegen Nationen einschreite, in denen eine Minderheit die Mehrheit unterdrücke, dabei aber offenbar die Minderheitsregierung der Sowjetunion ausnehme. Auch Welles sah die Errichtung einer Weltregierung als Endziel; dieses müsse jedoch auf dem, möglicherweise langwierigen, Weg der Vereinten Nationen erreicht werden.

Einstein entwarf eine Erwiderung, die er jedoch nicht absandte[12]:

Die Wichtigkeit des Gegenstandes macht es mir zur Pflicht, auf die Ausführungen von Sumner Welles, wenn auch nur kurz, zu antworten. Was ausschliesslich von der Entschliessung von Menschen abhängt, sollte nach meiner Ansicht niemals von vornherein als "unmöglich" bezeichnet werden. Denn in der menschlichen Sphäre hängt alles ab von der Stärke der Überzeugung der Beteiligten. Die Überzeugung aber muss sich auf die klare Übersicht über die Situation stützen, welche durch die unerwartet schnelle und radikale Entwicklung der Technik der Angriffswaffen bedingt worden ist.

Alle sind sich wohl darüber einig, dass ein Krieg zwischen den militärischen Hauptmächten mit der Zerstörung eines grossen Teiles der Menschen, Städte und Industrieanlagen auf der Erde enden muss. Es dürfte auch kaum einen besonnenen Menschen geben, der nicht überzeugt wäre, dass keine denkbare Kriegsursache eines so grossen Opfers würdig wäre.

Ich frage deshalb: Ist es ein Zeichen unverzeihlicher Weltfremdheit zu denken, dass die massgebenden verantwortlichen Personen den Entschluss fassen könnten, dass in Zukunft die Konflikte zwischen den Staaten auf der Basis von auf konstitutionellem Recht gegründeter Entscheidung geregelt werden sollen, statt auf der Basis sinnloser Massenopfer an Menschen und menschlicher Arbeit? Wenn ein solch fester Entschluss da ist, gibt es kein "unmöglich". Der Entschluss ist gebunden an den zweiten: solche Verhältnisse zu schaffen, dass kein Einzelstaat die Möglichkeit hat, sich selbständig militärischer Machtmittel zu bedienen, um anderen Staaten seinen Willen aufzuzwingen.

Darauf antwortet der "weltkundige" Mann: Wir streben nach dem gleichen Ziele, aber auf dem psychologisch einzig möglichen Wege stetiger geduldiger Teilarbeit. Dies ist es aber gerade, was mir, dem "Idealisten", als verhängnisvolle Illusion erscheint. Es gibt keinen *allmählichen* Weg zur Sicherung des Friedens. Solange reale Sicherheit gegen militärischen Angriff nicht da ist, muss man auf allen Seiten für den Krieg sich vorbereiten, durch Aufrüstung und Erziehung für den Krieg. Diese Situation führt unweigerlich zum Kriege, wie die Geschichte hinreichend bewiesen hat. Die Vereinigung der Kolonialstaaten in Nordamerika durch Schaffung der zentralen Regierung in Washington war nicht das Resultat eines langsamen

Prozesses, sondern eine auf Entschluss gegründete schöpferische Tat.

Solche schöpferische Tat ist der einzig mögliche Ausweg in der höchst gefahrvollen gegenwärtigen Lage der Nationen der Erde. Kommt sie nicht zustande, so werden die mörderischen Konflikte nicht ausbleiben, die nach unvorstellbaren Zerstörungen endlich zur Unterdrückung aller durch *einen* führen müssen.

Ende November 1945 hatten vier Wissenschaftler von Oak Ridge in einem Brief an Einstein einige der Argumente Sumner Welles' vorweggenommen. Sie teilten die von Einstein im *Atlantic Monthly* geäusserten Grundauffassungen, glaubten jedoch, dass die zwischen gewissen Ländern bestehende wirtschaftliche und soziale Kluft die Errichtung einer Weltregierung in absehbarer Zeit nicht möglich machen werde. Sollte man sich in der Zwischenzeit nicht die Vereinten Nationen zunutze machen?

Einstein antwortete am 3. Dezember 1945[13]:

Für die Frage, ob die Bildung eines Weltstaates unter den heutigen wirtschaftlichen, politischen und psychologischen Bedingungen möglich ist, ist es wesentlich, wie weit die Nationalstaaten zunächst auf ihre Souveränität verzichten müssen, um die Gefahr eines imminenten neuen Krieges zu vermeiden. Da glaube ich, dass Sie im zweiten Absatz Ihres Briefes unnötig viel gefordert haben. Ich glaube nicht, dass es zunächst nötig ist, dass die einzelnen Staaten sich dem Weltstaat unterordnen müssten bezüglich der Zölle und der Einwanderungsgesetze. Meiner Meinung nach sollte der Weltstaat nur der alleinige Träger der militärischen Macht sein, indem keiner der Einzelstaaten de facto imstande sein soll, die auf seinem Gebiete stationierten militärischen Hilfsmittel und Mannschaften nach eigenem Ermessen zu gebrauchen; dies kann durch weitgehenden internationalen Austausch von Offizieren und Mannschaften genügend sichergestellt werden.

Dass der Weltstaat seine Befugnisse, die sich zunächst nur auf die Vermeidung von Kriegen und von solchen Entwicklungen innerhalb der Einzelstaaten beziehen, die mit Kriegsgefahr verbunden sind, nicht überschreite, müsste ein dauernder Gerichtshof vorhanden sein. Dieser hätte darüber zu wachen, dass die Exekutive des Weltstaates ihre Befugnisse nicht überschreitet. Jeder Einzelstaat müsste das Recht haben, diesen Gerichtshof anzurufen, wenn er sich illegal behandelt sieht. Basis für die Entscheidungen dieses Gerichtshofes müsste eine präzis abgefasste, von den Teilnehmerstaaten akzeptierte Konstitution sein, welche die Pflichten und Kompetenzen der Exekutive des Weltstaates so präzis als möglich festlegt.

Die Freiheit der inneren Entwicklung des Einzelstaates in ökonomischer, kultureller und politischer Beziehung müsste von Anbeginn an garantiert werden – soweit nicht diese Entwicklung eine Gefahr für die Sicherheit anderer Staaten involviert, wie, zum Beispiel, Argentinien oder Hitler-Deutschland. Auch soll den Einzelstaaten bezüglich Errichtung von Zöllen und Einwanderungsgesetzen Freiheit gelassen werden. (Nicht, dass ich solche unbedingte Freiheit für wünschbar hielte; aber ich denke, dass das Hauptziel der militärischen Sicherheit zunächst erreicht werden kann, ohne dass diese "Freiheit" der Einzelstaaten eingeschränkt wird.)

Ich glaube kaum, dass man die UN, so wie sie heute ist, als Maschinerie für den Aufbau der Weltregierung mit Vorteil verwenden könnte. Auf die Einigung der militärischen Hauptmächte für die Bildung der Zentralregierung kommt es zunächst allein an. Das übrige ist Formsache.

Die Rede, die Einstein am 10. Dezember 1945 bei einem Nobel-Gedenkdinner in New York hielt, ist unter ihrem Titelmotto "Der Krieg ist gewonnen – nicht aber der Friede!" bekannt geworden[14]:

Die Physiker sehen sich heute in eine Lage versetzt, die lebhaft an Alfred Nobels Dilemma erinnert. Alfred Nobel erfand einen Explosivstoff von bis dahin unerreichter destruktiver Gewalt . . . Um für seine "Leistung" zu büssen und sein Gewissen zu erleichtern, stiftete er seinen Friedenspreis.

Heute sind die Physiker, die die mächtigste Waffe der Welt bauen halfen, von ähnlichen Verantwortungs-, um nicht zu sagen Schuldgefühlen geplagt.

Als Wissenschaftler müssen wir unaufhörlich vor der Gefahr dieser Waffe warnen. Unaufhörlich müssen wir den Völkern und insbesondere den Regierungen der Welt die unsagbare Katastrophe vor Augen führen, die sie heraufbeschwören würden, falls sie nicht ihr Verhältnis zueinander ändern und ihre Verantwortung für die Gestaltung der Zukunft erkennen.

Wir haben den Bau dieser neuen Waffe gefördert, um die Feinde der Menschheit daran zu verhindern, dass sie uns zuvorkämen; bedenkt man die Mentalität der Nazis, so kann man sich die unbeschreibliche Zerstörung und die Versklavung der Welt vorstellen, die die Folge ihrer Priorität im Bau der Bombe gewesen wären. Diese Waffe wurde dem amerikanischen und britischen Volk als Treuhändern der ganzen Menschheit, als Kämpfern für Frieden und Freiheit übergeben.

Aber bisher ist weder der Friede noch irgendeine der in der Atlantik-Charta versprochenen Freiheiten gesichert. Der Krieg ist gewonnen – aber nicht der Friede. Die Grossmächte, die im Krieg vereint waren, sind in den Fragen des Friedensschlusses uneinig geworden.

Man hat der Welt Freiheit von Angst versprochen. Aber die Angst unter den Nationen der Welt ist seit Kriegsende ausserordentlich gestiegen.

Man hat der Welt Freiheit von Entbehrung versprochen. Aber in grossen Teilen der Welt hungern Menschen, während anderswo Völker im Überfluss leben.

Man hat den Nationen der Welt Freiheit und Gerechtigkeit verbürgt. Aber gerade in diesen Tagen erleben wir das traurige Schauspiel, wie "Befreiungsheere" auf Menschen schiessen, die politische Unabhängigkeit und soziale Gleichheit verlangen, und wie sie auf der anderen Seite jene Individuen und politischen Parteien stützen, die ihnen für die Verteidigung ihrer eigenen engen Sonderinteressen am geeignetsten erscheinen. Gebietsstreitigkeiten und Machtpolitik, so überholt sie auch als Methoden nationaler Politik erscheinen mögen, triumphieren immer noch über die höheren Gebote menschlicher Wohlfahrt und Gerechtigkeit.

Der Ausblick für unsere Nachkriegswelt ist nicht rosig. Wir Physiker sind keine Politiker. Nie haben wir daran gedacht, uns in politische Angelegenheiten einzumischen. Aber wir wissen einiges, was die Politiker nicht wissen, und betrachten es als unsere Pflicht, die Verantwortlichen daran zu erinnern, dass es keine bequeme Flucht in die Gleichgültigkeit gibt und dass die Zeit für kleine Finessen oder Auf-der-Stelle-Treten vorbei ist.

Die Welt erfordert kühne Taten und einen radikalen Wandel unserer Mentalität und politischen Konzeptionen. Möge der Geist, der Alfred Nobel erfüllte, der Geist des Glaubens und Vertrauens, der Grosszügigkeit und Menschenbrüderschaft, all jene beherrschen, deren Entscheidungen unser Schicksal bestimmen. Sonst wird unsere Zivilisation dem Untergang geweiht sein.*

Um diese Zeit verfolgte eine Anzahl von Intellektuellen, darunter Einstein und andere hervorragende Wissenschaftler, ein grosszügiges Projekt: die Masse des amerikanischen Volkes über die vollen Auswirkungen der Atombombe zu informieren. Der Plan bestand in der Publikation eines billigen Paperback-Bandes unter dem Titel "One World or None" ("Eine Welt oder Keine")[15]. Im Dezember 1945 – das Buch war nahezu fertig – beschlossen die Herausgeber, auch russische Wissenschaftler um Beiträge zu bitten. Einstein entwarf die folgende Botschaft:

An den Präsidenten der Akademie der Wissenschaften in Moskau

Die Physiker in diesem Lande, welche an der Konstruktion der Atombombe gearbeitet haben, kennen die grosse Verantwortung und Gefahr, die mit diesem Zerstörungsmittel verbunden sind. Sie sind zu der Überzeugung gekommen, und haben der Überzeugung einzeln und kollektiv nachdrücklich Ausdruck gegeben, dass Schutz gegen diese Gefahr nur auf übernationaler Basis erzielt werden kann. Allgemeines Wettrüsten und damit verbundene Geheimhaltung von Fortschritten auf dem technisch-militärischen Gebiete, verbunden mit steigender Nervosität und Kriegsgefahr, können nach unserer Überzeugung nur durch Schaffung einer übernationalen Zentralstelle vermieden werden, welche die bisherigen militärischen Organisationen ablöst und allein über alle Angriffswaffen verfügt, eine Art Weltregierung für internationale Sicherheit.

Um die öffentliche Meinung mit der dringenden Notwendigkeit so radikaler politischer Änderungen vertraut zu machen, geben diese Physiker ein Buch für die Information des Publikums heraus, in welchem die technischen Tatsachen und die praktischen Implikationen zuverlässig und drastisch mitgeteilt werden. Die letzten Kapitel dieses Buches sollen wenigstens skizzenhaft die politischen Mittel und Wege zeigen, die zur Sicherung des Friedens führen können.

Wir sind uns des Umstandes wohl bewusst, dass in dem letzten Jahrhundert die wichtigsten Initiativen zur Schaffung von internationalen Institutionen zur Sicherung des Friedens von Russland ausgegangen sind. Schon darum legen wir grossen Wert darauf, dass einige russische Gelehrte uns eine Meinungsäusserung zukommen lassen, damit wir sie in das Buch aufnehmen können, (etwa ein paar hundert Wörter, welche ja zur allgemeinen Charakterisierung der Situation und der anzustrebenden Mittel und Wege hinreichend sind).

Wir wären Ihnen zu grossem Dank verpflichtet, wenn Sie so freundlich wären, unsere Bitte freundlich erwägen und einige unserer Kollegen für dieselbe interessieren zu wollen. Wir sind überzeugt, dass durch solche vereinte Bemühung dem grossen und dringlichen Ziele gedient werden kann.

Anscheinend wurde die Botschaft dann von verschiedenen anderen der Beteiligten (darunter Dexter Masters, dem wissenschaftlichen Publizisten und Mitherausgeber des Buchs) revidiert. Das Kabel, das mit Einsteins Unterschrift am 18. Dezember 1945 abgesandt wurde, lautete:

Die Männer, die in unserem Land am Bau der Atombombe

mitgewirkt haben, sind über die mit dieser Waffe verbundenen grossen Gefahren aufs tiefste beunruhigt. Einige der Grundtatsachen über die Entwicklung der Bombe und ihre Auswirkung auf das Leben der Menschheit werden in einem hier geplanten, hauptsächlich von wissenschaftlichen Mitarbeitern des Atomprojekts geschriebenen Buch dargestellt. Das Buch wird auch unsere Überzeugung zum Ausdruck bringen, dass die Gefahr der Bombe nur durch internationale Zusammenarbeit, durch eine Abmachung oder eine machtvolle Organisation abzuwenden ist, die die Probleme im Weltmassstab behandelt. Wir glauben, das Buch wäre unvollkommen ohne die Mitarbeit einiger unserer russischen Kollegen: Kapitza, Joffe, Kurschatow, Landau oder andere, deren Wahl Ihnen überlassen wäre.

Im Interesse der Verdeutlichung der von der Atombombe geschaffenen Probleme und ihrer Lösung bitten wir Sie, eine Erklärung von ein paar hundert Wörtern an Albert Einstein, Princeton, New Jersey, kabeln zu wollen.

Als nach einigen Wochen, trotz diplomatischer und journalistischer Unterstützung, keine Antwort eingelaufen war, sandte Masters am 22. Januar 1946 ein zweites, von ihm selbst unterzeichnetes Kabel, das eine Inhaltsangabe und eine Liste aller Mitarbeiter des Buchs enthielt:

Akademie der Wissenschaften, Moskau

Professor Einstein hat noch keine Antwort auf das Kabel vom 18. Dezember erhalten, das Beiträge von Sowjetwissenschaftlern für ein hier geplantes Buch über die Atombombe erbat . . . Es ist immer noch möglich, Erklärungen von Sowjet-Gelehrten in das Buch einzufügen. Das Buch ist so weit gediehen, dass wir detaillierte Angaben machen können. Ziel des Buchs ist, gestützt auf unanfechtbare Autoritäten, Grundtatsachen über Wesen und Kontrolle der Atombombe zusammenzutragen. Die Idee des Buchs ging von Wissenschaftlern des Projekts aus. Sie sind fest überzeugt, dass diese Fakten und Probleme von der Öffentlichkeit verstanden werden müssen, wenn wir deren Unterstützung im Kampf um die Verhütung eines atomaren Rüstungswettrennens erreichen wollen.

Namen der Mitarbeiter und Inhaltsübersicht folgen:

Arthur Compton schreibt eine kurze Einführung. Bohr schreibt ein Vorwort, das von der möglichen Auswirkung der Bombe auf die menschliche Gesellschaft handelt und weltweite Zusammenarbeit zur Lösung des Problems fordert.

Shapley und Wigner erklären in einfacher Sprache die Grundprobleme der Kernspaltung und die Methoden, die zum Erfolg des

Projekts in Amerika führten. Oppenheimer schreibt über die Bombe selbst und ihre spezifischen Züge, die sie zu einer neuartigen Waffe machen.

Ridenour und Condon stellen fest, dass keine Abwehr gegen Atombomben bekannt ist. Seitz, Bethe und Langmuir verweisen auf die weite Verbreitung der atomaren Grundfakten, setzen auseinander, warum es keine wirklichen Geheimnisse auf diesem Gebiet gibt, und betonen die intellektuelle und materielle Fähigkeit anderer Länder, die Bombe zu produzieren; nur durch die Zusammenarbeit Aller sei ein atomares Rüstungswettrennen zu verhindern.

Arnold spricht über die Entwicklung von Raketen und Flugzeugen als Bombenträger und fordert als General wie als Bürger Schritte zur Vermeidung von Kriegen, deren Destruktivgewalt die Zukunft der Menschheit gefährden würde. Morrison gibt einen ausführlichen Bericht über Hiroschima und untersucht die Folgen, die eine entsprechende Explosion über New York hätte.

Urey fasst das Vorausgegangene zusammen und betont, dass die Menschheit, falls sich die Nationen der Welt nicht zur Kontrolle der Atombombe und anderer Formen der Massenzerstörung vereinigen würden, der gefährlichsten Situation in ihrer gesamten Geschichte ausgesetzt wäre.

Szilard prüft die Möglichkeit gegenseitiger Inspektion im Rahmen einer internationalen Behörde und folgert, dass ein solches Verfahren zeitweilig möglich sei, aber keine Dauerlösung darstelle. Lippmann bezeichnet das Moskauer Abkommen und den Apparat der Vereinten Nationen als wichtige Schritte auf dem richtigen Weg.

Einstein schreibt, dass Inspektion, Austausch technischer Informationen und andere Massnahmen dieser Art in der gegenwärtigen Krise nützlich seien. Gleichzeitig müssten jedoch umfassendere Schritte vorbereitet werden, die auf die Übernahme aller Militärkräfte durch eine supranationale Organisation hinauslaufen.

Das Buch schliesst mit einem Appell der Vereinigung der Atomwissenschaftler Amerikas an die Öffentlichkeit, sich über die Realitäten der Atombombe und die von ihr geschaffenen Probleme auf dem Laufenden zu halten und nachdrücklich Massnahmen internationaler Zusammenarbeit zur Kontrolle der Bombe zu unterstützen.

Die Reineinnahmen des Buches sollen der Vereinigung der Atomwissenschaftler zugute kommen. Erstauflage 100,000; erwarteter Gesamtabsatz 500,000 Exemplare.

Alle Mitarbeiter hoffen, dass Sowjetwissenschaftler eine oder verschiedene Darlegungen über jegliche Seite der Frage, die sie zu diskutieren wünschen, beisteuern werden. Als Herausgeber möchte ich Ihnen versichern, dass solche Beiträge unverändert erscheinen werden; wir sind auch gern bereit, unser ganzes Manuskript einem von Ihnen bestimmten Vertreter hier zu zeigen. Wir planen, das Buch Ende dieses Monats dem Drucker zu übermitteln, und wären Ihnen deshalb für eine baldige Mitteilung dankbar, ob wir auf Ihre Mitarbeit rechnen können. Falls wir bis 31. Januar über Ihre Mitarbeit Bescheid erhalten, könnten wir den Druck bis zum 10. Februar hinausschieben.

Einstein schrieb Masters am 24. Januar 1946:

Mir scheint, dass Sie mit der Sendung des ausführlichen Kabels an die Moskauer Akademie ganz richtig gehandelt haben. Abgesehen davon, dass es den Plan des Buches fördert, bietet das Kabel auch ein wirksames Mittel, auf inoffiziellem Wege die psychologische Haltung und Reaktion der Sowjetregierung abzuschätzen.

Zur Zeit, da das zweite Kabel abging, war eine Antwort an Einstein aus Moskau (anscheinend unter dem Datum des 15. Januar 1946) bereits unterwegs:

Die Physiker und andere Wissenschaftler der UdSSR senden ihre warme Anerkennung für den in Ihrem Telegramm ausgesprochenen Wunsch, die Probleme der Atomenergie im Interesse des menschlichen Allgemeinwohls zu lösen. Von jeher hat die Sowjetwissenschaft dafür gekämpft, wissenschaftliche Errungenschaften ausschliesslich zur Steigerung der menschlichen Kultur zu verwenden, und sie kann darum alle Schritte der [amerikanischen] Wissenschaftler in dieser Richtung nur unterstützen.

Die Sowjetwissenschaftler danken Ihnen für die Einladung, an der Diskussion der Atombombe im Rahmen eines Buchs teilzunehmen, und bedauern, dass sie infolge technischer Schwierigkeiten ihre konkreten Meinungen über die geplante Veröffentlichung nicht darlegen können. Dass das Manuskript, wie Sie uns informiert haben, nur in New York einzusehen ist, macht die Sache schwierig; denn gegenwärtig befinden sich in Amerika keine Sowjetphysiker, die mit diesem besonderen Problem vertraut sind, dessen Wichtigkeit und Verantwortungsschwere nicht zu überschätzen sind.

Der Präsident der Akademie der Wissenschaften der UdSSR,

Akademiker Wawilow

Am 30. Januar 1946 sandten die Russen ein weiteres Kabel:

Die Akademie der Wissenschaften der UdSSR hat Ihnen am 15. Januar ein Kabel gesandt, das offenbar nicht in Ihren Besitz gelangt ist. Heute erhielten wir Ihr Telegramm mit der detaillierten Information über das Atombuch. Die Sowjetwissenschaftler, insbesondere die Physiker unter ihnen, möchten ihrer tiefen Überzeugung Ausdruck geben, dass die Kernenergie zum Wohle der Menschheit und nicht zur Erzeugung von Atombomben verwendet werden muss. Wir bedauern sehr, dass es jetzt zu spät ist, Beiträge für das von Ihnen geförderte Buch zu senden, dem wir grossen Erfolg wünschen. Wir sind überzeugt, dass es der vereinten Bemühung aller Wissenschaftler gelingen wird, die Errungenschaften der Wissenschaft der Wohlfahrt der Menschheit dienstbar zu machen.

Sergei Wawilow, Präsident der Akademie der Wissenschaften der UdSSR

Der Kabelaustausch mit der Sowjet-Akademie wurde in dem Buch "One World or None" nicht erwähnt.

Einsteins Beitrag erschien unter dem Titel "The Way Out" ("Der Ausweg"):

Die Herstellung der Atombombe hat es dahin gebracht, dass die Menschen, soweit sie in Städten wohnen, überall und beständig mit plötzlicher Vernichtung bedroht sind. Niemand bezweifelt, dass diesem Zustand ein Ende gemacht werden muss, wenn sich der Mensch des selbstgewählten Namens "homo sapiens" als einigermassen würdig erweisen soll. Es bestehen aber doch weitgehende Meinungsverschiedenheiten darüber, wieviel von den überkommenen, geschichtlich gewachsenen Formen geopfert werden muss, um die ersehnte Sicherheit zu erreichen.

Gegenwärtig besteht bezüglich der Lösung internationaler Konflikte eine paradoxe Situation. Man hat einen Weltgerichtshof zur friedlichen Lösung dieser Konflikte auf der Basis internationalen Rechtes errichtet und ferner in dem Völkerbund nach dem letzten Kriege ein politisches Instrument zur Sicherung des Friedens auf dem Wege internationaler Verhandlungen in einer Art Weltparlament geschaffen. Die in dem Völkerbund vereinigten Nationen haben ferner die Methode der Lösung von Konflikten auf kriegerischem Wege als Verbrechen gebrandmarkt.

Es wurde so eine Illusion von Sicherheit in den Völkern erzeugt, die zu grimmer Enttäuschung führen musste. Denn das beste Gericht bedeutet nichts, wenn hinter ihm nicht die Macht zur Durchführung seiner Entscheidungen steht, und Entsprechendes gilt auch für ein Weltparlament. Ein einziger Staat von hinreichender militärischer und wirtschaftlicher Macht kann ja den Weg der Gewalt beschreiten und die ganze nur auf Worte und Dokumente gegründete Struktur der übernationalen Sicherung nach seinem freien Ermessen zerstören. Moralische Autorität allein ist kein hinreichendes Mittel zur Sicherung des Friedens.

Diese Situation wird noch durch andere Umstände verschärft, von denen wir nur zwei hier vorbringen wollen. Solange der einzelne Staat trotz seiner offiziellen Verurteilung des Krieges die Möglichkeit, Krieg führen zu müssen, überhaupt in Erwägung ziehen muss, muss er seine Bürger, und insbesondere seine Jugend, so beeinflussen und erziehen, dass sie im Kriegsfalle leicht in brauchbare Soldaten verwandelt werden können. Deshalb ist er gezwungen, nicht nur technische militärische Schulung und Denkweise zu kultivieren, sondern auch patriotischen Geist, beziehungsweise nationale Eitelkeit in die Menschen einzupflanzen, um ihre innere Bereitschaft für den Kriegsfall sicherzustellen. Diese Art Erziehung wirkt natürlich der Bestrebung direkt entgegen, irgend welchen übernationalen Sicherheits-Institutionen moralische Autorität zu verschaffen.

Dazu kommt noch ein Umstand technischer Art, der in unseren Tagen die Kriegsgefahr ausserordentlich vergrössert. Die modernen Waffen, insbesondere aber die Atombombe, haben es mit sich gebracht, dass der Angreifer gegenüber dem Verteidiger stark im Vorteil ist. Dies mag wohl dazu führen, dass sich selbst verantwortungsbewusste Staatsmänner dazu getrieben sehen, einen Präventivkrieg zu wagen.

Mit Rücksicht auf diese klare Sachlage gibt es nach meiner Überzeugung nur *einen Ausweg.*

1) Es müssen Verhältnisse geschaffen werden, die dem einzelnen Staate die Garantie geben, auf Grund übernationaler gerichtlicher Entscheidung seine Konflikte mit anderen Staaten auf rechtlicher Basis zu lösen.

2) Es muss dem einzelnen Staate durch übernationale Institutionen unmöglich gemacht werden, gestützt auf eine ihm allein unterstehende militärische Macht zum Kriege zu schreiten.

Erst wenn diese beiden Forderungen voll erfüllt sind, werden wir einige Garantie dafür haben, nicht am nächsten Tage in Atome aufgelöst im Luftmeer zu verschwinden.

Vom Gesichtspunkt der gegenwärtig unter den Menschen herrschenden politischen Mentalität betrachtet, erscheint die Hoffnung, solchen Zustand im Zeitraum weniger Jahre herbeizuführen, illusorisch, ja phantastisch. Und doch gibt es zu seiner Herbeiführung nicht den Weg gradueller historischer Entwicklung; denn solange die militärische übernationale Sicherung nicht erzielt ist, treiben die oben angedeuteten Faktoren mit unentrinnbarer Gewalt zum Kriege. Mehr noch als das Streben nach Macht wird sich die Furcht vor plötzlichem Angriff als unser Verhängnis erweisen, wenn wir nicht offen und voll entschlossen die Aufgabe angreifen, die militärische Macht dem nationalen Machtbereich zu entziehen und der übernationalen Instanz unterzuordnen.

Bei aller Würdigung der Schwierigkeit der Aufgabe erscheint *eines* unzweifelhaft: *Die Menschen werden das Problem lösen, wenn sie klar einsehen, dass es keinen anderen, "billigeren" Ausweg aus der gegenwärtigen Sachlage gibt.*

Nun ist es meine Pflicht, etwas zu sagen über die einzelnen Schritte, welche geeignet sein dürften, die Realisierung des Sicherheitsproblemes zu ermöglichen.

1) Gegenseitige Einsichtnahme der militärischen Hauptmächte in die Methoden und Installationen für die Herstellung der Angriffswaffen, verbunden mit gegenseitiger Mitteilung der einschlägigen technischen und wissenschaftlichen Erkenntnisse. Diese Massregel ist geeignet, Furcht und Misstrauen der verantwortlichen militärischen und politischen Personen wenigstens für den Augenblick zu vermindern. Die Durchführung dieses Schrittes wird eine Atempause schaffen, welche die Vorbereitung der durchgreifenderen Massregeln ermöglicht. Dieser erste Schritt müsste aber erfolgen mit dem ausgesprochenen Bewusstsein, dass er im Hinblick auf die spätere völlige Entnationalisierung aller militärischen Macht unternommen wird.

Dieser erste Schritt ist nötig, um die folgenden zu ermöglichen. Man muss sich aber wohl davor hüten zu glauben, dass seine Realisierung schon die Sicherheit zur Folge habe. Denn das Wettrüsten mit Rücksicht auf einen möglichen Krieg geht weiter, wie auch die Versuchung, aufs neue – sozusagen nach einer "Untergrund-Methode" – auf das militärische Geheimnis zurückzugreifen. Denn wirkliche Sicherheit ist an die Entnationalisierung der militärischen Kräfte geknüpft.

2) Diese Entnationalisierung kann durch einen wachsenden Austausch an Mannschaften, Offizieren und wissenschaftlich-technischem Personal zwischen den Armeen der Nationalstaaten vorbereitet werden, welcher Austausch nach einem sorgfältig ausgearbeiteten Plane erfolgen müsste. Diese Massnahme würde die Gefahr eines überraschenden Angriffes weiter vermindern und die Internationalisierung der militärischen Kräfte auch psychologisch vorbereiten.

Gleichzeitig könnte von den militärisch stärksten Mächten die Konstitution für die internationale Sicherheits-Institution und das Schiedsgericht ausgearbeitet werden nebst der rechtlichen Grundlage und der präzisen Festlegung der Pflichten, Kompetenzen und Beschränkung der letzteren gegenüber den Einzelstaaten, ferner der Wahlmodus für die Bildung und Aufrechterhaltung dieser Körperschaften. Wenn eine Einigung über all diese Punkte erzielt ist, dann ist das Zustandekommen einer Sicherung gegen Kriege von weltweitem Ausmasse gesichert.

3) Die genannten Körperschaften können nun in Funktion gesetzt werden. Die bisher nationalen Armeen werden dem Oberbefehl der übernationalen Behörde übergeben, nachdem sie für diesen Übergang durch das erwähnte Austauschverfahren vorbereitet sind.

4) Nachdem die Zusammenarbeit der militärisch wichtigsten Stellen gesichert ist, soll versucht werden, möglichst alle Staaten in die übernationale Situation einzugliedern, und zwar auf der Basis völlig freien Entschlusses, soweit der Eintritt in die Organisation in Frage steht.

Es mag vielleicht erscheinen, dass nach dieser Skizze den gegenwärtig prävalierenden Militärmächten eine zu präponderierende Rolle zugedacht ist. Ich habe aber versucht, das Problem in solcher Weise darzustellen, dass seiner genügend raschen Realisierung nicht grössere Schwierigkeiten entgegenstehen, als sie der Natur der Sache nach unvermeidlich sind. Die Aufgabe stellt auch so an die Weisheit und Mässigung der Beteiligten die höchsten Anforderungen, welchen nur durch die harte Not der Umstände genügt werden kann.

Einsteins nachgelassene Papiere aus diesen Jahren zeigen, dass er die zahlreichen an ihn gerichteten Bitten immer sorgfältig prüfte; entschied er sich negativ, so gab er eine genaue Begründung dafür. Hier folgen einige typische Beispiele aus dem Jahre 1945:

Im April 1945 bildete sich in Princeton eine Gruppe, deren Ziel die Gründung einer "Liga des Volkes" war, die unter Umgehung der bestehenden Regierungen "die Menschen für Frieden und Freiheit organisieren" sollte. In einem Brief vom 3. April 1945 teilte Einstein einem der Förderer des Projektes mit, dass er sich nicht anzuschliessen vermöge; zwar erschienen ihm die bestehenden Regierungsinstitutionen als mangelhaft, aber er glaube nicht, dass man sie ignorieren könne.

Einige Wochen später wurde Einstein von dem Nationalkomitee für amerikanisch-sowjetische Freundschaft in New York um Unterzeichnung einer Botschaft an die amerikanische Delegation bei der Konferenz in San Francisco gebeten, die die zur Gründung der Vereinten Nationen erforderlichen letzten Schritte diskutierte. In der vorgeschlagenen Botschaft wurde die amerikanische Delegation kritisiert, weil sie die Initiative zur Zulassung Argentiniens ergriffen hatte, "eines Landes, das während des Kriegs die faschistischen Mächte so stark unterstützt hat"; anstelle Argentiniens wurde die Zulassung der polnischen provisorischen Regierung vorgeschlagen. Einstein erklärte am 3. Mai 1945, die Botschaft in der ihm unterbreiteten Form nicht unterzeichnen zu können. Seine Begründung: hätte es sich nur um einen Protest gegen die Zulassung Argentiniens gehandelt, so hätte er ihn unterzeichnet. Aber da er "die Umstände der gegenwärtigen Schwierigkeiten mit Polen" nicht kenne, könne er nicht sagen, wie er gehandelt hätte, wenn die amerikanische Entscheidung in dieser Frage in seiner Hand gelegen hätte.

Im Oktober 1945 griff das "Unabhängige Bürgerkomitee für Künstler, Wissenschaftler und freiberuflich Schaffende" in New York die Gründung einer rein amerikanischen Behörde zur Förderung der weiteren Atomforschung an, die in einer Erklärung des Präsidenten Truman empfohlen worden sei. Das Komitee bezeichnete demgegenüber die Vereinten Nationen als den einzigen möglichen Garanten der Freiheit wissenschaftlicher Forschung. Einstein lehnte es am 11. Oktober 1945 ab, eine Verlautbarung in diesem Sinne zu unterzeichnen. Er billigte zwar "von ganzem Herzen" die generelle Position des Komitees, erklärte jedoch dessen Behauptung, der Weltsicherheitsrat sei "der einzige sichere Verwahrungsort der Bombe", als irreführend; der Sicherheitsrat sei vielmehr ein Tarnungsorgan, hinter dem sich die unbeschränkte Rivalität souveräner Staaten verberge.

Ein Problem, das Einstein nach 1933 und ganz besonders nach dem Ende des Zweiten Weltkriegs beschäftigte, war die Rolle Deutschlands. Einstein konnte die unsäglichen Verbrechen des deutschen Volkes nie vergessen; für ihn war es ein unerträglicher Gedanke, dass Deutschland von neuem die Möglichkeit, Übel zu stiften, erhalten sollte. Die Wiederherstellung der deutschen Militärkapazität beunruhigte ihn aufs tiefste; bis zum Ende seines Lebens äusserte er seine uneingeschränkte Opposition gegen die von den Alliierten geförderte Aufrüstung Deutschlands, in der er eine furchbare Bedrohung des Weltfriedens sah.

Im September 1945 erhielt Einstein einen Brief aus Kalifornien, dessen Schreiber den gesunden Idealismus der Frühperiode der amerikanischen Geschichte mit dem "krassen industriellen Materialismus" der amerikanischen Gesellschaft nach dem Bürgerkrieg kontrastierte. Der Korrespondent sprach sein Erstaunen über Einsteins Brief an Präsident Roosevelt aus, der zur Beschleunigung der Atomexperimente und schliesslich zum Bau der Bombe geführt hatte. Die Atombombe sei nicht nur gegen die japanischen und deutschen Aggressoren gerichtet gewesen, sondern habe "in Wirklichkeit auch eine Verschwörung gegen das amerikanische Volk bedeutet".

Einstein antwortete auf den Brief des ihm Unbekannten in einem langen Schreiben vom 8. September 1945: Die Deutschen hätten eifrig am Bau einer Atombombe gearbeitet; hätten wir unter diesen Umständen einfach abwarten und ihnen als bequeme Zielscheibe dienen sollen? Einstein fügte hinzu, er glaube nicht, dass deutsche Wissenschaftler unter ähnlichen Umständen ebenso gehandelt hätten wie viele ihrer amerikanischen Kollegen, die nach dem Bau der Bombe den amerikanischen Präsidenten gebeten hatten, im Interesse des Friedens und der Sicherheit der Welt den die Atom-Entdeckung umgebenden Schleier zu lüften.

Der Korrespondent hatte die Grösse des deutschen Geistes im klassischen Zeitalter betont. Einstein gab ihm recht, bemerkte aber, dass die neue preussisch-deutsche Mentalität mit dem klassischen Vorbild wenig gemeinsam habe. Die jetzigen Deutschen hätten sich die Theorie zueigen gemacht, dass Macht Recht sei; in ihrem Kampf um die Vorherrschaft in Europa, ja der ganzen Welt, hätten sie den methodischen Mord an Millionen Nichtdeutscher als gerechtfertigt angesehen.

Dem "British Council for German Democracy", der ein Begrüssungswort Einsteins zu seiner bevorstehenden Konferenz über das Thema "Die neue, wachsende demokratische Bewegung in Deutschland" erbeten hatte, schrieb er am 1. Oktober 1945:

Ihr Brief erinnert mich an all die lamentablen Irrtümer, die die Alliierten nach dem letzten Krieg Deutschland gegenüber begangen haben. Damals unterstützten die sogenannten Liberalen Deutschlands die verschiedenen deutschen Regierungen in ihrem Streben nach illegaler Aufrüstung, mit deren Hilfe ein Revanchekrieg vorbereitet werden sollte.

Würde man Ihnen und Ihren Freunden folgen, so würde sich die lamentable Komödie wiederholen. Der einzig richtige Weg besteht darin, die wirtschaftliche Macht Deutschlands zu einem solchen Grade zu schwächen, dass es jede Hoffnung verliert, internationale Intrigen spinnen zu können. Würde das Ruhrgebiet den Deutschen überlassen, so wären die schweren Opfer der englischsprachigen Welt vergebens gewesen.*

Einige Monate nach dem Zweiten Weltkrieg übermittelte James Franck an Einstein den Entwurf eines Appells zur Deutschlandfrage, dessen Veröffentlichung er und andere Flüchtlinge aus Deutschland planten. Franck, ein alter Freund Einsteins, hatte im Kampf der Wissenschaftler gegen die Anwendung der Atombombe eine führende Rolle gespielt (siehe Seite 000). Obwohl die Urheber des Aufrufs bestritten, einen "milden Frieden" für Deutschland befürworten zu wollen, sprachen sie von den angeblich verhängnisvollen Folgen des von den Alliierten in Deutschland eingeschlagenen Kurses. Sie äusserten die Befürchtung, dass "die Gleichgültigkeit der amerikanischen Öffentlichkeit . . . dahin führen wird, dass im Mittelpunkt Europas eine Situation geistigen und physischen Verfalls geschaffen wird, der den friedlichen Wiederaufbau der Welt gefährdet".

Einstein erwiderte am 6. Dezember 1945:

Ich will nicht sagen, dass ich alles gutheissen könnte, was die Alliierten in Deutschland machen. Aber ich bin fest davon überzeugt, dass es unbedingt notwendig ist, eine bedeutende industrielle Macht in Deutschland dauernd zu verhindern. Hiefür ist es nicht genügend, gegenwärtig vorhandene Produktionsmittel zu vernichten, sondern vor allem auch für später zu verhindern, dass die Deutschen selbständig über diejenigen Rohproduktquellen verfügen können, welche sie im letzten Jahrhundert so gefährlich gemacht haben.

Ich bin deshalb absolut dagegen, dass von jüdischer Seite jene sanften Melodien erneuert werden, welche daran schuld waren, dass Deutschland ungehindert von der übrigen Welt seinen Angriffskrieg vorbereiten konnte – und dies lange bevor die Nazis an der Macht waren ... Ich bin nicht für Revanche, sondern für grösstmögliche Sicherheit gegen die Angriffe der Deutschen, eine Sicherheit, die von moralischer Beeinflussung durchaus nicht erhofft werden kann ... Wenn der Aufruf zirkulieren wird, werde ich nicht verfehlen, nach meinen besten Kräften dagegen zu wirken.

In einem weiteren Brief wurde Einstein von James Franck beschworen, seine Meinung zu ändern. Aber Einstein gab nicht nach; am 30. Dezember 1945 schrieb er Franck:

Die "Tränenkampagne" der Deutschen nach dem letzten Kriege ist mir noch in zu guter Erinnerung, als dass ich auf diese Wiederholung hereinfallen könnte. Die Deutschen haben nach einem wohlerwogenen Plan viele Millionen Zivilisten hingeschlachtet, um sich an deren Stelle zu setzen. Wenn sie auch Dich geschlachtet hätten, wäre es sicher nicht ohne ein paar redliche Krokodilstränen abgegangen. Sie würden es wieder machen, wenn sie nur könnten. Die paar weissen Raben, die es unter ihnen gegeben hat, ändern daran absolut nichts.

Aus den paar Briefen, die ich von dort erhalten habe, und aus den Mitteilungen einiger zuverlässiger Menschen, die jüngst hingesandt worden sind, sehe ich, dass von Schuldgefühl und Reue bei den Deutschen keine Spur zu finden ist ...

Lieber Franck! Lass doch die Hände weg von dieser stinkenden Sache! Nachdem man Eure Gutmütigkeit missbraucht hat, wird man sich über Eure Einfalt lustig machen. Wenn Du aber nicht zu retten bist: ich jedenfalls will nichts mit der Sache zu tun haben. Und wenn sich eine passende Gelegenheit bietet, will ich öffentlich dagegen auftreten.

Arnold Sommerfeld, ein anderer Physiker und ebenfalls ein längjähriger Freund Einsteins, suchte ihn für das akademische Leben Deutschlands zurückzugewinnen. Sommerfeld, der Professor an der Münchener Universität war, sprach von einer Einladung an Einstein, der Bayerischen Akademie, die er 1933 verlassen hatte, wieder beizutreten. Die Akademie sei bereit, den Brief, in dem sie seinerzeit Einsteins Rücktritt suggeriert hatte, aus ihren Akten zu tilgen; wäre Einstein seinerseits bereit, das Kriegsbeil zu begraben? "Die Welt wird zwar noch lange nicht in Ordnung kommen, aber wir müssen doch das Unsrige tun, um sie wieder einzurenken."

Einstein erwiderte am 14. Dezember 1946:

... Nachdem die Deutschen meine jüdischen Brüder in Europa hingemordet haben, will ich nichts mehr mit Deutschen zu tun haben, auch nichts mit einer relativ harmlosen Akademie. Anders ist es mit den paar Einzelnen, die in dem Bereich der Möglichkeit standhaft geblieben sind. Ich habe mit Freude gehört, dass Sie zu diesen gehört haben ...

Einsteins fester, unabänderlicher Entschluss, sich von Deutschland und allen deutschen Dingen fernzuhalten, wird auch aus einem Schreiben an das "Komitee für Friedenswissenschaft" in Wien vom 20. Dezember 1946 deutlich. Er teilte mit, dass er der Aufforderung, den Ehrenvorsitz des Komitees zu übernehmen, nicht entsprechen könne. Zweifellos bemühe sich das Komitee um die Wiederherstellung einer gesunden politischen Atmosphäre in Österreich, aber er habe aus prinzipiellen Gründen eine ähnliche Einladung von Seiten einer deutschen Friedensgesellschaft abgelehnt. Einstein schrieb:

Ich kann es nicht übers Herz bringen, irgendeiner deutschen Gesellschaft anzugehören, nachdem die Deutschen meine jüdischen Brüder in ganz Europa hingemordet und nicht einmal den geringsten Versuch unternommen haben, die wenigen Überlebenden moralisch und materiell zu rehabilitieren[17].

12. Kapitel

KAMPF DER WISSENSCHAFTLER 1946

"Jahr Eins des Atomzeitalters": so wurde 1946 in einem Symposium der *Survey Graphic* genannt. Zu dieser Rundfrage, deren Ergebnis in der Januarausgabe der Zeitschrift erschien, sandte Einstein folgenden Beitrag:

Die Kriegswaffen haben heute eine solche Form angenommen, dass in einem neuen Weltkrieg der Sieger wahrscheinlich nicht weniger in Mitleidenschaft gezogen würde als der Besiegte. Solange es souveräne Staaten gibt, die alle ihre eigenen Rüstungen unterhalten, ist die Verhütung von Kriegen so gut wie unmöglich. Ich bin überzeugt, dass die Mehrheit der Völker der Welt lieber in Frieden und Sicherheit leben möchte als unter einem System, in dem jede einzelne Nation unbeschränkte Souveränität besitzt. Die Friedenssehnsucht der Menschheit kann nur durch die Schaffung einer Weltregierung erfüllt werden.*

Einen überaus langen Brief, den ein Offizier der amerikanischen Armee ihm gesandt hatte, beantwortete Einstein im Februar 1946 mit einer Analyse der Ursachen der Kriege:

... Ich glaube nicht, dass in vielen Fällen das Gefühl, es sei dem eigenen Volke oder der eigenen Klasse Unrecht geschehen, eine Kriegsursache sein kann. Aber die Ursache der Kriege überhaupt ist zweifellos tiefer in der menschlichen Natur begründet. Man kann ohne Übertreibung sagen, dass im Gefühl der primitiven Völker Krieg eine normale Funktion im Völkerleben ist ... Die Vorwände sind nur Mittel, um den Kampfwillen der weniger Kriegslustigen zu erwecken. Die Tendenz zum Kriege liegt aber ebenso in der Natur des Menschen, wie es in der Natur der Flüsse liegt, von Zeit zu Zeit das Land zu überschwemmen.

Wie es zur Vermeidung der Überschwemmungen künstlicher Massnahmen bedarf, so auch zur Vermeidung von Kriegen. Übernationale Macht, gegründet auf übernationales Gesetz, ist das einzige Mittel, Kriege zu verhindern. Dies fällt durchaus nicht immer mit dem zusammen, was ein sensibler Mensch als "Gerechtigkeit" empfindet. Ich glaube überhaupt nicht daran, dass es ein solches Absolutum gibt. Wahr scheint mir nur zu sein, dass ein Gesetz nur dann Bestand hat, wenn es gegründet ist auf solche Grundsätze, die im Lichte historisch gegebener oder historisch gewordener Traditionen von den Menschen als annehmbar betrachtet werden.

Was aber als annehmbar gefühlt wird, ändert sich ausserordentlich im Laufe der Zeit. Uns erscheint zum Beispiel die Sklaverei als im höchsten Masse ungerecht, während sie den feinsten Geistern im alten Griechenland als gerecht erschien. Ich denke, dass die Menschen jeder Epoche nach der Verwirklichung dessen streben müssen, was *sie* als "gerecht" empfinden . . .

Jedenfalls denke ich, dass die Vermeidung der Kriege eine dringende Notwendigkeit ist, deren Realisierung nicht darauf warten kann, ob die Frage des Wesens der Gerechtigkeit eine endgültige Lösung erlaubt oder nicht . . .

Die Redaktion der Zeitschrift *Look* ersuchte Einstein um einen Kommentar zu dem in ihrer Nummer vom 5. März 1946 erschienenen illustrierten Artikel "Your Last Chance" ("Eure letzte Chance"). Darin hiess es, das amerikanische Volk habe nur drei Alternativen: Welteroberung, Selbstverteidigung und den Kampf um das Ende aller Kriege. Die Zeitschrift sprach sich für die dritte Alternative aus.

Einstein schrieb am 23. Februar 1946[1]:

Mit grosser Befriedigung las ich Ihren Artikel über die Atombombe, der das ernste Problem unserer Zeit auf dramatische, mutige und inspirierende Weise darstellt. Der Artikel erscheint mir umso wichtiger als jede sinnvolle Aktion in der Frage der atomaren Rüstung heute durch die Publizität der kanadischen Spionage-Affäre erschwert worden ist. [*Igor Gusenko, ein Sekretär der Sowjetbotschaft, hatte den diplomatischen Dienst der Sowjetunion verlassen und verschiedene Personen der Spionage bezichtigt*]. Der amerikanische Kongress muss auf alle Fälle von Beschlüssen abgehalten werden, die die Freiheit der wissenschaftlichen Forschung und Publikation lähmen, das gegenseitige Misstrauen zwischen den grossen Militärmächten vertiefen und das Rüstungswettrennen beschleunigen könnten.

Am 15. März 1946 wurde Einstein zur Unterzeichnung eines "Aufrufs an die Völker der Welt" aufgefordert, die von einer "Weltregierungskonferenz" am

Rollins College in Winter Park, Florida, einstimmig angenommen worden war. Der Text des Aufrufs war ihm telegrafisch übermittelt worden[2]. Ohne Zögern gab er seine Unterschrift. Obwohl Einstein an dem Entwurf des Aufrufs nicht beteiligt war, wird das (in 50,000 Exemplaren innerhalb wie ausserhalb Amerikas verbreitete) Dokument hier im vollen Wortlaut wiedergegeben, da es Einsteins eigene Auffassung in dieser letzten Phase seines Lebens besonders klar ausdrückt:

1. Die Atombombe und andere Anwendungen der Wissenschaft und Technologie auf die moderne Kriegsführung haben deren Destruktivgewalt so gesteigert, dass der Ausbruch eines neuen Krieges verhindert werden muss.

2. Atomare Geheimnisse können von einer Nation oder einer kleinen Gruppe von Nationen nicht länger als einige Jahre gewahrt werden; auch gibt es keine ausreichende militärische Abwehr gegen einen Überraschungsangriff, der die überfallenen Länder und Völker paralysieren kann.

3. Eine Garantie der Wahrung des Friedens ist unmöglich, solange Nationen das souveräne Recht haben, die Frage von Krieg und Frieden selbständig zu entscheiden.

4. Leben Völker unter einer ständigen Kriegsdrohung, so wird jeder souveräne Staat sich immer mehr der totalitären Herrschaftsform nähern und seine Bürger immer mehr ihrer individuellen Freiheiten berauben.

5. Kein Nationalstaat kann heute stark und souverän genug sein, seine Bürger vor Kriegen zu schützen. Zweimal im Verlauf einer einzigen Generation sind die Vereinigten Staaten in einen Krieg hineingezogen worden, den ihre Bürger vermeiden wollten.

6. Friede heisst nicht nur Abwesenheit von Kriegen, sondern heisst Recht, Gesetz, Ordnung – kurz: wahre Regierung.

7. Der Weltfriede kann nur unter einem Weltgesetz erzielt und aufrechterhalten werden, das universell und stark genug ist, das Recht zu etablieren und Feindseligkeiten zwischen Nationen zu verhindern.

8. Ein Volk kann seine eigene Existenz und den Fortbestand seiner Freiheit nur dadurch sichern, dass es zusammen mit den anderen Völkern eine Weltregierung, eine konstitutionelle Bundesregierung, schafft, der alle nötigen Machtbefugnisse übertragen werden, um einen auf Gesetz und Recht gegründeten allgemeinen Frieden zu sichern.

Die Vereinten Nationen stellen in ihrer heutigen Form eine Liga souveräner Staaten dar. Sie sind daher keine Weltregierung. Es fehlt ihnen die Autorität des Gesetzes, um Feindseligkeiten zwischen

Nationen zu verhindern und Recht und Sicherheit zu verankern. Dennoch bedeuten die Vereinten Nationen den bis jetzt grössten Schritt der Menschheit in der Richtung auf den Weltfrieden. Da die Charta Änderungen vorsieht, sollte die Umwandlung der Vereinten Nationen in eine Weltregierung mit allen Mitteln erstrebt werden.

Solche Ziele lassen sich, wie wir wissen, nicht über Nacht erreichen. Es ist schwer, für ihre Verwirklichung innerhalb verschiedenartiger Kulturen, Nationen und Institutionen zu kämpfen.

Aber ein Anfang muss gemacht werden. Und er muss jetzt gemacht werden – mit den Hilfsmitteln, die uns zur Verfügung stehen.

Es geht vor allem darum, die Menschheit von der Atmosphäre der Furcht und des Misstrauens zu befreien, die die Atombombe und die Gefahr anderer Waffen von ähnlicher Destruktivkraft geschaffen haben. Die Vereinigten Staaten haben die Möglichkeit, ja die Pflicht, in dieser Richtung führend und konstruktiv zu arbeiten.

Im Hinblick auf die gegenwärtige Situation schlagen wir die Einberufung einer Generalkonferenz der Vereinten Nationen vor, wie sie im Artikel 109 der Charta vorgesehen ist. Ihre Aufgabe wäre es, folgende Änderungen der Charta zu beschliessen:

1. Die Vereinten Nationen werden aus einer Liga souveräner Staaten in eine Regierung umgewandelt, deren Machtbereich von den Völkern der Welt bestimmt wird.

2. Die Plenarversammlung der Vereinten Nationen wird zum gesetzgebenden Organ der Weltregierung umgebaut. In diesem Parlament werden die Bürger der Mitgliedsstaaten auf paritätischer Basis vertreten sein.

3. Die Plenarversammlung soll neben ihren gegenwärtigen Machtbefugnissen in Zukunft die folgenden Aufgaben haben:

A. Gesetze zu verabschieden, die die Waffen der Massenzerstörung verbieten oder kontrollieren und, soweit für diesen Zweck erforderlich, die Anwendung der Atomenergie überwachen;

B. Gesetze zu verabschieden, die die für die erwähnten Zwecke notwendigen Inspektionsmassnahmen festlegen;

C. Sanktionen im Falle von Verstössen gegen die oben geschilderten Gesetze anzuordnen;

D. die zur Ausführung der Gesetze nötigen Polizeikräfte ins Leben zu rufen und aufrechtzuerhalten.

4. Unabhängige Gerichtsorgane müssen mit allen nötigen Vollmachten ausgestattet werden, um Konflikte über die von der

Plenarversammlung beschlossenen Gesetze oder über die Interpretation der Charta zu entscheiden.

5. Ein besonderes Bürgerrechtsgesetz muss die Rechte der von den Gesetzen der Plenarversammlung betroffenen Personen schützen.

6. Der Sicherheitsrat der Vereinten Nationen ist als Exekutivorgan der Weltregierung umzubilden und mit den folgenden Aufgaben zu beauftragen:

A. Durchführung der Gesetze;

B. Beibehaltung seiner in der Charta vorgesehenen gegenwärtigen Funktionen, aber unter der Ägide der Plenarversammlung.

7. Alle nicht der Plenarversammlung übertragenen Machtbefugnisse sollen den Mitgliedsstaaten überlassen bleiben.

Wir glauben, diese Bestimmungen sind das Minimum dessen, was für die Schaffung einer Weltregierung nötig ist – einer Weltregierung, die allein die Katastrophe eines neuen Krieges im Atomzeitalter verhindern könnte. Die gegenwärtige Charta der Vereinten Nationen erfüllt diese Minimalforderungen nicht.

Die Errichtung einer Weltregierung, die die Völker der Welt wirklich repräsentiert, muss von einem umfassenden erzieherischen Programm, das die Massen aller Länder beeinflusst, und vom freien Austausch des Wissens unter ihnen begleitet sein. Nur eine Weltregierung – und sei sie auch in der hier geschilderten Weise in ihren Befugnissen begrenzt – kann jenen Frieden bringen, in dessen Schutz die Völker der Welt zum vollen Bewusstsein ihrer Verantwortlichkeit heranreifen und ihre Geschicke als freie Menschen erfüllen können.

Ely Culbertson (siehe S. 332) äusserte sich in einem Brief an Einstein zu dem Aufruf der Konferenz am Rollins College. Mit der Grundforderung "Weltfriede durch Weltgesetz" erklärte er sich einverstanden, aber er kritisierte Einzelheiten des von Einstein mitunterzeichneten Aufrufs (26. April 1946)[3]:

. . . Der erste Punkt Ihres Programms – die Umwandlung der U.N.-Plenarversammlung in ein Weltparlament – ist heute weder politisch annehmbar, noch für die Schaffung einer wahrhaft föderativen Struktur notwendig. Im Mittelpunkt dieser Struktur muss nicht ein Völkerparlament, sondern eine separate Zentralbehörde stehen, die auf Grund der ihr übertragenen Vollmachten zu handeln und die getroffenen Entscheidungen durchzusetzen vermag. Dieses Minimalziel erfordert nur zwei Weltgesetze:

Kein Staat und kein Bürger irgend eines Staates darf einen Angriffskrieg vorbereiten; und kein Staat und kein Bürger irgend eines Staates darf einen Angriffskrieg führen.

Diese Gesetze müssen der Charta einverleibt werden. Ein Gerichtshof muss mit ihrer Interpretation betraut werden. Und – was ganz besonders wichtig ist –: beide Gesetze können sofort in Kraft gesetzt werden, denn sie erfordern weder die Schaffung eines weltweiten demokratischen Systems noch die scharfe Einschränkung der nationalen Souveränität.

Culbertson sandte Einstein auch ein Exemplar seines neuen Buchs "Must We Fight Russia? " ("Müssen wir gegen Russland kämpfen? ") und erbat sein Urteil darüber. Einstein erwiderte am 2. Mai 1946:

Ich bin mit den in Ihrem ausgezeichneten Buch "Must We Fight Russia? " gemachten Vorschlägen wie auch mit den Ausführungen in Ihrem Brief vom 26. April völlig einverstanden. Die dringlichste Frage ist jedoch: wie können das amerikanische Volk und die amerikanische Regierung das Rüstungswettrennen zwischen den Vereinigten Staaten und Russland stoppen, das bereits so riesige Ausmasse angenommen hat?

Nach meiner Auffassung sollten die Vereinigten Staaten Russland gegenüber ihre Bereitschaft erklären, die Waffenkonkurrenz einzustellen, sich einer gegenseitigen Waffenkontrolle zu unterwerfen und in Streitfällen die Entscheidung einer Weltbehörde anzunehmen, die unter gemeinsam festgelegten Satzungen amtieren müsste. Von der Klugheit und dem Wert eines solchen Programms müssten die Vereinigten Staaten durch den starken Druck der öffentlichen Meinung überzeugt werden.*

Bereits früher (am 28. März 1946) hatte ein offiziöses Komitee in einem Bericht ein Atomprogramm für die Vereinigten Staaten vorgeschlagen. Das Komitee stand unter dem Vorsitz des späteren amerikanischen Aussenministers Dean Acheson und wurde von einer Expertengruppe beraten, an deren Spitze David Lilienthal, später der erste Vorsitzende der amerikanischen Atomenergie-Kommission, stand. Die Vorschläge dieses Komitees dienten als Grundlage des "Baruch-Plans", den die USA den Vereinten Nationen unterbreiteten. Dieser Plan, der internationale Kontrolle und Inspektion der Atomenergie und der atomaren Waffen vorsah, wurde schliesslich durch das Veto der Sowjetunion zu Fall gebracht.

Die Lilienthal-Acheson-Vorschläge fanden ein gemischtes Echo. Innerhalb wie ausserhalb der Vereinten Nationen wurden sie heftig umstritten. Ein kritischer Kommentar der Zeitschrift *The Nation* (6. April 1946) fand Einsteins qualifizierte Unterstützung. In einem, am 9. April geschriebenen und in der Nummer der Zeitschrift vom 11. Mai veröffentlichten, Leserbrief nannte er den Artikel "wohlfundiert und konstruktiv", fügte aber hinzu[4] :

Einerseits muss man wärmstens anerkennen, dass offizielle Stellen

– darunter sogar Armee-Instanzen – offen erklärt haben, Sicherheit sei nur auf der Basis einer Weltregierung zu erzielen. Andererseits aber bringen uns die für die Interimsperiode vorgeschlagenen Massnahmen dem Ziel der Weltregierung nicht näher; auch werden sie andere Nationen nicht von den ehrlichen Absichten unserer Aussenpolitik zu überzeugen vermögen.*

Im Mai 1946 entschloss Einstein sich zu einem wichtigen Schritt: er übernahm den Vorsitz des neugeschaffenen Notstandskomitees der Atomwissenschaftler.

Auf die tiefen Skrupel, die eine Anzahl der an dem Atomprojekt beteiligten Wissenschaftler empfand, ist bereits hingewiesen worden. Die Gelehrten erkannten die Gefährdung der gesamten Menschheit durch die Atombombe und waren sich bewusst, dass die Vereinigten Staaten durch den Abwurf von Atombomben über zwei japanische Städte eine grosse Verantwortung übernommen hatten.

Diskussionsgruppen hatten sich in allen grösseren Atomanlagen gebildet. Im Herbst 1945 hatten Atomwissenschaftler eine grosse Rolle im Kampf gegen den May-Johnson-Gesetzentwurf im amerikanischen Kongress gespielt, der die Atomenergie in den Händen der Militärs belassen hätte. Der Entwurf wurde durch starke Opposition zu Fall gebracht. Aber die Wissenschaftler hatten bei dieser Gelegenheit eingesehen, dass die öffentliche Meinung Amerikas auf die kommenden neuen Kämpfe vorbereitet werden müsse. Verwirrung und Furcht herrschten in der Öffentlichkeit im Hinblick auf dieses überraschende und so weittragende Problem. Viele Artikel, Reden, Bücher beschäftigten sich damit; trotzdem tappten die Massen weiter im Dunkel.

Im Januar 1946 schlossen sich die verschiedenen mit dem Problem beschäftigten wissenschaftlichen Gruppen zur "Vereinigung der amerikanischen Wissenschaftler" zusammen. Ihre ersten Informations-Aktivitäten hatten in den Händen einer Organisation gelegen, die zur Zeit der Gründungskonferenz der Vereinten Nationen in San Francisco entstanden war. Jetzt nannte sie sich "Nationalkomitee für Atominformation"; dieses Komitee vertrat etwa sechzig gewerkschaftliche, religiöse, freiberufliche und erzieherische Verbände. Mangel an Geldmitteln beschränkte seine Wirksamkeit. Auch hatten Wissenschaftler nicht immer die nötige Zeit, um die Öffentlichkeit in allgemein verständlichen Artikeln zu informieren, und für fachlich nicht vorgebildete Publizisten war diese Aufgabe zu gross und verantwortungsschwer.

In dieser Situation wurde das Notstandskomitee der Atomwissenschaftler ins Leben gerufen. Seine Aufgaben bestanden hauptsächlich in der Auftreibung von Geldmitteln und der Festlegung von Richtlinien für den Kampf gegen die Atomgefahr[5]. Man hoffte, dass das auschliesslich von hervorragenden Wissenschaftlern gebildete Treuhänderkomitee die moralische wie finanzielle Unterstützung der Organisation sichern werde. Neben Einstein gehörten dem Vorstand an: Harold C. Urey (als stellvertretender Vorsitzender), Hans A. Bethe, Thorfin R. Hogness, Philip M. Morse, Linus Pauling, Leo Szilard und Victor F. Weisskopf.

Die Tätigkeit des Komitees begann am 23. und 24. Mai 1946 mit einem von Einstein unterzeichneten Telegramm, in dem einige hundert prominente Amerikaner um Geldbeiträge gebeten wurden:

Unsere Welt steht in einer schweren Krise. Ihr Ernst ist von den Machthabern, deren Entscheidungen zum Guten oder Bösen ausschlagen können, noch nicht erkannt worden. Die Freisetzung der Macht des Atoms hat unser ganzes Leben verändert – aber nicht unser Denken. Und darum treiben wir einer beispiellosen Katastrophe entgegen. Wir Wissenschaftler, die wir diese ungeheure Kraft entfesselt haben, tragen eine ausserordentlich grosse Verantwortung in diesem weltweiten Kampf um Leben und Tod – einem Kampf, der darauf abzielt, das Atom zum Segen und nicht zum Ruin der Menschheit zu nutzen.

[Hans A.] Bethe, [Edward U.] Condon, [Leo] Szilard, [Harold C.] Urey und die Vereinigung amerikanischer Wissenschaftler schliessen sich meiner Bitte an Sie an, unsere Bemühungen unterstützen zu wollen. Wir wollen dem amerikanischen Volk deutlich machen, dass das Schicksal der Menschheit heute – jetzt – in diesem Augenblick entschieden wird.

Wir brauchen sofort 200,000 Dollar, um das amerikanische Volk durch eine Kampagne im ganzen Land davon zu überzeugen, dass neue Formen des Denkens notwendig sind, soll die Menschheit fortbestehen und neue Höhen erreichen.

Dieser Appell gründet sich auf lange, sorgfältige Prüfung der gegenwärtigen ungeheuren Krise. Ich ersuche Sie dringlichst, sofort einen Scheck an mich, als Vorsitzenden des Notstandskomitees der Atomwissenschaftler, Princeton, New Jersey, senden zu wollen. In diesem ernsten Augenblick erbitten wir Ihre Hilfe zum Zeichen dafür, dass wir Wissenschaftler in diesem Kampf nicht allein stehen.

Der Aufruf wurde in der Presse vielfach nachgedruckt. Am 4. Juni 1946 sprach Einstein eine geänderte Fassung für eine amerikanische Wochenschau:

... Ein wirksames Erziehungsprogramm wird geplant. Die Öffentlichkeit soll auf diese Weise gewisse wissenschaftliche Zusammenhänge wie auch ihre Auswirkungen auf die Gesellschaft kennen lernen. Das Programm soll das amerikanische Volk durch Vermittlung des Nationalkomitees für Atominformation erreichen. ... Wir bitten in diesem schicksalsschweren Augenblick um öffentliche Unterstützung, damit die Atomwissenschaftler ihre soziale Pflicht erfüllen können.

Im Lauf der nächsten Monate und Jahre folgte eine Reihe ähnlicher Aufrufe des Notstandskomitees. Im allgemeinen waren sie nicht von Einstein selbst entworfen. Aber er nahm an der Arbeit des Komitees äusserst aktiven Anteil. Er führte häufige, zu gewissen Zeiten tägliche, Gespräche mit dem Exekutivsekretär, nahm an vielen Zusammenkünften der Treuhänder teil, die mitunter in seiner Wohnung stattfanden, und spielte bei der Festlegung der Arbeitsrichtlinien des Komitees eine wichtige Rolle. Um seinen Rat rasch einholen zu können und die engste Zusammenarbeit mit ihm zu sichern, eröffnete die Organisation, neben Büros in New York und Chicago, auch ein Büro in Princeton.

Finanzielle Hilfe wurde durch das Notstandskomitee nicht nur dem Nationalkomitee für Atominformation in Washington, sondern auch zwei weiteren Organisationen zuteil: der, von Gelehrten in Oak Ridge gegründeten, Vereinigung von Wissenschaftlern für Atomerziehung und den "Atomwissenschaftlern von Chicago", die das *"Bulletin of the Atomic Scientists"* betreuten. (Das Bulletin, ursprünglich ein vervielfältigtes Monatsorgan, hat sich zu einem sehr bedeutenden Magazin entwickelt). Von diesem Zeitpunkt ab stand die Arbeit für das Notstandskomitee der Atomwissenschaftler an der Spitze der ausserwissenschaftlichen, aktiven Interessen Einsteins.

Am 28. Mai 1946 strahlte das Columbia Broadcasting System (CBS) vom Coolidge Auditorium der Kongressbibliothek in Washington ein Sonderprogramm über Atomenergie aus. Die Sendung hiess "Operation Crossroads"; zu den prominenten Teilnehmern gehörten Joseph E. Davies, Mrs. Wendell L. Willkie, William O. Douglas, Luther H. Evans, Henry A. Wallace, Archibald MacLeish, Harold C. Urey, Harold L. Ickes und Harold E. Stassen. Im Lauf des Programms ergab sich folgendes Gespräch[6] :

CBS-Korrespondent Robert Trout: Viele Menschen hoffen und beten, dass Kriege vermieden werden mögen . . . und sagen doch, dass die Chancen dafür gering seien. Sie meinen, Kriege seien einfach eine Folge der "menschlichen Natur"; vielleicht werde die Menschheit in einer Jahrmillion ihre alten Denkgewohnheiten ändern, aber innerhalb der nächsten fünf Jahre sei das unmöglich. Herr Dr. Albert Einstein, was denken Sie über den Satz "Man kann die menschliche Natur nicht ändern"?

Einstein (aus Princeton antwortend): Was verstehen Sie unter "menschlicher Natur"?

Trout (aus Washington): Nun, ich meine damit den Hass, die Ängste, die Vorurteile, die zu Kriegen führen.

Einstein: Dann sage ich: Gerade weil wir die "menschliche Natur" in einer Jahrmillion nicht ändern können, müssen wir jetzt sofort alles tun, um die fürchterlichen Verheerungen eines Atomkriegs zu vermeiden . . . Diese "menschliche Natur", die Kriege hervorruft, ist wie ein Strom. Die Natur des Stroms ist innerhalb der geologischen Zeit nicht zu ändern. Aber wenn er ständig über die Ufer tritt und unsere Wohnungen und Existenzen vernichtet, werden wir dann vielleicht sagen: "Das ist ja zu dumm! Wir können den Strom nicht ändern; gar nichts lässt sich da machen? "

Trout: Nein, Herr Dr. Einstein; wir sehen uns dann die Situation an und bauen einen Damm, der den Strom zurückhält.

Einstein: Ganz richtig. Und wie können wir den Damm bauen?

Trout: Unter Anwendung unserer Vernunft, unseres Denkvermögens, würde ich sagen.

Einstein: Genau! Und dieses Denkvermögen ist auch Teil der "menschlichen Natur", die Intelligenz, die Fähigkeit, aus Erfahrungen zu lernen und für die Zukunft zu planen. Dazu gehört auch der Entschluss, im Interesse dauerhafter Fortschritte auf zeitwilige Gewinne zu verzichten. Dieser Teil der "menschlichen Natur" erkennt, dass Sicherheit und Glück des Menschen von einer wohlgeordneten Gesellschaft abhängen, dass eine wohlgeordnete Gesellschaft auf der Existenz und der Durchführung von Gesetzen beruht und dass die Menschen sich im Interesse des Friedens diesen Gesetzen unterwerfen müssen. Diese Fähigkeit für vernünftige Entscheidungen ist die Quelle allen menschlichen Fortschritts in Kunst, Wissenschaft, Landwirtschaft, Industrie und Regierung.

Trout: Und Sie glauben, Herr Dr. Einstein, dass dieser denkende Mensch unsere grossen Probleme für uns lösen kann?

Einstein: Ich glaube, nur *er* kann es. Ebenso wie wir Dämme bauen, um einen Strom in Grenzen zu halten, so müssen wir Institutionen bauen, die Furcht und Misstrauen und Gier der Völker und ihrer Herrscher in Grenzen halten. Institutionen, wie Mr. Stassen und Mr. Douglas sie geschildert haben, müssen auf Gesetz und Recht gegründet scin. Sie müssen Kontrolle über Atombomben und andere Waffen haben und die Macht besitzen, ihre Entscheidungen durchzusetzen. Gewiss, das ist keine einfache Sache. Aber wir müssen uns dessen bewusst sein, dass der tierische Teil der "menschlichen Natur" unser Feind, ihr denkender Teil aber unser Freund ist. Wir brauchen nicht eine Jahrmillion abzuwarten, um von unserer Denkkapazität Gebrauch zu machen. Sie ist nicht zeitgebunden. Wir benützen sie an jedem Tag unseres Lebens. Und wir müssen sie jetzt ganz besonders benützen; sonst wird die menschliche Gesellschaft in ein schreckliches neues Zeitalter der Finsternis versinken, das ewig andauern könnte.*

Im weiteren Verlauf der Sendung erklärte Einstein auf eine Frage von Archibald MacLeish, dem damaligen Professor für Dichtung an der Harvard-Universität:

Ebenso wie wir unser Denken auf dem Gebiet der abstrakten Wissenschaften geändert haben, um es neueren und sinnvolleren

Konzeptionen anzupassen, so müssen wir jetzt unser Denken auf dem Gebiet der Politik und der Gesetzgebung ändern. Es ist zu spät, als dass wir uns Fehler erlauben dürften.*

Am 29. Mai 1946 hielt Einstein eine Rundfunkansprache an die in Chicago versammelten "Studenten für eine Bundesweltregierung"[7]:

Das Gespräch mit drei Studenten Ihrer Universität hat einen starken Eindruck auf mich gemacht. Es zeigte mir, dass Verantwortungsgefühl und Initiative in der jungen Generation in diesem Lande am Werke sind. Diese Studenten sind sich klar darüber, dass in diesen paar Jahren das Schicksal der neuen Generation entschieden werden wird. Sie sind entschlossen, den Gang der Ereignisse im Rahmen ihrer Möglichkeit zu beeinflussen.

Was ist die Situation? Die Entwicklung der Technik und die der Kriegsmittel hat so etwas wie eine Schrumpfung unseres Planeten mit sich gebracht. Wirtschaftliche Verflechtung macht die Schicksale der Völker in viel höherem Grade voneinander abhängig, als dies in früheren Zeiten der Fall war. Die verfügbaren Angriffswaffen sind von solcher Art, dass kein Ort auf der Erde gegen plötzliche totale Vernichtung gesichert ist.

Die einzige Hoffnung für Schutz liegt in der Sicherung des Friedens auf übernationalem Wege. Es muss eine Weltregierung geschaffen werden, welche Konflikte zwischen Nationen durch richterliche Entscheidungen zu lösen imstande ist. Diese Entscheidungen müssen auf eine klare Verfassung gegründet werden, welche von den Regierungen und Völkern gebilligt ist, und welche allein über die Angriffswaffen zu verfügen hat. Nur dann kann eine Person oder eine Nation als pazifistisch angesehen werden, wenn sie bereit ist, ihre militärische Macht an die übernationale Behörde abzutreten und auf jeden Versuch, ja auf die Mittel zu verzichten, ihre Interessen gegenüber dem Ausland durch Anwendung von Gewalt durchzusetzen.

Es ist offenkundig, dass die Entwicklung der politischen Verhältnisse in dem Jahre, das seit Beendigung des Zweiten Weltkrieges verflossen ist, uns der Erreichung dieses Zieles keineswegs näher gebracht hat. Die U.N., so wie sie heute dasteht, hat weder militärische Macht noch die rechtliche Grundlage, einen Zustand der internationalen Sicherheit herbeizuführen. Die reale Macht ist gegenwärtig in wenigen Händen. Es ist keine Übertreibung zu sagen, dass die Lösung des wirklichen Problems allein an eine grosszügige Einigung zwischen unserem Land und Russland geknüpft ist. Denn wenn eine solche Einigung zustande gebracht würde, so wären diese beiden Mächte allein schon imstande, die übrigen Nationen zu veranlassen, auf ihre Souveränität soweit zu verzichten, als dies für die Erzielung militärischer Sicherung aller nötig ist.

Nun werden Viele sagen, dass eine prinzipielle Einigung mit Russland unter den gegenwärtigen Verhältnissen unmöglich sei. Solche Behauptung wäre dann gerechtfertigt, wenn Amerika im letzten Jahre einen ernsthaften Versuch in dieser Richtung gemacht hätte. Ich finde aber, dass das Gegenteil hiervon geschehen ist. Es brauchte nicht entgegen Russlands Einsprache das faschistische Argentinien in die U.N. aufgenommen zu werden. Es wäre nicht nötig, unablässig neue Atombomben zu fabrizieren und 12 Milliarden in einem Jahre auf Rüstung zu verwenden, ohne dass eine militärische Bedrohung für die nächste Zukunft zu befürchten wäre. Es war auch nicht vernünftig, Triest dem ehemaligen Bundesgenossen Yugoslawien zu verweigern, das diesen Hafen bitter nötig hat, während er für den ehemaligen Kriegsgegner Italien ohne wirtschaftliche Bedeutung ist. Es hat keinen Sinn, hier die Einzelheiten aufzuzählen, die alle zeigen, dass man nichts getan hat, um Russlands Misstrauen zu mildern, ein Misstrauen, das durch die Ereignisse der letzten Jahrzehnte sehr wohl zu verstehen ist, und zu dessen Entstehung wir nicht wenig beigetragen haben.

Dauernder Friede kann nicht durch Drohungen, sondern nur durch den ehrlichen Versuch vorbereitet werden, gegenseitiges Vertrauen herzustellen. Man sollte glauben, dass der Wunsch, menschenwürdige Zustände auf diesem Planeten herbeizuführen und die Gefahr unsäglicher Vernichtungen zu vermeiden, die verantwortlichen Menschen in ihren Leidenschaften zähmen würde. Darauf dürfen Sie nicht warten, meine jungen Freunde. Möge es Ihnen gelingen, die junge Generation in diesem Sinne zu aktivieren, dass sie auf eine grosszügige Friedenspolitik dringt. Dadurch können Sie nicht nur sich selbst wirksam verteidigen, sondern sich auch um Ihr Land und um die Zukunft Ihrer Nachkommen in solchem Masse verdient machen, wie es keiner früheren Generation beschieden gewesen ist.

Zusätzliche Erklärungen gab Einstein in einem Interview mit Paul Arthur Schilpp, Professor für Philosophie an der Northwestern University, und einem Studentenvertreter der "National Organization of Student Federalists" ab[8]:

Frage (von Professor Schilpp): Herr Professor Einstein, worin liegt der Unterschied zwischen einer Weltregierung und den Vereinten Nationen?

Einstein: Unter dem Begriff Weltregierung verstehe ich eine

Institution, deren Entscheidungen und Gesetze die einzelnen Mitgliedsstaaten binden ... In ihrer gegenwärtigen Form haben die Vereinten Nationen nicht die Machtbefugnisse einer Weltregierung, da ihre Entscheidungen die einzelnen Mitgliedstaaten nicht binden.

Frage (des Studentenvertreters): Wir Studenten möchten gern wissen, auf welche Weise wir als künftige Führer der Welt nach Ihrer Auffassung zur Schaffung eines Weltbundes beitragen könnten, der dem vor 160 Jahren gegründeten Bund der ursprünglichen dreizehn Staaten unseres Landes entspräche.

Einstein: Zunächst muss die junge Generation erkennen, welche Mindestbedingungen notwendig sind, um in Zukunft militärische Drohungen zwischen Einzelnationen oder Gruppen von Nationen unmöglich zu machen. Die nächste Aufgabe wäre, dieses Wissen unter den Massen der Bevölkerung zu verbreiten. Die dritte Aufgabe bestünde darin, auf organisatorischem Wege die Mitglieder des Kongresses und der Staatsparlamente im Sinne der Volksmeinung über das Friedensproblem zu beeinflussen.

Frage (von Professor Schilpp): Glauben Sie, dass der gegenwärtig unter den Nationen herrschende Hass und Neid durch eine Weltregierung überwunden werden kann?

Einstein: Nein, natürlich nicht. Aber eine Weltregierung könnte verhindern, dass natürliche emotionale Reaktionen dieser Art zur Gewaltanwendung unter den Nationen führen.

Frage (des Studentenvertreters): Besitzen auch andere Industriestaaten der Welt, so wie die Vereinigten Staaten, die Rohstoffe und wissenschaftliche Kapazität, die zum Bau von Atomwaffen notwendig sind?

Einstein: Zweifellos haben andere Länder genügend Rohstoffe und technische Fähigkeiten, um eine endlose, unerträgliche, gegenseitige Bedrohung hervorzurufen.

Frage (von Professor Schilpp): Aus Ihrer letzten Antwort, Herr Professor Einstein, folgere ich, dass Sie, der Sie weit mehr über die Bedrohung der menschlichen Zukunft durch die Atombombe wissen als die meisten unserer Zeitgenossen, die Schaffung einer Weltregierung innerhalb kürzester Frist als unausweichlich ansehen.

Einstein: Ohne Zweifel: das ist eine absolute Notwendigkeit. Aus diesem Grund muss jede politische Handlung auf internationalem Gebiet von der Überlegung bestimmt sein, ob dadurch die Schaffung einer Weltregierung gefördert oder verhindert wird.

Am Tag dieser Rundfunksendung, 29. Mai 1946, schickte Einstein auch eine Botschaft an die Sowjetunion. Sie wurde einer amerikanischen Gruppe übergeben, die im Auftrag des Jewish Council for Russian Relief nach Russland reiste, und lautete:

Dies ist mir ein willkommener Anlass, den jüdischen Brüdern in Sowjetrussland und, darüber hinaus, dem ganzen russischen Volke meine herzlichen Grüsse zu senden. Sie alle haben es unter den grössten Opfern zustande gebracht, die Gefahr zu bannen, die von den ärgsten Feinden der Menschheit drohte.

Möge es Ihnen auch gegeben sein, ebenso erfolgreich beizutragen zur Schaffung einer soliden Ordnung in der Welt, in welcher die Konflikte durch friedliche Mittel auf der Basis von Rechtsgrundsätzen und -Institutionen geschlichtet werden, die von allen gebilligt und gestützt werden.

Cord Meyer, ein jugendlicher Sprecher der neuen Generation der Kriegsveteranen, hatte Einstein das Manuskript einer wohlfundierten und eindringlichen Kritik des Lilienthal-Acheson-Berichtes gesandt, die für die Juli 1946-Ausgabe der Zeitschrift *Atlantic Monthly* geschrieben war. Er bat um Erlaubnis, einen Brief, den Einstein an das Magazin *The Nation* gesandt hatte, zitieren zu dürfen. Einstein gab dazu seine Zustimmung; in einem Brief an Meyer vom 5. Juni 1946 fügte er hinzu[9]:

Ich stimme mit den in Ihrem Artikel dargelegten Argumenten und Schlussfolgerungen voll überein. Ohne Weltregierung kann es keine Sicherheit geben, und ohne Sicherheit keinen wirksamen Schutz gegen die Atombombe.

Der Lilienthal-Bericht ist ein willkommenes offizielles Zugeständnis, dass der Schutz der Welt gegen die atomare Gefahr nur durch eine internationale Organisation möglich ist. Noch besser wäre es allerdings gewesen, hätten die fünf Männer [des Lilienthal-Gremiums] offen festgestellt, dass die Erhaltung der staatlichen Souveränität in militärischen Angelegenheiten mit dem Schutz gegen Atom-Aggression unvereinbar ist.

Man darf sich nicht verhehlen, dass die Übergangsperiode auf dem Weg zu einer Weltregierung Schwierigkeiten mit sich bringen wird. Darum sollten nach meiner Meinung die besten Köpfe aufgefordert werden, Vorschläge für diese Übergangsperiode auszuarbeiten.*

In einem Interview, das die Pariser Zeitung *France-Soir* am 22. Juni 1946[10] veröffentlichte, zitierte der Physiker André Labarthe eine Bemerkung Einsteins: die Atombombe hätte bereits zwei Jahre früher erzeugt werden können, wodurch der Menschheit viel Leid erspart geblieben wäre. Labarthe zufolge sagte Einstein: "Die Berufssoldaten, die heute so laut und arrogant auftreten, haben zu Beginn der Atomentwicklung eine Skepsis an den Tag gelegt, die oft bremsend auf die Forschung wirkte. Andere Hauptursachen der Verzögerung waren die übertriebene Geheimnistuerei, die allzu grosse Zersplitterung der verschiedenen wissenschaftlichen Forschungsgruppen und das Verhalten der koordinierenden Beamten, denen die neuen wissenschaftlichen Entwicklungen völlig unbekannt waren."

Einstein betonte die Schrecken eines künftigen Krieges und die Notwendigkeit internationaler Zusammenarbeit, die, wie er befürchtete, jetzt schon durch die erzwungene Schweigepflicht in Atomangelegenheiten gefährdet war. Eine solche Geheimhaltung könne das Misstrauen der Sowjetunion an der Unparteilichkeit internationaler Abmachungen nur weiter verstärken.

Im Hinblick auf Deutschland warnte Einstein vor der Wiederholung der Fehler, die die Alliierten nach dem Ersten Weltkrieg begangen hätten. Er bezeichnete es als kindisch, an eine "Bekehrung" Deutschlands zu glauben, und unterstützte den französischen Vorschlag, die Industriegebiete Deutschlands politisch von dem Rest des Landes abzutrennen.

Ausführlicher setzte Einstein seine Anschauungen in einem Interview mit Michael Amrine auseinander, das *The New York Times* in ihrem Sonntags-Magazin vom 23. Juni 1946 publizierte[11]. Der Artikel trug den Titel "The Real Problem is in the Hearts of Men" ("Das wahre Problem liegt in den Herzen der Menschen"). Er wurde von dem Notstandskomitee der Atomwissenschaftler zur Unterstützung seiner Geldsammlung ausgiebig verbreitet. Einstein erklärte:

Von vielen Seiten erhielt ich Nachfragen über die kürzlich von mir gemachte Bemerkung, dass "neue Formen des Denkens notwendig sind, soll die Menschheit fortbestehen und neue Höhen erreichen."

In evolutionären Entwicklungen muss sich eine Spezies oft um ihres Fortbestandes willen neuen Lebensbedingungen anpassen. Heute hat die Atombombe das Wesen der uns bekannten Welt verändert, und die menschliche Rasse findet sich daher völlig neuen Lebensbedingungen gegenüber, denen sie ihr Denken anpassen muss.

Darum sind eine Weltbehörde, und schliesslich ein Weltstaat, nicht nur im Interesse der Brüderlichkeit unter den Menschen wünschenswert; sie sind zum Weiterleben des Menschen unumgänglich notwendig. In früheren Zeiten konnten Leben und Kultur einer Nation zu einem gewissen Grade durch die Verstärkung der miteinander rivalisierenden nationalen Heere geschützt werden. Heute müssen wir einen solchen Wettbewerb aufgeben und statt dessen zur Zusammenarbeit gelangen. Diese Überlegung muss im Mittelpunkt der internationalen Politik stehen; sonst ist eine Katastrophe unentrinnbar. Denkweise und Methoden der Vergangenheit haben Weltkriege nicht zu verhindern vermocht. Die Denkweise der Zukunft *muss* sie verhindern.

Der moderne Krieg, die Bombe und andere Entdeckungen bedeuten für uns revolutionäre Entwicklungen. Bisher hat noch nie ein Land gegen ein anderes Krieg führen können, ohne Heere über die Grenzen zu schicken. Heute, im Zeitalter der Raketen und Atombomben, ist kein Bevölkerungszentrum der Erde vor der Zerstörung durch eine einzige Überraschungsattacke sicher.

Amerika besitzt dank der Atombombe eine zeitweilige, aber sicherlich nicht dauernde Überlegenheit auf dem Gebiet der Rüstungen. Was die Natur einer gewissen Gruppe von Menschen kundgibt, wird sie im Lauf der Zeit jeder anderen Gruppe offenbaren, die die betreffenden Probleme mit Hingebung und Geduld erforscht. Aber unsere zeitweilige Überlegenheit erzwingt eine schwere nationale Verantwortung: wir müssen im Kampf um die Überwindung der Krise an vorderster Stelle stehen.

Da die Amerikaner ein erfinderisches Volk sind, können sie schwer daran glauben, dass es gegen die Atombombe keine voraussagbare Form der Verteidigung gebe. Aber das ist eine Grundtatsache. Wissenschaftler kennen keinen Weg, der Hoffnung auf eine wirksame Verteidigung erwecken könnte. Die militärisch Denkenden verharren auf alten Methoden. Eine Abteilung der Armee hat sich mit der Möglichkeit einer Flucht in den "Untergrund" beschäftigt; im Falle eines Krieges sollen Fabriken in Höhlen wie dem Mammoth Cave untergebracht werden. Andere sprechen davon, unsere Bevölkerungszentren in "Streifenstädten" zu zerstreuen.

Vernünftige Menschen, die über die neuen Formen der Kriegführung nachdenken, schrecken vor der Idee einer "Kultur" zurück, die in "Streifen" oder in unterirdischen Gräbern fortleben würde. Auch ist Sicherheit nicht dadurch zu gewinnen, dass man hunderttausend Männer entlang der Küste in ständiger Alarmbereitschaft hält und den Himmel mit Hilfe von Radar ablichtet. Es gibt keinen Radar-Schutz gegen die V-2-Bombe, und sollte nach jahrelangen Forschungen ein "Schutz" gefunden werden, so wäre er nicht verlässlich. Sollte eine Rakete mit atomarem Sprengkopf Minneapolis treffen, so würde die Stadt beinahe genau so aussehen wie Nagasaki nach dem Abwurf der amerikanischen Atombombe. Gewehrkugeln töten einzelne Menschen, Atombomben aber töten ganze Städte. Ein Tank schützt gegen ein Geschoss, aber die Wissenschaft kennt keinen Schutz gegen eine Waffe, die die ganze Zivilisation zerstören kann.

Unser Schutz liegt weder in Waffen noch in der Wissenschaft oder in einem Höhlendasein. Gesetz und Ordnung stellen unseren Schutz dar.

Darum muss die Aussenpolitik aller Nationen immer von einer einzigen Überlegung geleitet sein – der Frage: bringt unsere Aussenpolitik uns der Welt des Gesetzes und der Ordnung näher oder führt sie uns zur Anarchie und zum Untergang? Ich glaube nicht, dass wir gleichzeitig zum Krieg rüsten und für eine Weltgemeinschaft arbeiten können. Wenn die Menschheit eine Waffe besitzt, mit der sie Selbstmord begehen kann, erhöht jede weitere Ladung der Waffe die Möglichkeit der Katastrophe.

Unsere Hauptüberlegung muss der Frage gelten, wie wir diese Katastrophe vermeiden können. Im Hinblick darauf sei, mit Amerika beginnend, ein kurzer Blick auf die Lage der heutigen Welt gestattet.

Der Krieg begann damit, dass Deutschland Waffen von beispielloser Grauenhaftigkeit gegen Frauen und Kinder einsetzte; er endete damit, dass die Vereinigten Staaten eine weit überlegenere Waffe erfanden, die Tausende mit einem Schlag tötete.

Viele Menschen in anderen Ländern stehen Amerika jetzt mit grossem Misstrauen gegenüber – nicht nur wegen der Bombe, sondern auch wegen der Furcht, dass Amerika sich dem Imperialismus verschreiben könnte. Ich selbst hatte mitunter solche Befürchtungen. Die Menschen anderer Länder würden die Amerikaner nicht fürchten, wenn sie sie so kennen würden wie wir einander kennen: als anständige und nüchterne Nachbarn. Aber sie wissen auch, dass selbst eine nüchterne Nation siegestrunken werden kann. Hätte Deutschland im Jahre 1870 nicht gesiegt: welche Tragödie wäre der menschlichen Rasse vielleicht erspart geblieben!

Wir erzeugen immer noch Bomben, und die Bomben erzeugen Hass und Misstrauen.

Ich sage nicht, dass wir jetzt das Geheimnis der Bombe preisgeben sollen. Aber kämpfen wir wirklich leidenschaftlich für eine Welt, in der Bomben und Geheimnisse unnötig sind, eine Welt, in der die Wissenschaft und der Mensch frei sein werden?

Solange wir der Geheimpolitik der Russen misstrauen – und sie der unsrigen –, werden wir zusammen dem sicheren Untergang entgegenschreiten.

Die Grundprinzipien des Acheson-Lilienthal-Berichts sind wissenschaftlich und technisch stichhaltig. Aber das Ganze ist, wie Herr Baruch richtig bemerkt hat, nicht ein Problem der Physik, sondern der Moral. Legalistische und arbeitstechnische Gesichtspunkte sind allzu sehr in den Vordergrund geschoben worden. Es ist leichter, Plutonium zu denaturieren als die üble Gesinnung von Menschen.

Die Vereinten Nationen sind das einzige uns zur Verfügung

stehende Instrument, mit dessen Hilfe wir eine bessere Lösung erzielen können. Aber wir haben ihre Satzungen verschiedentlich dazu benützt, die Russen selbst in Fällen zu überstimmen, in denen sie im Recht waren. Nein, ich glaube nicht, dass eine Nation immer im Recht oder immer im Unrecht sein kann. Solange wir die Drohung unserer militärischen Macht aufrecht erhalten, klammern wir uns an die Methoden von Gestern in einer Welt, die sich für immer gewandelt hat. Das gilt für alle Verhandlungen, ob sie sich nun um Spanien, Argentinien, Palästina, um Nahrungsmittel oder um Atomenergie drehen mögen.

Niemand wird bestreiten, dass die Vereinten Nationen in gewissen Augenblicken die leidenschaftlichen Hoffnungen, die Millionen von Menschen in sie setzen, gelegentlich durch Taten zu rechtfertigen scheinen. Aber wir mögen nicht genug Zeit haben, um die von der Wissenschaft und dem Krieg geschaffenen Probleme zu lösen. Starke Strömungen in der politischen Welt bewegen sich im Eiltempo einer Krise entgegen. Blicken wir auf das Ende des Krieges zurück, so meinen wir, zehn Jahre seien inzwischen verflossen! Viele Führer haben die Notwendigkeit einer Weltbehörde, und schliesslich auch einer Weltregierung, klar erkannt, aber Planung und Aktion in dieser Richtung schreiten mit erschreckender Langsamkeit voran. Und die von manchen Männern in hohen Regierungsstellen vorgeschlagenen Verteidigungs- oder Kriegsmassnahmen würden nicht nur eine weltweite Atmosphäre der Furcht schaffen, sondern unzählige Milliarden Dollar kosten und, bereits vor dem Ausbruch eines Krieges, unsere freiheitliche amerikanische Lebensform zerstören . . .

Vor dem Angriff auf Hiroschima beschworen führende Physiker das amerikanische Kriegsministerium, die Bombe nicht gegen schutzlose Frauen und Kinder einzusetzen. Der Krieg hätte ohne die Anwendung der Bombe gewonnen werden können. Ihr Einsatz wurde beschlossen, um amerikanische Menschenleben zu schonen; aber nun müssen wir mit dem möglichen Verlust von *Millionen von Menschenleben* in einem Atomkrieg der Zukunft rechnen. Die amerikanische Entscheidung mag auch deshalb ein verhängnisvoller Irrtum gewesen sein, weil Menschen sich an den Gedanken gewöhnen, dass eine einmal gebrauchte Waffe wieder gebraucht werden kann.

Hätten wir es Vertretern anderer Nationen ermöglicht, die Testexplosion in Alamogordo, New Mexico, zu beobachten, so hätte die Bombe als Mittel der Erziehung für neue Ideen gedient. Das wäre ein günstiger, eindrucksvoller Augenblick gewesen, Vorschläge für eine alle Kriege beendende Weltordnung zu machen. Unser Verzicht, eine so fürchterliche Waffe anzuwenden, hätte uns bei Verhandlungen grosses Prestige verliehen. Sie hätte die anderen Nationen von der Ehrlichkeit unseres Angebots überzeugt, in Zusammenarbeit mit ihnen diese neu entfesselte Kraft für wohltätige, friedliche Zwecke anzuwenden.

Die alte Denkweise könnte gegen eine so einfache, direkte Einstellung tausend Einwände im Namen des "Realismus" erheben. Aber die alte Mentalität ignoriert die psychologischen Realitäten. Alle Menschen fürchten einen Atomkrieg. Alle Menschen erhoffen andrerseits von der neuen Energiequelle positive Gewinne. Was bedeuten die vermotteten "Realitäten" des Protokolls und des angeblichen militärischen Schutzes gegenüber diesen Realitäten: den wahren Wünschen des Menschen und der dem Menschen drohenden Gefahr?

Während des Krieges haben viele Menschen die Fähigkeit selbständigen Denkens verloren; denn viele mussten einfach das tun, was man ihnen auftrug. Heute wäre ein solcher Mangel unabhängigen Denkens eine grosse Schwäche, denn der Durchschnittsmensch kann viel zur Abwendung der Gefahr beitragen.

Alle neuerdings gemachten politischen Vorschläge sollten im Licht der jetzt bekannten Tatsachen diskutiert werden – und zwar in allen Zeitungen, in den Schulen und Kirchen, Gemeindeversammlungen und Privatunterhaltungen zwischen Nachbarn. Die Literatur über die Bombe kann die Köpfe erhellen, das Gespräch zwischen Menschen aber kann die Herzen aufrütteln.

Selbst Wissenschaftler verstehen das Wesen der Atomenergie nicht ganz; denn das Wissen jedes Menschen ist unvollständig. Wenige haben die Bombe selbst gesehen. Aber alle Menschen werden, wenn man ihnen auch nur wenige Tatsachen mitteilt, begreifen, dass die Bombe – und die Kriegsgefahr – nicht ferne Möglichkeiten, sondern nahe, greifbare Realitäten sind. Sie gehen jeden einzelnen Menschen der zivilisierten Welt an. Wir können nicht damit rechnen, dass Generale, Senatoren und Diplomaten im Verlauf von Generationen eine Lösung ausarbeiten werden. Vielleicht wird es in fünf Jahren, wenn mehrere Nationen die Bombe erzeugt haben, bereits zu spät sein, eine Katastrophe zu verhüten.

Auf der Suche nach einer Lösung setzen wir zuviel Vertrauen auf das Legale, auf Verträge und Apparate, während wir die Realitäten des Glaubens, des guten Willens und der Ehrlichkeit ignorieren. Wir müssen auf dem Weg über die Atomenergie-Kommission der Vereinten Nationen mit der Ausarbeitung eines bindenden Abkommens beginnen. Aber die Entscheidung Amerikas fällt nicht an einem Tisch der U.N.. Unsere Vertreter in New York, Paris und Moskau hängen letztlich von Entscheidungen ab, die auf den Marktplätzen unserer Dörfer und Städte getroffen werden. Auf diesen Marktplätzen müssen wir die Fakten über die Atomenergie bekanntmachen. Denn von dort kommt die Stimme Amerikas.

Aus dieser Überzeugung heraus haben Physiker das Notstandskomitee der Atomwissenschaftler (mit dem Sitz in Princeton, New Jersey) geschaffen. Diese Organisation soll eine grosse Erziehungskampagne über die Atomfrage in ganz Amerika möglich machen. Eine detaillierte Planung der Weltsicherheit wird leichter sein, wenn die Unterhändler wissen, dass die Allgemeinheit unser Dilemma versteht. Dann werden unsere amerikanischen Vorschläge nicht technische Dokumente oder trockene, öde Erklärungen einer Regierung gegenüber einer anderen sein, sondern Botschaften an die Menschheit von einer Nation wirklicher Menschen.

Die Wissenschaft hat die akute Gefahr erzeugt, aber das wahre Problem liegt in den Hirnen und Herzen der Menschen. Wir werden die Herzen anderer Menschen nicht durch den Hinweis auf technische Dinge ändern. Wir müssen im Gegenteil unsere eigenen Herzen umstimmen und tapfer zur Welt sprechen. Grosszügig müssen wir den anderen Völkern unser Wissen um die Kräfte der Natur vermitteln, nachdem wir Vorsichtsmassnahmen gegen einen möglichen Missbrauch getroffen haben. Wir müssen nicht nur willens sein, uns der für die Sicherheit der Welt nötigen bindenden Autorität zu unterwerfen, wir müssen dieses Ziel leidenschaftlich erstreben. Und wir müssen einsehen, dass wir nicht gleichzeitig für den Krieg und den Frieden planen können.

Nur wenn wir uns darüber in unseren Herzen und Köpfen klar sind, werden wir den Mut finden, die Furcht, die heute durch die Welt geistert, zu überwinden.*

Ein polnischer Journalist[12] fragte Einstein, ob er glaube, dass das deutsche Volk zum Verständnis und zur Wertschätzung demokratischer Ideen erzogen werden könne. Einstein erwiderte (am 23. Juli 1946):

Was sich in der Menschenwelt am langsamsten ändert, sind die in einer lebendigen Gemeinschaft herrschenden Ideale und Werturteile. Deshalb bin ich davon überzeugt, dass die deutsche Mentalität der Aggressivität durch erzieherische Einflüsse nicht in absehbarer Zeit geändert werden kann. Nur objektive Methoden, das heisst solche, die den Deutschen das Unternehmen neuer Angriffskriege unmöglich machen, versprechen wirksamen Schutz.

Ein alter Korrespondent Einsteins, der Maler Albert Merckling in der Schweiz, sandte ihm ein Exemplar seiner pazifistischen Flugschrift "Offener Brief an Truman, Stalin, Attlee und Bevin". Einstein erwiderte (am 25. August 1946):

Ich danke Ihnen für Ihre kleine Schrift, deren Inhalt ich völlig beistimme. Das Merkwürdige ist nur, dass sich die menschlichen Dinge, besonders im Grossen, so ganz anders gestalten als jeder Einzelne mit normalen fünf Sinnen es erwarten möchte . . .

Henry A. Wallace, Handelsminister und früherer amerikanischer Vizepräsident, rückte öffentlich von der Aussenpolitik der Truman-Regierung ab. Am 18. September 1946 schrieb Einstein an Wallace:

Ich kann es mir nicht versagen, Ihnen ob Ihres Briefes an den Präsidenten meine tiefe, uneingeschränkte Bewunderung auszusprechen. Sie haben ein klares, realistisches Verständnis für die faktische und psychologische Situation und für die verhängnisvollen Folgen der gegenwärtigen amerikanischen Aussenpolitik gezeigt. Ihre mutige Intervention verdient den Dank Aller, die der gegenwärtigen Haltung der Regierung mit grosser Besorgnis gegenüberstehen.*

Wallace erwiderte am 7. Oktober 1946 (nach seinem Ausscheiden aus dem Truman-Kabinett)[13]:

Ihren Brief vom 18. September schätze ich als einen der wertvollsten, die mir zugegangen sind. Mehr als irgendein anderer haben Sie zur Entfesselung gewisser Naturkräfte beigetragen.

Nun liegt es an uns allen, dafür zu sorgen, dass diese Kräfte in die Richtung des Guten statt des Übels gesteuert werden.

Bei verschiedenen Gelegenheiten identifizierte sich Einstein öffentlich mit dem Kampf um die Bürgerrechte der Neger. In einem Artikel, der in der Januar 1946-Ausgabe der Zeitschrift *Pageant* erschien, griff er die Rassenvorurteile an und rief das amerikanische Volk zur Humanität des Wortes wie der Tat auf. Im Mai 1946 nahm er ein Ehrendoktorat der Lincoln University, einer Neger-Hochschule in Pennsylvanien, entgegen[14].

Zum 22. September 1946, dem 84. Jahrestag der ersten Emanzipationserklärung Lincolns, sandte die Organisation "American Crusade to End Lynching" ("Amerikanischer Feldzug für das Ende der Lynchmorde") eine Delegation zu Präsident Truman. Zur Unterstützung ihrer Bestrebungen entwarf Einstein den folgenden Brief, den die Delegation dem Präsidenten überreichen sollte:

Von ganzem Herzen unterstütze ich die Ziele der Delegation. Ich bin überzeugt, dass die überwältigende Mehrheit des amerikanischen Volkes den Schutz aller Bürger gegen Gewaltakte verlangt. Die

Sicherung dieses Schutzes ist eine der dringlichsten Aufgaben unserer Generation. Legale Hindernisse lassen sich immer überwinden, wenn ein fester Wille die gerechte Sache stützt.*

Für den Herbst 1946 hatte die "Association of Philadelphia Scientists" eine öffentliche Konferenz nach Philadelphia einberufen, um das Publikum mit den Grundtatsachen der Atomenergie bekannt zu machen. Die Organisation, die der Vereinigung der amerikanischen Wissenschaftler angehörte, hatte die Mitarbeit des "Philadelphia Council of Churches" und des "Board of Jewish Ministers" gesichert. Einstein, der an der Tagung nicht teilnehmen konnte, sandte folgende Botschaft[15]:

Ich bin Ihnen, meinen wissenschaftlichen Kollegen, sowie den religiösen Gruppen in Philadelphia tief dankbar für Ihre Zusammenarbeit, durch die Sie öffentlich bekunden wollen, welche Auswirkungen die Atombombe und andere neuerdings entwickelte Formen der Massenzerstörung auf die Sicherheit der Welt und das Schicksal der Menschheit haben könnten. Ich hätte gerne bei dieser wichtigen Veranstaltung unter Ihnen geweilt und bedauere, nicht nach Philadelphia kommen zu können. Aber es ist für mich eine grosse Beruhigung zu wissen, dass die Teilnehmer Ihrer Konferenz fähige, unserer gemeinsamen Aufgabe ergebene Menschen sind.

Eine Demokratie wie die unsrige muss durch die öffentliche Meinung beeinflusst werden, und die öffentliche Meinung kann nur dann intelligent und mächtig sein, wenn die Menschen voll informiert sind. Was ist der entscheidende Punkt der gegenwärtigen Situation? Bisher sind Konflikte zwischen Nationen durch militärische Gewalt – durch Kriege oder Kriegsdrohungen – gelöst worden. Das ist heute moralisch genau so vom Übel wie es gestern war. Fragen des Rechts oder Unrechts können nie durch Gewalt entschieden werden; ein solches Verfahren ist weder gerecht noch realistisch. Und jetzt ist, infolge der neuen Fortschritte der militärischen Technologie, die Anwendung von Gewalt in physischer wie moralischer Hinsicht noch katastrophaler geworden, als sie es früher war. Ein neuer Krieg würde zum Tod eines grossen Teils der Bevölkerung der beteiligten Nationen führen. Darum müssen wir eine internationale Organisation schaffen, die die Sicherheit der Völker garantiert und Konflikte zwischen Nationen auf friedliche Weise löst. Zu diesem Zweck müssen wir bereit sein, einen Teil unserer nationalen Souveränität aufzugeben und einer Weltbehörde zu übertragen. Es wäre Selbsttäuschung anzunehmen, unser Ziel liesse sich auf irgend eine andere Weise erreichen.

Wichtig ist es zu begreifen, dass in unserer heutigen Welt die gegenwärtig überragende Macht der Vereinigten Staaten Furcht unter den anderen Nationen hervorrufen könnte. Darum haben wir die Pflicht, die Aussenwelt durch Taten und Worte davon zu überzeugen, dass es uns mit unserer Friedenssehnsucht ernst ist und dass wir unsere gegenwärtige Stärke nicht dazu ausnützen wollen, Konzessionen zu erlangen, die uns unter gewöhnlichen Umständen nicht gewährt würden. Denn eine von anderen Nationen auf solche Weise erzwungene Zustimmung würde nur die Saat künftiger Kriege sein ... Wir sollten einsehen, dass jene Nationen uns gegenüber mehr Ursache zur Furcht haben als wir ihnen gegenüber ...*

Das Notstandskomitee der Atomwissenschaftler wurde vom Staat New Jersey am 2. August 1946 inkorporiert. Einstein zählte zu den Körperschaftsvertretern. Das Zertifikat des Staates New Jersey führte als Aufgaben der gemeinnützigen Organisation an:

1. die Anwendung der Atomenergie zum Segen der Menschheit zu fördern;
2. Wissen und Informationen über die Atomenergie zu verbreiten und das Allgemeinverständnis für ihre Auswirkungen auf die Gesellschaft im allgemeinen und das amerikanische Volk im besonderen zu wecken, damit eine informierte Bürgerschaft intelligente Entscheidungen zu ihrem eigenen Wohl und dem der gesamten Menschheit treffen kann;
3. Stipendien und Zuschüsse zu gewähren ... die zur Erreichung der vorgenannten Zwecke notwendig oder wünschenswert sind.

Die Charta des Notstandskomitees besagte auch, dass "kein wesentlicher Teil seiner Tätigkeit der Propaganda oder einem anderweitigen Einfluss auf die Gesetzgebung gewidmet sein soll".

Das Komitee verbreiterte jetzt seine Werkbasis beträchtlich und begann eine Kampagne weit grösseren Stils als am Anfang des Jahres. Zu ihrer Eröffnung richtete Einstein Ende Oktober 1946 einen Brief an eine ausgewählte Gruppe prominenter Bürger:

Ich habe Sie bereits im Frühjahr um Hilfe gebeten, damit wir in unserem Volk das Verständnis für jene revolutionären Änderungen wecken können, die die Entfesselung der Atomenergie in der Welt hervorgerufen hat. Jetzt müssen wir unsere Organisation für die vor uns liegende grössere Aufgabe stärken. Einer unserer Freunde hat uns mitgeteilt, dass Sie mit den Wissenschaftlern Amerikas das Gefühl der Verantwortung und Dringlichkeit teilen, das die neu entdeckte Naturgewalt in unser Leben gebracht hat. Ich hoffe, Sie werden uns in unserem Bemühen unterstützen, alle menschlichen Fähigkeiten zum Verständnis und zur Lösung des zentralen Problems unserer Zeit einzusetzen – solange wir noch Zeit haben.

Ich habe eine Plenarsitzung des Notstandskomitees der Atomwissenschaftler für den 15., 16. und 17. November nach Princeton einberufen. Dazu habe ich auch Vertreter anderer mit uns verbundener wissenschaftlicher Gruppen in allen Teilen des Landes eingeladen. Während der ersten beiden Tage der Konferenz werden die Wissenschaftler einen endgültigen Plan für die "Erziehung zum Weiterleben" ausarbeiten und organisatorische Einzelheiten zu seiner Durchführung festlegen.

Wir sind uns bewusst, dass es sich um ein gigantisches Erziehungsprojekt handelt, das nicht wie andere Programme dieser Art in Jahren oder Jahrzehnten, sondern in Monaten beendet sein muss. Wir haben festgestellt, dass die ursprünglich für unser Projekt eingesetzte Summe von 200,000 Dollar für die Aufgabe nicht ausreicht. Unsere verbreiterte Kampagne, mit der wir jetzt beginnen wollen, wird Ausgaben von rund einer Million Dollar erfordern.

Für Sonntag, 17. November lade ich eine kleine Gruppe repräsentativer Bürger aus allen Teilen des Landes zu einer Zusammenkunft mit meinen Kollegen und mir ein. Ich wäre Ihnen dankbar, wenn Sie um ein Uhr nachmittags als mein Gast an unserem Luncheon im Speisezimmer des Institute for Advanced Study in Princeton teilnehmen würden. Bei diesem Luncheon wird Herr Dr. Harold C. Urey von der Universität Chicago unseren Gästen das Programm des Komitees auseinandersetzen, auf die erforderlichen Geldmittel hinweisen und um Ihre Unterstützung bitten. Nach dem Luncheon wird sich Gelegenheit zu einer vollen, offenen Aussprache zwischen den Gästen und den Wissenschaftlern bieten. Für den Spätnachmittag haben Herr Dr. Frank Aydelotte, der Direktor des Instituts, und dessen Mitglieder uns zum Tee gebeten.

Ich hoffe sehr, dass Sie an dem Luncheon und der folgenden Diskussion teilnehmen und dann bereit sein werden, in Ihrem eigenen Kreise bei der Werbung um Unterstützung für unser Projekt eine führende Rolle zu spielen. Ich lade zu dieser Zusammenkunft Freunde aus allen Teilen des Landes ein und bin mir bewusst, dass die Beteiligung für viele von Ihnen eine beschwerliche Angelegenheit ist.

Ich möchte Sie sehr bitten, jenes Opfer auf sich nehmen zu wollen, das das Geschehen der Zeit allen denkenden Männern und Frauen auferlegt hat. Es geht um die Zukunft der Zivilisation. In diesen schicksalsschweren Jahren müssen wir entschlossen sein, nichts unversucht zu lassen in dem Kampf um die Erhaltung und Sicherung unserer Zivilisation, an der Generationen von Menschen jahrhundertelang gebaut haben.*

Die Konferenz selbst war auf einen einzigen Tag, den 17. November 1946, beschränkt. Bei der Luncheon-Zusammenkunft, die durch Rundfunk übertragen wurde, sagte Einstein[16]:

... Diese Bestrebungen sind verursacht durch ein Gefühl schwerer Verantwortung, welche die Physiker durch die Schaffung der Atombombe auf sich geladen haben. Sie wissen alle, dass die Entwicklung dieses furchtbaren Zerstörungsmittels durch die Gefahren der Lage unbedingt geboten war. Die Gefahr des Augenblickes war durch das Gelingen dieses Werkes beseitigt worden; gleichzeitig wurde aber – eben durch dieses Gelingen – eine neue gefahrvolle Situation geschaffen, deren Schatten beständig auf uns allen lastet.

Das Neuartige dieser Situation liegt darin, dass ihr durch nationale Bewaffnung nicht mehr erfolgreich Rechnung getragen werden kann. Man kann durch Bewaffnung wohl andere bedrohen, sich selber aber nicht wirksam schützen. Wirksamer Schutz kann nur dadurch erreicht werden, dass die bisherige Anarchie auf dem internationalen Gebiete aufgehoben und durch verlässliche übernationale Sicherung gegen militärische Angriffe ersetzt wird.

Dies zu erreichen ist die Aufgabe der verantwortlichen Staatsmänner; von ihrer Lösung hängt das Schicksal dieser und der künftigen Generationen ab, nicht nur bei uns, sondern in allen Ländern. Was aber kann das Häuflein geistiger Arbeiter dafür tun, dass dieses Ziel erreicht werde? Ich darf wohl ohne Übertreibung sagen, dass wir den einzigen für uns hoffnungsvollen Weg bereits mit einem gewissen Erfolg beschritten haben. Die geistigen Arbeiter können nicht erfolgreich direkt in den politischen Kampf eingreifen. Aber sie können es erreichen, dass klare Ideen über die Situation und die Möglichkeiten erfolgreichen Handelns verbreitet werden. Sie können durch Aufklärung dazu beitragen, dass fähige Staatsmänner nicht durch rückständige Meinungen und Vorurteile in ihrer Arbeit gehemmt werden. Für diese Aufklärungskampagne wurde das Notstandskomitee der Atomwissenschaftler gebildet ...

Die Konferenz war stark besucht. Das Pressebulletin verzeichnete über sechzig Gäste; einige von ihnen waren aus weit entfernten Staaten wie Texas, Arizona und Kalifornien gekommen. Sieben der acht Treuhänder der Organisation waren anwesend; nur Linus Pauling hatte sich entschuldigt. Bei dem Nachmittags-Symposium über das Thema "Die soziale Aufgabe des Wissenschaftlers im Atom-Zeitalter" sprachen neben verschiedenen Treuhändern auch Chester I. Barnard, ein Mitglied des Lilienthal-Acheson-Komitees; Michael Straight, der Verleger der Zeitschrift *The New Republic* und Sekretär des Komitees; der Romancier John Hersey; Professor Selig Hecht von der Columbia-Universität, und Professor Philip Morrison von der Cornell-Universität. Einstein sprach aus dem Stegreif[17]:

. . . Ich muss meinem Freund [Harold C.] Urey widersprechen. Er sagte, wir hätten viel Zeit zur Erfüllung unserer Aufgabe. Ich glaube im Gegenteil, dass unsere Zeit äusserst beschränkt ist. Und zwar nicht nur deshalb, weil unsere gegenwärtige Situation in den Annalen der politischen Geschichte einzigartig ist, sondern auch aus einer Reihe anderer Gründe:

Wollen wir uns vor der Atombombe und anderen modernen Waffen schützen, müssen wir einen Weg zur Verhütung von Kriegen finden. Gelingt uns das nicht, kann man im Kriegsfall fest damit rechnen, dass Nationen trotz aller gegenteiligen Versprechungen sämtliche ihnen zur Verfügung stehenden Vernichtungsmittel benützen werden. Und solange Kriege möglich sind, werden die Regierungen aller Nationen weiter rüsten. Diese Politik der ständigen Kriegsbereitschaft macht die Abschaffung der Kriege unmöglich.

Ich glaube, das ist das entscheidende Problem, dem wir gegenüberstehen. Unsere erste Aufgabe besteht in dem Versuch, den anderen Nationen unsere Überzeugung klarzumachen, dass Kriege um jeden Preis abgeschafft werden müssen und dass alle anderen Fragen von sekundärer Bedeutung sind.

Um ein Beispiel zu zitieren: Ich entnehme aus der Presse, dass in den Vereinten Nationen heftig darüber diskutiert wurde, ob Triest unter der Obhut der Polizei der Stadt oder derjenigen eines anderen Landes stehen solle. Eine solche Debatte wäre unter normalen Verhältnissen sinnvoll, aber in einer Zeit, in der wir uns der Möglichkeit der Massenvernichtung gegenübersehen, muss sie lächerlich wirken.

Ohne das klare Bewusstsein der Öffentlichkeit, dass wir es heute mit einer Situation politischen Notstandes zu tun haben, in der es keine Halbheiten geben kann, werden wir der Katastrophe entgegentreiben. Denn solange die Menschen mit der Idee des Krieges und der Vorbereitung zum Krieg beschäftigt sind, können und wollen sie nicht an die Alternativen des Friedens denken. Und darum haben wir nur sehr wenig Zeit, den Menschen die grundlegenden Fakten der Lage zu erklären.

Das ist alles, was ich zu sagen habe.*

Am Ende der Tagung fassten Einstein und die anderen Treuhänder ihre Anschauungen in der folgenden Erklärung zusammen:

Alle Wissenschaftler anerkennen die folgenden Tatsachen:

1. Atombomben können jetzt billig und in grosser Zahl hergestellt werden. Und ihre Destruktivkraft wird weiter wachsen.

2. Es gibt keinen militärischen Schutz gegen die Atombombe. Auch in Zukunft wird es keinen geben.

3. Andere Nationen können aus eigener Kraft unser "Geheimverfahren" entdecken.

4. Vorbereitungen gegen einen Atomkrieg sind sinnlos und könnten nur zur Zerstörung unserer Gesellschaftsordnung führen.

5. Im Falle eines Krieges werden Atombomben benützt werden. Das würde ohne Zweifel das Ende unserer Zivilisation bedeuten.

6. Es gibt keine andere Lösung des Problems als die internationale Kontrolle der Atomenergie und, in letzter Sicht, die Abschaffung der Kriege.

Das Komitee hat es sich zur Aufgabe gesetzt, die Öffentlichkeit mit diesen Tatsachen bekannt zu machen. Die Ausarbeitung einer amerikanischen Atompolitik auf demokratische Weise muss auf dem Verständnis der Bürger beruhen.

Die Konferenz in Princeton erregte die Aufmerksamkeit der gesamten amerikanischen Presse. Die meisten Berichte waren positiv oder mindestens sachlich. Aber im Lauf der folgenden Monate wurde die Arbeit des Notstandskomitees der Atomwissenschaftler von verschiedenen Seiten kritisiert. Der greise Dr. Charles Greely Abbot von der Smithsonian Institution schrieb Einstein im Mai 1947, er betrachte die Idee einer Weltregierung als "Chimäre" und die Tätigkeit des Komitees als "schlechten Dienst an unserer Nation". Abbot machte sich Theodore Roosevelts Diktum zueigen: "Gehe leise und führe einen grossen Stock mit dir[18]." Ein anderer Korrespondent erwähnte die Bemerkung eines Freundes, man müsse die Aufrufe des Komitees der amerikanischen Bundespolizei (Federal Bureau of Investigation) unterbreiten. Aber solche Stimmen waren vereinzelt. Das Komitee sammelte auch weiter beträchtliche Geldmittel zur Finanzierung von Konferenzen, Seminaren und Publikationen.

Am 4. Dezember 1946 sandte Einstein dem Kongressabgeordneten Robert Hale von Portland (Maine) folgende Botschaft zur Bekanntgabe bei einer Weltregierungs-Tagung in Portland am 11. Dezember[19]:

Was bei dem gegenwärtigen Stand der internationalen Probleme am hoffnungsvollsten erscheint, das ist der unverkennbare Wille der

Bevölkerung, eine radikale Lösung des Sicherheitsproblems auf übernationaler Basis zuwege zu bringen. Wenn dieser Wille mit einer klaren Beurteilung der Situation und der vorhandenen Möglichkeiten verbunden ist, so wird er sein Ziel erreichen. Deshalb ist das in Maine gegenwärtig unternommene Werk, diesen Willen und die hinter ihm stehende Einsicht durch Allen zugängliche Versammlungen zu konsolidieren, von grosser Bedeutung.

Bekennen wir es offen: Hinter all dieser Aktivität steht die Unzufriedenheit und Enttäuschung über die Geschehnisse seit der Entscheidung des Zweiten Weltkrieges. Jeder weiss heute, dass infolge der Massenwirkung der modernen Angriffswaffen das alte System der Sicherung durch nationale Bewaffnung keinen wirksamen Schutz mehr bieten kann gegen Massenvernichtung der Menschen und der lebensnotwendigen Einrichtungen. Jeder weiss aber auch, dass der Tag des Unheils unvermeidbar kommen muss, wenn mit dem Zustande internationaler Anarchie kein Ende gemacht wird. Jeder weiss heute, dass nur völliger Verzicht auf die Lösung der Streitfragen durch nackte Gewalt die Rettung bringen kann in Verbindung mit einer übernationalen Organisation, die die gemeinsamen Interessen aller Nationen auf einer rechtlichen Basis zu wahren hat und Sicherheit gegen Angriff zu gewähren imstande und verpflichtet ist.

Stellen Sie sich zum Beispiel vor, die leitenden Männer der Exekutivgewalt in Amerika, Russland und England wären in nichtoffizieller Beratung des Sicherheitsproblems zu dem Ergebnis gekommen, dass Sicherheit nur auf übernationaler Basis durch Verzicht auf nationale militärische Machtmittel und Kriegsvorbereitungen erlangt werden kann. Sie hätten erkannt, dass das Sicherheitsinteresse unter den gegenwärtigen Verhältnissen die Sonderinteressen ihrer Nationen weit überwiegt. Sie hätten gefunden, dass die Errichtung der nötigen übernationalen Institutionen ein im Grund technisches Problem sei, das von anerkannten Fachleuten auf objektiver Basis hinreichend befriedigend gelöst werden kann. Sie hätten sich gegenseitig verpflichtet, das ihnen Mögliche zu tun, um die gesetzgebenden Körperschaften ihrer Länder von der Notwendigkeit eines solchen Vorgehens im allgemeinen Interesse zu überzeugen. Dann wäre es gelungen, eine U.N. zu errichten, deren Kompetenzen und Machtmittel zur Wahrung der Sicherheit genügen und dabei doch so eingeschränkt wären, dass die freie innere Entwicklung der einzelnen Nationen nicht bedroht würde.

Die gesetzgebende Versammlung der U.N. würde aus gewählten Abgeordneten der Territorien bestehen, sodass diese Territorien nach

Massgabe ihrer tatsächlichen Bedeutung im internationalen Leben vertreten wären. Diese Vertreter wären nicht Abgesandte von Regierungen, die mit festem Auftrage kommen, sondern freie Menschen, die nach Massgabe ihrer persönlichen Überzeugung in geheimer Abstimmung die Entscheidungen treffen. Ich denke, dass keine Nation Anlass hätte, gegenüber solchen Entscheidungen ein Veto zu verlangen; es wäre einfach lächerlich, wenn sie einen solchen Anspruch stellte, und die Gewährung würde die Institution zerstören.

Da nun das Vertrauen zu solch mutigem Entschluss fehlte, und die Möglichkeit eines Krieges nicht von vornherein ausgeschlossen wurde, da konnte es nicht ausbleiben, dass dies Gespenst eines drohenden Krieges jede Einzelhandlung in der Hauptsache bestimmte. Misstrauen und Verbitterung wuchsen. Amerika muss Inseln befestigen, mehr Atombomben herstellen, den freien Austausch wissenschaftlicher Erkenntnis verhindern; die Armee muss riesige Geldmittel in die Hand bekommen, um die Forschung anzuregen und in gewisse Bahnen zu lenken. Die Jugend muss mit nationalistischer Gesinnung erfüllt werden. Alles für den Fall, dass das Gespenst eines Tages lebendig wird. Es ist der beste Weg, das Gespenst zum Leben zu erwecken.

So ähnlich gestaltet sich das Geschehen überall. Aber unsere Verantwortung ist besonders gross, weil die Umstände unser Land in eine solche temporäre Machtposition versetzt haben, dass der Einfluss unserer Handlungen auf die Entscheidung, die sich gegenwärtig vollzieht, besonders gross ist. Deshalb ist auch unsere Verantwortung besonders schwer, und die Verführung zu einem verhängnisvollen Missbrauch der Macht besonders gefährlich.

Man kann nicht gleichzeitig den Krieg vorbereiten und ihn verhindern. Zu dem zweiten Weg gehört mehr Mut, Entschlusskraft und Vertrauen. Tun Sie das Ihre, dass wir unserer Aufgabe gewachsen sind.

An die Gäste eines Dinners der Nobelstiftung zu Ehren von Carl von Ossietzky (siehe S. 280ff.) am 10. Dezember 1946 richtete Einstein folgende Begrüssungsworte[20]:

Nur wer die Nachkriegsjahre in Deutschland zugebracht hat, kann ermessen, wie hart der Kampf war, den ein Mann wie Ossietzky zu bestehen hatte. Er wusste, dass die auf Gewalt und Krieg gerichtete Tradition seiner Landsleute durch die Niederlage nicht entkräftet war. Er wusste, wie schwer, undankbar, ja gefährlich es war, seinen durch hartes Schicksal und einen langen Krieg verhärteten Landsleuten Vernunft und Recht zu predigen. Sie haben es ihm in ihrer Verblendung durch Hass, Verfolgung und langsame Vernichtung vergolten; auf ihn zu hören und demgemäss zu handeln, hätte für sie die Rettung und für die Welt eine wahre Erlösung bedeutet.

Es wird der Nobelstiftung auf immer zum Ruhme gereichen, dass sie diesen schlichten Märtyrer mit ihrer hohen Auszeichnung bedacht hat, und dass sie bemüht ist, die Erinnerung an ihn und sein Wirken lebendig zu erhalten. Es ist auch heilsam für die heutige Menschheit; denn die verhängnisvolle Illusion, gegen die er kämpfte, ist durch den Ausgang des Krieges keineswegs beseitigt. Verzicht auf die Lösung menschlicher Probleme durch rohe Gewalt – darum geht es heute genauso wie damals.

Eine Reihe langer Fragen eines französischen Journalisten[21] über das Atomproblem beantwortete Einstein am 20. Dezember 1946 auf knappe und präzise Weise:

Nach meiner Meinung wäre es ebenso ungerechtfertigt wie verhängnisvoll, den Militärs irgendwelche Kontrollrechte über die Arbeit von Wissenschaftlern und ihre Publikationen einzuräumen. Vor der faschistischen Ära wäre eine solche Einmischung von keiner Regierung geduldet worden; die allgemeine Achtung der kulturellen Werte hätte solchen Kontrollversuchen in allen Ländern einen Riegel vorgeschoben.

Ich bin überzeugt, dass das Verfahren der Inspektion allein den Frieden nicht sichern kann. Solange die nationale Sicherheit sich auf nationale militärische Macht gründet, ist ein Rüstungswettlauf unvermeidlich; keine Regierung wird sich an Verpflichtungen halten, die die blosse *Beschränkung* der Rüstungen festlegen.

Der Friede kann nur durch die Übertragung der militärischen Macht an eine supranationale Körperschaft gesichert werden, die ihre moralische und gesetzliche Autorität von der Tatsache ableitet, dass sie die individuellen Mitgliedsstaaten wirklich repräsentiert. Der Friede kann nicht durch eine langsame Entwicklung verwirklicht werden; er erfordert einen entscheidenden, radikalen Schritt . . .*

Im Lauf des Jahres 1946 war eine Bewegung ins Leben gerufen worden, die es sich zum Ziel setzte, die Lebensbedingungen der inhaftierten 2,500 amerikanischen Kriegsdienstverweigerer zu verbessern. Diese Menschen befanden sich immer noch in Lagern des Civilian Public Service, und die *Washington Post* bezeichnete am 8. Juli 1946 die dort herrschenden Verhältnisse als "an Sklavenarbeit erinnernd". In Kalifornien ging eine Anzahl der Kriegsdienstverweigerer zum Streik über.

Einer der Gefangenen schrieb aus einer Bundesstrafanstalt an Einstein[22], der in seiner Antwort vom 20. Dezember 1946 die Hoffnung äusserte, "dass diesen tapferen Menschen, die für ihre Überzeugung eingestanden sind, Recht widerfahren möge". Er erklärte sich auch bereit, eine Petition an den Präsidenten mit der Bitte um Amnestie für die Kriegsdienstverweigerer zu unterzeichnen. Aber er hielt es nicht für richtig, an den Präsidenten in dieser Sache einen persönlichen Brief zu richten, "denn jeder Mensch muss seine politische Tätigkeit innerhalb vernünftiger Grenzen halten".

13. Kapitel

DAS RINGEN UM EINE SUPRANATIONALE ORGANISATION 1947

Eleanor Roosevelt und der amerikanische Publizist Edgar Ansel Mowrer luden Einstein zu einer Luncheon-Zusammenkunft am 17. Januar 1947 ein, die dem Deutschlandproblem gewidmet sein sollte. Einstein nahm daran nicht teil, sandte aber am 9. Januar folgende Botschaft[1] :

... Leider ist eine Wiederholung dessen, was sich nach dem Ersten Weltkrieg ereignet hat, zu befürchten. Die aggressive Mentalität des deutschen Volkes hat tiefe Wurzeln; die Abschwächung der hinter dieser Mentalität stehenden Kräfte ist bestenfalls vorübergehender Natur. Es geht darum, Deutschland wirtschaftlich unabhängig zu machen, aber nicht zu einer neuen politischen Macht anwachsen zu lassen. Das kann nicht erreicht werden, wenn man den Deutschen wieder erlaubt, ihre Rohstoffquellen ohne ausländische Kontrolle auszubeuten. Solche Kontrolle wird von ehrlicher Zusammenarbeit zwischen den Vereinigten Staaten und Russland abhängen.

Nach dem Ersten Weltkrieg hat die französich-britische Rivalität den Versailler Vertrag ausgehöhlt; infolgedessen konnten die Deutschen kontrollierende Positionen in Unternehmungen von Ländern gewinnen, die während des Kriegs neutral gewesen waren und ausserhalb des Machtbereichs der Alliierten lagen. Diese Gefahr droht heute in noch grösserem Masse ... Das deutsche Problem kann, wie ich glaube, nur im Zusammenhang mit einem Versuch gelöst werden, die Atmosphäre der Rivalität und des Misstrauens, die heute die internationale Politik erfüllt, zu überwinden.*

Zu den Wissenschaftlern, die die militärischen Auswirkungen der Atomenergie befürchteten, gehörte der Harvard-Professor Norbert Wiener, Mathematiker und Erfinder des Begriffs Kybernetik. Anfang Januar 1947 sagte er seine Teilnahme an einem Symposium über Kalkultatoren grossen Stils ab, zu dem die Harvard-Universität und das amerikanische Flottenministerium eingeladen hatten. Wiener stellte fest, dass, infolge der damals üblichen Subventionen des

Militärs für Forschungsarbeiten, wissenschaftliche Entdeckungen dem Heer und der Flotte übereignet worden und damit in die Hände von Leuten gefallen seien, "denen ich ihre Auswertung am allerwenigsten anvertrauen würde". Wiener befürchtete, in ein Projekt verwickelt zu werden, dessen Ergebnisse zur Massenschlächterei eines neuen Krieges beitragen könnten.

Die Overseas News Agency legte Einstein eine Reihe von Fragen über Wieners Erklärungen vor; Einstein erwiderte am 20. Januar 1947. Hier folgt der Text der Veröffentlichung[2]:

Ich billige, ja bewundere die Haltung Professor Wieners. Ich glaube, wir kämen dem dringlichen Ziel der internationalen Sicherheit sehr viel näher, wenn alle prominenten Wissenschaftler unseres Landes eine ähnliche Haltung einnehmen würden.

Frage: Der von Herrn Professor Wiener unternommene Schritt wird ohne die Unterstützung von Wissenschaftlern in allen Teilen der Welt wirkungslos bleiben. Zum ersten Mal in der Geschichte stehen wir der Möglichkeit eines Streiks von Wissenschaftlern gegenüber – eines Streiks, der ein gigantisches Blutbad verhindern soll. Befürworten Sie einen solchen Streik? Dass alle Wissenschaftler daran teilnehmen würden, ist unwahrscheinlich. Darum werden sich verschiedene politische Gruppen in ihren Reihen bilden. Wären nicht die Wissenschaftler der demokratischen Länder eher zur Teilnahme an einer solchen Bewegung bereit als ihre Kollegen in totalitären Ländern? Würde nicht die gesamte wissenschaftliche Forschung beeinträchtigt werden, wenn eine solche Bewegung zwar beträchtlichen Anhang in den demokratischen Ländern, aber so gut wie keine Unterstützung in den totalitären Staaten fände? Und würde das nicht zum Vorteil der totalitären Länder ausschlagen?

Einstein: Nicht-Beteiligung in militärischen Angelegenheiten sollte für alle richtigen Forscher ein wesentlicher Teil ihrer moralischen Grundsätze sein, das heisst für alle, die sich mit reiner Theorie beschäftigen. Es ist wahr, dass dieser Grundsatz in nichtdemokratisch regierten Ländern schwerer durchzuführen ist. Aber diese bilden in der gegenwärtigen Zeit eine schwächere Bedrohung für eine gesunde Entwicklung der internationalen Verhältnisse als die militärische Mobilisierung der Gelehrten in den wirtschaftlich und militärisch überlegenen demokratischen Ländern.

Frage: Das bei den Nürnberger Kriegsverbrecherprozessen etablierte Prinzip, dass ein Offizier, Soldat oder Gestapomann, der lediglich den Befehlen seines Vorgesetzten gehorcht, dennoch für seine Handlungen persönlich verantwortlich ist, rechtfertigt im Grunde Professor Wieners Position. Trotzdem fragt sich, ob die Wissenschaftler einer Nation eine solche Haltung einnehmen dürfen. Hiesse das nicht, dass anstelle der gewählten Vertreter eines Landes in letzter Sicht die Wissenschaftler die Art der Verteidigung und das Kriegspotential eines Landes bestimmen würden?

Einstein: Unterwerfung unter das Gesetz des Staates darf nicht blind sein. Das moralische Gesetz steht über jeder Verpflichtung gegen den Staat im Falle eines Konflikts der beiden.

Frage: Erfindungen konnten immer sowohl in konstruktiver wie in destruktiver Weise angewendet werden. Wären darum nicht alle wissenschaftlichen Bemühungen von dieser Einstellung betroffen?

Einstein: Die Entwicklung der Wissenschaft ist aus der Wissbegierde entsprungen und so gut wie gar nicht aus der Verfolgung praktischer Ziele. Wenn diese Entwicklung praktischen Zielen untergeordnet wird, dann stagniert wahre Wissenschaft.

Frage: Haben Wissenschaftler das Recht, eine solche Haltung einzunehmen, wenn die Laboratorien und anderen Forschungsstätten nicht ihr persönliches Eigentum sind? Ihre Arbeit wird durch Universitäten, Institute und Laboratorien ermöglicht, die in den meisten Fällen aus öffentlichen Mitteln finanziert sind.

Einstein: Die Gemeinschaft hat alles Interesse, die freie Wissenschaft durch materielle Hilfe zu fördern. In die Forschungsarbeit soll sie sich aber nicht einmischen, da solche Einmischung die Entwicklung der Forschung nur ungünstig beeinflussen könnte.

Frage: Müssten die einzelnen Staaten nicht – zur Sicherung der Landesverteidigung – neue Gesetze einführen, die die Geheimhaltung wissenschaftlicher Erkenntnisse als strafbar erklären? Und dann könnte man sich vorstellen, dass gewisse Gelehrte lieber ins Gefängnis gehen, als ihre Forschungsergebnisse bekanntgeben würden. Im übrigen kann doch niemand gezwungen werden, etwas zu enthüllen, worüber er nicht sprechen will.

Einstein: Eine Vorschrift der Geheimhaltung wissenschaftlicher Erkenntnis (im Gebiet von reiner Theorie) würde die Wissenschaft und damit die Entwicklung des Landes schwer schädigen, das seine Forscher durch solche Vorschriften an wirklich fruchtbarer Arbeit hindert. Ein Staat, der solche Vorschriften macht, ist überdies ein wahrer Saboteur der geistigen Entwicklung der Menschheit.

David Lilienthal wurde von Präsident Truman zum Vorsitzenden der neugeschaffenen Atomenergie-Kommission nominiert: ein Schritt, der starke Opposition im amerikanischen Bundessenat hervorrief. Einstein unterstützte Lilienthal durch eine von einer New Yorker Station am 21. Februar 1947 ausgestrahlte Rundfunkbotschaft[3]:

Sie alle wissen, dass die Haltung der Vereinigten Staaten seit Kriegsende im gesamten Auslande Misstrauen und Unruhe erzeugt hat. Die Vernichtung grosser japanischer Städte ohne hinreichende vorherige Warnung, die unablässige Erzeugung von Atombomben, die Bikini-Manöver, die Aufwendung vieler Milliarden für Militärzwecke ohne das Vorliegen einer äusseren Bedrohung, der Versuch einer Militarisierung der Wissenschaft – dies alles hat dazu beigetragen, die Schaffung einer Atmosphäre des Vertrauens zu verhindern, die doch für die Herbeiführung eines gesicherten Friedens unentbehrlich ist.

Es ist kein Zweifel, dass die Ernennung David Lilienthals in die Atomkommission eine gewisse Entspannung der Situation mit sich gebracht hat; denn dieser Mann geniesst überall in der ganzen Welt durch sein Werk und durch die Wirkung seiner Persönlichkeit ein wohlbegründetes Vertrauen. Es ist nach meiner Überzeugung schon grosser Schaden dadurch angerichtet worden, dass Lilienthals Bestätigung durch den Bundessenat infolge der gegenwärtigen Treibereien in Frage gestellt worden ist. Nur eine mächtige Kundgebung der Wählerschaft kann, nach meiner Meinung, die schweren Folgen verhindern, die durch eine Nichtbestätigung der Wahl dieses Mannes auf dem Gebiete der internationalen Politik eintreten müssten.

Jeder muss sich in dieser kritischen Zeit des Umstandes bewusst sein, dass von seiner entschlossenen Mitwirkung an der Erzielung eines ehrlichen, auf Vertrauen gegründeten Friedens sein und seiner Kinder Schicksal abhängt.

Die finanzielle und erzieherische Kampagne des um diese Zeit äusserst aktiven Notstandskomitees der Atomwissenschaftler fand in der Presse starken Widerhall. Der folgende von Einstein gezeichnete Brief charakterisiert die Werbetätigkeit der Organisation:

Mit der Atomenergie hat unsere Generation die revolutionärste Kraft entfesselt, die seit der Entdeckung des Feuers durch den Menschen der vorgeschichtlichen Zeit in die Welt gesetzt worden ist. Die damit enthüllte Macht des Universums kann nicht mit den veralteten Konzeptionen eines engstirnigen Nationalismus in Einklang gebracht werden. Denn hier gibt es kein Geheimnis und keine Verteidigung, und nur einen einzigen Weg der Kontrolle: das Drängen der einsichtig gewordenen Völker der Welt.

Wir Wissenschaftler anerkennen unsere unentrinnbare Verantwortung, unsere Mitbürger mit den Grundtatsachen der Atomenergie und ihrer Auswirkungen auf die Gesellschaft bekanntzumachen. Darin liegt unser einzige Sicherheit und Hoffnung: wir glauben, dass eine informierte Bürgerschaft sich für das Leben, nicht den Tod, einsetzen wird.

Für diese grosse erzieherische Aufgabe brauchen wir eine Million Dollar. Unsere Stütze ist der Glaube an die Fähigkeit des Menschen, seine Geschicke durch die Anwendung der Vernunft zu meistern. Wir haben all unsere Kraft und all unser Wissen in den Dienst dieser Aufgabe gestellt. Ich erbitte auch Ihre Hilfe . . .

Die Wochenschrift *Newsweek* widmete nahezu drei Seiten ihrer Ausgabe vom 10. März 1947 "Einstein, dem Mann, der das Ganze in Gang brachte" ("Einstein, the Man Who Started It All"). Das Magazin zitierte folgende Äusserungen Einsteins[4]:

Hätte ich gewusst, dass es den Deutschen nicht gelingen würde, die Atombombe zu entwickeln, hätte ich den Bau der Bombe nicht unterstützt. (Einstein erwähnte, dass die konstruktive Anwendung der Atomenergie auch ohne seine Intervention früher oder später Wirklichkeit geworden wäre, und fuhr fort:) Aber unsere Situation wäre weit besser gewesen, hätten unser Notmassnahmen (mit der Entwicklung der Bombe) nicht so plötzlich unternommen werden müssen.

Es ist wichtig, die öffentliche Meinung über das wahre Problem der Bombe aufzuklären. Wir können uns vor ihren Folgen nur durch internationale Aktionen retten, die den Krieg und die Vorbereitung zum Krieg unnötig, ja unmöglich machen würden.

Können wir (die Wissenschaftler) dem Publikum die Tatsachen der Bombe und ihre Hintergründe klarmachen, so haben wir unsere Aufgabe erfüllt. Unser Komitee versucht die zur Information des Publikums erforderlichen Geldmittel aufzutreiben. Eine positive Wirkung wird spürbar sein, wenn wir dem amerikanischen Publikum und den einflussreichen Intellektuellen der europäischen Länder die Fakten unterbreiten können. Jeder muss mit der öffentlichen Meinung der Welt rechnen. Die Erfahrung zeigt, dass auch die Russen darauf Rücksicht nehmen müssen.

Das Geheimnis der Atombombe bedeutet für Amerika, was die Maginot-Linie für Frankreich vor 1939 bedeutete: eine Sicherheit, die nur in der Einbildung vorhanden ist. Und darin liegt eine grosse Gefahr.*

Für ein Ehrendinner am 12. März 1947, bei dem *The World Federalist News* ihm eine Auszeichnung präsentierte, schrieb Einstein folgende Botschaft[5]:

Jeder weiss, wie hart es ist, Organisationen zusammenzufassen, wie sehr auch immer sie in ihren Zielen übereinstimmen mögen. Es ist deshalb sehr zu begrüssen, dass eine solche Aktion auf dem Gebiete des Strebens nach einer streng begrenzten Weltregierung gelungen ist. Es ist auch erfreulich, dass Sie diejenigen öffentlich anerkennen und ehren, die sich durch ihr Wirken für dies wichtigste Ziel der Gegenwart besonders grosse Verdienste erworben haben. Es ist ferner anzuerkennen, dass fruchtbare Arbeit geleistet worden ist durch Aufklärung weiter Schichten der Öffentlichkeit und durch leidenschaftslose Untersuchung der Mittel für die Realisierung übernationaler Sicherheit.

Auf dem Gebiete internationaler Politik ist die Ausschaltung schädlicher Leidenschaften eine Hauptvoraussetzung des Erfolges, mehr noch als auf allen anderen Gebieten menschlichen Strebens. Insbesondere setzt die Einigung mit Sowjetrussland ein klares Verständnis der Schwierigkeiten und Hemmungen voraus, mit welchen die dortigen verantwortlichen Männer zu kämpfen haben. Beim Fehlen solchen Verständnisses kommt man leicht zu dem Eindruck, dass die rechtzeitige Lösung des Sicherheitsproblems auf planetarischer Basis eine praktische Unmöglichkeit sei. Von manchen diesem Ziele ehrlich ergebenen Persönlichkeiten bekommt man unter vier Augen Äusserungen kleinmütigen Versagens zu hören, die unter dem Eindruck der Enttäuschungen des politischen Alltags zustande kommen.

Auf solche Äusserungen kenne ich nur eine Antwort: Es gibt keine Alternative; wenn wir der drohenden Katastrophe entgehen wollen – und dies wollen alle Beteiligten –, dann müssen wir das Wagnis unternehmen, unter Ausschaltung von Furcht und Misstrauen dieses Ziel über alle anderen Interessen zu stellen. Dann wird das politische Problem zu einem technischen Problem. Dann handelt es sich nicht mehr um Streitigkeiten, sondern um konkrete Aufgaben, die durch sachliche Zusammenarbeit der Beteiligten zu lösen sind.

Dieser Weg ist nur über den Verzicht auf nationale Machtpolitik zu erreichen. Alle unter dem Gesichtspunkt nationaler Machtpolitik getroffenen Massnahmen versperren den Weg zur übernationalen Lösung. Dies haben die Ereignisse seit Beendigung des Zweiten Weltkrieges überzeugend bewiesen. Die vor uns liegenden Schwieriegkeiten sind weit mehr psychologischer als sachlicher Natur. Mögen Sie erfolgreich sein in dem Bestreben, die in der Tradition erhärteten nationalen Vorurteile in der zur Verfügung stehenden Zeitspanne soweit zu überwinden, als es das Ziel verlangt.

Im Oktober 1946 hatte die französische U.N.-Delegation einen Plan zur Errichtung von internationalen Forschungslaboratorien unter den Auspizien der

Vereinten Nationen ausgearbeitet. Dazu ersuchte der Generalsekretär um Meinungsäusserungen von Vertretern der Unterorganisationen der U.N. und anderer internationaler Vereinigungen, sowie von führenden Wissenschaftlern. An Einstein erging eine solche Bitte am 26. März 1947. Er erwiderte, die Idee internationaler wissenschaftlicher Forschung sei im Prinzip interessant, müsse aber in der Praxis mit grosser Vorsicht verfolgt werden:

Die Geschichte zeigt, dass grosse wissenschaftliche Fortschritte nicht durch Organisation und Planung, sondern durch den schöpferischen Intellekt von Individuen erzielt werden. Darum ist die Arbeitsfreiheit des Gelehrten die wichtigste Voraussetzung wissenschaftlichen Fortschritts. Organisationen sind schlechte Instrumente für wissenschaftliche Arbeit – es sei denn auf gewissen sorgfältig ausgewählten Gebieten wie Astronomie, Meteorologie, Geophysik und Pflanzengeographie.

Deshalb sollte man bei der Planung einer internationalen wissenschaftlichen Organisation mit grosser Vorsicht zu Werke gehen, umsomehr als die wissenschaftliche Arbeit einer solchen Organisation leicht von einer oder zwei Persönlichkeiten beherrscht werden kann. Wahrscheinlich gibt es keine dringendere und wichtigere Aufgabe als die Schaffung eines grossen Zentrums für soziologische Studien unter wahrhaft internationalen und überparteilichen Auspizien.

An einer solchen Forschungsstätte sollten Wege zum besseren Verstehen der Nationen untereinander gefunden werden. Eine Methode des Geschichtsstudiums sollte entwickelt werden, die der nationalistischen Tradition ein Ende setzt, ohne dass die Studenten, wie das oft geschieht, zur verzückten Beschäftigung mit der Vergangenheit verlockt würden. Ziel der Instituts sollte eine generelle Verbesserung der gegenseitigen Beziehungen der Völker sein. Soziale Studien dieser Art sollten mit grösstem Ernst verfolgt und die Vorbedingungen wahrer internationaler Zusammenarbeit zuvörderst erforscht werden; ohne solche Zusammenarbeit kann wissenschaftlicher und technischer Fortschritt für die Menschheit nur geringe Bedeutung haben.*

Für eine wahrscheinlich im Mai 1947 veranstaltete Tagung – der Name der einberufenden Organisation ist nicht mit Sicherheit festzustellen – verfasste Einstein folgende Erklärung[6]:

Ich freue mich sehr über diese Gelegenheit, eine der Sache des Völkerrechts gewidmete Tagung begrüssen zu können.

Das wachsende Interesse an der Schaffung einer supranationalen Regierung stellt, wie ich glaube, die grösste Hoffnung der Menschheit dar. Ich bin überzeugt, dass die Menschheit sich erst dann aus dem Dunkel der Verzweiflung herausfinden wird, wenn Menschen überall sich auf derselben Basis treffen, wie Sie es heute tun – das heisst, als Verbündete im Kampf für ein universelles Gesetz.

Ich bin zutiefst davon überzeugt, dass das gegenwärtige System souveräner Nationen Barbarei, Krieg und Unmenschlichkeit nach sich ziehen muss und dass nur ein Weltrecht zu einer zivilisierten, friedlichen Menschheit führen wird.

Als Bürger Deutschlands hatte ich es erlebt, wie ein verstiegener Nationalismus sich einer Epidemie gleich verbreiten und für Millionen von Menschen Tragik und Leid bringen kann. Jetzt geniesse ich als Bürger der Vereinigten Staaten den Segen der freien Verbindung von Staaten und Völkern in Amerika; aber in aller Offenheit und Bescheidenheit muss ich hinzufügen, dass ich auch hier Anzeichen der nationalistischen Epidemie sehe. Gerade das Vertrauen, das ich auf die amerikanische Demokratie setze, zwingt mich zu dieser ehrlichen Warnung.

Ohne Zweifel wird ein Weltrecht bald kommen, sei es durch Zwang oder durch friedliche Vereinbarung. Gegen die modernen Methoden der Massenvernichtung gibt es keine andere wirksame Verteidigung. Sollten die Menschen Wissenschaft und Technik aus egoistischer Leidenschaft missbrauchen, wäre unsere Zivilisation dem Untergang geweiht. Der Nationalstaat kann seine Bürger nicht mehr ausreichend schützen; der Ausbau der militärischen Stärke einer Nation vermag deren Sicherheit nicht mehr zu garantieren.

Die gegenwärtige internationale Anarchie, die die Menschheit zum Leben unter der Dauergefahr atomarer Vernichtung zwingt, hat zu einem bedrohlichen Atom-Rüstungswettlauf geführt. Das Notstandskomitee der Atomwissenschaftler ist sich seiner ernsten Verantwortung bewusst, die Bürger unseres Landes, wie aller anderen Nationen, davon zu überzeugen, dass Nationen sich heute nicht mehr an die Konzeption militärischer Macht oder technischer Überlegenheit klammern dürfen. Entdeckungen, die eine Gruppe von Menschen gemacht hat, können von anderen Gruppen, die mit Intelligenz und Geduld Forschung betreiben, dupliziert werden. Es gibt keine wissenschaftlichen Geheimnisse. Und keine wirksame Verteidigung gegen Aggressoren auf rein nationaler Basis.

Die Entfesselung der Atomenergie hat eine neue Welt geschaffen, in der alte Denkmethoden völlig sinnlos geworden sind, und darin sind alte diplomatische Traditionen wie die Idee des "Gleichgewichts der Mächte" einbegriffen. Im Atomzeitalter muss die Menschheit den Krieg abschaffen. Es ist eine Frage von Leben und Tod.

Die einzige Militärmacht, die der Welt Sicherheit verschaffen kann, ist eine auf Weltrecht gestützte supranationale Polizeitruppe. Diesem Ziel müssen wir unsere ganze Kraft widmen.*

Eine Fachorganisation von Grabmalbildhauern ("Monument Builders of America") bat Einstein um den Vorschlag einer geeigneten Inschrift für Kriegsdenkmäler, die in verschiedenen Teilen der Vereinigten Staaten geplant waren. Ende Mai 1947 entwarf Einstein den folgenden (anscheinend nie benützten) Text:

Sie litten und starben für Eure Freiheit und für einen dauernden, gerechten Frieden. Ihr Überlebenden, seid Euch stets der Verpflichtung bewusst, die ihr Opfer Euch auferlegt hat.

Auf Einladung der "Atomic Scientists of Chicago" fand vom 18. bis 22. Juni 1947 eine Tagung in Lake Geneva, Wisconsin, statt. Mitglieder der Federation of American Scientists, der Association of Scientists for Atomic Education in Oak Ridge, der Northern California Association of Scientists und anderer befreundeter Organisationen nahmen daran teil. Offenbar hatte sich innerhalb des Notstandskomitees der Atomwissenschaftler bereits eine Kontroverse über gewisse grundlegende Punkte der zu befolgenden Politik entwickelt. Am 14. Juni 1947 sandte Einstein an Professor Harold C. Urey ein Memorandum zur Diskussion im Rahmen der Konferenz. In einem Begleitschreiben sagte er[7]:

Ich beeile mich, auf jene Seiten unseres Problems hinzuweisen, die mir als besonders wichtig erscheinen. Ich schicke Ihnen diese Bemerkungen, obwohl ich das starke Gefühl habe, über unsere Situation und die Meinungen und Absichten unserer Kollegen nicht genügend informiert zu sein. Ich fürchte darum, dass das Memorandum nicht sehr nützlich ist und vielleicht sogar als trivial und "auf der Hand liegend" betrachtet werden mag. Ich werde es darum bestimmt verstehen, wenn Sie in Lake Geneva keine Verwendung dafür haben sollten.

Der Text des Memorandums folgt:

Fortsetzung des Werkes der Atomwissenschaftler als einer besonderen Gruppe erscheint mir nur möglich und wünschbar, wenn Einigung erzielt wird über die erstrebenswerte Politik für Sicherheit gegen Krieg sowie über den Rahmen, in dem sich die Gruppe betätigen soll. Auf Ihre Aufforderung hin gebe ich einige persönliche Meinungen darüber in der Hoffnung, dass sie die Diskussion erleichtern können.

A) Gesichtspunkte betreffend die weltpolitische Situation:

1). Massregeln betreffend Atomenergie allein können keine Sicherheit bringen. Sicherheit ist nur dann erreicht, wenn Kriegen zwischen den organisierten Staaten überhaupt wirksam vorgebeugt ist.

2). Solche Vorbeugung ist nur dadurch erzielbar, dass die nationale Militärmacht abgeschafft und durch praktisch ausschliessliche Militärmacht einer übernationalen Organisation ersetzt wird ("übernationale Regierung").

3). Es darf kein Veto der Mitgliedstaaten gegen Entscheidungen und Massregeln geben, welche die übernationale Regierung im Interesse der Sicherheit trifft.

4). Die übernationale Regierung soll nicht von Abgesandten der *Regierungen,* sondern der *Bevölkerungen* der Mitgliederstaaten abhängen; d.h. die Abgesandten müssen imstande sein, ihren eigenen Überzeugungen gemäss Stellung zu nehmen, soweit sie sich nicht ihrem Elektorat gegenüber festgelegt haben.

Die Erfüllung dieser vier Bedingungen ist nach meiner Meinung hinreichend und notwendig, um Kriege der bestehenden Nationen gegeneinander soweit auszuschliessen, dass diese davon Abstand nehmen können, selbst Vorkehrungen für einen Krieg gegeneinander zu treffen.

Nun besteht die Frage, ob alle gegenwärtigen Nationalstaaten willens und in der Lage sind, so weitgehende Beschränkungen ihrer Aktionsfreiheit zur Erzielung der Sicherheit auf sich zu nehmen. Auf Grund der Ereignisse der letzten Jahre sind viele geneigt, diese Frage mit "Nein" zu beantworten. Ich glaube aber, dass niemand von uns imstande ist, diese Frage heute mit Sicherheit zu entscheiden. Wir sollen also nach meiner Ansicht so lange auf die Inkorporation *aller* Nationen unter die übernationale Regierung hinarbeiten, als die Erreichung dieses Zieles möglich erscheint, ohne eine derjenigen Forderungen aufzugeben, die als Mittel zur Erzielung der Sicherheit gegen Kriege zwischen den Mitgliederstaaten unbedingt erfüllt werden müssen.

Sollte sich nun auf Grund von Ereignissen der nächsten Zeit zeigen, dass es unmöglich ist, *alle* Nationen dazu zu bewegen, die für die Sicherheit unerlässlichen Minimalforderungen zu erfüllen, so entstünde die Frage: ist die Bildung einer derartigen übernationalen Regierung erstrebenswert, welche nur einen Teil aller Nationen erfasst? Ich denke, dass diese Frage zu verneinen ist, falls nicht die sich zusammenschliessenden Nationen, wirtschaftlich-militärisch betrachtet, dem nicht eingeschlossenen Reste gegenüber ein entschiedenes Übergewicht repräsentieren. Sollte sich aber die Möglichkeit einer in diesem Sinne bedeutungsvollen Minderheit ergeben, so würden wir vor eine schwierige Entscheidung gestellt, von welcher wohl keiner von uns heute sagen kann, wie sie im Interesse des gemeinsamen Wohles aller am richtigsten zu entscheiden ist. Ich glaube, wir können nur sagen, dass für die Entscheidung dieser Frage, *wenn* wir vor sie gestellt werden sollten, nur die beste Wahrung des übernationalen Interesses massgebend sein müsste.

B) Aktivität unserer Gruppe:

Soweit ich sehen kann, basieren die bisherigen Erfolge hauptsächlich in der Aufklärung und Beeinflussung einer relativ kleinen Zahl von Personen, die aber ihrerseits entweder direkt der Maschinerie in Washington angehören oder lokal einflussreich sind bei den Wahlen zum Kongress. Es ist dies eine Wirksamkeit, die unserer geringen Zahl angemessen ist.

Dagegen sollten wir nicht versuchen, direkt auf das grosse Publikum zu wirken, ausser durch korporative Erklärungen in der Presse, wenn die Gelegenheit es als nötig oder wünschbar erscheinen lässt ... Wir brauchen dann nicht zu viel Geld zu sammeln und brauchen keinen zu grossen Apparat ...

Die Konferenz in Lake Geneva nahm eine Erklärung an, in der die Verantwortung der Wissenschaftler wie auch die Notwendigkeit der Schaffung einer internationalen Atomkontrollbehörde und eines umfassenden Plans für internationale Zusammenarbeit unterstrichen wurden. Die Erklärung wurde von dem Notstandskomitee der Atomwissenschaftler unterstützt und publiziert. Gleichzeitig liess das Komitee eine eigene Verlautbarung erscheinen (29. Juni 1947):

Ein Jahr ist seit der Gründung unseres Komitees und seit der Veröffentlichung unseres ersten Aufrufs verflossen. Im Hinblick auf die riesenhafte Gefahr, die der Zivilisation durch die Atombombe droht, appellierten wir damals an die Vernunft der Menschheit. Während dieses Jahres sind unsere Hoffnungen auf internationale Kontrolle der Atomenergie in Nichts zerronnen. Das amerikanische Volk muss die Gründe dieses Fehlschlags begreifen, soll eine konstruktive Lösung noch rechtzeitig gefunden werden.

Können besonnene und wohlinformierte Menschen noch damit rechnen, dass die jetzt in der Atomenergie-Kommission der U.N. geführten Diskussionen zu positiven Abkommen führen werden? Sind die amerikanischen Vorschläge zur internationalen Kontrolle der Atomenergie fair? Können die Russen dafür getadelt werden, dass wir heute von einem Abkommen weiter entfernt sind als am Anfang der Diskussionen?

Das sind Fragen von unterschiedlicher Wichtigkeit. Aber die Kardinalfrage, deren Beantwortung von historischer Wichtigkeit ist, lautet: "Wie kann die Welt sich auf einen Weg einigen, um in der nahen Zukunft die Gefahr eines Atomkriegs und, in letzter Sicht, den Krieg überhaupt zu beseitigen? " Finden wir keine Antwort auf diese Frage, so ist die Antwort auf jede andere Frage nebensächlich.

Alle Anzeichen deuten darauf hin, dass wir gegenüber dem Gebot der Stunde versagen. Menschen in allen Teilen der Welt ersehnen den Frieden wie nie zuvor. Trotzdem rüsten Nationen fieberhaft zum Krieg. Die Vorbereitungen gehen Tag und Nacht auf der materiellen wie der psychologischen Ebene weiter. Statt der "einen Welt", die Menschen noch vor wenigen Jahren proklamiert haben, sind wir sogar zur Teilung bestehender Nationen übergegangen. Die Vereinten Nationen, auf die die Völker der ganzen Welt ihre Hoffnung gesetzt hatten, besitzen ungenügende Machtbefugnisse; ja, sie werden in vitalen Fragen ganz einfach umgangen.

Der Militarismus grassiert in der ganzen Welt. In keiner "Friedens"zeit standen so viele Menschen unter Waffen wie heute. Selbst in Grossbritannien und Amerika, Ländern mit starker antimilitaristischer Tradition, wenden sich liberal denkende Menschen immer mehr einer "realistischen" Lösung der heutigen Situation zu. Die "preussische Krankheit", an der Deutschland und Japan zugrunde gegangen sind, bemächtigt sich allmählich der Sieger im letzten Kriege.

Ereignisse während des vergangen Jahres haben die Richtigkeit der sechs Punkte unserer Erklärung vom 17. November 1946 auf tragische Weise bestätigt. Der Friede wird nicht aufrecht erhalten werden können, wenn zwei nationale Blöcke in einer geteilten Welt Atombomben-Lager angesammelt haben. In unserem Kampf um die Rettung der Zivilisation haben wir ein weiteres Jahr verloren.

Warum hat die jahrelange Debatte in der Atomenergie-Kommission der U.N. kein Ergebnis gebracht? War dies ein Zufall? Könnten die Schwierigkeiten durch einfache Massnahmen wie etwa die Berufung neuer Beamten behoben werden? Die Antwort darauf ist: nein! Die Vertreter der Grossmächte, die angeblich in den Vereinten Nationen sich um die Aufrechterhaltung des Friedesn bemühen, haben ihre traditionelle Rolle gespielt: nämlich, ihren Nationen die vorteilhafteste Position für den Sieg in dem nächsten Kriege zu sichern. Es ist sinnlos, diesen Weg weiter zu beschreiten; man kann nicht gleichzeitig zum Krieg rüsten und den Frieden erwarten.

Damit soll nicht gesagt werden, dass der Krieg unvermeidlich sei, sondern vielmehr, dass die im Gang befindlichen Diskussionen die Kriegsgefahr nicht reduzieren werden – ja, dass sie sich auf die Erwartung eines Krieges gründen. In dieser kritischen Stunde müssen wir herausfinden, ob es nicht die Alternative einer friedlichen Lösung gibt.

Wir glauben, dass es eine solche Alternative gibt. Das Problem der Atomenergie kann nach unserer Überzeugung nicht mehr isoliert betrachtet werden. Vor einem Jahr hatten wir ein internationales Atomkontrollsystem erhofft, das beispielgebend wirken und so zur Schaffung einer stabilen Weltordnung führen würde. Angesichts einer mehr und mehr in zwei bewaffnete Lager gespaltenen Welt, diese Hoffnung heute weiter aufrecht zu erhalten, wäre einem Verrat an unserer Verantwortung gleichbedeutend.

Wir glauben, dass das alles überragende Problem der internationalen Kontrolle der Atomenergie nur innerhalb eines allgemeinen Abkommens gelöst werden kann – eines Abkommens, das allen Nationen ein vernünftiges Mass von Sicherheit garantiert und weitgehende wirtschaftliche und kulturelle Zusammenarbeit zwischen den Nationen vorsieht. Ein solches Abkommen bleibt unmöglich, solange die einzelnen Völker ausschliesslich mit ihrer eigenen Sicherheit und Wohlfahrt beschäftigt sind.

Im Hinblick auf die Wichtigkeit der Vereinigten Staaten in der Welt von heute muss das amerikanische Volk eine aktive Rolle bei der Erkämpfung eines solchen Weltabkommens spielen. Amerika muss bereit sein, seine reichen Materialquellen in ausreichendem Mass zu mobilisieren, um den Aufstieg der anderen Völker der Welt zu einem höheren Plateau der Lebensführung zu erleichtern. Alle anderen Völker müssten entsprechende Opfer bringen. Nur kühne Schritte können jene Atmosphäre zwischen den Nationen erzeugen, die eine konstruktive Diskussion der Beschränkung der nationalen Souveränität ermöglichen wird – der Voraussetzung für die Erhaltung des Friedens.

Aber das amerikanische Volk sollte sich darüber klar sein, dass der Weg zur Erreichung dieser Ziele nicht einfach ist und dass in letzter Sicht nur eine supranationale Regierung mit hinreichenden Machtbefugnissen den Frieden zu erhalten vermag.

Ist das realistisch? Wir glauben, alles andere ist unrealistisch. Wir wissen: die wissenschaftlichen und technischen Entwicklungen haben dazu geführt, dass die Völker der Welt nicht mehr unter rivalisierenden nationalen Souveränitäten – mit dem Krieg als höchstem Schiedsrichter aller Konflikte – leben können. Die Menschen müssen einsehen, dass die Zeit einen höheren Realismus erfordert, der davon ausgeht, dass "kein Mensch eine Insel für sich ist", dass unser Schicksal vielmehr mit dem unserer Mitmenschen in allen Teilen der Welt untrennbar zusammenhängt. Wir müssen es soweit bringen, selbst unter grossen materiellen Opfern friedlich zusammenzuleben; die Alternative wäre der Tod unserer Gesellschaft.

Wir nähern uns der letzten, der Mitternachtsstunde. Das Gebot des Augenblicks ist klar. Was wird unsere Antwort sein?

Einstein und alle anderen Treuhänder des Notstandskomitees der Atomwissenschaftler nahmen – mit der einzigen Ausnahme von Linus Pauling – an der Pressekonferenz in Princeton teil, bei der die Erklärungen der Konferenz von Lake Geneva und des Notstandskomitees bekanntgegeben wurden[8]. Journalisten fragten die Wissenschaftler, wann mit einer russischen Atombombe und mit einem Atomkrieg zu rechnen sei. Viele Zeitungen berichteten eine Bemerkung von Professur Urey, dass die Russen wahrscheinlich acht bis zehn Jahre zur Erzeugung der Bombe brauchen würden. Ureys Worte lieferten Schlagzeilen; oft wurden sie Einstein selbst zugeschrieben.

Die Pressereaktion auf beide Erklärungen war im Ganzen sehr achtungsvoll. Eine Ausnahme bildete die *New York Herald Tribune,* die am 1. Juli 1947 in einem Leitartikel "Scientists Afield" ("Wissenschaftler im Kampf") das Komitee "gefährlicher Fehlschlüsse" und einer "geringschätzigen Haltung" gegenüber den Vereinten Nationen beschuldigte. Das Blatt behauptete, die Wissenschaftler hätten die Fundamente der Vereinten Nationen untergraben und an ihre Stelle "nur ein langes, nebelhaftes Wort (supranationale Regierung) gesetzt".

Das veranlasste Einstein und den damaligen stellvertretenden Exekutivdirektor des Komitees, Philip M. Morse, zu folgendem Leserbrief an die *New York Herald Tribune:*

Ihr Leitartikel "Scientists Afield" erfordert eine Antwort, da er den Standpunkt des Notstandskomitees der Atomwissenschaftler, wie er sich aus seiner kürzlich veröffentlichten Erklärung ergibt, nicht korrekt darstellt. Sie sprechen davon, dass wir eine "geringschätzige Haltung gegenüber den Vereinten Nationen" eingenommen hätten. Diese Interpretation unserer Worte ist nicht richtig. Wir haben festgestellt, dass die Vereinten Nationen ungenügende Machtbefugnisse hätten und in entscheidenden Angelegenheiten umgangen würden. Es ist allgemein bekannt, dass Mr. Trygve Lie [der damalige Generalsekretär der U.N.] ebenfalls dieser Meinung ist. Wir haben darauf hingewiesen, dass die jahrelange Diskussion in der Atomenergie-Kommission der U.N. ergebnislos verlaufen sei. Jedermann wird zugeben, dass das zutrifft . . .

Obwohl die *New York Herald Tribune* in ihrem ursprünglichen Bericht die Erklärung des Komitees nicht wiedergegeben hatte, tat sie es jetzt zusammen mit dem Abdruck des Einstein-Morse-Briefs und einem abschliessenden redaktionellen Kommentar, der die ursprüngliche Kritik des Blattes bekräftigte.

Etwa zwei Wochen später, am 15. Juli 1947, gaben Einstein und das Verwaltungskomitee der Vereinigung amerikanischer Wissenschaftler eine gemeinsame Erklärung ab, die ein Bekenntnis zu den Vereinten Nationen darstellte[9] (Anlass war der zweite Jahrestag der atomaren Testexplosion von Alamogordo):

Vor zwei Jahren wurde in der Wüste von New Mexico die erste Atombombe zur Explosion gebracht. Seitdem hat die Vereinigung der Atomwissenschaftler, der die Mehrheit der amerikanischen Atomwissenschaftler angehört, unaufhörlich die These vertreten: "Es kann nur *eine* Welt oder keine geben." Darum haben wir die internationale Kontrolle der Atomenergie und aller Waffen der Massenzerstörung verlangt.

Wir wussten von Anfang an, dass die Aufgabe schwierig sein werde. Trotzdem ist das geringe Ausmass des bisherigen Fortschritts auf dem Wege zur internationalen Kontrolle entmutigend. Einzelne Kreise haben sogar gesagt, man müsse das Fiasko hinnehmen und die Verhandlungen bei den Vereinten Nationen einstellen. Demgegenüber möchten wir an diesem zweiten Jahrestag der Atombombe unsere Überzeugung bekennen, dass die gemeinsamen Interessen, die zur Gründung der Vereinten Nationen geführt haben, heute dringlicher sind als je zuvor.

Wir haben während der vergangenen beiden Jahre viele wertvolle Erfahrungen gesammelt. Wir wissen jetzt, dass das Problem der Atomenergie nicht von anderen Fragen losgelöst werden kann. Aber wir glauben nach wie vor, dass die Menschheit erst dann in Sicherheit leben wird, wenn die Welt Atomsicherheit erlangt hat. Wir müssen alle Wege verfolgen, die zur *einen* Welt führen, und dabei die von den Vereinten Nationen und ihren Unterorganisationen gebotenen Möglichkeiten voll ausnützen.

Am 17. Juli 1947 diskutierten Einstein und mehrere Gesprächspartner im Rundfunk über das Thema "Das Gebot der Stunde: ein Weltrecht"[10]:

Raymond Swing: Während der letzten Woche haben im Repräsentantenhaus des Kongresses Vertreter beider Parteien eine Resolution eingebracht, die den Präsidenten auffordert, die Umformung der Vereinten Nationen anzustreben; diese sollen die Macht erhalten, ein Weltrecht einzuführen, zu interpretieren und praktisch durchzusetzen. Gleichzeitig wurde dem Senat, ebenfalls von Vertretern beider Parteien, eine ähnliche Entschliessung vorgelegt, die die Stärkung der U.N. als Instrument der Kriegsverhütung und der Friedenssicherung verlangte . . . Heute abend haben wir das Privileg, über dieses brennende Thema die Meinung eines Mannes zu hören, dessen Autorität auf diesem Gebiet unvergleichlich ist. Wir sprechen heute von seinem Studienzimmer in Princeton, und ich habe die grosse Ehre, Herrn Dr. Albert Einstein einzuführen.

Einstein: Die Resolution, welche durch Vertreter beider Parteien gestern dem Kongress vorgelegt worden ist, kann, wenn sie die entschlossene Unterstützung weiter Kreise des amerikanischen Volkes findet, einen Wendepunkt in der internationalen Politik bedeuten. Diese Resolution basiert auf einer heute allgemein verbreiteten Erkenntnis, die aber durch die Emotionen des politischen Alltags immer wieder in den Hintergrund gedrängt wird.

Es gibt keine wirksame Verteidigung gegen die auf Massenvernichtung gerichteten modernen Kriegsmittel. Der Nationalstaat kann daher seinen Bürgern durch blosse Entwicklung seiner Kriegsmaschine keinen wirksamen Schutz mehr bieten. Solange der Zustand internationaler Anarchie andauert, sind deshalb Alle der Gefahr plötzlicher Vernichtung ausgesetzt. Es ist ein Zustand, der nicht andauern kann, sondern auf dem Wege der Gewalt oder auf dem Wege der gütlichen Übereinkunft von einer Weltregierung abgelöst werden wird.

Der Weg der Gewalt aber führt durch unvorstellbare Zerstörungen und Leiden. Ihn auszuschliessen ist das Motiv, das hinter der Resolution steht. Hinter dieser Resolution steht die Absicht, die U.N. durch fundamentale Änderung ihrer Charta in eine Weltregierung zu verwandeln, das heisst in eine Organisation, welche auf rechtlicher Basis und auf Grund ihrer militärischen Machtmittel den Nationen Sicherheit garantiert.

Bei leidenschaftsloser Betrachtung wird wohl jeder finden, dass der von der Resolution beabsichtigte Weg der einzige ist, der uns Rettung bringen kann. Die Gegner der Resolution aber werden etwa Folgendes sagen: Euer Weg mag zwar theoretisch der richtige sein. Praktisch aber hat er sich als ungangbar gezeigt. Haben nicht die Russen all unsere Versuche übernationaler organisierter Zusammenarbeit durch Verweigerung ihrer Beteiligung vereitelt, mochte es sich um die Überwachung der Atomenergie oder auch nur um wirtschaftliche Hilfeleistung für die durch den Krieg verwüsteten Länder handeln? Haben sie nicht starr an einem Vetorecht festgehalten, das allein schon eine supranationale Lösung des Sicherheitsproblems unmöglich macht?

Es ist wahr, und es zeigt sich immer wieder aufs neue, dass die Russen gegenwärtig durch Misstrauen und Furcht gegenüber allem Fremden geleitet sind, nachdem sie früher mehr als alle anderen

Grossmächte für den übernationalen Weg der Sicherung eingetreten waren. Der Umschwung ist leicht zu erklären. Man braucht nur an den langjährigen wirtschaftlichen und politischen Boykott gegen Sowjetrussland zu denken, wie auch an die Unterstützung der regierungsfeindlichen Generale durch das Ausland während des Bürgerkrieges, an den Ausschluss Russlands aus der europäischen Politik der dreissiger Jahre und an den beständigen Pressefeldzug des Auslandes.

So haben wir mit der Tatsache zu rechnen, dass Russland xenophob geworden ist; es ist besessen von der Utopie des Isolationismus. Dies können wir bedauern, müssen aber die Ursachen begreifen, um in Zukunft so handeln zu können, dass wir das Übel nicht noch vergrössern. Jedenfalls ist klar, dass Drohung und Einschüchterung nicht die Mittel sind, welche bei einer Brautwerbung Erfolg versprechen.

Was aber sollen wir in Amerika tun? Was können wir von einer kraftvollen Unterstützung der Resolution erhoffen? Wir können der Welt zeigen, dass es uns nicht um nationale Machtpositionen, sondern einzig um kollektive Sicherheit zu tun ist. Dadurch werden wir die psychologische Atomosphäre verbessern. Wir werden ferner alle Kräfte ermutigen, die für eine übernationale Lösung des Sicherheitsproblems einzustehen bereit sind. Wir werden die Schädigungen ungeschehen machen, die der U.N. durch auf rein nationaler Basis unternommene Aktionen auf dem Feld der internationalen Politik zugefügt worden sind.

Wenn diese Resolution Erfolg hat und wir es dahin bringen können, dass die gesetzgebende Versammlung der U.N. künftig aus Männern und Frauen besteht, die nur ihren Wählern, aber nicht einer nationalen Regierung Rechenschaft abzulegen haben; wenn den Beschlüssen der U.N. und ihrer ausführenden Organe auf dem Gebiete der internationalen Sicherheit eine Gesetzeskraft gegeben wird, die durch kein Vetorecht eingeschränkt ist, dann ist die Grundlage für eine Weltregierung geschaffen, welcher die militärischen Machtmittel der durch sie geeinten Staaten unterstellt werden können und sollen.

Wenn nicht alle Nationen an diesem Werk von Beginn an teilnehmen zu können glauben, so soll keinerlei Druck auf sie ausgeübt werden. Der Versuch, sie zu gewinnen, darf aber weder durch eine Verzögerung der gesetzgebenden Schritte noch durch Konzessionen in den Anforderungen an die zu vereinigenden Staaten erkauft werden.

Lasset uns nicht vergessen, dass auf dem menschlichen Gebiete alle

Macht letzten Endes auf Zustimmung und Vertrauen gegründet ist.

Swing: Nun darf ich Mr. Cord Meyer, den Präsidenten der Vereinigten Weltföderalisten, einführen, der an Herrn Dr. Einstein einige Fragen richten möchte.

Meyer: ... Viele Menschen geben zu, dass eine Weltregierung eines Tages gegründet werden wird, meinen aber, es sei hoffnungslos und utopisch, zu erwarten, diese Idee könne bereits in unserer Zeit auf friedliche Weise durchgesetzt werden.

Einstein: Gewiss wird die Einführung einer Weltregierung, die Kriege zwischen den Nationen verhindern kann, einen tiefen Wandel der nationalistischen Traditionen und Vorurteile bedingen. Ein solcher Denkwandel hat sich in der Vergangenheit meist über viele Jahre erstreckt. Jetzt aber lässt uns die Existenz der Atomwaffen und anderer Mittel der Massendestruktion keine Zeit: wir müssen Dinge, die die Menschheit normalerweise in Jahrhunderten allmählich verwirklicht hätte, sofort und unverzüglich durchsetzen. Solange die Nationen in der Rüstungskonkurrenz Schutz zu finden glauben, wird ihr individuelles Streben nach Sicherheit nur zur Erhöhung des gegenseitigen Misstrauens führen.

Und bald werden die Kriegsvorbereitungen furchterfüllter Regierungen den Krieg unvermeidlich machen. Falls die rivalisierenden Staatenblöcke in wenigen Jahren Atomwaffen besitzen sollten, wird die gegenseitige Furcht alle Friedenshoffnungen zerstören. Eine mit der nötigen Macht für Friedenssicherung ausgestattete Weltregierung stellt kein wolkenhaftes Ideal für eine entfernte Zukunft dar. Sie ist das Gebot der Stunde, der Rettungsanker für unsere Zivilisation, die Vorbedingung unseres Überlebens und des Fortbestandes aller kulturellen Werte, an denen wir hängen.

Swing: Ich möchte an Dr. Einstein eine Frage richten, die mir oft vorgelegt worden ist: Glauben Sie, dass die Sowjetunion in ihrem innersten Wesen zur imperialistischen Expansion drängt und infolgedessen nicht an einer Weltregierung teilnehmen könnte?

Einstein: Ich glaube, man muss einen Unterschied zwischen der Welt vor und nach Einführung einer Weltregierung machen. In einer Welt ohne Weltregierung dominiert der Drang nach Macht; die Expansionstendenz einer Grossmacht ist fast unvermeidlich. Denn eine grosse Nation, die einen grossen Rivalen hat, wird naturgemäss ihre Sicherheit zu erhöhen suchen – und Expansion ist ein Weg dazu. Eine solche Politik kann man als imperialistisch bezeichnen.

Gäbe es jedoch eine Weltföderation und hinge die Sicherheit eines Landes nicht mehr von seiner eigenen Macht ab, so würde die

Sicherheit einer einzelnen Nation nicht mehr die Unsicherheit anderer Nationen bedeuten. Die Grundlage der Rivalität wäre dann verändert. Auch in einer Weltföderation würde es immer noch Rivalitäten geben, ebenso wie es sie in den Vereinigten Staaten zwischen Ost und Süd oder zwischen Unternehmertum und Arbeiterschaft gibt. Aber in einer Föderation würde das Gesetz an die Stelle der Gewalt treten, und die Rivalitäten würden sich innerhalb des gesetzlichen Rahmens abspielen; die verschiedenen Teile der Föderation könnten nicht untereinander Krieg führen.

Ich sehe in dem Wunsch nach Sicherheit das Hauptmotiv des politischen Denkens der Russen. Und ich halte ihn für stärker als den der Expansion um der Expansion willen. Würde man die Russen zum Eintritt in ein Weltsystem einladen, in dem ihre eigene Sicherheit die Sorge Aller wäre, so müssten sie Narren sein, wenn sie die Einladung ablehnen würden.

Swing: Und würden Sie uns selbst Narren nennen, wenn wir sie nicht zum Eintritt in ein solches Weltsystem einlüden?

Einstein: Gewiss. Denn wir haben es noch nie gewagt, den Russen eine Weltordnung vorzuschlagen, in der sie nicht Rivalen, sondern Gleiche vor dem Gesetz wären. Ich muss allerdings hinzufügen, dass auch die Russen uns noch nie zum Eintritt in eine solche Weltordnung eingeladen haben. Aber die Vereinigten Staaten sollten auf eine solche Einladung nicht warten. Sie sind der Erbe einer westlichen Zivilisation, deren Stärke schon immer die Kunst und Wissenschaft des Regierens gewesen ist. Ergreifen die Vereinigten Staaten nicht die Initiative, so wird es niemand anders tun.*

In einer Sonderbeilage der *Washington Post* zum Atomproblem beantwortete Einstein vier Fragen (3. August 1947)[11]:

Frage: Ein grosser Teil unserer wissenschaftlichen Forschung, ganz besonders auch der Atomforschung, hängt von öffentlichen Mitteln ab und untersteht deshalb der Kontrolle der Regierung. Sehen Sie diese Situation als gefährlich an?

Einstein: Es ist kein Zweifel, dass die Förderung der wissenschaftlichen Forschung im Interesse der Allgemeinheit liegt. Es ist deshalb sehr zu begrüssen und unter den heutigen Umständen geradezu notwendig, dass der Staat der Forschung durch Zuwendung von Geldmitteln hilft. Damit diese Geldmittel die Wissenschaft wirksam fördern, ist es aber notwendig, dass die Verteilung der Fonds Personen anvertraut wird, die durch ihre Lebensarbeit gezeigt haben, dass sie für diese schwierige Funktion Verständnis und Interesse haben; politische Rücksichten und Einflüsse sollten sorgfältig ausgeschaltet werden. Denn die wissenschaftliche Forschung kann nur dann blühen, wenn sie um ihrer selbst willen betrieben wird, ohne Rücksicht auf praktische Anwendungen.

Frage: Stimmen Sie der häufig geäusserten Meinung zu, die amerikanische wissenschaftliche Forschung leide darunter, dass die "freie Gemeinschaft der Wissenschaft", wie sie in der Vorkriegszeit bestand, nicht wiederhergestellt worden sei? Und was denken Sie über die noch weitergehende Behauptung, die aus Gründen der nationalen Sicherheit gemachten Beschränkungen (der wissenschaftlichen Freiheit) stellten in Wirklichkeit eine Bedrohung der nationalen Sicherheit dar, da sie die Forschung – auch über die Atomwaffen – nachteilig beeinflussten?

Einstein: Freie Publikation wissenschaftlicher Ergebnisse ist für das Gedeihen der Forschung unbedingtes Erfordernis. Partielle Geheimhaltung ist nicht nur für die Entwicklung der reinen Wissenschaft, sondern sogar für die auf solche Entwicklung gegründeten technischen Anwendungen eine schwere Schädigung. Solche Geheimhaltung wird auf längere Sicht sogar die militärische Situation mehr schädigen als günstig beeinflussen. Reglementierung irgendwelcher Art wird auch zur Folge haben, dass gerade die Besten abgestossen werden.

Frage: Bedeutet die am 29. Juni 1947 veröffentlichte Erklärung (siehe S. 420) des Notstandskomitees der Atomwissenschaftler, dessen Vorsitzender Sie sind, dass Sie eine Weltregierung als das einzige erstrebenswerte Ziel betrachten und dass Sie die gegenwärtig in den Vereinten Nationen geführten Verhandlungen über die Atomenergie-Kontrolle und andere Fragen für sinnlos halten?

Einstein: Das Notstandskomitee der Atomwissenschaftler steht unbedingt auf dem Standpunkt, dass militärische Sicherheit nur auf supranationaler Basis erreichbar ist. Es vertritt ferner den Standpunkt, dass Kontrolle spezieller Kriegsmittel (zum Beispiel der Atombombe) nicht ausreicht. Keine Nation kann nämlich auf eine besonders wirksame Waffe ehrlich verzichten, solange sie gezwungen ist, sich auf einen möglichen Krieg vorzubereiten. Deshalb ist das Komitee davon überzeugt, dass das Problem von Frieden und Sicherheit nur eine totale Lösung (Weltregierung) zulässt.

Frage: Die offizielle amerikanische Politik besteht offenbar darin, mit grösster Geduld ein internationales Abkommen zur Kontrolle der Atomenergie anzustreben, aber in der Zwischenzeit soviel Rohmaterial als möglich zur eventuellen Verwendung in Atombomben zu erzeugen. Halten Sie diese Politik für innerlich zwiespältig? Sie haben erklärt, dass ein Atomkrieg unsere Zivilisation zerstören würde; glauben Sie dann, dass die weitere Erzeugung von Material für Atombomben notwendig oder wünschenswert ist?

Einstein: Die Frage, ob es gerechtfertigt ist, unter den gegenwärtigen Umständen Atombomben zu fabrizieren, ist schwer zu beantworten. Die Frage ist auch nur von sekundärer Bedeutung. Wesentlich ist aber, dass die Vereinigten Staaten so handeln, dass ihre Absicht, das Sicherheitsproblem auf übernationalem Wege zu lösen, unzweideutig erkennbar ist. Man kann leider nicht sagen, dass dies auch nur annähernd erreicht sei.

In England war eine wichtige neue Friedensbewegung unter dem Titel "Crusade for World Government" ("Kreuzzug für eine Weltregierung") gegründet worden. Ihr Hauptsprecher war der Unterhausabgeordnete Henry C. Usborne[12], ihr Ziel die Schaffung einer neuen Weltorganisation, die an die Stelle der Vereinten Nationen treten sollte. Ihre Gründung sollte in Form einer "Weltkonvention der Völker" im Herbst 1950 erfolgen. Der Plan war, Delegierte zu dieser Konvention auf dem Weg direkter Wahlen in allen Teilen der Welt zu wählen (ein Delegierter auf je eine Million Einwohner). Im folgenden Jahr sollte eine Charta vorliegen, die nach Unterzeichnung durch die Hälfte aller Nationen der Welt – oder von Nationen, die die Hälfte der Erdbewohner umfassen – in Kraft treten würde.

Die neue Weltorganisation sollte eine Weltpolizei als einzige bewaffnete Truppe der Welt unterhalten, Kontrolle über Atomenergie und alle Mittel der Massenvernichtung ausüben und die Lebensmittelversorgung der Welt planen, während eine Weltbank als Träger einer allgemeinen Währung und als planwirtschaftliches Zentrum vorgesehen war. Natürlich lag dem Projekt die Beschränkung der Souveränität aller Mitgliedsstaaten zugrunde.

Über achtzig Mitglieder des britischen Parlaments und viele andere prominente Briten unterstützten die Bewegung. Eine Anzahl von Parlamentariern erklärte sich sogar zur Kandidatur für die Weltkonvention bereit. Die "Weltbewegung für eine Weltbundesregierung" berief für die Woche vom 17.–24. August 1947 eine internationale Konferenz nach Montreux (Schweiz) ein. Da Einstein nicht teilnehmen konnte, sandte er eine Grussbotschaft (unter dem Datum des 31. Juli 1947):

Die Konferenz in Montreux, bei der ich leider wegen geschwächter Gesundheit nicht anwesend sein kann, kann für die Entwicklung der dringenden internationalen Probleme von grosser Bedeutung werden. Die Hauptsache ist, dass diese Konferenz zu konkreten und klaren Entschliessungen gelangt hinsichtlich der zu erstrebenden Weltregierung, ihren Funktionen und ihrer Verfassung. Der übernationale Charakter der Konferenz ist geeignet, den von ihr ausgehenden Vorschlägen den Regierungen und Völkern gegenüber ein Gewicht zu verleihen, welches von lokalen Vereinigungen nicht erreicht werden kann. Möge es der Konferenz gelingen zu zeigen, dass Differenzen nationaler Gesichtspunkte unter dem Druck der durch die Situation gegebenen Zwangslage überwunden werden können.

Möge es Ihnen ferner gelingen, alle hauptsächlichen nationalen Vereinigungen in solcher Weise dauernd zusammenzuschliessen, dass ein aktionsfähiges Organ geschaffen wird, durch welches die über die Welt zerstreuten Anhänger der übernationalen Sicherung den nötigen dauernden Einfluss auf das politische Geschen erlangen können.

Gelingt dies, so wird dabei offenbar werden, dass die Widerstände der Völker gegen eine Beschränkung der Souveränität der Nationalstaaten nicht so unüberwindlich sind wie sie gegenwärtig erscheinen mögen.

Die Konferenz von Montreux billigte den Plan für eine "Konstituierende Weltversammlung der Völker" im Jahre 1950 und die vorgeschlagene Charta. Einstein erliess zusammen mit zwölf anderen prominenten Persönlichkeiten folgenden Aufruf:

Die Unterzeichneten glauben, dass der Welt die tödliche Gefahr der Selbstzerstörung durch einen Krieg droht. Sie legen Ihnen darum dringlichst die Vorschläge für eine 1950 stattzufindende "Konstituierende Weltversammlung der Völker" ans Herz.

Im Hinblick auf die Zerstörungsmittel, die sich jetzt in der Hand des Menschen befinden, erscheinen alle politischen, rassischen und Glaubensunterschiede belanglos. Das Menschengeschlecht wird zugrundegehen, wenn nicht auf friedliche Weise eine Weltregierung zustandekommt, die ein Weltgesetz durchzuführen vermag. Nur so kann der Krieg vermieden und der Friede und die Fülle des Lebens, die wir der ganzen Menschheit wünschen, verwirklicht werden.

Die Entscheidung heisst: *eine* Welt oder keine.

Im September 1947 besuchte Usborne die Vereinigten Staaten, wo er warm begrüsst wurde. Pläne wurden ausgearbeitet, für die "Weltkongress"-Bewegung auch in Amerika zu werben. Das Notstandskomitee der Atomwissenschaftler trug zur Finanzierung der Reise Usbornes bei, der am 28. September 1947 Einstein in Princeton besuchte.

Inzwischen gab es in den Vereinigten Staaten weitere Erörterungen über die Beziehungen zwischen der Wissenschaft und dem Militär. In der Zeitschrift *The American Scholar* (Frühjahrsnummer 1947) veröffentlichte der Dekan der Graduate School der Universität von Illinois, Louis N. Ridenour, einen Artikel unter der Überschrift "Military Support of American Science, a Danger?" ("Wird die amerikanische Wissenschaft durch die Unterstützung des Militärs gefährdet?").

Ridenour verneinte die Frage. Er erklärte, die Spitzen der Landesverteidigung verstünden die Erfordernisse der theoretischen Forschung, die grossenteils jetzt sehr bedeutende Mittel verschlinge, wie sie nur die Regierung zur Verfügung stellen könne. Im Zeitalter des totalen Krieges hänge das ganze menschliche

Leben mit der Kriegsfrage zusammen. Das Problem liege daher mehr in der Moralität des Krieges als in der Entwicklung spezifischer Waffen. Ausserdem sei auf den meisten Gebieten die Geheimhaltung der Forschungsergebnisse nicht mehr nötig. Im übrigen stehe es den Wissenschaftlern frei, ob sie die Unterstützung der Regierung annehmen wollten oder nicht.

Auf den Artikel Ridenours folgte in der Sommerausgabe des Magazins eine Reihe teils positiver, teils negativer Reaktionen (zu den Schreibern gehörten Aldous Huxley, Vannevar Bush und Norbert Wiener). Einsteins Beitrag führte den Titel "The Military Mentality" ("Die militärische Mentalität")[13]:

Das Entscheidende in der hier diskutierten Situation scheint mir darin zu liegen, dass das vorliegende Problem in seiner Isolierung nicht erörtert werden kann. Zunächst muss man fragen: Es ist heute so, dass die Institute für Lehre und Forschung in steigendem Masse aus Zuwendungen des Staates erhalten werden müssen, da private Mittel aus verschiedensten Gründen nicht ausreichen werden. Ist es an sich vernünftig, die durch Besteuerung für diesen Zweck aufgebrachten Beträge durch das Militär verteilen zu lassen? Auf diese Frage wird gewiss jeder vernünftige Mensch mit "Nein" antworten. Denn es ist klar, dass die schwierige Aufgabe einer optimalen Verteilung in die Hände von Personen gelegt werden sollte, welche durch ihre Ausbildung und Lebensarbeit den Beweis geliefert haben, dass sie von Wissenschaft und Gelehrsamkeit etwas verstehen.

Wenn vernünftige Menschen trotzdem dafür eintreten, dass ein grosser Teil der verfügbaren Mittel durch militärische Organe verteilt werden sollen, so liegen die Gründe für diese Haltung darin, dass die kulturellen Interessen der politischen Gesamteinstellung untergeordnet werden. Auf diese politische Gesamteinstellung, ihren Ursprung und ihre Bedeutung müssen wir unsere Aufmerksamkeit lenken. Tun wir dies, so erkennen wir bald, dass das der Diskussion zugrundeliegende Problem nur eines von vielen ist und nur dann voll gewürdigt und richtig beurteilt werden kann, wenn es in einen weiteren Rahmen hineingestellt wird.

Die erwähnte Einstellung aber ist für Amerika etwas Neues. Sie liegt darin, dass unter dem Einfluss der beiden Weltkriege und der durch sie bedingten Konzentration aller Kräfte auf das militärische Ziel sich eine vorwiegend militärische Mentalität entwickelt hat, die durch den so vollständigen Sieg noch verstärkt worden ist. Diese Mentalität liegt darin, dass man die Bedeutung dessen, was Bertrand Russell so treffend als "naked power" bezeichnet, weit über alle anderen Faktoren stellt, welche für die Relationen zwischen Völkern massgebend sind. Die Deutschen haben, insbesondere verführt durch die Erfolge Bismarcks, eine Wandlung zu einer solchen militärischen Mentalität erfahren, durch deren Folgen sie in weniger als hundert Jahren ruiniert wurden. Ich muss offen bekennen, dass mich das aussenpolitische Verhalten der Vereinigten Staaten seit Beendigung der Feindseligkeiten oft unwiderstehlich an das Verhalten des Wilhelminischen Deutschlands erinnert, und ich weiss, dass auch anderen ganz unabhängig von mir diese Analogie peinlich aufgefallen ist.

Charakteristisch für die militärische Einstellung ist es, dass sie in der Hauptsache nur aussermenschliche Faktoren (Atombomben, strategische Stützpunkte, Waffen jeglicher Art, Besitz an Rohmaterialien) als wesentlich, aber den Menschen, seine Wünsche und Gedanken, kurz den psychologischen Faktor als unwichtig und untergeordnet betrachtet. Hierin ähnelt sie bis zu einem gewissen Grade dem Marxismus, wenigstens solange man dessen theoretische Seite allein ins Auge fasst. Der Mensch selber aber sinkt zum blossen Mittel herab ("Menschenmaterial"). Die normalen Ziele menschlichen Strebens verschwinden bei solcher Einstellung. Um diese Lücke auszufüllen, erhebt die militärische Mentalität die "naked power" selbst zum unabhängigen Ziel – eine der sonderbarsten Illusionen, denen Menschen zum Opfer fallen können.

Die militärische Mentalität ist in unserer Zeit noch gefährlicher als früher, weil sich die Angriffswaffen viel stärker entwickelt haben als die Verteidigungswaffen. Sie führt deshalb notwendigerweise zum Präventivkriege. Die damit verbundene allgemeine Unsicherheit hat zur Folge, dass innerpolitisch die Rechte der Bürger dem vermeintlichen Staatswohl geopfert werden. Gesinnungsschnüffelei, Bevormundung jeder Art (zum Beispiel Bevormundung des Lehrwesens und der Forschung, der Presse) erscheinen unvermeidlich und finden deshalb nicht den Widerstand in der Bevölkerung, der bei Abwesenheit der militärischen Mentalität Schutz bieten würde. Eine Umwertung aller Werte findet allmählich statt, in dem alles als minderwertig angesehen und behandelt wird, was nicht sichtbar dem utopischen Ziele dient.

Ich sehe keinen anderen Ausweg unter den heutigen Bedingungen als weitschauende, ehrliche und mutige Politik mit dem Ziele der Sicherheit auf übernationaler Grundlage. Wollen wir hoffen, dass sich genügend viele und starke Menschen finden, welche die Nation auf diesen Weg führen, solange ihr eine führende Rolle durch die äusseren Verhältnisse geboten ist. Dann wird es Probleme von der Art der hier diskutierten überhaupt nicht mehr geben.

Zum 20. Jahrestag der Hinrichtung von Sacco und Vanzetti (22. August 1947) schrieb Einstein eine Erklärung, die für *Die Weltbühne* in Ostberlin, Nachfolgerin des gleichnamigen, bis 1933 von Carl von Ossietzky herausgegebenen Magazins der Weimarer Republik, bestimmt war[14]:

Es sollte alles dafür getan werden, das Andenken an die tragische Begebenheit Sacco-Vanzetti im Bewusstsein der Menschen lebendig zu erhalten. Wir werden durch sie daran erinnert, dass auch die am vollkommensten geplanten demokratischen Institutionen um nichts besser sind als die Menschen, deren Instrumente sie sind. Es gibt keine wahre Gerechtigkeit ohne den ernsten Willen, sie zu üben, ohne Respekt und Verständnis gegenüber dem Nächsten und seiner ehrlichen Überzeugung, ohne den Mut, blinden Vorurteilen und politischen Leidenschaften zu widerstehen.

Damals war der Wille zur Gerechtigkeit noch mächtiger als jetzt, wenn er sich auch nicht hat durchsetzen können. Zu viel Schreckliches hat seither das Gewissen der Menschen abgestumpft. Darum ist der Kampf um die Menschenwürde heute besonders dringend. Sacco und Vanzetti sollen als Symbol in allen ehrlich Strebenden fortleben.

Der betagte amerikanische Philosoph und Pädagoge John Dewey gehörte im August 1947 zu den Empfängern eines Finanzaufrufs des Notstandskomitees der Atomwissenschaftler. Dewey schrieb an Einstein und die anderen Mitglieder des Komitees[15]:

Ich bedaure, keinen Beitrag senden zu können. Ich könnte und würde es tun, wenn Sie Ihren Aufrufen Richtlinien für Ihre Vortragenden beifügen würden, die die Bemühung um Abschaffung des Vetorechts (in den Vereinten Nationen) deutlich machen. Ich bin nicht naiv genug anzunehmen, dass die Sowjetunion mit einer solchen Aktion einverstanden wäre. Aber wenigstens hätte man dann Grund zu der Hoffnung, dass die von Ihnen gesammelten Beträge nicht infolge der Nachlässigkeit der Geldgeber sinnlos verschwendet würden . . .

Einstein antwortete am 4. September 1947:

Ich danke Ihnen wärmstens für Ihre Freundlichkeit, sich über die Arbeit unseres Komitees auszusprechen. Ich stimme völlig mit Ihrem Vorschlag überein, dass wir und unsere Redner die Notwendigkeit der Abschaffung des Vetorechts betonen sollten.

Ich werde Ihren Vorschlag bei der nächsten Sitzung der Treuhänder im Oktober zur Sprache bringen, und hoffe auf deren Zustimmung.*

Dewey erwiderte am 7. September 1947:

Herzlichen Dank für Ihre freundliche Antwort auf meinen Vorschlag. Ihr Einverständnis freut mich sehr, und ich schätze Ihre gütigen Worte aufs tiefste.

Mit warmen persönlichen Empfehlungen und dem Ausdruck meiner Wertschätzung Ihrer grossartigen Arbeit . . .

Der Vorsitzende der philippinischen Delegation bei den Vereinten Nationen, Botschafter Carlos P. Romulo, sandte Einstein den Text einer Rede, die er vor der Plenarsitzung der U.N. am 18. September 1947 gehalten hatte. Darin hatte er die Modifizierung des Vetorechts im Sicherheitsrat und die gewissenhaftere Befolgung der Beschlüsse der Plenarversammlung verlangt. Am 16. Oktober 1947 dankte Einstein Romulo für die Übermittlung des Texts der Rede,

. . . die ich sorgfältig gelesen habe und mit der ich voll übereinstimme. Übrigens hat mir auch Ihre letztjährige Rede bei der U.N., in der Sie die paritätische Vertretung der Nationen in der Plenarversammlung verlangten, ganz besonders gefallen. Es scheint, dass die Intelligenz der Delegierten manchmal in keinem Verhältnis zu dem potentiellen Einfluss der von ihnen vertretenen Länder steht . . .*

Am 5. Juni 1947 kündigte der damalige amerikanische Aussenminister George C. Marshall in einer Rede an der Harvard-Universität das später als "Marshall-Plan" bekannt gewordene Hilfsprogramm für europäische Länder an. Einige Monate darauf wurde Einstein von dem früheren amerikanischen Kriegsminister Henry L. Stimson aufgefordert, einem Komitee zur Unterstützung des Marshall-Plans beizutreten. Einstein erwiderte am 4. November 1947[16]:

Wie Sie sich denken können, befürworte ich Hilfe für das schwer bedrängte Europa ohne Einschränkungen. Aber ich kann den Marshall-Plan in seiner gegenwärtigen Form nicht gutheissen. Ich glaube, eine solche internationale Aktion sollte im Rahmen der Vereinten Nationen vor sich gehen. Das scheint mir umso notwendiger, als der Marshall-Plan sowohl innerhalb wie ausserhalb der Vereinigten Staaten als eine gegen den russischen Block gerichtete Intrigue betrachtet wird und so die bereits bestehenden politischen Spannungen noch zu erhöhen droht.*

Ein weiterer Brief aus derselben Zeit beweist, dass Einstein, trotz seiner kritischen Haltung gegenüber vielen Geschehnissen in der Sowjetunion, es ablehnte, seinen Namen für sowjetgegnerische Aktionen zur Verfügung zu stellen, in denen er eine Erhöhung der Kriegsgefahr sah. Im Sommer 1947 bat ihn der amerikanische Schriftsteller Louis Fischer um eine öffentliche Empfehlung seines im Druck befindlichen Buchs über Gandhi und Stalin. Einstein lehnte Fischers Ersuchen in einem im Lauf des Juli geschriebenen Brief ab:

Ich habe Ihr Buch mit grossem Interesse gelesen und finde die Gegenüberstellung von Gandhi und Stalin recht wirksam. Auch bin ich überzeugt, dass Ihre Kritik an Stalin und dem gegenwärtigen russischen Regime in vielen Punkten gerechtfertigt ist, ebenso Ihre Aufforderung zur Selbstbesinnung im eigenen Lager.

Andererseits scheint es mir aber doch, dass Ihre Kritik an Russland insofern ungerecht ist, als die russische Situation aus inneren und äusseren Gründen viel schwieriger war als die Situation Indiens, das doch immerhin mit einem verhältnismässig fairen Gegner zu tun hatte.

Auch scheint es mir, dass Ihr Buch so gefasst ist, dass es zu der für den Weltfrieden so gefährlichen Russophobie beitragen muss. Ein unkritischer Leser mag sich durch die Lektüre in der Meinung bestärkt fühlen, dass Russland mit Gewalt von aussen her unterdrückt werden müsse. Ich sehe zwar klar, dass Sie selbst nicht so denken, aber es kommt eben nicht nur auf die Wahrheit einer Äusserung an, sondern auch auf die Wahl des Zeitpunktes, in der die Äusserung gemacht wird.

Dies ist der Grund, aus dem ich mich nicht für berechtigt halte, Ihrer Anregung gemäss das an sich vortreffliche Buch in der Öffentlichkeit zu empfehlen.

Am 11. November 1947 verlieh die Foreign Press Association in New York an Einstein eine Auszeichnung für seine Arbeit im Notstandskomitee der Atomwissenschaftler. Zu dem Ehrendinner waren Mitglieder des Sicherheitsrats und der Plenarversammlung der U.N. eingeladen. Ein Treuhänder des Notstandskomitees, Thorfin R. Hogness, kam von Chicago, um im Auftrag Einsteins die Ehrung anzunehmen. Die U.N.-Botschafter der Grossmächte sprachen: Warren Austin (U.S.A.), Sir Hartley Shawcross (Grossbritannien) und Andrei Vishinsky (Sowjetunion). Einstein hielt aus Princeton eine Funkansprache[17]:

Ich danke Ihnen herzlich für die Anerkennung, die Sie durch Zuerkennung Ihres Preises meinen bescheidenen Bemühungen um eine grosse Sache haben zuteil werden lassen. Die Freude wird gedämpft durch das Bewusstsein der schweren und drohenden Situation, in der sich unsere zusammengeschrumpfte und zu einer engen Schicksalsgemeinschaft gewordene Menschenwelt gegenwärtig befindet. Jeder weiss es, aber nur wenige richten ihr Handeln danach ein. Die meisten leben entmutigt ihren Alltag und sehen halb erschreckt, halb gleichgültig auf die gespenstische Tragikomöde, die sich vor aller Augen und Ohren auf dem internationalen Theater abspielt. Auf dieser Bühne aber, auf der die Schauspieler im Lichte der Scheinwerfer die für sie vorausbestimmte Rolle zu spielen haben, wird über unser morgiges Schicksal, über Tod und Leben der Völker entschieden.

Wenn es sich nicht um die alle gleichmässig bedrohende Gefahr der Atombombe und anderer Mittel der Massenvernichtung handelte, also um Dinge, die der Mensch selber erzeugt, sondern etwa um eine alle Völker bedrohende Pestepidemie, so wäre es anders. Man würde gewissenhafte und sachkundige Menschen zusammenbringen, die einen vernünftigen Plan für die Bekämpfung der Seuche ausarbeiten. Sie würden, nachdem sie sich über den richtigen Weg geeinigt haben, ihren Plan den Regierungen vorlegen. Diese würden wohl keine grossen Schwierigkeiten machen und sich über die einzuführenden Massregeln einigen. Es würde ihnen wohl kaum in den Sinn kommen, zu versuchen, es so einzurichten, dass die eigene Nation verschont bleibe, die andere durch Pest dezimiert werde.

Ist unsere Situation nicht der einer drohenden Pestepidemie ähnlich? Die Menschen vermögen diese Situation nicht in ihrem wahren Lichte zu sehen, weil ihr Blick durch Leidenschaften getrübt ist. Allgemeine Furcht und Angst erzeugt Hass und Aggressivität. Die Gewöhnung an kriegerische Zielsetzung und Tätigkeit hat die Denkweise der Menschen korrumpiert, sodass vernünftiges, objektives und humanes Denken kaum zur Wirkung kommt, ja sogar als unpatriotisch verdächtigt und verfolgt wird.

Zwar gibt es in den feindlichen Lagern genug Menschen von gesundem Urteil und Gerechtigkeitssinn, welche wohl fähig und bestrebt wären, eine Lösung für die tatsächlichen Schwierigkeiten in gemeinsamer Erwägung auszudenken. Diese Menschen sind aber dadurch an ihren Bestrebungen gehindert, dass man es ihnen unmöglich macht, zu unverbindlichen Besprechungen zusammen zu kommen. Ich denke da an Personen, die gewohnt sind, ein Problem objektiv anzugreifen und sich nicht durch übertriebenen Nationalismus oder durch sonstige Leidenschaften irre machen zu lassen. In dieser gewaltsamen Abschliessung der Menschen beider Lager voneinander sehe ich eines der Haupthindernisse für das Zustandekommen einer akzeptablen Lösung des brennenden Problems der internationalen Sicherheit.

Solange der Kontakt zwischen beiden Lagern auf die offiziellen Verhandlungen beschränkt ist, scheint mir wenig Aussicht auf das Zustandekommen einer vernünftigen Einigung zu bestehen, zumal die

Rücksichten auf das nationale und persönliche Prestige, sowie das unvermeidliche Bestreben, zum Fenster hinaus auf die Massen zu wirken, einen vernünftigen Fortschritt so gut wie unmöglich machen. Was der eine vorschlägt, ist schon allein aus diesem Grunde für den andern verdächtig, ja geradezu unannehmbar. Ausserdem steht hinter der offiziellen Verhandlung stets – wenn auch in vermummter Gestalt – die Drohung mit der nackten Gewalt.

Der offizielle Weg kann erst dann zum Erfolg führen, wenn der Boden durch unverbindliche Vorbereitung geebnet ist, sodass den Verhandlungen die Überzeugung von der Erreichbarkeit einer für alle Teile akzeptablen Lösung vorausgeht.

Ich glaube, dass die Journalisten bei der Verleihung ihres Preises an einen Wissenschaftler von ähnlichen Erwägungen wie den obigen geleitet waren. Möge es ihnen gelingen, dazu beizutragen, dass sich dieser Gesichtspunkt durchsetze.

Einstein war nicht der Meinung, dass sich die soziale Pflicht der Wissenschaftler von derjenigen anderer Menschen unterscheide. Besass der Wissenschaftler wirklich eine grössere Verantwortung für das politische und gesellschaftliche Geschehen, weil seine Forschungen zu gefährlichen Entwicklungen, wie zum Beispiel der Atombombe, geführt hatten? Mit demselben Recht könnte man, so dachte er, Newton für "verantwortlich" halten, da er das Gravitationsgesetz formuliert hatte. Und Philologen könnte man für Hitlers Reden "verantwortlich" machen, da sie die Sprache entwickelt hatten. Auf alle Fälle dürfe die Furcht, dass die Ergebnisse der Wissenschaft zu destruktiven Zwecken missbraucht würden, keinen Gelehrten von der Verfolgung seiner Forschungsarbeit abhalten.

Für eine Studententagung, die am Waffenstillstandstag 1947 in Cleveland stattfand, zeichnete Einstein die folgende Botschaft auf[18]:

... Ich bin Ihnen dankbar dafür, dass Sie eine energische öffentliche Aktion für die Sache der Weltregierung ins Leben zu rufen im Begriffe sind. Denn noch immer hat sich unter der Wählerschaft dieses Landes das Bewusstsein von der vitalen Bedeutung dieses Zieles nicht durchgesetzt, wenn auch erhebliche Fortschritte zu verzeichnen sind.

Warum brauchen wir eine Weltregierung? Warum brauchen wir sie in der nahen Zukunft, wenn unabsehbares Unheil für uns alle verhütet werden soll? Die technische Entwicklung hat es mit sich gebracht, dass kein Winkel dieses Planeten mehr gegen plötzliche Zerstörung gesichert ist, wenn es uns nicht gelingt, dem Zustande der Anarchie auf dem Gebiete der internationalen Politik bald und energisch ein Ende zu machen. Diese technische Entwicklung begünstigt den Angriff und hat die Verteidigung auf der Basis nationaler Bewaffnung unwirksam gemacht. Daher der Zustand steigender Nervosität, der sich in allen internationalen Verhandlungen täglich vor aller Augen und Ohren manifestiert.

Die blosse Erkenntnis der Gefahr führt aber noch keineswegs zur rettenden Aktion. Sie setzt sich in Furcht um, und die Furcht in Aggressivität. So vermehrt die blosse Erkenntnis der Gefahr noch die Entstehung verhängnisvoller Konflikte.

Können wir die dringende Lösung des Sicherheitsproblems nicht einfach unserer Regierung überlassen, ohne selbst etwas dazu zu tun? Nein, das können wir nicht. Die Regierung eines demokratischen Landes kann wichtige und folgenschwere Entscheidungen nur treffen, wenn sie sich durch den unbeugsamen Willen der Majorität gedeckt weiss. Ohne solchen starken, von wirklicher Einsicht getragenen Volkswillen wird eine grosse und lebenswichtige Aufgabe wie die der Schaffung einer auf Gesetz gegründeten übernationalen Macht zur Erzeugung eines gesicherten Friedens nicht gelöst werden.

Nach meiner Überzeugung besteht ein solch starker latenter Volkswille, und zwar nicht nur in unserem Lande, sondern überall in der Welt. Es muss also durch Organisation diesem Volkswillen Ausdruck gegeben werden, sodass er sich im politischen Leben Geltung verschafft. Dies ist die wichtige und dringende Aufgabe, die vor Ihnen und vor uns allen liegt.

Wir müssen auch daran denken, dass die auf den Bürgern unseres Landes lastende Verantwortung gegenwärtig besonders gross ist. Denn die Umstände haben es mit sich gebracht, dass dieses Land einen — wenn auch zeitlich eng begrenzten — technischen und militärischen Vorsprung hat. Deshalb muss die Initiative zu wirksamer übernationaler Organisation von diesem Lande ausgehen; und diese Initiative muss von solcher Art sein, dass die übrigen Völker die Überzeugung gewinnen, dass unser Bestreben von verständnisvoller Sorge um das Wohl der zu gründenden weiteren Gemeinschaft getragen ist. Es muss sorgfältig jeder Schein vermieden werden, dass wir eine durch enges nationales Interesse bedingte Machtpolitik zu betreiben beabsichtigen. Denn es gibt in der menschlichen Sphäre keinen einigermassen dauernden Fortschritt, der sich nicht auf Vertrauen und Zustimmung gründet.

Wenn Ihre Bestrebungen von solchem Geist getragen sind, wird der Erfolg nicht ausbleiben.

Als Einstein in seiner Rede vor der Foreign Press Association in New York von "unverbindlichen Vorbereitungen" und Diskussionen sprach, hatte er

wahrscheinlich Leo Szilards Plan einer internationalen Tagung von Wissenschaftlern im Auge. Dieses Projekt wurde damals von dem Notstandskomitee der Atomwissenschaftler erwogen. Professor Harrison Brown, Treuhänder und stellvertretender Vorsitzender der Organisation, beschrieb das Schicksal des Plans[19]:

... Der Plan entsprang im Herbst 1947 im Schosse des Notstandskomitees der Atomwissenschaftler. Wir hofften auf eine "Ost-West"-Konferenz von Wissenschaftlern zur Frage der Atomenergie-Kontrolle. Das wäre eine völlig inoffizielle Angelegenheit gewesen; unsere Entscheidung, die Idee zu verfolgen, wurde durch den Zusammenbruch der Atomenergie-Verhandlungen in den Vereinten Nationen stimuliert. Provisorische Briefe, die wir an Wissenschaftler in Frankreich, Grossbritannien und Amerika richteten, wurden mit beträchtlichem Enthusiasmus aufgenommen.

Auf Grund dieser Reaktionen wurde ich ersucht, mit den Russen in Verbindung zu treten. Wir hielten eine Konferenz dieser Art für sinnlos, wenn Sowjetwissenschaftler daran nicht teilnehmen könnten. Wir entschieden uns für Jamaica als Tagungsstätte, da die Visumfrage dann in den Händen Grossbritanniens gelegen wäre und die amerikanischen Teilnehmer keine Pässe gebraucht hätten. Einstein, der den Plan voll billigte, erklärte sich bereit, selbst nach Jamaica zu kommen, falls eine Schiffsbuchung arrangiert werden könne.

Ich informierte Aussenminister Marshall brieflich über den Plan, erhielt aber keine Antwort von ihm. Mit Mr. Gromyko von der russischen U.N.-Delegation nahm ich Kontakt auf durch Vermittlung eines polnischen U.N.-Attachés, der seinerseits von Leo Szilard informiert worden war. Gromyko schien für die Idee durchaus empfänglich zu sein und sagte zu, mit den zuständigen Sowjetstellen in Verbindung zu treten. Zwei Wochen später erbat Gromyko meinen Besuch. Diesmal erschien ich in Begleitung eines bekannten Anwalts, Dr. Fowler Hamilton. Gromyko berichtete salbungsvoll, er habe die Sowjetwissenschaftler verständigt; diese hätten jedoch die Teilnahme an der Konferenz abgelehnt. Nach dieser Absage gaben wir die Pläne für die Konferenz auf.

In der Oktober 1947-Ausgabe der Zeitschrift *United Nations World* erklärte Einstein in einem "Offenen Brief an die Plenarversammlung der Vereinten Nationen"[20]:

Die Bürger aller Länder, ihre Kinder und ihr Lebenswerk werden von der fürchterlichen Unsicherheit bedroht, die unsere Welt heute beherrscht. Der technologische Fortschritt hat die Stabilität und Wohlfahrt der Menschheit nicht erhöht. Infolge unserer Unfähigkeit, eine internationale Friedensorganisation zu schaffen, hat er sogar die Gefährdung des Friedens und der Existenz der Menschheit erhöht.

Die Delegierten der 55 Staaten, die jetzt zur zweiten Plenarversammlung der Vereinten Nationen zusammentreten, sind sich zweifellos der Tatsache bewusst, dass während der letzten beiden Jahre – seit dem Sieg über die Achsenmächte – kein wesentlicher Fortschritt erzielt worden ist. Das gilt sowohl für die Sicherung des Friedens im allgemeinen wie für konkrete Einzelprobleme – die Kontrolle der Atomenergie und die Zusammenarbeit beim Wiederaufbau der kriegsverwüsteten Gebiete.

Die Vereinten Nationen können für dieses Fiasko nicht verantwortlich gemacht werden. Keine internationale Organisation ist stärker als ihr verfassungsmässiges Mandat oder der zielgehende Wille ihrer Einzelmitglieder. Selbstverständlich sind die Vereinten Nationen eine äusserst wichtige und nützliche Institution, solange sich die Völker und Regierungen darüber klar sind, dass sie nur eine Station auf dem Weg zum Endziel darstellen: der Schaffung einer übernationalen Behörde mit ausreichenden legislativen und exekutiven Vollmachten zur Wahrung des Friedens.

Gegenwärtig befinden wir uns in einer Sackgasse, weil es keine hinreichend mächtige und zuverlässige übernationale Autorität gibt. Darum müssen die verantwortlichen Spitzen aller Regierungen von der Voraussetzung ausgehen, dass ein Krieg unvermeidlich ist. Und jeder von dieser Annahme motivierte Schritt trägt zu der Atmosphäre der Furcht und des Misstrauens bei und beschleunigt das Kommen der Katastrophe. Wie stark die Rüstungen der Nationen auch sein mögen: sie können weder die militärische Sicherheit der einzelnen Nationen noch den Frieden verbürgen.

Ohne die Beschränkung der traditionellen und nationalen Souveränität der einzelnen Länder wird es nie ein umfassendes Abkommen über die internationale Kontrolle und Verwaltung der Atomenergie oder über eine allgemeine Abrüstung geben. Denn solange Atomenergie und Rüstungen als wesentliche Teile der nationalen Sicherheit gelten, werden alle Nationen den internationalen Verträgen nur Lippenbekenntnisse zollen. Die Sicherheit ist unteilbar. Sie ist nur dann zu erreichen, wenn die notwendigen Gesetze und ihre Durchführung überall garantiert sein werden, sodass die militärische Sicherheit nicht mehr Sache der einzelnen Staaten ist. Es kann keinen Kompromiss zwischen der Vorbereitung für den Krieg und der Vorbereitung einer auf Gesetz und Ordnung gegründeten Weltgesellschaft geben.

Jeder Bürger muss sich entscheiden. Geht er von der Möglichkeit des Krieges aus, so muss er sich mit vielen Dingen abfinden: mit der Aufrechterhaltung von Truppen in strategisch wichtigen Gebieten wie Österreich und Korea, mit der Entsendung von Truppen nach Griechenland und Bulgarien, mit der auf jede erdenkliche Weise erzielten Ansammlung von Uranlagern, wie mit der allgemeinen Militärdienstpflicht und dem fortschreitenden Abbau der Bürgerrechte. Vor allem aber muss er die Folgen der Militärgeheimnisse hinnehmen, eine der schlimmsten Geisseln unserer Zeit und eines der grössten Hindernisse auf dem Weg des kulturellen Aufstiegs.

Wer dagegen erkennt, dass in unserem Atomzeitalter die planmässige Entwicklung einer supranationalen Regierung die einzige Garantie der Sicherheit und des Friedens darstellt, wird nach besten Kräften für die Stärkung der Vereinten Nationen arbeiten. Keinem vernünftigen und verantwortungsvollen Bürger der ganzen Welt sollte die Entscheidung schwer fallen.

Aber die Welt im Ganzen befindet sich in einem gefährlichen Labyrinth. Es fehlt den Mitgliedsstaaten der Vereinten Nationen an der nötigen Entschlusskraft. Die östlichen und westlichen Blöcke sind fieberhaft um die Stärkung ihrer eigenen Machtpositionen bemüht. Allgemeine Militärdienstpflicht; russische Truppen in Osteuropa; amerikanische Kontrolle über die pazifischen Inseln; Versteifung der Kolonialpolitik der Niederlande, Grossbritanniens und Frankreichs; Atom- und Militärgeheimnisse: all das gehört zu dem alten Mächtespiel.

Es ist höchste Zeit für die Vereinten Nationen, ihre moralische Autorität durch kühne Entscheidungen zu festigen.

Erstens wären die Befugnisse der Plenarversammlung zu erweitern; ihr müssten sowohl der Sicherheitsrat als auch alle anderen Organe der Vereinten Nationen untergeordnet werden. Solange ein Kompetenzkonflikt zwischen der Plenarversammlung und dem Sicherheitsrat besteht, wird die Wirksamkeit der gesamten Organisation notwendigerweise beeinträchtigt sein.

Zweitens sollten die Methoden der Repräsentanz entscheidend geändert werden. Der gegenwärtige Weg der Ernennung der Delegierten durch die Regierungen gewährt ihnen keine wahre Handlungsfreiheit. Ausserdem gibt er den Völkern der Welt nicht das Gefühl, auf faire und paritätische Weise vertreten zu sein. Der Weg der direkten Wahl der Delegierten durch die Völker der Mitgliedstaaten würde die moralische Autorität der Vereinten Nationen beträchtlich erhöhen. Wären die Delegierten einer Wählerschaft verantwortlich, so hätten sie viel mehr Freiheit, dem Diktat ihres Gewissens zu folgen; wir könnten dann bei den Vereinten Nationen mehr Staatsmänner und weniger Diplomaten erwarten.

Drittens: Die Plenarversammlung sollte während dieser kritischen Übergangsperiode ununterbrochen tagen. Dadurch könnte die Versammlung zwei Hauptaufgaben erfüllen: sie könnte die Initiative zur Schaffung einer übernationalen Ordnung ergreifen; und in Gefahrenzonen, wo der Friede akut bedroht ist (wie etwa gegenwärtig an der griechischen Grenze), könnte sie rasch und wirksam einschreiten.

Im Hinblick auf diese wichtigen Aufgaben sollte die Plenarversammlung nicht ihre eigenen Befugnisse an den Sicherheitsrat übertragen, zumal dieser durch den Hemmschuh der Vetobestimmungen gelähmt ist. Die Vereinten Nationen müssen – als einziges Organ, das einer kühnen und entschlossenen Initiative auf diesem Gebiet fähig ist – mit äusserster Beschleunigung die Fundamente einer wahren Weltregierung errichten und dadurch die für die internationale Sicherheit notwendigen Bedingungen schaffen.

Natürlich wird es dagegen starke Opposition geben. Aber es ist keineswegs sicher, dass die oft als Hauptgegner der Weltregierungsidee bezeichnete Sowjetunion auf ihrer Opposition verharren würde, wenn ihr ein faires Programm für wirkliche Sicherheit in der Welt vorgelegt würde. Aber auch wenn Russland gegenwärtig den Gedanken einer Weltregierung verwirft: in dem Augenblick, da die Idee einer Weltregierung in der Verwirklichung begriffen ist, mag die Sowjetunion ihre Haltung ändern. Vielleicht wird Russland dann nur auf den notwendigen Garantien der Gleichheit vor dem Gesetz bestehen. Dadurch würde die jetzt bestehende Situation im Sicherheitsrat vermieden, in der Russland sich ständig in der Minderheit befindet.

Dennoch muss man damit rechnen, dass Russland und seine Verbündeten es als ratsam betrachten könnten, einer solchen Weltregierung fernzubleiben. In diesem und nur in diesem Falle – nach dem Scheitern aller noch so ehrlichen Versuche, die Mitwirkung Russlands und seiner Verbündeten zu gewinnen – müssten die anderen Länder allein vorgehen. Diese nur partielle Weltregierung müsste aber auf alle Fälle sehr stark sein und mindestens zwei Drittel der grossen Industrie- und Wirtschaftsgebiete der Welt umfassen. Eine solche Stärke würde es der partiellen Weltregierung erlauben, das Militärgeheimnis und alle anderen Massnahmen, die von dem Mangel an Sicherheit bedingt werden, abzuschaffen.

Eine partielle Weltregierung sollte von vornherein bekannt

machen, dass die Tore für jeden Nichtmitgliedstaat – und ganz besonders Russland – weit geöffnet bleiben, und zwar auf der Basis völliger Gleichberechtigung für alle. Nach meiner Meinung sollte eine partielle Weltregierung Beobachter der Nichtmitgliedstaaten bei allen Tagungen und Verhandlungen zulassen.

Um das Endziel – die *eine* Welt, anstelle zweier einander feindlich gegenüberstehender Welten – zu erreichen, dürfte eine partielle Weltregierung nie den Eindruck einer Allianz gegen die übrigen Teile der Welt erwecken. Der einzige, wirkliche Schritt zur Weltregierung ist – die Weltregierung.

In einer Weltregierung werden ideologische Unterschiede zwischen den einzelnen Mitgliedsstaaten keine grosse Rolle spielen. Die gegenwärtigen Schwierigkeiten zwischen den Vereinigten Staaten und der Sowjetunion sind, davon bin ich überzeugt, nicht in erster Linie auf ideologische Differenzen zurückzuführen. Natürlich tragen diese zu den bereits bestehenden Spannungen bei. Aber selbst wenn Russland und die Vereinigten Staaten beide kapitalistisch (oder kommunistisch oder monarchisch) wären, so würden sich nach meiner Überzeugung Rivalitäten, Interessenkonflikte und Eifersüchteleien genau so wie heute zwischen den beiden Ländern ergeben.

Die Vereinten Nationen müssen jetzt – wie es später die Weltregierung tun wird – einem einzigen Ziel dienen: der Garantie der Sicherheit, des Friedens und der Wohlfahrt der ganzen Menschheit.*

Eine Polemik gegen den "Offenen Brief" Einsteins erschien am 26. November 1947 in dem Moskauer englischsprachigen Blatt *New Times*. Sie war ebenfalls in der Form eines Offenen Briefs gehalten und trug den Titel "Dr. Einstein's Mistaken Notions" ("Dr. Einsteins Irrtümer"). Unterzeichner waren vier hervorragende Physiker und Chemiker und Mitglieder der Sowjetakademie der Wissenschaften, Sergei Wawilow, A. N. Frumkin, A. F. Joffe und A. N. Semyonow. Hier folgt der Text[21]:

Der berühmte Physiker Albert Einstein wird nicht nur wegen seiner wissenschaftlichen Entdeckungen gefeiert; in neuerer Zeit hat er auch sozialen und politischen Problemen grosse Aufmerksamkeit geschenkt. Er spricht über den Rundfunk und schreibt in der Presse. Er ist mit einer Anzahl öffentlicher Organisationen verbunden. Immer wieder hat er seine Stimme gegen die Nazibarbaren erhoben. Er ist Befürworter eines dauerhaften Friedens und hat gegen einen drohenden neuen Krieg und gegen die Ambitionen der Militaristen geschrieben, die die amerikanische Wissenschaft völlig unter ihre Kontrolle bringen wollen.

Die Sowjetwissenschaftler, und die Völker der Sowjetunion im allgemeinen, schätzen den humanitären Geist, der diese Tätigkeiten des Gelehrten motiviert, obwohl seine Haltung nicht immer so konsequent und klar gewesen ist, wie man das hätte wünschen können. Aber einige Äusserungen Einsteins aus der neuesten Zeit enthalten Auffassungen, die uns nicht nur als irrig, sondern als schädlich für die Sache des Friedens erscheinen, die er so warm unterstützt.

Darauf hinzuweisen, betrachten wir als unsere Pflicht. Wir wollen die Frage klären helfen, wie man am wirksamsten für den Frieden arbeiten kann. Von diesem Gesichtspunkt aus muss die neuerdings von Dr. Einstein propagierte Idee einer "Weltregierung" betrachtet werden.

In der buntgewürfelten Gruppe der Anhänger dieser Idee finden sich – neben hundertprozentigen Imperialisten, die sie zur Tarnung für den Trend schrankenloser Expansion benützen – auch gewisse Intellektuelle in den kapitalistischen Ländern, die von dem plausiblen Klang der Sache eingefangen worden sind, ohne ihre tiefere Bedeutung zu verstehen. Diese pazifistisch und liberal gesinnten Intellektuellen glauben in einer "Weltregierung" ein Allheilmittel gegen die Übelstände der Welt und einen Wachtposten für einen dauerhaften Frieden gefunden zu haben.

Die Anhänger einer "Weltregierung" machen ausgiebig Gebrauch von dem scheinbar radikalen Argument, dass in unserem Atomzeitalter die staatliche Souveränität ein Überbleibsel der Vergangenheit oder, wie der belgische Delegierte Spaak in der Plenarversammlung der U.N. sagte, eine "altmodische" und sogar "reaktionäre" Idee sei. Eine stärkere Abweichung von der Wahrheit ist kaum denkbar.

Vor allem sind die Ideen einer "Weltregierung" und eines "Superstaates" keineswegs Schöpfungen des Atomzeitalters. Sie sind viel älter; zum Beispiel wurden sie bereits bei der Gründung des Völkerbunds diskutiert.

Ausserdem haben diese Ideen in neuerer Zeit keinen fortschrittlichen Charakter gehabt. Sie gehen darauf zurück, dass die kapitalistischen Monopole, die die wichtigsten Industrieländer beherrschen, ihre nationalen Grenzen als zu eng betrachten. Sie brauchen weltweite Märkte, weltweite Rohstoffquellen und weltweite kapitalistische Investitionen. Auf Grund ihrer Vorherrschaft in Politik und Verwaltung können die Monopolinteressen der Grossmächte den

Regierungsapparat ausnützen – sowohl in ihrem Kampf um Einfluss-Sphären als auch in ihren Bemühungen, andere Länder wirtschaftlich und politisch zu unterjochen und in diesen Staaten ebenso wie in ihren eigenen die Herrenrolle zu spielen.

Wir wissen das aus unseren eigenen Erfahrungen in unserem eigenen Lande. Unter dem Zarismus war Russland, dessen reaktionäres Regime servil den Wünschen des Kapitals folgte, infolge seiner schlecht bezahlten Arbeitskräfte und reichen natürlichen Rohstoffe ein verlockender Leckerbissen für ausländische Kapitalisten. Französische, britische, belgische und deutsche Firmen mästeten sich an unserem Land gleich Raubvögeln und ernteten Profite, die in ihren eigenen Ländern für sie unerreichbar gewesen wären. Durch Erpresseranleihen verketteten sie das zaristische Russland mit dem kapitalistischen Westen. Mit Hilfe von Geldern ausländischer Banken unterdrückte die zaristische Regierung die revolutionäre Bewegung auf brutale Weise; sie hemmte die Entfaltung der russischen Wissenschaft und Kultur und stachelte das Volk zu antijüdischen Pogromen auf.

Die grosse sozialistische Oktoberrevolution zerschlug die Ketten der wirtschaftlichen und politischen Abhängigkeit, die unser Land mit den kapitalistischen Monopolen der Welt verbanden. Die Sowjetregierung schuf in unserem Land zum ersten Mal einen wirklich freien und unabhängigen Staat und förderte den Aufstieg unserer sozialistischen Wirtschaft, Technologie, Wissenschaft und Kultur, der sich mit einem in der Geschichte noch nie dagewesenen Tempo vollzog. Sie verwandelte unser Land in ein zuverlässiges Bollwerk des internationalen Friedens und Sicherheit. Unser Volk verteidigte die Unabhängigkeit des Landes im Bürgerkrieg, in der Abwehr der Intervention eines Blocks imperialistischer Staaten und in den grossen Kämpfen des Kriegs gegen die Nazi-Eindringlinge.

Und nun verlangen die Anhänger eines "Weltsuperstaats" von uns die Aufgabe dieser Unabhängigkeit im Interesse einer "Weltregierung", die nichts als ein glitzerndes Aushängeschild für die Weltsupremetie der kapitalistischen Monopole wäre.

Das ist ganz offensichtlich eine ungeheuerliche Zumutung an uns. Aber eine solche Forderung ist absurd, und zwar nicht nur im Hinblick auf die Sowjetunion. Nach dem Zweiten Weltkrieg gelang es einer Anzahl von Ländern, sich von dem imperialistischen System der Unterdrückung und Sklaverei zu lösen. Die Völker dieser Länder sind dabei, ihre wirtschaftliche und politische Unabhängigkeit zu festigen, und lehnen ausländische Eingriffe in ihre inneren Angelegenheiten ab. Ausserdem hat das rasche Wachsen der nationalen Unabhängigkeitsbewegung in den Kolonien und Schutzgebieten das Nationalbewusstsein von Hunderten Millionen von Menschen erweckt, die nicht weiter im Status der Sklaverei bleiben wollen.

Die Monopole der imperialistischen Länder haben eine Anzahl profitabler Ausbeutungssphären verloren, und weitere Verluste drohen ihnen. So tun sie ihr Äusserstes, um die ihrer Herrschaft entronnenen Nationen der staatlichen Unabhängigkeit zu berauben, die die Monopole äusserst lästig finden, und um die wahre Befreiung der Kolonien zu verhindern. Um dieses Zieles willen suchen die Imperialisten ihre Zuflucht in den verschiedensten Methoden militärischer, politischer, wirtschaftlicher und ideologischer Kriegführung.

Im Einklang mit diesem Programm bemühen sich die Ideologen des Imperialismus, selbst die Idee der nationalen Souveränität zu diskreditieren. Eine der von ihnen dazu benutzten Methoden besteht in der Werbung für prätentiöse "Weltstaats"-Pläne, die angeblich Imperialismus, Kriege und nationale Feindseligkeiten beseitigen und den Sieg des universalen Rechts herbeiführen sollen.

Der räuberische Appetit der um Weltsuprematie ringenden imperialistischen Kräfte ist auf diese Weise unter dem Deckmantel einer pseudofortschrittlichen Idee verborgen, die gewisse Intellektuelle – Wissenschaftler, Schriftsteller und andere – in den kapitalistischen Ländern anzieht.

In einem von ihm im September an die U.N.-Delegation gerichteten Offenen Brief hat Dr. Einstein einen neuen Plan zur Beschränkung der nationalen Souveränität vorgeschlagen. Darnach soll die Plenarversammlung der U.N. in ein permanent tagendes Weltparlament verwandelt werden, mit grösseren Machtbefugnissen als sie jetzt der Sicherheitsrat besitzt, der nach der Meinung Einsteins durch das Vetorecht lahmgelegt ist (die Wiederholung einer Behauptung, die von den Helfershelfern der amerikanischen Diplomatie Tag für Tag aufgestellt wird). Die Plenarversammlung sollte nach Dr. Einsteins Plan das Recht der endgültigen Entscheidung haben; das Prinzip der Einstimmigkeit der Grossmächte solle abgeschafft werden.

Für die U.N.-Delegierten schlägt Einstein direkte Wahl durch die Völker, statt, wie bisher, Ernennung durch die Regierungen vor. Auf den ersten Blick mag diese Idee fortschrittlich und sogar radikal erscheinen. In Wirklichkeit würde dadurch die gegenwärtige Situation in keiner Weise verbessert. Stellen wir uns vor, wie solche Wahlen zu einem "Weltparlament" in der Praxis aussehen würden.

Ein grosser Teil der Menschheit lebt immer noch in kolonialen und abhängigen Ländern, die von den Gouverneuren, den Truppen und den finanziellen und industriellen Monopolen einer Handvoll imperialistischer Mächte beherrscht werden. "Wahl durch das Volk" würde in solchen Ländern die Berufung der Delegierten durch die Kolonialverwaltung oder die Militärbehörden bedeuten; man braucht sich hier nur der Parodie eines Referendums in Griechenland zu entsinnen, das von den monarchistisch-faschistischen Herrschern unter dem Schutz britischer Bajonette durchgeführt wurde.

Aber die Dinge lägen nicht viel anders in Ländern, in denen formell das allgemeine Wahlrecht herrscht. In den vom Kapital gelenkten bourgeois-demokratischen Ländern benützt das Kapital alle erdenklichen Tricks und Künste, um das allgemeine Wahlrecht und die Abstimmungsfreiheit in eine Farce zu verwandeln. Einstein weiss sicher, dass bei den letzten Kongresswahlen in den U.S.A. nur 39 Prozent der Wählerschaft abstimmten; er weiss sicher, dass Millionen von Negern in den Südstaaten entweder des Wahlrechts beraubt sind oder – nicht selten unter Lynchdrohungen – gezwungen werden, für ihre bittersten Feinde, etwa den Erzreaktionär und Negerhasser Senator Bilbo, zu stimmen.

Wahlsteuern, Sonderprüfungen und andere Mittel werden dazu benützt, Millionen von Immigranten, Wanderarbeitern und armen Farmern das Wahlrecht zu entziehen. Von der weitverbreiteten Sitte des Stimmenkaufs und der Rolle der reaktionären Presse, dem von Zeitungsmillionären beherrschten mächtigen Instrument der Massenbeeinflussung, wollen wir erst gar nicht reden.

All das zeigt, wie die von Einstein vorgeschlagenen direkten Wahlen zu einem Weltparlament unter den in der kapitalistischen Welt existierenden Bedingungen aussehen würden. Das resultierende Parlament wäre nicht besser als die gegenwärtige Plenarversammlung. Es wäre ein Zerrbild der wahren Ansichten der Massen, ihrer Sehnsüchte und Hoffnungen auf einen dauerhaften Frieden.

Bekanntlich verfügt die amerikanische Delegation in der Plenarversammlung und in den Komitees der Vereinten Nationen über eine regelrechte Abstimmungsmaschine; das kommt daher, dass die überwältigende Mehrheit der U.N.-Mitglieder von den Vereinigten Staaten abhängt und sich den politischen Erfordernissen Washingtons anpassen muss. Zum Beispiel ist eine Anzahl lateinamerikanischer Länder, deren Landwirtschaft sich auf ein einziges Produkt spezialisiert, völlig den amerikanischen Monopolen ausgeliefert, die den Preis ihrer Waren festlegen. So ist es nicht verwunderlich, dass sich in der

Plenarversammlung unter dem Druck der amerikanischen Delegation eine künstliche Majorität herausgebildet hat, die den Befehlen ihrer Herren folgt.

Es gibt Fälle, in denen die amerikanische Diplomatie es vorzieht, gewisse Massnahmen nicht auf dem Weg über das amerikanische Aussenministerium, sondern unter der Flagge der Vereinten Nationen durchzusetzen (man denke nur an das notorische Balkankomitee oder die Kommission zur Beobachtung der koreanischen Wahlen). Die amerikanische Delegation möchte aus den Vereinten Nationen einen Arm des Aussenministeriums machen. Zu diesem Zweck schlägt man die Schaffung einer "Kleinen Versammlung" vor, die in Wirklichkeit den Sicherheitsrat ersetzen würde, in dem das Prinzip der Einstimmigkeit der Grossmächte die Verwirklichung imperialistischer Pläne verhindert.

Einsteins Vorschlag würde nicht zum dauerhaften Frieden und zur internationalen Zusammenarbeit führen. Er würde als Tarnungsmittel für eine Offensive gegen jene Nationen dienen, deren Regierungen den herkömmlichen Wuchergewinnen des ausländischen Kapitals ein Ende gesetzt haben; er würde die ungezügelte Expansion des amerikanischen Imperialismus erleichtern und die ideologische Entwaffnung jener Nationen ermöglichen, die ihre Unabhängigkeit bewahren wollen.

Eine Ironie des Schicksals hat Einstein zum Befürworter der Pläne und Ambitionen der bittersten Feinde des Friedens und der internationalen Zusammenarbeit gemacht. In seinem Offenen Brief erklärt er bereits im voraus: Falls die Sowjetunion den Eintritt in seine exzentrische Organisation ablehne, hätten andere Nationen das Recht, ohne Russland vorzugehen; nur müsse die Türe für eine eventuelle Beteiligung Russlands als Mitglied oder "Beobachter" offen gehalten werden.

Im Grunde unterscheidet sich dieser Vorschlag sehr wenig von den Ideen der offenen Wortführer des amerikanischen Imperialismus, wie weit Einstein von ihnen auch entfernt sein mag. Die Quintessenz dieser Ideen ist: lassen sich die Vereinten Nationen nicht in ein Instrument der amerikanischen Politik, in eine tarnende Hülle für imperialistische Ränke und Absichten verwandeln, so müssen sie vernichtet und durch eine "internationale" Organisation unter Ausschluss der Sowjetunion und der neuen Demokratien ersetzt werden.

Begreift Einstein nicht, wie verhängnisvoll solche Pläne für die internationale Sicherheit und Zusammenarbeit sein würden?

Wir glauben, dass Einstein einen falschen und gefährlichen Weg eingeschlagen hat; er jagt nach der Chimäre eines "Weltstaats" in einer Welt, in der verschiedene soziale, politische und wirtschaftliche Systeme bestehen. Natürlich gibt es keinen Grund, warum Staaten mit unterschiedlichen sozialen und wirtschaftlichen Strukturen nicht wirtschaftlich und politisch zusammenarbeiten sollten – vorausgesetzt, dass man diese Unterschiede nüchtern ins Auge fasst. Aber Einstein geht einer politischen Marotte nach und spielt dadurch nur den geschworenen Feinden der internationalen Zusammenarbeit und eines dauerhaften Friedens in die Hände. Der von ihm den Mitgliedstaaten der Vereinten Nationen nahegelegte Kurs würde nicht zur internationalen Sicherheit, sondern zu neuen internationalen Schwierigkeiten führen. Nutzniesser wären einzig die kapitalistischen Monopole, die in neuen internationalen Krisen die Verheissung neuer Rüstungsverträge und neuer Profite sehen.

Gerade weil wir Einstein, dem hervorragenden Wissenschaftler und dem gemeinsinnigen Menschen, der sein Bestes für die Förderung des Friedens tun will, so hohe Achtung entgegenbringen, gerade deshalb sehen wir es als unsere Pflicht an, mit äusserster Offenheit und ohne diplomatische Verbrämungen zu sprechen.

Einsteins Erwiderung war im Dezember 1947 geschrieben und im Februar 1948 im *Bulletin of the Atomic Scientists*[21] veröffentlicht worden. Sie wurde von dem Notstandskomitee der Atomwissenschaftler weit verbreitet:

Vier meiner eminenten russischen Kollegen haben in der "New Times" in Form eines Offenen Briefes eine benevolente Anklageschrift gegen meine Person veröffentlicht. Ich bin ihnen dankbar dafür, dass sie sich dieser Mühe unterzogen haben, noch mehr dafür, dass sie sich so offen und rückhaltslos geäussert haben. Denn vernünftiges Handeln in der menschlichen Sphäre ist nur möglich, wenn man die Gedanken, Motive und Befürchtungen des andern zu verstehen sucht, sodass man sich in seine Lage zu versetzen weiss. Und jeder Wohlmeinende muss nach seinen schwachen Kräften dazu beizutragen suchen, dass dies gegenseitige Verstehen gefördert wird. In diesem Sinne bitte ich meine russischen Kollegen und die sonstigen Leser, die folgende Antwort aufzufassen. Es ist die Antwort eines Menschen, der nach einem gangbaren Auswege sucht, ohne sich der Illusion hinzugeben, dass er "der Wahrheit" oder "des richtigen Weges" sicher sei. Wenn ich im Folgenden meine Ansicht einigermassen dogmatisch ausdrücke, so geschieht es nur der Kürze und der leichteren Übersicht halber.

Obwohl Ihr Brief in der Hauptsache die Form eines violenten

Angriffes gegen das nichtsozialistische Ausland hat, insbesondere gegen die Vereinigten Staaten, scheint mir hinter der aggressiven Form eine defensive seelische Einstellung evident, ein Hang zu einem fast uneingeschränkten Isolationismus. Wenn man sich vor Augen hält, was Russland insbesondere in den letzten drei Dezennien vom Auslande erfahren und erlitten hat – die deutschen Invasionen mit planmässigem Massenmord an der Zivilbevölkerung, die Interventionen im Bürgerkrieg, den systematischen Verleumdungsfeldzug in der westlichen Presse, die Stützung von Hitler als vermeintliches Werkzeug zur Bekämpfung Russlands – so kann man diese Flucht in den Isolationismus sehr wohl begreifen. Ja, begreiflich ist es, aber darum nicht minder verhängnisvoll für Russland sowohl, als auch für alle andern Nationen. Davon später.

Der hauptsächliche Gegenstand Eurer Anklage gegen mich bezieht sich auf mein Eintreten für "World Government". Auf diesen wichtigsten Punkt kann ich aber erst eingehen, wenn ich etwas gesagt habe über den Gegensatz von Sozialismus und Kapitalismus; denn Eure Ansicht über die Bedeutung dieses Gegensatzes scheint Eure Einstellung zu dem internationalen Problem völlig zu beherrschen. Wenn man das sozial-ökonomische Problem leidenschaftslos betrachtet, so stellt es sich so dar: Die technische Entwicklung hat in steigendem Masse die Zentralisierung des ökonomischen Mechanismus mit sich gebracht. Dieser Umstand hat es auch mit sich gebracht, dass die ökonomische Macht in allen weitgehend industrialisierten Ländern notwendig in den Händen einer verhältnismässig geringen Zahl von Personen ist. Diese Personen sind in den kapitalistischen Staaten der Allgemeinheit keine Rechenschaft schuldig, wohl aber in den sozialistischen Staaten, in welchen sie Beamte sind wie diejenigen, in deren Hände die politische Macht gelegt ist.

Ich glaube wie Ihr, dass die sozialistische Wirtschaft Vorteile hat, welche ihre Nachteile entschieden überwiegen, wenn die Leitung wenigstens einigermassen den an sie zu stellenden Anforderungen entspricht. Es wird gewiss der Tag kommen, an dem alle Nationen (vorausgesetzt, dass sie überhaupt noch existieren) der russischen dafür dankbar sein werden, dass sie die praktische Möglichkeit einer im Sinne des Sozialismus geplanten Wirtschaft zuerst, und zwar unter äusserst schwierigen Umständen, durch kraftvolle Realisierung bewiesen hat. Ich glaube auch, dass die kapitalistische Wirtschaft (das System des "free enterprise") sich als unfähig erweisen wird, die durch technologischen Fortschritt in steigendem Masse sich einstellende chronische Arbeitslosigkeit zu überwinden und ein gesundes

Gleichgewicht zwischen der Produktion und der Kaufkraft des Volkes herbeizuführen.

Andererseits aber sollte man sich davor hüten, den Kapitalismus als die Quelle aller sozialen und politischen Übel hinzustellen und zu glauben, dass der Sozialismus durch dessen blosse Etablierung alle sozialen und politischen Schäden der Menschheit zu heilen vermöge. Die Gefahr eines solchen Glaubens liegt zunächst nämlich darin, dass er die Gläubigen zu fanatischer Intoleranz antreibt, indem er aus einer nützlichen sozialen Methode eine Art Kirche macht, welche alle Aussenstehenden als Ketzer oder gar als böswillige Missetäter hinstellt. Ist man so weit gekommen, dann geht jedes Verständnis für die Überzeugungen und Handlungen dieser Ungläubigen verloren. Sie wissen ja aus der Geschichte, welche Summe überflüssiger Leiden solch starrer Glaube über die Menschheit gebracht hat.

Eine Regierung ist an sich insofern überhaupt ein Übel, als sie die Tendenz in sich trägt, in Tyrannei auszuarten. Jeder – ausser einem Häuflein übrig gebliebener Anarchisten – ist jedoch davon überzeugt, dass ohne Regierung eine zivilisierte Gesellschaft überhaupt nicht möglich ist. In einer gesunden Nation gibt es eine Art dynamisches Gleichgewicht zwischen Volkswillen und Regierungsmacht, welche eine Degeneration der Regierung in Tyrannei verhindert. Es ist klar, dass die Gefahr solcher Degeneration in einem Staate grösser ist, in welchem die Regierung nicht nur über die bewaffnete Macht, sondern auch über alle Mittel der Erziehung und Aufklärung, sowie über die wirtschaftliche Existenz jedes Einzelnen verfügt. Ich sage dies nur, um anzudeuten, dass der Sozialismus an sich noch nicht als Lösung der sozialen Probleme angesehen werden kann, sondern nur als ein Rahmen für deren Lösung.

Was mich an dem in Eurem Schreiben vertretenen allgemeinen Standpunkte am meisten wunderte, ist dies: Ihr seid so leidenschaftliche Gegner einer anarchischen Volkswirtschaft und ebenso leidenschaftliche Vertreter der Anarchie auf dem Felde der internationalen Politik. Der Vorschlag, die Souveränität der einzelnen Staaten einzuschränken, erscheint Euch als an sich verwerflich, als ein Verstoss gegen das natürliche Recht. Ausserdem versucht Ihr zu zeigen, dass hinter der Idee einer Einschränkung der Souveränität die Absicht der U.S.A. stehe, auf unblutigem Wege die übrige Welt auf ökonomischer Basis zu beherrschen und auszubeuten. Ihr sucht diese Idee dadurch zu begründen, dass Ihr die einzelnen Massnahmen der amerikanischen Regierung seit dem Ende des letzten Krieges in Eurer Weise analysiert. Ihr sucht zu zeigen, dass die Plenarversammlung der

U.N. eine Art Puppenspiel sei, das unter der Kontrolle der U.S.A. und damit unter der Kontrolle der amerikanischen Kapitalisten stehe.

Derartige Argumentationen wirken auf mich wie Mythologie; sie haben keine Überzeugungskraft. Wohl aber zeigen sie, zu einer wie weitgehenden gegenseitigen Entfremdung die bedauerliche künstliche Massregel des gegenseitigen Abschlusses der Intellektuellen unserer beiden Länder bereits geführt hat. Wenn ein freier persönlicher Gedankenaustausch ermöglicht und gefördert würde, so könnten gerade die Intellektuellen das ihre dazu beitragen, eine Atmosphäre des gegenseitigen Verstehens beider Nationen und ihrer Probleme herbeizuführen, welche eine notwendige Grundlage für das Zustandekommen fruchtbarer politischer Kooperation bildet. Da wir nun aber einstweilen auf den schwerfälligen Weg der "Offenen Briefe" beschränkt sind, so sei hier kurz angedeutet, wie ich auf diese Argumente reagiere.

Niemand wird bestreiten, dass der Einfluss der ökonomischen Oligarchie auf alle Zweige des hiesigen öffentlichen Lebens ein mächtiger ist. Man soll ihn aber auch nicht überschätzen. Franklin D. Roosevelt ist entgegen dem verzweifelten Widerstand dieser Mächte zum Präsidenten gewählt und dreimal wiedergewählt worden, und zwar in einer Zeit folgenschwerer Entscheidungen.

Was nun die Aktionen der amerikanischen Regierung seit Kriegsende anlangt, so bin ich weder willens, noch fähig oder befugt, sie zu rechtfertigen oder zu begründen. Eines aber, denke ich, ist nicht zu leugnen. Diese Handlungen stellen einen ernsthaften Versuch dar, die internationalen Schwierigkeiten auf konstruktivem Wege zu lösen. Waren die Vorschläge nicht annehmbar, so konnten sie doch als Verhandlungsbasis für eine wirkliche Lösung des Problems der internationalen Sicherheit dienen. Das zum Teil rein negative, zum Teil offenkundig dilatorische Verhalten der russischen Regierung ist es, was den wohlmeinenden Menschen in diesem Lande das Leben sauer macht und ihren Stand gegenüber den "warmongers" so sehr erschwert. Was nun den Einfluss der U.S.A. auf die U.N.-Plenarversammlung anlangt, so ist er nach meiner Ansicht nicht allein auf die ökonomische und militärische Macht der U.S.A. zurückzuführen, sondern auf das Bestreben, eine konstruktive Lösung der Schwierigkeiten zu finden.

Was nun das umstrittene Vetorecht anlangt, so glaube ich, dass das Bestreben, es abzuschaffen oder unschädlich zu machen, weniger auf das Betreiben der U.S.A. zurückzuführen ist als auf die russische Politik, beziehungsweise die Art, wie dieselbe von diesem Rechte

Gebrauch gemacht hat. Wenn die russische Regierung das Ziel gehabt hätte, das Vetorecht zu beseitigen, hätte sie sich nicht anders zu verhalten brauchen, als sie es tatsächlich getan hat.

Nun zu der These, dass die Politik der U.S.A. die ökonomische Beherrschung und Ausbeutung der übrigen Nationen zum Ziele habe. Über Ziele etwas Zuverlässiges zu sagen, ist ein prekäres Unternehmen. Lasset uns lieber auf die objektiven Faktoren sehen. Die U.S.A. ist in der an sich günstigen Lage, alle wichtigeren Industrieprodukte und Nahrungsmittel in hinreichender Menge im eigenen Lande zu erzeugen. Sie hat auch in ihrem eigenen Lande sozusagen alle wichtigeren Rohmaterialien. Durch das zähe Festhalten an dem System des "free enterprise" kann sie es aber nicht erreichen, dass die Kaufkraft der Bevölkerung Schritt hält mit der Produktionskapazität des Landes. Damit hängt auch die ständige Gefahr zusammen, dass die Arbeitslosigkeit bedrohliche Dimensionen annimmt.

Durch diese Faktoren sieht sich das Land zum Exportieren gezwungen, da es unter den obwaltenden Umständen sonst seine Produktionsmaschinerie nicht voll in Gang halten könnte. Das wäre nun nicht von Übel, wenn dieser Export durch einen etwa gleichwertigen Import kompensiert würde. Ausbeutung des Auslandes würde dann darin bestehen, dass der Arbeitswert des Importes den des Exportes erheblich überwöge. Dies wird aber mit aller Gewalt zu vermeiden gesucht, weil fast jeder Import einen Teil der eigenen Produktionsmaschinerie lahm legen würde. So kommt es, dass das Ausland nicht in der Lage ist, die exportierbaren Waren zu bezahlen, was doch nur durch Import von Waren für die Dauer möglich wäre. Darauf ist es zurückzuführen, dass der grösste Teil des Goldes nach U.S.A. geflossen ist. Nun gibt es aber für dieses Gold in der Hauptsache kaum eine andere Verwendung, als zum Einkauf fremder Waren, was aber aus den angegebenen Gründen nicht in Frage kommt. Also liegt es da, dieses Gold, sorgsam gegen Diebstahl bewacht, ein Ehrendenkmal der Staatsweisheit und der ökonomischen Wissenschaft. Aus den angedeuteten Gründen kann ich die Behauptung der von der U.S.A. drohenden Ausbeutung der übrigen Welt nicht so ernst nehmen.

Die geschilderte Sachlage hat aber doch ihre vom Standpunkt der Politik ernste Seite. Die Vereinigten Staaten sehen sich aus den angegebenen Gründen genötigt, einen Teil ihres Arbeitsertrages an das Ausland abzugeben, der Form nach auf Grund von Anleihen, welche sie ausländischen Staaten gewähren, Anleihen, von denen man nicht sieht, wie sie zurückgezahlt werden könnten. In Wahrheit sind es aber Geschenke, die als Mittel im politischen Machtkampfe verwendbar sind. So wie die Verhältnisse und die Menschen beschaffen sind, bedeutet dies allerdings eine Gefahr. Sind wir aber nicht in eine Entwicklung der internationalen Angelegenheit hineingeraten, in welcher jede Errungenschaft des Geistes und jedes materielle Gut zu einer Waffe und damit zu einer Gefahr für die Menschheit wird?

Diese Frage führt uns zu der wichtigsten Angelegenheit, neben welcher alles andere als unerheblich zurücktritt. Wir alle wissen, dass der Machtkampf früher oder später notwendig zum Kriege führt. Und dieser bedeutet unter den heutigen Umständen eine Massenvernichtung von Menschen und Dingen, wie sie sich in der Geschichte auch nicht annähernd je zugetragen hat. Sollten wir wirklich auf Grund unserer Leidenschaften und überkommenen Gewohnheiten dazu verdammt sein, uns gegenseitig zugrunde zu richten, sodass nichts übrig bleibt, was der Erhaltung wert wäre? Sind nicht alle die Streitpunkte und Meinungsdifferenzen, welche wir in unserem sonderbaren Briefwechsel gestreift haben, bedeutungslose Kleinigkeiten, wenn man sie mit der Gefahr vergleicht, in der wir alle schweben? Müssen wir nicht alles daran setzen, diese alle Nationen gemeinsam bedrohende Gefahr zu bannen?

Wenn wir an der nicht eingeschränkten Souveränität der Staaten festhalten, so bedeutet dies nichts anderes, als dass jeder Staat sich das Recht vorbehält, seine Ziele auf kriegerischem Wege zu verfolgen. Jede Nation muss dann für diese Eventualität bereit sein; das heisst sie muss mit allen Kräften darnach streben, stärker zu sein als jeder andere. Das blosse Ziel wird unser ganzes öffentliches Leben mehr und mehr beherrschen und unsere Jugend vergiften, lange bevor es zur Katastrophe kommt. Dies dürfen wir nicht zulassen, solange noch ein Funke ruhiger Vernunft und Menschlichkeit in uns lebt.

Dies allein habe ich im Sinne, wenn ich für "World Government" eintrete, ohne Rücksicht darauf, was andere im Sinne haben mögen, wenn sie für dasselbe Ziel wirken. Ich trete für "World Government" ein, weil ich überzeugt bin, dass es keinen anderen Weg gibt, die furchtbarste Gefahr zu bannen, in der die Menschen je geschwebt haben. Das Ziel, totale Vernichtung zu vermeiden, muss jedem anderen Ziel vorangestellt werden.

Ich weiss, dass Sie von dem Ernst und der Ehrlichkeit überzeugt sind, die mich beim Schreiben dieser Antwort erfüllen, und ich kann Sie nur bitten, sie mit der gleichen Gesinnung aufzunehmen.

Anfang Dezember 1947 erhielt Einstein einen Brief von zwei Wissenschaftlern, einem physikalischen Chemiker und einem chemischen Ingenieur, die aus tiefster Sorge erneut die Frage der ethischen Verantwortung der Wissenschaft berührten. Beide hatten an einer Tagung von Wissenschaftlern in Princeton teilgenommen. Sie sagten, allzu viel Zeit sei dabei mit sinnlosen Debatten vergeudet worden; die Konferenzteilnehmer hätten den Eindruck eingeschüchterter Menschen gemacht, von schweren Schuldgefühlen gequält und unwillens, die moralische und politische Verantwortung des Wissenschaftlers anzuerkennen. Die Briefschreiber erklärten, man könne Wissenschaftler zwar nicht für den Missbrauch ihrer Entdeckungen verantwortlich machen, dürfe von ihnen aber die Ablehnung gewisser Arbeiten – zum Beispiel der Nuklearforschung – erwarten. Sie forderten Einstein auf, eine entsprechende Bewegung unter den Wissenschaftlern zu organisieren.

Einstein erwiderte am 15. Dezember 1947[22]:

Ich brauche wohl nicht erst zu sagen, dass ich bezüglich der *Gesinnung* völlig mit Ihnen übereinstimme. Die Frage ist einzig die: Können wir uns der Hoffnung hingeben, dass wir auf dem von Ihnen vorgeschlagenen Wege das drohende Unheil abwenden?

Die Diskussion der Physiker bei der Zusammenkunft in Princeton war nicht so konfus und unerfreulich wie sie zunächst erschien. Die hauptächliche Meinungsdifferenz dreht sich um die tatsächlich schwer zu beantwortende Frage: "Verschärft man die Situation nicht weiter, wenn man ohne Russlands Mitwirkung ein partielles World Government anstrebt und zwar sofort? " Nach langem Schwanken bin ich trotzdem *dafür;* ich denke nämlich, dass die Russen eher mitmachen, wenn sie sehen, dass ihr (übrigens wohl begreiflicher) Widerstand den Gang der Dinge nicht aufhalten kann. Vielleicht kann die Furcht vor völliger Isolation ihre Haltung ändern. Ich muss aber zugeben, dass ein vernünftiger und ehrlicher Mensch sehr wohl anderer Meinung sein kann.

Mit Ihrem Vorschlag ist es ähnlich wie mit dem Vorschlag freiwilliger Abrüstung. Wenn alle sich loyal beteiligen, ist es wirksam. Wenn aber auch nur ein Staat offen oder geheim weiter rüstet, so ist Abrüstung des Restes von katastrophalen Folgen begleitet. England, Frankreich und Amerika haben es schwer büssen müssen, dass sie von 1925 bis 1935 mehr oder weniger ungerüstet blieben und so die Arroganz der Deutschen beflügelten. Ihr Vorschlag, wenn seine Ausführung erfolgreich wäre, würde sicher zu einer empfindlichen Schwächung der "Demokratien" führen. Auf die Haltung der russischen Kollegen können wir nämlich in keiner Weise wirken. Nun könnte man ja mit gewissem Recht sagen, dass gegenwärtig die Westmächte die aggressiveren seien. Die *Möglichkeit* ist aber nicht von der Hand zu weisen, dass durch einen solchen revolutionären Schritt der Physiker und Techniker die Russen zu aggressiverer Haltung angetrieben werden würden.

Ganz abgesehen davon muss man sich aber zuerst fragen: Würde die Aktion unseres Häufleins einen entscheidenden Einfluss haben? Würden die Physiker und Techniker folgen? Würden sie überhaupt imstande sein, zu folgen? Auf diese Frage muss ich mit Nein antworten:

1. Diese Leute sind fast alle ökonomisch völlig abhängig.
2. Viele unter ihnen haben ein geringes soziales Verantwortungsgefühl, sodass die Rüsterei fast ungeschwächt ihren Fortgang nähme.

Deshalb denke ich, dass keine wirkliche Möglichkeit der Ausführung dieses Vorschlags besteht, und dass es sogar fraglich ist, ob wir etwas Gutes erreichen würden, wenn wir seine Durchführung erzwingen könnten.

Die folgende humoristische Aufzeichnung Einsteins aus dieser Zeit bezieht sich offensichtlich auf den Austausch der Offenen Briefe zwischen den Russen und ihm wie auch auf die Tagung der Wissenschaftler in Princeton:

Resolution

Nach drei Tagen gründlicher Diskussionen sind wir amerikanischen Wissenschaftler zu folgenden Schlüssen gelangt:

Wir wissen nicht,
a) woran wir glauben,
b) was wir wollen,
c) was wir sagen, und
d) was wir tun sollen.

Im Hinblick auf den von russischen Wissenschaftlern unterschriebenen Offenen Brief möchten wir für sie eine Parallelresolution vorschlagen:

Nach gründlicher Diskussion und gebührender Beratung mit unserer Regierung wissen wir,

a) woran wir nicht glauben,
b) was wir nicht wollen,
c) was wir nicht sagen, und
d) was wir nicht tun werden.

Am Neujahrstag des Jahres 1948 feierte Otto Lehmann-Russbüldt, einer der pazifistischen Führer in Deutschland während der Jahre der Weimarer Republik, seinen 75. Geburtstag.

Einstein gratulierte ihm (unter dem Datum des 29. Dezember 1947)[23]:

Meine herzlichen Glückwünsche zu Ihren 75! Was wir mit den Göttern gemeinsam haben, ist der vergebliche Kampf gegen die Dummheit. Was wir vor ihnen voraus haben, das ist, dass wir in der Lage sind, uns mit Anstand aus dem Kampfe zurückzuziehen – es geht von selbst.

Es geht ganz ähnlich zu wie nach 1918, nur stehen andere Schauspieler auf der Bühne. Sie spielen ebenso schlecht, die drohende Pleite ist aber noch unvergleichlich schlimmer. Da man die Illusion eines freien Willens verloren hat, kann man nicht einmal mit Groll reagieren.

Wenn wir im Himmel ankommen, werden wir uns in der Don Quixote-Kammer wiederfinden. Einstweilen alles Gute!

14. Kapitel

KAMPF UM DAS ÜBERLEBEN DER MENSCHHEIT 1948

1948 war das letzte Jahr, in dem Amerika das Monopol in Kernwaffen besass. Und in diesem Jahr erreichten Einsteins unermüdliche Bemühungen für die Abschaffung aller Kriege einen Höhepunkt. Ganz besonders beunruhigten ihn Gerüchte über die Möglichkeit eines Präventivkriegs. Er fühlte sich dadurch zur Übernahme neuer Aufgaben in dem Kampf gegen den Krieg verpflichtet, obwohl er sich nicht mehr verhehlen konnte, dass die Aussichten rascher und konkreter Erfolge in diesem Kampfe nur gering waren. Denn die internationale Atmosphäre wurde immer mehr durch den kalten Krieg vergiftet, und den kriegsgegnerischen Kräften innerhalb der Vereinigten Staaten fehlte es an dem Willen zur Sammlung und Einheit.

Charakteristischerweise stellte gegen Ende dieses Jahres das Notstandskomitee der Atomwissenschaftler, dessen unermüdlicher Vorsitzender Einstein gewesen war, seine Arbeit ein, wodurch die kleine Schar der Kämpfer gegen eine Atomkatastrophe noch weiter dezimiert wurde. Von da an hielt sich Einstein von organisatorischen Aktionen zunehmend fern; mehr als je erschien er der Welt als eine einsame, übergrosse Gestalt – zutiefst besorgt um den Frieden in der Welt und immer bereit, seinen grossen Einfluss gegen jede Gefährdung dieses Friedens einzusetzen.

Aber gerade als Einzelner wurde er immer artikulierter; seine Anschauungen über das, was ihm als wesentlich und notwendig erschien, gewannen an Präzision und Schärfe. Noch mehr als je zuvor lehnte er es ab, von seiner entscheidenden Forderung abzuweichen, dass der einzige mögliche Weg zum Frieden in der Schaffung einer wahren Weltregierung liege. Drei von ihm im Lauf des Jahres 1948 abgegebene Erklärungen kennzeichnen am besten seine Haltung in dieser Zeit: ein Beitrag zu einem College-Handbuch für Diskussionen über das Problem "Weltregierung", ein Brief an einen polnischen Wissenschaftler und ein Schreiben an die Liga der Kriegsdienstverweigerer.

Einsteins Beitrag zu dem College-Handbuch – unter dem Titel "Die schicksalsschwere Entscheidung" – hat folgenden Wortlaut[1]:

In dieser Stunde obliegt es allen, Männern wie Frauen, die Möglichkeit der grössten Katastrophe in der Geschichte der modernen Zivilisation ins Auge zu fassen.

Um uns herum liegen die Trümmer der einst so lebendigen Friedenshoffnungen der Menschheit. Die Kluft zwischen Ost und West, für deren Überbrückung Menschen guten Willens gekämpft haben, vergrössert sich mit jedem Tag. Einzelne Kreise halten eine Versöhnung für unmöglich und glauben, nur ein neuer Weltkrieg könne eine Lösung des gegenwärtigen Konflikts herbeiführen. Darauf antworten wir Wissenschaftler: Streitfragen lassen sich nicht mehr durch Kriege aus der Welt schaffen; ein Atomkrieg brächte keine Lösungen, sondern nur beispiellose Verluste an Menschenleben und Verwüstungen auf beiden Seiten.

Zeiten wie die unsrige haben immer zum Defaitismus und zur Hoffnungslosigkeit geführt. Dennoch glauben einige von uns immer noch daran, dass der Mensch selbst die schwersten Prüfungen seiner Zeit zu bestehen vermöge. Wollen wir uns nicht geschlagen geben, müssen wir die Wahrheit suchen und den Mut haben, nach ihrem Gebot zu handeln.

Wir Wissenschaftler erkennen an vielen Zeichen der Zeit, dass die Stunde der Entscheidung gekommen ist. Was wir innerhalb der nächsten Jahre tun – oder nicht tun –, entscheidet über die Zukunft unserer Zivilisation. Der Mensch muss einsehen, dass seine Geschicke mit denen seiner Mitmenschen in allen Teilen der Welt eng verknüpft sind. Grosse Gedanken sind oft in sehr einfachen Worten ausgedrückt worden; im Schatten der Atombombe hat es sich mehr und mehr gezeigt, dass alle Menschen Brüder sind. Erkennen wir diese einfache Wahrheit und handeln wir darnach, so kann die Menschheit zu einem höheren Plateau aufsteigen; sollten uns aber die wilden Wellen des Nationalismus weiter umtosen, so wären wir dem Untergang geweiht.

Wir betrachten es als Aufgabe der Wissenschaftler, dem amerikanischen Volk diese Wahrheiten unermüdlich klarzumachen und so das Verständnis für die Grösse der Entscheidung zu wecken. Wird das amerikanische Volk sie erkennen, so wird es den Krieg verwerfen und friedliche Lösungen anstreben; und es wird begreifen, dass die wahre Sicherheit der Welt in einer übernationalen Autorität liegt, in einer Weltregierung mit ausreichenden Machtbefugnissen zur Wahrung des Friedens.

Wir alle – die Wissenschaftler, die die Entfesselung der Atomenergie möglich gemacht, wie auch die Bürger des Landes, das als erstes dieses Wissen im Krieg angewendet hat – müssen die Verantwortung für die künftige Ausnützung dieser ungeheuren neuen Kraftquelle teilen: unsere Generation wird die schicksalsschwerste

Entscheidung in der Geschichte des Menschengeschlechts zu treffen haben. Unser gemeinsamer Entschluss kann dafür bürgen, dass diese hervorragende Entdeckung des menschlichen Geistes zum Nutzen kommender Generationen statt zur Vernichtung der Menschheit eingesetzt wird. Ich glaube, dass die Menschheit, dem Diktat der Vernunft und des Mutes folgend, den Weg des Friedens wählen wird.*

Professor Ignaz Zlotowski, ein polnischer Atomphysiker und Mitglied der polnischen UN-Delegation, schickte Einstein den Entwurf eines Artikels, in dem die Notwendigkeit enger internationaler Zusammenarbeit der Wissenschaftler und die Bedeutung ungehinderten internationalen Austauschs der Forschung betont wurde. Einstein hatte zeitlebens diese Forderungen als selbstverständlich angesehen. Er lehnte es jedoch ab, eine Einleitung zu dem Artikel zu schreiben, da in ihm die seiner Überzeugung nach unumgängliche Voraussetzung zur Durchführung jener Forderungen – die Abschaffung der Kriege – ignoriert wurde. Er begründete seine Entscheidung in einem Brief an Professor Zlotowski vom 31. März 1948:

Nach sorgfältigem Studium finde ich, dass es mir nicht möglich ist, zu Ihrem Aufsatz eine empfehlende Einleitung zu schreiben, obwohl ich mit vielen Ihrer Auffassungen völlig einverstanden bin. Der Grund ist folgender:

Die Beschränkung der freien Information auf irgend einem Gebiet der Forschung halte auch ich für ein ganz grosses Übel. Solche Beschränkung schädigt sowohl die Entwicklung der reinen und angewandten Wissenschaft als auch die Beziehungen zwischen den Nationen. Es ist auch richtig, dass diese Beschränkung besonders schädlich ist für die intellektuelle und wirtschaftliche Entwicklung der kleineren Nationen.

Andererseits aber bin ich davon überzeugt, dass diese Beschränkung der freien Publizistik nur ein Symptom der Krankheit ist, das nicht *isoliert* gewertet werden kann. Solange die Staaten gezwungen sind, sich für den Fall eines Krieges vorzubereiten, bedeutet wissenschaftliche Erkenntnis und der damit zusammenhängende technische Apparat einen Teil der militärischen Bereitschaft – ein Zusammenhang, der bisher nicht so vollständig bestand wie heute. Daraus resultiert aber folgendes: Die so wünschbare Erhaltung der freien Kooperation und Publikation auf dem Gebiete der reinen und angewandten Wissenschaft ist nur dann durchführbar, wenn die Kriegsmöglichkeit und damit die nationale kompetitive Rüstung abgeschafft werden.

Dies letztere Ziel kann aber nach meiner Überzeugung nur durch eine übernationale Organisation, eine wirkliche Weltregierung, erreicht werden. Eine weniger radikale Lösung gibt es nach meiner Überzeugung nicht. Dies zentrale Problem ist aber in Ihrem Artikel gar nicht erwähnt; deshalb kommt er mir vor als ein Versuch blosser Symptombekämpfung, von dem ich mir keinen Erfolg versprechen kann.

Sie wissen, wie sehr ich daran interessiert bin, dass der freie persönliche Meinungsaustausch zwischen Wissenschaftlern und Intellektuellen aller Nationen ermöglicht und begünstigt werde. Der Wert solcher Beziehungen in der gegenwärtigen Situation sehe ich in erster Linie in der Erleichterung der Lösung des internationalen politischen Problems durch leidenschaftslose Diskussion der Möglichkeiten.

Roy C. Kepler, der stellvertretende Geschäftsführer der Liga der Kriegsdienstverweigerer in New York, erinnerte Einstein an seine aktive Teilnahme an der Bewegung der Kriegsdienstverweigerer in der Vorhitlerzeit. Er zitierte Erklärungen aus jenen Tagen, in denen Einstein die Bewegung aufs wärmste unterstützt hatte, und bat um seinen erneuten Beitritt "im Interesse der Sache der Kriegsdienstverweigerung, des passiven Widerstandes und der Weltbrüderschaft". Einsteins Antwort vom 8. August 1948 ist ein bemerkenswert klarer Umriss seiner Grundanschauungen[2]:

Es ist mir heute nicht mehr möglich festzustellen, ob die von Ihnen zitierte Botschaft direkt von mir geschrieben oder nur eine Kompilation früherer Äusserungen ist. Jedenfalls ist sie ein zutreffender Ausdruck der Ansichten, die ich in der Zeit zwischen 1918 und dem Anfang der dreissiger Jahre vertrat. Heute aber erscheint mir der dort vertretene Weg der Verweigerung der Teilnahme des Individuums an militärischen Vorbereitungen und Handlungen zu primitiv, und dies aus folgenden Gründen:

1.) Solange die Anarchie auf interstaatlichem Gebiete besteht und es Staaten gibt, die durch Zwang jede antimilitaristische Betätigung des einzelnen Bürgers unmöglich machen, bedeutet die Bewegung der Kriegsdienstverweigerung eine Schwächung der Staaten mit liberalerer Regierung, also indirekt eine Begünstigung der tyrannischen Regierungen. Besonders krass war diese Situation in der Zeit von Hitlers und Mussolinis Macht; Stärkung dieser Mächte durch Schwächung der Verteidigungskraft der liberalen Länder war umso unvernünftiger als diese Mächte die Knechtung der Welt anstrebten, ja sogar die Ausrottung von ganzen Völkerschaften.

Antimilitaristische Betätigung durch Verweigerung von Militärdienst wäre nur unter solchen Verhältnissen vernünftig, unter denen dies überall auf der Erde praktisch möglich ist. Dies war ungefähr der Fall in der Zeit zwischen den beiden Weltkriegen (vor Hitler). Heute ist die Situation zweifelhaft, weil einerseits individueller Antimilitarismus in Russland unmöglich ist, andererseits die demokratischen Länder aggressiver sind.

2.) Ich bin zu der Überzeugung gelangt, dass Appelle an die Individuen, der Allgemeinheit, von der sie abhängen, zu widerstehen, unwirksam bleiben müssen. Nur Zeiten bieten hier eine Ausnahme, in denen eine gewaltige religiöse Massensuggestion am Werke ist. Nur dann sind nämlich viele Menschen bereit, Märtyrer zu werden.

3.) Aus den angegebenen Gründen glaube ich heute, dass die Bewegung der Kriegsdienstverweigerung keine wirksame Methode gegen den Krieg ist. Die andere Methode – Abschaffung der internationalen Anarchie durch eine Weltregierung – ist nach meiner Ansicht aussichtsreicher, und ich glaube, dass die verantwortungsbewussten Menschen auf dieses Ziel ihre ganzen Anstrengungen konzentrieren sollten.

Elf prominente Briten erklärten am 20. Dezember 1947 in einem in England veröffentlichten Dokument, alle Bemühungen um die Kontrolle der Atomenergie seien an der Unnachgiebigkeit der Sowjetunion gescheitert[3]. Das amerikanische und britische Volk würden sich, sagten sie, bei einer Wahl zwischen Kommunismus und Krieg für den Krieg entscheiden. Die Vereinigten Staaten und Grossbritannien müssten zum mindesten noch einen weiteren Versuch machen, durch Verhandlungen von Spitzenvertretern beider Länder die Beteiligung Russlands an einem Atom-Kontrollplan zu sichern. Sollte der Appell fehlschlagen, "müssten die mit Grossbritannien und Amerika verbundenen freiheitsliebenden Völker gemeinsam handeln und unter Einschluss von Atomwaffen eine so überwältigende Defensivstärke entwickeln, dass keine Macht es wagen würde, sie anzugreifen". Zu den Unterzeichnern gehörten Bertrand Russell, T.S. Eliot, Lady Violet Bonham Carter, Lord Vansittart und der Geistliche Gordon Lang, Labour-Mitglied des Unterhauses und Vorsitzender des "Kreuzzug für eine Weltregierung" (siehe S.430), an der Einstein ein tiefes Interesse genommen hatte.

Einstein teilte telegrafisch Lang seine Enttäuschung über das Dokument mit – eine Enttäuschung, die Henry Usborne, die treibende Kraft hinter dem Kreuzzug in vollem Masse teilte. Usborne beschwerte sich in einem Brief an Einstein besonders über die Haltung Langs, der das Dokument anscheinend ohne Befragung seiner Kollegen unterzeichnet hatte. Während Usborne und die anderen Mitglieder des Kreuzzugs den einzigen Ausweg aus der atomischen Weltgefahr in einer Weltregierung sahen, hatten Gordon Lang und einige seiner Freunde mit der Idee einer europäischen Föderation zu sympathisieren begonnen.

Einstein meinte, die Kontroverse müsse dem Notstandskomitee der Atomwissenschaftler vorgelegt werden, das sich, wie bereits angedeutet, an Usbornes Plan interessiert gezeigt hatte. Da jedoch das Kuratorium des Komitees gerade um diese Zeit nicht tagte, betonte Einstein in seinem Brief an Usborne vom 9. Januar 1948, nur seine persönlichen Ansichten aussprechen zu können. Er tat das auf besonders eindrucksvolle Weise:

1. Die von Gordon Lang, Lord Vansittart u.a. veröffentlichte Erklärung halte ich für schädlich; sie sollte mit einer Gegenerklärung beantwortet werden (übrigens war die Unterschrift Lord Russells, wie es scheint, unautorisiert).

2. Ich stimme mit dem überein, was Cord Meyer (in einem Artikel "Peace Is Still Possible", *Atlantic Monthly*, Oktober 1947) über die Baruch-Vorschläge gesagt hat. Man kann nicht eine einzelne Waffe abschaffen, ohne den Krieg überhaupt abzuschaffen. Und das ist nur durch eine wirksame Weltregierung möglich.

3. Die Ablehnung der Baruch-Vorschläge durch die Russen wäre gerechtfertigt gewesen, wenn sinnvolle Argumente und konstruktive Gegenvorschläge sie begleitet hätten. Aber der russische Vorschlag allgemeiner Abrüstung ohne gleichzeitige Festlegung internationaler Kontrollen kann nicht ernst genommen werden – und das muss auch den Russen klar gewesen sein.

4. Mir selbst ist es klar geworden, dass die Russen jede übernationale Institution kategorisch ablehnen, die die Inspektion ihres Landes durch Ausländer und die Einschränkung ihrer Souveränität mit sich brächte. Sie werden an dieser Position so lange festhalten, wie sie glauben, damit die Bildung einer wirksamen Weltorganisation verhindern zu können. Das zeigt zum Beispiel der an mich gerichtete Offene Brief von vier russischen Wissenschaftlern, der kürzlich in dem Magazin *New Times* erschienen ist (siehe S. 444) und der als offiziöse Erklärung betrachtet werden muss.

5. Es bleibt die schwierige Frage: Wie können wir tatkräftig für eine Weltregierung arbeiten, ohne die Gefahr einer gegen Russland gerichteten Koalition heraufzubeschwören? Gerade diese Frage macht es den Atomwissenschaftlern in unserem Lande so schwer, sich auf ein konkretes politisches Programm für die Gegenwart zu einigen.

6. Trotzdem glaube ich, dass wir – selbst auf die Gefahr hin, Russland zeitweilig in eine selbstgewählte Isolation zu treiben – die Sache der Weltregierung kraftvoll unterstützen sollten, aber immer auf eine Art und Weise, die es den Russen leicht machen würde, ihre isolationistische Haltung aufzugeben. Verfolgte man, statt der plumpen Truman-Politik, eine solche kluge Linie, so würde Russland sich

nach meiner Meinung anschliessen, sobald es die Überzeugung gewänne, die Weltregierung nicht mehr verhindern zu können.

7. Die Dinge wären viel leichter, wenn die Vereinigten Staaten unzweideutig und unerschütterlich eine übernationale Lösung der Sicherheitsfrage unterstützen würden. In diesem Zusammenhang könnten sich, wie ich glaube, kritische Stimmen von der anderen Seite des Atlantiks, besonders auch von England, als nützlich erweisen.

Sie können alles in diesem Brief Gesagte frei verwenden; allerdings müssen Sie klarmachen, dass ich hier nur in meinem eigenen Namen spreche.*

Ergebnis der Kontroverse über die von Lang mitunterzeichnete Erklärung war, dass er nicht mehr zum Vorsitzenden des "Kreuzzug für eine Weltregierung" gewählt wurde. Und Einstein konnte schliesslich das Notstandskomitee der Atomwissenschaftler, wie in diesem Kapitel noch gezeigt werden wird, davon überzeugen, dass es die Bewegung für eine "Weltkonvention der Völker" weiter unterstützen müsse.

Die allgemeine Militärdienstpflicht stand um diese Zeit im Zentrum der politischen Diskussion in den Vereinigten Staaten. Einstein, ein Förderer des Nationalkomitees gegen die Wehrpflicht, unterzeichnete, zusammen mit 20 anderen prominenten Amerikanern, eine Erklärung über "Militarismus und Zivilisation", die als Einleitung einer von dem Komitee im Januar 1948 veröffentlichten Flugschrift ("The Militarization of America") erschien[4]:

In seinem Monumentalwerk "Study of History" weist Arnold Toynbee darauf hin, dass der Militarismus "die häufigste Ursache des Zusammenbruchs von Zivilisationen gewesen ist". Der gegenwärtige Trend zur Kontrolle des Militärs über das Leben und die Institutionen Amerikas sollte darum jeden patriotischen Amerikaner alarmieren. Es wäre lächerlich, ja geradezu selbstmörderisch, anzunehmen, wir könnten ungestraft Wege beschreiten, die zur Entartung und zum Ruin anderer Zivilisationen geführt haben.

Der Militarismus hat den Krieg wie den Freiheitsverlust im Gefolge. Und eine Nation, die ihren zivilen Sektor der militärischen Kontrolle unterstellt, setzt sich neben offenen auch versteckten Gefahren aus. Der Geist der Initiative und der freien Forschung mag selbst dort geschwächt werden, wo äussere Anzeichen militärischer Überwachung fehlen. Wird zum Beispiel das Recht freier Meinungsäusserung gegenüber dem Militär wegen des erhöhten Ansehens des Militärs nicht kraftvoll genug ausgeübt, wird selbst das auf dem Papier stehende Recht unsere freie Gesellschaft nicht retten können.

Amerika kann – das ist unsere feste Überzeugung – nicht

demokratisch bleiben, falls der gegenwärtige Trend zur militärischen Kontrolle unserer Institutionen anhält. Aus diesem Grund haben wir die Veröffentlichung des folgenden Berichts unterstützt und empfehlen ihn unseren Mitbürgern zur aufmerksamen Lektüre. Unser Hinweis auf die zahlreichen Beispiele wachsenden militärischen Einflusses in Amerika bedeutet nicht notwendigerweise, dass jeder von uns alle einzelnen hier beschriebenen Aktivitäten ablehne; aber Dinge, die man als isolierte Phänomene vielleicht übersehen oder sogar billigen würde, lassen sich nicht ignorieren, wenn sie Teile einer gefährlichen Gesamtstruktur darstellen.

Ein vielgereister amerikanischer Armee-Offizier und Funktionär der American Legion, der auf einer kalifornischen Farm im Ruhestand lebte, setzte sich mit Einsteins Opposition gegen die Dienstpflicht kritisch auseinander. Er bat Einstein (übrigens in hervorragendem Deutsch) um eine ausführlichere Begründung seiner Ansichten. Einsteins Antwort ist vom 28. Januar 1948 datiert[5]:

Ihr ausgezeichnetes Deutsch ermutigt mich, Ihnen in der einzigen mir wirklich geläufigen Sprache zu antworten.

Es ist gewiss völlig richtig, dass die USA ganz ungenügend gerüstet war, als sie sich gezwungen sah, in die letzten beiden grossen Kriege einzugreifen. Ich bin auch durchaus nicht der Meinung, dass Amerika unter den gegenwärtigen Umständen völlig abrüsten sollte. Davon sind wir aber de facto weit entfernt. Die Gefahr liegt, nach meiner Meinung, gegenwärtig darin, dass Amerika einer verhängnisvollen totalen Militarisierung anheimfällt, wie es vor fünzig Jahren das deutsche Schicksal gewesen ist. Es besteht bereits gegenwärtig die Gefahr, dass die politische Macht sowie der mit ihr verbundene Einfluss auf die Gesinnung des Volkes mehr und mehr in die Hände von Militärs fällt, die alle politischen Probleme vom militär-technischen Standpunkte aus zu behandeln pflegen.

Bei der gegenwärtigen Vormachtstellung Amerikas wird dieser Gesichtspunkt der übrigen Welt aufgezwungen; es ist gewissermassen eine Schraube ohne Ende. Man darf doch nicht vergessen, dass in der nächsten Zukunft kein Land daran denken dürfte, Amerika anzugreifen, am wenigsten das verwüstete, verarmte und politisch isolierte Russland.

Was nun die allgemeine Dienstpflicht betrifft, so scheint sie mir in unserer Zeit, sogar vom militärischen Standpunkte aus gesehen, völlig ungerechtfertigt. Die Entwicklung führt dazu, dass die Zahl der Soldaten gegenüber der Maschine und dem technischen Apparat eine immer geringere Rolle spielt. Dem würde eine im wesentlichen aus

Technikern bestehende Berufsarmee entsprechen. Wer die Entwicklung in Deutschland verfolgt hat, weiss, wie sehr der gesunde politische Instinkt des Volkes durch den militärischen Drill verdorben wurde. Es gibt kein wirksameres Mittel, die demokratische Mentalität zu vernichten.

Endlich muss darauf hingewiesen werden, dass die einzige Hoffnung auf eine erträgliche Zukunft in der übernationalen Lösung des Sicherheitsproblems liegt. Krieg mit Atombomben und Bakterien bedeutet wahllose Vernichtung Aller. Die Militarisierung erzeugt aber eine Mentalität, die die einzig mögliche Lösung unmöglich macht, indem sie dazu führt, dass alle Fragen im Hinblick auf den Kriegsfall entschieden werden und die Bevölkerung daraufhin erzogen wird.

Einsteins grosses Ansehen ging daraus hervor, dass der amerikanische Bundessenator von Süd-Dakota, Chan Gurney, der Vorsitzende des Militärkomitees des Senats, ihn um eine Äusserung zum Dienstpflichtgesetz ersuchte. Einsteins Erklärung, die das Datum des 8. März 1948 trägt, wurde am 24. März im *Congressional Record* publiziert[6]:

Die Einführung eines obligatorischen allgemeinen militärischen Ausbildungsdienstes würde ich nur dann für gerechtfertigt und nötig halten, wenn in absehbarer Zeit der Versuch einer feindlichen Invasion in das Territorium der USA zu befürchten wäre. Ich bin aber davon überzeugt, dass eine solche Gefahr für die voraussehbare Zukunft nicht besteht.

Ich bin davon überzeugt, dass die Einführung der allgemeinen Wehrpflicht für die Wohlfahrt und Sicherheit unseres Landes und der übrigen Welt nur schädlich wäre:

a) sie würde das Tempo des Wettrüstens nur beschleunigen, die nervöse Spannung zwischen Amerika und Russland, und damit die Kriegsgefahr, erhöhen;

b) sie würde dazu beitragen, den demokratischen Geist der Nation zu untergraben und den ohnehin schon gefährlichen politischen Einfluss der Militärkaste erhöhen und festigen;

c) sie würde eine schwere und überflüssige wirtschaftliche Belastung der Nation mit sich bringen durch Ablenkung eines grossen Teils der Produktions- und Arbeitskräfte auf unproduktive Ziele;

d) sie würde unvermeidlich jenen militärischen Geist in der Bevölkerung erzeugen, die schon so vielen Nationen zum Verhängnis geworden ist.

Acht Monate nach der Machtergreifung des Kommunismus in Ungarn stellte ein ungarischer Funkkommentator an Einstein eine Reihe von Fragen zum

Thema der "Verständigung zwischen Mensch und Mensch". In seiner Antwort vom 4. Februar 1948 bekräftigte Einstein seinen Glauben an die Notwendigkeit einer Weltregierung[7]. Er fügte hinzu, dass, solange es keine wirksamen Schritte zur Vermeidung von Kriegen gäbe, die Menschen möglicherweise immer zu Kriegen getrieben würden.

Die kleineren Völker könnten durch enge Zusammenarbeit zur Lösung des Sicherheitsproblems beitragen, da sie den Lockungen imperialistischer Machtpolitik weit weniger ausgesetzt seien als die Grossmächte. Ein wirklicher Frieden, bemerkte Einstein, könne nicht durch Rüstungen erzwungen werden. Unsere Zivilisation würde einen neuen Krieg nicht überleben können – selbst die Rüstungen zu einem solchen Krieg würden eine solche Katastrophe herbeiführen.

Gandhi, Indiens grosser Führer, für den Einstein seit langem tiefe Bewunderung empfunden hatte, wurde am 30. Januar 1948 ermordet. Am 11. Februar schrieb Einstein die folgenden Worte zur Ehrung Gandhis für eine Gedenkfeier in Washington[8]:

Alle, die eine bessere Zukunft des Menschengeschlechtes anstreben, sind erschüttert durch Gandhis tragisches Ende. Er starb als ein Opfer seines eigenen Prinzips, der "non-violence", indem er in einer Zeit der nationalen Wirren und allgemeinen Aufregung in seinem Lande persönlichen Schutz durch Bewaffnete ablehnte. Sein unerschütterlicher Glaube war, dass Gewalt an sich böse sei und deshalb im Streben nach den höchsten und gerechtesten Zielen vermieden werden müsse.

Er hat für diesen Glauben gelebt und eine grosse Nation zu ihrer Befreiung geführt. Er hat gezeigt, dass die Gefolgschaft der Menschen nicht nur durch das listige Spiel der üblichen politischen Kunstgriffe und Täuschungen, sondern auch durch das lebendige Beispiel moralisch überlegener Lebensführung erreicht werden kann.

Die Verehrung Gandhis in allen Ländern beruht auf der, wenn auch meist nur unbewussten, Einsicht, dass er als einziger Staatsmann unserer moralisch dekadenten Zeit eine höhere Stufe der menschlichen Beziehungen in der politischen Sphäre repräsentiert, die wir mit allen Kräften anstreben müssen. Wir müssen lernen, dass eine erträgliche Zukunft der Menschheit nur möglich ist, wenn auch in der internationalen Welt die Entscheidungen auf Recht und Gesetz, statt wie bisher auf nackte Gewalt, gegründet werden.

Paul Freiherr von Schoenaich, Generalmajor im kaiserlichen deutschen Heer, nach dem Ersten Weltkrieg Vorkämpfer des Pazifismus in Deutschland und nach dem Zweiten Weltkrieg Vorsitzender der wiedererstandenen Deutschen Friedensgesellschaft, schrieb Einstein, er habe seinen Brief an Lehmann-Russbüldt (siehe Seite 457) wie auch seine Erklärung zum Fall Sacco-Vanzetti (siehe Seite 434) gelesen. Schoenaich, der stolz der Jahre seiner politischen Zusammenarbeit mit

Einstein gedachte, bat um Einsteins Ansichten über den Ost-West-Konflikt. Einstein schrieb ihm am 18. Februar 1948:

... Das Problem von Friede und Sicherheit ist weit wichtiger als der Gegensatz Sozialismus–Kapitalismus. Denn erst muss man mal existieren, und dann kann man sich fragen, welche Form man für diese Existenz vorzieht. Ich stimme auch darin ganz mit Ihnen überein, dass ein ehrlicher Mensch keiner der beiden Parteien (Ost und West) bedingungslos recht geben kann. Es ist ein hässlicher Machtstreit, geführt mit der traditionellen Unehrlichkeit des politischen Gewerbes – hüben und drüben.

Ein New Yorker Briefschreiber erhob starke Einwände gegen Einsteins Antwort an die Sowjetwissenschaftler. Es zeige sich darin, schrieb er, eine kritiklose Übernahme liberaler Ansichten und ein fehlendes Verständnis für den Konflikt zwischen Kapitalismus und Sozialismus. Einstein erwiderte am 8. März 1948[9]:

Mit Ihren kritischen Bemerkungen über die amerikanische Aussenpolitik seit dem Tod Roosevelts stimme ich völlig überein. Aber Ihre Kritik des liberalen Standpunktes ist weniger überzeugend. Der Begriff "liberal" ist derart verwässert worden, dass er heute die unterschiedlichsten Ansichten und Haltungen einschliesst. Sie sollten von Ihrer Kritik zum Beispiel Henry Wallace ausnehmen, dessen wahrhaft liberale Haltung man nicht anzweifeln kann. Sprechen Sie aber andererseits vom Sozialismus, so muss ich sagen, dass Sozialismus – mindestens, was ich unter "Sozialismus" verstehe – heute überhaupt nirgends existiert.

Sie sagen, der Sozialismus lehne seiner innersten Natur nach das "Heilmittel" des Krieges ab. Das glaube ich nicht; ich kann mir sehr wohl vorstellen, dass zwei sozialistische Staaten Krieg gegeneinander führen.

Eine Weltregierung kann, dessen bin ich mir bewusst, gute wie schlechte Eigenschaften haben. Trotzdem stellt sie den einzigen möglichen Apparat zur Verhinderung von Kriegen dar. Ich glaube nicht, dass alle Entscheidungen einer Weltregierung gerecht wären; aber im Hinblick auf den gegenwärtigen Fortschritt der Technologie wäre selbst eine schlechte Weltregierung besser als gar keine. Denn unser Hauptziel muss darin bestehen, die totale Vernichtung durch einen Krieg zu verhüten.

Es liegt mir fern, die Sowjetunion für das Unrecht und die Barbarei unserer Zeit verantwortlich machen zu wollen. Aber an einem Punkt habe ich keinen Zweifel: Würden Sie die Sowjetunion ebenso gut kennen wie die Vereinigten Staaten, so wären Sie über die dort herrschenden Verhältnisse nicht weniger erbittert, als Sie es über die Situation in unserem Lande sind. Denn was man nicht isst, schmeckt nicht bitter.*

An das Nationalkomitee für die Wahl von Henry Wallace zum USA-Präsidenten richtete Einstein am 29. März 1948 die folgenden Worte über ein Buch von Wallace ("Toward World Peace"), dessen Veröffentlichung bevorstand[10]:

Dies Buch ist schlicht, klar und ehrlich wie sein Autor. Wer es ohne Vorurteil und Leidenschaft sorgfältig liest, der wird wohl in den wichtigen Punkten zustimmen müssen – wenigstens kann ich es mir nicht anders denken. Nur von Menschen, die über dem kleinlichen Gezänke des Tages stehen, kann eine Rettung aus der bedrohlichen internationalen und nationalen Situation ausgehen – solche Menschen waren Roosevelt und Willkie, und so ein Mensch ist Wallace.

Ein New Yorker Korrespondent wandte sich an Einstein (wie auch eine Reihe anderer prominenter Persönlichkeiten) mit dem Plan zur Gründung einer Massenorganisation, die die Kriegshysterie bekämpfen sollte. Einstein schrieb am 29. März 1948:

Ihre Bemühung entspricht einem wahren Bedürfnis. Ich unterstütze sie von ganzem Herzen, vorausgesetzt, dass Sie eine genügende Zahl von Menschen mit gutem Willen und hinreichendem Einfluss interessieren können. Wichtig wäre es vor allem, Menschen zu gewinnen, die nicht so oft wie ich bereits ihre Meinung über diese Angelegenheit geäussert haben. Mit Ihrem gütigen Einverständnis werde ich das Notstandskomitee der Atomwissenschaftler über die Sache informieren; ich wäre Ihnen dankbar, wenn Sie mich wissen liessen, ob Ihr verdienstvoller Plan Fortschritte macht.

Soll der Aufruf die nötige Wirkung haben, müssen Sie zu den wichtigsten Streitfragen des Augenblicks mutig Stellung nehmen: allgemeiner Militärdienst; Einberufung; zivile Kontrolle der Atomenergie. Auch ist eine eindeutige Erklärung erforderlich, dass Russland an der derzeitigen prekären und gefährlichen internationalen politischen Situation nicht alleinschuldig ist.*

Eine dritte grundsätzliche Erklärung zugunsten der Idee einer Weltregierung wurde von dem Notstandskomitee der Atomwissenschaftler am 11. April 1948 veröffentlicht. Das Manifest stellte einen Kompromiss zwischen divergierenden Standpunkten dar. Wahrscheinlich ging es Einstein nicht weit genug; trotzdem unterzeichnete er es zusammen mit allen elf anderen Mitgliedern des Kuratoriums[11]:

I.

In diesem Monat sind zwei Jahre seit den Anfängen der Atomenergie-Kommission der Vereinten Nationen verflossen. Heute stehen wir vor der Vertagung der Diskussionen über die internationale Kontrolle der Atomenergie – für unbestimmte Zeit, vielleicht für immer. Eines der schicksalsschwersten Ereignisse der Geschichte ist damit fast unbeachtet vorübergegangen. Wir müssen seine Wichtigkeit erkennen und die sich daraus ergebende Lehre für die Menschheit feststellen.

Um die Bedeutung des Zusammenbruchs dieser Verhandlungen in klarem Licht zu sehen, müssen wir hier die sechs Punkte unserer am 17. November 1946 veröffentlichten Erklärung wiederholen:

1. Atombomben können jetzt billig und in grosser Zahl hergestellt werden. Und ihre Destruktivkraft wird weiter wachsen.

2. Es gibt keinen militärischen Schutz gegen die Atombombe. Auch in Zukunft wird es keinen geben.

3. Andere Nationen können aus eigener Kraft unser "Geheimverfahren" entdecken.

4. Vorbereitungen gegen die Gefahren eines Atomkriegs sind sinnlos und könnten nur zur Zerstörung unserer Gesellschaftsordnung führen.

5. Im Falle eines Krieges werden Atombomben benützt werden. Das würde ohne Zweifel das Ende unserer Zivilisation bedeuten.

6. Es gibt keine andere Lösung des Problems als die internationale Kontrolle der Atomenergie und, in letzter Sicht, die Abschaffung aller Kriege.

Alle wissenschaftlichen Entwicklungen während der siebzehn Monate, seitdem diese Erklärung abgefasst wurde, haben die Richtigkeit dieser Punkte bestätigt. Und doch sind die Verhandlungen gescheitert, die die internationale Kontrolle der Atomenergie bringen sollten.

II.

Dieser Augenblick fordert eine Bilanz. Er fordert Klarheit über die Realitäten. Und die Hauptrealität, die unsere Zivilisation bedroht, ist das Scheitern der Hoffnung auf die *Eine* Welt. Zwei Welten stehen einander in offener Feindseligkeit gegenüber: der von der Sowjetunion geführte Ostblock und die Gruppe der westlichen Demokratien.

Im Westen sind drei politische Alternativen erkennbar:

1. Erste Alternative: Ein Präventivkrieg. Das würde heissen, dass

die Vereinigten Staaten, solange sie das Monopol der Atombombe besitzen, einen Angriff auf ihren vermutlichen Feind unternehmen würden (Zeit und Ort des Angriffs jeweils nach ihrer Wahl). Geben wir uns nicht der Illusion hin, dass der Sieg in einem solchen Krieg leicht und mit unbedeutenden Opfern zu erreichen wäre! Gleich am Anfang würden die Russen dabei Europa bis zur atlantischen Küste besetzen, und sie könnten aus ihren Stellungen nur durch die massive Bombardierung von Städten und Kommunikationszentren verdrängt werden. Nicht ein einziger militärischer Führer nimmt an, dass sich eine russische Kapitulation unter solchen Umständen ohne eine opferreiche Invasion Europas und Asiens erzwingen liesse. Und wäre selbst ein mit riesigen Opfern an Menschenleben und materiellen Schätzen erkaufter Sieg möglich, würde Westeuropa wahrscheinlich ein Bild noch schlimmerer Verwüstung bieten als das heutige Deutschland; seine Völker wären dezimiert, Epidemien würden an allen Ecken und Enden wüten, und uns fiele die Jahrzehnte währende Aufgabe zu, Westeuropa wieder auf die Beine zu bringen und die Sowjetunion im Schach zu halten. Das wäre der "billigste" Sieg, den wir erringen könnten; und nur wenige verantwortungsbewusste Menschen glauben, dass es selbst mit jenen gigantischen Opfern sein Bewenden hätte.

2. Zweite Alternative: ein bewaffneter Friede in einer Zweiblock-Welt. Solche Konstellationen haben in der Vergangenheit immer zu Kriegen geführt. Dieser Kurs würde einen derartigen Ausbau der wirtschaftlichen und militärischen Stärke Westeuropas bedeuten, dass es zusammen mit den Vereinigten Staaten dem Sowjetblock in einer überwältigenden Machtposition gegenüberstünde; das würde ausserdem für unabsehbare Zeit eine ständige Steigerung der heute bereits ungeheuren Rüstungsausgaben und eine entsprechende Senkung des Lebensstandards der Völker bedeuten. Auch würde unsere moralische Position dadurch erschüttert, dass wir undemokratische Regierungen als Bollwerke gegen die Sowjetunion unterstützen würden. Und trotz alledem wäre am Ende ein Krieg unvermeidlich (und dessen Zeitpunkt wäre ungünstiger und sein Ausgang noch schlimmer als bei einem Präventivkrieg).

3. Dritte Alternative: eine Weltregierung. Der Kampf für sie wird zwar kaum von den Regierungen, dafür aber umso mehr von einer mächtigen und wachsenden Anhängerschaft unter den Völkern des Westens unterstützt. Vergessen wir für einen Augenblick den Enthusiasmus der Freunde dieser Bewegung wie auch die Befürchtungen ihrer Gegner, und blicken wir auf das Wesen der Sache: die Schaffung

einer übernationalen Behörde mit hinreichenden Machtbefugnissen zur Wahrung einer Weltverfassung. Vom Anfang an stünde allen Nationen der Anschluss an diese Regierung und die Unterordnung unter ihre begrenzte Jurisdiktion frei.

Ist das eine hoffnungslose Perspektive? Durchaus nicht! Der amerikanische Plan für die internationale Kontrolle der Atomenergie wurde in seinen wesentlichsten Zügen von den ausserhalb des Sowjetblocks stehenden Nationen angenommen. Die Abschaffung des Vetorechts auf dem Gebiet der Atomenergie wäre darauf hinausgelaufen, die Souveränität in diesem Bezirk an eine internationale Behörde zu übertragen. Die Folge wäre die Schaffung einer Weltregierung für ein begrenztes Gebiet – Atomenergie – gewesen.

Die ersten beiden Alternativen bedeuten einen Krieg, der den Zusammenbruch unserer überkommenen Zivilisation nach sich ziehen müsste. Die dritte Alternative könnte dazu führen, dass der Sowjetblock das Angebot der Föderation akzeptiert. Tut er es nicht, so verlieren wir nichts, was nicht schon vorher verloren war. In einer Zeit des bewaffneten Friedens, die der Welt wohl bevorsteht, könnte die Sowjetpolitik einen allmählichen Wandel durchmachen.

Wir haben also die Wahl, uns entweder im Fall der ersten beiden Alternativen mit der Unvermeidlichkeit des Krieges abzufinden, oder aber (dritte Alternative) für den Frieden zu wirken. Im Hinblick darauf glauben wir, dass unsere Aktionen von dem Ziel der Schaffung einer Weltregierung geleitet sein müssen.

III.

Eine Weltregierung ist möglich, aber sie kann nicht über Nacht geschaffen werden. Inzwischen müssen die Staatsmänner die Probleme des Tages zu lösen versuchen und so die zivilisierte Welt am Leben erhalten.

Der Gang der Ereignisse zeigt, dass man sich immer mehr auf Rüstungen verlässt, die ja als Mittel der Landesverteidigung längst nicht mehr ausreichen, und dass man immer weniger den Weg der Verhandlungen und des Ausgleichs versucht.

Zwischen den beiden Grossmächten, den Vereinigten Staaten und der Sowjetunion, werden gegenwärtig an keiner Stelle ernsthafte Gespräche geführt. Beinahe überall zeigt sich dasselbe Bild: völliger Zusammenbruch der Verhandlungen über die wichtigsten Probleme – in der Atomenergie-Kommission der Vereinten Nationen, in Berlin, in Korea.

Wir hoffen auf internationale Verhandlungen mit den höchsten

Regierungsvertretern, die, wenn nötig, am Anfang geheim geführt werden könnten, wobei immer an das Endziel der Friedenssicherung durch eine Weltregierung gedacht werden sollte. Wir verstehen, ja wir teilen die Abneigung demokratischer Völker gegen Geheimverhandlungen. Aber wir sehen nicht, wie unter den gegenwärtigen Verhältnissen öffentliche Verhandlungen, in denen jeder Staatsmann Gefangener seines Nationalprestiges ist, zu einem Abkommen führen könnten.

Der Ruf nach Verhandlungen bedeutet keine Besänftigungspolitik [appeasement]. Alle Mitglieder unseres Komitees haben das Münchener Abkommen bereits zur Zeit seines Abschlusses bekämpft. Und heute treten wir alle für die Wahrung der geistigen wie physischen Freiheit in allen Teilen der Welt ein. Darum hat uns die Umwandlung der Tschechoslowakei in einen Polizeistaat aufs tiefste beunruhigt. [*Die Kommunistische Partei hatte sich am 25. Februar 1948 der Regierung in der Tschechoslowakei bemächtigt.*]

IV.

Wir geben unseren Standpunkt aus der Überzeugung heraus bekannt, dass in einer Demokratie alle Bürger zur Klärung und Lösung der uns alle angehenden Zeitfragen beitragen müssen. Im Hinblick auf die tragische Situation, der sich die Menschheit heute gegenübersieht, haben die Wissenschaftler eine ganz besondere Verantwortung. Denn es ist das Werk der Wissenschaftler, das die grosse Gefahr für die Menschheit geschaffen hat und das unsere Zivilisation zu zerstören droht.

Wir alle sind Bürger der Weltgemeinschaft. Wir alle sind gleichermassen bedroht. Sollten wir uns wirklich von überholten, ererbten politischen Gebräuchen zur gegenseitigen Selbstzerstörung verurteilen lassen? Keiner von uns hat das Recht, sich aus der Welt des Handelns gerade in dem Augenblick zurückzuziehen, in dem die Zivilisation ihrer härtesten Prüfung ausgesetzt ist.

In diesem Geist rufen wir alle Völker zur Arbeit und zum Opfer für eine Weltordnung auf, die uns den Frieden bringen wird.

Am Tag nach dem Erscheinen seines Manifests hielt das Notstandskomitee der Atomwissenschaftler in New York ein Dinner zu Ehren des Direktors des U.S. Bureau of Standards, Dr. Edward U. Condon "als Zeichen des vollen Vertrauens seiner wissenschaftlichen Kollegen in seine absolute Integrität und seine Loyalität gegenüber den amerikanischen Institutionen, und als Protest gegen die grundlosen Angriffe, die das House Committee on Un-American Activities [Komitee des Repräsentantenhauses über unamerikanische Betätigungen] gegen seine Loyalität gerichtet hat". Das Dinner stand unter dem Protektorat von 126 führenden Wissenschaftlern aus allen Teilen Amerikas. Mehr als die Hälfte von ihnen gehörte der American Academy of Science (Amerikanische Akademie der Wissenschaften) an; neun, darunter Einstein, waren Nobelpreisträger. Der Erlös des Dinners war zugunsten des *Bulletin of the Atomic Scientists* bestimmt. Einstein, der nicht teilnehmen konnte, sandte eine Botschaft[12]:

... Abgesehen von der natürlichen Solidarität, die von jeher die Forscher verbunden hat, ist diese Versammlung der Ausdruck dafür, dass man es nicht billigt, wenn Männer, die in hingebender Arbeit im Dienste der Allgemeinheit Erhebliches geleistet haben, auf Grund vager Vermutungen öffentlich verdächtigt werden. Vertrauen und Loyalität, die unentbehrlichen Stützen eines gesunden Gemeinwesens, können nur auf der Basis der Gegenseitigkeit gedeihen.

Ein Korrespondent aus Texas verwies auf Aldous Huxleys Buch "Science, Liberty and Peace"[13] und schlug vor, Einstein möge in seinen öffentlichen Erklärungen darauf dringen, "dass kein gewissenhafter und verantwortungsvoller Wissenschaftler für Regierungen arbeite, die seine wissenschaftlichen Fähigkeiten vorwiegend zur Entwicklung immer grausamerer Mittel des Massenmordes benützen würde". Einstein erwiderte am 15. April 1948:

Ihre Denkweise liegt mir sehr nahe. Trotzdem scheint mir ein solcher Vorschlag aussichtslos. Die Wissenschaftler, besonders die jüngeren, sind ökonomisch keineswegs unabhängig. Sich dem Staat widersetzen bedeutet für die meisten völligen Ruin; heroisches Selbstopfer können Sie nicht mit Aussicht auf Erfolg fordern. Der von Huxley vorgeschlagene Eid würde unter solchen Umständen sogleich zu einer leeren Formel herabsinken. Ausserdem würde das Opfer wertlos sein, wenn ein Drittel oder ein noch geringerer Teil der fähigen Personen sich ausschlössen.

Huxleys Botschaft ist eine Art theoretischer Anarchismus. Wir können die technischen Mittel und ihre Vervollkommnung nicht entbehren. Sie führen, wie er richtig sagt, zur Konzentrierung der Macht; dies ist wirklich eine Gefahr für die politische Unabhängigkeit des Individuums. Wir müssen aber den Kampf um die Freiheit unter diesen erschwerten Umständen aufnehmen. Wir können weder die Menschen noch die technischen Bedingungen ändern.

Weltregierung ist kein Mittel gegen Tyrannei, aber ein Mittel gegen baldige Vernichtung. Existence comes first!

"Der grösste Gelehrte der Welt, der sein ganzes Leben lang für das Ziel der Welteinheit und eines dauerhaften Friedens gekämpft hat": so wurde Einstein von dem One World Award Committee charakterisiert, als es ihn am 27. April

1948 im Rahmen einer Feier in der New Yorker Carnegie Hall durch die Verleihung der "One World"-Auszeichnung ehrte. Die Organisation ist der Erinnerung an Wendell Willkie, den amerikanischen Präsidentschaftskandidaten des Jahres 1940, gewidmet. Einstein dankte mit der folgenden Erklärung, die in seinem Auftrag von Cord Meyer Jr., dem Präsidenten der United World Federalists (Vereinigte Weltföderalisten), verlesen wurde[14]:

Die grosse Ehre, die Sie mir erwiesen haben, hat mich tief bewegt. Im Lauf meines langen Lebens wurde mir von meinen Mitmenschen viel mehr Anerkennung zuteil als ich es verdient hätte, und ich muss bekennen, dass bei solchen Gelegenheiten eine gewisse Regung von Scham immer das Gefühl der Freude überwogen hat.

Alle, die für den Frieden und den Triumph von Recht und Vernunft arbeiten, müssen zu ihrem Schmerz erkennen, wie schwach die Logik und der gute Wille in der politischen Welt von heute sind. Aber wie dem auch sei und was das Schicksal uns auch bringen möge: ohne den unermüdlichen Kampf jener, die die Wohlfahrt der gesamten Menschheit im Auge haben, wäre das Los der Welt noch schlimmer als es heute ist.

In dieser Zeit schicksalsschwerer Entscheidungen müssen wir unseren Mitbürgern vor allem eine Tatsache einprägen: Sobald der Glaube an die Allmacht physischer Gewalt das Leben einer Nation beherrscht, emanzipiert sich diese Kraft, wird zum Selbstzweck und wird mächtiger als jene Männer, die sie als Werkzeug benützen wollten. Militarisierung bedeutet nicht nur unmittelbare Kriegsdrohung, sondern auch langsame, stetige Unterhöhlung des demokratischen Geistes und der Menschenwürde in unserem Lande. Es stimmt nicht, wenn gesagt wird, auswärtige Ereignisse zwängen uns zur Rüstung; diese Unwahrheit müssen wir mit aller Kraft bekämpfen. In Wirklichkeit ruft unsere eigene Aufrüstung in anderen Ländern jene Situation hervor, mit der die Anhänger unserer Rüstung ihr Programm zu begründen suchen.

Es gibt nur einen Weg zum Frieden und zur Sicherheit: die übernationale Organisation. Rüstung einzelner Nationen kann nur die allgemeine Unsicherheit und Verwirrung steigern, ohne wirksamen Schutz zu bieten.

Auf Grund dieser Botschaft, und wahrscheinlich auch gewisser Erklärungen des Notstandskomitees der Atomwissenschaftler, brachte der *Washington Star* am 29. April 1948 einen kritischen Leitartikel unter der Überschrift "Only a Dream" ("Ein blosser Traum"). Einsteins Hingabe an die Sache der Welteinheit und des ewigen Friedens wurde darin voll anerkannt, aber der Schreiber behauptete: "Der Kurs, den er uns vorschlägt, ignoriert alle Lehren der

Vergangenheit. Schon einmal, nach dem Ersten Weltkrieg, haben die Vereinigten Staaten die Waffen weggeworfen ... Infolgedessen hätten wir um ein Haar den Zweiten Weltkrieg verloren. Wir dürfen den Fehler nie wiederholen... Einsteins Traum einer Weltregierung muss aufgeschoben werden, bis die Menschheit dafür reif ist."

Daraufhin sandte Ely Culbertson (s. Seite 332 und 383) Einstein die Kopie eines Leserbriefs, den er am 3. Mai 1948 an die Redaktion des *Washington Star* gerichtet hatte. "Mit einigen seiner Einzelideen über die Struktur einer Weltregierung stimme ich bei aller Verehrung für Einstein nicht überein", hiess es darin; "aber hätte ich mich zwischen Einsteins 'Traum' einer Weltregierung und Ihrem 'realistischen' Atomwettkampf zwischen Amerika und Russland zu entscheiden, würde ich ohne Zweifel Albert Einsteins Weltregierung wählen."

Culbertson verfasste seinen eigenen "ABC-Plan für den Weltfrieden", der in der *Reader's Digest*-Ausgabe vom Juni 1948 erschien und gleichzeitig dem Kongress in Resolutionen von 30 Kongressmitgliedern vorgelegt wurde. In seinem Brief an Einstein fasste Culbertson seine Vorschläge zur Revision der U.N.-Charta wie folgt zusammen[15]:

Änderung A führt zwei Weltgesetze ein: kein Staat, und kein Bürger eines Staates, darf einen Angriffskrieg vorbereiten oder einen Angriffskrieg führen. Für beide Fälle erhält der umorganisierte Sicherheitsrat souveräne Machtbefugnisse.

Änderung B sieht die volle Kontrolle der Atomgefahr und den Plan universeller Abrüstung der wichtigen Waffen vor, ebenfalls unter der Aufsicht des Sicherheitsrats.

Änderung C etabliert eine nicht nur wirksame, sondern auch politisch akzeptable Bundesschutztruppe.

Ich möchte mich mit Ihnen weiter über diese Sache unterhalten. Es wäre mir ein Vergnügen, an einem für Sie passenden Tag nach Princeton zu kommen. Es gibt wenige Menschen, deren Werk und Intelligenz ich so sehr bewundere ...

Einstein erwiderte am 6. Mai 1948:

Für Ihren freundlichen Brief und Ihre tapfere Verteidigung meiner Weltregierungsideen danke ich Ihnen vielmals. Ich habe die Darstellung Ihres mir bereits vorher bekannten Plans sorgfältig gelesen. In einer Hinsicht stimme ich völlig mit Ihnen überein: die Unterschiede in unseren Ansichten betreffen die praktischen Methoden; sie sind sekundär und sollten nicht allzu stark betont werden. Wichtig ist unsere gemeinsame Überzeugung, dass das "Schlittern" der Vereinigten Staaten und der Sowjetunion in einen Krieg aufgehalten werden muss, und zwar durch übernationale Massnahmen zur Schaffung übernationaler Streitkräfte, deren Grösse jede Aggression zum Scheitern verurteilen würde.

Sie sprechen die Überzeugung aus, Ihr Plan biete nicht nur ausreichende Sicherheit, sondern sei aus psychologischen Gründen auch politisch akzeptabel. An beiden Punkten habe ich erhebliche Zweifel. Ausserdem glaube ich, dass die von Ihnen vorgeschlagene Überwachung quantitativ beschränkter nationaler Rüstungen eine Quelle gefährlicher Konflikte zwischen den grösseren Mächten darstellen würde – selbst wenn man sich über das Ausmass der Rüstungen im vorhinein einigen könnte.

Unter allen Umständen bin ich gegen öffentliche Auseinandersetzungen zwischen Gruppen, die für dieselben Ziele kämpfen; wir sollten im Gegenteil alles tun, um unsere Bemühungen zu vereinheitlichen.

Aber ich glaube nicht, dass eine persönliche Zusammenkunft zwischen uns der Sache sehr nützen würde; denn mein politischer Einfluss auf jene Gruppen ist nur sehr gering, und ausserdem bin ich natürlich nicht ein Fachmann in militärischen Angelegenheiten.

Indessen bin ich mir klar darüber, dass die gegenwärtig von den Vereinigten Staaten unternommenen Schritte eine grössere Gefahr für den Frieden darstellen als die Aktionen der Russen. Ich glaube, wir alle sollten sehr darauf bedacht sein, die künstlich geschaffene Hysterie im heutigen Amerika nicht weiter zu verstärken.*

Bereits vorher – im April 1948 – hatte Einstein eine Reihe von Fragen des französischen Blattes *Franc-Tireur* über die Kriegsgefahr und das Ost-West-Verhältnis beantwortet[16]:

Objektiv betrachtet, gibt es keinen Grund, warum ein neuer Weltkrieg nicht vermeidbar sein sollte. Weder Amerika noch Russland streben in Wahrheit nach Weltherrschaft; auch gibt es keinen wirklich schwerwiegenden Konflikt vitaler Interessen zwischen ihnen. Die Gefahr liegt darin, dass keine dieser beiden Mächte den ehrlichen Willen gezeigt hat, das Sicherheitsproblem auf übernationalem Wege zu lösen. Indem beide Parteien danach streben, ihre militärische Situation *für den Fall eines Krieges* möglichst günstig zu gestalten, verschlimmern sie die Lage mit unheimlicher Schnelligkeit.

Die übrigen Nationen, insbesondere die europäischen, können viel zu einer Verbesserung der Situation beitragen durch eine vernünftige und entschiedene Kritik an der Politik der beiden Hauptantagonisten, nicht aber durch einseitige Stellungnahme zugunsten einer der Parteien. Ich glaube, dass diese Nationen, müde und verarmt wie sie gegenwärtig sind, den moralischen Einfluss zu unterschätzen geneigt sind, den sie ausüben könnten. Die Hauptverantwortung fällt auf die Intellektuellen und die Presse. Die öffentliche Meinung ist unsicher und guten und schlechten Einflüssen noch mehr als sonst zugänglich, da sie sich der bestehenden Gefahr bewusst ist.

Furcht, Hass und hauptsächlich Feigheit des Individuums sind überall die grössten Hindernisse, die einer vernünftigen Lösung der Schwierigkeiten im Wege sind.

Der amerikanische Kulturkritiker Lewis Mumford publizierte in der Juli-Nummer 1948 der Zeitschrift *Air Affairs* einen Artikel unter der Überschrift "Atom Bomb – 'Miracle' or Catastrophe? " ("Die Atombombe: 'Wunder' oder Katastrophe? ").

Mumfords politisches Aktionsprogramm enthielt die folgenden Vorschläge: einjähriger weltweiter Waffenstillstand; Einberufung eines internationalen wissenschaftlichen Kongresses, der über das Ausmass der amerikanischen Atomrüstung zu informieren wäre und so ein Bild über die Grösse eines kommenden Krieges gewinnen könnte; gemeinsame Initiative der Vereinigten Staaten und Russlands zur Umwandlung der Vereinten Nationen in eine Weltregierung; Demontage der Bestände atomarer und biologischer Waffen, aber erst nach Annahme der Weltregierungs-Idee durch die Sowjetunion; Aufschub aller weiteren Atomenergie-Erzeugung bis zur Gründung einer Weltbehörde, die auch die anderen Energiequellen kontrollieren würde; schliesslich Kontrolle aller Meerengen und Wasserwege durch die Vereinten Nationen.

Mumfords These war, dass sowohl die Vereinigten Staaten als auch die Sowjetunion schwere Fehler gemacht und ihre eigenen nationalen Interessen verkannt hätten. Beide zusammen müssten eine "offene Welt" schaffen, wenn sie nicht beide zusammen in einer verriegelten Welt zugrundegehen wollten. Die Idee "graduellllen" Fortschritts auf diesem Gebiet sei abwegig; die Aussenpolitik sei heute zur "Kunst des Unmöglichen" geworden. Der Autor gab zu, die Chancen der Erfüllung seines Plans seien kaum höher als ein Prozent, aber ein "Wunder" erscheine ihm als einzige Alternative zu einer Weltkatastrophe.

Einstein, der offenbar einen Vorabdruck des Artikels gesehen hatte, schrieb am 3. Mai 1948 an Mumford:

Ich möchte Ihnen im allgemeinen meine völlige Übereinstimmung mit Ihrer Haltung zum Friedensproblem aussprechen. Im Hinblick auf Einzelheiten Ihrer Vorschläge erlaube ich mir nur zwei Bemerkungen:

1. Unter den gegebenen Umständen glaube ich nicht, dass irgendwelche offiziellen Schritte die Furcht und das Misstrauen der russischen Regierung uns gegenüber beseitigen könnten – es sei denn, diese Schritte würden durch inoffizielle Gespräche zwischen russischen und amerikanischen Persönlichkeiten vorbereitet, die gut informiert sind, aber keine amtliche Stellungen bekleiden und daher freier im Meinungsaustausch sein können.

2. Es erscheint mir klar, dass die Männer im Kreml unbeugsam an

der Auffassung festhalten, alle Versuche zur Schaffung einer wirklichen Weltregierung müssten zum Scheitern gebracht werden. Ich bin sicher, dass diese Einstellung sich nur dann ändern könnte, wenn man die Russen davon überzeugen würde, dass eine Weltsicherheitsorganisation trotz ihrer negativen Haltung auch ohne sie zustandekommen wird. Die Frage ist nur: Wie kann dies geschehen, ohne dass der Eindruck erweckt wird, dass wahre Ziel sei ein Militärbündnis gegen Russland? *

Mumford erwiderte am 9. Mai 1948[17]:

Für Ihren Brief vom 3. Mai bin ich Ihnen sehr dankbar. Gegenüber den Russen betrachte auch ich inoffizielle Wege als äusserst wichtig. Je mehr Initiativen wir in dieser Richtung unternehmen, desto besser. Was die Schaffung einer wirksamen Weltregierung ohne Beteiligung Russlands betrifft, so erscheint sie mir als ein notwendiger zweiter Schritt, falls der erste – der Versuch, die Russen davon zu überzeugen, dass es keine Alternative gibt – fehlschlagen sollte.

Aber ich möchte nicht, dass wir mit dem zweiten Schritt anfangen. Schliesslich haben sich unsere bisherigen Versuche, zwischen uns und den Russen eine gemeinsame Basis zu finden, auf die Festigung des status quo beschränkt: wir haben den Russen noch keine Vorschläge unterbreitet, die in Zukunft Änderungen in ihren wie in unseren politischen und wirtschaftlichen Interessen erfordern würden. Und ich bezweifle, dass der Kreml, solange solche Vorschläge nicht vorliegen, eine Weltregierung hinnehmen wird, ohne zunächst militärische Überlegenheit angestrebt zu haben.

Der Hauptpunkt ist, dass die offizielle Haltung der Vereinigten Staaten fast ebenso negativ und willkürlich gewesen ist wie diejenige Russlands; sicherlich war das bis zur Geburt des Marshall-Plans der Fall. Darum müssen wir Schritte unternehmen, die zeigen, dass die Weltregierung nicht zur Tarnung einer amerikanischen Vorherrschaft dienen soll. Aber diese Gefahr sehen Sie natürlich auch selbst . . .

Vor der Generalversammlung der Methodistischen Kirche in Boston wurde am 5. Mai 1948 von dem New Yorker Geistlichen Ralph W. Sockman das folgende Telegramm Einsteins verlesen:

In dieser Zeit lastet auf Ihrem Stande eine besonders grosse Verantwortung, und es bietet sich Ihnen auf der anderen Seite eine Gelegenheit, der Gemeinschaft einen unschätzbaren Dienst zu leisten. In Ihre Hand ist die Aufklärung für grosse Teile des Volkes gegeben, und Sie sind freier in Ihrer Stellungnahme als Presse und Radio, welche Organe leider so leicht durch die Träger der politischen Macht beherrscht werden können.

Die Vereinigten Staaten sind gegenwärtig die stärkste politische, wirtschaftliche und militärische Macht, sodass das Schicksal der Völker weitgehend von unserer Haltung abhängt. Krieg bedeutet heute Massenvernichtung der zivilisierten Menschheit. Wirklicher Friede kann unter den gegenwärtigen technischen Verhältnissen nicht auf nationale Bewaffnung, sondern nur auf eine übernationale Organisation gegründet werden, die auf dem Gebiete internationaler Sicherheitsfragen bedeutende Entscheidungen trifft und über die für ihre Durchführung erforderlichen Machtmittel verfügt. Ohne eine derartige Weltregierung sind verhängnisvolles Wettrüsten und damit der Krieg unvermeidbar.

Helfen Sie, dass unsere Generation diesem wichtigsten aller politischen Probleme gegenüber nicht versage.

Für Dorothy Norman, die in der *New York Post* eine ständige Kolumne ("A World to Live in") veröffentlichte, schrieb Einstein am 14. Mai 1948 Antworten auf eine Reihe von Fragen[19]:

Frage: Das Notstandskomitee der Atomwissenschaftler hat kürzlich erklärt, dass es die Schaffung einer übernationalen Autorität mit genügend Machtmitteln zur Aufrechterhaltung des Friedens unterstütze. Wie stellen Sie sich die Ausführung dieser Idee vor? Wie können die Diskussionen und Verhandlungen der Regierungsspitzen, von denen das Komitee spricht, beschleunigt werden? Dadurch, dass die Vereinigten Staaten diese Verhandlungen einleiten? Oder auf welche andere Weise?

Einstein: Alle, die guten Willens sind, würden es begrüssen, dass die Regierung der Vereinigten Staaten die Initiative ergriffe, um die von dem Notstandskomitee der Atomwissenschaftler empfohlenen Verhandlungen mit Russland einzuleiten. Eine derartige Initiative kann nur resultieren aus ehrlicher und erfolgreicher Kooperation; man kann sie nicht an sich reissen.

Frage: Das Komitee hat gesagt, dass der amerikanische Plan zur internationalen Kontrolle der Atomenergie infolge der vorgeschlagenen Abschaffung des Vetorechts einer "Weltregierung für ein begrenztes Gebiet" gleichkomme. Wie viel weiter sollen Ihrer Meinung nach die Nationen mit der Beseitigung des Vetorechts und der Errichtung einer Weltregierung gehen? Sind Sie der Ansicht, dass die einzelnen Nationen ihre Souveränität aufgeben sollen in Fragen der Bürgerschaft, der Ein- und Auswanderung, der Zollfragen und Währungen, des Bürger- und Völkerrechts und des Rechts zur Kriegserklärung?

Einstein: Internationale Kontrolle der Atomenergie ist eine der Funktionen, ohne welche eine Weltregierung nicht möglich ist; solche

Kontrolle einer besonderen Waffengattung ist aber keineswegs mit "Weltregierung" gleichbedeutund. Eine "Weltregierung" existiert nur dann, wenn eine solche Institution die Pflicht und die Macht hat, die Nationen gegen militärischen Angriff zu sichern. Das heisst, die Weltregierung muss auf ihrem Gebiete (militärische Sicherheit) den Nationen gegenüber souverän sein (kein Vetorecht einzelner Nationen). Pflichten und Befugnisse, die nicht unmittelbar mit dem Problem der Sicherheit zusammenhängen, braucht die Weltregierung nicht zu haben. Wenn es sich als wünschbar erweist, den Kreis der Pflichten und Befugnisse der Weltregierung zu erweitern, steht einer solchen Entwicklung kein Hindernis entgegen; von Anfang an solch weitergehende Einschränkungen der Souveränität der Nationen zu *fordern,* würde die Lösung des drängenden Sicherheitsproblems nur erschweren.

Frage: Verstehe ich Sie richtig, so empfehlen Sie eine Einladung an Russland zum Beitritt in eine Föderation. Würden Sie auch alle anderen Nationen einladen? Auf regionaler oder anderer Basis? Und angenommen, Russland lehne den Beitritt zu der Föderation ab: würden Sie dann die Schaffung einer Weltregierung ohne die Russen befürworten?

Einstein: Wenn es irgend möglich ist, Russland in die Welt-Föderation *von Anfang an* einzubeziehen, so muss es selbstverständlich geschehen. Falls es sich als unmöglich herausstellen sollte, Russland zu gewinnen, so müsste man versuchen, die übrigen Nationen einstweilen zu der Welt-Föderation zu vereinigen, jedoch in solcher Weise, dass Russland jederzeit nachträglich beitreten kann, mit gleichen Pflichten und Rechten wie die übrigen Nationen.

Frage: Würden Sie eine Weltregierung innerhalb der Vereinten Nationen zu errichten versuchen? Oder ausserhalb der Vereinten Nationen?

Einstein: Umgestaltung der U.N. zu einer Weltregierung ist denkbar und nach meiner Ansicht der natürliche Weg. Es ist aber eine radikale Umgestaltung, die sich wenig von einer Neubildung unterscheidet.

Frage: Sie sagten, Sie würden alle Informationen über die Atomenergie bekanntgeben. Würden Sie das im Hinblick auf alle wissenschaftlichen Entdeckungen und alle Rüstungsfragen tun? Und unabhängig von der Haltung der Russen?

Einstein: Eine Weltregierung, selbst wenn sie anfänglich die Sowjetunion nicht umfasste, könnte und sollte nach meiner Ansicht jedes wissenschaftliche und militärische Geheimnis abschaffen.

Frage: Sind Sie dafür, Rüstungen für ungesetzlich zu erklären? Falls nicht: befürworten Sie ein Quotensystem für die Rüstungen der einzelnen Nationen oder ein Bundessystem für Rüstungen?

Einstein: Die Militärmacht müsste völlig in der Hand der Föderation sein.

Frage: Würden Sie bei Einladungen zum Beitritt in die Föderation zwischen Demokratien, Monarchien und Diktaturen einen Unterschied machen? Würden Sie Deutschland, Japan, Italien, Spanien zulassen?

Einstein: Jedes Land, das die Bedingungen der Föderation für Mitgliedschaft erfüllt, sollte aufgenommen werden, nachdem die Föderation konstituiert ist.

Frage: Würden Sie die Monarchie oder Diktatur innerhalb der Föderation für ungesetzlich erklären?

Einstein: Keine Einmischung der Föderation bezüglich der Regierungsform der Mitgliedsstaaten.

Frage: Wann würden Sie das Einschreiten gegen einen geplanten oder tatsächlich erfolgten Angriff für berechtigt ansehen?

Einstein: Separate Rüstung der Mitglieder der Föderation muss durch Überwachung und, wenn nötig, durch Intervention verhindert werden.

Die amerikanische Zeitschrift *The Rotarian* druckte in ihrer Juni-Ausgabe 1948, in einem Artikel "Looking Ahead", eine Anzahl der öffentlichen Erklärungen Einsteins aus der damaligen Zeit ab. Die Zeitschrift selbst stellte drei zusätzliche Fragen[20]: Befürworten Sie einen Weltstaat? Aus welchen Gründen? Und halten Sie die Idee heute für durchführbar? Einstein antwortete wie folgt:

Unbeschränkte Souveränität der Nationalstaaten bedeutet, dass jeder Staat für den Kriegsfall bereit sein muss. Unter den heutigen technologischen Bedingungen bedeutet dies: mit allen Mitteln die gegenseitige Vernichtung vorbereiten. Diese Vorbereitung macht dann gar bald den Krieg und damit die totale Vernichtung Aller unvermeidbar. Es ist der fatale circulus vitiosus, in den wir durch unsere eigene Kurzsichtigkeit und Nachlässigkeit hineingeraten sind.

Wenn es uns nicht gelingt, aus diesem circulus vitiosus herauszukommen, sind wir alle miteinander verloren. Je länger wir auf dem verhängnisvollen Wege fortschreiten, desto schwieriger wird es, ihn zu verlassen.

Die Schaffung von Gesetz und Ordnung auf dem Gebiete der

internationalen Beziehungen ist der einzige Ausweg. Es hat wenig Sinn zu fragen, ob dies praktisch oder nach unserem Geschmack ist. Es ist geradezu töricht, die Frage aufzuwerfen, ob wir mit der Errichtung der Weltregierung vielleicht besser noch etwas warten und bis dahin auf dem alten Wege weiter gehen sollen. Es ist wie bei einer unvermeidbaren Operation. Jeder Tag Aufschub verringert die Wahrscheinlichkeit, dass der Patient mit dem Leben davonkommt.

Die wachsende Intensität des kalten Krieges und besonders die lebhaft diskutierte Möglichkeit eines Präventivkriegs beunruhigten Einstein immer mehr. Gegenaktionen erschienen ihm dringend nötig. Nach Vorberatungen schrieb er am 1. April 1948 an Professor Harlow Shapley, den damaligen Präsidenten des Nationalkomitees für die Künste, Wissenschaften und freien Berufe (National Council of the Arts, Sciences and Professions), einer von Einstein unterstützten Organisation:

... Ich betrachte es als Pflicht der führenden Intellektuellen unseres Landes, die amerikanische Öffentlichkeit eindringlich zur stärksten Opposition gegen einen Präventivkrieg aufzurufen, und zwar, bevor unabänderliche Schritte erfolgt sind und der Gang der Ereignisse nicht mehr aufgehalten werden kann. Nach meiner Meinung kann ein solcher Appell nur dann wirksam sein, wenn er in Form eines mächtigen Gegenangriffs erfolgt. Wie denken Sie darüber? *

In seiner prompten und ausführlichen Antwort (unter dem Datum des 7. April 1948) machte Shapley eine Reihe von Vorschlägen[21]:

Ich stimme völlig mit Ihnen überein. Wir stehen in einer Krise. Aktion ist dringend nötig. Ich hoffe immer noch, dass eine kühle, rationale Analyse und Erklärung der Situation in der nahen Zukunft ebenso wirksam wären wie ein leidenschaftlicher Appell an das amerikanische Volk, den gefährlichen Trend aufzuhalten.

Die beste Methode wäre nach meiner Meinung die Veranstaltung einer zwei- oder dreitägigen Konferenz in New York City. Dabei könnten anerkannte Spezialisten die entscheidenden Fragen in Form eines Tafelrunden-Gesprächs oder einer Debatte über vorbereitete Vorträge erörtern: die Ursprünge der gegenwärtigen Krise, die wahrscheinlichen Folgen der heutigen Innen- und Aussenpolitik und die Änderungen dieser Politik, die zur Garantie der Sicherheit und des Überlebens der Welt notwendig sind. Unsere zweitägige ernste Konferenz sollte hinter verschlossenen Türen, ohne Anwesenheit von Pressevertretern, stattfinden. Aber am Abend des zweiten Tages könnten und sollten wir wohl ein Meeting im Madison Square Garden halten, das vom Rundfunk zu übertragen wäre. Bei dieser Gelegenheit könnten wir dem amerikanischen Volk mindestens einige der vorläufigen Schlussfolgerungen der Konferenz unterbreiten. Anstelle einer solchen systematisch vorbereiteten Konferenz und öffentlichen Kundgebung könnten wir bereits früher eine sorgfältige durchdachte Erklärung einer besonders ausgewählten Gruppe amerikanischer intellektueller Führer veröffentlichen. Vielleicht sollten wir beides tun.

Shapley sprach von dem Programm als einem "Friedensbau" und einem "Plan zum Weiterleben". Er erwähnte auch die im Gang befindlichen Bestrebungen, die Bindungen zwischen dem Nationalkomitee und den "Progressive Citizens of America" zu lösen. Diese Organisation fusionierte sich damals mit der Bewegung des ehemaligen amerikanischen Vizepräsidenten Henry Wallace, die eine dritte politische Partei in den USA erstrebte. Über die Präsidentschaftskandidatur von Wallace schrieb Shapley, sie könne "bei dem gegenwärtigen Notstand nur indirekt von Nutzen sein". "Die vorgeschlagene Gegenattacke muss so unparteiisch und objektiv wie nur möglich geführt werden." Einstein schrieb am 9. April 1948 nochmals an Shapley:

... Ich finde alles richtig, was Sie gesagt und vorgeschlagen haben ... Der neue unabhängige "National Council of the Arts, Sciences and Professions" wird der richtige Rahmen sein für die von Ihnen vorgeschlagene Konferenz. Vermeidung der Verbindung mit irgend einer Partei ist gewiss nötig, wenn Konzentration der wertvollen Kräfte auf das Hauptziel "Aktion gegen Militarisierung der Nation und gegen Präventivkrieg" erreicht werden soll. Soll nicht die Idee einer übernationalen Organisation für Frieden und Sicherheit im Gegensatz zu kompetitiver Aufrüstung in den Mittelpunkt der Bestrebung gestellt werden?

Was das Programm der Konferenz betrifft, so stimme ich mit der Wahl der Punkte 2, 3 und 4 völlig überein. Punkt 1 bringt die Gefahr von Zeitverlust und Uneinigkeit mit sich, weil Analyse der Entstehungsursachen der gegenwärtigen Krisis bei freier Diskussion zu keiner Einigung führen dürfte. Vielleicht könnte jemand, der die Tatsachen gut kennt und genügend objektiv ist, seine Auffassung hierüber als eine Art Information der Konferenz vortragen, ohne dass man darüber weiter diskutiert.

Ihren Vorschlag, bei den Verhandlungen der Konferenz die Presse auszuschliessen, sodass die Konferenz nur ihr *Ergebnis* veröffentlicht, finde ich ebenfalls sehr gut.

Der heikelste, aber nach meiner Ansicht kaum vermeidbare Punkt ist die Frage, ob man nötigenfalles eine Rumpf-Weltregierung ohne Russland anstreben soll oder nicht. Wenn man gegen die nationale Militarisierung Stellung nimmt, so wird man dies kaum wirksam tun können, ohne einen Gegenvorschlag zu bringen. Oder soll man sich damit begnügen, die These zu vertreten, dass die gegenwärtige Lage eine *Erhöhung* der Rüstung der U.S.A. nicht als gerechtfertigt erscheinen lässt?

Anfang Mai berichtete Shapley, ein kleiner "Lenkungsausschuss" sei ihm bei der Formulierung genauer Pläne für die vorgeschlagene Konferenz behilflich. Wäre Einstein bereit, gemeinsam mit ihm und Thomas Mann die Konferenz einzuberufen und ein Manifest für die später folgende öffentliche Kundgebung (in der New Yorker Carnegie Hall) vorzubereiten? Einstein sagte zu. Die Konferenz fand am 5. Juni 1948 und an den folgenden Tagen in New York statt. Vor der mehrere Dutzend starken Teilnehmerschaft wurde die folgende Botschaft Einsteins verlesen:

Verhindert bei Ihrer wichtigen Beratung anwesend zu sein, suche ich meine Meinung hier in wenigen Sätzen zusammenzufassen.

Was Sie zusammenführt, ist eine gemeinsame schwere Sorge. Wir dürfen nicht untätig zusehen, wenn unser Land einem ebenso verhängnisvollen wie unnötigen Konflikt mit Russland zusteuert.

Es gibt keine vitalen Interessen, welche einen Konflikt zwischen Amerika und Russland unvermeidbar machten. Wenn beide Länder durch ein Naturereignis völlig voneinander getrennt würden, könnten beide sehr wohl existieren. Es muss deshalb möglich sein, auf der Basis von Verhandlungen zu einem modus vivendi zu gelangen. Ist dies Ziel erreicht, so ist der Weg frei gemacht für das Streben nach einer dauerhaften Lösung des Friedens- und Sicherheitsproblems. Bis vor einiger Zeit schien es mir, dass die Furcht der Russen vor fremder Einmischung die Hauptursache für die gespannte internationale Lage bilde. Nachdem aber unsere Regierung in den letzten Wochen zweimal den von Russland angebotenen Weg der Verständigung durch direkte Verhandlungen schroff abgelehnt hat, scheint mir diese Auffassung nicht mehr haltbar zu sein.

Ich sehe in dem Verhalten unserer Regierung einen deutlichen Hinweis darauf, dass man in Washington auf einen offenen Bruch mit Russland, das heisst einen Präventivkrieg, hinarbeitet, wenn man dies auch nicht offen eingesteht. Der siegreiche Krieg gegen Nazi-Deutschland und Japan hat bei uns zu einem übergrossen Einfluss des Militärs und der militärischen Denkweise geführt, der die demokratische Struktur unseres Landes und den Frieden der Welt bedroht. Das

Bewusstsein einer temporären militärischen Überlegenheit erhöht diese Gefahr noch.

Noch aber ist die demokratische Tradition im amerikanischen Volke lebendig und der Wunsch nach einer friedlichen Lösung der internationalen Probleme allgemein. Unsere Aufgabe ist es, zu versuchen, dem politischen Willen des Volkes Geltung und Einfluss zu verschaffen, solange noch Zeit ist. Mögen Ihre Beratungen dazu beitragen, dass ein wirksamer Weg zur Aktivierung der Öffentlichkeit in dieser wichtigsten politischen Angelegenheit beschritten wird.

Ungefähr zweitausend Menschen nahmen am 17. Juni 1948 an der öffentlichen Kundgebung teil. Harlow Shapley führte den Vorsitz; Redner waren der Nationaökonom Raymond J. Walsh, die Dramatikerin Lillian Hellman und der Physiker Philip Morrison. Einstein sprach zu den Versammelten von seiner Wohnung in Princeton aus:

Hinter dieser Versammlung steht die ernste Sorge um unser Aller Zukunft. Es ist keine politische Versammlung im gewöhnlichen Sinne des Wortes, obwohl es sich ausschliesslich um politische Probleme handelt.

Als unmittelbarer Anlass zu unserer Zusammenkunft mag die strikte Weigerung unserer Regierung betrachtet werden, dem von Russland angebotenen Weg direkter Verhandlungen zuzustimmen. Dies zeigt in greller Beleuchtung, in welch gefährliches Stadium die Beziehungen zwischen den Vereinigten Staaten und Russland geraten sind.

Alle Völker dürsten nach Frieden. Die schweren Wunden, die der Krieg geschlagen hat, sind noch unvernarbt. Die Regierungen sind nirgends, auch nicht in einem totalitär regierten Staate, unabhängig vom Willen der Völker. Jeder weiss, dass unter den gegenwärtigen technischen Bedingungen ein Krieg Massenvernichtung der Menschen und der Produkte ihrer Arbeit in noch nie erlebtem Ausmasse bedeutet. Wie also ist es möglich, dass schon wieder Kriegsgefahr besteht? Wie ist es möglich, dass sonst normale Menschen in diesem Lande selbst vor der Idee eines Präventivkrieges nicht unbedingt zurückschrecken, obwohl sie wissen müssen, dass sie damit irreparables Unheil für ihr eigenes Land riskieren? Warum bringt man schwere Opfer für die wirtschaftliche Hilfe von West-Europa, während man gleichzeitig durch Erhöhung der Kriegsgefahr den Unternehmungsgeist lähmt und dadurch die Hilfsaktion selbst wieder illusorisch macht?

Die Antwort ist einfach. Solange der Krieg nicht durch übernationale Organisation unmöglich oder wenigstens für den Angreifer praktisch aussichtslos gemacht ist, müssen die Regierungen Vorkehrungen treffen, damit ihre Situation im Falle eines Krieges eine möglichst günstige sei. Diese Vorkehrungen aber schaffen solche Spannungen und solches Misstrauen, dass durch sie früher oder später der von allen gefürchtete Krieg mit Notwendigkeit herbeigeführt wird.

Diese Sachlage bringt es mit sich, dass sowohl die Vereinigten Staaten als auch Russland darauf ausgehen, einen möglichst grossen Teil der Völker und der militärisch wichtigen Positionen so von sich abhängig zu machen, dass sie für den Fall des Krieges zuverlässige Bundesgenossen beziehungsweise Stützpunkte gewinnen. Jeder derartige Schritt des einen bedeutet zugleich eine Bedrohung des andern und erzeugt gewissermassen automatisch Gegenaktionen. Jeder sieht in den Aktionen der Gegenseite die Absicht, die ganze Erde zu beherrschen.

Also: Kein Friede ist möglich ohne übernationale Lösung des Sicherheitsproblems, die die Kriegsvorbereitung einzelner Nationen unnötig und auch unmöglich macht.

Die Vereinigten Staaten sind aus dem Kriege als stärkste militärische und wirtschaftliche Macht hervorgegangen. Sie verfügen für einige Zeit allein über die mächtige Atomwaffe. Diese Macht ist aber mit der grössten Verantwortung verbunden. Wir sind grossenteils verantwortlich dafür, dass seit Beendigung des Krieges der verhängnisvolle Weg des Wettrüstens eingeschlagen wurde, der die damals weit günstigeren Aussichten für die allein wirksame übernationale Lösung des Sicherheitsproblems weitgehend verdorben hat. Jeder neue Schritt nationaler Aufrüstung führt uns weiter weg von dem Ziel eines gesicherten Friedens. Jeder solcher Schritt ist aber auch ein Nagel zum Sarge der demokratischen Freiheiten.

Bevor wir heute an die Lösung des grossen Problems gehen können, müssen wir dafür arbeiten, dass das in diesen drei verhängnisvollen Jahren verlorene gegenseitige Vertrauen wieder gewonnen wird. Dies kann nur durch geduldiges und verständnisvolles Verhandeln geschehen; es soll und darf keine Politik der Schwäche und der ungerechtfertigten Konzessionen sein, aber eine Politik der Billigkeit und des Verständnisses für die Lebensnotwendigkeiten und Traditionen anderer Nationen.

Die Politik einer demokratischen Nation hängt von der Urteilskraft und dem Charakter jedes einzelnen Bürgers ab. Wir müssen alles daran setzen, dass der bedeutende, unserem Lande gegenwärtig gegebene

Einfluss allen Nationen zugute komme; dies ist der einzige Weg, auf dem wir für uns selbst Sicherheit erlangen und unser politisches Erbe bewahren können.

Nach der Konferenz vom 5. Juni führte eine weitere Tagung (am 30. Juni) vor allem die Vertreter verschiedener Organisationen zusammen. Sehr befriedigt sandte Shapley am 1. Juli an Einstein den "nahezu einstimmig angenommenen" Entwurf einer Petition an den Präsidenten und den Aussenminister der Vereinigten Staaten. Obwohl die Petition einige Ideen Einsteins widerspiegelte, wurde sie dem Hauptzweck, den er im Auge gehabt hatte, in keiner Weise gerecht. Während der ersten Konferenz hatte sich allerdings schon gezeigt, dass die Mehrheit der Teilnehmer nur für generalisierende Worte, nicht dagegen für konkrete, kühne kriegsgegnerische Aktionen zu gewinnen war. Die Petition lautete:

Zweimal in diesem Jahr hat unsere Regierung Sowjetangebote abgelehnt, die direkte Verhandlungen mit dem Ziel der Verständigung zwischen den beiden Staaten vorgeschlagen hatten. Eine derartige Haltung unserer Regierung ist sehr gefährlich: sie kann zu einem Bruch mit der Sowjetunion und selbst zu einem Präventivkrieg führen, der selbstmörderischen Charakter haben würde. Der Weltfriede wird einerseits durch den Einfluss unserer Militärs, andererseits durch die Annahme unserer zeitweiligen militärischen Überlegenheit gefährdet. Der kalte Krieg, begleitet von Militarisierungsplänen und Angriffen auf unsere Bürgerrechte, steigert nicht nur die Gefahr eines wirklichen Krieges, sondern bedroht auch die demokratischen Institutionen unseres Landes.

Aber die demokratischen Traditionen sind in allen Teilen unseres Landes ausserordentlich lebendig, und die Forderung nach friedlichen Lösungen unserer internationalen Probleme wird auf allen Seiten immer lauter.

In der Erwägung, dass das amerikanische Volk seine Stimme erheben muss, bevor es zu spät ist, erklären die Unterzeichneten:

1. Wir befürworten die sofortige Einberufung von Konferenzen zwischen den Vereinigten Staaten und der Sowjetunion, um eine Verständigung über grundsätzliche Streitfragen zu erzielen. Auch setzen wir uns für eine Wiederaufnahme der Konferenzen zwischen wissenschaftlichen und kulturellen Organisationen der Vereinigten Staaten und der Sowjetunion ein.

2. Wir betonen: Kapitalismus und Kommunismus können und müssen friedlich nebeneinander leben. Die amerikanisch-russische Zusammenarbeit hat im letzten Krieg zum Sieg geführt, während das Aufhören dieser Zusammenarbeit für die gegenwärtige Krise verantwortlich ist.

Während der kommenden Wahlen sollte das amerikanische Volk die Kandidaten darnach beurteilen, ob sie versprechen, Konferenzen zwischen U.S.A. und UdSSR herbeizuführen und die Grundlagen eines modus vivendi mit der Sowjetunion, und später eines dauerhaften Friedens, zu schaffen.

Die vorgeschlagene Massenaktion würde, so bemerkte Shapley, beträchtliche Mittel erfordern. Könnte Einstein eine Gruppe voraussichtlicher Geldgeber in seiner Wohnung in Princeton versammeln? Einstein beriet sich darüber mit seinem Freund Otto Nathan, der an den verschiedenen Tagungen in New York teilgenommen und ihn über den enttäuschenden Verlauf der ersten Konferenz wie der darauffolgenden Gespräche mit den verschiedenen Gruppen und einzelnen ihrer Mitglieder informiert hatte. Das Ergebnis war der folgende Brief Einsteins an Shapley vom 6. Juni 1948:

Sie haben gewiss keinen Zweifel daran, dass ich die höchst energische Verfolgung der ursprünglichen Ziele unserer Aktion als sehr wichtig angesehen habe: 1) den Kampf gegen die wachsende Militarisierung der Vereinigten Staaten; 2) den Versuch, eine möglichst grosse Zahl von Menschen davon zu überzeugen, dass die mit dem militärischen Programm verknüpfte unbeugsame Aussenpolitik der Truman-Regierung durch eine konstruktivere und versöhnlichere Haltung ersetzt werden muss. Sie erinnern sich zweifellos unserer ursprünglichen Absicht, eine grosse Zahl hervorragender Intellektueller für eine sorgfältig ausgearbeitete programmatische Erklärung zu gewinnen, die dann, gestützt auf deren wohlbekannte Namen, der Öffentlichkeit vorgelegt werden sollte. Ich bleibe auch weiterhin ausserordentlich daran interessiert, an einer solchen Aktion teilzunehmen, vorausgesetzt, dass sie sorgfältig und zielbewusst vorbereitet wird.

Der mit Ihrem Briefe übersandte Entwurf einer Petition beschränkt sich, ohne klar ersichtlichen Grund, auf den Vorschlag von Verhandlungen mit der Sowjetunion. Mir erscheint es unmöglich, mit einem so eng abgezirkelten Programm eine wahrhaft wirksame Aktion einleiten zu können, ganz abgesehen davon, dass ähnliche Aktionen von Seiten anderer Organisationen bereits im Gange sind.

Ich kann mir sehr wohl vorstellen, dass das Nationalkomitee für die Künste, Wissenschaften und freien Berufe besondere Gründe für die Einschränkung des Programms hatte. Aber ich billige diesen Kurs nicht und lehne es ab, die kurze Zweipunkte-Erklärung zu unterzeichnen.

Auch möchte ich nicht eine Gruppe von Geldgebern zu mir

einladen, um ihre finanzielle Unterstützung für die vorgeschlagene eng begrenzte Aktion zu erbitten.

Es tut mir leid, dass unser ursprünglicher Plan sich nicht verwirklichen liess und dass ich den neuesten Vorschlag des Nationalkomitees in so negativem Lichte sehe. Nochmals möchte ich betonen, dass ich freudig und von ganzem Herzen an jeder Aktion teilzunehmen bereit bin, die mit unserem ursprünglichen Plan im Einklang ist.*

In einer ziemlich langen Antwort erklärte Shapley: ein Kompromiss sei nötig gewesen; die kurze Verlautbarung hätte nur einen ersten Schritt bedeuten sollen; ein ausführlicheres Programm würde sorgfältige Formulierung erfordern; rasche Aktion aber sei während der Präsidentschaftskampagne – "einer Zeit, in der die Politiker für die Stimme des Volkes am empfänglichsten sind" – dringend geboten. Einstein möge sich die Sache nochmals überlegen. Daraufhin unterzeichnete Einstein die Erklärung. Dass sich aber an seiner Grundeinstellung nichts geändert hatte, ging aus einem letzten Schreiben an Shapley Mitte Juli 1948 hervor:

Ich danke Ihnen für Ihre freundlichen Zeilen und begreife nun besser die Entwicklung Ihrer Bemühung. Wenn der mir gesandte Appell zustande kommt, bin ich gerne bereit, ihn mit zu unterzeichnen. Dagegen halte ich es nicht für hinreichend begründet, dass ich Leute empfange, die für die Finanzierung dieses Appells Geld geben sollen. Eine solche Aktion sollte für eine wichtigere Sache aufgespart werden.

Trotz fieberhafter Geschäftigkeit, genügender finanzieller Mittel und der Weiterexistenz eines "Lenkungsausschusses" scheint das Ganze ohne praktisches Ergebnis geblieben zu sein. Alle Arbeit konzentrierte sich von jetzt an offenbar auf die Vorbereitung des Wissenschaftlich-kulturellen Kongresses für den Weltfrieden (Scientific and Cultural Congress for World Peace), der im März des folgenden Jahres im Waldorf-Astoria-Hotel in New York stattfand.

Unter der Überschrift "Don't Resign from the Human Race" ("Verlasst das Menschengeschlecht nicht!") veröffentlichte Norman Cousins, der Chefredakteur der *Saturday Review of Literature* am 7. August 1948 einen vielbeachteten Leitartikel[22]. Er veranschaulichte seine Argumente mit dem Bild eines fiktiven Schauprozesses, der über das Recht der Menschheit zum Überleben entscheiden soll. Der Staatsanwalt ergeht sich in einer langen, gelehrten Erörterung, die auch das Thema der Weltregierung berührt. Cousins' Fazit lautete:

Der einzige Einsatz, den der Mensch im Interesse seines Überlebens zu leisten hat, ist: Entschlusskraft. Der Mensch entdeckt in sich selbst ungeahnte Quellen des Mutes und der Intelligenz, sobald er nur den Willen zu ihrer Anwendung hat. Niemand kann die Grösse der Wandlungen voraussagen, den die Krise in seinem innersten Wesen hervorrufen wird – wenn er die Krise erst einmal erkannt und verstanden hat.

"Wir haben nichts zu verlieren als unsere Unreife", schrieb Cousins weiter. Sein Kommentar zur Frage der Weltregierung kam den Ideen, die Einstein seit Kriegsende entwickelt hatte, ausserordentlich nahe. In einem Brief an Cousins vom 4. August 1948 schlug Einstein vor, den Artikel in Form eines Sonderdrucks möglichst weit zu verbreiten, und bemerkte:

Ihr Artikel "Verlasst das Menschengeschlecht nicht!" war ebenso wundervoll wie eindringlich. Sie haben, ohne Ihre Leser vor den Kopf zu stossen, das wichtigste Problem unserer Zeit auf neue und herausfordernde Weise dargestellt; die meisten Ihrer Leser werden aus politischen Gründen nicht in der Lage sein, sich selbst über die internationale Situation ein objektives Bild zu machen. Dass es in unserer Mitte immer noch Menschen wie Sie gibt, ist wahrhaft ermutigend.*

Harlow Shapley hatte, wie er Einstein am 1. Juli 1948 mitteilte, eine Einladung zu einem Weltkongress der Intellektuellen erhalten, der für Ende August nach der früher preussisch-schlesischen und jetzt polnischen Stadt Wroclaw (Breslau) einberufen worden war. Einstein, der um die gleiche Zeit eine ähnliche Einladung empfing, schrieb am 6. Juli 1948 an das französisch-polnische vorbereitende Komitee:

Sie hatten die Freundlichkeit, mich auf den Plan hinzuweisen, in Warschau[22a] einen internationalen Kongress von Gelehrten zu veranstalten. Die Absicht dieses Kongresses soll die Förderung eines wirklichen Friedens sein.

Was unserer politisch überreizten Zeit besonders not tut, ist die Betrachtung unserer Probleme in historischer und philosophischer Perspektive. Man muss den Mut haben, über aktuelle Fragen zu sprechen, ohne sich in den oft so kleinlichen politischen Kämpfen des Alltags zu verlieren. Die Geschichte zeigt, wie unfähig der rohe Machtkampf von jeher gewesen ist, stabile Verhältnisse und befriedigende Bedingungen für die Lösung der wirklichen Probleme herbeizuführen. Dies gilt ganz besonders in unserer Zeit, in welcher Krieg wahllose Massenzerstörung in einem noch nicht dagewesenen Masse bedeuten würde. Um dieser furchtbaren Gefahr zu entgehen, müssen wir den schrankenlosen nationalen Egoismus und das Denken in den Kategorien der nackten physischen Macht überwinden.

Ich wünsche von Herzen, dass es Ihnen gelingen wird, Persönlichkeiten von freiem und offenem Geiste für Ihre wichtige Veranstaltung zu gewinnen. Auch wünsche ich, dass die Träger der politischen Macht in allen Ländern Ihre Bemühung begünstigen in der Überzeugung, dass nur das Streben nach dem objektiven Begreifen der Dinge und Ereignisse den Menschen das gegenseitige Verstehen ermöglicht.

Einsteins Freund Otto Nathan gehörte zu der verhältnismässig kleinen Gruppe von Repräsentanten aus den westlichen demokratischen Ländern, die an dem Kongress in Wroclaw teilnahmen. Einstein hatte gemeinsam mit Nathan eine Erklärung, die dieser im Namen Einsteins vor dem Kongress verlesen sollte, mit grosser Sorgfalt ausgearbeitet. Nathan tat alles, um seinen Auftrag zu erfüllen. Aber die Leiter des Kongresses, in dessen Verlauf viele exzessiv kritische Bemerkungen über die Vereinigten Staaten gemacht wurden, forderten die Änderung oder Auslassung gewisser Stellen der Botschaft, ganz besonders des Bekenntnisses zur Schaffung einer supranationalen Organisation. Nathan lehnte das Ansinnen ab; er bestand auf der Präsentierung des ungekürzten Einstein-Textes.

Aber die Kongressleiter verharrten auf ihrem Standpunkt; so wurde die Botschaft überhaupt nicht vor dem Kongress verlesen. Verlesen wurde statt dessen durch die Kongressleiter – ohne Einsteins oder Nathans Zustimmung – der Brief Einsteins an das vorbereitende Komitee, der fälschlicherweise als "Botschaft an den Kongress" bezeichnet wurde. Sobald Einstein aus amerikanischen Zeitungsberichten das Täuschungsmanöver erkannte, stellte er fest, dass "solche Methoden nicht zur Schaffung einer Atmosphäre gegenseitigen Vertrauens beitragen" könnten. Und er publizierte in *The New York Times* die wahre Botschaft, deren Bekanntgabe durch Nathan von der Kongressleitung abgelehnt worden war[23]:

Wir haben allen Grund, den polnischen und französischen Gelehrten dafür dankbar zu sein, dass sie diesen Kongress zusammengerufen haben. Sie taten es in der Absicht, den Einfluss besonnener Menschen in den Dienst des Strebens nach Frieden und Sicherheit zu stellen. Es ist das alte Problem, das zuerst Plato so stark beschäftigt hat: Vernunft anstelle des Waltens atavistischer Instinkte und Leidenschaften. Für die Griechen schien rationales Denken allein zu genügen, um einen befriedigerenden Zustand aller menschlichen Verhältnisse herbeizuführen. Wir haben es aber schmerzlich erleben müssen, dass rationales Denken allein die Probleme des sozialen Lebens keineswegs zu lösen vermag. Die Früchte scharfsinniger Forschungs- und Denkarbeit sind den Menschen oft zum Verhängnis geworden. Diese Forschungsarbeit hat Erfindungen zur Folge gehabt, welche zwar einerseits die Menschen weitgehend von harter körperlicher Arbeit befreit hat, andererseits aber Mittel geworden sind zur Versklavung und Massenvernichtung der Menschen. Diese Erfindungen sind es auch, die einerseits das Leben des Individuums erleichtern und bereichern, andererseits aber eine verderbliche Ruhelosigkeit und sinnlose Geschäftigkeit in ihr Dasein gebracht haben, – Quelle der nervösen Entartung, Oberflächlichkeit und psychischen Unselbständigkeit.

Die Tragik des modernen Menschen liegt – allgemein gesehen – darin: er hat für sich selber Daseinsbedingungen geschaffen, denen er auf Grund seiner phylogenetischen Entwicklung nicht gewachsen ist. Furcht, Hass, Streitsucht und Habgier, die auf den primitiven Lebensstufen seiner Selbstbehauptung dienten, bedrohen seine Existenz unter den Bedingungen des Daseins, die er in den letzten paar Jahrtausenden mit stetig und rapid steigender Schnelligkeit selber herbeigeführt hat. Unter diesen veränderten Existenzbedingungen bedroht seine psychische Erbmasse ihn mit rascher Vernichtung.

Wenn man in den Zeitungen die Geschehnisse in der internationalen Politik verfolgt, so scheint es keine Rettung zu geben; der lebensfeindliche Teil der psychischen Erbmasse des Menschen erscheint dann übermächtig und unüberwindlich, das Verderben unter den heutigen technischen Bedingungen unaufhaltsam.

Beobachtet man aber das Verhalten der Menschen in einer engeren Gemeinschaft, zum Beispiel einer Stadt, so sieht man ein weniger düsteres Bild. Auch hier überwiegen die egoistischen Tendenzen beträchtlich die altruistischen, aber doch weit weniger als in der internationalen Politik. Tradition und Erziehung haben ihren mässigenden Einfluss auf die Individuen ausgeübt; unmittelbare Gewalttat wird durch die Polizei so gut wie verhindert: ein einigermassen erträgliches Verhältnis der Menschen zueinander ist erreicht. Institutionen bilden sich, deren lebensfördernde Wirkung allen zugute kommt. All dies wäre unmöglich, wenn die lebensfördernden sozialen Triebe unserer psychischen Erbmasse neben den rein egoistischen nicht in erheblichem Masse für das menschliche Handeln bestimmend wären.

Ähnlich ist es mit den einzelnen Staaten. Auch hier ist der Kampf der Individuen und Gruppen gegeneinander auf ein erträgliches Mass reduziert und ein Zustand der Organisation erreicht, der das Leben der Individuen einigermassen sichert.

Nur in den Beziehungen der Staaten untereinander besteht fast völlige Anarchie. Konflikte werden, wenn sie für erheblich genug erachtet werden, durch nackte Gewalt, durch Kriege, entschieden, und das ungezügelte Streben nach Machterweiterung macht sich überall ungehindert geltend, wo sich die psychische Möglichkeit bietet.

Dieser Zustand der Anarchie auf dem internationalen Gebiete hat unvorstellbare Leiden und Vernichtung über die Menschen gebracht und die seelische und materielle Entwicklung der Menschen und ihrer Institutionen immer wieder verstümmelt (zum Teil für beschränkte Zeiten) und Gebiete einzelner Länder geradezu völlig vernichtet.

An dieser Anarchie hat die Entwicklung der Jahrtausende nichts Wesentliches zu ändern vermocht, nur dass durch den Einfluss des technischen Fortschrittes die staatlichen Gebilde volkreicher und ausgedehnter geworden sind.

Die Macht des Staates gegenüber seinen Bürgern ist in den letzten Jahrhunderten ständig gewachsen, auch in Ländern, wo diese Macht nicht in brutale Tyrannei ausgeartet ist. Seine Funktion, die Bürger vor den Übergriffen der Mitbürger auch auf wirtschaftlichem Gebiet zu schützen, ist durch die Zentralisierung der Produktion immer komplizierter und ausgedehnter geworden. Seine Funktion des Schutzes gegen Angriffe fremder Staaten erfordert einen ungeheuren, immer wachsenden militärischen Apparat, sowie eine erzieherische Beeinflussung der Bürger für den Kriegsfall, die sich insbesondere der plastischen Seele der Jugend hemmungslos bedient und auch durch Wirkung auf die Erwachsenen die Mentalität der Bürger beherrscht. Es ist dies auch in solchen Staaten der Fall, die nicht durch prinzipiell aggressive Tendenzen charakterisiert sind. Dadurch ist der Staat, beziehungsweise die Nation, zu dem modernen Götzen geworden, dessen suggestiver Kraft fast alle Menschen bedingungslos erliegen.

Nun brachte die technische Entwicklung der letzten Jahre eine völlig neue militärische Situation: Schaffung furchtbarer Angriffswaffen für Massenvernichtung, gegen welche es nach gegenwärtigem Wissen keinen Schutz gibt. Der Staat kommt in die Lage, sein Gebiet und seine Bürger nicht mehr wirksam verteidigen zu können. Den einzigen denkbaren wirksamen Schutz kann eine Weltorganisation bringen, welche allein über die wirksamen Angriffswaffen und deren Herstellung zu verfügen hat. Dies aber setzt das Bestehen einer Weltregierung voraus, welche auf gesetzlicher Basis jene Streitfragen entscheidet, die bisher zu Kriegen geführt haben. Das Wirkungsfeld der einzelnen Staaten würde dadurch in der Hauptsache eingeschränkt auf die Funktion der inneren Verwaltung, während sich die Beziehung zu anderen Staaten auf solche Gegenstände zu beschränken hat, die keine Bedrohung der internationalen Sicherheit mit sich bringen.

Das gegenwärtige Verhalten der Staaten spricht keineswegs dafür, dass die politischen Instanzen den gebieterischen Zwang begriffen haben, der in unserer Situation liegt. Den Menschen überall auf der Erde diese Situation deutlich zu machen, ist wohl die wichtigste soziale Funktion, welche den Intellektuellen je zugefallen ist. Werden sie stark genug sein, die Bindungen ihrer nationalen Erziehung so weit zu überwinden, dass ihre Botschaft die Völker rechtzeitig für eine so radikale Überwindung eingewurzelter nationaler Traditionen bereit zu machen vermag?

Eine gewaltige Anstrengung ist nötig. Scheitert sie, so wird die Weltregierung gar bald auf den Trümmern des grössten Teiles der heutigen Menschheit erstehen. Möge es uns erspart bleiben, dass die Abschaffung der internationalen Anarchie durch eine solche selbstverschuldete Weltkatastrophe erkauft werden muss.

An dem Tag, an dem Einsteins Brief an das vorbereitende Komitee fälschlicherweise als seine Botschaft an die Konferenz hingestellt wurde, hatte der damalige Generaldirektor der *Unesco,* Dr. Julian Huxley, den Vorsitz geführt. Nathan hatte ihn zuvor von der Kontroverse über Einsteins Botschaft verständigt. In einem Brief an Einstein versicherte Huxley später, für das "Missverständnis in keiner Weise verantwortlich" gewesen zu sein. Am 18. September 1948 erwiderte Einstein:

... Unter den bestehenden Verhältnissen können die Intellektuellen des Ostens und Westens nicht gemeinsam für den Frieden und die Freiheit des Geistes kämpfen. Ich bin überzeugt, dass unsere Kollegen auf der anderen Seite des "Zaunes" ihre wahren Meinungen in keiner Weise aussprechen können.*

Einsteins Überlegungen zur Frage der internationalen Befriedigung beschränkten sich nicht auf organisatorische Aktionen und Konferenzen. Im Frühjahr 1948 hatte ein in San Francisco lebender Psychoanalytiker deutscher Herkunft ihm einen Plan ("Ein Weg zur Sicherung des Weltfriedens") gesandt. Der wesentliche Punkt des dreizehnseitigen Manuskripts war: Sollte die Sowjetunion es ablehnen, an einer vetofreien, auf die Kontrolle der Atomenergie beschränkten Weltregierung teilzunehmen, so würden die Mitglieder einer solchen Weltbehörde, nach vorheriger Warnung, die Inspektion Russlands auf dem Luftweg durchführen. Einstein erwiderte am 28. April 1948[24]:

Zuerst eine einleitende Bemerkung ... Sie gehen instinktiv von der Voraussetzung aus: USA will übernationale Organisation (Weltregierung), UdSSR ist abgeneigt, weil aggressiv eingestellt. Ich glaube, dass diese Charakterisierung der psychologischen Sachlage nicht gerecht wird.

Nun zu Ihrem Vorschlage. Wir stimmen in folgendem überein: Nur Weltregierung kann Sicherheit schaffen. Russland sucht diese Lösung zu vermeiden, wir aber suchen sie herbeizuführen durch Schaffung einer vorläufig unvollständigen Weltregierung. Ist Russland nicht Mitglied der unvollständigen Weltregierung, so muss diese in kurzer Zeit derart rüsten, dass für Russland eine Überwindung dieser Macht ausgeschlossen erscheint.

Darin sind wir einig. Worin sich nun Ihr Vorschlag von dem meinigen unterscheidet, ist die These, dass wir Russland zum Beitritt (de facto) zwingen müssen, bevor es derart gerüstet ist, dass es den Rest angreifen kann. Die Zweckmässigkeit dieses Vorgehens ist diskutabel. Ich bezweifle, dass dies der richtige Weg ist. Wenn wir nämlich Verhältnisse schaffen, die für Russland den aggressiven Weg als aussichtslos, den Beitritt zur Weltregierung aber als vorteilhaft erscheinen lassen, so wird sich die Haltung der russischen Regierung wahrscheinlich ändern und Russland wird ohne Zwang beitreten. Ich denke, dass ein in Ihrem Sinne erzwungener Beitritt von einigermassen zweifelhaftem Wert sein würde.

Unsere Meinungsdifferenz ist einstweilen unerheblich, solange es unsicher ist, ob die USA tatsächlich eine wirkliche Weltregierung herbeiführen wollen. Erst wenn die partielle Weltregierung tatsächlich erreicht wäre, und zwar mit starker übernationaler Organisation, würde die Frage auftreten: Soll man abwarten oder in irgend einem Sinne Gewalt anwenden? Bevor diese Situation eingetreten ist, sollte Ihre Frage überhaupt nicht aufgeworfen werden, weil eine solche Diskussion die psychologische Diskussion nur verschlechtern würde.

Der Autor des Plans setzte seine Argumente in einer längeren Antwort fort. Er fügte einen zustimmenden Brief Bertrand Russells bei, der offenbar damals für den Fall der Ablehnung internationaler Atominspektion durch die Russen einen Präventivkrieg gegen die Sowjetunion befürwortete. Einstein erwiderte am 28. Mai 1948:

Ihr Brief ist in der Tat ganz logisch. Trotzdem kann ich mich Ihrem Standpunkt nicht anschliessen, noch viel weniger den von Bertrand Russell ausgesprochenen Ansichten. Ihr Gedankengang ist dem eines Militärs oder Ingenieurs ähnlich, indem Sie die psychologische Reaktion – besonders insofern es sich um die Russen handelt – nach meiner Ansicht mehr als tunlich vereinfachen. Mir scheint das Verhalten der Russen deutlich zu zeigen, dass sie durch die militärisch-technische Situation sehr beunruhigt sind und dass sie zu erheblichen Konzessionen bereit wären, wenn man es ihnen nur einigermassen erleichterte. Ich bin überzeugt, dass Roosevelt imstande gewesen wäre, zu einem befriedigenden modus vivendi mit Russland zu kommen, und dass unsere Regierung es auch fertigbringen könnte, wenn sie den ehrlichen Willen hätte.

Noch einmal versuchte der Psychoanalytiker Einstein umzustimmen – wiederum ohne Erfolg. Einstein schrieb ihm am 29. September 1948:

... Ihr Brief ... hat mich sehr interessiert ... Ich stimme mit Ihnen darin überein, dass die Lösung des Sicherheitsproblems auf übernationaler Basis nicht aufgeschoben werden kann. Angesichts der entschieden ablehnenden Haltung Russlands scheint keine andere Möglichkeit zu bestehen, als eine Organisation ohne Russland, beziehungsweise ohne die Nationen des russischen Blocks, also eine Rumpf-Weltregierung. Auch darin stimmen wir überein.

Nun entsteht die Frage, ob eine solche Rumpf-Weltregierung Russland zum Beitritt zwingen soll. Dies würde Krieg bedeuten (Präventivkrieg). In Bezug hierauf bin ich nicht Ihrer Meinung. Sie stehen dazu positiv mit der Begründung, dass Russlands relative Stärke mit der Zeit wachsen und die Situation der übrigen Welt sich dadurch verschlechtern würde. Letzteres ist zuzugeben. Trotzdem bin ich unbedingt dagegen. Es erinnert mich an den Selbstmord aus Angst vor dem Sterben. Ich halte es für besser, sowohl moralisch als praktisch, zu versuchen, solche Verhältnisse herbeizuführen, dass die Russen aus rein egoistischen Gründen es vorziehen, ihre separatistische Haltung aufzugeben. Ich glaube, dass es bei richtiger Haltung möglich wäre, dies herbeizuführen. Beweisen kann ich dies nicht; ich kann nur sagen, dass mein Instinkt mich zwingt, diesen Weg vorzuziehen.

Einsteins Interesse an Henry Usbornes Plan einer Weltkonvention der Völker wurde bereits erwähnt (s. Seite 430). In einem Rundschreiben an Einstein und eine Reihe anderer Internationalisten erklärte Usborne am 5. März 1948[25]:

Es ist höchste Zeit, von den "American Crusaders" Genaueres und Positiveres zu hören. Ich weiss, diese Leute arbeiten tüchtig, aber jetzt sollte auch die Aussenwelt darüber informiert werden. Bitte beschleunigen Sie die Sache. Sie müssen jetzt der Öffentlichkeit erklären, wie Sie im Jahre 1950 die Wahl Ihrer Delegierten zum Genfer Kongress durchführen wollen.

Tatsächlich waren damals in Amerika Bestrebungen um eine solche Kampagne bereits im Gang. Im April gewann eine Gruppe von Chicagoer Föderalisten den Professor Stringfellow Barr, einen liberalen Pädagogen und Historiker, zur Mitarbeit. Barr seinerseits gewann eine Mäzenatin: Mrs. Anita McCormick Blaine in Chicago, eine wohlhabende, freigebige, über achtzig Jahre alte Dame, deren fortschrittliche politische Ideen den Usborne-Plan einschlossen. Bereitwillig übernahm sie die Finanzierung einer Konferenz, die die Frage der Weltregierung gründlich erörtern sollte. Barr liess folgende Einladung zirkulieren:

Ich schreibe in meinem eigenen Namen wie auch im Auftrag der Herren Grenville Clark (früherer Korporationsanwalt und langjähriger Anhänger der Weltregierungsidee), Dr. Albert Einstein, Bürgermeister Hubert Humphrey (Minneapolis), Dr. Leo Szilard und Carl Van Doren.

Der in dem beigelegten Memorandum dargestellte Plan sollte nach unserer Meinung verwirklicht werden, falls wir die dafür notwendigen Mittel und Wege finden können. Die Schwierigkeiten scheinen auf den ersten Blick unüberwindlich. Aber unser Land ist von einer schweren Gefahr bedroht, und dieser Plan bietet die Möglichkeit, unser Volk über die Gefahr und über die zu ihrer Abwendung erforderlichen Schritte zu informieren. Darum wollen wir in einer Tagung die Frage eingehend besprechen.

Wir haben uns auf einen praktischen Konferenzort geeinigt: Pocono Crest in Pocono Pines (Pennsylvania). Wir wollen am Freitag, 25. Juni 8 Uhr abends, zusammenkommen und hoffen unsere Diskussionen am Sonntagnachmittag abschliessen zu können.

Mr. Henry Usborne (Mitglied des britischen Unterhauses), der den Plan in Grossbritannien ins Leben gerufen hat, wird als unser Gast in Pocono Pines zugegen sein.

Wir hoffen, dass Sie nach Durchsicht des Memorandums mit uns der Meinung sind, dass kompetente, amerikanische Delegierte für den Genfer Kongress gewählt werden sollten, falls wir uns auf eine gute Methode für diese Wahl einigen können.

P.S. Das Komitee schlägt vor, die Tagung privat, ohne Publizität, zu halten.

Etwa 45 Personen (darunter Cord Meyer, Norman Cousins und Harrison Brown vom Notstandskomitee der Atomwissenschaftler) trafen auf der Pocono-Konferenz unter dem Vorsitz von Professor Barr zusammen. Der Usborne-Plan wurde mit überwältigender Mehrheit (gegen nur drei Stimmen) angenommen und ein ständiges Komitee unter der Leitung Barrs eingesetzt, um eine Kampagne auf lange Sicht zu organisieren. Inzwischen war Mrs. Blaine jedoch auch in anderer Richtung aktiv geworden. Sie hatte sich Anfang Juli für die Idee einer "Weltregierungs-Stiftung" mit einem Grundkapital von einer Million Dollar gewinnen lassen; das Präsidium war in den Händen von Stringfellow Barr. Obwohl in den Satzungen nicht ausdrücklich von der Unterstützung der Weltkonvention der Völker die Rede war, gehörte sie zu den Hauptzielen der Stiftung. Auf Einladung von Harrison Brown erörterte Barr das Projekt am 10. Juli 1948 vor dem Notstandskomitee der Atomwissenschaftler (auch Einstein dürfte dabei zugegen gewesen sein). Das Komitee gab daraufhin folgende Resolution bekannt:

Da das Notstandskomitee der Atomwissenschaftler zwei Jahre hindurch alle, anstatt einer Weltregierung, denkbaren Methoden für die Kontrolle der Atomenergie erforscht hat und zu der Überzeugung gekommen ist, dass nur der Weg der Weltregierung Erfolg verspricht und dass die Erkämpfung einer Weltregierung darum das wichtigste Problem der Menschheit ist,

wird hiermit beschlossen, dass das Notstandskomitee

1. nachdrücklich die jetzt im Gang befindlichen Bemühungen unterstützt, die Teilnahme Amerikas an der Crusade for a People's World Convention zu sichern, einer Bewegung, die in England von dem sogenannten Usborne-Komitee begonnen wurde und die nunmehr als aussichtsreichste Methode der Werbung für eine Weltregierung erscheint;

2. zum Zeichen seines Interesses die Summe von eintausend Dollar bereit stellt, die an die geplante "Weltregierungs-Stiftung" zu übermitteln ist; und

3. einen Unterausschuss seiner Mitglieder – bestehend aus den Herren Dr. Albert Einstein, Dr. Harold C. Urey, Dr. Philip M. Morse und Dr. Harrison Brown – ernennt, der mit den Treuhändern der besagten Stiftung eng zusammenarbeiten soll; der Unterausschuss soll prüfen, inwieweit das Notstandskomitee der Stiftung finanziell und in jeder anderen Beziehung helfen könnte.

Wie weit das Notstandskomitee in der Zusammenarbeit mit der neuen Organisation zu gehen gewillt war, ergibt sich aus einem Bericht Harrison Browns an das ständige Komitee der Pocono-Konferenz: "Das Notstandskomitee der Atomwissenschaftler ist bereit, alle seine eigenen Finanzfunktionen aufzugeben und seinen erprobten Apparat zur Sammlung von Geldmitteln der Stiftung anheimzustellen, sobald diese hinreichend etabliert ist."

Aber politische Ereignisse änderten die Situation. Mrs. Blaine war eine leidenschaftliche Anhängerin der Präsidentschaftskandidatur von Henry Wallace für die Progressive Party (ein anderer Kurator der Stiftung, Scott Buchanan, war ebenfalls ein prominentes Mitglied dieser Partei). Sie äusserte die Hoffnung, dass Wallace an dem Werk der Stiftung teilnehmen werde. Aber sie wollte daraus keine Kardinalfrage machen, zumal sie erkannte, dass die Zeit dafür noch nicht reif war.

In jenen Tagen wurde die Wallace-Bewegung weithin als kommunistisch beeinflusst angegriffen. Daraus ergab sich für die Anhänger der Weltregierungsbewegung ein peinliches Dilemma. Die Weltregierungs-Stiftung verfügte über grössere Geldmittel als einer solchen Bewegung je zur Verfügung gestanden hatten. Aber viele Föderalisten glaubten, dass ein Wallace-"Fleck" der Bewegung sehr schaden würde. Ganz besonders nervös wurden einige Mitglieder des ständigen Pocono-Komitees. Ein Artikel im *New York World Telegram*, sowie in anderen Blättern der Scripps-Howard-Zeitungskette, führte zur sensationellen Zuspitzung der Sache. Der am 14. September 1948 veröffentlichte Bericht trug die Schlagzeile "Angel's Million Assures Wallace Post-Election Job" ("Millionengabe einer Spenderin sichert Wallace Position nach der Wahl"). Mrs. Blaine hatte in Chicago ungenaue Erklärungen abgegeben, die den auch in anderen Blättern veröffentlichten Bericht zu erhärten scheinen.

Barr, inmitten des publizistischen Sturms von einer Auslandreise zurückgekehrt, lehnte jede Äusserung dazu ab, obwohl er selbst kein Wallace-Anhänger war. Er trat aus dem Pocono-Komitee aus, das schliesslich aufgelöst wurde. Mrs. Blaine suchte ihren Standpunkt klarzustellen, aber die Vereinigten Weltföderalisten lösten unverzüglich ihre Verbindung mit der Weltregierungs-Stiftung. Eine entsprechende Aktion des Notstandskomitees der Atomwissenschaftler folgte. Das Komitee ersuchte die Stiftung um die Räumung des ihr zur Verfügung gestellten Büros und widerrief alle ihr gemachten Zusagen. Dieser Gang der Dinge war natürlich für Einstein tief entmutigend.

Später ergab sich, dass Wallace mit der Weltregierungs-Stiftung weder vor noch nach seiner Wahlniederlage im November 1948 irgendwelche Verbindungen gehabt hatte. Im Lauf der Zeit wurden zwischen der Stiftung und verschiedenen Weltregierungs-Gruppen freundliche Beziehungen wiederhergestellt. Aber trotz der von der Stiftung (wenn auch mitunter stockend) fortgeführten Unterstützung des Plans einer Völkerkonvention strandete die Kampagne in den Vereinigten Staaten. Einige Föderalisten, die den Usborne-Plan als zu weitgehend ansahen, mögen darüber nicht allzu unglücklich gewesen sein. Für Einstein jedoch, der die Bewegung als eine willkommene Stärkung des Kampfes für eine supranationale Organisation betrachtet hatte, war das Ganze eine schwere Enttäuschung.

An ein Studentenblatt (*Cheyney Record*, die Zeitung des Cheyney State Teachers College, einer Negerhochschule in Pennsylvania) schrieb Einstein im Oktober 1948 den folgenden Frage-und-Antwort-Artikel[26]:

Frage: Glauben Sie, dass die Wissenschaftler, die uns die Atombombe gebracht haben, für alle von der Bombe hervorgerufenen Zerstörungen moralisch verantwortlich gemacht werden sollten?

Einstein: Nein! Gewiss, die Fortschritte der Physik haben die Anwendung wissenschaftlicher Entdeckungen zu technischen und militärischen Zwecken möglich gemacht, und darin liegt eine grosse Gefahr. Aber verantwortlich sind jene, die die neuen Entdeckungen praktisch anwenden, und nicht die Förderer des wissenschaftlichen Fortschritts, das heisst: nicht die Wissenschaftler, sondern die Politiker.

Frage: Glauben Sie, dass die Rassenvorurteile in den Vereinigten Staaten nur das Symptom eines weltweiten Konflikts sind?

Einstein: Rassenvorurteile sind leider zu einer amerikanischen Tradition geworden; sie werden unkritisch von einer Generation zur nächsten übertragen. Aufklärung und Erziehung sind die einzigen Gegenmittel. Alle rechtlich denkenden Menschen sollten an dieser langsamen und mühsamen Arbeit teilnehmen.

Frage: Kann die Mathematik ein ebenso nützliches Instrument für die Sozialwissenschaften sein wie für die abstrakten Wissenschaften?

Einstein: Die Mathematik ist ein nützliches Instrument für die Sozialwissenschaften. Bei der Lösung sozialer Fragen sind aber Ziele und Intentionen die entscheidenden Faktoren.

Frage: Wird die Demokratie alle Probleme der Gesellschaft lösen können?

Einstein: Betrachtet man die Demokratie im engeren, rein politischen Sinne, so leidet sie darunter, dass die Träger der wirtschaftlichen und politischen Macht die Möglichkeit besitzen, die öffentliche Meinung im Sinne ihrer eigenen Klasseninteressen zu beeinflussen. Die demokratische Regierungsform als solche bedeutet nicht die automatische Lösung aller Probleme, sie bedeutet jedoch einen nützlichen Rahmen für ihre Lösung. In letzter Sicht hängt alles von den politischen und moralischen Eigenschaften der Bürgerschaft ab.

Frage: Glauben Sie, dass die Schaffung der Vereinigten Staaten von Europa das Problem des Krieges lösen würde?

Einstein: Die Vereinigten Staaten von Europa sind eine wirtschaftliche wie politische Notwendigkeit. Ob sie zur Stabilität des internationalen Friedens beitragen würden, lässt sich schwer voraussagen. Ich möchte die Frage eher mit Ja als mit Nein beantworten.

Um diese Zeit blickte Einstein befriedigt auf den Widerstand in Frankreich gegen die Tendenz der amerikanischen Politik, früheren Nazis in Deutschland Machtpositionen einzuräumen, um sie im Kampf gegen die "schlechten" Russen zu benutzen. In einem Brief an seinen alten Freund Maurice Solovine in Paris vom 25. November 1948 bemerkte er, es sei kaum zu glauben, wie wenig gewisse Menschen selbst aus den bittersten Erfahrungen gelernt hätten. Gleichzeitig sandte Einstein das folgende Telegramm an den Mathematiker Jacques Hadamard in Paris (anscheinend als Antwort auf dessen Bitte, er möge den französischen Intellektuellen in ihrer Opposition gegen die nazifreundliche Politik der Alliierten den Rücken stärken):

Ich erlaube mir, Ihrer Initiative von Herzen Erfolg zu wünschen. In dieser Situation dient man zugleich dem Interesse aller Menschen und Nationen, indem man die nationalen Interessen Frankreichs verteidigt.

Insbesondere scheint es mir wichtig, dass nach diesem furchtbaren Kriege nicht dieselben Fehler gemacht werden wie nach dem letzten Kriege, wenn durch die Uneinigkeit der Alliierten die Bedingungen für die Vorbereitung des zweiten Weltkrieges geschaffen wurden. Es darf nicht in Vergessenheit kommen, dass das Verhängnis vermieden worden wäre, wenn Clemenceaus prophetische Warnungen Gehör gefunden hätten.

Ein anderes Pariser Ereignis beschäftigte Einsteins Aufmerksamkeit in jenen Tagen. Im Mittelpunkt stand der junge Amerikaner Garry Davis, der während eines Aufenthalts in der französischen Hauptstadt im Juni 1948 freiwillig seine amerikanische Staatsbürgerschaft aufgegeben hatte – zum Zeichen des Protests gegen den Kriegstrend. Im September verweigerten die französischen Behörden ihm die Verlängerung seiner Besuchserlaubnis. Davis unternahm darauf einen Schritt, der die Aufmerksamkeit der ganzen Welt erregte: er errichtete ein Zelt im Garten des Palais de Chaillot, der infolge der damaligen Tagung der U.N.-Plenarversammlung als exterritorial erklärt worden war. Davis wurde von Robert Sarrazac-Soulage, einem früheren Obersten der französischen Untergrundbewegung, gestützt, dessen Aktivitäten in Frankreich denen von Henry Usborne in England entsprachen. Der junge Amerikaner wurde zum Sprecher des "kleinen Mannes", der die sinnlosen Formeln und Spiele der internationalen Politik ad absurdum führt, ein Symbol für Millionen Menschen in aller Welt im Kampf für den Frieden.

Im November riefen Davis und Sarrazac-Soulage einen vielbeachteten Zwischenfall hervor: sie sprachen von der Galerie der U.N.-Plenarversammlung aus für die Idee der Völkerkonvention. Später fand unter den Auspizien eines "Garry Davis-Solidaritätskomitees" eine Massenkundgebung statt, zu der Einstein die folgende Botschaft (datiert vom 28. November 1948) sandte:

Es drängt mich, Herrn Davis, dem jungen Kriegsveteranen, meine Anerkennung auszusprechen für das Opfer, das er für das allgemeine Wohl der Menschen gebracht hat. Durch Verzicht auf sein Bürgerrecht hat er sich selbst zur "displaced person" gemacht, um für die natürlichen Rechte jener zu kämpfen, welche die stummen Zeugen für den moralischen Tiefstand unserer Zeit sind.

Die schlimmste Sklaverei, die auf den Menschen unserer Zeit lastet, liegt in der Militarisierung der Völker; diese Militarisierung aber ist die Furcht vor einem neuen, mit Massenvernichtung drohenden, Weltkriege. Der gut gemeinte Versuch, dieser Situation durch die Gründung der U.N. Herr zu werden, hat sich leider als völlig unzureichend erwiesen. Eine übernationale Institution muss genug Macht und Unabhängigkeit haben, wenn sie das Problem der internationalen Sicherheit lösen soll. Ein solcher entscheidender Schritt kann und darf nicht der Initiative der Regierungen allein überlassen werden. Der unbeugsame Wille der Völker allein kann die Kräfte frei machen, die für einen so radikalen Bruch mit den alten und überlebten Traditionen der Politik nötig sind.

Ich grüsse diese Versammlung als einen ernsthaften Versuch, der wichtigsten Aufgabe unserer Generation zu dienen.

Gegen Ende 1948 wurde das Notstandskomitee der Atomwissenschaftler nahezu inaktiv. Harrison Browns Vorschlag, den ganzen Apparat des Komitees in die Weltregierungs-Stiftung überzuleiten, war zweifellos aufrichtig gemeint, aber mindestens teilweise auf die bereits seit längerem das Komitee hemmenden inneren Schwierigkeiten zurückzuführen.

Oft war es schwierig gewesen, die Treuhänder zu einer Sitzung zusammenzubringen, und meist noch schwieriger, eine Übereinstimmung über den einzuschlagenden politischen Kurs zu erzielen. Betrübt fragte Einstein im Gespräch mit dem ursprünglichen Geschäftsführer und Schatzmeister der Organisation, Joseph H. Schaffner: "Wie können wir hoffen, das amerikanische Volk aus seiner Unsicherheit zu befreien, wenn wir unter uns selbst nicht einig sind? "

Die Differenzen unter den Mitgliedern waren vielfältig. Sie betrafen die Einstellung zu den Vereinten Nationen, ebenso wie zur Frage einer Weltregierung: Sollte man versuchen, eine partielle übernationale Organisation aufzubauen, wenn eine vollständige Weltregierung in absehbarer Zeit nicht erreichbar wäre? Dazu kam noch ein anderes Problem, das zu Schwierigkeiten und Meinungsverschiedenheiten führte: das Komitee konnte nicht umhin, sich mit wesentlich politischen Fragen zu beschäftigen, obwohl das den Satzungen widersprach, in denen es hiess: "Aktivitäten sollen nicht in entscheidendem Mass propagandistischer Natur sein oder auf andere Weise Einfluss auf die Gesetzgebung suchen." Auch gab es Klagen über die angeblich zu hohen Verwaltungskosten der Organisation und über die unzureichenden Mittel für erzieherische Aktivitäten. Gewiss, Einstein hatte Anfang 1948 Beiträge von insgesamt nahezu 400,000 Dollar anzukündigen vermocht, und die Summe wuchs später sogar noch; trotzdem fiel es der Organisation zeitweilig schwer, ihren laufenden finanziellen Verpflichtungen nachzukommen[27].

Harrison Brown, der während dieser Periode als Geschäftsführer fungierte, schilderte die Situation innerhalb des Komitees folgendermassen:

Die Gruppe hat, wenigstens nach meiner Meinung, ihren Zweck verfehlt. Auf lange Sicht betrachtet, hatte sie nur geringen Einfluss auf die öffentliche Meinung. Eine Ursache dieses Versagens ist darin zu sehen, dass die allgemeinen Anschauungen der Einzelmitglieder weit auseinanderklafften, und am Ende konnten wir uns über die weiter zu unternehmenden Schritte nicht mehr einigen. Einstein spielte bei der Klärung gewisser unserer Ziele eine ungeheuer wichtige Rolle. Immer wieder hat er sich, aber nur mit geringem Erfolg, um einen Ausgleich zwischen den differierenden Ansichten bemüht. Einstein selbst konnte sich nicht dazu bringen, die Ansichten gewisser Komiteemitglieder zu billigen.

Noch am 17. September war das folgende von Einstein gezeichnete Zirkular mit der Bitte um finanzielle Unterstützung ausgesandt worden:

Jeder von uns lebt heute in äusserster Lebensgefahr. Nicht nur ist sein eigenes Leben und das Leben seiner Angehörigen bedroht; wir erleben es, wie sich die Schatten der Nacht immer tiefer auf unsere ganze Zivilisation senken. Es ist das Schicksal dieser Zivilisation – des Baus, zu dem zahllose Generationen der Menschheit schöpferische Ideen und heroische Arbeit beigetragen haben –, das uns so tief beunruhigt.

Während der letzten beiden Jahre haben wir Wissenschaftler unseren Mitbürgern klarzumachen versucht, dass die alte Ordnung zu Ende ist, dass das Erscheinen der Atomenergie auf der Weltbühne eine Umgestaltung der Weltinstitutionen erfordert, deren Endziel die Abschaffung des Krieges ist. Der von uns vorgeschlagene erste Schritt war darauf gerichtet, öffentliche Unterstützung für die internationale Kontrolle der Atomenergie zu gewinnen. Aber der Streit rivalisierender Nationalismen hat ein Abkommen auf diesem Gebiet verhindert. Willenlos lassen sich die Nationen zu einem Kurs treiben, dessen Ende in ähnlichen Fällen der Geschichte immer die Katastrophe des Kriegs gewesen ist.

Für unsere Zivilisation – für uns alle – heisst das Gebot der Stunde: völlige Abschaffung des Krieges. Ich sende Ihnen den beigefügten Artikel von Norman Cousins ("Verlasst das Menschengeschlecht nicht!", siehe S. 491), weil er die Sachlage klar und eloquent darstellt. Ich wünschte, jeder Bürger der Vereinigten Staaten nähme sich die Zeit, diese wenigen Seiten zu lesen und über die inspirierten Gedanken und positiven Schlussfolgerungen nachzudenken.

Die Botschaft des Artikels lautet: "Unser Werk braucht nicht zu scheitern. Das wachsende Zwielicht braucht nicht zur Nacht und zur Katastrophe zu führen. Jeder von uns ist für die unserem Zeitalter auferlegte historische Entscheidung mit verantwortlich. Wir werden – und wir können nicht versagen, wenn wir die riesigen Reserven an Intelligenz und Mut, die in jedem Menschen verborgen sind, zur Hilfe rufen."

Um unseren Teil zur Erfüllung dieser Pflicht beizutragen, müssen meine Kollegen und ich Sie heute wieder um Hilfe bitten. Wir ersuchen Sie um weitere Unterstützung unserer erzieherischen Kampagne. Tragen auch Sie dazu bei, dass jene historische Leistung der Wissenschaft – die Entdeckung und Entwicklung der Atomenergie – zum Nutzen und nicht zur Ausrottung der Menschheit benützt wird.

Aber am 10. November 1948 empfahlen Brown, Hogness, Szilard und Mayer, die in Chicago zusammengekommen waren, das Notstandskomitee solle am 1. Januar 1949 seine Tätigkeit einstellen und nur noch nominell weiterbestehen. Offenbar wurde diese Empfehlung von Einstein und den anderen Treuhändern angenommen. Auf Grund dieser Entwicklung schrieb Einstein in einem Brief, der in der Dezemberausgabe 1948 des *Bulletin of The Atomic Scientists* erschien:

Eine der wichtigsten Aufgaben des Notstandskomitees war von Anfang an die Unterstützung des *Bulletin of Atomic Scientists,* eines vor genau drei Jahren von den "Atomic Scientists of Chicago" begründeten Magazins, das sich die Aufklärung der Öffentlichkeit über die Atomfrage und verwandte Probleme zum Ziel gesetzt hat.

Die Entwicklungen der letzten beiden Jahre haben gezeigt, dass die Erziehung der Menschheit zum klaren Verständnis der positiven wie negativen Auswirkungen der Atomenergie eine Aufgabe auf lange Sicht darstellt, die nicht auf einer Notstandsbasis durchgeführt werden kann.

Die Redaktion des *Bulletin* und das Notstandskomitee haben sich darauf geeinigt, dass der beste Weg, dem *Bulletin* eine breitere, permanente Grundlage für die Fortführung und Erweiterung seiner Tätigkeit zu geben, in der Organisation eines permanenten Förderungskomitees besteht, das die amerikanische wissenschaftliche Gemeinschaft repräsentiert.

Das Notstandskomitee wünscht dem *Bulletin* in seiner wichtigen Arbeit weiteren Erfolg und appelliert an all jene, die das *Bulletin* bisher durch Gaben an das Notstandskomitee unterstützt haben, ihre Hilfe durch direkte Beiträge an das *Bulletin* fortzusetzen und zu verstärken.*

Der Chefredakteur des *Bulletin,* Dr. Eugene Rabinowitch, ein guter Kenner der Arbeit des Komitees, fasste seine Eindrücke von der Arbeit der Organisation so zusammen:

Ob man die Leistungen des Notstandskomitees als ein Fiasko betrachtet oder nicht, hängt von den an das Komitee geknüpften

Erwartungen ab. Einige Wissenschaftler hatten von ihm einen unmittelbaren durchgreifenden Wandel im Denken aller Regierungen, einschliesslich unserer eigenen, erhofft; einen solchen Wandel vermochte das Komitee zweifellos nicht herbeizuführen. Andere jedoch sahen die Chancen rascher Erfolge vom Anfang an als sehr gering an; ihre Meinung war, dass nur ein langwieriger Erziehungsprozess die politische Welt schliesslich mit der wissenschaftlichen Revolution, die die Entfesselung der Atomenergie in Gang gesetzt hat, in Einklang bringen könne. Nach dieser (von mir selbst geteilten) Meinung war das Werk des Notstandskomitees nicht nur kein Fehlschlag, sondern ein wichtiger Beitrag zu den Anfängen jenes Erziehungsprozesses.

Für mich liegt die wahre Enttäuschung – in der Enttäuschung der meisten Wissenschaftler über das Ausbleiben rascher Resultate, und in ihrer Abneigung, sich an dem langfristigen Werk zu beteiligen: einem Werk, das dringlich bleibt und viele Jahre erfordern wird. Nach meiner Auffassung war die Auflösung des Notstandskomitees verfehlt; es hätte in einen permanenten "Generalstab" einer Organisation von Wissenschaftlern umgestaltet werden sollen.

Hatte das Notstandskomitee der Atomwissenschaftler die hohen Ziele, die Einstein und andere bei seiner Gründung vor Augen hatten, nicht zu erreichen vermocht, so war sein Misserfolg doch ein ehrenhafter. Und es war kein völliges Fiasko. Mindestens einen Teilerfolg konnte das Komitee verbuchen: seinen grossen, wenn auch nicht entscheidenden, Einfluss auf die öffentliche Meinung während der Zeit seines Bestehens. Dazu hatte Einstein grosszügig und auf höchst verantwortungsvolle Weise beigetragen.

Am 24. November 1948 entwarf er die folgende Weihnachtsbotschaft[28]:

Weihnachten ist das Fest des Friedens. Sein Zeitpunkt kommt jedes Jahr von selber. Aber Frieden in uns selber und zwischen uns können wir nur durch unablässige Anstrengung erreichen. Das Fest zeigt, dass alle sich nach Frieden sehnen. Es bringt uns jedes Jahr die Mahnung, die in uns allen schlummernden Feinde des Friedens aufmerksam zu überwachen, damit sie so wenig wie möglich Unheil stiften können, nicht nur zur Weihnachtszeit, sondern das ganze Jahr über.

15. Kapitel

TOTALABRÜSTUNG!
1949–1950

Am 14. März 1949 feierte Einstein seinen 70. Geburtstag. Aus allen Teilen der Welt strömten Glückwünsche bei ihm ein. Vor allem benützten Wissenschaftler die Gelegenheit, den grossen Wissenschaftler zu würdigen. Auf Einladung der Universität Princeton und des dortigen Institute for Advanced Study versammelten sich 300 Wissenschaftler zu einem Symposium, das Einsteins Bedeutung für die zeitgenössische Wissenschaft beleuchtete. Professor Isidor I. Rabi von der Columbia-Universität, einer der Teilnehmer des Symposiums und selbst Nobelpreisträger auf dem Gebiete der Physik, sprach von "dieser bedeutungsvollen Feier des 70. Geburtstags Einsteins". Sie habe "kaum eine Parallele in der gesamten Geschichte der Wissenschaft". Denn, so fragte er, "welcher andere Mensch hätte je so Grosses geleistet? " Rabi fügte hinzu: "Kein anderer vor oder nach Einstein hat unsere aus der Tiefe des Instinkts entspringenden Vorstellungen von Raum, Zeit und Kausalität so entscheidend umgewandelt und so viel neues Wissen und neues Verständnis gebracht . . ."

Anlässlich des Geburtstags brachte die "Library of Living Philosophers" einen Band heraus, der unter dem Titel "Albert Einstein: Philosopher-Scientist" 25 Essays über sein Werk vereinigte. Einstein selbst lieferte dazu mit seiner den Band einleitenden Schrift "Autobiographisches" ("Autobiographical Notes") den wahrscheinlich wichtigsten Beitrag; er skizzierte das Werden seines wissenschaftlichen Werks und sprach in äusserst interessanter Weise über seine Kindheit und Jugend[1].

Aber all diese Würdigungen sagten wenig über Einsteins bedeutsame Rolle ausserhalb der Naturwissenschaften. Nur ein einziger der 25 Aufsätze des grossen Bandes suchte Einsteins "Sozialphilosophie" darzustellen. Nahezu völlig übergangen wurde die Tatsache, dass Einstein sein ganzes Leben hindurch leidenschaftlich für eine bessere und gesündere Welt gekämpft hatte, eine Welt ohne Krieg, die jedem Menschen ein wirklich menschenwürdiges Leben sichern würde. In einem sonst sehr positiven Leitartikel vom 14. März 1949 schrieb *The New York Times,* Einstein sei "mit seinen Vorschlägen zur Lösung der politischen Probleme, die die Welt seit Jahrzehnten gequält haben, nicht immer sehr glücklich gewesen". Damit spiegelte das Blatt die Meinung Vieler wider, die mit Einsteins grundsätzlichen Anschauungen über die Umgestaltung der bestehenden politischen, wirtschaftlichen und gesellschaftlichen Institutionen nicht hinreichend vertraut sind.

Gewiss hat Einstein während seiner letzten Lebensperiode weniger häufig als früher zu politischen Problemen Stellung genommen. Aber wenn er sprach, zeigten seine Worte denselben Idealismus, der ihn seit seiner Jugend bestimmt hatte. Ja, sie waren vielleicht sogar noch kämpferischer und, im schöpferischsten Sinne, weniger tolerant gegenüber Anschauungen, die er als oberflächlich, unrealistisch oder gar als regelrechte Hindernisse im Kampf gegen den Krieg betrachtete.

Am 18. Februar 1949 schrieb Einstein an einen australischen Pathologen, der ihn um "ein paar Worte der Orientierung und Hoffnung" gebeten hatte[1a]:

In allen Ländern scheint die Macht in der Hand herrschsüchtiger Menschen zu liegen, die, wo es sich um die Verwirklichung ihrer Ambitionen handelt, kein Mass und keine Zurückhaltung kennen. Und dabei spielt es keine Rolle, ob der politische Apparat diktatorisch oder demokratisch ist. Macht kann nicht nur durch direkten Zwang, sondern auch durch subtile Formen der Überredung und Täuschung ausgeübt werden, und zwar im Rahmen des Erziehungssystems und der Massenmedien.

Sie fragen, ob die freiwillige Zurückhaltung der schöpferischen Denker und Wissenschaftler nicht die weitere Entwicklung technologischer Mittel der Massenzerstörung verhindern könne. Aber selbst wenn die Wissenschaftler diesem Rat folgen würden, glaube ich nicht, dass hier unsere Rettung zu suchen wäre. Zur Stützung meiner Anschauung möchte ich folgende Gründe anführen:

1. Der Mensch besitzt bereits jetzt allgemein bekannte und ausreichende technische Mittel, um solche Massenzerstörung zu bewirken.

2. Männer wie Faraday und Rutherford, die intensiv für den Fortschritt des Wissens um unsere physische Welt gearbeitet haben, haben nie praktische, und am allerwenigsten militärische, Ziele verfolgt. Niemand hätte die praktischen Folgen ihrer Entdeckungen voraussagen können.

3. Es gibt so viele technisch begabte, aber wirtschaftlich nicht unabhängige Menschen, dass man von dem Einzelnen nicht die Ablehnung von Anstellungen in der Regierung oder in der Privatindustrie erwarten könnte — selbst wenn er wüsste, dass seine Arbeit zu einer weltweiten Katastrophe beitragen könnte.

Man kann nur hoffen, dass es in allen Teilen der Welt eine genügende Zahl von Menschen gibt, die die geistige und moralische Integrität besitzen, bösen Einflüssen von allen Seiten Widerstand zu leisten. Während die organisatorische Zusammenfassung dieser Menschen in einem gewissen Mass nützlich sein könnte, wird die

Bedeutung solcher Organisationen im allgemeinen überschätzt. Worauf es ankommt, ist, dass der Einzelne bei jeder Gelegenheit ehrlich und mutig für seine Überzeugungen einsteht.*

Fünf Jahre später schrieb derselbe Korrespondent, ein Quäker, wieder an Einstein. Diesmal fragte er, ob Einstein mit den Zielen der Quäker sympathisiere. Er bemerkte, ihm scheine zwischen dem dritten Punkt und dem letzten Satz in dem Brief Einsteins ein Widerspruch zu bestehen. Der Pathologe und seine Freunde sprachen die Überzeugung aus, man müsse alle Arbeit in Berufen destruktiver Natur ablehnen – selbst auf das Risiko der Armut oder der strafrechtlichen Verfolgung hin. Einstein erwiderte am 23. Februar 1954:

Nach meiner Überzeugung vertritt die Society of Friends unter allen Religionsgemeinschaften die höchsten moralischen Standards. Soweit mir bekannt ist, hat sie nie üble Kompromisse geschlossen, sondern sich immer nur von dem Gebot des Gewissens leiten lassen. Im internationalen Leben ist ihr Einfluss ganz besonders positiv und wirksam gewesen.

Ich sehe keinen Widerspruch in den von mir in meinem früheren Brief an Sie gemachten Bemerkungen. Wir dürfen nicht unbedingt erwarten, dass die für eine Führer-Elite geltenden moralischen Regeln auch auf gewöhnliche Sterbliche anzuwenden seien.*

H. Runham Brown von der Internationale der Kriegsdienstverweigerer, mit der Einstein vor 1933 eng zusammengearbeitet hatte, bat ihn um Unterstützung des Vorschlags, dass innerhalb der Militärdienstgesetze Israels das Recht auf Kriegsdienstverweigerung ausdrücklich anerkannt würde. Einstein antwortete am 22. Februar 1949:

Ich würde mich freuen, wenn der Staat Israel eine gesetzliche Basis für den Schutz der Kriegsdienstverweigerer schaffen würde. Eine solche Massnahme wäre offensichtlich im Einklang mit den höchsten ethischen Überlieferungen des Judentums.

Sie können diese Erklärung nach Belieben bekannt machen, obwohl ich zutiefst fühle, dass es nicht richtig, ja sogar vermessen wäre, wollte ich gerade jene Menschen zu belehren suchen, die unsere kleine Nation sicher durch scheinbar unüberwindliche Hindernisse gesteuert haben.*

Im März 1949 tagte in New York City ein "Scientific and Cultural Congress for World Peace" (Wissenschaftlich-kultureller Kongress für den Weltfrieden). Der Kongress war in einem gewissen Sinne das verspätete Ergebnis der Initiative Einsteins und Harlow Shapleys im Frühjahr 1948 (siehe Seite 484ff.); damals sollte eine Tagung unter der Losung "Grundregeln zum Überleben der Menschheit" stattfinden[2]. Einsteins Name erschien auf einer Liste von über 500 Förderern des Kongresses im März 1949. Vielen unter ihnen waren die

Angriffe von antikommunistischer Seite, wonach die Konferenz kommunistisch inspiriert sei, entweder gleichgültig oder unbekannt.

Aus Paris kam am 7. April 1949 eine telegrafische Anfrage des mit Einstein befreundeten französischen Mathematikers und Pazifisten Jacques Hadamard: war Einstein, der nach seiner Auffassung den Kampf der Wissenschaftler für den Frieden symbolisierte, bereit, an den Weltfriedenskongress (World Peace Council) eine Botschaft zu richten? Der Kongress war, als erste in einer Reihe von Tagungen, die auf einen Beschluss der Konferenz von Wroclaw im August 1948 (siehe S. 492) zurückgingen, auf den 20. April einberufen worden. Einstein beantwortete das Telegramm noch am Tage des Empfangs[3]:

Die Rundfunkansprache, in der Sie meines 70. Geburtstages gedacht haben, hat mich tief ergriffen.

Zu Ihrem Telegramm muss ich offen sagen, dass meine Erfahrungen anlässlich des ersten Kongresses dieser Art in Wroclaw (siehe S. 493) wie auch meine Beobachtungen bei dem jüngst in New York veranstalteten Kongress mich fest davon überzeugt haben, dass diese Art von Tagungen der Sache der internationalen Verständigung nicht dient. Der Grund ist einfach: es handelt sich dabei mehr oder weniger um Sowjetunternehmungen, und alles wird dementsprechend gehandhabt. Das wäre an und für sich nicht so schlimm, wenn die Russen und die Vertreter der mit ihnen verbündeten Länder sich wirklich frei aussprechen könnten, statt an die zur Zeit gültige offizielle russische Auffassung gekettet zu sein. Man muss daher den Eindruck gewinnen, dass diese Tagungen "Sowjetpropaganda" darstellen, umsomehr, als auch die Sprecher der westlichen Länder so ausgewählt sind, dass sie im allgemeinen von der Sowjetpolitik nicht abweichen. So ist das Ergebnis dieser Kongresse nichts als eine Verschärfung der unsinnigen Kontroversen und Polemiken, die die heutige internationale Situation charakterisieren.

Sie können versichert sein, dass ich gerne jeden Versuch unterstützen würde, eine ehrliche Diskussion über die Möglichkeit internationaler Verständigung und Sicherheit zustande zu bringen.*

Auch nach dem Abschluss des Pariser Kongresses blieb Einstein bei seiner Meinung. Eineinhalb Jahre später wurde er von seinem französischen Kollegen Frédéric Joliot-Curie eingeladen, an einer Tagung des Weltfriedenskongresses in Sheffield, England, teilzunehmen. Einstein antwortete am 3. November 1950:

... Im Hinblick auf die gegenwärtige Weltsituation glaube ich nicht, dass solche Kundgebungen die Sache des Friedens fördern. Nach meiner Auffassung ist der Kampf um die Schaffung einer Weltregierung der einzige Weg zum Frieden.*

Einstein hatte ursprünglich zu den Förderern einer Konferenz über friedliche Alternativen zu dem nordatlantischen Pakt gehört, die am 20. Mai 1949 in Washington stattfand (Thomas Mann, Prof. Emily G. Balch und zwei namhafte Geistliche, Edwin Dahlberg und W. J. Walls, gehörten ebenfalls zu den Initiatoren). Einstein nahm an der Konferenz nicht teil. Ihre Wortführer sandten ihm dann den Text dreier von der Tagung beschlossener Resolutionen, und baten ihn, als Ehrenvorsitzender eines von der Konferenz eingesetzten Komitees zu wirken. Am 27. Mai 1949 antwortete Einstein[4]:

Ich habe die drei von der Konferenz angenommenen Entschliessungen sorgfältig gelesen. Mit der darin ausgesprochenen Kritik der gegenwärtigen amerikanischen Aussenpolitik, besonders auch des Atlantik-Paktes, bin ich voll einverstanden.

Trotzdem kann ich die Resolutionen nicht unterschreiben. Nach meiner Meinung sind die darin gemachten Vorschläge zur Garantie der internationalen Sicherheit nicht ausreichend. Dieses Ziel kann nur durch die Schaffung einer Weltregierung erreicht werden, die die Befugnis zur gesetzlichen Schlichtung von Konflikten und die Macht zur Durchführung ihrer Entscheidungen besitzt. Nur ein derart radikales Vorgehen wird das Rüstungswettrennen aufhalten und einen Krieg verhüten. Die Befürwortung von derartigen Halbheiten kann, glaube ich, nur die Öffentlichkeit von der Kernfrage ablenken.

Darum kann ich weder den Ehrenvorsitz noch die Mitgliedschaft in dem von der Konferenz eingesetzten Komitee übernehmen.*

Der Dichter Christopher LaFarge, der ebenfalls zu der Washingtoner Konferenz eingeladen worden war, sprach Einstein gegenüber die Furcht aus, dass die allüberragende Idee einer Weltregierung geschwächt und eine Kräftezersplitterung im Lager des Pazifismus eintreten würde, wenn der Kongress diese Frage nicht ohne Umschweife erörtere. Einstein erwiderte am 13. Mai 1949:

Sie haben Recht: die Schaffung einer Weltregierung ist das entscheidende Ziel, für das wir alle arbeiten müssen. Ich habe die Washingtoner Konferenz unterstützt, weil ich es für ausserordentlich wichtig ansehe, den gegenwärtigen, fast hysterischen Treibereien zur völligen Militarisierung dieses Landes entgegenzutreten und einen offenen Konflikt mit Russland zu vermeiden. Wäre der Atlantik-Vertrag im Rahmen der Vereinten Nationen geschlossen worden, hätte ich keine Einwendungen dagegen gehabt.*

Etwa zur selben Zeit empfahl Einstein die Veröffentlichung eines Artikels von Professor Herbert Jehle im *"Bulletin of the Atomic Scientists"*. Jehle, Physiker und Pazifist deutscher Herkunft, schrieb unter dem Titel "For a Universal Morality" ("Für eine universale Ethik"). Er erinnerte daran, dass all jene, die die Nazis in ihren verderblichen Aktivitäten unterstützt hätten, mit Recht kritisiert worden seien; daher fordere er alle Wissenschaftler auf, jegliche Mitarbeit an Kriegsvorbereitungen zu verweigern, gleichgültig ob sie von demokratischen oder totalitären Regierungen unternommen würden. Der Chefredakteur des *Bulletin*, Dr. Eugene Rabinowitch, hatte zwar gesagt, er würde eine Diskussion der Anschauungen Jehles in seiner Zeitschrift begrüssen, sich dann aber trotzdem gegen die Veröffentlichung des Artikels entschieden. Jehle, sagte er, habe die Frage nicht umfassend genug erörtert. Einstein nahm von einer direkten Kritik an dieser Entscheidung Abstand, machte jedoch in einem Brief an Rabinowitch vom 18. August 1949 einige interessante Bemerkungen:

... In einer gewissen Weise steht mir die Position des Herrn Jehle viel näher als fast alles, was über den Gegenstand publiziert wird. Ich bin nämlich davon durchdrungen, dass ethische Entscheidungen nicht auf Grund wissenschaftlicher Deduktionen gefällt werden können. Es geht zu viel um die Frage, ob das Opfer gehängt oder guillotiniert werden soll, während ich zutiefst davon überzeugt bin, dass keines von beidem am Platze ist. Solange nämlich der oberste Gesichtspunkt der ist, was man tun soll, um im Falle eines Krieges eine möglichst günstige strategische Position einzunehmen, kann man überhaupt nicht zu einer Gesundung der internationalen Verhältnisse gelangen. Wer davon durchdrungen ist, muss unter den gegenwärtigen Umständen geradezu zum Rebellen werden. Es gelingt einfach nicht mehr, sich mit der Gemeinschaft solidarisch zu fühlen, von der man doch rechtlich und faktisch völlig abhängig ist.

Das ist es, was hinter Herrn Jehles Zuschrift steckt. Da man dies nicht klipp und klar sagen will, muss die Äusserung notwendigerweise logisch defekt werden! Solche offene Aussprache würde ja doch nur die Entrüstung des grossen Haufens erregen[5].

Noch vor der Mitteilung über die Ablehnung des Artikels durch Rabinowitch hatte Einstein an Professor Jehle geschrieben:

Ich habe Ihren Artikel mehrmals durchgelesen und finde, dass er sich mit meiner eigenen Überzeugung deckt. Ihrem Wunsche gemäss sende ich Ihren Aufsatz an das *Bulletin* mit einigen empfehlenden Worten, in der Hoffnung, dass sie ihn abdrucken werden.

Allerdings zweifle ich daran, dass die Wirkung der guten Absicht entsprechen wird. Dem Irrsinnigen erscheint die Wahrheit verrückt. Er wittert hinterlistige Absicht und ist empört, dass der "Fremde" glaubt, besser zu wissen, was Amerikaner tun sollen. Es gibt eben nur wenige, die übernational denken und fühlen. Die meisten sind damit zufrieden, wenn sie sich mit dem grossen Haufen in Übereinstimmung wissen.

Von den wirklich guten Wissenschaftlern haben sich hier die meisten von der militärischen Arbeit distanziert, mehr als es in Deutschland je der Fall war. Die jungen Leute, die sich nicht auf ein Renommee stützen können, haben meistens dem schier unwiderstehlichen Druck nachgegeben. Man kann es vernünftigerweise nicht anders erwarten, weil wenige zu Märtyrern geboren sind, wenn keine Massenbewegung sie in diese Richtung treibt. In dem Versuch, eine solche Massenbewegung erzeugen zu helfen, sehe ich die eigentliche Berechtigung Ihres Verhaltens.

Die Sachlage, unter welcher wir leiden, ist übrigens in gewissem Sinne zeitlos. Die Institutionen der Allgemeinheit repräsentieren notwendigerweise ein ziemlich tiefes moralisches Niveau, wie die Menschen, welche hinter diesen Institutionen stehen. Der Einzelne ist diesen Institutionen ausgeliefert, von deren relativen Minderwertigkeit er, wenn er gewissenhaft und nicht ganz gedankenlos ist, überzeugt sein muss. Er ist also zu irgendeinem Kompromiss gezwungen, zumal er einsieht, dass jene notwendigerweise weitgehend unvollkommenen Institutionen nicht entbehrt werden können.

Wenn die Sehenden nicht ehrlich und mutig für das Bessere einstehen, sinkt der Karren immer tiefer in den Dreck . . .

Ein Redakteur des Studentenjahrbuchs der Cooper Union, einer Hochschule für Technik und Kunst in New York, richtete an Einstein mehrere Fragen, darunter die folgende: Wird die Wissenschaft nicht am Ende zur Ausrottung der Menschheit beitragen? Gegen Ende Dezember 1949 erwiderte Einstein:

Es scheint mir unvernünftig, die Wissenschaft für die jammervollen politischen Ereignisse der letzten Jahre verantwortlich zu machen. Sollte es zur Vernichtung der Welt kommen, so wäre es nicht die Schuld der Wissenschaft, sondern die Folge moralischer Entartung und mangelnder weltweiter politischer Organisation.*

Noch einmal erbat der französische Mathematiker Professor Jacques Hadamard die Unterstützung Einsteins (und durch seine Vermittlung, wenn möglich, auch diejenige anderer Wissenschaftler) für einen Aufruf der französischen Bewegung "Kämpfer für Frieden und Freiheit". Das Ziel des Aufrufs war zweifach: das französische Parlament sollte die Atomwaffen gesetzlich verfemen, während die Vereinten Nationen die Zerstörung aller Atombomben anordnen sollten. Wer die Welt mit der Entfesselung eines Atomkriegs bedrohe, sollte als Kriegsverbrecher erklärt werden.

Einsteins Antwort, in französischer Sprache, die er sonst in seiner Korrespondenz nie benützte, trägt das Datum des 29. Dezember 1949:

Ich brauche Ihnen kaum zu erklären, dass die Verhütung von Kriegen, mit oder ohne Atombomben, für mich eine Frage von überragender Bedeutung ist. Ja, sie ist das wichtigste aller Ziele im internationalen Bereich. Dennoch muss ich Ihnen sagen: ich glaube nicht, dass der von den "Kämpfern für Frieden und Freiheit" vorgeschlagene Weg auch nur die geringste Erfolgschance hat.

Solange die Sicherheit in der nationalen Aufrüstung gesucht wird, dürfte kein Land zum Verzicht auf eine Waffe bereit sein, die im Falle eines Krieges den Sieg verspricht. Nach meiner Meinung ist Sicherheit nur durch den Verzicht auf jeglichen nationalen militärischen Schutz erreichbar.

Da jedoch sowohl die Vereinigten Staaten als auch die Sowjetunion sich in ihrer Hartnäckigkeit festgefahren haben, können wir von keiner der beiden Seiten konstruktive Friedensschritte erwarten. Nur eine Kollektivbemühung der militärisch schwachen Nationen hat einige Aussicht auf Erfolg. Gerne werde ich meine bescheidenen Kräfte in dieser Richtung geltend machen; soweit es meine beschränkten Möglichkeiten erlauben, werde ich mich bemühen, Verbündete zu finden.

Falls sich die militärisch schwachen Nationen zur Aktion vereinigen, können sie auf die beiden Hauptrivalen einen Druck ausüben, ihre Differenzen friedlich beizulegen. Das würde die Annahme der Vermittlerrolle der Vereinten Nationen bedeuten und das bindende Versprechen, sich ihren Entscheidungen vorbehaltslos zu fügen.

Während seines Besuchs in den Vereinigten Staaten war Pandit Nehru mutig und entschlossen genug, öffentlich zu erklären, Indien werde sich auf keinen Fall einer der beiden Seiten anschliessen. Indiens Wirtschaftslage ist gewiss nicht weniger prekär als diejenige der europäischen Länder; diese könnten mithin sicherlich dasselbe Risiko eingehen wie Indien.*

Am 23. September 1949 gab Präsident Harry S. Truman die von Einstein und anderen Wissenschaftlern längst erwartete Nachricht bekannt: das amerikanische Atommonopol war gebrochen; die Sowjets hatten eine Atombombe detoniert. Einen Monat später machte A. J. Muste, der Geschäftsführer der pazifistischen "Fellowship of Reconciliation", Einstein auf einen Artikel über die russische Atombombe aufmerksam, den Dr. Kathleen Lonsdale, ein Mitglied der Vereinigung der grossbritannischen Atomforscher, veröffentlicht hatte. Muste forderte "grosszügige, schöpferische und kühne" Initiativen von Wissenschaftlern, um die wachsende Gefahr eines Atomkrieges aufzuhalten. Einstein antwortete am 31. Oktober 1949:

... Es gibt keine *mechanische* Lösung des Sicherheitsproblems. Es gibt auch keine Sicherheit durch Rüsten, sondern nur auf der Basis eines "give and take"-Verhältnisses, das für beide Parteien die Schaffung und Aufrechterhaltung friedlichen Zusammenwirkens vorteilhaft macht. Sobald dieser Weg beschritten ist, entwickelt sich jenes Minimum des Vertrauens, das beiderseitige Abrüstung ermöglicht.

Wir sollten uns sehr bemühen, unseren Landsleuten verständlich zu machen, dass die Russen den amerikanischen Vorschlag (Baruch-Plan) nicht annehmen *können*. Einen Teil der Gründe haben Sie in Ihrem Briefe überzeugend dargelegt.

Das zeitweise Suspendieren der Bombenerzeugung halte ich nicht für wirksam. Niemand wird im Ausland wirklich daran glauben. Ausserdem nützt eine solche Einzelmassregel nichts, solange das Wettrüsten im Ganzen besteht.

Besonders schlimm ist unser Wirtschaftsboykott gegen die unter Russlands Einfluss stehenden osteuropäischen Länder. Da wird zum Beispiel die Ausfuhr von Gütern (Maschinen) verboten, für die die Tschechoslowakei im voraus Bezahlung geleistet hat. Man kann sich denken, welche Erbitterung eine solche Massregel in einem kriegsbeschädigten, verarmten, kleinen Lande erzeugen muss. Dem hiesigen Publikum werden solche Dinge einfach verschwiegen.

Die Verkettung ist eben so: Kein Friede ohne Abrüstung. Keine Abrüstung ohne Vertrauen. Kein Vertrauen ohne beiderseits nützliche wirtschaftliche Verbindung. Seit Roosevelts Tod sind wir in der verkehrten Richtung gegangen, und kaum zeigt sich eine Aussicht auf vernünftigere Politik.

Schliesslich: Freiheit der Forschung und Publikation, sowie Erhaltung der politischen Rechte des Individuums, sind an die Sicherung eines wirklichen Friedens gebunden. Sonst werden sie schrittweise, aber unaufhaltsam verloren gehen.

Von einer Initiative der Wissenschaftler erwarte ich mir deshalb nicht viel, weil es sich nicht um ein technisches, sondern um politisch-ökonomisches Problem handelt. Die Unmöglichkeit, Sicherheit durch Rüstung zu erzielen, ist von den Physikern Amerikas immer wieder, individuell und korporativ, vertreten worden – leider ohne Erfolg.

Dr. Lonsdales Artikel scheint vortrefflich und verdienstlich zu sein. Seine Verbreitung durch die Presse wäre sehr wünschbar.

Um diese Zeit versäumte Einstein keine Gelegenheit, die Formierung einer Weltregierung als einzigen Weg zum Weltfrieden darzustellen, und alle Anhänger dieses Zieles zu unterstützen. Anfang 1950 kandidierte Henry Usborne, der Gründer der Poeples' World Convention in England, für die Wiederwahl ins britische Unterhaus. Einen Brief, den Einstein in diesem Zusammenahng von dem englischen Mathematiker Lancelot Hogben erhielt, beantwortete er am 19. Januar 1950:

Es hat mich sehr gefreut, von Ihnen zu hören, dass unser gemeinsamer Freund, Henry Usborne, in der britischen Wahlkampagne die Sache der Weltregierung unterstützen wird. Die Atempause, die uns vor einer möglichen Katastrophe gewährt ist, mag sich als viel zu kurz erweisen; darum sollte der Kampf für ein Weltgesetz, das die Menschheit vor völliger Zerstörung bewahren kann, wichtiger sein als alle innenpolitischen Probleme. Für diejenigen unter uns in Amerika, die den Frieden über die Parteipolitik stellen, wäre es ausserordentlich ermutigend zu sehen, dass Ihre Mitbürger dem Gebot der Stunde entsprechen und ohne Rücksicht auf Parteizugehörigkeit in das neue Parlament Männer entsenden, die der weltweiten Bewegung für eine Weltbundesregierung treu ergeben sind.*

Bereits 1946 hatte ein Freund Einsteins, der österreichische Physiker Hans Thirring, Einzelheiten über eine neuartige Atombombe veröffentlicht. Sie unterschied sich wesentlich von dem Typ der Bombe, die Hiroschima und Nagasaki zerstört hatte[6]. Statt Energie durch die Fission schwerer Elemente zu gewinnen, basierte die von Thirring vorgeschlagene Bombe auf den Energien, die durch die Fusion gewisser leichter Atome, insbesondere der Wasserstoff-Isotopen, entfesselt werden.

Gegen Ende des Jahres 1949 hatten wissenschaftliche Entwicklungen die akute Möglichkeit geschaffen, Bomben von nahezu unbegrenzter Explosivkraft zu erzeugen. Hinter den Kulissen spielte sich in den Vereinigten Staaten zu dieser Zeit eine intensive Debatte ab: sollten Forschungen mit dem Ziel der Produktion der sogenannten Wasserstoffbombe begonnen werden? Gerüchte sickerten durch, dass die amerikanische Regierung einen umfassenden Versuch in dieser Richtung ernsthaft erwäge. Über diese Entwicklung war A. J. Muste, der seit Jahren zu den Führern des amerikanischen Pazifismus gehörte, tief beunruhigt. Er richtete an Einstein die leidenschaftliche Bitte, das volle Gewicht seiner moralischen Autorität gegen die befürchtete Entscheidung der Regierung einzusetzen. Muste berührte damit ein Problem, über das Einstein in zunehmendem Masse empfindlich wurde. Er antwortete am 23. Januar 1950[7]:

Ich fühle die Ehrlichkeit und den Ernst Ihrer Absichten und begreife sehr gut, dass Sie mir Ihre Ratschläge auf Grund Ihrer Beurteilung der jetzigen Situation erteilen. Aber Sie gehen von falschen Voraussetzungen aus. Ich war überhaupt nicht an militär-technischen Arbeiten beteiligt, habe mich nie mit Untersuchungen beschäftigt, die mit der Atombombe zusammenhängen. Mein einziger Beitrag auf diesem Gebiete liegt darin, dass ich 1905 die Beziehung zwischen Masse und Energie aufstellte, eine ganz allgemeine physikalische Wahrheit, deren Zusammenhang mit militärischen Möglichkeiten ganz ausserhalb meines Interesses lag. Mein einziger Beitrag auf dem Gebiet der Atombombe lag in der Unterzeichnung eines Briefes an Präsident Roosevelt, in dem ich auf die Möglichkeit der Herstellung der Atombombe und auf die Gefahr aufmerksam machte, dass die Deutschen von dieser Möglichkeit Gebrauch machen könnten. Dies war meine Pflicht angesichts der Gefährdung der Welt durch Hitler und seinen Spiessgesellen.

Es wäre also lächerlich, wenn ich erklären würde, dass ich an der Aufrüstung mich nicht beteiligen wolle. Denn dies wissen die Eingeweihten sehr wohl, sodass es ihnen gar nicht in den Sinn kommen könnte, mich zur Mitarbeit aufzufordern.

Was nun die politische Lage überhaupt angeht, so glaube ich, dass Ihr Vorschlag der Unterlassung der Entwicklung der Wasserstoffbombe nicht aussichtsvoll ist und nicht den Kern der Sache trifft. Dieser liegt darin, dass die wirklichen Machtfaktoren in diesem Lande die Vermeidung des "cold war" überhaupt nicht erstreben. Sie haben eine Vermeidung des Konflikts mit den Russen ebensowenig angestrebt wie die Russen eine Vermeidung des Konflikts mit den Vereinigten Staaten angestrebt haben. Sie bedienen sich vielmehr beide dieses Konfliktes, um ihre innerpolitischen Ziele zu erreichen – unbekümmert um die Folgen.

Diese Entwicklung hat sofort eingesetzt, als Roosevelt die Augen schloss. Es gelang den Machthabern, das Volk irrezuführen, einzuschüchtern und zu fanatisieren. Ich sehe keinen wirksamen Weg, auf dem das kleine Häuflein der Sehenden das Verhängnis aufhalten könnte, zumal auch die "neutralen" Nationen sich nicht für die Sicherung des Friedens auf übernationaler Grundlage zusammentun.

Ich selber habe mich nicht gescheut, meine Überzeugung bei jeder sich darbietenden Gelegenheit offen auszusprechen, wie ich es für meine Pflicht halte. Aber die einzelne Stimme verschwindet in dem Gebrüll der Menge – es ist immer so gewesen.

Einige Tage später – am 30. Januar 1950 – richtete Muste an Einstein ein Telegramm, in dem er, zusammen mit prominenten religiösen Wortführern und anderen[8], an Einstein appellierte, "seinen grossen Einfluss geltend zu machen, um den Aufschub der Entscheidung über die Wasserstoffbombe und damit eine gründliche öffentliche Diskussion der Frage herbeizuführen". "Das Volk", fuhr Muste fort, "muss die Möglichkeit haben, diese Frage, in der es um Leben und Tod geht, zu erörtern, wenn die Vereinigten Staaten eine demokratische Nation bleiben sollen". Einstein erwiderte brieflich noch am gleichen Tag:

Ihr neuer Vorschlag erscheint mir undurchführbar. Solange die Waffenkonkurrenz andauert, wird es unmöglich sein, das Rennen in einem einzelnen Lande aufzuhalten. Die einzige mögliche Lösung besteht in einem ernsthaften Versuch, ein vernünftiges Abkommen mit Sowjetrussland und, darüber hinaus, ein Sicherheitssystem auf übernationaler Grundlage zu erzielen.*

Am folgenden Tag, dem 31. Januar 1950, verkündete Präsident Truman, dass die Vereinigten Staaten beschlossen hätten, mit aller Kraft die Herstellung der Wasserstoffbombe zu betreiben. Zwei Wochen darauf, am 12. Februar 1950, erschien Einstein in einem Fernsehprogramm, welches sich mit der tieferen Bedeutung der Wasserstoffbombe beschäftigte. An der von Eleanor Roosevelt geleiteten Diskussion nahmen auch David Lilienthal und J. Robert Oppenheimer teil. (Oppenheimers Opposition gegen das Wasserstoffbomben-Projekt spielte vier Jahre später bei seiner Entlassung als Regierungsberater in Washington eine wichtige Rolle). Einsteins Bemerkungen in der Fernsehdebatte folgen[9]:

Ich bin Ihnen dankbar dafür, Mrs. Roosevelt, dass Sie mir Gelegenheit geben, meine Überzeugung in dieser wichtigsten politischen Frage auszusprechen:

Der Glaube, man könne Sicherheit durch nationale Bewaffnung erlangen, ist beim gegenwärtigen Stand der militärischen Technik eine verhängnisvolle Illusion. Auf der Seite der Vereinigten Staaten wurde diese Illusion noch besonders begünstigt durch einen zweiten Irrglauben, der darauf beruhte, dass es in diesem Land zuerst gelang, eine Atombombe herzustellen. Man neigte daher zum Glauben, dass es für die Dauer möglich sei, eine entscheidende militärische Überlegenheit zu erreichen. Auf diesem Weg glaubte man jeden potentiellen Gegner abschrecken zu können und dadurch uns selbst und der übrigen Menschheit die von allen so sehnlich gewünschte Sicherheit zu bringen. Die Maxime, der wir in den letzten fünf Jahren vertrauten, lautet: Sicherheit durch überlegene Macht, was sie auch kosten möge.

Die Folge dieser mechanistischen, technisch-militärischen und psychologischen Einstellung konnte nicht ausbleiben. Jede aussenpolitische Handlung wird beherrscht durch den einzigen Gesichtspunkt: Wie müssen wir handeln, um im Kriegsfalle dem Gegner möglichst überlegen zu sein? Errichtung von militärischen Stützpunkten an allen erreichbaren, strategisch wichtigen Punkten der Erde, Bewaffnung und wirtschaftliche Stärkung von potentiellen Bundesgenossen. Im Innern Konzentration ungeheurer finanzieller Macht in den Händen des Militärs, Militarisierung der Jugend, Überwachung der Loyalität der Bürger und besonders der Beamten durch eine immer mächtiger werdende Polizei, Einschüchterung der politisch unabhängig Denkenden, Beeinflussung der Mentalität der Bevölkerung durch Radio, Presse und Schule, Knebelung wachsender Gebiete der öffentlichen Informationsmittel durch das militärisch bedingte Geheimnis.

Weitere Folgen: Das ursprünglich nur als Vorbeugung gedachte Wettrüsten zwischen den Vereinigten Staaten und Russland nimmt einen hysterischen Charakter an. Auf beiden Seiten werden die Mittel der Massenvernichtung mit fieberhafter Eile betrieben – hinter der Mauer des Geheimnisses.

Die Wasserstoffbombe erscheint am Horizont der Öffentlichkeit als wahrscheinlich erreichbares Ziel. Ihre beschleunigte Entwicklung wird vom Präsidenten feierlich proklamiert. Ist sie erfolgreich, so bringt sie radioaktive Verseuchung der Atmosphäre und damit die Vernichtung alles Lebendigen auf der Erde in den Bereich des technisch Möglichen. Das Gespenstische dieser Entwicklung liegt in ihrer scheinbaren Zwangsläufigkeit. Jeder Schritt erscheint als unvermeidliche Folge des vorangehenden. Als Ende winkt immer deutlicher die allgemeine Vernichtung.

Ist überhaupt ein Weg zur Rettung denkbar unter den obwaltenden, von den Menschen selbst geschaffenen Umständen? Wir alle und im besonderen auch die für das Verhalten Amerikas und Russlands verantwortlichen Personen müssen einsehen lernen, dass sie zwar einen äusseren Feind bezwungen haben, dass sie aber nicht fähig waren, sich von der durch den Krieg geschaffenen Mentalität zu befreien. Man kann nicht zu einem wirklichen Frieden gelangen, wenn man seine Handlungsweise nach der Möglichkeit eines künftigen Konfliktes einrichtet – besonders da immer klarer wird, dass ein solcher kriegerischer Konflikt allgemeine Vernichtung bedeuten würde. Der leitende Gedanke allen politischen Handelns müsste deshalb sein: Was können wir tun, um ein friedliches, im Rahmen des Möglichen befriedigendes Zusammenleben der Nationen herbeizuführen?

Erstes Problem ist die Beseitigung der gegenseitigen Furcht und des gegenseitigen Misstrauens. Feierlicher Verzicht auf gegenseitige Gewaltanwendung (nicht nur Verzicht auf Verwendung von Mitteln der Massenvernichtung) ist zweifellos nötig. Solcher Verzicht kann aber nur dann wirksam sein, wenn er mit der Einführung einer übernationalen richterlichen und exekutiven Instanz verbunden ist, der die Entscheidung der mit der Sicherheit der Nationen unmittelbar verknüpften Probleme übertragen wird. Schon eine Erklärung der

Nationen, an der Realisierung einer solchen "beschränkten Weltregierung" loyal mitzuarbeiten, würde die drohende Kriegsgefahr bedeutend herabsetzen.

Letzten Endes beruht jedes friedliche Zusammenleben der Menschen in erster Linie auf gegenseitigem Vertrauen und erst in zweiter Linie auf Institutionen wie Gericht und Polizei; dies gilt ebenso für Nationen wie für Individuen. Das Vertrauen aber gründet sich auf eine loyale Beziehung des "Nehmens und Gebens".

Wie verhält es sich aber mit der internationalen Kontrolle? Nun, sie mag als polizeiliche Massregel sekundär nützlich sein. Man wird aber gut daran tun, ihre Wichtigkeit nicht zu überschätzen. Ein Vergleich mit der "Prohibition" stimmt nachdenklich.

Zwei Kanadier, Patricia Plante und Albert A. Shea, und ein in Paris lebender Ungar, Paul Esway, alle drei keiner politischen Partei oder Organisation angehörend, waren von Einsteins Kommentar über die Wasserstoffbombe so begeistert, dass sie sofort eine unterstützende Massenpetition einleiteten. Über 500 Menschen aus 47 verschiedenen Nationen unterzeichneten das Dokument. Einstein schreib an Shea am 7. März 1950:

Über die von Ihnen und Ihren Freunden verfasste Petition war ich umsomehr erfreut und ermutigt, als sie die Billigung so vieler Menschen verschiedener Nationalität gefunden hat. Ich bin überzeugt, die verantwortlichen Machthaber müssten ihre verhängnisvolle Haltung ändern, wenn Meinung und Wille der Mehrheit der Menschen wirksam und öffentlich zum Ausdruck gebracht werden könnten.*

Am 1. Februar 1950 veröffentlichte Einstein zusammen mit Thomas Mann und vierzehn anderen Persönlichkeiten einen Protest gegen die Bestrafung verschiedener Anwälte, die als Verteidiger in dem ersten Prozess auf Grund des amerikanischen sogenannten "Smith Act" tätig gewesen waren (die Angeklagten waren des versuchten gewaltsamen Umsturzes der Regierung beschuldigt worden)[10]. Falls dagegen nicht eingeschritten würde, so besagte der Protest, könnten solche juristische Zensurakte, wie Gefängnisstrafen für die Verteidiger politischer und rassischer Minoritäten und Gewerkschaften, sowie Drohungen, diese Juristen aus dem Anwaltsstand auszustossen, "das verfassungsmässig festgelegte Recht auf faire Gerichtsverhandlung und ausreichende legale Hilfe zunichte machten".

Im Lauf desselben Monats veröffentlichte das amerikanische Nationalkomitee gegen Wehrpflicht (National Council against Conscription) eine weitere Studie unter dem Titel "Militarism in Education". Hier folgt die einleitende Erklärung, die Einstein neben 25 anderen Persönlichkeiten unterschrieben hatte[11]:

Während der letzten Monate hat die Presse des Landes eine Steigerung des Einflusses und der Aktivität des Militärs im amerikanischen Erziehungswesen festgestellt. Diese Aktivität findet ihren Ausdruck in militärischen Subventionen für die Wissenschaft und vergrösserten militärischen Schulungsgruppen, im stärkeren Gebrauch der Schulen und Universitäten als Rekrutierungsorte und in der militärischen Propaganda unter der Studenten- und Professorenschaft. Und in alledem steckt eine ernste Gefahr für die Zukunft unserer Nation und für den Weltfrieden.

Bereits jetzt haben die militärischen Subventionen an einzelnen Hochschulen zu offiziellen Verhören der Studenten- und Professorenschaft geführt; eine Reihe von Schulen ist in zunehmendem Masse von militärischen Zuschüssen abhängig. An anderen Stellen haben militärische Schulung und grosse militärische Fakultäten die in einer Hochschule normalerweise vorwiegend akademische Atmosphäre beeinträchtigt. Die grosse Friedenssehnsucht in der Welt erfordert ein Führertum, das diesem Verlangen gerecht zu werden vermag. Und solches Führertum kann man nur von Menschen erwarten, die im Geist der Weltbrüderschaft und der freien Forschung, nicht der militärischen Enge, erzogen worden sind.

In einer Zeit, die uns bewiesen hat, dass es ohne die Abschaffung des Krieges und die Bildung einer Weltgemeinschaft der Nationen keine wirkliche Sicherheit geben kann, muss die Erziehung eine bahnbrechende Rolle spielen. Kriege beginnen, wie die UNESCO betont hat, in den Köpfen der Menschen; darum muss auch der Bau des Friedens in den Köpfen beginnen. Daher müssen unsere Mitbürger zuverlässige Informationen über das Militärprogramm unserer Schulen erhalten. Die Vorlage dieses Berichts über den wachsenden militärischen Einfluss im Erziehungswesen bedeutet nicht, dass jeder einzelne von uns jede einzelne der hier geschilderten Tätigkeiten oder Massnahmen ablehnt. Aber der Gesamttrend ist gefährlich. Und er muss aufgehalten werden.

Aus diesem Grunde geben wir gemeinsam diesen Bericht heraus und empfehlen ihn unseren Mitbürgern und ihren Vertretern in den Parlamenten der Staaten und im Kongress zu aufmerksamem Studium.

James E. Murray, der amerikanische Bundessenator für den Staat Montana, sandte Einstein den Text zweier Artikel ("Made in Germany" und "The Road to Peace"), die in der Zeitschrift *Prevent World War III*, dem Organ der "Gesellschaft zur Verhütung eines dritten Weltkriegs", erschienen waren. In beiden Artikeln, die der Senator auch im "Congressional Record" hatte abdrucken lassen, wurde die Aufrüstung Deutschlands scharf verurteilt und darauf hingewiesen, dass die deutsche Politik, wie in früheren Zeiten, den Osten gegen den Westen ausspiele. Am 7. März 1950 schrieb Einstein an den Senator[12]:

... Was Sie gesagt haben, ist die nackte Wahrheit. Ich kenne die Deutschen und weiss, wie recht Sie in allem haben. Es ist mir ein Rätsel, wie es möglich ist, dass die Westmächte nach all den schrecklichen Erfahrungen wieder dieselben Fehler machen wie nach dem Ersten Weltkrieg. Überschätzung der russischen Gefahr und Unterschätzung der deutschen Gefahr scheint die Verantwortlichen ein zweites Mal blind zu machen. Unsereiner kann nichts sagen, weil er als voreingenommen betrachtet würde; so bin ich Ihnen umso dankbarer, dass Sie dies alles klar ausgesprochen haben. Wenn man sich ernsthaft bemühte, sich mit den Russen zu einigen, so wäre dies gewiss erreichbar; denn die Russen *müssen* den Frieden erstreben und haben nichts von kriegerischen Abenteuern zu erhoffen, während es für die Deutschen bei ihrer fixierten Mentalität überhaupt keinen anderen Weg gibt, als im Trüben zu fischen unter geschickter Ausnützung der von ihnen selbst begünstigten Zwietracht zwischen Amerika und der Sowjetunion.

Ein Hindu-Briefschreiber forderte Einstein auf, Gandhis Weg zu folgen und *Ahimsa* zu betreiben – einen Hungerstreik so lange durchzuführen, bis die Produktion der Wasserstoffbombe eingestellt werde. Einstein antwortete am 24. März 1950:

Ich verstehe es sehr gut, dass die in Ihrem Brief vorgeschlagene Handlungsweise Ihnen als durchaus natürlich erscheinen muss, da Sie ja unter Menschen indischer Mentalität leben. Aber da ich die Denkweise des amerikanischen Volkes kenne, bin ich überzeugt, dass der von Ihnen vorgeschlagene Kurs nicht die erwünschte Wirkung hätte, sondern vielmehr zum Vorwurf einer unverzeihlichen Arroganz führen würde.

Diese Feststellung ändert nichts an meiner Verehrung Gandhis und der indischen Tradition. Ich glaube, dass der internationale Einfluss Indiens im Wachsen begriffen ist und sich als wohltätig erweisen wird ... Die von Indien gegenüber dem amerikanisch-russischen Konflikt eingeschlagene kraftvolle Neutralitätspolitik könnte zu einem gemeinsamen Versuch der neutralen Länder führen, eine übernationale Lösung des Friedensproblems zu finden.*

Der neugegründeten Society for Social Responsibility in Science (Gesellschaft für soziale Verantwortlichkeit der Wissenschaftler), sandte Einstein am 4. März 1950, zusammen mit seinem Mitgliedsbeitrag, den folgenden Brief[13]:

Ich bin überzeugt, dass Ihre Society for Social Responsibility in Science für alle wissenschaftlich Tätigen unserer Zeit einer ausserordentlich wichtigen Mission dient. Sie wird das Verantwortungsgefühl der Wissenschaftler schärfen und ihren Mut zur Abwehr jener tückischen Versuchung stärken: der Übernahme von Arbeiten, die der Massenvernichtung dienen könnten. Das Gewissen des Einzelnen steht über dem Buchstaben und selbst dem Sinn des Gesetzes. Das ist in den Nürnberger Prozessen anerkannt worden.*

Da Einstein die Veröffentlichung dieser Erklärung nicht gestattet hatte (sie war ihm als zu knapp erschienen), bat A. J. Muste ihn später, die Gesellschaft mit einer öffentlichen Erklärung zu unterstützen. Dieser Bitte kam Einstein am 19. Juli 1950 mit dem folgenden Brief an die Society for Social Responsibility in Science nach:

Liebe Kollegen:

Es ist eine uralte Frage: Wie soll der Mensch sich verhalten, wenn der Staat ihm Handlungen vorschreibt und die Gesellschaft von ihm eine Haltung erwartet, die das eigene Gewissen als unrecht verwirft?

Die Antwort liegt nahe: Du bist völlig abhängig von der Gesellschaft, in der du lebst. Du musst dich deshalb ihren Vorschriften unterwerfen. Du kannst nicht für solche Handlungen verantwortlich gemacht werden, die unter unwiderstehlichem Zwang zustandekommen.

Man braucht dies nur deutlich auszusprechen, um zu bemerken, wie sehr eine solche Auffassung dem normalen Rechtsgefühl widerstreitet. Äusserer Zwang kann die Verantwortung des Individuums in gewissem Sinne mildern, aber nicht aufheben. Bei Gelegenheit der Nürnberger Prozesse hat man diesen Standpunkt gewissermassen als selbstverständlich eingenommen.

Was an unseren Institutionen, Gesetzen und Sitten moralisch wertvoll ist, stammt aus den Äusserungen des Rechtsgefühls zahlloser Individuen. Einrichtungen sind im moralischen Sinn ohnmächtig, wenn sie nicht durch das Verantwortungsgefühl lebendiger Individuen gestützt und getragen werden.

Das Bestreben, das moralische Verantwortungsgefühl der Individuen zu wecken und zu stützen, ist daher ein wichtiger Dienst an der Gesamtheit.

In unserer Zeit lastet auf den Vertretern der Naturwissenschaften und auf den Ingenieuren eine besonders grosse moralische Verantwortung, da die Entwicklung der Werkzeuge militärischer Massenvernichtung in das Gebiet ihrer Tätigkeit fällt. Deshalb erscheint mir die

Gründung einer "Society for Social Responsibility in Science" einem wahren Bedürfnis zu entsprechen. Solche Vereinigung erleichtert es dem Einzelnen, sich durch Diskussion der Probleme zu einem selbständigen Urteil über den von ihm zu wählenden Weg durchzuringen. Ferner ist gegenseitige Hilfe derer dringend nötig, die dadurch in eine schwierige Lage kommen, dass sie der Stimme ihres Gewissens folgen.

Trygve Lie, der Generalsekretär der Vereinten Nationen, hatte besondere Sitzungen des Weltsicherheitsrats mit dem Ziel einer internationalen politischen Entspannung vorgeschlagen. In diesem Zusammenhang machte Lie einige Wochen später einen Besuch in Moskau. Einstein schrieb an Lie am 18. April 1950:

Es ist mir ein Bedürfnis, Ihnen zu Ihrer grossen Initiative Glück und Erfolg zu wünschen. Sie sind ja einer der ganz Wenigen, die in dem wirren Treiben unserer Tage einen klaren Blick behalten haben, und sich, in ihrem Bedürfnis, zu helfen, durch keine Hindernisse und Bindungen abschrecken lassen.

Möge es Ihnen gelingen, durch konkrete Anregungen einen Weg aus der gegenwärtigen mehr durch emotionale als materielle Umstände bedingten internationalen Spannung zu weisen, einen Weg, der für alle Beteiligten vorteilhaft ist. Selbst verhältnismässig geringe Erfolge in der Richtung wirtschaftlicher Kooperation würden bald auch die politische und emotionelle Situation erleichtern und konsolidieren.

Einer der vielen, deren Gedanken Sie dankbar und hoffend begleiten, .. Ihr ...

1950 brachte das Nationalkomitee gegen Wehrpflicht eine weitere Studie ("America, Russia, and the Bomb") heraus, die mit klaren Argumenten die Forderung nach totaler Abrüstung stützte. Einstein und weitere 15 Persönlichkeiten unterstützten die Publikation, deren Einleitung hier folgt[14]:

Die Entwicklung der Waffen der Massenvernichtung und das Rüstungswettrennen zwischen den Vereinigten Staaten und Russland haben zu lebhaften Diskussionen über die Möglichkeiten der Abrüstung und der Abschaffung der Kriege geführt. Ein bekannter amerikanischer Bundessenator (Millard Tydings) hat die Totalabrüstung der Welt, selbst mit Einbeziehung von Gewehren, vorgeschlagen. Andere Vorschläge sind in der Presse und in den Vereinten Nationen gemacht worden.

Die Völker der Welt ersehnen eine Lösung des Kriegsproblems. Ihre Bestrebungen sind in einem Satz der Atlantik-Charta zusammengefasst: "Alle Nationen der Welt müssen aus realistischen wie aus moralischen Gründen auf die Anwendung von Gewalt verzichten."

Und doch bestehen heute zwischen den beiden führenden Mächten, den Vereinigten Staaten und Russland, so fundamentale Differenzen über die Fragen der Atomkontrolle und der Abrüstung, dass nur die wohlinformierte öffentliche Meinung der Welt und der ernste Friedenswille der Völker sie zur Überbrückung der Kluft zwischen ihnen bestimmen könnten.

Darum ist es wichtig, unseren Mitbürgern zuverlässige Informationen über die früheren und heutigen Vorschläge Russlands und Amerikas in der Abrüstungsfrage zu vermitteln. In unserer komplexen Welt müssen alle Nationen die Verantwortung an den Weltproblemen teilen. Jeder Versuch, aus der Sackgasse der Abrüstungssituation herauszukommen, muss daher frei sein von Parteipolitik und Nationalismus. Aber gerade weil wir Amerikaner sind und weil die Vereinigten Staaten auch jetzt noch eine führende Rolle auf dem Weg zur Abrüstung der Welt spielen können, möchten wir den vorliegenden Bericht unterstützen. Das soll nicht heissen, dass jeder von uns jeden einzelnen der in dem Bericht formulierten Vorschläge zur Lösung des Abrüstungsproblems billigen kann. Aber wir glauben, dass diese Vorschläge einen Beitrag zu der dringend nötigen öffentlichen Diskussion der Frage darstellen . . .

Am 18. Juni 1950 – eine Woche vor Ausbruch des Kriegs in Korea – nahm Einstein an einem Funk-Dokumentarprogramm "Year of Decision" teil[15], das die Vereinten Nationen im Rahmen einer Serie "Die Suche nach dem Frieden" ("The Pursuit of Peace") veranlasst hatten. Das Interview mit Einstein folgt:

Frage: Ist es eine Übertreibung zu sagen, das Schicksal der Welt stehe auf dem Spiel?

Einstein: Nein, durchaus nicht. Das Schicksal der Welt steht immer auf dem Spiel, aber heute mehr als je zuvor.

Frage: Wie können wir allen Völkern den Ernst der Lage klarmachen?

Einstein: Ich glaube, diese Frage lässt sich beantworten. Die Antwort liegt nicht in der Vorbereitung auf einen künftigen Krieg. Wir müssen von der Überzeugung ausgehen, dass Sicherung gegen eine militärische Katastrophe nur durch geduldige Verhandlungen zu erzielen ist. Es geht darum, eine gesetzliche Grundlage für die Lösung internationaler Probleme und eine Exekutivbehörde von hinreichender Macht zu schaffen – kurz: eine Art Weltregierung.

Frage: Führt uns der gegenwärtige atomare Rüstungswettlauf einem neuen Weltkrieg entgegen oder ist er, wie gewisse Leute behaupten, ein Weg zur Verhütung des Krieges?

Einstein: Eine Rüstungskonkurrenz ist kein Weg zur Verhütung von Kriegen. Im Gegenteil: jeder Schritt in dieser Richtung bringt uns einer Katastrophe näher. Ein Rüstungswettrennen ist die unmöglichste Methode der Vermeidung eines offenen Konflikts. Wahrer Friede ist ohne systematische Abrüstung auf übernationaler Grundlage nicht denkbar. Ich wiederhole: Rüstung ist kein Schutz gegen den Krieg, sondern der Weg zum Krieg.

Frage: Kann man sich gleichzeitig auf einen Krieg vorbereiten und eine Weltgemeinschaft anstreben?

Einstein: Kampf für den Frieden und Vorbereitung auf den Krieg sind nicht miteinander vereinbar – heute weniger als je.

Frage: Können wir den Krieg verhüten?

Einstein: Die Antwort darauf ist sehr einfach: wenn wir den Mut aufbringen, uns für den Frieden zu entscheiden, werden wir Frieden haben.

Frage: Auf welche Weise?

Einstein: Durch den unerschütterlichen Entschluss, Verständigung untereinander zu erreichen. Das ist das A und O der Sache. Hier geht es nicht um ein Spiel. Es geht um die stärkste Bedrohung unserer Existenz. Sind wir fest entschlossen, die Probleme friedlich zu lösen, werden wir zum Frieden gelangen.

Frage: Was halten Sie von den Voraussagen einzelner Wissenschaftler über einen umwälzenden Wandel unserer Gesellschaft, zum Beispiel durch die Einführung eines zweistündigen Arbeitstags?

Einstein: Wir sind immer die gleichen Menschen. Und das wäre kein wahrhaft umwälzender Wandel. Ist es denn wirklich wichtig, ob wir fünf oder zwei Stunden lang arbeiten? Unsere Probleme sind sozialer und wirtschaftlicher Natur und müssen auf der internationalen Ebene behandelt werden.

Frage: Was soll mit den bestehenden Lagern von Atombomben geschehen?

Einstein: Sie müssen einer übernationalen Organisation anvertraut werden. Solange wir noch keinen festen Frieden haben, brauchen wir eine schützende Macht. Einseitige Abrüstung ist unmöglich. Alle Waffen müssen einer internationalen Behörde übergeben werden. Nur unter einer übernationalen Regierung ist eine systematische Abrüstung möglich. Wir dürfen das Sicherheitsproblem nicht von allzu technischen Gesichtspunkten aus betrachten. Der wichtigste Faktor ist der Friedenswille, die Bereitschaft, alle Massnahmen anzunehmen, die zur Sicherung des Friedens notwendig sind.

Frage: Was kann der Einzelne in der Frage des Kriegs und Friedens unternehmen?

Einstein: Er kann zum Beispiel auf einer eindeutigen Erklärung aller amerikanischen Kongresskandidaten bestehen, für die internationale Sicherheit und darum für die Beschränkung der nationalen Souveränität zu wirken. Alle, die einen Einfluss auf die öffentliche Meinung haben, müssen das Gebot der Stunde verstehen und den Mut haben, offen und klar darüber zu sprechen.

Frage: Der Rundfunk der Vereinten Nationen spricht in 27 Sprachen zu allen Teilen der Welt. Wir leben in einer Stunde höchster Gefahr. Welche Botschaft sollten wir Ihrer Ansicht nach den Völkern der Welt in diesem Augenblick übermitteln?

Einstein: Unter allen politischen Menschen unserer Zeit besass Gandhi, glaube ich, die höchste Einsicht. In seinem Geist sollten wir handeln, indem wir im Kampf für unsere Sache die Anwendung aller Gewalt und die Teilnahme an allem Übel abschwören.*

Einstein hatte im Frühjahr 1950 eine telegrafische Bitte erhalten, eine in dem französischen Ort Cahors für den 24. und 25. Juni 1950 geplante Demonstration unterstützen zu wollen[16]. Die Demonstration, die der Schaffung einer Weltregierung dienen sollte, war das Ergebnis einer "mondialistischen" Bewegung in Frankreich, zu deren Gunsten Garry Davis (siehe S. 503) im Jahre 1949 durch den Süden Frankreichs gereist war. Im Verfolg dieser Reise hatte sich der Ort Trouillas als "Weltterritorium" erklärt. Später wurde berichtet, die grösseren Städte Cahors und Figeac (im Departement Lot) hätten in einer Abstimmung denselben Schritt mit grosser Mehrheit beschlossen. Nach einem Jahr hiess es, das "Weltterritorium" umfasse einen Gürtel, der sich etwa 100 Meilen nördlich der spanischen Grenze vom Atlantik bis zum Mittelmeer erstrecke und eine Bevölkerung von etwa drei Millionen Menschen einschliesse. Die Bewegung soll rund 500 Gemeinden, einschliesslich der deutschen Stadt Königswinter, erfasst haben.

Im Juni 1950 wurde Einstein durch Stringfellow Barr, dem Präsidenten der "Foundation for World Government" (Weltregierungs-Stiftung), an jene telegrafische Bitte erinnert. Einstein antwortete Barr am 20. Juni 1950[17]:

... Ich habe seinerzeit die Aufforderung erhalten ... Ich habe damals in einem Gefühl von Hilflosigkeit nicht geantwortet ... Es macht zwar den Eindruck, dass die Führer der Bewegung es mit ihrem Vorschlage ernst meinen; aber es scheint eine Seifenblase zu sein. Wenn man für solche luftige Unternehmungen eintritt, wird man sehr bald nicht mehr ernst genommen und kann gar nichts mehr nützen.

Ihren Bericht habe ich aufmerksam durchgelesen. Wenn wir nicht in einer Situation unmittelbarer Gefährdung wären, würde ich Ihnen vielleicht recht geben. Ich glaube auch, dass eine Realisierung des Minimalprogramms für Weltregierung sehr bald zu einer Erweiterung der festgelegten Funktionen und Pflichten führen müsste. Ich glaube aber, dass das Minimalprogramm erheblich leichter die Unterstützung des gegenwärtig für eine Aktion geeigneten Teiles der Menschheit finden könnte als ein weitergehendes Programm, das "Menschenrechte", Beseitigung von Nahrungsmangel und vielleicht Fortpflanzungs-Beschränkung umfasst. Denn die Gefahr allgemeiner Vernichtung durch direkte Aktion bedroht alle zugleich und direkt, vielleicht die "Starken" noch mehr als die "Schwachen". Deshalb glaube ich, dass sich alle vernünftigen Menschen hinter ein "Minimalprogramm" stellen sollten, um eine Zersplitterung der Kräfte zu verhüten.

Dies spricht nicht gegen Ihre Bemühungen, soweit sie nur auf Erkenntnis und Erziehung gerichtet sind.

In der Nummer der *Saturday Review of Literature*, die das Datum des 5. August 1950 trug, gedachte ihr Chefredakteur, Norman Cousins, des fünften Jahrestags der Bombardierung von Hiroschima und Nagasaki. Der Artikel entwarf zwei verschiedene Möglichkeiten, wie die Gegenwart einem Historiker nach zehn Jahren erscheinen möchte.

Der erste Teil des Artikels ("Absage an den Menschen") nimmt an, dass der Atomkrieg die Welt verheert, die Zivilisation ausgerottet und die menschliche Natur verändert hat. Der Mensch glaubt nicht mehr an Fortschritt; er hat nicht den Willen zum schöpferischen Aufbau. Cousins wählt das Bild eines sinkenden Schiffs, dessen Bug ein gähnendes Loch hat und dessen Passagiere, in drei Klassen streng voneinander getrennt, der rettenden Zusammenarbeit unfähig sind. Bis zum Ende kämpfen sie gegeneinander: mit der einen Hand den Nachbarn zerkratzend, mit der anderen sich krampfhaft an irgendwelche Trümmer des Schiffes klammernd. Die Vereinigten Staaten, die den Zusammenbruch hätten aufhalten können, haben in ihrer historischen Mission versagt.

In dem zweiten Teil des Artikels ("Das Zeitalter der Tapferkeit") prüft der Präsident der Vereinigten Staaten die amerikanische Aussenpolitik im Licht des koreanischen Kriegs und unterbreitet dem Kongress wie dem amerikanischen Volk neue Instruktionen für die amerikanischen Delegierten zu den Vereinten Nationen, die die Umwandlung dieser Organisation in eine Weltregierung zum Ziele haben. Das bedeutet zwar nicht das Paradies, aber den Beginn eines Zeitalters des Friedens.

Am 2. August 1950 schrieb Einstein an Cousins[18]:

Ich glaube, dass Ihr Artikel eine recht gute Wirkung haben wird. Der erste Teil ist geeignet, die romantische Einstellung zu dem gegenwärtigen gefährlichen Kriegsabenteuer zu dämpfen. Der Vergleich mit dem gefährdeten Schiff ist sehr schön durchgeführt. Der zweite Teil bedient sich einer psychologisch wirksamen Methode: Anstatt die Politik der U.S.A. zu kritisieren, führen Sie aus, dass die reaktionären Methoden unserer Regierung die russischen Chancen überall, besonders aber in Asien, verbessern. Es hat mir auch sehr gefallen, wie Sie Ihre eigenen Vorschläge, mit denen ich natürlich völlig übereinstimme, dem armen Präsidenten in den Mund legen. Der Gegensatz zu dem tatsächlichen Verhalten der Regierung ist wieder eine unoffensiv, aber recht wirksame Form der Kritik. Sie haben da etwas wirklich Gutes und Notwendiges geleistet.

Wenn ich etwas in Ihrem Artikel vermisse, so ist es der Umstand, dass Sie der hier allgemein verbreiteten hysterischen Russland-Angst nicht entgegentreten, sondern ihr geradezu Vorschub leisten. Man sollte doch der Frage nicht ausweichen: Wer hat mehr objektive Veranlassung, sich vor den aggressiven Absichten des andern zu fürchten? Wer darüber nicht mit ausgiebigem Gebrauch der Landkarte gründlich nachgedacht hat, kann nicht den objektiven Blick gewinnen, den eine vernünftige politische Haltung voraussetzt.

Die Intensität des kalten Krieges wuchs. Die Feindseligkeit der Vereinigten Staaten gegenüber der Sowjetunion wurde von Tag zu Tag erbitterter und erfasste immer weitere Schichten der Bevölkerung. Nur einer kleinen Minderheit der Amerikaner gelang es, sich von der zunehmenden Hysterie freizuhalten. Da Einstein bei seiner ruhigen und sachlichen Analyse der Sowjetentwicklung verblieb und nie in der Überzeugung wankend wurde, dass der Friede der Welt von freundlichen Beziehungen mit der Sowjetunion abhänge, war er oft politischen Attacken und Verdächtigungen ausgesetzt.

Professor Sidney Hook von der New York University korrespondierte häufig mit Einstein über diese Probleme. Einstein ging auf seine Briefe prompt und geduldig ein. In einem Schreiben vom 15. Mai 1950 bezog sich Hook auf zwei Artikel Einsteins aus den Jahren 1934 und 1947, die im Rahmen einer Teilsammlung der Schriften Einsteins neuveröffentlicht worden waren. Hook behauptete, die Artikel enthielten "unzweideutige innere Widersprüche". Einstein bestritt das. In einem Brief an Hook vom 16. Mai 1950 fügte er hinzu:

Ich habe zu verstehen versucht, warum die Russische Revolution kommen musste. Unter den seinerzeit in Russland herrschenden Verhältnissen konnte sie, glaube ich, nur von einer entschlossenen Minderheit erfolgreich durchgeführt werden. Ein Russe, dem die Wohlfahrt seines Volkes am Herzen lag, musste angesichts der damaligen Lage natürlich mit dieser Minderheit zusammenarbeiten, ja sich ihrem Willen fügen; sonst hätten die unmittelbaren Ziele der Revolution nicht erreicht werden können. Für einen unabhängigen Menschen bedeutete das zweifellos einen schmerzlichen *zeitweiligen* Verzicht auf seine persönliche Freiheit. Aber ich glaube, ich selbst hätte es als meine Pflicht, und als das geringere Übel, betrachtet, dieses zeitweilige Opfer zu bringen.

Das bedeutet jedoch nicht, dass ich direkte und indirekte Eingriffe der Sowjetregierung in intellektuelle und künstlerische Angelegenheiten billige. Im Gegenteil: ich sehe solche Eingriffe als unzulässig, schädlich, ja lächerlich an. Ferner glaube ich, dass die Zentralisierung der politischen Macht und die Einschränkung der individuellen Freiheit gewisse – von Erwägungen der äusseren Sicherheit, inneren Stabilität und wirtschaftlichen Planung diktierte – Grenzen nicht überschreiten sollten.

Ein Aussenseiter ist kaum in der Lage, Bedingungen und Erfordernisse eines anderen Landes richtig zu beurteilen. Auf alle Fälle aber kann man nicht bestreiten, dass das Sowjetregime beträchtliche Errungenschaften auf den Gebieten der Erziehung, des Gesundheitswesens, der Sozialfürsorge und der Wirtschaft zu verzeichnen hat und dass den Massen des Volkes dadurch vielfacher Nutzen zuteil wurde.*

Ein Briefschreiber aus Massachusetts, der sich als "ungebildeter" manueller Arbeiter bezeichnete, kritisierte Einsteins angeblichen Optimismus in der Frage der Errichtung einer Weltregierung. Eine Weltregierung, sagte er, könne erst Wirklichkeit werden, wenn die Massen des Volkes über eine solche Regierungsform in hinreichendem Mass unterrichtet seien, was nur unter dem Sozialismus möglich werden könnte. Daher müssten alle Versuche, eine Weltregierung herbeizuführen, scheitern, solange das gegenwärtige politische und wirtschaftliche System der Vereinigten Staaten unverändert bleibe. In seiner Antwort vom 12. Juni 1950 sagte Einstein, die Bemerkungen des Briefschreibers – insbesondere seine Kritik an gewissen Erklärungen, die Einstein mehr als ein Jahrzehnt früher über Intelligenz und Charakter der Masse des Volkes gemacht hatte – hätten ihn sehr interessiert. Einstein bezeichnete die Kritik als "weithin berechtigt" und fuhr fort:

Was die Errichtung einer Weltregierung betrifft, so können wir leider nicht weiter warten. Vermögen wir nicht in der nahen Zukunft die gegenseitige Furcht militärischer Aggression zu beseitigen, so sind wir zum Untergang verurteilt.

Aber so sehr ich den Sozialismus als notwendig ansehe, so wird er nach meiner Meinung nicht die Lösung des Problems der internationalen Sicherheit herbeiführen. Im Gegenteil: der Sozialismus führt in einer Demokratie notwendigerweise zu starker Konzentration der politischen Macht – und sozialistische Bürokraten sind zu aggressiven Aktionen nicht weniger geneigt als die Exponenten der heutigen privatwirtschaftlichen Interessen. Was das Verhältnis zwischen Frieden und Sozialismus angeht, bin ich oft in sozialistischen Kreisen einem mir unbegründet erscheinenden Optimismus begegnet.*

Ein Komitee für akademische Freiheit an der Universität von Kalifornien erbat eine Sympathieerklärung für Fakultätsmitglieder, die es abgelehnt hatten, den neu eingeführten politischen Loyalitätsschwur abzulegen. Einstein antwortete am 3. August 1950[19]:

... Ich sympathiere durchaus mit Ihrer Bemühung. Zugleich aber kann ich mir nicht verhehlen, dass es sich hier nur um die Bekämpfung eines Symptoms handelt, während doch die *Krankheit* das Wesentliche ist.

Die Krankheit aber liegt darin, dass man die Sicherheit des Landes auf nationale Bewaffnung zu gründen sucht, statt auf übernationale Organisation. Daraus resultiert steigende Militarisierung, die zu einem Polizeistaat führen muss und schon weitgehend geführt hat. Dagegen zu kämpfen, ohne die Ursache zu bekämpfen, kann zu keinem Erfolg führen. Die beständig steigende militärische Rivalität führt notwendig zu steigenden Spionagebestrebungen und diese zu Gegenmassregeln, welche die Freiheit und Rechte des Individuums zerstören. Was bedeutet schliesslich die Zerstörung der akademischen Freiheit gegenüber der militärischen Versklavung der Individuen, welche diese zwingt, das Leben für Unternehmungen zu opfern, die sie grossenteils missbilligen?

Die Società Italiana per il Progresso della Science (Italienische Vereinigung für den Fortschritt der Wissenschaft), die in Lucca, Italien, im Oktober 1950 ihre 43. Tagung hielt, empfing die folgende Botschaft Einsteins "Über die moralische Pflicht des Wissenschaftlers"[20]:

Erlauben Sie mir zuerst, meinen herzlichen Dank für die an mich gerichtete Einladung zu dem Kongress der "Society for the Advancement of Science" auszusprechen. Ich würde dieser Einladung mit Freude Folge leisten, wenn es mir meine geschwächte Gesundheit erlauben würde. So aber muss ich mich damit begnügen, von hier aus ein paar Worte an Sie zu richten. Dies tue ich hier, nicht in der Illusion, ich könnte Ihnen etwas sagen, was tatsächlich irgendwie Ihre Erkenntnis bereichert. Wir leben jedoch in einer Zeit solcher äusseren und inneren Unsicherheit, in einer Zeit solchen Mangels an festen Zielen, dass auch das Bekennen von Überzeugungen von Wert sein kann, auch dann, wenn diese Überzeugungen nicht solcher Art sind, dass sie logisch begründet werden können.

Da tut sich sogleich die Frage auf: Sollen wir die Erkenntnis der Wahrheit oder, bescheidener ausgedrückt, das Begreifen der erfahrbaren Welt durch konstruktives logisches Denken als ein selbständiges Ziel unseres Strebens wählen? Oder soll dies Streben nach vernünftiger Erkenntnis irgendwelchen andersartigen, zum Beispiel "praktischen" Zielen untergeordnet werden? Das blosse Denken hat kein Mittel, diese Frage zu entscheiden. Die Entscheidung hat aber erheblichen Einfluss auf unser Denken und unsere Werte, vorausgesetzt, dass sie den Charakter unerschütterlicher Überzeugung haben. Lassen Sie mich also bekennen: Für mich ist das Streben nach Erkenntnis eines von denjenigen selbständigen Zielen, ohne welche für den denkenden Menschen eine bewusste Bejahung des Daseins nicht möglich erscheint.

Es liegt im Wesen des Erkenntnisdranges, dass er sowohl die weitgehende Bewältigung der Erfahrungs-Mannigfaltigkeit als auch die Einfachheit und Sparsamkeit der Grundhypothesen anstrebt. Die endliche Vereinbarkeit dieser Ziele ist bei dem primitiven Zustand unseres Forschens eine Sache des Glaubens. Ohne solchen Glauben wäre für mich die Überzeugung vom selbständigen Werte der Erkenntnis nicht kräftig und unerschütterlich.

Diese sozusagen religiöse Einstellung des wissenschaftlichen Menschen zur Wahrheit ist nicht ohne Einfluss auf die Gesamtpersönlichkeit. Denn ausser dem durch die Erfahrung Gegebenen und den Denkgesetzen gibt es für den Forscher im Prinzip keine Autorität, deren Entscheidungen oder Mitteilungen an sich den Anspruch auf "Wahrheit" erheben können. Dadurch entsteht die Paradoxie, dass ein Mensch, der seine besten Kräfte objektiven Dingen widmet, sozial betrachtet zum extremen Individualisten wird, der sich – im Prinzip wenigstens – auf nichts verlässt als auf sein eigenes Urteil. Man kann sogar sehr wohl die Ansicht vertreten, dass intellektueller Individualismus und wissenschaftliches Streben in der Geschichte zusammen erstmals aufgetreten und unzertrennlich geblieben sind.

Nun kann man sagen, dass der so skizzierte wissenschaftliche Mensch von heute nichts weiter sei als eine blosse Abstraktion, die man in dieser Welt nicht in Fleisch und Blut vorfindet, etwas Analoges zu dem homo economicus der klassischen Ökonomie. Es scheint mir aber, dass etwas wie die Wissenschaft, wie wir sie heute vor uns haben, nicht hätte entstehen und lebenskräftig bleiben können, wenn der wissenschaftliche Mensch nicht wenigstens in beträchtlicher Näherung in vielen Individuen viele Jahrhunderte hindurch tatsächlich existiert hätte.

Natürlich sehe ich nicht einen wissenschaftlichen Menschen in jedem, der Werkzeuge und Methoden anzuwenden gelernt hat, die direkt oder indirekt als "wissenschaftlich" erscheinen. Nur jene sind gemeint, in welchen die wissenschaftliche Mentalität wirklich lebendig ist.

Wie steht nun der wissenschaftliche Mensch von heute im sozialen Körper der Menschheit? Er ist wohl irgendwie stolz darauf, dass die Arbeit von seinesgleichen, wenn auch zumeist indirekt, das wirtschaftliche Leben der Menschen durch die weitgehende Eliminierung der Muskelarbeit total umgestaltet hat. Er ist auch wohl bedrückt darüber, dass seine Forschungsergebnisse eine akute Bedrohung der Menschheit mit sich gebracht haben, nachdem die Früchte dieser Forschung in die Hände seelenblinder Träger der politischen Gewalt gefallen sind. Er ist sich des Umstandes bewusst, dass die auf seinen Forschungen fussenden technischen Methoden zu einer Konzentration der wirtschaftlichen und damit auch der politischen Macht in die Hände kleiner Minoritäten geführt haben, von deren Manipulationen das Schicksal des immer mehr amorph erscheinenden Haufens der Individuen völlig abhängig geworden ist. Noch mehr: Jene Konzentration der wirtschaftlichen und politischen Macht in wenigen Händen hat nicht nur eine äussere materielle Abhängigkeit auch des wissenschaftlichen Menschen mit sich gebracht: sie bedroht auch seine Existenz von innen, indem sie durch die Schaffung raffinierter Mittel geistiger und seelischer Beeinflussung den Nachwuchs unabhängiger Persönlichkeiten unterbindet.

So sehen wir an dem wissenschaftlichen Menschen ein wahrhaft tragisches Schicksal sich vollziehen. Getragen von dem Streben nach Klarheit und innerer Unabhängigkeit, hat er durch seine schier übermenschlichen Anstrengungen die Mittel zu seiner äusseren Versklavung und seiner Vernichtung von innen her geschaffen. Von den Trägern der politischen Macht muss er sich einen Maulkorb anhängen lassen. Er wird gezwungen, als Soldat sein eigenes Leben zu opfern und fremdes Leben zu zerstören, auch wenn er von der Sinnlosigkeit solchen Opfers überzeugt ist. Er sieht zwar mit aller Klarheit, dass der historisch bedingte Umstand, dass die Nationalstaaten die Träger der wirtschaftlichen, politischen und damit auch der militärischen Macht sind, zur Vernichtung Aller führen muss. Er weiss, dass nur die Ablösung der Methoden der nackten Gewalt durch eine übernationale Rechtsordnung die Menschen noch retten kann.

Aber es ist schon so weit mit ihm gekommen, dass er die von den Nationalstaaten über ihn verhängte Sklaverei als unabwendbares Schicksal hinnimmt. Er erniedrigt sich sogar so weit, dass er auf Befehl die Mittel für die allgemeine Vernichtung der Menschen weiter zu vervollkommnen hilft.

Muss der wissenschaftliche Mensch wirklich alle diese Erniedrigungen über sich ergehen lassen? Ist die Zeit vorbei, in der seine innere Freiheit und die Selbständigkeit seines Denkens und Forschens das Leben der Menschen hat erhellen und bereichern dürfen? Hat er nicht in einem nur aufs Intellektuelle eingestellten Streben seine Verantwortlichkeit und Würde vergessen? Ich antworte: Einen innerlich freien und gewissenhaften Menschen kann man zwar vernichten, aber nicht zum Sklaven oder zum blinden Werkzeug machen.

Wenn der wissenschaftliche Mensch unserer Tage Zeit und Mut fände, seine Situation und seine Aufgabe ruhig und kritisch zu erwägen und entsprechend zu handeln, so würden die Aussichten auf eine vernünftige und befriedigende Lösung der gegenwärtigen gefahrvollen internationalen Situation wesentlich verbessert werden.

Im August 1950 sandte der Dichter und Anglizist der Columbia-Universität, Professor Mark Van Doren, an Einstein eine Erklärung gegen die Wiederaufrüstung Deutschlands. Er hoffte, dafür die Unterschriften vieler prominenter Persönlichkeiten gewinnen zu können. Einstein erwiderte am 28. Oktober 1950:

Die mir von Ihnen zugegangene Erklärung habe ich nicht unterschrieben, obwohl ich ihrem Inhalt voll zustimme. Der Grund ist einfach: ich möchte den Eindruck vermeiden, als lehnte ich nur die Aufrüstung Deutschlands ab. In Wirklichkeit ist diese lediglich ein Glied in einer Kette von Massnahmen, die unsere Regierung seit dem Tode Roosevelts durchgeführt hat – Massnahmen, die nach meiner Meinung zu verhängnisvollen Konsequenzen führen können.*

Eine ähnliche Erklärung im September 1950 betraf die Wiederbewaffnung Japans und stammte von A. J. Muste, dem Geschäftsführer der Fellowship of Reconciliation. Am 11. Oktober 1950 schrieb Einstein an ihn[21]:

Gegen Ihre Position habe ich keinerlei Einwände. Aber Ihre Bemühung erscheint mir so hoffnungslos, dass ich nicht daran teilnehmen kann. Sie gleicht einer Flasche mit Zuckerwasser, die man einem Gewohnheitstrinker zur Kur reicht.*

Der Geschäftsführer der Akademie für Geschichte, Politik und Sozialwissenschaften in Paraguay richtete an Einstein die Frage, wie sich die lateinamerikanische Jugend in der gegenwärtigen Periode weltweiter Unsicherheit verhalten solle. Einstein antwortete am 16. Oktober 1950[22]:

Ich glaube, dass Ihre Frage eindeutig beantwortet werden kann, vorausgesetzt, dass ich sie richtig verstanden habe. Ich revanchiere mich nun auf Ihre spanische Zuschrift durch eine deutsche in der Hoffnung, dass sich jemand dort finden wird, der sie ins Spanische überträgt.

Es wird allgemein zugegeben, dass das Problem der Sicherheit nur auf übernationaler Basis gelöst werden kann. Die Vereinten Nationen – obwohl gegenwärtig nur ein schwacher stabilisierender Faktor – sind doch ein brauchbarer Keim zur Entwicklung einer Instanz, welche die Funktionen einer limitierten Weltregierung übernehmen könnte.

In einer solchen Entwicklung fällt den kleineren Nationen eine wichtige Aufgabe zu. Statt nämlich die Rolle der Trabanten der gegenwärtigen Hauptmächte (Vereinigte Staaten und Sowjetunion) zu spielen, müssten sie vereint als selbständiger ausgleichender Faktor wirken und sich jedem Versuch der Hauptmächte entgegenstellen, die U.N. zu einem Instrument nationaler Machtpolitik herabzuwürdigen. Es besteht in meinen Augen kein Zweifel, dass Indiens gegenwärtige Haltung auf solche Erwägungen zurückzuführen ist. Wenn diese Haltung rechtzeitig von den kleineren Mächten gestärkt wird, kann in den nächsten Jahren die Gefahr gebannt werden, in welche die Welt durch die Verschärfung der polaren Gegensätze der Hauptmächte geraten ist.

Dann kann mit Hoffnung auf Erfolg die nächste Aufgabe angegriffen werden: die U.N.-Delegierten von den respektiven Regierungen unabhängig zu machen, sodass sie nur einem Elektorat und ihrem Gewissen verantwortlich sind. Dann erst werden sie im übernationalen, das heisst im Interesse Aller wirken können.

Ich glaube deshalb: die Konsolidierung der übernationalen Verhältnisse kann erfolgreich von den kleineren Nationen unternommen werden, wenn sie sich zu solchem Ziele zu einheitlichem Handeln zusammenschliessen.

Einsteins Denken in jener Zeit wird durch einen Brief an einen unbekannten Arzt in Indiana sehr gut charakterisiert. Der Arzt hatte darüber geklagt, dass die Einziehung seines Sohnes zum Militärdienst bevorstehe, obwohl er, der Vater, gehofft hatte, durch seinen eigenen fünfjährigen Militärdienst während des Zweiten Weltkriegs seinem Sohn eine Welt des Friedens gesichert zu haben. Einstein, den der Arzt gebeten hatte, seinen Kampf für den Frieden zu verdoppeln, erwiderte am 5. November 1950:

Sie haben ganz Recht: mir würde es in der Tat gut tun, etwas aufgemuntert zu werden. Ich habe tatsächlich den Eindruck gewonnen, dass unsere Nation den Verstand verloren hat und sich gegen alle vernünftigen Vorschläge sperrt. Die ganze Entwicklung erinnert mich an die Geschichte Deutschlands seit den Tagen von Kaiser Wilhelm II.: durch viele Siege zur endgültigen Niederlage.

Trotz aller Enttäuschungen verspreche ich Ihnen, dass ich weiter jede sich bietende Gelegenheit benützen werde, das Verständnis des Volkes für die gegenwärtige Situation zu schärfen.*

Bereits früher wurde erwähnt (siehe S. 463), dass Henry Usbornes Plan für eine Peoples' World Convention (Weltkonvention der Völker) trotz der aktiven Unterstützung durch Einstein und viele andere keinen grossen Widerhall in den Vereinigten Staaten fand, abgesehen von einigen beachtenswerten lokalen Aktionen. So unternahm im Staate North Dakota der Physiker Daniel Q. Posin, der sich Ende 1945 um die Zusammenkunft eines Nationalkongresses von Wissenschaftlern vergeblich bemüht hatte (siehe S. 352), eine dramatische Propagandatour durch den Staat, zusammen mit Harold Bangert, einem liberalen Anwalt. Posins Aktivitäten brachten ihn mit dem State College von North Dakota, an dem er lehrte, in Konflikt[23].

Erfolgreicher war die von einem anderen liberalen Anwalt, Fyke Farmer, im Staate Tennessee unternommene Aktion (Farmer hatte Usborne 1947 nach Amerika geholt). Farmers Bemühungen war es zuzuschreiben, dass am 7. April 1949 das Staatsparlament von Tennessee in Form eines besonderen Gesetzes die Wahl von drei Delegierten zu der Peoples' World Convention beschloss. Tatsächlich fand die Wahl im August 1950 statt, und Farmer war einer der drei gewählten Delegierten. (Das Statut wurde jedoch später aufgehoben.)

Schliesslich trat die Weltkonvention der Völker, das Ergebnis von Henry Usbornes Bemühungen, am 31. Dezember 1950 im Palais Electoral in Genf zusammen. Lord Boyd Orr war Ehrenpräsident. Aber obwohl das Unternehmen ein sehr tapferer Versuch für den Beginn einer Weltregierung war, blieb es ein Schatten des grandiosen Projekts, an das sich 1947 und 1948 so hohe Hoffnungen geknüpft hatten. Zwar waren rund 500 "Beobachter" anwesend, aber nur drei offizielle Delegierte waren gekommen: zwei aus Tennessee und einer aus Nigeria. Fyke Farmer überbrachte die folgende Botschaft Einsteins[24]:

Die steigende Gefahr eines alles zerstörenden Konfliktes hat die Überzeugung von der Notwendigkeit der Schaffung einer Weltregierung überall in der Welt verbreitet. Es fehlt aber bisher an einer wirklich aktionsfähigen, übernational denkenden und international zusammengesetzten permanenten Gruppe, welche diesem Ziele dient, das Vertrauen der Gleichgesinnten in allen Ländern geniesst und von ihnen als deren Vertreter anerkannt wird. Eine solche Vertretung ins Leben zu rufen, ist das Hauptziel der in Genf geplanten Zusammenkunft.

Diese Zusammenkunft muss sich schlüssig werden über die Frage, inwieweit die Vereinten Nationen als Grundlage für unsere Bestrebung dienen können. Unserer Überzeugung nach können sie nur dann zu einer Weltregierung führen, wenn die Plenarversammlung nicht mehr aus Delegierten der Regierungen gebildet ist, sondern aus direkt von den Bevölkerungen gewählten Delegierten. Denn nur so kann erreicht werden, dass die Delegierten ihrem eigenen Urteil im Interesse der übernationalen Ordnung und Sicherheit dienen.

Es soll versucht werden, die permanente Gruppe wenigstens teilweise aus Personen zu bilden, die in lokalen Gruppen bereits wertvolle Arbeit geleistet haben.

16. Kapitel

KAMPF FÜR DIE GEISTIGE FREIHEIT 1951–1952

Ein Mensch, der ein so ausgeprägter Individualist ist, wie Einstein es war, und der doch gleichzeitig seine Abhängigkeit von der menschlichen Gemeinschaft so klar erkennt, wie er es tat, hat natürlich im Lauf seines Lebens häufig Gelegenheit zum Nachdenken über die Rolle und Verantwortung des Individuums in der modernen Gesellschaft. Viele Erklärungen Einsteins deuten auf seine intensive Beschäftigung mit diesem schwierigen Problem. Er war oft zutiefst besorgt über den Konflikt zwischen der Verantwortung des Individuums gegenüber sich selbst und seiner Verantwortung gegenüber der Gruppe, der es angehört, und gegenüber der Menschheit als Ganzem. Einstein, der die geistige und moralische Freiheit des Individuums aufs wärmste verteidigte, betonte andererseits oft mit grosser Überzeugungskraft die Pflichten, die ein wahrhaft freies Individuum gegenüber der Gemeinschaft zu erfüllen hat. Nie verkannte er die Schwierigkeiten, denen sich der Mensch gegenübersieht, wenn er gleichzeitig dem Ruf des eigenen Gewissens und den gerechten Anforderungen der Gesellschaft an ihn entsprechen will.

Einsteins Einstellung zu dieser Frage war in allen seinen politischen Entscheidungen klar ersichtlich, wie er es bei einigen besonders wichtigen Anlässen deutlich machte: vom Kriegsbeginn im August 1914 an, als er das "Manifest an die Europäer" mitunterzeichnete, über seine überaus aktive Teilnahme an der Befürwortung der Militär- und Kriegsdienstverweigerung im ersten Jahrzehnt nach dem Ersten Weltkrieg, bis zu seiner Herausforderung und Blossstellung der deutschen wissenschaftlichen Akademien kurz nach der Machtergreifung der Nazis, seiner Unterstützung der militärischen Vorbereitungen des Westens gegen die von Deutschland drohende Kriegsgefahr in den Jahren nach 1933, und schliesslich der führenden Rolle, die er im Kampf in Amerika für politische und persönliche Freiheit des einzelnen Menschen spielte. Aber nie hat seine Sorge um den schwierigen Zwiespalt zwischen individueller Freiheit und sozialer Pflicht stärkeren Ausdruck gefunden als während des letzten Jahrzehnts seines Lebens.

Es wurden hier bereits verschiedene Äusserungen Einsteins wiedergegeben, die von dem Konflikt zwischen persönlicher und sozialer Verantwortung, besonders auch von der Verantwortung des Wissenschaftlers gegenüber der Waffenproduktion, handeln. Ergänzend sollen einige Bemerkungen erwähnt werden, in denen er von der Verpflichtung aller Menschen im Kampf gegen den Krieg spricht.

Einstein kannte die komplexe Natur der Idee der Freiheit. Er wusste: völlig unbeschränkte Freiheit ist in jeder menschlichen Gesellschaft unmöglich; der Schutz des menschlichen Lebens und die Erfüllung der wirtschaftlichen Bedürfnisse des Menschen zwingen zur Beschränkung der menschlichen Freiheit. Worum es Einstein hauptsächlich ging, war die geistige Freiheit des Menschen, seine uneingeschränkte Erfüllung gewisser moralischer und ethischer Normen.

1951 schrieb er das folgende Epigramm nieder, das sich deutlich auf die Nürnberger Kriegsverbrecherprozesse bezog und vielleicht an einen Kriegsdienstverweigerer gerichtet war:

Es liegt eine merkwürdige Inkonsequenz darin, dass der Staat Fremde bestraft hat, weil sie ihrem Gewissen im Falle eines gewissen Konfliktes *nicht* gefolgt sind, während er die eigenen Bürger dafür bestraft, dass sie in solchem Konflikt ihrem Gewissen *folgen*. Er schätzt dabei das Gewissen der eigenen Bürger geringer ein als das der Fremden.

Bei einer anderen Gelegenheit war er noch ausgesprochener. Ein junger deutscher Emigrant, Veteran und Pazifist, hatte Einstein auf den Fall eines Kriegsdienstverweigerers in Kansas aufmerksam gemacht, der zu zehn Jahren Gefängnis verurteilt worden war. Einsteins Antwort trug das Datum des 20. März 1951[1]:

Was hier vorliegt, ist der alte Konflikt zwischen Gewissen und Gesetz des Staates. Seit den Nürnberger Gerichtsverfahren haben die Staaten selbst den Standpunkt eingenommen, dass unmoralische Handlungen nicht durch staatlichen Befehl entschuldbar seien. Was aber eine unmoralische Handlung sei, darüber gibt es keine andere Art der Entscheidung als das individuelle Urteil, beziehungsweise das Gewissen. Die Auffassung, dass das moralische Gesetz über dem Staatsgesetz stehe, entspricht durchaus dem allgemeinen Rechtsempfinden.

Weigert sich jemand, auf Grund seiner moralischen Überzeugung einem Staatsgesetz zu folgen, so ist er vom Standpunkt des Staates ein Rechtsbrecher und Rebell, der bestraft werden muss. Es ist also nicht vernünftig, in solchen Fällen an Staatsbeamte zu appelieren, welche die Pflicht haben, das Staatsgesetz durchzuführen.

Der Dienstverweigerer ist ein Revolutionär. Wenn er dem Gesetz den Gehorsam verweigert, um dadurch zu einer Verbesserung der öffentlichen Verhältnisse beizutragen, erfüllt er unter Aufopferung seiner persönlichen Interessen eine überaus wichtige Aufgabe. Es ist in bedeutsamen Angelegenheiten oft der einzige Weg, um eine Verbesserung der öffentlichen Verhältnisse zu erlangen, nämlich immer dann, wenn der legale politische Weg aus Gründen der faktischen Machtverteilung ungangbar ist. Die Väter der amerikanischen Verfassung haben in diesem Sinne das Recht des Volkes auf Revolution ausdrücklich anerkannt.

Revolution ohne Gewaltanwendung ist die Methode, mit der Gandhi die Befreiung Indiens herbeigeführt hat. Ich glaube, dass das Problem der Friedenssicherung in der Welt auf übernationaler Grundlage ohne Anwendung von Gandhis Methode nicht gelöst werden kann.

Einsteins Anschauungen über das Recht des Einzelnen, den Gesetzen seines Landes zuwiderzuhandeln, wenn diese mit seinem guten Gewissen im Konfikt stehen, sind in einer ergreifenden Korrespondenz mit Gene Sharp, einem 25jährigen Absolventen der Ohio State University, niedergelegt[2]. Sharp stand unter der Anklage, dem Musterungsgesetz zuwidergehandelt und sich nicht zum ärztlichen Examen und zur Einberufung gestellt zu haben; er wurde zu zwei Jahren Gefängnis verurteilt. Er informierte Einstein brieflich, kurz vor der Verhandlung, über seinen Fall und fragte, ob der Gelehrte bereit sei, ein Vorwort zu einem Buch über Gandhi zu schreiben, das Sharp gerade fertiggestellt hatte. Einstein erwiderte am 2. April 1953:

Für Ihre moralische Stärke habe ich aufrichtige Bewunderung. Ich kann nur hoffen, dass ich, in einer ähnlichen Situation, genau so gehandelt hätte wie Sie (ganz sicher bin ich dessen natürlich nicht). Ihr Manuskript kam heute an. Ich werde es sorgfältig lesen und, falls ich mit seinem Inhalt einigermassen übereinstimme, eine Einführung dazu schreiben.

Zwischen den geschriebenen Gesetzen eines Landes und den ungeschriebenen Geboten liegt eine Konfliktzone, die durch unser Gewissen geschaffen wird. Im Falle eines Konfliktes hält sich der Staat an das geschriebene Gesetz; nur zögernd anerkennt er das ungeschriebene Gebot des Gewissens. Aber selbst der Staat hat dem Einzelnen das Recht zugestanden, dem Diktat des ungeschriebenen Gesetzes zu folgen, wenn auf Staatsgesetze gegründete Befehle in krassem Gegensatz zum Gebot des Gewissens stehen. Dieses Prinzip ist in den Nürnberger Prozessen unzweideutig anerkannt worden. Und dieser Präzedenzfall bietet ein wertvolles Instrument im Kampf gegen die sklavische Pflicht des Bürgers, andere Menschen zu töten.*

Gene Sharp dankte Einstein "für das, was Sie in Ihrem Brief gesagt haben. Er bedeutet mir sehr viel. Auch hat er wohl die Sorge meiner Eltern erleichtert, die meine Haltung nicht richtig verstehen konnten".

Einige Tage später, am 10. April 1953, schrieb Einstein nochmals an Sharp. Er habe, sagte er, Sharps Manuskript "mit aufrichtiger Bewunderung" gelesen, und fügte das erbetene Vorwort zur Veröffentlichung bei:

Dieses Buch berichtet Tatsachen, und nichts als Tatsachen – Tatsachen, die alle schon veröffentlicht sind. Und doch ist es ein wahrhaft bedeutendes Werk, das dazu berufen ist, eine grosse erzieherische Wirkung auszuüben. Es ist eine Geschichte des friedlichen Befreiungskampfes der Inder unter Gandhis Führung. Alles, was da geschah, hat sich unter den Augen unserer Generation abgespielt. Was das Buch zu einem höchst wirkungsvollen Kunstwerk macht, ist einzig die Auswahl und Anordnung der berichteten Dinge. Es ist die Kunst des geborenen Historikers, in dessen ordnender Hand sich der Stoff zum Gemälde gestaltet.

Wie ist es möglich, dass ein junger Mann ein so reifes Werk zustande bringen kann? Des Verfassers Vorrede lehrt es uns. Es liegt bei ihm die tief gefühlte Verpflichtung zugrunde, einem Ziel mit allen Kräften und mit unbegrenzter Opferbereitschaft zu dienen, das Gandhis einzigartiges Vorbild klar verkörpert hat: durch Erweckung moralischer Kräfte die Gefahr der Selbstvernichtung zu überwinden, in die die Menschheit durch die explosionsähnliche Entwicklung der Technik geraten ist. Das drohende Unglück ist charakterisiert durch die Worte "de-personalization, regimentation, total war", die Rettung durch die Worte "persönliche Verantwortung in Verbindung mit 'non-violence' " und Dienst an den Menschen im Sinne Gandhis.

Ich denke, der Verfasser hat völlig recht mit seiner Behauptung, dass jeder Mensch gezwungen ist, in dieser wichtigen Sache für sich selbst eine klare Entscheidung zu treffen: "There is no 'middle ground' " ("Es gibt kein Zwischending").

In den Nürnberger Prozessen ist nach dem folgenden Grundsatz verfahren worden: Persönliche moralische Verantwortung kann nicht durch staatliches Gesetz aufgehoben werden. Möge es bald dahin kommen, dass nicht nur gegenüber Bürgern besiegter Staaten nach diesem Gesetz verfahren wird! Aus dem inneren Kampf um diese Probleme mag Gene Sharp die Kraft für die Vollendung seines Werkes geschöpft haben. Kein aufmerksamer Leser wird sich dessen Wirkung entziehen können.

Nach dem Empfang des Vorworts antwortete Sharp: "Es gibt Momente, in denen ein einfaches 'Dankeschön' kaum genügt." Eine Woche darauf, am 16. April 1953, schrieb Einstein nochmals: da er wisse, dass Sharp noch nach einem Verleger für sein Werk suche, habe er mit dem ihm befreundeten Cheflektor eines Verlags gesprochen, der jede mögliche Hilfe in Aussicht gestellt habe. Einstein fuhr fort:

Ich war von Ihren Briefen an die Rekrutierungsbehörde wie auch von der relativ massvollen Haltung der Behörde sehr beeindruckt. Ich bin überzeugt, dass diese Briefe Dokumente von grosser Bedeutung sind, die, falls richtig verwendet, der Sache der Vernunft dienen können.*

Nach seiner Verurteilung wurde Sharp in das Bundesgefängnis in Danbury, Conn., geschickt. Von dort schrieb er nach etwa sechs Wochen wieder an Einstein. Er sprach sich positiv über das Gefängnisleben aus und bemerkte: "Ich habe keine Regung des Bedauerns, sondern ein Gefühl innerer Freiheit, das von dem Wissen herrührt, das Richtige getan zu haben. Die höchste Freiheit eines Menschen liegt in ihm selbst. Er kann sie aufgeben, aber niemand kann sie ihm entziehen".

Einstein erwiderte sofort – am 17. Juni 1953:

Über Ihren Brief habe ich mich sehr gefreut. Er zeigt, dass es überall Menschen gibt, die moralisches Verantwortungsbewusstsein respektieren. Ich bin froh darüber, dass Sie Ihre ungewohnte Situation ruhig und unerschütterlich hinnehmen.

Sie sollten nicht darüber enttäuscht sein, dass mein Freund seine Kollegen nicht dazu bewegen konnte, das finanzielle Risiko der Veröffentlichung Ihres Buchs auf sich zu nehmen. Dasselbe ist vor einem Jahr mit einem anderen Buch passiert. Damals war das Risiko noch grösser; trotzdem fand mein Freund nach geduldiger Suche einen anderen Verleger. Sie können sicher sein, dass er sich in Ihrem Falle sogar noch mehr bemühen wird.*

Ohne Aufschub schrieb Einstein auch an die Mutter Sharps, die ihm einen rührenden Brief über die ausserordentlichen menschlichen Eigenschaften ihres Sohnes und über ihre anderen Kinder gesandt hatte. Einstein sagte, der "Adel der Geradlinigkeit" ihres Sohnes sei "überwältigend".

Aber es waren die Verhöre vieler politischer Nonkonformisten durch Kongress-Komitees in Washington, die Einstein zu seiner stärksten und eindruckvollsten öffentlichen Erklärung über die geistige Freiheit bewegten, zu einem Manifest über die Pflicht des Menschen, selbst auf das Risiko grosser persönlichen Opfer hin sein Recht für freie Meinungsäusserung zu verteidigen.

Seit 1947 wuchs, als Begleiterscheinung der zunehmenden Schärfe des "kalten Krieges", die Gesinnungsschnüffelei im amerikanischen Kongress: im Repräsentantenhaus war es das Komitee über unamerikanische Betätigungen ("House Committee on Un-American Activities"); und im amerikanischen Senat waren es zwei Komitees, die die Sicherheit innerhalb des Landes ("internal security") und die Arbeit und Tätigkeit der Regierung ("Government Operations") untersuchten.

Viele Hunderte von Amerikanern, Männer der freien Berufe, Künstler und Intellektuelle aus vielen Gebieten, wurden vor diese verschiedenen Komitees geladen und nicht nur über ihre politischen Anschauungen, sondern auch über ihr Privatleben und ihre Zugehörigkeit zu politischen Organisationen ausgefragt. Wer die Beantwortung solcher Fragen ablehnte, weil sie die jedem amerikanischen

Ich danke Ihnen für Ihre Aufklärungen. Mit dem „remote field" meinte ich die theoretischen Grundlagen der Physik. –

Das Problem, vor welches sich die Intelligenz dieses Landes gestellt sieht, ist ein sehr ernstes. Es ist den reaktionären Politikern ~~dieses Landes~~ gelungen, durch Vorspiegelung einer äusseren Gefahr das Publikum gegen ~~die~~ alle intellektuellen Bemühungen misstrauisch zu machen. Auf der Basis dieses Erfolges sind sie daran, die freie Lehre zu unterdrücken und die nicht Gefügigen aus allen Stellungen zu verdrängen, d. h. ~~aus~~ auszuhungern.

Was soll die Minderheit der Intellektuellen thun gegen das Übel? Ich sehe offen gestanden nur den revolutionären Weg der Non-cooperation im Sinne Ghandi's. Jeder Intellektuelle, der vor ~~ein~~ eines der comités vorgeladen wird, müsste jede Aussage verweigern, d. h. bereit sein,

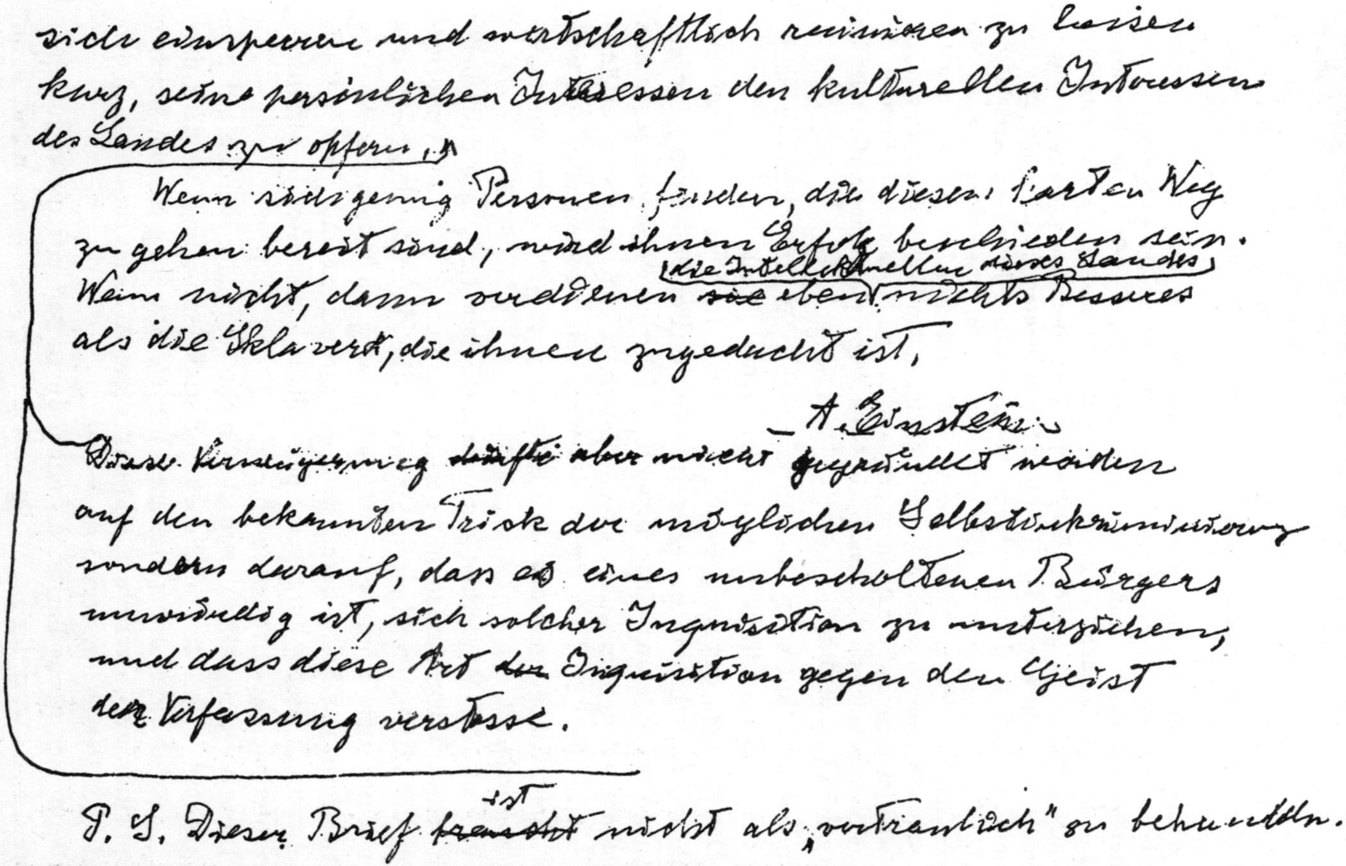
sich einsperren und wirtschaftlich ruinieren zu lassen kurz, seine persönlichen Interessen den kulturellen Interessen des Landes zu opfern.

Wenn genügend Personen finden, die diesen harten Weg zu gehen bereit sind, wird ihnen Erfolg beschieden sein. Wenn nicht, dann verdienen die Intellektuellen dieses Landes eben nichts Besseres als die Sklaverei, die ihnen zugedacht ist.

A. Einstein

Diese Verweigerung dürfte aber nicht gegründet werden auf den bekannten Trick der möglichen Selbstbezichtigung sondern darauf, dass es eines unbescholtenen Bürgers unwürdig ist, sich solcher Inquisition zu unterziehen, und dass diese Art der Inquisition gegen den Geist der Verfassung verstosse.

P. S. Dieser Brief ist nicht als „vertraulich" zu behandeln.

Einsteins Entwurf seines Briefes an William Frauenglass, 16. Mai 1953.

Bürger im ersten Zusatz zur amerikanischen Bundesverfassung garantierte Meinungs- und Redefreiheit verletzten, war einer Gefängnisstrafe wegen "Missachtung des Kongresses" ausgesetzt. Anderen jedoch, die sich unter den Schutz des fünften Verfassungszusatzes stellten, (wonach der Zeuge die Aussage verweigern kann, wenn er glaubt, dass die Aussage zu seiner Anschuldigung führen könnte) drohte der wirtschaftliche Ruin. In liberalen Kreisen wurde jahrelang die Frage erörtert, welche der beiden Positionen ein Zeuge wählen sollte.

William Frauenglass, ein Lehrer in Brooklyn, war einer der vielen, die in diese Verhöre verstrickt wurden. Er wandte sich an Einstein, der sich damals "einen unverbesserlichen Nonkonformisten" genannt hatte, "dessen Nonkonformismus auf einem weltfremden Gebiet bisher noch kein Senatskomitee anzutasten sich berufen gefühlt hat". Frauenglass bemerkte, eine öffentliche Erklärung Einsteins könne "in diesem Augenblick die grösste Hilfe bedeuten und die amerikanischen Lehrer wie das Publikum in dem Willen stärken, der neuen Attacke der Dunkelmänner zu begegnen". Einstein erwiderte in einem Brief vom 16. Mai 1953, den *The New York Times* am 12. Juni veröffentlichte[3]. Die Wirkung war sensationell. Keine andere Äusserung Einsteins in den Nachkriegsjahren warf ein so scharfes Licht auf das Problem persönlicher und intellektueller Freiheit, die er als unentbehrlich für die menschliche Gemeinschaft betrachtete. Hier folgt der oft zitierte Text des Briefs:

Ich danke Ihnen für Ihre Aufklärungen. Mit dem "remote field" meinte ich die theoretischen Grundlagen der Physik.

Das Problem, vor welches sich die Intelligenz dieses Landes gestellt sieht, ist ein sehr ernstes. Es ist den reaktionären Politikern gelungen, durch Vorspiegelung einer äusseren Gefahr das Publikum gegen alle intellektuellen Bemühungen misstrauisch zu machen. Auf der Basis dieses Erfolges sind sie daran, die freie Lehre zu unterdrücken und die nicht Gefügsamen aus allen Stellungen zu verdrängen, das heisst auszuhungern.

Was soll die Minderheit der Intellektuellen tun gegen das Übel? Ich sehe offengestanden nur den revolutionären Weg der Verweigerung der Zusammenarbeit im Sinne Gandhis. Jeder Intellektuelle, der vor eines der Komittees vorgeladen wird, müsste jede Aussage verweigern, das heisst bereit sein, sich einsperren und wirtschaftlich ruinieren zu lassen, kurz, seine persönlichen Interessen den kulturellen Interessen des Landes zu opfern.

Diese Verweigerung dürfte aber nicht gegründet werden auf den bekannten Trick der möglichen Selbstinkriminierung, sondern darauf, dass es eines unbescholtenen Bürgers unwürdig ist, sich solcher Inquisition zu unterziehen, und dass diese Art Inquisition gegen den Geist der Verfassung verstösst.

Wenn sich genug Personen finden, die diesen harten Weg zu gehen bereit sind, wird ihnen Erfolg beschieden sein. Wenn nicht, dann verdienen eben die Intellektuellen dieses Landes nichts Besseres als die Sklaverei, die ihnen zugedacht ist.

P.S. Dieser Brief ist nicht als "vertraulich" zu betrachten.

Obwohl Einstein wusste, dass die Veröffentlichung seines Briefes an Frauenglass ein stürmisches Echo in der ganzen Welt finden werde, vermerkte er in einer Nachschrift ausdrücklich, dass der Brief nicht als 'vertraulich' zu betrachten sei. Das heisst: er wünschte die weiteste Verbreitung und Diskussion seiner Ansichten. Er rechnete auch mit einer Fülle unfreundlicher Reaktionen; halb im Spass und halb im Ernst fragte er einen Freund, ob man ihn nicht vielleicht selbst ins Gefängnis stecken werde, weil er die Bürger zum Ungehorsam gegenüber den Gesetzen des Landes aufgefordert habe.

Hier ist nicht der Ort, im einzelnen auf die freundlichen und unfreundlichen Kommentare einzugehen; Einstein selbst fasste sie in einem Brief an seinen Schweizer Biographen Carl Seelig vom 30. Juni 1953 zusammen:

... Die Reaktion war so, dass alle grösseren Zeitungen mehr oder weniger höflich ablehnend kommentierten. Dies war nicht anders zu erwarten, da ja alle auf die grösseren Inserate angewiesen sind. Ausserdem erhielt ich eine Unmenge privater Zuschriften, die meisten enthusiastisch zustimmend, eine Minderheit streng verdammend; nur wenige Zuschriften sind vorsichtig abwägend. Im Ganzen habe ich den Eindruck, dass der Brief zur Reinigung der politischen Luft ein bischen beigetragen hat und hoffentlich noch beitragen wird.

Ein Kommentar, dessen Ton nicht einmal "höflich ablehnend" war, stand in *The New York Times.* In einem Leitartikel vom 13. Juni 1953 beschuldigte das Blatt Einstein, er habe die Intellektuellen zur Ablehnung jeglicher Aussage vor den Untersuchungsausschüssen des Kongresses aufgefordert. Das, sagte die *Times,* sei "höchst unklug". Das Blatt schrieb: "Der Rat Professor Einsteins, den unnatürlichen und illegalen Weg des zivilen Ungehorsams zu beschreiten, heisst ein Übel mit einem anderen zu bekämpfen". Unerwartet kam darauf eine Antwort, die das Blatt am 26. Juni 1953 veröffentlichte; ein Brief von Bertrand Russell[4]:

In einem Leitartikel vom 13. Juni missbilligen Sie Einsteins Anschauung, wonach Lehrer es ablehnen sollten, sich von Vertretern des Senators McCarthy verhören zu lassen. Sie scheinen der Meinung zu sein, man müsse dem Gesetz, und sei es auch noch so schlecht, unter allen Umständen Folge leisten. Ich vermag nicht anzunehmen, dass Sie diese Ihre Ansicht völlig durchdacht haben.

Verurteilen Sie die christlichen Märtyrer, die dem Kaiser Opfer verweigerten? Brechen Sie den Stab über John Brown? Ja, ich muss annehmen, dass Sie George Washington verurteilen und die Rückgabe

Ihres Landes an Ihre Allergnädigste Majestät Königin Elizabeth II. wünschen. Als loyaler Brite wäre ich natürlich begeistert darüber; aber ich fürchte, in Ihrem Land nicht viel Unterstützung dafür zu finden.

Russell ermächtigte Einstein in einer kurzen Mitteilung, seinen Brief an *The New York Times* in jeder Form zu verbreiten. Einsteins Antwort an Russell vom 28. Juni 1953:

Sie haben durch Ihren feinen Brief an *The New York Times* der guten Sache einen guten Dienst geleistet. Die Intellektuellen bis zu den jüngsten Studenten sind völlig eingeschüchtert. Ausser Ihnen hat sich kaum ein "Prominenter" energisch für die Bekämpfung des Unfugs eingesetzt, der von den Politikern getrieben wird. Diese fühlen sich deshalb so stark, weil sie der Masse erfolgreich eingeredet haben, dass die Russen und die hiesigen Kommunisten das Vaterland in Gefahr gebracht hätten. Je toller sie es treiben, desto sicherer glauben sie, von der irregeleiteten Menge wiedergewählt zu werden. Damit hängt es auch zusammen, dass Eisenhower nicht gewagt hat, die beiden Rosenbergs zu begnadigen, obwohl er wusste, wie sehr diese Hinrichtung das Ansehen Amerikas im Ausland schädigen würde . . . .

Auch später sprach Einstein sich wiederholt über die Rolle jeder einzelnen Person in der modernen Gesellschaft aus. Besonders interessant ist seine Erklärung an das Emergency Civil Liberties Committee (Notstandskomitee für Bürgerrechte), die seine in dem Brief an Frauenglass dargelegten grundsätzlichen Anschauungen ausführlicher entwickelt.

Anlässlich des 75. Geburtstags Einsteins (14. März 1954) hielt das Komitee am Vorabend in Princeton eine Tagung unter dem Thema "Die Bedeutung der akademischen Freiheit"[5]. Einstein nahm daran nicht teil. Sogar einen Blumengruss lehnte er mit den Worten ab: "Sie dürfen mir Blumen zur Tür bringen, sobald die letzte 'Hexenverfolgung' zu Ende ist, aber nicht vorher." Das Komitee richtete an Einstein eine Reihe von Fragen, die er in den folgenden viel zitierten Äusserungen beantwortete:

Frage: Was ist das Wesen der akademischen Freiheit? Warum ist sie zur Erforschung der Wahrheit nötig?

Einstein: Unter "Akademischer Freiheit" verstehe ich das Recht, nach der Wahrheit zu suchen und das für wahr Gehaltene zu publizieren und zu lehren. Mit diesem Recht ist auch eine Pflicht verbunden, nämlich, nicht einen Teil des als wahr Erkannten zu verschweigen. Es ist klar, dass jede Einschränkung der akademischen Freiheit dahin wirkt, die Verbreitung der Erkenntnis unter den

Menschen zu behindern und dadurch vernünftiges Urteilen und Handeln zu erschweren.

Frage: Welche Bedrohungen der akademischen Freiheit sehen Sie zur Zeit?

Einstein: Die Bedrohung der akademischen Freiheit in unserer Zeit liegt darin, dass unter dem Vorwande, dass das Land von aussen bedroht sei, Lehrfreiheit, gegenseitiger Austausch von Meinungen und freie Publizistik beeinträchtigt, beziehungsweise unterdrückt werden. Dies geschieht durch Schaffung einer Situation, in der sich jeder in seiner ökonomischen Situation bedroht fühlt. Die Folge ist, dass mehr und mehr Menschen es vermeiden, ihre Ansichten offen auszusprechen, selbst nicht im privaten geselligen Leben. Es ist ein Zustand, in dem eine demokratische Republik auf die Dauer nicht bestehen kann.

Frage: Welche besonderen Aufgaben hat der Bürger heute bei der Verteidigung unserer in der Bill of Rights festgelegten traditionellen Freiheiten?

Einstein: Die Kraft der Verfassung liegt allein in der Entschlossenheit jedes einzelnen Bürgers, sie zu verteidigen. Nur wenn die einzelnen Bürger von der Pflicht erfüllt sind, ihren Teil zu dieser Verteidigung beizutragen, sind die verfassungsmässigen Rechte gesichert. Jedem wird dadurch eine Pflicht auferlegt, der er sich nicht entziehen darf, trotz der Risiken und Gefahren, die für ihn und die Seinen mit dieser Pflichterfüllung verbunden sind.

Frage: Was sehen Sie als die besondere Aufgabe des Intellektuellen in einer demokratischen Gesellschaft an?

Einstein: Im Prinzip sind alle im gleichen Masse an der Verteidigung der verfassungsmässigen Rechte beteiligt. Die "Intellektuellen" in dem weitesten Sinne des Wortes sind aber insofern in einer besonderen Lage, als sie infolge ihrer besonderen Ausbildung einen besonders grossen Einfluss auf die Bildung der öffentlichen Meinung haben. Deshalb haben es diejenigen, die an die Stelle der demokratischen Republik einen autoritären Staat setzen wollen, besonders auf die Einschüchterung und Knebelung dieser Kategorie abgesehen. Insofern ist es in der gegenwärtigen Situation besonders wichtig, dass die Intellektuellen ihre Pflicht tun. Diese Pflicht sehe ich darin, an keiner Veranstaltung mitzuwirken, welche die verfassungsmässigen Rechte des Individuums verletzt. Dies gilt im besonderen für alle die Inquisitionen, welche sich auf das Privatleben und die politischen

Verbindungen der Bürger beziehen. Wer da kooperiert, macht sich zum Mitschuldigen an Akten der Verletzung oder Ausserkraftsetzung der Verfassung.

Frage: Wie kann man den Opfern politischer Inquisitionen am besten helfen?

Einstein: Es ist für die Verteidigung der Staatsbürgerrechte wichtig, dass all den Opfern der genannten Inquisitionen, solchen, die die Aussage verweigert haben, und darüber hinaus denen, die sonstwie durch die Inquisitionen in ihrer wirtschaftlichen Existenz geschädigt wurden, in passender Weise geholfen wird, insbesondere durch Arbeitsbeschaffung und rechtlichen Beistand.

Im Sommer 1954 veröffentlichte Professor David Spitz von der Ohio State University eine Arbeit über den passiven Widerstand[6]. Er verteidigte das Recht des Bürgers, entgegen den bestehenden Landesgesetzen seinem eigenen Gewissen treu zu bleiben, wenn, nach seiner tiefsten Überzeugung, sein passiver Widerstand für die Gemeinschaft wichtiger ist als Erfüllung des Gesetzes durch ihn. Einstein schrieb an Professor Spitz am 2. Oktober 1954:

Vielen Dank für Ihren gedankenvollen Essay, mit dessen Schlussfolgerung ich völlig übereinstimme. Der Staat mag genötigt sein, gegen die, die passiven Widerstand leisten, strafrechtlich vorzugehen; aber das Individuum sollte dennoch im Fall eines Konflikts der Stimme seines Gewissens folgen. Handelte der Einzelne anders, so würde der Staat und mit ihm sein Rechtsbau verfallen.*

Ebenso wie mehrere andere Wissenschaftler hatte Einstein Zweifel, ob die weitere Veröffentlichung des *Bulletin of the Atomic Scientists* ratsam sei. Einstein war anscheinend besonders unzufrieden mit einer dem zivilen Luftschutz gewidmeten Ausgabe der Zeitschrift; er hatte offenbar das Gefühl, dass die mit der Zeitschrift verbundenen Wissenschaftler den grundsätzlichen Kampf gegen den Krieg aufgegeben hätten und statt dessen sich mit der Frage beschäftigten, wie man sich am besten für einen Krieg vorbereiten könne.

Ende 1950 diskutierte der Redakteur des *Bulletin,* Dr. Eugene Rabinowitch, in einem Brief an Einstein den gesamten Fragenkreis. Er erinnerte an die zwei Jahre zuvor erfolgte Ablehnung des Artikels von Herbert Jehle (siehe S. 512) und schlug nochmals vor, Einstein selbst möge den pazifistischen Standpunkt in einem Artikel für das *Bulletin* darlegen.

Einstein erwiderte am 5. Januar 1951:

Ich bin nicht, was Sie einen religiösen Pazifisten nennen. Auch ich finde es immer noch besser zu kämpfen, als sich einfach abschlachten zu lassen. Dies war ungefähr die Alternative, als es sich um Hitler-Deutschland handelte. Ich bin auch nicht für einseitige Entwaffnung, sondern für einen bewaffneten Frieden unter übernationaler Kontrolle.

Allerdings muss ich sagen, dass nach meiner Ansicht gegenwärtig Amerika ein weit ernsteres Hindernis für eine friedliche Lösung der Situation bildet als Russland. Man kämpft nicht in Alaska, sondern in Korea. Überhaupt ist Russland unvergleichlich mehr bedroht als die Vereinigten Staaten, und alle Beteiligten wissen es. Es ist mir schwer verständlich, dass man den hiesigen Menschen das Bedrohungsmärchen beibringen kann. Es ist wohl auf die politische Unerfahrenheit der Bevölkerung zurückzuführen. Die Politik der Regierung ist offensichtlich auf Präventivkrieg gerichtet, verbunden mit der Bestrebung, den Anschein der Aggressivität auf die andere Seite abzuwälzen.

Ich werde keinen Artikel schreiben, weil ich denke, dass der Versuch, Vernunft zu predigen, in dieser pathologischen psychischen Atmosphäre völlig aussichtslos ist. Die Menschen werden schliesslich das bekommen, was sie verdienen.

Am 6. Januar 1951 schrieb Einstein an seine alte Freundin, die Königinmutter von Belgien:

Liebe Königin!

Ihre freundlichen Grüsse haben mich nicht wenig gefreut und frohe, schöne Erinnerungen wachgerufen. Achtzehn harte Jahre sind seitdem vergangen, voll von bitteren Enttäuschungen. Die paar Redlichen und Aufrechten aber sind umso tröstlicher und erfreulicher und ermöglichen es, dass man sich auf dieser Erde nicht so ganz fremd fühlt. Zu diesen gehören Sie.

Nachdem es mit so schweren Opfern gelungen ist, die Deutschen unterzukriegen, haben nun meine lieben Amerikaner temperamentvoll deren Erbe angetreten. Wer soll sie zur Besinnung zurückführen? Es ist dasselbe Bild wie damals in Deutschland: die Menschen fallen um wie die Fliegen. Und man steht ohnmächtig dabei.

So sehr ich es wünschte, werde ich doch nicht mehr Brüssel sehen dürfen. Eine sonderbare Popularität hat es nämlich mit sich gebracht, dass in meinem äusseren Dasein alles, was ich tue, sich zu einer geräuschvollen Affenkomödie auswächst. Dies bedeutet für mich einen völligen Hausarrest, der mich in Princeton festhält.

Mit der Geigerei ist es nichts mehr bei mir. Mit den Jahren kam es, dass ich die selbsterzeugten Töne einfach nicht mehr aushalten konnte. Hoffentlich ist es Ihnen nicht auch so ergangen. Was geblieben ist, ist die unentwegte Arbeit an den harten wissenschaftlichen Problemen. Dieser faszinierende Zauber wird bis zu dem letzten Schnaufer anhalten.

Herzliche Wünsche von Ihrem

A. Einstein.

Anfang 1951 erörterte ein Artikel in der Zeitschrift *The New Republic* das Dilemma des zeitgenössischen Wissenschaftlers, dessen Entdeckungen für destruktive Zwecke benützt werden. Einstein schrieb an den Chefredakteur des Blattes (31. Januar 1951)[7]:

Die Grenzlinie ist nicht zwischen Wissenschaftlern und Nichtwissenschaftlern zu ziehen, sondern zwischen verantwortungsvollen, anständigen Menschen und allen übrigen. Die Wissenschaftler schweigen, weil sie entdeckt haben, dass die anständigen Menschen eine verschwindende Minderheit darstellen. Ihre einzige Alternative heisst: Verweigerung der Mitarbeit oder Sklaverei.*

Ein Münchener Briefschreiber übermittelte Einstein einen Friedensplan, für den er mit Einsteins Hilfe Unterschriften sammeln wollte. Am 30. März 1951 antwortete Einstein:

Es spricht aus Ihren Ausführungen ehrlicher guter Wille. Es besteht aber keine Hoffnung, dass genügend viele und einflussreiche Menschen sich auf ein *detailliertes* politisches Programm einigen, selbst wenn Eitelkeit und Machtgier nicht existierten.

Was mir am ehesten erreichbar erscheint, ist die Abschaffung der Kriege auf übernationaler Basis. Es ist wahr, dass eine Weltregierung weder gerechter noch vernünftiger sein dürfte als die jetzigen Regierungen. Aber Abschaffung des Krieges ist heute eine notwendige Vorbedingung für jede fruchtbare Reform im Einzelnen. Denn Kriegsgefahr und Tyrannei sind unzertrennlich, besonders unter modernen Verhältnissen.

Haupthindernis ist die Machtgier der Regierungen der militärisch erfolgreichsten Länder (Russland und Amerika). Wie nämlich, nach Heinrich Heine, Hässlichkeit einer Frau bereits der halbe Weg zur Tugend ist, so ist auf politischem Gebiet Machtlosigkeit der halbe Weg zu vernünftigem Streben. Die Summe der Machtlosen könnte zu einer entscheidenden Macht werden, wenn es einen neuen Gandhi gäbe, der die Waffe der Non-Cooperation auf einer Weltgrundlage zur Geltung brächte. Wenn es *einmal* gelang, warum sollte es nicht auch auf dem weiteren Gebiete möglich sein?

Gegen Ende März 1951 sandte ein kalifornischer Briefschreiber an Einstein ein längeres Exposé, in dem er die Relativitätstheorie auf die Philosophie anzuwenden suchte. Seine Theorie war: Ideen nach Art einer Zeittafel zu registrieren; seine Schlussfolgerung: Gegensätzliches sei im Grunde identisch, und man könne daraus eine Formel für das Abmessen von Spannungen zwischen verschiedenen Gruppen ableiten. Ausgangspunkt des Exposés war ein Artikel im *Bulletin of the Atomic Scientists* gewesen, in dem nach der Meinung des Briefschreibers ein allzu pessimistischer Standpunkt in der Frage der Organisation der Gesellschaft vertreten wurde. Einstein erwiderte[8]:

Sie tadeln Dr. Rabinowitsch [Herausgeber des *Bulletin*], weil er seine, beziehungsweise unsere Ohnmacht erkennt und eingesteht. Sie glauben, durch philosophische Konzeptionen der Lösung des Problems näher kommen zu können.

Sie vergessen aber, dass es auf sozialem Gebiete keine einigermassen zuverlässige Wissenschaft gibt, sodass über Begriffe und Sätze keinerlei Einigkeit besteht. Aber auch wenn es eine zuverlässige soziale Wissenschaft gäbe, würde auch dies wenig helfen, weil der Einfluss vernünftigen, wohlwollenden Überlegens auf das Handeln der Menschen gering ist . . .

Ein Mitglied einer kalifornischen Anwaltsfirma, das diese Antwort gelesen hatte, gab Einstein einen sanften Tadel. Der Briefschreiber glaubte, Einstein habe die Macht der Ideen bagatellisiert. Einstein antwortete am 16. Mai 1951[9]:

Ich verstehe es, dass einige meiner Erklärungen Ihnen missfallen haben. Aber ich war nie der Meinung, dass es für die Menschheit keine Rettung gäbe. Die Verbesserung der Lebensbedingungen in allen Teilen der Welt hängt im wesentlichen nicht von dem Stande der Wissenschaft, sondern von der Erfüllung der menschlichen Traditionen und Ideale ab.

Darum glaube ich, dass Männer wie Konfuzius, Buddha, Jesus und Gandhi mehr zur Schärfung des ethischen Sinnes des Menschen getan haben, als die Wissenschaft es je vermöchte. Sie mögen das Gesundheitsschädliche des Rauchens einsehen und trotzdem ein Kettenraucher sein. Und dasselbe gilt für alle das Leben vergiftenden üblen Impulse.

Ich brauche nicht zu betonen, wie sehr ich alles Streben nach Wahrheit und Wissen achte und schätze. Aber ich glaube nicht, dass der Mangel an moralischen und ethischen Werten durch rein intellektuelle Bemühungen aufgewogen werden kann. Ich bin sicher, dass Sie diese Anschauung verstehen.*

Um diese Zeit gab Einstein häufig seiner Enttäuschung Ausdruck über die Staatsmänner der Welt und über den Mangel an Initiative und Mut von seiten der Intellektuellen. Trotzdem war er sich bewusst, dass die Schuld nicht ausschliesslich den politischen Führern der verschiedenen Nationen zugeschoben werden könne: man dürfe nicht die allgemeine politische Atmosphäre ausser Acht lassen, in der sie ihre Tätigkeit ausüben müssten.

Am 25. Juli 1951 schrieb er an Professor Erwin Schrödinger, den berühmten Physiker, der Nazi-Deutschland nach 1933 verlassen hatte und dann in Dublin, Irland, lebte. Einstein sagte, nie hätten so armselige Schauspieler auf der "grossen Bühne" gestanden wie heute; aber wenn sie auch noch so sehr versuchten, sich zur Geltung zu bringen, so müsste selbst der grösste Idiot einsehen, dass das Stück nichts tauge. Andererseits aber erklärte Einstein in einem langen Brief an einen Brooklyner Korrespondenten (8. Juni 1951):

... Sie haben offenbar gar keine Vorstellung davon, wie die Menschen wirklich sind. Sie werden von Leidenschaften regiert, unter denen der Hass und der kurzsichtige Eigennutz eine Hauptrolle spielen. Es scheint Ihnen, dass die paar leitenden Politiker an dem ganzen Elend schuld seien und dass die grosse Masse der Menschen das Gute und Vernünftige wolle. Wahr ist zwar, dass die Masse der Menschen den Krieg fürchtet; aber sie lässt sich zu jedem Abenteuer hinreissen auf Grund ihrer angeborenen seelischen Struktur .... Meine Kollegen haben eine Zeitlang versucht, das drohende Unheil durch Aufklärung abzuwenden. Der Versuch aber war erfolglos. Diejenigen, die gegen den äusseren Feind hetzten, haben die Menge mit sich gerissen. Nun hat man es in der Tollheit schon so weit getrieben, dass auch für vernünftige Menschen die Rückkehr zu einer besseren Politik schwierig wäre ... Wenn das Volk so beschaffen wäre, wie Sie es sich denken, so würde es sich weigern, Militärdienst zu leisten. Nichts davon ist zu spüren ...

An A. J. Muste von der Fellowship of Reconciliation schrieb Einstein am 11. April 1951:

Von ganzem Herzen stimme ich allen entscheidenden Punkten des Artikels "The Paranoia Race" ("Das paranoische Wettrennen") zu[10]. Doch möchte ich hinzufügen, dass ich es nicht für richtig finde, die Stimmung des Hasses und der Furcht, die seit dem Tode Roosevelts im amerikanischen Volk gegen Russland hervorgerufen worden ist, mit einer Krankheit im medizinischen Sinne zu vergleichen. Natürlich ist es unbestreitbar, dass die Bewaffnung der einzelnen Länder Krieg und Zerstörung, nicht Sicherheit, bringt. Unter den gegenwärtigen Verhältnissen sind die am wenigsten bewaffneten Länder am sichersten. Die einzige sinnvolle Politik der Vereinigten Staaten bestünde in einer unzweideutigen Erklärung, dass die Sicherheit der Welt von der Errichtung einer Weltregierung abhänge, die allen Nationen offen stünde, und die das Recht und die Macht hätte, alle internationalen Konflikte zu lösen und der kolonialen Unterdrückung ein Ende zu machen.*

Um das Frühjahr 1951 hatte es sich gezeigt, dass die Weiterexistenz des Notstandskomitees der Atomwissenschaftler, das sich zwei Jahre lang völlig passiv verhalten hatte, zwecklos geworden war. Die Treuhänder erörterten die Auflösung der Organisation. Einstein schrieb an Harrison Brown (12. Juni 1951)[10]:

Ich unterstütze den Vorschlag, das Notstandskomitee der Atomwissenschaftler sobald wie möglich aufzulösen. Was die Disposition der Gelder betrifft, so schliesse ich mich ganz dem Antrag des Herrn Dr. Szilard an, sie dem American Friends Service Committee (Quäker) zur Verfügung zu stellen.

Bei der Gründung unseres Komitees dachten wir zweifellos in erster Linie an die Förderung der Idee dauerhafter internationaler Sicherheit. Es ist richtig, dass *The Bulletin of the Atomic Scientists* in seinen ersten Jahren demselben Ziel gedient hat; heute jedoch ist es nur noch ein Organ zur Verbreitung neutral-objektiver Informationen. Ausserdem gibt es andere für die Idee der Weltregierung arbeitende Organisationen; in Amerika stehen uns die United World Federalists [Vereinigte Weltföderalisten] am nächsten. Aber ich ziehe trotzdem die Anregung Szilards vor, die Gelder den Quäkern zu geben, deren geradlinige Arbeit viele Jahre hindurch – lange vor der gegenwärtigen Krise beginnend – eine wahrhaft übernationale Haltung bezeugt.*

Der endgültige Entschluss, das Notstandskomitee der Atomwissenschaftler aufzulösen, wurde in Einsteins Wohnung am 8. September 1951 getroffen und trat im November des Jahres in Kraft. Entgegen dem Vorschlag Einsteins und Szilards wurde beschlossen, die verbleibenden Gelder dem *Bulletin of the Atomic Scientists* zur Verfügung zu stellen.

Einem Künstler, der ihm ein Buch mit kriegsgegnerischen Zeichnungen gesandt hatte, schrieb Einstein am 3. August 1951[11]:

Ihre Versuche, durch das Mittel der Kunst der Kriegsgefahr entgegenzutreten, halte ich für ungewöhnlich wichtig. Nichts kommt der psychologischen Wirkung wahrer Kunst gleich, weder eine tatsächliche Beschreibung noch intellektuelle Erörterung.

Man hat oft gesagt, die Kunst solle nicht in den Dienst politischer oder anderer praktischer Ziele gestellt werden. Diese Auffassung habe ich nie geteilt. Gewiss: es wäre völlig ungerecht, ja widerlich, einem

Künstler eine bestimmte Form politischen Denkens oder Ausdrucks aufzwingen zu wollen. Oft hat das mächtige emotionelle Engagement eines Künstlers wahrhaft grosse Kunstwerke hervorgebracht; man denke nur an Swifts "Gullivers Reisen" oder an Daumiers unsterbliche Zeichnungen, die die Korruption der französischen Politik seiner Zeit satirisch geisseln. Unsere Zeit bedarf Ihrer und Ihres Werkes.*

Am 7. Dezember 1951, dem zehnten Jahrestag von Pearl Harbor, wurde Einstein in seinem Heim in Princeton von Edwin Randall vom American Friends Service Committee (Quäker) über seine Stellung zur allgemeinen Militärdienstpflicht interviewt[12]. Hier folgt der Wortlaut des Gesprächs, das für eine spätere Rundfunksendung aufgenommen wurde:

Frage: Wie stellen Sie sich die Wirkung in anderen Ländern (etwa Deutschland, Japan, Frankreich und Indien) vor, wenn die Vereinigten Staaten die Militärdienstpflicht einführen sollten?

Einstein: Wenn Amerika die Militärdienstpflicht einführt, so wird dies überall die Überzeugung bestärken, dass die Weltprobleme auch in der absehbaren Zukunft durch nackte Gewalt entschieden werden, statt auf dem Wege übernationaler Organisation.

Frage: Was halten Sie von der erzieherischen Wirkung der Dienstpflicht auf junge Leute?

Einstein: Die Militärdienstpflicht wird mächtig dazu beitragen, die militärische Mentalität in der Bevölkerung zu festigen und den demokratischen Geist zu untergraben, wie dies in Deutschland von 1870 an der Fall war.

Frage: Glauben Sie an die friedenserhaltende Wirkung der Militärdienstpflicht?

Einstein: Auf die Dauer erzeugt nationale Rüstung keine Sicherung, sondern nur erhöhte Konfliktgefahr. Die Alternative für die Dienstpflicht ist Weltregierung als alleiniger Träger stabilisierender Macht.

Frage: Viele Amerikaner glauben an den Erfolg unserer "harten" politischen Linie. Sie sehen in dem russischen Rückzug aus Iran, der amerikanischen Intervention in Griechenland, der Berliner Luftbrücke und in Korea Beispiele der Fähigkeit Amerikas, durch seine Stärke die (russische) Expansion aufzuhalten. Warum sollten wir dieses offenbar erfolgreiche System gegen ein anderes austauschen, mit dem wir keine Erfahrung haben?

Einstein: Die "harte" politische Linie mit ihren Konsequenzen hat Asien weitgehend gegen den Westen zusammengeschlossen, und die Fortsetzung dieser Politik wird diese gefährliche Teilung der Menschheit in zwei feindliche Lager vervollständigen. Darüber dürfen Augenblickserfolge nicht hinwegtäuschen. Ich sehe in dem russischen Verhalten mehr ein defensives als ein offensives Motiv.

Frage: Können wir mittels der überwältigenden Militärmacht einer bestimmten Gruppe von Nationen Sicherheit gewinnen?

Einstein: Internationale Sicherung kann nur durch übernationale Organisation erzielt werden, nicht durch nationale Bewaffnung und Bündnisse. Dauernde Überlegenheit auf militärischer Basis ist weder erstrebenswert noch auf die Dauer erzielbar. Auf die Dauer werden die Bevölkerungszahlen die entscheidende Rolle spielen, wenn es auf dem Wege der nackten Gewalt weitergeht.

Frage: Ist der Krieg unvermeidlich?

Einstein: Wenn der Friede nicht durch Organisation gesichert wird, ist ein allgemeiner Vernichtungskrieg unvermeidlich. Amerika ist gegenwärtig die wirtschaftlich und militärisch mächtigste Nation. Ihr Verhalten wird in erster Linie den Weg der internationalen Entwicklung in der nächsten Zukunft bestimmen. Dies legt unter den gegenwärtigen Umständen eine enorme Verantwortung auf uns. Jeder muss sich mit allem Ernst fragen: Sind wir auf dem rechten Wege?

Für die Dezembernummer 1951 der Zeitschrift *Unesco Courier* schrieb Einstein einen Artikel unter dem Titel "Kultur: ein notwendiges Fundament der Völkerverständigung"[13]:

Um die Bedeutung der Deklaration der Menschenrechte richtig würdigen zu können, ist es gut, sich der Weltsituation voll bewusst zu werden, die der Errichtung der UN und der Tochter-Institution UNESCO zugrunde liegt. Das Ausmass der kriegerischen Katastrophen des letzten halben Jahrhunderts hat allen gezeigt, dass bei dem jetzigen Stande der Technik Sicherheit der Nationen nur durch übernationale Massregeln und Institutionen erreicht werden kann. Man ist sich weitgehend darüber klar, dass nur durch die Errichtung einer Weltföderation ein alle vernichtender Konflikt verhütet werden kann.

Da gründete man die U.N. als bescheidenen Beginn einer übernationalen Organisation. Diese Institution ist zwar nur eine Vereinigung von Beauftragten der nationalen Regierungen, nicht von selbständigen, auf Grund ihrer eigenen Überzeugungen wirkenden Vertretern der Völker; die Beschlüsse der U.N. haben ferner für die Einzelregierungen keine bindende Kraft, und ihre Ausführung ist durch keinerlei konkrete Machtmittel gesichert.

Die Wirkung der U.N. ist ferner dadurch beeinträchtigt, dass Nationen die Mitgliedschaft bisher verweigert ist, deren Ausschluss den übernationalen Charakter der U.N. empfindlich beeinträchtigt. Aber schon die Tatsache, dass die internationalen Probleme überhaupt offiziell in so grosser Öffentlichkeit beleuchtet und verhandelt werden, ist geeignet, zur friedlichen Lösung der Konflikte beizutragen. Die Existenz einer solchen übernationalen Verhandlungsstelle ist ferner geeignet, die Völker allmählich an den Gedanken zu gewöhnen, dass die nationalen Interessen durch Verhandeln statt durch nackte Gewalt gewahrt werden müssen.

In dieser psychologischen, beziehungsweise pädagogischen Wirkung sehe ich den Hauptwert der U.N. Eine Weltföderation setzt eine neue Art Loyalität der Menschen voraus, ein Verantwortungsbewusstsein, das nicht an den nationalen Grenzen Halt macht. Dieses Bewusstsein kann sich nicht nur auf das rein Politische beschränken, um wahrhaft wirksam zu sein. Förderung und gegenseitiges Verstehen verschiedener Kulturkreise und gegenseitige kulturelle und wirtschaftliche Förderung sind die notwendige Ergänzung. Nur durch solche Bestrebungen kann das gegenseitige Vertrauen geschaffen werden, das durch die psychologische Wirkung der Kriege verloren gegangen ist und durch eine einseitige militärische und machtpolitische Denkweise verdrängt wurde. Ohne Verstehen und ein gewisses Mass gegenseitigen Vertrauens können keine wirksamen Institutionen für die gegenseitige Sicherung der Nationen errichtet werden.

Für die Entwicklung dieser kulturellen Aufgaben ist der U.N. die Institution der UNESCO beigegeben worden. Diese hat es verstanden, sich in höherem Masse als die U.N. dem lähmenden Einfluss der Machtpolitik der Nationalregierungen zu entziehen. Aus der Erkenntnis heraus, dass die Schaffung gesunder Verhältnisse auf internationalem Gebiete nur auf Bevölkerungen gegründet werden kann, die aus gesunden und gewissermassen selbständigen Individuen bestehen, hat UNESCO eine "Universal Declaration of Human Rights" ausgearbeitet, die am 10. Dezember 1948 von der Generalversammlung der U.N. angenommen worden ist. Diese Deklaration stellt gewisse allgemeinverständliche Forderungen auf, welche die Beeinträchtigung des Individuums verhindern, dessen Entwicklung sowie dessen freie

Betätigung im Rahmen seiner Gemeinschaft sicherstellen und dessen wirtschaftliche Ausbeutung verhüten sollen.

Die allgemeine Verbreitung dieser Forderungen unter allen zur U.N. gehörigen Nationen wird mit Recht für wichtig erklärt und angestrebt. Aus diesem Grunde hat UNESCO jetzt nach drei Jahren eine Feier vorgesehen, um allenthalben die Aufmerksamkeit auf diese fundamentalen Forderungen zu richten als eine Basis für die politische Gesundung der Völker.

Es war wohl kaum zu umgehen, der Deklaration die Form eines legalistischen Dokumentes zu geben, dessen starre Form zu endlosen Diskussionen führen mag. Es ist unmöglich, durch einen solchen Text der grossen Mannigfaltigkeit der Lebensbedingungen der Völker voll Rechnung zu tragen; es ist auch unvermeidlich, dass ein solcher Text verschiedene Interpretationen im Einzelnen zulässt. Die allgemeine Tendenz der Deklaration ist aber doch unverkennbar und dazu geeignet, von allen als Grundlage des Urteilens und Handelns akzeptiert zu werden.

Forderungen formal anerkennen und sie allen Widrigkeiten der wechselnden Umstände zum Trotz zur Richtschnur des Handelns zu machen sind zwei sehr verschiedene Dinge – wie besonders die Geschichte der religiösen Institutionen dem unbefangenen Beurteiler zeigt. Die Deklaration kann dann, und nur dann, tatsächlichen Einfluss gewinnen, wenn die U.N. selbst durch ihre Beschlüsse und Handlungen zeigt, dass sie in der Tat den Geist dieser ihrer eigenen Deklaration verkörpert.

Am 3. Januar 1952 schrieb Einstein wieder an die Königinmutter von Belgien:

Liebe Königin!

Erfreut und – beschämt – empfing ich heute Ihr gutes Telegramm. Beschämt, weil ich noch nicht Worte gefunden habe, um Ihren herzlichen letzten Brief zu beantworten. Fast zwanzig Jahre sind es nun her, dass ich zum letztenmal mit Ihnen musizieren und sprechen konnte. So manches Schwere und Harte haben wir in diesen Jahren erfahren. Das Schwerste liegt aber in der Enttäuschung über das Verhalten der Menschen im Grossen. Die Jüngeren wundern sich nicht so sehr darüber, weil sie keine ruhigeren und besonneneren Verhältnisse erlebt haben. Uns aber erschien es in unseren jungen Jahren ganz anders. Da schien die Roheit früherer Zeiten endgültig überwunden, um einem Zeitalter der Vernunft und Sicherheit zu weichen. In der Zeit zwischen beiden Weltkriegen war allerdings schon eine starke Ernüchterung eingetreten, aber das Vertrauen auf eine bessere Zukunft und auf ein anständigeres Verhalten der Menschen war doch noch lebendiger als jetzt. Man war immer noch geneigt, die Katastrophen auf das Handeln Einzelner zurückzuführen.

Jetzt liegt die einzige Hoffnung auf der Errichtung einer Weltregierung. Es ist eine dünne Hoffnung, nachdem das Vertrauen auf die menschliche Natur so schwer enttäuscht worden ist. Man hofft auf das Wirken einer Maschine, weil man den freien lebendigen Mächten nicht mehr traut. Hoffentlich werden die Späteren nicht auch über unsere letzte Hoffnung mitleidig lächeln – vorausgesetzt, dass es sie noch geben wird.

Und doch strahlt die Natur in ihrer ewigen Schönheit, und man freut sich des prekären Daseins und vergisst das menschliche Dilemma darüber. Man wird wieder zum unschuldigen Tiere. Darf ich Ihnen dasselbe wünschen? Gehört auch noch die Musik zu dieser Sphäre? Ich glaube es, solange man kein Berufsmusiker ist.

Herzliche Wünsche für dieses Jahr

Ihr
A. Einstein.

Zur "Woche der Erziehung" in Kanada, 2.–8. März 1952, sandte Einstein die folgende Botschaft[14]:

Die Entdeckung der atomaren Kettenreaktionen braucht den Menschen so wenig Vernichtung zu bringen wie die Erfindung der Zündhölzer. Wir müssen nur all das tun, was den Missbrauch der Mittel beseitigt. Beim heutigen Stand der technischen Mittel kann uns nur eine übernationale Organisation schützen, verbunden mit einer hinreichend starken Exekutivgewalt. Wenn wir dies eingesehen haben, werden wir auch die Kraft finden, die für die Sicherung des Menschengeschlechts nötigen Opfer zu bringen. Jeder Einzelne von uns wäre schuld daran, wenn das Ziel nicht rechtzeitig erreicht würde. Die Gefahr ist, dass jeder untätig darauf wartet, dass andere für ihn handeln.

Den in unserem Jahrhundert erzielten Fortschritten der Wissenschaft wird jeder Mensch Respekt zollen, der einigen Einblick hat, ja selbst der oberflächliche Beobachter, der nur technische Anwendungen zu sehen bekommt. Man wird aber die Leistungen der letzten Zeit nicht überschätzen, wenn man die Probleme der Wissenschaft im Grossen nicht aus dem Auge verliert. Es ist wie beim Eisenbahnfahren: achtet man nur auf die nächste Umgebung, so scheint man im Flug fortzukommen. Achtet man aber auf grosse Formen wie auf hohe Gebirge, so ändert sich die Situation nur ganz langsam. Ähnlich ist es, wenn man die grossen Probleme der Wissenschaft im Auge hat.

Es ist meiner Meinung nach nicht vernünftig, von "our way of life" oder dem der Russen überhaupt zu sprechen. In beiden Fällen handelt es sich um eine Sammlung von Traditionen und Gewohnheiten, die kein organisches Ganzes bilden. Es ist gewiss besser, sich zu fragen, welche Einrichtungen und Traditionen für die Menschen schädlich und welche nützlich sind, welche das Leben glücklicher, welche es schmerzlicher machen. Man muss dann das als besser Erkannte einzuführen suchen, unabhängig davon, ob es gegenwärtig bei uns oder sonstwo realisiert ist.

Am 21. März 1952 antwortete Einstein einem besorgten Pazifisten, der gleich anderen um die Klarstellung scheinbarer Widersprüche in verschiedenen Erklärungen Einsteins und um eine öffentliche Darlegung seiner nunmehrigen pazifistischen Anschauungen ersucht hatte:

Ich bin Pazifist – aber nicht Pazifist um jeden Preis. Meine Anschauungen decken sich nahezu mit denen Gandhis. Aber gegen einen Mordversuch an mir oder gegen den Versuch, mir oder meinem Volk die Existenzmittel zu entziehen, würde ich mich, allein oder mit anderen zusammen, mit Gewalt zur Wehr setzen.

Darum war ich überzeugt, dass der Kampf gegen Hitler berechtigt und notwendig war. Denn hier handelte es sich um einen beispiellosen Versuch der Ausrottung ganzer Völker.

Im übrigen bin ich der Meinung, dass die Verwirklichung des pazifistischen Ziels nur durch eine übernationale Organisation erfolgen kann. Daran bedingungslos festzuhalten, erscheint mir als das Kriterium des wahren Pazifismus.*

Im gleichen Monat sandte der französische Pazifist Jacques Hadamard an Einstein den Entwurf eines "Offenen Briefes" zum Thema des Bazillenkriegs. Zwar wurde darin die amerikanische Regierung nicht, wie es die chinesische Regierung öfters getan hatte, der tatsächlichen Durchführung eines Bazillenkriegs in Korea bezichtigt, aber doch auf Zeitungsberichte verwiesen, wonach Washington intensive Versuche über bakteriologische Waffen von grösster Destruktivkraft anstelle. Waren die Amerikaner mit solchen Vorgängen einverstanden? Wie stellten sich dazu insbesondere die Naturwissenschaftler und Mediziner Amerikas? Es gebe Zeiten, in denen man offen sprechen müsse. Einstein erwiderte am 26. März 1952:

Ich bin wirklich der Letzte, der das abscheuliche Rüsten beschönigen möchte, mag es sich um Atombomben oder um biologische Zerstörungsmittel handeln. Es ist auch gar kein Wunder, wenn diejenigen, die zugestandenermassen solche abscheuliche Dinge systematisch vorbereiten, des Gebrauches derselben verdächtigt werden.

Aber das Übel, in dem wir so tief stecken, ist nicht nur von einer Seite verschuldet. Ich denke, dass mit blossen Erklärungen in dieser Zeit nichts auszurichten ist. Konstruktive übernationale Sicherheitsaktion wäre der einzige Ausweg. Die europäischen Völker könnten viel zur Erreichung dieses Zieles beitragen, wenn sie nicht glauben würden, für die Aufrechterhaltung ihrer miserablen Kolonialwirtschaft sich auf Amerika stützen zu müssen. Es muss leider gesagt werden, dass, abgesehen etwa von Indien, nirgends eine einflussreiche öffentliche Meinung existiert, die alle unsauberen Kompromisse ablehnt.

Im April 1952 teilte Hadamard Einstein mit, dass er dessen Brief veröffentlichen möchte. Die Nachrichten aus Asien hätten die öffentliche Meinung Europas tief aufgewühlt; Völker, die keinen Anteil am Kolonialismus hätten, bestünden darauf, dass eine internationale Untersuchungskommission die Dinge an Ort und Stelle nachprüfe. Wie stehe Einstein dazu? Habe er seiner Erklärung etwas hinzuzufügen? Einstein antwortete am 19. April 1952:

Es tut mir leid, dass ich die Publikation meines an Sie gerichteten Privatbriefes vom 26. März nicht erlauben kann. Diese politische Propaganda und Gegenpropaganda, welche sich de facto auf keinerlei verbürgte Tatsachen stützen kann, ist nur geeignet, Hass und Feindschaft zu erzeugen.

Es ist Ihnen ferner gewiss bekannt, dass eine objektive Untersuchung der Beschuldigung Amerikas mit Bazillenkrieg, die vom Internationalen Roten Kreuz angeregt wurde und durch das Rote Kreuz neutraler Staaten ausgeführt werden sollte, von nordkoreanischer Seite abgelehnt worden ist. Ich glaube, dass übernational gesinnte Intellektuelle nur durch Eintreten für Verhandlung, Verständigung und übernationale Lösung des Sicherheitsproblems der guten Sache wirksam dienen können, aber nicht durch Beteiligung an solchen propagandistischen Unternehmungen wie der vorliegenden.

Ich finde, dass die Organisation der Quäker sowie die indische Regierung bisher den übernationalen Interessen am besten gedient haben. Ich denke, dass man sich zuallererst an den alten ärztlichen Wahlspruch halten soll "Non nocere".

Bitten um eine Äusserung über den angeblichen Gebrauch bakteriologischer Waffen in Korea kamen ausser von Jacques Hadamard auch von den verschiedensten anderen Seiten; sie erreichten Einstein etwa zur gleichen Zeit und waren sehr ähnlich formuliert. Am 1. April 1952 beantwortete Einstein ein solches Ersuchen von naturwissenschaftlichen und mathematischen Studenten im Sowjetsektor von Berlin. Mit deutlich ironischem Unterton erwähnte Einstein die Tatsache, dass die Briefe nahezu gleichzeitig eingetroffen seien und sich nahezu derselben Sprache bedienten; seien die Studenten wirklich so naiv anzunehmen, dass er den Ursprung der verschiedenen Mitteilungen aus einer gemeinsamen Quelle nicht erkenne? Er bemerkte, die Behauptungen von einem Bazillenkrieg gründeten sich lediglich auf Unterstellungen, und fuhr fort:

... Ich kann deshalb nicht behaupten, dass die Beschuldigung in meinen Augen irgendwie glaubhaft bewiesen sei. Sie können also von mir nicht erwarten, dass ich gegen etwas protestiere, was vielleicht, und sogar wahrscheinlich, gar nicht stattgefunden hat. Was mich ferner nachdenklich macht, ist die Häufung solcher Zuschriften, sowie die Ähnlichkeit in der Abfassung der wesentlichen Punkte ... Wenn es Euch wirklich damit ernst ist, für das Wohl der Menschen etwas zu tun, so müsst Ihr für eine übernationale Lösung des Sicherheitsproblems mit seiner unvermeidlichen Einschränkung der nationalen Souveränität eintreten.

Anfang 1952 wurde von einer Kommission der U.N.-Plenarversammlung ein nicht vom Fleck weichendes Problem – die Definition des Wortes "Aggression" – ausgiebig debattiert; die Kommission setzte die Frage auf die Tagesordnung der nächsten Plenarversammlung. Der Wiener Hans Thirring, Einsteins alter Kollege, bereitete ein wohldurchdachtes Memorandum vor, in dem alle Argumente für und gegen die Erwünschtheit einer bestimmten Definition erwogen wurden; Thirring beantwortete die Frage in positivem Sinne. Einstein schrieb ihm am 12. April 1952:

... Ihr Aufsatz zur Definition des Aggressors erscheint mir ... sehr verdienstlich. Der Umstand, dass eine erschöpfende Definition nicht zu erzielen ist, darf nicht die Formulierung verhindern, die künftigen Entscheidungen der (hoffentlich bald erweiterten) U.N. zugrunde zu legen ist. Eine solche Definition schränkt jedenfalls den Spielraum möglicher entstellender Interpretationen erheblich ein, die im Dienste der Machtpolitik unvermeidlicherweise auftauchen müssen.

An die Generalkonferenz der Methodistischen Kirche in San Francisco sandte Einstein am 27. April 1952 die folgende Botschaft[15]:

Weltregierung ist das einzige Mittel, das die baldige Selbstvernichtung der Menschheit zu verhüten vermöchte. Wer das klar sieht und dennoch seine politische Einstellung nicht auf diese Erkenntnis gründet, hat nach meiner Ansicht kein Recht, sich als religiösen

Menschen zu betrachten. In einem solchen Menschen sind die atavistischen Leidenschaften stärker als das Streben nach dem, was wir alle in Stunden ruhiger Besinnung als das Gute empfinden.

An seinen Pariser Freund Maurice Solovine schrieb Einstein am 7. Mai 1952[16]:

In Ihrem Brief geben Sie mirs für zwei Sünden auf den Popo. Die erste Sünde ist unkritisches Verhalten in bezug auf den Plan für Weltregierung. Immerhin sehen Sie diese nicht als *unerwünscht,* sondern als in absehbarer Zeit nicht erreichbar an. Sie geben gute Gründe für die Nichterreichbarkeit. Sie hätten auch noch die Furcht erwähnen können, dass die Weltregierung unerträglicher und insbesondere ungerechter sein könnte als der jetzige Zustand der Anarchie. Man denke an die Segnungen der U.N. für die Leute in Korea! Auf der andern Seite aber steht die Gefahr der völligen Selbstvernichtung der Menschheit, eine Sache, die für uns doch auch Gewicht haben sollte. Deshalb sollten wir mindestens das "unerwünscht" (wenn auch zögernd) zurücknehmen.

Mit dem "unmöglich" ist es so eine Sache. Es verwandelt sich nämlich in ein "möglich", wenn die Menschen es *ernsthaft wollen,* wenn auch nur aus Furcht in einem Zustand unerträglicher Unsicherheit. Solchen Zustand des Wollens herbeizuführen, sollte man mit allen Kräften versuchen. Diese Bemühung ist nützlich, selbst in dem Falle, dass das Ziel nicht erreicht wird; denn sie hat gewiss eine günstige erzieherische Wirkung, indem sie sich gegen den dummen und verhängnisvollen Nationalismus wendet.

Nun sagen Sie, dass man zuerst die Jugend zur objektiven Betrachtung der historischen Dinge erziehen solle. Dann erst würde man sich auf dem politischen Felde etwas erhoffen dürfen. Mit dieser Priorität ist es aber wie mit dem Ei und der Henne; das heisst, wir stehen vor einem circulus vitiosus. Die Henne ist die politische Ordnung und das Ei die vernünftige Erziehung. Wenn es nun auch kein Ende dieses Knäuels gibt, von dem aus er sich entwirren liesse, so muss man es eben überall probieren und dabei den Mut nicht verlieren.

Wenn aber alle Bemühung nicht hilft, und die Menschen in Selbstzerstörung enden, so wird ihnen der Kosmos keine Träne nachweinen ...

Im September 1952 schrieb Einstein an eine alte Freundin in Italien[17]:

... Ich selbst hingegen neigte immer mehr zur Einsamkeit, ein Zug, der sich mit dem Alter zu verstärken pflegt. Es ist seltsam, wenn man so allgemein bekannt und dabei einsam ist. Aber Tatsache ist, dass diese Art Popularität, wie sie bei mir sich eingestellt hat, den Betroffenen in eine Verteidigungsposition drängt, die zur Isolierung führt.

Wir haben gewaltige politische Erdbeben erleben müssen und werden noch weitere erleben, wenn wir nicht rechtzeitig abberufen werden. Es bleibt im Wesentlichen immer gleich: Die Völker gehen immer wieder in die Falle, weil die atavistischen Triebe stärker sind als die Überlegungen und erworbenen Überzeugungen. Und der alte Lichtenberg sagte mit Recht: Erfahrung macht nicht klug, weil jede neue Torheit in einem neuen Lichte erscheint ...

Im Oktober 1952 war *The Bulletin of the American Scientists* ganz der Frage "Amerikanische Visum-Praxis und ausländische Wissenschaftler" gewidmet. Eine Reihe prominenter amerikanischer Wissenschaftler war gebeten worden, sich zu den wachsenden Schwierigkeiten ausländischer Wissenschaftler zu äussern, die, Einladungen von amerikanischer Seite folgend, um Einreisebewilligungen nachsuchten. Einstein schrieb[18]:

Ungehinderter Austausch der Gedanken und Resultate ist für eine gesunde Entwicklung der Wissenschaft, wie des kulturellen Lebens überhaupt, nötig. Nach meiner Meinung kann kein Zweifel darüber bestehen, dass die Eingriffe der politischen Instanzen der Vereinigten Staaten in den freien Austausch des Wissens zwischen den Individuen bereits bedeutenden Schaden angerichtet haben. Zunächst erstreckt sich diese Schädigung auf die eigentliche wissenschaftliche Leistung; nach einiger Zeit wird sie sich auf vielen anderen Gebieten bemerkbar machen.

Weithin sichtbar werden jene Eingriffe der politischen Instanzen in das wissenschaftliche Leben der Nation durch die Verweigerung der Reisen hiesiger Gelehrter ins Ausland und ausländischer Gelehrter nach Amerika. Solch kleinliches Verhalten eines mächtigen Landes ist nur das periphere Symptom einer tiefer sitzenden Krankheit.

Aber auch die Eingriffe in die Freiheit der Mitteilung wissenschaftlicher Ergebnisse durch Wort und Schrift; das durch eine polizeiliche Riesenorganisation gestützte politische Misstrauen der Allgemeinheit gegen jeden Einzelnen; die Ängstlichkeit der einzelnen Menschen, alles zu vermeiden, was sie irgendwie verdächtig erscheinen liesse und dadurch in ihrer wirtschaftlichen Existenz bedrohen könnte – all dies sind immer noch blosse Symptome, wenn auch solche, die den bedrohlichen Charakter der Krankheit klarer hervortreten lassen.

Die eigentliche Krankheit aber liegt nach meiner Ansicht in einer durch die Weltkriege geschaffenen, alles beherrschenden seelischen Einstellung: wir müssen im Frieden unser ganzes Dasein, einschliesslich unserer Arbeit, so einrichten, dass wir im Falle eines Krieges des Sieges sicher sind.

Diese Einstellung induziert die zweite: dass man von mächtigen Feinden in seiner Freiheit und sogar in seiner Existenz bedroht sei.

Diese Einstellung erklärt alle die abscheulichen Dinge, die wir vorher als Symptome bezeichnet haben. Sie muss – wenn sie nicht doch noch überwunden wird – mit Notwendigkeit zum Kriege und damit zur Vernichtung Aller führen. Sie findet ihren hauptsächlichen Ausdruck im Budget der Vereinigten Staaten.

Erst wenn wir diese Zwangsidee überwunden haben, können wir uns in vernünftiger Weise dem wirklichen politischen Problem zuwenden: wie können wir dazu beitragen, das Dasein der Menschen auf dieser kleingewordenen Erde zu sichern und erträglich zu machen?

Warum dies alles? Weil es nicht möglich sein dürfte, uns von den genannten und von vielen anderen Krankheitssymptomen zu befreien, wenn wir nicht mit der eigentlichen Krankheit fertig werden können.

Ein ungarischer Überlebender des Dachauer Konzentrationslagers, der nach Australien emigriert war, fragte Einstein mit Bezug auf die Atombombe: Hatte der Gelehrte die alten, noblen Traditionen seines Berufs vergessen? Hatte er sein Gewissen und seinen Glauben an die menschlichen Ideale "aufs Eis gelegt"? Arbeitete Einstein für den Menschen oder hatte er eine Revolte gegen das Leben des Menschen angezettelt? Einstein, der diese Unterstellungen sehr ernst nahm, antwortete am 1. Oktober 1952[19]:

Sie betrachten mich mit Unrecht als eine Art Häuptling auf dem Gebiete des Missbrauchs der Wissenschaft für militärische Ziele. In Wahrheit habe ich nie für militärische, nicht einmal für praktische technische Ziele gearbeitet.

Ich verurteile die militärische Einstellung unserer Zeit wie Sie es tun, bin überhaupt mein Leben lang Pazifist gewesen und halte Gandhi für den einzigen wirklich grossen politischen Menschen unserer Zeit.

Mit der Atombombe bin ich auf zweierlei Weise verknüpft. Ich habe die Äquivalenz von Masse und Energie vor fast 50 Jahren entdeckt. Diese Beziehung hat als leitender Gesichtspunkt für die Forschungsarbeiten gedient, die zur Entfesselung der Atomenergie führten. Zweitens habe ich einen Brief an Präsident Roosevelt unterzeichnet, in dem die Notwendigkeit betont wird, auf dem Gebiet der Atombombe zu arbeiten. Dies hielt ich nötig angesichts der furchtbaren Gefahr, dass die Nazi-Regierung zuerst in den Besitz der Atomwaffe hätte kommen können.

Sie müssen also erkennen, dass Sie Ihren Brief auf der Basis unzutreffender Voraussetzungen geschrieben haben.

Einem englischen Korrespondenten schrieb Einstein am 9. Oktober 1952[20]:

Ich bin wie Sie ein einsamer Mensch, viel älter als Sie, aber wahrscheinlich nicht viel weiser. Wir teilen die tiefe Skepsis gegenüber allen Äusserungen der Presse, des Rundfunks und anderer Organe, die in den Vereinigten Staaten übrigens weit schlimmer sind als in Old England.

Der Gefahren, die sich aus der Schaffung einer Weltregierung ergeben würden, bin ich mir ebenso bewusst wie Sie. Aber ich halte sie für geringer als die Gefahren internationaler Anarchie, die in Wirklichkeit eine ständige Kriegsdrohung bedeuten. Diese Drohung erscheint mir als der wirksamste Weg für Regierungen, ihre Völker im Zustand einer Art Sklaverei zu halten. Darum bin ich entschieden für eine Weltregierung.

Die aus Russland einlaufenden Berichte sind natürlich allzu einseitig und schwarzseherisch. Dennoch glaube ich, dass trotz aller dortigen sozialen und wirtschaftlichen Errungenschaften die politische Organisation Russlands immer noch viel brutaler und barbarischer ist als die unsrige. Andererseits aber scheint es mir klar, dass das veränderte Kräfteverhältnis zwischen den verschiedenen Nationen in der Nachkriegszeit dazu geführt hat, dass der Westen weit aggressiver handelt als die kommunistische Welt. Jeder vernünftige Mensch muss sich für Mässigung und objektiveres Urteil einsetzen.*

In einem Brief an Leopold Infeld, den polnischen Physiker, der jahrelang wissenschaftlich mit ihm eng zusammengearbeitet hatte, bemerkte Einstein (20. Oktober 1952):

... Was nun die Friedensbestrebungen anlangt, so kann ich mich nicht daran beteiligen, weil es nach meiner Meinung sich mehr oder weniger um einen Akt der Propaganda, das heisst also um eine Aktion handelt, die mit dem Kalten Krieg zusammenhängt. Das einzige, was wirklich Erfolg haben könnte, ist doch ein Einigungsversuch der Hauptbeteiligten und nicht ein Blah-Blah unter dem Publikum. Das Blah-Blah hat doch nur die Wirkung, die Gegenseite unnötig zu reizen. Ich werde immer an Heines Gedicht "Die Disputation" erinnert, die mit dem Passus schliesst:

"Doch es will mich schier bedünken,
Dass der Rabbi und der Mönch,
Dass sie alle beide stinken."

Die gewünschte Photographie schicke ich Ihnen gerne und hoffe nur, dass der gegenwärtig blasende Wind Sie nicht in die Notwendigkeit versetzen wird, sie gelegentlich sorgfältig verstecken zu müssen ....

Im November 1952 wurde Einstein von dem "Amerikanischen Komitee für Kulturfreiheit" (American Committee for Cultural Freedom) um eine Erklärung zu dem "Säuberungs"prozess gebeten, der in Prag gegen Rudolf Slanksy und andere kommunistische Spitzenfunktionäre geführt wurde. [Die Anklage lautete auf Verrat und Sabotage. Slansky und zehn andere wurden im folgenden Monat hingerichtet.] Einstein schrieb an das Komitee:

Es hat viele Jahrhunderte gedauert, bis Europa den Mord, mit oder ohne juristische Verbrämung, als Werkzeug der inneren Politik in der Hauptsache überwunden hat. In der Machtsphäre des heutigen Russland ist das Prinzip erklärt und befolgt worden: dem Staat gegenüber kann das Individuum keine Rechte und keinen Schutz beanspruchen. Der Slansky-Prozess zeigt wieder, dass die dortigen Machthaber es aufgegeben haben, vor den Völkern ausserhalb ihres Machtbereiches den Schein des Rechtes aufrecht zu erhalten.

Im gleichen Monat war Einstein Empfänger einer Ehrung, die sich von den vielen anderen Auszeichnungen wesentlich unterschied, die die Welt ihm hatte zuteil werden lassen. Der erste Präsident des Staates Israel, sein alter Freund Chaim Weizmann, mit dem zusammen er die Vereinigten Staaten zum ersten Mal vor über 30 Jahren besucht hatte, war am 9. November 1952 gestorben. Die Tel Aviver Zeitung *Maariv* hatte vorgeschlagen, durch offizielle Nachfragen festzustellen, ob Einstein eine Einladung annehmen würde, der zweite Präsident des neuen jüdischen Staates zu werden. Ein offizieller Schritt folgte; am 17. November 1952 telegrafierte der israelische Botschafter in Washington an Einstein:

Regierung Israels bittet mich Ihren Standpunkt über eine Sache höchster Dringlichkeit und Wichtigkeit zu ermitteln. Wäre dankbar, wenn Sie meinen Stellvertreter David Goitein morgen Dienstag in Princeton zu irgendeiner Zeit empfangen könnten. Möchte Sie dann selbst am folgenden Tag besuchen, um Ihre Antwort entgegenzunehmen. Wäre für telegrafische Nachricht dankbar.

In tiefer Ergebenheit
Abba Eban
Botschafter des Staates Israel
Washington

Einstein, der anscheinend von der Einladung bereits informiert worden war, rief noch am gleichen Abend Eban telefonisch an. Er lehnte das ehrenvolle Angebot ab. Trotzdem erschien am nächsten Tag David Goitein persönlich in Princeton, um den folgenden Brief Ebans (ebenfalls unter dem Datum des 17. November 1952) zu überbringen:

Sehr geehrter Herr Professor Einstein!

Der Überbringer dieses Briefs ist Mr. David Goitein von Jerusalem, der gegenwärtig als Minister in unserer Botschaft in Washington tätig ist. Er übermittelt Ihnen die Anfrage, die ich Ihnen auf Bitten des Premierministers Ben-Gurion vorlege – nämlich, ob Sie den Staatspräsidentenposten Israels annehmen würden, wenn er Ihnen durch Beschluss des Knesset angeboten werden sollte.

Ihr Jawort würde die Übersiedlung nach Israel und die Annahme der israelischen Staatsbürgerschaft bedeuten. Der Premierminister versichert mir, dass Ihnen in diesem Fall alle Möglichkeiten der freien Fortführung Ihrer grossen wissenschaftlichen Forschungsarbeit geboten würden, denn Regierung wie Volk sind sich der überragenden Bedeutung Ihrer Arbeit bewusst. Mr. Goitein wird Ihnen alle Informationen erteilen können, die sich aus der Frage des Premierministers ergeben möchten.

Ich verstehe die Sorgen und Zweifel, die Sie heute abend mir gegenüber ausgesprochen haben. Aber wie auch immer Ihre Antwort ausfallen möge, so möchte ich Ihnen von Herzen sagen, dass die Anfrage des Premierministers den tiefsten Respekt bekundet, den das jüdische Volk irgend einem seiner Söhne zollen kann.

Dem Ausdruck dieser persönlichen Wertschätzung möchte ich einen überpersönlichen Gedanken hinzufügen: Israel ist in physischer Hinsicht ein kleiner Staat; es kann aber zu wahrer Grösse in dem Masse aufsteigen, als es die höchsten geistigen und intellektuellen Überlieferungen verkörpert, die das jüdische Volk im Altertum wie in der Neuzeit in seinen besten Köpfen und Herzen hervorgebracht hat. Wie Sie wissen, hat unser erster Präsident uns gelehrt, unser Schicksal in dieser grossen Perspektive zu sehen, und Sie selbst haben uns oft in gleichem Sinne beraten.

Wie immer Sie unsere Frage beantworten mögen, hoffe ich, dass Sie mit freundschaftlichen Gefühlen an die denken mögen, die Ihnen diese Bitte unterbreitet haben, und die hohen Ziele und Motive schätzen werden, die sie in dieser ernsten Stunde der Geschichte unseres Volkes bewogen haben, an Sie heranzutreten.

In tiefer Ergebenheit
Abba Eban

Einsteins Antwort (mit dem Datum des 18. November) war bereits entworfen, als Eban's Brief eintraf:

Ich bin tief bewegt über das Anerbieten unseres Staates Israel, freilich auch traurig und beschämt darüber, dass es mir unmöglich ist, dies Anerbieten anzunehmen. Mein Leben lang mit objektiven Dingen beschäftigt, habe ich weder die natürliche Fähigkeit noch die Erfahrung im richtigen Verhalten zu Menschen in der Ausübung offizieller Funktionen. Deshalb wäre ich für die Erfüllung der hohen Aufgabe auch dann ungeeignet, wenn nicht vorgerücktes Alter meine Kräfte in steigendem Masse beeinträchtigte.

Diese Sachlage betrübt mich umsomehr, als die Beziehung zum jüdischen Volke meine stärkste menschliche Bindung geworden ist, seitdem ich über unsere prekäre Situation unter den Völkern volle Klarheit erlangt habe.

Nachdem wir in diesen Tagen den Mann verloren haben, der viele Jahre unter widrigen und tragischen Umständen die ganze Last der Führung unseres Strebens nach äusserer Selbständigkeit auf seinen Schultern getragen hat, wünsche ich von Herzen, dass ein Mann gefunden werde, der auf Grund seines Wirkens und seiner Persönlichkeit es sich zutrauen darf, die schwere und verantwortungsvolle Aufgabe zu übernehmen.

Am gleichen Tag erhielt Einstein einen langen und leidenschaftlichen Appell des Chefredakteurs von *Maariv* in Tel Aviv: "Noch nie ist der jahrtausendealte Traum der Menschheit, die Souveränität eines Staates einem Denker in die Hände zu legen, praktisch erprobt worden. Hier bietet sich die erste Möglichkeit in der menschlichen Geschichte." Einstein antwortete am 21. November 1952[21]:

... Auf einen hausväterlichen Kleinbürger hat die Länge Ihres Kabels einen geradezu niederschmetternden Eindruck gemacht. Es kam aber post festum an, da ich zufolge einer Indiskretion frühzeitig gezwungen wurde, zu der Angelegenheit Stellung zu nehmen.

Sie können sich denken, wie schwer es mir wurde, ein so rührendes Angebot, das von den Eigenen kommt, abzulehnen. Was ich sagte [in meiner Antwort] ist der genaue Ausdruck meines Fühlens und Denkens. Es ist kein Zweifel, dass ich der Aufgabe, die mich dort erwartet hätte, nicht gewachsen gewesen wäre, obschon das Amt in der Hauptsache repräsentativen Charakter hat. Mein Name allein kann diese meine Schwächen nicht ausgleichen.

Ich habe auch daran gedacht, was für eine schwierige Situation entstünde, wenn die Regierung, beziehungsweise das Parlament, Dinge beschliessen würde, die mich in einen Gewissenskonflikt bringen würden; die moralische Verantwortung wird nicht durch die Tatsache aufgehoben, dass man de facto keinen Einfluss auf die Ereignisse hat.

Ich habe alle Hochachtung vor der grossen Energie, die Sie dieser Sache gewidmet haben, und bin dankbar für das Vertrauen, das aus Ihrer Handlungsweise spricht. Ich bin aber auch davon überzeugt, dass ich der grossen Sache einen schlechten Dienst geleistet hätte, wenn ich dem ehrenvollen und verführerischen Rufe gefolgt wäre.

Am 24. November 1952 schrieb Einstein an einen Freund[22]:

... Das Angebot von meinen Israeli-Brüdern hat mich sehr gerührt. Aber ich hab' es sogleich mit wirklich ehrlichem Bedauern abgelehnt. Es ist zwar schon mancher Rebell zuletzt eine Respektsperson und sogar ein Bonze geworden; aber das kann ich nicht über mich bringen. Wir werden uns also zusammen damit begnügen müssen, uns hier über die hiesigen Brüder zu giften wie bisher ...

Einem italienischen Korrespondenten schrieb Einstein am 11. Februar 1953[23]:

... Die Sache liegt ... nicht so einfach wie Sie denken. Erstens nämlich fehlt mir jede Erfahrung auf dem Gebiete der praktischen Politik. Zweitens aber hätte ich als Präsident eine moralische Verantwortung für Entscheidungen Anderer übernommen, auf welche ich doch keinen Einfluss gehabt hätte. So hätte meine Annahme des Amtes wohl zu keinen Erfolgen, aber zu Enttäuschungen Anlass gegeben.

Es ist ganz richtig, dass unsere [Israels] Situation abermals bedrohlich geworden ist, und dass es uns an jeder Macht fehlt, der Gefahr zu steuern. Wenn ich aber Russland und Amerika betrachte, dann kann ich mich des Zweifels nicht erwehren, ob wir [Israel] wohl verständiger handeln würden, wenn wir solche Macht hätten.

An einen Freund in England richtete Einstein am 27. Dezember 1952 die folgenden Zeilen[24]:

... Die Arbeit hält mich in konstanter Spannung wie früher, wenn auch die Phantasie und Ausdauer nachgelassen haben.

Das macht einen unabhängig vom persönlichen Schicksal und auch von den enttäuschenden politischen Ereignissen. Unser gutes Amerika strebt erfolgreich danach, seine eigene Karikatur zu sein. Ich kann mir denken, was die erfahreneren Engländer darüber sagen. Nun, ein Schlaumeier hat gesagt: Erfahrung ist die Summe der Erfahrungen, die man lieber nicht gemacht hätte. Und doch ist es eine gute Sache, wenn man diese Schule hinter sich hat ...

17. Kapitel

ZWIELICHT
1953–1954

Einsteins letzte Jahre verliefen ohne wesentliche Änderungen in der Routine seines täglichen Lebens. Er ging seiner wissenschaftlichen Arbeit nach, ohne je die leidenschaftliche Neugier an den Gesetzen des Weltalls zu verlieren. Auch sein Interesse an politischen und sozialen Fragen seiner Zeit blieb unverändert stark: vor allem der Wunsch, alle Bestrebungen zu unterstützen, die auf den Schutz des einzelnen Menschen vor Ausbeutung und Diskriminierung jeder Art sowie auf die Befreiung der Menschheit von der Geissel des Krieges hinausliefen. Jedem, der seine Hilfe im Kampf für diese und ähnliche Ziele suchte, blieb er zu jeder Zeit zugänglich.

Dennoch senkten sich bereits Schatten über seine Tage. Die Krankheit, die in der Weihnachtswoche des Jahres 1948 erkannt worden war und die schliesslich im Frühjahr 1955 seinen Tod herbeiführte, bereitete ihm häufig erhebliche Schmerzen; von Zeit zu Zeit musste er seine Arbeit unterbrechen. Seine einzige Schwester, die während der zwölf letzten Jahre ihres Lebens bei ihm gewohnt hatte, starb nach einer langen Periode zunehmenden körperlichen Verfalls; je mehr er zu seinem Schmerz hatte erkennen müssen, dass es für sie keine wirkliche Hilfe gab, desto mehr fühlte er sich ihr innerlich verbunden und war um sie besorgt. Selbst sein wissenschaftliches Werk, das ein halbes Jahrhundert hindurch für ihn eine ständige Quelle tiefer Befriedigung und Erfüllung gewesen war, brachte ihm in den letzten Jahren seines Lebens Augenblicke der Enttäuschung. Nachdem er im Jahre 1949 einen vollkommen neuen Weg zu einer einheitlichen Feldtheorie veröffentlicht hatte – das letzte und für ihn selbst verheissungsvollste Ergebnis von 25 Jahren intensiver Gedankenarbeit über eine einheitliche theoretische Erklärung des Weltalls –, hatte er die Idee immer weiter verfeinert. Immer trieb ihn seine Intuition zu neuen Versuchen und Bahnen ergänzender Forschung. Aber all diese Bemühungen führten nicht zu der so sehr begehrten Verifizierung seiner Feldtheorie; schliesslich konnte er Zweifel nicht unterdrücken, dass ihm diese letzte Erfüllung bei Lebzeiten vielleicht versagt bleiben werde.

Ähnliche Enttäuschungen erlebte er in seinen so ernstlich gehegten Hoffnungen und Erwartungen auf politischem Gebiet. Die scheinbare Aussichtslosigkeit vieler Bemühungen, die gefährliche internationale Entwicklung jener Jahre aufzuhalten, beunruhigte ihn aufs tiefste. Sein Glaube an die Notwendigkeit der Schaffung einer übernationalen Organisation war unerschütterlich. Umso mehr beklagte er die fast allseitige Gleichgültigkeit, um nicht zu sagen Feindseligkeit, gegenüber der Idee einer Weltregierung. Die Sowjetunion hatte ihre grundsätzliche Opposition gegen einen Weltföderalismus nie aufgegeben. Einstein war sich dessen bewusst geworden durch seine Korrespondenz mit Sowjetwissenschaftlern im Winter 1947 und angesichts der Unterdrückung seiner Botschaft an die Friedenskonferenz von Wroclaw (früher Breslau) im August 1948. Ebenso hatte die weltföderalistische Bewegung in den Vereinigten Staaten den bescheidenen Auftrieb verloren, den sie in den ersten Nachkriegsjahren entwickelt hatte; sie war zu einer sehr kleinen, wirkungslosen Gruppe zusammengeschrumpft.

Um diese Zeit hatte in den Vereinigten Staaten die politische Verfolgung aller Nichtkonformisten sehr grosse Intensität erreicht; die freie Meinungsäusserung über kritische Zeitfragen wurde in wachsendem Masse bedroht, ja unterdrückt. Gleichzeitig steigerte sich Monat um Monat und Jahr um Jahr der Kalte Krieg, der Antagonismus zwischen Ost und West. Diese zunehmende Gefahr eines neuen selbstmörderischen Weltkriegs bestärkte Einstein in seiner Überzeugung, dass die freie Meinungsäusserung, das Recht politischer Dissidenten und Opponenten, jetzt sogar noch wichtiger sei als je zuvor. Und die Erkenntnis quälte ihn: je mehr diese tödliche Gefahr in der Welt zu wirksamen Gegenaktionen hätte führen sollen, umso schwieriger war es geworden, den politischen Kampf nach dieser Richtung hin zu organisieren.

Einstein wusste wohl, wie unrealistisch es sei, eine einzelne Nation für das Rüstungswettrennen verantwortlich zu machen. Trotzdem übersah er nicht, dass gewisse Handlungen eines einzelnen Landes oder eines der bestehenden Militärblöcke die internationalen Spannungen erhöhen und die Militarisierung der Welt steigern könnten. Kein Ereignis jener Jahre beunruhigte ihn so sehr wie die deutsche Aufrüstung, die er bei vielen Gelegenheiten öffentlich verurteilte. Noch in seiner letzten Unterhaltung, wenige Stunden vor seinem Tod, äusserte er tiefe Befürchtungen über die Wiederaufrüstung Deutschlands. Seit dem Ende des Zweiten Weltkriegs hatte er die militärische Neutralisierung Deutschlands als eine Vorbedingung friedlicher Beziehungen zwischen Ost und West betrachtet. Aus diesem Grund – und nicht, wie mitunter behauptet wurde, aus einem Gefühl persönlicher Antipathie gegenüber seinem Geburtsland – lehnte er die Wiederaufrüstung Westdeutschlands und dessen Einbeziehung in das Verteidigungsnetz der westlichen Staaten ab.

Einsteins völlige Distanziertheit gegenüber Deutschland änderte sich nicht in diesen Jahren. Einige seiner Erklärungen aus der frühen Nachkriegszeit, in denen er seine Entrüstung über die Kriegsverbrechen Deutschlands Ausdruck gab, wurden früher bereits erwähnt (siehe S. 375). Weitere Aussagen aus der späteren Zeit folgen hier.

Ende 1948 hatte Professor Otto Hahn, einer der beiden Physiker, die 1938 die revolutionäre Entdeckung der Kernspaltung gemacht hatten, Einstein mitgeteilt, dass die Kaiser-Wilhelm-Gesellschaft, die 1914 Einstein zum Mitdirektor ernannt hatte, unter dem Namen Max-Planck-Gesellschaft wiedererstehen solle. Hahn fügte hinzu, der Aufsichtsrat der Gesellschaft, wie auch er persönlich, würden es als eine grosse Ehre und Genugtuung betrachten, wenn Einstein der Organisation als "ausländisches wissenschaftliches Mitglied" beitreten würde, wie das einige andere jetzt ausserhalb Deutschlands lebende jüdische Wissenschaftler bereits getan hätten. Einstein erwiderte am 28. Januar 1949:

Ich empfinde es schmerzlich, dass ich gerade Ihnen, das heisst einem der Wenigen, die aufrecht geblieben sind und ihr Bestes während der bösen Jahre taten, eine Absage senden muss. Aber es geht nicht anders. Die Verbrechen der Deutschen sind wirklich das Abscheulichste, was die Geschichte der sogenannten zivilisierten Nationen aufzuweisen hat. Die Haltung der deutschen Intellektuellen – als Klasse betrachtet – war nicht besser als die des Pöbels. Nicht einmal Reue und ein ehrlicher Wille zeigt sich, das Wenige wieder gut zu machen, was nach dem riesenhaften Morden noch gut zu machen wäre. Unter diesen Umständen fühle ich eine unwiderstehliche Aversion dagegen, an irgend einer Sache beteiligt zu sein, die ein Stück deutschen öffentlichen Lebens verkörpert, einfach aus Reinlichkeitsbedürfnis.

Sie werden es schon verstehen und wissen, dass dies nichts zu tun hat mit den Beziehungen zwischen uns Beiden, die für mich stets erfreulich gewesen sind.

Aus den gleichen, klar formulierten Gründen lehnte Einstein verschiedene ähnliche Anträge ab: am 8. Mai 1948 das Angebot der Ehrenmitgliedschaft in einer deutschen Vereinigung für eine Weltregierung; am 18. Februar 1949 die Würde eines Ehrenbürgers seiner Geburtsstadt Ulm; am 18. Dezember 1952 eine geplante entsprechende Ehrung durch Westberlin; am 19. Juni 1950 die Bitte der New School of Social Research in New York, ein Stipendium unter seinem Namen einrichten zu dürfen (Einstein war der Meinung, die Institution stimme mit seiner eigenen Linie strikter Distanzierung vom öffentlichen Leben Deutschlands nicht überein); schliesslich am 9. Februar 1953 das Angebot der Ehrenmitgliedschaft in dem deutschen Zweig der internationalen Organisation der Kriegsdienstverweigerer.

Eine besonders charakteristische und sehr offen formulierte Ablehnung sandte er an den damaligen Präsidenten der Bundesrepublik Deutschland, Theodor Heuss, der Einstein in einem langen Schreiben von dem Plan der Neugründung der Friedensgruppe des alten preussischen *Pour le mérite*-Ordens verständigt hatte. Einstein war einer von vier Überlebenden des Ordens aus den Vorhitlertagen. War er für den Fall der Neuorganisation des Ordens zum Eintritt bereit? Einstein erwiderte kurz und bündig (16. Januar 1951):

Ich bestätige Ihnen dankend den Empfang Ihres Schreibens vom 10. Januar 1951 nebst Beilagen. Nach dem Massenmord, den die Deutschen an dem jüdischen Volk begangen haben, ist es jedoch evident, dass ein selbstbewusster Jude nicht mehr mit irgendeiner deutschen offiziellen Veranstaltung oder Institution verbunden sein will. Die Erneuerung meiner Mitgliedschaft im Orden *Pour le Mérite* kann also nicht in Frage kommen.

Auch bei anderen Gelegenheiten blieb Einstein in dieser Richtung völlig konsequent. Dennoch zog er einen klaren Trennungsstrich zwischen seiner persönlichen Empörung über die Deutschen und dem notwendigen objektiven Interesse Europas und der Welt, Deutschland in die Gemeinschaft der Nationen einzubeziehen. Darum hatte er keinerlei Einwände gegen die Wiederaufnahme normaler politischer und diplomatischer Beziehungen mit Deutschland und gegen die Unterstützung des Wideraufbaus der deutschen Wirtschaft.

Aber seit Kriegsende warnte er vor der Wiederherstellung des deutschen Kriegspotentials; jener Teil der deutschen Industrie, der für Kriegszwecke benützt werden konnte, sollte nach seiner Auffassung internationaler Kontrolle unterstellt werden. Einstein befürchtete, ein aufgerüstetes Deutschland könnte erneut zu einer europäischen Gefahr werden; die deutsche militaristische Tradition, der Revanchetrieb und der Wille zur Wiedergewinnung der verlorenen Gebiete erschienen ihm als mögliche Ursachen einer solchen Entwicklung. Überdies hielt er eine Verständigung zwischen Amerika und der Sowjetunion für unmöglich, wenn Deutschland nicht unbewaffnet bliebe und seine Neutralität nicht von den beiden Grossmächten gemeinsam garantiert werde.

Mit welcher Sorge Einstein die durch die Aufrüstung Deutschlands geschaffene Lage betrachtete, zeigt ein Brief an einen indischen Freund, mit dem er sich oft über die Weltsituation aussprach und der mit den politischen Spitzen seines Heimatlandes in enger Verbindung stand. Das Schreiben (unter dem Datum des 31. Dezember 1950) enthielt ziemlich unrealistische Vorschläge:

... Es ist sehr wahrscheinlich, dass Russland sich gezwungen fühlen wird, der Aufrüstung von Deutschland und Japan durch einen Angriff zuvorzukommen. Dies würde den Ausbruch des Weltkriegs bedeuten. Dies weiss man natürlich in Washington und am Lake Success [damaliger Hauptsitz der U.N.].

Wenn daher die U.N. gegen dieses Unternehmen des Atlantik-Paktes keine Gegenmassregeln ergreift, so macht sich diese Organisation mitschuldig an der Entfesselung des Weltkrieges. Solche Mitschuld trifft auch jede Nation, welche unter diesen Umständen Mitglied der U.N. ist.

Deshalb ist es meine Ansicht, dass Indien der U.N. einen befristeten Vorschlag für die Verurteilung des Remilitarisierungsplanes einreichen und für den Fall der Ablehnung eines solchen Vorschlages den Austritt Indiens aus der U.N. in sichere Aussicht stellen sollte ...

Ein Vizepräsident des *Look*-Magazins übermittelte Einstein eine Nummer seiner Publikation, in der die deutsche Aufrüstung befürwortet wurde[1]. Einstein antwortete in einem Schreiben vom 9. September 1952: überrascht habe ihn nicht die Haltung Deutschlands, sondern vielmehr die Haltung der westlichen Nationen, die trotz ihrer unglücklichen Erfahrungen in der Vergangenheit eifrigst daran arbeiteten, die so gefährliche deutsche Macht wiederherzustellen.

Um diese Zeit fand ein neuer Briefwechsel zwischen Einstein und Professor Sidney Hook von der New York University statt. Hook erklärte die Position eines "einseitigen" Pazifismus als für ihn unannehmbar. Tatsächlich hatte Einstein nie eine solche Position eingenommen. Er schrieb Hook am 12. November 1952:

Ich gebe Ihnen darin recht, dass unter den Umständen, wie sie sich in den letzten zwanzig Jahren (nicht allein durch die Schuld der Russen) herausgebildet haben, ein plötzlicher Übergang zu Gandhis Methoden von keinem verantwortungsvollen Staatsmann gewagt werden kann. Die einzige Möglichkeit zum Besseren sehe ich in einem Abbau der Streitfragen und des Rüstungsfiebers. Natürlich wäre der erste Schritt Neutralisierung und Entmilitarisierung Deutschlands. Trotz der üblen Methoden der Russen halte ich die Einstellung für durchaus falsch, dass man sie einfach als gemeine Verbrecher behandelt und hinstellt . . .

Ähnlich äusserte sich Einstein 1954 gegenüber einem Arzt in Elizabeth, New Jersey. Der Korrespondent hatte vorgeschlagen, künftigen Nichtangriffspakten eine besondere Bestimmung hinzuzufügen: die kontrahierenden Mächte sollten sich nicht nur gegenseitig Hilfe bei Angriffen von dritter Seite geloben, sondern darüber hinaus versprechen, jeder Aussenseiter-Nation zu Hilfe zu kommen, die von einer der kontrahierenden Mächte angegriffen würde. Einstein erklärte die vorgeschlagene Änderung für wünschenswert, bemerkte jedoch, Verträge seien weniger wichtig als die Taten der beteiligten Nationen. Er fuhr dann fort:

. . . Ich denke, dass die Bewaffnung Deutschlands in diesem Sinne ein verhängnisvoller Schritt in der falschen Richtung ist. Neutralisierung Deutschlands unter gemeinsamer Aufsicht der U.S.A. und Russlands im Rahmen der U.N., wie sie James Warburg so überzeugend empfohlen hat, wäre auch nach meiner Ansicht das Richtige. Aber dieser Vorschlag hat leider keine Resonanz gefunden . . .

Die letzte schriftliche Erklärung Einsteins, in der er nochmals seine Sorge über die deutsche Aufrüstung mitteilte, erfolte kurz vor seinem Tod. Das Jüdische Aktionskomitee gegen die Deutsche Aufrüstung (Comité Juif d'Action Contre le Réarmement Allemand) in Paris, dem der Mathematiker Jacques Hadamard, Einsteins alter Freund, und viele andere hervorragende Männer und Frauen angehörten, erbat eine Sympathieerklärung Einsteins, der sofort (unter dem Datum des 8. Februar 1955) antwortete:

Es ist mir, offen gestanden, unbegreiflich, dass die Nationen des Westens trotz der furchtbaren Erfahrungen, die sie mit dem deutschen Militarismus gemacht haben, die Wiederbewaffnung der Deutschen betreiben. Allerdings dürfte eine jüdische Aktion gegen diesen Wahnsinn kaum irgend welchen Erfolg versprechen, selbst wenn die Mehrzahl der Juden sich daran beteiligte.

Einsteins tiefer und lebenslanger Abscheu vor dem preussisch-deutschen Militarismus spiegelte sich in häufigen privaten und öffentlichen Äusserungen. Nur kurze Zeit hindurch, während der pseudorevolutionären Periode in Deutschland nach dem Ersten Weltkrieg, war er verhältnismässig optimistisch gewesen über die Aussichten für die Entwicklung einer friedlichen und demokratischen Ordnung in Deutschland. Aber schon bald hatte sich in ihm die Angst geregt, die berüchtigten alten militärischen Autokraten würden wieder entscheidenden Einfluss über die grundsätzliche politische Entwicklung in Deutschland gewinnen können. Einstein hatte nie daran gezweifelt, dass die Machtergreifung der Nazis zur totalen Herrschaft des deutschen Militarismus und zur festen Etablierung einer Regierung führen würde, deren Ziel die ungehemmte, rapide Vorbereitung eines Kriegs um jeden Preis sein würde. Er hatte gewusst, dass die Nazi-Regierung nicht vor einem Krieg zurückschrecken würde, den sie ja verherrlichte, und dass ihr bei der Verfolgung ihrer aggressiven Politik selbst die grausamsten Mittel und Waffen recht wären. Aus diesem Grunde hielt er im Jahre 1933 eine Änderung in seiner Position gegenüber den Kriegsdienstverweigerern für unvermeidlich: er unterstützte die Aufrüstung der nichtfaschistischen Länder und machte 1939 Präsident Roosevelt auf die militärische Bedeutung der Kernspaltung aufmerksam, durch die wahrscheinlich ungeheure Energiemengen erschlossen werden könnten.

Einsteins Unterstützung der Bemühungen, die 1945 zur Produktion der Atombombe führten, wurde im neunten Kapitel dieses Buchs erörtert. Nachdem Einsteins Initiative, besonders sein Brief an Präsident Roosevelt, bekannt geworden war, zirkulierten übertriebene Berichte über seinen Anteil an der Kernforschung während der Kriegsjahre. In gewissen Kreisen wurde er sogar "der Vater der Bombe" genannt. Pazifisten warfen ihm vor, er habe die Produktion der mörderischen Waffe ankurbeln helfen und damit die Sache verraten, der er lebenslang gedient hatte. Alle direkten Anfragen über seine "Verantwortung" für die Existenz der Atombombe beantwortete Einstein kurz, aber stets ohne Ausflüchte. Nur einmal führte eine solche Anfrage zum Austausch einer Reihe von Briefen. Zweifellos war es das Ursprungsland dieser Korrespondenz – Japan, erstes und einziges Opfer eines Atomangriffs –, das Einstein bewog, ausführlicher als zuvor seine Rolle während der dramatischen Entwicklungen seit 1939 zu besprechen.

Einstein liebte Japan seit seinem Besuch des Landes im Jahre 1922. Seine freundlichen Gefühle fanden in einer Botschaft Ausdruck, die er 8 Jahre später, im Herbst 1930, an japanische Schulkinder richtete[2]:

Wenn ich Euch japanischen Schulkindern diesen Gruss sende, so habe ich ein besonderes Recht dazu. Denn ich habe das schöne Japan selbst besucht, seine Städte, seine Häuser, seine Berge und Wälder gesehen und darin japanische Knaben, die dort Liebe zur Heimat schöpften. Auf meinem Tisch liegt stets ein grosses, dickes Buch voll kolorierter Zeichnungen, die von japanischen Kindern stammen.

Wenn Ihr nun von so weit her meinen Gruss empfanget, so denket daran, dass erst unsere Zeit dazu geführt hat, dass sich Menschen verschiedener Länder in freundlicher und verständnisvoller Weise miteinander beschäftigen, während die Völker früherer Zeiten in gegenseitiger Unkenntnis dahinlebten, ja, einander fürchteten oder hassten. Möge die Gesinnung brüderlichen Verständnisses unter den Völkern immer mehr an Boden gewinnen! In diesem Sinne begrüsse ich, der Alte, Euch japanische Schulkinder aus weiter Ferne und hoffe, dass Euere Generation die meinige einst beschämen möge.

In einer Botschaft an die liberale japanische Zeitschrift *Kaizo,* zu der er seit vielen Jahren in freundlichen Beziehungen stand, sagte Einstein 1934:

Ich möchte das Jubiläum von *Kaizo* nicht vorübergehen lassen, ohne durch einen kurzen Beitrag meiner freudigen Dankbarkeit Ausdruck zu geben für die wunderbare Zeit, die ich vor zwölf Jahren im Kreise japanischer Freunde zubringen durfte . . .

Und in einem Neujahrsgruss an die japanische Zeitung *Asahi* bestätigte Einstein 1948 seine wohlbekannte Einstellung zur Frage einer Weltregierung. Er sprach seine Freude aus

. . . über die Gelegenheit, meine Dankbarkeit für den grosszügigen Empfang zu äussern, der mir in Japan vor einem Vierteljahrhundert zuteil geworden ist. Ich hatte seine Menschen und das Land so sehr lieben gelernt, dass ich beim Abschied die Tränen nicht zurückhalten konnte.

Bereits vor dieser Botschaft war die Verbindung zwischen Einstein und Japan nach dem Zweiten Weltkrieg wieder zustande gekommen. Am 3. März 1947 entsprach er einer Bitte um eine Grabinschrift für zwei verstorbene Freunde, Dr. Hayasi Miyake und seine Frau Miko, die an der Chirurgischen Klinik von Kyushu (Fukuoka) gearbeitet hatten. Dr. Miyake hatte Einstein an Bord des Schiffes, das ihn 1922 in den Orient brachte, ärztlich betreut (siehe S. 75). Das betagte Ehepaar – Dr. Miyake war nahezu achtzig Jahre alt – hatte bei einem Luftangriff kurz vor dem Ende des Kriegs das Leben verloren. Einstein schrieb die folgenden Zeilen, die auf dem massiven granitnen Grabstein in getreuer Nachbildung der deutschen Handschrift eingemeisselt sind:

Hier ruhen Dr. Hayasi Miyake und dessen Frau Miko Miyake.
Sie wirkten vereint für das Wohl der Menschen
Und schieden vereint als Opfer von deren Verwirrungen.

Drei Monate später, am 2. Juni 1947, schrieb Einstein an Morikatsu Inagaki, einen anderen alten japanischen Freund, der ihm bei seinem Besuch in Japan, 25 Jahre zuvor, als Dolmetscher gedient hatte. Einstein, der Inagaki später in Genf und Princeton wiedertraf, bemerkte:

Ich habe mich sehr über Ihren Brief gefreut und insbesondere darüber, dass Sie die bösen Zeiten gut überstanden haben.

Die Arbeit für eine vernünftige Friedenspolitik wird uns wirklich nicht leicht gemacht, da die Menschen geneigt sind, dieselben Fehler und Torheiten immer aufs Neue zu wiederholen. So ist es überall. Jeder von uns muss aber tun, was in seinen Kräften steht, denn ohne solchen Kampf würde es nur noch schlimmer sein.

Man hätte meinen können, dass die Gefahr, welche durch die unglaubliche Entwicklung der Angriffsmittel geschaffen wurde, eine radikale Änderung der Verantwortlichen mit sich bringen würde. Aber diese Hoffnung hat sich als trügerisch erwiesen. Die schönste Äusserung eines Zeitgenossen habe ich von dem einige Jahre nach dem Ersten Weltkriege verstorbenen holländischen Physiker H. A. Lorentz gehört, der sagte: "Ich bin glücklich, einer Nation anzugehören, die zu klein ist, um grosse Torheiten zu begehen . . ."

Inagaki erbat später von Einstein eine Botschaft zu dem asiatischen Kongress für eine Weltföderation, der unter starker internationaler Teilnahme in Hiroschima vom 3. bis 6. November 1952 stattfand (Inagaki gehörte zu seinen Organisatoren). Einsteins Botschaft vom 16. Oktober 1952 stellte eine Wiederholung früherer Erklärungen über die dringliche Notwendigkeit einer Weltregierung dar.

Die Korrespondenz, die Einsteins Anteil an der Produktion der ersten Atombomben zum Gegenstand hatte, begann der *Kaizo*-Chefredakteur am 15. September 1952 mit einem Schreiben, dessen bitterer Unterton unverkennbar war[3]:

. . . Neuerdings – das heisst: sieben Jahre nach Kriegsschluss – wurde endlich die Veröffentlichung von Bildern über die von der Atombombe angerichteten Zerstörungen freigegeben. Zum ersten Mal sah das gesamte japanische Volk die Szenen der Katastrophe in realistischen Bildern der äusserst destruktiven, um nicht zu sagen allesvernichtenden Wirkungen einer Atombombe. Wieder einmal wurde die japanische Nation gezwungen, über die Folgen ihrer eigenen Schuld nachzudenken . . . Und doch regte sich in uns auch eine bestürzende Frage: Warum hat die Wissenschaft, deren Hauptziel die Förderung der Wohlfahrt und des Glücks der Menschheit sein sollte, eine so entscheidende Rolle bei der Herbeiführung dieses Grauens gespielt?

Als grosser Wissenschaftler, der an der Erzeugung der Atombombe einen wichtigen Anteil hatte, sind Sie ganz besonders dazu geeignet, das japanische Volk von seiner tiefen Qual zu befreien. Darum möchte ich an Sie die folgenden Fragen richten:

1. Was halten Sie von den Photos, die die destruktive Wirkung der Atombombe zeigen?
2. Und was denken Sie über die Atombombe als Mittel der Vernichtung des Menschen?
3. Der nächste Weltkrieg wird nach vielen Voraussagen ein Atomkrieg sein. Würde er nicht das Ende der Menschheit bedeuten?
4. Warum haben Sie an der Erzeugung der Atombombe mitgewirkt, deren fürchterliche Zerstörungsgewalt Ihnen wohlbekannt war?

Ich weiss, wie sehr Sie mit Ihrer Forschungsarbeit beschäftigt sind. Trotzdem wäre ich Ihnen äusserst dankbar, wenn es Ihnen möglich wäre, noch im Lauf dieses Monats zu antworten und die innere Qual der Nation zu lindern, die als einzige den Todesstrahlen der Atombombe ausgesetzt worden ist.

Sollten wir keine Antwort von Ihnen erhalten, so hätten Sie wohl, wie ich annehmen darf, keine Einwendung dagegen, dass wir diese Tatsache in unserer Zeitschrift entsprechend vermerken.

Einstein erwiderte sofort (am 20. September 1952). Er betonte, nur für seinen eigenen deutschen Text, nicht aber für eine von *Kaizo* vorgenommene japanische Übersetzung die Verantwortung übernehmen zu können[4]:

Meine Beteiligung bei der Erzeugung der Atombombe bestand in einer einzigen Handlung: ich unterzeichnete einen Brief an Präsident Roosevelt, in dem die Notwendigkeit betont wurde, Experimente im Grossen anzustellen zur Untersuchung der Möglichkeit der Herstellung einer Atombombe.

Ich war mir der furchtbaren Gefahr wohl bewusst, die das Gelingen dieses Unternehmens für die Menschheit bedeutete. Aber die Wahrscheinlichkeit, dass die Deutschen am selben Problem mit Aussicht auf Erfolg arbeiten dürften, hat mich zu diesem Schritt gezwungen. Es blieb mir nichts anderes übrig, *obwohl ich stets ein überzeugter Pazifist gewesen bin.* Töten im Krieg ist nach meiner Auffassung um nichts besser als gewöhnlicher Mord.

Solange aber die Nationen nicht entschlossen sind, durch gemeinsame Aktionen den Krieg abzuschaffen und durch friedliche Entscheidungen auf gesetzlicher Basis ihre Konflikte zu lösen und ihre Interessen zu schützen, werden sie sich genötigt sehen, sich auf den

Krieg vorzubereiten. Sie sehen sich dann genötigt, alle, auch die abscheulichsten, Kampfmittel vorzubereiten, um im allgemeinen Wettrüsten nicht überflügelt zu werden. Dieser Weg führt mit Notwendigkeit zum Krieg, der unter den heutigen Verhältnissen allgemeine Vernichtung bedeutet.

Unter diesen Umständen hat die Bekämpfung der *Mittel* keine Aussicht auf Erfolg. Nur die radikale Abschaffung der Kriege und der Kriegsgefahr kann helfen. Dafür soll man arbeiten und sich nicht zu Handlungen zwingen lassen, die diesem Ziel zuwiderlaufen. Dies ist eine harte Forderung an das Individuum, das sich seiner sozialen Abhängigkeit bewusst ist. Aber es ist keine unerfüllbare Forderung.

Gandhi, der grösste politische Genius unserer Zeit, hat den Weg gewiesen und gezeigt, welcher Opfer Menschen fähig sind, wenn sie den richtigen Weg erkannt haben. Sein Befreiungswerk für Indien ist ein lebendiges Zeugnis dafür, dass der von fester Überzeugung beherrschte Wille stärker ist als die scheinbar unüberwindliche materielle Macht.

Der von *Kaizo* veröffentlichte Text rief in einigen japanischen Kreisen ein kritisches Echo hervor. Seiei Shinohara, ein japanischer Pazifist, der Einsteins Erklärung für *Kaizo* übersetzt hatte, machte sich zum Sprecher der Kritiker[5].

In einem Brief vom 5. Januar 1953, der in fast fehlerfreiem Deutsch geschrieben war, fragte Shinohara, wie Einstein es mit seinem "absoluten" Pazifismus vereinbaren könne, 1939 jenen Brief an Roosevelt geschrieben zu haben. Er schilderte die Gründe, die seine japanischen Landsleute hinter Einsteins scheinbar inkonsequenter Haltung sahen: einerseits die Furcht, dass die Deutschen ebenfalls eine solche Bombe herstellen könnten, andererseits die Möglichkeit, dass Einstein als Jude bewusst oder unbewusst von Hassgefühlen gegen die Nazis motiviert gewesen sei. Wolle Einstein "absoluter" Pazifist bleiben, so müsse er, schrieb Shinohara, seinen Brief an Roosevelt als bedauerlichen Fehler erkennen, der nie wiederholt werden dürfe. Shinohara fügte hinzu, Gandhi hätte in einer entsprechenden Situation wahrscheinlich anders gehandelt als Einstein.

Aber auch aus anderen Gründen schaffe die Frage, mit der Einstein 1939 konfrontiert war, ihm, Shinohara, grosses Kopfzerbrechen:

. . . Mit dem bedenklichen Aufleben von Japans Wiederaufrüstung unter amerikanischem Druck wird in Japan die Stimme immer stärker hörbar, dass es einen absoluten Frieden ohne Waffen überhaupt nicht geben könne und dass praktisch nur ein relativer Friede mit Waffen zur "gerechten Selbstverteidigung" denkbar und möglich sei. Einige der Leute, die solche Behauptungen aufstellen, scheinen zu ihrer Rechtfertigung Ihr Beispiel anzuführen, dass nämlich selbst Einstein, ein anerkannter absoluter Pazifist, unter gewissen Bedingungen es für erlaubt gehalten habe, sich mittelbar an der Herstellung der Atomwaffe zu beteiligen. Einige amerikanische Berichterstatter in Japan behaupten sogar, es widerspreche nicht dem Geist des Weltfriedens, wenn Amerika Atomwaffen besitze und gegebenenfalls davon Gebrauch mache. Wohl aber, wenn die Sowjets sie besässen und davon Gebrauch machten, weil Amerika pazifistisch eingestellt sei, während die Sowjets heute dieselbe Rolle spielten, wie seinerzeit die Nazis . . .

Einstein erwiderte am 22. Februar 1953:

Der Vorwurf, den Sie mir in Ihrem Brief vom 5. Januar machen, ist vom Standpunkt des absoluten, das heisst des bedingungslosen Pazifismus wohl berechtigt. Ich habe aber in meinem Briefe an *Kaizo* nicht geschrieben, dass ich ein *absoluter* Pazifist sei, sondern dass ich stets ein *überzeugter* Pazifist gewesen bin. Wenn ich nämlich auch überzeugter Pazifist bin, so gibt es doch für mich Bedingungen, unter denen es nach meiner Meinung geboten ist, Gewalt anzuwenden. Dieser Fall ist dann gegeben, wenn ich einen Gegner habe, dessen bedingungsloses Ziel es ist, mich und die Meinen zu vernichten. In jedem anderen Falle aber halte ich die Anwendung der Gewalt für die Entscheidung der Konflikte zwischen Nationen für unrecht und verderblich.

Deswegen war nach meiner Ansicht die Anwendung von Gewalt gegenüber Nazi-Deutschland berechtigt und geboten. Mit Russland liegt dagegen der Fall wesentlich anders. Bei dem gegenwärtigen Konflikt ist es nicht so leicht zu beurteilen, welche Partei die andere in ihrer Existenz bedroht – ja, es ist sogar zweifelhaft, ob eine eigentliche Bedrohung der Existenz eines Landes durch das andere vorliegt. In solchem Falle ist nach meiner Ansicht nicht nur die aggressive Haltung der beiden Opponenten ungerechtfertigt, sondern es ist auch unberechtigt, wenn eine andere (dritte) Nation in einem derartigen Streite aktiv Partei nimmt. In der gegenwärtigen Lage scheint mir das Verhalten Indiens vorbildlich zu sein, und ich denke, dass jeder gute japanische Pazifist danach streben sollte, dass das Verhalten Indiens in Japan gewürdigt und zum Vorbild genommen wird.

Prompt setzte Shinohara seinen Angriff fort. Ist ein "überzeugter" Pazifist – fragte er Einstein am 18. Juni 1953 – etwas anderes als ein "absoluter" Pazifist? Schliesslich sei ja auch Hitler von seinem eigenen Friedenswillen "überzeugt" gewesen. Bedauerlicherweise sei die Atombombe, deren Einsetzung gegen

Deutschland Einstein unterstützt habe, tatsächlich nicht auf die Deutschen, sondern auf die friedliebenden Menschen von Hiroschima und Nagasaki abgeworfen worden. Überdies wäre Japan zweifellos auch ohne die Anwendung dieser Terrorwaffe zur Kapitulation gezwungen worden.

Trotz amerikanischer Dementis sei es klar, dass die Japaner hier als "Versuchskaninchen" gedient hätten – eine Schlussfolgerung, die durch das Ausbleiben jeder amerikanischen Hilfsaktion für die Opfer der beiden Atombomben nur bestätigt werde. Jetzt sehe es sogar so aus, als ob die Bürger der Vereinigten Staaten zur Aufgabe ihrer vielgepriesenen Freiheiten bereit seien.

Zum Schluss teilte Shinohara mit, dass er Einstein einige japanische Farbdrucke zum Zeichen der Dankbarkeit für die ihm von Einstein übermittelte signierte Photographie schicke. Einstein sandte Shinoharas Brief mit Anmerkungen zurück. Wo der Japaner geschrieben hatte, Einstein habe die Anwendung der Bombe gegen Deutschland befürwortet, setzte Einstein ein "Nein!" an den Rand. Eine andere Anmerkung verwies auf den Brief, den Einstein gerade um diese Zeit an William Frauenglass geschrieben hatte (s. Seite 546). Auf einer der Rückseiten des Schreibens, das er am 23. Juni 1953 an Shinohara zurückgehen liess, bemerkte er:

Ich bin *entschiedener,* aber nicht *absoluter* Pazifist. Das heisst: ich bin in allen Fällen gegen Gewaltanwendung, ausser in dem Falle, dass der Gegner Vernichtung des Lebens als *Selbstzweck* beabsichtigt. Den Gebrauch der Atombombe gegen Japan habe ich stets verurteilt, konnte aber gar nichts tun, um den verhängnisvollen Entschluss zu verhindern, ebensowenig wie *Sie* für die Taten der Japaner in Korea und China verantwortlich gemacht werden können.

Ich habe nicht behauptet, dass ich die Anwendung der Atombombe gegen die Deutschen gebilligt haben würde. Ich glaubte aber, dass man unbedingt vermeiden musste, dass die Deutschen unter Hitler *allein* diese Waffe besitzen könnten. Dies war nämlich zu jener Zeit zu befürchten.

Ich bin nicht nur gegen den Krieg gegen Russland, sondern überhaupt gegen jeden Krieg (mit der obigen Reservation) . . .

P.S. Sie sollten sich über andere Personen und deren Handlungen erst dann eine Ansicht bilden, wenn Sie hinreichende Informationen haben! . . .

Am 30. Juni erwiderte Shinohara, es habe ihm fern gelegen, Einstein für die Tragödie von Hiroschima und Nagasaki verantwortlich machen zu wollen. Es sei ihm eine Genugtuung zu wissen, dass einer der grössten Hüter des amerikanischen Gewissens so wachsam sei wie je zuvor. Wäre Einstein bereit, zum Jahrestag der Katastrophe von Hiroschima und Nagasaki eine Botschaft zu schicken? In der Zwischenzeit hatte Einstein die Farbdrucke erhalten, und zusammen mit einem Wort des Dankes dafür sandte er Shinohara am 18. Juli 1953 die folgende Botschaft[6] :

Es ist gut, dass die Erinnerung an die Katastrophen von Hiroschima und Nagasaki durch regelmässige Veranstaltungen im Bewusstsein aller Menschen guten Willens lebendig erhalten wird. Solche Gedenkfeiern haben aber nur dann einen dauerhaften Wert, wenn sie dazu dienen, die Überzeugung von der Notwendigkeit der Aufstellung einer auf friedlicher Übereinkunft der Nationen gegründeten Weltregierung zu befestigen. Diese Überzeugung muss getragen sein von der Erkenntnis, dass in Abwesenheit einer übernationalen Macht die Vermeidung von Kriegen auf die Dauer unmöglich ist und dass die Macht der Umstände die kämpfenden Parteien immer dazu zwingen wird, die wirksamsten, das heisst die mörderischsten, Kampfmittel zur Anwendung zu bringen.

Es muss immer wieder darauf hingewiesen werden, dass jeder Versuch, den Frieden durch militärische Allianzen zu befestigen, nicht zu Frieden und Sicherheit, sondern zum Krieg und zur Zerstörung Aller führen muss.

Die Korrespondenz zwischen den beiden Männern dauerte an, und Shinohara sandte Einstein weitere Geschenke. In einem abschliessenden Dankesbrief vom 7. Juli 1954 bemerkte Einstein:

... Das einzig Tröstliche an der Entwicklung der Atomwaffen scheint mir zu sein, dass diesmal die abschreckende Wirkung sich durchsetzen und die Entwicklung übernationaler Sicherungen beschleunigen wird. Gegenwärtig blüht allerdings der nationalistische Wahnsinn mehr als je.

Ich sende dieses Jahr keine Botschaft mehr zu der Gedenkfeier in Hiroschima, da doch jeder weiss, wie ich über alle diese Dinge denke ...

Etwa um dieselbe Zeit empfing Einstein aus Japan ein anderes Schreiben, das ihm zeigte, dass sein dortiger Ruf durch den Brief an Roosevelt 1939 nicht beeinträchtigt worden war. Verfasser des Briefs war sein alter Freund Morikatsu Inagaki. Er berichtete über die schwere Beunruhigung, die der kürzlich stattgefundene amerikanische Wasserstoffbomben-Test infolge des radioaktiven Niederschlags in Japan hervorgerufen habe; auch notierte er eine wachsende Antipathie gegen die Vereinigten Staaten. Inagaki übermittelte Einstein eine dringende Einladung zur Teilnahme an dem Kongress der Weltföderalisten, der in Hiroschima für den Herbst des Jahres geplant war. Er fügte hinzu, er spreche den Wunsch vieler Japaner aus, deren Respekt und Sympathie für Einstein "grenzenlos" seien. Einstein erwiderte am 15. Juli 1954:

Ich erhielt Ihren Brief mit der dringenden Einladung ... Zu meinem Bedauern ist es mir aus Gesundheitsgründen nicht mehr möglich, grössere Reisen zu unternehmen, sodass ich dieser so lockenden Einladung nicht Folge leisten kann. Ich bin mir auch des Umstandes bewusst, dass ich über den wichtigen Gegenstand unserer gemeinsamen Bemühungen nichts vorbringen könnte, was Euch nicht geläufig wäre.

Immerhin sind die Japaner in der glücklichen Lage, keinen Krieg gewonnen zu haben. Denn der Erfolg, insbesondere auf diesem Gebiete, ist ein schlechter Lehrmeister.

Wenn auch für den oberflächlichen Beschauer das Verhalten der Träger der Macht in beinahe allen Ländern wenig begründete Hoffnungen für eine baldige vernünftigere Lösung des Friedensproblems bietet, so besteht doch kein Grund zum Pessimismus. Die gegenwärtigen Mittel zur Massenvernichtung der Menschen sind von solcher Art, dass die Unvernünftigkeit eines Versuches, Machtfragen durch neue Weltkriege zu lösen, selbst für den phantasielosesten Mitmenschen offen zutage liegt.

Dies wird auch sogar von verantwortlichen Politikern in offiziellen Reden offen zugegeben. Dass daraus so wenig praktische Konsequenzen gezogen werden, liegt allein daran, dass ein überall herrschender blinder Nationalismus jeden Schritt in der Richtung planender Vernunft so ausserordentlich erschwert. Hierin Wandel zu schaffen ist die wichtige Aufgabe der Weltföderalisten. Die Erfüllung dieser Aufgabe ist überall schwer, am meisten aber in den Nationen, denen Macht und Erfolg zu Kopfe gestiegen sind ...

Der schwache Hoffnungsstrahl, der durch diesen Brief schimmerte, war während der letzten beiden Lebensjahre Einsteins von Zeit zu Zeit sichtbar. Während Logik und Intellekt ihn zu der Überzeugung führten, dass ohne die baldige Formierung einer Weltregierung eine Weltkatastrophe nicht vermeidlich sei, fühlte er gelegentlich, dass der jedem gesunden Menschen innewohnende Lebensinstinkt sich vielleicht doch durchsetzen und dass die gigantische Destruktivkraft der modernen Waffen schliesslich die Abschaffung des Kriegs bewirken werde.

Am 12. Januar 1953 schrieb Einstein wieder an die Königinmutter von Belgien in einem Brief des Danks für ihre alljährlichen Festwünsche:

... Es ist eine merkwürdige Sache mit dem Altwerden, indem man die intime Verwachsenheit mit dem Hier und dem Jetzt allmählich verliert und sich mehr oder weniger allein in die Unendlichkeit hineingestellt empfindet, nicht mehr hoffend und fürchtend, sondern nur mehr schauend.

Auch wird einem klar, dass die furchtbare Erschwerung des Daseins, die die Menschen einander bereiten, nicht irgendwelchen besonderen Ursachen zuzuschreiben ist, sondern der unabänderlichen Anlage, die wir als Erbe mitbekommen haben. Die Alten, besonders die Griechen, haben dies deutlich vor Augen gehabt und nicht immer wieder die Rettung in einer neuen Medizin gesucht. Die Europäer haben übrigens immer noch mehr von dieser Einsicht als die hiesigen Menschen; diese glauben nicht nur zu wissen, was sein soll, sondern fühlen es auch als ihre Aufgabe, es durchzusetzen. Dieser Zustand kindlicher Illusion wäre ganz hübsch, wenn er nicht mit einem Übermass der Macht verbunden wäre . . .

Am 4. Mai 1953 nahm Einstein ein Geschenk von tausend Dollar an, die ein New Yorker Kaufhaus in Anerkennung schöpferischen, nichtkonformistischen Denkens machte. Einstein leitete den Betrag an das American Committee for Emigré Scholars (Amerikanisches Komitee für emigrierte Gelehrte) weiter; die offizielle Annahme der Gabe erfolgte im Verlauf eines Luncheon-Treffens, das Einstein durch Tonband begrüsste[7]:

. . . Da endlich kommt der Starrsinn des unverbesserlichen Nonkonformisten zu lebhafter Anerkennung. Darüber freue ich mich aufrichtig. Allerdings handelt sichs hier um Nonkonformismus auf einem weltfremden Gebiet und kein Senats-Komitee hat sich bisher bei uns der wichtigen Aufgabe zugewendet, auch auf diesem Gebiete die Gefahren zu bekämpfen, welche die innere Sicherheit des autoritätsgläubigen oder wenigstens eingeschüchterten Bürgers bedrohen.

Was nun aber die mir gewidmeten Worte warmer Anerkennung anlangt, so hüte ich mich ängstlich, ihnen zu widersprechen. Denn wer glaubt heute noch an die Existenz echter Bescheidenheit? Ein Versuch in dieser Richtung würde mich also der Gefahr aussetzen, als alter Hypokrit zu erscheinen. Und Sie werden es wohl verstehen, dass ich nicht den Mut aufbringen kann, dieser Gefahr zu trotzen . . .

Norman Cousins war der Träger einer Botschaft, die Einstein an die 11. Jahrestagung der Vereinigten Weltföderalisten am 19. bis 21. Juni 1953 in Chicago richtete:

Stärkung der U.N. verlangt Aufnahme aller Staaten ohne Rücksicht auf deren innere Organisation. Denn für alle ist die Abwendung der Kriegsgefahr unmittelbares und stärkstes Interesse.

Die Erweiterung der U.N. auf möglichst alle Staaten schafft bessere Bedingungen für die Abrüstungsbestrebungen und sollte daher dem Versuch der Lösung des Abrüstungsproblems vorangehen . . .

Eine alte Dame in der Schweiz bat Einstein in einem besorgten Brief um die Beantwortung zweier Fragen: Waren die sich immer mehr verschlechternden

Wetterverhältnisse, die neuerdings in allen Teilen der Welt zu verzeichnen waren, auf Atomexplosionen zurückzuführen? Und würde durch die Versuche, die Atombombe so destruktiv wie möglich zu machen, die unseren Planeten schützende Atmosphäre nicht völlig vergiftet? Einstein erwiderte am 4. Juli 1953:

Ich glaube, dass die Unvernunft der Menschen an gar vielem schuld ist, aber nicht an den von Ihnen genannten Naturkatastrophen. Durch diese Feststellung will ich aber die Herstellung der Atombomben nicht beschönigen.

Ihre zweite Frage ist nicht so leicht zu beantworten. Ich denke, dass die Menschen schon, oder wenigstens bald, die Macht haben werden, die Atmosphäre so gründlich radioaktiv zu verseuchen, dass die Pflanzen und Tiere auf dem festen Lande zugrundegehen. Ich bin aber immer noch optimistisch genug, es für wahrscheinlich zu halten, dass die Menschen es fertigbringen werden, durch zeitige Errichtung einer Weltregierung solchem Zerstörungswerk vorzubeugen.

Es ist charakteristisch für unsere Zeit, dass Sie und ich und viele Andere solche Katastrophe hauptsächlich nur deshalb als unerträglich empfinden, weil dies auch das Verstummen der reinsten Künstlerstimmen bedeuten würde. Der vor fünfzig Jahren noch so allgemein lebendige Glaube an einen endlosen Fortschritt der Menschheit ist, wie es scheint, völlig verloren gegangen. Ich bin aber doch geneigt, darauf zu vertrauen, dass dieser Glaube wieder auferstehen wird.

Die Internationale der Kriegsdienstverweigerer, die Einstein bis zur Machtergreifung der Nazis in Deutschland 1933 so warm unterstützt hatte, erstarkte wieder nach dem Zweiten Weltkrieg und umschloss bald Zweiggruppen in 68 Ländern. Einer Tagung der amerikanischen Gruppe sandte Einstein unter dem Datum des 10. August 1953 die folgende Botschaft[8]:

Die Liga der Kriegsdienstverweigerer erfüllt eine wichtige Aufgabe. Es gibt unter den selbständigen Menschen in allen Ländern eine nicht geringe Zahl, für die das Wort "Krieg ist ein Verbrechen gegen die Menschheit" keine leere Phrase ist. Sie ziehen es vor, Strafen und soziale Ächtung auf sich zu nehmen, statt entgegen ihrem Gewissen zu handeln.

Die Existenz einer derartigen moralischen Elite ist unentbehrlich, um einen Umschwung der öffentlichen Meinung vorzubereiten, der unter den heutigen Verhältnissen für das Fortbestehen der Menschheit unbedingt nötig ist.

Die Liga der Kriegsdienstverweigerer ist darum wichtig, weil sie durch Zusammenschluss den Mutigen und Entschlossenen das lähmende Gefühl der Vereinsamung abnimmt und sie dadurch moralisch unterstützt in der Erfüllung dessen, was sie als ihre Pflicht erkannt haben.

Einsteins Brief an William Frauenglass rief die Erinnerung an Henry David Thoreaus berühmten Essay "Über die Pflicht zum passiven Widerstand" wach, der einen tiefen Einfluss auf Gandhi ausgeübt haben soll. Ein Mitglied der Thoreau Society bat Einstein um seine Meinung über den Essay. Einstein antwortete am 19. August 1953[9]:

Ich bin weder mit Thoreaus Werk noch mit seiner Lebensgeschichte vertraut. Es hat immer Menschen unabhängigen moralischen Urteils gegeben, die es als ihre Pflicht angesehen haben, dem Übel selbst dann zu widerstehen, wenn es von Staatsgesetzen sanktioniert war; ihre Zahl war und ist gross – und doch nicht gross genug.

Vielleicht hat Thoreau zu einem gewissen Grade Gandhis Denken beeinflusst. Aber man sollte nicht vergessen, dass Gandhis Entwicklung von einer Kombination aussergewöhnlicher intellektueller und moralischer Kräfte, politischer Klugheit und einmaliger Zeitumstände bestimmt war. Ich glaube, Gandhi wäre auch ohne Thoreau und Tolstoi der geworden, der er war.*

Martin Agronsky, der Washingtoner Korrespondent der ABC-Fernsehkette (American Broadcasting Company), bemühte sich, Einstein zu einem Filmgespräch über die Atombombe und die Weltkrise zu gewinnen. In einem ausführlichen Brief setzte er die Argumente für seinen Plan auseinander: vor allem seine Überzeugung, dass gerade jetzt, nach der Explosion einer Wasserstoffbombe durch die Russen (12. August 1953), ein neuer Appell an die Vernunft der Menschheit dringend nötig sei.

Agronsky erzählte die Geschichte von der Mutter, die ihr Kind, das durch eine Atomabwehr-Übung in der Schule in Angst versetzt worden war, zu beschwichtigen sucht. Die Mutter gibt zu, dass eine Bombe ihre ganze Familie ausrotten könnte. "Aber da wir alle, Du, Dein Papa und ich einander so lieb haben, wäre es da nicht am schönsten, wenn wir alle zusammen in den Himmel kämen? " "Ja, bestimmt", meinte das kleine Mädchen, "es wäre nett, zusammen in den Himmel zu gehen, aber, liebe Mutti, ich möchte so gern erst noch erwachsen werden!"

Einstein schrieb Agronsky am 13. September 1953[10]:

... In unserem Land herrscht ein Gemisch von Furcht und Überheblichkeit, die keine vernünftige Überlegung aufkommen lässt. Dies gilt sowohl für die einflussreiche Schicht als auch für das Publikum im Ganzen. Diese Situation wird von gewissenlosen Politikern ausgenützt und verschärft.

Was nun die Atomwaffe anlangt, so weiss ich nicht mehr darüber als jeder verständige Mensch aus dem Publikum. Und dieser weiss in der Tat genug, um ihn zu einer vernünftigen Haltung in dieser Sache zu bringen, wenn er in einem normalen Gemütszustand wäre. Er würde einsehen, dass Sicherheit nur auf übernationaler Basis erreichbar ist, nicht durch Rüstung und militärische Bündnisse. Er würde es nicht zulassen, dass die U.N. durch unsere Politik systematisch geschwächt, statt gestärkt wird.

Ich kann also darin nicht mit Ihnen übereinstimmen, dass Publikum und Kongress die Grösse der Gefahr nicht kennen. Es werden aber aus der Erkenntnis der Gefahr nicht die richtigen Konsequenzen gezogen, weil man nicht begreift, dass der andere Teil nicht weniger als wir an einer friedliche Lösung des Sicherheitsproblems interessiert ist. Die psychologische Situation bringt es mit sich, dass der Gegenspieler als eine Art Teufel betrachtet wird, und jeder Versuch, sich mit ihm zu einigen, als aussichtslose Utopie.

Meine Ansicht ist also durchaus *nicht,* dass ohne Weltregierung die Kriegsgefahr beseitigt werden kann. Ohne solche konkrete Sicherung ist das Wettrüsten und damit schliesslich der Weltkrieg unvermeidlich. "Outlawing" hat keinen Wert; man weiss aus vielfältiger Erfahrung (Briand-Kellogg-Pakt; die Verpflichtung im Kriege die Zivilbevölkerung zu schonen), dass solche ungesicherte Verpflichtungen – auch wenn sie ehrlich gemeint waren – im Ernstfalle nicht eingehalten werden. Wenn irgendwo, so gilt hier das Prinzip: alles oder nichts.

Diese Bemerkungen werden Ihnen wohl deutlich machen, warum ich mich trotz allen guten Willens auf das Interview nicht einlassen kann . . .

An die Jewish Peace Fellowship in New York schrieb Einstein am 21. September 1953:

Blosses Lob des Friedens ist einfach, aber wirkungslos. Was wir brauchen, ist aktive Teilnahme am Kampf gegen den Krieg und alles, was zum Krieg führt.

Grenville Clark, ein hochangesehener Anwalt und Pazifist, hatte im Oktober 1945 die erste Weltregierungs-Konferenz der Nachkriegszeit nach Dublin, New Hampshire, einberufen (Präsident der Konferenz war das damalige Mitglied des amerikanischen Oberbundesgerichts Owen Roberts). 1948 setzte sich Clark in einem in weiten Kreisen zirkulierten Programm für eine Verständigung mit der Sowjetunion ein. 1953 entwickelte er in einer Broschüre ("A Plan for Peace") einen umfassenden Plan zur Revision der U.N.-Charta, der auf Umwandlung der Weltorganisation in eine Weltregierung hinauslief. Einzelpunkte des Plans waren: allgemeine, universale Abrüstung; Mitgliedschaft aller Nationen unter Ausschluss des Sezessionsrechts; Formierung einer Weltfriedens-Wachtruppe auf proportionaler Basis; Abschaffung des Vetos; Neuorganisation der Plenarversammlung, deren Delegationen der jeweiligen Bevölkerungszahl zu entsprechen hätten, aber mit einer oberen Grenze der Delegationsstärke.

Einstein schrieb Clark am 25. September 1953[11]:

Ich habe Ihre Vorschläge gelesen, die darauf abzielen, die Vereinten Nationen in eine starke, wirksame Organisation umzugestalten, die die internationalen Probleme des Friedens und der Sicherheit zu lösen vermag. Ganz besonders erscheinen mir Ihre Vorschläge zur Wahl der Delegierten für die Plenarversammlung ausserordentlich klug. Der Einfluss jeder einzelnen Nation würde der jeweiligen Bevölkerungszahl entsprechen sollen. Durch die Festlegung einer oberen Grenze der Delegiertenzahl liessen sich gefährliche Rivalitäten zwischen den Grossmächten vermeiden.

Hoffentlich wird Ihre Arbeit den ihr gebührenden Anklang und Einfluss finden.*

Einem kalifornischen Briefschreiber hatte Einstein einmal den Wechsel seiner Einstellung zur Kriegsdienstverweigerung nach der Machtergreifung der Nazis erklärt. Zehn Jahre später fragte ihn derselbe Korrespondent, ob im Kampf gegen den Krieg – ohne Rücksicht auf religiöse Terminologie – die Furcht von der Liebe ersetzt werden könne. Einstein erwiderte am 9. November 1953[12]:

Meine Bemerkung über die Notwendigkeit der Anwendung von Gewalt geht auf die Zeit zurück, in der die Welt von einer Nazivorherrschaft bedroht war. Ich sah damals keine andere Alternative für die gefährdeten Länder. Aber soweit Konflikte auf rationale Weise aus der Welt geschafft werden können, befürworte ich ehrlichen Ausgleich und, wo das unter den bestehenden Verhältnissen unmöglich ist, Gandhis Methode des passiven Widerstandes gegen das Übel.

Ich bin nicht der Meinung, dass man im Kampf um eine bessere Welt den Namen Gottes ins Spiel bringen sollte. Das ist, wie mir scheint, mit der Integrität eines modernen, gebildeten Menschen nicht vereinbar. Überdies zeigt die Geschichte, dass jede Partei glaubt, oder andere davon zu überzeugen sucht, dass Gott auf ihrer Seite stehe. Dadurch werden rationales Verständnis und Verhalten nur noch erschwert. Unablässige, ehrliche Erziehungsarbeit für eine moralisch fundierte, tolerante Geisteshaltung ist der einzige Weg zu einem glücklicheren Leben.*

Anfang November 1953 schickte der Jurist und Mathematiker James R. Newman an Einstein ein Memorandum, in dem er darlegte, dass neue offizielle Vorschläge zur internationalen Kontrolle der Atomenergie notwendig seien. Newman meinte, das Problem der Überwachung würde sich möglicherweise unter den neuen Vorschlägen als nicht so schwierig herausstellen wie man es bisher angenommen habe. Er erbat Einsteins Teilnahme an einem geplanten Symposium zum Thema "Was ist Wissenschaft?" Am 5. November 1953 entwarf Einstein die folgende Antwort an Newman, die jedoch nicht abgesandt wurde[13]:

Ich habe Ihre Vorschläge mit lebhaftem Interesse gelesen. Sie zeigen, dass das Problem, sachlich betrachtet, nicht so schwierig ist, wie es meist dargelegt wird. Am Schluss betonen Sie, dass die Hauptthindernisse psychologisch sind, und auch dies scheint mir durchaus richtig. Diese Hindernisse haben durch die verfehlten Schritte von beiden Seiten in den letzten sechs Jahren bedenklich zugenommen. Heute ist es schon so, dass kein Vorschlag, der von einer der Parteien kommt, bei der andern objektive Würdigung finden kann.

Eine Initiative, die einige Aussicht auf Erfolg haben könnte, müsste nach meiner Ansicht von denjenigen ausgehen, die noch immer als neutral anerkannt werden. Derartige Vorschläge dürften aber nicht rein technischer Natur sein, sondern müssten auf Massregeln gerichtet sein, die das Gefühl aktueller Bedrohung beseitigen (zum Beispiel: radikale Entwaffnung Deutschlands und der Balkan-Satelliten Russlands, oder Aufgeben von Luftbasen, die rein aggressiven Charakter haben). Wenn solche Schritte nicht zu erreichen sind, dann haben nach meiner Ansicht auch Abrüstungsbestrebungen rein militärischen Charakters keine Aussichten.

Man müsste von beiden Seiten her durch faktische Verzichtleistungen das Vertrauen erzeugen, dass man keine aggressiven Absichten hat. Wenn dazu keine Bereitschaft ist und das ganze Verhalten auf beiden Seiten darauf hinausläuft, möglichst militärisch "gesichert" zu sein, dann ist die grosse Katastrophe auf die Dauer unvermeidlich.

Im Verhältnis zu dieser Angelegenheit erscheint die Frage lächerlich, ob ich einen Aufsatz für Sie schreiben soll oder nicht. Ich denke, dass man nur dann etwas veröffentlichen soll, wenn man ein Bedürfnis dazu empfindet oder, objektiver ausgedrückt, wenn man fühlt, dass man etwas von Wert zu sagen hat. Dies ist es eben, was mir in diesem Falle fehlt.

Der Brief, der statt dessen an Newman abging, trug das Datum des 16. November und hatte folgenden Wortlaut:

Über Ihren Brief habe ich viel nachgedacht. Bereits vor einigen Tagen hatte ich eine Antwort vorbereitet, die ich aber dann verwarf.

Ich weiss nicht, ob Ihre Argumente zugunsten einer wesentlichen Vereinfachung des Inspektionsapparats die Fachleute überzeugen würden. Ausserdem glaube ich, dass selbst der beste Vorschlag, der aus dem einen Lager kommt, von der anderen Seite automatisch abgelehnt werden wird. Die uns konfrontierende schwere Gefahr kann nach meiner Meinung nur abgewehrt werden, wenn jede Seite freiwillig gewisse Positionen aufgibt, die von der anderen Seite als akut gefährlich betrachtet werden. Ausserdem wird ein Abkommen über die Schaffung von Pufferzonen unter beiderseitiger Kontrolle notwendig sein.

Da aber keine der beiden Seiten Schritte dieser Art zu unternehmen bereit ist, sehe ich keine Lösung. Mit einer günstigen Aufnahme vernünftiger Vorschläge ist nicht zu rechnen.

Was Ihre geplante Publikation betrifft, kann ich Ihnen kein Vorwort versprechen, da ich ja nicht im vorhinein wissen kann, ob ich mit den Meinungen der Mitarbeiter übereinstimmen werde. Ihr dringender Wunsch nach meiner Beteiligung gründet sich auf eine übertriebene Vorstellung der Wichtigkeit meiner wissenschaftlichen Überzeugungen, die in allen entscheidenden Punkten im Widerspruch mit den Meinungen der meisten zeitgenössischen Physikern stehen. Ich habe herausgefunden, dass Schweigen der beste Weg ist, ehrlich zu bleiben und doch nicht den Eindruck eines gewohnheitsmässigen Querulanten zu erwecken. Und dabei möchte ich es belassen.*

Ein Hindu-Student an der Universität Rochester, New York, richtete an Einstein einen verzweifelten Hilferuf: könne man nichts gegen die Stimmung der Angst unternehmen, die sich in der ganzen Welt verbreite? "Seit Gandhis Tod", schrieb er, "habe ich Sie als den einzigen Menschen angesehen, dem die Angst nichts anhaben kann". Einstein erwiderte am 2. Dezember 1953[14]:

Meine Auffassungen stimmen völlig mit den Ihrigen überein, die Sie nicht besser hätten formulieren können. Aber ich habe entdeckt, dass die Überzeugungskraft rationaler Argumente davon abhängt, dass der Mensch ihnen gegenüber zugänglich ist und nicht durch Massensuggestionen beeinflusst wird. Darum sollte es Sie nicht in Erstaunen versetzen, dass Ihre amerikanischen Freunde Ihnen nicht zustimmen.

Nur eine Bemerkung erlaube ich mir zu Ihren Argumenten zu machen. Sie finden es "möglicherweise richtig", dass Ihre amerikanischen Freunde sich vor der "Niederlegung der Waffen" fürchten. Natürlich können sie die Waffen nicht *plötzlich* niederlegen, nachdem man die gegenwärtige Politik gegen Russland sechs Jahre lang betrieben hat. Das Ziel ist nur schrittweise zu erreichen: durch einen allmählichen Abbau jener Politik und die Schaffung einer Mentalität, die zum gegenseitigen Vertrauen führt.*

Die Liga der Kriegsdienstverweigerer in New York rühmte Einstein ob seines Briefes an William Frauenglass. Die Organisation berichtete, rund 100 Pazifisten hätten seinem Rat zu folgen gelobt, falls sie vor ein Kongress-Komitee geladen würden. Die Liga fragte, ob Einstein trotz seiner Zurückgezogenheit nicht erwägen würde, an einer Tagung über den McCarthyismus, die von hochangesehenen religiösen und pazifistischen Organisationen einberufen worden war, als Sprecher teilzunehmen. Einstein erwiderte am 29. Januar 1954[15]:

Sie wissen, wie nahe ich Ihrer Organisation stehe. Ich teile Ihren Glauben an die Notwendigkeit gemeinsamer Aktion all jener organisierten Kräfte, die unzweideutig ihre bedingungslose Opposition gegen den heutigen totalitären Trend in unserer Gesellschaft gezeigt haben. Jeder öffentlichen Aktion sollte jedoch ein Zusammentreffen der Führer dieser Organisationen als ein vorbereitender Schritt vorausgehen. Das solte nicht schwierig sein; man könnte sich so auf ein gemeinsames Programm einigen, das in klarer, radikaler Weise dem Zweck dienen würde. Nach einer solchen Vorbereitung wäre es vielleicht zu erwarten, dass eine von ihnen gemeinsam einberufene Massenkundgebung in dieser wichtigen Angelegenheit einen bestimmten Einfluss auf die öffentliche Meinung ausüben könnte.

Was mich selbst betrifft, so bleibe ich bei meiner oft ausgesprochenen Überzeugung: ich bin sicher, dass es nicht im Interesse der Sache läge, würde ich mich politisch direkt engagieren, etwa in Form von Ansprachen in Versammlungen oder Botschaften an sie. Täte ich es, so sähe man in mir einen politischen Parteigänger, statt eines Einzelgängers, dem am Ausdruck seines sozialen Gewissens und seiner Überzeugungen in gewissen Zeitfragen gelegen ist. Darum glaube ich von der Teilnahme an Kundgebungen absehen zu müssen – ganz abgesehen davon, dass es mir physisch unmöglich wäre, alle der Aufmerksamkeit würdigen Einladungen anzunehmen oder auch nur eine sinnvolle Auswahl unter ihnen zu treffen.*

Im November 1953 erklärte sich Einstein bereit, eine Auszeichnung von der Decalogue Society of Lawyers in Chicago entgegenzunehmen. Die Organisation schrieb ihm über den grosszügigen Plan eines patriotischen Dinners, in dessen Rahmen die Ehrung erfolgen sollte. Man wisse, dass Einstein nicht kommen könne, aber wäre er bereit, seine Botschaft auf Tonfilm zu senden und würde eine halbe Stunde dafür ausreichen? Einstein erwiderte am 6. Dezember 1953:

Ihr Brief hat mich ein wenig beängstigt, da sich meine Vorstellung über das Wesen einer Botschaft von der Ihrigen wesentlich unterscheidet – etwa wie die Fliege vom Elefanten. Ich habe nur eine bescheidene, etwa zwei Seiten lange Ansprache verfasst; mein Gehirn gleicht nicht dem eines Anwalts, Predigers oder Politikers!

Als mein älterer Sohn zwölf Jahre alt war, klagte er einmal während eines Spazierganges: "Ich weiss nicht, was mit mir los ist. Wenn wir in der Schule einen Aufsatz schreiben müssen, liefern meine Klassenkameraden lange und wundervolle Geschichten ab; ich aber bin immer schon nach kurzer Zeit fertig!" Es scheint, als hätte ich diese Eigenschaft von meinem Sohn geerbt.*

Einsteins Botschaft vom 5. Dezember 1953 ("Menschenrechte") wurde von der Decalogue Society am 20. Februar 1954 gehört:

Sie sind heute versammelt, um den Menschenrechten Ihre Aufmerksamkeit zu schenken. Sie haben mir für diese Gelegenheit eine Auszeichnung zugedacht. Als ich davon hörte, fand ich es eigentlich recht deprimierend. Denn wie muss es um eine Gesellschaft bestellt sein, die nicht einen geeigneteren Kandidaten für solche Würdigung aufzuweisen scheint?

Denn ich habe in einem langen Leben all meine bescheidenen Kräfte darauf verwandt, der Natur etwas von ihren Geheimnissen abzulauschen. Nie habe ich systematisch daran gearbeitet, das Los der Menschen zu verbessern, Ungerechtigkeit und Unterdrückung zu bekämpfen und die traditionellen Formen menschlichen Zusammenlebens zu verbessern. Das Einzige, was ich tat, war dies: ich habe in langen Zeitabständen eine Meinung über Zustände in der Öffentlichkeit geäussert, wenn diese mir so schlimm und geschmacklos zu sein schienen, dass ich mich geschämt habe, mich durch Schweigen zum Mitschuldigen zu machen. Dass sich solche Anlässe in den letzten Jahren gehäuft haben, hing wahrlich nicht von mir ab.

Die Existenz und Geltung von Menschenrechten steht nicht in den Sternen geschrieben. Die Ideale des Verhaltens der Menschen gegeneinander und der Gestaltung der Gemeinschaft sind im Laufe der Geschichte von erleuchteten Individuen erschaut und gelehrt worden. Diese Ideale und Überzeugungen, welche der geschichtlichen Erfahrung, der Einfühlung und dem Bedürfnis nach Schönheit und Harmonie entspringen, sind meist bereitwillig von den Menschen anerkannt, zu allen Zeiten aber von denselben Menschen unter dem Druck ihrer animalischen Instinkte in den Staub getreten worden. Die Geschichte ist zum grossen Teil erfüllt vom Kampf um jene Menschenrechte, einem ewigen Kampf, in dem es keinen endgültigen Sieg geben kann und dessen Erlahmen den Ruin der Gemeinschaft bedeuten würde.

Wenn wir heute von Menschenrechten reden, dann haben wir in erster Linie die folgenden Forderungen im Auge: Sicherung des Individuums gegen willkürliche Eingriffe von Seiten anderer Individuen oder des Staates; das Recht auf Arbeit und adäquaten Arbeitsertrag; Freiheit der Diskussion und der Lehre; adäquate Beteiligung des Individuums an der Regierung.

Diese Menschenrechte sind gegenwärtig theoretisch anerkannt, wenn sie auch unter reichlicher Anwendung formal-juristischer Kunstgriffe in weit höherem Masse verletzt werden als vor einer Generation. Es gibt aber noch ein Menschenrecht, von dem wenig gesprochen wird, das aber dazu bestimmt zu sein scheint, eine wichtige Bedeutung zu erlangen: das Recht (beziehungsweise die Pflicht) des Individuums, sich von der Beteiligung an Unternehmungen auszuschliessen, wenn es diese als unrecht und verderblich empfindet. Hierzu gehört in erster Linie die Militärdienstverweigerung. Ich habe es erlebt, dass Individuen von ungewöhnlicher moralischer Stärke und Reinheit mit den staatlichen Organen auf dieser Basis in Konflikt gekommen sind. Das Nürnberger Verfahren gegen die deutschen Kriegsverbrecher hat zu stillschweigender Anerkennung des Grundsatzes geführt, dass Regierungsbefehl keine Entlastung gegenüber Verantwortung für verbrecherisches Handeln involviert; Gewissen geht über Staatsgesetz.

Gegenwärtig geht der Kampf in erster Linie um Freiheit der politischen Überzeugung und Diskussion, sowie der Forschung und Lehre. Die Kommunisten-Angst hat bei uns Formen angenommen, die unseren Staat dem Gespött der übrigen zivilisierten Menschheit ausliefern. Wie lange werden wir es dulden, dass machthungrige Politiker auf dieser Basis ihre politischen Geschäfte machen? Manchmal scheint es, dass unsere Zeit so humorlos geworden ist, dass das Wort "Lächerlichkeit tötet" seine Geltung eingebüsst hat.

Die im letzten Absatz der vorstehenden Erklärung berührten Probleme beschäftigten Einstein häufig. Oft übte er an den innenpolitischen Bedingungen der Sowjetunion scharfe Kritik, ebensooft aber auch an der Haltung des Westens gegenüber Russland, wie zum Beispiel in einem Brief an einen New Yorker Korrespondenten vom 14. Januar 1954. In seinem elfseitigen Schreiben hatte der Einstein unbekannte Sender gesagt, die amerikanische Regierung müsse, "um ihre militärische Überlegenheit aufrechtzuerhalten, von ihren Bürgern unbedingten Gehorsam erwarten". Einstein schrieb:

Ihre kritischen Bemerkungen über das russische Regime finde ich völlig richtig. Es liesse sich noch erheblich mehr anführen: die Verlogenheit der politischen Prozesse, die auf legalisierten Mord hinauslaufen, die völlige Knebelung und Entrechtung des Individuums und der politischen Minoritäten, die konsequente Benutzung der Lüge für Staatszwecke (in weit höherem Masse als in anderen Ländern).

Aber dies ist keine Rechtfertigung dessen, was unter der Devise "Kampf gegen den Kommunismus" in unserem Lande vor sich geht. Die "kommunistische Gefahr" ist hier ein Vorwand für einen Kampf gegen die Staatsbürgerrechte durch reaktionäre Politiker. Das Volk ist zu sehr irregeführt und die Intellektuellen sind zu sehr eingeschüchtert, um die verfassungsmässigen Rechte wirksam zu verteidigen. Die Politiker aber lassen sich vor allem durch ihren momentanen persönlichen Vorteil leiten und kaum oder gar nicht durch ihre zum Teil gute Einsicht darüber, was not tut. Wir sind weit vorgeschritten in der Aufrichtung eines faschistischen Regimes. Die Ähnlichkeit der allgemeinen Sachlage mit der in Deutschland von 1932 springt in die Augen. Lassen Sie nur noch die gefürchtete wirtschaftliche Depression ausbrechen! Warum fürchten sich die Engländer nicht vor ihren Kommunisten?

Ein umfangreiches Memorandum mit einem leidenschaftlichen Aufruf zum Kampf gegen die Gefahr eines neuen Weltkriegs ging Einstein von einem in Russland geborenen Journalisten zu, der bis zum Beginn des semifaschistischen Dollfuss-Regimes in Österreich gelebt und gearbeitet hatte und später Auslandskorrespondent in Paris war. Der Plan der Journalisten sah die Gründung einer Genossenschaftsbank vor, die Anleihen zur Industrialisierung und Verbesserung der Lebensbedingungen in den ärmsten der unterentwickelten Länder gewähren sollte. Menschen in allen Teilen der Welt sollten die Möglichkeit haben, durch eine geringe Einzahlung stimmberechtigte Mitglieder der Genossenschaftsbank zu werden; Regierungen sollten keinen Einfluss auf die Bank haben. Kriege würden, so hoffte der Autor des Planes, als Ergebnis der verbesserten Lebensbedingungen abgeschafft werden.

Einstein, dem in dem Plan des Journalisten eine führende Rolle zugeschrieben war, prüfte das Memorandum mit grosser Sorgfalt und antwortete am 28. Februar 1954[17]:

Was Sie im Sinne haben, ist die Realisierung einer Art Punkt Vier-Programm auf übernationaler genossenschaftlicher Grundlage. Sie glauben, dass mit der Bildung einer solchen Organisation die Ausbeutung der Länder durch einander abgeschafft werden könnte, und damit auch die Kriegsgefahr.

Wenn der Mensch berechtigt gewesen wäre, sich den Titel homo sapiens beizulegen, dann wäre so etwas vielleicht erreichbar. Aber mit dem Geschöpf, wie es tatsächlich ist, ist so etwas nicht zu machen. Die Beteiligung des Individuums an dem von Ihnen gedachten

Unternehmen würde diesem zunächst kaum Vorteile bringen. Hier liegt ein wesentlicher Unterschied gegenüber den Konsumvereinen, auf deren Analogie Sie sich stützen. Ferner würde ein solches Unternehmen, sobald es einen gewissen Erfolg hätte, den degenerativen Einflüssen unterliegen, die allen Organisationen auf die Dauer anhaften ... (Degeneration durch Macht und Erfolg).

Wenn es möglich wäre, die Massen in der Welt zu rationalem Handeln in ihrem eigenen gemeinsamen Interesse zu bringen, dann gäbe es viele Wege, das internationale Problem zu lösen. Dann wäre es auch ein Leichtes, dem drohenden Problem der Übervölkerung durch geplante Geburtenbeschränkung beizukommen, zumal ja der Einzelne unmittelbar im eigenen Interesse handeln würde. Aber ...

Selbst das Ziel, die Intellektuellen eines Landes zu vernünftigem Handeln selbst bei bedrohten eigenen Interessen zu veranlassen, ist schwer zu erreichen.

Nach meiner Ansicht kann kein menschliches Problem durch "Frontalangriff" gelöst werden. Nur die gegenseitige erzieherische Kleinarbeit kann (ach wie langsam!) zu wirklicher Besserung menschlicher Verhältnisse führen.

Am 28. März 1954 – zwei Wochen nach seinem 75. Geburtstag – schrieb Einstein an die belgische Königinmutter:

Liebe Königin:

Sie haben meiner wiederum so freundlich gedacht bei dieser kuriosen Gelegenheit. Wenn einer nicht vorher abfährt, wird er ganz von selbst 75, ohne dass er sich besonders anzustrengen braucht. Aber nachher steht man ganz dumm und unbeholfen da, weil man nicht imstande ist, sich der vielen Liebesbezeugungen würdig zu zeigen – besonders aber, wenn man ohne eigenes Zutun zu einem Art Symbol geworden ist, und zwar noch bei Lebzeiten. Alles Mögliche wird einem angedichtet, und der pfiffig erfundenen Legenden ist kein Ende. Umsomehr aber weiss ich das Echte zu würdigen und zu schätzen.

Dazu bin ich in meiner neuen Heimat zu einer Art enfant terrible geworden, weil ich nicht imstande bin, alles schweigend zu schlukken, was sich da zuträgt. Auch finde ich, dass die Alten, die kaum mehr etwas zu verlieren haben, für die viel mehr gehemmten Jungen das Maul aufreissen müssen. Ein bisschen, denkt man, mag es ja vielleicht doch helfen.

Merkwürdig ist es, dass die ehemals noch ziemlich harmlos erscheinende Wissenschaft sich zu einem Albtraum ausgewachsen hat und alle erzittern lässt. Und die Angst ist der schlechteste aller Ratgeber. Noch immer denken die Schwerter nicht daran, sich in Pflugscharen verwandeln zu lassen. Die Europäer aber zögern diesmal doch, sich in das Verhängnis hineinziehen zu lassen. Hoffentlich hält es an!

Nun aber kommt mir in den Sinn, dass man sich davor hüten soll, in die Geschwätzigkeit des Alters zu verfallen. Herzlichen Dank und die besten Wünsche

Ihr
A. Einstein.

Ende März 1954 sandte A. J. Muste von der Fellowship of Reconciliation an Einstein einen Appell (unter dem Titel "Zeit zum Nachdenken!"), der als Grundlage einer Petition an den amerikanischen Präsidenten dienen sollte. Einstein schrieb ihm am 6. April 1954[18]:

Ich weiss die Ihrem Vorschlag zugrundeliegenden Motive voll zu würdigen. Aber ich kann an dieser Petition nicht teilnehmen. Eine so klein angelegte Aktion einiger Privatpersonen wird nicht den geringsten Einfluss auf jene ausüben, deren Entscheidung bereits feststeht oder die aus praktischen Gründen ihre Haltung nicht zu ändern vermögen.

Nur starke politische Organisationen können den Gang der Ereignisse beeinflussen. Es erscheint mir sinnlos, Aktionen nur um der persönlichen Befriedigung willen zu unternehmen. Die Vernunft allein hat keine Wirkung, und spräche sie noch so überzeugend, und selbst mit Engelszungen.*

Eine Stimme aus der Vergangenheit drang zu Einstein: ein Brief kam von Carlo Winteler, dem Mitglied einer Schweizer Familie, in deren Mitte Einstein seine Schuljahre verbracht hatte und der seine Schwester Maja durch Heirat verbunden war. Winteler war ebenso wie viele andere Korrespondenten Einsteins durch den Gang des Weltgeschehens tief bekümmert; sein Brief war unter dem Eindruck der Nachricht entstanden, dass die radioaktiven Niederschläge bei einem amerikanischen Wasserstoffbomben-Test 23 japanische Fischer im Südpazifik gesundheitlich geschädigt hatten. Einstein schrieb am 10. April 1954:

... Sie haben ganz recht, dass dieses höchstgefährliche Spielzeug sich in unzuverlässigen Händen befindet: von Leuten, denen der politische Tageskampf mehr bedeutet als die Fortexistenz der Menschen und sonstiger Kreaturen. Die Intellektuellen sind zum Teil ebenfalls korrumpiert und jedenfalls alle miteinander machtlos in diesem Geschehen. Was man sagt, geht in dem Geschrei der Kurzsichtigen unter. Meine einzige Hoffnung liegt darin, dass die nicht ganz so Mächtigen, wenn sie zusammenhalten, eine internationale Lösung herbeiführen können, eine Hoffnung, deren Berechtigung ich keineswegs überschätze. Die Sehenden in diesem Lande sind leider durch die pseudopatriotischen Treibereien so eingeschüchtert, dass ihre Wirkungsmöglichkeit noch verringert ist. Dies alles klingt nicht gerade hoffnungsvoll, aber es hat keinen Sinn, sich etwas vorzumachen.

In Paris war ein Weltkomitee für eine Weltkonvention der Völker, die Einstein gefördert hatte, immer noch aktiv, obwohl Usbornes ursprünglicher Plan (s. Seite 430) gescheitert war. Das Komitee war mit den vorbereitenden Arbeiten für eine Konferenz zur Revision der U.N.-Charta beschäftigt, die 1955 stattfinden sollte. Einstein wurde von der Organisation um Teilnahme an einem internationalen Seminar in Florenz gebeten; Beratungsgegenstand war die Frage, ob die Errichtung einer Weltregierung auf dem Weg einer Reform der U.N. oder durch eine inoffizielle Völkerkonvention erstrebt werden solle[19].

Am 21. April 1954 teilte Einstein dem Weltkomitee mit, an der Tagung in Florenz nicht teilnehmen zu können; er wolle jedoch die Punkte schriftlich diskutieren, in denen nach seiner Meinung die Teilnehmer des Seminars Übereinstimmung erzielen könnten. Später autorisierte er die Publikation der folgenden Erklärung im *Bulletin of the World Council:*

... Ich finde es sehr vernünftig, dass Sie es unternehmen, "en petit comite" über das Problem zu beraten: wie soll man zu einer wirksameren Vertretung der übernationalen Interessen gelangen? ... Die Vereinten Nationen sollten unterstützt werden unter der Bedingung, dass die Mitglieder der Plenarversammlung lokal gewählt werden und niemandem, auch nicht den Regierungen, verantwortlich sind. Falls der Sicherheitsrat als Vertreter von Regierungen überhaupt beibehalten wird, sollte seinen einzelnen Mitgliedern kein Vetorecht zukommen. Auf weitere Einzelheiten bezüglich der zu erstrebenden Umformung der U.N. sollte man sich im gegenwärtigen Stadium nicht einlassen.

Die Bestrebung für eine Reform der U.N. darf nicht in irgend einer Weise an eine der Mächtegruppen angelehnt werden. Sie soll sich auf die Schaffung, beziehungsweise Stärkung, der übernationalen Macht beschränken und im allgemeinen zu inneren Angelegenheiten der Staaten keine Stellung nehmen ... Kurz: Die Bemühung um die Errichtung einer wirklich übernationalen Institution soll das *einzige Ziel* der Reform sein. Nur so kann nach meiner Ansicht hoffnungslose Zersplitterung verhütet werden.

Bis ans Ende seiner Tage sandte Einstein eine Antwort an jedermann, der ihm ein wichtiges Problem unterbreitete. Der folgende Brief, vom 29. April 1954, war an einen Brooklyner Korrespondenten gerichtet, der ihm einen komplizierten Friedensplan gesandt hatte, dessen Patentierung in den Vereinigten Staaten er erstrebte:

Ich habe Ihren Plan von der ersten bis zur letzten Zeile gelesen. Er steht im Einklang mit dem Denken aller vernünftigen und ehrlichen Männer und Frauen. Der Stil ist einfach und klar.

Aber die Frage ist: wie kann man müde, verängstigte oder auch träge Menschen zur Aktion antreiben? Das ist beinahe der Gründung einer neuen Religion vergleichbar. Es gelingt fast nie, und wenn es doch gelingt, weiss man nicht, warum.

Dieselben Leute, die uns der Selbstvernichtung entgegen führen, halten mitunter Reden, aus denen sich ergibt, dass es ihnen an der nötigen Einsicht nicht fehlt. In letzter Sicht handelt aber jeder Mensch entsprechend dem Druck seiner persönlichen Situation und seiner besonderen Interessen.

Ich sage offen, was ich denke. Aber ich weiss genau, dass ich keine Volksbewegung nach Gandhis Art begründen könnte. Sie können sicher sein, dass mit dem blossen Predigen der Vernunft nichts zu erreichen ist.*

Um diese Zeit rief der Fall Dr. J. Robert Oppenheimers eine Sensation in der Öffentlichkeit hervor. Oppenheimer, Direktor des Institute for Advanced Study in Princeton (dessen erstes Mitglied Einstein 1933 gewesen war), hatte während des Kriegs zu den leitenden Männern des Manhattan District Project gehört, das die erste Atombombe schuf. Im Dezember 1953 war Oppenheimer von jeder weiteren Arbeit an der U.S. Atomic Energy Commission ausgeschlossen worden, da er angeblich "ein grosses Sicherheitsrisiko" darstelle. Im Mai 1954 widmete *The Bulletin of the Atomic Scientists* dem Fall Oppenheimer einen grossen Teil des Magazins; eine Reihe hervorragender Wissenschaftler äusserte sich dazu. Einsteins Beitrag war auf einen einzigen Satz beschränkt:

Der schwerste Schlag gegen die Gesellschaft ist der systematische, breit angelegte Versuch, Vertrauen und Optimismus der Menschen zunichte zu machen.*

Einem New Yorker Korrespondenten, der ihm damals über den Fall Oppenheimer geschrieben hatte, erwiderte Einstein:

Aufregung hilft nicht. Der Ursprung der meisten menschlichen Handlungen sind gewöhnlich Furcht und Dummheit gewesen. Wir können uns nur weiter bemühen, für die Ehrlichkeit und Unabhängigkeit des Geistes zu kämpfen.*

Zweimal richtete ein Physiologe der Universität Chicago, Anton J. Carlson, an Einstein die Bitte, er möge einen Brief mitunterzeichnen, der dem Präsidenten Eisenhower die Gefahr der Atom-, Wasserstoff- und Kobaltbombe deutlich machen sollte. Es wurde betont, die Professoren Kirtley Mather, Harlow Shapley, Linus Pauling und Michael Heidelberger seien an der Abfassung des Briefes beteiligt gewesen. Da Einstein und Leo Szilard den Anstoss zum Bau der Atombombe gegeben hätten, müssten die beiden Physiker darum jetzt nicht auf Massnahmen drängen, die tödliche Gefahr eines Kernwaffenkriegs zu beseitigen? Einstein erwiderte am 3. Mai 1954[20]:

Jeder normale Mensch sollte aus dem Gang der Ereignisse gelernt haben, dass ein Rüstungswettrennen, das sich auf atomare Tests gründet, nur zur allgemeinen Zerstörung führen kann. Das zu begreifen, erfordert keinen besonderen wissenschaftlichen Scharfsinn, und ich sehe keinen Grund, warum ich mithelfen sollte, dem Präsidenten diese Wahrheit klarzumachen.

Darum habe ich Ihren ersten Brief unbeantwortet gelassen, und darum kann ich mich an Ihrem jetzigen Vorhaben nicht beteiligen.*

An die Jahresversammlung der United World Federalists (Vereinigte Weltföderalisten) richtete Einstein am 7. Juni 1954 eine Botschaft, in der es hiess:

Die Ereignisse der letzten Jahre haben klar gezeigt, dass nur die Schaffung einer übernationalen Friedensorganisation eine allgemeine Katastrophe verhindern kann. Einschränkung der nationalen Souveränität ist ein geringes Opfer, wenn es um das Überleben des Menschengeschlechts geht. Ich bin optimistisch genug zu glauben, dass bald auch die Konservativsten begreifen werden, dass selbst in der stärksten Rüstung kein Schutz zu suchen ist.*

Linus Pauling informierte Einstein über die Gründung einer neuen Organisation unter dem Titel "Everybody's Committee to Outlaw War" ("Jedermann-Komitee für die Ächtung des Krieges") und fügte ein Pamphlet bei, in dem Einstein zitiert wurde. Einstein erwiderte am 8. Juni 1954[21]:

Ich brauche Ihnen bestimmt nicht zu versichern, dass ich im Prinzip von ganzem Herzen auf Ihrer Seite stehe. Dennoch glaube ich, dass in der gegenwärtigen Situation die blosse Ächtung des Krieges völlig wirkungslos wäre. Auch wenn man unter diesem Schlagwort eine Massenbewegung gründen wollte, wären Waffenkonkurrenz und Kriegsgefahr nur durch eine Weltregierung zu beseitigen, die hinreichende Macht und Unabhängigkeit besässe.

Darum vermag ich die mir von Ihnen übermittelte Erklärung nicht zu unterzeichnen. Im übrigen glaube ich, dass alle Kräfte auf das grosse Ziel der Weltregierung hin orientiert sein sollten; die World Federalists bemühen sich darum, leider jedoch nicht mit der gebotenen Kraft.*

Der Kommandant des U.S. Naval Air Training Center (Übungsstelle des Luftarms der amerikanischen Flotte) in Jacksonville, Florida, schrieb an Einstein über den Plan, "zur Hebung der Moral des Personals" gewisse Gebäude dem Andenken an "hervorragende Menschen und berühmte Flottenkämpfe" zu widmen. Würde Einstein die Erlaubnis dazu erteilen, ein Verwaltungsgebäude der Flotten-Elektrikerschule in "Einstein-Halle" umzubenennen? Einstein erwiderte am 12. Juli 1954[22]:

Ich danke Ihnen für Ihre freundliche Absicht. Es tut mir sehr leid, dass ich meine Zustimmung nicht geben kann, und zwar wegen meiner pazifistischen Überzeugungen.

Es ist zwar zuzugeben, dass militärische Vorbereitung unerlässlich ist, solange das Problem dauernden Friedens nicht auf übernationaler Grundlage gelöst ist. Da aber nach meiner Überzeugung dies Problem unbedingt gelöst werden muss und die Vorbereitung dieser Lösung mir daher wichtig erscheint, halte ich es für meine Pflicht, alles zu vermeiden, was eine entgegengesetzte psychologische Wirkung haben könnte.

An einen Korrespondenten in Philadelphia, der offensichtlich Kriegsdienstverweigerer war, schrieb Einstein am 23. Juli 1954[23]:

Ich fühlte mich nicht berechtigt, Ihnen einen Rat zu geben, weil es grosse Opfer mit sich bringt, wenn man sich als "war resister" aus moralischen Gründen dem Gesetz des Staates entgegenstellt. Ich glaube, dass es sich bei den Kriegsdienstverweigerern um eine Elite handelt, deren Bedeutung hauptsächlich darin liegt, dass sie das Bewusstsein von der Unmoralität des Krieges lebendig und beständig machen. Es bedeutet, dass man die Pflicht nicht anerkennt, sich an dem organisierten Mord zu beteiligen, auch wenn es vom Staat gefordert wird.

Man hat kein Recht, von anderen ein Opfer zu fordern, das zu bringen man selber keine Gelegenheit gehabt hat.

Einstein war tief beeindruckt von einer Rede, die der Generalsekretär der Vereinten Nationen, Dag Hammarskjöld, gehalten hatte; und wie Einstein es in vielen anderen ähnlichen Fällen getan hatte, war es ihm ein Bedürfnis, Hammarskjöld wissen zu lassen, wie er über dessen Rede dachte. Hammarskjöld hatte über den Wert des Wissens für den Menschen gesprochen und die Frage gestellt, ob Menschen, die Angst davor haben, mehr zu wissen, sich nicht in Wirklichkeit vor jeder Änderung in ihrem Leben ängstigen. Menschen sollten, so glaubte Hammarskjöld, genug Mut und Demut haben, um die Notwendigkeit von Änderungen im Leben anzuerkennen, und nicht so handeln, als hätten sie den Glauben an den Wert des Wissens verloren. "Wir müssen in unserem Handeln den Glauben an die Freiheit des Gedankens, die Freiheit der Forschung und die Freiheit der Rede unvermindert bewahren, im vollen Bewusstsein der Gefahren, die den Änderungen im Leben innewohnen, die wir in Gang setzen, aber auch im Bewusstsein unserer Pflicht, diesen Änderungen einen schöpferischen Charakter zu geben". Eine dieser Änderungen sah Hammarskjöld in der zunehmenden Abhängigkeit der verschiedenen Nationen voneinander, die "unsere heutige Welt in vieler Beziehung zu einer geeinten Welt gemacht hat ...."

Aber während diese Abhängigkeit unter den Nationen, fuhr Hammarskjöld fort, es bereits nötig gemacht hat, die Welt zu organisieren, verhindere die Verschiedenartigkeit der einzelnen Nationen vorläufig noch die Schaffung einer Weltregierung. Er schlug einen Mittelweg vor: eine Weltorganisation, die die Souveränität der Nationen respektiert und sich notwendigerweise zu einer Weltgemeinschaft entwickeln wird, die "für unsere Zivilisation die einzige Alternative zum Untergang ist". Anfänge einer solchen Weltgemeinschaft sah er in dem engen Netz bereits bestehender internationaler Verträge und in der Entwicklung des Völkerrechts. Einstein schrieb Hammarskjöld daraufhin am 2. Oktober 1954[24]:

Ich kann mirs nicht versagen, Ihnen meine aufrichtige Anerkennung auszusprechen zu Ihrer Rede bei der Columbia-Jubiläumsfeier. Nach soviel Heuchelei und Lüge waren Ihre klaren und ehrlichen Ausführungen eine wahre Erholung. Ich betrachte es als ein Glück, dass Sie mit Ihrer ungemein schwierigen und hohen Aufgabe betreut worden sind.

Hammarskjöld erwiderte am 9. November 1954 in ausgezeichnetem Deutsch:

Ich kann mir kein Echo auf meine Ansprache anlässlich der Feier der Columbia Universität denken, das mir hätte willkommener sein können als der Brief, den Sie mir aus diesem Anlass gesandt haben. Es war meine Absicht, bei dieser Gelegenheit eine kräftige und eindeutige Erklärung für die Ideale und Grundsätze abzugeben, die den einzig möglichen Rahmen, die einzig mögliche Atmosphäre für die Tätigkeit eines Menschen schaffen, der, wie Sie, einer der Pioniere der Menschheit ist. Meine Stellung zwingt mich, mir Beschränkungen aufzuerlegen, aber sie macht es mir auch zur Pflicht, gerade für diese Ideale unzweideutig einzutreten. Es ist nicht leicht, den richtigen Weg zu finden zwischen dem, was ich sagen und tun möchte, um dieser Pflicht nachzukommen, und dem, was ich tun kann, ohne Schwierigkeiten für die Organisation zu schaffen, der zu dienen ich berufen worden bin.

Ich möchte mich gern einfacher und konkreter ausdrücken. Ich weiss selbst nur zu gut, dass, wenn ich mich mehr allgemein ausdrücken muss, die Gefahr besteht, dass die Menschen überhören, was wirklich gesagt wird. Unter diesen Umständen ist es mir eine wahrhaft tiefe Befriedigung zu fühlen, dass Sie nicht nur verstanden haben, was ich dem umfangreichen Publikum, das an der Columbia-Feier teilnahm, einhämmern wollte, sondern dass Sie auch die von mir gewählte Linie billigen. Ein derartiges Verständnis gerade von Ihrer Seite ist für mich unendlich wertvoll.

Zuweilen frage ich mich, ob die Ideale eines geistigen Liberalismus stark genug sind, die Massenzivilisation unserer Zeit zu durchdringen oder sogar diese Zivilisation zu überleben. Ein solcher Zweifel enthebt uns jedoch nicht der Pflicht, in unsern Bemühungen fortzufahren, gerade diese Ideale zu verwirklichen. Es muss für den Politiker Pflicht sein, den Männern der Wissenschaft aus vollem Herzen jede erdenkliche Unterstützung zu gewähren.

Ich hoffe sehr, dass ich in Zukunft einmal den Vorzug haben werde, Sie persönlich kennen zu lernen.

Die Liga der Kriegsdienstverweigerer erbat Einsteins Bewilligung zum Nachdruck des Gedankenaustauschs zwischen Einstein und Freud ("Warum Krieg? ", siehe S. 219). Einstein gab seine Zustimmung am 13. Oktober 1954[25]:

Gerne gebe ich Ihnen die Erlaubnis zum Abdruck meiner Korrespondenz mit Freud, die 1932 auf Einladung des Völkerbunds stattfand. Seitdem haben sich die in dem Briefwechsel berührten Probleme beträchtlich gewandelt.

Alle verantwortungsbewussten Menschen sind sich einig darüber, dass die friedliche Koexistenz für das Fortleben der Menschenrasse unumgänglich ist; aber bisher hat noch kein verantwortungsbewusster Führer den Mut gehabt, im Einklang mit dieser Überzeugung zu handeln. Der Irrglaube, Sicherheit könne durch die Anhäufung von Waffen erzielt werden, ist so weit verbreitet wie je zuvor. Darum sollte jeder Versuch gemacht werden, die Völker von der Notwendigkeit einer übernationalen Organisation zur Sicherung des Friedens zu überzeugen und alle ihre Energien in dieser Richtung zu konzentrieren.

Sie mögen diese Bemerkungen in Ihrer geplanten Publikation verwenden. Aber ich möchte nicht, Ihrem Vorschlag entsprechend, eine Einleitung dazu schreiben. Denn mein kurzer Beitrag in dem kleinen Band hat in der Hauptsache den Zweck verfolgt, Freud zu veranlassen, seine Abneigung gegen öffentliche politische Betätigung zu überwinden.*

Am 30. November 1954 schrieb Einstein an Joseph Lewis, den Führer der amerikanischen Freidenker:

Ich danke Ihnen freundlich für die Zusendung Ihres Büchleins "An Atheist Manifesto".

In meinen jungen Jahren glaubten wir Intellektuelle alle, dass ein glücklicheres Zeitalter für die Menschen herbeigeführt werden könnte, wenn die Könige und Kaiser von Gottes Gnaden abgeschafft würden. Dass sie ein grosses Übel waren, ist nicht zu bezweifeln. Nun, sie *wurden* ziemlich vollständig abgeschafft. Aber den Menschen geht es kaum besser. Es fand sich bald wirksamer Ersatz in den Demagogen und politischen Advokaten.

Aberglaube und Priesterherrschaft sind schwere Übel, und es ist erfreulich, dass Sie einen so entschlossenen und geschickten Kampf dagegen führen. Aber beim Lesen konnte ich mich eines schmerzlichen Lächelns nicht erwehren. Man kann und soll die Form des Übels bekämpfen. Aber wenn der Sieg da ist – und er ist auf die Dauer gesichert –, dann wird es sich immer wieder zeigen, dass die Plage des Menschen aus dem dem Menschen angeborenen Erbteil entspringt.

Nun, man muss kämpfen und erziehen, selbst wenn das Ziel als unerreichbar erkannt ist. Denn ohne den Kampf der Sehenden und relativ Freien wäre es noch weit schlimmer.

Jules Moch, zeitweilig französischer Innenminister und für eine Reihe von Jahren Delegierter in der Abrüstungskommission der U.N., erörterte die schicksalsschwere Alternative: Abrüstung oder Atomverwüstung? Er tat dies in einem Buch "La Follie des Hommes", das 1955 in englischer Übersetzung unter dem Titel "Human Folly: To Disarm or Perish? " ("Menschliche Torheit: Abrüstung oder Untergang? ") erschien. Einstein schrieb dazu Ende 1954 eine Einleitung, die er am 1. Januar 1955 an Moch sandte[26]:

Der Titel des Buches ist dazu geeignet, die Menschen guten Willens gewissermassen dazu zu zwingen, sich ernsthaft mit dem Inhalt des Buches auseinanderzusetzen. Dieser Titel suggeriert jedoch Erwartungen über den Inhalt dieses so notwendigen Buches, die nicht zutreffen. Es handelt sich hier keineswegs um eine blosse Kritik dessen, was sich in den letzten zehn Jahren auf dem Gebiet der internationalen Politik ereignet hat. Es ist das Werk eines Mannes, der wie kaum ein anderer durch Einsetzung seiner ganzen Kraft und mit einer unter den jetzigen Verhältnissen schwer zugänglichen Sachkenntnis sich um die Lösung einer gefahrvollen Situation bemüht hat, die die Fortexistenz der Menschheit in Frage stellt. Es zeigt, dass seine von den Regierungen Frankreichs und Englands gestützten

Bemühungen in hartem Ringen Teilerfolge erzielt haben, welche uns dem Ziel näher gebracht haben, Frieden und Sicherheit zu erlangen. Er zeigt, dass sich die anfänglich unüberbrückbar erscheinenden Standpunkte von Ost und West in der Abrüstungsfrage so weit einander genähert haben, dass eine ehrliche Einigung erreichbar erscheint.

Das Buch besteht aus zwei Teilen. Der erste Teil ist eine objektive Beschreibung der technisch-militärischen Situation, welche durch die Entwicklung der Atomwaffe herbeigeführt worden ist. Die Wichtigkeit einer solchen objektiven Beschreibung ist sehr gross. Denn es ist unleugbar, dass die gegenwärtige Gefahrensituation zu einer so weitgehenden "Gleichschaltung" der Organe der öffentlichen Information (Presse, Radio, Schule) geführt hat, dass der Bürger sich kein einigermassen adäquates Bild über die technische Situation und über die Rollen bilden kann, welche die Hauptgegner (Amerika und Russland) in den letzten zehn Jahren gespielt haben. Bezüglich des letzten Punktes zeigt der Verfasser, wie man diese Rollen verstehen kann aus den Schockwirkungen, welche die beiden gegenwärtigen Hauptopponenten durch die Ereignisse der beiden Weltkriege erlitten haben. Solches Verständnis ist unerlässlich, wenn man die psychologischen Hemmungen überwinden will, die einer vernünftigen Haltung gegenwärtig im Wege stehen.

Der zweite Teil des Buches beleuchtet die verwickelten und langwierigen Bestrebungen, zu einer Einigung über die Abrüstung zu gelangen. Auch hier ist die Objektivität zu bewundern, mit der der Verfasser dic beiden gegnerischen Auffassungen und die Möglichkeit ihrer Versöhnung beleuchtet.

Wenn ich mir erlauben darf, eine Bemerkung auf eigene Verantwortung beizufügen, so ist es diese. Die beiden Weltkriege haben sich psychologisch dahin ausgewirkt, dass das Verhalten der Nationen selbst in Friedenszeiten (beziehungsweise: Halb-Friedenszeiten) beherrscht ist von folgender Idee: Man muss so handeln, dass die Situation der eigenen Nation im Falle eines Krieges möglichst günstig ist. Solches Verhalten macht aber einen wirklichen Frieden unmöglich und führt notwendig zu einer schrittweisen Steigerung der Gegensätze und endlich zur Katastrophe. Wer nicht an die Möglichkeit der Erzielung eines dauernden und gesicherten Friedens glaubt oder nicht den Mut hat, entsprechend zu handeln, der ist reif zum Untergang.

Eine weitere Erklärung Einsteins umkreiste das Problem der intellektuellen

Freiheit, das ihn in diesen Jahren bereits so oft beschäftigt hatte. Seine lakonisch-scharfen Worte fanden weite Verbreitung und erfüllten wohl Einsteins Zweck, die öffentliche Meinung im Interesse einer Sache zu alarmieren, deren akute Bedeutung ihm ständig vor Augen war. Einstein schrieb am 18. November 1954 in der Zeitschrift *The Reporter*[27]:

Sie fragen mich, was ich von Ihren Artikeln über die Lage der Wissenschaftler in Amerika halte. Statt das Problem zu analysieren, möchte ich meine Ansicht in einer kurzen Bemerkung veranschaulichen:

Wäre ich noch einmal ein junger Mensch und stünde ich erneut vor der Entscheidung über den besten Weg, meinen Lebensunterhalt zu verdienen, so würde ich nicht ein Wissenschaftler, Gelehrter oder Pädagoge, sondern eher ein Klempner oder Hausierer werden wollen, in der Hoffnung, mir damit jenes bescheidene Mass von Unabhängigkeit zu sichern, das unter den heutigen Verhältnissen noch erreichbar ist.

Einstein wusste natürlich, dass auch Klempner oder Hausierer, die politisch missliebige Ansichten äusserten, nicht vor Verfolgung sicher waren, während Intellektuelle, die sich in ihren Äusserungen der herrschenden politischen Richtung anpassten, nichts zu befürchten hatten. Offensichtlich meinte er, dass Klempner und Hausierer in ihren Berufen unabhängig seien, während die Unabhängigkeit von Intellektuellen gerade in der Ausübung ihrer beruflichen Tätigkeiten öfters gefährdet ist.

Einsteins Warnung rief starken Widerhall hervor. *The Reporter* bemerkte in einem Kommentar, die Zeitschrift sei Einstein dankbar dafür, dass er die Öffentlichkeit so aufgerüttelt habe; Schocks dieser Art seien dringend nötig. Dass die Klempner-Gewerkschaft ihn zum Ehrenmitglied machte, war weit weniger wichtig als die Tatsache, dass ein grosser Teil der amerikanischen Presse sich zur Diskussion des Problems der intellektuellen Freiheit verpflichtet fühlte. Hätte irgend ein anderer eine so leicht hingeworfene Bemerkung gemacht, so wäre sie von der Öffentlichkeit wahrscheinlich nicht beachtet worden. Aber die Achtung, die Einstein überall im Lande genoss, war so einzigartig, dass ein Bonmot von ihm eine ernste soziale und politische Frage ins Zentrum öffentlicher Diskussion rückte.

18. Kapitel

DER DROHENDE ATOMTOD 1955

Im Herbst 1954 erkrankte Einstein; mehrere Wochen hindurch war er ans Bett gefesselt. So oft er sich etwas wohler fühlte, ging er seiner wissenschaftlichen Arbeit nach und beschäftigte sich mit den vielen Anforderungen, die die Post ihm täglich zutrug; aber für Besucher blieb er längere Zeit fast unzugänglich. Gelegentlich liess er in seinen Briefen durchblicken, dass er oft heftige Schmerzen auszustehen hatte, aber sein Geist war rege und aufnahmefähig wie immer. Gegen Ende 1954 trat eine Besserung in seinem Befinden ein; am Anfang des neuen Jahres konnte er wieder eine mehr normale Arbeitsroutine aufnehmen. Aber der Schein trog. Er lebte nur noch dreieinhalb Monate.

Als er am 18. April 1955 starb, lagen auf seinem Nachttisch mehrere Blätter mit mathematischen Gleichungen. An diesen Seiten hatte er gearbeitet, als er wenige Tage vorher einen schweren Rückfall erlitt. Auf seine Bitte hin hatte man ihm die Arbeit ans Bett gebracht; aber grosse Schmerzen machten ihm, wie er wenige Stunden vor seinem Tode sagte, jede Arbeit unmöglich, und er musste die Blätter immer wieder zur Seite legen. So kämpfte er bis zum Ende um die Vertiefung des menschlichen Wissens, um die Enträtselung jener Geheimnisse, die die Natur, wie er einmal bemerkte, durch die Würde ihres Seins verdeckt. Ebenfalls bis zu seinen letzten Stunden blieb er auch an den nicht wissenschaftlichen Problemen interessiert, die ihn so lange beschäftigt hatten. Ja, der Zufall der Ereignisse während der letzten Monate seines Lebens bot ihm Gelegenheit, seine sozialen und politischen Anschauungen noch einmal klar zum Ausdruck zu bringen.

Am Jahresbeginn (2. Januar 1955) dankte er der belgischen Königinmutter für ihre Neujahrsgrüsse:

Liebe Königin!

In Ihrem Telegramm zeigt sich nicht nur jene Tugend, die als die charakteristische Ihres Metiers bezeichnet wurde, nämlich die Pünktlichkeit. Sondern es ist auch jene Wärme des menschlichen Empfindens da, die in unserer Zeit der Mechanisierung so sehr in den Hintergrund gedrängt worden ist. Dies zeigt sich immer, wenn ich davon lese, was Sie in der Öffentlichkeit getan haben. Dazu gehören grosse Unabhängigkeit und grosser Mut, besonders in Ihrer Situation, die die Freiheit in einer besonderen Weise einschränkt.

Wenn ich mir heute die Menschenwelt ansehe, so wundere ich mich über nichts so sehr als über das kurze Gedächtnis in Fragen, in denen es sich um politische Dinge handelt. Gestern Nürnberger Prozesse, heute Bewaffnung Deutschlands unter hohem Druck. Wenn ich es mir zu erklären versuche, komme ich von folgender Idee nicht los. Das letzte meiner Vaterländer hat für sich eine neue Art von Kolonialismus erfunden, der weniger in die Augen springt als der des alten Europa, nämlich das Herrschen durch investiertes Kapital im Ausland. Dies schafft solide Abhängigkeiten. Wer aber sich dagegen wehrt, der ist ein Feind. So suche ich mir das Verhalten des gegenwärtigen Europa zu erklären, England mit inbegriffen. Es ist wohl weniger geplant, als die natürliche Folge äusserer Umstände.

Solcherlei Betrachtungen kommen einem, wenn man sich mit den Grüblern früherer Zeiten beschäftigt. Da ist es besonders Lichtenberg, der es mir angetan hat. Nachdem ich nun so viele Jahre auf dem Buckel habe, macht mir dieser Mann einen noch grösseren Eindruck als je. Ich kenne keinen, der mit solcher Deutlichkeit das Gras wachsen hört.

Nun aber ists genug für dieses Neujahr. Meine herzlichen Grüsse und Wünsche

Ihr
A. Einstein

Einem englischen Freund schrieb Einstein am 5. Februar 1955[1]:

.... und doch ist der Tod eines vom Alter Gebeugten eine Erlösung für ihn; ich kann es lebhaft fühlen, weil ich selber alt geworden bin und den Tod empfinde wie eine alte Schuld, die man endlich entrichtet. Dabei tut man doch instinktiv alles Mögliche, um diese letzte Erfüllung hinauszuschieben. So ist das Spiel, das die Natur mit uns treibt. Wir mögen selber darüber lächeln, dass wir so sind, aber wir können uns doch nicht frei machen von jenen Instinkten, denen wir alle unterworfen sind.

Ein Brief aus Belgien veranlasste ihn, seine Stellung zur Weltregierungsfrage erneut darzulegen. Er nutzte die Gelegenheit, um nochmals zu unterstreichen, wie notwendig es sei, die Völker der Welt, und besonders die Menschen der Grossmächte, davon zu überzeugen, dass der Friede in der Welt nur durch eine übernationale Organisation gesichert werden könne. Der belgische Briefschreiber, Dr. Balle-Helaers, ein Brüsseler Arzt, unterrichtete Einstein über ein Projekt, das auf die Gründung einer Organisation der Intellektuellen im weitesten Sinn des

Wortes hinauslief. Die Organisation sollte das Recht des Wissenschaftlers auf völlige Unabhängigkeit des Forschens und unbeschränkte Verbreitung der Forschungsergebnisse sichern helfen. Offenbar auf Empfehlung der mit ihm befreundeten Königinmutter wurde Einstein gebeten, an das neugebildete belgische Komitee eine Botschaft zu richten.

Am 15. Februar 1955 schrieb er an Professor Gueben, einen Physiker in Lüttich, der scheinbar zu den Gründern der Organisation gehörte:

Ich erhielt heute einen Brief von Dr. Balle-Helaers in Brüssel. Er informierte mich über die in Belgien geplante Organisation zur Verbreitung zuverlässiger Informationen über die von der Atomphysik geschaffenen Gefahren und Möglichkeiten. Wenn ich das Gelesene richtig verstanden habe, so ist sowohl die Belehrung der an diesem Gebiete interessierten Fachleute als auch die Belehrung des grossen Publikums in Aussicht genommen, ebenso das Zusammenwirken mit ähnlichen Organisationen in anderen Ländern. Derartige Organisationen scheinen mir bei der gegenwärtigen gefährlichen Situation notwendig . . .

Am wichtigsten scheint es mir, das grosse Publikum genügend zu unterrichten, aus Gründen, die Bertrand Russell jüngst mit der ihm eigenen Klarheit auseinandergesetzt hat: die die Existenz der Menschen bedrohenden Atomwaffen können nur abgeschafft werden durch die Abschaffung des Krieges überhaupt. Dieses aber ist nur möglich durch eine Organisation aller Nationen, die über die nötige Entscheidungs-Kompetenz und die nötigen Machtmittel verfügt.

Um eine Organisation aufzubauen, die imstande ist, kriegerische Konflikte praktisch unmöglich zu machen, bedarf es einer starken und entschlossenen öffentlichen Meinung in allen massgebenden Ländern in solchem Ausmasse, dass sich alle Regierungen genötigt sehen, auf einen Teil ihrer Souveränität zu verzichten . . .

Weniger als zwei Monate vor seinem Tod hatte Einstein eine letzte Gelegenheit, das Recht aller Menschen zu verteidigen, dem Diktat ihres Gewissens zu folgen, selbst mit dem Risiko strafrechtlicher Verfolgung. Ein Korrespondent aus Philadelphia sah in der Erklärung des Oberbundesrichters William O. Douglas einen Widerspruch zu Einsteins oft geäusserten Überzeugung, dass das Gewissen des Menschen Vorrang vor den bestehenden Gesetzen haben müsse, ein in den Nürnberger Kriegsverbrecherprozessen anerkanntes Prinzip. Entschuldigend fügte der Korrespondent hinzu, er selbst könne als "Durchschnittsbürger ohne höhere Bildung" ein so schwieriges Problem nicht lösen. Einstein erwiderte am 21. Februar 1955:

In grundsätzlichen Fragen der Moral hilft Schulbildung nicht viel. Es gibt keine Möglichkeit, auf diesem Gebiete grundsätzliche Entscheidungen zu treffen, die jeder anerkennen muss.

Richter Douglas entscheidet als Jurist. Er vertritt wohl die Meinung: der Staat kann und muss gegenüber seinen eigenen Bürgern (beziehungsweise Einwohnern seines Gebietes) seinen Gesetzen mit Gewalt Geltung verschaffen – nicht aber Bürgern (beziehungsweise Einwohnern) fremder Staaten gegenüber.

Ich selber entscheide als Individuum. Ich denke, dieses soll seinem Gewissen gemäss handeln, auch wenn das zu einem Konflikt mit den Staatsgesetzen führt. Dies soll er nach meiner Ansicht tun, auch wenn er vom Staate dafür legaler Weise eine Bestrafung zu erwarten hat.

Diese Auffassung entspricht meinem moralischen Gefühl. Man kann sie aber auch bis zu einem gewissen Grade objektiv rechtfertigen: Blinder Gehorsam gegenüber als unmenschlich empfundenen Staatsgesetzen ist der moralischen Verbesserung dieser Gesetze nicht förderlich.

Dr. Walter G. Muelder, Dekan der Universität Boston, hatte einen Vortrag über das Thema "Die Idee einer verantwortungsvollen Gesellschaft" gehalten. Ein Hindu-Freund sandte den Text der Rede an Einstein, der am 8. März 1955 an Dr. Muelder schrieb[2]:

... Obwohl mir die religiöse Ausdrucksweise einigermassen ungewohnt ist, kann ich doch all Ihre Forderungen an die Gemeinschaft, den Staat und das Individuum ohne Rückhalt unterschreiben. Insbesondere hat es auf mich Eindruck gemacht, dass Sie sich nicht auf abstrakte Äusserungen beschränkt haben, die der Interpretation meist zu viel Spielraum lassen. Sondern Sie haben durch konkrete Beispiele in unzweideutiger Weise gezeigt, wie Sie es meinen. Dafür muss Ihnen jeder dankbar sein, dem es mit dem Ziel eines humaneren und erfreulicheren Verhaltens der Menschen gegeneinander ernst ist.

Ich weiss nicht, wie eng der Zusammenschluss der religiösen Organisationen ist, von dem in Ihrer Broschüre die Rede ist, und inwieweit sie in den Hauptfragen untereinander einig sind; auch inwieweit sie unabhängig genug sind, um in ihren Ländern einen gemeinsamen Standpunkt zur Geltung zu bringen. In der heutigen gefährlichen Situation sind alle Vereinigungen von wirklich übernationalem Charakter besonders wertvoll, weil sie durch Rat und Kritik in konkreten Situationen einen heilsamen Einfluss ausüben können, und ihre Stimme von allen Wohlgesinnten ohne Misstrauen und mit Achtung aufgenommen wird.

Der Einzelne steht ja den oft so kurzsichtigen und auch wohl verwerflichen Massregeln der politischen Machtfaktoren hoffnungslos ohnmächtig gegenüber und – der Prophet gilt nichts in seinem

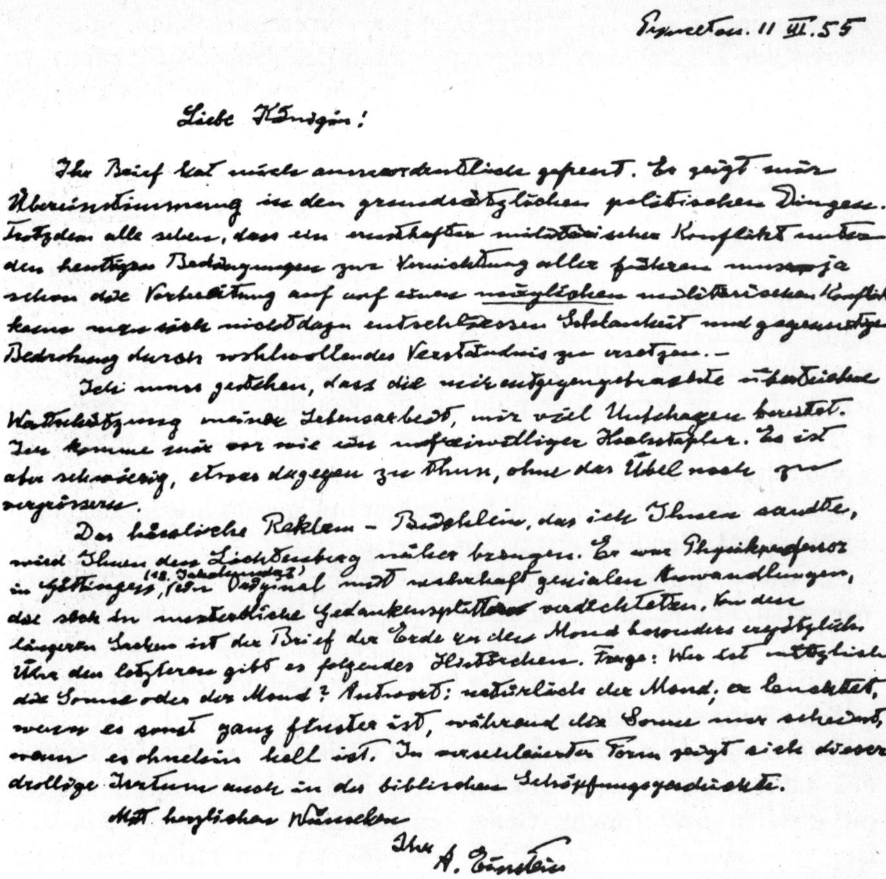
Princeton. 11 III. 55

Liebe Königin!

Ihr Brief hat mich ausserordentlich gefreut. Er zeigt mir Übereinstimmung in den grundsätzlichen politischen Dingen. Trotzdem alle sehen, dass ein ernsthafter militärischer Konflikt unter den heutigen Bedingungen zur Vernichtung aller führen muss, ja schon die Vorbereitung auf einen möglichen militärischen Konflikt, kann man sich nicht dazu entschliessen Schlauheit und gegenseitige Bedrohung durch wohlwollendes Verständnis zu ersetzen. –

Ich muss gestehen, dass die mir entgegengebrachte übertriebene Wertschätzung meiner Lebensarbeit, mir viel Unbehagen bereitet. Ich komme mir vor wie ein unfreiwilliger Hochstapler. Es ist aber schwierig, etwas dagegen zu thun, ohne das Übel noch zu vergrössern.

Das köstliche Reklam-Büchlein, das ich Ihnen sandte, wird Ihnen den Lichtenberg näher bringen. Er war Physikprofessor in Göttingen (18. Jahrhundert), ein Original mit wahrhaft genialen Anwandlungen, die sich in merkwürdigen Gedankensplittern verdichteten. Von den längeren Sachen ist der Brief der Erde an den Mond besonders ergötzlich. Über den letzteren gibt es folgendes Histörchen. Frage: Wer ist nützlicher, die Sonne oder der Mond? Antwort: natürlich der Mond, er leuchtet, wenn es sonst ganz finster ist, während die Sonne nur scheint, wenn es ohnehin hell ist. In verschleierter Form zeigt sich dieser drollige Irrtum auch in der biblischen Schöpfungsgeschichte.

Mit herzlichen Wünschen

Ihr

A. Einstein

Einsteins letzter Brief an Königin Elisabeth vom 11. März 1955

Vaterlande. Er wird als Ketzer oder gar Verräter betrachtet und – in Zeiten der allgemeinen Erregung – auch demgemäss behandelt. An ein internationales Gremium kann nicht so leicht Hand gelegt werden.

Am 11. März 1955, nur wenige Tage vor seinem 76. Geburtstag und etwa einen Monat vor seinem Tode, richtete Einstein einen letzten Brief an seine königliche Freundin in Belgien:

Liebe Königin!

Ihr Brief hat mich ausserordentlich gefreut. Er zeigt mir Übereinstimmung in den grundsätzlichen politischen Dingen. Obwohl alle sehen, dass ein ernsthafter militärischer Konflikt unter den heutigen Bedingungen zur Vernichtung Aller führen muss (ja, schon die Vorbereitung auf einen *möglichen* militärischen Konflikt), kann man sich nicht dazu entschliessen, Schlauheit und gegenseitige Bedrohung durch wohlwollendes Verständnis zu ersetzen.

Ich muss gestehen, dass die mir entgegengebrachte übertriebene Wertschätzung meiner Lebensarbeit mir viel Unbehagen bereitet. Ich komme mir vor wie ein unfreiwilliger Hochstapler. Es ist aber schwierig, etwas dagegen zu tun, ohne das Übel noch zu vergrössern.

Das Reclam-Büchlein, das ich Ihnen sandte, wird Ihnen den Lichtenberg näher bringen. Er war Physik-Professor in Göttingen (18. Jahrhundert), ein Original mit wahrhaft genialen Anwandlungen, die sich in unsterbliche Gedankensplitter verdichteten. Von den längeren Sachen ist der Brief der Erde an den Mond besonders ergötzlich. Über den letzteren gibt es folgendes Historchen. Frage: Wer ist nützlicher, die Sonne oder der Mond? Antwort: natürlich der Mond; er leuchtet, wenn es sonst ganz finster ist, während die Sonne nur scheint, wenn es ohnehin hell ist. In verschleierter Form zeigt sich dieser drollige Irrtum auch in der biblischen Schöpfungsgeschichte.

Mit herzlichen Wünschen

Ihr
A. Einstein.

An A. J. Muste von der Fellowship of Reconciliation schrieb Einstein am 12. März 1955[3]:

Ich fand Ihre kritischen Aufsätze recht überzeugend, besonders die Kritik des Thirring-Vorschlags. Andererseits scheint mir Ihr Vorschlag sofortiger einseitiger Abrüstung nicht annehmbar. Eine wirkliche Lösung des Sicherheitsproblems setzt ein gewisses gegenseitiges

Vertrauen der Parteien voraus, das nicht durch mechanisierte Massregeln irgendwelcher Art ersetzt werden kann.

Die Erzeugung von Vertrauen erfordert konsequentes Handeln in diesem Sinne. Eine schöne Gelegenheit dieser Art wäre zum Beispiel die gemeinsam mit Russland realisierte Entmilitarisierung Deutschlands gewesen. Hier und in Ostasien hat man fast stets das Gegenteil dessen getan, was Vertrauen erzeugt.

Einsteins nachdrückliche Erklärungen seiner Rolle in der Entwicklung der Atombombe im Jahre 1939, die er in einer japanischen Publikation und in Briefen an japanische Freunde gemacht hatte und die in einem früheren Kapitel ausführlich behandelt sind, waren merkwürdigerweise wenig bekannt geworden. Nachfragen darüber wollten nicht aufhören. Die letzte von Einstein beantwortete Bitte um Aufklärung seines im August 1939 an den Präsidenten Roosevelt gerichteten Briefes kam charakteristischerweise aus Deutschland. Schreiber war Professor Max von Laue, einer der wenigen deutschen Physiker, für die Einstein wahrhaft freundschaftliche Gefühle hatte und mit dem er, abgesehen von den Kriegsjahren, immer in Verbindung geblieben war. Einstein schrieb seinem deutschen Kollegen am 19. März 1955:

... Die Sache mit der Atombombe und Roosevelt beschränkte sich darauf, dass ich ein von Szilard verfasstes Schreiben unterschrieb angesichts der Gefahr, dass Hitler zuerst in den Besitz der Bombe kommen könnte. Wenn ich gewusst hätte, dass diese Befürchtung grundlos war, hätte ich mich an der Öffnung der Pandorabüchse nicht beteiligt. Denn mein Misstrauen gegen die "weltlichen Mächte" war nicht auf Deutschland beschränkt. An der Warnung gegen die Verwendung der Bombe hatte ich leider keinen Anteil. James Franck hat dieses Verdienst, daher wohl die Verwechslung. Hätte man ihm doch gefolgt ....

Noch vor dem Empfang des Briefes von Laues war eine noch grundsätzlichere Frage über Einsteins Verantwortung für die Existenz der Atombombe aufgeworfen worden. Professor Jules Isaac, ein betagter französischer Historiker, übersandte Einstein eine kurz zuvor unter dem Titel "Atomkrieg oder Koexistenz" veröffentlichte Broschüre. Hätte Einstein, so fragte Isaac, nicht weitsichtig genug sein müssen, die möglichen technologisch gefährlichen Konsequenzen seiner Gleichungen zu erkennen, als er 1905 die Relativitätstheorie veröffentlichte? Und hätten nicht die Wissenschaftler in ihrer Gesamtheit sich schon längst auf Wege besinnen sollen, die katastrophalen Folgen ihrer Entdeckung zu verhüten[4]? Einstein erwiderte am 28. Februar 1955:

Ich habe Ihre lichtvolle Broschüre mit grossem Interesse gelesen, auch den offenherzigen Brief über die Geschichte unseres Volkes, den Sie der Abhandlung beigefügt haben.

Man hat immer das Gefühl, man müsste etwas tun, um das allgemeine Unheil abzuwehren. Diese Möglichkeit mag Ihnen noch einigermassen aussichtsvoller erscheinen als mir. Denn ich lebe ja in einem der beiden Zentren des politischen Fiebers. Da ist es so weit gekommen, dass man nur mit wenigen Menschen ein ruhiges Gespräch führen kann. Furcht, Hass und kleinliche private Interessen regieren das Handeln jedes Einzelnen und treiben die Menschen (einschliesslich der Wissenschaftler) und die Nationen in die entscheidende Katastrophe hinein. Es ist unmöglich, zu unterscheiden, wer treibt und wer getrieben wird. Wohl weiss nachgerade ein jeder, dass die Alternative ist: gesicherter Friede auf internationaler Basis oder gemeinsamer Untergang. Wenn er aber die Möglichkeit hat, gemäss dieser Erkenntnis eine, wenn auch eine noch so geringfügige, Entscheidung zu treffen, dann versagt er unter dem sozialen Druck, zu dem er selber beiträgt. So ist es zwar immer und überall gewesen, aber die Folgen waren nicht so global wie gegenwärtig. Nun denken Sie, dass ich armseliges Geschöpf durch das Auffinden und Publizieren der Beziehung zwischen Masse und Energie zu der Herbeiführung unserer lamentablen Situation wesentlich beigetragen hätte. Sie denken, ich hätte damals (1905) die Entwicklung der Atombombe voraussehen müssen. Dies wäre aber nicht möglich gewesen, da die Möglichkeit der Herbeiführung von "Kettenreaktionen" auf empirischen Tatsachen beruht, die man damals noch nicht ahnen konnte.

Aber selbst wenn dieses Hindernis nicht bestanden hätte, wäre es doch lächerlich gewesen zu versuchen, diese Konsequenz der speziellen Relativitätstheorie zu verschweigen. Nachdem die Theorie einmal da war, war diese Konsequenz mitgegeben und konnte nicht lange verborgen bleiben. Die Theorie selbst aber verdankt ihre Entstehung der Bemühung, die Eigenschaften des "Licht-Äthers" herauszufinden! Keine Spur einer Möglichkeit von technischen Implikationen war sichtbar. Für mich (und für Bertrand Russell) ist die Frage: Können die wenigen Gelehrten, die genügend anerkannt, mutig und selbstlos sind, etwas Wirksames unternehmen? . . .

Ein kalifornischer Korrespondent hatte ein Buch über eine "Philosophie des planetarischen Universalismus" geschrieben und erbat dazu einen Kommentar Einsteins, der Anfang April 1955 schrieb[5]:

Es wäre das grösste Glück für die Menschen, wenn sie sich gemäss Ihren Vorschlägen verhielten. Aber sie können dies ebensowenig, wie die Tiger imstande sind, Vegetarier zu werden. Wir dürfen trotzdem nicht aufhören, in jeder Stunde des Lebens das Unerreichbare anzustreben.

Firing Line, eine von der Amerikanismus-Kommission der American Legion (Organisation der amerikanischen Veteranen) redigierte und verbreitete Publikation, beschäftigte sich in einer ihrer Nummern ausschliesslich mit den United World Federalists (Vereinigte Weltföderalisten). Das Blatt verzeichnete viele prominente Mitglieder dieser Organisation und beschuldigte sie der Teilnahme an "unpatriotischen" Gruppen und Bewegungen. Auch Einstein gehörte zu denen, die in dieser Weise charakterisiert wurden.

In einem Brief an Einstein äusserten die United World Federalists ihre Empörung über die kaum verhüllte Anklage des Umstürzlertums. Die Organisation wollte die Zurücknahme der Anschuldigungen erzwingen und bat Einstein um Vorschläge für die einzuleitende gerichtliche Aktion. Einstein schrieb seine Antwort (am 8. April 1955) auf die Rückseite des Briefs:

Nach Einsicht in den Artikel der *Firing Line* möchte ich zu dieser Angelegenheit einige Bemerkungen machen. Wir sollten nach meiner Ansicht uns nicht darauf einlassen, den Begriff "subversiv" (umstürzlerisch) als an sich berechtigt anzuerkennen, indem wir uns dagegen verteidigen, dass wir "subversiv" genannt werden.

Wir sollten deutlich zu erkennen geben, dass wir den Gebrauch, der von diesem nebligen Wort von offiziellen und nichtoffiziellen Instanzen gegenwärtig gemacht wird, für schädlich und der Tradition der Vereinigten Staaten unwürdig ansehen.

Ferner sollten wir mit Festigkeit die These vertreten, dass der Gefahr allgemeiner Vernichtung nur auf dem Wege übernationaler Organisation gesteuert werden kann. Jeder Versuch, diese so bitter nötige Entwicklung zu erschweren oder zu verzögern, ist "subversiv" in der wahren Bedeutung des Wortes.

Acht Tage darauf erlitt Einstein den Anfall, der schliesslich zu seinem Tod führte. Es ist bezeichnend, wenn auch jedenfalls zufällig, dass die letzten besonderen Bemühungen in seinem Leben, neben seiner wissenschaftlichen Arbeit, den beiden politischen Problemen galten, die ihm vor allen anderen viele Jahre hindurch am Herzen gelegen hatten: die Abschaffung der Kriege und die Errichtung eines Heimatlandes in Palästina für das jüdische Volk, dem er sich in immer wachsender Loyalität verbunden fühlte.

Das Antikriegsprojekt, das ihn am Ende seines Lebens beschäftigte und das er in seinen allerletzten Tagen durch seine Unterschrift stützte, ging von Bertrand Russell aus. Russell schrieb Einstein am 11. Februar 1955 aus Richmond, Surrey (England)[6]:

Lieber Dr. Einstein:

Wie jeder denkende Mensch bin ich durch den atomaren Rüstungswettlauf aufs tiefste beunruhigt. Sie selbst haben bei verschiedenen

Anlässen Gefühle und Meinungen geäussert, mit denen ich völlig übereinstimme. Ich glaube, namhafte Männer der Wissenschaft sollten einen dramatischen Schritt unternehmen, um der Öffentlichkeit und den Regierungen die Möglichkeit einer Katastrophe mit Nachdruck darzustellen.

Halten Sie es für möglich, unter Ihrer Führung, ungefähr sechs Männer höchsten wissenschaftlichen Rufes zur Abgabe einer Erklärung zusammenzubringen, die die dringende Notwendigkeit der Verhütung eines Krieges klarzustellen hätte? Diese Männer sollten in ihren politischen Anschauungen so sehr verschieden sein, dass eine von ihnen unterzeichnete Erklärung offensichtlich weder kommunistenfreundliche noch kommunistenfeindliche Intentionen haben könnte.

Ich erhielt einen Brief von Joliot-Curie, der mich sehr ermutigt hat, denn die Tatsache, dass er Kommunist ist und dass ich es nicht bin, hat unser Einverständnis in dieser Angelegenheit nicht gehindert. Meine eigene Auffassung habe ich in einer Rundfunksendung ("Die Bedrohung des Menschen durch die Wasserstoffbombe", BBC[6a], 23. Dezember 1954) dargelegt, von der ich einen Abdruck beifüge. Das Echo in England war überraschend günstig, aber wir brauchen auch Stimmen aus anderen Ländern. Ich kenne keinen der amerikanischen Atomwissenschaftler persönlich, lese aber ihr monatliches *Bulletin* mit Interesse und stimme mit seiner Einstellung gewöhnlich überein. Viele unter ihnen suchen zweifellos einen Weg zur Verhütung einer atomaren Katastrophe. Wissen Sie, wie man diese Männer zu einer wirksamen Aktion gewissen könnte?

Einige Punkte erscheinen mir besonders wichtig.

Erstens: Ein Verbot der Wasserstoffbombe durch Abkommen wäre sinnlos. Ein solches Abkommen würde nach Ausbruch eines Krieges nicht als bindend betrachtet werden; jede am Krieg beteiligte Nation würde dann so viele Bomben wie nur möglich produzieren.

Zweitens: Wir dürften uns nicht durch den Gedanken der Anwendung der Atomenergie für friedliche Zwecke auf ein Seitengeleise drängen lassen. Die Anwendung für friedliche Zwecke wird bedeutsam werden, sobald Kriege unwahrscheinlich geworden sind, aber bis zu diesem Punkt wird sie verhältnismässig unwichtig bleiben.

Drittens: Jeder Versuch, einen Atomkrieg zu verhüten, muss auf streng neutraler Basis erfolgen; jeder Verdacht der Bevorzugung der einen oder anderen Seite muss vermieden werden. Was gesagt wird, muss vom Interesse der Menschheit, nicht von Gruppeninteressen, diktiert sein. Aus diesem, aber nicht ausschliesslich diesem, Grund wäre es gut, wenn einige der Teilnehmer bekannte Kommunisten, andere dagegen bekannte Antikommunisten wären.

Viertens: Man muss betonen, dass ein Krieg sehr wohl die Vertilgung allen Lebens auf unserem Planeten bedeuten kann. Die Regierungen Russlands und Amerikas glauben das nicht. Man sollte ihnen nicht weiterhin die Ausrede der Ignoranz in diesem Punkt erlauben.

Fünftens: Obwohl die Wasserstoffbombe gegenwärtig im Mittelpunkt der Aufmerksamkeit steht, sind mit ihr die destruktiven Möglichkeiten auf Grund wissenschaftlicher Forschung nicht erschöpft; wahrscheinlich werden die Gefahren eines Bakterienkriegs in absehbarer Zeit genau so gross sein. Dieser Umstand stärkt die allgemeine Annahme, dass Krieg und Wissenschaft nicht koexistieren können.

Joliot-Curie hält offensichtlich eine grosse internationale Konferenz von Wissenschaftlern für wünschenswert. Ich halte das nicht für den besten Weg zur Behandlung der Frage. Eine derartige Konferenz würde eine lange Vorbereitungszeit erfordern; es gäbe Visaschwierigkeiten; und die Diskussionen und Kontroversen einer solchen Konferenz hätten einen Charakter, der eine klare, dramatische Wirkung auf die Öffentlichkeit unmöglich machen würde. Eine kleine Zahl hervorragender Männer wird nach meiner Auffassung mehr erreichen können, mindestens am Anfang.

Man sollte, glaube ich, an die neutralen Mächte appellieren. Ich würde es gerne sehen, wenn ein neutrales Land (allein oder zusammen mit anderen) eine kleine Kommission aus den Reihen seiner Landsleute einberufen würde, deren Aufgabe es wäre, einen Bericht über die voraussichtlichen Wirkungen eines Krieges auf Neutrale wie Kriegführende auszuarbeiten. Eine solche Kommission sollte, glaube ich, aus sechs Mitgliedern bestehen: einem Kernphysiker, Bakteriologen, Genetiker und Luftkriegspezialisten, sowie einem in den Vereinten Nationen geschulten Kenner der internationalen Beziehungen und einem Vorsitzenden, der kein Spezialist, sondern ein Mann von umfassender Kultur sein sollte.

Der Bericht der Kommission sollte veröffentlicht und allen Regierungen der Welt mit der Bitte um Meinungsäusserung vorgelegt werden. Ich glaube, dass auf diese Weise die Unmöglichkeit eines Krieges in unserer Zeit allgemein erkannt würde. Neutrale Länder würden einen solchen Vorschlag wohl umso eher annehmen, wenn sie davon Kenntnis erhielten, dass der Vorschlag auch in nicht neutralen Staaten warm unterstützt wird.

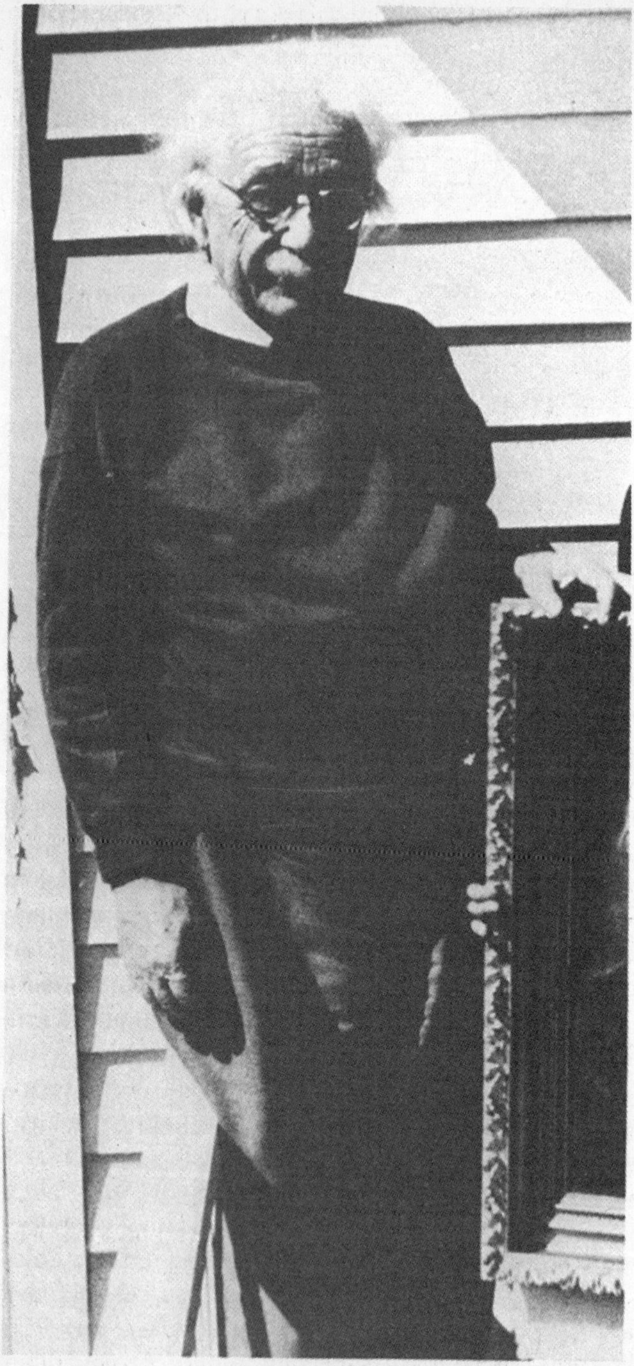

Letztes Bild von Einstein, 14. März 1955

Ich würde mich freuen, Ihre Meinung über die verschiedenen Punkte zu hören.

Mit wärmsten Wünschen

Ihr sehr ergebener
Bertrand Russell

Noch vor Ablauf einer Woche, am 16. Februar 1955, antwortete Einstein:

Lieber Bertrand Russell:

Ich stimme mit jedem Wort in Ihrem Briefe vom 11. Februar überein. Es muss etwas in dieser Angelegenheit getan werden, was Eindruck auf ein weites Publikum und auch auf die Politiker macht. Dies könnte am besten erreicht werden durch eine öffentliche Erklärung, gemeinsam gezeichnet von einer kleinen Zahl (zum Beispiel 12) Personen, die durch ihre wissenschaftlichen (im weitesten Sinne) Leistungen internationale Autorität haben und deren Zeugnis nicht durch politische Affiliation in seiner Wirksamkeit abgeschwächt wird. (Vielleicht könnte man sogar politische Menschen wie Joliot hinzunehmen, wenn es gelänge, auch Personen aus dem anderen Lager zu gewinnen.)

Die neutralen Länder müssten stark vertreten sein. Niels Bohr, zum Beispiel, müsste unbedingt dazu gehören, an dessen Bereitschaft wohl nicht zu zweifeln ist. Er dürfte sogar bereit sein, zu Ihnen zu kommen, um den zu unterzeichnenden Text von vornherein festzulegen. Er könnte auch bei der Auswahl und Gewinnung der Unterzeichner behilflich sein.

Ich darf wohl annehmen, dass Sie damit einverstanden sind, dass ich hier in Amerika Ihren Brief an ein paar Personen schicken darf, von denen ich denke, dass sie der Unternehmung nützen könnten. Hier ist die Auswahl besonders schwer, da – wie Sie ja wohl wissen – dieses Land von einer politischen Seuche heimgesucht ist, von der die Forschenden keineswegs verschont geblieben sind.

Ich denke, dass der zu unterzeichnende Text von höchstens zwei oder drei Leuten verfasst werden soll, das heisst eigentlich von Ihnen allein, aber so, dass man der völligen Zustimmung wenigstens von ein paar Unterzeichnern von vornherein sicher ist. Dies wird es den Anderen leichter machen, zu unterzeichnen, ohne zeitraubende Abänderungs-Vorschläge zu machen.

Natürlich sollte man auch russische Unterschriften haben, was wohl gar nicht so schwer sein dürfte. Mein Kollege L. Infeld (Professor an der Universität Warschau) könnte vielleicht dabei helfen.

Hier in Amerika kämen nach meiner Ansicht zum Beispiel Whitehead und Urey in Betracht. Aber wir sollten darauf achten, dass die Hälfte der Zeichner Neutrale sind, weil dies auf die "Kriegerischen" Eindruck macht und den neutralen Charakter des Schrittes betont.

Mit herzlichen Grüssen

Ihr

A. Einstein.

Am 25. Februar 1955 schrieb Russell nochmals:

Lieber Einstein:

Ich danke Ihnen für Ihren Brief vom 16. Februar und bin froh darüber, dass wir im wesentlichen übereinstimmen. Ich glaube, Sie haben Recht mit Ihrem Vorschlag, neben uns beiden zunächst noch zwei Unterschriften zu finden, und dann den Entwurf an eine Gruppe besonders ausgewählter Personen zu senden. Die Entscheidung über die anderen einzuladenden Wissenschaftler würde ich Ihnen, oder Ihnen und Bohr zusammen, überlassen, da Sie ja die wissenschaftliche Welt weit besser kennen als ich.

Es hat mich interessiert zu hören, dass Sie annehmen, Niels Bohr wäre bereit, mich aufzusuchen. Ich weiss nicht, wo er sich gegenwärtig befindet. Ich habe ihn vor dem Krieg in Kopenhagen kennen gelernt und war von seiner sympathischen Persönlichkeit beeindruckt. Sie können meinen Brief ruhig allen zeigen, von denen Sie Unterstützung erwarten. In Ihrem Schreiben erwähnen Sie Whitehead und Urey. Ich weiss nicht, an welchen Whitehead Sie denken.

Bevor ich mich an den Entwurf der Erklärung mache, der dann einer kleinen Zahl hervorragender Wissenschaftler vorzulegen wäre, möchte ich Ihre Meinung über den ungefähren Inhalt des Dokuments kennen. Ich denke, wir sollten zunächst in kurzen, nüchternen Worten auf den selbstmörderischen Wahnsinn eines thermonuklearen Krieges hinweisen; wir sollten dann die neutralen Länder auffordern, die beiden antagonistischen Lager dazu zu bewegen, in einer gemeinsamen Erklärung anzuerkennen, dass ein Krieg keinem von beiden nützen würde. Das scheint mir wichtig: nicht nur, weil dieses Vorgehen Erfolg verspricht, sondern auch, weil es einen Weg zur Aktion aufzeigt. Viele Menschen sind in ihrer Handlungsfähigkeit gelähmt, weil sie einen solchen Weg nicht sehen; und ich glaube, wir sollten es nicht dabei belassen, auf die Greuel eines Krieges hinzuweisen, sondern praktische Schritte zu seiner Verhütung vorschlagen.

Ich stehe in Verbindung mit Nehru, dem ich mündlich eine konkrete Idee unterbreitet habe, die in dem beigelegten Entwurf dargelegt ist. Dieser Entwurf wird, von einer Reihe von britischen Parlamentsmitgliedern unterzeichnet, Mme. Pandit übermittelt werden. Nehru hat sich sehr positiv über die Vorschläge geäussert. Er wird wahrscheinlich in dem erwünschten Sinne handeln. Zunächst muss das Memorandum vertraulich behandelt werden; nichts darf über eine mögliche Aktion der indischen Regierung verlauten, aber ich glaube, es besteht Grund zu der Hoffnung, dass das Ergebnis für uns günstig ausfallen wird.

Eine Erklärung einer kleinen Zahl prominenter Männer, wie wir beide sie im Sinn haben, würde im Einklang sein mit einer Aktion, die die indische Regierung möglicherweise unternehmen wird; ja, sie könnte der indischen Regierung den Rücken stärken.

Ich würde mich freuen, Ihre Meinung über die oben erwähnten Punkte zu erfahren.

Ihr sehr ergebener
Bertrand Russell

Dem Brief war das Memorandum beigefügt, das Russell am 15. Februar 1955 entworfen hatte und das durch die "Gruppe für eine Weltregierung" der Hochkommissarin für Indien, Mme Pandit, übermittelt werden sollte. Das Dokument setzte die von Russell in seinem Brief an Einstein skizzierten Ideen auseinander:

Sollte es zu einem grossen Krieg kommen, werden Kernwaffen bestimmt angewendet werden. Ein mit Kernwaffen geführter Krieg würde zum mindesten eine verheerende Katastrophe bedeuten, und möglicherweise die Ausrottung allen Lebens auf unserem Planeten.

Darum muss ein grosser Krieg verhütet werden.

Keiner der beiden Blöcke in dem Ost-West-Konflikt kann als erster dem Krieg abschwören. Denn das würde dem gegnerischen Block einen diplomatischen Vorteil bringen.

Neutrale Regierungen allein können an die beiden Blöcke herantreten, ohne sich dem Vorwurf einer Besänftigungspolitik (appeasement) auszusetzen.

Unter ihnen nimmt Indien eine besondere Stellung ein, sowohl im Hinblick auf seine grosse Bevölkerungszahl, als auch auf seine freundlichen Beziehungen zu China einerseits und den übrigen Nationen des britischen Commonwealth andererseits.

Aus diesem Grund kann Indien der Menschheit einen aussergewöhnlichen Dienst erweisen, für den keine andere Nation in gleicher Weise qualifiziert ist.

Indien könnte die Erkenntnis, dass die Verhütung eines grossen Krieges zwingend notwendig ist, durch Massnahmen wie die folgende fördern:

Berufung einer Kommission durch die Regierung, bestehend aus sechs Mitgliedern: 1) einem Kernphysiker, 2) einem Bakteriologen; 3) einem Genetiker; 4) einem Luftkriegsexperten; 5) einem Mann mit reicher Erfahrung in der internationalen Diplomatie; 6) einem Vorsitzenden, der kein Spezialist, sondern ein Mann umfassender Kultur sein müsste.

Diese Männer sollten – jeder innerhalb seines eigenen Beobachtungsfeldes – Material sammeln als Grundlage für einen Bericht, den sie über die wahrscheinlichen Folgen eines Krieges, der zu erwartenden Leiden der Kriegführenden wie der Neutralen, schreiben sollten.

Dieser Bericht sollte veröffentlicht und allen Regierungen mit der Bitte um Meinungsäusserungen vorgelegt werden.

Auf diese Weise könnten die beiden Blöcke möglicherweise veranlasst werden, gleichzeitig den Krieg als Instrument der Politik abzuschwören.

Sobald das erreicht wäre, würden weitere Schritte zur internationalen Aussöhnung rasch folgen.

Einstein schrieb Russell am 4. März 1955:

Lieber Bertrand Russell!

Ich habe an Niels Bohr geschrieben und ihn gebeten, mit Ihnen in Verbindung zu treten. Ich hoffe, er wird es sehr bald tun. An Kollegen in den Vereinigten Staaten habe ich noch nicht geschrieben, einerseits weil ich mir über die Rolle nicht vollkommen klar bin, die sie nach Ihrer Meinung spielen sollen, andererseits, weil ein solcher Schritt in gewisser Weise unwiderruflich wäre. Es scheint mir, dass Sie, um Konfusion zu vermeiden, sich als Diktator des Projekts betrachten und Befehle geben sollten. Ich würde gerne hören, wie Niels Bohr reagiert hat, und ob Sie mit ihm zu einer Verständigung über die fundamentalen Punkte gekommen sind.

Es tut mir leid, nicht daran gedacht zu haben, dass Ihr alter Freund Whitehead gestorben ist. Sie haben mich daran auf wunderbar diplomatische Weise erinnert.

Ich glaube, es wäre höchst wünschenswert, Albert Schweitzer für unsere Gruppe zu gewinnen. Sein moralischer Einfluss ist ausserordentlich gross und weltweit. Sollten Sie es für ratsam finden, werde ich ihm schreiben, sobald Sie mir eine klare Schilderung der geplanten Aktivitäten der Gruppe gegeben haben.

Ich erwarte Befehle und bin mit herzlichen Wünschen und Bewunderung

Ihr ergebener
Albert Einstein*

Einsteins Brief an Niels Bohr trägt das Datum des 2. März 1955:

Lieber Niels Bohr!

Runzeln Sie Ihre Stirne nicht, denn es handelt sich heute nicht um unseren alten physikalischen Streitpunkt, sondern um etwas, in dem wir völlig einer Meinung sind. Bertrand Russell schrieb mir vor kurzem den in Abschrift beiliegenden Brief. Er will eine kleine Zahl von international angesehenen Gelehrten zusammenbringen, damit sie eine gemeinsame Warnung an alle Völker und Regierungen ergehen lassen wegen der durch die Atomwaffen und das Wettrüsten geschaffenen alle Völker bedrohenden Situation. Diese Aktion soll gleichzeitig mit einer politischen Initiative stattfinden, das heisst einer, die von neutralen Regierungen ausgeht.

Bertrand Russell weiss, dass ich Ihnen schreibe, ja er wünschte es. Er weiss natürlich, dass Sie durch Ihren Einfluss, Ihre Erfahrung und durch Ihre persönlichen Verbindungen diesem Unternehmen nützen können, ja dass Ihr Rat und Ihre aktive Beteiligung für das Gelingen geradezu unentbehrlich sind.

Die Aktion der Gelehrten soll sich nicht *nur* auf Gelehrte neutraler Länder beschränken, wenn auch der politisch neutrale Charakter durch die Wahl der Mitwirkenden deutlich hervortreten sollte. Wenn ich Bertrand Russells Absicht recht verstehe, so denkt er, man solle nicht nur die Gefahr ins Licht stellen, sondern von den Regierungen *fordern,* dass sie die Notwendigkeit des Verzichtes auf eine Lösung politischer Streitfragen durch militärische Mittel öffentlich erklären.

Es wäre sehr lieb von Ihnen, wenn Sie sich mit Bertrand Russell in Verbindung setzen und ihm Ihre Geneigtheit zur Mitarbeit erklären würden, falls Sie die Sache im Prinzip billigen. Sie beide können dann auch über die Persönlichkeiten entscheiden, deren Mitwirkung wünschbar erscheint. Von den hiesigen habe ich an Urey, Szilard, James Franck gedacht, aber es sollten wohl nicht zu viele Physiker sein. Ich bin bereit, an jeden zu schreiben, den Ihr für geeignet haltet, zögere aber, den ersten (nicht unumkehrbaren) Schritt zu unternehmen, bevor ich nicht eure Meinung darüber weiss.

In Amerika ist es dadurch besonders schwierig, weil die angesehensten Fachleute, die in einflussreichen offiziellen Stellungen sind, kaum geneigt sein dürften, sich in ein solches "Abenteuer" einzulassen. Wenn ich selber dabei bin, ist es für die Wirkung im Ausland günstig, nicht aber für die im Inland, weil ich (nicht nur in wissenschaftlichen Dingen) als schwarzes Schaf betrachtet werde.

Wenn Sie sich mit Bertrand Russell in den Hauptpunkten verständigen können, ist schon viel gewonnen. Mir brauchen Sie einstweilen gar nicht zu schreiben.

Mit herzlichen Grüssen
Ihr
Albert Einstein

Am 5. April 1955 schrieb Russell seinen letzten Brief an Einstein:

Lieber Einstein!

Ich habe mir überlegt und habe die Frage mit verschiedenen Leuten besprochen, wie sich die Kriegsgegnerschaft der grossen Mehrheit der Wissenschaftler am wirksamsten in konkrete Schritte übersetzen liesse.

Ich glaube, der erste Schritt sollte in einer Erklärung von Spitzenpersönlichkeiten, Kommunisten wie Antikommunisten, Vertretern des Westens wie des Ostens, bestehen, die die verheerenden Folgen eines Krieges aufzeigen müsste. Ich füge den Entwurf zu einer solchen Erklärung bei und hoffe sehr, dass Sie ihn zu unterzeichnen bereit sind. Auch sende ich eine Liste weiterer Persönlichkeiten, deren Unterschrift ich erbitten werde[8].

Sobald eine genügende Zahl von Unterschriften vorliegt, sollte, glaube ich, der nächste Schritt folgen: die Einberufung eines internationalen Kongresses von Wissenschaftlern, dem die Unterzeichner eine Resolution nach Art des beigelegten Entwurfs zur Annahme unterbreiten sollten. Ich hoffe, dass auf diese Weise sowohl die Regierungen als auch die Völker sich des Ernstes der Situation bewusst werden.

Ich habe es für besser gehalten, im Augenblick nur Wissenschaftler und nicht auch noch Vertreter anderer Arbeitsgebiete zu interessieren, wie etwa den von Ihnen erwähnten Arnold Toynbee. Wissenschaftler tragen, und sind sich klar darüber, eine ganz besondere Verantwortung, denn sie haben unbewusst durch ihre Arbeit die uns heute drohenden Gefahren hervorgerufen. Ausserdem glaube ich, dass eine Erweiterung des Kreises es viel schwieriger machen würde, der Politik fernzubleiben.

Ihr ergebener
Bertrand Russell

Einstein erwiderte am 11. April 1955:

Lieber Bertrand Russell!

Danke für Ihren Brief vom 5. April. Gerne werde ich Ihre ausgezeichnete Erklärung unterschreiben. Auch stimme ich mit der Wahl der vorgeschlagenen Mitunterzeichner überein.

Mit freundlichen Grüssen
A. Einstein

Unter diesen Brief, und unter das Dokument Russells, setzte Einstein die letzten Unterschriften in seinem Leben. Zwei Tage später begann sein Todeskampf. Im Vorwort dieses Buchs berichtet Russell über die dramatische Art, in der er von Einsteins Tod hörte. Er war in einem Flugzeug auf der Reise von einem Kongress in Rom zu einem anderen in Paris, als der Flugzeugpilot die Nachricht vom Tode Einsteins durchgab. Bei seiner Ankunft in Paris erreichte Russell Einsteins Brief mit der unterzeichneten Erklärung.

Russell machte die Erklärung am 9. Juli 1955 in einer Pressekonferenz in London der Öffentlichkeit bekannt. Er schickte dem Text die folgenden Bemerkungen voraus:

Die von hervorragendsten Wissenschaftlern in verschiedenen Teilen der Welt unterschriebene Erklärung handelt von den Gefahren eines Kernwaffenkrieges. Die Erklärung bringt klar zum Ausdruck, dass in einem solchen Krieg keiner der Beteiligten auf einen Sieg rechnen könnte, und zeigt die sehr ernste Gefahr der Ausrottung der Menschenrasse durch Staub und Regen radioaktiver Wolken.

Die Erklärung betont, dass weder die Völker noch die Regierungen der Welt sich über die Gefahren hinreichend klar sind. Und sie weist darauf hin, dass die Annahme eines Verbots der Kernwaffen zwar die politischen Spannungen verringern könnte, aber keine Lösung des Problems darstellen würde. Denn zweifellos würden solche Waffen in einem grossen Krieg, trotz aller gegenteiligen vorherigen Abmachungen, erneut hergestellt und angewendet werden.

Die einzige Hoffnung für die Menschheit besteht in der Verhütung von Kriegen. Und unsere Erklärung soll zum Nachdenken über die dazu erforderlichen Schritte anregen.

Unsere Aktion wurde zunächst zwischen Einstein und mir vereinbart. Einstein unterzeichnete die Erklärung in der letzten Woche seines Lebens. Nach seinem Tod bin ich an hervorragende Gelehrte des Ostens wie des Westens herangetreten, da politische Meinungsverschiedenheiten Wissenschaftler nicht daran hindern sollten, die wahrscheinliche künftige Entwicklung richtig einzuschätzen; einige Antworten stehen noch aus.

Ich bringe die von den Unterzeichnern ausgesprochene Warnung zur Kenntnis aller mächtigen Regierungen der Welt, in der ernsten Hoffnung, dass sie ihren Bürgern das Weiterleben ermöglichen werden.

Hier folgt der Wortlaut des Manifests, das in allen wesentlichen Punkten Russells Rede entspricht, die die British Broadcasting Corporation am 23. Dezember 1954 verbreitet hatte[9]:

In der heutigen für die Menschheit so tragischen Situation sehen wir es als Pflicht der Wissenschaftler an, eine Konferenz einzuberufen, um die unheildrohende Entwicklung der Massenvernichtungswaffen zu erörtern und eine Resolution im Sinne des hier beigefügten Entwurfs zu erwägen.

Wir sprechen hier nicht als Vertreter unserer Nationen, Kontinente oder Glaubensbekenntnisse, sondern als Mitglieder der menschlichen Rasse, deren Fortleben gefährdet ist.

Die Welt ist von Konflikten zerrissen; aber alle kleineren Konflikte werden von dem gigantischen Kampf zwischen Kommunismus und Antikommunismus in den Schatten gestellt.

Fast jeder politisch Denkende hat starke persönliche Meinungen über das eine oder andere der sich daraus ergebenden strittigen Probleme. Dennoch möchten wir die Hoffnung aussprechen, dass Sie diese Ansichten für den Augenblick vergessen und sich nur als Mitglied einer biologischen Gattung zu betrachten vermögen, die eine bemerkenswerte Geschichte hinter sich hat und deren Verschwinden keiner von uns wünschen kann.

Wir wollen kein einziges Wort sagen, das nur an eine und nicht an beide Seiten des Konflikts gerichtet wäre. Wir sind alle gleichermassen in Gefahr. Aber sobald wir uns dieser Gefahr bewusst sind, besteht die Hoffnung, dass wir sie in vereintem Kampf zu bannen vermögen.

Wir müssen lernen, anders zu denken als bisher. Wir dürfen nicht mehr fragen: welche Schritte müssen wir ergreifen, um unserer Seite den militärischen Sieg zu sichern? Denn solche Schritte gibt es nicht mehr. Vielmehr müssen wir uns fragen: welche Schritte führen zur Vermeidung eines militärischen Konflikts, dessen Ende für alle Beteiligten katastrophal sein müsste?

Die breite Öffentlichkeit und selbst die offiziellen Machthaber haben noch nicht begriffen, was ein Kernwaffenkrieg wirklich bedeuten würde. Im allgemeinen denkt man immer noch in alten Begriffen, wie der Zerstörung einzelner Städte. Man weiss, dass die neuen Bomben kraftvoller sind als die früheren; dass, während eine

Atombombe Hiroschima zerstörte, eine Wasserstoffbombe die grössten Städte, wie zum Beispiel London, New York oder Moskau, vernichten könnte.

Gewiss würden Grosstädte in einem Wasserstoffbombenkrieg untergehen. Aber das wäre ein verhältnismässig geringfügiger Teil der Katastrophe. Selbst wenn alle Einwohner Londons, New Yorks und Moskaus umkämen, würde sich die Welt in einigen Jahrhunderten von dem Schlag erholen. Wir wissen jedoch, besonders seit dem Bikini-Test, dass Nuklearbomben in einem langsamen Prozess weit grössere Gebiete zerstören können, als ursprünglich angenommen worden war.

Sachverständige haben erklärt, dass jetzt eine Bombe hergestellt werden kann, deren Zerstörungsgewalt 2,500 mal so gross ist wie die der Atombombe, die Hiroschima vernichtet hat.

Wird eine solche Bombe in Erdnähe oder unter Wasser explodiert, steigen die radioaktiven Partikel in die oberen Luftschichten auf. Dann fallen sie allmählich in Form von tödlichem Staub oder Regen zur Erde. Es war solcher radioaktiver Staub, der die japanischen Fischer und ihre Beute vergiftet hat.

Niemand weiss die Grösse der Fläche, über die die tödlichen radioaktiven Partikel verstreut würden, aber die besten Sachverständigen sagen übereinstimmend, dass ein Wasserstoffbombenkrieg das Ende der menschlichen Rasse bedeuten könnte. Sie befürchten, dass die Anwendung vieler Wasserstoffbomben den universellen Tod bringen würde – für eine Minderheit der Menschen den sofortigen Tod, für die Mehrheit aber langwieriges Siechtum und qualvollen Verfall.

Hervorragende wissenschaftliche und militärische Autoritäten haben vielfache Warnungen geäussert. Keiner dieser Sachverständigen behauptet, dass die allerschlimmsten Folgen sicher seien. Aber alle halten sie für möglich. Soweit ich es sehe, sind ihre Meinungen in keiner Weise von politischen Überzeugungen und Vorurteilen gefärbt; sie reflektieren ausschliesslich das objektive Wissen dieser Männer. Und wir haben beobachtet, dass jene, die am meisten wissen, die pessimistischsten Voraussagen machen.

Darum legen wir Ihnen die Frage vor, eine Frage von harter, unausweichlicher Grauenhaftigkeit: wollen wir die Menschenrasse oder den Krieg abschaffen? Diese Alternative wollen die Menschen nicht sehen, weil die Abschaffung des Krieges so schwierig ist.

Abschaffung des Krieges fordert unliebsame Einschränkungen der nationalen Souveränität. Aber das Verständnis der Situation wird am meisten erschwert durch den vagen und abstrakten Charakter des

Begriffs "Menschheit". Die Menschen wollen nämlich nicht begreifen, dass sie selbst, ihre Kinder und Kindeskinder gefährdet sind – und nicht nur ferne Mitglieder einer "Menschheit". Sie können es nicht begreifen, dass sie selbst und ihre Nächsten sich der unmittelbaren Gefahr qualvollen Todes gegenüberfinden. Und vielleicht denken sie, man könne weiter Kriege führen, wenn nur ein Verbot der modernen Waffen erzielt werden könnte.

Diese Hoffnung ist trügerisch. Kein während des Friedens geschlossenes Abkommen gegen die Anwendung der Wasserstoffbombe würde in einem Krieg als bindend angesehen werden. Beide Seiten würden sofort nach Kriegsausbruch Wasserstoffbomben herstellen; denn wenn eine der beiden Seiten darauf verzichtete, wäre der Sieg der Gegenseite automatisch gesichert.

Ein vertraglich festgelegter Verzicht auf Kernwaffen, als Teil einer allgemeinen Rüstungsbeschränkung, würde keine endgültige Lösung, aber in verschiedener Beziehung einen Fortschritt bringen:

Erstens: Jedes Abkommen zwischen Ost und West ist nützlich, da es die bestehende Spannung zu verringern strebt.

Zweitens: Würde jede der beiden Seiten annehmen, die andere habe das Abkommen über die Abschaffung der thermonuklearen Waffen ehrlich erfüllt, so würde ein solches Abkommen die Furcht vor einem Überraschungsangriff im Stil von Pearl Harbor reduzieren – eine Furcht, die gegenwärtig beide Seiten in nervöser Hochspannung hält. Wir sollten darum ein solches Abkommen begrüssen, wenn auch nur als ersten Schritt.

Die meisten unter uns sind innerlich nicht neutral. Aber wir müssen verstehen, dass die Entscheidung der Streitfragen zwischen Ost und West – soll sie jedermann zufriedenstellen, sei er Kommunist oder Antikommunist, Asiate, Europäer oder Amerikaner, schwarz oder weiss – auf dem Weg des Krieges nicht möglich ist. Möge man dies sowohl im Osten als auch im Westen einsehen.

Vor uns liegt, wenn wir es nur wollen, die Möglichkeit ununterbrochenen Fortschrittes zu Glück, Wissen, Weisheit. Sollen wir statt dessen den Tod wählen, weil wir unsere Streitereien nicht vergessen können? Als Menschen rufen wir die Menschen auf: denkt an euer Menschentum – und vergesst alles andere. Seid ihr dessen fähig, ist der Weg zu einem neuen Paradies offen; bringt ihr es nicht zuwege, riskiert ihr den Tod aller.

Wir bitten den [*einzuberufenden*] Kongress und, mit seiner Hilfe, die Wissenschaftler, wie die öffentliche Meinung der Welt, folgende Resolution unterstützen zu wollen:

"Im Hinblick darauf, dass in einem künftigen Krieg ohne jeden Zweifel Kernwaffen angewendet würden und dass diese Waffen den Fortbestand der Menschheit gefährden, ersuchen wir nachdrücklichst die Regierungen der Welt, zu erkennen und öffentlich zu bekennen, dass ihre Ziele nicht durch einen Weltkrieg erreicht werden können, und wir ersuchen sie darum dringlichst, friedliche Mittel der Lösung für alle zwischen ihnen bestehenden Konflikte ausfindig zu machen."

Neben Russell und Einstein hatten acht andere Wissenschaftler das Manifest vor der Veröffentlichung unterzeichnet: Percy W. Bridgman und Hermann J. Muller, Vereinigte Staaten; Cecil F. Powell und Joseph Rotblat, England; Frédéric Joliot-Curie, Frankreich; Leopold Infeld, Polen; Hideki Yukawa, Japan; und Max Born, Deutschland, dessen Name bei der Bekanntgabe versehentlich ausgelassen worden war. Linus Pauling (Vereinigte Staaten) schloss sich bald darauf ebenfalls an; das brachte die Zahl der Unterzeichner auf elf, die alle, mit Ausnahme von Rotblat und Infeld, Nobelpreisträger waren.

Nur zwei der Unterzeichner äusserten Vorbehalte. Muller erklärte, dass die Phrase "Abkommen zur Abschaffung der Kernwaffen als Teil eines allgemeinen Rüstungsabbaus" im Sinn einer "gleichzeitigen, abgewogenen Reduktion aller Waffenkategorien" zu betrachten sei. Und Joliot-Curie forderte, dass "die Regierungen auf Kriege als Mittel zur Beseitigung von Konflikten zwischen den Staaten verzichten" müssten. Man nahm an, dass mit dieser Formulierung das Recht auf Revolution innerhalb eines Staates nicht angetastet werden sollte. Weiterhin erklärte Joliot-Curie: "Die Einschränkung der nationalen Souveränität müsste von Allen im Interesse Aller beschlossen werden[10]."

Russell sandte Abschriften des Manifests an die nach seiner Auffassung an der Kernwaffenfrage in erster Linie interessierten Staatsoberhäupter: Präsident Dwight D. Eisenhower, Vereinigte Staaten; Premierminister Nikolai A. Bulganin, Sowjetunion; Premierminister Anthony Eden, Grossbritannien; Präsident René Coty, Frankreich; Vorsitzender Mao Tse-tung, Volksrepublik China; Premierminister Louis S. St. Laurent, Kanada.

Im Gegensatz zu dem Nicolai-Einstein-Manifest vierzig Jahre vorher erhielt das Russell-Einstein-Manifest weltweite und im allgemeinen positive Publizität. Ein offizielles Echo fand es in USA, Grossbritannien, Kanada und im Vatikan[11]. Das Manifest – die erste in einer Reihe ähnlicher Erklärungen – erschien während einer besonders gefährlichen Periode des kalten Krieges; die Veröffentlichung erfolgte eine Woche vor dem Zusammentreten der ersten Gipfelkonferenz (Frankreich, Grossbritannien, Russland und Amerika) in Genf, und etwas weniger als einen Monat vor dem Beginn der "Konferenz der Vereinten Nationen über die Anwendung der Atomenergie für friedliche Zwecke", ebenfalls in Genf. Das endgültige Urteil über Wert und Wirkung des Dokuments wird von dem Geschichtsschreiber der Zukunft abzugeben sein[12].

Einstein erlebte diese Entwicklungen nicht mehr. Er starb am 18. April 1955, eine Woche nachdem er das Manifest unterzeichnet hatte, und nicht ganz drei Monate vor dessen Veröffentlichung. Die Mitwirkung an dem Manifest war jedoch nicht Einsteins letzter politischer Akt. Seine allerletzte politische Handlung galt der Sorge um die Zukunft des Staates Israel.

Hier ist nicht der Ort, Einsteins zielbewusste und uneingeschränkte Identifizierung mit dem Schicksal des jüdischen Volkes in allen Einzelheiten zu besprechen. Er war bereits über vierzig Jahre alt und weltberühmt, als er die Überzeugung gewann, dass das Fortleben der Juden als klar umrissene, selbständige Kulturgemeinschaft von der Schaffung einer eigenen nationalen Heimstätte abhänge. Nachdem er die Notwendigkeit einmal erkannt hatte, hielt er unerschütterlich an seinem Glauben fest und war jederzeit bereit, ihn durch tatkräftige Hilfe zu manifestieren. Lange vor Gründung des Staates Israel und vor dem offenen Ausbruch der Feindseligkeiten zwischen Juden und Arabern hatte er, gleich vielen anderen, betont, friedliche Zusammenarbeit zwischen den beiden Völkern sei die Voraussetzung der gesunden Entwicklung eines jüdischen Heims in Palästina. Und gerade diese Idee beschäftigte ihn noch am Ende seiner Tage, als er die letzten Zeilen seines Lebens zu Papier brachte.

Er sah die Bedeutung des arabisch-jüdischen Problems nicht nur vom Gesichtspunkt Israels aus, sondern in einer weit tieferen Perspektive. Ende 1954 diskutierte er die Frage sehr ausgiebig mit Zvi Lurie, einem bedeutenden Mitglied der Jewish Agency (der Zentral-Einwanderungsbehörde) in Israel. Nachdrücklich sagte er, gerade das jüdische Volk, das selbst so schwer unter Vorurteil und Unterdrückung gelitten habe, müsse völliges Verständnis für die Notwendigkeit haben, der arabischen Minderheit in Israel Freiheit, Demokratie und volle Gleichberechtigung einzuräumen. Er fasste seine Anschauungen in einem Brief an Zvi Lurie vom 4. Januar 1955 zusammen:

Sie haben mich .... aufgefordert, die Ansichten, die ich bei unserer Besprechung .... geäussert habe, schriftlich zu wiederholen. Kurz zusammengefasst, handelt es sich um folgendes:

Erstens: Neutralität bezüglich des internationalen Gegensatzes Ost-West. Durch solche Haltung können wir [der Staat Israel] nicht nur unser bescheidenes Teil beitragen zur Milderung der Gegensätze im Grossen, sondern wir werden auch gutnachbarliche Beziehungen zu dem arabischen Volk und dessen Regierungen erleichtern.

Zweitens und Wichtigstes: Wir sollen unablässig darauf bedacht sein, die in unserer Mitte lebenden Bürger arabischer Nationalität als in jeder Beziehung gleichberechtigt zu behandeln und das nötige Verständnis für die in der Natur der Dinge liegenden Schwierigkeiten ihrer Situation aufzubringen. Durch solche Haltung werden wir nicht nur loyale Mitbürger gewinnen, sondern auch unsere Beziehungen zur arabischen Welt langsam, aber sicher verbessern. In dieser Beziehung hat die Kibbutz-Bewegung eine vorbildliche Haltung. Unsere Haltung zu unserer arabischen Minderheit ist der wahre Prüfstein unseres moralischen Standards.

Am 8. März 1955 erörterte Einstein das arabische Problem in einem Brief an seinen indischen Freund (siehe S. 576):

... Natürlich bedaure ich sehr die dauernde Spannung zwischen Israel und den benachbarten arabischen Staaten. Diese Spannung ist an sich kaum vermeidlich bei der nationalistischen Einstellung auf beiden Seiten, die noch durch den Krieg und dessen Folgen verschärft worden ist. Das Schlimmste aber ist, dass die jetzige hiesige Regierung [die Eisenhower-Regierung] die Araber für amerikanische imperialistische und militärische Interessen durch Preisgabe von Israel zu gewinnen sucht, das nun ernstlich in seiner Existenz bedroht ist.

Dieser Dulles ist wirklich ein Unglück. Er bedroht alle unter dem Vorwand, dem Frieden zu dienen, und glaubt so, seine imperialistischen Ziele zu erreichen, ohne einen "grossen" Krieg führen zu müssen. Diese Handlungsweise ist nicht nur moralisch verwerflich, sondern bringt Amerika auf lange Sicht in eine gefährliche Situation. Wie wenige Leute hier erkennen dies! Man hat das Volk an eine kurzsichtige militärische Denkweise gewöhnt, und zwar in einer erstaunlich kurzen Zeit.

Zur Wiederkehr des Jahrestags der Unabhängigkeit Israels erbat der israelische Generalkonsul in New York von Einstein eine Erklärung. Sie sollte von den kulturellen und wissenschaftlichen Leistungen Israels handeln, besonders auch von seiner Rolle in der Entwicklung des Atoms für friedliche Zwecke. Einstein erwiderte am 4. April 1955:

Sehr gerne möchte ich Israel in seiner heutigen schwierigen und gefahrenvollen Situation unterstützen. Es fragt sich, wie das am wirksamsten geschehen könnte. Ich glaube nicht, dass das Publikum sehr beeindruckt wäre von der ausschliesslichen Erörterung der kulturellen und wissenschaftlichen Errungenschaften Israels, innerhalb derer die Entwicklung der Atomenergie für friedliche Zwecke eine besondere und verhältnismässig unbedeutende Rolle spielt. Da die israelisch-arabischen Schwierigkeiten weit mehr im Vordergrund des Allgemeininteresses stehen, halte ich die Erörterung der kulturell-wissenschaftlichen Entwicklungen Israels im Augenblick nicht für besonders wichtig.

Vielmehr scheint mir, dass eine solche Ansprache, soll sie die öffentliche Meinung beeindrucken, die politische Situation auseinandersetzen sollte. Ich neige zu der Auffassung, dass eine kritische Analyse der Politik der westlichen Länder gegenüber Israel und den arabischen Staaten am wirksamsten wäre. Auch glaube ich, dass mir eine derartige Auseinandersetzung leichter fiele als einem mit jüdischen Organisationen eng verbundenen Sprecher.

Um eine solche Ansprache wirklich bedeutungsvoll zu gestalten,

Ich spreche zu Euch heute nicht als ein amerikanischer Bürger und auch nicht als Jude sondern als ein Mensch, der in allem Ernst darnach strebt, die Dinge objektiv zu betrachten. Was ich anstrebe, ist einfach, mit meinen schwachen Kräften der Wahrheit und Gerechtigkeit zu dienen auf die Gefahr hin, ~~da~~ niemand zu gefallen.

Zur Diskussion steht der Konflikt zwischen Israel und Aegypten. – ein kleines und unwichtiges Problem, werdet ihr denken, wir haben grössere Sorgen. So ist es aber nicht. Wenn es sich um Wahrheit und Gerechtigkeit handelt, gibt es nicht die Unterscheidung zwischen kleinen und grossen Problemen. Denn die allgemeinsten Gesichtspunkte, die das Handeln der Menschen betreffen, sind unteilbar. Wer es in kleinen Dingen mit der Wahrheit nicht ernst nimmt, dem kann man auch in grossen Dingen nicht vertrauen.

Diese Unteilbarkeit gilt aber nicht nur für das Moralische sondern auch für das Politische; denn die kleinen Probleme können nur richtig erfasst werden, wenn sie in ihrer Abhängigkeit von den grossen Problemen verstanden werden.

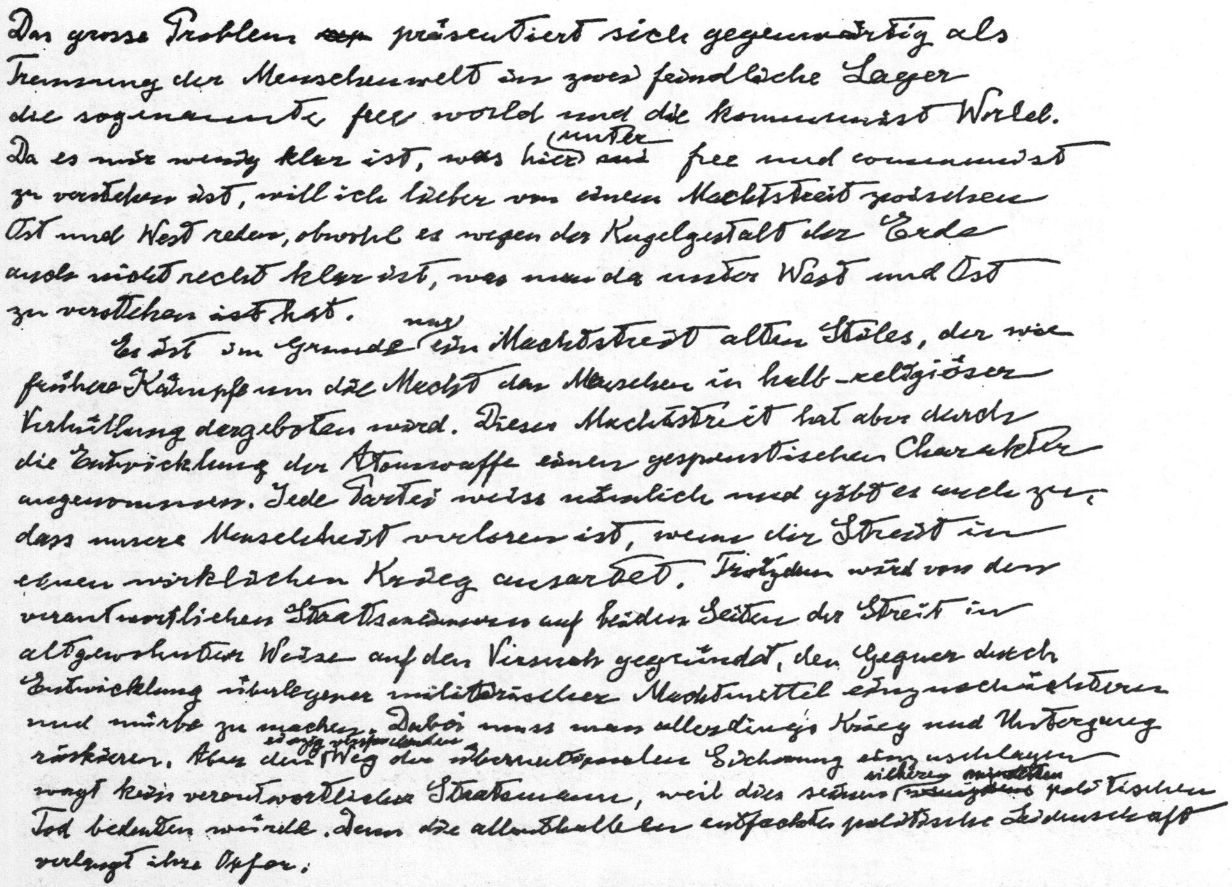
Das grosse Problem präsentiert sich gegenwärtig als
Trennung der Menschenwelt in zwei feindliche Lager
die sogenannte free world und die kommunist Welt.
Da es mir wenig klar ist, was hier unter free und communist
zu verstehen ist, will ich lieber von einem Machtstreit zwischen
Ost und West reden, obwohl es wegen der Kugelgestalt der Erde
auch nicht recht klar ist, was man da unter West und Ost
zu verstehen hat.
Es ist im Grunde nur ein Machtstreit alten Stiles, der wie
frühere Kämpfe um die Macht den Menschen in halb-religiöser
Verhüllung dargeboten wird. Dieser Machtstreit hat aber durch
die Entwicklung der Atomwaffe einen gespenstischen Charakter
angenommen. Jede Partei weiss nämlich und gibt es auch zu,
dass unsere Menschheit verloren ist, wenn der Streit in
einen wirklichen Krieg ausartet. Trotzdem wird von den
verantwortlichen Staatsmännern auf beiden Seiten der Streit in
altgewohnter Weise auf den Versuch gegründet, den Gegner durch
Entwicklung überlegener militärischer Machtmittel einzuschüchtern
und mürbe zu machen. Dabei muss man allerdings Krieg und Untergang
riskieren. Aber den Weg der übernationalen Sicherung einzuschlagen
wagt kein verantwortlicher Staatsmann, weil dies seinen sicheren politischen
Tod bedeuten würde. Denn die allenthalben entfachten politischen Leidenschaft
verlangt ihre Opfer.

Einsteins unvollendeter Entwurf einer Ansprache zum Unabhängigkeitstag Israels 1955 – das Letzte, das er in seinem Leben schrieb.

möchte ich sie in Zusammenarbeit mit verantwortlichen, offiziellen israelischen Vertretern vorbereiten. Natürlich kann ich nicht im vorhinein sagen, ob eine Zusammenarbeit dieser Art zum gegenseitigen Einverständnis führen würde; aber ich denke, der Versuch sollte unverzüglich unternommen werden.*

Einsteins Vorschläge bewogen den israelischen Botschafter Abba Eban und den Konsul Reuven Dafni zu einem Besuch in Princeton am 11. April. Nach ihrem Gespräch begann Einstein mit dem Entwurf der Rede, die für eine Fernseh- und Funkkette geplant war. Da Einstein weitere Beratungen darüber für nötig hielt, liess er am 13. April nochmals den israelischen Konsul zu sich kommen. Die dabei von ihm gemachten Aufzeichnungen sind nicht vorhanden. Zwei Stunden nach dem Besuch des Konsuls erlitt Einstein den Anfall, der zu seinem Tod führte.

Während der folgenden vier letzten Lebenstage äusserte er oft seine Besorgtheit wegen der Verzögerung in der Niederschrift der Rede. In der Hoffnung, sie fortsetzen zu können, liess er sich seine Notizen ans Bett bringen. Aber die Rede blieb unvollendet. Unvollendet blieb auch der letzte Satz auf der einen Manuskriptseite, die er am Tage des tödlichen Anfalls niedergeschrieben hatte[13]:

Ich spreche zu Euch heute nicht als ein amerikanischer Bürger und auch nicht als Jude, sondern als ein Mensch, der in allem Ernst danach strebt, die Dinge objektiv zu betrachten. Was ich erstrebe, ist einfach, mit meinen schwachen Kräften der Wahrheit und Gerechtigkeit zu dienen auf die Gefahr hin, niemand zu gefallen.

Zur Diskussion steht der Konflikt zwischen Israel und Ägypten – ein kleines und unwichtiges Problem, werdet Ihr denken; wir haben grössere Sorgen. So ist es aber nicht. Wenn es sich um Wahrheit und Gerechtigkeit handelt, gibt es nicht die Unterscheidung zwischen kleinen und grossen Problemen. Denn die allgemeinen Gesichtspunkte, die das Handeln der Menschen betreffen, sind unteilbar. Wer es in kleinen Dingen mit der Wahrheit nicht ernst nimmt, dem kann man auch in grossen Dingen nicht vertrauen.

Diese Unteilbarkeit gilt aber nicht nur für das Moralische, sondern auch für das Politische; denn die kleinen Probleme können nur richtig erfasst werden, wenn sie in ihrer Abhängigkeit von den grossen Problemen verstanden werden. Das grosse Problem präsentiert sich gegenwärtig als Trennung der Menschenwelt in zwei feindliche Lager, die sogenannte free world [freie Welt] und die communist World [kommunistische Welt]. Da es mir wenig klar ist, was hier unter free und communist zu verstehen ist, will ich lieber von einem Machtstreit zwischen Ost und West reden, obwohl es wegen der Kugelgestalt der

Erde auch nicht recht klar ist, was man da unter West und Ost zu verstehen hat.

Es ist im Grund nur ein Machtstreit alten Stiles, der, wie frühere Kämpfe um die Macht, den Menschen in halb-religiöser Verhüllung dargeboten wird. Dieser Machtstreit hat aber durch die Entwicklung der Atomwaffe einen gespenstischen Charakter angenommen. Jede Partei weiss nämlich und gibt es auch zu, dass unsere Menschheit verloren ist, wenn der Streit in einen wirklichen Krieg ausartet. Trotzdem wird von den verantwortlichen Staatsmännern auf beiden Seiten der Streit in altgewohnter Weise auf den Versuch gegründet, den Gegner durch Entwicklung überlegener militärischer Machtmittel einzuschüchtern und mürbe zu machen. Dabei muss man allerdings Krieg und Untergang riskieren. Aber den einzig versprechenden Weg der übernationalen Sicherung einzuschlagen wagt kein verantwortlicher Staatsmann, weil dies seinen sicheren politischen Tod bedeuten würde. Denn die allenthalben entfachte politische Leidenschaft verlangt ihre Opfer . . . .

Hier erschlaffte die Hand des Mannes, der die Welt revolutionierte und sie doch in vieler Hinsicht nicht zu ändern vermochte.

ANMERKUNGEN

Das von "Estate of Albert Einstein" zur Verfügung gestellte Archiv Einsteins war die Hauptquelle der in diesem Band veröffentlichten Dokumente. Über die Herkunft des übrigen, bisher veröffentlichten wie unveröffentlichten, Materials geben die folgenden Anmerkungen Auskunft. Die wichtigsten benützten Quellenwerke sind mit den nachstehenden Abkürzungen gekennzeichnet:

MWI	*Mein Weltbild,* von Albert Einstein, Querido-Verlag, Amsterdam, 1934. Die wichtigste in deutscher Sprache erschienene Sammlung der kürzeren Aufsätze und öffentlichen Erklärungen Einsteins.
MW	*Mein Weltbild,* von Albert Einstein, herausgegeben von Carl Seelig, Europa-Verlag, Zürich, 1953. Erweiterte Fassung von MWI.
TFAW	*The Fight Against War,* von Albert Einstein, herausgegeben von Alfred Lief, John Day Pamphlet Nr. 20, The John Day Co., New York, 1933.
SCHILPP	*Albert Einstein als Philosoph und Naturforscher,* herausgegeben von Dr. Paul Arthur Schilpp, W. Kohlhammer Verlag, Stuttgart, 1955.
FRANK	*Einstein – Sein Leben und seine Zeit,* von Philipp Frank, Paul List Verlag, München, 1949.
SEELIG	*Albert Einstein: Eine dokumentarische Biographie,* von Carl Seelig, Europa-Verlag, Zürich, 1954.

1. Die Erklärung Maurice Solovines stammt aus einem von ihm an Otto Nathan gerichteten Brief.

2. Einsteins Briefe an Paul Ehrenfest wurde von dessen Witwe, Tatjana Ehrenfest, zur Verfügung gestellt.

3. Der "Aufruf an die Kulturwelt" wurde verfasst von dem Dramatiker Hermann Sudermann (siehe S. 52) und verbreitet von Matthias Erzberger, einem Führer der katholischen Zentrumspartei und Propagandachef der kaiserlichen deutschen Regierung während des Ersten Weltkriegs (nach dem Krieg wurde er Reichsfinanzminister und 1921 von Mitgliedern der rechtsradikalen Organisation "Consul" ermordet). Teile dieses Aufrufs, sowie der volle Text des "Aufrufs an die Europäer" sind abgedruckt aus Georg Friedrich Nicolais "Die Biologie des Krieges", Verlag Orell Füssli, Zürich 1916; Vorwort von Romain Rolland.

4. Dass Wilhelm Förster beide Aufrufe unterzeichnet hat, wurde in einem Brief an die Herausgeber durch seinen Sohn, den verstorbenen Pädagogen und Pazifisten Friedrich Wilhelm Förster, bestätigt. (Förster fügte übrigens hinzu, die Erinnerung an die Angelegenheit habe seinem Vater zeitlebens zu schaffen gemacht, und sein Tod sei durch den Umstand beschleunigt worden, dass französische Freunde es nach dem Krieg abgelehnt hätten, ihm die Hand zu geben). Nicolais Bemerkungen über den Misserfolg des Aufrufs stammen aus seinem Buch, Bueks Erklärungen aus einem 1955 für die New Yorker Zeitschrift *The Nation* geschriebenen, unveröffentlicht gebliebenen, hier mit Erlaubnis des Blattes zitierten Artikel.

5. Eine Bibliographie der wissenschaftlichen und nichtwissenschaftlichen Schriften Einsteins findet sich in: *A Bibliographical Checklist and Index of the Writings of Albert Einstein,* herausgegeben von Boni, Russ und Laurence (Verlag Pageant Books, New York 1960).

6. Die Schilderung des Kriegsschicksals von Nicolai stammt aus dem von ihm 1918 veröffentlichten kleinen Buch *Warum ich aus Deutschland ging – Offener Brief an denjenigen Unbekannten, der die Macht hat in Deutschland* (Verlag Benteli AG, Bümpliz-Bern). Nicolai diente eine Zeitlang in einer deutschen Heeresgruppe in Graudenz. Dieser Umstand hat anscheinend zu der Behauptung geführt, er sei in der Festung der Stadt gefangen gehalten worden (der Irrtum findet sich sowohl in dem Vorwort zur amerikanischen Ausgabe der "Biologie des Krieges" als auch in *Contre la guerre avec Einstein,* von Maurice Lecat (Verlag F. Ceuterick, Louvain 1931).

7. Die Bemerkung ist aus del Vayos Buch *The Last Optimist* (Viking Press, New York 1950, Seite 88) übersetzt.

8. Als Hauptquelle für die Schilderung der Tätigkeit des Bundes Neues Vaterland und der Zusammenarbeit Einsteins mit dieser Organisation diente eine Broschüre Otto Lehmann-Russbüldts, der bis 1927 ihr Sekretär war: *Der Kampf der Deutschen Liga für Menschenrechte, vormals Bund Neues Vaterland, für den Weltfrieden, 1914–1927* (Verlag Hensel & Co., Berlin 1927); Alfred Lief stellte ein Exemplar der Schrift zur Verfügung. Schückings Bemerkungen (Seite 27) und Angaben über Einsteins Verbindung mit den Haager Friedensbemühungen (Seite 28) stammen aus Dokumenten im Ernst-Reuter-Archiv, Berlin-Zehlendorf, das liebenswürdigerweise eine mühevolle Durchsicht seiner Bestände für dieses Buch vornahm. Weitere Materialquellen waren Richard Barkeleys Werk *Die deutsche Friedensbewegung 1870–1933* (Verlag Hammerich & Lesser, Hamburg 1948), zur Verfügung gestellt von Kurt R. Grossmann, Lehmann-Russbüldts Nachfolger als Sekretär der Deutschen Liga für Menschenrechte (von 1927 bis zum Beginn des Naziregimes 1933), und Grossmanns Artikel "Peace Movements in Germany" in der Juli 1950-Ausgabe des *South Atlantic Quarterly,* S. 292ff. Lehmann-Russbüldt und Grossmann stellten liebenswürdigerweise auch Aufzeichnungen über ihre persönlichen Erinnerungen an jene Zeit zur Verfügung.

9. Der Bericht über Einsteins Aktivitäten im Ersten Weltkrieg wurde von Frau Dr. Franziska Baumgartner-Tramer, Bern, zur Verfügung gestellt. Bruchstücke daraus erschienen im Berner *Bund* am 10. Juli 1955.

10. Einsteins Brief an Lorentz ist eine Wiedergabe des Originaltextes, der sich im *Rijksmuseum voor de Geschiedenes der Natuurwetenschappen in Leiden* findet.

11. Einsteins Brief an Rolland wurde zur Verfügung gestellt von Alfred Lief, der ihn von Rolland erhalten hatte. Rolland fügte dem Brief handschriftliche Bemerkungen über Einsteins Besuch in Vevey bei (siehe Seite 33).

12. Rollands Brief, wie auch die folgenden Briefe von ihm, sind aus den Originalen übersetzt und mit Erlaubnis von Mme. Marie Rolland hier wiedergegeben. In einer Nachschrift erwähnte Rolland einen neueren Bericht über die französischen Lager für deutsche Kriegsgefangene. Anscheinend war der Bericht – er stammte von dem Schweizer Oberstleutnant De Marval, einem Vertreter des Internationalen Roten Kreuzes – sehr günstig ausgefallen, denn Rolland äusserte den Wunsch, der Schweizer Offizier möge in Deutschland Vorträge halten; seine Objektivität werde wohl nicht angezweifelt werden, da sein Bruder dem deutschen Heer angehöre. Rolland hatte offensichtlich die Greuelberichte über die französischen Lager gehört, die damals in Deutschland verbreitet wurden.

13. Die Stellen aus Rollands Tagebuch sind mit Erlaubnis des Verlags Éditions Albin Michel und der Witwe des Dichters hier wiedergegeben und aus Rollands *Journal des années de guerre 1914–1919* (Paris 1952) übersetzt.

14. Einsteins Briefe an Lorentz vom 13. November 1916 und 3. April 1917 sind nach den im *Rijksmuseum, Leiden,* befindlichen Originalen wiedergegeben.

15. Rollands Brief ist nach einer von Mme. Rolland zur Verfügung gestellten Abschrift übersetzt.

16. Der in dem Brief an Hiller erwähnte Wissenschaftler eines neutralen Landes ist Lorentz. Einstein hat den Zwischenfall auch bei anderen Gelegenheiten berichtet.

17. In dem Manuskript der Ansprache Einsteins an die Studentenführer sind die beiden letzten Absätze gestrichen; sie sind darum möglicherweise bei der Ansprache ausgelassen worden. Einzelheiten über diese Angelegenheit und den Brief an Max Born finden sich in SEELIG, Seite 212. Auf Grund einer Bemerkung Einsteins, die Sache habe sich "vor etwas unter 25 Jahren" zugetragen, müsste man das Datum auf Ende 1919 ansetzen, aber das kann nicht stimmen, denn die Verfassunggebende Nationalversammlung tagte in Weimar Anfang 1919.

18. Martha Eva Parker-Prochownik, eine Nachbarin Einsteins während der frühen zwanziger Jahre, versicherte in einem Brief an Otto Nathan, dass Einstein der Sozialdemokratischen Partei beigetreten sei und an ihren Versammlungen und Diskussionen teilgenommen habe; er habe es als seine Pflicht angesehen, mit aller Kraft für die "Überbrückung des Gegensatzes zwischen den Arbeitern des Geistes und der Hand" zu wirken. Aber Mitglieder der Familie Einsteins bezweifeln die Richtigkeit dieser Angabe; sie sind sicher, dass Einstein nie Mitglied der sozialdemokratischen oder irgend einer anderen Partei gewesen ist.

19. Seine Stellung zum Sozialismus hat Einstein in einem Artikel "Why Socialism? " in der Mai 1949-Ausgabe der New Yorker Zeitschrift *Monthly Review* mit besonderer Klarheit dargelegt.

2. Kapitel

1. In seinem Brief an Ehrenfest (siehe unten Anm. 5) hatte Einstein gefragt: "Habt Ihr dort vielleicht etwas von den englischen Sonnenfinsternis-Expeditionen vernommen? " Lorentz kabelte ihm darauf am 22. September 1919: "Eddington fand Sternenverdrängung am Rand der Sonne, provisorische Messung zwischen neun und achtzehn Zehntel einer Sekunde. Grüsse." Während seines folgenden Besuchs in Holland im Oktober 1919 erfuhr Einstein weitere Einzelheiten. In einem Brief an seine Mutter schrieb er aus Leiden: "Gestern war ich mit Ehrenfest und Lorentz in der Akademie-Sitzung, wo Lorentz über die allgemeine Relativität und das Ergebnis der englischen Expeditionen sprach – natürlich, um mir eine Freude zu machen. Das Ergebnis ist nun endgültig da und bedeutet eine genaue Bestätigung meiner Theorie. . . ."

2. Der britische Wissenschaftler war Dr. Robert W. Lawson, der die Kriegsjahre im Radium-Institut in Wien verbracht hatte und 1919 im physikalischen Laboratorium der Universität Sheffield (England) arbeitete. Der mit Erlaubnis Dr. Lawsons wiedergegebene Brief wurde Einstein durch seinen Freund Arnold Berliner, den langjährigen Redakteur der Zeitschrift *Die Naturwissenschaft,* übermittelt.

3. Das Manifest Rollands ist aus seinem Buch *The Forerunners* (Allen & Unwin, London

1920) übersetzt. Nach Angabe von Alfred Lief war das Manifest bis Ende 1919 von insgesamt 138 Intellektuellen verschiedener Länder unterzeichnet worden.

4. Die handschriftlichen Originale der gesamten Korrespondenz zwischen Einstein und Lorentz über die Studiengruppe finden sich im *Rijksmuseum, Leiden.*

5. Einsteins Bemerkungen über seine Absicht, in Deutschland zu bleiben, stammen aus einem seiner Briefe an Ehrenfest, der seinerseits Abschriften an Lorentz übermittelte. Die Abschrift des Briefes vom 21. September 1919 befindet sich im *Rijksmuseum, Leiden.* Ehrenfest fügte hinzu: "Ich schämte mich sehr, als ich diesen Brief bekam. Aber sehr bald danach erfüllte er mich mit warmer, stolzer Freude über diesen wunderbaren Menschen! Wenn man ihm doch die Geldsorgen wegnehmen könnte!! Die Nobelprämie? !"

6. Einstein schrieb Ehrenfest am 28. September 1919, er sei an diesem Tag in der holländischen Botschaft in Berlin gewesen; er bat seine Freunde, im Haag für eine Beschleunigung der Reisebewilligung zu sorgen ("sonst dauert es drei bis vier Wochen mindestens"). Offenbar waren Lorentz und Ehrenfest, zusammen mit Heike Kamerlingh Onnes, ebenfalls Professor der Physik in Holland und Nobelpreisträger, in dieser Richtung erfolgreich. In zusätzlichen Briefen bat sie Einstein, die ihnen verursachte Mühe entschuldigen zu wollen. Einstein akzeptierte das – offenbar am 21. Dezember 1919 gemachte – Angebot, der physikalischen Fakultät der Universität Leiden beizutreten, durch seinen Brief an Lorentz vom 12. Januar 1920.

7. Der Auszug stammt aus der Kopie eines handschriftlichen Briefes, die Professor Max Born zur Verfügung gestellt hat.

8. Der deutsche Altphilologe war Ulrich von Wilamowitz-Moellendorff.

9. Der Brief wurde von Carvallos Schwiegersohn, dem inzwischen verstorbenen Maler Julius W. Schulein, zur Verfügung gestellt.

10. Einzelheiten über die Angriffe gegen Einstein finden sich in FRANK und SEELIG und in der Broschüre Lehmann-Russbüldts (op.cit., Seite 639), der die im Text zitierte, in einer öffentlichen Versammlung von einem Studenten gemachte Drohung berichtet. Die Wissenschaftliche Gesellschaft war die *Arbeitsgemeinschaft deutscher Naturforscher;* Lorentz' Brief trug das Datum des 3. September 1920.

11. Der Freund in China (Tientsin) war der aus Eichstätt (Bayern) stammende Dr. Franz Rusch. Einsteins Brief ist dem zweiteiligen Erinnerungsartikel entnommen, den Dr. Rusch am 17. und 19. September 1955 im *Abensberger Tagblatt/Neustätter Zeitung* veröffentlichte.

12. Das Tobenkin-Interview, das einen interessanten Einblick in das Alltagsleben Einsteins gewährt, wurde aus der *New York Post* übersetzt und mit deren Erlaubnis wiedergegeben.

13. Einsteins Besuche in Österreich und der Tschechoslowakei sind in FRANK ausführlich dargestellt. Der Besuch in Amsterdam wird in Lehmann-Russbüldts Broschüre diskutiert. Der Brief an Ehrenfest kam am 12. Februar 1921 in Leiden an.

14. Der Stadtrat war Bruce Falconer, den einige seiner Kollegen antisemitischer Tendenzen beschuldigten. Der Präsident des Stadtrats, der spätere New Yorker Bürgermeister Fiorello H. LaGuardia, suchte die Wogen zu glätten, anscheinend jedoch ohne Erfolg. Der Bericht findet sich in *The New York Times* vom 6. April 1921.

15. Während seines Besuchs in Princeton prägte Einstein das berühmt gewordene Wort: "Raffiniert ist der Herrgott, aber boshaft ist er nicht."

16. Einsteins Abschiedsrede an Amerika ist aus MWI, Seite 50, wiedergegeben.

17. Einzelheiten über die deutsch-französischen Annäherungsversuche sind der bereits zitierten Broschüre von Lehmann-Russbüldt und einer anderen, ebenfalls von ihm verfassten Flugschrift der Deutschen Liga für Menschenrechte entnommen: *Die Brücke über den Abgrund* (Verlag Neues Vaterland, E. Berger u. Co., Berlin, Erscheinungsjahr wahrscheinlich 1922).

17a. Der junge Anwalt, der Einstein durch Professor Langevin vorgestellt wurde, war Raymond de Rienzi, Paris.

18. Solovines Erinnerungen stammen aus dem in Kap. I, Anm. 1 zitierten Brief.

19. Einsteins Brief ist von einer Kopie übersetzt, die Mme. Marie Rolland zur Verfügung stellte.

20. Einsteins Erinnerungen an Rathenau stammen aus einem am 2. Februar 1943 an Johanon Twersky (Hebrew Teachers College, Roxbury, Massachusetts, USA) gerichteten Brief.

21. Der Brief über die Rathenau-Gedenkfeier ist von Einstein handgeschrieben und unterzeichnet. Eine Reihe von Korrekturen deutet an, dass es sich vielleicht um einen Entwurf handelt. Möglicherweise ist der Brief nicht abgesandt worden.

22. Der Brief an Solovine ist nach dem Faksimile des Originals in *Albert Einstein, Lettres à Maurice Solovine* (Gauthier-Villars, Paris 1956) wiedergegeben.

23. Der Brief an Planck ist nach SEELIG, S. 213f. wiedergegeben.

24. Einsteins Teilnahme an der "Nie Wieder Krieg!"-Demonstration 1922 wird in Kurt Grossmanns Artikel "Peace Movements in Germany" (s. Kap. I., Anm. 8) geschildert.

25. Autor des Reparationsplans war Arnold Rechberg, Lord Haldane legte seiner Antwort an Einstein eine Abschrift der lauwarmen Reaktion bei, die er von Sir Basil Blackett, dem ständigen Berater des britischen Schatzkanzlers in Reparationsfragen, erhalten hatte.

26. *Die Friedensbewegung*, herausgegeben von Kurt Lenz und Walter Fabian (C. A. Schwetschke u. Sohn, Berlin 1922), Seite 78–79.

27. Der Auszug aus dem Brief an Solovine ist der Sammlung der Einstein-Briefe an Solovine entnommen (s. obenstehende Anm. 22).

28. Das Autograph findet sich in der Burndy Library, Norwalk, Connecticut; eine Kopie wurde von dem Direktor der Bibliothek, Mr. Bern Dibner, zur Verfügung gestellt.

3. Kapitel

1. Einsteins Brief, in dem er die Berufung in das Völkerbundskomitee für intellektuelle Zusammenarbeit annimmt, ist nach FRANK, S. 328, wiedergegeben. Offenbar wurde der offizielle Name des Komitees 1926 in "Internationales Komitee für intellektuelle Zusammenarbeit" abgeändert, aber die Anwendung dieses Namens war nicht uniform; beide Namen wurden offiziell abwechselnd gebraucht.

2. Gilbert Murrays Erinnerungen an Einsteins Arbeit im Rahmen des Komitees wurden eigens zur Veröffentlichung in diesem Band geschrieben und aus dem Original übersetzt.

3. Der Freund, durch den Einstein Herrn Comert von seinen Rücktrittsabsichten wissen liess, war der bekannte Maler Hermann Struck.

4. Die Erklärung über "Die Internationale der Wissenschaft" ist in MW, S. 82, wiedergegeben. Dort wird sie als "kurz nach dem Ersten Weltkrieg" entstanden bezeichnet; in Wirklichkeit dürfte sie jedoch jüngeren Datums sein.

5. Wiedergabe des Briefes, der an Herrn Comert gerichtet war, nach dem handgeschriebenen Original.

6. Gilbert Murrays Briefe sind mit seiner Erlaubnis wiedergegeben und von den Originalen übersetzt.

7. Einsteins Erklärung seines Rücktritts ist aus der Juni 1923-Nummer der Zeitschrift *Die Friedenswarte* wiedergegeben.

8. Einsteins Botschaft an die Massenkundgebung für Deutschlands Eintritt in den Völkerbund ist nach dem Manuskript wiedergegeben. Seine Teilnahme an der Kundgebung wird in Otto Lehmann-Russbüldts Flugschrift (s. Kap. I, Anm. 8) berichtet.

9. Die in diesem Kapitel zitierte Einstein-Lorentz-Korrespondenz ist aus den Originalbriefen im *Rijksmuseum, Leiden*, exzerpiert. Einsteins Zusage, an Tagungen des Solvay-Kongresses teilzunehmen, trägt das Datum des 12. April 1926.

10. Einsteins Brief an Mme. Curie stammt aus SEELIG, S. 210.

11. Als Fussnote schrieb Einstein unter Sir Eric Drummonds Brief: "Zustimmend beantwortet am 25.VI." Anscheinend liess er keine Abschrift seiner Zusage anfertigen; diese war wahrscheinlich, wie viele Briefe Einsteins, handgeschrieben.

12. Einsteins Mitteilung an Weizmann ist nach Autograph in den Weizmann Archives, Rehovoth, Israel, wiedergegeben.

13. Hauptquelle für die Schilderung der Arbeit Einsteins im Komitee für intellektuelle Zusammenarbeit sind die offiziellen Tagungsprotokolle, die in der Woodrow Wilson Memorial Library in New York überprüft wurden.

14. Der Auszug aus dem Brief an Solovine ist der Sammlung der Einstein-Briefe (s. Kap. II, Anm. 22) entnommen.

15. Die Umfrage *Les États-Unis d'Europe sont-ils réalisables?* wurde von Maurice d'Hartoy, Paris, im Rahmen seines Projektes *Les Grandes Enquêtes françaises et internationales* durchgeführt.

16. Die Erklärung ist aus der *Welt am Abend* vom 6. Januar 1925 wiedergegeben.

17. Die russisch-deutsche Gesellschaft hiess Kulturtechnik Ost.

18. Die Begegnung mit Otto Buek in Südamerika ist nach dem unveröffentlichten Artikel Bueks (s. Kap. I, Anm. 4) berichtet.

19. Der Interviewer, der am 17. Mai 1925 den (hier übersetzten) Artikel in *The New York Times* publizierte, war Herman Bernstein.

20. Einsteins Neujahrsgruss, in der *New York Evening Post* und im *Philadelphia Public Ledger* veröffentlicht, ist nach dem deutschen Originalmanuskript wiedergegeben.

21. Der Brief Julien Luchaires vom 24. Oktober 1925 stammt aus einer grossen Sammlung photokopierter Originaldokumente in den UNESCO-Archiven und wurde durch den früheren Generaldirektor der Organisation, Dr. Luther H. Evans, vermittelt.

22. Einsteins Rede über das Institut für internationale Zusammenarbeit erscheint in deutscher Sprache in MW, S. 85. (Anscheinend schrieb Einstein in der Februar 1926-Ausgabe der französischen Zeitschrift *L'Europe Nouvelle* über dasselbe Thema.) In einem Brief vom 17. Januar 1926 an seine Frau sagt Einstein, er sei neben Luchaire der einzige Sprecher bei dem Bankett gewesen: "... Das sollte ein anderer, nicht von einer Art Suggestion der Mitmenschen begünstigter, Sterblicher mit so schlechter Sprachkenntnis und so wenig rednerischem Talent probieren in solchem Kreise! Und ich hatte nichts als eine deutsche Skizze ..."

23. Weitere Beiträge zu dem Liber Amicorum für Romain Rolland kamen von Thomas G. Masaryk, Sigmund Freud, Stefan Zweig, Richard Strauss, John Haynes Holmes, Waldo Frank, Upton Sinclair, H. G. Wells, Rabindranath Tagore und Mahatma Gandhi. Wiedergabe des Einstein-Textes nach dem Manuskript.

24. Einzelheiten über den im Juni 1926 gehaltenen Brüsseler Kongress für die Schaffung der Vereinigten Staaten von Europa sind der Geschichte der Deutschen Liga für Menschenrechte von Otto Lehmann-Russbüldt, S. 114, entnommen (s. Kap. I, Anm. 8).

25. Einsteins Schreiben an Lorentz vom 13. September 1927 ist sein einziger, an Lorentz maschinengeschriebener Brief im *Rijksmuseum, Leiden.*

26. Die Wiedergabe dieses Interviews erfolgt mit Erlaubnis der *Neuen Zürcher Zeitung.*

4. Kapitel

1. Einsteins Wahl in den Aufsichtsrat der Deutschen Liga für Menschenrechte ist in der Zeitschrift der Organisation, *Die Menschenrechte,* 3. Bd., Nr. 1, vom 31. Januar 1928 verzeichnet.

2. Der Briefkopf des "No More War Movement" ("Nie-Wieder-Krieg-Bewegung") gibt die folgende "von den Mitgliedern unterzeichnete Erklärung" wieder: "Der Krieg ist ein Verbrechen an der Menschheit. Darum bin ich entschlossen: 1. keinen (internationalen oder Bürger-) Krieg zu unterstützen oder daran teilzunehmen; 2. für die Totalabrüstung, die Beseitigung aller Kriegsursachen und die Schaffung einer neuen sozialen und internationalen Ordnung zu kämpfen, die sich auf das pazifistische Prinzip der Zusammenarbeit im Interesse der Wohlfahrt Aller stützt."

3. Der Brief, der einen Beitrag für *Records of Progress* erbat, war von Dr. Rudolf Broda unterschrieben, dem Präsidenten der "League for the Organization of Progress" ("Liga für organisierten Fortschritt") und damaligen Fakultätsmitglied des Antioch College (Ohio, USA). In einem handschriftlichen Zusatz am Fuss des vervielfältigten Briefes erinnerte Broda Einstein an "Ihre Mitarbeit (1914) an unserem Wochenblatt *Die Menschheit*". Dieses erst in der Schweiz und später in Deutschland veröffentlichte Blatt war, dem Briefkopf der League for the Organization of Progress zufolge, von 1914 bis 1922 ihr offizielles Organ. Bestände der Zeitschrift sind lückenhaft. Weder Kurt Grossmann noch Professor Friedrich Wilhelm Förster, die beide der Zeitschrift nahestanden (Förster war regelmässiger Mitarbeiter), konnten sich an irgendwelche Beiträge Einsteins zur *Menschheit* aus der damaligen Zeit erinnern; dasselbe gilt für informierte Kreise in Deutschland.

4. Everling stand an der Spitze des *Schutzkartells Deutscher Geistesarbeiter.* Die sozialistisch orientierte Gruppe hiess *Gewerkschaft deutscher Geistesarbeiter.* Die dritte Organisation, *Arbeitsgemeinschaft der freien geistigen Berufe,* fand sich gewöhnlich im

Schlepptau des Schutzkartells. Der durch den Arbeitsminister Braun gestützte erfolglose Kandidat war Professor Theodor Brauer in Karlsruhe. Everling wurde 1931 in das Komitee des Internationalen Arbeitsamts berufen, und zwar als Vertreter der *Conféderation Internationale des Travailleurs Intellectuels,* der sich seine Organisation (vermutlich aus opportunistischer Spekulation auf seine Ernennung) angeschlossen hatte. Einsteins Dossier über den Fall enthält über vierzig Dokumente. Die Gründlichkeit, mit der er die Angelegenheit behandelte, widerlegt – zum mindesten für seine eigene Person – die oft gemachte Anschuldigung, die berühmten Mitglieder des Komitees hätten sich vor der administrativen Kleinarbeit gedrückt. Verschiedene der Dokumente erwähnen Gespräche, die Einstein selbst vom Krankenbett aus führte. Einer befreundeten Dame, Frau Margarete Lebach, schrieb Einstein am 28. Juni 1928: "Der Fortschritt meiner Rekonvaleszenz steht im umgekehrten Verhältnis zur Zahl der Ärzte und anderen Personen, die sich für mein klappriges Skelett interessieren." (Auktionsgegenstand Nr. 47, Verkaufsnummer 1744, Parke-Bernet Galleries, New York, 1957.)

5. Die Erklärung zum Waffenstillstandstag wurde aus *Die Menschenrechte,* Bd. III, Nr. 8, vom 11. November 1928 wiedergegeben (das Exemplar wurde von Kurt Grossmann zur Verfügung gestellt).

6. Einige der Reden, die bei der in Frankfurt veranstalteten internationalen Konferenz über moderne Kriegsmethoden und den Schutz der Zivilbevölkerung gehalten wurden, wie auch die von Langevin entworfene Erklärung, sind in einer Broschüre *Chemical Warfare* (Williams and Norgate, London 1930) zusammengefasst, von der Alfred Lief ein Exemplar zur Verfügung stellte. Die Broschüre nennt (neben 115 anderen Personen) Einstein als Mitglied eines "Generalrats". Zufolge einer Fussnote in der Nummer der *Menschenrechte* vom 31. Mai 1930 erschienen die Konferenzdokumente in einer deutschsprachigen Ausgabe unter dem Titel *Die modernen Kriegsmethoden und der Schutz der Zivilbevölkerung* (Endries, Cannstatt) und *Der kommende Giftgaskrieg* von Dr. Gertrud Woker (Oldenburg-Verlag, Leipzig). Eine bei der Konferenz von Barthelmy de Ligt gehaltene, in *Chemical Warfare* nicht abgedruckte Rede erschien in der Februar 1929–Ausgabe der Zeitschrift *Die neue Generation.*

7. Diese Erklärung ist oft, teilweise mit einigen Änderungen, zitiert worden. Der Text ist hier nach Einsteins Manuskript wiedergegeben. Der holländische Korrespondent war Jacob ter Meulen; Einsteins Brief an ihn trägt das Datum des 12. Juli 1930.

8. Über die Bekanntgabe der ursprünglichen allgemeinen Feldtheorie Einsteins berichteten u.a.: *The New York Times* (3. Februar und 8. April 1929), *The Times,* London (4. Februar 1929); *Scientific Monthly,* New York (Bd. 28); *Observatory,* London (Bd. 52).

9. Einsteins Beteiligung an dem Trotzki-Komitee wird in *Die Menschenrechte,* Bd. IV, Nr. 4/5, vom 20. April 1929 erwähnt.

10. Der genaue Inhalt des von den "Freunden der Sowjetunion" verbreiteten Aufrufs ist nicht bekannt.

11. Sekretär des Untersuchungsausschusses des Reichstags war Dr. Berthold Widmann; Vorsitzender war Dr. Bell, ein Mitglied der katholischen Zentrumspartei. Beide gaben zusammen das fünfbändige Werk *Völkerrecht im Weltkrieg* heraus. Dom Norbert Nieuwland schrieb Einstein (am 2. Januar 1929), er selbst sei von den Deutschen bei Dinant am 23. August 1914 gefangen genommen worden; die deutschen Truppen hätten dort 674 Zivilisten im Alter von drei Wochen bis achtundachtzig Jahren erschossen.

12. Die für den Redakteur des *Christian Century,* Paul Hutchinson, geschriebene Erklärung ist nach TFAW, S. 19, übersetzt.

13. Der Jakubowski-Aufruf, der Einsteins faksimilierte Unterschrift trägt, erschien in *Die Menschenrechte,* Bd. IV, Nr. 7/8, vom 25. Juli 1929 (aus Kurt Grossmanns Beständen). Weitere Einzelheiten über den Fall stammen aus einem Memorandum über die Deutsche Liga für Menschenrechte, das Kurt Grossmann 1942 zur Information der amerikanischen Regierung schrieb und dessen Korrektheit Einstein bestätigte.

14. *The Spanish Farm* wurde von der New Yorker Dial Press veröffentlicht. Der Korrespondent war Erich Leyens in Wesel, Deutschland.

15. Der Brief der Transocean News Agency an Einstein sagt nichts über eine geplante Veröffentlichung durch *The New York Times. The New York Times* liess die Fragen aus und brachte Einsteins Antworten als Artikel in zusammenhängender Form.

16. Die Einladung zu dem Weltkongress für internationalen Frieden durch Religion ging von F. Siegmund-Schultze, dem Redakteur der Vierteljahrsschrift *Die Eiche,* aus.

17. Das Manuskript der zweiten Erklärung über Wissenschaft und Krieg trägt den Vermerk "30. Sept.–31. März". Der Anlass konnte nicht ermittelt werden.

18. Die deutsche Fassung des Abrüstungsaufrufs erschien in *Die Menschenrechte*, Bd. V, Nr. 5/6, vom 20. Juli 1930.

19. Der Brief über Mrs. Schwimmer ist nach dem deutschen Manuskript wiedergegeben.

20. Einsteins Bemerkungen sind aus dem Protokoll des Genfer Komitees übersetzt.

21. In TFAW, S. 16, gibt Alfred Lief Bemerkungen Einsteins vor dem Komitee für internationale Zusammenarbeit in Form eines direkten Zitates wieder. Dieses schliesst mit einem Hinweis auf den beklagenswerten Mangel an Zusammenarbeit "zwischen Gelehrten, die auf verschiedenen Gebieten der Wissenschaft tätig sind ... Sie haben immer ein Mikroskop vor den Augen."

22. Der Brief an Dufour-Feronce ist in MW, S. 70, in deutscher Sprache wiedergegeben.

23. Die Erklärung zum zehnten Jahrestag des Völkerbundes erscheint in FRANK, S. 329. Sie war für die Nummer des *Völkermagazin,* Berlin, vom 13. Februar 1930 geschrieben. Die darauffolgende Erklärung stammt aus SEELIG, S. 209.

24. Der Text *Wie ich die Welt sehe* erscheint in MW, S. 7.

25. Das Gespräch mit Tagore wurde am 11. September 1931 in *The American Hebrew* veröffentlicht.

26. Der Aufruf des Vereinigten Friedensrates ist nach dem deutschen Original abgedruckt.

27. Die Grussbotschaft an Amerika ist nach der Originalhandschrift reproduziert, die sich im Besitz von Mrs. Joseph Schaffner, New York, befindet.

28. Einzelheiten über den Verlauf des New Yorker Besuchs Einsteins sind seinen Tagebüchern und der *New York Times* entnommen.

29. Einsteins Rede vor der New History Society liegt in nicht weniger als fünf englischen Versionen vor. Der deutschen Übersetzung liegt die Fassung in TFAW, S. 34, zugrunde. Die New History Society gab ihre eigene Version bekannt; andere Texte erschienen in *The New York Times* vom 21. Dezember 1930 und der Januar 1931-Ausgabe von *The World Tomorrow.*

30. Rollands Antwort auf H. Runham Browns Anfrage ist mit Erlaubnis von Mme. Marie Rolland wiedergegeben und vom Original übersetzt.

31. Einsteins Erklärung über den Remarque-Film, der auch in seinem Tegebuch erwähnt ist, stammt aus *Die Menschenrechte,* Bd. VI, Nr. 3, vom 20. März 1931 (ein Exemplar wurde von Kurt Grossmann zur Verfügung gestellt).

32. Die erste der beiden Antworten an Upton Sinclair erscheint in TFAW, S. 28.

33. Die Antwort auf die Frage der *Yale Daily News* ist aus dem Bericht der *New York Times* vom 3. Februar 1931 übersetzt.

34. Einsteins Ansprache an die Studenten des California Institute of Technology ist nach dem deutschen Original wiedergegeben.

35. Die Rede auf der Zugplattform in Chicago ist aus dem deutschen Original wiedergegeben. Die Delegation war von Lola Maverick Lloyd, einer Einstein von Mrs. Schwimmer empfohlenen Pazifistin, organisiert worden.

36. Einzelheiten über den Besuch Einsteins in New York am 4. März 1931 stammen aus der Nummer des *New York World Telegram* vom gleichen Tage und der *New York Times* vom 5. März 1931. Der Text der Bemerkungen Einsteins auf dem Schiff ist nach TFAW, S. 40f., übersetzt.

37. Der deutsche Text des Artikels über Einsteins erste Eindrücke in Nordamerika stammt aus MW, S. 51.

38. Das Interview mit George Sylvester Viereck ist aus TFAW, S. 37, übersetzt. Dort wird *Universal Service* (Januar 1931) als Quelle angegeben.

5. Kapitel

1. Einsteins Intervention im Falle der antijüdischen arabischen Aufrührer wird in TFAW, S. 26, erwähnt.

2. Einsteins Äusserungen im Falle Pekurinen sind aus den Manuskripten wiedergegeben.

3. Eine verkürzte Fassung des Briefes in *Politiken* erschien im Januar 1931 in dem holländischen pazifistischen Blatt *Bevrijding.* Der Brief ist mit Erlaubnis von *Politiken* wiedergegeben.

4. Das Angebot der Gründung einer Einstein-Stiftung erfolgte in einem Brief von H. Runham Brown an Einstein in New York (29. Dezember 1930).

5. Über die Geldsammlung in Chicago informiert TFAW, S. 29.

6. Einsteins Sekretärin, Helene Dukas, die sich des handgeschriebenen Briefes Masaryks erinnert, verwies auf den im Text erwähnten möglichen Grund seines Verschwindens.

7. Der Brief an Tom Mooney ist aus dem Manuskript im Einstein-Archiv wiedergegeben.

8. Einsteins Intervention im Falle Sufflay wird in *Die Menschenrechte,* Bd. VI, Nr. 5, vom 2. Juni 1931 dokumentiert.

9. Der deutsche Text der Rede Einsteins zum Falle Gumbel erscheint in MW, S. 25.

10. Der Kollege Gumbels, an den Einstein seinen Brief vom 28. November 1930 richtete, war Professor Gustav Radbruch an der Universität Heidelberg. Der Brief ist in der oben (Anm. 8) erwähnten Nummer der *Menschenrechte* abgedruckt.

11. Einsteins (hier aus dem deutschen Original wiedergegebene) Erklärung erschien in der Juni 1931-Ausgabe von *The World Tomorrow.* Sie ist hier mit Genehmigung von *The Christian Century* wiedergegeben, mit dem *The World Tomorrow* 1934 fusioniert wurde.

12. Die Erklärung über die Schweizer Miliz wurde vom Bund der Kriegsdienstgegner, dem deutschen Zweig der Internationale der Kriegsdienstverweigerer, verbreitet. Einstein verband die Mitteilung seiner Zustimmung mit einer Kritik an dem französischen Staatsmann Paul-Boncour, den er für das Wiederaufleben des "katastrophalen" Trends verantwortlich machte. Andere Signatoren des (am 29. Juli 1931 in den *International Disarmament Notes* veröffentlichten) Aufrufs waren: Otto Lehmann-Russbüldt, Robert Pohl, Franziskus Strasmann, Helene Stöcker, Paula Hans, Ludwig Quidde, Arnold Kalisch und Lyda Gustava Heymann.

13. A. Fenner Brockways Interview mit Einstein ist mit Brockways Erlaubnis abgedruckt und nach der englischen Zeitschrift übersetzt.

14. Die Erklärung über die Kellogg League stammt aus TFAW, S. 42.

15. Die Botschaft an die Tagung in Lyon ist nach einem vervielfältigten deutschen Zirkular abgedruckt. Der Hauptteil des Textes erschien in: *Die Menschenrechte,* Bd. VI, Nr. 8, vom 20. August 1931.

16. Die Dixmude-Erklärung ging am 8. August 1931 an Jan De Bondt ab. Der deutsche Text erschien in MW, S. 69.

17. Nach der Ablehnung durch den *Vorwärts* sandte Einstein den Artikel an die radikale *Fackel,* die ihn veröffentlichte.

18. Der Artikel ist mit Erlaubnis der Zeitschrift *The Nation,* New York, wiedergegeben und aus dem deutschen Original abgedruckt.

19. Die Sammlung der kriegsgegnerischen Erklärungen Einsteins erschien später als TFAW (Herausgeber: Alfred Lief). Einstein hatte zur Ausgabe der Anthologie am 2. Januar 1931 seine Zustimmung gegeben (allerdings zog er die ursprünglich erteilte Bewilligung zur Durchsicht seines Archivs zurück). Die Sammlung erschien 1933.

20. Die Erklärung an den Bund der Kriegsdienstgegner ist aus dem Manuskript wiedergegeben.

21. Der deutsche Text des Artikels in *The New York Times* findet sich in MW, S. 73.

21a. Der Brief an Rocco trägt das Datum des 16. November 1931. Deutscher Originaltext in MW, S. 24.

22. Einstein hat seine schweizerische Staatszugehörigkeit nie aufgegeben; so war er während grosser Teile seines Lebens Bürger zweier Länder: von 1919 bis 1933 hatte er gleichzeitig die schweizerische und deutsche, von 1940 bis zu seinem Tod die schweizerische und amerikanische Staatsbürgerschaft.

23. Die hier in Übersetzung erscheinenden Auszüge aus dem *Liberty*-Magazin sind mit Genehmigung von Lorraine Lester, einer Miteigentümerin der Zeitschrift, wiedergegeben. Einstein hatte Viereck gebeten, die Zusammenkunft mit Rockefeller zu arrangieren, den er um eine Änderung der Bestimmungen der Rockefeller-Stiftung für überseeische Studenten ersuchen wollte. Einstein betrachtete diese Bestimmungen als diskriminierend gegenüber jungen Wissenschaftlern, die in ihren Heimatländern noch keine festen Stellungen innehatten. Rockefeller schrieb Einstein später, er und seine Familie hätten sich über Einsteins Besuch ausserordentlich gefreut; er werde die von Einstein aufgeworfene Stipendienfrage mit Vertretern der Rockefeller-Stiftung besprechen.

24. Die Erklärung in *The Crisis* wurde in *The New York Times* vom 19. Januar 1932

abgedruckt; sie ist hier mit Bewilligung der Zeitschrift aus dem Originalmanuskript Einsteins wiedergegeben.

25. Die Rede fand wahrscheinlich in Whittier statt. Darauf scheint auch Einsteins Tagebuchnotiz vom 18. Januar 1932 zu deuten: "Quäker-Versammlung über die Abrüstungskonferenz mit kurzer Ansprache von mir in südlichem Nachbarort". Der deutsche Text erscheint in MW, S. 79.

26. Einsteins Rede bei dem Schurman-Dinner ist nach dem Originalmanuskript wiedergegeben. Auszüge erschienen in *The New York Times* vom 26. Januar 1932.

27. Deutscher Text der Rede in der Los Angeles University of International Relations erscheint in MW, S. 72.

28. Die Auszüge aus der Santa Barbara-Botschaft stammen aus dem deutschen Manuskript.

29. Der deutsche Text der Boykottrede findet sich in MW, S. 61. (Irrtümlicherweise wird hier gesagt, die Rede sei 1930 vor deutschen pazifistischen Studenten gehalten worden.) Auszüge erschienen in *The New York Times* vom 28. Februar 1932.

6. Kapitel

1. Im Einstein-Archiv findet sich eine Wiedergabe des Wortlauts der deutschen Pressekonferenz, die ihm von der Internationale der Kriegsdienstverweigerer zugegangen war. Einstein strich einige Passagen; in einem Brief an H. Runham Brown vom 17. Juni 1932 erklärte er: "Ich habe den Bericht über die Pressezusammenkunft, soweit er mich betrifft, einigermassen frei umgearbeitet. Die übersandte Darstellung enthielt viele, zum Teil von mir selbst verschuldete, Missverständnisse und Unklarheiten." Im Text dieses Buches wurde Einsteins eigene Version benützt.

2. Romain Rollands Kommentare und Eindrücke stammen aus Abschriften seiner Tagebücher, die Marie Rolland zur Wiedergabe zur Verfügung stellte und von denen die Übersetzung angefertigt wurde.

2a. Die Auszüge aus *Pictorial Review* sind mit Erlaubnis der Hearst-Magazine, der gegenwärtigen Inhaber des Copyrights, wiedergegeben.

3. Catchpools Interview erschien am 12. August 1932 in der britischen Quäkerzeitung *The Friend*, von der die Übersetzung angefertigt wurde. Der Artikel ("Sunday Afternoon with Professor Einstein") ist mit Erlaubnis des Magazins wiedergegeben.

4. Der "Internationale Kongress gegen Imperialistische Kriege" stellte wahrscheinlich das grösste und ehrgeizigste Unternehmen seiner Art dar. In einem Bericht an Einstein sprach Barbusse von der Teilnahme von 2,191 Delegierten, nach ihrer politischen Orientierung folgendermassen aufgeteilt: 1,041 Parteilose, 830 Kommunisten, 291 Sozialdemokraten, 24 unabhängige Sozialisten und 10 unabhängige Kommunisten. Zum Förderungskomitee, dem Shaw (England) und Wells (Deutschland) anscheinend nicht beigetreten waren, gehörten ausser den im Text (auf Seite 194) erwähnten Personen: Victor Margueritte, Felicien Challaye, Paul Signac (Frankreich); Frans Masereel (Belgien); Valle Inclan, Commandant Franco (Spanien); Havelock Ellis, Bertrand Russell (Grossbritannien); Charlotte Despard (Irland); Karl Kraus (Österreich); Michael Karolyi (Ungarn); Dobroghennu Gnerea (Rumänien); Martin Andersen Nexö (Denmark); General Augusto Sandino (Nicaragua); Sen Katayama (Japan); Jean Devanny (Australien). Der auf S. 198 erwähnte Bericht stammte von Kurt Grossmann und erschien in der Oktober 1932-Ausgabe der unabhängigen pazifistischen Zeitschrift *Die Friedenswarte*.

5. Das Schreiben an Solovine stammt aus der Sammlung von Briefen Einsteins an Solovine (s. Kap. II, Anm. 22).

6. Das Original des Briefes an Weizmann findet sich in den Weizmann Archives in Rehovoth, Israel.

7. Die Auszüge aus Freuds Brief an Viereck sind mit Erlaubnis der Sigmund Freud Copyrights Ltd., London, wiedergegeben.

8. Der deutsche Text dieses Briefes an Freud erscheint in MW, S. 66. Einstein und Freud hatten einander zweimal kurz in Berlin getroffen.

9. UNESCO, die Nachfolgeorganisation des Internationalen Instituts für intellektuelle Zusammenarbeit, das die Broschüre mit dem Briefwechsel Einstein–Freud veröffentlichte, stellte wichtige Informationen darüber zur Verfügung; auch Leon Steinig, der einen

wesentlichen Anteil an dem Zustandekommen des Meinungsaustauschs zwischen Einstein und Freud hatte und jetzt dem U.N.-Sekretariat angehört, lieferte aufschlussreiche Mitteilungen.

10. Die Berliner Zeitungen, an deren Verleger Einstein seine Erklärung über die Pressefreiheit richtete, waren *Die Welt am Abend* und *Berlin am Morgen.*

11. Einsteins Kommentar über die Herriot-Vorschläge wurde von dem *Internationalen Pressedienst Co-operation, Berlin,* verbreitet.

12. Die Erklärung über das *Reichsbanner* ist reproduziert nach dem Autograph, das am 21.–22. Mai 1957 in der 59. Auktion der Firma Karl & Faber, München, angeboten wurde (Auktionsnummer 639).

13. Der Text der Antwort Einsteins an die patriotischen amerikanischen Frauen erscheint in MW, S. 55.

14. Das Datum des Briefes Einsteins über "Frauen an der Front" konnte nicht ermittelt werden; Text in MW, S. 66.

15. Nach dem Manuskript im Einstein-Archiv wiedergegeben.

16. Wiedergegeben nach einem Manuskript, das nur den Vermerk trägt: "Pasadena, 1932–33, wahrscheinlich für pazifistische Jugendversammlung oder Zeitung geschrieben."

17. Der amerikanische Pädagoge war Carl J. Rautzenberg in Santa Monica, Kalifornien.

18. Die vom Staatsparlament von New Jersey angenommene Entschliessung war von dem Unterhausmitglied Frank M. Travaline, Jr., eingebracht worden (Alfred Lief übermittelte sie zur Wiedergabe in diesem Band).

19. Dieser an eine Freundin Einsteins, Frau Margarete Lebach, gerichtete Brief wurde teilweise reproduziert als Nr. 51 des Katalogs Nr. 1744 für die Auktion der Parke-Bernet Galleries, New York, am 26. März 1957.

20. Der Text der Erklärung Einsteins findet sich in MW, S. 105.

21. Über Einsteins doppelte Staatsbürgerschaft s. Kap. V, Anm. 22.

22. Mrs. Lola Maverick Lloyd, die den Plattformempfang Einsteins in Chicago zwei Jahre vorher organisiert hatte (s. Kap. IV, Anm. 36), war auch bei dieser Gelegenheit führend beteiligt. Ihrer Tochter, Jessie Lloyd O'Connor, zufolge schrieb sie in der Zeitschrift *Unity* einen Bericht über das Luncheon.

23. Mr. Alfred Lief übermittelte den Herausgebern wertvolles Material über den Waldorf-Empfang. Die New York Public Library verfügt über eine grosse Ausschnittmappe unter dem Titel "Professor Albert Einstein besucht New York City am 15. März 1933". Darin findet sich auch ein Bericht aus *The New York Times* vom 24. März 1933, der Einsteins Erklärung über den Nazi-Überfall auf sein Sommerheim in der Nähe Berlins wiedergibt. Als Urheber des Berichts wird Universal Service benannt.

24. Der Autor, an den Einsteins Brief gerichtet ist, war Joseph Merory, ein Wiener Ingenieur.

7. Kapitel

1. Der amerikanische Pädagoge Abraham Flexner war der Schöpfer und Organisator des Institute for Advanced Study. Er bot Einstein eine Professur in dem neuen Institut an; er besprach mit Einstein das Angebot zunächst Anfang 1932 in Pasadena, dann im folgenden Frühjahr in Oxford und schliesslich im Sommer desselben Jahres in Caputh bei Berlin. Siehe Abraham Flexner, *An Autobiography* (Simon and Schuster, New York 1960), S. 250–52.

2. Einsteins Briefwechsel mit den beiden deutschen Akademien ist im vollen Wortlaut in MW, S. 105ff. wiedergegeben.

2a. Thomas Manns Bruder war Heinrich Mann.

3. Die Erklärung für die *Biosophical Review* erschien in einer "Friedensnummer" dieser Vierteljahrszeitschrift, Bd. III., Nr. 1, Herbst 1933, in Form eines Briefes an den Redakteur Dr. Frederick Kettner.

4. Einsteins Beziehungen zu dem belgischen Königspaar hatten einige Jahre zuvor begonnen; sein Gefühl für die Königin Elisabeth war besonders herzlich. In einem Brief an seine Frau aus Brüssel im Jahre 1930 nannte er das Monarchenpaar wiederholt spasshaft "die Königs": "... (ich) ging zum Bahnhof gegenüber ... an Königs telefonieren. Letzteres war sehr langwierig, weil dauernd besetzt war ... (Ich) fuhr um 3 Uhr zu Königs, wo ich mit rührender Herzlichkeit aufgenommen wurde. Diese beiden Leutchen sind von einer

Reinheit und Güte, die selten zu finden ist. Erst unterhielten wir uns etwa eine Stunde. Dann kam eine englische Musikantin und wir musizierten zu viert, beziehungsweise zu dritt (eine musikalische Hofdame war auch noch da) ein paar Stunden lang und sehr vergnügt. Dann gingen alle weg, und ich blieb allein bei Königs zum Essen: ohne Bedienung, vegetarisch. Spinat mit Setzei und Kartoffeln, punktum. (Es war nicht vorausgesehen, dass ich da blieb.) Es gefiel mir dort über die Massen, und ich bin sicher, dass dieses Gefühl gegenseitig ist." In seiner Antwort an Einstein bediente sich König Albert nicht des Ausdrucks "belgische Regierung", sondern der Redewendung "gouvernants belges"; als konstitutioneller Monarch musste er in offiziellen Äusserungen sehr zurückhaltend sein. Die deutsche Übersetzung des französisch geschriebenen Briefs ist mit Erlaubnis der inzwischen verstorbenen Königin wiedergegeben.

5. Sowohl *The New York Times* als auch die *New York Herald Tribune* brachte am 10. September 1933 Berichte über Einsteins Brief an Nahon, in denen es hiess, das Schreiben sei am vorangegangenen Tag von *La Patrie Humaine* veröffentlicht worden. Der Pressedienst der Internationalen Antimilitaristischen Kommission vom 7. September gibt jedoch den Tag der Veröffentlichung richtig mit 18. August an. Informationen darüber, wie auch über die Reaktion der Internationale der Kriegsdienstverweigerer (S. 248f.) wurden von Alfred Lief zur Verfügung gestellt. Am 2. Mai 1934 teilte Alfred Nahon Einstein mit, er stimme nunmehr Einsteins Meinungswechsel in der Frage der Kriegsdienstverweigerung zu; er befand sich damals in einem französischen Militärgefängnis, da er sich nicht rechtzeitig zum Dienst gemeldet hatte.

6. Lord Ponsonbys Brief ist mit Erlaubnis seines Sohnes wiedergegeben.

7. Die Auszüge aus Romain Rollands Tagebuch sind mit Erlaubnis von Mme. Rolland in deutscher Übersetzung wiedergegeben.

8. Das Interview mit Leo Lania, von dem mit Erlaubnis der Newspaper Enterprise Association Auszüge in deutscher Übersetzung wiedergegeben sind, erschien im *New York World Telegram* am 19. September 1933 (merkwürdigerweise mit dem Vermerk "Le-Coq-sur-mer, 19. September", obwohl Einstein sich damals bereits zehn Tage in England befand).

9. Nach dem deutschen Originalmanuskript im Einstein-Archiv wiedergegeben.

10. Obwohl das Manuskript den Vermerk "zweiter Entwurf" enthält, war es möglicherweise nicht für die Albert Hall-Versammlung gedacht, denn es findet sich dort auch ein Hinweis auf "den Leser". Die Einleitung zu der Broschüre (*Friends of Europe Publications, Nr. 4*) könnte dahin gedeutet werden, dass diese den wirklichen Wortlaut der Rede darstelle. Das war jedoch bestimmt nicht der Fall, obwohl die Broschüre einiges Material aus der Rede enthält.

8. Kapitel

1. Die Ansprache bei dem Nobel-Dinner ist nach dem deutschen Manuskript wiedergegeben. Diese Fassung unterscheidet sich ein wenig von der von Einstein tatsächlich gehaltenen, am 19. Dezember 1933 in *The New York Times* veröffentlichten Rede. Das Blatt brachte auch ein Bild der vier Ehrengäste; Einstein trug einen formellen Anzug, in dem er sich offensichtlich sehr unbehaglich fühlte.

2. Einsteins Beitrag zu der "Brüderlichkeits"-Rundfunksendung der National Broadcasting Company (NBC) wurde von Dr. John H. Finley verlesen.

3. Die bei der Tagung der Progressive Education Association gehaltene Rede ist aus dem deutschen Manuskript abgedruckt.

4. Aus dem deutschen Originalmanuskript wiedergegeben.

5. Ein Bericht über die Friedensdemonstrationen der Studenten erschien in *The New York Times* vom 13. April 1935. Darin wird eine Kundgebung in Princeton erwähnt und ein einziger Satz aus Einsteins Erklärung für die Temple University zitiert, die hier aus dem deutschen Manuskript wiedergegeben ist.

6. Das Interview mit R. M. Bartlett, das am 10. Mai 1934 stattfand, ist aus *Survey Graphic* übersetzt.

7. Diese Rede wurde vom Columbia Broadcasting System (CBS) ausgestrahlt, und zwar unter den Auspizien des American Christian Committee for German Refugees und des

Emergency Committee in Aid of Political Refugees from Nazism. Abdruck aus dem deutschen Originalmanuskript.

8. Viele Einzelheiten über die Ossietzky-Kampagne wurden mit Hilfe von Hilde Walter, einer früheren Mitarbeiterin Ossietzkys und einer der aktivsten Kämpfer für seine Interessen, aus Dokumenten des *Internationaal Instituut voor sociale Geschiedenes,* Keizersgracht 64, Amsterdam, entnommen. In der Kampagne, die Ossietzky den Nobelpreis brachte, waren auch Otto Nathan, Werner Hegemann und Gustav Hartung (an den Einsteins Brief vom 1. September 1935 gerichtet ist) ausserordentlich aktiv. Die Kolumne in der *New York Post* am 24. Juni 1935 war Ludwig Lores "Behind the Cables". Einsteins Brief an das Nobelkomitee erschien offenbar zum erstenmal in deutscher Sprache in einem kleinen Buch: *Carl von Ossietzky* von Kurt Singer und Felix Burger (Pseudonym für Kurt Grossmann) im Europa-Verlag, Zürich, 1937. Die Veröffentlichung der Schrift war für 1936 geplant, wurde jedoch aufgeschoben, um den Erfolg der Ossietzky-Kampagne nicht zu gefährden. Grossmann gab den Brief Einsteins auch in einem Artikel *Albert Einstein und die Deutsche Liga für Menschenrechte* wieder, der in dem neu erstandenen Blatt der Organisation, *Die Menschenrechte,* veröffentlicht wurde (März–Juni 1955). In beiden Publikationen ist das Jahr des Einstein-Briefs irrigerweise mit 1936 (statt 1935) angegeben.

9. Der amerikanische Pädagoge war Carleton Washburne, Inspektor der öffentlichen Schulen in Winnetka, Illinois.

10. Der hier wiedergegebene Absatz stammt aus dem deutschen Manuskript.

11. Die Botschaft an die YMCA ist aus dem deutschen Manuskript wiedergegeben.

12. Nach dem deutschen Original reproduziert.

13. Das deutsche Manuskript für die Kundgebung vom 5. April 1938 enthält nur den Vermerk, dass es für eine "Versammlung für Frieden und Demokratie" geschrieben ist.

14. Das Nachwort zu *The World As I See It* wurde zuerst (von Simon and Schuster, New York 1939, und Allen and Unwin, London 1940) unter dem Titel *I Believe* veröffentlicht; Wiedergabe nach dem deutschen Manuskript.

9. Kapitel

1. Die Schilderung des Ursprungs der Kernspaltung und der anderen in diesem Kapitel dargestellten Vorgänge stützt sich auf Material aus dem Einstein-Archiv, sowie auf Informationen aus vielen anderen Quellen. An Büchern sind vor allem zu nennen: Henry DeWolf Smyth: *Atomic Energy for Military Purposes,* Princeton University Press, Princeton 1945 (ursprünglich ein offizielles Regierungsdokument); Henry L. Stimson und McGeorge Bundy: *On Active Service in Peace and War,* Harper & Bros., New York 1948; Selig Hecht: *Explaining the Atom,* erweiterte Ausgabe mit zusätzlichen Kapiteln von Eugene Rabinowitsch, Viking Press, New York 1954 (ein von Einstein besonders geschätztes Buch); Carl Seelig: *Helle Zeit – Dunkle Zeit, in Memoriam Albert Einstein,* Europa-Verlag, Zürich 1956; Arthur Holly Compton: *Atomic Quest,* Oxford University Press, New York 1956. Wichtige – mündliche wie schriftliche – Informationen erteilten Dr. Leo Szilard, Dr. Alexander Sachs und Professor Niels Bohr. Professor Peter G. Bergmann, der mehrere Jahre hindurch Einsteins Assistent gewesen war, prüfte die von der wissenschaftlichen Seite des Problems handelnden Stellen dieses Kapitels.

2. Die Hahn-Strassman-Abhandlung erschien am 15. Januar 1939 in *Die Naturwissenschaften,* die Meitner-Frisch-Korrespondenz in der Februar 1939-Ausgabe von *Nature.* Siehe auch Otto Hahns Aufsatz "The Discovery of Fission" in der Februar 1958-Ausgabe von *Scientific American.*

3. Dr. L. A. Turner besprach die frühe Literatur über die Kernspaltung in der Januar 1940-Ausgabe von *Review of Modern Physics* (New York).

4. Die Zitate stammen aus Laura Fermis Buch *Atoms in the Family,* The University of Chicago Press, Chicago 1954. Pegrams Brief an Admiral Hooper wird darin auf S. 162f. im Wortlaut wiedergegeben.

5. Einsteins Interview in Pittsburgh wurde in *The Literary Digest* vom 12. Januar 1935 wiedergegeben (und daraus übersetzt).

6. Wiedergabe der Einstein-Antwort aus dem deutschen Originalmanuskript.

7. Einzelheiten über die von Sachs gespielte Rolle finden sich in seiner Aussage am 27. November 1945 vor dem Sonderkomitee des amerikanischen Bundessenats für Atom-

fragen (79. Kongress, erste Sitzungsperiode). Siehe auch den Bericht der *New York Times* am 28. November 1945. Besonderer Dank gebührt Herrn Dr. Sachs für die Erlaubnis zur Durchsicht seines Privatdossiers.

8. Compton bespricht die Intervention Einsteins und Szilards und die Tätigkeit des Beratungskomitees auf S. 27ff. seines Buchs *Atomic Quest.* Seine persönliche Meinung fasst er auf S. 29 folgendermassen zusammen: "Rückblickend erkennt man, dass die Wirkung der Ernennung des offiziellen Beratungskomitees für das Uranproblem die amerikanische Uranforschung eher gehindert als gefördert hat." In einer persönlichen Mitteilung an die Herausgeber sagte Dr. Vannevar Bush dazu: "Nach meiner Auffassung geht Dr. Compton zu weit. Um die Zeit, da Einstein seinen Brief [an Roosevelt] schrieb, waren bereits umfassende wissenschaftliche Arbeiten im Gang, und ich glaube nicht, dass der Brief oder auch die Tätigkeit des Beratungskomitees die Entwicklung nach der einen oder anderen Richtung wesentlich beeinflusst hat."

9. Über die an Einstein ergangene Einladung, in beratender Funktion für das Office of Scientific Research and Development (Amt für wissenschaftliche Forschung und Entwicklung) zu wirken, schreibt Dr. Bush: "Ich habe diesen Schritt auf die Bitte einiger Freunde Einsteins unternommen. Ob er das Angebot angenommen hat oder nicht, weiss ich nicht mehr. Von irgendeiner Beziehung Einsteins zur Flotte war mir nichts bekannt; er hat sie weder in einem Brief an mich noch sonstwie erwähnt. Jedenfalls weiss ich, dass er nicht im Office of Scientific Research and Development gearbeitet hat." Die Mitteilungen über Einsteins Verbindung mit der Flotte stammen von Einsteins Sekretärin, Helene Dukas.

10. Niels Bohr veröffentlichte Teile seines Memorandums vom 3. Juli 1944 in: *Open Letter to the United Nations,* 9. Juni 1950, Verlag J. H. Schultz, Kopenhagen. Dieses Dokument enthält auch Stellen aus seinem zweiten Memorandum an Roosevelt (24. März 1945). Siehe auch Alice Kimball Smith: "Behind the Decision to Use the Atomic Bomb: Chicago 1944–45", *The Bulletin of the Atomic Scientists,* Oktober 1958, S. 292.

11. Über die weitsichtigen frühen Berichte zur Geburt des Atomzeitalters und die Aktivitäten der Wissenschaftler orientiert besonders Alice Kimball Smith, op.cit., S. 289ff. Die zitierte Charakterisierung des Jeffries-Berichts stammt aus ihrem Artikel.

12. Auszüge aus Szilards Memorandum wurden in der Dezember 1947-Ausgabe des *Bulletin of the Atomic Scientists* veröffentlicht. Zum Besuch Szilards und der beiden anderen Wissenschaftler in Spartanburg siehe James F. Byrnes: *All in One Lifetime,* Harper & Bros., New York 1958, S. 284, und Alice Kimball Smith, op.cit., S. 296. Mrs. Smith ist die Historikerin, die eine Unterredung mit den drei Wissenschaftlern über die Zusammenkunft in Spartanburg hatte.

13. Die umfassendste und genaueste Schilderung der Gründe, die zur Anwendung der Atombombe führten, findet sich in dem oben erwähnten Aufsatz von Alice Kimball Smith, aus dem das Zitat über das mangelnde Verständnis Byrnes' in der Atomfrage stammt. Mrs. Smith konnte für ihre Arbeit das Material heranziehen, das die verschiedenen Komitees in der Chicagoer Universitätsbibliothek deponiert hatten; auch interviewte sie eine grosse Reihe der an den entscheidenden Diskussionen und Aktionen beteiligten Personen. Die Bücher von Stimson, Compton und Laura Fermi beschäftigen sich ebenfalls mit dem Thema. Siehe auch: Henry L. Stimson: "The Decision to Use the Atomic Bomb", *Harper's Magazine,* Februar 1947; James F. Byrnes: *Speaking Frankly,* Harper & Bros., New York 1947; *Memoirs by Harry S. Truman,* Bd. I, Doubleday and Company, Garden City 1955; Louis Morton: "The Decision to Use the Atomic Bomb", *Foreign Affairs,* Januar 1947; und Byrnes: *All in One Lifetime,* loc.cit.

14. Über Werk und Beratungen des Interimskomitees siehe die in der vorangegangenen Anmerkung verzeichneten Publikationen, besonders: *Atomic Quest* von Arthur H. Compton (der dem wissenschaftlichen Beratungsausschuss angehörte), und Alice Kimball Smith, op.cit. Es blieb jedoch nicht bei der Einstimmigkeit der Empfehlung des Interimskomitees, da vier Wochen später eines seiner Mitglieder – der Flotten-Unterstaatssekretär Ralph Bard – dem Kriegsminister Stimson mitteilte, dass er den dritten Punkt der Empfehlung ablehne: nämlich die Anwendung der Bombe ohne jegliche Warnung; er empfahl dringend, die Japaner zwei oder drei Tage vorher zu warnen.

15. Der sogenannte Franck-Report, der von dem Committee on Social and Political Implications (Komitee zur Untersuchung der sozialen und politischen Auswirkungen) in Chicago ausgearbeitet worden war, erschien im *Bulletin of the Atomic Scientists* vom 1. Mai 1946. Alice Kimball Smith (op.cit., S. 299) nennt als Unterzeichner (neben Franck und

Szilard): Donald Hughes, Joyce Stearns, Eugene Rabinowitch, Glenn Seaborg und J. J. Nickson.

16. Die Meinungsumfrage, die Farrington Daniels am 12. Juli 1945 im Auftrag von A. H. Compton in Chicago durchführte, wird in der Februar 1948-Nummer des *Bulletin of the Atomic Scientists* und von Alice Kimball Smith, op.cit., S. 303ff., geschildert.

17. Szilards Petition ist nie im vollen Wortlaut veröffentlicht worden. Unsere Angaben über seine Aktion in letzter Stunde gründen sich auf Comptons *Atomic Quest*, S. 241f., und Alice Kimball Smith, op.cit., S. 303 und 307. Siehe auch Leo Szilard: "A Personal History of the Atomic Bomb", *University of Chicago Round Table*, Nr. 601 (25. September 1949). Über die Gegenpetitionen und anderen Aktivitäten unter den Wissenschaftlern siehe auch die Veröffentlichungen von Compton und Smith.

18. Über Einsteins Opposition gegen die Anwendung der Atombombe siehe Virgil S. Hinshaw, Jr., in SCHILPP, S. 487. Hinshaw, der im Mai 1949 mit Einstein sprach, berichtet: "Einstein verneinte unbedingt, dass es weise war, die Atombombe über Japan abzuwerfen."

10. Kapitel

1. Die Auszüge aus der Botschaft an die in Atlantic City tagende New Jersey Education Association (Unterabteilung Wissenschaftslehrer) sind aus der englischen Fassung im Einstein-Archiv übersetzt.

2. Wiedergabe des deutschen Originals im Einstein-Archiv.

3. Der Empfänger der Erklärung über die Besetzung der Niederlande konnte nicht ermittelt werden.

4. Das Telegramm der siebzehn Professoren der Universität Princeton ist aus *The New York Times* vom 23. Mai 1940 übersetzt.

5. Einsteins Gesprächspartner bei der "I Am an American"-Funksendung der National Broadcasting Company (NBC) war Marshall Dimock, ein Beamter des amerikanischen Arbeitsministeriums.

6. Der an der amerikanischen Westküste lebende Freund war Dr. Gabriel Segall, ein Arzt in Los Angeles, den Einstein im Januar 1931 kennen gelernt hatte.

7. Die Briefe von Professor Urey sind mit seiner Erlaubnis wiedergegeben und aus den englischen Originalen übersetzt.

8. Aus dem deutschen Manuskript im Einstein-Archiv.

9. Die Identität des Korrespondenten im Weissen Haus, an den die Botschaft über den Pearl Harbor-Überfall gerichtet war, konnte nicht ermittelt werden. Einsteins Sekretärin, Helene Dukas, entsinnt sich, dass die Erklärung in deutscher Sprache verbreitet werden sollte und dass sie den Text in dieser Fassung telefonisch weitergab. Reproduktion aus dem deutschen Manuskript.

10. Litwinows Antwort an Einstein ist mit Erlaubnis der Sowjetbotschaft in Washington wiedergegeben.

11. Auszüge aus den Briefen Culbertsons an Einstein sind mit Erlaubnis der Verwalter des Culbertson-Nachlasses, Bruce E. Culbertson und Albert H. Morehead, wiedergegeben.

12. Reproduziert nach dem deutschen Originalmanuskript im Einstein-Archiv.

13. Siehe Anm. 12.

14. Siehe Anm. 12.

15. Siehe Anm. 12.

16. Auf Bitte Einsteins sollte ein ihm bekannter amerikanischer Soldat in Italien die Botschaft an Croce überbringen. Es scheint, dass der Soldat den Originalbrief, von dem keine Abschrift vorliegt, für sich behalten hat. Der Briefwechsel erschien in italienischer Sprache in Form einer Broschüre: *Lettera a B. Croce e Risposta del Croce* (Laterza, Bari 1944). Eine englische Übersetzung des Croce-Briefs wurde liebenswürdigerweise von Frances Frenaye angefertigt; diese Version liegt der deutschen Übertragung zugrunde. Der Abdruck wurde von Croces Tochter, Alida Croce, autorisiert. Die von Croce erwähnte Anthologie, zu der er und Einstein Beiträge geliefert hatten, hiess: *Freedom, Its Meaning* (Herausgeberin: Ruth Nanda Anshen; Verlag: Harcourt, Brace & Co., New York 1940).

17. Mit Erlaubnis der *World Events Magazine Inc.* aus dem deutschen Original wiedergegeben.

18. Diese Erklärung, wie auch die beiden folgenden Botschaften für das Davidson-Komitee, sind aus den deutschen Originalmanuskripten wiedergegeben.

19. Die Einladung an Einstein, dem Komitee zur Unterstützung der Dumbarton Oaks-Empfehlungen für eine U.N.-Charta beizutreten, war von William Allen Neilson unterzeichnet, dem Vorsitzenden des Exekutivkomitees der Commission to Study the Organization of Peace (Studienkommission für die Organisation des Friedens).

20. Auch dieser Brief war an Dr. Gabriel Segall in Los Angeles gerichtet (siehe Anm. 6).

21. Einsteins Kommentar zum Tode Roosevelts, hier mit Genehmigung des *Aufbau* nachgedruckt, findet sich auch in MW, S. 254.

11. Kapitel

1. Siehe Kap. IX, Anm. 1.

1a. Albert Einstein, *Grundzüge der Relativitätstheorie*, Vieweg, Braunschweig 1956.

2. Das Saranac Lake-Interview ist nach einem Bericht der *New York Times* vom 15. September 1945 übersetzt.

3. Dr. Hutchins' Einladung war vom 5. September 1945 datiert. Die in der Folge organisierte Gruppe hiess Committee to Frame a World Constitution (Komitee für den Entwurf einer Weltverfassung).

3a. Emery Reves, *The Anatomy of Peace.* Harper & Bros., New York 1945.

4. Auszüge aus Emery Reves' Brief an Einstein sind mit besonderer Genehmigung von Reves reproduziert.

5. Weitere Unterzeichner des Briefs in *The New York Times* waren J. W. Fulbright, Claude Pepper, Henry St. George Tucker, Louis Finkelstein, Mortimer J. Adler, Charles G. Bolte, Gardner Cowles, Jr., Dorothy Canfield Fisher, Cord Meyer, Carl Van Doren und Mark Van Doren.

6. Auszüge aus Dr. Posins Brief an Einstein sind aus dem Originalmanuskript mit Erlaubnis des Autors wiedergegeben.

7. U.S. Congress, *Congressional Record,* Bd. 91, Teil 8, 79ter Congress, erste Sitzung, S. 10049.

8. Auszüge aus den Briefen des ehemaligen Bundessenators Ball sind mit seiner Erlaubnis reproduziert. Unter dem May-Johnson-Gesetzentwurf wäre die Atomenergie unter der Kontrolle des Militärs geblieben. Seine Ablehnung war vor allem auch die Folge spontaner Aktionen von Atomwissenschaftlern. Sie setzten weitere öffentliche Verhöre über die Frage durch, wobei unter anderen auch Leo Szilard als Zeuge auftrat.

9. Der Brief Raymond Gram Swings ist mit seiner Erlaubnis wiedergegeben.

10. Die deutsche Übersetzung des Artikels in *Atlantic Monthly* wurde auf Grund des leicht überarbeiteten englischen Textes vorgenommen; Swing war an der Revision nicht beteiligt.

11. In einem Punkt irrte sich Einstein: Lise Meitner floh nicht aus Deutschland, um Niels Bohr Informationen über die Kernspaltung zu überbringen; sie befand sich damals bereits in Schweden (siehe S. 302).

12. Einsteins Antwort an Welles ist nach dem deutschen Originalmanuskript reproduziert.

13. Die vier Wissenschaftler waren: John L. Balderston, Jr., Dieter M. Gruen, W. J. McLean und David B. Wehmeyer. Einsteins Antwort an sie ist aus dem deutschen Originalmanuskript wiedergegeben.

14. Einsteins Nobel-Gedächtnisrede, deren Text am 11. Dezember 1945 in *The New York Times* erschien, wurde auf Grund von Einsteins Angaben von seinem Freund Erich von Kahler, dem bekannten Historiker und Philosophen, geschrieben.

15. *One World or None,* herausgegeben von Dexter Masters und Katharine Way, mit einem Vorwort von Niels Bohr und einer Einführung von Arthur H. Compton, wurde von McGraw Hill Book Co., New York, 1946 veröffentlicht. Neben Einstein waren mit Beiträgen vertreten: Philip Morrison, Harlow Shapley, Eugene P. Wigner, J. Robert Oppenheimer, Louis N. Ridenour, Edward U. Condon, Frederick Seitz, Hans Bethe, Irving Langmuir, Harold Urey, Leo Szilard, Walter Lippmann und die Federation of American Scientists. Einsteins Beitrag ist hier aus dem deutschen Original wiedergegeben. Dexter Masters fügte

dem Artikel mit Einsteins Zustimmung einige Absätze hinzu. Einsteins Entwurf des Telegramms an die Sowjetakademie ist nach dem deutschen Manuskript wiedergegeben. Möglicherweise trug die schliesslich abgesandte Fassung auch die Unterschriften einiger anderer prominenter Wissenschaftler. Mr. Masters steuerte wertvolle Einzelheiten zur Klarstellung dieser Angelegenheit bei.

16. Die Briefschreiberin war Mrs. Millicent Bingham in San Francisco.

17. Dieser Brief ist mehrere Jahre vor dem Zeitpunkt geschrieben, an dem die Bundesrepublik Deutschland ihre Wiedergutmachungspolitik begann.

12. Kapitel

1. Einsteins Brief an das *Look*-Magazin vom 16. April 1946 ist mit Erlaubnis der Zeitschrift wiedergegeben und von der in der Zeitschrift erschienenen Fassung übersetzt.

2. Das Telegramm des Rollins College war von dem Leiter der Konferenz, George C. Holdt, unterzeichnet.

3. Der Auszug aus dem Brief Culbertsons ist aus dem Englischen übersetzt. Die Nachlassverwalter Culbertsons, Bruce E. Culbertson und Albert H. Morehead, gaben die Bewilligung zum Nachdruck.

4. Der Artikel in der Zeitschrift *The Nation,* zu dem Einstein sich äusserte, stammt von I. F. Stone und erschien unter der Überschrift "Atomic Pie in the Sky".

5. Wertvolle Informationen über die Tätigkeit Einsteins im Notstandskomitee der Atomwissenschaftler trugen bei: Harold L. Oram, New York, der die Geldsammlungen der Organisation leitete; Professor Harrison Brown, vom California Institute of Technology, der in den späten Phasen der Komiteearbeit als Exekutivsekretär wirkte; der Redaktionsstab des *Bulletin of the Atomic Scientists* in Chicago, ganz besonders der Redakteur der Zeitschrift, der inzwischen verstorbene Dr. Eugene Rabinowitch; schliesslich Robert Rosenthal, der Kurator der Spezialsammlungen an der Chicagoer Universitätsbibliothek, wo sich jetzt das Archiv der Organisation befindet. Neben Oram und Brown und anderen in diesem Kapitel, und in späteren Abschnitten des Buchs, erwähnten Personen machten sich um das Komitee besonders verdient: Lily Payson, als stellvertretende Schatzmeisterin; Eileen Fry, ein Mitglied des Stabs von Oram, Exekutivsekretärin im Büro in Princeton, deren plötzlicher Tod im Jahre 1948 ein harter Schlag für die Organisation war; Joseph Halle Schaffner, der erste Exekutivdirektor und Schatzmeister, und Ernest Everett Minett, der in Chicago eine ähnliche Position innehatte. Dieses Verzeichnis ist nicht vollständig. Ursprünge und Arbeit der American Federation of Scientists werden in Alice Kimball Smiths Buch, *A Peril and a Hope,* University of Chicago Press 1965, geschildert. Zu den ursprünglichen Treuhändern der Organisation gehörte auch Robert F. Bacher, der später wegen seiner Berufung in die United States Atomic Energy Commission zurücktrat.

6. Einsteins Bemerkungen im Rahmen der "Operation Crossroads"-Funksendung sind mit Erlaubnis des Columbia Broadcasting System (CBS) wiedergegeben und aus dem Manuskript übersetzt.

7. Aus dem deutschen Manuskript wiedergegeben.

8. Der Studentenführer in dem Funkinterview war der Sekretär und Schatzmeister der National Organization of Student Federalists, Foster Parmelee.

9. Cord Meyers Artikel über die Lilienthal-Acheson-Vorschläge findet sich in der Juli 1946-Ausgabe des *Atlantic Monthly* unter dem Titel "What are the Chances? " Er erschien im Rahmen eines dreiteiligen Symposiums "Stopping the Atomic Armament Race". Die Autoren der anderen Beiträge waren David Lilienthal und Henry DeWolf Smyth. Meyer zitierte nur den letzten Satz des Briefes Einsteins an *The Nation.* Im folgenden Jahr schrieb Einstein ein kurzes Vorwort zu Meyers Buch, *Peace or Anarchy.*

10. Die Auszüge aus Labarthes Interview mit Einstein sind mit Genehmigung von *France-Soir* übersetzt und abgedruckt.

11. Einsteins Interview mit Michael Amrine wurde unter dem Titel *Only Then Shall We Find Courage* von dem Notstandskomitee der Atomwissenschaftler in Broschürenform zirkuliert, zusammen mit einem Artikel von Christian Gauss in der Zeitschrift *American Scholar* ("Is Einstein Right? "). Wiedergabe des Interviews mit Genehmigung der *New York Times;* die Übersetzung wurde von dem Times-Artikel angefertigt.

12. Der polnische Journalist war Michael Hofman.

13. Die Wiedergabe der Antwort von Wallace erfolgt mit Erlaubnis des inzwischen verstorbenen Autors.

14. Einsteins Artikel über die Negerfrage erschien in der Januar 1946-Ausgabe des *Pageant*-Magazins. Über seine Rede an der Lincoln University siehe die Ausgabe der *New York Times* vom 4. Mai 1946.

15. Aus einem Manuskript im Einstein-Archiv.

16. Einsteins Ansprache bei der Konferenz der Atomwissenschaftler in Princeton wurde von der National Broadcasting Company (NBC) ausgestrahlt und erscheint mit deren Genehmigung in deutscher Übersetzung.

17. Einsteins freie Ansprache bei dem Symposium ist in Übersetzung aus einer privat hergestellten Übertragung wiedergegeben, die den Vermerk "vertraulich" und das Copyright Einsteins trägt. Es war eine der wenigen, öffentlichen Gelegenheiten, bei denen Einstein sich der englischen Sprache bediente. Einen interessanten Bericht über die Tagung übermittelte Helen Beardsley von Los Angeles an A. J. Muste von der Fellowship of Reconciliation. Die Berichterstatterin, die auf der Konferenz das Verbot der Erzeugung von Atombomben als Tagesordnungspunkt vorgeschlagen hatte, zitiert die folgenden Bemerkungen Einsteins aus der Diskussion: "Frieden machen ist ein psychologisches Problem. Aber das Dilemma ist: man will Frieden herstellen und doch gleichzeitig sich auf den Krieg vorbereiten. Man kann nicht zwei Herren dienen: dem Frieden und dem Krieg. Das ist psychologisch unmöglich."

18. Dr. Abbots Protest an Einstein ist dem Archiv des Notstandskomitees der Atomwissenschaftler in der Chicagoer Universitätsbibliothek entnommen.

19. Nach dem deutschen Originalmanuskript wiedergegeben.

20. Siehe Anm. 19.

21. Der französische Journalist war Robert Jean Longuet, ein Urenkel von Karl Marx.

22. Der Militärdienstverweigerer war Igal Roodenko, der sich damals in der Bundesstrafanstalt in Sandstone, Minnesota, befand.

13. Kapitel

1. Einsteins Antwort auf die Einladung von Mrs. Roosevelt ist aus dem englischen Text übersetzt.

2. Die Fragen an Einstein wurden von Jacob Landau, dem inzwischen verstorbenen Direktor der Overseas News Agency, gestellt. Wiedergabe des deutschen Originalmanuskripts mit Genehmigung der Nachlassverwalter Landaus.

3. Einsteins Bemerkungen über die Nominierung Lilienthals wurden von der New Yorker Rundfunkstation WMCA ausgestrahlt, die die Bewilligung zum Abdruck des deutschen Textes gab.

4. Auszüge des *Newsweek*-Berichts sind mit Erlaubnis der Zeitschrift wiedergegeben und aus dem englischen Text übersetzt. Nachdrucke des Berichts wurden seinerzeit von dem Notstandskomitee der Atomwissenschaftler verbreitet.

5. Einsteins Botschaft für das *World Federalist News*-Dinner ist mit Erlaubnis des Nachlassverwalters der nicht mehr bestehenden Zeitschrift, *World Government News*, Stewart M. Ogilvy, aus dem deutschen Originaltext wiedergegeben.

6. Einsteins Botschaft wurde aus dem englischen Manuskript übersetzt, das handschriftliche Korrekturen Einsteins enthält. Harold Oram, der das Dokument zur Verfügung gestellt hat, setzt das Datum auf 12. Mai 1947 an. Anscheinend war die Erklärung für eine Versammlung von Mitgliedern der Anwaltskammer bestimmt, die unter den Auspizien des Notstandskomitees der Atomwissenschaftler stattfand.

7. Einsteins Memorandum für Urey ist nach dem deutschen Original wiedergegeben.

8. Das Pressebulletin, das die Veröffentlichung der Erklärung des Notstandskomitees begleitete, teilt die Wahl von Harrison Brown und Frederick Seitz als Treuhänder der Organisation mit.

9. Die gemeinsame Erklärung Einsteins und der Federation of American Scientists ist aus dem englischen Text übersetzt, der in der September 1947-Ausgabe des *Bulletin of the Atomic Scientist* erschien.

10. Die Funksendung "Das Gebot der Stunde: ein Weltrecht" erfolgte über die Stationen der American Broadcasting Company (ABC) und ist mit deren Genehmigung wiedergegeben und aus dem englischen Text übertragen.

11. Einsteins Antworten an die *Washington Post* sind mit Erlaubnis des Blattes wiedergegeben und nach dem deutschen Manuskript abgedruckt.

12. Über die "Peoples' World Convention" (Weltkonvention der Völker) erteilten Henry C. Usborne, Professor Stringfellow Barr und Harris Wofford, Jr. wichtige Informationen. Ein Manuskript Woffords *"A Cold War Odyssey: Story of the Foundation for World Government"* lieferte besonders wertvolle Einzelheiten für dieses und das folgende Kapitel. Die Bezeichnung "Peoples' World Convention" wurde vorwiegend in Amerika gebraucht; in England sprach man gewöhnlich von einer "Peoples' World Constituent Assembly". Die "Crusade for World Government" in England wurde von einem "British Parliamentary Committee" gefördert, dem rund 200 Mitglieder des britischen Unterhauses angehörten. Der von Einstein unterzeichnete Aufruf stammt aus einer weit verbreiteten Broschüre: *Crusade for World Government: The Plan in Outline.* Zu den Signatoren gehörten auch Robert Hutchins, John Steinbeck, Lord Beveridge, Yehudi Menuhin, Jacques Maritain, Sir John Boyd Orr, Thomas Mann und Sarvapalli Radhakrishnan. Die "Weltbewegung für eine Weltbundesregierung", deren Zentrale in Paris war, umfasste 35 Organisationen in 16 Ländern. Einsteins Botschaft an die Konferenz in Montreux ist aus dem deutschen Original wiedergegeben.

13. Der Ridenour-Artikel und die Ergebnisse der Rundfrage über den Aufsatz sind in der August 1947-Ausgabe des *Bulletin of the Atomic Scientists* abgedruckt. Einsteins Antwort ist nach dem deutschen Original wiedergegeben.

14. Die (offenbar von Fyke Farmer, einem Anwalt in Nadhville, Tennessee, angeregte) Erklärung zum Fall Sacco-Vanzetti ist nach dem deutschen Original reproduziert.

15. Die Korrespondenz mit John Dewey wurde von Harold Oram zur Verfügung gestellt und ist mit Genehmigung der Witwe Deweys wiedergegeben.

16. Einsteins Antwort auf Stimsons Einladung war an dessen Nachfolger als Kriegsminister, Robert P. Patterson, gerichtet.

17. Einsteins Ansprache für die Foreign Press Association erschien in der Dezember 1947-Ausgabe des *Bulletin of the Atomic Scientists.* Wiedergabe aus dem deutschen Originalmanuskript.

18. Aus dem deutschen Manuskript reproduziert. An der Kundgebung in Cleveland nahmen Studenten der folgenden Institutionen teil: Western Reserve University, Case Institute of Technology, Fenn College, John Carroll University und Cleveland School of Art.

19. Harrison Browns Erinnerungen an die geplante Tagung in Jamaica sind einer persönlichen Mitteilung Browns an die Herausgeber entnommen und hier mit Erlaubnis des Autors wiedergegeben.

20. Einsteins "Open Letter to the General Assembly" ("Offener Brief an die Plenarversammlung"), hier aus dem Englischen übersetzt, ist mit Erlaubnis H. G. Jacobsohns, des Aufsichtsratsvorsitzenden der Zeitschrift *World Events* wiedergegeben, mit der *United Nations World* fusioniert wurde. Siehe *The New York Times,* 23. September 1947.

21. Der Brief der Sowjetwissenschaftler ist aus dem englischen Text übersetzt, Einsteins Brief ist aus dem deutschen Originalmanuskript wiedergegeben.

22. Die beiden Wissenschaftler waren Arthur M. Squires und Cuthbert Daniel in New York City.

23. Otto Lehmann-Russbüldt stellte eine Reproduktion des handgeschriebenen Briefs Einsteins zur Verfügung.

14. Kapitel

1. "The Fateful Decision" ist übersetzt aus: *World Government: The Twenty-Second Annual Debate Handbook* (Verlag der National University Extension Association, 1948) und mit Erlaubnis des Herausgebers der Serie, Professor Bower Aly von der Universität Missouri, abgedruckt.

2. Einsteins Brief an die War Resisters' League (Liga der Dienstverweigerer) in New York ist nach einem handgeschriebenen Entwurf im Einstein-Archiv wiedergegeben.

3. Die Erklärung der elf Briten wurde in *The Times* (London) am 22. Dezember 1947 veröffentlicht. Einsteins Brief an Usborne ist aus seinem handgeschriebenen deutschen Entwurf wiedergegeben. Einstein hat für seine Feststellung, Russells Unterschrift sei

unautorisiert, keine Quelle angegeben. Aber aus dem auf S. 497 erwähnten Brief Russells kann gefolgert werden, dass dieser damals eine militante Politik gegen Russland befürwortete.

4. Neben Einstein unterzeichneten unter anderem die folgenden Persönlichkeiten den Bericht des National Council Against Conscription (Nationalkomitee gegen Dienstpflicht): Henry Hitt Crane, Edwin T. Dahlberg, Kermit Eby, Dorothy Canfield Fisher, Reuben Gustavson, Cord Meyer, Jr., James G. Patton und Ray Lyman Wilbur.

5. Der Armeeoffizier und Funktionär der American Legion war F. F. Fletcher in Imperial, California.

6. Einsteins Erklärung gegen die allgemeine Militärdienstpflicht ist wiedergegeben in: *U.S. Congress, Senate, Committee on Armed Services, Hearings before the Committee . . . on Universal Military Training,* Washington, D. C., Government Printing Office, 1948, S. 267. Einsteins Erklärung ist hier nach seinem deutschen Original wiedergegeben.

7. Der ungarische Journalist war Török Sándor von der literarischen Abteilung des offiziellen ungarischen Rundfunks (*Magyar Rádió*).

8. Einsteins Erklärung zum Mord an Gandhi ist nach dem deutschen Originaltext wiedergegeben.

9. Der Briefschreiber war John Dudzik von New York City.

10. Das Buch von Henry Wallace wurde von Reynal & Co., New York, veröffentlicht.

11. Der Abdruck der Erklärung des Notstandskomitees, auf den sich die Übersetzung stützt, wurde von Harold Oram zur Verfügung gestellt. In dem Pressebulletin, das die Veröffentlichung begleitete, wurden als neue Treuhänder der Organisation genannt: Reuben G. Gustavson, der Kanzler der Universität von Nebraska; Joseph E. Mayer von der Universität Chicago; und Hermann J. Muller von der Universität Indiana.

12. Einsteins Erklärung anlässlich des Condon-Dinners ist aus dem deutschen Originaltext wiedergegeben.

13. Huxleys Buch wurde 1947 von der Oxford University Press veröffentlicht. Einsteins Korrespondent war Armin F. Doneis in Pharr, Texas.

14. Einsteins One World Award-Rede ist aus dem deutschen Original reproduziert. Siehe auch *The New York Times* vom 28. April 1948.

15. Auszüge aus dem Culbertson-Brief sind mit Erlaubnis der Nachlassverwalter, Bruce E. Culbertson und Albert H. Morehead, wiedergegeben.

16. Einsteins Antworten auf die ihm von *France-Tireur* vorgelegten Fragen erschienen in der Ausgabe des Blattes vom 6. April 1948 und sind hier mit Erlaubnis von *Paris-Jour,* dem Nachfolgeblatt von *Franc-Tireur,* in deutscher Übersetzung wiedergegeben.

17. Mumfords Antwort an Einstein ist mit Erlaubnis des Autors wiedergegeben.

18. Einsteins Botschaft an die Methodisten-Konferenz, aus dem deutschen Originaltext wiedergegeben, erschien in *Zion's Herald,* Bd. 126, S. 453, und in dem *Journal of the 1948 General Conference of the Methodist Church,* 5. Mai 1948, S. 306. Wiedergabe mit Erlaubnis von Ralph Stoody, Exekutivdirektor der Commission on Public Relations and Methodist Information of the Methodist Church.

19. Einsteins Antworten sind hier aus dem deutschen Original wiedergegeben, abgedruckt mit Erlaubnis von Dorothy Norman und der *New York Post,* in der sie am 21. und 24. Mai erschienen.

20. Einsteins Antworten auf die Fragen der Zeitschrift *The Rotarian* sind mit Genehmigung des Redakteurs Karl K. Krueger nach dem deutschen Originaltext wiedergegeben.

21. Auszüge aus den Briefen des inzwischen verstorbenen Professors Shapley sind mit seiner Erlaubnis wiedergegeben. Eine Aufzählung der vielen an dem vergeblichen Versuch eines "Gegenangriffs" beteiligten Personen und Gruppen ist entbehrlich. Einsteins Briefe an Shapley, seine Botschaft an die Konferenz und seine Ansprache an die in der Carnegie Hall Versammelten sind nach den deutschen Originaltexten reproduziert. Die Angaben über die Carnegie Hall-Kundgebung stammen aus einem Bericht der *New York Times* vom 18. Juni 1948.

22. Die Bruchstücke aus dem Artikel von Norman Cousins sind mit seiner Erlaubnis wiedergegeben. Cousins erteilte auch über andere Vorgänge jener Zeit hilfsbereit Auskunft.

22a. Warschau ist in Einsteins Brief irrtümlich als Kongressstadt genannt. Es sollte Wroclaw (das frühere Breslau) heissen.

23. Einsteins Botschaft an den Kongress in Wroclaw erschien in *The New York Times*

vom 29. August 1948 und in der September 1948-Ausgabe des *Bulletin of the Atomic Scientists.* Für dieses Buch wurde der deutsche Originaltext benützt.

24. Einsteins Briefe an Dr. Walter W. Marseille, Psychoanalytiker in San Francisco, sind nach den deutschen Originalen reproduziert.

25. Die Auszüge aus Usbornes Zirkularschreiben sind mit seiner Erlaubnis reproduziert. Henry C. Usborne, Stringfellow Barr und Harris Wofford, Jr. (der Junior-Treuhänder der Foundation for World Government, der seinerzeit die Schaffung der Stiftung durch Mrs. Blaine angeregt hatte) stellten grosszügig Informationen über die verschiedenen Vorgänge zur Verfügung. Die Einladung zu der Pocono-Konferenz und der Text der Resolution des Notstandskomitees der Atomwissenschaftler stammen aus Stringfellow Barrs Privatdruck: *Final Report on the Pocono Conference.* Das Zitat über Browns Bericht (S. 500) ist Woffords Manuskript *A Cold War Odyssey: Story of the Foundation for World Government* entnommen, das sich auch sonst als wichtige Materialquelle erwies. Unter den Teilnehmern der Pocono-Konferenz befanden sich Mortimer Adler, G. A. Borgese, Scott Buchanan, Mrs. J. L. Blair Buck, Alan Cranston und James P. Warburg. Die Resolution des Notstandskomitees (S. 505) unterzeichneten neben Einstein: Urey, Brown, Morse, Seitz, Hogness und Meyer. Brown war Barrs Nachfolger als Vorsitzender des Pocono-Komitees vor seiner Auflösung.

26. Erstaunlicherweise erschienen nur drei der Antworten Einsteins im *Cheney Record* vom Februar 1949. Einsteins Antworten sind aus dem englischen Manuskript übersetzt.

27. Die Feststellung, dass das Notstandskomitee nahezu 400,000 Dollar gesammelt habe, erscheint in einem von Einstein unterzeichneten Aufruf im *Bulletin of the Atomic Scientists* vom Januar 1948. Genaue Einzelheiten über die Schwierigkeiten des Komitees finden sich im Archiv der Organisation in der Chicagoer Universitätsbibliothek. Die Kommentare von Harrison Brown und Eugene Rabinowitsch über das Notstandskomitee stammen aus persönlichen Mitteilungen an die Herausgeber vom 25. August beziehungsweise 19. August 1957 und sind mit Erlaubnis der Autoren wiedergegeben. Der Text des Geldaufrufs vom 17. September 1948 (S. 505) findet sich in der New York Public Library. Die Empfehlung, die Tätigkeit des Komitees einzustellen, wurde in einem Brief Browns an die Treuhänder vom 15. November 1948 gemacht.

28. Für welchen Zweck oder welchen Empfänger Einstein die Weihnachtsbotschaft entwarf, konnte nicht ermittelt werden.

15. Kapitel

1. Eine deutsche Übersetzung dieses Bandes ist unter dem Titel "*Albert Einstein als Philosoph und Naturforscher*" im W. Kohlhammer Verlag, Stuttgart im Jahre 1955 erschienen.

1a. Der Pathologe war Alton R. F. Chapple am Hornsby und District Hospital in Hornsby, Australien.

2. Der Scientific and Cultural Congress for World Peace (Wissenschaftlich-kultureller Kongress für den Weltfrieden) fand vom 25. bis 27. März 1949 unter den Auspizien des National Council of the Arts, Sciences and Professions im Waldorf-Astoria Hotel, New York, statt.

3. Einsteins Brief an Hadamard ist aus dem englischen Text übersetzt.

4. Trotz umfassender Nachforschungen konnten keine weiteren Einzelheiten über die "Konferenz für friedliche Alternativen" und deren Resolutionen ermittelt werden.

5. Dr. Rabinowitch schrieb am 19. August 1957 an die Herausgeber: "... Ich habe Einstein gefragt, ob er nicht in einem Artikel für das *Bulletin* eine autoritative Erklärung des Standpunkts der Dienstverweigerer abgeben wolle ... Einstein erwiderte, dass er einen solchen Artikel nicht schreiben möchte. Er bestritt, ein "nonresister" zu sein, und erklärte, dass er unter gewissen Umständen durchaus befürworten würde, einem Angriff mit den Mitteln der Gewalt entgegenzutreten; jedoch sei die wahre Gefahr eher im Wachsen des militaristischen Geistes in Amerika als in den aggressiven Tendenzen der Sowjetunion zu suchen."

6. Thirrings Erklärung der Wasserstoffbombe erschien in: *Die Geschichte der Atombombe* (Neue Österreichische Zeitungs- und Verlagsgesellschaft, Wien 1946). Einen Artikel darüber brachte *The Bulletin of the Atomic Scientists* im März 1950.

7. Einsteins Briefe an Muste sind aus den deutschen Originalen reproduziert. Muste war den Herausgebern durch Erklärungen des Briefwechsels behilflich.

8. Die in Mustes Telegramm erwähnten Personen waren Clarence Pickett, Paul Scherer, Charles Iglehart, Douglas Steere, Phillips Elliot und John Haynes Holmes.

9. Einsteins Bemerkungen im Rahmen des Fernsehprogramms von Mrs. Roosevelt sind mit Erlaubnis des Produzenten der Sendung, Elliot Roosevelt, aus dem deutschen Originaltext reproduziert. Die *New York Post* füllte am 13. Februar 1950 ihre ganze Titelseite mit einer Grossschlagzeile: "Einstein Warns World: Outlaw H-Bomb or Perish" ("Einstein warnt die Welt: Ächtet die Wasserstoffbombe oder ihr werdet zugrunde gehen!").

10. Der Brief zur Unterstützung der Anwälte wurde neben Einstein, Thomas Mann und einigen anderen Persönlichkeiten auch unterzeichnet von Olin Downes, Thomas Emerson, John A. Kingsbury, Robert S. Lynd, Carey McWilliams, Kirtley Mather und Linus Pauling.

11. Die Forschungsarbeit und andere Vorbereitungen der Broschüre *Militarism in Education* lagen in den Händen des Direktors des National Council Against Conscription, John M. Swomley, Jr. Neben Einstein unterzeichneten: Louis Bromfield, Pearl S. Buck, Robert J. Havighurst, James G. Patton, Pitirim A. Sorokin und Harold Taylor.

12. Einsteins Brief an den Bundessenator Murray ist aus dem deutschen Originalmanuskript reproduziert.

13. Einsteins Brief an die Society for Social Responsibility in Science vom 4. März 1950 ist aus dem englischen Text übersetzt, während der "Offene Brief" vom 19. Juli 1950 aus dem deutschen Originaltext reproduziert ist. Der Offene Brief erschien am 22. Dezember 1950 in *Science* und ist mit Erlaubnis des Chefredakteurs von *Science,* Graham DuShane, reproduziert.

14. Forschungsarbeit und andere Vorbereitungen der Broschüre *America, Russia and the Bomb* lagen wieder in den Händen des Direktors des National Council Against Conscription, John M. Swomley, Jr. Neben Einstein unterzeichneten: Louis Bromfield, William Appleton Laurence, Benjamin E. Mays, William T. Scott und Pitirim A. Sorokin.

15. Einsteins Bemerkungen in der Rundfunksendung "Year of Decision" sind aus dem englischen Text übersetzt und mit Erlaubnis des Programmdirektors des Mutual Broadcasting System, Inc., Brad Simpson, wiedergegeben.

16. Die Bemerkungen über diese "Mondialist"-Bewegung in Frankreich stützen sich auf Harris Woffords Manuskript: *A Cold War Odyssey: Story of the Foundation for World Government.*

17. Aus dem deutschen Original reproduziert.

18. Siehe Anm. 17.

19. Siehe Anm. 17.

20. Siehe Anm. 17. Der deutsche Originaltext erschien in: *Physikalische Blätter,* 1952, Nr. 5.

21. Einsteins Brief an Muste ist aus dem englischen Text übersetzt.

22. Einsteins Botschaft an die Paraguayische Akademie ist aus dem deutschen Originaltext wiedergegeben.

23. Posin schilderte seine Erfahrungen in einem Buch *I Have been to the Villages,* das 1948 in Fargo, North Dakota (anscheinend im Selbstverlag) erschien. Im vorliegenden Band liegt der Darstellung der Bemühungen Posins und Farmers die Studie Harris Woffords zugrunde: *A Cold War Odyssey: Story of the Foundation for World Government.* Neben Farmer wurden J. B. Avery und W. A. Harwell als Delegierte von Tennessee gewählt (siehe *The New York Times* vom 27. Dezember 1950). Das Tennessee-Gesetz sah Entschädigungen für die Delegierten unter der Bedingung vor, dass fünfzehn andere Staaten entsprechende Gesetze annähmen. Der "British Crusade for World Government" zufolge haben 22 amerikanische Staaten durch Resolutionen die Idee einer Weltregierung unterstützt, aber die Delegierten aus Tennessee hätten die Kosten aus der eigenen Tasche aufbringen müssen, sodass nur Senator Harwell neben Farmer in Genf anwesend war. Der nigerianische Delegierte war Professor Iyo Ita.

24. Einsteins Erklärung, die offenbar auch von anderen Personen (darunter Usborne) unterstützt wurde, ist aus dem Originaltext reproduziert. Nach dem mehr oder weniger symbolischen Kongress, der am 31. Dezember 1950 *sine die* vertagt wurde, entstanden Unstimmigkeiten unter den Teilnehmern, und Usborne und die ihn begleitenden britischen Parlamentarier zogen sich zurück. Farmer und seine Gruppe bildeten offenbar ein Komitee, das die Idee wachhalten sollte, während in Paris mit Usbornes Zustimmung ein

"Weltkomitee für eine Weltkonvention der Völker" (siehe S. 600) geschaffen wurde. Keine dieser Gruppen vermochte den Impetus der Anfangsperiode zurückzugewinnen, aber die "Britische Parlamentsgruppe für eine Weltregierung" (British Parliamentary Group for World Government), der etwa 160 Unterhausmitglieder angehörten, bestand weiter (mit Usborne als "Honorary Secretary"). Usborne half den Herausgebern bei der Klarstellung vieler Punkte.

16. Kapitel

1. Der Dienstverweigerer war Robert Michener, ein Quäker; Einsteins Korrespondent Gerhard Nellhaus aus Cambridge, Massachusetts. Der Fall wurde im *Catholic Worker* (März 1951) berichtet.

2. Die Briefe an Gene Sharp vom 2., 10. und 16. April und 17. Juni 1953 wurden aus den englischen Texten übersetzt. Der Brief von Sharps Mutter, Mrs. P. W. Sharp, ist am 28. April 1953 von ihrer Wohnung in Dayton, Ohio, aus geschrieben. Sharps letzte Mitteilung an Einstein (vom 6. Februar 1953) kam aus der Bundesstrafanstalt in Danbury, Connecticut. Sharp wurde begnadigt, nachdem er neuneinhalb Monate seiner Strafe verbüsst hatte. Er nahm seine Tätigkeit in Friedensorganisationen wieder auf und stellte Forschungen in der Frage des passiven Widerstandes an, die viele Jahre später in seinem Buch *The Politics of Nonviolent Action* (Boston, 1973) ihren Niederschlag fanden. Der Freund, mit dem Einstein über das Manuskript Sharps sprach, war der inzwischen verstorbene Saxe Commins, der Cheflektor von Random House Inc., New York City.

3. Obwohl in der Veröffentlichung in *The New York Times* vom 12. Juni 1953 der vierte Absatz des ursprünglichen Briefes Einsteins an Frauenglass mit dem Hinweis auf den fünften Zusatz zur amerikanischen Bundesverfassung (Fifth Amendment) ausgelassen worden war, kann kein Zweifel darüber bestehen, dass Einstein seine in der Originalfassung des Briefs ausgesprochene Überzeugung nie geändert hat. In allen späteren – deutsch- wie englischsprachigen – Publikationen erschien der Brief im vollen Wortlaut; siehe MW, S. 26. Einstein war mit Ursprung und Geschichte des fünften Verfassungszusatzes in England und den Vereinigten Staaten und mit seiner Bedeutsamkeit völlig vertraut. Er sah darin eine Methode des Selbstschutzes, glaubte aber nicht, dass das Amendment im Hinblick auf die bestehende politische Atmosphäre eine taugliche Waffe gegen die Untersuchungsausschüsse des Kongresses und zum Schutz der Geistesfreiheit darstelle. Der Brief an Seelig ist aus MW, S. 234, wiedergegeben. Im Dezember 1953 begründete der Wissenschaftler Albert Shadowitz (als Zeuge vor dem McCarthy-Unterausschuss des im Text erwähnten Senate Committee on Government Operations) seine Aussagenverweigerung durch Hinweis auf den ersten Verfassungszusatz (First Amendment). Wiederholt bemerkte er, seine Einstellung gehe auf den persönlichen Rat Einsteins zurück, mit dem er die Frage besprochen habe. Im April 1954 lehnte ein Arbeiterführer in Buffalo, Emanuel J. Fried, die Aussage vor dem ebenfalls im Text erwähnten "Komitee über unamerikanische Betätigungen" des Repräsentantenhauses ab und teilte Einstein seine Gründe mit. Einstein antwortete: "Ich bin überzeugt, dass Sie das Richtige getan und Ihre Pflicht als Bürger erfüllt haben."

4. Bertrand Russells Brief an *The New York Times* ist hier mit Genehmigung Russells und der Zeitung in deutscher Übersetzung wiedergegeben.

5. Über die Konferenz des Notstandkomitees für Bürgerrechte (Emergency Civil Liberties Committee) siehe *The New York Times* vom 12. und 14. März 1954. Einsteins Antworten sind nach dem deutschen Text reproduziert.

6. Der Artikel von Professor Spitz erschien unter dem Titel "Democracy and the Problem of Civil Disobedience" in der Juni 1954-Ausgabe von *The American Political Science Review.*

7. Der von Einstein besprochene Artikel stammte von A. G. Mezerik und erschien am 5. Februar 1951 unter dem Titel "Scientists and the Great Debate" in *The New Republic.* Übersetzung aus dem englischen Text.

8. Der Brief an den "Zeittafel"-Autor (Merlin M. Paine in San Diego) und das Schreiben an den kalifornischen Anwalt (John M. Cranston in San Diego) sind aus den englischen Texten übersetzt.

9. "The Paranoia Race" von Dr. Alexander D. Mebane erschien in der Sommer 1950-Ausgabe der Vierteljahrszeitschrift *American Perspective.* Muste hatte Einstein eine für sein Magazin *Fellowship* bestimmte gekürzte Fassung des Artikels geschickt.

10. Der Brief über die Auflösung des Notstandskomitees ist aus dem Text im Archiv der Organisation in der Chicagoer Universitätsbibliothek übersetzt.

11. Der Maler ist Si Lewen in New York. Sein Buch *The Parade* erschien im Verlag H. Bittner Co., New York 1957.

12. Einsteins Antworten in dem Interview über die allgemeine Militärdienstpflicht sind nach den deutschen Originaltexten reproduziert. Das Interview erschien (in veränderter Reihenfolge) in *Christian Century,* 19. Dezember 1951. Wiedergabe mit Erlaubnis von Randall und *Christian Century.*

13. Der Artikel im *UNESCO Courier* ist aus Einsteins Original wiedergegeben und hier mit Bewilligung von UNESCO veröffentlicht.

14. Die Erklärung Einsteins für die Canadian Education Week wird hier mit Genehmigung von Harold Morrison (Canadian Press) veröffentlicht und ist nach dem deutschen Originaltext wiedergegeben.

15. Nach dem Originaltext.

16. Der Brief an Solovine ist aus *Albert Einstein, Lettres à Maurice Solovine* (Gauthier-Villars, Paris 1956) mit Bewilligung des Verlegers wiedergegeben.

17. Einsteins alte Freundin in Italien war Signora Ernesta Marangoni in Pavia.

18. Der Artikel für die Visum-Rundfrage des *Bulletin of the Atomic Scientists* ist aus Einsteins deutschem Originalmanuskript wiedergegeben.

19. Der ungarische Flüchtling war A. Steiner. Sein Brief kam von Lane Cove, New South Wales, Australien. Nach dem Originalmanuskript Einsteins wiedergegeben.

20. Der englische Korrespondent war T. E. Naiton, Bradford, Yorkshire. Übersetzung des englischen Textes.

21. Offensichtlich war die Nachricht von dem israelischen Angebot durchgesickert, denn Einstein lehnte die bereits am 16. November 1952 von *The New York Times* an ihn ergangene Bitte um Stellungnahme zu dem Bericht ab. Am Morgen des 18. November dementierte der Sekretär Ben-Gurions in Jerusalem immer noch, dass der Premierminister an Einstein eine offizielle Einladung gerichtet habe (was im wörtlichen Sinne auch zutraf). Dass Ebans Bemühungen erfolglos geblieben waren, wurde noch im Lauf des Tags bekannt (siehe *The New York Times* vom 19. November 1952). Der Brief Ebans ist hier mit seiner Genehmigung wiedergegeben und aus dem englischen Original übersetzt. Einsteins Ablehnungsbrief ist nach dem Originalmanuskript reproduziert. Der Chefredakteur von *Maariv* war Azriel Carlebach.

22. Der Freund, an den dieser Brief gerichtet war, ist der Maler Josef Scharl.

23. Der Korrespondent in Italien war Federico Steinhaus in Mesano (Bolzano).

24. Die Freundin in England war Gertrud Warschauer, die Witwe eines Berliner Rabbiners.

17. Kapitel

1. Die Nummer des *Look*-Magazins trägt das Datum des 23. September 1952.

2. Einsteins Botschaft vom September 1930 an die japanischen Schulkinder ist nach seinem Originaltext wiedergegeben.

3. Der Brief von *Kaizo* war von dem Chefredakteur des Blattes, Katusu Hara, unterzeichnet. Er ist hier mit leichten Kürzungen wiedergegeben.

4. Der deutsche Text der Botschaft an *Kaizo,* der aus dem Einstein-Archiv stammt, erscheint auch in MW, S. 59.

5. Auszüge aus Shinoharas Briefen sind mit seiner Erlaubnis wiedergegeben. Die Herausgeber sind für die erläuterten Mitteilungen Shinoharas ausserordentlich dankbar.

6. Shinohara teilte Einstein am 7. September 1953 mit, dass seine Botschaft vom 18. Juli 1953 von der drittgrössten japanischen Tageszeitung, *Yomiuri-Shimbun,* am 6. August veröffentlicht worden war.

7. Die Auszeichnung wurde von der Präsidentin des Kaufhauses Lord & Taylor in New York, Dorothy Shaver, präsentiert. Einsteins Dankesworte sind aus dem deutschen Original wiedergegeben.

8. Aus dem deutschen Originaltext.

9. Der Brief über Thoreau erschien im *Thoreau Society Bulletin,* Nr. 45, Herbst 1953. Einsteins Brief war an den Sekretär und Schatzmeister der Organisation, Professor Walter Harding, gerichtet.

10. Einsteins Brief an Martin Agronsky ist aus dem deutschen Originaltext reproduziert. Die Auszüge aus dem Brief Agronskys sind mit dessen Erlaubnis wiedergegeben.

11. Grenville Clarks Buch *A Plan for Peace* erschien 1950 im Verlag Harper & Bros., New York.

12. Der Korrespondent in Kalifornien war John G. Moore in Pasadena. Einsteins Brief an ihn ist aus dem englischen Text übersetzt. Sein früherer Brief war vom 30. März 1942 datiert.

13. Einsteins Brief an James R. Newman, der nicht abgesandt wurde, stammt aus dem Entwurf im Einstein-Archiv; der Brief vom 16. November ist aus dem englischen Text übersetzt. *What is Science?* erschien im Verlag Simon and Schuster, New York 1955.

14. Einsteins Brief an den Hindu-Studenten, Sudhir P. Pandya, ist aus dem englischen Text übersetzt.

15. Siehe Anm. 14.

16. Einsteins Ansprache an die Decalogue Society ist hier aus dem deutschen Originalmanuskript mit Erlaubnis des *Decalogue Journal,* in dem sie zuerst erschien, reproduziert.

17. Der Pariser Journalist, der den auf Kooperation gegründeten Friedensplan entwarf, war Georg Maranz.

18. Einsteins Brief an Muste ist aus dem englischen Text übersetzt.

19. Der Brief des World Council for the Peoples' World Convention (Weltkomitee für eine Weltkonvention der Völker) war von Jacques Savary gezeichnet. Er verwies darauf, dass Elizabeth Mann Borgese, die Tochter Thomas Manns, zu den Organisatoren der Tagung in Florenz gehörte. Einsteins Brief an den World Council ist nach dem deutschen Originalmanuskript wiedergegeben.

20. Aus dem englischen Text übersetzt.

21. Siehe Anm. 20. Linus Pauling ist der berühmte Chemiker, der den Nobelpreis für Chemie und, später, den Friedensnobelpreis erhielt.

22. Einsteins Brief an den Flottenkapitän ist nach dem deutschen Originalmanuskript reproduziert.

23. Einsteins Brief an den Korrespondenten in Philadelphia, H. Lawrence Ross, ist nach dem deutschen Original reproduziert.

24. Die Korrespondenz mit Dag Hammerskjöld wurde in deutscher Sprache geführt. Reproduktion des Hammarskjöld-Briefes mit Erlaubnis des inzwischen verstorbenen Generalsekretärs der Vereinten Nationen.

25. Der Brief an die War Resisters' League ist aus dem englischen Text übersetzt. Anscheinend konnte die Liga von der Erlaubnis Einsteins zum Nachdruck des Briefaustausches zwischen Einstein und Sigmund Freud keinen Gebrauch machen.

26. Jules Mochs Buch *Human Folly* wurde von Victor Gollancz, London, veröffentlicht. Einsteins Einleitung ist aus dem deutschen Originaltext wiedergegeben und mit Erlaubnis des Verlegers reproduziert.

27. Einsteins Brief an *The Reporter* ist aus dem englischen Text übersetzt und mit Erlaubnis der Redaktion des Blattes, das inzwischen sein Erscheinen eingestellt hat, wiedergegeben.

18. Kapitel

1. Ein weiterer Brief Einsteins an die mit ihm befreundete Frau Gertrud Warschauer, Witwe eines Berliner Rabbiners.

2. Einsteins Brief an Dr. Muelder ist nach dem deutschen Originalentwurf reproduziert und mit Bewilligung des *Boston University Graduate Journal* wiedergegeben, in dem er im April 1955 erschien; der Vortrag Dr. Muelders wurde auch in Broschürenform veröffentlicht (Verlag Boston University Press, 1955).

3. Der Brief an A. J. Muste ist nach dem deutschen Originalmanuskript wiedergegeben.

4. Der Brief von Professor Jules Isaac kam aus Aix-en-Provence, Frankreich. Der von Isaac beigefügte Artikel war in der Juli 1954-Ausgabe von *La Revue Socialiste* erschienen.

5. Der kalifornische Korrespondent war M. Matarisvan in Los Angeles.

6. Bertrand Russells Korrespondenz mit Einstein ist mit Genehmigung Lord Russells wiedergegeben.

6a. "BBC" ist die British Broadcasting Corporation.

7. Russells BBC-Sendung wurde in der Funkzeitschrift *The Listener* (30. Dezember 1954) abgedruckt und von dem Friends Peace Committee, London, als Flugschrift verbreitet.

8. Die Liste der in Aussicht genommenen Unterzeichner enthielt folgende Namen: Lord Adrian, H. J. Bhaba, Niels Bohr, Max Born, Alexander Haddow, Otto Hahn, Leopold Infeld, Frédéric Joliot-Curie, Li Sze-kuang, Wolfgang Pauli, C. F. Powell, Karl Manne Siegbahn, Dimitri V. Skobeltzyn, Harold C. Urey und Hideki Yukawa. Nicht erwähnt waren die Namen von Bridgman, Muller und Pauling, drei Wissenschaftlern, die das Manifest unterzeichnet haben.

9. Das Manifest erschien, zusammen mit Russells Erklärung, am 10. Juli 1955 in *The New York Times* (und vielen anderen Zeitungen in allen Teilen der Welt). In Amerika wurde es von der War Resisters' League als Flugschrift verbreitet.

10. Mit der Wiedergabe in *The New York Times* (siehe obige Anm.) war eine Meldung verbunden, wonach einige der um ihre Unterschrift gebetenen Wissenschaftler "der Sache sympathisch gegenüberstanden, aber im Hinblick auf ihre offiziellen Stellungen nicht unterschrieben. Professor Dimitri V. Skobeltzyn in Moskau sandte eine freundliche, aber unverbindliche Antwort. Andere, wie zum Beispiel der chinesische Professor Li Sze-kuang, blieben die Antwort schuldig." Am gleichen Tag berichtete die Associated Press:

> Die Unterzeichnung wurde abgelehnt . . . von sechs Nobelpreisträgern – Otto Hahn und Max Born, Deutschland [*in Borns Fall traf das nicht zu; sein Name war, wie bereits gesagt, irrtümlicherweise ausgelassen worden*], Niels Bohr, Dänemark (siehe weiter unten), Wolfgang Pauli, Schweiz, Karl Manne Siegbahn, Schweden und Lord Adrian, Grossbritannien. Ebenfalls ablehnend reagierten Dr. Horni J. Bhaba, Indien, der Präsident der Atomenergie-Konferenz der Vereinten Nationen, die für die Zeit vom 8. bis 20. August in Genf geplant ist, der Sowjetakademiker Dimitri V. Skobeltzyn, der die Konferenz organisieren half, und Professor Alexander Haddow, Grossbritannien. Ignoriert wurde die Einladung von zwei amerikanischen Nobelpreisträgern: dem Kanzler der Washington University in St. Louis, Arthur H. Compton, und Professor Harold C. Urey von der Universität Chicago.

Russell war am 8. März 1955 mit Niels Bohr in Verbindung getreten. In seiner Antwort vom 23. März 1955 bezweifelte Bohr, dass das Manifest die gewünschte Wirkung haben werde, vor allem in der Frage des freien Austausch einschlägiger Informationen, die ihm als entscheidend erschien. Auch befürchtete er, dass die Erklärung die bevorstehende Konferenz der Vereinten Nationen beeinträchtigen könnte. Aber er liess die Frage seiner Unterschrift offen, indem er hinzufügte, er werde weiter darüber nachdenken, und hoffe bald zu einer richtig fundierten Entscheidung zu gelangen. Urey und Compton antworteten am 10. Juli 1955 (nach *The New York Times* vom 11. Juli 1955). Urey lehnte die Unterzeichnung mit der Begründung ab, das Manifest sei "nutzlos" und "auf der Hand liegend"; es gebe keinen Weg zu seiner praktischen Durchführung über jene Schritte hinaus, die von den gegenwärtigen Regierungen bereits ergriffen worden seien. Compton sagte, er billige im allgemeinen die Ziele, aber nicht alle Einzelheiten des Manifests. Im übrigen liess er durchblicken, dass eine ähnliche Erklärung von anderer Seite geplant werde.

Tatsächlich war ein anderes Manifest das Ergebnis einer Zusammenkunft von Nobelpreisträgern in Mainau am Bodensee (Jahrestagungen dieser Art waren seit 1951 zur Tradition geworden). Das Manifest wurde am 15. Juli 1955, sechs Tage nach der Russell-Einstein-Erklärung, veröffentlicht. Der Text des Mainauer Manifests folgt:

> Wir, die Unterzeichneten, sind Naturforscher aus verschiedenen Ländern, verschiedener Rasse, verschiedenen Glaubens, verschiedener politischer Überzeugung. Äusserlich verbindet uns nur der Nobelpreis, den wir haben entgegennehmen dürfen.
>
> Mit Freuden haben wir unser Leben in den Dienst der Wissenschaft gestellt. Sie ist, so glauben wir, ein Weg zu einem glücklicheren Leben der Menschen. Wir sehen mit Entsetzen, dass eben diese Wissenschaft der Menschheit Mittel in die Hand gibt, sich selbst zu zerstören.
>
> Voller kriegerischer Einsatz der heute möglichen Waffen kann die Erde so sehr radioaktiv

verseuchen, dass ganze Völker vernichtet würden. Dieser Tod kann die Neutralen ebenso treffen wie die Kriegführenden.

Wenn ein Krieg zwischen den Grossmächten entstünde, wer könnte garantieren, dass er sich nicht zu einem solchen tödlichen Kampf entwickelte? So ruft eine Nation, die sich auf einen totalen Krieg einlässt, ihren eigenen Untergang herbei und gefährdet die ganze Welt.

Wir leugnen nicht, dass vielleicht heute der Friede gerade durch die Furcht vor diesen tödlichen Waffen aufrechterhalten wird. Trotzdem halten wir es für eine Selbsttäuschung, wenn Regierungen glauben sollten, sie könnten auf lange Zeit gerade durch die Angst vor diesen Waffen den Krieg vermeiden. Angst und Spannung haben so oft Krieg erzeugt. Ebenso scheint es uns eine Selbsttäuschung, zu glauben, kleinere Konflikte könnten weiterhin stets durch die traditionellen Waffen entschieden werden. In äusserster Gefahr wird keine Nation sich den Gebrauch irgendeiner Waffe versagen, die die wissenschaftliche Technik erzeugen kann.

Alle Nationen müssen zu der Entscheidung kommen, freiwillig auf die Gewalt als letztes Mittel der Politik zu verzichten. Sind sie dazu nicht bereit, so werden sie aufhören, zu existieren.

Die 18 Unterzeichner der Mainauer Erklärung waren: Born, Muller und Yukawa (die auch das Russell-Einstein-Manifest unterschrieben hatten); Compton und Hahn (die es nicht getan hatten); Fritz Lippmann und Wendell Stanley (USA); Frederick Soddy (Grossbritannien); Hans von Euler und George von Hevesy (Schweden); Paul Mueller und Leopold Ruzicka (Schweiz); Hermann Staudinger, Kurt Adler, Adolf Butenandt, Gerhard Domagk, Werner Heisenberg und Richard Kuhn (Deutschland).

11. Das offiziöse Blatt des Vatikans, *L'Osservatore Romano*, pries das Russell-Einstein-Manifest als "noblen Aufruf" und erklärte sein Erstaunen darüber, dass es ein stärkeres Echo gefunden habe als ähnliche Aufrufe des Papstes. Nur einen Punkt des Manifests kritisierte das Blatt: es beschwerte sich darüber, dass der Aufruf von der "biologischen Gattung" des Menschen spreche; das klinge etwa so, "wie wenn der Direktor eines Zoos sagen würde, die Hitze sei für seine Eisbären unerträglich oder das Wasser für seine Seehunde oder exotischen Enten unzureichend" (siehe den Bericht in *The New York Times* vom 12. Juli 1955).

12. Lord Russells Initiative führte zu einer Reihe von Konferenzen von Wissenschaftlern in der von ihm vorgeschlagenen Art. Die erste war eine kleine, ohne grosse Vorbereitung organisierte Tagung in London vom 3. bis 5. August 1955, am Vorabend der U.N.-Konferenz über die Anwendung der Atomenergie für friedliche Zwecke. Die zweite, an der Russell nicht teilnehmen konnte, fand vom 6. bis 11. Juli 1957 in Pugwash, Nova Scotia, statt; Gastgeber war der kanadisch-amerikanische Industrielle Cyrus Eaton. Zweiundzwanzig Wissenschaftler aus zehn Ländern (darunter Japan, China, Polen und Sowjetrussland) nahmen an der Tagung teil. Vier der Anwesenden hatten die Russell-Einstein-Erklärung unterschrieben. Die Pugwash-Konferenz nahm, mit Zustimmung aller Teilnehmer bei zwei Stimmenthaltungen, eine Entschliessung und drei Komiteeberichte an, die später durch eine Resolution des Präsidiums der Sowjetakademie der Wissenschaften und durch eine Erklärung von 196 Sowjetwissenschaftlern unterstützt wurde. (Siehe *The Bulletin of the Atomic Scientists* vom September und November 1957. Über eine Auseinandersetzung zwischen Russell und einem seiner Kritiker siehe *The Bulletin of the Atomic Scientists* vom April 1958). Weitere "Pugwash"-Konferenzen haben seither in jährlichen Abständen stattgefunden.

13. Einsteins Absicht, zum Jahrestag der Gründung des Staates Israel eine Erklärung abzugeben, führte nach seinem Tode zu seltsamen Gerüchten und Vermutungen. Zum Beispiel wurde behauptet, eine Seite mit Aufzeichnungen Einsteins über seine Gespräche mit Eban und Dafni sei im Hospital gestohlen worden. Genaue Nachforschungen haben keinen Anhaltspunkt dafür erbracht. Am 1. Mai 1955 veröffentlichte *The New York Times* – gestützt auf Angaben des israelischen Konsuls Reuben Dafni – einen langen Artikel über Einsteins Unterhaltungen mit den beiden israelischen Diplomaten. Der Artikel enthielt eine "Rekonstruktion" der geplanten Rede Einsteins, die das israelische Konsulat angeblich nach den Notizen Einsteins gemacht hatte. Diese "Rekonstruktion" war von den Verwaltern des

Einstein-Nachlasses nicht autorisiert worden. Da Einstein nur die in dem vorliegenden Band wiedergegebene Seite des Manuskripts beendet hat, lässt sich über den Inhalt der weiteren Teile der Rede nichts sagen. Die "Rekonstruktion" gründete sich möglicherweise auf Notizen, die Eban und Dafni während der Zusammenkunft mit Einstein machten, und auf Vorschläge, die die beiden israelischen Diplomaten Einstein unterbreiteten.

REGISTER